中華大藏經編輯局編

中華大藏經

漢文部分
九六

中華書局

圖書在版編目(CIP)數據

中華大藏經:漢文部分.第96册/《中華大藏經》編輯局編.—
北京:中華書局,1984.4(2023.11 重印)
ISBN 978-7-101-01449-5

Ⅰ.中…　Ⅱ.中…　Ⅲ.大藏經　Ⅳ.B941

中國版本圖書館CIP數據核字(2016)第050303號

内封題簽:李一氓
裝幀設計:伍端端

中華大藏經(漢文部分)
第九六册
《中華大藏經》編輯局 編
*
中華書局出版發行
(北京市豐臺區太平橋西里38號　100073)
http://www.zhbc.com.cn
E-mail:zhbc@zhbc.com.cn
北京建宏印刷有限公司印刷
*
787×1092毫米 1/16・58¼印張・2插頁
1984年4月第1版　2023年11月第4次印刷
定價:600.00元

ISBN 978-7-101-01449-5

中華大藏經(漢文部分)

第九十六册目録

千字文編次 農——稼

農

一八〇二 大般涅槃經疏一一——一八卷

隋天台沙門灌頂撰

唐天台沙門湛然再治

(清藏本)

目録

大般涅槃經疏卷第十一上　時九

隋章安頂法師撰

一　唐天台沙門湛然再治

梵行品之四

起卷是第二歎經滅惡之能惡即闍提四重五逆皆能滅之舊解闍王是實逆經力能滅非無此義而密迹經云闍王是方便示現滅逆之方例知調達破僧定非實破亦如善星示爲闡提實非闡提那提犯重亦非實犯此經威力能除重惡令實犯者決定歸依即顯梵行令不淨淨梁武不見謂此段文非經次第名爲客品若得不淨淨意正是梵行不名客品就文爲二前明起惡次明滅惡初起惡文爲三一惡因即喜行殺戮具口四惡其心熾盛具十惡因二惡緣純以惡人而爲眷屬貪著現世去是三正明造惡因害父已去是第二明滅惡又三一滅惡因二滅惡緣三正滅惡初滅惡因又四一深生悔熱二深信因果三毋以藥塗四深自鄙悼時有大臣下是第二滅惡緣又二先明惡人爲緣後明善人爲緣問爲惡可以惡人爲緣今論滅惡何用惡人答惡人勸惡不從惡教亦滅罪緣若爾善人勸善不從善勸而作惡者善人亦是作惡緣耶一往亦例如大涅槃亦名甘露亦名毒藥二往不例原佛本心不爲衆生作煩惱緣汝不受勸自是惡緣惡勸不受於汝成善亦由於汝當知一切皆由自心惡人緣約六臣爲六章各爲四別一臣來朝白二王報答三奏王明滅罪處四偈歸依舊或云世王是實此即不可或言是應或法界用然此皆是聖人權謀世王開逆方便顯經威力能滅諸惡刪闍耶者淨名云夜輕重音耳此是刪詩定禮之字借音胝者丁尼切阿耆多是名拋舍是敝壞衣欽婆羅是古貝衣穽有二音一靜二淨多用淨音字有二體一阜邊二穴下多用穴下爾時大醫下第二明善人緣又二一兄二父初爲四一耆婆問二王答三勸往佛所四羞恥未從初文者耆婆此翻固活童子生時一手把藥囊一手把針筒昔誓爲醫善能治佗從德立號翻爲固活菴羅女之子第二王以偈答偈有十七行半幷少長行分爲三初十一行半偈汎明安眠者次六行汎明不安眠者第三少長行正明王不得安眠初文又四初四行明佛得安眠次五行半明菩薩得安眠三一偈結佛四一偈結菩薩初就佛中二初兩偈明離生死得涅槃次兩偈明離惡過得常住但佛實無眠以無煩惱住安樂性義說安眠心無有取着下五行半明菩薩得安眠三四如文衆生無明冥下第二辨不得安眠又二初三行法說次三行譬說太子未紹位者即是先帝已崩嗣主未立四方未寧不得安眠非謂東宮不得安眠耆婆我今下第三少長行正自明不得眠又二初標次釋初標又二初標病重次言無醫何以故下釋此兩事又二先釋病重次釋無醫耆婆答言下第三耆婆慰喻勸往佛所文爲二初酬前兩意次勸往佛所初酬王意者又二初明王罪輕次示王醫藥初文又四一王有五德故輕二佗無五德故重三結無五德是一闡提四結王有五德非一闡提初有五德

中但四略無近善友一事者以下望上上理
應有然耆婆正當善友之事故讓不言言四
德者一王有慚愧二王能懺悔三王能發露
發露與懺悔大勢相似不無小異懺是懺謝
悔是悔詈言發露者向人說過四明王有信
心然四事已定而未信耆婆之言若定信者
即是善友爲未定故但言其四若有衆生下
第二明他無五德故罪重造罪即無發露德
覆藏不悔無懺悔德貪息抵突無慚愧德不
見因果無信心德不能諮啓無知識德云何
罪人下第三就無五德結一闡提大王今者
下第四就王有五德結非一闡提如王所言
下第二示王醫藥文爲二初示良醫次示妙
藥初示良醫中言字悉達多者此翻成利善
知衆生諸根下第二示於妙藥藥即勝法妙
藥良醫灼然在近云何言無藥文爲二一明
知根次從去此十二由旬是明說法又二初
總次別初文是總說法次若有若無是別說
法別說又二初約二法次約三法初二法者
無有即二諦有爲無爲是煩惱涅槃有漏無
漏即四諦煩惱果亦是苦集善法果亦是道
滅若色法非色法下次說三種法色非色非
色非非色數人云色是十一種色非色即是
心心數法非色非非色即是十四不相應行
論人云色是十四種色非色只是心法非色
非非色即是無作觀師云色是色法非色是
心非色非非色即是兩捨第一義諦中道之
法此之兩捨只是俗諦豈成中道今明不爾
前明二諦次明三諦色即俗諦非色即真諦
非色非非色即是中道第一義諦自作自受
可解自作他受下文云無有我作他人受果
兩文相害各各有據今且明自作他受他云
如因諸人發心令王罪除又諸菩薩所作功
德悉施衆生衆生得樂亦是他受今明不爾
自作自受自從假入空自作他受是從空出
假無作無受即是中道諸文例然下文云若
於佛所聞無作無受罪即除滅故是中道王
今且聽下第二勸往佛所又三一廣引昔十
三事勸二明佛心平等勸三格量福德勸次
第者昔爲惡者衆皆見佛得除佛心平等不
厚昔薄今初列十三事又二先正列事次大
王若能下總結證意次大王諸佛世尊下第
二明佛心平等不隔也三大王假使下第三
格量福勝爾時大王答下是第四鄙恥未肯
信從爾時空中下第二父王爲緣文爲四一
空中出聲二王反問三父王說實四世王悲
毀初文爲三一佛法將滅故勸大王汝今下
二明罪重必招地獄故勸大王我定知下三
雙結兩事勸令急往二王反問三父王實答
四世王悲毀皆如文問父王已死何由出聲
答爲二一云父王得道雖殺不死是故能勸
二云非是本父乃是諸聖託爲父言

梵行品之五

起卷是第三正明滅罪又二前爲住世後爲
滅罪前文又二一爲住世二論義論義中二
先問次答答爲二一正答二密語初答意者
同在雙林之衆咸知不滅唯世王謂滅故須
云爲善男子如我下第二明如來密語又三
一倡密語二解釋三結歎唱密語如文解有
六番初明此語多含即是通爲一切二云不

爲無爲無爲三解一云八地已上是無爲衆生二云登地已上真證乃是無爲三云此文自說無爲者非衆生也當知佛果方乃稱爲無爲衆生又說理内衆生皆是無爲然非但衆師不同經亦不定文云爲者爲一切又云爲五逆五逆與一切不同又云爲未發心者下文又云汝於毗婆尸佛已曾發心發心與未發心不同又云闍王者不見佛性具煩惱人又云闍王者名不生不生者名涅槃涅槃者寧不見性他云夫密語者所解不同今謂如來密語豈可定作深淺遠近如來密語下第三結歎不可思議爾時世尊下第二正爲滅罪文爲二先身次心故云先治王身然後及心以其前言無有良醫治身心者是故放光治身說法治心初治身文爲二先放光次論光初放光如文次王覺創愈下是第二問答論光有五文於中又二初四番論光後一番解月愛初四番中各有問答前三如文最後番亦先問次答答中七子中一子遇病者三解一云通譬六道衆生以有罪者譬於一

子二云六住菩薩并外凡爲七外凡是病者三云四果支佛菩薩爲六合取外凡爲七一子遇病即譬外凡起惡者是今明不爾文云七子之中一子遇病何曾的云是外凡病又一切衆生皆是吾子如前諸解或進或退收義不盡今取圓家七方便根性爲七子子之中起逆過者心則偏重云六住二解一云即真解六地二云似解六心後番解月愛先指如來所入三昧次問次釋出於中皆先舉月爲喩凡六番如文王語耆婆第二滅其心罪又二先明滅罪緣次正滅罪初文爲四一自未發二受勸而往三如來稱歎四至佛所初明未發有二番問答一王不能發耆婆勸往第二番論一闡提先問次答答中先譬次答初譬中爲四一闡提斷善二根緣感佛三善不可生四而爲說法就初文又二先明起五鈍後明起五利初又二初起惡次失善初又二初總起惡後別明五鈍初總中兩句初是病譬闡提有重惡次句云夜夢者譬無明心升一柱殿譬闡提斷現未善盡唯有過去少

善所感報身譬如大殿唯有一柱將穨不久次服酥油脂下別起五鈍夫愛使黏膩譬若酥油貪欲浸潤譬之於脂在口爲服在身爲途意通身口卧灰食灰譬起瞋使瞋體碎裂躁急譬之如灰發瞋運身如卧灰縱毒在口如食灰意通身口攀上枯樹譬於起慢自舉陵人如上樹何不攀上茂華之樹若賢聖自高可譬茂華以惡自高故言枯樹或與獼猴下譬起疑疑使不定如獼猴騰擲從枝至枝捨一取一譬疑心求理計有計無或我無我又獼猴似人而實非人譬疑謂得理實不得理沈水没泥下譬於無明輕者如沈水重者如没泥墮墜樓殿下第二明失善又二先失三品次失三乘初文者墜樓譬失慧樓是高觀譬於智慧升出照達而今墜者是失慧品高山譬失戒品樹木譬失定品次象馬牛羊譬失三乘案此之意應有四乘相承但云失三乘耳四乘皆有墜落之言但是文略身著青黃下第二起利使又二初起利使二雜起惡緣初身著衣譬起我見如人計我四種不

同婆羅門計黃剎利計赤毗舍計青首陁計黑喜笑歌舞譬起見取於無樂中而生樂心於無勝中而生勝想譬之喜笑烏鷲狐狸譬起邪見此之四類皆悉食肉故譬邪見吞噉善根齒髮墮落譬邊見即斷常兩邊今偏言斷見裸形枕狗譬戒取即持狗戒爲信首故言枕狗私謂全計五陰故云卧糞穢中復與亡者下第二雜起惡緣值惡知識亡即死人譬斷善盡私謂四儀動運無生善處故云行住坐起善纔欲生邪念尋起故云携手以邪自資故云食噉蛇譬多瞋私謂心所行處常與瞋俱故云滿路而從中過被髮女人譬多愛人樹葉爲衣譬無慚愧人乘壞驢車譬惡法自運正南者三解一云南是离地北是坎地去坎就离譬失善起惡二云就諸方爲語北是上方譬斷善人從上墜下三云天子南面殺活自在此人邪見判無因果此心自在身病轉增譬諸惡向重以病增故下第二明根緣感佛病增譬斷善心重諸家親屬者三解一云過去戒善感此人身唯此善在譬之親屬二云闡提斷過現善盡而當善方生皆應作佛名未生善以爲親屬三云不然自有善感佛自有惡感佛闡提無善但以惡感惡爲親屬即是遣使請醫形體缺短者若以善爲使此善爲惡所瘵故云缺短將若惡爲使此惡道理自是羸陋善根微弱故言缺信不具故故言短私云信等不具故云根不具足頭蒙塵土者五住所覆著敝壞衣者被無慚愧載故壞車者藉先世善感此人身殘缺善根私云冥機冥叩故云語醫速疾上車者立望感應爾時良醫下第三觀善不可生又二初觀察二許應初又二一徃觀機二重觀察初觀機不得善根佛未欲捨故重更觀二復作是念下即是重觀又二先觀現世二觀過去現在爲三一觀日譬上根次觀星譬中根三觀時譬下根時言夜者最下闡提星劣於日中品闡提雖復三品俱斷善根初觀日中四日譬四倒六日六蔽八日八邪十二日撥無十二因緣亦十二我見十四日撥無十四諦十四諦出華嚴十四相差別示成事生起盡無生說入道如來智等二觀星之中凡占六星譬受六師教三觀時中凡占五時或云斷於五乘善根復作是念下第二觀過去善根觀二世善皆無善根從思惟是已下第二許應又二一許應二正應初許應又二初正許應二更觀察初文云與使俱者一徃許應感應道交故言與俱在路復念下第二更觀察又二初觀現在次觀未來初現在中云二小兒者即是斷常有無等見持火滅者火無光用譬失慧品斫樹木譬定盡曳皮華譬失戒品闡提雖受既不遵承猶如枯皮遺落物者出世善盡唯有憐愛妻子之善聖人所棄空器者雖有身器無道可受沙門獨行譬出世法獨一無侶復見虎狼是噉肉獸譬現在惡食善都盡復於前路下第二觀未來又二一觀未來因次觀未來果前路者次此身後亦未生善復聞南方下觀未來果即三塗報鳥獸聲譬聞受苦之聲爾時即入下第二正應又二先正應譬次更觀察初譬即入宅捨本地入生死故言入病人舍見彼病人

下第二更觀察又二先觀現在後觀過去現在爲四一三毒二五根三十使四三業初三毒者寒凝結譬癡熱躁譬瞋變譬貪略無瞋次骨節疼痛譬五根骨節是身根目赤是眼根耳聲是耳根咽喉是舌根略無鼻根三其色正黑下是十使黑色譬無明使頭不自勝譬慢使欲將慢自舉而不得高體枯無汗譬瞋使無有潤澤便利不通譬斷常二見身卒肥大譬我見四語聲不調下譬三業語聲是口業舉體斑駁即身業其腹脹滿即意業譬見是已第二更觀過去又二先檢根緣既云昨來豈非過去次根緣對凡五句初一失出世善後四失世間善一失信三寶之善二失惠施之善三失少食無厭讓之善四失敬惡之善五失慈孝之善既云三寶知是出世餘是世晴九十一間四善如文本性弊惡今和善者但有憐妻愛子和純之善弊惡是剛烈失護法之善醫聞是已下第四爲說法又三第一說法第二息化第三絕應說法爲二初一往爲說二窮源重說初文者嗅之譬一往爲說知七香五臭七香譬七漏五臭譬五欲觸身下第二譬窮源之說轉復相近如觸身唯見三毒語贍病者下第二息化遽務者更餘方化明當更來者現在無善化緣已息且遥指將來恣意勿禁非佛教所制明日使到下第三絕應使到譬復更感佛善既不生故言我事未訖大王世尊下第二合譬文爲三一正合二簡闡提三住三塗救拔此初正合略合大意若望前譬唯合後兩不合前二初合第四而爲說法次合第三觀善不可生闡提輩下第二料簡闡提而此中言現在生或後世生若即事爲言三世皆無若方將遠望有生善義又二初因時教化次果時濟拔譬如淨人下第三往三塗拔救也王語耆婆下第二受勸而往如文爾時佛告下第三如來稱歎又爲四一王歎疑二佛爲決定三持一切問四佛答初言疑者疑於佛智能除不能除疑已罪可除不可除次我今下佛作決定以能除智除可除罪三爾時下持一切問佛說一切無定云何爲王而作定說四佛言下答王自謂可除不可除我爲其除除其不定爲定爾時大王下第四到佛所又四一王來至二佛慰問總喚猶惑別喚欣喜三迦葉騰述四王獻供如文爾時佛告下第二正是滅罪爲二前略說法次廣說法初略文又二初略說次領解略說又三初許誡次正說三結詩九十二正說中先標二十事次釋釋中爲十雙初明無無漏眞法次明無有漏似解此眞似爲一雙次初通明有生死惡因後明墮三塗惡果爲一雙三初明無道前智慧方便次明無道前修定之力爲一雙四初明四倒生死唯苦無常後明不脫八難倒難爲一雙五寃讎爲一雙六初不免三塗苦果後不免苦因子果兩縛爲一雙七無始無終爲一雙八空有爲一雙九因果爲一雙十癡逸爲一雙今約三諦釋二十觀一無無漏無善根者此無眞諦中眞似之法生死未調深坑怖畏者此俗諦中因果有畏兩句佛性者此無中道道前慧定方便四倒是煩惱道八難是苦道冤家諸有是業道云云凡夫之人下第三結得失作二十種觀者爲得

不觀爲失如文阿闍世言下第二領解世尊自我招殃下第二廣說又三一世王起執次佛廣破三王奉教行初起執有四一執重罪二執父王三執無辜四執定墮堅執此四妨於入道故須破時九之佛告下第二佛十三破又三初別破次總破三結勸初別破即破上四執但不次第初破第四定墮又三初正破者殺無定相如普賢觀云一切諸罪業皆從妄想生端坐念實相衆罪如霜露慧日能消除若達妄想則罪業釋然無業故無墮次世王領三如來述成大王如汝所言下第二破第二父王之執雖雙牒父王無辜而先破父王先明因緣假有故無父次明念念生滅故無父初中以於諸法推求檢覓父不可得若就世諦天性尊重父子炳然若就眞空諸法平等無有差別旣無父子之殊寧有能殺所殺之色色有十種者即五根五塵乃至應有四大文略亦是相攝五塵成四大四大成五根四大成五根即是四大攝十色五塵成四大即十色攝四大故不廣說雖可見縛下第二明念

念生滅故無罪大王一切衆生下第三破其第一定重之執混高下之心泯分別之見大王頻婆下第四破其第三無辜之執又二先引昔事次牒執破之大王衆生狂惑下第二總破又三初舉四狂等袪其定執實有次如王宮中下破其無慈不等三譬如涅槃下破其滯邊失理初四狂中二先法次譬法中貪狂猛盛倒亂尤甚藥狂迷悶衝突水火呪狂被詛縱橫非法業狂業持令其失心王無三狂但有貪狂貪狂所作貪之過耳次譬中二先醉次幻初醉又二先譬次合初舉醉人譬若本時相瞋寄酒後罵者不名爲醉若從此義作罪得罪若其醉後全無所知都無避就如此作罪是則無罪王今下合王亦如是猶如醉人次大時九王譬如幻師下十四次舉幻化等九譬破其實有皆先譬次合初譬正舉幻化以破實有如王宮中下第二破其無慈不等重死者何人重死而輕生今不言故重於死莫問人獸皆以死苦爲重故言保命重死人獸無異若就結戒者人犯重獸犯輕此就往業

善惡別論不可相類若就施食此就施心同緣實相故等此復別論大王譬如涅槃下第三破其滯邊失理又二先舉涅槃爲譬次將殺來合譬凡三番合如文三番破竟結勸其觀云云大王色是無常下第三結勸觀行又二先勸作無常等觀次若殺無常下勸作常樂等觀爾時阿闍世下第三奉行又二前明觀行次辨發心初觀行爲三一正作觀二諸佛三自慶初文中明作無常又作常何者若不作常不解無常觀常無常達非常非無常二作是觀已即是諸佛三世尊我昔曾聞下歡喜自慶又三初明蒙佛覆廕次須彌山王下明仰同佛解三我見世間下正是自慶無根信者本時五根未立今遂得信故曰無根世尊我若不時九遇下第二辨其十五發心又三一偏明王發心二夫人眷屬發心三辭退王發心又三一王發心二如來印三王重發心二爾時摩伽陀國下通明王及眷屬發心又三一發心二供養讚歎三如來述成正發心又三一國人二王夫人三王慶喜國人發心令王

罪輕者以是滅罪之䟽緣故何以故由衆生病故菩薩病衆生病愈菩薩亦愈若依此文從毗婆尸佛所發心不墮若依世王經巳於七十二億佛所發菩提心說是語巳下第二供養讚歎又二初少長行身業供養次偈口業供養偈有十五行半爲二初九行半稱歎次六行發願就九行半又三前七行半歎口密次一行歎意密三一行歎身密初口密又三初三行歎實語次一行半歎輭語三三行歎義語實語對虛語輭語對麤語義語對綺語應有和合語對兩舌語無者文略又實語兼和合語二如來爲一切下一行歎意業大慈之德世尊大慈悲下一行歎身爲物示現我今得見佛下第二六偈發願懺悔即五悔意初一行明廻向次一行明勸請次一行隨喜次一行明懺悔後兩行發願初行願悉發始心次行終見佛性爾時世尊下第三述成又三一述其現世二汝昔巳於下述其過去三從今巳往述其未來亦是勸修世王經中明佛爲說文殊爲說王之重罪如須彌山一切皆滅所不滅者如芥子許猶入䆴吒地獄雖復在中而無苦痛又爲授記成佛名惟首陀惟沙耶此言淨其所朗三辯退如文天行縣指雜華

嬰兒行品

此是第三明嬰兒行有師言借譬得名權智爲體化物爲用今明涅槃非大小亦得論大小小即嬰兒行大即如來行權智爲體可施黃葉此不得在如來之行文爲三初明嬰兒次釋嬰兒意三結嬰兒果上聖梵兩行皆爾此不應無就初爲二一明圓行嬰兒二明偏行嬰兒他解不起不語是本地嬰兒此義不然汝云嬰兒是化他行本地化誰今明本地非大非小能起大小兩化作大小嬰兒就圓嬰兒爲二一譬二合譬爲四一不能起二不能住三不能來四不能語不起譬常不起邊中諸法之相不住者譬淨不著生死涅槃不來譬我不從淺至深動揺彼此不語譬樂寂滅涅槃不可言說此圓嬰兒從初發心常觀涅槃四德行道故言不能起住來去語言呼此嬰兒爲如來行佛作此行引上根者能化所化皆行四德悉如來行故名如來嬰兒行上聖梵兩行皆先釋次第行後釋圓行今品先明圓行後明次第當是前後赴緣自在從如來亦爾去是合向四譬合前三爲三如文次合不語中爲四一究竟故不能語巳至大涅槃故二明說即無說故不能語三祕密之言衆生不解故不能語四明隨類不同隨他言音於我非語非語故不能語是究竟樂說即無說是常祕密不解是淨隨類是我不能語中還具四德餘三譬亦應如是從又嬰兒者能說大字去是第二明偏行嬰兒文爲五一大字嬰兒二無知嬰兒三不作嬰兒四黃葉嬰兒五欣猒嬰兒初大字中二有譬有合初譬中言大字者婆和是也正取和字而爲大字即是六度菩薩嬰兒此菩薩三僧祇劫百劫種相志求作佛此佛是有爲半字無常之佛故知是和字嬰兒合文自釋文甚分明二從又嬰兒者不知苦樂下是無知嬰兒有譬有合譬中舉六字無苦樂是不取捨無畫

夜是無情愛尋譬文似自行合文中合菩薩化他當是互現前後皆以如來合譬中間兩種以菩薩合譬亦是互出佛與菩薩皆能具行諸嬰兒行下文云迦葉及九十三萬人悉皆得此五行云云無知是通教菩薩嬰兒達幻化相苦樂平等寃親不二合文分明三從又嬰兒者不能造作去是不作嬰兒有譬有合初譬中云不作大逆不作小乘此是別教菩薩嬰兒次合文云無五逆二乘等心即是非生死非涅槃行於中道菩薩之行四從又嬰兒者啼哭之時下是黃葉嬰兒有譬有合初譬中云楊樹譬妄常黃葉譬妄淨木牛馬譬妄樂木男女譬妄我次合文中合於天上常樂我淨此中義推應有人中四倒常樂我淨文略不出五又嬰兒者下欣厭嬰兒直法說無譬文爲二初略標二釋厭生死時說於二乘即是標然實無有者是釋又二初略釋二廣釋初略者知生死過是識苦集見涅槃樂是識道滅次廣者有斷不斷此約集諦正使有斷習氣不斷有真不真此約苦諦生死中無涅槃則不真離生死有涅槃此則有真有修不修此約道諦四倒惑等是不修四念處等是修有得不得此約滅諦利使鈍使名不得見道修道名爲得然此中先明道次明滅者若鈍根小乘望果修因滅前道後中乘利根道前滅後此亦無在問此中偏明五種嬰兒上何不明五梵行五聖行答彼之兩行依文則無義推則有所言義者以大涅槃心修於三品即別菩薩聖行諸佛說已聲聞緣覺則能奉行則是二乘聖行二乘既能奉行例知六度通別人天等亦能隨分隨說奉行故則有也梵行中九品增修即是別菩薩梵行慈爲一切善法根本自然攝得聲聞六度通教人天等四無量心一切梵行何以知然此嬰兒行同他小善小善不一故具列五偏嬰兒行聖行正是自行但明次第不次第故不列餘行梵行是淨行化他但列佛菩薩次第不次第梵行六度通教雖有化他一是具惑二是半或非淨梵行故不列二乘及以人天皆無化他故不列之有無之意大旨如此從善男子如彼嬰兒下第二釋嬰兒譬意文爲三一牒譬二合三釋初牒金譬妄淨木牛馬譬妄樂非道譬妄常木男女譬妄我二如來亦爾但合木男女一意餘三可解三若佛如來下釋既知是妄何以誑彼衆生若不以妄引墮邪因果無由得出今以妄引破彼邪因則因縛衆生想破彼邪果則果縛衆生想破是名破衆生相衆生相破由此妄引人天嬰兒其意既爾顯餘可解若於衆生中下第三明嬰兒行果若於衆生作衆生想者但是嬰兒非嬰兒行以於衆生不作衆生想故能破衆生相即嬰兒行成以行成故止不啼哭以果成故得大涅槃得果之文分明若此古來不見如何如何前聖行梵行立果近在初地今嬰兒行立果遠到涅槃近遠互現勿起偏執又初地亦具常樂我淨亦呼爲大涅槃云云善男子下是大段第三單結次第五行文爲三一總結二迦葉領三佛述如文

大般涅槃經疏卷第十一上

大般涅槃經疏卷第十一上

校勘記

一　底本，清藏本。

一　一頁上一行「卷第十一上」，〔徑〕作「卷第十九」。卷末同。

一　二頁中一五行第一四字「是」，〔南〕、〔徑〕無。

大般涅槃經疏卷第十一下　時十

隋章安頂法師撰

唐天台沙門湛然再治

德王品

瑶亮云五行是略十功德廣一二功德廣聖行乃至九十功德廣病行太昌宗云從初至六廣前三行主對相應後四廣後兩全不相應光宅云五行十德體一義異同是因善起自外凡終於窮學感後集果謂之爲行酬前習因謂之功德是則行因德果開善云五行據淺十德據深五行始於聞經終於初地十德始於初地終金剛心故品初則歎不與聲聞辟支佛共聞者驚怪第六功德以金心爲體河西云五行是涅槃因其趣深遠恐憚不修故舉十德莊嚴獎勸令學今皆不然前兩家以廣略主對義不相應如其所說光宅云習因習果乃菩薩之位不關佛乘開善云行淺德深文云第九功德初發五事悉得成就此不應深聖行以大涅槃心修嬰兒行云得大涅槃此那忽淺河西云是獎勸之語獎勸則通何處不勸研其遺文不與經會皆不用之今依經文菩薩當修五種之行行即是修文云菩薩修行大涅槃經得十事功德豈非是證前三聖行各說行果亦是於證其文則少後十功德非不明修而證文多其事顯故判行爲修以德爲證就文爲三一佛明十功德二高貴領解三總結初又二一總唱十數二別釋初唱數爲三有對告唱數稱歎初對告者光明徧照論外化廣高貴德王辨內行深又光明是般若高貴是法身德王是解脫解脫攝法故如王般若理周故徧照法性尊極故高貴三德具足以目一人從德名人從人題品次唱數者直唱十數不別列名下別釋中一一出名三稱歎者河西云梵本云希有奇特鈍根小智聞則驚怪翻者略希奇但存九句獨佛境界不與小共言語道斷心行處滅故不可思議深無底故驚廣無邊故怪不眞故非內不假故非外分別智所不知故非難泥洹智所不洎故非易無色故非相無非心故非非相無去來今故非世法無邊無中故無相貌絕四離百故世間所無何等爲十下第二是歷別解釋先徵起次正釋即爲十章舊分此不同冶城爲兩周初功德不聞而聞從淺至深至第六功德金剛三昧爲一周第七功德又始發心至第十功德修三十七品見佛性爲一周開善作三周初周如前第七第八爲二周謂從善友生即是外緣第九第十爲一周由信心得即是因由今謂若望法華明三周義初法次譬後因緣皆重說前義故言三周今之功德名義永異豈同三周今但爲十初文爲三先明五事次論義三結初文又三先標五章次列三別解舊明五事爲三慧初一聞慧次一思慧後三是修慧有云初兩是聞思二慧中間二是聞思功用後一是修慧與皇以初一是本後四相成由聞得益益故斷疑疑除故直直故知祕今明不然三慧似道此文明證修大涅槃得十功德眞證炳然尚不得以別眞道釋何用小共似道釋之去文逾遠與皇以五法相由是亦不然夫入證在懷非復前後說非行時何況證

時猶在次第文明證得而作修解文明不共而作共解文明不聞聞而作從他聞解文明不思議作思議解文明秘密作顯露解文明圓備作偏缺解文明驚怪作尋常解文明無差作差別解文明中道作邊窮解若依文者無十過失不知何故拒抗佛經云云私諮後學請觀初德五法之文不聞而聞猶条因相聞已利益等四全是果上之名初既多立果名餘九縱似修因亦是正中之行章安置多少之言意亦如是乃至細尋九句之文皆悉順於若修若證故知凡諸釋經若尋文取義若依義判文不然則因象消文必招衆失三解五法文自爲五初釋不聞聞爲三標釋結標不聞聞者乃是圓證妙悟發解稱聞非他邊領若從他聞即是聞聞何得是不聞聞次所謂甚深下此即是釋釋此圓聞一聞一切聞不可具說略舉三種初不聞聞第一義諦二不聞聞俗諦三不聞聞眞諦此之三諦三法一心非前非後不淺不深故言不與聲聞辟支佛共二乘之人永不證中故不與共亦不

證俗復不與共其雖證眞不知眞之秘密亦不與共如此不共是故驚怪乃至非是世法上所稱美正歎於此今初就不聞聞第一義中爲二初通列次通釋初列中一佛性二一體三寶三四德四涅槃常住五如來涅槃次通釋一一事中無非中道甚深凡二十句餘亦如是次從復有不聞聞一切外道經書下是第二不聞聞俗諦又二初列俗諦法二明秘密初俗法者然根本有三外道各有經書此但列迦毗羅優婁佉不明勒沙婆者略又迦毗羅計一即陰是我優婁計二異陰是我勒沙婆計亦一亦二亦即陰亦異陰與二人略同故不說復有十一部經去是第三不聞聞眞諦法亦二一聞眞諦法二聞秘密皆言因此經而得聞之即是圓證之義毗佛略中明三寶一體佛性常住涅槃小乘所無是故除之三結如文次釋聞已利益者爲三標釋結標證得之益非是思慧之益又云得近三菩提思慧猶未發眞云何近義耶次釋爲二一略二廣略中又二先提緣由故言聽受次顯

眞證是一心三智舉三譬譬之眞智照理如鏡内淨假智照事如炬了外物中智圓照如日徧朗而三番說者令人易解證時一心俱得三智二若有菩薩去是廣明利益又二初叙緣由次歷四法明益如文不從他聞是眞證之益而能自知近三菩提故知非思慧明矣三結如文三釋斷疑心者爲三標釋結標如文前利益是内證斷疑是外論去離亦稱智斷明生暗滅雖前後互明同顯圓證功德故舊云是聞思功能若小乘聞思何曾聞思佛性之義若大乘聞思未見佛性今作離斷之義於證義便釋文爲二初略釋離二廣釋離略有三番初離名義兩疑次離八倒之疑三離權實之疑初名義可見次疑八倒云疑佛涅槃是無常倒次明常倒理須具八而文略將三單對一雙是五種云云涅槃四倒總別之殊三疑有三下離權實上疑疑三乘是疑權了衆生佛性是實理須具列佛性今但互現復次下二是廣離又三一離衆多疑以無常爲首者即離實法上疑次復次色是我去

即是離假名上疑三四重五逆下是離依正兩報上疑五逆四重就正報論重惡有佛性無佛性就正報論極善世界有邊無邊是依報初如文次假名中云生死之法有始有終者有始有終是邪外所計内亦有之一云生死都無終始十二因緣輪轉無際二云無明一念即是其始金剛後心即是其終三云無始而有終經云無始無明即是無始佛果即是有終若定作三執即是爭論眞證之時即便得離聽是經下三結如文四釋慧心正直無曲亦三標釋結初標前明内證三智外離諸疑未知何智今標正直之智非是二邊所以雙舉正直邪曲兩章次釋出既識二邊正直自顯菩薩修聖行時已能除凡夫二乘邪曲當知五行是修曲見既除所見則正當知十德是證明矣釋聲聞曲見如文三修行如是下結可解五釋祕密義亦三標釋結初能知者標也前無二邊邪曲而有正直中道之慧此慧能知深密之義次釋中爲三一果深密二因深密三不思議深密初所謂下即是

如來大般涅槃即果深密次一切下是約因三復次下約不思議實無有我而於未來不失業果下二句此寄無而言有次諸業下四句寄有而言無寄有無而言非有非無寄非有非無而言有無不可思議不可思議復不可思議玄而復玄約不思議而論深密爾時光明下第二論義爲四一德王論二瑠光論三無畏論四德王重論初爲兩先問次歎問爲兩初領旨仰非二正難上雖說五事今正難初事凡作三雙初一雙作奪門次作縱門三作況門初奪門爲兩先法次譬法說爲三初通約有無奪次正就不聞聞奪三結初有無奪又二初奪次遮初文奪分使成兩次無不應下遮生滅不得作一次如其下就不聞聞奪三世尊若不下正結先結定成兩次云何下結定不應一譬如下是第二譬說先譬次合譬中奪凡累三譬至是住相何因有去去既未至所以須去生已生故不更生若其不生即不生不生不得不得例爾皆定奪爲兩次聞已下合譬不得爲一譬中無不一

譬但是開合互現耳從世尊若不聞聞下第二一雙是縱難難有三初縱衆生有三縱一徴次縱佛果有一縱一徴三更結兩縱如文從世尊凡是色者下第三一雙是況難前就色聲況次就三世況初文者障内色可見障外不可見麤可見細不可見質柱一邊見餘邊不見世間之色尚有可見不可見況涅槃微妙云何可見聲亦類爾次三世者三世有爲尚不可見涅槃無爲何可見聞爾時世尊下第二歎答舊云稱歎此非是答今明亦是答其以定相難佛明幻等豈可得定衆疑皆息是爲歎答瑠璃光光來非青見青非黃見黃豈非不聞而聞即是瑞答後瑠璃光答問即兼答德王無疑爲衆興問凡此三答三答三根釋然河西亦言歎是總答下別答時大衆中下第二瑠璃光論義爲二一從遠來二至已論義初又二先現來相次正明來初現相中先放光次問答初放光者乃是奇異仍釋前問名爲瑞答以示來相放光是光體大衆遇光是光用師子王定即自在定迹既自

在乃顯光體不可思議云云爾時文殊下二問答又二先明其本次明其迹初本又二先無言辯本次寄言辯本初四菩薩相問皆默者一顯諸法無言二顯此疑應從文殊得解故餘人不答文殊問佛佛默然衆見佛默答咸謂文殊玄解所以迦葉復問文殊文殊又默衆謂迦葉已解如是傳傳乃至五百爾時世尊下第二寄言明本先問次答凡有七番前六皆破定相次一明因緣私謂此因緣答是破是立因滅無明即是破也如前皆默熾然菩提即是立也如後世俗又前是自行破立故衆皆默後是爲他破立故答光緣故知光之本者莫逾菩提之燈是故此光非色現色從眞起應自彼而來放光召機故非現而現問菩薩放光豈是常住一云藉彼佛力故有常光二云彼菩薩是佛自有此光佛言文殊下第二辯光迹亦有問答佛言莫入即止其本應以世諦宜明其迹迹文爲三初此述彼土次彼述此土三明菩薩欲來爾時瑠光下第二彼菩薩正來非彼佛不能答示佛道同

欲生此土善滅此土惡令見性得道是故遣來問若諸佛道同彼土遣來此應遣往答亦應遣往但略不說又隨化主所舉此佛舉彼菩薩故菩薩來彼亦應舉此但略不舉問迦葉好世不說此經今佛惡世對治無常故說常經滿月如來亦出好世何以說之問難皆與德王同耶答常治無常其土應無若逗常機任理而說是故云同並云昔所不聞而今得聞可非對治又迦葉如來亦有常機何故不說今解不爾彼土雖無對治之説亦二悉說迦葉亦爾爾時世尊問下第二至已論義爲二初旁論去來二正問上義初文者然問答前後隨緣不定此中佛先問次菩薩問此中旁論與純陀異上文對佛而文殊旁難即是人旁而法不旁此中正應問不聞聞而問去來即是法旁而人不旁佛問意者汝見諸法有去來故來無去來故來瑠光答十番初兩就前境明無來後八番約迷悟悟無去來迷有去來瑠光明理不去來而迹有去來迷悟亦爾兼答高貴不聞而聞世尊且置下正

論義爲四一請許二問答三重研四結難請許如文次瑠光下問若具足問應如德王三雙六隻此中直問聞所不聞凡有三異一德王問廣瑠光問略二德王問證瑠光問修三德王問不聞聞瑠光問聞所不聞云何會通解云瑠光在本土亦作三雙之問衆已聞廣是故但略德王通問五行之證證是內悟不由外聞故言不聞聞瑠光問證中之修即是天行天行任運念念增明故言聞所不聞詞異理同云云佛答爲二初緣起二正答初緣起中二有讚許誠聽許有六句似如六度而不次第汝欲盡海我能善說此約精進許拔毒箭此約戒度許慧炬照明此約般若許其問不聞聞佛許汝於佛性未得明了我有慧炬能爲照明當知廣說不聞聞即廣佛性上文云云何不聞聞得聞常樂我淨復是其義若瑠光問與德王同瑠光得了因高貴亦然下文云我因是事即得悟解一句半句得見佛性入大涅槃若不聞聞是佛性者三句云何不聞聞是了因聞不聞是緣因不聞不聞是

正因聞聞是境界又是因性聞不聞是因因性云云例來不來生不生至不至等亦復如是作船師此約忍度許生赤子心此約禪度許惠施此約檀度許次諦聽去是誡聽又二初誡未聞次誡聞已誡未聞有三諦聽令不覆器善思令不漏器念之令不汙器不覆故能受不漏故不失不汙故堪飲誡聞已亦三初三事誡覆次二事誡漏次五事誡汙初標覆次釋覆當生敬信標法至心聽受標已恭敬尊重標師莫求其過釋覆法莫起三毒釋覆已不觀種姓釋覆師若無三事即器不覆從既聞法已下二是誡漏莫生驕慢去是勿漏生死亦莫生念去勿漏涅槃無此二邊即是不漏從於佛法僧去誡勿汙一勿汙一體二勿汙四德三勿汙大乘四勿汙無住五勿汙法相若作別體[十]汙即不能尊師若起[十一]四倒汙即不能尊法若起小乘住著生貪汙即不能尊自無此五失即是不汙凡行十法結是至心云云問瑠光放光光即常住安被斯誡答椎椹叩物寄聖誡凡善男子有不聞聞下第二

正答即爲二初約不聞聞四句次廣開不生生兩番四句南方舊解初四句是法說後兩四句是譬說地論人初四句是教相次二是證相觀師云諸四句無異爲逗三根三番說之舊解 初番四句諸師不同一師約二諦云不聞聞即眞爲俗故眞得有聞不聞不聞此但眞諦絕無見聞聞不聞即俗爲眞無所聞也聞聞但是俗中有於見聞一師約眞應不聞聞者法身起應不聞不聞法身嶷然聞不聞者攝應還眞聞聞應迹聞見一師約生死涅槃涅槃眞寂不聞不聞有感便應不聞而聞生死紛糾若能修道則聞不聞若不修道常是聞聞一師云聞聞四句非是正意後重研不生四句方是正意宜就不生等解不聞不聞是涅槃無始無終不生生是涅槃無始而始生不生是涅槃無終而終生死亦然生生是生死無始無終不生生是無始而始生不生是無終而終云云今謂義皆不然何者此三番四句圓冠諸法靡不該通用圓釋經猶懼不會安得偏作若教行證法譬解耶非但方不會圓兼復屠割傷體又一師依於一諦疏以釋四句雖言親密彌益疏遺況作二諦疏累轉多眞應生死涅槃等二亦復如是況作生生等三句解者損失事深況作互無只是小乘少分意耳不關大道今皆不用又此十事皆是內證德[十]王難不聞聞瑠[十二]光難聞不聞二詞雖異而同問證答正廣明四句若欲釋之千塗萬轍同顯斯證猶懼不當而諸師蓬飛野外滂流海表偏據事相執一害諸非但乖圓永不聞證若以四句通釋諸義觸處皆通欲解初四句應扶佛語佛雖答證意在通修初入證道修道忽謝無所可有名爲不聞眞明豁閑無所不照即是於聞故名不聞聞證得如是大般涅槃大般涅槃無有聞相故名不聞不聞證起惑滅名聞不聞寂而常照隨扣則應名曰聞聞今取佛解不生生中四句釋此既是佛解非徒穿鑿初句明證智次句明證理第三句明證斷第四句明證應若事若理智斷自他於初證中具足無缺如此之證不與小共不可思議聞則驚怪盡涅槃

海此一妙證釋二人疑復此不聞聞是證聖
行聞不聞是證梵行不聞不聞是證天行聞
聞是證嬰兒行病行一證一切證圓證具足
故上文佛告迦葉不獨汝得如是五行今此
衆中五十三萬人悉皆同得如是五行即其
義也復次不聞聞是證了因聞不聞是證緣
因不聞不聞是證正因聞聞是證境界故佛
答瑠光云汝於佛性猶未明了我有慧炬能
爲照明即其義也復次不聞聞是證圓淨不
聞不聞是證性淨聞不聞聞是證方便淨
故佛答瑠光云汝今欲盡大涅槃海我能爲
汝具足解釋即其義也若得此意於一證中
自在廣說云云第二廣明四句從如不生生去
明兩種四句云何名如是不異義彼此四句
不可異故於彼四句更立名義互相顯釋類
例可通略舉兩種顯廣義端徧冠一切內外
諸法那言此四是譬說耶與皇例以此四句
通於本有今無雪山割肉等偈不生生是本
無今有生不生是本有今無生生即是三世
有法不生不生即是無有是處生不生是諸
行無常不生生是生滅法生生即是生滅滅
已不生不生是寂滅爲樂不生生是如來證
涅槃生不生是永斷於生死生死即是生生
若能志心聽常得無量樂即是不生不生
今明初約圓證根本其義既立徧通一切內
外之法何但通諸大經亦通小律生生是諸
惡生不生即是莫作不生生是諸善奉行不
生不生是自淨其意云云非但通於大小經律
亦得通於菩薩之論生生是因緣所生法生
不生是我說即是空不生生是亦名爲假名
不生不生是亦名中道義云云世尊云何不生
生下第三重研何故重研良由不聞聞等義
猶難解更研不生生等重助釋之若了不聞
聞等則不重研不生生等今欲類例通之使
徧一切故重研也又爲二一約內四句二約
外四句內四句中句句皆先問次答安住世
諦者有二義若就生死外法即是初念託胎
來名安住世諦若就涅槃內法修習方便位
名安住世諦從修發證無明豁破即是初出
胎時亦是涅槃無始而言於始將此類通不
聞聞等即是圓證其義轉明世諦死時亦有
二義若就生死外法福命俱盡名世諦死若
就涅槃內法即是無明盡時名世諦死亦是
生死無終而終四住菩薩舊云十住中第四
生貴住於生自在又云十地中第四地斷見
諦盡不生三塗能以神力示自在生今觀二
解一似別義一似通義未會此文尋此義意
但令菩薩四住惑盡非是結業牽生三界而
能示現名生自在地經有六住義第四住與
此義相應具如止觀第五是引彼亦引證不
生生等第二約外法四句而言未生生者未
之與不各隨義便瑠璃光下第四結難於三
四中但難不生生等於不生生等四句中但
難生生欲因生生廣解諸句就文爲三一難
二解三領就難爲六隻三雙初就常無常難
次就自生生他難三就本有本無難皆難生
生爲常故生無常故生爲自生爲他生爲本
有生爲本無生初文常無常者生若是常有
漏之法應無此生生若無常則有漏是常生
自無常無常則滅不能自固豈生有漏有漏

既其不爲生之所生故應是常次世尊若生自生下第二結自生生他難生若自生生無自性者言生既自是所生非復能生無能生性故言生無自性二云生本假緣未有自性何能自生若無自性何能生他能生他者等是生他何故但能生於有漏之他而不能生無漏之他有漏無漏望自俱他世尊若未生時第三難若本有者未生之時已是於生何故於今方名爲生於今乃是緣合之時若本無生而可生者虛空是無那不復云虛空生耶佛言下第二解釋爲三先非六問次釋六非三答六問合有六非一是爲七章門初非六問者若定如汝問則皆不可說初言不生生不可說即非初難生定是常生生不可說非第二難生定無常生不生不可說非其第三自生則失自性故是生不生不生不生不可說非其第四生他之難前云若能生他何不生無漏故言不生不生不可說生亦不可說非其第五本有之難不生不可說非其第六本無之難後一結有因緣亦可得說即是

顯四悉檀因緣而可得說云何不生生不可說下第二釋上六非章門釋第一云自云是生復云不生不生即常兩事相乖故不可說釋第二章生若無常則生復生生爲生所生舉體皆生復爲滅所滅舉體皆滅生生故生即舉體皆生生生故不生即舉體皆滅故不可說釋第三章門生不自生本取生死釋第四章門涅槃亦有生義不可定言涅槃不生前難云等是生他何不生於無漏無漏只是涅槃涅槃亦有生義如是修道得故故復是生是生不爲滅之所滅此生即常故不可說釋第五章門本無有生豈可言未生已是有釋第六章門不可定言有於不生而復有於可得之事所以復生不同虛空一向無生第七可說章門十因緣者除後兩支前十爲生而作因緣故可得說此只消文止觀中釋四句稍廣私謂準彼釋意與今大經文理雅合深會彼文無生之觀咸契涅槃無生之文莫入空定大衆鈍故有二解一云衆實是鈍不解空定故言莫入二云若作空定之說衆解

則遲空義深隱取解爲難以遲難爲鈍然經文倡六句皆不可說有因緣故亦可得說佛六番釋不可說竟又指因緣亦可說竟此義猶略今更兩番說有因緣皆可得說具於一句作四句說所謂不生生生生不生不生不生四句皆如此說是爲因緣亦可得說亦應言有因緣故皆不可說何以故一句具四何可偏作一二三說爲此因緣則不可說乃至四句悉具四句那可偏作一二三說爲是因緣皆不可說又四句即事而理理皆不可說又四句即理而事事皆可說何以故下文云若知如來常不說法是名多聞今例此義若知四句即事而理即是說地師名前三種四句約教行證一往而言非無此義今欲分別此之六句似如禪複通別惑解初兩句明通別惑次兩句明通別解不生生是別惑禪生生是通惑複不生生是通解禪不生不生是別解複次生句結前禪生複生同是惑生次不生句結前禪不生複不生同是解故如此禪複惑解皆不可說因緣可說具如前辨

云云善男子有爲之法下第三答即正答六問答前六句爲兩初答前兩問次答後四問答前又二先別就四相次合就四相初別就四相即爲四初言生是常者當其分部守其自性故得是常言無常者住來住生即改變復是無常住亦如是爲生所生不得是常異亦如是而言法無常者前生中云住若無常生亦無常今舉法對異還是前生住無常法異亦有常無常義具如生住壞亦如是文云本無今有壞亦無常者本無今有只是生義已生來生壞壞不得是常本有今無復是無常善男子以性故下合明四相各守性分皆得是常以二義故不得是常近論念念遷變遠望涅槃即復非常爲涅槃所斷是故非常善男子有漏之法下二答後四難又爲二一

勝十　十八

正答第五兼答第六二正答第四兼答第三此初答第五問者上問若本有者云何於今乃名爲生今答云本有生理非是已有今方是生即兼答第六等是無生何故不說虛空爲生今答亦云有可生之理方得有生虛空

無可生之理何得說空以之爲生無漏之法下答第四難有法譬合初文者初難云若能生他應生無漏今答無有生於無漏之理故不能生有漏之法有生性故可得生兼答第三生無自性難若有自性生能生之既無自性豈可得生兼答兩意自然懸去次譬中舉火眼者各有其性火性能生眼性能見此中言有生性故生能生者即是破性義竟然後說性是則無爽如前非性執竟後方云有因緣時則可得說合如文爾時瑠光下第三領解又二初經家敘相次正陳解陳解又二自陳陳衆初陳自云聞不聞陳衆云不生生此即陳其得解之門只爲不至至四句有未解者無畏更問生不動國德王更論不至至等世尊我今已解下第三無畏論義爲三一

勝十　十九

請許二論義三請答德王之問請許如文二無畏論義有三問答領解問中又二初問此生彼次問彼利根此闇相感轉側爲異問經說淨穢二土菩薩互有勝負今云何通答若敵對相望淨土則勝若權實相望若入實淨

土勝若入權穢土勝次佛答正答初問兼遣後問偈有二十一行爲兩初十行是止善後十一行明行善然淨土之業即菩提心今論別行乃是總別不異三領解如文是光明徧照下第三請答德王之問上中已解爲未悟者更請先問次佛答問如文佛答爲二先讚誡聽次正答答中先舉未至不至次牒問不聞初又二初標至不至章次解釋釋中意者然德王初問有三種六種佛說六喻及光瑞答不聞聞竟次瑠光論義已答不生生竟今更重牒不至至爾初聞不聞四句上根已了次不生生四句中根又悟今爲下根釋不至至緣之所宜故前後問出爾就此四句前兩句明涅槃有至不至修道除惑則至不爾不至下兩句明生死有至不至若修道背厭則不至不爾則至還重反覆成上諸句然此中解釋還須望前前云不生不生即大涅槃此言不至還是不生更無別異若爾何以不同前明不至不至答爲緣禪複不至者即是凡夫不能修習所以不至不至至者亦望前初

出胎時名不生生此中言不至至於生死互舉一邊至不至者亦須望前世諦死時名生不生亦是互舉至至亦須望前前云生生不斷此中還論生死故與前同次牒聞所不聞又二前列四章次釋中但釋一句前已釋竟不欲煩文地人別分教證淺深之異然今文意只是緣宜宜作三說但是悟有前後非關法有淺深何以故語異義同故爾時光明下第四德王重論爲二初禪問果次雙問因果初問爲二一問二答問爲三一問涅槃始有即是無常二問因莊嚴故復是無常三問涅槃若有亦是無常於第三問中復有四章不者直作七問一問本無今有故無常二問因莊嚴故無常三問若是有故無常四問可見故無常五問不平等故無常六問有須待故無常七問有名字故無常初問又三謂領旨略問廣問廣問有法譬合第二第三第四如文第五有兩重譬合第六有譬有合引昔第七如文爾時世尊下第二佛答三問初答本無今有有法有譬有合地人作眞緣兩修釋言眞修是本有緣修是始有三論師用正因緣因釋正因是本有緣因是始有從汝言因莊嚴故下答第二有法有譬譬中三重譬合如文從汝言因緣故下答第三涅槃是有一往問答似不相應問直云涅槃是有即應無常今舉五因者明涅槃不同五因之有後舉生了而復簡生但同於了只答此問即兼餘四前舉五因似四緣三因生因即報因但長有草木和合因即是習因善惡自然相似住因即依因增長因即增上緣遠因即緣緣但無次第緣後二因者不同作因同於了因如文以後二因簡前五因皆作因故爾時光明下第二雙問因果問中二先六度即是問因次問涅槃即是問果佛答又二一雙答因果二別答因果初雙答如文善男子云何是施下二別答因果又二先因次果初因中又二初明順因次明遠因初文又二初正答次歎經初正答爲六辨度非度前五是少分涅槃後一正是判度有相有得則非度義無相無得乃名爲度其中廣舉一檀爲首餘五悉指雜華云何菩薩不聞十二數經先結菩薩爲歎次結三乘爲歎初文中云十二部經其義深粹者昔十二部但明於空比生死爲深而非邃此經明生生即不生生即生不生即不生不生故爲深邃亦是即有不有即空不空即非空非不空是故深邃云云

大般涅槃經疏卷第十一下

大般涅槃經疏卷第十一下

校勘記

一　底本，清藏本。

一　一〇頁上一行「卷第十一下」，[徑]作「卷第二十」。卷末同。

一　一一頁中一三行「十一部」，[徑]作「十二部」。

一　一一頁中一八行「又云」，[南]、[徑]作「文云」。

一　一三頁下一一行第六字「誠」，[南]、[徑]作「誡」。

一　一五頁中一行第七字「是」，[南]、[徑]作「是是」。

一　一六頁下二行第二字「倡」，[徑]作「偈」。

大般涅槃經疏卷第十二上

隋章安頂法師撰

唐天台沙門湛然再治

德王品之二

起卷德王問若犯重下第二明遣因於中爲三謂問答領解治城爲六問開善爲五問只是三意初兩闡四罪次兩問一闡提三一問不定初問四罪者若有佛性不應墮地獄如其退落佛性不持第二問若有佛性云何復言無常樂我淨若無四德豈有佛性第三問闡提斷善應斷佛性第四問不斷佛性何名闡提第五問四罪與闡提等不定還生善根涅槃不定還成凡夫難文小廣入涅槃已若還出者聖還成凡若爾佛無四德若不爾者闡提亦無成佛之義前難令涅槃無常佛答非無常此中作不定難一切不定則一切無常則涅槃亦是一切之限亦應無常此難難一切人悉令皆轉云佛答爲兩先歎問次答問初歎問爲四一歎現德二歎往因三歎所問超逾人天四誡聽許說如文善男子一闡提下正答爲三一答第五不定問第二答第三斷善問即兼答第一第二罪人問第三重答第五不定問兼答第四闡初答第五中三先標次答三結從如汝所言下第二正答第三有三番一約內外二約漏無漏三約常無常佛性中道非此二邊故不可斷人天是善三塗是惡凡法爲外聖法爲內世間是漏出世無漏有爲無常無爲是常佛性悉非此之兩邊故不可斷若是斷者下兼答第一第二罪人問彼雖作罪終不斷性明罪不定以不定故得三菩提本取斷已名一闡提性非已得云何可斷既非定有豈能遮墮答第一問若非定有遣第二問又斷已得方名闡提今性非已得亦遣第四問犯四重下第三重答第五問爲三初汎明不定二廣明不定三結不定初文又四一明惡人不定二明諸法不定三明善人不定四明如來不定此即惡人不定也色與色相下第二明諸法不定有法譬初法如文次譬中凡三譬三合如文而言亦有定相謂常樂我淨者爲其前難不定云如來入已亦應出聖成凡即無常樂今答不爾無定之中亦有定相謂如來常樂我淨故言亦有定相須陀洹下第三明善人不定如來今於下第四明如來不定方便道中如來不定法身本地定不爲凡是名爲定二端不可得燒者兩解一云襯身譬本地在外譬迹應此二不滅二云襯身譬佛智觀機在外譬神通應物物機無窮故神通不盡是故不燒襯音者非應言親音此衣在裏名爲親衣善男子當知如來下第二廣明不定舊解諸句作一存一亡非鬼至亡法身非非鬼至存應身今謂法應兩分還是定義豈是不定興皇云非鬼法身不定法身則亡非亡非非鬼應身不定應身則存非存存非存能鬼能非鬼亡非亡能非鬼能鬼今謂皆未免定何者鬼定能非鬼非鬼定能鬼雖言不定亦名爲定今明鬼即非鬼亦即非鬼非非鬼非鬼即鬼亦即非鬼非非鬼非鬼非非鬼亦即鬼非鬼是一即三是三即一無一無三一三不定斯則眞不定義餘句例然今先唱章門次解釋

凡二十章門但解十六不釋四門於第九短非短門中云現三尺身者河西云其家無兒無一子長三尺而死父母悲苦失性佛現兒像父母見子還得本心謂兒言我言汝死汝何處來答言從死處來因緣暫會身屬衆緣四大假合徧觀衆緣何者是身種種說法惑心即斷便現三尺佛身光明色相長者得阿那含非漏非無漏是第十六章而最在後釋何故爾佛欲廣釋此章故留在後又私謂諸門之中若漏無漏凡夫聞之多易解故又二初明非有漏其文極廣後明非無漏其文甚少廣略相望亦應可見初非有漏文爲二先明三漏後明七漏問何不取三界煩惱爲三漏而取色無色爲有漏通取無明爲無明漏答佛說無定或轉三漏以爲四流然作三漏者欲重故獨爲一色無色小輕故合爲一無明是根本通共爲一但數家稱爲漏落生死論家稱爲漏失道理今經意者只是煩惱則名爲漏復次一切凡夫下第二明七漏一見二思惟三根四惡五親近六受七念前兩是漏體後五是漏緣見是利使思是鈍使根是內五根惡是外惡法近是惡人受是受取色欲等法念是晝夜念念不斷今文無惡漏又惡漏作離漏名能離是道所離是惡初解見漏中應具十使但舉疑見者欲明貪瞋癡慢四使通於見思五見及疑但在見諦思惟門中則爲慢攝文又二先廣明疑心後別明見使疑乃非見但疑見相關故言疑見生六種心者具列諸見莊嚴云只是五見開邊爲斷常故言六開善云決定有我決定無我未是六數但總唱決定從我見我下即是六數一我見我二我見無我三無我見我四我作五我受六我知所言六者一於假我計有眞我故言我見我二於假我上計無此我故言我見無我三於陰身上計有眞我故言無我見我我作下三種即十六知見中三河西以決定有無爲二我見我者本計有我入定之時見妙光明猶如日月即以所見證定有我故言我見我見無我者計現有我過未無我即斷見外道無我見我謂諸有情悉無有我離五陰外別見有我如麻麥等我作我受者謂始終常有即是常見謂我能作因我能受果及以能知從凡夫不能善攝下三釋根漏又三一明凡夫因根起漏二明菩薩不爾三結如來無漏凡夫如文菩薩下二明雖復因根不起諸漏行苦者二解一云即三苦中之行苦此苦最通二云行是無常苦但是報不得爲一言二十五里者譬二十五有鉢譬身心油譬於戒不棄一滴譬不犯一戒王譬佛臣譬行人拔刀在後譬於無常如來拔出下第三結如來無漏也復有離漏下第四釋惡漏當體名惡從治道名離又二先明能離之道後明所離之惡初又二先明菩薩修行後引昔證今初文有五種法師而言一經於耳七劫不墮者前名字功德品云若聞常住二字生生不墮者聞有多種若深能思惟如說行者即生生不墮若不能深思惟行者只得少益八魔者舊云無常等四各有其因是爲八魔又一解煩惱等四及無常等四爲八善男子我念過去下第二引昔證今於中有偈

舊解上半明果下半辯因證涅槃是果至心聽是因果中有得離二事證涅槃是得永斷是離因亦有二至心是修行無量樂是得果言得樂果者非常樂果乃是行因得因中之樂果有人評之此太近局全無所以若只有

此事何能費身復云何聞此而得成佛觀師云偈意無量不可得盡所該甚廣義味無竭且出十義一三寶二四諦三三德四四德五生不生等四句六本有今無偈七雪山偈八四悉檀意九中論偈十四種佛性所言偈含三寶者只如來證涅槃此一句即是佛法二寶能證之人是如來即是佛寶所證之法是涅槃即名法寶永斷一句只是助語若能至心即是僧寶能至心聽即是衆行之衆豈非僧寶但此一句亦得兩望至心亦得是法寶

至期何處即是聽法今且屬僧得無量樂亦是助句明三寶者只是兩句且置兩句言四諦者不取諦義但取行證證此法者佛證涅槃即是證滅何故知爾涅槃翻滅豈非滅諦永斷於生死即是除集集是煩惱及以結業今生死亦是煩惱及以結業若能至心聽即是道諦由至心聽故即證道常得無量樂即是苦諦何以故苦果既遣便獲樂報三三德者即是摩醯首羅三目亦是伊字三點如來證涅槃即法身德永斷於生死即解脫德至

心聽即般若德更須一一釋之四依品中明三德者一法身二解脫三般若四相品中不爾一者涅槃二者解脫三者般若即取涅槃代法身今此中既云涅槃者豈非法身永斷生死是解脫者有生死即有累不脫今既斷

除即是無累寧非解脫至心聽即是般若者由聽法故能生智慧智慧既生寧非般若不至心者容可不生今既至心聽即能生智復得法樂自娛非復世間之樂言四德者即常樂我淨如來證涅槃即常德間爲將如來爲常涅槃爲常今明人法皆常故前文云以法常故人亦是常永斷即淨德生死是可惡不淨充盈既除不淨便得淨法豈非淨德至心聽即我德由我能聽無我誰聽常得無量樂自是樂德亦云復是重明常德生不生等四句者前已委悉解竟今不復釋云應本有今無偈者如來證涅槃即本無今有未證涅槃即是本無今既證竟即是今有永斷生死即是本有今無如來未斷生死之時由有煩惱即本有義既證法身無復煩惱豈非今無下

之兩句不可分張只此三世是無有是處故直合是三世有法無有是處何者是三世法耶只證此法涅槃常果即是三世無有是處雪山偈者文小交加須善分別上半不應此中文義但取下半而復不全應今四句但應今兩句生滅滅已即是永斷於生死寂滅爲樂即是常得無量樂此兩偈相望互有所無此偈望彼即無諸行無常是生滅法彼偈望此即無如來證涅槃若能至心聽亦應四悉如來證涅槃即第一義有時說涅槃爲第一

義永斷於生死即對治論中云以三觀治三漏今正斷生死豈非對治若能至心聽即是世界世界之中或言有我或言無我皆當至心領受此我無我常得無量樂即各各爲人論中云一法分爲兩種說之爲計我者即說

無我計無我者即說有我著苦說樂執樂說
苦今此爲除計無常苦者故明常樂等法中
論偈者因緣所生法即如來證涅槃涅槃只
是因緣之法若非因緣即成性義我說即是
空是永斷生死既斷生死故得是空亦名爲
假名者即是至心聽若有假我方能聽受亦
是中道義即是常得無量樂中道即是非有
非無亦是非常非無常結之爲常無苦無樂
結爲大樂今此常樂即是中道之常樂也四
種佛性者除正因性但取果果因因四緣佛
性如來證涅槃即是果果性故下文云果果
者謂大涅槃永斷生死即因因性下文云因
因者十二因緣所生之法亦斷十二因緣煩
惱盡者生觀智解豈非因因至心聽者即了
因性三十七品六度四等並是了因常得無
量樂是菩提果以常樂故豈非果性觀師云
聊爾思惟即便得此十科大義是故當知其
理無量非可述盡前梵行中言痛此中云不
痛舊解云只是淺深云云次明所離之惡謂惡
象惡馬諸惡獸等能害人者能生惡念動身

口惡惡城惡舍無情之物何能爲惡如在邊
城持弓執箭擊柝過道豈不生人殺害心耶
惡舍亦爾此是惡緣惡知識者甘談詐媚巧
言令色牽人作惡是故須離次釋第五親近
漏如文復次一切凡夫下第六釋受漏文云
覺覺即受也聖行品云受爲覺相因三受後
起三煩惱故名受漏其中復釋沙門等名皆
有多義不可定執此中六難與上純陀有異
上以檀爲難哀歎品以羅漢果爲難此中以
怖心爲難何故三處辨難而五同一異純陀
品對俗故云最後檀難哀歎對道故羅漢難
此中通對著有凡夫故怖心難

德王品之三

起卷釋第七念漏又二先明漏相次明菩薩
無漏能斷念漏行心邪念爲漏理應具三受
中生念漏今偏據苦中生念漏起貪瞋等過
菩薩下第二明菩薩無漏又三法譬結初少
許法說正明菩薩思惟能斷念漏凡夫愚人
不能思惟令其漏滅從譬如有王下第二譬
說爲二先譬次合初譬者說之不同或七八

九望下合文應是八譬一四蛇二五旃陀羅
三詐親四聚落五六賊六大河七草筏八到
岸束八爲三初六譬道緣次一譬修道後一
譬得果初言王者三解一云佛說衆生身中
四大二云無明能構衆生四大之身三云此
經詮衆生四大各相違害譬之如蛇篋譬一
身養食譬摩洗準法者依所作惡品有輕重
戮之都市者斷善根絕慧命其事顯然故云
都市切令者教惡莫作誡善奉行逃走者若
得眞解彰顯而去今初伏惑故言逃走次王
時復遣下五旃陀羅用譬五陰刀譬無常若
迴顧者欣涅槃爲逃走厭生死爲迴顧三是
時五人下詐親譬藏刀者以虛妄我覆於無
我妄樂覆苦密遣一人一人譬愛五陰行心
有此貪愛能惑衆生故言詐親四其人不信
下聚落譬譬於五根五根即是識所棲託如
人居聚落瓶器者舊云是重口罌譬五根重
杳字書爲洪音既不見人即人空求物不得
即法空坐地者安心空境五聞空中聲下六
賊譬譬於六塵能劫善財空聲譬於聞佛教

中說有六塵夜來者無明闇心蔽此六塵六路值一河下譬遇惑流但諸衆生恒在煩惱那忽云值然都未修道則不知惑過今始研心知其爲閡故名爲值斷常衝擊譬之漂急乏戒定慧故無船筏七即取種種下筏譬修道運手動足譬道用筏不可依恵善微弱不能勝濟身倚者心依此善截流而去草木譬衆善法兩手譬權實二智兩足譬戒定二善八即達彼岸下譬得涅槃果在此在流多有所畏既度到果必無所怖次合八譬初合四蛇即是四大大有內外內身四大正合四蛇四大共造眼根合見毒共造身根合觸毒共造鼻根合氣毒共造舌根合齧毒次合五旃陀如文三合詐親親只是愛愛能諛諂誘害衆生但前三心不能生愛唯行心中能生親愛然此五陰盡能爲惡但起愛取要在行心故云一怨文云怨詐親者有始有終愛心不爾無始無終復有二義一者如十二緣猶如車輪無有始終愛心亦爾無有始終然十二緣復有始終即無明爲始老死爲終言無始

終義者求愛來處求不可得即無始義云處無從復是無終次合第四空聚落者即內六入外世間聚人所住處無人故空六根即是我之棲託求不可得故空如人望舍謂內有人比至進覓都不見有菩薩亦爾觀於六根皆空無我但此六入即爲六根并外六塵內外十二六根亦名六情亦云六識根以能生爲義情從生識得名然六根無情識即有情從能受名故云六情識取和會根塵和會故能生識次合第五六賊即是六塵賊從外來劫人資財六塵之賊劫人善法但此六塵生三種法四事能生細煩惱者名爲四微所生者麤故名四大言四事者色香味觸四大各四亦不具四五事生者名爲五欲言五事者足一聲塵六事生者即名六塵塵是滓累之名次合第六一河河是煩惱但此闕二河六河不暇併述有生死河涅槃河善法河佛性河云云但此經中三河不同師子中明生死河迦葉中明涅槃河此中明煩惱河既至河上取草爲筏下合第七譬戒定智慧以爲三品

到於彼岸下合第八到彼岸譬常樂涅槃云何如來非無漏下第二釋非無漏半句文云如來常行有漏者數人云有漏無漏遂境爲判若緣漏境名爲有漏緣無漏境即名無漏此中明如來有漏似數人解何故爾文云如來常行有漏有漏即是二十五有故知是從二十五有境爲名論人從心何時遂境我體清淨無煩惱時雖緣漏境心不成漏此之兩解爲鬪爭本此中具明如來非有漏非無漏非有漏者乃明如來無復諸漏非無漏者明佛猶有漏此漏無漏欲明佛是非有漏非無漏漏無漏雙非何曾云是有漏無漏善男子以是因緣下第三結不定爾時德王下第三領解云云如佛上說下第二德王更請答上果問者前問既遠故重牒之就上第二雙問因果中先雙答因果次別答因果別答中如來既讃答因竟今德王更騰果問文爲二先騰果問爾時佛讃下第二如來答又二一歎問二正答初但歎問即有二意一歎其有憶持不忘既經長時猶憶前問能請佛答故是得

念總持之力二者此涅槃中多有所含汝今併欲而總持之是故復云得念總持如世人言下第二正答又二一者舉大小相對是就相待義答二者就絶待義答其大涅槃問初明相待即有十對絶待義者如下文中譬如虛空不因小空名爲大空涅槃亦爾不因小相名爲大相就相待中先舉十對以爲十譬次合合中爲兩先總合次別舉譬帖合總合又兩先列大小兩章門次云何涅槃下釋兩章先釋小次釋大初釋小又二先舉五事少分有滅苦之義名爲涅槃非大涅槃若凡夫人下第二舉斷伏之滅名爲涅槃先出凡聖兩章門次釋中二先釋次釋成初從或因世俗下釋上凡夫或因聖道下釋上聲聞世俗即是外道得禪伏惑之人聖道即是小乘斷惑之人何以故下二釋成上兩還生煩惱即釋凡夫有習氣者即釋小乘次文中具出習氣之義通論十使皆有習氣如舍利難陀畢陵伽等云云今偏就我見明習無我無樂唯有常淨無我樂者此是與其常淨奪則皆無常

樂我淨常樂我淨下此三句合十二字釋上大涅槃章門善男子譬如下第二舉譬帖合上有十譬今但別合七餘三則兼合王城地三事共一合此三事相兼王即有城城即有地義勢相隨人天又共合於別合中先合海次合河三合山摩訶那伽鉢建提者大論云大龍大象天中力士梁武翻爲極壯隨小王下第四併合三譬大王大城等也四種兵下第五合前第七衆生大衆生譬若有人能下六併合前人大人天大天兩譬普示衆生一實下七合前有道大道大名不可思議下第二釋大涅槃即絶待釋又二先總次別初總釋又二初明不可說次可說次別釋中但約三德不言常者二義一云前開宗廣明常竟故略不言二云名字品云所言大者名之爲常此更明大不復言常就三德中亦各有二初大我中二者先不可思議釋大次多因緣釋大即可說不可說也今文中云有大我故名大涅槃又云涅槃無我舊有二解一云無我者絶名冥眞故涅槃無我俗諦寄名故涅

槃有我二云無我者涅槃中無我者無生死妄我有我者有常樂之我觀師難此二解若絶名冥眞名無我者亦應絶名冥眞名爲無常彼解云不得無常涅槃是常故以冥眞四絶名爲無我更並冥眞四絶故無常云云難次家云既言無生死中我亦應無生死中常彼即反難生死中何處有常即應反問生死中何得有我彼若解云生死無眞我而有假我者又並無凝然常有相續常若爾非但無生死之我亦無生死之常並之無窮八自在者一一多二小大三輕重四色心五根六得七說八見如文復次譬如寶藏下第二釋多因緣故名大我次大樂又二一明不可說大樂次世間下明多因緣大樂初文釋四樂於中初樂之中有三復次明無苦無樂之樂二大寂靜下即是明無喧無靜名大寂靜名之爲樂三一切下釋非知非無知乃名大知名之爲樂四釋身不壞者即是非生死非涅槃之身是故不壞名爲大樂次世間名字下第二釋有因緣還對無緣以之爲釋故分有因無

因二文釋之先明有因緣次辨無因緣涅槃即同無有因緣還是前絶待之意初有因緣中云迦迦者烏聲究究者雞聲怛怛者雉聲次無因緣中云曼陀等者河西云曼陀婆者梵本一音二物一者高座敞堂二者藥湯而出經者言殿堂飲漿薩婆車多云似馬芹一音二名坻羅婆夷是燕雀亦一音二名次有法不可稱量下第三就不可量釋淨初釋中文多因緣但是文略次以純淨故名爲大後釋淨義凡舉四淨義如文善男子是名下大章第三總結也

德王品之四上

起卷明第二功德他釋十德各各論體謂初功德以五事爲體此功德以五通爲體今云不爾此文云以得大涅槃威神力故當知十功德皆以涅槃爲其體隨事分別種種不同體應根本豈從枝末而言十德五通者皆約無分別中而論分別若十若五舊云初功德深第二功德淺此不應爾上以四句開拓人謂爲深此中直說人謂爲淺若欲開此爲四句者不得得得不得不得不得得得餘章亦爾何淺之有云云舊云大乘異小唯佛乃具漏盡菩薩乃是因人故但五通不說漏盡此乃一往以因讓果若具足論唯佛世尊有眞天眼不以二相見諸佛國他心宿命究竟在佛菩薩既其分得五通何以不云分得無漏今此文中雖列五章六逆意足舊用不得而得是總標五通今云不爾不得得者得大涅槃大涅槃者中道佛性非漏非無漏之無漏故文中非外道即非漏非二乘即非無漏而言得大涅槃即非漏非無漏之無漏釋云所謂神通者不如小乘十八變化之神通神名天心通名慧性天然之慧即是中道無二邊漏名大涅槃指此而爲無漏通也私謂驗此十德皆證初文既有知於略藏豈有不能分證六通故知德文皆悉互通爲辨不別而別故十相不同別而不別同一涅槃是故對地亦應無失況復十地義通圓別別而不別圓義也不別而別別義也若依此意以此十德中之法門一一皆挾十地帶圓法門作通別釋彌益其美此則與經部會與五時會與諸教會與逗機會就文爲四初標次列章門三解釋四結二列六名既異小乘當知六通不與彼共文中解釋一一簡出列名雖異今指此文亦名六通不得而得即漏盡通不聞而聞即天耳通不見而見即天眼通不至而至即如意通不知而知即他心宿命二通三解釋文即爲五然列章與解釋小不次第緣宜不同是故耳就初不得得章爲三一標二簡顯三結標者即標神通神是大涅槃天然之理此理融通自在無閡故稱神通其名雖同其理永別故簡除凡小顯出中道圓具自在故知漏盡方名神通從通有二種去是簡顯即爲二標釋釋中二一簡非二顯是初簡非中即簡出外道二乘如文顯是爲兩一明一心中神通圓滿具足如文二顯身心自在具足就其體圓自在明其用妙就自在天又二先簡出不自在次明自在第三結文可解復次所現身相下二釋不至至章門即是身通文爲三一明遠到二簡異二乘三明自在如文

復次善男子下三釋不聞而聞即是天耳通文爲二初釋次論義釋文爲四一修二得三簡四無著前二如文第三文中云復轉修習得異耳根者明其修得皆異小外轉修即是大涅槃心無閡自在之修又雖聞音聲無音聲想是名轉修得異耳根者不與小共第四無著中云主相依相者不同外道吒驃求那不作果相等者不以禪定爲因神通爲果簡異於小餘文可見爾時光明下第二論義有二番問答初問爲兩一領旨仰非何以故下作兩難一難善聲二難惡聲皆作定難佛答爲二初歎問次正答答又二初總答次別答就初總復二初皆不定次復明定還是不定中之定初有二重皆先法次舉譬後結次如汝言下別答爲兩初答善聲次答惡聲欲明原由惡心不關惡聲世尊聲若無定下第二番問答先問次答如文善男子下四釋不見而見是天眼通文爲六一修二得三簡四不著五明異知六結此有數番明知非是後知乃借知明見後結文乃借天眼文助結以不共故善男子云何下五釋不知而知即是他心宿命兩通文爲四一知他心二知宿命三重明他心四以是義故下結初他心又二先知他心次知佛性云云

大般涅槃經疏卷第十二上

大般涅槃經疏卷第十二上

校勘記

一　底本，清藏本。

一　二〇頁上一行「卷第十二上」，徑作「卷第二十一」。卷末同。

一　二〇頁下九行「覩衣」，徑作「襯衣」。

一　二二頁上一一行末字「二」，徑作「三」。

大般涅槃經疏卷第十二下　阿二

隋章安頂法師撰

唐天台沙門湛然再治

德王品之四下

復次下二明知宿命又二初正明宿命次念過去簡異準前可知略不具説也復次云何下三重釋他心又二先横知六道次竪知十六心此文明十六扶順數義論云見道無量心此心疾利名無間心成論云聲聞欲知第三心乃見十六心緣覺欲知第三心乃見第七心唯菩薩能備知小乘根鈍欲知第三心來去併欲知後諸心比欲知已至第十六心中乘人小利欲知第三心去得知第七心菩薩不爾併知逐之無有一心而不知者此乃是三乘共義而有三人不同而同此十六心非今經意前知六道是知有邊次十六心是知無邊以非有非無中道之體能知有無復次下明第三功德舊言此中明慈成上梵行品云云於中先標次釋釋中二先釋次結初釋中意者然此中功德應具明四心而偏明慈者一云特是文略義應具有二云慈尚是一切善法根本何意不得即是三心捨偏得圓舉一知三略不説之釋文爲二先唱捨得二章門次釋釋中先徵起次釋釋中凡有五番初約二諦次約凡聖三約闡提對如來即是善惡四約卑鄙對菩薩即是勝劣五無著次結如文次明第四功德文爲二初明功德次論義初爲四初標次列章門三解釋四結治城云前兩是地前後八配八地前言根深即性地亦是生空決定心入初依亦是法空後八初不覷福田即初地檀滿第十斷除二邊即八地是義不然今並是眞證功德云何根深下第三解釋文中第五第六合爲一釋釋初章文爲三標釋結初事中具足五義一根本二根深三根廣四根長五根勝不放逸即是根本若通塗行善皆不放逸若別論者以初檢心爲不放逸具此兩意以爲根本次阿耨三菩提根者即是根深深窮實相到際即眞是菩提根故言深也一切諸佛諸善根本皆不放逸即是根廣以能增長即是根長諸善中勝即是根勝凡舉十三譬譬其勝相云何不放逸下凡舉十根重釋根長具此十義深固難拔私謂長勝既以多義解釋驗三亦然餘四皆十皆十三云何於身下釋第二章門文爲三標釋結標如文釋爲二一定身二定心初定身中觀身是有是生死器觀身是無是涅槃器今觀身非有非無正顯中道即三菩提器名身決定次心亦如是若陋小者即自爲心變易二義若論修因生滅無常名爲變易若論受果變易生死名爲變易聲聞辟支從人標心此屬無爲邊魔心即魔天白樂心通諸天樂生死心通三界此三心是有邊非決定求慈慈心於無求悲悲於有是爲決定云何不觀福田下釋第三章文爲三標釋結上四依品匡持佛法須簡持犯此中自修宜用平等又前誡出家令遵戒行今誡在家修亡相檀異念處者異於二邊正觀中道持戒外道者非但持戒又得上定下文云施斷結外道勝持戒比丘持戒比丘止伏欲界惡比之言勝施雖四種俱得淨報者以無施無

報乃爲淨報云何淨佛土下釋第四章文亦三標釋結標如文釋中但淨土業菩提爲本此中十善者非直十善與菩提心和合而行例如上答無畏之問然十善者明相似因得相似果離妄語得華果者明妄無實如華無果今不妄語有實果報受報之時感好華果云何滅除下合釋第五第六兩章義勢相關合爲一釋解者不同一云此中開章明三種有餘初兩事釋第五滅除有餘後一事釋第六斷除業緣二云煩惱餘報穢滅除有餘餘業釋上斷除業緣餘有一事但是賸出就文爲三先倡三章門二次第釋三結二釋三章中初釋煩惱若以習報分門則習因爲煩惱報因爲業今分習報之異故言煩惱餘報然感報由業煩惱但能滋潤此業若大論中只任煩惱亦能得報云何餘業下第二釋上除業緣總明凡夫與二乘業言須陀洹人受七有業者然須陀洹人雖斷見盡猶有思惟潤生人天七人七天往還合數只是七有往還離數即十四有斯陀含人受二有業者斯陀

含人但人天中各有一生此則兩生離數若合數者只是一有問何故初果合數二果離耶解云只是互現阿那含人受色有業者阿那含人斷欲思盡餘色惑在故云受色有業然那含有五種但出一上流者上流有二一者至阿迦尼吒二至無色所以經云樂論義者生五淨居樂禪定者生無色界然生尼吒即徧歷四禪若於初禪不得滅者復生二禪二禪不滅生第三禪三禪不滅復生第四禪方滅於中復三超半超徧没若生無色名無色般云云若生無色即不更生亦生即滅不同色界四禪受生故略不云受無色業只云受色業中不生故亦云有行無行生同於色故亦不云云何餘有下第三釋上除餘有無業無結而轉二果者莊嚴云羅漢轉爲六地菩薩支佛轉爲七地菩薩故言而轉二果今明此乃通教之義非釋今經開善云無此事轉者本是鈍根羅漢轉爲利根支佛亦爾數習故轉爲二果今明還是二乘全非今經河西云上句二果得道得向轉羅漢向得羅漢果

支佛亦然文中自云得及果者豈可不作此釋今明還是二乘之義非今經意又一解云煩惱因盡果報亦亡而今不滅者只是輪轉餘勢然業既除唯此二果於菩薩爲累是故言轉轉即是捨還是他義不關今經輿皇云轉二果者二乘果身有寒熱飢渴此果得除故言轉二果亦小乘義今明此果不生任盡則止何用因經轉之答三界果雖盡界外果方生言轉果者轉界外果今明此是別教義亦非圓意云何修清淨身下釋第七章亦三標釋結初標次釋中師子吼品明或一業一相或一業二相三相此中明百福成一相文爲二先明相業次明好業外道所事各指一相佛集衆相備在一身十二日者即子丑等十二日河西云一年有十二吉日堪祠祀求福然修相好亦四悉意一者法王之體應以相好而自嚴身諸佛皆爾是爲世界令人見者生信起善是爲人一身具衆好對破外道是爲對治色淨故般若淨般若淨故色淨是第一義文舉四譬或當主此云云云何了知諸

緣下第八章此中亦三標釋結初如文釋中
他云知因緣和合即是世諦是義不然不見
色相是行支滅不見色緣是無明滅不見色
體是識名色六入觸受滅不見色生是愛取
有生等滅不見色滅是老死滅不見一相是
不見十二因緣空不見見者是不見因緣假
眞俗雙云二諦俱泯亦不見中如是通達了
知因緣爲若此云何只是世諦耶一切法亦
如是云何菩薩下釋第九章文爲三標釋結
標如文次釋文爲二初明離怨次簡出怨初
離怨又二初自離怨次爲他離怨初文者遠
離煩惱是自離怨次五住者是爲他離怨次
何等爲怨下是簡出怨敵河西釋八魔者謗
方等等四惡是四魔即生死魔無常無我等
四即涅槃魔云云何遠離是第十章亦有標
釋結標如文釋文中以二十五有愛煩惱爲
二邊即是因果二法私謂破二十五有中三
種惑故離二邊河西以業與煩惱爲二邊
私謂若云三惑有三種業方會今意直以界
內惑業以爲二邊全非今意既得此意例一

切法有無常斷垢淨縛脫等皆是二邊爾時
光明下第二論義有問答問意者若菩薩具
修十事如來何故不修淨土佛答爲四一我
因具十事衆聖亦然二若使世界下訶其所
問三西方下示其無勝淨土四爲化衆生下
爲化衆生出穢土悉如文復次下第五功德
文爲三標釋結標如文釋中二先釋次論義
初釋者舊解五事有三說治城云通外凡及
三十心既言不生邊地諸根完具即是其證
二云此德不淺何者登地已上皆因事表𥡴
言諸根完具者非耳眼等乃是出世信首根
諸邊地者非世間邊陲無佛法處乃是離斷
離常諸天護念者以佛爲天四衆恭敬者爲
物福田三開善云此乃登地菩薩猶生欲界
故言完具等若論無漏得變易報而此菩薩
猶有有漏故今受生雖有此五心不存著正
以不著爲體今評之開善全是三藏菩薩義
初家通地前是別教初心不關經意中間登
地是證道意就文爲二先明功德後論義初
功德者有標釋結標如文釋者此五前四是

報果後一是習果次論義中先問次佛答又
二先賛問次正答答中有二初是勝劣章次
善男子下是顯勝劣相初舉五章定是樂勝
是我常淨可見異是中道不共無漏是證中
道利益安樂等是化他次文云離渴愛是釋
定釋樂生死斷不相續是釋常得作菩薩是
釋淨斷一切貧善法是釋勝釋我無分無果
是釋異釋不共兼得釋無漏利益衆生佛說
五事因大涅槃得人師解通內外三十心當
知地前不名爲得佛自說是無漏開善云是
有漏既公抗佛語豈不疑誤後生故知人解
全不可信將來學者但自依經善男子下第
六功德舊解金剛三昧若論十地是最後終
心若論三忍即是上忍退非菩薩名等覺進
非妙覺是金心菩薩一釋云具空有二解二
云但取照有之解不取空解空解未足莊嚴
云金心斷惑盡引此文由乾陀山七日並照
一切燒盡故知等覺斷惑盡開善解金心但
伏無明至妙覺佛時斷此一念輕惑即得成
佛勝鬘云佛菩提智能斷此文說伏爲盡金

心有解乃滿空解未足引二十二遇經及夫人經證廣論其義觀師云不可定判其位應例如般若通貫諸地又十地太高第五功德復是何地不應懸殊但使與三昧相應亦不簡高下舊又解十地得百三昧已方得首楞嚴方入金剛三昧者進非佛果退非下地唯在窮學此亦不然此一三昧亦有通別別據窮學通亘諸地亦通似道何異金剛般若通初後地般若既通三昧寧別何者舉體是如金剛舉體定如三昧舉體利如般若故經云金剛三昧有三種名下文亦云佛性五名若言終心有斷無斷乃是二家相拒爲緣利益故作斷不斷說而其實理非斷不斷云云今謂莊嚴家引由乾陀山譬偏何者夫七日現時非但能燒由乾陀山一切洞然而今不以洞然爲諭但燒草存山者非譬十地終心斷惑取七日初出先照由乾陀故其草然明此三昧是初地功德最初斷惑故以燒草爲譬標釋結初如文次釋中爲三一略明三昧二廣明三昧三釋其名略中又二前明自德次辨

化他自德又二初明能斷次舉非悉能破散是能斷見一切法是舉非住是三昧雖施衆生下第二明化他也譬如金剛下第二廣明又二初廣自行後廣化他廣自行又三初能斷次能見三重明能斷初能斷中凡舉八譬初一譬能斷後七譬稱歎善男子若有菩薩安住下第二廣明能見初一譬能見次二譬稱歎善男子如由乾陀山下第三重明能斷亦有三譬初一譬能斷次二譬亡功若有菩薩安住下第二廣明化他爲四一變身如佛二還本處三斷他惑四三密示現示現又四一口密二身密三重明口密前則一音異適今明一法異適四菩薩下意密何故名爲下第三釋名譬有三初不定譬無相次不平價譬無苦後離苦毒譬無畏結如文

德王品之五

起卷明第七功德開善用此下兩功德爲第二周由近善友初聞正法於位則淺下第八功德九事爲體辨心慧解脫明義深極今謂不爾悉是初證不聞聞時所獲功德佛作第

七第八番說明其洞識涅槃近因之法堪爲衆生作善知識那忽棄其內德化他之功而作外求師範自行之解縱令自求善知識者亦是寄事而表於理例如淨名念佛之時師子獨等皆來說法說已而去如此知識聞法思修何得是淺就文爲三初標章次釋三結標如文次釋又二初明四事次論義初又二一標章二解釋標章又三一明是二舉非三正列名明是如文次舉苦行非中兩解一云外道無益苦行二云只佛法中直修苦行不能得道要須慧品爲正餘行相資三列名如文譬如有人下第二解釋又二先總釋後別釋初總中舉三譬初兩譬菩薩後一譬凡夫初菩薩譬中初譬自行亦具四事菩薩居因聖法未滿亦須善友聽法修行云云次一譬譬菩薩化他化他亦須四事諸佛起發如教行行云云後譬譬凡夫凡夫罪重故言如癩云云如是三譬一一有合初譬中熱譬愛冷譬癡勞譬慢下譬瞋瘡譬疑衆邪通譬五利云云問菩薩利鈍俱盡寧有此病答寄適指別耳菩薩

別惑至佛方盡寧得無病私云通別之惑名
同體一二三異譬如畜弟子下第二別釋四
事又二先略後廣初略釋知識又四一善知
識二聽法三思惟四修行初又四先稱歎有
譬有合如文善知識者下第二出其人人有
五別一菩薩二佛三緣覺四聲聞五人中信
者何故名爲下第三辨其位初明五位一教
離惡行善二如說如行三修菩提四行戒施
五不自爲爲他或以配前五人未必須爾如
空中下第四得善知識益夫初月雖不可見
不得言無初近知識謂未有益而實已潤若
能聽下是第二釋聽法人又二先聽三經後
得三解三經者謂十二部方等大乘此經尋
此文意似如一化初中後教云云次專心聽法
下明三解謂八聖道十一空大涅槃有人以
三解對前三教今明未必全爾於一一教中
具生三解文以修習故得大涅槃若有能修
八聖道者即是佛性得大涅槃徒聞涅槃不
修習者豈有能得三菩提耶譬如病人下釋
第三思惟下文以五塵四相無常爲十相今

以五塵三相男女爲十只是教門不同云何
名如法下釋第四如文善男子第一眞實下
第二廣釋四法亦爲四此是初明善知識人
略而文廣先法說次舉七譬初法說中有三
種語悉是如來善達根機應以輭語爲說善
法應須訶責爲說苦切應須兩說即便雙用
七譬之中或前喻或後喻云云云何聽法下第
二廣釋聽法又二先釋後引證釋中有法有
譬譬中有四譬是故我於下第二引證又二
先引諸經後引兩事初況引諸經二從以聽
法故須陀洹下引二事證先明初果事即是
須達得病聞身子四說十慰喻便得病愈四
種即是此中四法十慰喻者舊云八正道盡
無生智然初果無兩智彼救云見諦盡爲盡
智見諦不生即無生智此言無據河西云八
正正智正解脫此出阿含不得作餘解無目
謂凡夫一目謂法眼二目謂法慧又無目謂
散心凡夫又一目謂天眼二目謂天慧云云如
我昔下二引身子事佛遣阿難爲其說法阿
難是初果上果不伏聽下果法令人舉牀往

佛所聽法便愈云何思惟下第三廣釋思惟
爲五一離五欲二離四倒三離四苦四知住
因五解常初文者心思於法寧復有心緣於
五欲若未聞法橫計我常既已思惟我常倒
遣此中明滅滅只是死云何如法下第四廣
釋修行又三一明止行二善二明空無常解
三明七種知見知見又三先標章門次釋三
料簡初標章門次略列中舉實不實兩章實
即有七知見不實中無云何名爲知下第二
釋也第一知涅槃又二先略出三涅槃後解
釋一佛涅槃二凡夫三聲聞後二皆少分滅
耳初明佛涅槃者然佛具萬德略言八耳盡
謂一切煩惱盡善性謂如來所作一切皆善
實是不虛眞是不僞餘四如文外道涅槃八
事者若散心外道不涉此文今取得非想定
能脫下地惑故名解脫即有善性但非究竟
眞實常樂我淨是故言無聲聞六事者互有
與奪不及佛故奪其常我只有六事勝外道
故與其樂淨此據有餘涅槃故云無漏八聖
道有身智在故云安樂斷於子縛故言清淨

若有衆生下二釋上章門不釋前一唯釋後二以佛涅槃此經感談無俟更廣後二須解此初釋凡夫涅槃云何六相下釋二乘文中明不眞不實以得無漏八聖道故故言淨樂未來當得大涅槃故所以無常後仍結異次釋第二知佛性章門下迦葉品中明五種性異一者佛佛性有七事一常二我三樂四淨五眞六實七善二者後身佛性有六一常二淨三眞四實五善六少見三者九住佛性亦六五不異前第六可見今此所明皆非佛佛性以義異故開善云此二皆是九地佛性若迦葉品則是約位分別初地至五地有五性六地至七地有五性八九二地有六性十地亦六性後身佛性有七即分判之今此文不約位明六七通據十地因位不可分別以配諸地然須直知通辨十地當見與可證並未具得降佛已還通作此說四者八住下至六住有五事與常名不異五者五住至初住有五事善與不善異耳次釋第三知如來相具有一體別體先明常樂之體次言示道可見即別體次釋第四知法章亦具二義一云常樂我淨一體法後無常等即別體次釋第五知僧章常樂即一體僧是弟子相即別體僧次釋第六知實相實相之體則非因非果非有非無若據用者徧通諸果皆有異義次釋第七知虛空此前未說而有行結之言又三一明眞空二辨事空三明涅槃空空乃無異約法爲三又唯二空涅槃自屬第一故也初明眞空故言慧眼見此見無見善男子空名無法下第二明事斷之空舉此爲譬善男子衆生之性下三明涅槃空文云光明故名虛空者二解一云虛空不可見但有通光明之用若但空者無光明色色若因空故得見色若有障者即不見色因空無障即見光色二云虛空非識心所見識心見光導生行心方得見空涅槃雖樂下第三料簡簡前四種即爲四文初簡涅槃是別德故唯寂滅樂次簡佛是人人總於法故有二樂證於涅槃有寂滅樂有智照境有覺知樂三簡實相既通故有三樂四簡佛性中道當來可見故有善提之樂此據正因爲言爾時光明下第二論義問爲二一正問二結難初正問爲三一問斷煩惱處是涅槃二問斷煩惱處非涅槃三重問斷煩惱處是涅槃初文又二初領旨仰非次正難難又二初據答魔二據菩薩亦斷此惑此難從前云直是諸佛斷煩惱處故名涅槃準理只應難斷煩惱而言處非涅槃者恐佛轉宗逆遮佛意以處作難初據答魔者若斷煩惱爲涅槃者初成道時已斷煩惱便是涅槃何故待有多聞弟子方乃涅槃及云却後三月是涅槃者當知初斷煩惱未是涅槃答魔之詞出長阿含二引菩薩爲難者若必斷煩惱是涅槃者菩薩亦斷應是涅槃若斷煩惱非涅槃下第二難此遮佛意非是正難故文不多若斷惑非涅槃者何故昔告婆羅門云我今此身即是涅槃身若是者斷非涅槃斷若是者身處即非如來又時下第三重難斷處是涅槃又三一還據答魔云三月者月令不同亦得言却後二月三月四月四月是周時三月是殷時二月是夏時此云三月

用殷時二云不爾如今年十一月中魔催佛去佛答却後三月我應涅槃二據在道場時三據語力士等爲難爾時者二解一云爾於道場時爾時既是涅槃何須今日後夜涅槃二云爾者爾於二月十五日朝已是涅槃何故方云後夜涅槃佛答爲二先直答結其過直是誠諦之言已是不虛況乃出廣長舌寧當妄語又復如來善識機緣適時逗益或說斷爲涅槃或說斷非涅槃皆是佛教無非實者後正答三難但不次第前答初難第二答後難第三答中間難答初爲二先答魔答魔不識涅槃謂默爲滅佛隨其情豈是涅槃之體善男子下二答菩薩之難明佛菩薩同而有異者佛有涅槃菩薩即無是僧寶故云三寶各有別相但言常住清淨二事無異後兩釋亦爾善男子爾時我下第二答第三重難斷處問先明滅惡故唱涅槃後明生善故唱涅槃初滅惡中先法說次廣舉五譬次善男子如來懸見下是生善之時故唱言涅槃善男子有名涅槃下第三答中間難斷處非涅槃明有是有非若不見佛性唯斷煩惱得名涅槃非大涅槃若見佛性斷煩惱者是大涅槃是非既爾何得一向又爲二初分別是非二廣解大涅槃凡十一復次由來人引此中初文云般涅言不槃那言織將此爲翻文中了無槃那之語又是織識二字經本不同餘之十文文相可見三結如文云云釋第八功德有三標釋結初如文次釋中有九事文爲二先明功德後論義初爲二先列九事章門後次第釋列章門如文釋初除斷五事即是五陰而菩薩實未全除五陰而復不爲陰之所蓋初釋陰中二先總釋次別釋初總言陰蓋及重擔等雖見陰下第二別釋色陰五根五塵以爲十色皆是因緣故言無性受有百八有二釋一云受陰之中無百八語但行陰中有諸煩惱九十八使及以十纏足爲百八二依釋論只受陰中自有百八通約六根一根有三即成十八就一根中復有善不善即成三十六復約三世合成百八云何遠離下釋第二章門謂離五見又云因是五見生六十二兩解一云合我邊二種爲六十二我見有五十六邊見有六我見五十六者欲界五陰各有即離四見爲二十色界亦爾爲四十無色但有四心各四見爲十六足前爲五十六邊見有六者三界各有斷常爲六二云但結邊見爲六十二不論身見約三世辯現在有我無我四見約五陰爲二十未來邊無邊爲二十過去如去不如去爲二十即有六十俱不離斷常以斷常足爲六十二中論觀涅槃品明佛滅度後依佛起於斷常二見約過去未來不明現在計如來如去不如去約五陰爲二十常無常爲二十未來邊無邊爲二十斷常足之爲六十二云何成就下釋第三章成就六念與梵行品同但小不次第云何修習下釋第四章即修習五定前是四禪後是般若知定即初禪以有覺觀故寂定即二禪無覺觀故亦名聖默然故名爲寂受快樂即三禪樂受極故無樂定即四禪已斷苦樂是捨受故首楞嚴者自有通別通則亘於十地乃至地前別則於十地中更修百八三昧

方得此定云何守護下釋第五章門謂護善提之心隨所修善皆善提行有法譬合云何親近下釋第六章即四無量心云何信順下釋第七章門即是一乘一乘爲實法華云唯此一事實餘二則非眞云何心善下釋第八章門心慧異者二解一冶城云緣俗諦心無復貪恚是心解脫緣眞諦心無復無知是慧解脫二云斷貪恚等故心解脫斷除無明故慧解脫引論云煩惱趣心無明趣慧云何慧善解脫下釋第九章門如上釋所言因慧解脫昔所不聞等三句者二解一云聞即天耳見即天眼至即身通二云九地爲聞見佛性十地爲眼見佛性具足明了今因慧解脫至第九地是不聞而聞因九地至十地即不見而見因十地至佛地爲不至而至爾時光明下第二論義論前第八章心解脫先問次答初問有三先就本無奪難次就本有縱難三就不定難皆令縛解初文者又二先領旨仰非次正問問中意者若心本有煩惱此亦不可本無煩惱此亦不可定有煩惱此亦不可

定無亦不可就初立本無難中有九世尊爲三意初一雙明心無縛無脫次有五偏明無縛後三偏明無脫此即初文正難無縛無脫若心本性下第二五中偏明無縛又二前四明無所縛後一明無能縛舉安橛譬木卓空中無因倚住云云若心無貪下第三三者偏明無解爲三初明無解二明無得解者三明無得解道世尊貪亦是有下第二據本有作縱問又二意一明若本有者應善心中有貪二譬如鑽火下明應前境中有貪初中又二先法說次舉二譬初法說中意者若言心本有貪是亦不可本有則不從因緣既借他色而生貪者當知非有又心本有貪不可令無應不得脫心應常貪次以境對心亦如是難世尊心亦不定下第三據不定爲難又三初明心不定次明貪不定三明貪及境亦俱不定爾時世尊下第二佛答有云即次第答前三問即爲三別初答本無之問有諸外道下答第二本有之問善男子諸佛終不定下答前第三不定之問又謂不然次第安處似相主

對亦觀文意全不相關但隨義爲三先據正義第二破執第三廣辨因緣中道此即第一明心體非有非無非心非不心非貪非不貪事事雙非兩捨寧非中道正義次有諸外道下第二破於定執又二先破計有次破執無汝若謂心定有貪定無貪則同尼乾初文又二先廣出所計一切凡夫無明所盲下二結過訶之有諸凡夫下第二破其執無亦二先出所執如是等輩下正是訶責結過有法說譬說善男子諸佛菩薩下第三廣說中道因緣之義無所定執又二一明因果諸法非有非無因緣故有第二明心之有貪亦非有非無因緣故有初文爲三一明離於四句若言因中先定有果下第二定執爲非諸佛菩薩下第三正顯中道之法善男子諸佛菩薩終不定說下第二章正明心之有貪非有非無因緣故有又二第一明心性本淨不定非有非無第二明心性本淨無有和合初文有三一標二釋三結釋中又三先唱章門從緣生貪從緣解脫二章門因緣有二下第二釋兩

章門有因緣故下第三四句料簡也三以是義故下因緣結善男子是心不與下第二明心性本淨故無和合又二先明無和合次明因緣和合故有縛脱此即初文明畢竟清淨故無和合諸佛菩薩下第二明因緣和合得有縛脱又二先明縛脱之境次明縛脱之人就境中又二先標次釋標出境章除貪欲是解境有貪欲是縛境次譬如雪山下釋二章門又二初釋縛境先譬次合初譬中山譬八正道懸險難行苦行人譬魔獼猴譬外道俱

阿上　二十之二

不能行悉不修聖道獼猴能行即是得上界定外外道人不能行即魔住欲界二俱能行即五塵六欲俱能行之獵師者還譬魔邪黐膠譬愛欲之境置案上譬五欲置果報上以誑衆生手觸譬眼耳等觸色聲等黏手者於行心中以起繫著五處皆著者五根起染杖貫之者魔邪化行負還歸者將入三塗合譬如文譬國王下第二釋得解境即四念處云何繫屬下第二明縛脱之人爲二先明縛人次明脱人縛人爲四一起倒故縛二取相故縛三我見故縛四非法故縛如文最後文中云慳悋他家者此家與我最爲親厚不許他往稱譽者唯應稱我不許稱他若有不受下第二明得解之人文略但一後結如文

大般涅槃經疏卷第十二下

阿二　二十一

大般涅槃經疏卷第十二下

校勘記

一　底本，清藏本。

一　二八頁上一行「卷第十二下」，徑作「卷第二十二」。卷末同。

一　二八頁上四行「之四下」，徑無。

一　三一頁中七行「二譬」，徑作「三譬」。

大般涅槃經疏卷第十三上　阿三

隋章安頂法師撰

唐天台沙門湛然再治

德王品之六

起卷第九功德開善云第一至第六始不聞聞至金心第七第八始於善友至慧解脫第九第十始於信心至三十七品此卷即是第三周又有師言不爾而此十德兩兩莊嚴前之五行乍淺乍深今皆不然前五行是修今十德是證證中功德淺深非一若爾何以前深後淺答亦有此義如初功德已言不與聲聞辟支佛共最後而言三十七品聞道品名謂其初淺論其義理超絕二乘云於中先標次釋三結初標如文次釋中爲二初明五事次論義初又三一列二釋三歎初文二先徵次列名者信由內發得見聖性直起中懷不爲緣由戒是性成友全具菩提聞於不說如此五事多就理明豈可言淺在文可見云何爲信下第二解釋即爲五章初信又三前出信體次釋信德三結初信體者信何等法凡舉五種一信三寶二信因果三信二諦四信一乘五信三諦一師云信第一義是信眞信善方便是信俗一師云前已二諦竟何容重說依華嚴經云若歎菩薩作二智名若歎佛者作二身名只是一體隱顯爲異有言第一義諦善方便者即是二身亦是二智今明此文自稱第一義諦何容改諦爲智復改爲身今作三諦自異二諦不成重說而文約一乘顯其信意爲衆生故分別說三知無異趣是故說一準此一條例通四法三寶亦爾爲衆生故分別二體知歸至極故說一體因果亦爾爲衆生故說因致果到於彼岸無施無受二諦三諦亦復如是次如是信者下釋信德釋有四意相次而來此信堅固無能壞者何故不壞得聖人性以爲根本即是見性之信深固難拔以根深故即能增長近大涅槃成就戒等初一切諸法從於聖性近大涅槃即是竪高戒聞智慧等即是橫廣雖有橫竪深廣之異而亦不見橫竪之相彌著彌亡如此明信那忽云淺三結如文云何直心釋第二事又三標釋結初標如文次釋中文爲兩初以不諂爲直後以懺悔爲直初明不諂中二先釋次論義初中二初正釋次釋疑初文者以解因緣故不諂次雖見惡下釋疑左右解之初見惡不說後見善則歎疑者云見惡應說而不說者乃是不直何名直心即釋云恐生煩惱即復疑云既見惡不說見善亦應不說乃是直心次明不爾即釋云讚佛性故令得菩提次論義中有問答初問有六而爲三雙初兩從現病生彼明三種五種病人次兩從初功德生後兩從此文生就初兩中初一又爲三先非佛旨次領初開經時說若言遇不遇下第三正難既能自發菩提之心何須歎於佛性令得菩提是取第三病人爲難初中第二又兩先領旨仰非次正難明闡提人亦應發心何故爾其既有性應自發心何俟須歎此是取第二病人爲難如佛所說下是第二兩難從初功德生第二十卷中明五難初兩難據四種罪人中兩難據闡提後一難據不定佛答中明佛性非內非外非常非無

常所以不斷今還因此生問先領旨仰非次正難正言不斷佛性云何言斷善根只此佛性即是善根既其斷善即斷佛性云何復言佛性非内非外如佛往昔下後難若佛性不斷何故不遮令不墮地獄既不斷佛性但斷善根由有佛性應能遮惡答未了故更論義若因佛性下第三復有兩難近從此生若歎佛性令發心者何須復説十二部經直歎佛性其義自足有法有譬合諸佛如來下即是後難從第八功德佛答貪心非有非無非因非果或即因中有果或因中無果今還取此爲難若爾乳應無酪樹無五丈若乳有酪樹有五丈者當知因中有果不得汎言或無爾時世尊下佛答爲二初讚次答初又二初讚問次舉五句歎其功用初六種二人歎其能開發大衆能令得解非但能除見世者疑亦使未來無有滯礙實爲希有是故歎之初兩人一者本不造惡二者作已能悔即是前二健兒第二知恩報恩他與我恩我復須報第三聽受新法二者直温故不忘書云温故而

知新可以爲師矣第四造創新好二者治葺故壞第五樂説樂聽若無説者聽何所聽若無聽者説爲誰説第六能難能答正意在此二人前之五雙乃爲弄引善問是汝身善答即我是若無汝精問何得我善解無我巧答何得汝能問自有人身左能右能口辯通敏能主能客自有人專一無二昔莊嚴門下有淨藏法師唯能並難答無所以有善解釋不便論義者即彭城正公云云今推前六雙成後五句能問能答能聽能説成後轉于法輪句造新修故成枯十二因緣大樹取有是新無明是故不生生是新世諦死時是故以新破新名造新以故破故名修故作恩念恩成度海句作恩爲他舟航念恩自運舟航故成度海句不作惡悔惡成摧魔幢句魔以惡爲幢今能倒之復自能建故前後相成歎生善即初一句歎滅惡即後四句既言因此善問即能轉於無上法輪寧非生善後四句復爲二初兩句歎能滅惡次兩句歎摧惡於初二句又二上句即歎枯十二因緣大樹者十二因

緣枝條森聳喻之大樹今枯此樹使華葉不生能度無邊生死大海者即此生死海中勇浪可畏今得度此永免驚懼無復可畏能與魔王共戰者此明其始摧波旬所立勝幢者此明其終舉終攝始外國亦戰得勝樹幢魔不勝者即倒此魔今魔戰敗即摧其幢次就答中次第答三雙六問初答前舉三病二問次答舉初功德兩問後答此中兩問但答前兩問不次第答直解三種病人竟即是答第一兩問了依理只應解於初後二種病人而今復解中間者不用此爲答只爲中間舉來今還次第爲釋彼不舉來今亦不解一闡名信下二答第三難前言若不斷佛性亦應不斷善根只善根即是佛性佛性即是善根今答佛性中道不同善根何者一闡名信提名不具佛性非信亦復非具云何可斷佛性非善非惡闡提但能斷善云何斷性其中諸句例爾古來云闡提具含衆惡不知的翻唯河西翻爲極欲言極惡欲之邊此乃於總惡之内取一事爲翻例如涅槃名含衆德亦無的

翻而翻爲滅度者亦是總中取此一事爲翻
又善法者名生已得依數人義善有二種一
生得善二方便善世間慈孝名生得善闡提
亦無故言已斷如汝所言下答第四難前難
云何不遮隨今牒問作答明闡提佛性非有
非無即事求而頗得故非有而有是理故非
無又善巧方便則非無無巧方便則非有故
舉箜篌喻此有無先譬次合初譬中所言王
者譬衆生箜篌譬衆生身音聲譬佛性大臣
譬佛菩薩能善說之斷絃譬就此身盡命終
皮木坼裂譬五根四大求之頗得即無方便
故非有也合譬者佛性無有住處即非有以
善方便故可得見即是非無如汝所說若乳
無酪下第三答第五第六兩難明應有定性
答意非定有性因緣故有若乳定有酪即應
自生不假頗求樹汁既其假緣當知因中無
果然前作六難今但舉一訶者何也答與奪
適時皆爲利益正言此難是計性義與外道
同寄正訶邪云是癡人實不訶德王此答即
兼答第五難善自足何須說十二部經今明

既無定性因緣而有是故須說十二爲緣次
以懺悔明直心者若有失不悔則非直心犯
愆發露乃名直心文爲三初設有過下正懺
悔次於師同學下即是發露三慙愧自責下
即斷相續心結如文云何修戒下第三釋戒
文爲二一離惡戒即牛狗等並取其相而爲
護持外道得通者見牛狗等死後生天便學
彼行望得生天餘皆例爾次得善戒如文云
何菩薩親近下第四釋善友爲四一辨明是
二辨非三證非四證是初明是爲二一菩薩
是二如來是刹多見佛得生天者二解數義
必須上定乃得生天今見佛力發昔修定故
得生天二云但令伏下界惡隨有散善皆得
生天雖有舍利下第二明非既未識機不能
稱緣是故云非如來稱緣知病識藥是故名
是我昔住於下第三證非觀白骨者即背捨
禪數息即根本禪舊云金師子善取火色故
應教數息今明不爾金師之子善解調榷宜
扶其習故教數息私云準莊嚴論云善解鞴
囊善知息相澣衣之人善取淨相故教骨觀

今明不爾澣人厭穢作背捨易若使衆生下
第四證是如文云何具足多聞下釋第五章
文爲五前一就文言後四就義理十二文多
而義奢佛略文少而義要義要故是多聞又
除十二唯此涅槃者不言涅槃之理出十二
外正言十二文言浩博除廣就略其理存焉
即是多聞何必在言故復除全體但取四偈
又除四偈但取常住復除常住取寂默故知
損之又損遂至無爲但貴其理以爲多聞不
取博言而爲多聞次善男子若有下第三稱
歎又二一法說歎二譬說歎法說爲二一唱
三章門二解釋解釋爲兩一釋三事二不存
著如文譬爲三初爲難施作譬亦有合次爲
難忍難作作譬亦有合三爲無著作譬有法
譬合爾時光明下第二論義兩番問答初問
又二先兩定次兩難先兩定者一定自空二
定空空若性自是空此結初定爲一難若性
自不空此結後定爲一難善男子下答爲二
先答初定者性本自空何以故下明一切法
不可得故既不可得豈不是空次答後定亦

須修空然後見空而其本性理本是空但不能見要修於空方乃見空既答兩定二難自遣答初定中爲三一略標次何以故下廣釋三相似相續下舉得失致結於中又三初舉凡夫失次菩薩得三更訶凡夫失善男子一切諸法下答第二定意明雖復本空復須修習然後乃見有無常性故滅能滅之有空性故修空得空當知本空具有法譬合譬有二初如一切法下舉内法爲譬如鹽下舉外法爲譬菩薩修空下合也光明下第二番論義還從鹽譬生問爲二一問觀空是倒何者本來不空而修空見空是於不空見空寧非顛倒例如實常而見無常無常見常皆是顛倒亦有譬合還轉鹽譬來此爲譬二問空既是無爲何所見若有可見即非是空若無可見不應言見佛答兩問爲二章答初爲三一總標二廣釋三重結初總標中有法譬合佛答意云見不空法能令其空而非顛倒但就理論無非空者而於衆生乃是不空只滅其謂情故云能令不空作空是故非倒善男子貪

是有性下第二廣釋又二先廣釋非空作空後廣釋非是顛倒初文云非空者於緣是有又二一明貪欲於其是有次明色性於其是有若不是有云何貪著今言非空使空者此法皆空以是義故下第二廣釋非倒又二初標非倒一切凡夫下正是廣釋又二一不生貪相故非倒次見佛性故非倒問入初地時已能見空此文云住九地者見法有性其義云何解云約二忍明義初地至十地是無生忍唯佛地是寂滅忍今約二忍九地望佛寂滅則見法有性雖比於佛非究竟空亦分有空故華嚴云七地菩薩能入寂滅寂滅即空赴緣異說不應迷執諸佛菩薩下第三重結佛亦有時說有說無當知爲緣故今皆說以爲空也善男子汝言見空下第二答後難又二先牒問善男子下第二正答正答又二初正答次引昔證初文者以無見爲見倒如般若無知無所不知是故我下廣引昔證如文次明第十功德亦先標次釋釋中舊用三十七品爲體興皇云涅槃佛性爲體舊以菩薩

行因道品是因故以前文爲體興皇云前諸功德未以涅槃爲體最後義深故取後文爲體問此中何不用六度而用道品一解云但是略耳一解云釋論云六度是遠因道品是近因今明不爾道品攝度捨覺攝檀餘皆可見婆沙文中以十一法攝於道品十一與六名體相當但餘二念通於諸度就文爲二初明功德次論義初又二先明道品入涅槃次簡得失信者爲得不信者爲失初功德云不聞聞者常住秘藏即是中道不聞聞者外道經書毗伽羅論即俗諦不聞聞十一部經即眞諦三諦一心中不聞而聞今第十功德亦如是三十七品即眞諦入大涅槃即中道爲諸衆生分別演說即俗諦此亦一心三諦始終不異若能信者入大涅槃意謂此解方近於理云云興皇以最後功德涅槃爲體第九已上皆不如此此解大失已如前難論義爲二一問二答答爲二先舉惡人爲誡次舉善人爲勸惡人爲三先法說次舉五譬三還合五譬先別合後總合初譬栴檀貿凡木者二車

並載一炭一檀值冬炭售檀者遂乃燒香爲炭雖得易售而無所直持戒者貧寒飢渴見破戒者富暎飲啖即毀於戒甘嗜飲食所利無幾所失者大次譬中云金易鍮石者昔人乘馬腰著金帶見乘驢者著驢條帶即便問之市中何物貴彼即答云驢條甚貴其即易之人爲色聲而棄正法其猶如是餘三譬如文別合如文善男子當爾之時下二舉善人次光明下領解者是品中第二領解段如文三是名下總結

師子吼品之一上

諸師咸言此品譬能問者得名非爲不爾不一向然此俱譬能問能答雙題品目何者菩薩與佛皆二莊嚴下文中有師子王及師子子若師子子足滿三年則能哮吼又若能師子吼讚於大悲能吼無量師子吼徵文據義二種雙明講者因何只作一解惑者云題中只稱師子吼菩薩品云何强作兩種釋之答依題則失文依文不失題廣能兼略師子擬王菩薩擬子吼通兩處二義炳然更何所惑

又師字㠯邊帀言師居左位事理皆帀則自行圓滿又師字訓帥帥師也師有他化之能故知師者擬佛明矣子者訓資弟子之禮受稟於師若從師者日新月益故知子字者擬菩薩明矣吼通兩處者吼是口密通有六位云云今明究竟與分吼通兩處身口意密皆有六位口密通六此是世界單約子者此從爲人單約吼者此從對治單約師者從第一義故題具多意地人呼此品是入證分開善云答安樂性問河西興皇同爲佛性門今悉不用若是入證入證則無說若說入證非菩薩說若答安樂性問安樂性問爲是誰問而今以此品答之若明佛性佛性誰說而以此品用目說人諸說乖舛故皆不用今明此品是第四問答涅槃義是師子子問是師子王答若從其文應言問答佛性義前章皆稱涅槃相從稱爲涅槃義涅槃只是佛性佛性只是涅槃涅槃名總佛性名別總攝於別就品又爲二初明佛性後歎經初文又四一明佛性二明中道三明縛解四明修道佛性是基

本由佛性故中當通達不識故縛識之則解欲得解縛應須修習初文有問有答問爲四一勸問二求問三許問四正問勸問中先舉諸法門後正勸初舉諸法中有六門一舉三寶次舉四諦三舉實諦四舉四德五舉五佛性六舉因果等有乘無乘是舉了因性何者萬善一乘皆屬了因有性無性是舉果性果果性有衆生無衆生是舉正因性有有無有有眞無眞舉境界性何者夫二諦是智所緣境境又生智故是境界性有因無因者單舉因果一解云先兩句明習因因果又三句明報因因果有作無作是煩惱因業非煩惱是善惡業報是煩惱業果二解云上兩句明出世因果下三句明世間因果復次舉法門勸者總論是舉二諦法門有佛即世諦無佛即眞諦乃至有報是世諦無報是眞諦文但二諦若準恣汝所問寧只二諦二門四門等一切諸法豈止二諦且通三諦乃至四門通三諦者有佛俗無佛眞非有佛非無佛中道乃至報亦如是通二門者有佛是有門無佛是

空門乃至有報無報亦如是若準恣汝所問
應有四門兩門如上亦有佛亦無佛是兩亦
門非有佛非無佛是雙非門乃至亦有報亦
無報非有報非無報亦如是問佛勸問諸法
門何不依佛所勸而別問佛性答諸法門雖
同三　十三之一
別通入佛性若問佛性總能攝別何者依有
乘無乘五句之勸即是問五種佛性又依三
實是問云何爲佛性果依苦集二諦即問境
界佛性依道滅即問緣了依實無實即問正
性依因果即問因性因因性果性果果性依
作無作即是問因性依業無業即問緣性復
次依乘無乘是問云何爲佛性體依報依三
實四諦等即是問何義故名佛性依四德即
是問何故名佛性依有因無因即問菩薩何
眼不了了見依有果無果即問佛以何眼能
同二　十二之二
了了見依有作無作等二句即問衆生何故
不見依報無報即問正性佛有十八條勸菩
薩依此勸門起六種問同異若此而人不見
私謂勸別問別實稱佛言但未爲得意總勸
別問收法不徧未爲得意總勸總問亦稱佛

意但恐時衆不曉總中之別故佛別勸而設
總問深得佛旨時會易曉故佛別勸而師子
吼總問良由此也此從今恣汝問下即是正
勸正勸中有正勸敎勸佛般勤令衆得益爾
時會中下即是第二求問先經家敘次正發
言欽字亦爲檢字皆是恭敬之貌次正發言
爾時佛告下即是第三許問先勸供養次正
許初勸中三先正勸次釋三結初勸供中備
勸三業尊重是意讚歎是口迎送是身所以
者何下二釋勸文有法譬合法中先明過去
德次明現在德善男子如師子下譬說又二
先爲佛作譬次爲菩薩作譬佛譬中先譬法
身次譬應迹法身又爲三先總次別後結初
一句總譬自知身力下五句別譬諸德身即
六度力即十力牙齒即智慧斷截煩惱四足
同三　十四
即四如意地即尸羅巖穴即禪定境尾即大
悲大悲俯救如尾下垂聲即八音說法三若
有能具下總結晨朝出穴下二明應身方便
又三一正應晨朝是晴終明始譬惡滅善生
之機而能應之次出穴即是從法身起頻伸

爲滅惡欠呿爲生善四望即四無閡發聲即
說法有十一事三一切禽獸下即是衆生得
道水性譬凡夫愛染陸行譬二乘高原飛譬
降衆魔香象譬制外道如彼野干下第二爲
菩薩作譬野干者先舉非次明是三年譬三
行然下合文於五行中略說此三又梵行是
化他化他中同其斷惑是病行同其生善是
嬰兒行梵行兼之故不具說如來正覺下合
譬初合佛譬次合菩薩譬初文二先合妙本
爲衆生次合應迹合初小不次第備合十一
事合前欲壞實非師子詐作師子合云爲諸
衆生而師子吼前文云欲試身力合云示衆
十力云云從聖行下第二合應但不合晨朝師
子吼者下第三合前衆生得益前有四句今
合直言決定說所以降魔制外兼釋師子吼
同五　十五之一
義次聲聞緣覺下合菩薩譬亦前合舉非次
合明是如文聞譬合譬明佛菩薩二義宛然
豈可單釋品耶諸善男子下第三結勸供養
爾時世尊下二正是許問師子吼白佛下第
四正問凡發六問但爲兩意前三問問法後

三問問人初三問者舊解初一問果性次問因性後雙問因果性觀師云此與文不相應直依文者初問佛性體次問佛性義後問佛性名河西意亦爾今將後人來問前法初問理佛性體次問分佛性義後問究竟佛性名若一切衆生下問見不見人初問問不見性人後兩問問見性人於中又二初問何法有了不了次問何眼有了不了法據性體眼約性用佛答爲兩初歎問次正答歎問又兩初歎次論義初歎又二初歎二莊嚴次歎解六義汝自解六爲他故問歎六義中歎初後各二中兩則略師子吼下第二論義兩番問答初問如文答中爲四前三就勝劣義解智莊嚴勝於福德後一就平等解有云初番以空解爲智慧有解爲福德十地爲智五度爲福直言般若即是有中智慧故屬福德若識波羅蜜即是空解屬智慧次番又取九住已還爲福德十住及佛屬智慧後以果地爲智慧因中爲福德此就法體相望如此勝劣若此土則福勝慧若淨土慧勝福今樹出衣食但

企尚智慧故言慧勝耳篤論具足者善也今明三番應約三教而分別之十地發眞破無明故是智慧者此別教意十住菩薩與佛同爲智慧者通教意因中爲福果上爲智者六度因中都不斷惑故是福德佛斷惑故是智慧而文云常住者此非全是六度菩薩若消此文應云利根人於三藏中宜聞常住聞即得解如初轉法輪時八萬天子得無生忍最下既然例餘亦爾乃是密教意但差別不定不可執一汝今具足下就平等答故云汝之與我各具二莊嚴故能問能答寧非平等無差別義今謂此釋似約圓教師子吼言下第二番問答問爲三正難釋難結過初正難者我若二嚴則不應問佛若二嚴則不應答以問答非二嚴故所以者何下釋難明諸法無有一種二種一種二種下結過是凡夫相佛答還訓其三一訓初難只由具二莊嚴一能問二能答二若言下訓其釋難只由解一二無一二故能問一二能答一二衆生不解一二無一二今示其一二令知無一二非是一

二於一二乃是無一二之一二亦是言於無言非是言於言善男子若言下訓其結過翻其前難云前云是凡夫相今云是十住相先唱生死涅槃兩章門次釋一名涅槃是常即無二次釋二名生死愛無明過現故爲二二則非一此之一二非凡夫相解爲兩一云正須此語其云一二是凡夫相佛言一二非凡夫相二解云凡夫不知一亦不知二雖在生死不識生死若知一二者非凡夫相今解不爾一者是常此大涅槃常故非凡夫相二者生死無明與愛此即二乘涅槃未除無明沈空之愛即是生死之二此二非凡夫菩薩能知此二此不二無一二過則非凡夫福慧平等是圓教義今師子吼難此圓義圓教雙亡無一無二那忽能問一二能答一二佛還以圓教雙照答之良以雙亡一二則能雙照一二雙照一二即能雙答一二還以雙照答其釋難良以一二故能無一二若無一二何能無一二又以雙照答其結過汝言一二是凡夫相我言一二非凡夫相雙照一二豈非

凡夫相不作圓教問答此義難解善男子下第二正答五問兼答一問答初問又二先牒問誡聽如文次佛性者下正答初問又二一明佛性體二簡不見者初明體又三一標名二釋相三結體標者佛性名第一義空第二義空名爲智慧知慧是有即空而有即有而空空則三諦皆空一空一切空乃是第一義空名智慧者三諦皆照一照一切照乃是智慧當知空有非空非有即三而一即一而三即非三非一即空故盡一切相即智故照一切境即非空非智故云一切中是故名爲第一義空第一義空名爲智慧名爲佛性如此標名貴在得意不可言盡次所言空者下釋相者爲二先釋空次釋智初釋空則三諦皆空文云空者不見空與不空不見空者不見空邊不見不空是不見中無邊無中是第一義空次釋智智則三諦皆照文云智者見空及與不空見空是見邊見不空是見中見邊見中是第一義智慧若此空智非前非後不淺不深即空即智即智即空亦即非空非智

而空而智是爲佛性之相文又釋不空者即是四德空者即是二邊無有四德對非顯是解釋分明三結體者佛性名中道中道之法常恒無變如文從無明覆故下第二簡不見者又二先簡二邊異故不見次簡起中道見故不見初文者無明所覆此簡生死有邊異故不見第一義空次簡二乘偏證空邊異故不見第一義空如文次從善男子去是簡起中道見故不見有人解云兩種不見一種見而皆言不見者以隨情故是義不然前唱中道見凡有三種全未見而言見中道者此乃名同而於名起見後結以是義故不見佛性當知三種並不見性將後驗前前是唱中道見凡夫惑心雖作中道想而因苦果苦是定苦行是故不見第一義空二乘自行勝於凡夫化他邊劣於菩薩雖作中道之想名定苦樂行二乘偏空故不見第一義空菩薩慈悲甘苦如樂是定樂行即是偏假故不見第一義空如此三種雖同名中道與上名相違相違故無圓徧之義是故不見如汝所言下正

答第二問舊云此答因性觀師云此具明五性豈獨因耶就文爲兩初答第二問後論義初答問爲二先牒問次正答初具提其問何義義者名之所以有何所以稱爲佛性佛答爲三初總舉圓義二別舉徧義三結歎初總答意者善得圓旨是其所以佛是圓人性是圓法人法合稱故言佛性又一切諸佛是圓人菩提是圓果兼得涅槃之果果也既言果與果果即知此果從因因生此果果從因生中道者非因非因因非果非果果皆顯現者悉由佛性爲種子故知此中道即是佛性佛性既爲種子種子能生兩因兩果此兩因果又是種子能顯中道即是更互以爲種子不作此釋無奈此文何通塗雖爾別說即是佛性以爲種子問佛性既爲四性種子何獨是於菩提種子答特是略出又是旁正如十二因緣非無旁義正發觀智生於菩提種子義彰餘之三性其義則旁譬如胡瓜正能發熱是熱病緣

大般涅槃經䟽卷第十三上

大般涅槃經疏卷第十三上

校勘記

一　底本，清藏本。

一　三七頁上一行「卷第十三上」，徑作「卷第二十三」。卷末同。

一　三七頁上一七行第六字「性」，徑作「信」。

大般涅槃經疏卷第十三下

隋章安頂法師撰

唐天台沙門湛然再治

師子吼品之一下

復次善男子下二別舉偏義應偏一切別舉四種偏有中道一顛倒上下二生死三斷常四因果他解此四是中論八不不上不下是不來不出不因不果是不一不異餘兩可知一師云法門無量何必如此今明初以上下屬當凡夫顛倒橫計上下不見中道諸佛體之不上不下得見中道次生死約六度偏行既不斷於無明愛惑惑心求佛是二中間則有生老病死不見中道諸佛體之不生不死得見中道三斷常約二乘厭生死是背常入涅槃是向斷不見中道諸佛體之非常非斷於二乘法得見中道四者十二因緣觀智是因得菩提是果修因克果次第淺深此約別教地前不見中道諸佛體之知非因果於菩薩法能見中道上文云一切諸法中悉有安樂性普賢觀云毗盧遮那偏一切處譬如耆婆執草成藥佛亦如是偏一切法無非中道中道即是佛性汝問何義其義如是略屬當竟今更帖文初云道有三種者先唱三章門次下者下解釋下者外道邪見謬謂梵天以爲涅槃實非涅槃還是生死故名爲下所言上者即是凡夫未免八倒無常計常常是上法當得上果故名爲上所言中者第一義空智慧無常見無常如理而見不同外道故不名下不同凡夫故不名上而是兩邊之上故言是上又言與佛不異故言是上復次生死本際下第二明不生不死中道之義文爲二初明中道次舉解惑初爲三一唱中道二明能破生死三結是佛性無明有愛下但中間只是行識名色六入等何以云有生老死耶解云後文云現在世識名未來生現在六入等名未來老死中間即是生死義言中道者兩因夾一果一果居中如此論中方是妙中破生死義云何只以因緣因果不生不滅名爲中道今作易解無明與愛即現過見煩惱道也點煩惱道即是般若中間是苦道即是法身法身即中道若是中道則無生死無生死故名破生死以是義故下第三結爲佛性既是中道寧非佛性以諸衆生下第二舉解惑有法譬合法中初明惑者不見則是無常後明解者能見則非無常正用此語兼答第三難難云以何義故名常樂我淨以見佛性故常樂我淨譬如下爲惑解者作譬與上貧女譬同合如文復次衆生起見下是第三不斷不常明中道又三一唱章門二釋三結初章門中明凡夫菩薩二乘前後舉非中間明是次佛性雖常下即釋也又三先釋凡夫爲無明所覆故起斷常次又未能度下釋二乘只爲兔馬不盡河底二乘智偏沉空取證不見佛性無常無斷是觀十二因緣下第三釋菩薩章十二因緣即是觀境菩薩觀境生智合取境智皆名中道善男子佛性者下第四約因果明中道爲三一明有因有果二明非因非果三明亦是因果亦非因果只應明非因非果何得云因果若不明因果何所辨非初文有法譬法說中論兩因兩果兩因者謂

因因因兩果者謂果果尋此文意不得以因家之因爲因因而得以果家之果爲果果得以因家之果爲因因得以果家之果爲果果何故爾單因是境重因是觀單果是菩提重果是涅槃境但是因不從因至於因但因非因因觀智從因至於因故得是因因菩提但是果不從果至於果但果非果果涅槃從果至於果故得是果果譬說中意是則不然譬中以無明爲因因無明當體是因而復爲行作因故是因因識當體是果復爲行作果故是果果以譬例法境是因因菩提應是果果而不例者境體非因不從因至於因但是因非因因觀智體非果不從果至於果若然譬與法乖答取少分譬私謂亦非全取無明行識以爲境智菩提涅槃之譬但是先舉無明行等亦有因果因因果果之名故下文中具舉四句佛性涅槃爲初二句十二因緣爲第三句言少分者名同義異故云少分若欲將境智爲二因菩提涅槃爲二果是則境體是因復爲智作因故名因因智體是因復爲

二果作因例二果亦爾準因作之亦應可見以是義故下第二明非因非果即中道正性此中十不勝中論中有不因不果從是因非果下第三明亦是因果亦非因果開善作五性是因非果即境界性是果非因即果果性是因即了因是果即菩提果非因非果即正性而彼家用衆生爲正性與非因非果義不相應莊嚴作四性是因即了因是果即涅槃是因即正因是果即菩提非因非果非復是性但非前義觀師亦作五性是因非果即境界性是果非因即果果性是因是果即了因性及菩提性言了因者以望境界爲果望菩提是因若爾菩提性亦應兩望望了因是果望果果是因非因非果即正性與皇但名正法正性不許稱爲正因今經中有正因之名何以不許然此五性乃是開合之異正性不二緣性則二二是因果開因出因因開果出果果合四爲二所謂因果合二爲一合緣爲正正無復數以是義故下第三結歎甚深又爲三一略歎二廣歎三總結初略歎者簡凡

小不見唯佛能見以何義故下二廣釋甚深有六一明因緣甚深二明凡夫不見故甚深三唯佛能見四重明甚深難見五重明能見六雙明見與不見初中云不常不斷者諸句例作中道以明甚深雖命命滅即是不常而無所失即是不斷不斷不常即中道甚深雖無作者即不有而有作業即不無即不可思議中道甚深一切衆生下二明凡夫不見十住下三唯佛能見菩薩少見如來具見然十住既少見於終亦應少見其始今互顯沒者正言十地一轉即便作佛去終處近故言能見其終始則杳然故言不見舊云十住破元品無明當果不起故云知終生死久遠其始難知與皇云自性無所有爲易因緣所起不有而有則難今言十住有治道能分斷則分見其終而不能分見其始譬如健人破賊而不知賊起根元私謂亦可云初住所斷斷其始故故云見始並始斷故亦云見始故知賢位非但不見中道亦不見於無明故從初斷始邊名爲見始等覺菩薩餘一品在在者名

終由未斷終故不見終斷之終故亦名見終
故知等覺非但不見最後真如亦不見於終
品無明故唯佛斷唯佛方見諸佛見始見終
者究竟知無始終究竟盡其始終文中從惑
起邊是故反此始謂元品終謂終末最麤著
故見謂知見有智能治故名爲見初住智淺
但見終末故云見終末有治於元品之智故
云不見一切衆生下四重明不見是故我下
五重明能見觀十二緣智下六雙明見不見
又二先唱四章門次釋四章三種不見唯上
上能見可將此義類前定樂行等三皆不見
於義明矣問十住少見者爲唯第十住少見
九住至初住亦少見耶舊解爲二一云唯第
十住分見九住至初住皆不分見二云初住
至十住皆少分見而須兩望初至九住望二
乘爲少見望十住爲不見有人難前解云二
乘不見各得菩提九住既不見得何等菩提
進不同佛退非二乘應當別得一個菩提云云
今明若指住是地而言十住皆分見者此是
別義若住非地十地則見十住不見此亦別

義若言十住即十地地住皆少見者此即圓
義若言十住非十地十住亦少見者此亦圓
義若言十住非十地而言九住不見十住少
見者此是別接通義人不識此於文於義往
往不通云云以是義故下第三總結甚深即五
佛性十二因緣名爲佛性者結因性第一義
空結因因性中道者結正因性即名爲佛結
果性涅槃結果果性文義具足此結甚妙爾
時師子下第二論義此義起上結衆生行業
甚深甚深若衆生與佛平等不二何用修道
初似是一問佛爲兩答則成二問下佛答中
一答佛與佛性平等二答修道故知兩問地
人云衆生是佛具足在妄便不用修道正當
此難若成論人云佛果在當則不當此難而
不得言即是佛此應作無差別差別答無差
別故即是佛差別故未具足如父生子姓無
差別用未具足故須莊嚴莊嚴故後則具足
然但明佛性何關具足不具足具足既藉緣
而具佛性亦應藉緣而具若言佛性在當此
據果性果果性若言佛性在現此取因性因

性若言佛性非當非現此取正因性若各
以爲是如盲觸象若見此意無當現之爭佛
答爲三一非問二正答三引證非問如文正
答爲兩一答無差別亦有差別二答何用修
道初答爲三一正答二引偈三舉乳酪而譬
此意者據體不殊約緣成異初文有法有譬
法說中云未具足者但有其理事用未足故
言不具非謂悉無名爲不具譬如下二譬爲
二先譬次合初譬又二先舉惡譬次引善惡
例初文者必定當墮如害母者悔身雖未墮
必去不疑衆生亦爾有佛性理未來必得次
佛復引云行十善者名見天人行十惡者名
見地獄亦是當報一切衆生下二合譬一切
衆生未有相好以當得故一解云當得相好
之果一解云當得果佛性佛性云何是當若
是當者爲三世攝即是無常則不應言當果
佛性二引偈答者略釋偈意已如前文此偈
四出初答常無常二答得無得下二十六答
破定性今答有無不定以明中道若但以有
無別解俱不會偈旨常無常等亦應如是此

中準經應作差無差亦差亦無差非差非無差不一不異不思議釋乃會偈旨餘常無常等亦復如是今長行釋本有云三世皆本有如文準此而言生死與涅槃各應本有各應今無若生死本有者具足無量煩惱生死本無者本無涅槃涅槃本有者涅槃本有非適今涅槃本無者久已成佛無諸煩惱生死雖復本有今無本無今有悉束爲有以涅槃望生死生死有所得故涅槃雖復本有今無本無今有悉束爲無以生死望涅槃無所得故又即本有是今無不離有而論無即本無是今有不離無而論有此前三句即是差別三世所攝本有之有非有今無之無不無不有不無三世有法無有是處此一句是無差別不爲三世所攝更約本末重明四句自有兩本兩末一本一末末而不本本而不末非本非末上文云寄生一子舍主驅逐舍主是境豈非生死爲本一子正觀豈非涅槃爲末文云大般涅槃本自有之又如來藏依持建立豈非涅槃爲本迷理起惑豈非生死爲末若各有其本則各有其末爲是義故兩本兩末又生死無終將涅槃之始爲生死之終涅槃無始將生死之終爲涅槃之始二河相望互作終始是爲一本一末又生死若本若末皆束名爲末以其虛妄無根本故故末而不本涅槃若本若末皆名爲本以其眞實無僞故本而不末末本非本本末非末非本非末三世不攝分別本末四句既成倒具不具得無得常無常皆悉不定不可思議亦復如是四句不定不可思議即是三諦不並不別如前說譬如有人下第三舉乳酪譬以證當有此謂約有心論有佛性不即心爲佛性何異衆生有佛性之理後得佛時不取衆生爲佛心佛心亦爾只云有心爲佛性心不即爲佛性畢竟有二種下第二應須修道正答前何用修道之問衆生等有一乘正性應須修於六度莊嚴若不修不得正性他云一乘是萬善今此文中則以一乘爲中道正性此一道清淨能運衆生作佛故名一乘豈同萬善文中爲二先唱章門次解釋初章門有兩雙四隻次釋中先釋以六度爲莊嚴一乘爲究竟次釋世間出世間初六度與一乘更無別體但隨義異釋其間有譬有合初譬云忉利鬱越果報雖勝人不得見佛性既爲無明所覆不能得見故須修道復次佛性下釋後兩隻又二先偏釋出世畢竟後雙釋世出世兩畢竟初又三一出體二釋名三舉類初如文次釋名中云首楞嚴翻爲堅固和闍黎翻修治心而此三昧有通有別別在終心通通諸地如一三抹下三舉類覺名定覺即七覺中定覺分正名正定即八正中正定又云覺名定覺即八大人中定覺楞嚴亦爾有五種名云云善男子一切衆生下第二雙釋世出世兩畢竟下中即世間畢竟上定即出世畢竟於中二先具釋三定後重釋上定初釋三定中先釋上定即是佛性或云了因或云正因中定即色界定下定即心數定數人云十數並起呼爲大地通五品謂善惡無記不共穢汙等成論云法起十數義說爲十或云欲界十居止是十數三塗人六天一切衆生悉有下重釋

出世即首楞嚴釋論名爲健相三昧善男子
我於一時下第三引證答此明如來觀機可
不或說佛與佛性無差或時說異或說修道
或說不修例如知外道機應須說我應說無
我云云文爲二先正引昔證今次更會通初引
昔證今又二先引昔次證今引昔又三一明
洗浴二外道論義三時衆得益是佛性下二
證今正言佛性非我而說爲我不應定執訓
修道之問如來有因緣下二是會通如來自
在或以我爲無我無我爲我又一解在因佛
性故言無我在果佛性故言有我云云爾時師
子下第三答上第四問爲二先申問次正答
初申問長有金剛力士語正答爲兩初正答
後結歎初正答中凡舉七譬大爲三意初三
譬譬有而不見中間一譬譬平等皆有第三
三譬譬待緣故見三意次第而來雖復云有
而復不見未知定有故不見定無故不見次
一譬譬其定有旣其定有何故不見次答須
待因緣然後乃見初三譬一一皆先譬次合
初是盲人譬譬底下凡夫如盲故不見色譬

佛性數人解色有二十種青黃赤白高下邪
正方圓長短光影明闇煙雲塵霧或加虛空
爲空一顯色如眼膚翳第二眼病譬譬諸菩
薩眼有少翳不得見色譬諸菩薩有煩惱故
不見佛性不同前盲合譬中先舉十地菩薩
後更舉四八凡夫二乘十住如來如來全見
菩薩少見兩全不見譬如初月下第三譬亦
譬衆生未斷惑者不見斷惑者見如初日月
則不可見漸漸可見佛性亦爾本有此理衆
生煩惱不能得見惑稍稍盡稍稍得見文云
大悲十力等一切衆生悉有性者舊云當有
即事未有引下文云破一闡提然後乃得地
人解云眞神佛性如敝帛裹金大慈大悲十
力相好此事具有爲惑所覆若除煩惱即得
見之除敝帛已即得黃金觀師云此二解相
害若當有此經文云大悲十力四無所畏衆
生有之旣言悉有寧得言當若言現有如金
爲所覆者夫佛性雄猛何不排惑若執當現
便是爭論只具此理不可推當修道乃得不
可言現彼三解偏據未會圓旨何者佛性非

一二三而爲衆生作四門分別或言第一義
空迦毗羅城空或言不空者即是智慧貧藏
頷珠或言亦空亦有如水酒瓶或言非有非
無名爲中道欲使因四悟於不四捨執四以
求通論人指當此執則無地人或覆此執即
有觀師所說此執亦有亦無門今明佛性如
王見象衆師所覩全同盲觸云云合最後譬中
言三種破煩惱者舊有二解一云二國煩惱
見思二惑是界內穢土煩惱習氣是兩國中
間淨土煩惱無明是界外煩惱七地菩薩斷
二國中間煩惱莊嚴所用二解云見諦爲一
煩惱思惟爲二煩惱習氣是三煩惱無明元
品品數與習氣是同故不別說初地至三地
斷見諦四地至六地斷思惟七八地者並斷
習氣無明此是開善解又一師難此二解文
云三種破煩惱竟不出破煩惱意但出三種
名與經乖較若論破意應如釋論三觀治三
種病亦如瓔珞本業從假入空名二諦觀從
空入假名平等觀二觀爲方便得入中道第
一義諦觀用是三觀能破煩惱又廿諦破性

病真諦破假病此二諦但說伏爲斷若非真非有即是中道觀雙除性假二病名斷煩惱今明是義不然前二解乖經觀師破其違經今難其義辟若三種破煩惱已見佛性破見思穢土煩惱及破中間淨土煩惱爲見性不見性若見性者二乘之人亦破見思何故不見若不見性與經相違開善云破見爲一破思爲二須陀洹人乃至四果悉破見思爲見性不若見性者無有此義若不見者與經相違又二諦觀平等觀皆是方便不入中道亦不見性復與經違世諦破性真諦破假是伏非斷又不見性此亦違經唯非真俗斷煩惱者乃得見性雖唱三種破煩惱名二種破者則不見性唯一種破得見經稱三種破於煩惱皆見佛性若一種破見二破不見者寧得相應今明七地修方便八地道觀雙流破無明見佛性者此以別接通是一種破煩惱得見佛性若入理般若名爲住破四住惑出生功德名十行破塵沙惑未見佛性十迴向伏無明登地破無明見佛性此是別教次第破惑又是一種破煩惱見佛性若圓觀法界煩惱即菩提初發心時便成正覺入銅輪位登初住時破無明見佛性三種破惑其義炳然而皆見性與經文會諸德寧知又一空一切空三諦皆空此觀破五住惑能見佛性又一假一切假三諦皆假此觀亦破五住惑能見佛性又一中一切中三諦皆中此觀亦破五住惑能見佛性如此三種數之與義正與經合諸德亦未能知前三種破惑是就別意後三種觀是約圓意善男子十二因緣下二有一譬譬平等皆有先譬後合前譬就外今譬就內即爲四一唱等有二出因緣體三明有具不具四結等有初明平等皆有而言亦內亦外者此唯在人非謂外物心則爲內色則爲外具有色心故云內外又云在胎爲內出胎爲外私謂文中自云內外貪求及爲內外事然此文中非謂以十二緣而爲觀境但取十二以爲佛性例如十二緣支支別辨爲令衆生識於三世輪迴之相豈可無明之時唯有無明故知乃至老死常具十二故下合云佛性亦爾豈可在衆生時唯是衆生況一切衆生一一無不念念具足十界百界依正因緣故界界中無非佛性故內外之言意兼多義何等十二下二出因緣體具解十二支過去具有因果何以取二因而不取果然過去之果自酬前因是故不取是則二因生今五果取今三因生後二果識支二解一云初受胎七日爲識爾時有色色未顯現識義已顯故受識名二云但取託胎初念雖即有色色乃未足而名識者識是報主是故言識亦至第二念即是色支此解稍勝入胎五分釋第四名色支亦云五胞二手二脚及頭四根未具者但有身意未有眼耳鼻舌言名色者二解一云色陰是色四陰名名二云只此色與衆生之名故言名色次具足四根即第五支旣具四根六根都具故言六入從此已去有麤細相生若細相生即是胎內識心未有想受若麤相生即是初出胎時未能捉火觸毒如一兩月小兒未別苦樂下第六觸支若細生相是胎內想心未知苦樂若麤相生即一

兩歲已能捉火觸毒而未有所知手內有物未辨貴賤染習一愛第七受支五果之後若細相生即胎內受心言一愛者於一樂緣而坐想著若麤相生即三四歲但知食愛未知五欲習近五欲第八愛支即三因之初若細相生即胎內行心之初就行心爲三初名愛中名取後名有若麤相生即八九歲稍知欲愛內外貪求第九支即十餘歲稍復長大轉能貪求行中稍增爲內外事下第十支起即十餘歲身成長大盡屬百年現在世識下第十一支即未來二果之初還同現在識支時節即初託胎一念現在名色下第十二支還同現在名色等時即未來老死支識名色六入等並是未來二果未來二果還是現在識名色六入等但轉名名之三具不具中約色界言無三受者二解一云於三受中不具苦受故言無三亦無苦受家想故言無三種觸亦無苦受家行故言無三種愛若色無色不具十二云何文云亦得名爲具足十二然歌羅邏死及色無色界生雖復不具十二而苦

輪未息往還三界終具十二解據第四釋至無色界無復苦樂亦無中容之捨故言無三受無色既無色不具十二以定得故下第四總結皆具十二既未息苦輪始終長望故云皆具佛性亦爾第二合譬六道四生皆有十二譬諸衆生等有佛性雪山有草下第三三譬明待緣方見即爲三初文譬合合中二先正合次明理明理又三初唱九章門門門有三句合二十七句第二解釋釋中長出三事非章所列合三十六句後兩善男子是第三總結云云第二舉黑鐵譬第三舉種子譬前二譬皆先譬後合後譬無合文是大涅槃下第二結歎如文爾時師子下答第五問先騰上兩問後作兩答以答前問答文爲二初唱十章後解釋其八是八大人覺屬自行後兩章是化他八覺是小乘名教云何是菩薩行一解云法門無定在大即大二解云只八大人自行爲小復有化他故得是大今明以大涅槃心修即異小乘師子吼下第二解釋十法有五番初番有問答答但以少欲知足共

爲一解以義相帶故餘者各解就初釋少欲知足復數番初約善惡共解後有少欲下約小大共解文爲四句初句少欲是須陀洹前云少欲知足爲善今釋不少欲不知足爲善法華云得少便爲足自保守小謂是爲足今釋少欲是須陀洹知足是中乘皆是保非爲極少欲知足即知四果最極對菩薩不少欲不知足菩薩上求佛果無窮故不知足下化無窮復不知足餘如文第八釋解脫即是無上涅槃者二解靈味令正翻涅槃爲解脫此明涅槃與解脫異開善云涅槃翻滅度解脫翻無累觀師云涅槃與解脫同是斷德因滅煩惱故得解脫得解脫故得大涅槃即是不異又云四暴河者即前三漏長有見暴河即通覽三界見爲見暴河復次出家之人下第二番約出家人釋十法但有八文前合少欲知足後但釋解脫不明涅槃是故略耳四樂者大樂即出家人樂應是戒樂寂靜即禪定樂永滅即智慧斷惑樂畢竟即菩薩樂四精進即四正勤復次菩薩下第三番據菩薩釋

十法但有九者菩薩以涅槃心修故不說之隨順天行爲正定者此明天行以定爲體今寄一並若正定隨順天行天行遂以定爲體應身隨順衆生衆生應以應身爲體今明天行是理以理爲本故言正定復次夫少欲者下第四番解十法文亦可解八解脫爲正定者數人云八解脫以定爲體論人八解脫以慧爲體私云皆不爾云云復次善男子下第五番但解九五種樂者河西云一因樂受樂斷樂遠離樂菩薩樂因樂者因內外緣得樂受樂者從內外緣身得增長心得安隱名爲受樂修習聖道斷除諸受今道增長名斷受樂永離煩惱身心無患名遠離樂以常樂故名菩薩樂五樂皆從淺至深出菩薩地經善男子如汝所言下答第六問先牒問後正答答爲二先答後勸初答又爲兩先明了與不了次明眼見聞見初了不了中有五番最後釋一切覺者一心三智照一諦三諦名一切覺十住亦得此覺比佛猶昧故不了了地前十住全不見性是故不論了與不了次眼見聞見中有兩番初以十住爲聞見佛地爲眼見次番以九地已還爲聞見第十住爲眼見此中應作四句第十住亦聞見亦眼見九地已下但有聞見佛地但有眼見文中自出此之三句若衆生聞不信者非聞見非眼見云云若十住與十地異者非唯初住不見十住亦不見即是別位若十住與十地同者豈第十住見初住亦見今文云住又復云地故知此中住地不異即是圓位而簡九地是聞者以其見不了了抑之爲聞第十住勝加之以眼蓋是圓位得作此釋餘位不得云云

大般涅槃經疏卷第十三下

大般涅槃經疏卷第十三下

校勘記

一　底本，清藏本。

一　四六頁上一行「第十三下」，徑作「卷第二十四」。卷末同。

大般涅槃經疏卷第十四上　阿五

隋　章　安　頂　法　師　撰

唐　天　台　沙　門　湛　然　再　治

師子吼品之二

起卷是第二勸修初勸修後論義上云十住聞見至佛眼見若欲聞見眼見應當受持十二部經故有勸修師子吼言下第二論義六番問答初一番明見義中間四番明能見之行後一結成初文者先問次答初問文者上云如來妙絕凡夫云何見聞是故興問次善男子下答中二初明實不可知次若欲觀察下明亦有可知上就究竟證爲眼見分證爲聞見今約凡夫修習中取聞見得道力强眼見色身則弱上德王品說見佛初生出家不達妙本悉是曲見今觀如來生行七步知是方便則得見佛各有所據不得一槩於中三先標章次解釋三結初標如文就解釋文有六番初身口二業次形聲兩勝三身通心通四受身說法五身口忍六身形聲說前五可見第六文中於聞見文末云爲梵王說中道者約顯露教說四諦五人得初果約密教說中道無量菩薩得無生忍乃至補處又鈍根聞生滅四諦中根聞無生四諦則不聞說中道利根聞說無量無作四諦即說中道明中道有五番或雙捨論中道或相成論中道或雙照論中道私云兩捨是兩教相成是別教雙照是圓教在文可尋如來心相下第三結成如文爾時師子吼下第二有四番問答明能見之行初番先問次答問又二先舉僧寶問次舉佛說難初文者即四依人問心是內本行是外迹言初二種者以初二濫後二故不可知如佛所說下第二正舉佛難直置僧寶尚已難知況乃如來但見色身聞說法云何依此二事知是如來佛答又二先答僧次答佛初答僧爲三一結問以難知下次以四緣故知具足四事下三結成可知戒有二種下第二答佛問復有六番初番持戒究竟不究竟復有二種下第二番爲利不爲利後四番悉如文可尋師子吼言下是次番問答前云持菩薩戒得見佛性爲作要求爲不要求要求者是市易法若不要求行而無願未知云何故有此問佛答有兩初發起十四句法性自爾而相鄰接任運法爾非作要求若心不悔持戒不淺次持戒下心任運成得見佛性住大涅槃云第三番問答問中又三先領旨次作難三結初如文次難中初難戒是衆行之本有果而無因應是眞是常涅槃居在諸行之末有因而無果應是無常後偏結一邊可見云佛答先歎次答歎中爲三一歎因深二歎持力三誡聽初如文次文中善得時長釋迦日短者以緣宜故也例如日月燈明六十小劫此間食頃云二佛答初答持戒無因之問有法譬合法中爲二一唱有因二遮無盡初有因者以聽法善友等爲作戒因從信心因於聽法下二遮恐無窮之難故指二法互爲因果次譬如下凡舉三譬初爲遮無窮作譬諸師多言尼乾淨行不以瓶著地三木爲拒以支一瓶瓶由拒立拒藉瓶成二梁武云尼乾口啖牛糞身倮穢根有何淨行而可稱耶拒者今之渴烏取水者是亦名轆轤

井上施之更互上下即是互爲因果之義而言尼乾者指其家有此拒次舉十二因緣譬若克定三世譬此不便取輪迴不窮更互義成三舉小乘中八相爲譬大生直名爲生小生言生生成論人破毗曇大小生義解此文云一期之壽是大生念念生滅是小生由一期有念念由念念有一期解文不了而復不許用毗曇義此不應然破立適時借譬何爽私謂古人以一期與念念更互相生何以不得然不及剎那八相只一剎那是生是生生故一剎那中大相是因小相是因因小相是果大相是果果是則更互爲因更互爲果如一信心即此信心是聽法心即聽法心是於信心雖同一念而更互相因既互相因即互成果信心聽法下合譬答前初難明戒有因從是果非因下答後難明涅槃是果而無因答後又三初唱兩章門一是果二非因次何故名果下釋是果章門是出世果故言上果是習果故故是沙門婆羅門果是佛果故故言斷生死是絕待果故故言無煩惱煩惱名

過過者體是死因一過復得苦果故言過過又無明能迷理復能障智故是過過從涅槃無因下二釋非因章門無生滅者無世間因無所作者無報因非有爲者無生因常不變等三句是無相待因三善男子下結無因義次第四番問答問爲三初領旨仰非次舉六無爲難三結次畢竟無但是語勢非是正意正取有時無故爲難言有因者有習因了因言無因者無生因報因故舉有時無以之爲難如池沼之雨旱如日月之籠散因之有無似同於此少無者以少故無非是全無不受無者只是不受爲無非無彼法不受惡亦如是不對亦爾後之三無俱是互無之意三結如文佛答爲二先明無因次明有因初答無因爲三先非五就一次六喻併非三結無因初非五就一者汝以畢竟無以爲正難尚不全是有少分是是故就之況以五喻寧得會耶次併非六喻六是世法不可對於出世之法而復重非畢竟無者以其隨斷無我無我所故與涅槃乖涅槃有我故重說之三善男

子下結意如文是因非果下二答涅槃是因而非於果文爲二初標章次釋標者明涅槃是因以佛性爲因即是了因復簡出非因即非生因標其非果非沙門小果前云沙門果者指佛果爲沙門婆羅門果因有二種下釋文爲三一明有生了二因二舉三譬譬之三三番舉法門合之合中悉用親爲生因疏爲了因此雖明不可思議之法略須分別前一番事理相對六度是事爲生因佛性是理爲了因次定散相對後橫竪相對云云而初文中云菩提者此欲明因取果又舉果成因問涅槃無因而義說生因了因亦應義說生了二果答了因所成即是了果生因所出即是生果何不得並別有二果生果即是無常了果即是於常世人謂屈此並此乃不思議法門何所不得且用首楞嚴通之譬如術人於衆前死得財物已而復還生今經二鳥雙游即是其義近是下文云佛身二種一常二無常云云師子吼下第三有一番問答結成本宗此問從前眼見聞見如來佛性生夫佛性之性

絶色非色云何可見佛答此爲二者皆悉再
答悉開兩意故有可見不可見如文佛性非
内非外下是品中第二大段前作佛性説此
作中道説文爲三一略標中道二廣破邊執
三結歎佛性初標中道有三句初句云非内
非外者舊解云不定在衆生身内故言非内
復不離衆生即此識神而得成佛故言非外
觀師解云非在衆生身内故言非内亦不在
衆生身外故言非外今皆不然舊説取捨如
步屈蟲次説如鳥除二𤍠何者衆生五陰是
因縁生法即是空不在俗諦故非外此法即
假不在眞諦故非内此法即中故不俱在二
諦此法徧一切處故不獨在中道諦此法不
可思議不縱不横不並不别豈作單能説之
上文云一切覺者名爲佛性諸師單説非一
切覺則非佛性不名中道三點具足名一切
覺是名佛性乃是中道只以即空非外不在
俗諦只依此意任運破諸師所説標第二句
云雖非内外而不失壞此還成上意舊云非
外故不失非内故不壞若定在外應東西散

失若定在内應同於死身有臭壞故言非失
非壞觀師云其本無成所以不壞其本無得
所以非失今明二師解初句未成釋後句無
託此句釋成上非内非外而復即中故言不
壞而復雙照故言不失標第三句云故名衆
生悉有者觀師云雖非内外亦不有無而假
名爲有今明釋上不失不壞即徧一切處故
名悉有師子吼言下第二廣破邊執文爲二
先破因中有果執成上非内次破因中無果
執成上非外此執若除不失不壞佛性中道
悉皆可解就破因中有果更爲四一據佛教
二據世情三據縁因四據正因初據教者近
據前文故名一切衆生悉有佛性遠據前品
貧女寶藏力士額珠此皆内有寧言非内世
情者世人求酪取乳求油取麻若無油酪人
何故取舉縁因者内若無正何須外縁如穀
無芽不須水土舉正因者由外有縁使正得
生此皆據於因中有果顯衆生中悉有佛性
性應在内就初據教有六番問答初引品初
及如來性品爲問佛答明乳即是空故不定

説有但言酪從乳生乳即是假故從因縁有
如文第二番問答問一切法各有時節乳中
有酪待時而生如穀有芽春來方出佛答爲
三初作即空奪破故言乳時無酪二作縱答
如其有者何故不得二種名字如文三從因
有二種下更示乳即是假是故言有第三番
問答若乳無酪何不從角而生此舉非因作
難佛一往縱答角亦生酪第四番問答即取
此爲難求酪之人何不取角佛答乳是正因
是故取之角是縁因是故不取第五番舉非
果爲難佛先縱答乳亦生樹如文次則奪答
若一因生者可得如難須兩因乃生乳非樹
之正因因縁各異何得生樹尋文可見第六
番問答直問衆生佛性復有幾因佛答亦具
二因正謂衆生縁謂六度莊嚴家據此文明
假名是正因佛性觀師不用云縁因不但唯
有六度復有境界及道品等皆是縁因正因
何得但是假名亦有五陰及心神等今明莊
嚴覽陰成衆生此據外觀師取五陰此即據
内豈可然耶上文云佛性非内非外不失不

壞今謂衆生是正因時衆生假名爲定在内爲定在外内外求不可得還是非内非外雖非内外而有六瘦生其陰軀則不失不壞一切衆生悉有於陰還是向義不應餘解雖作此消文可更思之師子吼言我今定知下二據世情執有爲難佛答爲二初正破執次示正義初文二初作三番次更重破初三番者初番問取乳不取水據乳有酪爲問佛答爲二先非問次並難初如文次難中云汝言求酪取乳不取水者並云如人求面而取於刀不舉鏡者欲作横竪並之又鏡亦得爲刀仙人孫博屈刀爲鏡伸鏡爲刀云云第二番即執刀有面爲問佛答若定有面何故顛倒竪長横短若有已面何故狹長實不狹長而見狹長若因已面見他面者何故不見驢馬等面第三番仍併通佛並眼光到刀中則見已面像不見驢馬面像又眼光到刀中同刀竪而長同刀之横闊是故見之佛答爲三一奪破光實不到二縱破假到則多過三結奪初奪如文光若到下縱破有四過一若光到火火應燒眼眼既不燒知光不到火二若光到遠那忽生疑三光若到者不應見水精中物水精閡眼不見外物淵中魚石水應閡眼眼何得到四光若不到能見者何故不見壁外若見壁外應見外物是故下第三結奪善男子下二重破上未委悉故更重破文亦爲三一縱二奪三結訶初縱爲三一應責酪駒二應壞子孫三應含五丈其既舉世情爲執佛亦用世情破之若乳有酪賣乳之人應責酪直縱若有酪亦應五味一時若無醍醐那獨有酪賣驛馬者應責駒直駒復有駒駒無已如其不然知馬無駒世人爲子聘妻妻若有子不得名女女則無子有子非女若女有子子復有孫孫孫無窮一腹所生併是兄弟世豈然乎如其不然知女無子子中有樹應具五丈已是亭亭雲外交柯接葉布濩八方如其不然知子無樹乳色味異下二畀奪破色異者乳白酪黄味異者乳甜酪酢果異者乳治熱酪治冷既無此等云何有酪譬如服酥下第三結訶明當服酥今已患臭亦當明當醪湊今已飽飫得酪食用何有是事譬如有人下第二示正義文爲四一舉譬示正義二引偈證三下約衆生四高推佛境初舉三譬又二先譬次合初譬中示於無性假緣而有譬如文一切諸法下合譬以是義故下第二引偈證成但取初二句證無性足若定有性不應本無而今有亦不應本有而今無本有應常有本無應常無既其不定云何而言乳有酪性下二句相仍而來此偈是第四出以證今義若諸衆生下第三約衆生身空以示正義自有法譬合重譬如文衆生佛性諸佛境界下第四高推在佛如文觀上經文縱奪破竟明佛性即空次舉三譬明佛性是假次引偈證佛性即空即假次明衆生身空譬於佛性徧一切處引諸佛境界明佛性即中觀文甚會亦與上文佛性名爲第一義空空名智慧等義甚相應私謂章安依經具知佛性徧一切處而未肯彰言以爲時人尚未信有安示其徧佛性既具空等三義即三諦是則一切諸法無非三諦無非佛性若不爾者如

何得云衆生身中有於虛空衆生既有餘處
豈無餘處若無不名虛空思之思之師子吼
下第三據緣能發因中之果若都無者何用
緣耶又有五番問答初番問意若乳無酪性
何用緣因虛空無性不俟二因答如文第二
番轉緣因作了因名問中有三譬次引乳譬
合如文佛答爲四一明性即是了因二明了
應自了三應能兩了四舉正因爲決初言性
即是了者了本了其令出若已有性性自是
了何須他了乳已有酪性性自是了何須酵
湪而了出之次若是了因下正言酵湪爲了
應能自了若不自了何能爲乳而作了因初
若自了者應能自了而出於酪不須了乳令
乳出酪若言了因有二下第三應能兩了只
酵湪自能了出於酪復能了乳出酪若有二
河五 十二
者下第四舉正爲決欲明酵湪能兩了者乳
亦應能作於兩正自作酪正復爲酵湪作正
第三番問意前雖四難正執第三自了了他
故言我共八人者如數他爲七已足爲八此
是自數他數他亦如是自了了他佛答爲二

先破執二示正義初破又二初破若爾則非
了因次何以故下釋夫智能自數已色復數
他色色不能自數數他了因如色何能自了
復能了他別有一法自了了他故言了因即
非了因一切衆生下第二示正義欲明非本
定有藉緣能有第四番更復轉難還引佛言
明有乳有酪故知是有佛答爲二先汎舉三
答轉答即隨問答默答即置答疑答即不定
答後正用轉答如文師子吼下第五番不許
當有之說故設此難問爲二先仰非次正問
爲三法譬合佛答爲二先譬次合譬爲四一
明過去有二明未來有三重明過去有四重
明未來有未來有即是當有答問即足而復
更明過去者當由異部不同衆計非一薩婆
多計三世皆有曾有當有正有曇無德計過
去未來是無唯現在爲有已上破有竟今若
用之但是假名隨俗之用且法王所爲豈可
以人情測前云種橘牙甜熟酢後之酢味本
在前甜證過去有今時此橘初酢後甜者或
是國土物異或是取爛熟時爲後此時味酢

衆生佛性下合譬正明當有即衆生當得師
子吼下第四據正因執有凡四問答初番又
四一法二譬三合四結初法中言正因佛性
者即中道正性尼拘陀下舉譬又四一正舉
譬二旁舉瞿曇姓三合譬四猶如下以譬帖
河五 十二
姓爲難難意若尼拘陀子無樹性者云何得
名尼拘陀子應名佉陀羅子乳無酪性亦不
名乳應別生餘事佛性亦復下合佛答爲二
初舉八事不可見尼拘陀子若有樹性何故
不見次若言細障下更破二事又二先總非
次何以故下正破破中又二先破細次破障
初破細者夫樹相甚麤何得不見若本細者
後不應大後若大者初亦應大次破障者若
尼拘陀子障尼拘陀樹不可見者障常應障
常不可見第二番問答問中還舉兩因了因
了無正云何無耶良以了細成大所以可見
佛答有五重一明本有本無皆不須了若尼
拘陀下二舉非果爲難難於本無尼拘陀子
本無尼拘陀樹麤相者亦無佉陀羅之麤相
何故不生佉陀羅樹若細下三難麤應可見

四舉燒相爲並若樹樹本有性後生樹者亦
應本有燒相後時可燒子性被燒不應生樹
五更取意破其先生後滅文舉一切法生滅
一時且就尼拘陀子生滅一時者云何先生
而後方滅既生滅一時遂得先生後滅亦應
先滅後生第三番問答舉非因爲問等是無
性何不出油次佛云亦得出油壓子汁出汁
即是油第四更問亦應得稱爲胡麻油佛答
隨緣各異受名不同不得名麻油得名尼拘
陀油衆生佛性亦爾衆生中有佛性草木中
無佛性而有草木等性師子吼言下第二破
因中無果執既非外義唯一番問答問爲三
一領旨二正難三結歎領旨仰非者領無果
之旨不復致疑因中既其不得有果衆生之
中亦無佛性此義可信衆生即執定無爲實
既其定無不復得言一切有性故云是義不
然不然者豈非執無何以故下第二正難又
二先難次答初文凡作七番一據業行二據
斷善三據發心四據退轉不退轉五據修萬
行六度六據退萬行七據僧寶初就行業爲

難者人天無性但有業緣五戒得人十善得
天天得作人人得作天菩薩亦爾但以業緣
而得成佛非謂佛性次就斷善作難者若衆
生有性善不可斷隨墮於地獄以佛性力應止
地獄夫佛性是常常何可斷既斷於善即知
無常若無常者則無佛性三據初發心難者
若本有性應本發心心既始發知本無性又
佛性無發發則非性四據退不退爲難者若
本有性不應毗跋致只應阿毗跋致唯應不
退不應有退既其有退知無佛性五據萬行
難者若本有性何須萬行修萬行者知無佛
性六據退萬行爲難者佛性是常何得有退
既見三惡而有退者知無佛性七據三寶爲
難者如佛所說三寶是常僧既是常只應常
住何得進修令後成佛進修則無常無常故
無性何故云一切衆生悉有次佛言下正答
七難但不次第第一答第一業行問第二答
第三發心問第三答第六退轉萬行問第四
答第二斷善問第五答第五萬行問第六答
第七僧寶問第七答第四退不退問此答第

一問止有八字具答問意舉人天由業不關
佛性亦應由業致佛不關佛性佛答人天不
須佛性只由於業致有往反不關佛性佛性
常故作佛亦常知有佛性汝言下第二超答
第三發心先牒問次正答汝言何故有退下
第三超答第六退轉萬行明實無退只是遲
得謂之爲退而不答萬行爲下答可酬之此
菩提心實非佛性下第四追答第二斷善問
明菩提心非佛性闡提不發菩提心而佛性
不斷善男子汝言下第五答第五萬行之問
爲二一正答二更取意難前無此言一解云
前應有此問翻者脱落二解云本無此問直
是取意善男子汝言僧寶下第六答第七問、
有四復次初有二種和合次十二部經和合
三十二因緣和合四諸佛和合皆明僧常乃
是一體之僧非今事僧善男子汝言衆生若
有佛性下第七追答第四退不退問文爲二
先牒問誡聽次正答其難云若有佛性豈合
跋致阿跋致異答文爲四一明退轉行二明
不退願三雙明退不退兩人四重明不退行

佛答意者不關佛性有退不退只由志願彊弱不同致退不退雖退非失還得名退初論退行又爲四一明十三法二明六法三明五法四明二法初十三法如文次六法中有營世務者出家學道經營俗法已有所妨言俗法者眞修之外皆名爲俗春秋中臧文仲有三不仁使妾織蒲席賣爲外邦所彈曰汝國之大夫失德與百姓爭利俗人尚誡貪況驅馳耕販必應休道設使彈訶何足以言又句句應論觀慧文煩不書得意自在夫觀解者非但執耒運斤名爲俗務坐馳五塵六欲即是世務又專念空無相願亦是世務又念蒼生塗炭慈悲慰拔亦是世務若能無念念於無念非念非無念一心中覺方非世務私謂如大師釋經句句之中依文消竟即句句觀解於文非要但爲法行者隨語起觀故處處明二云何下第二明不退之願願作心師有二解一云只是前後兩心前心起惡後心隨流者此非心師前心起惡後心能止是則心師二解以假人制心不隨心作所作假人人是心師今明太近上文云諸佛所師所謂法也心緣於法法爲心師深淺自在善男子不可以下第三雙明退不退兩人正酬其問有譬有合如文師子吼下第四重明不退之行先問次答通論六度皆是不退之行今趣舉三十二相業約〔阿五〕求佛心便上文明〔十六〕百福成一相今文或一業成一相或多業得多相此就相似因果爲語一業一相多業多相示因果不差佛實有四牙而文但二牙者二牙大二牙白兩白爲一兩大爲一故言二牙又一解若論牙則有四若論邊則有二今明二邊牙故言二牙善男子一切衆生下第三結歎佛性此文具五種佛性衆生即正因諸佛境界即果性果果性業果即了因佛性即境界性又一解衆生是正因諸佛境界是境界性業是了因性果是果性果果性後佛性是總結章耳又一解一切衆生明凡夫諸佛明聖人業即是因性因因性果即是果性果果性佛性即正因性下總結四法即指此爲四皆稱不可思議者不可以定相取即一性是五性五性即一性非一五性而一五性不縱橫不並別如是乃名不可思議若得此意望上兩番破義無性即有性有性即無性非有性非無性而有性而無性即是非内非外雖非内外而不失壞名諸衆生悉有佛性若失此意全非祕藏之宗〔阿五〕文理抗行焉釋〔十七〕涅槃文云四法者衆生諸佛境界業果是爲四法文云衆生煩惱覆障故常者只名此爲常以其煩惱起故是常又一解云只衆生中有佛性之理是故名常今謂此解淺近常義亦不成衆生煩惱障覆即是常者衆生是生死生死即涅槃煩惱即菩提既言即是寧不是常問果果了因萬善如何是常一解云能了佛性故云是常今謂此不然皆不可思議不可思議故常明文在茲何勞餘解不可思議故常此是圓義無常覆障破無常已得受樂故此是別義云云

大般涅槃經疏卷第十四上

大般涅槃經疏卷第十四上

校勘記

一　底本，清藏本。

一　五四頁上一行「卷第十四上」，南作「卷第十四」，徑作「卷第二十五」。卷末同。

一　五五頁中一九行第一二字「隨」，南、徑作「憜」。

一　五五頁下六行「三譬譬」，南作「三譬」。

一　五七頁上末行第二字「文」，南作「大」。

一　五七頁中一六行第一四字「濩」，南作「護」。

一　六〇頁下卷末書名、卷次，南無（未換卷）。

大般涅槃經疏卷第十四下　阿六

隋章安頂法師撰
唐天台沙門湛然再治

師子吼品之三

起卷第三明縛解衆生雖有佛性爲惑所覆不能得見須修萬行解生惑盡佛性理彰故明縛解文有五番問答初問答中初問爲二先領旨唱無次是五陰下生滅爲難若正性不生不滅故無縛解緣性念念不住又無縛解此惑體性即起即滅云何此惑能縛衆生既其無縛即亦無解有法有譬有合答爲二初誡許次正答又二初明縛後明解就初縛爲三一死陰二中陰三生陰就初死陰中三有法譬合初法如文次譬中云日既西沒雖殘光東照終不歸東人命將盡雖有餘氣終不更生此陰滅已彼陰續生此乃即死明生衆生下合又二先正合次如燈生闇滅重更引譬次如蠟印印泥下第二明中陰又二先譬後合蠟譬死陰泥譬中陰印滅文成者譬死陰若滅中陰即起文非泥出者此身非是中陰所出又非無因亦不餘來藉於死陰而得現也不可求其處所但因緣故有問亦有不受中陰者不答通論皆受如大理獄責定行刑中陰亦爾覈定善惡惡墜善升若有別從猛利善惡如五逆者徑墜十善者徑升穢矛離手遂到彼方則不論中陰現在陰滅下第二合譬初正合次二眼三食初又二初正合次舉譬帖合二料簡二眼三食者自無摶食既是改報寧得有飯而摶既有想陰則有思食有身故則有觸食以有意故則有識食俱舍中廣明中陰等古人有四食章等於此非要父母交會下第三明生陰通論六道並有生陰且就人道初明起三煩惱次明具四顚倒所以爲縛不得難言念念滅故故無有縛三煩惱者一愛二瞋三謂已有此是我見亦即是癡是人若得下第二明解又四初明近聽思行皆如文師子吼言空中無刺下第二番先問後答初問又二初作逆喻舉空中無刺後舉陰無繫者云何繫縛上德王云心本無貪云何貪欲能繫於心即是此義答爲二謂法譬初法者就理爲論謂續故不斷壞故不常不斷不常非縛非解若未達斯理即有縛解舉星舉拳約掌合時論縛掌離時論開本不合時論不縛不開繫縛等三即此意也縛即論假脫即論眞不縛不脫即論中道乃是三諦相即之相師子吼言如眼下第三番先問次答此問躡前答文作難前云名色縛衆生衆生縛名色名色只是衆生云何自縛如刀不自割故後復難若其衆生只是名色者還是名色縛於名色云何名色能縛衆生答如文師子吼言若有名色是繫縛下第四番問答問如文答中有法譬合初法說中羅漢子爛故無縛報在故有縛而言未見佛性者大乘望之子果俱縛小乘不爾次譬合如文師子吼言燈之與油下第五番亦先問次答初問意者佛前言燈喻衆生油喻煩惱今難此語有兩解一云燈覽衆法明油器等共成一燈明名燈明器名燈器二云明與油異正取明爲燈燈是火性油是濕性正取後意爲難燈之與油二性各異衆生煩惱本來

不異云何爲喻佛答爲二初舉八喻後合燈
喻八喻爲二初列章次解釋從小向大爲順
喻從大向小爲逆喻現者取現事爲現喻前
逆順亦是現事除逆順邊取餘現事非者都
非其類先者先喻後合後者先法後譬滯此
是帝音滴此是的音先後可解此中應作養
音上看下爲養下看上爲様音偏喻者盡其
始末師子吼言衆生五陰下大段第四明修
道既其有縛云何得脱故論修道而脱其縛
文有四問答初明道可修二正明修道三修
道之用四勸修此四次第者諸法雖畢竟空
而道可修是故正修修能斷惑是故有勸初
番有三問答初問五陰衆生人法皆空何故
有修佛答諸心念念相續不斷雖念念滅煩
惱連接所以有修是故第二更問心念念滅
何有修道佛答雖念念滅得論修道如燈雖
念念滅而能破闇汝言念念滅下更復取意
解汝言無增長者不爾後舉六譬皆明有增
長如文第三番問更躡前六譬爲難雖念念
滅而能破闇等修道亦爾初雖未圓久能破

惑師子吼承此更難如初果人善法五陰亦
應相似相續生淨國土那忽至於惡國生殺
羊家佛答雖生惡國不失名者名謂無漏無
漏恒在陰則不爾善陰惡陰由業所得非無
漏法之取招也故佛答不相似雖生惡國不
作惡者由無漏力持故答中先法兼出六譬
香山譬初身師子譬見諦無漏雪山譬惡五
陰飛鳥走獸譬諸惡法又香山譬善陰雪山
譬惡陰雪山鳥獸並不敢住譬在善惡兩國
之中皆不生惡法此開習報兩因之義習因
種類相似常生終不爲惡報因牽於異類之
果故生惡國有人譬須陀洹身貧産巨富譬
見諦無漏斷惑之功唯有一子者四果中之
初果也又見思兩道中唯是見道故言一子
先已終亡者見諦無漏而不現前出觀則無
其子等者思惟無漏因見諦生故言其子有
子復在他土者思惟無漏望於見諦名爲他
土奄便終亡者須陀洹人七生終没孫聞是
已還收産業者思惟道中還承接前見諦之
功雖知財貨非其所有者見諦無漏非思惟

中無漏無遮護者見思雖別同一無漏師子
吼言如佛說偈下第二正明修道又二初明
修道次明修道因緣初又二先釋次論義初
舉偈問者上兩句修道下兩句得果能修三
品不退得果三品是因近大涅槃是果初牒
偈問次一一請答答中三番解釋初番真僞
對辨次番偏爲破惡後番偏爲生善就真僞
爲二先僞次真初僞爲三品下下一向不能
持戒下中畏於惡道之苦是故持戒下上爲
度衆生苦惱是故持戒此三並僞今取此人
尚不可得次真者知諸法空而能持戒爲諸
衆生而求佛果果不可得衆生尚無況有佛
果名真持戒次能破十六惡律儀者此就滅
惡更釋三品魁儈者舊云是販魚肉典軍之
人又云是行杖者無身三昧者空定滅色故
言無身無邊心者即識處定淨聚者即不用
處世邊者非想此定能知八萬劫以此爲邊
又非想在三界表故言世邊世斷者八萬劫
外既不能知便謂爲斷世性者即是冥初是
世之本性世丈夫者以此定力能見劫初水

中丈夫即韋紐天非想非非想者即是存亡觀爲定體修習戒者爲身寂靜下第三就生善釋三品諸有者即是三有二十五有諸界者即是三界及十八界等諸諦者即二十五諦及以六諦師子吼言不生不滅下第二論義因前修道故見佛性得菩提涅槃今難涅槃及以佛性凡七番問答初三番難涅槃次四番難佛性初云若不生滅爲涅槃者只凡夫人亦不生滅應是涅槃凡人一期從生至老不更生故故名不生而復未滅亦是不滅此不生滅是涅槃不又云若以三相中生相爲難只此一念生已生故故是不生復未滅故故是不滅是涅槃不答中先印述之後解既非涅槃爲始終故亦須更通上之兩解成始終義初生爲始命盡爲終一念三相生相亦爾初起爲始念滅爲終世尊下第二難明生死法亦無始終十二因緣輪轉不住何有始終佛答者生死之法有因有果十二因緣輪轉不住過去二因現在五果故非涅槃第三番難明涅槃之中亦有因果戒定慧等能

得涅槃豈非因果佛答涅槃有因而非果又復是果而非所得又佛性爲涅槃因復不能生涅槃之果云云第二有四番問答論佛性義初番就共有不共有爲難先標兩章門後釋如文佛答又二先法次譬初法中言不一不二不一故非共不二故非各雖爾終是一切衆生同共有之地人云一切衆生同梨耶識法界體性若爾一人得時應多人得成論師云衆生各有佛性但成佛時權智齊等同一法身力無畏等亦復如是若爾佛性可數即是無常正當此難然佛性平等非一非二非共非各亦如今之持戒修行之人不可一不可異人人各修豈得是一我解彼解彼解我解是故不異又如五種佛性並不一異衆生等有豈可異五種不同豈可一云云問衆生於五佛性中爲具幾許答盡有盡無衆生無觀智之了則不能發境發境之智既無亦無觀境因既無因穿別得果及以果果既無因果云何非因非果盡有者必當得故從緣現故故言盡有今時雖無必當有之次譬如文第

二番難忍辱草譬若一者一人修已餘人亦得佛答佛性是一隨多人修各各得之不相妨閡第三番問如多人在路於後無妨佛性亦爾前人修時亦妨後者佛答者如路橋醫並是少分聖道之路則不如是橋等亦然第四難天人六道其相非一云何共有一佛性耶佛答置毒乳中隨其五味毒能徧殺佛性亦爾徧一切處云云十六大國下第二明修道因緣又二初明道緣二明道因初道緣又三一處緣二時緣三人緣非處非時非善知識皆不能得故云待處待時待伴就處又二先城處二樹處城處又二先問次答問意言十六大國有六大城如來何故在此小城答爲二先訶次正釋初訶問者佛所居處不應言小舉三譬況如來世尊是人中之尊居止之處其處則尊君子居之何陋之有我念往昔下第二正釋又二一報地恩二驅邪黨初報恩又三一報發心二報四無量三報弘誓如文次驅邪黨又二初徧六大城後明至此降伏既了邪窮正盡即寂滅涅槃六城爲六初

即至王城然外道潰亂誘引衆生令墮三惡故須來此而驅遣之又國主有請佛不違言故往王城外道自知其術淺薄仍奔舍衛佛因化三迦葉及通慧二人時彼城中有一長者下是第二往舍衛逐外道就文爲三一明往之緣起二共試神力正論往彼然諸外道在王舍城不敢拒抗行至舍衛仍求面論珊檀那者是王舍城人此翻護彌祇陀此翻勝氏須達多者是舍衛人此翻善溫問佛名聞十方須達亦是六大居士何以聘婚夜宿始聞佛名答初非不聞孟浪飄瞥今道機時熟聞則毛衣偏竪

師子吼品之四

起卷是第二至城共試神力文爲三一試緣二正試三衆益初又四一求試二王不許三重求四王許所以求者前於王城已被斥逐今復更來舍衛城中奪名失利不可容忍訴王求試就初爲二一褒美於王巧言令色二貶挫於佛動容劇謗年既幼稚者佛既三十成道于時只可年三十餘苦行止六年而已故言學淺眞實不生王種中者彼言佛是幻化必非王種劫奪他人父母者佛教令人離俗出家即是劫奪父母之兒亦是斷他父母子胤不許妻娶亦是劫奪他家父母云云王言大德下二是王不許六師答言云何無妨是第三重求王言善哉下是第四王許王雖私許又須諮佛佛言善哉下是第二正試又二初命王多逵二正現神變如賢愚經云云三時衆得益此中不明交論往復直爾示於希有奇異外道觀變自知不逮仍奔至於婆枳多城問何不交論答三輪之中宜神通輪當是時也時衆及以外道徒屬得益其外道師猶未信伏爾時六師内心下是第三佛復向彼城問佛有大悲不惱衆生云何處處追逐六師不得停足答欲摧異見救無量人令出邪濟除生死縛得大涅槃此非哀憫更以何等爲慈悲耶於是六師復相集下是第四向毗舍離如來復往爲菴羅女及離車等種種說法此即耆婆之母甁沙夫人既有麗色誠諸比丘觀身念處次爲離車說不放逸破其憍慢國法每選智能爲主餘者參議是故翻之爲邊地主亦云傳參國事是時六師下第五復至波羅奈城六師聞已下第六復至瞻婆城爾時六師周徧六城下二明至拘尸皆被追逐不知何去正言拘尸陿小且自保而住不意佛來就此文爲三一邪教二正教三邪正論義初是外道至拘尸城廣談佛過令人起邪文云母既是幻子不得非此有何意意言人之生法自有常儀何因乃從右脇而生豈非幻母而生幻子二佛至說正撥邪歸正則邪正各行爾時六師復作下第三邪正合論凡七番問答前六番正論後一番降伏此即初番先立邪義以見者爲我即十六知見中一佛破有三初令六根俱用其上舉向爲譬今還難之人在向中見色聞聲俱取六塵汝以我在眼中只能見色不能徧取諸塵者當知汝非次令老少不殊如在向中乃至一百年見外分明我在眼中百年見物亦應分明若老我在眼不及少者何得用向而爲譬耶第三令内外俱見人在向中内外俱見我

在眼中何不見内六師復言若無我者下第
二番進問此非正難爲前難甚故更問我佛
言有色下答又三一示因緣二破邪我三結
正我此即初示藉諸因緣而得見色曾非我
見但横見言有六師若言下第二破其邪我
又三初標唱不然次何以故下別出諸過我
以自在爲義只應唯作婆羅門種何故復受
六道不同色既無我受想行識悉無有我以
無我下三結過六師如來下第三結示正我
又二初略示次對辨初文意者前既破色受
等無我其即更問如來爲是色等巳不今懸
取其意答云如來我者無復色縛亦無受想
行識之縛具於四德汝所言我不免四縛次
更結亦與外對辨外道言我從因緣故是故
無常如來我者非因緣得故常樂我淨六師
阿六
十一
言瞿曇下第三番外道改宗或云部別以徧
一切處爲我不取色爲我佛言下如來破之
有二意初直就徧破後更就一異檢初文又
兩復次初復次責徧我既徧者不應初不見
應常見也次責我徧者應徧五道何故畏三

惡道爲人天身持於戒善次就一異者又二
初先唱兩章門次一一釋就一責如文就多
責者一一身中各有一我我是自在云何利
鈍愚智不等瞿曇衆生我下第四番外道重
救我則是一又亦恒徧衆生修業自有差別
業果不同佛破云我既徧而且常豈得善惡
迭謝便應罪福俱有故言行惡應有善行善
應有惡若不俱有即是不徧又我是自在應
善惡自行云云瞿曇譬如一室下是第五番外
道復救以然燈譬雖同一明而燈體各異我
終是徧但善惡用異如一室中然百千燈云云
佛破又二先唱不然次三種破一從緣破二
就明出異處破三就明闇共住破初破云汝
燈譬於法明譬我者明由於燈多油炷者燈
則明盛若爾我由於業業滅我死業旣陋小
我則不徧第二責處者明從燈出若爾者我
從業出則業有我非我有業第三明初燈時
與闇共住若爾汝之常我皆應在於無常我
中無常之我亦應在於常我之中瞿曇若無
我者下第六番外更請問佛答又二一破邪

我我旣是常云何能作常何有作設令有作
何不作善而或作惡旣善惡不定則無常也
次明正我即是如來常住無閡第七一番外
道歸伏如來結章如文善男子以是因緣下
第二明樹處又二先結前生後次正明處初
阿六
十二
如文東方雙者下第二正明樹處爲三一表
理二護法三法味利益初表理理即四德何
意以東譬常無常等一解云趣取一事無的
所在亦可以東譬樂無樂二河西云二株枯
乾表應化身滅二株敷榮表法身常存然菩
提樹亦一觚生一觚枯至佛法滅二株皆枯
若爾何必定破常無常等然佛隨緣化應有
所以河西云東方雙表常無常者外道所事
大自在天在東方住教行於西今佛法常破
其無常故言東方雙者表常無常南方表我
者南是右方右手作便譬我用自在西方表
樂者西方行佛教即得樂表佛法樂北是淨
方又是出家之處故表佛法中淨又云自在
天面向東則右手在南皆是爲破外道四倒
表佛法四德故作此配此中衆生爲雙樹故

下第二護法先舉事後明理事者佛在樹下入於涅槃四天大王常護此樹不令外人侵毁其枝葉昔召伯治理有善政常聽訟於小棠之下及其既沒百姓思其仁愛其樹而作勿翦勿伐之詩況復如來娑羅樹耶從華果常茂下第三明法味利益先譬次合釋華果者華數嚴飾見者生愛譬法身湛然常住無變故用華表我果表樂者其味甘甜色香具足見聞嗅觸嘗食徧樂法身亦爾一切衆生皆同此樂師子吼言如來何故下第二時緣又二初二月時次十五日時前二月時有問答答爲二初舉喻明事次合譬明理初文者若依夏時即是二月若依周時即是四月衆生悅時皆保常故破著悟道又云六時中者二解河西云外國二月爲一時年有六時是則春夏冬三時各有前後金光明云若二二說足滿六時三三而說一歲四時今此正取二二足滿六時招提云舉春冬兩時各有孟仲季故言六時文中舉孟冬對陽春云云言二月者下第二合譬明理二法身者即是眞應

河西云常身無常身俱爲照世果喻四果一云是小乘四果大能兼小故也二云是四德師子吼言下第二明日時亦先問次答問者長阿含說八日出家八日入涅槃此云十五日蓋由感見不同亦是如來身密自在次佛答爲二初就本次就迹初本者欲明妙本圓極故以十五日爲譬如十五日下即是就迹師子吼言何等比丘下是第三明人緣於中又二先出人次論義初明人中有問答言莊嚴者此人具德具行多知多見巧示巧說故能莊嚴雙樹亦是德行具足堪可依憑故得是緣佛答爲二初明因中六人六人者或是略說或是物宜或是對上六師故舉六耳問何不取菩薩莊嚴雙樹答菩薩游化無定不常隨佛此六人者常隨侍佛得是人緣又此比丘即是菩薩云云文云身子聞涅槃不憂聞常住不喜者阿含中云身子聞佛欲涅槃不忍見佛去世乃前入滅云何言聞涅槃不憂佛答中述其德果知正是菩薩之義不可作小乘意釋若有比丘能說下第二明果人即

如來是前出人竟次惟願下是論義有三番問答初雖非正難亦得稱問佛言下答爲二先明本次辨迹本爲兩一略無住二廣無住又二先法次譬初法中二先釋住次釋無住於中云名虛空者妙體非有故言虛空金剛三昧即是如來者舊解云十地窮學乃未是佛相續道中轉金剛心即名爲佛今依此文云是如來此名通於因果例如首楞嚴通因果檀波羅蜜等者非謂六行能成於果上文云六波羅蜜滿足之身道品亦然譬如虛空下二就譬說無住又二先譬次合初譬如文次合中反以差別簡空空即無住於中云六住菩薩煩惱因緣墮三惡道者或言六心或言六地私云恐是六地善男子如來今於此下第二明迹方便道中還歸寂定衆生不見謂佛入涅槃師子吼下第二番問答如來何故不常利生而入寂耶佛廣答其意不共法藏者不與二乘人共其中或爲滅惡或爲生善即四悉意須入寂定師子吼言下第三番問答問云何名涅槃爲無相耶佛答爲三初

直明十無相次明有相之失三明無相之得
師子吼言何等比丘下第三明修道之用文
爲三初明三法次辨二法相資三明力用初
文前略問答後廣問答略問答如文然三法
不同若聖行以戒定慧爲三法今文以定慧
捨爲三法定慧爲正捨是調停而言時時者
非專一品應時時調均令得自在師子吼言
云何名下第二廣問答問中二初通問云何
爲定慧捨相耶次別問三法爲二初廣約定
問次以慧捨例初問定爲三初據本有次就
一境三就一行初本有中言皆有者謂一切
衆生皆有三昧數師明十大地中有三摩提
是定數此定本有何須修習河西云取造事
心專不必十大地中定數次心在一境者若
但行一境爲定者更復緣餘便非是定若不
餘緣云何得名一切智人三就一行爲問者
若一行是三昧行餘行時即非三昧若不行
餘行非一切智次慧捨二事例亦如是問佛
答中先答別問次答通問先答別問中二先
答定次答慧捨先答定中前問定有三今先

答第二問以第三問例次追答第一本有之
問今初第二云如是餘緣亦是一境謂心專
一緣此是定境以定緣之無境不定非謂猶
是問境之一蓋是定心緣境非是散心以定
一於一切名一切智若是散心緣境爲境所
牽若定心緣境設改緣易觀非境牽心故得
是定行亦如是者即兼答第三一行之問若
以散心而行諸行行牽於心若以定心行於
諸行令諸行一又言衆生下追答第一本有
之問善三昧者不取大地通三性定乃取善
修之定次以住如是下答慧捨又二先答其
慧相不見三昧慧異答其捨相復次若取色
相下第二答前通問文爲四一略標三法體
二釋三法名三更廣三法體四明功用初略
標體爲三先標定體言取色相者非定執色
相之心乃是禪定門户入住出相不能觀色
常無常者正作靜攝不作照知故不能觀次
若能觀色下出於慧體常無常俱照故非偏
慧三三昧慧等下明捨體二事合調故云平
等又三先法次譬三合法如文次譬者偏定

是遲偏慧是疾二法均平故以駕駟爲喻三
菩薩亦爾下合合中云十住菩薩智慧多三
昧少者河西云十住進求勝地方建大乘嚴
土化人智用偏起故不見性二乘自調自淨
志求證得定多智少亦不見性於二平等則
能見性今明入空多則是遲相入假多是疾
相空假雙亡是平等相能見性者是別教意
即空即假即中乃不遲不疾是善駕駟即圓
教意乃能見性奢摩他下第二釋名先釋定
名一本云阤亦云舍皆梵音輕重翻名不同
一翻爲止止息惡緣或名爲定此名多訓故
留本音不可偏判毗婆舍那此翻爲觀亦云
見憂畢差翻爲捨相亦平等不爭等奢摩他
有二種下第三更廣三法體皆增數辨之初
廣定中增至十法能大利益者百論云達分
三昧因果俱樂者河西云謂佛所得定入出
自在始終常樂念覺觀者善惡覺觀俱是過
患觀生滅者人多於生滅起斷常觀十一切
處者但列地水風不明火者有人言經本誤
失火字河西云行人觀身内四大非觀外四

大身内三大顯骨肉等是地演唾等是水氣息是風此三顯現火大劣有少煗所以但三而言不用處者明自下地至不用處招提云火大不恒假薪而有無薪不發三大恒有所以用之不用處者明此觀成窮不用處故數爲一慧有二種者下廣出慧體般若正是慧毗婆正是觀亦名見闍那正是智釋般若云名一切衆生者顯般若是慧能知一切衆生數故又釋毗婆是總相亦言是三昧所以三昧慧能緫知也常塗解云慧是不癡故在凡夫見名小勝故在聖人智是決斷最勝在諸佛別相總相破相亦據優劣興皇云凡夫分別是別相二乘聖人總前諸法無常是總相諸佛菩薩皆破此故是破相今明不然斯乃論一心三智阿六破相是照空別十八相是照假總相是照中三智一心中得論不思議慧不云捨者異體非故四功用如文

大般涅槃經疏卷第十四下

大般涅槃經疏卷第十四下

校勘記

一　底本，清藏本。

一　六二頁上一行經名、卷次，南無（未換卷）；徑作「大般涅槃經疏卷第二十六」。卷末同。

一　六三頁下三行「次明修道」，南無。

一　六四頁下三行「無妨」，南、徑作「爲妨」。

一　六六頁上三行第五字「答」，南作「言」。

一　六八頁中末行第二字「又」，南作「文」。

一　六九頁上卷末「卷第十四下」，南作「卷第十四」。

大般涅槃經疏卷第十五上　阿七

隋章安頂法師撰
唐天台沙門湛然再治

師子吼品之五

卷起是第二明定慧相資亦是相即亦應言捨但是畧耳又捨無別法定慧均平即名爲捨文中先問後答問意云慧能斷惑何須用定舉偏別之難以祈圓融之説初師子吼引佛經爲難果知不破外人亦非破問者只是破佛爲緣之經佛經不出四教觀此義意正用圓破别別既被破餘例可知次佛答中初文爲兩初總破次別破初總中總唱是義不然何所不該若邪執若小教若共教若漸次皆墮不然之中但是治内之流滯非破外之閑邪次別破爲二先以法料簡後示圓融無方定慧於初文中爲七一約無異二約無有三約無所四約無缺五約無動六約無能七約無作初約無異破者文爲二一論體同次舉譬譬體同也何者惑者咸謂煩惱與智慧其猶水火怨賊須修智慧故破煩惱自別教已還莫不如此故師子吼挾此設難祈於異聞佛以圓破別何者智慧何者煩惱蓋是法界之解惑解惑同體無二無別若惑時舉體是惑惑外無智若解時舉體是解解外無惑經言煩惱即菩提菩提即煩惱又經言出法性外更無有法出外有法即非法界若然有煩惱時則無智慧何所論破若有智慧無復煩惱復何所破而言智慧能破煩惱故舉明時無闇闇時無明喻此圓法斯理斯文彪炳灼然不應餘解從誰有智慧下第二約無有以破文爲二先責人法次結無破初文者自三藏已上別教已還不能法界圓融虚己忘物二乘猶存我衣我鉢菩薩則嚴土化人彼我雙存智斷俱證此則有誰不得無誰佛以圓法責之只此智慧是煩惱誰以煩惱斷於煩惱只此煩惱是智慧誰以智慧斷於智慧尚無煩惱斷於煩惱何得智慧斷於智慧是故結云如其無者則無所破從善男子若言智慧下第三約無所以破文爲二先雙明不到到次雙結無破何者智慧是法界縱令出法界外有煩惱用法界内智慧破外煩惱爲不到彼所能破爲到彼所能破若不到彼所能破凡人不到亦應能破若到彼所即能破者爲初念能破後念能破若初念不能後亦不能是故結云到與不到若能破者是義不然法界之外更無復法是故無所從復次毗婆下第四約無缺以破文爲二先約法正破次舉譬初法意者智慧是法界圓滿具足無有缺減智慧即是戒定等而無有異那忽法界外而猶有伴共破法界外之煩惱既無伴破獨亦不能故舉盲譬若獨若伴俱不見色若獨若伴是缺減義從善男子如地堅性下第五約無動以破文爲二先舉類破次結破如四大性不可動轉更無一物改動四大令失本性煩惱亦爾與智同性智性自斷煩惱之性亦自是斷云何以斷能斷於斷次結文云毗婆舍那決定不能破諸煩惱從善男子如鹽性鹹下第六約無能以破文爲四前奪次縱三更奪四復縱初舉鹽蜜轉他同已即奪智慧不能如鹽蜜不滅之法智慧不能彊

令其滅此奪智慧無斷惑之功次若言下引鹽能鹹者縱於智慧能滅他者智慧自念念滅豈令他滅如溺人自沈何得浮他三善男子有二種下更奪正以性滅奪之智是性滅不能令煩惱滅四若言智慧能滅下復重縱之擧火叏斧伐求其滅處不可得也前一縱奪明無常苦空及緣修等智慧自是無常何能斷惑歷然可見後一縱奪責不見能斷所斷方所此破法界外別有於惑爲智所斷何以不見處所如火叏如斧痕既無叏痕則無惑可破既其無惑智慧誰用圓破別文義明矣從善男子一切下第七約無作以破亦呼此爲總結於前此中明一切諸法性自空者誰令生滅無造作者那得智慧破於煩惱若修習定下第二示圓融無方定慧皆是法界非但慧能斷惑定亦斷惑文爲四一明定慧相具亦具一切法二明定慧相即即寂能斷即斷能寂三明定慧名相四明自在適時開此四科即四悉意定慧具足三菩提即第一義即寂能斷即對治定慧名相即是世界

適時利益即是爲人就初定慧相具文爲三一即定具慧謂正智見也二定具世間生滅無常等法引證是也三具三菩提是也定爲法界包含既爾慧捨亦然次菩薩具足二法下明定慧相即若言相資此義則踈又爲二初即定而慧次即慧而定初文中凡擧八譬即定而慧妙能斷惑次復調攝五根去明即慧而定在危而安處損能益云云初譬如刈菅草者字音姦詩云白華菅兮又云無棄菅蒯爾雅云白華野菅郭璞云茅類也甘鍋者融金之器土釜也字當作戩並音戈而言甘者謂口斂也次文又二先正明次善男子下明功能並如文定相下第三明名相者無名而名緣一實相而言三相約三相立三名名相皆是法界具一切法定無定相故名空慧達清淨法故無願求捨無能所故有無相若有菩薩下第四自在適時巧用文爲二先唱時非時後更問答答中明三法時非時即是自行四悉受樂等生慢宜修定者此巧用爲人精進等起悔心宜修慧者此巧修對治二法

平等宜修捨者此巧修第一義起煩惱宜讀誦六念者此巧修世界經云修習三相以是因緣成無相涅槃既言因緣即是巧修悉檀以爲因緣成大涅槃又宜修於定即是有門宜修於慧即是空門宜修於捨即非空非有門宜修十二部六念等即亦空亦有門從四門因緣成大涅槃復應巧作化他四悉不能煩文修者須具云云善男子若有菩薩修習下第三修道力用文爲二初明感樂得涅槃後明離苦轉障初文又二初明得涅槃次論義論義有兩番問答初問躡修三法能得涅槃故問其相文爲二初牒無十相名大涅槃但因答竟此旨已領未解其餘更以十法爲問開善取此諸結火滅名爲滅度以翻涅槃莊嚴取離諸覺觀名爲涅槃以彈開善云子縛盡名滅度果縛盡名涅槃云何取子縛之文翻涅槃之果開善救云具存外國子果縛盡俱名解脫有餘無餘二滅俱名滅度而出經者巧互其詞以子縛盡存此音爲滅度果縛盡存彼音爲解脫然此中十答皆答涅槃之

圓德兩師各執一句而起於爭此是因於解
義而起煩惱又同觸象云云師子吼下師子吼
重問已聞十義未知修者爲修幾法得涅槃
耶次佛言下佛答答意者向之十法但是涅
槃果果之異耳若欲修行復具十法於中三
標釋結師子吼言如佛先告下第二明離苦
轉障又二先明所轉之業障次明能轉之治
道初有二番問答初番明業不定故障可轉
次明業不定故道可修初問答爲二先問善
業次問惡業初問善業爲五一明無窮二明
必定三重無窮四重必定五舉況結問初又
三一語端二領旨三結問初告純陀者此欲
設問之由漸如佛下領旨施畜生百倍闡提
千倍者畜前因惡今報卑闡提取前因善今
報勝故有百千之殊上文殺畜生得下罪殺
闡提無罪此復云何答畜無斷善謗法之愆
闡提有此之失純陀大士下結問次世尊經
中復說下問必定又二先領次正問純陀心
重而因勝此業決定何得成佛三世尊經中
說下重明無窮四世尊經中說下重明必定

五又阿尼樓馱下舉況結問次世尊若善果
下第二舉四人惡業無窮云何能得菩提佛
言下答又爲二一賛問二答答又二初緣起
次正答初歎業力深是答問緣起然佛十力
亦無優降特是宜爾又業輕重定不定等難
知餘人不解故稱爲大有諸衆生下正答又
四一開權二顯實三釋權四釋實初開權者
爲不信人唱言決定一切作業下第二顯實
業法不同有輕有重有定有不定安得一向
決定或有人下釋權只緣邪者不信爲其定
說或重業下釋實又二先出愚智二人從一
切衆生下二雙出二轉智轉重爲輕定爲不
定愚轉輕爲重不定爲定若如是下第二番
問答明業不定可得修道問意有兩一以惡
業不定何用梵行求於涅槃二以善業不定
故亦何用梵行求於涅槃佛答此問其文甚
廣所破疑惑處多故不可不委若不曉此一
切行不成是故此文文相稍長文爲四一正
明業不定故修道二明業定有多過三雙明
業定不定四結不定故修道初又二先明不

定次善惡相奪初又二先若定者不勞修道
二以不定可得修道若能遠離下明善惡相
奪以惡不定故可得爲善善不定故可得爲
惡若一切業定得果下二明定則多過又二
初明定則無修道次明定故則有多過就初
又二前略次廣略中二初明若定則不須修
道次明若不修道則無解脫若一切業下二
明廣說亦二先廣明定則不須修次若人遠
離下廣明若不修則無解脫期善男子一切
業定下是第二明業定多有過又二初明業
定過次明人時定過前文又二初正明有過
則應一作善惡業永受善惡永無息期次業
果若爾下結無修道人作人受下第二明人
時定過又二初正明過次結不須修道前又
二初明人定之過業若定者人天六道貴賤
好醜永應常爾不可改動小時作業下二明
時定之過小時作業還小時受壯老亦爾次
業若無失下結無修道善男子業有二種下
第三廣明業有定不定又二初唱定不定兩
章次解釋然業有四句一報定時不定二時

定報不定三俱定四俱不定今合爲兩章報定時不定時報俱定同入定章門時定報不定時報俱不定同入不定章門所以然者正意皆據報定爲正定業有二下第二釋章門又二初釋定章門甚多次釋不定章門極少止十二字初釋定門更爲兩章一報定時定二報定時不定緣合則受下即釋先釋報定時不定時不定者於現生後三時應受而不受者此永不受必時不定報定者善惡報具唯待緣合緣合即受無有毫差若定心作下第二釋俱定又三一釋報定二釋時定三雙結初文又三一明定業二還復不定三釋疑證轉此初正明定復有四事莊嚴一信心二歡喜三發願四供養此據善業四事飾之惡亦例爾一信惡二歡喜三發願四供養惡黨以此嚴於惡智者善根下第二明此業復遇緣迴轉還復不定又三一智人轉重爲輕二愚人轉輕爲重三結是不定菩薩無地獄業下第三釋疑證轉恐物情疑見諸聖人而生地獄豈非業定故今釋之實無彼業但是願

力而生其中爲度衆生故結云非現生後受是果報所言證轉者前文雖言愚智轉業未見其證今明聖人入惡化物若業不轉則在彼無益既其有益當知可轉其中又二初略次廣我念往昔與提婆下第二釋時定又二先釋現報次雙結生後現報又二前明爲調達所弊是現事次爲迦羅富所弊小般若云歌利賢愚經云迦利釋論云迦梨同是一人梵音不同忍辱名戒者次第六度相攝皆不言忍是戒今云忍名爲戒者何也此是戒忍更互相成忍若內明戒亦外淨於忍只是忍於殺盜婬妄戒只防此是故忍有成戒之力故言忍名爲戒今明忍爲法界具一切法不能具說且舉一端故言忍名爲戒說文云劓者割鼻刖者斷足善業生報後報下第二雙結兩報菩薩得菩提下第三雙結報時兩定又二初雙結次偏結時初文者闡提犯五逆惡業雖不可現報復不得受後報應生報此時報定文云得菩提時一切諸業悉得現報者此時菩薩斷一切惑無生後報唯一生在

即得佛果故云得現報又解若以一生之言同於分段則不名現報以增一品智斷名爲一生故雖一生仍名現報一云只法身佛有此現報二云是迹身佛有此現報即指應身若業定得現世報下第二偏結時定正爲時定故只得現報不得生後又修三十二相業不得現報者以此業難成必爲佛因故都無現報若業不得三種下十二字即釋不定章門對前可知故不廣說若言諸業定得下第四結成不定故有修道又二初結定則爲失次一切衆生下結不定爲得有二種人下第二明能轉障治道又三初轉障人次轉障行三明轉相初人又二先法說次舉十二譬初後二譬有合中十無合中十譬中第九譬云無副軸者二說一云乘車遠行須儲軸爲副擬備折傷如天子御車有副牛代倦二解云此字誤應是輻軸若欲乘車須此輻軸師子吼言下第二明轉障之行有問有答初問中二先領旨次正問問意何等輕業重受何等重業輕受佛答又三先出愚智二人輕重不

定次舉六復次次以十四善男子譬說及多雜諭初文又二初出人次法說廣明其相云身戒心慧者合束爲言只是戒慧二事若然修此戒慧能令重業爲輕無此二事令輕爲重離而爲語故云修身修戒修心修慧身是七支戒防意地修心靜攝修慧者是般若七種淨戒者即七支戒不修心謂不修三種相即是入住出三相又不能觀生住滅三相無生無住無滅不修慧者謂不修梵行梵行中具三法以慧爲正次六復次者第一可見第二文中身數者五陰五根四大等數下戒者即雞狗牛雉等戒又言爲天五欲而持戒者即是下戒邊戒者河西云外道五戒非佛法內內方名中故名曰邊或言窮惡欲邊持樂戒者即是窮於樂邊持苦戒者即窮於苦邊餘四如文十四善男子中第二云火天者火是天口若供養之無燒魚肉烟氣至天天得此氣故是天口又外道事火以火爲師又用此火供養於師以尊師故呼火爲天口最後雜喻中云兜羅茸者楊華身者八尺相者五

包也因者飯食等也果者過去五戒感身爲果聚者色陰聚也身一者總彼假實合成一身身二者四大和合所得此身自身他者彼身又此身者業力所得他身者即遺體身滅者念念不住身等者有人觀身與虛空等又言六道各有身故言等身修即所修之法修者能修之人還是人法後戒慧例應可解師子吼言是人下第三明業轉之相二番問答初問云何轉輕爲重後問云何轉重爲輕答如文

師子吼品之六

起卷第四勸修文爲二一舉法勸二舉人勸初舉法中先問次答問爲三一問佛性力故應同得涅槃那有六道差別二問既有佛性應自得菩提何用修道三問既有佛性即能吸得菩提初問先領旨次作問如文世尊下第二問又四一領經二作譬三合四結難如文若一闡提下第三問又爲三法譬合如文次佛答爲二初正答次總結初爲四一答同得涅槃難二答吸取菩提難三答不須修道難四重答吸取難答初有譬合結譬中先總大意河邊七人咸俻手足手足雖同而有度與不度次別列七人初七人者前二是外凡次一是內凡後四是聖人外凡窮惡闡提次將立而退故爲二人內凡有五方便同爲一者雖復優劣俱未發眞聖人爲四者聲聞不侵習支佛侵習菩薩侵習復化衆生佛習氣盡若不作此解無以取異上說衆生皆有佛性衆生何故不同得涅槃欲令分明更作一河七人不同此經前後凡說六河謂生死涅槃河煩惱佛性河善法惡法河兩兩相對生死論得出不得出涅槃論得入不得入煩惱論能斷不能斷佛性論能見不能見惡法論能離不能離善法論至極不至極此中正明恒河譬生死迦葉品以大涅槃爲河河中七人雜合不同此文明七人後品明七衆生此中合四果爲一第四離三乘爲三人後品離四果爲四人合支佛菩薩佛爲第七人至下當更分別言洗浴者譬出家受戒自身清淨怖畏寇賊者譬煩惱采華者二解一云七淨

華即是求因二云游諸覺華即是求果出家應是出河而言入河者欲明生死涅槃非迢然別須於生死中而求涅槃第一人者下別列七人没即闡提過去乏善宿因既劣現在無信故不習浮第二人是將立而退身力大者過去善深今生不修名不習浮能斷善根第三人即是得住以譬內凡没已出者昔日經没第四人即是四果以譬四方四方者下文以四方譬四諦非今用譬文云不知出處故觀方以昔不知出處故不觀今知出處故言觀方又不知大乘出處故取小果第五人即支佛亦云觀方過於四果以利根故不取四果但爲自證故言而去同畏生死故言怖第六人即菩薩去不住者不住生死淺處住者心安生死從其心邊故言淺處第七人即是佛善男子生死大河下第二合譬先合總譬畏煩惱賊合前怖畏發意欲度合前入河出家剃髮合前洗浴身披法服合前采華既出家已下第二合別譬七人初合常没即一闡提此中略合有六因緣下廣合五部僧者

二解一云五衆向五衆邊更互說過二云是五部律佛滅度後一百餘年育王設會上座他俾羅立義摩訶僧祇大衆不同分爲二部後上座部更生二部謂雪山薩婆多雪山絶後薩婆多更習僧祇生於三部謂彌沙塞曇無德迦葉遺就婆多僧祇爲五部如來預見互相是非大集經亦預指五部如宗輪論廣明分部以爲二十非今文要故不引第二人下合將立而退即外凡人亦能斷善而不同恒没第三人者下此合內凡得住之人小大兩位俱在中者豈非通教三人共位若作別義大乘教異不應同位文云信如來是一切智常恒無變一切衆生悉有佛性一云此是三乘初業不愚於法如勝鬘說此文多有所闡若信如來常不變易衆生有佛性則似別義以大涅槃心修方便行入方便位下文須跋得果即是其義第四人者合四爲一但斷正不侵習第五人是支佛但侵少許習第六人是菩薩能侵多習復化衆生第七人是佛習究竟盡爲此義故分四人之異此是通義

既具兩文未可專是今作一種推之只是通義俱指分段生死爲河以大涅槃心發意求度而有七種差別不同同有佛性義同成涅槃義亦成答問宜作此說是恒河邊下第三結譬酬其應同涅槃之問手足俱備答其佛性是同習浮不習浮得度不得度答其不同得涅槃之問文爲二初明不修不得非如來咎法譬如文次明修者必得舉三譬譬之又二先譬次合如文汝言衆生下第二超答第三問又二初牒問褒貶若能修者必得不疑是故褒歎若不肯修自恃有性欲令吸取者故貶之爲非次譬如有人下正答中二初答修者必得故舉汲井喻之井譬五陰身渴乏譬猒若求樂心井深譬身性理遠雖不見而必有汲取譬因修見性佛性亦爾下合如文次胡麻下譬不修則不得合如文如汝所說世有病人下第三追答第二問又二初訶其引經謬解六住不同一云是十住中之第六住二云是十地中第六地此地般若現前有自差之義佛訶云我言遇病自差者爲六住

菩薩說不爲凡人示其僻引次譬如虛空下
正答凡舉三譬有人云此舉世間眼所見空
以之爲喻有取眞諦空爲喻有云即是理內
非內非外之空中論云虛空非有非無非內
非外此譬佛性次文中云財物者財在他方
雖不現用往取即得譬佛性雖未能見修之
即會後文中云造業者造譬初心業譬修習
果譬見性其中有六句一非內二非外三非
有四非無五非本無今有六非無因出非此
作此受下二明修者必得有五句次第釋之
一云非此陰作業此陰受果若此作此受則
是一陰一即是常又不由此陰而有後陰此
則爲斷第二句非字冠下即非此作彼受者
非此陰作業彼陰受果河西云人作天受者
則有因而無果有果而無因有果無因是常
見有因無果是斷見亦應有彼作此受無者
可解彼作彼受同第一句第四無作無受都
無因果是則不可時節和合是第五句衆生
佛性下合譬初合造業六句但合五不合非
無因出初合第五句非內非外合第一雙非

有非無合第二雙非此非彼下合第二修者
必得感果之相前有五句今備合初非彼非
此即合兩句非彼是合非彼作彼受非此即
合非此作此受非餘處來即合非此作彼受
非無因緣合上無作無受亦非一切衆生下
合前時節和合而有善男子下第四重答第
三問前問答有法說譬說今直答譬初非其
問次答初非者夫磁石不能吸鐵次何以故
下釋不吸意又二先釋次譬初文者石無心
識寧能吸取如葵藿無心而隨日東西芭蕉
無耳聞雷出華皆異法出生能隨能聽琥珀
吸芥亦復如是安得以此例佛性耶今釋異
法出生異法滅壞者異法有故異法出生諸
法皆爲因緣所起因緣於諸法名之爲異有
異因緣便有諸法故言異法有故異法出生
亦如水土爲牙緣牙與水土何時有心領解
生法云我與汝生汝可受生但有此異緣牙
則得生亦如水因緣故火便盡滅水火亦無
更相領解我起汝滅次舉葵藿東西向日豈
應有心而作此事故更爲譬作譬凡舉五譬

次磁石吸下又二初還以譬合譬次衆生佛
性下更以法合所譬之法即是佛性文爲三
一明因不吸果二明佛性無有住處三廣辨
佛性初文又三初正合磁石之譬次舉十二
因緣顯無吸之義無明爲因諸行爲果乃至
生因死果無明豈能吸諸行耶亦如佛性不
能吸善提三有佛下正顯不吸次善男子若
言佛性下第二明佛性無住處有法譬合法
可見如十二因緣下譬又二先正舉譬次舉
如來帖譬如來是舉顯佛性是舉隱次佛性
下合譬如文譬如四大下第三廣明佛性爲
四一明非當非現而說當有第二明非即非
離第三簡邪正第四廣出體性初非當非現
約衆生當得故名當有有譬有合然四大無
的一業能感地大復有一業能感火大餘二
亦爾但聽業緣總能感得佛性亦爾時至即
現故以四大爲譬譬云有輕有重者風火輕
地水重又言赤白黃黑者此配其色火赤風
白地黃水黑若配五行火赤金白地黃水黑
木青又小乘中明風無色大乘明風有色五

行中金在西方主白又主秋秋氣白秋風蕭颸故言風白未詳合如文譬如有王下二明佛性非即非離有譬有合初文中言萊茯根者爾雅作蘆菔郭注爲蘿茯蘿茯爲正牽象示衆盲者他作一存一亡釋之頭足等皆非象亡也不離頭足等是象存也佛性非六法亡也六法之外無別佛性還用六法存也如此釋者不得出於即離兩句況得絕於四句離百非耶此文雙彈即離非頭足爲象此彈即也離是無象此彈離也頭足之中既無有象不可即也頭足之外既無別象不可離也非即非離非内非外而得言象衆生佛性亦復如是非即六法非離六法非内非外故名中道名爲佛性若取六法爲佛性者乃是衆盲之佛性若離六法爲佛性者如指虛空爲佛性如諸婆羅門所謗爲傑豫所害取不即不離中道爲佛性者如大王臣智所見佛性若得不即不離意廣歷諸法悉是佛性四無量六度等悉如文於合文中又二先總合次是諸衆生下別合於中又三先正合次更舉

本盲帖合三結初正合中六一一皆三先合六法次舉譬帖三結悉如文有諸外道下第三簡邪正爲二初簡邪我非外道所計或言常徧或言如芥子並是邪執次明正我又二初明假我次明真我初明假我文爲二初法次譬譬中有六初後有合中四無合開善假名有用有名無體莊嚴名用體俱有此兩皆不可若名用體皆有者何謂爲假開善雖無體既有名用亦復非假觀師引中論無我無無我無我破常無無我破斷亦破即離爲破此等故言我與無我雖說此二皆是假名故文中舉六譬譬於假我如來常住下第二明真我此之真我對破妄我畢竟清淨即無我無無我衆生亦應得此真我大慈大悲下第四廣出佛性又三初明佛性有八復次次如我上說下還結是當三我若說色下結非五陰前四如文第五云第四力者一云是十力中第四根力知物根緣化道之要二云別有名教一信力二忍力三定力四善權力善權力者化道便故故言第四力第六云十二因

緣即佛性者於他兩解並皆不便一云十二因緣是觀智何得有境界性二云是果性此亦不可今明十二因緣是佛性別有所出云云餘二如文善男子若諸衆生下第二總結酬前問又三初結問不須修道次若諸衆生下結勸三佛性不可思議下結歎爲二初佛歎次師子吼歎師子吼言云何不退下第二以見佛性人勸修有問有答問如文佛答有三一自試其心二爲物受苦三用六度化他初一是自行後二是化他初自試者猶是淺行深者不俟言粟床者人讀爲和音非也復云黎音復云床音尋檢無此字善男子菩薩爲破下二明爲物受苦復次菩薩下三明六度化他如文復次菩薩下品中大段第二歎教爲三一歎弘經人即菩薩也二歎所弘法即涅槃教也三歎說教主即是如來教不自弘弘之在人教不自宣宣之由佛故相因而歎亦是稱歎三寶初文二前總略歎次廣釋初略歎中二初通歎菩薩次別歎補處諸大士謙勞勤苦利益衆生是故歎之補處方紹尊

位是故別歎初有九復次通歎如文次受後邊身下別歎有七復次第二文中云三事勝者欲天之中此天命定人中鬱單越命定將梵足之爲七此天處中文中云或怖或悎舊云盇音是敎音中寺安法師問王儉儉是僧達之子博學有名古人作教字穴下豎心邊安告今人省穴單作耳善男子下二歎經爲二先歎次料簡初文法譬合法可見次譬中云深難得底者人解云豎論唯常樂我淨不得有無常苦等橫論具常無常等故言深難得底此亦不然經但云深那作單解今謂常無常非常非無常不一不二不可思議是故云深耳云云合如文師子吼言下二料簡有問有答問從前深難得底不生不滅不三種生獨一種耶佛答初總明不受卵濕二生次別明不受化生云云爾時師子吼下三偈歎說經主四十行偈初兩行請求說中三十七行歎三一行結云云

大般涅槃經疏卷第十五上

大般涅槃經疏卷第十五上

校勘記

一　底本，清藏本。

一　七〇頁上一行「卷第十五上」，徑作「卷第二十七」。卷末同。

一　七〇頁上五行「卷起」，徑作「起卷」。

一　七二頁上一四行「畜前」，徑作「畜生前」。

大般涅槃經疏卷第十五下　阿八

隋章安頂法師撰

唐天台沙門湛然再治

迦葉品之一

此是善始發問今欲令終是故更請前隨義題品今從人立名故云迦葉迦葉如前說開善用此答安樂性問地師爲慈光善巧住持分河西興皇同爲佛性門今明第五涅槃用此經初後通論佛性此品與前有何同異異略爲五一義用異前品明中道佛性義爲善提種子今品明佛性勝用能攝極惡闡提偏邪外道二因果異前品明因性在因不在果果性在果不在因此品明一切惡陰皆是佛性此即因性從惡五陰生善五陰此亦果性又云佛性有三世有非三世聖人果性通三世不通三世由來解果性通三世是應身佛性不通三世是法身佛性此不然只說果性通於因果何須分應法兩身若善五陰佛性通因果因中佛性即三世攝果佛性即非三世三開合異前品生死河合四果離三乘此品涅槃河離四果合三乘四通別異前品通明五種佛性天人六道皆有佛性此品專明正因佛性闡提由正因故還生善根前品別據萬善了因佛性今品通據善惡皆是佛性故云善根人有闡提人無闡提人有善根人無五者前品對告一人今品再對迦葉諸異乃多起品初明用異從初意立章故言涅槃用就文爲二初明攝惡後明攝邪就攝惡中二先明佛性用二歎經初明用又二先明斷善後明生善以虛妄力故斷善以佛性力故生善舊解云作惡生善兩人更遞然不相關又一師云只是一人前顛倒故起惡後遇知識故生善今明不然或是一人或是多人如河中七種即是多人若一人始沒乃至成佛即是一人舊云生善有接識義衆生從界外無明識窟中始起一品無明而來未起四住有佛接去即得成佛此義大妨設有此經亦是一時改惡爲緣若無此經全不堪依若言必須起五住竟方能改惡作善亦無一經定作此說設有此經亦以一時爲緣而已若爾任惡極而任運被接何須修道與八萬劫得道何異若言從識窟中来者即是從無明中来云何言始起一品無明若未起惑應在別處若從窟中来始起一品而被接者自後起品乃至四住何不被接若無明窟中既被接四住窟中何不接之故是難信若爾併不須修上數破此義若佛性力任得菩提不須修者正破於此舊言善星無發迹處是實惡人是義不然雖未見經義推是權何者佛兩弟兩子各行善惡阿難爲善調達作惡悉皆是權今羅云爲善善星作惡例知是權斷善文爲三一明斷善人二明斷善相三明斷善見斷善人者即善星是斷善相者不定根性是聞不定教執成定解斷善見者分明推求諸法道理初就人中二先問次答問爲二先緣起次正問緣起中二先明佛有能化之德次明善星有可化之緣就佛又二初內有慈悲二外有方便初文者憐即大慈憫即大悲次不調能調下有七句即外方便善星比丘下第二明有可化之機又二初明是子即羅云

庶兄此緣則重次出家之後是有信戒受持十二部經是慧壞欲界結獲得四禪是定具足三德豈非因深次云何如來下正問先作兩難後作兩結初難何故記是惡人後難何故不先爲說法初又二初難何故記是闡提即惡因次難何故地獄劫住是惡果如來何故下是第二難與佛緣重何不先爲說法如來世尊下結兩難云何得名有大慈愍下結初難佛有慈悲云何名爲廝下劫住既爲廝下當知佛無慈悲次有大方便下結後難佛既不先爲其說法云何名爲有大方便若有方便應爲說法佛答中不答緣起但答兩難兩結先答後後答前前答後中凡七譬前六譬明緣有淺深故說有次第後一譬明佛心平等等說無偏前六譬中例有三一舉譬問二述事奉答三合譬作解何以有此三之次第解云如佛初爲提謂文鱗瞽龍說人天五戒次赴鹿苑爲二乘人轉四諦法後明方等教諸菩薩自是一塗約小爲初若初成佛道以舍那教初照山王次照平地此復一塗約

大爲初今此文意包括始終以山王爲初文鱗爲中雙林爲後然第三子雖復極惡以體同故是故須教下田雖瘠以家業故是故不廢下器雖破防急用故下病雖必死以親屬故下馬雖老以代倦故下人雖卑以等施故前六譬中雖差別答義兼無差意猶未顯第七譬中文轉分明舉師子王不重象輕兔俱盡壯勢譬佛不厚善薄惡等運大悲若巨細而觀象不足兔有餘若量力而觀象須疾兔須徐獸王不爾等一無殊就緣而觀菩薩教深細聲聞教淺近闡提教世間佛不二三大悲平等我於一時住王城下二追答記彼之問問有二句初答闡提次答記意初答闡提自謂有信慧定盡非其問不許有之明無信又三一不信佛是無所畏人我於一時在迦尸下二明不信佛是無妄語人我於一時與善星下三明不信佛是無嫉妬人初文者汝言出家表其有信今以三事顯其無信第二佛行時足離地四寸千輻印文常現迹中人皆欲見其常滅之既不能滅取死蚯蚓置佛

迹中令無量人起踐害想云云第三文者夫人鬼報別而宛然相見酬往問答豈實惡人所能爲也驗知是權云云善星雖復讀誦下二明其無慧但得文字不解其義是則非慧親近惡友下第三明無定又二初明雖得後失故言無定次退禪下總結起邪所以記之善男子汝若不信下第二答其前問記意又二先明記意次明不可治初文者以其必入故我記之顯必入相故往見之見佛起惡即入地獄必入明矣往善星所者或謂舉往事或難思力不動而往云云善男子善星雖入佛法下二答不可治人由彼放逸故不可治憫之而已有法譬合合中二番各二皆先正合次以譬帖合我從昔來下二答其兩結初答先結無慈悲心又二先正答次料簡初正答中有法譬合二更問答料簡於中二先問次答答中二先正答次善男子下引昔顯實於中引目連記事非全不著但見前兩不見後接但見頭白不見體駮云云如來不爾是故無二善星比丘常爲無量下答後方便之結明我今

其恒在左右不令遠去恐其爲惡云何是無方便第五解力即是欲力知衆生欲解也世尊一闡提輩下第二斷善之相文爲三初正明斷善二明根性不定故斷善三明説教不定故斷善初有五番問答初番先問次佛答中以斷善根故所以無善依數人解闡提起惡邪無閡斷此善根如無漏無閡道斷煩惱若爾當知畢竟不復生善云何能得還生善根是義不然闡提身中有重惡障善不並興名此被障善不得生後惡稍滅善復得生故言還生善根問闡提爲有善可斷無善可斷答具有兩義其曾作善後遇惡友斷滅此善故言有善可斷無善可斷者向時作惡全未有善而惡業將滅善業應生而復起障善不得起名無善可斷文云衆生悉有信等五根闡提永斷者相承釋云理内衆生有信等五根理外顛倒虚妄故無信等五根此義不然只此理外亦有信等闡提既是理外起惡斷此五根但作惡衆生既有佛性應生五根而即事未有義説應有故云一切衆生悉有文

云殺闡提無罪殺蚊蟻有罪者闡提有重惡在身殺之無罪蚊蟻無重惡故殺之有罪文云施畜生得百倍報施一闡提得千倍報者闡提過去五戒感人施之福重畜生先世惡業感此畜身施之福輕世尊一闡提者下第二番問答問中定宗答可見世尊一切衆生下第三番問答問中明闡提不斷未來云何斷善佛答斷有二種一現滅二障未來若現起惡善法不生故是現滅既現作惡復遮未來善不得起故斷未來亦具斷三世過去作惡而復不悔即無復善未來復有還生善義但自微弱不能救之世尊一闡提輩下第四番問答明不斷佛性佛性是善此善不斷名不斷性又佛性是常實不可斷所言如世間衆生我性佛性者三解一云借外道我以之爲譬都無邪我故三世不攝真我是常三世不攝二云不爾只是世間衆生我性即是佛性是佛性故三世不攝三云即是真我語勢牽令佛性是常後文云佛性未來前云非三世攝兩語相違今須會通前云三世所不攝

若就佛性體後言未來約衆生修一切衆生未來當得清淨之身故言未來迦葉言佛性下第五番問答初問佛性次問闡提初問者佛性既其三世不攝云何言未來如來若言下次問闡提若言闡提全無善法何以得有憐愛等心若有此心即是有善佛言下答先答初問又二先答問次論義初答中二先歎問次正答性非三世約未來得故言未來故下舉例説因爲果説果爲因佛性亦爾云未來者因中説果言食及觸者食可見觸名不同或以識爲觸或根爲觸今具二義故論云觸不定故故無别法若意識在緣名觸此觸在識若言眼識眼觸此觸在想今言見色名觸此謂識心以之爲觸色是前塵能生識觸故謂色爲觸亦因中説果世尊下第二論義先問次答問因前生果性既非三世云何言衆生有佛答性非内外猶如虚空而諸衆生定有此性文云悉皆有之如汝所言下答次問初牒問非之何以故下正答有法譬合法説雖有孝慈等善文云皆是邪業雖有見聞

皆是無記既（阿八）無正善皆名邪惡取（八之一）業求業者
對翻於善善中先生善欲次生善思今以取
業對善欲求業對善思雖皆言善猶是無記
次舉譬云如訶梨勒味唯是苦色香非苦然
前難闡提豈得無善其有憐愛即名爲善故
佛答云悉是邪惡莊嚴云無出世善有憐愛
善光宅云設有憐愛並無記性不名善性如
棋書等是工巧無記開善云斷善作惡設有
憐愛並屬惡邪何得有善觀師同開善云重
惡居身如種苦瓠根莖悉苦合如文善男子
如來具足下第（阿八）二明根性不定或（八之二）惡或善又
二初正明不定後更問答論義初又二初明
不定次斷善根初明不定又三一知不定根
二出不定相三結不定初如文次文者數習
則利轉下爲中上不習則鈍轉上爲中下三
結如文云云以無定故下二明不定故斷善
根又三初明不定斷善次明若定則不爾三
是故下證不定迦葉白佛下第二論義云云問
可見佛答爲二初就善星答後就餘人答非
但知善星根性亦知餘人根性初又三初明

其居王位即能破滅善星若不下二明出家
不出家俱能斷善出家增其敬長讀誦修定
等善具如上說若我不聽下三結知根力次
佛觀衆生下約餘人爲答又二初明不定次
辨升沈初又二有斷善生善初斷善又三一
正斷善次何以（阿八）故下出斷善之行（九之一）三以是因
緣下結其斷善次如來復知下二明生善有
法譬合法可見譬中泉譬佛性村譬陰身墪
渴譬苦逼欲往譬求樂心邊智者譬佛菩薩
合譬中二先合次結知根力爾時世尊取地
少土下二明升沈不同沈多升寡又三初舉
事問次領旨奉答三合又三初就果合次就
因合三結知根力迦葉白佛如來具足下第
三明說教不定佛照根不同說教則異衆生
不達根教之殊執成爭論能斷善根爲二先
問次答初問爲（阿八）三一明知根二明（九之二）執爭三結
問何故作不定說致令起爭初明知根亦應
知過去特是略爾如是衆生下次明執爭因
茲廣出爭論之相開善云二十爭論治城云
二十一爭論云云三如其如來下結難云云次答

中佛具答三問此卷内答前兩問後卷初答
第三問答初爲二初正明說教不定次廣明
不定法初文爲四一明理深難解二出愚智
兩人三明須不定說四結知根力即四悉意
初言理深者非六凡識所知唯聖智能解故
是理深此第一義意次愚智中又二先出智
次出愚初智人聞有知無聞無知有聞有無
知非有無一二等亦如是次愚人聞有執有
以拒無聞無是無而非有聞亦有無以封雙
存聞俱棄而著兩捨面聞尚然末世轉尤斯
由不解對治悉（阿八）意三如來所有下（十之一）須說不定
此總據不定有法譬合初法者爲度衆生須
說不定本令得益不令其執不定爲爭次譬
中如醫用藥元爲差病終不願其服藥成病
合譬中爲國土封疆不同豈可一類一類則
無益國土者如多寒國用毛褥著皮鞾時節
者饑饉時乞唯得肉食爲他語者如九住言
不見十住言少見爲人者隨人根性此即爲
人意也四結知根力即世界意云云有一經文
無結應是遺漏於一名下二廣出不定法又

三初正明不定法次引證三結非二乘所知初文又二初名義不定後廣略不定初名義中二初列章門次解釋初列中列三章門如經若欲對明應有六句對一名說無量名應云對無量名說一名對一義說無量名應云對無量義說一名對無量義說無量名應云對無量名說無量義今文略舉一邊云何一名下釋出先釋三章門後重釋第二門釋初章舉涅槃一名具含衆名大亮云涅槃八味之都名衆德之總稱意在於此而諸師種種翻涅槃者亦只因此而生爭論次釋一義說無量名舉帝釋釋者與前何異前寄法後寄人下重釋中復寄五陰者此寄果法亦是一義而復多名種種分別令易解故河西翻婆蹉婆爲好嚴飾昔好衣布施今報得麗服宫闍陀羅翻爲調伏諸根明天帝外以麗服嚴容内以善法調意摩佉婆翻爲無勝無過超諸天故因陀羅翻爲光明光明最勝千眼者一時知千義斷千事金剛者身相堅固三釋無量義說無量名者就如來萬德具足釋之

即是無量義一義一名即是無量名八智有三解一云常等無常等八二云四諦各有法比爲八數人就欲界論法色無色爲比論家就現在論法過未爲比三云優婆塞戒經有八智七如梵行中七善法足一知根四復有一義下重釋第二章門前約帝釋止就善義有無量名名不通惡爲顯斯意重約五陰此是有漏復名顛倒陰是苦諦境爲念處所觀觀色不淨受苦想行無我識無常復名四念處但除色陰餘四陰即是四識住處陰通内外故名四食能通名道因於實法有假名時故云時體即無相名第一義三修即身戒心煩惱者正在行陰解脫者即有爲解脫亦名十二因緣者即以五陰爲因緣體亦名三乘者能成三乘之身餘皆可解不復釋善男子如來世尊下第二明廣略不定爲三初列四章門次云何下釋出三結釋中云世諦爲第一義者阿之言無若之言智謂其得無生智此即約世諦說第一義諦餘可意推三是故隨人下結又二先結不定次我若當於下

結知根力又二初明佛知有智人下明非淺識所知次何以故下明爲人不定不爲五人說五種法者不用對治但用爲人只教慳人戒忍禪慧自能行施破戒之人令禪慧等自能持戒是故我先下第二引證廣略說法下第三結非二乘所知善男子如汝所言下第二答第二執爭之問又二先略答次廣答初略中言第五解力亦云欲力是知衆生欲解之法文又云是二力者由第四力名根力第五名解力以成二力善男子若言如來下第二廣答中明佛赴緣異說衆生不解致成爭論凡二十一條一是涅槃不涅槃須解異部若薩婆多據事明畢竟涅槃曇無德及僧祇據理云不畢竟涅槃古來評云婆多非而短無德是而長皆失佛意文云若言如來畢竟涅槃不畢竟涅槃同是爭論不得我意云何評之妄判長短河西云畢竟是斷不畢竟是常言斷常者豈是斷常乃是非斷非常能斷能常言斷不違常言常不違斷斷常不相異斷常俱圓滿觀師云佛赴機說何得是非則

失佛意如醫治病授藥不同弟子不解妄執失旨此初爭論又二初章門次解釋釋中又二初釋執定涅槃次釋執不定涅槃前文又二先釋次結初文者佛爲五事說涅槃一爲諸仙二爲力士三爲純陀四爲須跋五爲世王先爲諸仙者然仙生香山而言展轉者從於諸天轉至山上仙人住處皆得羅漢有權有實破其保常故說無常拘尸那下第二爲力士有一工巧下第三爲純陀王舍城下第四爲須跋羅閱祇下第五爲世王失通隋而不死者以餘勢故頻婆娑羅王亦云缾沙國曰摩伽陀亦云摩竭提羅閱祇此翻王舍城後總結可解菩薩二種下第二釋執定不涅槃又二先釋次結初文者爲假名菩薩言不涅槃眞實菩薩即不言涅槃及非涅槃此菩薩能知如來非常非無常豈偏作常無常解善男子有諸衆生下第二爭論明有我無我者須善異部意數人宗薩婆多純明無我破諸外道謂之邪我無假名我一向明無雖明無我終了無我無常而得入道不同外道論

人同曇無德明有假我破諸外道即陰離陰有相續假我因成假我復言實法念念遷滅無復假名相續假我因成假我復言實法念念滅故無我假名相續不斷故有我又云眞諦無我世諦有我此即一向明有我義而此二家不得佛意故成爭論招提解云此之二文明我無我者以破兩病言有我者破邪見無我不言假我言無我者破即離我常見之人直說無我亦不言假眞諦難云若我無我破我無我者有此理不理中若不得有我無我者亦應不得用我無我破病更並生死之中既用我無我破病涅槃中亦應用常無常破病若涅槃唯有常不得有無常者生死中唯得是無我不得有我若中論云諸佛或說我或說於無我諸法實相中無我無非我應將此意例諸爭論就文爲二先明有我次明無我初又二前明相續假我以破邪見無我次又我一時下明因成我又二初正明因成次明因成所成初文者文云我者即性舊有二解一云是佛性之性引前文云二十五有

有我不耶云云二還以假名性爲我性性即是體體即因成三假之中唯因成是體續待是用内謂四陰外謂四大十二緣者色心之總名衆生者假名性也此等成身即因成假若爲其作佛性義者衆生具爲五陰所成佛性正約衆生身内五陰實法性也心界者五陰中心王也功德業行下次明因成所成業行即因自在天即果修因得果言自在者不止但標欲自在天總語諸天升舉自在世者餘四趣也復於異時下第二明無我又二先佛說後起執初爲三一假問二假答三觀無我得益問爲三一問名云何名我二問體誰是我三問何緣故我我時即爲下二假答答爲三初總大意答次別答三結無益大意爲二先舉章門次釋出云云如汝所問下二別答三問大意已足何須別答然總論無我次別答假名假體假因緣初答假名中而言期者河西云如人期契應期而來即是合義不應期者是不合義五陰和合即成假名故是期義次舉業以答體問次舉愛以答緣問業正能

成果故是體義愛是煩惱潤生於業復是緣義譬如二手下三結無又四一明假名故有即先譬次合二手能出聲其聲譬體相拍譬愛比丘一切下第二明即離皆無諸外道下第三簡也文云終不離陰者外道起於即離之計此中云離陰無是處者云何解此爲兩一云元本皆計即陰是我無計離陰於草木計我佛破即陰無我即更計離陰有我今此中存破故云若離陰有我無有是處二云佛法小乘亦有計即陰我義所以破之亦不得計離陰有我一切衆生下第四結無我爾時多有下第三觀無我得益當時說此會機得益後執成諍云云善男子我於經中下第三有中陰無中陰諍論婆沙云育多提婆說色地受生定有中陰毗婆闍婆云定無中陰薩婆多亦言定有論家亦云有舉業利鈍如積矛離手惡業强者直入地獄善業强者徑生人天並無中陰文中前說定有有三復次後說定無有四復次若說有中陰即有六有又六有者只是六道佛爲帝釋別關修羅修羅只

是鬼道則但五而不六善男子復說有退下第四諍論數人明無漏有退如初果見諦一向無退入思惟中二果用等智斷惑即有退義羅漢無漏理應不退前兩果退牽羅漢退舉沙井喻上下有顛中間有沙中沙既頹上去到下論家云無漏不退但禪定退修得欲界電光之定此定難捉有時退失名之爲退無漏無退文中先明退次執無退初退又三法譬合法又三先通明比丘退二別明羅漢三通舉六人初通明中二先通明次明退緣有五因緣次復有二種下是別明羅漢又二初直云羅漢有退次別舉瞿坻即是死想羅漢我復或說下三通舉六人一退二不退三慧四俱五時六不時時鈍好退不時利不退次善男子下舉譬三煩惱亦爾下是合譬因緣者即外惡緣而羅漢下二正明不退內無惡因外不能亂所以無退善男子我經中下第五諍論明佛身有爲無爲薩婆多說有爲僧祇說無爲成論兩說絕言故無爲寄言故有爲應身有爲眞身無爲文中先明有爲次

明無爲善男子我經中說十二因緣下第六諍論先明執次解釋初文者薩婆多執因緣是有爲僧祇說是無爲言有爲者謂三世因果輪轉無窮空非有爲言無爲者十二因緣理是無爲雖因果無常而其理無爲初執文中二先執有爲次執無爲次解釋中先唱章門次釋初句云不從緣生謂未來十二支者然未來但有生死兩支云何言十二耶即事未有輪轉必然雖不從緣十二義足豈非無爲用此一句證是無爲餘三句便來釋第二句云從緣生非十二者即是羅漢已壞三因復無生死即是已破十二緣竟而此身五陰從十二緣得云云釋後兩句可見云云我經中說一切衆生下第七諍論心常無常薩婆多云心無相續即是無常僧祇云心有相續即是常義成論用薩婆提義心有相續即是常也文爲二先執心常次執無常初執常云四大散壞是身破滅作善業者心即上行即生好處還將此心至於好處豈非常義作惡亦爾我經中說下第八諍論五欲障道不障道薩

婆多云障道僧祇云不障成論有障不障皆有其義我經中說遠離下第九爭論世第一在欲界通三界若薩婆多云色界四根本禪能發世第一法曇無德人云色欲兩界通發五方便無有論明無色界發五方便者唯犢子部云三界併發在凡夫時已作等智斷惑至無色界而後時更修無漏斷惑至無色界仍前所斷即發方便故云三界併發文中爲三即各執一界我經中說四種施下第十爭論施通三業不通三業成論云唯在意地以捨財相應思爲正體亦以身口暢之毗曇用薩婆多云施定三業但意地善故身口亦善文爲二先執在意次通五陰明四句施主信因果等並是意地後明色力等是身辨是口命是意我於一時下第十一爭論有三無爲無三無爲然諸部中不見計無三無爲者何有此文此亦有意若成論人云三無爲既同是無爲空有異體比即是計無三無爲數人計三無爲別有異體既言三種豈無異體此即計有三無爲義我又一時爲跋波下第十

二爭論有造色無造色毗曇定有因四大故有形顯等色成論則無文即爲二初明有者又爲二初明能造之四大譬如因鏡下第二出青黃等是所造色輕重澀滑是所造之觸次明無造文極略不廣者以就事爲言多因四大則有造義故不廣明無往昔一時下第十三爭論有無作色無無作色薩婆多定云無作有色成論曇無德定云無作非色僧祇總云無作不可言有色無色文中先執有色非異色因果者異色是心言無作不爲心作因又不作心果故知是色河西云不生餘色文亦二先明有次明無我於經中下第十四爭論明有心數無心數薩婆多別有異體心數一時俱起僧祇說無心數佛陀提婆無異體起亦相次前起爲心後起爲數成論同之就文爲二前明無心數次明有心數就明無中二先舉聖人十二因緣次正明凡夫十二因緣於中又二先明後即前次明前生後既其相即即是一也故無心數初文可細尋之從受因緣下二明前生後須細尋釋此中言

受或謂以未來生支爲受非今世支我於經中作如是說下二執有心數亦具約五陰十二緣明其相可見雖復相生而不相即故是別有心數不同我或時說下第十五爭論明五有六有餘部多說五道唯犢子部說有六道釋論亦言有六然修羅一道婆沙二釋一云天攝二云鬼攝言一有者通是一有爲私謂通是二十五有中一有所言通者如下三趣亦只通爲一有不同人天各離爲多有即人四天十七二即因果善惡三即三界四即四生五即五道六即六道七即七識處河西云色無色足五道爲七八即八福河西云色無色足六道爲八福此不應然三塗云何是福九即九衆生居二十五有等河西云九即八禪及欲界我往一時下第十六爭論五戒八戒具受不具受薩婆多具受乃得成論不具亦得如優婆塞戒經云直受三歸未受一戒即名無分優婆塞如是二分多分滿分又人師解云併受五但持一二名一二分云云文爲二先明五戒不具次明八戒具但是互出

我於經中下第十七明犯重失不失四卷毗
曇有犯重捨即是失故毗曇云調御戒律儀
有五時捨一邪見增二法滅盡三命根斷四
犯重禁五罷道時若離心毗曇更增損之但
是蔵戒除法滅盡及犯重禁並言不捨二根
生時不入僧數又非尼攝餘部多言不失文
爲二初執定失次執不失到道即眞無漏示
道即相似無漏受道即持戒汙道即犯戒我
於經下第十八明一乘三乘諸部之中無此
計何者一三皆是大乘所說非其境界所以
無此文云一乘一道一因等並云不解我意
者法華明解一乘一道即知三乘同還一理
即是此乘何得言非解云前文亦云能得常
住二乎不墮惡道此那更云執常不解佛意
何異執一乘一道不解佛意耶又若言三乘
同歸一乘得成佛者大論何故問云聲聞人
成佛不成佛論主答云此事非論義者所知
若爾豈可得言同歸一理爲定是耶文中二
初明皆得佛道即是一乘後明不得即是三
乘言羅漢二種現在未來者現在正斷未來

不生我經中下第十九明佛性離衆生即衆
生諸部亦無並是近代所計即離當果與眞
神即是離衆生有心及衆生即衆生有並不
得佛意文中二先舉六事及三文明離後說
衆生即是佛性以是因縁下第二十犯四重
人有佛性無佛性闡善云二十者此還屬第
十九佛性即離之義若治城云二十一此是
第二十何故屬前前云即衆生離衆生此中
云作五逆犯重佛性有無云何是同故爲異
我於處處下第二十一有十方佛無十方佛
薩婆多明無僧祇明有成實一世界則無多
世界則有

大般涅槃經疏卷第十五下

大般涅槃經疏卷第十五下

校勘記

一　底本，清藏本。

一　七九頁上一行「卷第十五下」，徑作「卷第二十八」。卷末同。

一　八四頁下一五行小字「云云」，徑無。

大般涅槃經疏卷第十六上　阿九

隋章安頂法師撰

唐天台沙門湛然再治

迦葉品之二

起卷訓其第三結問如來善知根性何故作不定說使其爭論文爲二初歎理深次簡疑執初歎又二初明不定之說是佛境界故是理深非佛故作不定相違之說令其爭論由其不達所以執爭若人於是下次誡勸又二先勸生疑次誡勿執聞不定說而生疑者必牽於解是故有勸若聞不定執之爲是必成惑本是故有誡初文者夫疑是解津復是惑本若十使中疑者是見疑此疑非解津不能破惑如須彌山者一云煩惱高廣如須彌之隆聞疑能破之又云煩惱磐固如須彌之安峙疑能拔之故以爲喻迦葉白佛下二簡疑執爲二前兩番問執後四番問疑前兩番各有問答如文後問意者未見涅槃那忽疑之爲有爲無佛答生死名苦涅槃非苦其必因苦以疑非苦定有非苦能斷苦耶第二番舉現事問疑若見苦疑非苦者人見初果應疑墮苦佛答中四初責斯乃定義不合疑之我唯定說此果不墮未嘗說墮亦如言佛定一切智何得於定生不定疑次何以故下出疑心相以顯不疑中有三譬並云先見後疑三一切衆生先見二物下結定疑執四何以故下釋出疑由次第三番問有二先問涅槃次問濁水如此事理並未曾見而亦生疑何必先見後生疑耶佛答亦先想度涅槃生死生死是所治涅槃是能治故使比度能治爲有爲無汝意若謂下答後濁水又二先牒問非之次何以故下正答將餘先見有淺有深以疑此中深之與淺次第四番問答如文迦葉白佛下大段第三明斷善之見又三一更出其人二明起見三能斷善根前已出善星今更出者將明起見故更舉人離是四事下第二出其起見文爲四一有六復次明無施業二六復次明無父母三三復次明無因果四九復次明無聖人夫福從緣生施受緣合自能生福如種良田天雨地水因緣具足則能生芽豈容施貧還得貧報貧是劣果施得勝報不應種穀而變爲稗田瘠收少置而不論私謂若施貧得貧應下種於地冬收水土若起見斷善斷善起見者多在閻浮三洲柔弱諸天著樂地獄苦重皆無剛決故少此心初六復次中先一復次以子果相似以明無因第二復次能施所受財物皆無第三復次施與前人前人得物作善作惡作惡既其不資施主善亦不資若有施主施其利刀令殺前人此惡寧不資於施主第四復次施既施物物既無記焉得善果第五復次作不可見推施由意意不可見施豈可見但見於善惡之果第六復次無作無受若爲過去亡者修福何處有人而受此福無父無母下第二六復次明無父母如文第三三復次明無因果第二文中云行善死生三惡行惡者死生天人解云皆由臨終一念善惡而墮而升餘未償者終不敗亡以現生後三世分別理則可思餘悉可見第四九復次悉如文作是觀時下第三能斷善根又爲二初明斷善次料簡利

鈍悉如文問闡提昔有智慧智因應有智果
何以斷善答但有世智無出世智以世智慧
斷出世善亦能斷於清升善根世間此例其
實不少昔徐僕射理人甚善爲上虞令犯事
不聞答問如天柱瑜極解深義不曉世語此
上智人闇於世事而是闡提雖有世智何必
能知出世之法云迦葉白佛下是大段中第
二明生善文爲三初雙明中道生善二單明
中道三單明生善初有五番問答亦可爲三
初一番明生善時節次一番明不斷佛性三
三番因性生善初番問如文佛答中二先明
時節次明生善初文者利人初入鈍者後出
道理應有中根之人在中生善在獄受苦無
暇能生是故不說善有三種下更對生善而
論斷善但斷現善不斷過未由有此善令善
得生又三先唱三世次釋三結釋中二過去
之善善已隱伏不可得斷因雖滅盡果未熟
者未來未起復不可斷三是故不名下雙結
又二初明過未世不可斷次明現善可斷初
文者過來二世皆不可斷過去即結過去不

斷又言果字即結未來不斷次斷三世下正
明斷三世因者正斷現在善因現善因滅即
無當善當善不起義說爲斷既無現未過去
亦息義說爲斷即是具斷三世之善習因既
盡亦不能牽三世習果第二番問答明佛性
不斷問爲二初問佛性是三世不次問佛性
是可斷不初先領旨次定宗後結難於定宗
中有四問即是通別三世結難但難別三世
義初難云若過去者佛性若常即非過去云
何乃言過去斷耶若未來者即有兩難一難
令非未來二難令在未來佛性既常常非未
來若非未來者未來皆當得三菩提豈非未
來現在亦兩難初難令非現在以其常故二
難令是現在何者性既可見寧非現在如來
亦說下第二問可斷不可斷又二先舉六事
次方正問初之六事爲問緣起六義二解一
云是了因二謂正因望下法性即是九地佛
性故其數相應若斷善根下第二正問中三
問初問闡提若有佛性不應斷善此從六事
中第四佛性是生善若無佛性下第二問若

斷佛性云何說言一切悉有此從六中第六
可見生既一切可見云何斷耶若言佛性下
第三問懸取答意難若謂往時等有後自被
斷者則亦有亦斷云何言常此從六中第一
常生佛答爲二初唱四章門次解釋釋中先
解三門仍重釋分別後方釋置釋前三答即
爲三文就重釋分別答正用遣問所以重釋
前答後問後答前問初答後問有四一從如
來十力下舉佛性七事次舉後身六事若七
若六皆是答之緣由如汝先問下三正牒問
其問有三今牒初問亦有如來下正答初明
雖有而無後明雖無而有即通答前三如來
佛性非過去下第二追答前三世問前問佛
性是常則非三世佛今答之先分別如來九
八五住等佛性不同然斷善人悉皆有此七
種六種等性未來當得故不得言非三世法
當相即非三世所攝而未來得復云未來文
爲五一如來及後身佛性二九住佛性三八
住至六住佛性四五住至初住佛性五結其
所問初又四一如來性則非三世二後身性

則有三世現在少見未來全見三重明如來
因是三世果有是非若善五陰猶是三世若
菩提果則非三世四重明後身皆是三世可
見九住下第二九住六事但言可見與前爲
異八住下第三明八住至六住但有五事不
與常名五住下第四明五住至初住但有五
事言善不善異前後身六事言少見者其位
既高能得少見隨分見性故言少見九地至
初地其位既下未能見性當應得見故言可
見五地至初地言善不善者善有修不修義
修得是善不修不善並云亦應眞不眞解云
眞實是佛性體不有而已有即眞實只爲此
眞所以有於善不善異舊解六地般若現前
有時失念失念不善不失是善問後身與九
地同有六事六事之中同有常之一事八地
至初地同有五事何故無常一事人解云後
身位高九地位下故長有常仍未遣難故更
並五地至初地位下同有無常一事後身望
佛亦應無常有人答云佛隨自意語不可彊
分別難亦未去問後身有常淨何意無我樂

答菩薩常具二慧化物故言常境智俱明故
言淨眞是對僞實是待虛無惡名善分見故
少無八自在是故無我有報身在是故無樂
今謂此解非圓後當別釋是五種六種下五
結訓前問若有說言下釋置答先正釋後明
問答置答有二置而不答是置答反質答之
亦是置答私云以置爲答名爲置答迦葉白
佛下是第三明因於佛性而生善者爲三番
問答初明因果性次正明因性生善三釋疑
初番問意言如來果性非三世攝可是佛性
因中因果是三世者何名佛性佛答爲二先
正答次結性爲惑隱初爲三一分別因果二
性有是三世有非三世次出因果性體三引
證初又二初明因果章門次則解釋初章門
中所言五陰有因果者五陰之中惑業爲因
善陰是果因中二乘即是三世若大菩提則
非三世前文云如來未得菩提時因性即是
過去未來果性不爾有是過未有非過未今
至此中方始解釋次釋因者一切無明煩惱
結業惡五陰者因佛性也從於無明煩惱等

生善五陰者即是果性惡法五陰一向因性
善五陰者即通因果因即三世果非三世前
文云果性亦三世亦非三世有人解云應身
果性是三世法身果性非三世善男子一切
無明下第二出因果體爲二初出因體次出
果體初文者欲明中道性即諸法若約煩惱
即名爲因從無明行下第二出果體又二初
明善陰果性通因即是四果十地之果即是
三世次明陰果唯在於果即非三世是故我
於經中下第三引證又二初證因有法譬合
是故我說下二證果亦有法譬合就果中備
有因中之果及菩提果現在煩惱下第二結
性爲惑隱還明中道而被惑覆又爲三法譬
合迦葉白佛五種六種下第二番正明因性
生善先問次答問中先牒前七六五佛性次
正問中意既在未來云何言有而能生善佛
答爲三一雙譬二雙合三雙結初又二先舉
過去業故現受樂報次舉未來業未生故終
不生果有現在煩惱下二雙合又二初一句
合前過去業現在樂果即合現在以煩惱故

能令斷善必由過去今言現在煩惱者本是過去今來現在次若無煩惱下合第二譬未來業未生終不生果即合未來佛性因緣故能生善根是故斷善根人下三雙結如文迦葉言未來云何下第三番釋疑疑云未來未有云何生善佛答又二先譬次合初文先舉燈日譬若鏨然固執燈日未出不能破闇若因緣假名燈日未生亦能破闇次佛性亦爾下合衆生皆有未來之善能生佛性迦葉白佛若言五陰下第二單明中道爲成生善衆生若無中道之理何能生善由有佛性依持建立文爲三一明非內非外中道二非有非無中道三約諸法廣明中道亦得言前兩正明中道體後一廣明中道用初文兩番問答初番如文次番先迦葉自申非是我意專爲利物佛答有六復次一就解惑明中二約內外道明中三就果內外明中四就內外因緣明中五就內外行明中六就身內外明中六中爲二初一略明大意故約解惑後五廣此非內非外初略明又三一標是中道二釋三

結此初標善男子我爲衆生下第二釋總明爲物非內者非內六根非外者非外六塵但後五別爲破兩執是故如來下第三結私謂此之一經大分五章皆稱涅槃涅槃只是佛性即三而一即正因性即一而三即三德性今明衆生有佛性者備此二義章安至此稱爲中道豈有無眞俗之中名佛性耶是故佛性中道佛性咸徧故上下文多處論徧所以至此云非內非外言雙非者不唯雙非復應雙是故下諸文云亦內亦外若無雙是云何言徧故文斥云凡夫衆生或言佛性在五陰中如器中果及如虛空世言佛性唯有情者如器果耳尚未能計猶如虛空安能曉了非內非外況經文自釋根塵合故乃名中道根塵合者豈非體一豈非相即豈非性徧豈同器果今問牆壁爲是根耶爲是塵耶爲二合耶爲雙非耶若雙非者亦非五陰何但牆壁哀哉世人苦哉講者請細將六門以括一部願以一部統收一期釋迦以望十方三世理無二是事弗毫差所失不輕故勤勤耳復次

下第二廣明中道有五復次皆明非內非外於中二初一復次先出二執次四復次正結中道善男子衆生佛性非有非無下第二文二一明宗二廣破執初明宗又三先明非有非無次明亦有亦無三結非有非無初又三先倡兩非次釋兩非三結兩非次亦有亦無文爲三雙倡雙釋雙結倡釋如文有無下結是故佛說下三結兩非如文善男子若有人問下二廣破乖中之執多寄譬文文爲三初種子譬破次乳酪譬破三舉葅醎譬破初種子中三譬合結私謂合文爲二先示次釋初示中言衆生別有佛性是義不然次釋云衆生即性性即衆生既作內外又亦內外內外不二亦可云色即佛性佛性即色故前第二復次以相好爲外力無畏等爲內若色等無相好亦無下三復次準此可知次乳酪譬中二先正作乳譬次更爲乳作生識譬初又三先正定中道次破偏執三結就性理初正定中先問次答答中爲三初定二結假說亦有亦無三釋善男子二破偏執亦應雙破有無

今但破有文爲三初作因果門時至出難次
明因中有果倒並難三明果中有因倒並難
初明乳酪既其同時亦應酥醍醐等一時而
出以同時故是故更責若不時出論作次第
善男子若有下第二因中有果難又二先作
倒並次難不倒初倒並者乳是酪因而能出
酪水草乳因亦應生乳云次何以故下不倒
善男子若言乳中下第三果中有因倒並難
言倒並者乳爲酪因酪爲乳果乳爲酪因
中有果者酪爲乳果果應有因其中又二先
正難次結難於中二先結本無次結非有非
無善男子是故如來下第三結性理又二先
結離偏後結中道次善男子四事和合下二
舉生識譬爲譬作譬又二先正舉生識譬次
乳中酪性下還以乳酪合譬又二初正合次
破執破執又二先牒執次正破破中二先兩
章門次釋章門初一異因異果是初章門次
非一因生一切果非一切果從一因生是第
二章門如是四事下二釋兩章門先釋後章
然眼識者但生眼識即不能生耳鼻等識豈

是一因生一切果乳能生酪亦復如是必待
衆緣衆緣生者即是無後釋前章門初釋非
一因生一切果非一切果從一因生章門如
文次是故我於下追釋前異因異果章門因
生故計有因滅故計無有滅不滅即異因異
果善男子如鹽下第三舉鹽鹹破又二初正
舉譬次更破執破執爲二先牒執次破執初
牒中凡牒二執一牒鹽中有鹹執二牒種子
中有四大執次鹽性亦爾下正破二執又二
先破不鹹中有鹹次破四大初破又二先非
次何以故下正破又二先責難次例餘物正
責難意者若鹽置不鹹而鹹者當知即無本
性本來無鹹而今鹹者豈非本無次並之將
一升鹽置多水中失本鹹性而水中又無鹹
性既兩處皆無何有鹹性次例一切皆爾若
言外四大下二破四大即破其後執亦二先
破後例云如我所說十二部下第三約諸法
廣明中道亦云明用爲三一依理起教用二
明修因趣果用三習解除惑用初教用中又
二先標次釋釋中又二初通明三語次別明

自意語初又兩一就昔教明三語次就今教
明三語初昔教中具解三語爲三文初隨自
意者如諸比丘各說身因佛亦自說即隨自意
語如長者稱幻佛隨其說幻即隨他意語隨
自他意可知云善男子如我下二就今教明
三語文亦自三如文善男子如來或時下次
別明隨自意爲三初廣略隨自意次明七種
隨自意三明有無隨自意初文者就一法即
略就無量法即廣次七種又二先列次釋釋
中自爲七文初因中說果者行善見天人行
惡見地獄是也次果中說因者見貧知慳見
富知施是也餘五如文三如來復有下明有
無隨自意爲三一正明有無二明衆生不解
三作四句分別就有無又二初就如來佛性
有無二明闡提佛性有無初明如來又二初
明有無次類例釋初又二初明無所有次明
有所無初文者十力無畏等並是無有而有
次明有所無者不善無記一切煩惱等並是
昔有今無次如有無善不善下舉二十二雙
法雙類前二事有漏無漏者有漏類有所無

無漏類無所有世間類有所無非世間類無所有下去皆爾次一闡提佛性下是明闡提佛性有無皆悉反上如來有無如來有善闡提即無如來無惡闡提即有云云我雖說下次明衆生不解如來是語又二初正出不解次引昔證初文有二初不解次舉深況淺深行菩薩尚自不了況復淺人次我往一時下引證佛說世諦聲聞不解者二解一云世諦種別事關業行因果深隱故難解二云應身爲世諦故二乘不了問佛於何處說世諦五百不解一云華嚴中說五百聾啞二云外國經多度此者少云云天台大師解此別有所關云云或有佛性下第三四句分別此爲二先正約四句次勸分別舊解者闡提人有有於惡邪境界性善根人有有萬善了因亦名緣因二人俱有併有正性或衆生性俱無者無果果果性河西云闡提有有惡五陰不善性善根人有有善五陰善性二人俱有者俱有無記五陰性俱無者俱無妙絶涅槃果性此與舊語異意同興皇釋此從一句至七句一句只

是中道二句是如來闡提佛性若有若無三句是三種語佛自語闡提有性他語闡提無性自他語亦有亦無四句是此中四句七句是七衆生前二人是惡後五人是善復作三種釋一總就諸義二就理內外三單就理內通就諸義者理非善惡而有善惡二用善根人有有善用闡提人有有惡用俱有者各有一邊俱無者各無一邊次就理內外者佛性本非得無得約緣故有得無得理外闡提是有得理內是無得善根人有無得之性闡提有有得之性俱有俱無如上說次單約理內闡提即是善星善根人即是羅云此是順逆二化闡提有逆化不善之性善根人有順化善法之性俱有俱無如上說謂此爲能解難解之說今明欲依此文作四句者闡提人有但有於沒善根人有但有於出二人俱有俱在恒河二人俱無俱不到岸欲思作者亦應無量略出如此云云又約三諦者闡提人有者世諦惡因善根人有者出世善因二人俱有俱有世諦果報之身二人俱無俱無中道因

果次我諸下勸分別如文如恒河中下第二修因趣果用亦是約譬明中道有譬合結譬說二先總次別舉七衆生不同而佛性是一如是微妙下合譬具合前品以河譬生死今以河譬涅槃初合總如文次常沒者下合別譬合初常沒闡提爲四初合背善次作是念下合其向惡三如惡法住下合住惡四是人具足下合是斷善人我雖復說下合第二暫出還沒人亦四初起行背理即是爲有修善次何故名沒下是第二釋出沒義是人雖信下第三明行不具足出還沒下第四別出其人就行不具足又二初正出五事次結初五事者一信不具二戒不足三聞四施五慧信可見第二戒中言威儀戒者內無實德外揚廉儉欲人恭敬從戒戒者內外相稱不爲人事但求實利而持戒者謂從戒戒也求戒者求三有也捨戒者捨三有也第三聞中云信六部不信六部者河西云修多羅祇夜毗伽羅優陀那伊帝目多伽優波提舍此六顯現易解故信餘六深隱難解故不信復有人言

但於十二中信六不信六餘者可見是人不具下第二結第二之人下第三合得住之人準理應言第三那云是第二人耶解云此第二人習行應得作第三人故言第二師子品通五方便三十心皆是得住今此中但據初得位且據小乘即前二方便念處煗法若作七方便即前四方便從頂法忍法已上至初果便屬觀方人若據大乘則通三十心爲觀方人登地已上屬到彼岸文爲四一本起二出其人三明得住四辨行法前三在此卷末今第一明本起因前第二爲今第三或改爲第三者非我佛法中下第二出其人應出似解之人而今身子目連並是眞解者舊有二義一云此第三人位通上至羅漢所以通舉其人二者取其昔初是似解人修得入眞今仍本似位所以列之云何爲住下第三明得住問涅槃河中四人同得涅槃羅漢支佛菩薩佛生死河中唯佛一人是第七人餘三未度有人解云涅槃河中三乘同得涅槃所以皆是第七人生死河中四果未免生死河故不得度也羅漢後雖無生而猶有此生在故是不度所以得涅槃未必免生死度生死已必得涅槃云云今評此解解語似去其理未明今更問涅槃河中四人同得涅槃者四人同見佛性不彼若答云同見性者此殊不見理若答不同見者亦不同得涅槃那忽前文同爲第七既同第七有見性不見性者故知涅槃有異生死不同今觀經意生死河者亘於變易唯佛得度餘悉河中涅槃河者專在分段通於四人即小乘七人故釋論云阿羅漢地名爲佛地又迦葉共佛同解脫牀即是其義通別互舉適悅時宜不可定執

阿九 十六

大般涅槃經疏卷第十六上

大般涅槃經疏卷第十六上

校勘記

一　底本，清藏本。

一　八八頁上一行「卷第十六上」，㊂作「卷第十六」；㊀作「卷第三十九」。卷末同。

一　八八頁下九行第一五字「今」，㊂、㊀作「令」。

一　八九頁中八行第三字「四」，㊂作「次」。

一　九一頁中一三行「器果」，㊂、㊀作「器中果」。

一　九一頁下一三行「既作」，㊂作「既非」。

一　九四頁中卷末書名、卷次，㊂無（未換卷）。

大般涅槃經疏卷第十六下　阿十

隋　章　安　頂　法　師　撰

唐　天　台　沙　門　湛　然　再　治

迦葉品之三

起卷是第四辨行法又五一修行二通別三名體四人數五結位初文又四一不淨觀二念處觀三因緣觀四煖法觀然得位人但具二方便何用四耶不淨因緣是念煖前方便開則列四合只是念煖初又二先明緣起中云智不具足有五事者即前信戒施聞慧次正明四法而以不淨當名若依雜心三度門此中勝有著我多者說十八界依地持五度門則足因緣次如法行已下是念處觀觀有總別總深別淺云得是觀下第三因緣觀如是觀已下第四煖法觀通論前二方便亦皆得位別論正據煖法空解成時決定不退名爲住人次迦葉白下明通別料簡煖法先問次答初問又二初問人通舉煖觸爲問次引佛說爲證佛答爲二初非其問汝之所據非我所說次如是煖法下正答又二初明地別次明人別初地別者色有欲無次人別者我弟子有外道則無文云煖法以色有欲無仍作三義釋之一多用色定發煖法觀從多爲言二據中間三界皆能發於煖法而色界居中言色界有三據勝處爲語色發煖爲易欲界爲難色界雖有下第二明人別簡除外道唯佛弟子外六行觀者攀上勝妙出厭下苦麤鄣佛弟子十六行者即十六諦亦是苦法忍苦法智苦比忍苦比智等此中既未斷惑只是十六諦觀私謂緣此諦觀而修欣厭是佛弟子亦修欣厭若外道修唯約地也迦葉白佛下第三定名體先問次答問中二先問名次問體如文佛答中先答後問後答前問初答體爲二初正答次料簡中先問次答初引佛明馬師無信即是無煖次佛答我亦不取信心爲煖信是煖因煖者從觀四諦智生言十六者即四諦下之十六也如汝所問何因緣下次答名又二前正答次重論初又二初牒煖略答明從譬得名次譬如下第二廣答又二先譬次合如文次重問答初問中二先領旨次若是有爲下正問所言報得色五陰者若依數師實用煖法得色界報但不爲受身爲無漏業即是滅報論師解煖焦生死不復受報但是色定得報故從之受名佛答中二先然其問如是煖法下正答有三法譬合意同數解以想心爲受受故受生厭故觀行爲無漏相得煖法人下第四明人數言七十三者三解一莊嚴云欲界十善相應心名電光定時得時失故名電光此人名具煩惱性而不開品數若論方法定有九品惑亦九品以九定斷九惑足電光人合成十人色界四禪無色三空一一地中皆有九品惑九品定七九六十三足前十人合七十三二開善云無別電光異方法亦無方法異電光只電光定以對九惑而成九定初一品定只是實法未類於假猶與惑抗行未能伏惑第二品定與初品定作相續假共爲力用方乃能伏初一品惑第三品定伏第二品惑乃至第九品定即伏第八品惑餘有欲界一品惑在牽於初禪一品定起而共伏之并四禪三空一

一皆有九惑九定乃至不用處第九品定伏
第八品惑猶餘第九品惑在更將非想定來
伏不用處第九品惑八九七十二復取非想
定足之合爲七十三引鬱頭藍弗得非想定
即其義也此中云欲界初禪乃至無所有處
前文得非想定斷不用處惑皆是良證三數
人解者亦二不同事障未來性障根本一云
分爲九品解一品解對一品惑復有十善相
應心即具煩惱性足前成十具煩惱人與初
品定共斷一品惑後去一品解對斷一品惑
四禪三空一一九定九惑亦成七十三人第
二解云性障根本者未來禪九品定斷欲界
九品惑取欲界具煩惱性一人足九品合成
十人如是八人皆有未來二禪未來定斷初
禪九品惑三禪未來九品定斷第二禪九品
惑乃至非想未來定斷不用處九品惑亦得
七十三人問前云煗是色界法何得通三界
作七十三人答初學之人須依四禪據後利
時則通三界又昔在凡夫外道曾得七十三
定今入佛法中作煗法觀如是等人下第五

結得住人不復斷善根不犯四重是人二種
下合第四觀方之人又二前列觀方人體次
更問答論初果義初又二此先牒前次正合
初文者牒前第二暫出還沒人若遇惡友即
恒爲此人若遇善友則進爲住人復成觀方
是故先還論於前人次觀四方者下第二出
觀方人體或謂從苦忍去至於初果方是此
中人文意不然凡有五人一頂法二忍法三
世第一法四苦忍至十五心五初果至第十
六心以此五人皆觀四諦並名觀方然前煗
法亦觀四方且從得住立名沒觀方義頂法
已上方受其名明此五位即爲五章文悉可
見但前二文皆云性是五陰實論頂法唯是
行陰而言五者以其未免陰之所蓋是故通
以五陰爲言而能觀四諦世第一法言五根
者以最深勝近生眞解顯是根義別本亦云
陰次得苦忍即是眞解緣一諦者得於平等
眞空一諦師子吼中則以四方用譬四果今
譬四諦者各有所據而婆沙云東方是苦乃
至北方爲道次迦葉白佛下第二論義即初

果義三番問答初番中先問有四一問斷惑
二問觀方三問名義四問譬喻見思共有九
十八使見諦有八十八思惟有十八十八先
盡但有十使故言輕也有經言須陀洹夢八
十八頭蛇死即表此意如四十里水者如池
喻經云佛答四問爲四先答斷惑之問爲二
初正答次明所爲初又二先倡兩章門次釋
初又二一重章門二攝一切煩惱章門譬如
下次釋兩章門先釋攝章有譬有合此三煩
惱能攝一切如王行多從世人但言王來王
去三是惑本徧攝諸惑何因緣下次釋初重
章門凡有五句一常所起故二微難識故三
難斷除故四爲惑因故五是三對治諸怨敵
故初言常所起者恒存有我即是我見皆信
邪神即戒取猶豫未了即疑心次難識者我
見似正見戒取似正戒疑心似正解三四可
見五是三對治怨者我見乖見慧戒取乖正
戒疑心乖正定有諸衆生下第二明所爲即
是爲引物故略言此三若言斷無量煩惱者
衆生或當生於退意故不說多次答觀方又

二先牒問次善男子下正答答中言五根者即信首五根言訶内外煩惱者以三毒爲内疑及諸見爲外次答第三名義又二初正答次重顯初正答中二先牒問次正答正答中二先釋修無漏名次二種下釋逆流名流有二種一生死流須陀洹人即逆此流衆生順之二者道流須陀洹人順入此流小般若云名爲入流而無所入次論義重顯初問通義若逆流者後三果人亦皆逆流盡名須陀洹不佛答又二初正答次明根別初正答中二先明下名通上次明上名通下下名通上又二初明修無漏名通次明逆流名通所以下名通上者以初得故名須陀洹後得者名斯陀含云云須陀洹者亦名菩薩下是第二上名通下又爲二初明菩薩名通下次明佛名通下佛只是覺能見理故今須陀洹覺知諸法斷惑見理豈不名佛是須陀洹下第二明根別又二先倡兩根次別釋別釋中二先釋鈍根極鈍七反生死乍滅無出鈍中又有六五四三二也次釋利根即生至第四果次答

第四譬喻又二先牒問次釋於中二標釋釋中堅持者如魔説五諦長者不信是爲堅持迦葉白佛下第二番先問次答先問中有兩定兩結難初兩定如文若先得道下結兩難先結初難若初得道則名須陀洹者得苦忍眞解亦應名須陀洹不應名向云云次結次難舉外道昔斷煩惱得上定伏下結後廻心時齊所伏而斷即成那含既是初果應名須陀洹佛答有二此答初難本以初果名須陀洹苦忍之時未得初果由是向故是故非也如汝所問下答後問又二初牒問後正答可見迦葉言得阿那含下第三番先問次答問云那含亦具八智十六行佛答又二初明行異次明境異此先明行異所言十六行即觀十六諦言有漏者即似解有共不共者三解一毗曇師云前十五心共觀十六不共一時併觀若觀苦時只得觀苦不通餘諦乃至道亦爾故言共若得十六心一時獨觀十六諦者故言不共第二愛師言有漏十六與凡夫共無漏十六不與凡共此解不然經本云有漏

有共有不共何以無漏釋之第三河西云以七方便中前三方便亦觀十六是則名共後四方便則是不共若初果次第行則備作七方便觀捨共得不共若超越人但作後四方便仍證三果故言不爾無漏十六行亦有二種一向二得者論家解云初果前未有果故言捨向得果那含前已有二果超越者雖不取證皆從中過故云不爾若依數義超越之人懸得那含亦不從前二果而過則從方便道入十六心十五心是那含向十六心證那含果亦是捨向得果解此不便彼亦釋云若初果定爾那含不定若超越者亦爾次第者不爾既其不定故言不爾八智亦二者即四諦各有此現故爲八非十智之八若依數師則向中但有七智果唯一智此亦不便須陀洹人緣於四諦下第二明境別所言初果緣四諦那含緣一諦者初果入道之初方便之時具游十六行觀故備緣四諦那含在思惟道擇法覺支隨得一諦爲緣故言一諦徧觀已行者合第五譬即是斯陀含果若攝諸賢

聖者即攝得那舍向復攝得斯陀舍向幷自地果攝此三事何故攝阿那舍向那舍本取觀巳即住汝在向時猶行非住所以攝得巳上向屬下果攝故若得那舍便名行已復住例如羅漢向屬那舍果攝若依此例斯陀舍向應屬初果攝而不然者以初果但明正位不說進行又見思道異故不相攝今斯陀舍果位則有一果兩向文云爲斷四惑三毒及慢者乃應具言十使以思惟道中五見及疑皆攝入慢所以不述文有二先正合次舉譬帖行已復住下合第六譬阿那舍人又四第一章門第二解釋第三簡中滅第四釋復住此初章門中又四一列二人二列五人三列六人四列七人此初先列二人即經生不經生經生者即上行人問依莊嚴即有十一那舍於九人中即更明信解與見得人足成十一開善師但云有九又彈莊嚴云此簡利鈍非是二人今只問此文於九何故但出其七不言身證及轉世人答有三義一者不言轉世與身證者以轉世人竟不出觀故不說身

證人乃入滅盡定大乘不說此定故無二人二者只是廣略不同三者身證與轉世目足論所明我大乘所無行般涅槃復有二種下第二釋章門上雖有四今但釋兩先釋二人次釋五人六七兩章門並略不釋此初釋二人於二人中第一現滅人雖在章門前章巳釋又現在身得那舍已亦更進修即得羅漢竟不滅此身於現身上即得兩果極是利根易解故不釋但釋上行之人又二初明生數次辨行別此即初文言行般即上流貪著色無色人也或受二身者初禪死生二禪四身者偏四禪受生二身爲利四身爲鈍利鈍亦不正關生數今約多少明之利根那舍初禪死生二禪即得羅漢果鈍人本從初禪生二禪不得羅漢復更生三禪不得已復生四禪爾時始名得羅漢果今約四禪故作此說復有二種下第二明行别幷言二種即是四句約進定兩行有無從欲色界衆生有二業下釋第二五人章門即爲五此先釋中陰滅人何者是耶即已離欲未及色界於中即得阿

羅漢果又三初明用業二釋中陰名三明入滅此初明用業中言二業者業即散業受生即上界定業又捨欲界身下第二釋中陰名在兩生中間故私謂是於色界中陰而入涅槃既不受正生故言利根是中涅槃下第三明入滅之心言四種心者二解一云前兩是那舍果空有二心後兩即羅漢果空有二心一非學非無學者即那舍緣世諦心二者學即那舍緣眞諦心三無學即羅漢緣眞諦心四非學非無學即羅漢緣世諦心以那舍得滅即是羅漢故就兩果明之二解云此四句同就那舍果上明之一非學非無學即被導心二學即緣眞心三無學即修舊心四非學無學即失念心有師云此解不可其見文云阿那舍四心應言那舍自有此四心前解當理初二心是那舍後兩心是羅漢問既其二果共四心者何得云那舍四心解云今云那舍四心者此是帶本爲語此中是釋中滅人只滅已是羅漢又言一是二非還應兩解若前解者則言羅漢兩心是涅槃那舍兩心非

涅槃羅漢得無餘極果所以是涅槃那含未得無餘非極果故非涅槃若後解則世諦兩心是真諦兩心非更須釋之次釋第二受身涅槃又二初正釋次論義此初正釋即生滅之人生初禪滅次論義先問次答可見次釋第三行滅常修行者即是鈍根言三昧者慧心靜故作三昧名次釋第四不行滅不待自勤然後得滅故是利也次釋第五上流人又二初單就色界次徧就上二界此即初文所言得第四禪已退生初禪者解云實無聖人得上界定生上界已退生下者有此言者以曾懸修得上定已而退故生下非身在上界而退又言以道流故上生者即是方便非實煩惱受生是四禪中下第二徧上二界從此分流生於兩界樂論義者即生尼吒樂三昧者生不用處問自有人從於初禪即生尼吒即得入滅復有人生不用處方得入滅有人未至阿尼吒即滅未至不用處即滅此屬何人答云此屬見得信解兩人不名上流凡四義相對初據樂定樂慧二明修五差不修五差三明樂寂靜樂論義四修熏禪不修熏禪此之四義還成兩意第三成第一樂智慧樂三昧第四還成前有五差無差之異前三如文於第四中所言熏者二解一數師云兩無漏心挾熏一有漏心二者論師云以慈悲心而熏此定所以不釋後兩章門者前六人本加現滅人上章門已解現滅人竟故今不釋前七人本加上行人至無色處滅上已兼釋第五人竟故不須解迦葉白下第三論義料簡中滅先問次答問中有二初問中滅既是利根何不現滅即得羅漢二問何故欲界有中色界則無佛答爲二此答初問以三義故故不現滅一羸劣二乏衆緣三喜作世俗怱務等事餘皆可見初如文二乏衆緣事出婆沙彼云天須菩提非今解空須菩提如汝所問下答第二問又二初明緣別次明根別初緣別中又二初明欲界多在緣二明性勇健故色界中爲無外諸苦所以不得欲界既有外諸煩惱以厭此故即修道品名修爲勇若依數解上界全無初入道者論師亦有同前云無或云上界亦有初入故普曜經云八萬諸天得法眼淨是則上界亦證初果而有此文者以信法行人初在方便可得出觀上生故言得果非元發始從凡至聖次明根性勇健次有三種下明根不同如文喻以鮨魚下第四釋行已復住到彼岸者合第七人又有四人一羅漢二支佛三菩薩四佛前三皆分到佛究竟到如恒河中下第三結譬又三初正結譬次明得失三辨同異還成前意初正結中又三一通結七人二更問答論義三偏結到彼岸人初文又兩初結七人即見佛性人次結七法法即佛性此初明七人悉皆不離佛性之水有譬有合是七衆生下第二明七法即佛性一善二不善三方便四解脫五次第六因七果前後可見中間三者即婆沙三道方便是似解解脫是解脫道次第是無閡道故論文念處品云如次無閡必生解脫然此七法爲佛性者即有二意一次第合上七人二總合次第合者若善法即合第二人凡夫衆生有少善根不善者即合第一常沒

人極重闡提無善可論故言不善方便道者即是第三得住人具四念處煖法二方便也若解脫道即合第四觀方之人從頂法去至十六心是眞解脫人故名解脫道次第道者即合第五觀已行從見諦道次入思惟得斯陀含故云次第因者即是行已復住未得羅漢始是那含故云因也果者即是第七到彼岸人羅漢中乘菩薩佛四人二總合七人者於前善惡兩人故是河中常没及出已没若因者即從得住至阿那含並皆是因果者即羅漢等四人盡皆是果前方便道者盡是因位迦葉菩薩言下第二論義爲二番問答初問有二前問涅槃無因那得名果次問云何涅槃復名沙門果佛答爲二先答初問次答後問此先答初問又二先明七果涅槃是遠離果次明二因涅槃有了因汎論亦得義說不生名爲生因其實是了文云三解脫門能爲煩惱作不生生因者令煩惱不生而善法得生即是義說三解脫了因而爲生因而復能爲涅槃作了因此即正義如汝所問下答

其後問具於三義一斷乏二樂靜三上人迦葉言下第二番問答初問者更論前意佛答云翻那即道沙門名乏斷餘乏餘道名八正道即兩非意阿羅漢人下第三偏結到彼岸四人又二前結羅漢支佛次結菩薩佛初文者問支佛是果屬到彼岸其向屬何所攝答前既云那含向屬第五觀已即行本取住爲第六向中猶行那不屬第五行人亦是本果爲第七人向猶是因所以屬第六行已復住問本用得果爲第七人菩薩未得果云何是第七人答經中解云何故爲菩薩以行六波羅蜜波羅蜜者翻度彼岸又十地是十波羅蜜云何非度彼岸人今謂此答未遣難別有意也云云是七衆生不修身下第二明得失又三初更結中道不定次正明得失三總結大宗初文又四此第一明没人言七人皆不能修身戒心慧者四種果人正是能修云何不能解云初皆不修後時佛菩薩修故得到彼岸闡提不能修即不到彼岸佛性亦有亦無得此亦有亦無即是兩破云云今謂不應作此

解七人初皆未修未修之時非是第七人修已方名第七人經文現云七人皆不能修云何言初初非第七人今明此是以別破通故七人皆不能修身戒心慧此中以通涅槃爲河明文在此不須致惑是七人中下第二明出人若有說言下第三明偏執不可是七種人下第四正明中道不定或一人具七則始終爲語初雖作惡後漸修行成第二三及以第七或七人各一則當分爲言若人心口下第二正明得失又二初單明失次雙明得失初又二先就三法明失次結於失初爲三初就闡提次就聖道三就佛性定皆不可是故我於契經下第二結失義又四初倡二人能謗若信心下第二倡信慧互無不信之人下第三結皆是謗是故我說下第四結互無若有說言下第二雙明得失又二先就闡提成佛不成佛次就衆生有佛性無佛性各有三句初三者前兩是謗後一不謗何故爾各據一邊取有取無故兩句成謗若以從容中道之解故一句不謗有人云闡提不捨惡心即

得成佛是謗義復言闡提只即此身不得成佛於異身中乃得成佛復是謗義有人云闡提改惡修善善心相續不斷即非謗義佛性義亦爾有人云衆生有佛性身中已有相好常樂具足斷惑即得者亦是謗義若言衆生全無佛性亦名爲謗今時有說當果佛性則墮此中後之三句初二是謗後一不謗如文夫佛性者不名下第三總結大宗又四一明佛性之理未得菩提下二明約法因中說果三引證明如來或因中說果果中說因是名如來下四結隨自意語迦葉菩薩言下第三明異同又三初明佛性同虛空次明異虛空三破外道執虛空佛性言同異者肇云爲好同者說同雖同而異爲好異者說異雖異而同前明佛性有同虛空不同虛空此乃法王正典有同不同破外道虛空者此乃破世性眼所見之虛空初明同義先問次答答中有三先明佛性同虛空非三世攝次明同虛空非內非外三明同虛空無罣閡初文廣明三世相待是無故不得有三世三世既無虛空即不爲三世所攝文云虛空無故非三世攝其相如何空只是無無即是常佛性是有而復是常故三世所不攝虛空是無而常亦非世攝問若爾即應佛性是有不爲世攝何因云常非三世耶解云佛性不全有故不云有又虛空無故非內外下第二佛性同空非內非外如世間中下第三佛性同虛空無罣閡不復細開

大般涅槃經疏卷第十六下

大般涅槃經疏卷第十六下

校勘記

一　底本，清藏本。

一　九五頁上一行書名、卷次，南無（未換卷）；徑作「大般涅槃經疏卷第三十」。卷末同。

一　九七頁中一七行第二字「若」，南、徑作「苦」。

一　九八頁上一三行末二字「二列」，南、徑作「三列」。

一　九八頁下一一行「故就兩果」，徑作「果就兩故」。

一　一〇一頁中末行「卷第十六下」，南作「卷第十六」。

大般涅槃經疏卷第十七上　衛一

隋　章安頂法師撰

唐天台沙門湛然再治

迦葉品之四

迦葉白下第二明異虛空義又兩番問答此初番問者正言佛性涅槃虛空等並非三世虛空非三世而名爲無涅槃非三世而名爲常同無三世何不同有佛答爲三一章門二解釋三結酬先唱章門如文云何名下次釋三門皆有所以涅槃等三爲利益故相待而說空無利益故無相待但得是無不名爲常私謂言利益者只爲將護末代權機者不宜聞於生死是涅槃二乘是如來瓦礫是佛性忽有機緣不可不說但依下答其言有歸法華已說豈可固違故經云世間相常住世間之言豈過五陰國土等耶況陰界入色大小兩乘不唯正報一切世間下第三結酬以虛空無待故所以名無涅槃有待故名爲常問涅槃對非涅槃虛空亦對非虛空何故非待解云欲互顯故涅槃本絕而名爲待虛空本待而名爲絕涅槃相待故得是有明是妙有虛空絕待故得是無明是妙無此即不倒後番迦葉因佛上答即設並云如來向云涅槃有對是故名有虛空無對即是無者四大無對亦應是無四大無對而是有者虛空無對亦應是有此文不易故一切世間無非四大對猶名四大有者一切世間凡所有物皆是四大即皆是有無非四大對於四大雖復作並佛竟不答但牒虛空以對涅槃問何故不答亦有深意迦葉本云四大無對是故名有虛空亦應無對是有今明四大雖無外計非四大來對於四大而四大中自有相對如地水等各自相對而虛空中更無有物自相對者所以是無此並虛出故佛不答佛答有三初牒問非之何以故下二釋明涅槃有十五句所以有虛空無十五句故所以無若有離於下第三正答有五句先明虛空若有應同四大有三世攝如世人說下第二明虛空若有應同心數自有三句虛空若同下第三明若有待者是三世攝若三世攝下第四明應是四陰但同四陰除色一事餘名四陰四陰非見虛空亦然陰三世攝空亦然耶是故離四陰下第五結非有此意正明法若是有可論相待空既是無無何所待復次諸外道言下第三破外道計空又二初正破執次結同異就正破又二先別破八執次總舉五大例破初別破八執一破空是光明二破空是住處三破空是次第四破空在三處五破空是可作六破空在無閡處七雙破兩執八重破空是住處初破空是光明者數家亦謂二十一色空屬明色於中又二先牒執次破之文云亦可說言虛空是常者具足應云亦不可說是常文中略故而無不字虛空雖無不可說常終是無常但此外道不解空義云空是色乃是空中容於光色何得乃言空是色耶言亦可者應言不可語略故爾復有人言下第二破空是住處亦先牒次破三結光宅云既言眞諦有重數亦言虛空有處所如東西二室一滿一空當知有處亦同此破復有說言下第三破空是次第言次第者如簫管中

及門向內數人云窻內見於外間之空先於第一窻櫺中見復於第二第三中見此是次第亦先牒次破若復說言下第四破空在於三處即有三計亦二先牒次破彼計一云空還在空處有中無空二云空在有處無處無空三云在有無處如濕爛物當爛未爛即名有空破執如文如說虛空可作下第五破空是作法亦先牒執次破之今時數論等各計穿地斫樹等悉皆得空並是作空世間人說下第六破無閡處先牒執次破彼執於中二初具不具下先兩句定次若具下難只問無閡處爲空者此空爲具足容十方空爲不具足容十方空耶若具十方虛空者當知十方無有虛空若不併著者亦是此有彼無若有人說下第七雙破兩執一執空與有並二執虛空在於物中先牒兩執二俱不然下正破先總倡不然次何以故下雙破兩執又二前破空與有並次破器中初文又二先作三章門次次第解釋三章門者一異業合如飛鳥集樹唯鳥來棲樹不來棲鳥亦如物來合

空空不來合物二二業共合如兩羊相觸空亦合物物亦合空三巳合共合如二雙指合着物用與物巳合物只是體用是物家動用此二事體用巳合空用與空巳合空即是空體用即是空所容受用此體用巳合復更以物合空如兩指先巳合後更兩兩共合若言異業下次釋上三章先釋第一文自有三一無常難二常難三亦常無常難今初先作無常難中言一是物業即是動業二虛空業即是空業言空業合物空則無常物既無常而空與其合豈不無常若物來合空物則不偏者此既合彼應隨空亦偏後應物隨空是常百論中或心神等覺以覺等神破云然今在言小異而其還於此執正言物既不偏云何合空言則是無常者空亦無常耶若言虛空是常下第二作常難又二先牒執非之次正難難意並之令併無常若言虛空亦常無常下第三作常無常難彼意或言合物之空自是無常不合物空恒自是常云亦常無常者今直難云無有是處謂法相中無有一法半

常半無常者若共業合下釋第二章門又二此初牒執非之何以故下正破言若空與業合業亦應偏者謂空體與用合用亦應偏若空用偏則應偏與物合不得更有離物之空不應說有合與不合若言巳合共合下釋第三章門又二此先牒章門非之何以故下正破其中有法譬合言先無後有者謂空之與物先時不合後時方合則是本無今有應是無常然此唯破後合不破前合所以然者前空體與空業用物體與物業用不有則巳有則俱時豈可得言先時無合後時方合而淺識者謂空是體有若來時方有空用物亦如是體移動時方有動用只此前合亦是本無今有破則應云無常只此先無今有破者即具破於前後二合正破後雙合旁破前單合若言虛空在物下破其後執明空在物中又三初牒執非之次正難後結句此初牒執非之何以故下正難又二初作理責次作並難初又爲三此初正責若言有器空在器中者本無器時空在何處若有住處下第二難應

有多空未有器時已有一空後有器時復有一空寧非多空如其多者下第三結過凡結三過一不得言常謂先是無器之空今是有器之空寧得是常二者不得言一可解三者不得言徧有器時空非無器時空空寧得徧若使虛空離空有住下第二並難若謂無器時空離有器時空而有住處者物亦離空而有住處是故當知下第三結句可見若有說言指住下第八重破空是住處亦先牒次破所言指住處者若言即指一切住處爲虛空住處既有四方方若異者空應四方隨空住處有法若從因緣下第二總結舉五大住例破可尋虛空無故非是過去下破外道執中次結同異所言同者涅槃虛空同無三世所言異者涅槃是常虛空是無又三初明空非三世次舉兎角亦非是故我說下三結同異善男子我終不與下明用中第三習解除惑之用亦言無爭之用何以除惑已得中道觀故能去之若無此觀何由能斷大分爲二先明如來習解已滿故不與世爭二明諸菩薩

習觀解除惑前文又三一觀解二論義三結成不爭之用此即初文世間智人體中道理雙說有無佛亦如是不違彼說復是由佛得中道故故與物和所以不爭豈非中道觀解之用世間愚人所述乖理不當法相言有言無違於佛旨如與佛爭況世間人迦葉菩薩言下第二論義有四番問答此初番先問次答答中有三初唱十法次列十法三結不爭倡結二文之中皆有沾字須作點音次第二番問答論世智所說有無問可見答中定於法體又二先明有次明無次第三番問中二先正作相違之問次結佛有顚倒答中明不相違各有所據衆生之色從煩惱生故色是無佛色不然故得是有次第四問答明色常無常相問含二意一問云何色陰從煩惱生而是無常二問云何色不從煩惱生而得是常答中具明二義今問中略故但舉色從煩惱生是無常一邊佛答有三一明觀與不觀爲常無常之本二正明常無常果三結所屬之人初文又二初總明觀與不觀次單明觀

者亦可云先略後廣廣中唯明一義前文又四此即一明生三漏是所觀境智者應當下二出能觀人如人將盲下三出不能觀者有四種人下第四雙舉二人前二如文第三文中不觀之人人譬三漏盲譬衆生棘譬惡道欲明三漏牽諸衆生今墮三惡縱出惡道法身破壞法身破壞故三身盡壞四雙結兩人中有四句前二即是觀不觀者後二即是任業之人若人能觀下第二單出能觀人又二先單出人次廣明其人又二初總後別總中又二此初正明觀漏有六句復作是念下二明其自能勤修亦有五句是故我於下第二別明觀漏亦二初正明觀漏次明能自勤修前文有三此初先觀因有法譬合有智之人下次觀果報觀果報已下三觀於輕重智者若知下二明自能勤修亦有法譬合有人能知煩惱下二正明常無常果又二先明不從煩惱生則得常果次明從煩惱生得無常果知煩惱煩惱因下三結所屬人又二先結得常果者即是如來次明得無常果者是凡夫

世間智者下第三還結成不爭之用迦葉白
佛下第二明菩薩除惑即是諸菩薩等習此
觀解離諸結漏若無中道力用云何能令惑
使俱盡又四一觀漏體二觀漏因三觀漏果
四結觀智初觀漏體有三番問答此初文先
問三漏之體佛答中三漏爲三初明欲漏又
三一出體二引證三結名初出體內惡覺觀
即內心因於外緣即是外境是故我昔下第
二引證此偈出出曜經佛將阿難共行見一
女人將兒汲水見一男子遂生染心瞻目不
已因繫兒頸內兒井中乃說偈自責云欲欲
我知汝根本意以思想生我不思想汝則汝
不得生說者或小不同但明三漏兩處不同
前德王品以欲界一切煩惱除無明是欲漏
上二界煩惱除無明是有漏總三界無明是
無明漏今文所明以欲界中愛爲欲漏上二
界愛爲有漏無明與我見合爲無明漏是故
一切下第三結名次明有漏中亦三初出漏
體次簡異欲漏三結名次明無明漏中又二
初出體次明能生諸漏此初一行餘出體從

無明即一切下第二明能生諸漏文有三倡
釋結迦葉言如來下第二番問答先問何以
異說如是二法下佛答有三初倡兩章門一
互因果二互增長不善思惟下第二釋章門
先釋互爲因果其能生長下釋增長如子生
牙下第三譬結迦葉白佛下第三番問答問
意言佛前說第三漏云是無明今復云何從
無明生佛言如我所說下佛答又三先倡有
兩無明若說無明下第二釋兩無明又二先
明無明漏是內無明次解從生是外漏內心
不了是一無明而外復生煩惱是外無明若
說無明漏下第三結兩果言無明漏名無始
終者謂得無始無終果十二因緣無明最初
而能生於行識等果如是因緣三世輪轉名
無始終若得中觀能焦因緣成有始終翻彼
生死歸涅槃終從無明生陰入等者謂從無
明生於諸漏亦招陰果迦葉白佛下第二觀
漏因有兩番問答此即初問智者當觀下佛
答有四此初明外因何緣轉下作中下第二
明內因菩薩作是觀時下第三明爲觀得道

是故我於下第四引證迦葉言衆生一身下
次番問答初問次如一器中下佛答先譬次
合初譬中言如一器者譬一神明有種種子
者譬成就諸惑得兩各生者謂得取相各自
相生若取好相生貪取惡相生瞋次合譬云
愛因緣故生煩惱者還復取相名之爲愛或
復說愛未必明取相迦葉言下第三觀漏果
亦兩問答此初問答中又二先明報果次明
習果就報果中有三種苦及三無常者二解
一云三苦即苦苦行苦壞苦三無常者一生
滅二流動三大期二云此謂三界爲三苦三
無常者即是三界皆無常也迦葉言佛有無
漏下第二番簡無漏果報問中有二初略次
廣初略問又三一倡有無漏果二明智者斷
果三問斷無漏果不諸得道人下第二廣問
亦三此初倡有無漏之果如其智者下第二
明云何言斷如其斷者下第三問云何言有
問意云有有漏果復有無漏果聖人若當斷
無漏果者云何能得聖人果報然佛答有二
意一云當體爲言即無漏無有果報今言有

者是因中說果佛答有三初舉因果互說次明無漏無果三明無煩惱果前文三句初倡如來有兩種說如世間人下第二明世人之說我亦如是下第三出如來之說言身從心至梵天邊者是因中說果謂色界爲身初禪之定爲心定是意業所以名心所以常謂色界爲心生身是爲定心心實非身但能得身故名爲身即是因中說果果中說因可見一切聖人下第二明無漏無果果謂三界中但以漏業得報故云無無漏果下句復云無漏果者此是因中說果因此無漏能得佛果因實非果能得果故名因爲果有智之人下第三明無煩惱果又二初明斷惑次智者下明修道聖道者下第四結觀智

大般涅槃經疏卷第十七上

大般涅槃經疏卷第十七上

校勘記

一　底本，清藏本。

一　一〇二頁上一行「卷第十七上」，徑作「卷第三十一」。

一　一〇六頁上卷末書名、卷次，徑無（未換卷）。

大般涅槃經疏卷第十七下　　衡二

隋章安頂法師撰

唐天台沙門湛然再治

迦葉品之五

起卷是第三單明生善兩番問答初爲三一緣起二正問三結問緣起中法譬合云若從是義下二正問用煩惱爲衆生衆生復是煩惱煩惱爲衆生即是因苦而無善衆生復是煩惱即是果苦不善若爾俱不善云何而得生於善法何得復有妙藥王耶若言下三結問佛答爲三初歎問次合前譬三結能修之人即佛性力初歎如文雪山下次合前譬然前妙藥譬於佛性今云藥王即淨梵行在言少異若有衆生下三結如文迦葉白佛下第二問答正出所生之行此更問前意何等衆生有清淨梵行佛答爲二初總答所問次別答初總中先譬次合佛答意者衆生亦不盡具有此梵行如世果子其已是果但此果不必併生於子鳥食火燒水爛則不能生不被三事即能生子衆生亦爾不能修者是煩惱果而於果上復生惑因若修善者即但有惑果無有惑因即此衆生身中有清淨梵行衆生觀受下第二別答明修觀解文爲五一觀受二觀想三觀欲四觀業五觀十二因緣此之五觀但成兩科前四觀五陰後一觀因緣觀五陰中何故不觀識色兩陰識初起時未別苦樂論人云識得實法想得假名未能分別是故不觀色陰麤淺故亦不觀三陰猛盛所以觀之於三陰中受想不開行陰開二謂欲業是所以然者行陰過重是故開之觀中一一例皆有四一觀受體二觀受因三觀受果四明修道初觀受體夫受心者只是果報言近因者以受是五果之末從於此處復起三因生諸煩惱名觸因緣言因緣者觸名不定無別自體亦可說識爲觸亦可說想爲觸此是次第因緣言無明觸即是煩惱前心言明觸者即是無漏前心言非明無明觸者即是有漏諸善前心復當更觀下第二觀受因前討受因無所從生後明從和合生次觀果報下即第三觀果若人能作如是下第四修道文云觸有三種一無明觸者若行心作惡即識想受三名無明觸行心起善即前三心名爲明觸行在無記非善非惡即前三心名非明無明觸又一解如次文云明觸即入聖道餘之二觸增長諸惡復次善男子下第二觀想例前爲四此言想者非謂想陰以行心中別有想倒又思惟中名想倒心倒見諦之中名爲見倒今乃總論不得名見通名爲想又云無色界爲一切想者無色界中乃有不用處非謂一切但前二是一切故以爲名觀想體中又二先正觀體次問答云初問中云滅受想名解脫者數人云得解脫者不止滅此二心滅一切心乃得解脫今偏言二心者過患多故受心修禪想修無色受心味禪想計無色以爲涅槃論家不爾緣世諦名想受緣眞諦名慧心世諦想心可滅得脫眞諦慧心不可滅與數大同故迦葉難云滅一切法名爲解脫豈滅兩心得解脫耶佛答須滅一切方得解脫佛或時總說即攝一切或時別

說今說受想二滅即得解脫此則總論已說一切文中初云因衆生說聞者解法者即是因於衆生說善惡等法聞即得解又云因法說衆生衆生得解者先說善法須近惡法須捨衆生聞此即能得解此兩意正酬前問次觀想因亦二先正觀因次兩番問答三觀果四修道悉如文復次智者觀欲下第三觀欲即是煩惱門亦例有四此初觀欲體正是内心今但舉外塵者能生心欲故名塵爲欲此即因中說果倒想因緣便生於受下第二觀欲因次觀下三觀果報是故下四修道復次智者下第四觀業亦爲四先觀體文云受想觸欲是煩惱者數論二解一云受想觸欲心王起時數即隨起此中云受想者即是十通心數中四數受即痛數既屬通心俱通善惡心數起善即名爲善心數起惡即名煩惱今據起惡言之論云無王數異此中云受想四者即是四心但無色陰觸即是識欲即行陰若行起善即名爲善若行起惡即名煩惱此中正明作惡義也又言能作生業不作受業

者二釋一云由此煩惱因緣不絶故云生業而不能分別五蓋果報諸受差別故不作受二云由此煩惱潤業得生故言能作生業而不能招捨受二捨中容捨心既是煩惱云何能潤生於受樂受正是樂心復不能潤此並論潤業生義與業共行則有二種者欲出業體比論業時猶有於惑故言與業共行而業法不同故具爲生受二業又云身口二業亦名爲業亦名果者其能造作即名爲業復暢口意即名爲果意但是業無自暢義故不名果又云正業是意以意正是業體故也期業爲身口業者以身口自然符會有若期契故云期業也第三觀果報又二初正解四業次兩番問答料簡初如文初番問如文答中云無漏名果不名報者或時云果報不異此中判別私謂無漏是習果故但云果不得云報次番問如文答中云又言十不善法有上中下重苦入地獄輕苦入餓鬼不重不輕在畜生十善有四報在四洲閻浮年命果報最劣下業之果而言上上者取其修道行善邊勝

四有智之人下修道復次智者觀業煩惱已下第五是觀十二緣文亦有四謂煩惱業有苦但今文準前受想等皆具四門今文但云煩惱等私云十二緣中體因果報三義具足能觀之智即是修道且依現文即是果報以此文推煩惱得苦業亦得苦不應云煩惱不能招報十地經分十二因緣爲三道謂煩惱業苦無明愛取是煩惱道行有是業道識等及老死是苦道此中爲四長出於有即指現在五果爲有生死爲苦苦之與有此亦無定而上文明八苦不取識名色但取老死故作此說然此四句若具存其相一從煩惱生煩惱二從煩惱生業三從煩惱生有四從煩惱生苦次更約業一從業生業二從業生惑三從業生有四從業生苦後兩句亦爾即應十六句今文但九句亦有經本說十二句者但九句少十二句多準理應有十一句何者十二因緣次第相生如因無明生行因行生識乃至因生生老死老死不知更生何等若爾只十一句但出經者安十二時意欲彰於十

二因緣今此不足只是廣略不同夫相生者有前生後後逆生前復有跨節相生且作初句煩惱生煩惱無明是本即是煩惱而生愛取煩惱生業即是無明生行煩惱生有者即是無明生識等煩惱生苦即生老死第二句

從業生業者從行生有從業生煩惱者行生無明從業生有者行生識等從業生苦者即是行生老死第三句從有生有者識生六入等從有生煩惱者即識生無明從有生業者識生行從有生苦者即識生老死第四句從苦生苦是從生生老死從苦生煩惱者從老死生無明從苦生業者即老死生行有從苦生有者即識等五果文云內外愛則有愛苦者經有二文一云受苦二云愛苦愛義稍弱義解皆通言受者由此受故則受於苦言愛苦者經中多言恩愛爲苦就觀因緣今亦準前四觀不同體中爲四一明因果相生二觀五道皆苦三觀三界皆苦四觀八苦初又二初正辨相生後結十二義相生九句並相關如文有智之人觀地下第二觀五道苦就五道中具有十二因緣中煩惱等四地獄即是苦煩惱即是煩惱業即是業體即是有例餘道亦然智者深觀三界下第三觀三界皆苦然三界未必皆苦唯三塗是苦人天至第三禪皆樂第四禪是捨此且一邊若依如來初成道時手指上下三界皆苦智者若能下第四觀八苦智者深觀下第二觀苦因文云苦因即愛無明者小乘中業煩惱爲苦因大乘中即愛有無明爲苦因小乘業爲苦本無明爲旁是故文云愛爲集諦皆用煩惱爲苦本

文云愛無明有內外者有二義且出愛內外者見外色境生心想著名爲外愛自心起染名爲內愛見他人身是外愛見自巳身是內愛無明者內心不了名內無明不別外事即外無明文云愛因緣取取因緣愛者此如十二因緣順則愛緣取逆則取緣愛此二義者還是取愛互相因待如無明緣行行緣無明亦因亦果三觀果報四智者下修道如文迦葉白佛云何下品中第二歎經分文爲三一正就教歎二就行歎三就佛歎初正歎教能生中道佛性遂使闡提還生善根是故歎教依教而行此行希有是故歎行佛是教主是故歎佛此即歎三寶也初教中文有二番問答初問意者云何梵行之緣此非正問梵行之體佛答一切法是此乃通答一切諸法皆能生行此文意在涅槃滿教含一切法後義自現第二番問答正是歎經問意者經能生行云何通言一切法是佛答二先歎後答答中意者只此涅槃是一切法又二先廣舉二十五譬後善男子下結指涅槃歎此經也第二十五中云割習氣者輕品同斷今斷最輕無明以習氣爲言若三藏通教皆先斷正後斷習正是界內正習若依別教先斷界內正習次斷界外正次斷界外習依圓教界內外正習一時同斷今文云斷習者即是歎圓教

同斷之意非方便也如我先說下第二就行爲歎爲二初明道品次明十想此有兩義一爲行之要二皆是大行言行要者菩薩應修六度四等爲行之要何得以聲聞道品十想爲要此明道品取眞解之位巳上十想取方

便之位此是似解正觀是入道宗寧非要耶又以大涅槃心修則非二乘法言大行者欲攝衆善無非大士之所行故初明道品於中爲二初正明道品體次明道品因緣初體又三一明眞解爲是二明有漏則非三還結眞是莊嚴解道品云三四是外凡所觀二五是內凡能觀八七是眞聖作觀開善云不爾三十七品通內外凡三四二五並是內凡似解之觀八七皆是眞聖觀之八正是見諦七覺是思惟觀師彈莊嚴云大品明三十七品是出世法云何三四是外凡彈開善云此文世第一法非淨梵行三十七品是清淨梵行云何外凡而能觀之天台明道品多種具在止觀道品文中莊嚴據約位道品開善據通修道品皆是一塗云云就初明是有四第一明三十七品爲梵行之宗若離如是下第二明離道品則不得果以是因緣下第三結是何以故下第四釋是之意迦葉白佛有漏之法下第二明非有四番問答此初番問中明有漏善非問意云有漏之善亦資生無漏何故不

說以爲梵行答以其體是倒故是故不得言是倒者不明有漏之善有常無常等倒但旣是有漏則有執心不能無得故名爲倒迦葉白佛世第一法下第二問答問意欲舉世法爲難故先定義宗佛言有漏者佛答開善云五方便皆帶取相實是有漏然又是相似無漏但未能斷漏不攝無漏之異故言有漏然其體實不執故難文即云性非倒也世尊雖是有漏下第三問答正難問意云雖復謂爲有漏而能生解體非顚倒旣其若是何故非梵行佛答有二此初言向無漏故不名倒者明此觀發無漏故不名倒而自體有執次又言世第一法唯是一心者正取鄰於苦忍爲第一法則唯一刹那心今佛答意明我說梵行本令衆生發心相續世法即唯一心是故不取迦葉白佛衆生五識下第四問答問中舉五識爲問文云衆生五識非是顚倒者諸解不同有說識陰未有取相或言識心有相但輕後三心而今問家云五識非倒者謂但一往得境未分別三假參差之相故說非倒

而復云非一心者如眼見色即心心相續若爾者不得不爲梵行佛答云然是有漏復是顚倒故知識心已有取相又云體非眞實非著想故倒下文釋云生男女想乃至舍宅餅衣等想者識心未得男女形心餅衣等解此乃想心而有此文者欲明想時何故有執正由前識心已著色聲故生今想著舉果明因也善男子三十七品下第三結是也善男子若有菩薩於三十七品下第二明道品因緣即能知九義九義即是道品之用婆沙中明道品有九性此則是性若論其體各有所據言九性者一戒二定三慧四念五信六精進七喜八猗九捨約道品中唯三是戒即正語業命八種是定四如意爲四定五定根六定力七定覺八正定九種是慧四念處爲四慧根慧力爲六擇法覺分爲七正見正思惟爲九四種是念念根念力正念念覺分兩種是信信根信力八種是精進四正勤爲四根力爲六正精進及精進覺分爲八所餘各一此文有五一列名二明體三釋義四約法五料

簡此第一列名然此九義即爲三別初四是道品之因中三是道品之體後二是道品之果言前四因者根是欲欲發心求於菩提因是明無明善因是明惡因是無明攝是收攝不令散失增是善思惟思惟作善所以此四是因主是念導是定勝是慧既云念定慧寧非是體實是解脱即少分畢竟即涅槃果此二豈非是果迦葉白佛下第二明體先問次答答又二先讃問次正答答中云因名明觸者即善知識之緣善男子善欲即是下第三釋九義即爲九文此先釋欲爲根本又二先釋次料簡釋中二先答次譬次料簡中有兩番問答世尊云何明觸下第二釋觸最有多句以觸無定然則隨有觸對之義皆得說也文云因正命故得淨根戒前明正命已是木叉又云戒此中又未明定共道共何以知然下文自云因淨根戒得樂寂靜始是得定能善思惟始是得慧既未明定慧云何已有道定戒耶而今得木叉竟在道定前而說淨根戒者有二釋初云前明正命是木叉戒正

是堅持不犯此復明淨根者更明此戒漸細乃能攝護五根不令起過故謂淨根二云不言淨於五根但菩薩自有信等諸根戒有能生之義即戒爲根此戒既淨能生定慧等法故謂淨根戒十住論優婆塞戒經並有淨根之說受名攝取下第三釋攝受前明觀受受是生煩惱之始攝取煩惱今明受生道品故還謂受爲攝取因善思惟下第四釋增謂因思惟故心解增進故名爲增其中先倡次釋若觀能破下第五釋念有法譬合也既入定已下第六釋導謂定能導生於智故有導名是三十七品下第七釋勝有法譬合意言慧能正斷故名爲勝雖因修習下第八釋實先舉定伏非實次正明智斷是實是三十七品下第九釋畢竟其中二先明四沙門果猶非畢竟後正明得大涅槃乃爲究竟而文言除斷三十七品所行之事謂得果之日因中有爲諸慧悉捨復次善愛念心下第四明約法又三一約法二約人三就譬此初就法明其中九法爲三意前四是因中三是體後二是

果復次欲者即發心下第二就人此中九法爲二前四就因後五就果然因中通內凡果地通學與無學復次欲名爲識下第三就譬此又三解一開善云此舉十二因緣是九法之境道品緣此境也二者今之所用此是就譬明此九法次第如十二緣相生此九法亦爾次第相生然此十二因緣有三事難解一不具足二識支重出三不次第所以不具者正爲存略而略行不略無明者以無明是因緣根本所以識支重出者一正是識支二謂觸爲識所以不次第者正欲明因緣輪轉無窮不定次第迦葉菩薩言根本因增下第五料簡先問次答答有五復次初復次云根者初發可解因者即是相似即是初後兩心相續不斷增者滅相似得相似者即滅前相似心更得後相似之心而但簡三法其中有三道之說見道即見諦道修道即思惟道唯除羅漢果無學即羅漢迦葉菩薩言如佛所說下第二就十想明行先問次答答中有三初總標次解釋三總結此初總標十想次列

然論其體實是慧也以想名說之初作觀時
未能明了想像其事後觀成時從方便立名
亦名爲想若論其位則通淺深以其初習亦
名十想大品中亦有十想釋論云初習名九
想成就名十想名數大略與此是同但有兩
異一者大品膹有不淨想斷想二者大品無
有多過罪想及無愛想其中離惡想即離解
脫想盡想即滅想但此十想爲二前六明觀
行後四明出離就前六爲二初三是正觀謂
苦無常無我後之三想相成而已古來二解
一云別相主對以死想成無常不可樂想成
苦厭離食想成無我言食厭成無我者然世
間人於食生貪者只由計我欲美其色故佛
知無我即不貪求精好飲食故知厭食成無
我想不可樂成苦想者所以瑞應經云三界
皆苦何可樂者死想成無常者此最易見以
死故無常言通相成者只由食厭不可樂死
故無我亦只由食厭不可樂死故苦由食厭
不可樂死故無常後四想者多過罪想通厭
世間離解脫想與滅想爲異者三解一云斷

因盡爲離斷果盡爲滅二云分知爲離全盡
爲滅三云伏惑爲離斷除爲滅無愛想者既
離滅之後故心無愛著文云稱比丘義可知
故下云稱可沙門之相迦葉言云何名爲下
第二解釋又三初別解六想次總歎六想三
略標四想此初先別解六想無常爲初先問
次答答中六想自爲六文初無常中二先標
次釋釋中二先麤次細言二苦因者二解一
云因內生內苦因外生外苦二云出在文中
飢渴爲內寒熱爲外言行六處者即是六塵
次修苦想下第二解苦想云深觀此身即無
常器者身中三苦八苦皆在身內故言苦器
文又云無常故苦者數人云無常力切故苦
若無常所偪則不苦論師云不爾苦必無常
無常未必有苦如一切草木亦無常而不苦
有情之類有苦必無常三聚爲色與無記並
皆無常而不苦唯心一事是苦從智者復觀
下第三無我想可見次明食厭想又三初正
明次論義三結成文中云四食揣(摶正)觸思識
者揣只是今時人飯食可分段故觸食即是

依報衣服臥具㲲輭諸觸思食是業食識食
只是意食次明不可樂想如文次明死想又
二初明大期之死後明念念死又二初問次
答文云一息一眴四百生滅成論云一念六
十生滅問云何兩文不相應耶解有二意一
云成論是小乘明無常猶奢所以六十生滅
經是大乘明無常稍切故所以四百二云論
云一念者此念短故但六十經云息者息長
故有四百智者具足下第二總歎六想明從
六想得於七想文云一常修想非觀常境但
常作此修故也樂修想作願樂之音亦是恒
樂欲修也若人具足如上六想下第三略標
四想文云能訶三界即是過罪想遠離三界
即離想滅除三界即滅想不生愛著即無愛
想是名智者下第三總結爾時迦葉下次偈
歎中第三就佛爲歎三十六行偈大分爲三
初兩行總標次三十行正歎三四行結歎靈
味師云師子吼歎佛大慈此品歎佛大悲今
謂不爾文中自言佛具一味大慈心復云所
謂慈心救世間寧直大悲今謂應如靈味師

子乳明佛性即是大慈與樂此品明闡提生善即是大悲拔苦別說若是雖明大悲非無大慈雖說大慈非無大悲云

大般涅槃經疏卷第十七下

大般涅槃經疏卷第十七下

校勘記

一　底本，清藏本。

一　一〇七頁上一至三行書名、卷次，撰者、再治者，徑無（未換卷）。

一　一一三頁上三行小字「云云」，徑無。

一　一一三頁上卷末「卷第十七下」，徑作「卷第三十一」。

大般涅槃經疏卷第十八上　　衞三

隋　章　安　頂　法　師　撰

唐　天　台　沙　門　湛　然　再　治

憍陳如品之一上

憍陳如翻火器姓也阿若翻無知名也其義甚多且出四意在先得道是最初上座左面右面前佛滅度持法領法于今未來耆年長德爲最後座首佛欲善始令終故對其人二初轉法輪最先對之布衍甘露後轉法輪復更對之以開祕藏三本行理外最初翻邪令因其人最後破外四初對之令五人見諦後對之令十仙見理以是義故從人得名若作付法對陳如者若領受言教應在阿難若住持紹繼應在迦葉弘闡大旨應在文殊而諸大弟子或已滅度或復未來耆年長德見佛始終必藉上座堪任付囑故對告之流通遺命開善云翻經未盡只有序正正又爲三初開宗略說二辨宗廣說此品是第三攝邪歸正說光宅云翻雖未盡三段且足此品即是流通段也又云此品答第三十七令欲問諸陰而我無智慧興皇云若是答問得前少意失後諸文若言流通得命阿難文又失其餘若評諸師各得一意若引曇無讖言此經義足而文未盡若引居士請僧經云三品未來又引下文命阿難則有二事一令化須跋二應付囑命化已竟未見付囑當知未盡言有流通者一攝邪歸正流通二付囑流通雖無付囑之文而有攝邪故言有流通分今明此品猶是涅槃用其義則寬現在有攝邪攝惡之用將來有救惡救邪之用欲爲正說流通兩塗皆得欲作翻盡不盡二義無妨今明涅槃用前品是攝惡用此品是攝邪用就文爲二第一結正觀行第二破諸邪說修行之要莫過此兩正觀是自行上求破邪是利他下化正觀是行善破邪是止善正觀是解生破邪是惑滅正觀是智德破邪是斷德即四悉意初明正觀又二第一正辨觀行第二總結褒貶此初雙明常無常觀皆憑陰爲境不論餘法者總有四義一化道始終二隨物所宜三結一經首末四諸法初後一化道始終者法華云昔於波羅柰轉四諦法輪分別說諸法五衆之生滅五衆即五陰生滅即無常今入涅槃還滅五無常得五皆常二隨所宜者可見三言結一經首末者此經開宗便言我今施汝常命色力今最後經還結其意辨五陰是常欲明命色安辨即是五陰四言結諸法始終者凡觀行之體無不先以五陰爲始種智爲終故大品等經多言色空受想等空乃至種智五陰即其始涅槃即其終略其中間他解色是闇法心是緣法佛無闇無緣故無色心若有色者應覆之以屋著之以衣所言色者辨智明淨譬之於色今明此解違經經云因滅是色獲得常色亦應滅於闇色獲無闇色亦應滅於緣心獲無緣心何得猶存緣心復呼緣心而爲色耶若以色譬智慧受想行識復譬何等豈可以小乘牛迹乘於大海又一師云撿寶論之佛無色心引經云爾時過意界住在智業中雖引此經還成自害智業是何豈非佛心又言凡夫名陰佛豈然乎佛名五分何者陰名蓋覆佛無蓋覆故非

是陰例如因名萬行果名萬德此亦違經經
云獲得常色受想行識亦復如是豈非常陰
常色心耶上文云我今施汝常命色力安無
閡辯即常住陰覆蓋法界何所妨害而言非
陰夫法身者非常陰非無常陰界入亦爾而
能常陰能無常陰此中正對陳如說於前義
破無常色獲得常色即常色陰云何違經言
無色陰若作圓說即無常色仍是常色受等
亦爾即無常陰是於常陰界入亦爾雖別圓
二種同明常陰常界入等二結成褒貶其文
可見因此破邪爾時外道下第二破邪又二
初緣起次正破就緣起中二初謀議次求佛.
捔力謀議有五番可見爾時多有下次欲求
捔力爾時衆中闍提下第二正破十仙即爲
十章此是其一闍提首那宗迦毗羅執因有
果因果同時故百論云迦毗羅弟子誦僧佉
經二十五諦今此具出故知是也此章爲二
一論義二歸伏論義爲四一定義宗二受定
三正難四通釋初定宗者我聞瞿曇涅槃常
者爲定爾不次答如是如是即是受定然涅

槃何曾定是常無常亦常亦無常非常非無
常耶欲以常破之故言如是如是婆羅門言
下第三正難又三先非佛義次正難三取意
結初如文次正難中有五難不出兩意初四
難同令無常後一難非但無常亦無樂淨我
初明修無常想衍三得常涅槃不應四無常因得於
常果舊當此難彼云涅槃是果修於習因還
生習果涅槃之果既其是常復以何等爲此
常因乃至我淨亦復如是彼若答言我之涅
槃自是常果墮自然義云瞿曇又說解脫欲
貪下第二難明解脫欲貪得於涅槃所脫欲
貪既無常者能脫涅槃亦是無常此難最拙
瞿曇又說從因故生天下第三直明從因生
故故是無常涅槃是果即從因生不得是常
瞿曇亦說色從緣生下第四開作兩難若涅
槃即陰陰既無常涅槃亦爾若離五陰與五
陰異猶如虛空即不可得云何衆生能得涅
槃瞿曇亦說從因生下第五難明涅槃既是
無常不得是常者何但無常亦無樂淨我若
瞿曇說亦常無常下第三取意結難意云佛

見難常既不可通恐佛移宗向亦常亦無常
即成二語若二語者即不名佛佛言下第四
通釋文爲二初答正難次答結難初文又二
初答第一難次答第三難所以不答餘三難
者其難涅槃今是無常故餘從例不答第二
所斷欲貪者欲衍三貪無常云何今五能斷亦無常
不答第四者涅槃是常何論即離不答第五
者涅槃是常寧無樂淨今先答初難佛先問
之令出彼義其向拒抗不出其義佛因餘難
遂出其義我性是常大等諸法何妨無常若
爾即是能生之因是常所生之果無常佛便
並通如汝法中因常果無常者何妨我法因
是無常而果是常云此二十五諦與百論中
有同有異總爲三一者名異體同論云從冥
生覺從覺生我心此中云從性生大從大生
慢即是名異體同者冥是八萬劫外冥然不
知此中言性是萬法性冥伏在於八萬劫外
不可得知論云覺者即是覺知八萬劫事此
中言大只是能大覺知慢我易見二者名體
俱同即是五大五塵五情五業并心平等三

名體俱異者論云神我爲主即是一根此云渁麤黒者亦是一根此即大異渁麤黒三云何爲一解云三不並起貪等後前随取其一足二十四問此關提既其宗於迦毗羅義何故不同解云當佛世時不見至師但見其徒其徒改本故說不同有渁等異如莊嚴云佛果無有續待因成三假後招提琰是彼學士即改云佛果無因成不妨有續待開善云二諦同體後龍光是其學士即改二諦各各有體(云云)五業中云男女二根論以大小便爲二根各有所據論就一體經就二人(云云)但此性諦或謂即是神我或謂是冥初皆有其義冥初據二十五諦之初以是冥諦又言是常乃是神我未測何異於中云從慢生十六法者此未即生一十六法無有渁黒麤三一時而起隨從其一生此不定故先不說言十六法者即是五大五知根五業根心平等根列五根名乃云觸者謂身爲觸問平等根者論家所明意識以託五根起者爲五知根心既徧緣故名平等文言是二十五法皆性生者其實性生二十四法能所合數故二十五準彼義者性即是常所生無常佛以彼義而並通云何妨我義因是無常而果是常從汝等法中有二因不下第二答彼第三難亦先一一叙出彼義文言了因所了即同了不者謂了因所了之果必與了同不如燈是了因了出餅盆之果此之了因與餅盆等了果同不彼云不同何故爾如燈名了因因人息之火滅豈令餅滅涅槃亦爾雖從了出涅槃果常汝不得云從因生果即是無常若答汝義既有二因了因所了之果不同能了之因我亦如是此之涅槃從了因有了因無常涅槃果常是故如來所說有二下第二破其取意結難明佛無二言隨根說法有時說有有時說無意欲令解中道正法寧是二語後文更取眼色生識釋所說意佛之二語爲了一語者謂眼色雖二而同生識識是一故故言一語從婆羅門言下二歸伏又六一請二說三述四印五歸六許初更請佛說爾時世尊下二佛即答云苦諦者亦二亦一乃至道諦亦復如是此有二解一愛法師云以實法苦樂爲二而相續道中終以苦識研成此樂故是一義故言亦二亦一道諦例爾又有師解佛說四眞諦首那因此四諦悟道不應只是相續假義所以有此文者如大品差别品中善吉問佛爲以苦諦得度爲以苦智乃至道智得度佛答云不以苦諦苦智乃至道智我說四諦平等名爲得道又云四諦平等即是涅槃是則苦諦是境苦智是智世諦道中有境智二若見無生則不見有境智之别皆是一相故亦二亦一婆羅門言下三述言苦諦一切凡夫是二聖人是一者若依愛師寧解此文後用凡夫分别故見有境智之二聖忘境智皆是一眞故言聖一四印五歸如文

陳如品之一下

六許佛告陳如聽其出家者陳如是最後付囑汝既上座須知僧事得羅漢果者若依開善此皆現迹若依莊嚴實得羅漢以佛神力說法之功即令此人從凡入聖極爲奇特但前文明已得正見此中復言出家之後方得

羅漢故知前明正見難測淺深亦可始得初果亦可只是方便是故今方得羅漢果私謂迴邪入正即是正見何論入位之淺深耶婆私吒下第二人此是優樓僧佉學徒文亦有二初論義後明歸伏論義有四番前二文各有問答可尋然問佛涅槃常耶佛亦答言如是至論涅槃何曾定常復問無煩惱爲涅槃耶佛亦答如是佛何曾云無煩惱爲涅槃耶前文不云已斷煩惱爲涅槃但以不生煩惱爲涅槃今對此外道宜作此說爲其是計斷見之人但第三番所舉四無意以滅無爲難若法滅無云何復有常樂未生即是未來之無滅無即是過去之無佛答云同於互無此亦對於外道故說若論正理非全互無所以然者本以牛馬互無名爲互無今明生死之中本有涅槃是故正理非全互無其中第四番彼仍復難若是互無亦應無常雖牛中無馬而言有馬馬中無牛亦爾牛馬終是本無今有涅槃亦爾涅槃中無生死而有涅槃者即是本無今有亦是無常佛今答之雖同互無而復不同爲異無中有三種無一是互無二是先無後有三已有還無當知涅槃同是異無即無此三事是故常樂文中有三此先法說次舉三病三藥爲譬三舉譬明果次文中云蜜能治冷依醫者說蜜性乃冷是土宜異不必皆爾又譬中云三種病中無三種藥三種藥中無三種病者舊以此文證無同體若使慧中得有無明藥乃有病乖於此說然莊嚴舊解明無漏中實有有無之惑此言無者但無取相等惑若招提解以真無漏實不得報無勞說於無明以人解體而勝鬘中說無明住地緣無漏業爲因者此說相似無漏及被導無漏不言真無漏婆私吒言如來爲我說常無常下第二歸伏其文云色是無常解脫色常者有二解一者色既無常我解脫色則無復色故所以常二云解脫即色色即是常故前文云獲得解脫常住之色後解爲勝此中寄陳如懺悔文言禰瞿曇姓者舊爲禰音謂彼呼汝爲禰故言禰瞿曇姓今依冶城西房從法師說爲苨音但翻此在北北人多云苨亦云禰我之音大集經中亦用此字彼經即是人旁作爾文云瞿曇姓者若佛弟子稱佛爲瞿曇如前現病品偈中云瞿曇大聖德願起演說法者此謂稱歎之詞明佛雖復七世已來釋種王世而其本族起自瞿曇大姓世冑殊遠非始今日若外道意稱瞿曇者此不論德直以姓爲言此是輕略之謂如世人言不呼人位但呼姓者遂爲輕略又云我亦不能久住毒身今欲入滅者謂本有神通即得聖果用邊際智故入涅槃前文云得阿羅漢施三衣者準理得羅漢已具足衣鉢今言無者若善來羅漢即有三衣既自得羅漢是故須衣又此人本是出家外道不俟剃髮何以知之前文闍提云婆羅門今婆私吒但言梵志梵志即是出家外道所以更須施其應器爾時衆中復有先尼是第三外道外道先尼非止一人今此非是前卷先尼如佛弟子中同名迦葉者衆此章有四一緣起二破執三論義四歸伏然佛說不定自有先明正義使外道得解自有先須默然待彼立義

然後破之以申正理今宜先默然故三問不答然不答凡有三義一者根緣所宜雖復不答是默然答二者定問有無皆是邪意故大論中有十四難佛皆不答有邊無邊有常無常如去不如去等所以不答三者佛欲對彼自立之義出其綱宗然後乃破如來上答恒被彼難竟未得破所以默然有此三意先尼言若一切衆生下第二破執其中有二先立宗次正破此下是立宗凡有三義一者立我是徧二者立我是一三者立我是作者我即

衆生士夫壽命我既被破人及士夫衆生自去作者知者既被破已起者即是作者之類亦皆被破今問外計爲是即陰爲是離陰今謂計我是作者者作即行陰計行爲我若計是知者見者並是計即陰爲我其計我是作者所作之業雖復不同而同是作者佛言先尼下第二明正破有二初正破前三次別破餘三見者知者受者就初文爲三初破徧次破一後破作初有四番此初第一先定彼義佛言若我周徧下第二正破明若我徧者應

在五道何須修善欲受天報離惡道耶惡與生天我應常在不須修善先尼言我有二種一作身我二常身我者先尼本計常身之我爲被破故轉成二我佛言如汝說我下第三佛更逐破若常身我在作身中作身無常常身之我亦應無常若常身我不在作身則非徧義先尼因此更舉舍譬舍主譬常身舍譬作身舍既被燒主即出去如作身無常常身即去佛言如汝說我下第四便逐破之明常身我既其徧在常即無常在常既常在無常中寧不無常如是徧在色與非色在非色既即非色在色寧得不即是色舍與主異有燒不燒不得俱明舍主可爾常身作身此則不然何以得云作身無常我即出去今當問汝出何處去常身既常常體恒徧出無去處汝意若謂一切衆生下第二次破一義凡有八番此下初番我既是一父我子我二我何異次先尼救云謂一人一我非一切人同共一我故有父子二我不同此即破竟便轉義宗佛言若言一人下第二佛便逐破若一人一

我我有衆多則不名常先尼若言一切衆生業報應同汝言一人各一我者我既是徧無處不有如張人我亦來在於王人我中王人之我亦來在於張人我中若爾者我既互通即無愚智亦無貴賤亦如天得我既在佛得眼見佛得之我亦在天得佛得之我既因眼見天得之我亦應因佛得眼見天得佛得是人名也先尼救云我徧一切法而諸法不相徧故天得佛得二作不同佛言法與非法下第三佛復逐破法與非法非業作耶以定先尼或釋先尼所計我是作者業字應作我字義則可然不須改字隨下文業字既計我是作者所言業作即是我作次先尼答可見佛言法非法下第四又破既同是我作故天得作時即佛得作二作既同報應不異下舉業平等果亦應同次先尼舉燈明救佛言汝說燈明下第五逐破彼譬明在炷邊復照於堂譬有邊表之處我亦應有眼識處所我既徧於法與非法法與非法亦應徧我是則相與俱徧先尼言汝引燈喻下復救於譬善男子

我所引喻者則是非喻下第六又破彼譬如是喻者則是非喻故知燈明不得喻我若喻我者則於彼不吉於佛爲吉先尼言汝先青我又救明佛亦不平佛言如我不平下第十明我之不平破汝不平令汝得平即是我平同諸聖人得平等者始是大平先尼救云一切衆生平等有我即是我平汝亦説言下第八佛更逐破平等之義既言當受五道之身我豈得等汝意若謂我是作者下第三破作者有六善男子此初文者約受苦破若我是作者那自作苦若苦非我作一切諸法應非我作衆生苦樂下第二明憂喜汝説我常下第三明有十時若我作者下第四明有盛衰衆生亦有盛衰衆生既即我我應盛衰豈是常耶我若作者下第五明不應利鈍那得此人於書利於棋鈍彼人於棋利於書鈍餘倒皆爾我若作者下第六明汝自説無我而疑我有無汝意若謂離眼有見下第二破餘三義故言別破此中有三初破見者次破受者三破知者初破見者自復有三此初正破若

謂離眼有見者此謂我是能見衞世師執神使智知而神異知此義同僧佉所計神即能知故言離眼有見是義不然若離眼有我而能見者何須此眼若離我見用眼能見者如言華能燒村但因華裹火擲在屋上故云華燒者神因眼見亦復如是終是眼見神不能見先尼言下第二救云如人執鎌則能刈草譬我因眼則能見色就正義中乃是假我令眼能見必無實我須因眼見善男子鎌人各異下第三重破鎌人不同可得刈草若離根外無別有我故不爲例汝意若謂身作我受下第二破受者是我身作即是我作下乃自顯先尼言我有二種下第三破知者是我於中有二此先明執佛言善男子所言知者下正破我因智知同華喻壞者還是前義華能裹火火能燒屋名華燒者神雖能知而復更用智爲知者終是智自能知神不能知前已破竟故言同華喻壞佛法正義亦有假我御智知義但不同實我因智能知先尼言若無我者下第三諍義上佛句句破先尼義邪義

既除今更與佛共論比義爲定有我定無我耶一者亦是難佛無有我義二者復立我義難佛無我義佛義不立有我義顯自有五番此先尼第一問若無我者誰能憶念佛答若以憶故知有我者今以忘故知應無我汝以有念證有我者既有忘失證知無我若時憶顯有我者亦應暫忘顯無有我我既自在云何念惡而不念善又云念所不念正在定中應當思惟憶念定境何故更緣其餘事耶又云不念所念者正作惡時復存善法既其有我何得不定先尼誰見誰聞下第二問若無我者誰能見聞佛答意者根塵和合故有見聞實不由我而能見聞自舉二譬先尼言若無我者下第三問意以名責之云何名爲我見我聞世人並云我見我聞我苦樂憂喜等佛答有二意一者却反還之言我見聞知有我者如他作罪云不見聞亦應無我次如四兵下復舉假名合我見聞先尼言如汝所説下第四更問若內外和合者誰出聲耶佛即答言因無明者即是因十二因緣和合成

身以有身故覺觀動風風擊脣舌出聲說我
如大論云風名阿優陀觸臍而上去至牙齒
脣舌鼓動故出聲風鈴熱鐵亦復如是先尼
言如瞿曇說下第五問明若隨理者全無有
我如來何緣得有常樂由有我故有常等法
若無我者何得此法佛答意者得常我者須
滅身後爾乃得之豈即此身得常我耶先尼
言唯願大慈下第四歸伏復有四番此初請
佛說佛廣爲說因說慢義欲彈斥彼本慢之
心先尼言如是如是下第二領旨如來因此
重說又二先誡次說言非自非他非衆生者
明法與衆生同一平等先尼言我已解已下
第三自獲得解如來因更責出其相世尊所
言色者下第四出已所解又二先自述次佛
命善來得慧眼淨言法眼者即是初果言慧
眼淨是第四果但其與佛言論之時已得初
果後命善來得第四果外道衆中復有姓迦
葉下第四外道文爲三初緣起次論義後歸
伏此初三問皆默以爲緣起是故不答如來
欲令彼出已義梵志復言下第二論義自有

五番此初彼先立義明身異命異如人捨身
未及後身受中陰時爾時身命異先身命非
因所得次善男子我說身命下如來破明萬
法從緣不但身命諸法悉然陰死之時此命
假緣續其中陰梵志復言我見世間下第二
番出彼立義彼明有法不從緣生如來復責
梵志言我見大火下第三彼因立事言凡明
絕燄是不從緣如來復破明亦從緣其中榛
木之字或以爲臻音或以爲愁申反今以臻
音爲正詩云樹之榛栗傳云榛栗棗羞說文
云榛似梓實如小栗梵志言絕燄去時下第
四重中明不因薪炭佛即破之明因風而至
瞿曇若人捨身下第五復出彼難明兩身中
間誰爲因緣佛即答言終以煩惱而爲其緣
言有因緣身即是命命即是身此據一期果
報一業所得有因緣故身異命異者據色心
連持謂之爲命五陰名身其義異也梵志言
唯願爲我下第三歸伏又有三番此初請說
次佛答又二先答次牒計之亦名印述世尊
我已知已下第二領解次佛重徵次世尊火

即煩惱下第三委陳已解經五日已得羅漢
果者說其證果賒促機悟早晚外道衆中復
有富那下第五外道彼之所執即是邊見雖
有其執恐有屈滯不敢述之故且舉問就文
有二初論義後歸伏此初論義自有四番此
即初番舉六十二見問六十二見有二解一
云身見邊見共六十二何者身見五十六邊
見有六約於五陰各有四執即色離色亦即
亦離不即不離餘四例然則爲二十欲界色
界則爲四十無色無色但說四陰四四十六
故知身見有五十六邊見六者謂三界中各
有斷常以足身見成六十二故大品云譬如
我見攝六十二見二直就邊見自六十二現
在世中即色爲我則色滅我斷離色爲我則
色滅我常亦即亦離亦斷亦常不即不離則
不斷不常四陰亦然則成二十去來例然則
成六十雖有六十不出斷常故以斷常而標
其首爲六十二今文中云常無常者則是過
去有邊無邊則據未來此言邊者非謂闊陿
竪論分際故是彼邊如去不如去者據佛滅

後乃計如來即色涅槃畢竟永滅此是如去若身不滅是不如去亦如去亦不如去等云足前成六十復云是身是命即常見身異命異即斷見合成六十二見而此文云如來滅後若他人不見此既不許紛如來作二十計即自解云我如色來即如色去不如色去故云如去不如去佛即答之我不作此說梵志言今者見何罪過下第二問此有何過而不爲說佛答明此是見取之過故不作說瞿曇若見如是罪過下第三問如來何所見著何所說耶佛答之先遣見著之言後明就見能說瞿曇云何下第四重責見說佛乃廣答又二先正答後更反責以出其相富那言請說一喻下第二歸伏譬云如大村外者此譬佛果涅槃有娑羅林者有人譬金剛心今譬衆

衡三　十八

生心中有一樹者譬佛性足一百年者是一數之圓名譬中道佛性圓滿端正文云一樹先林而生一樹既譬佛性可云佛性在衆生前無衆生而已有衆生即有佛性今何以云先林而生若言佛性衆生有先有後若共若離皆悉不可並須破之性執破已方得假說不前有後此之前後則不相乖既不相乖作可義說佛性在前何以故佛性本有以本有故故義云先即不失理林主修治者即修持人其樹陳朽皮膚悉脫者譬煩惱諸惡一切都盡唯貞實在即是萬德

大般涅槃經疏卷第十八上

大般涅槃經疏卷第十八上

校勘記

一　底本，清藏本。

一　一一四頁上一行書名、卷次，㊀南無（未換卷）；㊀徑作「大般涅槃經疏卷第三十二」。卷末同。

一　一一四頁上四行「憍陳如品之一上」，㊀南作「憍陳如品」；㊀徑作「憍陳如品之一」。

一　一一四頁下五行「共意」，㊀南、㊀徑作「此意」。

一　一一五頁下六行「令能」，㊀南、㊀徑作「能令」。

一　一一六頁下一四行「如文」，至此，㊀南卷十七終，卷十八始。

一　一一六頁下一五行「陳如品之一下」，㊀南作「陳如品」；㊀徑作「陳如品之一」。

一　一一七頁上一二行末字「之」，㊀南無。

一　一一七頁中一一行第一〇字「人」，

徑作「入」。

一一八頁中一〇行第一三字「既」，徑作「此」。

一一九頁中一九行「能知」，南、徑作「知能」。

一一九頁下一行「比義」，南、徑作「此義」。

一二〇頁下一六行第一〇字「成」，南、徑作「我」。

一二一頁中六行第四字「貞」，徑作「真」。

一二一頁中卷末書名、卷次，南無（未換卷）。

大般涅槃經疏卷第十八下　衡四
隋　章安頂法師撰
唐　天台沙門湛然再治
陳如品之二
起卷是第六外道文爲二初論義後歸伏論
義有二番初番問衆生何法故起常無常等
六十二見佛答不知色故起常無常乃至不
知識故起常無常等夫言色者先業爲因今
世父母衣食爲緣虛僞假合謂有定性所以
能起常無常等乃至不知於識亦起諸見次
番更問知何色知何識故不起諸見佛言知
色但是因緣和合無主無我即無諸見乃至
知識亦復如是梵志言唯願爲我下二是歸
伏文云捨故等者故名無明與愛新名取有
解者爲二一云無明與愛是過去所以名故
取有現在所以名新愛是現在那忽言故乃
強解云由行得愛此解不然二云若據煩惱
無明愛爲新若據業者取有爲故此亦不可
取是煩惱那忽爲新無明愛新那忽屬業最
爲不可又一解云不須云過現及煩惱業但

論無明與愛是起身本取從無明愛起即是
枝末所以名新無前諸失上云無明爲父貪
愛爲母若尊敬此死入無間又云生死本際
凡有二種無明與愛此豈非故今約三世現
在望過去無明是故未來望現在愛即是故
與觀師同又不失三世文云我今已得正法
淨眼或法眼淨此應無異特是左右之異十
五日後得羅漢者悟有早晚犢子梵志下第
七外道文爲三一緣起二論義三歸伏亦以
默然爲緣起者不得倒前表其儒雅是故徐
詳待三方答犢子言下二是論義此無自執
但咨正義故因佛默先問默意次佛思默意
乃開問端次犢子言下正論義既無自執但
問正義於中二先問法次問人初問法中二
先問次佛答答中又二先許次正答三種十
種於中先雙釋次雙結於釋中云解脫欲者
此是無貪善根次問能修善斷惑之人者其
欲修習先訪其人若有高倒我亦隨修此中
但問出家二衆兼得四衆斷一切有者此明
羅漢即出家二衆得阿那含者即問在家二

衆度疑彼岸者少分稱得度此中再明優婆
塞者有離欲者有妻子者文云受五欲樂而
心無疑網者是佛皆答非一二三乃至五百
者何如大品明大數五千分然諸經中多明
五百弟子此是數方之言從世尊我於今者
樂說譬下第三歸伏於中五先請述次佛許
三述已四請出家佛令四月試優婆塞經明
必四月言四月者只是一時根性不同復不
一種聞不一種即求出家五佛聽出家出家
後修行得益言二法者或言止觀或定慧奢
摩舍摩輕重音異報佛恩者依法修行是報
佛恩納衣梵志下第八外道此亦出家外道
常服此納因衣名人此間亦有麻繻杯度之
流文爲二初論義後歸伏論義又二初執後
破初執者開善分初文爲八復次一據煩惱
二據五大三據鏍釧四據自性五據五塵六
據五根七據小兒八據有無招提分此文爲
二初難正義後立邪義就初復二一非業行
後難煩惱觀師分爲四初一復次難因緣義
次三復次立自性義三一復次重難正義四

三復次重立自性但分文在人孰是孰非且
依觀師諸師多云納衣正問衆生之始三界
流來弘廣問終咨決如來涅槃問始是問流
來問終是問反出觀師據三文推之一陳如
答弘廣云若人來問常無常有始佛常默然
若納衣問始佛何故答之其初難衆生無量
世中作善不善業未來還得善不善報此問
行業因果何關問始三可中間於初流來者
佛答不去何者界外初起一念流來此之流
來復何處來向前推之永不可得知答不去
由不作此問故如來解釋納衣正問因緣愛
潤生義惡因緣死見地獄時反更生愛而生
其中善因緣死則見天堂而生愛者則生其
中解此數論不同數人言於生陰前起愛潤
生有身有惑同在一時亦起愛心即便得身
此即身先煩惱在後論人云於死陰後起愛
潤生即煩惱在前身乃在後初難因緣
又兩初領旨而非次難煩惱文又爲四一領
旨二雙難三別難四揔結此下牒佛所説煩
惱與身故云領旨若因煩惱下第二雙難又

三先兩定次兩難三兩結初兩定可見兩難
者初云若煩惱在先全未有身那得煩惱煩
惱何處住煩惱因誰生若煩惱復因煩惱煩
惱則不是先故言不可次難身在先者則不
從煩惱而得是身身既不從煩惱煩惱亦不
因身此俱不可若言一時下三別難既言因
果不應一時先後一時下四是總結三義三
皆不可故知諸法不從因緣復次瞿曇堅是
地性下次立邪自性之義有三復次彼明地
性堅乃至空性無閡體性如此非因緣成五
大既爾一切亦然即自性義復次世間之法
有定用處證成前義在額名髮等者如此土
嚴具故初舉工匠揆木爲難直者任狀曲者
任机復舉五道爲難乃言自性生地獄等又
舉陸龜生即入水海裏蚶蛤誰之刻畫三舉
貪欲一復次更難因緣前非佛旨後乃作難
難有四意一難貪不對塵如人睡時亦不對
塵而生欲貪二難小兒初生無所分別亦復
生貪三難賢聖在於山林雖離五塵亦復生
貪四難自有對塵貪對塵不貪並是自性第

四有三復次重立邪義初明五根不具而多
財五根雖具而少禄根若不具則過去作惡
今生何以多財若根具者過去行善今生何
以貧窮並是性爾不關因緣第二復次可見
第三復次舉有無難彼以虛空爲有兔角爲
無誰作虛空之有誰使兔角令無二事既然
一切亦爾皆是自性佛言下答以答望問略
有三異一有無二鄭重三不次第言有無者
前有四難爲八復次今但七復次何故爾佛
答七難竟其即領解是故不答第八難也鄭
重者重答第二難何故爾性是其宗故再破
之不次第者第一答第二第三答第三第三
答第四第四答第一第五重答第二第六答
第五第七答第六第八答第七初答第二破
立自性義者彼以五大不從緣生例一切法
亦不從緣佛逐破之汝立五大不從緣生是
故名常例一切法不從緣生亦應是常汝言
用處下是第二答第三破其證義彼云鏢釧
無有因緣佛破云皆從因緣得名亦從因緣
得義名髮名纓此是從因得名匠爲箭揉此

從因得義若性是箭無假工匠況本是鏍今
打爲釧改釧爲鏍向是曲者任机熨机直爲
牀向是直者爲牀今熨牀曲爲机皆是因緣
何性之有汝言如龜陸生下第三破彼第四
復次中有七事爲破七事此即初事何不入
火數角正反彼宗若言諸法悉有自性下第
二事其上復次中全無此語但言誰有教者
而今有此破者既云利是性爾鈍亦如之豈
有教而長耶若一切法有自性下第三事明
婆羅門不應祠祀世間語法有三下第四事
明皆有造作之語寧是自然若言諸法悉有
自性下第五事縱則應定若一切法有定性
下第六事明既其無定則應從緣汝說一切
法下第七事明說喻故知無性若使解則
性解何勞爲說若不解者性自不解雖復說
喻無所成益善男子汝言身爲在先下第四
追破彼第一復次但前難本有四一領旨二
雙難三別難四總結今答不一一相對但總
答之而此四意但正難中本來有三一者難
身在先二難煩惱在先三煩惱與身一時別

難中即無結難中有之今亦答三初答身在
先難次答一時之難後答煩惱在先難初又
二先雙非次正答三難此下第一答身在先
然佛之本義說煩惱爲身因則彼應正難煩
惱在先所以又難身在先者相對而來非其
本意今欲答正先發遣旁故先云我無此說
汝義亦然何忽難此本欲難我還成我義善
男子一切衆生下第二答一時之難就文爲
三初明一時次明前後第三更取意答初言
一時者除彼所計之一時若是其所解言一
時者此則不可今言一時此是前後而一時
亦是一時而前後云第二文中言其前後者
此是一時中之前後無前後異一時亦無一
時異前後今只於一時義中說有前後即煩
惱爲前身屬於後煩惱是因身即是果豈非
因前果後若如中論所明緣成由果此有別
意云私謂諸大乘經云無始者不獨云身不
獨煩惱若一在前一則有始今經從於對治
化機以說故云要因煩惱故而得有身仍帶
理說故云雖無前後雖是不盡之詞不盡是

有餘之說故知實理却是權道之有餘實而
言之非但過去言無先後只於現在煩惱爲
身而作因時亦無先後何以故因果無二色
心體一三道三德一念無乖五陰五脫剎那
理等實在納衣執破破已了性同空空無前
後內外誰施三十六軸唯從涅槃五十二衆
咸成佛性至此不了終歸結緣此兩段只有
二行餘經文是釋疑之要也從汝意若謂如
人二眼下第三更取意破若言煩惱與身是
一時者不應前後如牛二角左不因右右不
因左是事不爾如炷與明是一時有而要因
炷有明終不因明有炷煩惱與身亦然但炷
是燈器因燈有明而云炷者但齊火燒者名
炷未燒之時不得名炷云明佛此義正是一
時因果舊說多謂此明衆生之始是一時因
果今謂不然此不明衆生之始但明衆生用
業得身必由煩惱自有二種一者潤業二者
潤生若潤業者身果爲奢今之所明正取潤
生若依數解正以生陰之初有染汙識爲潤
生惑即結一期果報是爲煩惱與身一時而

有於義爲便但今依後解若靈味法師亦用生陰云初起潤生愛極似數義其餘師並云死陰之中起潤生愛得言一時因果者此前迦葉章中云由愛無明二因緣故得住壽命十地經云有漏有取心生熱惱種子漸備經云有漏有取心生有漏種子潤生之惑雖在前起而正由識是有漏故潤生之愛所以結之是爲取識有漏已有即是一時因果之義故此義意微乖靈味之說彼前難云若言一時義亦不可今答一時而有此義殊堪反於邪難故也故云汝意若謂如人二眼下正取彼意破之明雖俱是同時實有相因之義如炷之有明一時而有而復相因汝意若謂身不在先下第三答煩惱在前難又二此先牒彼難何以故下正破但此中文有兩家讀之一云若以身先無因緣故名爲無者此是牒於難汝不應說者即是非之汝不應作如此說一切皆有因緣者還明一切法實有因緣然不須如此分句直云汝不應說一切法有因緣也然彼是自然之義無有因緣而言汝不應說一切法有因緣者然此三師外道云有二十五諦皆悉相生即因緣義而與佛因緣義異佛法據過去爲因現在得果彼家直據現在一世相生以爲因緣又如勒叉婆有依諦主諦如五大造五根五大是主諦五根是依諦並是因緣如火大造眼令能見色色是火家之求耶亦如空大造耳可能聞聲聲是耳家之求耶云云若言不見下復取彼意破之汝若言不見身因故不說者今現見缾從泥出何故不說見故不說乃是違心若見不見下此明誰論汝見與不見但云現論諸法皆從因緣善男子若言一切諸法悉有自性下第五重破第二五大性難先且破其地大佛翻其義酥蠟等物是彼家地但酥蠟不定或時爲水或時名地是不定後更破之白蠟等物舉爲五大云云不言三大四大寧非因緣耶此中兩雙前謂汝義說有五大後說有香爲地有色爲火如論文香相品中明衛世師義不言香爲水色爲地寧非因緣耶後雙者前謂汝義云從泥出缾從縷得衣寧非因緣後謂汝義濕是水大假使由寒緣故凍汝猶隨濕緣是水不隨寒緣是地又水凍時不名爲地故名爲水何故波動時不名爲風者此是芰角並難若倒難者應言水本流性凍時不流而尚名爲水者風本動性應有物不動尚不爲風而今此文若作芰角並意者水本流性凍時不流尚爲水者風本動性波既是動應名爲風波雖是動不得名風水既不流不得名水又解此是倒難如水本流遇寒因緣凍而不流而猶隨本爲水風本性動遇水因緣激而成波應猶隨本是風若波動遂逐因緣成水不名爲風凍時亦應逐因緣成地地非是水並意爲水本是流濕之性凍時無流守本濕性猶名爲水者風本動性風激成波猶自名水不名風者水凍成氷應名爲地水凍成氷守本濕性猶名水者何異波動時守本動性應名爲風只爲波動名水凍時名凍所以得並動是風大水爲浪時雖藉風爲緣猶隨因屬水不隨動爲風寧非因緣汝言非因五塵下第六破彼第五明五塵但爲外

緣復由覺觀内門善惡覺觀即生貪瞋汝言具足諸根下第七破彼第六明業因不同致果報參差如汝所言世間小兒下第八破第七明兒有啼笑則知有緣又不破第八者二解開善舊云第八是二種無法無不從緣則無勞破二冶城云此破七竟彼便領解是故不破梵志言若一切法下此是第二歸伏文爲二初作兩問況爾求解次從唯願爲我去是正歸伏佛知根利直說二邊及與中間彼即領悟夫破義多方不唯一種隨病用藥不定後前若棄通從別須論次第初起道樹多用因緣破性次用無常苦空以破因緣次用體破析次用分別破析體空次用中道破於二邊次用圓常破於偏漸如此等義徧乎經論今大涅槃圓常極說而用因緣破彼納衣自性計者蓋隨其病以此初藥而後用之初後既然中間亦爾於一切處以智方便或隨欲隨宜隨治隨悟互用無失而次第宛然私謂四悉義兼祕密不定雖祕不定次第宛然若得此意應具作所以使文義分明因緣破

性雖具經文更須懸作無常析空乃至圓常等義令法行成就節目顯然皆與修多羅合此義若成破諸外道邪教邪執破一切内道正教正義破一切小乘賢聖教行位理破一切大乘賢聖教行位理包括佛法尚盡況復執性外道耶於十仙文中一一須作具載則文煩故於納衣章中略出此意得斯問意將對前後縱横用之云復有婆羅門名弘廣下第九外道文爲二初論義後歸伏彼無所執直問知心念不佛知其念故作異說其本有四念佛亦作四句答者涅槃是常有爲無常曲即邪見直即八正此四義者與其名同而意則異故重問之佛方爲說即云乞食是常別請無常曲是户籥直是帝幢即是以所懷之事默以試佛佛知其意乃跨節用所表之理而以答之答過其表所以更請然關字應門裏作說文云函關下柱今經中草下作此乃草名說文言雀麥也後問八正能令滅盡佛不答者以此問意衆生修道皆滅盡者應無復衆生然至理中衆生無盡是故不答若

有可盡即是有邊私謂準文恐且約事舊用此文謂弘廣問終善哉善哉下二此明歸伏其中發迹植因已久賢劫近成云靈味以此一人例九外道皆並是權觀師不許並云若見一人發迹例九非實亦可九人是實反例一人非權但諸人直云證果不明是迹此人欲知城知道自作守門既發大心非爲小事隨文判之不須盡例爾時世尊下第十外道有人云此章有三與前小異不止化外一爲付囑二爲降魔三化須跋爲付囑者以說經竟須付囑阿難爲降魔者正法之障本由天魔今以呪降令法無壅爲化須跋者前諸外道恊邪難佛佛降伏竟須跋自恃不來顧命阿難喚來得道今明不然皆化外道詞異意同何者佛大慈無量非但當時破執亦使將來救邪所以顧命阿難付囑流通阿難現爲魔罥魔亦能罥障未來故以神呪呪之使二世無壅須跋自狠表將來背化遣阿難往召表流通傳法故須跋來而得道表於將來咸得歸正作此消文化外義成流通不失就文

為四初顧命阿難二更論義三正命阿難四兼化須跋初文二先問次答此下是問欲為付囑此經兼化須跋所以顧命阿難所在陳如言下二答文為二初明衆魔為亂次明阿難受亂先衆魔亂中二先衆說為亂次神通為亂初衆說中云毗伽羅那即是論文亦言和伽羅那梵音不同然此中魔說盡明佛法正義不說魔邪之法若說魔義念阿難解之然其常聞如來所說纔聞異義即不信受若爾云何為亂解云或說十二因緣或說四緣復說四諦八諦等以為惑亂文云三觀者有多種一云苦無常無我一云觀陰入界亦云觀三毒言七方便者數人云不淨觀總別四念處并煖法頂忍世第一成論人云一者觀色苦二觀苦集三觀苦滅四觀苦道五觀苦過六觀苦出七觀苦入約一切法皆爾從世尊阿難比丘見是事已下二明阿難受亂而阿難得初果親為佛侍而今忽受衆魔所亂此有二義一者迹中現受表神呪功方能降魔二者阿難既不在座欲令如來顧問文殊往復論其德業堪為付囑河西解云阿難所以為魔所惱凡有五義一者陳如應是對揚化諸外道所以阿難不來在座二者謂魔得度故示在彼三者欲顯阿難內德八事四者欲令阿難往召須跋五者欲折阿難高心爾時文殊白佛下第二更論義釋疑復為二初問次答問中復二初問具出菩薩自能流通從何因緣故下此問阿難何為獨蒙顧問爾時世尊告文殊言下二答文為三初具述本緣次現前稱歎三正答二問此初具述本緣即是如來昔於僧中命覓侍者之本緣云文殊師利阿難下第二現前稱歎若阿難在衆豈得歎美又二前歎八事不可思議次歎希有又云毗舍浮佛七佛之名定應如此脫有本有舍浮者非從如汝所說下第三正答二問明菩薩雖能流通各有重任調伏眷屬故不付囑阿難下果親為侍者多聞最上所以付之長壽品初盛明聲聞不堪菩薩堪受今付阿難不付菩薩此有三義一者前訶實行故言不堪今明是權故言其堪二者對揚大法弘宣深理其即不堪於教文言受持章段其即堪能下文自云若阿難所不知者弘廣菩薩自為宣說深義正理即付菩薩三者明聲聞者自有與奪奪故不堪與故言堪文云是吾弟者此是從弟但欲論近不復言從直云是吾之弟所未聞者弘廣菩薩當能流布者此有三解一冶城云十外數中迹居第九實是菩薩是故佛言弘廣菩薩自能流布二者招提云佛法之中大士何限而忽取同外道名謂能弘經言弘廣者非據一人但能弘通教化利益即是弘廣故大智論結集法藏中具明其事迦葉對阿難則出修多羅阿毗曇對優波離出於毗尼即是律藏若文殊師利與彌勒等對阿難出大乘藏是則文殊彌勒即是弘廣菩薩第三解既非外道又非通說別有菩薩名為弘廣如言普賢文殊等之流從文殊師利阿難比丘今在他處下第三正命阿難舊明三義而文中唯有降天魔喚須跋應有付教之事文少不來今就文有五一佛命文殊二如來說呪三文殊奉命四魔

王發心五阿難致敬第一佛命文殊令其持
呪以解阿難文云大陀羅尼者翻音不同亦
云總持亦云能持能持正法不失邪法不起
故謂爲持亦翻辯才是梵音兼義正翻爲持
故其文云聞是持名其中令持呪人行於五
事斷辛等悉如文爾時世尊即便說之下二
如來說呪呪之名義巳如前解但呪中云若
竭褌經本不同或作衣邊或爲土邊今以衣
邊爲正而有二音一徐愛音云此是卑音今
以爲婢離反然土邊作亦有二音又云婆嵐
彌其字山下嵐此本是攜字若作攜音者字
當作嵐說文云從嵐省從圭聲又賴綈之字
或爲第音今爲提音說文云厚繒也然新金
光明經陀羅尼淨地品佛爲十地菩薩說十
篇呪此之一呪即是彼經第十篇擁護十地
此呪正護第十地菩薩若爾當知阿難位行
即高乃是十地菩薩如來說呪而擁護之彼
經云得此呪者不畏毒蛇師子虎狼等園教
一生旣許超登十地肉身未免如是等畏故
呪護之然阿難縱非此生始證本迹何殊呪

護之意思之可見若不爾者菩薩斷煩惱無
復怖畏今何得云得呪方乃免怖故人多釋
或云其事實是難知不可淺情所度而有一
義法身之體而無所畏就應身爲論此當示
畏如來道登種覺尚有九惱況乃菩薩皆依
前釋爾時文殊受呪下第三文殊奉命魔王
聞是下第四衆魔發心文殊與阿難俱下第
五明阿難致敬但古來呪文不譯而有五義
一是三寶名二四諦名三空境名四勝行名
五鬼神名總此五義故稱爲總能持善不失
持惡不生故名爲持三寶名者請觀音云南
無佛陀達摩僧伽但三寶名種種不同或當
如此所以摩竭大魚聞三寶名即便合口四
諦名者賢愚經中聞四諦名鸚鵡生天空理
名者眞境無名無所不名故聞此空名即便
悟道成聖斷惑勝行名者大品言般若波羅
蜜是大明呪無上明呪又請觀音明六字章
句即六妙門一數二隨三止四觀五還六淨
鬼神名者一者善神王名二者惡神王名佛
告阿難是娑羅林外下第四兼化須跋文爲

三一緣起二論義三歸伏初緣起又三一告
阿難二阿難奉命三相隨而來初文須跋陀
羅此有二翻一云好賢二云善賢雖得五通
未捨憍慢者慢是散心之惑旣得上定應伏
下惑而言未捨憍慢者數論兩解若依數義
慢從他使背上而起彼旣得非想定即緣彼
地而起慢也故言未捨憍慢若依論解慢是
散心煩惱此實巳伏非想一地猶有慢在且
慢本自高而彼得下定我心殊多以有我心
故得名爲未捨憍慢生一切智起涅槃想者
此是須跋長存之想謂生一切智想及涅槃
想又云其人愛心習猶未盡者可有二義一
云此是善愛謂父慈子孝之愛此乃由煩惱
愛故生此心但今判屬世中之善而謂爲習
猶未盡者未必便是習氣但明數起此善其
事旣數數習不巳是故便云習猶未盡二者
此論煩惱之習若煩惱習有二解舊云要永
伏斷方始起之即是所用二解明凡夫所起
之習而言未盡者以其得上地定伏於重惑
餘輕者在故云習猶未盡時須跋陀到巳問

訊下二是論義文爲二初論業行後論解脫初業行者即是世間解脫即出世間具與佛論世出世二事就前文爲四此下第一求聽佛言今正是時第二佛許瞿曇有諸沙門下第三彼正問佛四如來答前二如文第三問佛中不云是其巳義但言世間有諸沙門等皆作此説何故不自出巳義宗此亦有意前來聞佛破諸外道所立之義所以今時不自立宗恐爲佛破直舉諸人所解問佛明一切善惡果報皆由本業無有現身起業及現因緣有業之義殊近正説但無現在因緣即便爲邪只因過去之業能感苦樂二報若現在能修斷苦樂報旣能修道現在此身便得涅槃故云一切衆生苦樂果報皆悉不由現在之業因在過去現在受果現在無因未來無果若有沙門下第四佛答文自爲三初難彼邪説次責其邪師後爲明正義此下先難彼邪説有四重假設皆立一彼一我相對文皆可見從我言仁者下第二責彼邪師文中言彼若見答富蘭那然須跋之師實是鬱頭藍

弗故下文云汝師鬱頭藍弗利根聰明而今言是富蘭那者是假設之詞蘭那是六師之宗其人邪見撥無實不説業行但云假使是火師富蘭那者亦須併責文云下苦因緣受中上苦不者實論因果則下因得下果亦有轉障隨緣不定故言下因得中上苦上因得下果可有轉障又云能令樂業受苦果不者謂行善是樂業而轉於地獄獲報人中受果即是樂業受樂果也苦業受樂果者即是爲王除賊此是苦業而得富貴是苦業受樂果令無苦無樂業作不受果者此非無起之業爲無苦無樂今以下善爲捨受之因即是無苦樂業隨緣異故都不得報故云不受果也又文云能令無報作定報不者此非超然無報正謂無定之報能令作定報不仁者當知定有下第三正義仁者若以斷業因緣力故下第二論解脫義此有五番此初番也世尊我巳先調伏心下第二述巳自陳佛言汝今云何下第三重責世尊我先思惟下第四文云我先觀欲是無常無樂無淨者然外道所

觀多作六行謂苦麤障止妙離若佛法弟子作八行觀謂無常苦空無我不淨如癰如創如毒如箭今此須跋亦作八觀但倒而爲言應觀欲界爲無常無樂無我無淨而今獨不言無我者以外道爲我修禪令我出離無無我觀然此須跋次第斷三界煩惱得非想處謂爲涅槃是先調心佛言汝云何下第五如來重破汝雖言調心而猶有計非想處而爲涅槃涅槃無想汝自計之豈是調心前斷三界思惟煩惱是除麤想而復計有涅槃是存細想其中云汝師鬱頭藍弗後退非想定作飛貍身所以然者此外道本欲界身得非想定爲衆鳥所鬧乃發誓願願作飛貍殘害魚鳥後時退定遂受此身然其得定以爲涅槃生大邪見後墮無間是受惡身世尊云何能斷諸有下第三歸伏文爲三一請説無想之法二時衆得益三須跋悟道私謂此悟道文少應如後分此下請説無想之法又二先請次答答文自二初略後廣此初略説實想者若從境爲名應言實相若從智爲名即云實

想想是智名相是境名須跋言云何下第二
更請廣說於中先請次佛答答中文云隨所
滅處名眞實想者此有二義一者以眞實智
斷諸煩惱故云隨所滅處二以此空遣於俗
有故言隨所滅也又言名第一義諦第一義
衛四　二十
空者涅槃果上亦有此名如師子吼初說今
文中則正明眞空爲第一義下智觀故得聲
聞菩提中智得緣覺菩提者古來有解謂三
乘異觀今此文中明三乘同觀第一義空但
智有下中成三乘別例如三獸度河得水深
淺三乘同觀中道深智即得無上菩提淺智
但得辟支與聲聞菩提說是法時十千菩薩
下第二明時衆得益文云得一生實相二生
法界者謂十地補處大士以爲一生九地則
是二生若具論者則如法華經損生義說須
跋陀羅下第三明須跋悟道應有正付囑而
文來未盡開善云自斯已後幾可哀傷然皆
已蒙作得度因緣故如來滅後得道不一今
經教滿足唯宜自勵脫復不遇没苦如何居
士請僧經云涅槃後分更有燒身品起塔品

囑累品此文三品不來

大般涅槃經疏卷第十八
衛山　二十

大般涅槃經疏卷第十八下

校勘記

一　底本，清藏本。

一　一二三頁上一行書名、卷次，[南]無（未換卷）；[徑]作「大般涅槃經疏卷第三十三」。卷末同。

一　一二三頁下二行第一四字「五」，[南]無。

一　一二四頁上五行首字「答」，[徑]作「若」。

一　一二四頁中四行第二字「則」，[徑]作「知」。

一　一二四頁下一二行第一二字「三」，[南]、[徑]作「二」。

一　一二五頁上三行第三字「是」，[南]、[徑]作「時」。

一　一二五頁下一七行第五字「由」，[南]作「有」。

一　一二七頁上一四行第九字「偏」，[南]作「徧」。

一　一二九頁下一三行第一五字「由」，[南]、[徑]作「有」。

一　一二九頁下一四行第七字「今」，[徑]作「生」。

一　一三〇頁上一二行第四字「因」，[南]作「云」。

一　一三〇頁下六行第一五字「非」，[南]作「爲」。

一　一三一頁中末行「卷第十八下」，[南]作「卷第十八」。

大般涅槃經疏卷第二

天台沙門灌頂撰　沙門湛然再治

純陀品

釋品為三一辨疏密二辨德行三釋名初意者依天竺文猶鄙壽命品開破今昔常無常義於義則密於文則疏謝氏從人從事題純陀品於文則密於義則疏今明涅槃施章於梵漢兩文俱無所失隨前人則施常命隨後事則施常修(云云)次德行者純陀是二恒之數何故別立一品略明十異一時眾先供而後請純陀先請而後供二時眾三請佛皆默然純陀一請如來即受三因受大會四因食開常五自請住六騰眾請七金口歎八大眾歎九當徒問答十往昔擔願眾無其一寧不立品問純陀十異迴超眾表何不前供而後獻耶答後供者讓他德也舊明五讓謂賤讓貴凡讓聖(麤麤)讓妙少讓多近讓遠今依文宜為十讓初以俗讓道謂僧尼眾次以凡讓聖謂學無學三以淺讓深謂諸菩薩四以賤讓貴即國王大臣五以顯讓冥謂天龍鬼神六以少(麤麤)讓多妙謂人天等七以財讓法即是魔眾八以同類讓異類即師子鳥獸等九以近讓遠謂十方菩薩十以城旁讓隱遯忍辱仙眾五讓收文不盡十意粗周問何故昔默今默而有受不受異答佛意難知今通別兩解今昔二默俱是四悉世人所默有受不受佛隨世界故有二默受不受異或宜默受宜默不受二俱生善欲生彼善故有二默破惡得道亦復如是聖無唐捐非凡所測別釋者特眾無奇緣弱不感今追責往緣是名世界默然不受初若發言不受則後供息心眾供都集普皆等受是名為人默然不受默不受者貶其不能因食以明不食開無常顯常無勝治力是名對治默然不受若是食身可默受食法身常身無食無受是名第一義默然不受默然不受是佛境界義不可盡略言四耳三釋名者純陀名也六卷云姓華名子純子之與陀二文互出舊云本名純陀後大眾稱德號為妙義今則不然純陀是彼音妙義是此語先立嘉名為最後作瑞所以大眾稱美不應名德兩分例如善吉空生即其儔也然妙義淵博不可言盡略示其十謂義妙解妙檀妙位妙德妙感妙通妙說妙田妙益妙義妙者三默四德不縱不橫不並不別佛及眾生皆悉安住祕密藏中文云諸佛境界不可思議一切法中有安樂性解妙者解大涅槃微妙智慧照窮理性動合機宜發心畢竟等無差別文云言純陀者名解妙義雖受人身心如佛心檀妙者八斛四斗充足一切緘鋒大眾文云令汝具足檀波羅蜜位妙者雖在居家蓋諸無學工巧之賤釋梵歸仰如盛滿月映蔽星辰是優婆塞等法王子文云如幼出家隨大僧數德妙者如前十異十讓為佛為眾之所稱歎文云南無純陀南無純陀而為我等之所瞻仰感妙者東方佛使作大神通人天枯燥賷特香飯獻而不受九方亦爾況復人天純陀一請即為哀納故知物妙非妙食(麤麤)不(麤麤)非(麤麤)非妙文云普為大會哀受純陀最後供養神通妙者始辦供具地六種動正獻食時說十三偈

如經即神通妙說妙者巧與五難善獲有爲如經田
妙者最後入滅是良福田文云汝爲衆生作良福田
益妙者因受其供普受大會則財益一切因食開常
即法益一切如經純陀大士具此十妙及餘無量一
切諸妙故名純陀品若依經名應言十大若依人名
故言十妙妙之與大左右之異從此訖衆問是涅槃
施分文爲三此品施常住五果擬對此土雜類衆哀
歎品施勝三修擬對此土聲聞衆長壽品去隨問而
施擬對此土諸菩薩衆云云問有他方衆何文擬之荅
從現病品去更明五行十德師子吼問性及迦葉陳
如擬對他方諸菩薩衆然佛平等說普雨一切豈容
分隔一往分文以示起盡於無分別中作差別說問
若爾始終只是一涅槃施則無餘章荅前明通意得
作此說云云此品爲四初因獻食以明不食不食是常
破於無常開非常非無常二因其請住以不住破住
開非住非不住三圍於論義有爲無爲且共置之開
非有爲非無爲四因催供明爲滅須食爲不滅不食
開非滅非不滅四段在文可尋生起者衆被召來意
在開密故因食明常常則應住故因常請住住非圓
極是故遮住以無住破住住與無住互成得失故有
爲無爲且共置之若置非求是是亦無是故即非是
是故文言方便涅槃即是而非故催其施今正是時
第二第三亦復如是非俱非寂滅爲樂事窮理盡
故低頭飲淚而辦供也通別者雖分四段不可一向
何者圓滿妙說義不可盡隨其類音各各得解不可
各解局於圓法今三意望之一別舉常破無常文云

我今施汝常命色力安無閡辯別明於我以有我故
所以論於我住我觀若無我者誰住誰觀文云汝今
當觀別明於淨有爲不淨無爲即淨文云善獲如來
有爲之相別明於樂樂即涅槃一切諸佛皆至是處
文云生已不住寂滅爲樂若一向從別則成對治失
於圓旨此義可知云云二明通者今所明常不言常異
於我常即是我亦即淨樂我即是常亦即淨樂淨樂
亦爾文云是常法印即是諸佛之法界也若但是常
常即斷滅不具四德寧當得是法界印耶三明非通
非別畢竟清淨何者若但是常破於無常是待對法
經論所害釋論云無常者是對治法非第一義常治
無常亦復如是中論云若法爲待成是法還成待
今言常者非常無常故非通別若是通者通即對別
別既被非通寧得是當知常者非通非別文云二施
果報等無差別無通無別乃名爲等我亦如是非我
無我文云汝今當觀諸佛境界佛境界者無我無無
我淨亦如是非淨非不淨文云有爲無爲且共置之
捨有捨無即非淨非不淨樂亦如是非樂非不樂名
寂滅樂文云不應思惟長壽短壽無長無短即非樂
非不樂如是三意不可定三不縱不橫不並不別即
通而別即非通別不一二三而一二三須識圓妙乃
解於常又此四文成前起後言成前者上大聲普告
今最後問爲欲顯發方便密教今果爲開雙非之教
上面門放光却障生善咸欲成就第一空行今果勸
觀諸佛境界上地動翻倒咸歸佛所今果示有爲無
爲且共置之欲求正法應如是學如是學已寂滅爲

樂同於如來所至到處故涅槃施成前召請等義言
起後者教觀諸佛境界即般若德欲求正法應如是
學且共置之即解脫德寂滅之樂佛所到處即法身
德如此分文即顯佛語上中下善不徒開章初獻供
文爲四一請二受三難四荅請又二初經家敘德二
發言陳請敘德爲二一敘德二敬儀先敘其讓德次
敘所爲德敘讓德中兼具十意優婆塞如前釋此即
三讓謂俗讓道凡讓聖淺讓深拘尸城如前釋此是
以近讓遠城旁讓隱邇工巧之子有二義將作大匠
子則貴執斧子則賤未知是何且指以賤讓貴以麤
讓妙同類十五人者一本云五十雙卷云五百十五
掾端首五十掾親近五百掾徒屬或當如此此之一
句是同類讓異類以顯讓冥以少讓多今敘意者此
人正爲請佛受供即是以財讓法依文證義義自滿
足次爲今世間得善果者敘所爲德善果多塗謂可
意果無漏果隨分果究竟果可意果者賢聖所訶文
云我今於此處不求人天身無漏果者二乘灰滅經
家所歎必非自調自淨之果隨分果者三賢十聖住
果報分而非極下文云我今所獻食願得無上報故
非分果爲今衆生得佛菩提究竟之果次捨身威儀
下敘敬儀威儀不同謂俗威儀道威儀法門威儀佛
威儀如波斯匿王見諸佛時捨五威儀冠劍珮履車
餘雖無五亦有脫巾解帶徒行等皆俗威儀道威儀
者謂偏袒單縫天冠天衣法式規矩等法門威儀者
謂生忍法忍等諸法門也佛威儀者謂相好力無畏
不共等法或可捨俗服服道服或捨事服入法門服

或即俗服是方無畏偏袒右肩者有俗袒道袒權袒
實袒俗袒者如書中肉袒謝罪道袒者弟子事師供
役便易故袒右覆左權袒者權化易行故袒權覆實
此釋他經非今教意今言袒實覆權覆無常之權袒
雙非之實正當機利物便易得宜故言偏袒右肩右
膝著地者日既右轉隨順世間以右著地即世界也
日是陽精表智導行此即爲人文殊經云右是正道
左是邪道用正去邪此是對治膝表於行地表於理
以行契理故以膝著地即第一義此意通用可解他
經若依今經膝即常行地即常理以行到理故膝著
地此是第一義也不釋合掌私云事釋可知如世敬
手則表敬也若所表者二表權實二理諸教諸味各
有此二今經合已理無外也悲感者悲則悲他感則
感佛他行不同悲亦不一諸供不受則福德不生是
故悲也供既不受又不得因供開常是故悲也常既不
開雙非不顯是故悲也佛若受供最後檀成我與同
類衆類悲滿故以悲助他以感祈佛不釋礼足私云
以我之頂歸佛足下故諸教之果咸歸圓因次白佛
去陳請謂標請正請結請標爲二初標三寶舟杭次
標自他求度初世尊及比丘僧即二寶也佛及比丘
智斷具足即是法寶哀者慈悲法門指此一字又是
法寶如是三寶即無供之衆爲有供衆而作福田若
無無供供無所供若無受供無由供是故須請受
我等者即是同類羣輩言最後者由初致後如來出
世初益衆生今入涅槃後益衆生佛無再受之期我
無再供之日故言最後爲度無量者標他也如此自

他欲憑舟杭請求度脫世尊去正請有三法譬合法
說爲二一所失故請二所求故請所失爲兩初明所
失次釋所失初所失者失於三寶無主是失佛無親
是失法無救是失僧無護去釋所失若無主忠無所
護若無親孝無所歸若無師學無所趣既不爲主護
又無主可護則無榮無祿是故言貧既無親可歸又
親去不歸則無生無陰是故言窮無師可趣又師不
示趣則無訓無成是故言困釋所失意顯次從欲從
如來下是所求故請又二初明所求次釋所求初文
者求佛一體即滿三益佛是良田即是從主求祿故
言求將來食佛能長養法身慧命即是從親求生佛
能訓導今得正轍即是從師求成若從如來即兼諸
義次唯顯去即釋所求次從世尊譬如刹利去是譬
請開爲兩一貧窮譬譬上所失無主無親等請無主
故貧無親故窮二役力譬譬上所求求將來食請貧
窮譬中舉四姓者舊云是四族姓是義不然現見四
族一方俱貴不相忝謝今文四姓高下不同於義不
便今明是四種姓刹利翻田主愛民治國王者之類
婆羅門翻淨行博學明文之類毗舍未見翻應是平
民耕農販賣之類首陀未見翻應是底下客糞擔尸
之類舊以四姓譬四生又譬六道是義不然若四生
六道譬太近收義不盡今譬九法界根性束九以爲
四種方便菩薩根性既有化他統物之能譬於刹利
聲聞緣覺同是無漏清淨涅槃譬婆羅門天人兩界
善道受報譬於毗舍地獄等四同是惡趣譬於首陀
所以然者一切衆生同一佛性其味真正一體三寶

等無差別而爲煩惱之所覆蔽輪迴六道受種種身
界隔差別其味混雜或酢或鹹或甜或苦無主無親
亡家亡國一體三寶隱而不顯外則遠離三寶衰失
善法故言貧窮善惡隔絶故言遠至非已本源故言
他國下性品云一切衆生雖有佛性皆不能見而爲
三毒所覆故墮地獄畜生餓鬼生刹利等種種家中
即其義也若觀開譬以刹利等譬四種人根性則便
若觀合譬云貧四姓者即我身是可譬一人有四根
性其義則便而文又云拯及無量苦惱衆生者復似
就於多人作譬既有二文不可一向若得此意一人
既然多人亦爾故於一人兩用無妨然此經宗明常
辨性尋初法說通失三性三性不顯義說爲無正性
不顯故言無親緣性不顯故言無主了性不顯故言
無救通舉三失以爲請端法說所求中云但從如來
求將來食者專從主求祿是求緣因緣能資了了能
顯正此略舉一而爲請也就譬失中別請三性意言
衆生本有正因之性一體三寶等無差別而爲惑覆
受種種身四姓等異此舉異以請不異別請如來顯
於正性以貧窮故遠至他國者無主曰貧無親曰窮
無師曰困此舉貧請富別請如來顯緣因性役力農
作乃至草蔵此明始從人天乃至菩薩偏除煩惱唯
是少分無上善根不能開發唯希天雨天雨一灑即
能發生別請如來顯了因性然三佛性非通非別隨
順根緣通別兩請餘文如經下如來受中亦有兩意
我今爲汝除斷貧窮是許其作主顯緣因性無上法
雨許爲作師顯於了性雨汝身田今生法牙許爲作

親顯於正性此是別許三因佛性從何以故純陀施食有二果報無差云何無差若許作主即是親師若許親師即是許主是三如一等無差別若顯緣因即顯了正了正若顯即顯緣因是三性顯等無差別此是通許三因性也惑者云此未明佛性云何此解荅經明佛性是其正宗初若不開後何所顯良以初請一體之佛作主親師一體之親施其常命色力一體之主施其常安一體之師施其常辯令其身內一體三寶三佛性顯自他內外等無差別上根利智已同純陀爲未解者至哀歎中開祕密藏安置諸子悉入其中長壽金剛次第相顯乃至迦葉師子吼等廣顯佛性若初開宗不明佛性者爲開何義何義爲宗恐帖文流散故懸示此意次從役力農作去釋上所求此辭略從人天二乘方便菩薩所有善法悉是緣因少分故舉此爲求役力者正明厭弊惡趣貧窮尚人天善故言役力農作得好調牛文有兩意若以牛辭於身身是善果猶屬人天若以調牛辭身口七此辭於戒良田辭定平正辭慧耘除草穢辭斷煩惱此亦兩意若除四住辭二乘善若除塵沙辭三菩薩唯希法雨去正求了因唯希如來是求主求親法雨是求師三求若允如貧得主如窮得親如蒙得師則佛性顯所求之要正在於此佛隨其求應請而施施常命色力是許爲親顯其正性施其常安是許爲主顯其緣性施其常辯是許爲師顯其了性前後無違方知文旨三從言調牛下合辭先合役力後合貧窮文不次者貧之與役不定前後只貧故役只役故貧始從

人天至三菩薩悉皆是貧雖少不同皆貧如來無上財寶不次第合意或在此合役力辭又兩先歷法合後一體合初歷法合中不合人天者特是文略身口七支用戒防護合上調牛定能資慧合上良田慧忘差別合上平正除四住惑合上除穢除塵沙惑合除沙鹵次世尊我今身有下就一體合體有於戒以合調牛定合良田慧合除穢雖少善緣不能顯正唯希如來去正是合求了因言教從貧四姓者去合上貧窮上歷四姓今就一體已如前釋從拯及下合上歷別四姓意也三從我今所供去雙結又三初結上法辭中所求之請法說中云受我微供然後涅槃似獨請佛今結辭云異得充足如來大衆者結其不獨在佛善能充足五十二衆又是顯其能以一食普施大衆衆多而供足供少而周多不思議供供難思衆云云次我今無主無親去雙結上法辭中所失之請三如羅睺羅者雙結法辭中求失之請佛是金輪即羅睺主又是親師我及一切亦復如是事三如一同羅睺羅從介時世尊去第二受供文爲三一許受施二正受三釋施許受又二一敘許二佛唱許初經家舉三号佛然其所請故以三号而對許之舉世尊許爲主舉種智許爲師舉調御許爲親既許爲主即斷其貧既許爲親即袪其窮既許爲師即除其困三失還得三求遂克世尊者一切之所瞻仰如世孝子之事親如婆羅門之事火如諸天之奉帝釋事親即親義事火即師義奉釋即主義云云又世尊者如學無學等衆星之瞻佛月如四種菩薩海水繞佛須彌寶山檀林

師子等喻戒定慧世所崇仰故言世尊一切種智者或以相好色身徧對一切一切各解故名一切種智何者世有衆生事八十神一神一好隨其所覩見其所事如來一身徧令其解故名一切種智又不以色身爲佛以一切種智爲佛一切種智依此色身見相莊嚴當知智慧具足故名一切種智調御者稱適機緣應生應滅應受不受皆爲調御一切衆生他經以調御丈夫爲兩号今經合爲一号文云自既丈夫復調丈夫善哉善哉者印其法辭兩請次我今爲汝除斷貧窮去是佛唱許斷貧是許主法雨是許師生法牙是許親從汝今於我去是正受汝今於我欲求常命色力者述其請父安者述其請主無閡辯者述其請師我當施汝者即是許三云云舊明涅槃正體是常治於無常故序五時云般若雖明尊特之佛爲成無生楞嚴雖云七百僧祇豈及法華無量壽法華無量壽猶是無常至涅槃教始明常樂遠斥鹿苑近破法華同歸涅槃圓常窮源盡性之說如此說者偏攝諸經對緣一句作無常義偏取涅槃破病之常以爲正體二塗俱失何者般若佛母涅槃佛師楞嚴三佛涅槃三點法華一乘涅槃佛性一乘即佛性一切衆生悉一乘故云何一乘還破一乘法身云何破於法佛佛師云何破於佛母故知惑其方便迷於部教互相是非失其正旨今所不用地人雖無五時之執以當現常破無常義義勢相似已同舊壞興皇解云常無常者藥病相治無常治常若識無常是治常方便病去藥盡若不識者執藥爲病病即斷見故云王今

病重常治無常亦是方便病去藥盡若不識者即成
常見識兩方便能斷斷常則非斷常故智者見法生
即滅斷見法滅即滅常見若不識者還是二見今
明此釋與舊不同若得意者無所聞然逐語生想俱
同前病何者彈常無常是互論方便指非常非無常
而為正體如避空求空去空逾遠何者佛言二施果
報等無差別若其昔說五果無常今說是常可是差
別若常無常俱是非常非無常者方是等無差別亦
是顯發方便密教若得此意般若楞嚴莫非祕密然
此常義斯教之喉衿眾經之心首尊聖之窟宅諸佛
之法界不可思議如來智慧說不可盡若凝然常若
當現常若破病常意會圓理今試言之夫佛出世本
為大事因緣大事因緣即是常住常法包容故名為
大常立諸法故名為事常機常感故曰因緣常無差
別差別說常下文云諸佛所師所謂法也以法常故
諸佛亦常三世諸佛悉師此常無師弟師弟俱常
如是分別名世界常我今為汝除斷貧窮無上法雨
雨汝身田令生法牙汝今於我欲求壽命色力安樂
無閡辯才我當施汝常命色力安無閡辯又云我今
哀憫汝及一切是故今日欲入涅槃若諸天人於此
最後供養我者悉皆當得不動果報如此等文皆明
常法發生常善是名為人常也若欲遠離四倒者
應知是常樂我淨我是佛義常是法身樂是涅槃淨
是正法以此四種破四倒又云先所修習四法相
貌悉是倒欲得真實修諸想者如彼智人巧修我
想常樂淨想辟如明醫先以鹹苦治其本病本病雖

去復患鹹若後以淨乳治於鹹苦佛亦如是先以無
常治其當病常病既去更病無常今以真常破昔無
常故云我為醫王欲伏外道是故唱言無我無人為
此因緣而說有我常破無常亦復如是又東方雙者
即是於常為破無常又二鳥雙游辟於如來無二二
用如是等文皆明常法對破無常釋論亦云常與無
常是對治法非第一義是名對治常也第一義者則
非常無常今經亦云二施果報等無差別若常破無
常無常異常是則差別非第一義第一義者非常無
常故無差別若二鳥雙游明其二用二鳥俱息明其
雙寂即用而寂寂滅為樂是大涅槃如是等文皆第
一義常也當知是常四悉無閡常亦開隔因緣大事
常亦寂絕畢竟妙理常亦出生建立諸法常亦對治
破於倒惑自在若此云何偏據是於對治藥病互論
麵沒圓能害諸經論又大涅槃本自有之非適今也
又二十五有悉皆有我我即佛性佛性即常佛性雄
猛難可毀壞此多文義即是現常又云夫有心者皆
當作佛未來當得常樂我淨如是等文即是當常又
三世有法無有是處既無三世何得復有現常當常
淨名云但以世俗文字說有三世非謂菩提有去來
今若固執當現各據三世不解我意寧會偈旨又此
常者顯發如來方便密教昔覆於常今開辯常無別
今常異昔無常開昔無常即是今常次我今為汝斷
貧窮者若除四趣貧窮即開諸惡無常而顯於常下
文云懺四重禁除謗法心盡五逆罪滅一闡提即其
義也若斷人天貧窮即開諸善無常而顯於常文云

我今於此處不求天人身設使得之者心亦不甘樂
又云因滅是色獲常色等即其義也若斷二乘貧窮
即開無漏無常而顯於常文云為諸聲聞開發慧眼
若斷方便菩薩貧窮即開六度通別無常而顯於
常文云令諸菩薩了見佛性又云自此之前我等皆
名邪見人也總而言之開諸有餘悉是無餘開諸不
了悉是了義是名顯發如來方便密教悉皆安置三
點四德祕密藏中又此常者即是佛性佛性即常既
開於常即開佛性既為此等作親開正作主開緣作
師開了除斷貧窮開境界性悉皆當得不動果報即
開果性若例此義何人何法何教何行何位何用而
不是常何法不是非常非無常豈復更有善惡三乘
差別等性畢竟悉是大般涅槃言語道斷心行處滅
不可思議豎深橫廣無邊無底能建大義充滿法界
不可窮盡何得判是凝然破病當現常耶如此常義
猶若虛空略對四家示其梗概次正受中五果之名
文中不釋私云五既並果具攝因果一切萬德先消
名次對法五法並常故初云常連持曰命常命則以
無始無終而無斷絕以非色為色五今此身即是法
身作用為力徧一切處用無窮盡不動名安雖具力
用安固不動被機有辯無緣慈悲普施法藥次對法
者此即三密命即意密色力及安即身密無閡即口
密亦名四德意是常德身是樂我口即淨德若得此
意徧一切法無非此五佛具此五故以施人以五常
故施亦無盡言無盡者即五果也三何以故去即釋
施也釋初釋後中間可知此意非但後教開常關樹

亦爾既舉諸教例知行位證人亦復如是是常法印
印於一切無不是常初後供養即是行常初後法施
即是教常初後二施必有其人即是人常初後果報
即是證常證必有位即是位常等無差別即是法常
云云復次等無差別者若依答文有種種義或初後皆
受皆食皆不食故等或初後皆得五果故等或初後
皆見佛性皆斷煩惱皆能說法故等若依楞嚴初後
皆如皆空故等若依釋論初後皆是諸法實相故等
若此中意即是初後皆常故等常者即是非常非無
常之常故等若得非常非無常意歷一切法教行位
人等無差別問一切衆生常爲現爲當答已如上說
三世皆常問若現常者衆生即佛耶答如胎中子豈
不同父姓若同父姓寧責耆少凡有六即一切衆生
即是理常聞大涅槃解知佛性即名字常知性能修
即觀行常如夜見杌即相似常金錍決眼三指分明
即分眞常無上大覺即究竟常如此諸常疑何等常
阿耨菩提翻名釋義如常可見受最後供一期事畢
法理具足汝聞見此依而行施檀必具足三純陀設
難文爲二初摠非不然後別作難治城作四難開善
作五難名目不同云云今明五難一有智斷無智斷二
有聖号無聖号三具四身三身四具度眼不具度眼
五得五果不得五果云云初一難具論自他後四難唯
論於自此難本明受者福他初既備舉後不煩文是
故略之然此五難芰角難解何者至理寂滅無大無
小若垂迹化物緣有利鈍應有勝劣小緣所見初後
俱劣大緣所見初後俱勝若始坐樹下受牧女乳糜

食此食已十力充滿此小緣劣見若始坐華臺眷屬
菩薩悉坐華葉十方諸佛放眉間光入華臺頂諸佛
眷屬放眉間光入華葉頂華臺菩薩三昧受職成於
報佛華葉菩薩成於應佛此大緣見勝當知牧女與
諸佛不同乳糜與光明永異此即大小二佛最初受
施若見佛自行乞食到純陀舍食檀耳羹中夜入滅
與向雙林以火焚身此小緣劣見若見純陀悲感伹
獻八斛四斗不思議供充飽一切見十方佛遣大弟
子鉢盛香飯奉佛涅槃大緣見勝當知乞食與送食
不同香飯與檀耳永異大小二佛最後受施其相若
此例推智斷乃至五果亦應各異純陀芰角將大緣
之後並小緣之初構差別之難佛約大緣所見初後
無差以答則涇渭皎然初後不二今更引經而分別
之勝天王中初坐樹下有四種相或見坐稈草或見
坐天衣或見坐七寶或見坐虛空像法決疑經佛入
涅槃亦四種相或見拘尸土石樹林或見是七寶莊
嚴或見是三世諸佛菩薩所游居處或見是眞如實
相純佛境界前後既現四相不同例推智斷乃至五
果亦應各異今更對教主而略說之若三藏佛初受
乳糜未有智斷不能化他令得智斷凡法未離不得
聖号若行體羸外須雜食無漏未發內有煩惱果縛
尚在是後邊身必歸磨滅是無常身雖行事檀未得
理度檀不具足乃至般若亦復如是父母之身但是
肉眼未有通明故無四眼既受食已自得五益能五
益他觀純陀言尊引三藏佛初成爲難若通教佛菩
薩道時已斷正使無漏現前自得智斷亦令他得已

捨凡法入聖人位擔顯扶習現坐道場示受食身無
復四住但有習氣名無常身後邊之身非是正使無
常之身後邊之身已具亡三檀波羅蜜乃至般若已
得四眼未得佛眼示消搖食福利於他令得五果純
陀所難都未涉此若別圓佛初受施時如佛所答我
成佛來無量阿僧祇劫久具智斷令他智斷乃至久
已不食不消無五事果示現初成初受後成後受旨
可以劣見之初難勝見之後初後二果等無差別其
義明矣四佛答爲兩初正答五難次普受大會初答
第三四身三身之難者身有離合故有四三常是此
教之首故超而答之但純陀先舉三藏佛初以作難
三藏之佛六年苦行精氣殆絕乳糜資益身力充滿
則是食身如是食身從業緣現故是煩惱身三十四
心斷子縛盡唯果縛在是後邊身終必入滅是無常
身故舉爲難佛今以三破四正言後邊與無常同故
合爲一無常身也汝舉四身乃小緣所見大緣所觀
則無此四何者光明者即是智慧智慧者即是常住
常住之身則非食身又光明者即是智慧智慧之光
破煩惱闇非煩惱身若始斷煩惱猶有果縛是後邊
身今非始斷故非後邊四大果縛可是無常常住智
慧猶如金剛故非無常大緣所觀唯三無四何況如
來已於無量阿僧祇劫無此四身大小雙非四三俱
遣即是非食非不食非常非無常非煩惱非不煩惱
非法非非法非邊非非邊非金剛非不金剛能赴兩
緣作四作三而於如來非四非三玄而復玄是故二
施果報無差明矣次從善男子未見佛性去答第一

有智斷無智斷難純陀引三藏佛爲菩薩時納妃生
子弃國捐王樹下坐草起洗受食是時未斷一毫煩
惱不能化物據此爲難佛以大緣所見爲荅破於藏
通二緣成佛何者二緣所見非但三藏未受食時不
見佛性受巳作佛亦不見性通佛亦爾當知未見性
者雙破二敎若華臺菩薩受佛職時入金剛定登佛
職位得三菩提明見佛性常身法身金剛之身即名
爲智無四種身即是於斷亦能令他具足智斷又入
金剛三昧即金剛身破無常身即一番智斷得三菩
提即是法身破煩惱身又一番智斷究竟見性即是
常身破於食身又一番智斷亦能令他具足智斷是故
二施果報無差智斷無殊得名時異三從菩薩尒
時破壞四魔去荅第二有尊号無尊号難純陀據三
藏菩薩在家之日有輪王相是人中天從出家來至
受食時猶未得道尚劣生天何得尊号亦非生天之
天乃至不得作生淨天之天既無此号故言猶是衆生
佛今不以三藏爲荅乃以大緣所覩華臺華臺菩
薩巳破四魔故釋論云得菩薩道破煩惱魔得法性
身破陰死魔得不動三昧破天子魔今經亦爾入金
剛定是金剛身破天子魔即是生天得三菩提即是
法身破煩惱陰得見佛性即是常身破於死魔如此
功德豈非生天淨天天中之天今入涅槃亦破無常
等四倒之魔無四倒故破煩惱魔無煩惱陰死即無
天魔初成後滅既俱破四魔俱非衆生俱得尊号是
天中天等無差別四從菩薩尒時雖不廣說去荅第
四六度五眼難純陀據三藏中弃國捨位不見說法

但有捨財不見理檀故言猶未具足檀波羅蜜乃至
般若但見障內故言唯有肉眼無有佛眼乃至慧眼
佛今乃以華臺大緣所見雖不說法先巳通達財法
事理檀波羅蜜乃至般若皆巳具足過於人天二乘
菩薩之所見也亦分得佛眼今佛荅法檀一事餘度
五眼準此可知故略不荅先廣通達今爲衆生廣顯
通達是故二施等無差別五從善男子如來之身去
荅第五有五果無五果難純陀以三藏中施食五德
命色力安語施主還得五種果報今聞佛說我實不
食施主亦應無五事果佛今以本地初成荅之我無
量劫不受不食畢竟清淨小緣初見口受乳糜大緣
初見頂受光明而於法身非食非不食小緣後見受
於檀羹大緣後見普受大會而於如來無乞無受是
故初後二施果報等無差別次普受者從我今去是
受衆供次請住文爲四一因請二騰請三遮請四重
請先生起四意衆咸獻供請住供既不允請住未申
佛因純陀許受衆供衆因純陀更請佛住純陀順旨
仍騰衆心佛受衆供普開於常常法非住不應請住
常法深奧衆未能達衆意殷勤是故重請興皇解
云大衆同聞聲告不久當滅聞荅難云法身常身又
初聞滅謂如燈盡聞常謂恒在世夫如來者本無去
住何曾如彼見住見去只去是住只住是去不起寂
滅現身餘會去相宛然而恒在住相不去而常去若
爾如來去住於衆何益云云今明佛無去住緣宜不同
略有四種或有見去而自慶乃言無量衆生憶佛前
後我今有幸見佛始終自慰爲得此是世界因緣見

去感悲泣懊惱拍頭號哭三業戀慕此是爲人因緣
見去或有見去破無量惡如來尚去我云何著是爲
對治因緣見去或有見去入祕密藏至佛至處了了
見性與法王子等是爲第一義因緣見去或可一人
具四或但三但二或可四人各一種種不同而於如
來都無去住且舉純陀或時悲感或時歡喜或云如
來不般涅槃而我不能不懷憂惱或時自云我今巳
與文殊師利法王子等若衆無緣純陀豈然故知純
陀不爾悉爲緣耳於去一句四緣不同餘住亦去亦
住非去非住三句準知初因請文爲二初長行二偈
頌初爲二謂喜歎初不納供是故悲塞今聞普納咸
皆歡喜喜由純陀是故稱歎欲遂本心所以進請就
歎爲兩一略二廣略舉四歎謂名利德願名者嘉名
先立妙義後興將後驗前名不虛稱故同聲歎云希
有純陀言大義者橫闊無涯言妙義者豎深無底又
常非常是深義一常一切常是大義非常非非常是
妙義巳如前說次汝今下利者吉祥福地率土同集
十方響會旛懸梵世蓋覆三千如來默然一無所納
純陀後請前供普收如此聲譽絕倫蓋世故衆歎言
汝今現世得大名利德者即德之一字十讓居後五
果當先一人而巳八斛微少用滿檀度此其德也願
者願等三字滿足貫上四俱足故前佛立撝今佛願
圓故言願滿從其奇純陀去廣歎從後向前以歎四
德初更舉六難廣歎第四願滿諸天命盡五衰相現
其餘天子爲呪願云願生善處願得善利處是人道
利是持戒下文云十方土多爪上土少捨人天身得

三惡多捨人天身得人天少捨天得天諸天不喜捨
天得人諸天所願猶如兩人在兩須彌一彼豎鍼孔
一因風放縷得入鍼孔此事甚難若在人中能持戒
者復難於此海底盲龜千年一出值浮木孔入孔中
居此事甚難若在人中值世有佛難復過此仰鍼於
地梵宮投芥墮在鍼鋒此事甚難值佛生信復難於
是生信聞法復難於是辦最後供復難於是此六於
他爲難純陀則易故大衆歎言甚奇純陀復得難得
無上之利如優曇華者華表輪王能最後供得五事
果必作法王大衆已爲授記廣歎願滿竟次從南無
去是廣歎德南無或言救我或言歸命或言屈膝謂
屈雙膝其有十讓五果擅度之德故今歎之又南無
者具有三義口稱是口業屈膝即身業歸命即意業
三從猶如秋月去廣歎其利秋是陰時月是陰精至
時即盛映蓋衆星孤明獨秀麗天皎地一切瞻仰純
陀亦爾既有妙利與勝妙時會建立妙義在大衆前
衆莫能先對佛開常蒙普受供一切大衆三業歸崇
四從南無純陀心如佛心下廣歎其名上云名解妙
義名與法合心如佛心名與佛合具是佛子名與僧
合與三寶合即顯其身一體三寶亦是五果三點四
德五佛性等一切法界具如向說歎其得主心如佛
心歎其得師名解妙義歎其得親如羅睺羅云云次偈
頌中二初一偈頌上歎次三偈請初文云汝者汝即
純陀頌上名也生人道者六難之一頌顯滿也超第
六天而等梵王請佛開常即頌德也我及一切衆頌
譽也上同聲讚此云我及一切也如有端首推下論

義似如文殊爲請首也次請中二先二行爲衆爲一
切云云次一行要請要之以命者佛不在世不蒙甘露
法身慧命將不全也次騰請爲二初長行經家所敘
次偈是純陀請詞初長行中云卒喪者略耳具足應
言喪主親師云云前奉聲光大衆奔躃流血灑地故今
言卒喪蒙施常命色力安辯該統法界許主師親故
言忽然還活時衆大喜於前純陀慶悅於後復是一
讓次偈中十八行半爲兩初十一行半騰衆歎次七
行騰衆請初文中略騰三歎初騰歎顯中先騰六難
後猶如下作譬結初云獲己利騰歎善利難人身善
處難蠲除等是善利所離金寶聚者騰佛世難不懼
者所離也優曇華者騰生信難投鍼鋒者騰最後供
難佛不染世法去騰聞法難我今所奉食去騰歎德
也因供發顯顯無上果不顯諸有如伊蘭出栴檀去
因於微少充足大衆又因食顯不食非食非不食道
香德風開發一切悉非常非無常我今得現報去騰
歎利如文從一切諸世間去正騰衆請爲二初兩偈
騰悲苦意次三偈騰請住益意後兩偈結二意文云
世間無調御者無主親師生大苦惱次文如來在僧
中去揔明三寶益如須彌山別明師益山若映水水
同山色師若說法如法奉行故是師益佛智能善斷
半行是智度益雲起清涼是善權益此兩明親益如
來能善除去是主益煩惱之賊寇亂行人佛日照除
撥亂反正故是主益三結者若失三益增戀悲慟結
上苦惱意也若得三益信心增長結上請住意也從
佛告純陀如是如是去第三遮請有長行偈頌長行

爲二初述歎難次以難遮請初文者夫六難展轉相
依三種無佛時亦有三種佛出乃有今述佛出時三
難餘者可知云云次以難遮請爲三初以難遮請二以
佛境界遮請三以二用遮請以諸難遮請者汝騰衆
四歎自使六難六難之與四歎由我涅槃施汝常命
種種功德普及一切我若久住無最後供捨若不滿
衆不稱譽名亦虛設自失己利又障他人那忽自欣
後供而請久住久住無後供後供無久住汝自矛盾
故遮言不應意正在此次汝今下舉佛境遮者佛之
境界唯佛能知非下地圖度言語道斷心行處滅至
存彌亡至亡彌存非存非亡即住不住不住即住非
住非不住如此境界言之者訥取之者失絶其情慮
故遮云不應問純陀住十住地那忽遮之同凡不知
答知有六種云云亦是爲下而抑於高高尚不應下自
息望三悉皆下舉二用遮請者但佛境玄妙及佛勝
用汝所不知謂常無常二鳥雙游去住適宜稱機隱
顯或時用住或用不住只不住即住亦是非住非不
住昔用無常施得五果一切諸行悉皆無常若定無
常何得今教施常五果徧一切法悉開爲常當知非
常非無常能常能無常又昔用無常論五門觀謂他
境界今教用常論五門觀即自境界豈定自他能作
如此之自他耶當知皆是佛之勝用若用於常故無
勢請若用無常復不須請故舉二用遮言不應十一
行半偈爲兩初十行半明無常用後一行明常用初
又二前九行通明諸行無常後一行半正用無常初
又五初三行半無常觀次一行苦觀次一行空觀次

二行無我觀次一行半不淨觀問諸天化生豈是不
淨荅雖無臭穢賢聖所訶亦是不淨次諸欲下明正
是無常用如瑞應云出四城門起於厭患故不貪著
離欲思惟六年苦行證眞實法三十四心發無漏慧
今日當涅槃即最後無餘次我度有彼岸一行即常
用度者度此彼之彼岸度非此非彼之彼岸於諸
此彼而得自在故我非但過一切苦亦過諸樂及無
苦樂乃名大樂我淨例然云云他判前九行半是佛同
於常無常行亦是眞不眞義後兩行即是諸行同於
如來無常常不眞眞義此常無常顯非常非無常眞
實法也今言若爾常無常是二方便因兩方便得顯
眞實即如纓絡二觀方便得入中道第一義諦此乃
淺深三諦之意菩薩境界云何得與佛境界同此文
分明云當觀諸佛境界佛境界者三諦一諦一諦三
諦非一非三而三而一一空一切空三諦皆空一假
一切假三諦皆假一中一切中三諦皆中只中是俗
眞只俗眞是中無二無別如此乃名諸佛境界所以
用佛境界而遮請者若一空一切空云何請住乃至
一中一切中云何請住遮請之意正在於此云何以
菩薩境界釋佛境界耶若但隨文難見此意今更就
偈文以顯此意前九行半明一空一切空離欲一偈
明一假一切假我度一偈明一中一切中偈中廣出
還釋長行佛境界意且點其意在後更釋云云四重請
者或云非重請佛不重荅故或言兩向望前爲重請
望後爲論端於中爲三初領旨次謙謝三正請領旨
從以難遮請生六難由佛誠如聖言謙謝從佛境界

生諸佛境界浩無涯底豈是蚊蚋能知邊表分知非
究竟知知是謙也謝者從於用生蒙佛受供成最後
檀慳結漏斷等於文殊蒙佛受供成彼岸智均大菩
薩故舉龍象喻於智斷又舉幼年自況以初具戒況
於先達拔涸泉之下處雲霄之上者蓋佛菩薩之恩
是故須謝謝無常用三正請常住之用能生物善大
衆苦至如來未然是故重請有法譬合初法如文次
譬中言變吐者有二解一云譬大衆戀慕飢渴顯如
來住終無變吐故文云我今欲令如來久住故知爲
衆生作譬二云爲佛作譬佛思物機亦如飢渴顯佛
住世亦無變吐故合譬云唯願世尊亦復如是故知
爲佛作譬夫聖言巧密不可偏取云云第三旁論者何
名旁論先釋名次帖文釋名又三一釋名二出意三
料簡初釋名言旁論者前獻供爲正爲無爲是旁又
時衆是旁人時衆未解爲旁故論又兩人實慧爲正
方便爲旁興斯問荅是其權巧故名旁論又如來境
界爲正二用爲旁今之所論論於二用故言旁論斯
乃四悉意思之出意者何故旁論佛因獻供施常以
破無常又明二施等無差別利者玄解非常無常惑
者便生勝負之見鄙無常而崇於常如來又因請住
以不住破住又明諸佛境界不可思議利者即解非
住非不住惑者又謂不住勝住迴惑自迷不能得解
是故文殊以無常不住訶其請住純陀以常住難其
無常不住拒抗紛紜彰其非理故云有爲無爲且共
置之懸指如來後當廣說舉是顯非昭然可解爲是
義故故須旁論復次上純陀自云文殊師利法王子

等時衆懷疑文殊古佛行遠解深能問能荅純陀初
心位淺解微上雖能問未見其荅云何稱等是故旁
論文殊深而墮負純陀淺而獲勝淺勝非勝深負非
負非負非勝方顯其等約斯事理顯旁論意大略可
見不俟多釋料簡者問文殊明空三昧而爲正法應
是無爲純陀對有論無無待有成還應是有那忽言
文殊執有純陀執無解云文殊扶昔教之空望大是
有純陀扶於今教對有論無有去無無還得是無又
復純陀始具足檀則行淺不應云勝文殊古佛則深
故不應負解云適物所宜更互椎砧非定勝負不負
而負於深無損不勝而勝於淺無增文殊且共置之
則勝負雙捨又文殊執昔就昔爲是望今爲非純陀
執今就今爲是望昔爲非若作四句各執二用顯體
爲俱是各執二用傷體爲俱非各辨體用各有一是
一非即用而體即俱非是非非文爲二一旁論二復
宗旁論又三一文殊訶勸次純陀訶勸三文殊稱美
初文殊訶勸又二先訶次勸先訶中牒其請辭汝今
不應發如是言即訶也次汝今當觀應如是學即勸
也次純陀訶勸又二先雙訶說觀次雙勸說觀就雙
訶又二初訶說觀之非次雙結觀說之過初訶說觀
之非又二先訶說次訶觀初訶說又三一不應推勝
号同劣号二不應舉劣法同勝法三結其失辱初文
者夫如來者通是諸佛之極号今古不異故曰如來
豈可以極尊同於諸行夫諸行者生死賤名卑鄙底
下塵有勞累若以如來同諸行者推常住爲遷滅屈
涅槃作生死豈可然乎次譬如水泡去舉三見一聞

不應以劣法同於勝法勝法者即四德也劣法者即四倒也水泡譬無常車輪譬苦我聞諸天壽命極長極長天者即是非想非想無色不可見故言我聞舉長對短短即墮胎落孕此舉不淨問無色云何是不淨耶荅雖非惡色賢聖所訶亦是不淨如聚落主失勢力者譬無我也當知不應舉四倒法同四德法三世尊亦爾去彰其失辱若權勝同劣則失天中之尊号亦失四德之勝法若舉劣同勝則辱諸佛世尊之勝名亦辱常等之勝法從是故文殊下是訶其觀亦為三一不應觀勝名同劣名文云勿觀如來同於諸行二不應觀劣法同勝法文云為知而說不知而說若知如來非是諸行強說同者今下法同上法若不知如來非是諸行而言同者即闇惑上法混和下法三彰其失辱若使如來同諸行者則不得稱為天中天則失尊勝名及尊勝法若使諸行同如來者則辱尊勝之名亦辱尊勝之法云云次從譬如人王去兩譬雙結觀說之過初譬結觀過次譬結說過初文又二先譬次合初譬中云王者譬衆生力士譬佛力士為王施功佛為衆生施化王見力士多技藝者厚賜封祿衆生得佛恩深四事供養力士以技德伏物不以威加如來但以智慧神通非那羅延力佛具功德汝今云何憶想分別觀於如來同諸行耶此豈非結觀之過明矣次短壽譬結其說過亦二先譬次合初譬中云父母譬衆生子譬於佛相師譬文殊衆生感佛譬如父母佛隨機應譬如生子佛實長壽文殊說短豈非訶說之過此文明矣次從譬如貧女者是雙

勸說觀舊云貧女譬生解丈夫譬護法開善云貧女譬生解丈夫譬捨迷治城云貧女譬護解丈夫譬慙愧招提云貧女譬說佛無為丈夫譬覆佛有為今以女譬慈生子譬說丈夫譬剛遠行譬觀譬文自現又承躡上來非徒聽說然對聖訓凡寓上誡下非訶勸文殊又勸博地無益極聖不勞勸不上不下發心已去未足已還正須訶勸譬文自明矣云云初勸說譬有開有合此開六慈謂理乃至究竟貧女至加復病苦以譬理慈貧譬無智病譬無斷無有居家譬無常住五果無救護者譬無主無親女雖貧病有生子義理無智斷而有解說之義下文云慈是一切諸善根本云云飢渴所逼游行乞匃者即名字慈無智為飢無定為渴癡散所逼欲求靜慧則素絲易染薄知名數微達方隅名字慈也止他客舍觀行慈也觀五陰如逆旅暮合朝散觀六入如空聚貪者求物觀六塵如惡賊愚不知避焚灼憫之豈非觀行慈也齊此慈來通名解說解說未彰如女雖能生而子未顯可譬懷胎寄生一子相似慈也向觀陰舍生清淨解如寄生子此慈說已彰譬子生出通前慈說悉有障難至相似時慈悉倚伏更互彊弱故於此位說諸障難實通前也舍主驅者此譬報障障於慧解義言驅去慈解同體故言抱兒向涅槃城故至他國名字慈後分眞慈前兩楹之間故言中路遇惡風雨即內業障蚊蝱嗤食即外業障纏由恒河即煩惱障抱兒而度者於三障中不捨正說說陰界入非常非無常說諸惡業非縛非脫說諸煩惱非明非闇以相似慈及相似解障

不能障故言而度水漂疾者三障力彊激奪慈說慈說體妙不屈三障故言而不放捨於是母子遂共俱没者慈與解觀俱從相似轉入分眞故言俱没如是女人慈念功德生於梵天天者通是分眞究竟兩慈觀下合譬其義自顯云云從文殊若有善男子去合譬先通合四慈後通合兩慈通塗明者從前理慈已來不應偏運偏解偏說初文為三一者正護不得偏說二者引過不得偏說三者乖理不得偏說偏說非正護正護不偏說偏說無慧眼慧眼不偏說偏說乖正理正理豈偏說此中三文廣有所破云云從若正見去合後兩慈合前許圓說不許偏說合後開偏說不云圓說若通論前後皆有偏圓而互現者前未見機理宜但許圓止偏是故文云自責愚癡後見機理尚許偏說何況圓耶是故文云正見者也又正見者即是圓見若見有無不名無為具有無者方乃名圓就文為四先開偏說次釋見機三牒譬合初沒四牒譬合後證初開偏如文次釋見機者能為衆生是見世界機生善法故見為人機亦是見第一義機生憐憫心即對治機三四如文次從如人遠行是勸觀有譬合譬又二初正勸次重勸初文者六卷名為丈夫譬此開六種觀義謂理觀乃至究竟觀遠行譬理觀去後位遙名遠理寂而照名行中道譬名字觀始末兩閒通稱中耳疲極者煩惱勞累生死拘逼謙卑請益皆是疲極寄止他舍譬觀行觀三界幻居猶如寄止五欲非已為他權託陰入如舍無明所壓如臥沈昏不醒如寐忽然火起火是無常來無徑路故言卒起卒

起無常即報障也上具三障此略舉一即時驚瘖瘂
相似觀昔來未得而今得之為驚似解都真為瘂言
定死者解惑相排惑雖彊盛不久摩滅如入海見平
故言定死雖知定死即猶未死未能入聖但在白法
故言慚愧衣纏身者衣以辟觀身以辟境若作偏觀
照境不周是為可恥圓觀圓境無所可恥故言纏身
便命終者他以被閒難屈為死然被難死者無量
應生梵天既不生者當知非也今言死者似觀轉謝
生忉利天者分真觀起此辟兩成就三十二臣即分
真義若就一主即究竟義而言梵王及輪王者更辟
究竟觀不生等順其所離善男子下重勸勿觀從文
殊如來真實去合辟但合上即便命終分真觀去若
能如是去合上生忉利天他以此文三十二相合者
乃是合主不是合臣若爾八十反應合八十種好輪
王無敵應合十八不共法耶今云八十種好亦不與
他共故皆合究竟

大般涅槃經疏卷第二　　計三十紙

大般涅槃經疏卷第六　計廿七紙

天台沙門灌頂撰　沙門湛然再治

邪正品六卷云分別邪正品

邪者魔也正者聖也邪魔多種謂邪惡邪俗邪偏邪漸邪惡者闡提謗法四重五逆十惡四趣等果是也文云聽畜八種不淨即謗佛執九部經謂無方等即謗法若欲行淫應脫法服即犯四重此等名爲邪惡邪俗者通謂二十五有因果煩惱業陰天魔等是文云依因父母愛欲和合生育是身愛即煩惱是身即陰以有漏形作無漏身即是天魔往昔苦行即是業等即其義也邪偏者謂聲聞緣覺無常苦空邪曲涅槃等是文云如來無常變異宣說無我即其義也邪漸者謂分別歷別弃捨二邊別求中道亦二昧魔菩提心魔等是文云如來於諸外道邪論無所知於世間湯藥無所知無所知故故名如來於刀割香塗不生憎愛唯能處中故名如來即是其義正者名聖聖正多種謂執正善正眞正方正對於四邪以論四正四邪既出於文翻邪即正不俟更論此四邪四正即四悉意邪惡尤重衆邪之根即世界也邪俗之邪爲清外者立此名字即爲人也邪偏偏破生死入涅槃即對治也邪漸所到之處即是常住從歷別門立此邪名即第一義正亦如是執正是魔是欲界主執正欲界即世界也善正是世間之善爲成衆善即爲人也眞正是出世之法對破世間方乃名正是次第大乘能到實相實相即第一義通塗邪正其相如是今

經所指兩法兩人謂魔經魔律持魔經律是爲四魔此意則寬該前諸邪正亦四種佛經佛律持佛經律是爲四正則冠前四正從此立名故言邪正品此品荅前迦葉問云何知天魔爲衆作留難如來波旬說云何分別知然四依有廣大之德邪正有分別之能雖二義相成而四依荅廣大邪正荅分別兩品備有形聲兩僞而前品多明形亂後品多明聲亂云云文爲五一略明邪正二廣明邪正三論義四領解五述成初略中有問有荅問則牒上四依荅則出邪三寶魔即邪佛所說即邪法受持者即邪僧如百論迦毗羅自謂爲佛所說弟子等爲此惑亂須上四依迦葉白佛去二廣說邪正有問有荅問中雙問邪正三寶云何分別如文上問云何知天魔爲衆作留難是問形亂如來波旬說云何分別知此問聲亂今問魔及所說即上兩問而言隨魔行者即是徒黨還隨魔作形聲兩亂廣荅文爲二先荅形亂次荅聲亂初云七百年者正法千年由度女人減五百年六百七百入像法時摩耶經云六百年馬鳴出七百年龍樹出是時魔盛即有四依魔有有漏通能變爲四部四果及佛色像猶如獵師外被袈裟內懷殺害魔亦如是外爲聖像內挾邪謀夫無漏在心不在於色云何言作無漏之形聖人有無漏威儀亦是無漏五陰故魔學之從是波旬當作是說下二是明聲亂文爲五一亂佛身二亂結戒三亂佛德四亂經律五亂罪福初亂佛身者又四一亂生二亂行三亂入廟四亂納妃初文者若言實生是魔說言不生生是佛說次就行中亦

應例爾今不爾者明不行是魔說行是佛說何者魔邪常欲隱佛之德顯佛之過名亂佛行入廟納妃皆如文從佛在舍衛去是亂結戒如文六十四能者佛有三十二相外道麥毗謂倍勝佛故云有六十四能又佛有三十二相并業外道攀對求等故立六十四能三從若有說言去是亂佛德此中明佛不知好惡不別冤親刀割香塗悉不欣慼如即人云刺眼不眴此以癡意亂德四從若有說言如來為我者是亂經律初通就經律作亂後就常無常作亂如文五從復有人言去是亂罪福文為三番初明正次明邪三更明正初比丘自知非聖答云非聖是則無犯次從復有說言無波羅夷去是邪三從若復說言於諸戒中去更明正若過一法者說戒時最初問清淨不三唱不荅即犯妄語云云一切衆生雖有佛性要因持戒者佛性是正因持戒是緣因云云迦葉白佛去是第三論義文有三番一論佛性二論過人三論夢覺初番先問云云次荅中如來或說我或說無我是名中道者中論云諸法實相中無我非無我我無我皆是假名言我是假言無我是實非我非無我即是中道次第二番問荅先問次荅只荅中先明犯次明不犯後重明犯如文云云第三番問荅中二先問次荅夢淫無罪犯已應悔若犯已贊歎得罪大品中意亦爾云云摩訶楞伽此云亦色與下文被服赤色相違云何通解云下文說未制戒時此中說制戒後又一解赤亦多種大赤則遮如乾陀輕赤此則不遮云云迦葉白佛去第四是領解第五述成

四諦品

此品荅上云何諸調御心喜說真諦舊云佛昔隨情但說有量四諦止在界內聖心不暢今緣常住說無量四諦出三界外故佛心喜亦名有為無為四諦亦名有作無作四諦今問有量出分段不出變易無量亦不出變易不出既同俱是有量量與無量是對小大兩緣何足為喜又有量是有為者那言二是有為一是無為若爾有為義不成若無量是無為者那得猶有變易生死解言不為分段身命所為故言無為不無三相若爾實非無為無為不成無作亦壞勝鬘雖有此之名教別為一緣不得用彼無量四諦釋此經文義不相會舊又明五時四諦初時約事如若是福迫相云云第二時至第四時約理如五受陰洞達空無所有是苦義義即是理解言入觀之時亡名絕相無此四事藉四方便故言四諦如見諦入真無八忍八智但緣一滅言忍智者從方便為名為此義故四時不明佛性佛心不喜第五時以智為諦文云無苦而有真實故說佛性佛心則喜今問若還是前有量無量已如前難若非有量無量復是何諦則無別名既無別名則無別理復何用此以釋今經今明此品與聖行品有同有異聖行具明四種四諦今文但明一實四諦其相云何佛性實相徧一切處能於四事明了實相乃可稱諦若不了者倒而非諦經有明文何須致惑謂知如來甚深境界常住不變微密法身名之為諦此乃且舉佛果為端實通一切畜生地獄陰界諸入悉了常住法身不變名苦聖諦於不淨中

而生真智不壞正法名集聖諦於斷滅中識如來藏名滅聖諦明識三寶及正解脫名道聖諦諦非四數約四了諦故名四諦如來出世元為說此覆相今開塗乳獲洗故言心喜說真諦從此立名故言四諦品文為二初明四諦二領解初四諦即為四章章章各六但有次第不次第之殊苦諦六者一明惑二明惑果三明解四明解果五結解六結惑一即是四四即是一名不思議此文明矣初明惑又兩先直明若後不解故若下明若有三種一是苦非諦非實二是苦是諦非實三非苦非諦是實云云當知是人必墮下是明惑果若有能知下是明解若一經耳下是明解果若如是知下結解若不知下結惑次集章亦六次第如前此初明惑以是不知下明惑果若有深智下明解以是因緣下明解果又牒昔迷舉非顯是若能知下結解若人不能下結惑次滅諦章亦六次第小異初明惑言多修空者一是二乘沈空二是外道撥無空故名為觀觀實法空故名為還觀平等空故名為淨復次空三昧相應故名觀無相三昧相應故名還無作三昧相應故名淨復次一切外觀名為觀一切內觀名為還一切非內非外觀名為淨故先尼梵志言非內觀故得是智慧非外觀故得是智慧非內外觀故得是智慧亦不無觀故得是智慧復次菩薩從假入空故名為觀從空出假故名為還空假一心觀故名為淨若能如是修者當知六妙門即是摩訶衍也復次三世諸佛入道初先以六妙門為本如釋迦初詣道樹即內修安般一數二隨三止四觀五還六

淨游止三四出生十二此證一切法門降魔成道當知菩薩若入六妙門即能具足一切諸佛法故六妙門即是菩薩摩訶衍也今欲更論餘事略說不具足也次釋第三隨便宜六妙門夫行者欲得深禪定智慧乃至實相涅槃初學安心必須善巧云何善巧當於六妙門法悉知悉學調試其心隨心所便當可以常用所以者何若心不便深修無益是故初坐時當試調心學數當數學隨復當學止觀還淨等各經數日已復更從數隨乃至還淨安心修習復各經數日如是數返行者即應自知心所便宜若心便數當以數法安心乃至淨亦如是隨便而用不揀次第如是安心時若覺身安息調心淨開明始終安固當專用此必有深利若有妨坐心散闇塞當更轉用餘門安即為善可以長軌是則略明初學善巧安心六妙門明知便宜用安心大意復次行者心若安隱必有所證云何為證所謂得持身法及麤住細住欲界未到地初禪等種種諸禪定得諸定已若心住不進當隨定深淺修六妙門開發云何淺定不進修六行令進如行者初得持身法及麤細住法經於日月而不增進介時應當細心修數數若不進當修隨隨若不進四倒即為四章初章為三一出若境二出若體三結於佛果非苦為苦此即是惑應招苦報遂言是解即是苦中生於樂想無常變異者謂佛行苦捨身入滅謂佛壞苦彼言如來是常謂為倒無常謂為諦我若說言下正是倒心樂生苦想云云無常常想即第二倒境中雙舉二想體中偏釋一想上已雙舉不欲煩文

亦出倒境後明倒體并結可見所言不修者即是不修般若空慧後二倒可尋第二領解又二先領解後述迷別論取撥無因果名邪見迦葉久無通取一切倒心為邪迦葉猶有云云

如來性品

此題不標佛而言如來者允同三世三世諸佛皆初号如來又舉初以標後又如名不異破諸異計又如來即佛佛即如來故言如來性品四悉檀云云又如來是極果之勝号性是至理之本名非但極果名曰如來眾生本性亦名如來又如來擬果性擬於因雖因果雙列意在於因故言如來性品又果之本性性隱難辨舉顯以目隱故言如來性品又性理含藏備種種性善惡三乘舉勝弃劣故言如來性品又如來名通夫有心者悉未來如來四依開士猶如如來十方諸佛同稱如來就一佛之上有化應報法皆稱如來今文中正辨如來藏之如來二十五有悉皆有我以我同故名如以如示人故言來常不可壞名之為性從此立名名如來性品當知此如來藏即佛性也諸師解藏義不同論師言佛果在當即時未有故名為藏又言佛性眾生心神心神自能避苦求樂即是心神開善云六法是佛性義皆不然此品以如來自性不以心神不以六法又如來藏隱心神六法皆顯又如來藏常心神六法遷變無常與如來性全不相關今皆不用地人云惑覆於理名之為藏是義不然私謂非無一邊但不與此品題合彼以惑與理異故惑能覆理今依經一切諸法中悉有安樂性那得無性之惑覆於無惑之性不會經旨故不用也私謂非但惑性相即一切何所不收涅槃何法不在一切眾生即涅槃相一切國土即涅槃相云云又論人云當果為性此即在外六法為性此即在內地人云惑覆梨耶此亦是內興皇云非內非外偏據正性地人偏據本有論人偏據緣了復據當果果性果果性悉為經訶如盲觸象不會玄旨今明四句平等清淨無爭故名為如以四悉檀巧示眾生故名為來常不變易故名為性豈獨一法為藏性耶又人執云如來藏者不得不有是義不然佛性非有非無非亦有亦無非非有非無那得獨言是有雖非此四有因緣時於一門中作四悉說故言如來藏者不得不有以有接斷以有破常以有令悟悟佛性時佛性非有三門亦爾云何執有而害三門如人問橋多爭何益今明佛性其意若此若得此意亦在本性中間極果亦隱亦顯亦外亦內如經舍內金藏大小不知善能掘出宗仰是人即其義也問藏性理三云何同異答只是一義若欲分別理惑合論名之為藏全不論惑稱之為理不可改變稱之為性云云有師生起五譬初問二十五有有我不耶佛舉貧女藏答明其有我但隱而不顯若爾何不早說佛舉毒塗譬之由常病未歇不得洗乳前後兩病就眾生論隱顯塗洗就佛教論若爾眾生等有何故六道區分升沈碩異佛舉因鬪失珠致有悲喜不等若爾何故鬪耶佛舉甜藥真正停留在山寡德所招流乎鹹酢若爾真味不變誰能毀傷若叵毀傷則無殺罪佛舉利钁能穿石砂不損金剛如佛

不可害興心逆罪性不可毀毀陰得罪然一答可解何故聮翩只為佛性難明須萬斧劈樹生起五譬是彼之巧思故今存之云云然此品答上兩問初答云何作善業次答能見難見性此兩相成只由善業能見於性性由善業業始性終從終題品論人解善業義者假名行人能御善惡御善則淘湅心神得成正覺中論人問生死中有假人此人是佛性不彼答不得是佛性即並亦不得是我既其無我誰御善業又汝明假者是不自在我是自在二事相害地人明法界之體有善惡用體用具足在妄惑內如土覆金無能沮壞妄惑若關此用無用何能作業今明此義如經金藏不可見者是時不能作於善業掘出藏已何須善業耘除草穢小乘運作非是善業異人方便示子金藏於舍掘之正是能作善業之義若約六位初位不能後位不須中間四句是作業位若約四句隱不能顯不須亦隱亦顯正能作業就答善業又二一明佛性為善業作緣二明佛性正起善業初為善業作緣又二一明業緣二論義初業緣中復有問答問近從四倒品生一切世間雖說有我不名佛性出世真我名為佛性是故興問二十五有若定有我有則非有若定無我誰作善業故言二十五有有我不耶佛以兩譬答之初譬則明本有不可見次譬不即得說以釋疑初譬中有法譬合法說為兩一本有二不可見然佛性非本非當為緣說之次譬文為四一譬本有二譬不可見三譬緣感四譬顯說初文意者寶乏緣了故言貧有能生力故言女據託五陰故言舍

有正佛性故言金此性包含故言藏此性廣傳故言多次家人大小不知者舊解四果聖人為大三界凡夫為小此皆不知中論人云但菩薩為大但聲聞為小亦皆不知今明人天為小析空二乘為大析空二乘為小體空二乘為大但空聲聞為小但空菩薩為大但空菩薩為小出假菩薩為大皆亦不知三時有異人去譬緣感於中問答先以小道逗之故言耘除草穢緣不肯受故言不能若示子金緣為化力欲先於人我亦欲見即是後已四是人即去顯說三合譬有二先合次帖合可見第二譬為二先譬次合初譬為四一明起有我病二說無我藥三邪我病息四真我教興意同哀歎彼譬顯此譬隱舊解女人良醫凡四師說一云女譬法身醫譬應身二云女譬實智醫譬權智三云女譬前佛醫譬後佛四云女譬佛智醫譬機緣上文貧女譬眾生身此女既不言貪用譬佛智勝應生育一子譬於眾生稟教生解以解微故故言嬰孩著邪常故言得病次是女愁惱下譬說無我之藥又三一佛智觀機二得機設化三斷邪我初文者權智起悲故言愁惱覓無我機故言求醫次良醫既至即得機施化設三種藥譬無常三修三因告女人下斷邪我教此中乳譬真我真我非時故言莫與苦味塗乳者譬以無我覆於真我如苦與甜其性相違前合三藥中何故復有乳此亦是無我苦味與常相違三其兒渴乏下譬邪我病息先明病息次明藥消真我緣起故言渴乏我無我相違故言毒氣無我治邪邪消藥息故言藥消四母乃洗乳譬真我教興

又四一為說二違情三重說四受行可見次如來亦爾者合譬也但合二藥不合二病本意疑於我無我異是故合藥治病是旁是故不合哀歎亦爾問隱名如來藏我是佛性者一切眾生有我性耶答一切眾生皆悉有性未即是佛是故有我未是我德何者人別法通法通故有性有我人別故非佛非德問法是人法昔既無別人法是誰法解云法屬法性云云迦葉白佛下第二論義問答初問者前明二十五有有我今難此義初總唱無次何以故下別作十二難合為四意初四難約果次兩難約因三四難又約果四兩難難處初為兩雙謂始生終沒善別勝負可見次因難又兩十惡等是約惡因酒後是約惡緣可見三重約果四難者一據苦果二據苦緣三據忘失四據憶念四責處兩難初難別在何處次難徧在身耶或可但作六雙為十二難或可十難難現用二難難處所云云二佛告下答也還酬十二難初舉兩譬答覓現用後利鑁譬答覓處所言現用者其難真我若常應無生滅次差別勝負難佛答意實有真我為瞋癡所覆不能得見故有終沒升沈前譬得而失後譬失而得但此妙解凡夫未得那忽言失此是理數之言應得不得故言得而復失得無別得還得於失失無別失還失於得得無所得失亦無失云云於初二譬中初譬三意謂譬合結譬為四一本有性理二遇緣起惑三根緣扣召四聖應破惑初文中言王家者佛所統奧力士者譬眾生有能降魔制外之用故言力士眉間者中道也金剛珠者或言理或言解或言理解圓淨

不可破壞如金剛珠次與餘力士者即遇緣起惑失
本有理又二一起惑二失理初文餘力士者天魔外
道諸惡知識云云角力相撲者斷常乖於正觀正觀破
於斷常故言相撲以頭觸之者乃以身見觸中道解
次其額上珠下明失正理沒在斷常邪見身中三其
處有創即是機緣感苦二見傷正解爲創舊云感生
死苦果爲創即命良醫機召於佛時有明醫即聖智
達知失理招苦即便停住者明失非失四是時良醫
下說法破惑又二初辟偏說次辟圓說初偏說者無
我撿邪如就見珠力士驚荅辟稟教作於無我之觀
從迷得解故言驚荅將非幻化即無我觀爲何所在
即無常觀憂愁啼哭即是苦觀此爲說偏教次是時
良醫下辟說圓教又爲四一爲說二不受三重說四
即受辟說佛性一往不受也初文中言皮裹者隱斷
常中影現外者舊云當果在當興皇云佛智默照今
明性理虛通徧一切處是影現於外次是時力士下
是衆生不受舊云皮裏辟現在筋裏辟未來若在現
在何不破惑而出若在未來不應可見興皇云惑輕
曰皮惑重曰筋三時醫執鏡去是如來重說鏡辟圓
經照信心面文明理顯信諦明了四力士見已即是
信受次善男子下合辟但合三不合第一初合第二
遇緣起惑辟中有二今唯合一起惑合相撲次故墮
地獄下合第三招苦感失此中併得通荅前十難三
如彼力士合第四聖應說法初合偏說前有佛說衆
生作無我觀今但合後意又二先合作觀後明不知
中有㯓辟正合也辟如非聖下是雖觀無我亦不能

解何者若解眞我方識無我既不解我所以無我不
成先㯓辟後合也次如來如是下合爲說圓前辟有
四但合後二此初合第三如來重說是諸衆生下合
第四信受先合後舉辟帖正合中先明有惑時不信
後明除惑時信受第三結歎不思議次復次善男子
下雪山甘藥辟舊云助荅上問觀師云辟失而復得
開辟合辟開爲四一失二得三重失四重得初明失
中二初理性次辯失初文者雪山辟衆生身一味藥
辟中道不二故云一味此理能除倒惑故名藥名曰
樂味其味極甜者教理相稱即是教樂理甜也次在
深叢下者明煩惱覆所以失理煩惱深邃倒惑交加
致使不見次有人聞香下是第二明得又二先少分
得後具足得初分得中云聞香者一云依經信知故
言聞香二云十住菩薩見未明了故言聞香過去世
中下第二明具足得即是前佛已證此理造作木筩
者即是說教辟十地了因以因承果故言接藥在在
處處者過去生生修十地因從地流出集木筩中者
因果相應了因克正故言流出三王既沒已下重明
失即是前佛去世衆生縱逸構諸煩惱致使失之六
味辟六道本味眞正從起惑後流入六道或酢或鹹
是藥眞味停留在山辟衆生身正性不異隨六道流
是故有異凡夫薄福加功不得者辟有著心若行禪
慧求覔眞理而不可得亦辟種種掘鑿欲覔性理了
不相關四復有聖王下重得即是今佛復證此理善
男子下第二合辟但合兩失不合兩得此初合有理
而失前云在深叢下今合爲煩惱叢林所覆前次辟

云人無見者今合云無明衆生不見以煩惱下合第
三重明失即是或酢或鹹正酬前勝負差別之問佛
性雄猛下第二荅前十二中後二責覔處所之問也
前有別捴之責今正荅捴問雖約五陰論有此性而
身可毀性不可毀身是性之住處身家之性即是佛
性性家之身無非佛性又二初正說次論義初正說
爲三初㯓不可壞次廣辯三捴結迦葉白佛下二論
義有問有荅問者前云佛性雄猛不壞應無殺生之
罪次佛荅爲二先法次辟初法爲四一云五陰可殺
故成惡業所言住五陰中者他用六法以爲佛性非
解此文六法只是五陰何容五陰住五陰中衆生還
住衆生之中若用心神爲佛性者心是四陰是則心
神還住心神他解當果爲佛性者當果繼屬衆生故
言住五陰中當果若有復非當果當果若無何所繼
屬地人以棃耶爲佛性爲惑所覆釋此乃便復當前
難若有佛性即生之日便應有知今用下文釋之佛
性不即六法不離六法不即故不如諸師所解不離
故言住五陰中實理言之佛性豈應有住不住特是
爲緣作此異說若定執此妨前後文畢竟清淨寧有
內外當之與現住不住耶私謂此說終窮又五陰中
者約五陰論得有此性不約草木私云作此說者仍
挾方便次以業因緣下釋疑疑云或謂唯應殺墮地
獄那復得有二十五有故今釋云業緣不同致諸趣
異三非聖之人下簡諸外道自謂得聖計我不同四
出世我相下明正我相二復次善男子下辟也又二
先辟次合初辟爲二先爲五陰可毀作辟後爲佛性

不可毀作譬初譬中云善知伏藏者譬能殺人利钁
譬殺具多殺於磐石砂鹵等次唯至金剛下爲佛性
不可毀作譬可見次合中唯合不壞從善男子方等
經者下是第二章正明佛性能起善業文爲二初明
作善業次論義初文者有人云佛性能起起於正道
所作善業今觀前譬佛性但爲善業之緣今文明以
佛性教作善惡業故喻闡之從迦葉復白佛去二論
義初雙問甘毒如文次佛荅爲三一明愚智二人次
明一體三寶三明中道圓觀妙解次第相生由智不
惑教識一體三寶妙觀得成能作善業愚者反此善
業不成初約愚智中三先佛更徵問次迦葉荅三佛
爲釋釋中初有七行半偈又二前四行半雙辨愚智
次三行偏明智者初文兩譬兩合前一行同服甘露
有夭有壽次半偈同服毒藥有死有生古來三解一
云同稟大乘有得有失後譬同稟小乘有得有失二
云約師弟師說大乘無得之教弟子解者爲壽迷者
爲夭小乘師說有得之教弟子作大解爲生守小教
爲死三者只是一大乘經於其得者作甘露名於彼
失者作毒藥名又只作一甘露名說其稟行者有得
有失只作一毒藥名說諸有稟者有生有死反覆相
成今明於其失者俱名甘露及以毒藥保愛染著名
爲甘露傷毀破壞故名毒藥於其得者俱名甘露亦
名毒藥入理生善故名甘露顯體破惡故名毒藥具
此二義名善業教諸文之下各有合譬尋之可見譬
如癩人服鴆病差解藥還醒譬學無常苦空斷惑知
是大方便即入摩訶衍從聲聞及緣覺下偏明智者

皆約人辨初約二乘次約菩薩後約衆生似約三諦
而作善業菩薩即中增進善業二乘即空而中以作
善業衆生即假而中便作善業故舉三人意或在此
從迦葉汝今當去第二辨一體三寶然昔初教舉非
顯是破邪歸正明別體三寶此義易知前長壽中明
護法舉法歸依諸佛已成一體三寶不許歸別歸別
體者歸戒不具今文勸歸己身當成一體三寶顯於
自體成善業故又免魔縛各有所據就文爲三一勸
二論義三領解初文中云善分別者勸令分別己身
之中一體三寶先勸次釋初如文次若能諦觀者釋
勸也得入秘藏者即生理善甘露之義是人已出世
者即是破惡毒藥之義二俱有得即此明文又知我
者是佛寶我所者是法僧二寶雖無異體義說爲三
又佛覺法不覺僧和合於一佛性說此三義二尒時
迦葉下論義有二番問荅初併不受後併歸依佛皆
不許初問有十偈爲四前一行半唱不知次兩行問
昔別體三四行半問今一體四兩行結問請荅就初
總云不知次無上者別不知歸佛無畏者不知歸僧
云何作無我者不知歸法次云何歸佛者兩偈問昔
別體爲三此半偈問佛寶得安慰者如前四相中說
次一行問法三半行問僧轉得無上利者如前波闍
波提供僧得佛法功德僧是傳法之人故言轉得無
上利三云何具實說下四行半問今一體中又四初
一行半法說未來若不成去己身中隱三寶未來當
成可得歸依若其不成爲可依不不如次第依於別
體無預知者無預約自照次第約從他次云何未懷

妊一行三句是譬說懷子譬解懷子必十月十月譬
十地若有解者十地若滿可得成佛若無解者徒自
萬月亦不成佛三衆生業亦然一句合譬四如佛之
所說下一行難佛不定說或令歸現或令歸當致令
愚者輪迴墮苦四假名下二行結問請荅初一行明
我不知結請次一行明佛知故請荅二迦葉汝當知
下佛荅還酬四問從後爲次初一行許斷疑酬其請
荅如文次一偈酬問一體前舉懷妊據了因作問佛
以中道正因爲荅明諸菩薩與佛不異翔得云無十
地包胎不可歸依於諸菩薩者舊有三釋一是及字
即是汝及諸菩薩等於第七佛偈文迮不安及字二
改於爲及三不須改明諸菩薩皆同是佛賢劫則第
四若七佛數即第七佛佛是覺義能覺佛性與佛義
同云云三兩行酬其別體之問翻邪入正故須歸依邪
者天神爲佛寶殺法呪羊云是婆藪殺汝而得生天
即是法寶能殺之人即是僧寶翻此三邪歸於三正
問昔以正三翻於邪三何不以正我翻於邪我若以
無我翻邪我者何不以無三寶翻邪三寶荅對治之
法略有二種一用有門爲對治者立正破邪二用空
門爲對治者故用無我破於邪我各有便宜三寶是
境歸馮有在宜用有門邪我是內患宜以無虛之云云
四如是下半偈酬前唱不知今言能知得無所畏不
應不知迦葉白佛下第二問荅初問中意者併欲歸
依三種三寶皆是佛說何所取捨初一行欲依昔別
體別既翻邪即是正路次兩行欲依自隱時一體後
一行欲依他顯時一體既出生死已成正覺故言諸

有所無有又解諸有有現成佛無有無二十五有二
尒時佛告下佛菩佛欲更為分別不得妄依文為三
初昔之別體有依不依二顯時一體有依不依三隱
時一體正是所勸一向須依初依不依者為二先明
今不須依次明昔則須依初又二初別體既是昔時
為緣今不須依昔依時翻邪昔日須依次所以者何
去更釋不依之意於佛性中有法僧二寶者非但已
成之佛佛性之中具有法僧只當成佛性亦具二性
即佛法法佛不二即是佛寶身既具三何須依於別
體三寶次須依又二初為欲化度下明昔則須依次
若欲隨順下更釋須依之意興皇明四假理緣就緣
對緣因緣昔即是對邪明正是故須依若依龍樹四
悉即對治意云云次從菩薩應作下明顯時一體又二
有依不依不依文為二初明不依文云我今此身歸
依佛者即是自歸己身佛寶豈敬他佛次何以故下
更釋不依之意然我與他佛既無異何須歸他次若
欲尊重夫明有依義為相尊重是故須依又二先正
明後解釋初正明者法身是本地舍利是應身欲今
眾生敬我意者為欲亦化眾生生善三從亦今眾生
去明今之所勸隱時一體一向須依文有三法辟合
初法中為五一分別一體有三此初文則自身有佛
寶也一切眾生皆依下即是自身有於法寶又有歸
依非真下即自身僧寶問身有法僧可爾何為有佛
菩身中佛性佛性即是法身佛寶能說此法即是法
寶能受持者即是僧寶他尚歸依我身三寶我今豈
可不自歸耶問會三乘歸一乘名一乘者亦應會三

寶歸一寶名為一寶若會三乘歸一乘無三乘異會
三寶歸一寶亦無三寶之異論師數師不敢為例觀
師例之會三寶歸一寶上義說佛法僧異亦如會三
乘為一乘義說三乘異故法華云真是聲聞真阿羅
漢云云從若有分別下次為他作一體三寶舉體是佛
佛是覺義舉體是法法是不覺舉體是僧覺與不覺
而不相違從於生盲下三結別體為生盲凡夫作此
分別復當為諸下四結一體為二乘得聖之人說我
身有一體三寶如是菩薩下五雙結兩義為惡眾生
而作佛事則結自身說於別體為諸智者而作佛事
亦結自身說於一體次辟說為三一大將二太子三
大臣所以舉三辟者大將辟了因太子辟正因大臣
辟緣因亦辟三寶太子辟法寶大將辟佛寶大臣辟
僧寶大將建意三一臨陣制敵二我最第一三諸兵
依我諸兵依我辟緣制勝辟了第一辟正太子亦爾
紹繼霸業辟正調伏王子辟了餘王子依辟緣如王
如先王成前辟王子大臣者王子即屬大臣辟也三
菩薩亦爾合辟中二先正合後結勸初合者所言三
事與一體者別說於三即是一體一體之上義說於
三如涅槃中具有三點實非別異次如來下結勸又
二先勸捨昔別體之三次勸取今一體之三初捨中
又二先出昔三寶後乃勸捨昔別體中舉頭辟佛寶
頭最為上支節手足辟法僧為化眾生示此梯隥次
是故汝今下勸捨次汝於大乘下結勸取自身中一
體如大將大臣於自身中建決定意不取別體及他
已成迦葉白佛下第三領解文為四一領解二佛勸

持三稱歎四佛述成初文又三一發迹二自領解三
揺化他可尋善男子下第二佛勸持還只勸前自解
化他自解即是高升祕藏化他即是下度愚迷云云迦
葉復言下第三稱歎稱歎佛性即是隱時一體相好
等即是顯時一體尒時佛贊下第四述成從我今當
更為汝下是第三明中道圓觀文為三初許說次正
說三歎教初中云入如來藏者入藏由觀非觀不入
次若我住下是正說文為二初略後廣略又為三一
標中道二明乘中之惑三辨破惑之觀初標中道即
明非有非無若我住者明非有我住在身中即是常
法不離於苦常即是我身即是苦此即是有此有非
道若無我者明非無若定是無則無修因趣果亦無
父母世間善法此無非道既作有無兩責不得有無
即非有無名中道說次若言諸法下是明乖中之惑
又二初明惑次結惑初明惑中有六句三雙相對三
句計常三句計斷於生死中自作此計障理不明故
名為惑若開善云生死一向是苦無樂光宅云生死
之中有定實樂莊嚴云生死之中有虛妄樂妄樂乃
為行苦所偪故非實樂然三師所說皆為此詞開善
云生死是苦即是此中斷見光宅云一向是樂即是
此中常見莊嚴云妄樂又為行苦所偪即是此中亦
常亦斷亦應有第四句計不知是誰次從修一切法
常下結惑又三謂法辟合初法中言修一切法常下
結憤斷見者解有二意一云本自執常他將斷難常
義不立便執於斷本自執斷他將常難斷義不立更
執於常二云兩見相因見修斷過即自修常見修常

過即自修斷如步屈蟲下譬六卷云折青蟲周易云尺蠖之屈以求伸也時俗云桑枝變作未必全爾桑根爲蟬腐草爲螢其例亦然此蟲責折修常斷者合譬明斷因常生常因斷生故有此譬以是義故下第三明破惑之觀又二初正明次結解初亦有三雙六句對前無我只應言我而經中言常者有二解一云誤二云常是通名我等是別佛果萬德通得名常言餘法者中道之外皆名餘法常樂我淨即指如來祕藏佛法僧正解脫等當知中道只是眞法二邊爲餘當知如是下是結解又二先法後譬初法中云愚人無疑者有二解疑爲解滓愚既無解所以不疑二云中道分明顯然易解愚尚不疑何況智者依文似如後解爲勝如羸病人下譬說還喻前二解若依惑意則愚人分別而生諸見如服酥輕便若依後解酥是好藥健人服者本來自好羸人服者亦得輕便譬中道法愚人亦解六卷云服已迷悶即是不解迷惑意也有無之法下第二廣明中道又二初約諸法有無顯中道二約諸法不二顯中道初文者夫有無者不可定取說有爲無說無爲有是無有無是有無於無上說有有不定有於有上說無無不定無不有不無即是中道次不二者無二異不二無不二異二二不二不可得乃是非二非不二是名中道初文有無中有法有譬初法說極略唯此一句直標有無其性不定若他明三無爲定無不可爲有三聚定有不可爲無此非不定不名中道譬如四大下次舉譬先譬次合初譬中欲明有無不定如佛赴緣若執有者破

有說無若執無者破無說有四大亦爾如善醫師別知諸病若水病者以火藥治若火病者以水藥治地風亦爾不善醫師不別病相妄授於藥次善男子下合譬初總合次別合初可見次若言下別合又二先舉有無爲合後舉常無常例合初又二先別破有無後總結爲誡初文三句初句云智不應深著有二解一云智聞佛說佛性是有不應深著愚便責其現用處所或六根中或徧身中二若聞佛性是有應知佛意不定專在於有有即表無無即妄語者是第二句破無亦二意一云道理不無定無乖理故是妄語二云佛性雖有未有現用故言是無汝有智人不應云妄若言有者是第三句爲執有情多故更重破不應默然者若有佛性應能現瑞何以默然二云若定有有者就汝推撿何以默然次亦復不應下結不許爭論言有言無乃至四句並是戲論若說於苦下第二舉苦無常等例合復有五一約苦二約無常三約我無我四約空寂五約幻化皆解惑對辨可見文云雖有去來而常住無變者此是即去來不去來即動而寂從若言無明下是第二約不二不異明中道亦有法譬法說爲三一約因緣明不二二約觀行明不二三總結明不二因緣是境觀是智照總結是境智初十二因緣明不二又三先舉無明次舉行識三舉善惡舊解無明是惑明即是解又云無明行是過去識等是現在三世分別此不會經經訶云明與無明行識等異是愚人法智者了達其性無二若言應修下第二約觀行明不二又三一苦二無常三無我我與

無我下第三總結不二又三一結數二結勸三結會結歎又二先結佛所歎後結說已結勸又二初勸持不二法二勸持不二經如我下三結會悉指般若舊云引深奧品中燈炷喻或云大品度不盡爲國本經應有此文或言大品雖不得當而不二之義無義又云諸有二者名有所得無有二者名無所得又二是眼識識內了別眼外見色此則是二眼識無二乃是智者了達諸法亦爾從如因乳生酪下第二譬成因緣不二之義如五味相生無自他性即是因緣因緣即是中道其意顯然文爲三初列五味二廣破自他三結因緣義初列五味者五味相生成前不二次如是酪性下廣破自他先立章門後解釋初章門中酪從乳生爲章門次列四味就初又兩初從乳生酪即是章門從自生他生並是非門次若從他生下第二釋二章門先釋非門次釋是章門初非門中先釋不從他生次釋不從自生初破他生可見破自生中云不應相似相續自生是一性將誰相似相續而今見續乳後有酪等味故知不從自生自生即應五味一時就前後相續豈得一時雖不一時下釋是章門破自他之後因緣假說云酪從乳生而不自不他而言先有者亦是因緣其味多故不能自變者乳味即甜酪味即酢下論義雖此是牛食變下第三結是因緣先譬次合初譬中食水草譬稟經教變成乳譬變惡爲善若食甘草譬稟大教若食苦草譬稟小教雪山譬此經肥膩譬佛性牛若食者譬衆生醍醐譬佛果能依此經修行得無二佛果無有青黃赤白等色

釋依教而修無聲聞人天之果純得醍醐涅槃果也此中六位文義宛然云云是諸衆生下第二合釋中先合次論義初合中先合二後合不二不二中云無明轉變爲明者他經復云明起斷無明舊三解一云只斷是變變是斷文兩義一二云變語就體斷語就用一心體上有善惡兩義只已心上變善爲惡變惡爲善心即不變次就用者須斷無明只得於明不斷不得即莊嚴師解開善嫌莊嚴淺近就修習緣了兩緣釋之從迦葉下第二論義從前乳中先有酪性生文爲二先難次荅難中又二先定次難難中二先難定有次難定無初難定有爲三一正難乳中有酪者即是已有云何言生夫生義者先無而有乃名爲生次法若本無下釋難若言乳中下三並難若乳是酪因草亦乳因云云又倒並若草爲乳因亦應乳爲草果草爲乳因草中得有乳者乳爲草果乳中亦應有草乳酪因果亦例此並文中但舉一耳若言乳中下二難定無者只應難有不應難無恐佛轉計度入無中是故遮遮而難無也善男子下二佛荅文爲三初研釋二重爲合釋三結釋意初又二一非定執二以理解三結非定執初非執中先作三番門後次第釋破一定有門二定無門三他生釋三門者初釋不得定有得定有次釋乳中不得定無酪者文云置毒乳中酪云乳中有酪何者乳白酪黃乳甘酪酢色味既異何即殺人先得置毒於乳後時乳變成酪飲此酪者毒猶殺人何得言乳定無酪是牛食噉下第二以理解釋又二先明乳從草生還是因緣假說後明酪從乳

生亦是因緣假說兩文各二初二者先云從緣而有後結是因緣衆生福力者有三義一牸牛之福欲飲子時血變爲乳二犢子之福令母有乳三聲人之福人若無福子尚不足況得充人是乳滅已下二明酪從乳生又二初明緣生後結因緣醪是以物攪之煖是火氣經本或作酢字而今酉邊著麥者非以物攪乎亦非酒名酒名應酉邊作孝姜書者謬是故不得定言下第三結非定執善男子明與無明下第二重爲合釋此中開轉斷義如前釋云云以是因緣下第三結釋意善男子衆生薄福下第三歎教勸持又二先歎佛性理次歎教歎理爲二先舉忍草後牒兩釋於中先牒兩釋次諸衆生下摠合兩釋次從釋如虛空下是歎教又二先歎經後勸信初文有釋有合虛空釋法身雷震釋說法起雲釋慈悲象牙釋衆生華釋佛性有三解一云別有象牙草聞雷生華二云是象牙生華經云四象優鉢羅等聞天雷時牙上有華三云此象牙非別生華直是牙上有文彩如華衆生佛性下合釋有三番合之可尋若有善男子下是第二結令勸信從迦葉白佛下品中第二荅能見難見性文有四問荅初兩番辨深行證見後兩番明淺行聞見聞見酬其能見證見酬其難見於證見中摠有二番初番可見次番中有問有荅荅中摠舉十釋初以百盲通釋一切衆生百是一數之圓例如世姓甚多而言百姓求解見性釋如治目造詣良醫者根緣感佛是時良醫釋佛垂應金錍四解一云釋此經一指三指釋昔三乘教亦云金錍釋佛方便慧一指三指

釋根緣悟道除膜釋斷無明煩惱二云三指釋三慧三云初教一指般若至法華二指涅槃三指四云釋三忍信順無生解三忍爲二一云十信信忍三十心順忍十地無生忍又初地至三地是信忍四地至六地是順忍七地至十地是無生忍今明不然經合佛性豈可餘釋一指示之荅云不見者釋入眞諦則不見性二指不見者釋空假二諦亦不見性三指示之荅言少見此釋一諦三諦即空假中名爲佛性初住初地則能分見故言少耳善男子下合釋又二前正合次況聲聞初文者若尋合文金錍釋涅槃教三指釋佛性即是三德三諦等也文云無我惑亂者即是不了昔教惑於無我故不見性今教眞我乃見佛性次九釋可尋也迦葉白佛下是第二有兩番明淺行聞見初番問可尋佛荅有四一釋二合三勸四褒貶初釋中云非想非非想天者三有四空之頂無身而有識無相而有想此事難知佛性亦爾非二乘所了二合等三文可見迦葉白佛非聖凡夫下第二番問荅初問中云非聖凡夫者即外道也其自稱聖如來奪之故言非聖若理內凡夫即聖凡夫內道外道俱云有我有我之性兩事云何佛舉貧富二人釋有三初釋次合三結成釋爲三初菩薩施化二聲聞施化三如來施化初菩薩化又爲四一說教二稟受三捨應四起惑共爲親友者能化所化化道交通義言親友王子富於法財眞我顯現故言富衆生取我在身具足諸見故言貧人互相往反者感應相關是時貧人下是第二衆生稟受見王子刀者非是證見聞善

薩說眞我佛性好刀譬中道佛性眞我心中貪著者
愛樂此法王子後時下第三菩薩捨應持眞我去故
言持刀機感事密是故言逃更化餘處故言他國貧
人於後是第四凡夫起惑菩薩捨應衆生流轉受五
陰身故言寄宿眠是闇時譬無明昏自号有我故喻
㘓言古本曰諂言寐者典誥㘓字旁人聞下第二譬
聞施化應具論四果文略闕第三王初王是初果私
謂餘子之言可兼二三舊即旁人譬機機將是人是
感初果故言收之興皇云旁人是五方便似解王是
初果眞解似伏眞斷破彼我見言至王所衆生對初
果義言君匣屠割者譬分析五衆求我叵得曾稟此
法故言素爲親厚能化所化既非異轍故言一處眼
見譬聞慧手觸譬思慧取譬修慧並不得思修故言
不敢手觸況當故取羊角者邪曲計我欣笑譬悲慘
未欲破此邪計故言隨意去尋立餘子即二果施化
次第四王即四果却後下是第三如來施化但是前
逃菩薩今還成佛數時者數耳唯明無我不言眞我
者望下文合中應有說我教也優鉢羅華者婆羅門
計神白色羊角者剎利神色黃火聚者毗舍神赤黑
蛇者首陀神黑善男子合譬還合三譬譬云有一好
刀合云說我眞相譬云持是淨刀逃至他國合云說
已捨去聲聞緣覺下合前第二四果施化爲斷如是
下合第三如來施化又二先明無我之教正是合前
善男子下第二更明眞我之教前譬中無但有其義
善男子若有凡夫下第三結成著意在文可見云云

大般涅槃經疏卷第六

大般涅槃經疏卷第七　計廿五帋　穆
天台沙門灌頂撰　沙門湛然再治
文字品
此品意有四一次第者上性品明字下之理此品明
理上之字荅上問云何解滿字及與半字義前品名
字功德正論此經尊解出世上上滿字今品通論衆
教若半若滿世間出世間上上等文字開密者他解
無常為半常為滿興皇彈云如樝棃兩片是半邊之
滿他又解昔說無常不名為滿今教具說常與無常
是故名滿又彈若以常足無常者一片棃足半片樝
應為一果者此是足滿興皇解涅槃佛性之體非常
非無常常無常具足故名為滿今明彼家彈舊或為
半邊或為足滿自說非常非無常常無常為滿者此
亦是樝棃柿栗四片合為一果今依此品開一切字
悉是滿字文云如來出世能滅半字是故汝今應離
半字隨逐滿字於一切法無閡無著本對半明滿既
無有半亦復無滿當知字非字以無字為滿字文云
半字是諸經書記論文章根本又半字是煩惱言說
根本又云滿字是善法根本一切善法言論根本異
論呪術一切文字悉是佛說非外道說當知佛所說
者悉是內道正法此以正法而為滿字又云若解文
字能令衆生口業清淨佛性不爾不假文字然後清
淨佛性自淨當知諸字悉是佛性佛性非字非非字
而能字能非字故稱滿字雖有三義勿作三解即字
無字無字即字亦即非字非非字具足無缺不縱不

橫爾乃名滿譬如金銀種種等寶同入爐治俱成一
器而種種不失亦名種種亦名於一一即種種種種
即一亦復非一非種種而一而種種開一一字悉是
佛性法性法界亦復如是包一切字不得一字一切
字而具一字一切字豈隔半邊而非滿字是則名為
開祕說滿從此立名名文字品文中為三一略標字
本二廣明字義三領解述成初文先總標異論呪術
皆是佛說有二解一云根本皆在佛法之中三寶四
諦涅槃四德悉是佛法名教長者去後劫掠羣牛外
道偷之安其己典二云是佛方便之說如清淨法行
經云迦葉為老子儒童為顏回光淨為孔子若如前
解佛則認歸若如後解方便施與若開一切文字皆
佛正法則非認非與云云迦葉白下第二廣明字義有
二番問荅初問如文佛言下如來重荅為三初明文
理之本持諸記論下二別明字本凡夫人下三明學
半得悟滿法迦葉復白下第二番騰問請荅問如文
善男子十四音下如來荅為三一通明諸字二別釋
半滿三結得失亦是明無字之義初又四一以音隨
字即是明音二以字隨音即是明字三音字所因四
音字利益初文音隨字者十四音也是十四音去是
世古來六解大為二塗前四解禪後二解複一宗師
云書缺二字師不能通故無兩音止有十二招提
足悉曇二字三梁武足涅槃二字引經云所言字者
名曰涅槃四開善云於十二字中止取十字除後庵
痾謂是餘聲故經釋炮音便云於十四音是究竟義
取前下魯留盧樓四音足為十四挿著中心謂阿阿

伊伊憂憂嘔嘔留留盧盧樓樓啞啞等五莊嚴頌解前十二為
六音後五五相隨又取後三三相對中四字耶囉和
賒是前五成六足上成十二取羅沙婆訶羅(來加切)為
一遮音魯留盧樓為一速音是為十四六冶城云前
兩兩相隨有六次五五相隨有五後三三相隨有三
合成十四音觀師云古來六解次第彈之初云書缺
二字者外道師不解反啓問太子太子自知今說涅
槃豈不安二字猶言書缺彈招提者悉曇通是外國
十四音之揔名豈得將揔足別彈婆武者涅槃亦云
槃利涅隸槃那此則六字亦云般涅槃那此則四字
何故止取兩字足之彈開善者除摩𡱰兩字足魯留
盧樓四字若魯留盧樓是音者何不在音次第而在
字後安之彈莊嚴者經文現云十四音何時云以字
足音音字兩異何得相混莊嚴不成冶城亦壞又河
西以前十二即是十二音取後四字合為二音古經
本云槃樓槃樓即是四字為二音足前為十四又梵
本言字不言音今十二字或十六字隨世所用又一
解云初十二是音後迦佉下是字又一解云初十二
字有三事一字二語三音因此字以為言論端首然
後方及餘字故言字本初半字者世法名半字佛性
名滿字又以九部為半字大乘為滿字又云梵本無
半滿之言但以事未成為半成就為滿興皇有半邊
相足無牽申等滿(云云) 河西云十二字喻之如飯後二
十五字喻之如羹後九字攝持諸句如守門人亦如
纓絡後九字亦字亦音魯留下之二字童蒙所不習
學吸氣舌根是第三明諸字所因皆有差別故迦佉

等是舌本聲多他等是舌上聲吒侘等是舌頭聲波
頗等是脣間聲遮車等是齒間聲故言皆因舌齒差
別如是字義下第四明字之利益前舉字義後明佛
性云不如是又半字下第二別釋半滿為三先法次
譬三合何等名下第三更明無字之義亦是得失後
眷領解述成如文

鳥喻品

河西云文字鳥月三品同明真應文字半滿只是鳥
喻常無常無常只是月喻隱顯因字識理達常無
常能隱能顯今更次之如來常依二諦三諦說法故
知文字是佛教即文字達三諦具足一教一切教欲
顯圓滿修多羅故題文字品次鳥喻者依教立行即
雙流行二行並觀一行一切行下文云復有一行是
如來行次文字之後明二鳥共行故成次第亦是依
教生智智望於教教即成境由境發智由智立行教
轉成境智轉成行故為次第此品答云何共聖行娑
羅迦鄰提此還舉鳥以況於行以為答問能喻是娑
羅迦鄰提所喻是雙流共行舊解不同或言娑羅是
雙迦鄰是鳥然娑羅翻為堅固何得言雙或言娑羅
是一隻鄰提是一隻此乃兩類不得是雙或言娑羅
一雙迦鄰提一雙引下文云鳥有二種一名鴛鴦二
名鄰提此乃兩類為兩雙或言娑羅翻為鴛鴦問中
問娑羅答中答鴛鴦類異義同乃以鴛鴦替於娑羅
或言鄰提無翻或翻為天鶴引六卷云鴈鶴舍利然
漢不善梵音只增爭競意在況喻取其雌雄共俱飛
息不離以況一中無量無量中一非一非無量而一

而無量呼為雙流乃名共行問為凡與凡共行聖與
聖共行凡與聖共行他解云觀生死無常不識涅槃
常觀涅槃常不識生死無常二解不明如但識金不
識鍮但識鍮不識金若精識二物乃是雙觀苦樂我
無我亦如是聖如是行凡亦如是故言共行此不應
爾與譬相違譬明二鳥俱游如汝所釋一鳥窮下之
生死一鳥窮高之涅槃升沈碩乖雙游不顯假令二
鳥但雙游下不雙游高游高不游下雙游不成又一
家引半滿約一法雙游約二法若取生死無常佛果
是常共為滿者兩物各異槃柰體別安得是滿夫雙
游者觀生死中有常無常觀佛果中亦常無常取生
死涅槃兩常為一雙滿取生死涅槃兩無常為一雙
半即是兩法共起乃曰雙游今明義皆不爾兩常俱
起乃是二雄俱飛兩無常起乃是二雌並飛與譬相
背雙游不成今言雙游者生死具常無常涅槃亦爾
在下在高雙飛雙息即事而理即理而事二諦即中
中即二諦非二中而二中是則雙游義成雌雄亦成
事理雙游其義既成名字觀行乃至究竟雙游皆成
橫竪具足無有缺減此中備有凡凡共行凡聖共行
非凡非聖共行約人法分別俱成以是義故言鳥
喻品文為二先揔次別揔又二初略後論義略中先
譬後合初譬中舉二鳥譬常無常而合文以苦無我
合者但是略耳私謂又顯義同是故互出具論應六
次論義中先問後答答中先法後譬初法中言異法
是苦是樂者舊云生死異涅槃涅槃異生死故言若
樂觀師言前多斥倒約豎以論常與無常今品一時

明常無常只生死中有異法而說若有異法而說樂乃至我無我亦如是後辭五穀各異成前異意下別辭中云華葉無常而果是常者非常住常言華葉不定故無常果已定故是常借此以顯無常成常從如是諸種去別說共行又爲三一就生死明無常二就涅槃明無我三雙就生死涅槃以明苦樂然前兩是橫後一是竪理應備論但文互現初文又二初正明二行次結章初正明中舉五辭初辭又二先辭次合辭又三一辭二論義三領解初萌牙辭生死中無常執時辭生死中常次論義二先問次答答中明生死常與如來常異三迦葉下領解又二先領解次述成等皆可見云云 善男子雖修一切下二合辭未聞是經皆言無常聞是經已皆云是常是非生死中具常無常契經諸定者修多羅翻名爲契經又是定藏故言諸定後四辭皆有合次辭云金卝者玉未理者名璞金未理者亦名朴此有木邊玉邊之異金未理者亦名礦礦者異金名也云云 招提呼爲朴吾觀師呼爲礦音然卝字兩喚云云 是故我言下第二結章正應明常無常而復結言無我欲明例爾迦葉白佛下第二就涅槃以明無我我二行無憂悲即有我有憂悲即無我文爲二先問後答問爲二正問結問一往謂是無端之問然佛說涅槃亦有無常無常是有爲有爲即憂悲今問憂悲是問涅槃有無常不佛答爲四一釋問二歎理三重釋問四重歎理初文二先辭後合辭中三先正作辭次更爲辭作辭三還以辭合辭初云無想天者是辭次更舉樹神辭顯無想辭即是爲辭

作辭佛法亦爾下以辭合辭二復次善男子無想天下歎理甚深先辭次合如來實無憂悲但於無中說有衆生有苦未得脫難見佛有苦既其有苦即有憂悲佛斷苦因受第一樂復無憂悲有憂即無我無憂即有我若應物云如來有憂實理即無今問既示有悲亦應有苦如來心地不念衆生應是無苦問如來實無憂喜汝何以云如來實喜今亦反問佛無憂喜何以定云如來無憂我說如來實非憂喜義說憂悲此是不定之言三辭如空中下重釋問兩辭先舉含住辭次舉幻師辭皆先辭次合初辭中有二前爲法作辭心亦如是下即爲辭作辭後復舉無想天壽亦爲辭作辭如來憂悲下正是合辭如幻師下次辭二辭合如來有憂及以無憂下重歎理又四一法二辭三合四結此即法說辭如下人下第二辭說若依毗曇有三種度義一人度二根度三地度下果不知上果上果能知下即是人度鈍根不知中上中上能知下即是根度初禪不知上禪上禪能知下禪即地度成論不爾互有知義明獼猴尚見佛心豈有鈍根不能知利今亦有少分故知亦得言知不能具足知故亦言不知三合辭四結可尋復次善男子下第三雙就生死涅槃以明苦樂即是賢論文中有二先釋後論義就初釋中三謂辭合結此即辭說二鳥喻法身子辭衆生盛夏水長辭起倒選擇高原者病無常即須常藥常爲高原病常即無常爲藥以無常爲高原即是非常非無常常無常具足能離諸倒爲長養者辭令其解常無常理然後隨本安隱而游辭如來度

說然後游諸覺華如來出世下第二合辭是名異法下第三結成迦葉白佛下第二論義三番問答具簡六行此初番又二先問次答問可見此中又兼常無常我無我等佛言下第二如來答又四先舉二偈爲答次長行解釋初中又二初偈明生死涅槃二果次偈明生死涅槃二因初偈上半明涅槃果下半明生死果次偈亦爾可見次長行從若放逸者下具釋上兩偈如文三如人在地下明下不知上以明於苦亦先辭後合初辭中明不見鳥迹者欲明空中鳥飛無行地迹亦有毛羽氣息當其飛處亦有此迹但非地下人之所見合如文四精勤勇進下明上能知下以明於樂又二初舉兩偈正是解釋此初偈明人後偈明法次少長行通釋二偈迦葉白佛下第二番先問次答問中二先非佛說次則難難意既無憂無喜云何復言外智慧臺佛答以凡夫有憂故云如來無憂正是對治之義又正念衆生故言有憂如淨名說衆生病故菩薩亦病第三番亦先問後答皆可尋

月喻品

前鳥喻俱游橫論一時今月喻隱顯竪論前後先橫次竪自成次第又俱游是自行隱顯是通宜自行化他復成次第河西云三品皆是一眞應意此乃一塗問答既三意寧一耶自有兩問一答一問兩答一問一答河西云只是一句餘之二句推文可解今云其問既異答亦不同前問共行以鳥喻答之今對三光以立三問以月喻答之然其問中非獨問月備問三光月取虧盈日用長短星以吉凶雖有少殊同況隱

顯在先答月故以標品私謂月攝日星故月題品又名異義同故月義便梁武勅學士撰天地義有三一宣夜二周髀三靈憲宣夜久廢不傳諸學士推理不得周髀者是周公問殷商論天地義云天如圓繖邊下中高爲蓋天義日月横行同於佛法靈憲即是渾天義也張衡作渾天圖云日如雞子黄天如雞子白日從東出漸漸西沒復從土下入地東出繞天地轉故言日出扶桑日入濛汜日月豎行長阿含及樓炭云日月天子果報與四天王同壽五百歲舊云二百五十日形縱廣五十由旬月形四十九由旬星小者不減三由旬方百二十里日城爲兩寶所成二分火精二分金精月爲二寶所成二分瑠璃精二分白銀精星唯一寶所成謂水精繞須彌山照四天下樓炭第五云劫初未有三光衆生福力感亂風吹火精黄金二寶作日日天子所居城郭七重東西二千里南北高下亦然周圍八千又亂風吹二寶瑠璃白銀作月天子所居其城七重東西一千九百六十里南北高下亦然周圍七千八百四十里又亂風吹水精作星天子所居皆大風持猶如浮雲右轉而行大者周圍七百二十里中者四百八十里小者一百二十里月以三事故缺減一者角行二侍臣形服如瑠璃色在於月前三以日有六十光照之故減又三事故增一月正行故增二十五日處正殿侍臣不當前故增三日所放六十光照月皆不受是故增滿此品正答云何如日月太白與歲星既具答三光而以月喻當名者如向分別一者月在中從中題品又月有虧盈

辯隱顯易見又月辯文多從易從多以用題品古來云品後明日出時衆露米除十行六字屬菩薩品出經者誤招提云非誤只是歎經力用之文興皇不定或屬前品或屬後品觀師云屬前今分爲二先答問二結歎經初約三光分爲三段用答三問就月爲六一出沒二虧盈三大小四善惡五長短六樂厭初明出沒中先辯後合如文從善男子如此滿月下次明虧盈亦先辯後合長阿含云從十六日去黑衣侍臣初一日一兩上侍至三十日諸臣併上故稍稍虧從月一日諸臣漸下至十五日諸臣都下故稍稍滿二云日天子放六十種光奪月故虧若月天子處正殿後光對日天是故盛滿三云從月初一出白銀面至十五日銀面全現瑠璃全隱從十六日出瑠璃面至三十日瑠璃全現白銀全隱因須彌山者爲五風所吹自然運轉一持風二住風三動風四轉風五行風世云六月一食者書云正由運行相過六月一周陰陽相御故有此食經云修羅所爲三復次辯如滿月者明大小先辯次合初辯中云鑊口者關西謂釜爲鑊關東謂鑊爲釜四復次如羅睺去是明善惡亦明制戒文爲三一制止二輕重三如來教戒皆有辯合五復次如人見月去是明長短亦有辯合辯中諸天須臾見食者此據四天王同見此月忉利身光不須日月六復次辯如明月下是明樂厭先辯次合文云衆生若有貪恚愚癡則不得稱爲樂見者爲是衆生不樂見月爲是其月不樂見耶解言兩意一云直由三毒衆生不樂見月二云月名不樂見如作盜人自

名其月爲不樂見復次辯如日出去是第二舉日亦先辯次合三時異者佛法無秋故言三時二云佛法有秋經言秋耕爲上又云過夏名秋秋雨連霔金光明云三三本攝足滿四時律明三時爲簡賊住今言三時非簡賊住爲春秋同不分爲二合辯有兩初以如來壽命合次以經教合可尋辯如衆星者第三舉星喻文爲三一舉衆星二舉陰暗三舉彗星皆先辯後合前二可見第三辯中言黑月者優婆塞戒經云十六日至三十日名爲黑月六卷云支斗星梁武翻爲惡相星或作歲音或作戌音形如埽帚世人或呼爲刁或呼爲麻謂其作除故布新之怪即如辟支佛出無佛世復次善男子辟如日出下第二結歎前喻文爲三一歎二勸信三結歎又二先歎滅惡次歎義深以是義下勸信又二先勸信次勸學結歎如文今用此三文結三光喻歎敎理行結日喻歎常住教結月喻歎常住理結星喻歎常住行

菩薩品

此品次第者上有十三或十五問是問佛事佛答已竟從此品去有十九問問菩薩事佛皆答之諸師或言此品答十二至十七問今明答十二問諸問不可備題從初爲名故言菩薩釋菩薩義略有四重一三藏菩薩從見釋迦佛二事供養名初發心三阿僧祇百劫修相名爲中心坐菩提樹名爲後心二通菩薩從初虛信諸法幻化未霑理水名乾慧地理水霑神伏斷見思名爲中心游戲神通淨佛國土餘有殘習微烟薄障是名後心三別菩薩從十信三十心是初心

十地是中心等覺後心此三菩薩攝法不盡退不
攝一切衆生進不攝佛根性人四圓菩薩初謂理性
菩薩名字觀行相似分眞究竟菩薩始自理性通諸
衆生終于妙覺皆名菩薩所以迦葉問云云何未發
心而名爲菩薩者故知不問前三菩薩正問於圓就
圓菩薩不問五位正問理性故從所問得名正是理
性菩薩標品就如來荅中正荅理性是未發心稱爲
菩薩而此理性爲因涅槃教光緣從謗而信轉成
名字名字即是發心菩薩理性即是未發心者問荅
之義炳然在文安作餘解㝵會經宗從此題名故言
菩薩品然河西明此品荅四問同爲一意謂未發心
者因經發心得見佛性見佛性故衆無畏乃至見
佛性故如醫療病不爲病汙今明經之圓意靡所不
通何但荅於四問而已乃至見性能爲船師能脫故
皮如天意樹等佛性之太無所不能舉體皆通而少
於眉目今就荅十二問爲兩先自行次利他初自行
又二先荅生善次荅滅惡初荅生善中先牒辭歎經
旁荅上問次正荅問初歎經旁荅又兩一旁荅二料
簡興皇云以涅槃經力令未發心者發心又偪令發
心如夢羅剎即是其義若爾乃是內因外緣令得發
心發心方乃名爲菩薩非未發心得菩薩名又救云
先已聞經中忘斯意今夢聲光冥入其體方能發心
發心之前已是菩薩今不用此解何者中忘之前已
曾發心若未曾發何名中忘若已曾發已是發心何
謂未發名爲菩薩涅槃光者二解一云佛放身光入
彼毛孔佛即涅槃名涅槃光二云以涅槃教詮理分

明前之若光闡提無善光不入心四重五逆善根微
少故言毛孔辭於教毛孔辭信契經者修多羅藏
故舉三藏以彰劣顯涅槃以爲勝又今經當機勝餘
契經二料簡中先問次荅問中先領歎盲次仰非後
作難初領盲者先領生善之歎即此品之前次領滅
惡之歎即前品之末次仰非如文後作難有三一作
持犯等難二作賞善罰惡不等難三作難易難初何
以故去即持犯等難若光入毛孔皆能發心持戒毀
戒修善作惡有何等異云云次如來何故說四依義是
不等難四依出世正欲賞罰若因光發心何用賞罰
三如佛言下即難易難上說熙連三恒猶未解義此
即是難今云經耳能除煩惱此即是易既不解義焉
能除惑以此難難易今明迦葉以別難圓就別明義
則持犯外沈賞罰自異云何得等就圓爲論皆即佛
性何故不等就別爲言積善方解就圓爲語即理爲
解故佛荅云大事大德即是圓意二佛言去荅又爲
兩一正荅二釋荅初正荅中二初明去取次正荅初
中二初簡闡提次明其餘皆能發心然發心者非是
隨宜乃是大福大事二釋荅者大福大事乃是祕藏
如來佛性此即不簡闡提簡闡提非祕藏佛性欲明
名字等菩薩故簡闡提通取其餘欲明理性菩薩故
言祕藏如來性也若無一家圓別之義如何消經云云
從迦葉白佛下第二正荅問又兩一問二荅初問正
是騰上作請此有遠近遠則騰初偈十二問近騰品
初之說從佛告下荅又二初正荅後簡闡提初正荅
又二初因經致夢次歎經初因經致夢者即是荅四

位菩薩除前置後但荅中四何者其問菩提因正荅
其問略舉四耳得聞涅槃是名字菩薩夢見羅剎脂
已發心即觀行菩薩不墮三惡人天續發即相似菩
薩是大菩薩即是分眞明文在此云云次歎經可解二
從善男子去舉十辟簡闡提文爲四初一辟雙簡次
一辟別簡三四辟重雙簡四四辟重別簡初辟除闡
提取善根故言雙簡虛空辟法身雲辟應身雷雨辟
應身說法大地下田陂池辟四位菩薩枯木石山高
原堆阜喻於闡提不受佛教次一辟唯簡闡提是故
云別三四辟中初辟可見第二辟中言藥樹王和乳
酪六物者舊云依經作六行觀若末辟長行散說丸
辟偈頌塗創辟聞慧熏辟思慧塗目辟修慧見辟讀
嗅辟誦根辟法說葉辟辟說取身辟理味取皮辟文
言云云開善但九辟不取最後金剛辟前第六金剛辟
中云白羊角釋論云山羊角云云迦葉白佛下是品中
第二但前荅未發心是生善之義次荅三問是滅惡
之義生善滅惡是菩提要路得佛近因迦葉爲後世
開眼故有斯問就滅惡三問即滅三障初荅云何於
大衆而得無所畏是滅業障次荅云何處濁世不汙
如蓮華是滅報障三荅云何處煩惱煩惱不能染是
滅煩惱障今舉三偈以荅初問前二偈明懺悔滅業
障後一偈明護法滅業障即是改惡修功補過通論
懺悔凡有十意謂逆順各十如別記懺護是其二也
懺中二初偈舉非次偈顯是初約惡以明懺悔先舉
偈問次釋偈爲荅可見二迦葉復言下是約善以明
懺悔亦先舉偈問次釋偈爲荅凡三番釋偈初番見

所作即現在生死際即過去至無至處即未來通懺
三世業障次番舉非不見所作謂一闡提後從若有
菩薩所作善業即是舉是二作惡不即受下第三偈
是護法滅業護法力大能滅業障復感長壽不壞眷
屬等亦先舉偈次釋釋此偈有四意初舉非次明是
三重舉非四歎經初舉非中河西云天竺熟停乳少
時自然成酪文明惡不即受報不如乳即成酪而文
不更安不字者不須加之以上不字而冠於下次譬
如王使下明是正以護法滅業障先譬後合王譬佛
使譬四依善談論譬內智慧巧於方便譬外能說法
實智居懷巧說外化如是之人能護法利他奉命即
傳佛旨他國是入生死寧喪身命不匿教者身輕法
重死身弘法合譬可見三善男子有一闡提下重舉
非更出前偈四是故當知下歎經先歎滅惡如蓮華
下歎生善皆可見復次善男子如優鉢羅下是品第
三答上云何處濁世不汙如蓮華滅報障之問文為
兩初舉華喻正答次舉風喻助答此釋報障云何說
華生淤泥耶蓋由煩惱能成於報如華生泥相緣由
故明於煩惱正意在報可尋復次譬如良醫下品第
四答上云何處煩惱煩惱不能染是答滅煩惱障問
凡十四譬初十二譬譬所說教次兩譬譬能說人初
譬教中初一譬譬昔小教先譬次合初譬譬昔教八
種譬八正文云無常不淨等五門因緣慈悲不淨觀
為八種阿薩闍無的翻義言無可治次良醫譬今教
可解第三如文次第四譬雙明生善滅惡為三一正
舉譬二更問答料簡三重舉譬初譬次合舊解吐臟

現在下懺過去通生善滅惡為塗身別持滅惡為灌
鼻求理為熏受持文言為洗持偈頌為丸持長行為
散興皇分此八句初四句譬昔無常吐譬苦下譬無
常塗身譬無我不淨譬灌鼻後四句譬今教常德譬
熏淨德譬洗樂德譬丸我德譬散貧愚不服醫將還
家舊解云衆生顛倒憚教不受故言不肯服將還家
者示三塗苦報是罪棲處所興皇云一說不受再更
為說今明慈悲是聖人之家慈心為說故言將還女
人產者舊云女人譬生善闇樓此言兒衣兒譬常解
衣譬煩惱煩惱難除譬衣不出興皇云女譬菩薩產
譬正觀衣譬常無常兩教夫兒衣裹兒若出者衣
亦須去若不出者反為大患常無常教本生中觀觀
解若成此教須去教若不去反復成病下雙合二譬
可見次料簡中先問次佛答亦可見三如彼嬰兒即
重舉譬還明前意正觀漸增如嬰兒長大先藉教生
解故言是醫最良藥病不同故言善解一切衆生未
聞經時常處無明故言我本處胎與母藥者母譬經
教藥譬常與無常相治病去解生故言安隱惑心既
解還歎於教故言奇哉十月者二解一云十使所覆
二云十地行滿推乾去溼者舊云慢為乾愛為溼興
皇云二乘如乾凡夫如溼除不淨者舊云除無明興
皇云除斷常諸倒容受中道故言長養其身犯四重
下合譬可尋復次譬如良醫下第五譬解者不同一
云醫譬佛子譬菩薩藥譬經教二云醫通譬此教子
譬持戒滅罪蛇譬謗法蛇似於龍謗似闡提龍譬五
逆頓譬四重良藥譬理塗屣譬教觸毒譬破謗法之

心又云屣是下物譬不善心不善被調能破惡毒譬
如有人以毒塗鼓下第六譬人譬佛毒藥譬今教塗
鼓譬著教又云人譬此經雖無心欲聞遇時聞者必
能斷惑譬如闇夜是第七譬昔教如夜今教如明猶
如天而是第八譬八十者三解一云應言八千如持品中
八千得記是也出經者誤為八十二云外國本有八
十人受記此文不來故無三云此非人數乃是指
於諸老聲聞年已朽邁於法華中方得信解後
之兩解不可承用若定以八十為數數歷不諄得記
人若定是年何必併同有過有必故不可用秋收多
藏是第九譬雖非正譬教要因於教得收藏故閭他
人子是第十譬醫譬此經使譬弘者又言是滅罪生
福章句他人子者往是佛子起逆起重即成他子非
人所持譬被外誘知若遲晚我當自去者譬弘經人
不稱化緣佛當自化又遲晚者即是羞機苦能諳理
即是自往聾人是第十一譬如良醫是第十二譬
王譬犯罪衆生必死病者譬必入惡道王不信者譬
罪王不肯服譬諸衆生不肯懺悔以呪力故令隱處生
不受此教不見腹內者不見未來下藥譬懺悔昔
創者譬經之力令於夢中見隨地獄云云 復次善男子
下有兩譬是第二說教之人文為兩先譬昔教主後
譬今教主上十二譬亦爾前一譬譬昔教後十一譬譬
今教初中昔教云八術今云過八又下文中合譬
皆以佛菩薩合之以是得知譬今昔教主從譬如大
船去此中第五答上生死大海中云何作船師之問
前答除障但自解縛今答船師能解他縛前是因時

藉經獲自行力今是果時藉經有化他力前是法身善逝力今是應身應來力文舉四譬前二譬是正荅後兩譬歎經助荅就初明船未明船師後譬具明船師及所度人船譬涅槃師即化主所度之人即受化者風及風王兩譬並歎經教如文復次如蛇脫故皮即荅第六應去之問問云何捨生死如蛇脫故皮此中還舉蛇喻為荅文有兩譬前蛇喻是正荅次金師譬助荅蛇譬譬一方應去金師譬處處應來處處應去云云復次如菴羅樹下是品中第七荅云何觀三寶猶如天意樹今還舉人間樹為荅天樹隨天欲見華果長短卷隨天意譬佛適緣宜見生王宮宜見滅雙樹云云人樹三時榮枯不同取其譬便亦應無在文為五一明佛身有三異二明如來密語三明興衰四勸立丈夫志五論起沒前三是三寶佛身是佛寶密語是法寶興衰是僧寶然三寶有兩一體多約果人別體並約因果佛是果人僧是因人此中既云僧有興衰即是別體初佛身譬又三初譬次合三領解可尋次善男子如來密語下明法寶文有四法譬合結莊嚴云密語是涅槃摠名不可別翻如四非常從大乘出於一無常即備四義各有其意苦為破樂乃至空為破有智者應解如此密語大乘亦爾雖說一常各有其意云云今寄一事論密語者佛但說一具四種意如說有句即具於無亦有亦無非有非無但作有解不名智臣此與四教義合佛說生滅即不生滅即亦生滅亦不生滅即非生滅非不生滅但作三藏生滅之解即非智臣此義又與四門義合有門乃至非有

非無門云云六卷譬與此異三者劒四涅槃云云三合譬中先合無常後合於常初文具以四無常合四種語以是義故是正解脫去是舉常數為合亦四而不與前相對初明不動次明無相三明常不變四佛性雖有四種只一涅槃亦如四句只先陀婆四是諸比丘下摠結可尋三復次如波羅奢樹下雙明二寶衰相為三初明經無威德即法衰次比丘起過即僧衰三深識弘經即是雙明二寶初文先譬後合夫藥樹值兩盡堪愈病若值亢旱樹死無力正法亦爾得好弟子弘宣此法能破顛倒值惡比丘法即衰滅二復次如來正法去是比丘起過即是僧衰由末世惡人懈怠造過令僧衰訛三放牧下是深誠弘經令好護持由人起過致毀法僧先譬次合譬者舊云本一斗乳初加二分者加二斗水成三斗又加六斗成九斗又加二九成二十七斗又加二分成八斛一斗又有解言此不應爾初本一斗加二分成三又加二成五又加二成七又加二成九合譬有七句前四度加水譬於添譯後正譬於弘法之人牧女譬弘經者女性諂曲譬弘經人不能亡懷為法而多諂求利故以牧女譬之初加二分者一鈔略此經二分為多分第二加二分者一除深妙語二安世言詞第三加二分者一鈔前著後二鈔後著前第四加二分者前後著中中著前後有人解第四加二分云一所遮則開二所開則遮是時當有諸惡下合第三加二分也是諸惡人雖復讀誦下合第四加二分第五譬受學者求法為子納婦供賓客者舊云子譬常解婦譬常境餘知見

譬賓客又子譬中觀實智婦譬師資相繼世人為後不絕納婦譬欲使其化不絕師授於資急須此乳者譬求法人速請知解賓客譬以方便巧用至市欲買譬至講堂求法賣乳者是第六弘經之人多求利養七是人語言者即聽法人善別深淺值我客急者譬聽人云為無聽處而來於此取以還家者譬聽已作觀都無所以猶勝千倍者雖無深旨猶是大乘比於小典則勝數倍二善男子下備合上七意也天台大師釋云牧女譬佛眞乳譬於涅槃之法佛欲說此法法不可說說必依諦所謂二諦故言加二分水餘牧女譬作論通經菩薩為經難解更作優波提舍申二諦教即是第二加水近城女人譬弘論之師為論難解更作義疏以申此論即是第三加二分水城中女人譬受學者為疏難解更作記申釋即第四加二分水經文以惡世比丘鈔略作多分合初加水不以如來為緣說法緣樂鈔略為依二諦而分別之佛以所被緣合智者以能被緣合亦不違經合第二加水云隱深密語此似作論申經復次善男子去第四勸立丈夫志為二先勸次領解初又二先毀訾女身次定判男子初訶毀如文何以故下定判也經判出兩句若廣明應有四句云云復次如蚊子澤下第五明大法起沒又二先沒相次雙辨起沒初文先譬次合惡世惡人多弘宣人少如蚊子澤不能救旱次過夏名秋去雙辨起沒沒如沒地盛如秋雨云云從介時文殊下是品中第八荅上三乘若無性問文為兩初釋偽疑兼遣上問二迦葉論義正荅上問初文為五一文殊

騰純陀疑二如來許說三文殊出疑四如來爲釋五文殊領解然此是荅問耶忽騰疑何不汏復使他騰河西解云文殊是遊方大士影響釋迦即衆中上座恒爲啓發之主所以爲其騰疑二云聖無彼我唯益是存況復二人爲友爲騰何妨純陀於何處生疑前設五難佛荅中未見性是無常見性是常如來受飲食已入金剛三昧是食消已則見佛性得三菩提如此之常即本無今有已有還無便是無常當知如來不得是常何故復言兼荅迦葉三乘若無性云何得有三乘差別之問今舉此偈明差別無差別所以得爲兼荅問也迦葉所問懸與理同若三乘人同一乘性何得三異若三乘人全未有於一乘之性云何說有若舉偈荅差無差疑一切皆遣即兼荅意也然純陀與佛論未見性是無常見性是常時凡三根解悟上根於哀歎品中已悟中根於迦葉問中悟下根既未解悟今文殊更爲騰疑此一偈凡四出一出此中二出梵行三出二十五四出二十六大意是同而爲緣則異此中釋差無差別義梵行中釋得無所得義二十五釋有不定有無不定無非有非無中道之義二十六爲釋破定性明無性義此之四出亦爲下品三根成論師云金剛心未是常後心是常無常則本有而今無常則本無而今有此釋正是純陀所疑非關偈意又解本有者本有煩惱此昔日之本今無者今無般若即昔日之今皆是金剛心前本有今無耳三世有法無有是處者據金剛心已後常住佛果非三世攝故言無有是處復云上半不異前而言三

乘人同入無餘涅槃故言三世有法無有是處復一解本有煩惱今無煩惱非三世攝本無涅槃今有涅槃亦非世攝諸師雖作般解都不遣純陀疑只爲汝本既無常今亦無常本未得常今始得常本無今有三世所攝疑難宛然何關偈意地人云常法非是始得本來體用具足但爲妄惑所覆後時方顯若爾先隱後顯亦應顯已還隱既顯已不隱亦應隱而不顯云云三藏師云生死無始而有終涅槃有始而無終今時始得故言有始一得永已故言無終作此釋者還同地人小乘亦得作如此說惑滅道存本無今有悉是無常作此說者準舊不免純陀之難興皇云迦葉難意三乘各得涅槃云何同一佛性同一佛性亦應同一佛乘佛荅三乘只一佛性昔於一爲三今只三爲一豈可三乘前來無性而今方有但隨緣異辯前來未悟則本有而今無今時始悟則本無而今有例如過去燈王多寶此是本有今無未來彌勒即是本無今有亦是現在過去現在未來斯乃上半意也至論佛性何關有無及以今本即下半意又彈他解云有三可三便成差別有一可一便成無差若差則失無差若無差則失差開一爲三則失一合三爲一則失三今明不爾昔三猶是今一今一猶是昔三開三不失一合一不失三即是差即無差無差即差若得此意本有今無三世有法無有是處亦應例言本無今有三世有法斯有是處無常常境智非境智因果非因果例皆如是又云本有只是有今無只是無又本不有今不無只是非有非無又云上半是有下半

是無無有是處是非有非無例本無今有亦復如是云云然興皇以同一佛性爲本有始悟爲今無釋上半佛性非今非本釋下半指此爲差別無差別義斯乃分文兩派義不相關今則不爾只約一句差即無差無差即差一諦即三諦故言本有三諦即一諦故言今無即三一而非三一故言三世有法無有是處如是展轉不得相離乃是差即無差無差即差非差非無差是則遣迦葉之難豁無遺餘亦是無常即常常即無常即非常非無常釋純陀之疑雲消冰治智悟亦然悟一即三名本有悟三即一名今無悟三一非三一名無有是處此則何難不遣何疑不除如是則本有者一有一切有即是世界今無者一無一切無即是對治合此有無一切亦有亦無即爲人三世有法無有是處即第一義今此一悉即具四悉乃遣難釋疑私謂若二人疑難皆遣皆釋是則物機感融悉會本有即有句有門今無即無句無門聲聞緣覺亦有差別亦無差別即亦有亦無句亦有亦無門三世有法無有是處即非有非無句非有非無門一四相即乃遣難釋疑觀師三釋一云上三句出所非除性有性無後一句結無有是處二云本有即不有此有可今無本無即不無此無可今有此有不有故非有此無不無故非無非有非無故言三世不攝三云上半無差別而差別下半差別而無差別釋此爲二一者當體二者爲緣當體即法身本地故無差別約緣故有三乘之異差別不同又釋本有今無即是無今之本此本非今即是非今之本本無今有即是無本

之今此今非本即是非本之今故非世攝此解大意可見不復具之迦葉白下第二正荅上問又爲四一論無差別二論有差別三雙領二義四重論有差別初有問荅問如文荅有兩辭前辭聞經信見後辭分明證見初辭中二先辭次合辭中爲三初辭衆生同有佛性次辭致疑三辭解悟長者有二解一云辭佛二云辭衆生諸牛辭六道不同種種色者辭於六道差別萬品一人守護辭有信心又云辭弘經菩薩令教化之爲祠祀者辭弘經者能報佛恩盡擊一器觀諸衆生同中道性白色者辭理性淨次尋便驚怪下辭一往生疑識迦葉之問衆生既殊佛性豈一三是人思惟下辭解悟衆生業報今乳色一知是衆生正因之性即一中道次合辭中還合上三初合同一佛性次而諸衆生下合致疑是諸衆生久後下合解悟次如金卝下辭於證見先辭後合可見迦葉白下第二明有差別兩番問荅初問三乘同一佛性者應同如來常住涅槃不應灰斷今三別異文云不同如來涅槃而般涅槃有文云不同如來涅槃不般涅槃此二並得同般者同證常住不般者常住不變何曾證入次佛荅意爲懈怠者說有三乘實同如來一般涅槃世若無佛者假設之言而實不爾是故實無二乘涅槃佛不出世即有二乘得二涅槃佛若出世並同如來得一涅槃第二番問荅如文迦葉言下第三雙領兩義迦葉言云何性差別即第四重論差別有三初二問荅佛仍無差別中作差別荅第三迦葉復言下問意者既言聲聞佛性勝者那忽凡夫前得記作

佛佛荅意者不以佛性故前作佛有速願者即速與記從迦葉復白下是品中第九荅上云何諸菩薩而得不壞衆迦葉更牒問爲請次佛荅中還以護法爲荅迦葉白佛何緣下是品中第十荅上云何爲生盲而作眼目導先騰脣口乾焦即生盲義佛荅中先荅口爽次荅生盲初云口爽者不知三寶常住之味名爲口爽口爽即是生盲若計定有撿見則無從復次善男子下荅生盲盲故即是不識不識手足者不識身内之佛性也復次如來常爲下是品中第十一荅上云何示多頭之問佛荅如來示種種身即是多頭說種種法即是多舌云云復次如人生子下是品中第十二荅上云何說法者增長如月初之問前舉月問佛今約生子悉有增長荅之十六月者二解一云十个六月即是五歲二解始經十六月即是過周四月在文可見

大般涅槃經疏卷第七

大般涅槃經疏卷第八　計二十七紙　穡

天台沙門灌頂撰　沙門湛然再治

大衆所問品

六卷稱隨喜品古本稱憂悲歎頌品六卷取迦葉見純陀修成菩薩道我亦隨喜古本取佛受純陀供即入涅槃憂悲歎頌今取何義以題品目有二解文中實無大衆相問之言及以大衆問佛之事但有化佛受大衆供即爲大衆所問之境二云如來今日受我供已當入涅槃我等當復更供養誰乃是大衆更相慰問觀師云迦葉發問元爲大衆佛是所問能問所問意在茲品從此得名故言大衆所問品今明文中不載問詞據答顯問上明常住不變今示涅槃之相相與說反衆問斯義佛以偈答畢竟常住不入涅槃從答顯問故言大衆問品文爲兩一次第答問二歎喜領解初中河西云此品答七問爲四章初章答示現涅槃問兼答示人天魔道問次說偈已下答知法性問三釋有餘偈正答說祕密問兼答遠離病問及近無上道問四云何復名無餘義耶答畢竟問就初爲二一大衆奉供二如來受供奉供又二一緣起二獻供緣起爲五一放光二欲獻三人天遮四重放光五奉供而以此爲答示現涅槃問者河西解云示現涅槃有三種一言說示現二神通示現三即事示現即事者香木蘇油受最後食是也神通者放光現瑞是也言說者告純陀言汝欲令我久住世者宜當速奉最後供養即答問意尒時天人下是第二獻供又

二初大衆供次純陀供初大衆供又二一大衆供二比丘持衣鉢次純陀供爲四一辯供二變土三悲請四稱歎尒時世尊下第二如來受供又四一受大衆供二受純陀供三大衆興念巨細相容四大衆悲歎所以兼答示人天魔道者河西云世界嚴淨毛孔化佛純陀少供普充大衆凡此殊勝希有大事能令時會了了覩見故是兼答示人天魔道問尒時世尊下是第二章答知法性問受於法樂又二初正答問二領瑞結成初正答問又二先答知法性問次答受法樂初又二先偈文中正明知法性後長行褒貶得失初有二十一行偈爲三初四行止悲誡勸次十三行正辯法性三四行結勸修習初四行如文次十三行爲二前十二行二二相對以爲六雙顯法性之理後一偈摠結止悲然正是十二偈而後文云十三偈者兼取總偈初一雙中初行中舉烏與鵄者此二鳥得共處若烏鴿與鵄不得共處鴿即鵓鴿只是鵂鶹此烏與鵄鳥不可共處次雙可見第三雙中云七葉至臭婆師極香迦留妻樹鎮頭甘果餘三雙可見後勸修中云三寶同眞諦者開善云佛果冥眞眞既常絶果亦常絶莊嚴云佛果出眞眞所不攝是常妙絶與眞同故故同眞諦二師輪作偏眞釋之言果出眞外復與眞同既同寧出既出寧同今明佛僧是人諦即中道中道之法即法是人即人是法故言三寶同眞諦偈後長行褒貶得失者莊嚴用此文答示人天魔道問旃陀羅即是魔道阿羅漢是人天道有師不用此釋羅漢非人旃陀羅非魔此但是結前得失之意

知三寶常堪受供養如阿羅漢名之為得若不知常
違害法身如旃陀羅名之為失次介時人天衆去明
受法樂因事荅問又二先受法樂次伸供養介時佛
告下第二領瑞結成為二前命迦葉領次命純陀領
前迦葉文中云復見大衆說十三偈者一云佛與大
衆各說十三偈此文是佛說大衆偈不來二云又見
大衆屬上句說十三偈屬佛不是大衆說十三偈於
命迦葉領中文為四一命二領三推功在佛四推善
薩能知次命純陀亦四一命二領三佛重結四迦葉
隨喜世尊一切契經下第三章荅上云何為衆生演
說於秘密問兼荅遠離一切病得近無上道三問但
有餘之偈是如來隱覆隨緣之說非平道顯理究竟
之義今演隱覆令秘顯露即是酬其上問而文中明
五逆四重謗法三種病人罪滅病愈即是兼荅遠離
一切病由病差罪滅得近無上道兼荅兩問意在於
此文為二初略問荅次廣出七偈初中初略標有餘
無餘之問次略荅有餘是不了是密無餘是了是顯
云云次純陀白下是廣出七偈問荅即為七章七章或
是純陀舉或是文殊舉或佛自出云云初一章是純陀
請問文為六一簡闡提二取三罪人三釋取意四釋
簡意五結偈六緣起初簡闡提中有四番問荅初舉
偈請釋云何一切布施皆可賛歎布施持戒可賛布
施破戒云何可賛次佛荅 中除一闡提第二第三番
問荅可見第四番問何名闡提次佛荅中有三番初
通說四部弟子謗法造重究竟無改雖非即是而亦
趣向一闡提道第二番指四重五逆第三指說言無

佛法衆僧無因果除三番外施皆可歎介時純陀復
白下是次問荅取三罪人即四重等於中三初一問
荅略出三相次廣明四重謗法五逆可滅後別明誹
謗因緣初略如文次廣中先問次荅中意為三初明
滅惡法次釋滅惡法三正明惡滅初滅惡法者河西
云有六妙藥一發菩提心二慚愧悔過三守護法四
恭敬護法者五達罪相六受持解說大乘經典此亦
六緣大同小異一被法服二慚愧改悔三生護法心
四供養護法者五自受持讀誦六為他說河西云發
心達罪亦可會此次何以故下釋中即釋其意有辭
合結三若有毀謗下正明惡滅應具如前而今文略
直言還歸正法舉是舉非犯五逆者明五逆可滅亦
舉是舉非此中三罪皆悉可滅即是兼荅遠離一切
病問既得滅罪即得近於無上之道又善男子犯重
罪者下第三釋取三罪人意有法辟合辟為四一未
生解二已生解三明護法四得果報初辟造罪破戒
時女辟淺行菩薩有生解義如女懷娠羅解未發值
國荒亂辟破戒衆持犯路絶故言遠至他土次在一
天廟辟生解天廟辟此經依經生解舊邦辟戴聞持
戒功德所得果報三路經恒河辟護法斷常邪見辟
恒河邪辯切諂辟河水暴急寧失報命不捨其解故
言不獨濟也四命終之後是得果報生天三犯四重
下合辟可尋四純陀復言下釋簡闡提先問次荅荅
中三法辟合法中意云施此人不得福也辟如有下
辟既破核竟種則不生施一闡提如種破核然闡提
改悔則非闡提下文云闡提作佛亦名謗佛言不作

佛亦名謗佛若言闡提悔而作佛是不謗佛合如文
五善男子下結偈意前一切施可稱歎者是有餘說
今明差別則無餘說六純陀復言下是說偈緣起復
次善男子如我昔日下第二章佛自舉偈為三一佛
舉偈二文殊舉偈反質佛偈三如來解釋初文可見
次文殊反質中云方等阿含者阿含翻法歸衆法所
歸阿含通小大小直云阿含大加方等三佛言下是
佛為釋介時文殊下第三章文殊重難於中先難次
佛告下佛荅初問中意言九十五種皆趣惡道辟聞
為正即是善道華嚴云九十六種皆是邪道二文云
何通解言華嚴指實行二乘故不名正古百論疏云
順化聲聞皆是外道次佛荅如文介時世尊下第四
章復是佛舉偈為三初佛舉偈次文殊疑三佛印賛
介時文殊下第五章復是文殊舉偈又二先文殊說
偈次如來印成貪愛無明者舊解云貪心是內向喻
之如母無明是外境喻父然只是貪愛是煩惱無間因
貪起邪見是故情落此義不然貪愛無明俱有內外
無明是受身之本如父貪是枝末煩惱如母又父是
跡緣如無明母是親緣如貪愛如來復為下第六章
如來自舉偈為三一如來舉偈二文殊難三如來釋
第七章文殊自舉偈又二先舉偈次如來還釋介時
迦葉白佛下第四章荅云何說畢竟及與不畢竟問
一番問荅中具勝上意無餘即是究竟義云何復
名一切義乎即不究竟佛還酬兩問唯除助道是無
餘義酬其畢竟問其餘諸法通餘無餘酬其復名一
切義乎不畢竟義唯除助道常樂善法者河西云助

道是因常樂是果修萬行因得萬德果此則無餘爲
利根人作眞實說無法不盡故云一切亦皆無餘其
餘諸法悉是有餘就有餘中亦有無餘如爲聲聞說
四諦爲緣覺說十二緣稱器取之故言無餘興皇云
助道語通不的是因今以常爲果善法爲因此果此
因並是助道爲緣斥倒非因非果乃是正道名無餘
義迦葉菩薩心大下即是大段第二大衆歡喜領解
初開章爲二一次第荅問二歡喜領解今荅問既竟
次大衆歡喜文爲二一正領解二現病結成初又兩
一迦葉領解二大衆領解迦葉領又二初領解贊歎
次迦葉更問功德介時諸天世人下是第二大衆領
解又三一大衆稱歎勸請二如來止悲酬請三大衆
供養發心初文四偈爲三初一行標請次兩行釋請
擧出家二人在家一人未至不應入滅後一行結請
如來止悲酬請兩行半爲二初兩行酬請次半行止
悲但初酬中二人云阿難多聞士自然能解了是常
及無常六卷云觀如來兩足自知常無常如來涅槃
時一足黑黯一足光淨光淨表法身常住黑黯表迹
應無常介時大衆下第三大衆供養發心又三一供
養二發心三進位可見介時世尊下第二如來結成
又三一授記二付囑三現病舊云從付囑下便爲現
病品今則不然現病爲結成前在此無妨也背痛者
出大智論昔鹿王爲後來跛兎忍死待之今佛爲須
跋故背痛也

現病品

莊嚴名第二周梁武稱中後開善呼爲一切病興皇
兩存前雖荅竟何妨更說後雖更說何妨荅前觀師
兩望望前是結成前荅望後是生起五行雖復兩望
望前是旁望後爲正今皆不然從此品去是第三涅
槃行其文有二先明修五行次明證十德初文爲五
一病行二聖行三梵行四天行五嬰兒行今說初行
從此標名故言現病品然品題現病而文明無病此
義云何由前品末授記付囑竟即云我今背痛擧體
皆痛如彼小兒及常患者從此義故題現病品由現
此病致有三推三請明如來無病就文爲四一明推
請二現無病相三大衆供養四廣明無病初有三推
三請一請說法二請息惡慢三雙請二事三推者一
推自行二推化他三推證果兩三相間皆先推次請
合成三段開成六章初約自行推者佛萬行悉滿衆
苦屛除寧當有病次化他推者佛自行竟化他功滿
能斷衆生三毒之病寧當有病三證果推者佛地圓
足種智現前湛然常住寧得有病就推自行文爲兩
初明無病因後明有無病因偏言四分者通見思故
五見及疑別在見諦通別病因佛必定無有二因緣
下推有無病因憐愍是內心給施是外捨內救外濟
除衆苦惱即是無病之因先推竟次世尊世人有病
下是請說法文爲四一請教弟子二請大乘三請教
不退即是生善四請治惡人即是滅惡在文可見此
亦是四悉意也諸菩薩等下是推化他文爲二先明
化他除三障次明化他及以發願初文三先標三障
次釋後結初標可見次釋中又三初釋煩惱障四句
料簡利而不深亦深亦利若數數起妨修道者名煩
惱障深而不利不深不利不數數起雖是煩惱而不
名障通論四句皆是煩惱此別分別故爾七慢如文
成論有大慢爲八但此文略河西有九慢謂小中上
等中等單慢開爲兩小中中上者自恃我解勝他小悉
恒自慢於小者等中等者我與他齊起勝彼心慢慢
者謂其智解勝一切人更無及者大慢者等中上上
中等不如慢者多不如中言我小劣而實懸殊我慢
者觀五陰爲我著我所由邪慢者實無功勳自以爲
有次釋業障者決定四趣業能障初果決定欲界業
障第三果決定色無色業障第四果此中重惡之病
乃是報障何以釋業舊二解一云重惡之病實是報
障而釋業者果中說因二云五無間業如惡重病借
此爲譬三釋報障云謗法闡提何關報障亦二解一
云生在謗法一闡提家豈非報障二云惡人具二一
是惡業二是惡報故雀欲蛇瞋皆先業果復次世尊
下二即是請除惡慢文爲二初請除惡人之惡見佛
現病生必死想已行其惡念後請息外道之慢復次世
尊下三是推佛證果身力具足豈當有病又二先明
身力次明智力初身力中廣擧諸力格量優鉢羅等
象者此象色青分陀利色赤二云象行時足下有華
如優鉢羅因以名之大智云行蓮華上白象即其證
也又云雷震時牙上生優鉢羅華故以爲名餘者例
之鉢建提此翻堅固那羅延此翻金剛如來今者下
三是雙請說法息惡先長行略請後偈廣請偈有七
行初三行正請次三行釋請後一行結請初正請又
二前一行請起說法次兩行請除惡慢初文中迦葉

是佛弟子何以同彼外道稱佛為瞿曇解云凡稱瞿曇亦有所簡如人嗔喚及以喜喚皆云張王況復但言瞿曇聖德豈同外道慢心喚耶次釋請又二初一行釋息惡次兩行釋說法後結請可知尒時世尊大悲下是第二佛示無病相文為三一光明利益二蓮華利益三化佛利益而此三意有事有理事者病色萎悴假色光悅今放光光耀即無病相蓮華是瑞非是病相化佛者如來所作若是病人不能所為有所為者則非病相表理者光從身出表法身華能含果表解脫佛是智慧表般若三德具足寧當有病三章各二初光明次利益初光中云大悲熏心者佛德無量何獨大悲上文請云三世如來大悲為本如是慈悲今何所在今酬此請故言大悲熏心前亦放光不言過百千日正為現病非病所能現光破疑大悲熏身惠施衆生下明利益二尒時世尊心無疑慮下是蓮華利益亦為二初辨蓮華次是諸光明下利益華益之處徧於三塗彌見其華以表解脫明矣八寒地獄前四從聲後四從色罪人初入見是華池起愛即往從見得名或言只是地獄色如四華擘字應作劈裂讀之普擊切三是一華下化佛利益亦為二如前云云尒時一切天龍下是第三大衆供養勸請勸請意者向謂卧病恐即涅槃今見光相知未入滅是故請法先供後請初文中云建陀者河西云一肩鬼使人肩痛優摩陀能令人醉鬼阿婆摩羅令人狂鬼二說偈下是勸請十五行并少長行分為二初十四行正請次一行并長行經家叙事初文三初兩行標請次十行釋請後兩行結請初如文次十行為五初本擂故請次惰惡故請三下愚不知故請四施甘露法故請五療病故請次結請如文二是諸大衆下是經家叙事為二初請已默止次請聲所至至淨居者色頂有形有耳識故無色不爾故不至彼序品中云有頂云云例世間天生天淨天應言生淨居無漏淨居第一義淨居云云尒時佛告下品中第四廣說無病又二一明如來無病二舉病行對辨初文為三一明無病二舉往證今三云現病是方便密語此初歎迦葉迦葉是請首是故歎之善哉是摠歎四句是別歎歎得歎離離外惡緣及內惡因得內善因及外善緣二善男子我於往昔下明我久無此病過去無量者是舉昔證今三如言如來下現病是方便密語凡舉十二事密語初十一事是舉類後一事合無病迦葉世有三人下是第二舉有病對無病如此之人可得有病佛不如此豈得有病又為二先明三病人次明五病人此中三病人異前三人前三人不差今三人不差差差初是三種罪人次是二乘小道三是開經菩薩初法譬合後二皆有譬合合第三人云云為缺諂利養誑他故受持是典與前碩異寧當不受不持不用破戒讀誦此乃與奪之意初列三病人不差者即開出三不差差者未開差者即開出怖畏利養等六事約五法師合三十種中者後更開五種病人都合三十八種云云二迦葉有五種人下還成上第二病人既言遇緣可差不遇緣死即是四果緣覺此等帶病修行故言有病行與菩薩在因亦應例此如此之人可言有病佛斷惑盡即無復病初果斷三結者我見疑戒取人天七反者尚略廣則十四二十八此文八萬劫成菩提下文八萬劫發菩提心須會釋之三果斷五下結即欲界煩惱更以貪瞋足我見疑戒取為五下分云云羅漢或出有佛世或出無佛世故非獨一之行辟支決定出無佛世故名獨一之行

聖行品上

此第釋名枝本說不說次第者河西明前略廣門說涅槃果五行修涅槃因十德聚功歎勸行因舊云五行辨因十德明果開善云五行明有行十德明空行義皆不然河西以望果行因文乃承躡義不相干何者前明圓極之果五行是梯隥之因方圓非類於義不允若舊以五行是因不應言佛之所行故名聖行若十德是果復不應言菩薩修行大涅槃經得十事功德又且五行非圓因十德非極果不成次第開善五行是有是亦不然聖行是開空法道梵行修十一空住平等地天行是第一義理嬰兒行不來不去病行是如來密語豈可偏據有行義耶言十功德是空義者是亦不然十是數法昔所不得不聞不知今得聞知以聞一句半句見少佛性何獨偏據空行耶今明次第者上因食論不食廣明大般涅槃究竟今因病說不病病有三種一不可治二應須治三不用治不可不用皆不須方一須用治治又為兩一者次第二不次第服此方法名為修行修故有證證十功德功德是不病不病故體顯體顯故見性見性故徧法界用攝惡攝邪攝惡邪竟付囑贊身分布舍利若取

斯義善成次第次釋名者文云聖者諸佛菩薩之所
行故故名聖行此合兩意菩薩所行即次第行諸佛
所行即非次第乃是復有一行是如來行通稱聖行
其義未顯今當別釋何者聖名爲正菩薩所行前淺
後深具不知俗俗不知中偏而非正但通稱聖行未
爲別意若復有一行是如來行一行一切行一智一
切智故知圓行名正名聖故上文云是大乘經名爲
佛乘如是佛乘最勝最上圓根性人行於佛乘修如
來行法華云佛子行道已來世成正覺即此義也經
文有兩通釋別釋人多從通不識別意今從別釋名
故名聖行梵行者梵者淨也涉有同塵塵不能染就
功能立名天行者就諦理立名嬰兒行者就辭喻立
名病行者就所治立名如來行者就圓人立名通稱
行者不住著行自證不著令他不住故稱爲行文列
五行一行而聖行在初從初立名故稱聖行品枝本
者有人言病是根本從病開四是義不然彼見病行
其文在前而言是本此是讀文何關推義何者病同
他惡乃是枝末云何以末而爲本耶文云菩薩住於
大般涅槃專心修習五種之行則涅槃爲本言涅槃
者即是天行緣於涅槃自修名聖行緣於涅槃化他
名梵行涅槃理顯乘理自進名天行乘理化物同善
名嬰兒行同惡名病行豈不以天行爲本而弃本從
末有師言五行通是病行引文云是五種人有病行
處唯佛無病是義不然五人有病修於聖行以治自
病何能病行唯佛無病能作病行若五行次第從淺
至深則病行居後若論一行即是五行則一病行備

於五行迦葉推佛佛因無病即是聖行推果無病即
是天行大悲熏心即是梵行如彼小兒即嬰兒行及
常患者即是病行一即具五名爲圓行是如來行餘
之四行亦復如是若判通別亦以天行爲通餘行則
別雖作此釋不可一向云云有師言五行爲因一行爲
果是義不然俱稱爲行云何偏判有師言五行別一
行摠一五五一束散之異其理乃爾其行不然諸佛
境界非是二乘菩薩所知上能束散於下下不能卷
舒於上云云此品列五行名說三不說二何者天行是
衆行衆聖之本其意可見故遙指雜華私謂以雜華
中自始之末偏圓菩薩事理行願因果義足不可卒
備不如指經以今因指往尋覩彼廣文不過一理初
住已上天之行故故名天行行即天故故名天行爲
天修行故名天行因天行進故名天行遠指於天故
名天行有通有別思之可知病行前已現說道後自
彰故不說二但說於三私云既不說二還成現品未
有若爾應云結前起後病無病相結前說常翻迦葉
請說行因果起後不然則云說四不說一也就文爲
三初雙標五一次雙釋五一後單結五行標中先標
次第行爲四一標人謂菩薩二標所緣法謂大涅槃
三列名即次第五行四結勸謂治之即差不治不差
是故勸也標不次第行爲三一標行名謂復有一行
二標不次第人謂如來也以如來因行即因人也三
標不次第法謂大乘大涅槃經大乘即圓因涅槃即
圓果即因而果具足無缺是爲一行一切行不結勸
者是人必差是故不勸問五一兩行俱緣涅槃是義

云何荅同緣涅槃立行有異一緣涅槃次第立行從
淺至深一緣涅槃即以涅槃爲行於一一行無非涅
槃而有偏圓他不見此而作因果束散之說謬濫多
矣從迦葉云何菩薩下第二雙釋文爲三謂聖梵嬰
初聖行爲二初雙釋次不次行次歎經初釋五一中
初釋聖行爲三一雙釋戒行二雙釋定行三雙釋慧
行初釋戒爲三初雙釋戒行次雙釋戒果三雙釋行
名初釋行中二先釋次第次釋不次第初釋次第戒
行爲二一建心二立行建心爲二一遇人緣二遇法
緣初人緣者若從聲聞是遇瞻病者若遇如來是遇
良醫聞大涅槃是遇良藥聞已生信建心欣厭求無
上道是般若有大正法是法身正行是解脫諸佛是
佛寶無上道是法寶大衆是僧寶此中非無法緣從
多爲名名遇人緣即建心也次法緣者復有方等即
是從經卷中聞於三德及三寶等愛樂貪求即是起
欣捨離所愛即是起厭得法爲緣則能建心是爲可
治既遇因緣欣厭分明動魔愁處從是時菩薩即至
僧坊去是第二立行文爲二一受戒二持戒受文爲
二一處師二受如文從既出家已是第二持戒文爲
二謂法譬譬中有二先譬次合初譬爲五謂四重僧
殘偷蘭波逸提吉羅合文爲六第三篇三十九十開
作兩合云云或可捨懺經宿懺提對首懺爲此開二羅
剎有二解一云譬外惡知識二云譬內倒心具如
止觀第四持戒清淨中從菩薩若能下二明不次第
戒文爲四一具枝本二具事理三具輕重四具擔顧
初根本者即是性重前後眷屬者是方便後起此二

屬律儀戒非諸惡此是防意地定共戒也護持正法
念清淨戒即道共戒是二屬攝善法戒迴向大乘即
攝衆生戒性重為本從出諸戒次從迦葉復有二種
戒去是具事理戒前之枝本皆屬事攝凡人能行正
法戒去與理相應聖人能持三復二種去是具輕重
戒前之事理皆名為重息世譏嫌去名之為輕善
薩具持等無差別覺子者猶云接音佛梵稱之類親
師云此是楚音漢廣成侯名此又禮記云為士破戾覓
之直除覓而已意明諸子不得畜之安黃木枕者二
解一云其中空如鼓簧二云其木有文狀如黃葉破
羅塞者梁武云是雙陸此起近代棗道是夾食八
道行成是塞戲四從善男子菩薩去是具持顯初自
顯次顯他初自指有十二初一指内不起破戒心次有六
指不受外施三有五指不為内根外塵所破從善
薩護持下次顯與他共文有十種護持一種則通
清淨戒與善法戒攝善法攝不缺不折兩屬遮崇
違律儀攝離過達善法攝後五取其廣運無閡皆
屬攝衆生也不退者通辟王宮不令戒退隨順者與理相
應畢竟者一切周足波羅蜜者彼此窮底一持戒心具
足一切諸戒是名一戒一切戒戒為法界攝一切法即
圓戒行次從菩薩修治下第二雙明戒果若論報
因應招報果近感人天勝報若論習因招於習果
遠感常住法身今不近不遠以不動地為果者猶有三
釋一云十地中第八是不動地二云初地已具解成就
名不動地三云初地經明尸羅配二地此言不動者
即是二地今明不爾前雙明次第不次第行如上分

大般涅槃經疏第八　十六　務

別今合論其果必取證道證道同處言同處者即是
初地若單就次第三學明果則入理名住住即不動
十住是戒果住生功德名為行行以自在為義十
行是定果地能生載無所畏地即是慧果此次第意
若就圓明戒果者初住是也文意不單宜須合辨正是
初地證道處同以明戒果於雙義便至解釋中其義
自顯釋文為四標辟釋結初標如文次辟中云不動
等者常故不動樂故不隨我故不退淨故不散云間
釋論云八風不動隨藍風至碎如腐草此複云何今
取常隨藍不動論取劫盡三菩薩下釋中三番初
番約三諦若言色聲香味者俗諦中善果若言地獄
等者是俗諦中惡果聲聞支佛者是真諦中人異
見邪風者是真諦中法生死善惡涅槃人法皆不能
動不墮不退不散即顯中道戒果之地常樂我淨次番
約三障以顯三身三毒是煩惱障四重謗法是業障
退戒還家是報障報障去法身顯業障去應身顯煩
惱障去報身顯若至初地三身現前三業皆除第三
番約四德煩惱魔不動即淨德不為陰魔所動即樂
德不為天魔所退即我德不為死魔所散即常德初
地具足常樂我淨為戒果者於兩義便四善男子下
是結戒聖行善男子云何名聖行下是第三雙釋聖
行名文為三一標二釋三結釋中為三一舉偏圓兩
人顯雙釋二別舉定慧二法以成於戒三總舉七
財七覺法釋聖人聖人行聖法聖法成聖人故名聖
行若證道同者宜取初地戒定慧人七財七覺以釋
聖行名第三結如文復次善男子第二明定聖行文

為二初明次第定二明圓定初文二先明行次明果
開善釋定行作四念處觀諸師皆隨之此義不然凡
有二謬違經妨義違經者文云作此觀已得四念處
四念處已住堪忍地若定聖行是四念處亦應次之
入堪忍地若未得是堪忍地者何得是四念處耶妨
義者今明定行用四念處慧者下明慧行應用八定
亦應戒行即是定行此失不小云云此中關十六特勝
八背捨九想等法門既非根本皆有觀慧能知無常
無我我是衆惡之本故偏明之諸師見作無我之觀
謂是念處實非念處初文為兩一特勝二背捨初特
勝為二初明修次明證初言修者觀察是身從頭至
足次言證又二初正證相次菩薩下明此證法與解
俱發初文云其中唯有髮毛爪齒三十六物證此特
勝發開身倉備見己身内外中間各有十二合三十
六云云腦者在上胲者在足總舉上下河西及招提並
云是桃核腦中有骨如桃梅核扁鵲方云足指三毛
處名胲其中有脉次從菩薩重念去是特勝定中與
解俱發不生味著此中文略但推無我具論備須苦
空無常二從除去皮肉去是八背捨觀文為二一明
修二明證初云修者謂除却皮肉正是修相次唯觀
白骨下證相亦二初正是證相次復作是念下證中
之解無有味著即得斷除一切色欲更增其證下去
更四重云復作是念者只是更緣證起觀初云除三
欲者復是證相此似九想之證而不見修文是修背
捨而證九想亦有其義次觀青骨時見此大地去復
似勝處觀觀青骨時是修相見此大地去是證相從

菩薩作是觀時復是修背捨相眉間即出青黃等光復是證相見已即問去緣證作於內觀外觀若彼罵辱至誰受罵者即結內觀若聞其罵去即是外觀從我若不忍去是結觀慧所以善識遮障長養定心不起惡法之因則無地獄之果從菩薩來時去是第二明定果此中明俱解脫人所修定慧雙修故言作是觀已得四念處念處能斷結入位位即堪忍地文有標有釋舊云第五地禪波羅蜜備是堪忍地今明不爾若各就別圓別論定果已如前釋若圓別合論還是初地忍貪欲至飢渴是法忍忍蚊蝱至楚撻是生忍身心苦惱是摠結迦葉白佛下第二明圓定行他云是料簡破戒應在戒行後而在此說者解為三一云出經者誤二云欲會兩地令無異體前名不動此云堪忍只是一地三云直爾持戒未能見機不得行殺定能見機可為毀戒事此義不然此中正是明圓定意問此文云未入不動地時得破戒不云何乃言是圓定耶答若非圓戒何得即毀而持旣持毀自在戒旣可解即戒而定不復煩文是故指此名圓定行問前明圓戒竟乃明戒果今明定果竟方明圓定何也答前後不定彌顯圓定文為三番問答初番略次番廣第三文殊述事事乖理順不應得惡果報問佛答如文復次又有聖行者是第三明慧聖行文為二一明慧行二明慧果就慧行文二一釋慧行二釋慧行名初釋慧行又兩一釋次第慧二釋圓慧次第慧為三一釋四諦慧二釋二諦慧三釋一實慧他云此

是開合之義畢竟空中說為一諦次開一為二又開二為四亦得開四為一十六乃至無量若合無量為十六合十六為四二一合一入空今明雖束散開合而名義不同對緣悉異大有所闕今一往對三藏緣說四諦慧對通緣說二諦慧對別緣說一實諦慧於對緣義顯次第義亦成云云舊或以境為四諦或以智為四諦或若集滅道皆是境對境說智智即是諦境能發智令智無所有智能照境了境本無境智相成故言四諦興皇云言聖諦者只是佛性涅槃非境非智非漏非無漏非因非果非世出世故名聖諦若依諸師各執一見解文不當四諦義多耶一向解今文列出三種四諦若言苦者偪迫相去即有作四諦若言解苦無苦而有真諦去則是無生四聖諦若從苦有無量相去則是無量四聖諦此三種四諦悉是菩薩觀境菩薩住於大乘大般涅槃者即是無作四諦慧能所合論備有四種就初為三一略二廣三結略又六初標列二釋名三釋用四釋體五釋制立六更廣體初如文次釋名者以偪迫釋苦身是苦本聚苦所集故是偪迫集能生長只是因能生果滅者寂滅相生死盡也道名大乘因運向果若謂四諦是三藏義者云何言道是大乘相若一往將對三藏者三藏菩薩道最勝故亦名大乘三釋用者苦者現相是明其用苦是果報果報顯現集是因相因相微隱故言轉相數人云見著知微從微至著即是轉相世人苦者皆據現事不須相續故言現相集是業力用必相續兩心轉變故言轉相滅是除相者除於所除即除

苦集道是能除復次苦有三相下四釋體集是二十五有者數人云習續不斷名之為集論人云招集為集此集能習續二十五有能招二十五有果復次有漏下五明制立約有漏無漏兩因果立此四諦復次八相下六更明四諦相即是廣體言十力等為道者莊嚴云果地非道道乃是因而言十力者因中分修十力無畏開善云道通因果果地以菩提為道涅槃為滅更無異體義說為二從善男子去是第二廣明四諦即為四章苦諦又三一略八苦二廣八苦三會通初略者八苦自為八章初生者初託識枝但有身根未具六根即初託胎至終者盡於一期故言至終增長者六包增長出胎者生時也種類者出胎之後牙齒髮毛等老增長滅壞者有二解一云老時年疾增長健相滅壞一云從生至長是增長從長至老是滅壞病苦應具四大但言三者地大轉動不如風火是故略之雜病客病即攝地大死者福命有三句一云但失財物身命猶在是福盡財物在而失命是命盡俱盡可解初句不是死義云云河西云命者本應千年止得百年福盡故命亦隨亡故言福盡非命盡命盡非福盡者福業本長猶應未盡但為命盡不復得住故言命盡非福盡俱盡可解私謂有二義故互盡不同一由過去二因互別二由費財殺害致福命現在互損不同放逸破戒而命根斷者反此名不放逸持戒捨命者直名壞命又解云此非捨命直是造罪便名死尸無復善根慧命也謗法闡提名為放逸破四重禁名為破戒五六七八如文夫八苦者前七有

別體後一摠七無復別體今依經文以五陰盛是其
別體善惡陰盛即是苦體方便陰盛則非苦體云云次
迦葉生之根本下第二廣明八苦文自爲八初生苦
爲三一明生爲苦本二明生死相關三明生多過患
初明生苦爲七苦之本又簡出一苦六苦生亦是本
世間衆生下第二生死相關有法有譬法說中二先
明凡夫貪著次明菩薩厭離譬中二先譬次合初譬
中二先作厭離譬次作貪著譬初文爲四一生可欣
二死可惡三生死相關四明菩薩俱捨初往復有六
實無人問荅但是生境與菩薩觀智相研假爲賓主
耳女譬生果誑惑凡夫令生染愛喻之如女菩薩之
智觀生初起故言入舍端正美麗爲物欣好瓔珞者
生果之處有多榮華主人譬菩薩撿責女人荅者譬
生果對智未復於門外下第二明死可惡往復有六
死在生後故言門外死果誑人故譬於女醜陋者死
境壞果使爲事鄙惡死生相違故言皺裂衰血氣已盡
故言艾白主人持刀有二解治城云精勤重厭譬之
持刀招提以智慧爲刀死若不去修智斷之三主人
問言下生死相關生在死前爲姉死在生後爲妹終
不相離故言共俱還入問天去菩薩撿生知與死俱
主人即言下第四明菩薩俱捨文爲三一俱捨二俱
去舊云金心已還故言還其所止三菩薩喜慶是時
二女下第二爲貪著作譬往復有四初明俱遊凡夫
凡夫之善故言貧家貧人下第二凡夫貪愛功德天
言下第三生境撿讓凡心貧人荅言下第四凡心應
境既其欣生所以受死迦葉菩薩下合譬先合菩薩

厭後合凡夫貪復次迦葉如婆羅門下第三明生之
過患凡五譬初譬淺善又四婆羅門淨行譬菩薩初
欲修般若畢竟淨道幻童解行淺弱飢所偪者三塗
苦偪糞中果者苦無常中有生天果有智人下二深
行訶責童子聞已下三淺行懷愧云非貪天樂爲欲
於中修道捨之智者語言下四菩薩勸捨善男子下
合但合後兩不合前二復次下是第二譬有人譬佛
四衢譬四生初受身器譬經教盛滿飯食譬佛說五
戒十善招人天果言而賣者以此化生遠來譬從惡
道中來飢虛羸乏譬重苦問言者實有此事不食主
荅言譬佛荅唯有一毒不免無常即死滅也更復重
審若無常者如來何故令人修之故言何以賣之佛
還荅言深智令捨愚淺凡夫一往接之三四兩譬可
見譬如險岸下是第五譬生死果上有草覆譬生死
中有假名我及相續常多有甘露譬虛妄樂深坑譬
三塗脚跌譬命根斷第二觀老第三觀病二文可解
然生定在死前病不必在老後今文先老後病者少
時病者猶有望差老時若病催死則病如將崩更折
故在老後明病文釋病苦而云身心安隱者解有二
一云只安隱是病如大庾小庾父子分別十年後得
相見白日相慶過夜即死此安隱是病第四觀死苦
又二先正觀死次夫死者下傷痛初文者何等是死
苦若氣未絕由生非死若氣絕已不復覺苦若受地
獄即是後身非關死苦此事難知例如責滅爲當未
滅時是滅滅已時是滅進退難定似本有今無本無
今有云云今只取將絕未絕名爲死苦至論菩薩未全

免死而言唯除菩薩住於涅槃者三解初名佛爲菩
薩二云金心菩薩一轉成佛三云初地菩薩雖未免
生死志求涅槃不爲生死所亂今明初解是應菩薩
此不會經次金心一轉此正是死何故被除後解菩
薩雖不爲所亂而不免死何故被除被除者是圓教
菩薩煩惱即菩提生死即涅槃不可復滅生死非生
死亦非涅槃生死尚不能生死生死何能生死非生
死如此菩薩即是被除不爲生死所害文云如金剛
雨能破一切此雨復能破金剛不若不能破利義不
成若其被破堅義不成云云死傷一切如金剛雨唯有
菩薩不爲所傷復喻金剛當知金剛碎散不能傷磐
峙金剛則菩薩不爲死所死摩羅毒蛇者河西云黑
蛇毒觸人衣即死餘人觸此衣亦死阿竭多星者此
星八月出若有人得此星呪者能消其毒次夫死者
下有十句傷痛最爲可悲若離即成二十句於險難
處病其苦最重無有資糧者謂乏善法去處懸遠者
其路無窮而無伴侶者孤魂獨逝無隨去者於十二
時常無休息晝夜常行無前無後故無邊際如萬仞
坑故言深邃以內昏故而外不照故無有燈明死爲
窮道衆路地塞故言入無門戶又云死亦不從六根
而入故無門戶必有來處故言而有處所當時恍忽
故言雖無痛處而良醫拱手故言不可療治賢聖所
不能制故言往無遮止到不得脫初死儼然非是刑
害故言無所破壞而親友悲泣故言見者愁毒更非
虎狼禽獸所啖故言非是惡色無有不畏死者故言
今人怖畏此即陰身之後故言敷在身邊而不測其

好惡故言不自覺知若依此義命絕中陰是爲死苦第五觀愛別離苦從離緣生即是壞苦若論壞苦因中說果即指樂受爲體今亦如是即指恩愛是別離苦文中明捨所愛身者若命斷時爲死苦者已屬前世今取離所愛身及所愛親屬幷依報等是愛別苦釋論云離他人易離親屬難離親屬易離父母難離父母易離己身難離己身易離己心難頂生者是渥生實論人在天邊猶如兒在於王側云何而言二王相似然頂生是應故得類天若實報者是則不及天王壽長故眴蹎人王壽短故眴數金輪至重餘不能外王以德力應重則輕髦尾者古人讀此爲髦尾不然短者單作毛長者髟下作類如呼多技人爲髦士取其德長劉孝標稱任昉爲海內髦傑即是此字昔魏王珠照十二車況頂生珠寧不照一由旬此言大如車轂又經云衣帶中者在其德力不在大小寶女者能生千子乃名寶女法顯傳云王妃生肉如瓜有千瓤一瓤一子者是釋論云劬嬪是寶女不孕二文既異如何會通此各爲時所重云云第六觀冤憎會苦既從合會緣生生即是苦前境偪心心領境偪憂惱故名冤憎會苦第七觀求不得苦還約前愛離冤會於愛求會而離於冤求離而會二求不遂即是求不得苦第八摠結上七苦即是五盛陰苦已如前釋定有別體云云尒時迦葉下第三會通苦諦者昔阿含等經皆言三受中有樂受今言五陰皆苦都無樂義今昔義乖開善分此中四番問答爲四章觀師分爲二後三番子章只是作難今先問次答就初問爲三

一摠非二作五難三結初領旨仰非何以故下作難初第一與第四問同據樂緣第二問別據樂體第三與第五問同據樂因初據樂緣者佛昔於阿含告釋摩男云色若定苦不應求色若定樂不應厭色但今單難無樂不應求色若求紅黃當知有樂今日何緣全言無樂今具舉六根對於六塵以爲樂緣如佛說偈下是第五重據樂因與第三同舉樂因而復異者前舉善爲樂因只言世間之善今具舉聲聞菩薩出世之善名爲樂因就五偈爲四初兩偈明聲聞之善爲樂因次一偈明菩薩之善爲樂因三一偈重結小乘四一偈重結大乘明菩薩畢竟不得同佛畢竟乃是分畢竟世尊如諸經下三結非諸經即指昔教如佛今說故指此教無樂唯苦佛告迦葉下第二如來答大分爲二初歎其所問次善男子一切衆生下正答答又二初摠答後別答摠答中二初答後論義初文者昔隨他意以下苦爲樂今隨自意故一切皆苦前迦葉作五難相次而來世尊一答五難玄解令昔兩說不復相違實非是樂謬情所計橫生樂想迦葉白佛下第二論義還難佛解下苦之義又爲兩初正難後領解就初爲三一謬領難二傎倒難三據事難謬難者佛意以輕爲下苦難意以重爲下苦故成謬領難迦葉列八苦皆爲三品下受三塗中人上天若下苦有樂者三塗之中應有樂相若復有人下次倒難若下苦生樂想者亦應下樂生於苦想何者下樂且就世間歌婭舞女爲上樂中庸之歡爲下樂於此下樂應生苦想就其謬領作此謬並世尊若下苦

中下三據事難如人受千罰初受一鞭應生樂耶佛告下答又二初且然問後正答然其第三一罰之意明實於下苦而生樂想若得免多罰於一罰甘受亦以爲樂從以是義故下正答但答其第三據事難時前謬領倒難自然懸去我實不云下是重苦下是輕苦汝何謬領故不答並亦不然其下樂而生苦想故不須答正答第三應受千罰初得一下即聞放脫寧非下苦生樂想耶如人應刑聞百鞭放亦是於下苦中而生樂想云云次番領解先領後述或謂此文是一難謂言此人不於一罰而生樂想但於脫多生樂想耳此是得意領解不名爲難佛述言實不虛者隨情之說昔云有樂此是隨情今言無者道理如然迦葉有三受三苦下第二別答五難但有三文第一答前第二樂體之問第二答前第三第五樂因兩問第三答第一第四樂緣之問此初答前第二樂體問者又三第一出兩教第二點三受第三結虛實此初先出兩教一三受教二三苦教可見善男子苦受下是第二點三受者但昔教亦點三受謂苦苦點苦受壞苦點樂受行苦點捨受此乃小乘之教其義未極止是單點即成論人所用今此極教則複點此初苦受具三苦苦苦者心緣苦境苦境偪心心境合舉故是苦苦樂不長有暫時而住樂緣既謝即是壞苦無常所侵即是行苦餘二受各二苦或云各一苦故文云二今解不然前既複點今云何單用壞苦點樂受用行苦點捨受故知一受具二苦樂受亦具壞行兩苦捨受亦具壞行二苦樂舉體可壞即壞苦而復有無常

所切復具行苦捨受亦二捨必離壞故是壞苦而復
未免無常是行苦但此二苦不須境偪故無苦苦善
男子以是因緣下第三結虛實又二一結昔說妄樂
非實爲凡夫言樂菩薩不爾皆苦文云生死之中實
有樂受文復云生死之中實無有樂者皆是隨情之
所妄計梁三藏師計生死有樂無樂並皆爭論如前
云云善男子生死之中下二結今說實苦可尋迦葉白
佛下第二答前第三第五據因之難又二此初迦葉
重牒問以求答或謂別是新難今則不然還是牒前
偈中世出世善之問更飾其詞非別問也佛答意者
我說善能感樂遠得菩提之樂不言生死中樂初言
菩提根本即是佛果生因又言長養菩提即是佛果
了因舊云一向不得有於生因今謂有因緣亦得說
之善男子辟如世間下第三答第一第四據樂緣問
又二先正答次舉解惑結正答又兩先明爲樂緣後
明爲苦緣緣既不定故無樂也後出諸珍寶等並皆
是苦且舉一事如多畜寶初謂是樂爲之失命復是
極苦善男子下第二舉解惑結又三初結菩薩解苦
次結二乘不解故隨情爲說三重舉菩薩結也

大般涅槃經疏卷第八

大般涅槃經疏卷第九　計二十六帋丿　務

天台沙門灌頂撰　沙門湛然再治

聖行品中

起衆廣明集諦文為三初明集諦次會通三料簡初又三一標名二釋體三明是非初標名二先牒章門次釋云集因能得陰果故言是陰因緣所謂集者下二釋體昔教以業煩惱為集煩惱之中具足十使今但言煩惱不明於業本是煩惱煩惱潤業於煩惱中偏說貪愛愛是繫地之惑潤業故生華嚴云無業無煩惱苦諦無所住無明無所行平等行世間又十二緣不生不滅是為平等乃名集諦若十二因緣生滅是集非諦此中有七番一明集因於果已起即是五陰成辨於愛還愛此有是愛陰身次愛有二種下是明二種愛己身是我所須是所三二種愛欲得已得四即三界愛五三種謂業因緣愛以報因故感此苦果如鴿雀多欲皆先舉果次言煩惱因緣愛者以習因故生愛可解次苦因緣愛為脫重苦於輕苦生愛如畏死苦而苦治令差然針灸實苦因此得差即便生愛六復有四愛即是四事七復有五種愛即是五陰善男子愛有二種下第三明是非若不善愛則是集若善愛則非集其中復三番料簡初將聖對凡簡次舉菩薩對二乘簡三諦非諦簡故云凡夫愛名為集不名為諦菩薩愛者名為實諦不名為集菩薩愛者名為實諦不名集者取其解智故名為諦凡夫不爾故但名集若例此義俗亦非諦若望解了則得名諦若復隨情則稱於俗迦葉白佛下第二會通昔說業惑為集今云何獨說愛為苦因先問次荅問中先引四經次正結難初引經中言六觸者即是六識取塵而有觸對此亦是集緣此識心得來世果如四識住處為五盛陰今以何義下正結難次佛荅中又二先歎其問次正荅初如文次正荅中意云昔教今教兩不相違是故今日說愛是陰界本就今教又二初明愛是根本二明愛之過患根本又二謂法說次譬說凡三譬謂大王膩衣溼地皆如文善男子菩薩下第二明愛過患又二先標列九章門後一一廣釋釋中自為九章一一章中仍當分合譬前一為二乘作譬後八為凡夫作譬初文者二乘未斷習如還財未盡下八為凡夫尋文可見次善男子以是義故下第三料簡苦集世間因果已竟於四諦中間結前有作苦集起後無生四諦忘前是忘生死忘後是忘涅槃約此生滅文中料簡即令第二三四三番皆顯所以者何若見有苦則有苦生若有苦生則有苦滅既解苦無苦苦則不生苦既不生苦則不滅大品云即色是空非色滅空色性自空空中無生亦復無滅淨名云五受陰洞達空無所起是苦義若能如是解苦無苦而有真諦夫集從苦生既解苦無苦寧復有集解集無集即是真諦苦集滅故名為滅諦既無苦集寧得滅諦滅本不然今則無滅是為解滅無滅而有真諦道治苦集既無所治亦無能治故道不二解道無道而有真諦又寄此中閒簡無生者明二邊無生世間因果既其不生出世因果亦復不生則無四諦只

解世間苦集無苦集只解出世道滅無道滅即是無
生四諦其意無量且略言之若欲簡出第三番者解
苦無苦而有實者是就實中又有二意次第實不次
第實次第實者即是無量四諦不次第實是無作四
諦還就簡四諦爲四章初簡苦諦自有兩本若舊本
則言凡夫之人合聲聞緣覺皆言有苦諦若新定本
於集諦中則開凡夫二乘有異凡夫但有苦無諦二
乘則有苦有諦此於二乘而與奪之舊云苦是境諦
是智凡夫無智但有於境所以唯苦無諦二乘之人
有少分智故有苦有諦無真實者不能觀苦解苦無
苦故非真實集諦例爾道滅二諦不論凡夫者唯二
乘與菩薩道滅二諦有真僞之異以二乘人不能觀
滅諦非諦故非真菩薩能知故是真實從善男子下
第三廣明滅諦雖復滅道寄彼生滅中間而料簡之
以生滅滅道猶未釋故更釋之無生等三後自廣
釋次釋滅諦文爲三先唱兩章門次釋三結唱見滅
見滅諦兩門若見滅即是斷章門見滅諦是離章門
二乘灰身滅智但有斷離兩事菩薩具智德等事云云
二所謂斷一切煩惱下是解釋初八字釋見滅門是
斷惑之無以之爲斷若煩惱下是釋見滅諦章門爲
二初用次體初用中凡五句初四句是四德或謂五
德今且作四德是就用爲言常於色聲下二就畢竟
寂滅是約體論三善男子菩薩下結如文善男子云
何下第四廣明道諦文爲二初明道諦次會通初爲
三一章門二解釋三結釋中先辟次合初辟中言因
燈者即辟八道然燈照物物即常無常等雖異終是

一道隨緣異說次合辟中云陀羅驃者河西云是真
實諦求那是莊嚴纓絡功德等舊云主諦依諦非陀
羅即非真非求那即非俗迦葉白佛下第二會通佛
昔種種異說今但言八道是故會通文爲二先問次
答問中二先問次難初問爲三一唱不相應二釋不
相應三結不相應初如文次何以故下釋者十四經
多是阿含等教信心乃至布施說道不同次世尊若
八聖道下難又三一以今難昔二以昔難今三結
初文者若昔是則今非二若今是者昔何不說云云三
結如文佛答爲二第一歎問善男子去正答又二謂
法辟法說中意者以機別故說異會意故理同辟如
良醫下辟說也凡舉六辟一良醫二飲水三金師四
然火五一識六一色皆先辟次合初良醫辟可見河
西解水名尼婆羅者煑訶黎水名鉢晝羅煑樹葉爲
湯以樹爲名次飲水中波尼罽賓水名鬱特者東天
竺水名經本或言鬱特今未定相承爲鬱特淡利鹽
中天竺水名婆利聲論水名波耶藥和水名三金師
辟合文云或說五種所謂信行等見到道者即信法
兩行是見諦道中人信解與見到亦名見得此二是
思惟道中人四人在兩道各分利鈍信行在見諦時
鈍入思惟還成信解鈍法行可知一往如此數習則
利不習則鈍翻覆不定數人云十五心是見諦道十
六心去是思惟道論家不爾十六皆是見諦道論家
分利鈍在五停心中入見道無利鈍辟如平水乘船
有遶有疾得風順流無復利鈍餘三文可見善男子
是四諦下第三摠結迦葉白佛下第三明無量四諦

慧文爲三初明無量無量二結爲四無量慧三結爲
二無量他謂此文會通四諦開善謂是攝法盡不盡
今謂正是無量無量慧章初文問答問中先舉昔事
昔舉大地草木喻於無量無量手中少許喻有作無
生當知先說者少不說者多如此之多四諦攝盡四
攝不盡若盡不應言多不盡應有第五諦佛答亦攝
盡亦攝不盡同名四諦名攝則盡分別相貌彼竟不
說攝則不盡名同義異故有盡有不盡今佛答之以
名往收則皆攝盡迦葉復白去第二結無量無量爲
四無量慧文有問答答中二先示根辦智次正釋諦
相初文者具論諦智應有三品下是凡夫不足可論
故不說之但舉中上者就四人中判於中上若就法
者應指四種四諦以判中上有作無生如前說無量
今當辦夫無量者非是超然出四諦外還是四諦種
別不同故文云分別校計有無量種若委論者應從
地獄乃至於佛凡聖五陰種別不同於一一陰復更
分別無量界入並是聲聞緣覺所知是無量苦諦又
從地獄乃至於佛行業不同一一行業分別校計有
無量種亦非聲聞緣覺所知是爲無量集諦又從地
獄乃至於佛應以何身應說何法令其修學一一身
法分別校計無量法門以爲眷屬亦非聲聞緣覺所
知是爲無量道諦又從地獄乃至於佛得解脫時因
緣不同一一解脫復有無量解脫分別校計有無量
種亦非聲聞緣覺所知是爲無量滅諦如此四境既
異有作無生亦非二乘中智所及名稱同異爲四諦
相如大地一名爲無量其相浩然今當略說就正釋

中四諦爲四初苦諦中經文但約陰入界三及重明陰略示苦相初陰者文云知諸陰苦是名中智分別諸陰有無量相是名上智云何分別六道陰者是蓋覆義蓋人天善及無漏善蓋人天善則沈沒三塗蓋無漏善則輪迴諸有二乘陰者蓋覆等德蓋四等則不能化度衆生蓋四德則不能至於寶所菩薩陰則蓋覆生死涅槃蓋生死則大悲拔苦蓋涅槃則大慈與樂佛陰則蓋覆法界事理蓋事則以應身徧應一切機根蓋理則以法身徧一切處又六道陰苦二乘陰樂菩薩陰雙是佛陰雙非如此分別豈是二乘所知次知入爲門名爲中智分別諸入有無量相是名上智云何分別六道六入名爲入門亦名會入眼根色塵會入有爲乃至意根法塵會入有爲二乘入者入無常無我會入無爲菩薩入者眼根入施會入檀波羅蜜乃至意亦如是眼根入戒忍進禪慧之門會入諸波羅蜜乃至意亦如是諸佛入者佛眼是入普門普門入一切法界慈悲喜捨法界咸應會入薩婆若海乃至意亦如是諸經中明六根爲寂靜門平等門此義甚多云云又六道之入是入苦門二乘之入是入不苦門菩薩之入入亦樂亦苦門諸佛之入入非苦非樂門三又知界分性者是名中智分別諸界有無量相是名上智云何分別六道眼界性分唯見於色不能聞聲色界性分但對於眼不對於耳乃至意界性分但能知法不能見聞法界性分但對於意不對耳眼二乘界者眼界性分但是無常苦空無我不得常樂乃至意界性分亦復如是菩薩界者菩薩眼

界性分但見色空不能即空即假即中乃至意界性分但能即空不能即假即中亦復如是佛諸界者眼是法界法性性分即能見色聞聲嗅香別味覺觸知法即空即假即中不可思議具足一切無量佛法乃至意亦如是又六道以苦爲界二乘不苦爲界菩薩亦樂亦苦爲界佛以非樂非苦爲界又知色壞相是名中智下重廣約陰文云分別諸色無量壞相是名上智六道之色壞善壞定二乘之色壞因壞果菩薩之色壞有壞無佛色者壞上諸壞壞爲法界非壞非不壞悉是法界又六道色壞樂二乘色壞苦菩薩色壞雙是佛色壞雙非云云又知受是覺相是名中智分別是受有無量相是名上智六道之受受違受順受不違順於違起瞋覺於順起貪覺於不違順起癡覺二乘之受於三覺中一一皆起五分法身須陀洹人初覺無漏云云菩薩受者受佛法受衆生受佛法時覺於十力四無所畏諸波羅蜜受衆生時覺於慈悲喜捨四無量心諸佛受者自覺覺他即覺不覺非覺非不覺悉是法界又知想取相名爲中智分別是取有無量相是名上智六道之取但取人我衆生壽命色香味觸二乘之取取於無常苦空無我取於涅槃菩薩之取不取二邊但取中道如來取者取即不取即非取非不取悉是法界又知行作相是名中智分別是行無量作相是名上智六道之行能作二十五有二乘之行能作涅槃菩薩之行作諸波羅蜜諸佛之行即作不作即非作非不作作等法界又知識是分別是名中智分別是識無量知相是名上智六道分

別取此取彼飮苦食毒二乘分別厭生死欣涅槃菩薩分別離邊會中諸佛分別非邊非中經文約苦諦竟二知愛因緣能生諸陰是名中智知一切愛是名上智六道之愛是後陰因緣二乘之愛五分因緣菩薩之愛是無等等色乃至無等等識因緣諸佛之愛是色解脫乃至識解脫因緣三知滅煩惱是名中智知滅煩惱不可稱計滅亦如是不可稱計是名上智凡夫六道亦得有滅差已還生二乘之滅灰斷不起菩薩自滅復令他滅諸佛之滅滅一切滅即是法界道離煩惱是名中智分別能離之道無量無邊是名上智六道之道離善之惡離惡之善二乘之道離漏之無漏菩薩之道離邊之中諸佛之道無離無至何以故一切諸法即是佛道故動見修道品不動見修道品亦動亦不動見修道品非動見非不動見修道品云云是爲分別無量四聖諦竟從知世諦者是名中智去是第三結四無量爲二無量又二先明二諦次明二諦慧初文即是二諦文中直知世諦是中智分別世諦無量無邊是上智直知三法印即是中智知第一義無量無邊不可稱計是上智世間人但言第一義諦眞諦涅槃只得是一不得有二況復無邊今文明第一義諦不可稱計豈唯一種此中言無常涅槃等眞諦者與數論不同數云四諦十六諦並皆見眞得聖悉是第一義論家唯無我一種通於眞俗餘皆世諦而皆相從言是眞者以無常盡於常等倒苦集隨眞相從名眞依淨名云不生不滅是無常義盡是實相皆第一義又是三法印尒時文殊下第二明二

諦義者先出舊解六種二諦一有空二虛實三世流布亦言隨事四相續五相待六因生空有指大品虛實流布指阿毗曇相續相待因生指成論又解意同名異一凡聖二虛實三空有四假實五事理六親疏舊釋名云俗是浮虛真名真實世是代謝第一義是無過俗待不俗不俗名真真待不真不真名俗虛實相待真俗名生他問真是真實可稱為諦俗是浮虛何以稱諦彼解云審實浮虛若爾諦義兩釋俗以浮虛釋諦真以審實釋諦興皇云諦未曾二約緣故二俗於凡為實真於聖為實俱用實以釋諦不用浮虛今問真於聖為實聖有照真實智可得稱為諦凡於俗為實凡無照俗智安得稱為諦若凡無照俗智而於俗為實得稱俗諦者凡無照真智於真亦為實亦應稱真諦凡於真無智不稱真諦者凡於俗無智安得稱俗諦又聖於真為實而稱為諦者聖何以於俗不實不得稱為諦是則聖人無權智今言諦者還是審實淨名云四諦是菩提不虛誑故即是審實有隨情審實隨智審實隨情智審實故隨凡隨聖約真約俗俱得稱諦喻如一色凡夫謂有賢聖為無亦如一日醉醒不同有轉不轉一諦二諦其義亦爾舊解二諦一體不異龍光云既稱二諦寧當一體二諦有二體亦俱通緣假法為世體無相理為真體雖有二體而實相即俗雖名相即無名相真無名相不妨名相又言二諦一體空為理本故以真為體俗是其用或言從俗取真俗為其體真是其用開善云二諦共以中道為體義皆不然若二諦二體則世無第一第一

無世但是不相即不得有相即若其一體但是一諦則無二諦若其二諦以中為體取相障真無知障俗誰復障中二諦之智不能見中焉得為體若二諦二體二體各異不論相即若二諦一體只是一諦與誰相即仁王般若云二諦不相即猶如牛二角大品即色是空淨名五受陰洞達空無所起是苦義及此經中皆云二諦相即云云舊云合四諦為二諦或言苦集世間是世諦道滅出世是真諦或言三諦是世諦唯滅是真諦或言四諦皆是世諦明因果故無相因果乃是真諦或言只四諦是世諦即世諦是真諦文云解苦無苦而有真諦餘三亦爾今明非但四諦開合不同只就二諦開合非一在後當說就文兩番問答初問為三一直審次世尊下雙定定相有不三如其有者下雙難難中意者若言有者即是一諦真俗相即故真中有俗俗中有真二諦不異故言是一如其無者即是虛妄實而言之定有定無定一定異皆是虛妄皆出經者互現其文若定有無便成斷常虛妄之說善男子下如來直答二諦相即不斷不常定非虛妄世尊下第二番問答初問意者還成一諦故云則無二諦如長在短中則失長真在俗中則失真只成一諦佛答有二初略明大意理實中道唯有一體善巧方便為緣說二若隨言說下第二廣說凡有八種一世出世二名無名三實不實四定不定五法不法六燒不燒七苦不苦八和合他亦作六種二諦若言空有虛實等諦皆言有虛有實兩理鏗然故非經意今文云隨順眾生說有二諦如隨醉人說則有轉

日當用此意以釋經文一師云七種一統隨緣說異一師言七種各異今明智者大師有七二諦名雖不同其義可會一生滅二無生三禪俗複真四禪俗禪中五複俗禪中六複俗複中七圓二諦若依法華玄文名相稍別義意必同讀者應知就一種中復合三種謂隨情隨情智隨智今欲以彼七種二諦來釋此文佛旨難知且出一師之見八種不同即為八文初約世出世兩人判二諦者通冠下七一一二諦各有此意世情多想東為世諦聖智多知東為真諦此即隨情智判二諦次善男子五陰和合者約名無名判攬陰名生即世諦即陰離陰如性如之性即真諦此約有作四諦立之三復次善男子或有法有名有實者他云世諦有名名於體物應於名真諦但有名而無實今文反此世但虛名而無真實不生不滅與法相稱即是真諦不能即色而空故有名無實能即色是空故有實有名此依無生四諦立之四善男子眾生壽命如旋火輪此禪俗複真以論二諦假名幻化熱餤火輪但有其名而無其實稱世流布即是世諦真與中合共為真諦若禪以真為第一義者不得言若集滅道是第一義俱指四諦即真中合此明無量四聖諦中若真若中同為第一義諦前文云第一義無量無邊不可稱說五善男子世法五種去此約禪俗禪中以明二諦上以熱餤火輪五譬以譬人我而為世諦今以五法而為世諦五法如餤輪餤輪譬法法譬互舉同是禪俗心無傾倒如實知之即禪指中道以為如實此明有作無生等苦集為俗指下一

實諦爲眞六善男子若燒若割去此約複俗禪中以明二諦若燒若死此明體法始終若割若壞此明析法始終即以兩始爲有兩終皆無此之有無合之爲俗即是複俗禪指中道非有非無故無燒割即第一義明上有作無生之眞俗同名爲俗指下一實諦而以爲眞七善男子八苦有無去此約複俗複中以明二諦複俗如向言複中者非禪指理即事而理法界圓備名爲複中此合上來有作無生眞之與俗皆名爲俗指下一實不可思議而爲眞諦文雖不顯義推自成然此一番猶是禪俗複中二諦八復次善男子下先辯次合明圓二諦眞俗相即皆不可思議辯如父母和合生子一人多能以辯圓俗十二緣和合三道即是三德即第一義以顯圓眞是名不可思議二諦一切二諦悉入此中方便隨俗說諸二諦無量無邊止論七種何足驚怪能如是知名慧聖行古來皆述此二諦文今用天台大師七種二諦義來釋八番義則相應眞順聖慧文殊師利下第三明一實諦慧聖行若前文中舉四舉二共顯一實何不從四至三而超至二非無三諦但此中文束四爲二其義則便東四爲三義少不便故不言三解者不同此開以常住佛果是一依一實諦引勝鬘云一苦滅諦即是眞實地人云除妄顯梨耶即是實諦中假師云除斷常顯中道爲一實諦興皇悉不用佛果所依能依焉是一實妄惑與梨耶爲一爲異若一既除妄惑亦除梨耶若異待妄說實豈是一實對邊說中中還是邊亦非一實然一切法本無所有畢竟清淨實無所有何

實有實及以不實諦與不諦爲緣方便假設言教依文正以一道清淨爲一實諦是正眞法故華嚴云法性遠離是故今明若非彼是此非一實諦若隨緣異說得意無咎文顯一實甚自分明就文爲二一標宗二論義初標有問有答答中有八善男子初二共成初義則有七不同一約境二約心三約言說私謂亦可約言行四據人五約教六約因體七約果體文殊白佛下第二論義還論七章初約境論義有問有答問中先領問一往似問如來虛空佛性三種有何差別尋下答意正是問此三種與一實諦有何差別佛答有三一倡兩章門二釋三結初倡章門又二初倡昔四諦次倡今一實與眞名初爲實滅章門次爲滅實章門取教爲實滅取理爲滅實亦以四諦教中之實即是實諦若虛空佛性皆是理實即爲諦實故名爲諦今此初倡昔四諦章者各有三句苦是苦境諦是苦教亦是苦智實是苦諦之理不二爲實又云除苦一句餘二亦得判實又但取實除兩句只用實爲諦次如來非苦下第二倡一實章門三種皆是實非苦者非境非諦者非教是實者是理後三諦亦爾如來虛空佛性亦爾顯時名如來隱名佛性虛空取隱顯不二所言苦者下第二釋兩章門只約四諦即爲四別一一諦中皆先釋實諦實諦即是昔四諦中之實次釋諦實皆如文復次言眞實者即是如來下第三結章門又二先結三法與眞實相即更無異體次從有苦有苦因下更結是非又兩初結三法異於四諦故是諦實次結三法異於有爲有漏是故是實所

言有苦即苦諦苦因即集諦苦盡即滅諦苦對即道諦問非虛非實稱爲實者非虛非實亦應稱諦答如所問問二諦若齊何故二乘稱諦如來稱實答與奪之殊二乘審知是苦又解苦無苦與其諦名未窮理實故奪其實文殊白佛言如佛下釋第二據心章門先問次答初問意云諦攝倒不如其攝者云何得言不倒爲實若不攝者復違前言攝法皆盡進退兩望悉皆有過然下文具明是苦集攝此中但明是苦諦者偏據果報酬因之義第三問答釋約言說章門其中二事可見私謂準佛答文既約斷惑知是約行文殊言如佛所說下第四就人爲問云二乘所說爲實不實佛不定判實與不實約斷惑邊是實而非常住義當不實文殊魔說下五就教爲難魔所說者聖諦攝不佛答意云四諦之中苦集諦攝問外道二十五六等諦爲屬何諦又外道所說四諦之中爲壞爲諦今明但壞苦集不壞道滅何者彼云冥初生覺後生五大五微等生覺是因壞佛集諦大微是果壞佛苦諦二十五六爲佛苦集二諦所攝文殊師利言如佛下第六釋約因體章門文殊牒佛一道清淨是實諦者外道亦云一道清淨應是實諦佛答意明外道但有苦集無道滅於非滅中而生滅想者即橫計非想想者計於萬物微塵世性之果非因因想者計微塵世性是萬物因問前云不壞滅道今計非想雞狗等戒豈非壞耶答此起橫計橫壞道滅前則不爾彼明二十五諦直言冥初生覺等六諦之中但言主諦依

諦何處云計非想之與狗戒故知不壞道滅二諦又
問外道有苦諦者前何故云凡夫有苦無諦答直言
有苦境以爲苦諦非謂苦智文殊言如佛所說下釋
第七據果體章門先問次答問爲三一唱外道有四
德二釋三結此初唱有如文何以故下釋凡有二十
四復次計有常樂我淨即爲四別初八復次計有常
二五復次計有樂三三復次計有淨四八復次計有
我此初八復次計常文在初者通以因果故知有常
二列殺生因必得惡果故常三據能專念故常四舉
憶想據所念五舉修習六舉筭數七據讀誦八據形
相皆如文次計樂有五復次一據因果二據有求三
據樂因四據樂緣五據三品三三復次計有淨一據
淨因二據淨緣三據淨器四八復次計有我一據造
作二據相貌三據別味四據作業五據求乳六據名
字七據有遮八據伴類世尊諸外道等下第三總結
外道應有實諦佛言下二如來荅文爲三初略次廣
三結初文二初非後釋初如文次何以故下釋非

聖行品下

起卷是如來次廣荅所問破前四執文爲三一廣破
計常二略破樂淨三廣破計我常我是執之端首故
廣破之初破常文爲三一明外道理非二明其言謬
三正荅所問初又三一明非二舉過三結非初文者
何故名非橫計有常非緣生緣生無常然諸外道
有計自然應不從緣若自然者法塵對意而起此計
負非緣生是故外道悉是無常善男子佛性無生下
二舉過即舉是對非舊云當果佛性故不生滅者是
緣生即是生滅此不應然今是舉正以對邪計三結
非者正是一道清淨之理佛性之性不生不滅直得
唯作當果釋耶以是義故須結非善男子是諸外
道下第二明外道言謬又爲三一論其言謬二破其
所執三舉是顯非初言謬者以不見佛性三寶真理
故有所說謬而非眞若見此理言即眞實諸凡夫人
下第二破執前文殊舉邪計中第八復次執於大地
形相衣服及車乘等皆計有常今破此執一切有爲
下第三顯非善男子有爲之法下第三正荅所問又
爲三一雙辨色心兩章門二偏明心無常三偏明色
無常舊云總有三聚引梵行云色法非色法非色非
非色法以非色非非色爲無作聚又引聖行云白四
羯磨然後得者得於無作是義不然非色非無色乃
是中道雙忘兩捨旨是無作無作有爲此過非小白
四羯磨然後乃得此受得戒不足證於中道無作何
者作與無作皆有漏善闡提信作不信無作若依小
乘無作有漏若依今意無作無漏如向引戒聖行受
戒無作爲證何等無作耶彼救云若不許有無作義
者下文那云言無作是爭論耶荅數人云無作是
色論人云無作無色各執不同致成爭論我今設云
有無作者終不計於色與無色況各計耶又我設云
有無作者終不定執小有大無則無爭論又準文只
云色之與心何以強說作與無作若數人心是心王
數隨王起又識是心王數是想等色有十一謂五根
五塵并無教色論人明五根五塵四大爲十四色然
此但明四大五色下文明十一色所以然者互現一
邊不專一處善男子心名無常下第二偏明心是無
常又爲四一無常二破常執三重明無常四重破常
執初明無常爲四復次一攀緣異二六識異三六塵
異四相應異善男子心若常者下第二破執常四復
次一明識不應獨緣第二六識不應異第三所因不
應異第四謂名不應異復次善男子下第三重明無
常五復次一明三聖心異二三凡夫心異三三受心
異四三毒心異五三外道心異初如文次三凡心中
云在家遠離者身在家而心離遠善男子心若常者
下第四重破常正是破於前八復次文還有八雖不
相對或破前或生後不破私謂前七破前後一生後
又出沒不同沒四謂不破因果殺生筭數形相而騰
生後已作今作非覓非親及我物他物最後第八復
次總結無常私謂是則但有第一破第三專念第二
破第四憶想第三破第七讀誦騰有四五六第七破
第五修習第八生後亦是騰文名有出沒者皆是隨
宜非凡所測我今於此非色法中下第三偏明色是
無常又二先結前生後次是色無常下正辨無常自
有十句一初生異二時異三味異四力異五形狀異
六果報異七名字異八壞合異九次第生異十次第
滅異皆舉外對辨中間或略前後皆對若無常即是
苦下第二總破前五復次計樂三復次計淨又二先
正破後指上已荅若無常即是苦破其計樂若苦即
是不淨破其計淨因迦葉上問已荅者有三解一開
善云前四諦慧聖行初說苦諦明五陰皆苦迦葉以
設諸難明有樂緣樂因理應有樂不應皆苦佛荅於

下苦中橫生樂想是已荅竟二治城云前性品中佛有真我之性迦葉即十二難責覓現用佛舉力士額珠等譬荅竟三諸師多用長壽品末迦葉問世間亦說梵天是常與佛說何殊佛荅外道皆是竊得此言如偷牛之喻故言已荅河西記中云即是第七卷中已荅觀師云是四倒品中具說淨樂等倒此中不復委悉但略破樂淨故指上也復次善男子下第三明無我以荅前八復次計我文為二初摠明無我二正破彼執初摠唱色無色二章次釋二章前破常中亦先標次釋釋之則廣此中釋章門即略前亦就色心破常今破我亦就色心色非我下釋初章門中先明色非我色何故非我可壞可破故也非色之法下釋非色章非色是心心則無定從境生故樂緣觸心心即便樂苦及不苦不樂亦爾既其從緣故無常無我若諸外道下二正破所執上有八復次今有九復次亦不正相對今是隨機不同不破第一造作第四作業勝第一專念第二憶想第七三法是則第三破第七第四破第八第五破第六第六破第五第八破第二第九破第三不次第者但隨舉而破應無別意善男子是諸外道下三結過訶責凡舉兩譬初小兒後生盲初小兒譬行非生盲譬教非如嬰孩唐戲終日不辭家業外道亦爾無益苦身不成淨行故文云無慧方便次如生盲人徒聞四譬不識真乳外道亦爾闇信韋陀寧知常樂故文云而問他言云云文殊白佛下第二明圓慧行舊云破迷四諦二諦一諦之著又云破前分別心明畢竟淨無所住著是義不然蔚

標章說次第五行戒定兩行尚無破著何獨慧耶慧行被破戒定自破三行破者即破聖行聖行破五行亦破五行若破即無所修無修即無證無證則破十功德此義不然當知此文明圓慧行文為四一發起二正說三領解四結章初發起中不稱四二但稱一實何以知之昔初教中析法四諦摩訶行中相即二諦先已曾說非為希有又非無上今臨涅槃方復更轉一實真諦是為希有名為無上故次第後發起圓慧正說為二一明不般示圓慧二約不更示圓慧不般又為三一直示二約不轉橫歷事示三約如來虛空豎示就直示又二初止其云何二示其真理云何有二意一寄文殊嗟於未達故言云何二難文殊為是未達為發起故故言云何次示真理如文二從善男子若計有我去明不轉橫歷諸事以示圓慧明不轉者凡歷七事謂非果非因非轉非生非出非作非造皆即事而理悉是常住三從善男子轉法輪佛境界去是豎結圓慧無非常住或云如來約果理佛性約因理虛空通因果云云從善男子語有二種下是第二明不更為二先明異故不更次明同故不更初異故不更者既其兩異何得言更異有八一語異二衆異三根異四德異五利益異六請主異七所說異八譬徧異初轉法輪為五比丘一陳如二十力迦葉三跋提四頞鞞五摩男拘利今摠言之復次凡有所說下二明同故不更又三法譬結初法中明同故無更譬如下譬釋無更凡三譬初譬生善滅惡二偏滅惡三偏生善此等義同是故無更是故次今下是第三

結無更尒時文殊下第三領解發迹尒時世尊下第四結初先對迦葉中間對文殊今慧行竟還對迦葉善始令終迦葉白佛下是第二釋行名問何故戒慧之後俱釋行名定行無耶荅初後既釋中間略無今文為四前佛復宗通結竟今初迦葉問次則如來別結三迦葉更問四如來開結次第五行此之五行本為五人有病行處說此法門二乘之人得有修義即聲聞緣覺如是聞已則能奉行故名聖行又有別根性拙度菩薩約次第修亦名聖行若是諸佛世尊之所行者名為聖行此結圓行如來行之故作不治遇與不遇悉皆得差正結此人及此法門古來不見此結束意是故不作別圓兩釋若二乘人及別根性有病行處聞佛說者修之則差不修不差此結次第善男子是菩薩下二明慧行果文為五一倡地名二釋地義三明地體四明地用五結下地況上地初文者舊明慧果得二地謂無畏地從初至六地從七地至法雲名自在王地所以得二地果者慧行斷煩惱通道疾利今謂不然且戒定兩行不斷惑通道鈍者云何舊解不動堪忍皆是初地一體異名若其同是戒定之果何不二地通至法雲今明只是一地自在往生乃是無畏用不應更開善男子若有菩薩去是第二釋地義此文與十地經合彼解初地離五怖畏今文亦然在名小異意義則同不畏貪恚下無不活畏無死畏不畏惡道下無惡道畏惡有二種下無惡名畏亦復不畏沙門下無大衆威德畏無死畏即常無不活惡道畏即樂無惡名畏即淨無大衆畏即我具

四德無五怖是故此地名無畏地亦復不畏受二十
五有去第三明地體文爲三初出體所入位次善男
子住無畏下出體所證三是名下結初如文次所證
者此地得二十五三昧名諸三昧王一切三昧悉入
其中即是中道第一義三昧摠攝諸三昧所謂俗諦
三昧眞諦三昧皆來攝屬故得稱王一諦三諦即是
其體舊言二十五三昧斷三界惑故六地菩薩名無
畏地與羅漢齊今不用之若二乘斷二十五有得稱
王者可言其齊既不是王何得云齊文云聖行者諸
佛所行非諸聲聞緣覺境界何得云齊又六地菩薩
斷三界惑是通菩薩非此文意諸師謬用全不相關
釋二十五三昧具如法華玄文第四卷中彼釋二十
五名具四悉意雖二十五無非是王爲辨異故立名
不同即世界意於二十五中如日光月光等即爲人
意如不退心樂等即對治意如常樂等即第一義意
一一三昧通皆四意一明諸有過患所謂三惑二本
法功德即修三諦三昧三結行成即三昧成入於初
地四慈悲破有謂得入初地即能現於十法界身徧
入諸有令他破有古人釋此全無片意云云善男子菩
薩入如是等諸三昧王下第四明地用又二初明力
用自在次明生用自在初力用中三雙一依正爲一
雙須彌是依衆生心是正二自他爲一雙內他入己
化己爲他三少多爲一雙可見次生用者初摠生諸
處即十界處次別生處即是十界壞須彌包世界散
合十方而不染遊處地獄而不苦即地之用善男子
菩薩成就去是第五結下況高如文問是諸菩薩功

德悉等云何復有高下不同舊云等中等悉同無別
等中不等故復淺深興皇釋云橫論一地具諸功德
豎論則有高下橫豎亦復何定亦如一物推倒即橫
捧起即豎云云介時衆中下是第二章歎經經詮聖行
依教奉行革凡成聖故可稱歎文爲四一無垢歎教
二如來述歎三迦葉自擕四如來述擕歎教爲二先
經家敘次正歎教初經家敘內德外儀初內中有大
威德者摠論無畏地之體用威是外用德是內證備
內外德故言具大威德大神通者即歎外用如自在
地有吹山覆海之用得大摠持者得二十五三昧王
持諸三昧得無所畏者備如佛說上諸功德皆悉具
足即從座起是敘外儀世尊下是正歎教又二先領
佛言結下況高百千功德次歎上說次第不次第別
圓之教何故謂佛菩薩不如大乘大乘是佛母母能
生子則教可尊崇文云方等力故能生諸佛若就道
不自弘佛能說教則佛勝於教佛能弘教此就化他
教能生佛此就自行藏王所歎舉自行邊時佛讚言
下二如來述歎爲三謂述釋結述如文釋中法說開
譬合譬開善謂譬五時教佛合牛出十二部經指初
教修多羅指般若言修多羅是法本般若是行本故
方等指淨名思益稱歎菩薩故般若是法華法華明
平等大慧大慧只是般若涅槃可解又云般若始在
十二年中終則鄰於涅槃乃在法華之後引釋論畢
竟品爲證若爾修多羅是淨名方等即法華般若即
般若招提云前三明教後二明理前三教者十二部
即小乘藏修多羅即雜藏方等即菩薩藏佛教不出

此三故後二理者般若是因涅槃是果行般若因得
涅槃果興皇云佛說法即是十二部經學此十二即
了修多羅知諸法本即達方等達方等故生於般若
般若生故能了涅槃觀師云此並從多之少從廣至
略初歎十二部十二部通於小大此則是摠更別歎
修多羅修多羅又通更別歎方等方等未爲希有復
別歎般若於般若中更別歎涅槃一句佛性如從牛
出乳乃至醍醐則涅槃爲最義皆不然何者十二部
經通於大小豈獨是小乘又十二部謂是初者小非
初說故不可用復何故以修多羅爲般若餘經豈無
長行耶復何故以般若爲法華名不相應義云何會
假使以般若鄰於涅槃般若則是第四時教復違爾
五時次第招提三教兩理者此文是述其歎教何故
喻理縱如招提所說乃歎他經非歎今教興皇所說
乃生解次第復非歎教藏王云諸佛雖有無量功德
故不如是大般涅槃從教生解非文所歎若觀師所
說從廣至略而爲最勝文云醍醐最上一切諸藥悉
入其中廣豈過此既其是廣可不被歎諸師皆欲包
括收攝不覺咫尺漏失正宗邯鄲學步兩無所獲云云
今但依經即如藏王聞佛說於次第不次第圓
次第之教能生漸行菩薩功德不次第教能生一切
諸佛功德歡喜踊躍雙歎兩教佛助其喜還述歎之
若次第相生窮玄極妙更加稱美牛者即涅槃教主
乳者戒聖行酪者定聖行生酥者四諦慧聖行熟酥
者二諦慧聖行醍醐者一實諦慧聖行如五味次第
宗於醍醐五行轉深極於一實故言最勝最上此即

述其歎次第敎若單說實慧一慧一切慧慧爲法界攝一切慧不由次第佛即醍醐最上最妙一切諸藥悉入其中如來即是人醍醐也一實諦者是法醍醐醍醐之人說醍醐法醍醐之法成醍醐人人之與法一而無二中間諸法無不醍醐次第一實一而無二歎五行之一實即是歎一實之五行作此釋者次第歎敎二義皆成若望一期敎次第者從佛出十二部者即指華嚴華嚴最初是十二部修多羅者即三藏中之一藏物不堪大即爲說小方等之敎折小彈偏歎大褒圓般若之敎三人同聞專歸一實引小歸大接偏成圓及住方便未證小果許其通學摩訶衍道大般涅槃尊極之敎已住小果斥廢三修說勝常樂若爾何以不說法華法華破小果滅化城引入寶所與涅槃同又迦葉如來二萬燈明皆說法華以爲極唱不說涅槃今此釋迦惡世垂迹宜以異名顯於常樂兩敎同極不言法華意在於此又前番小執者以法華執之後番未執更以般若洮汰今涅槃執之釋論云般若至法華後即此義也又歎此敎與一期敎亦不相乖戒是聖行之首又戒廣攝如文所說與華嚴中初照義同定聖行正與修多羅中定藏義合四諦慧行以大涅槃三修斥小無漏之非與方等彈訶義合二諦慧行眞俗相即正與摩訶衍即色即空義合一實諦慧行即涅槃敎可知一期一經次第皆成義不相違以是義故下第三結歎迦葉白佛下第三迦葉自捨文爲三一領旨二憫他三自捨自捨爲四一捨以正報皮骨以爲紙筆傳持五行二捨以依報財力充足飽滿令得宣行三捨以智力折伏攝受四捨於同好傾盡三業而宗事之尒時佛贊下第四佛述其捨又爲三一贊二記三證此初贊也汝今下是記記文有三一記超越行二記成道果三記轉法輪三乃往下引證一引昔次證今初舉昔中有三一陳菩薩昔行二者諸天謀議三者偪試陳解初昔行如文我修如是下諸天謀議二輪者福慧也大仙我當與汝俱往下是第三偪試先辟燒打磨三試次合三試者一說半偈試有智無智若知文義未盡即是有智若不知者即是無智二示可畏身試有畏無畏若心堅固不生怖畏若其羸弱即生怖畏三從索身試其能捨不捨云云半偈者但說無常一邊不說常邊故言半偈有爲三相何故但明生滅而不言住一解四句偈進是故略之問若略何不略餘字答此復有義住法不顯生滅遷謝但明始終中間宜略問三相遷法那得有住住即是常常即不遷又與無常異答言是無常之住並三相自是無常而有無常之住亦應有無住之常云云文云所說空義此偈明無常那得是空舊解無常未是空但是空方便後云得空一解不然只無常即是空之異名大品云無常即動相動相即空相淨名云不生不滅是無常義今亦無常是不生不滅義文云寂滅爲樂者涅槃之體非生非滅今此既云寂滅爲樂亦得生滅生已寂滅生爲樂不答任道者是例不任則不例生起相滅除相正取除生除滅是寂滅樂生是起相涅槃無生是故不例超越十二劫者出曜佛藏等經皆云超九劫或云根緣不同佛爲增減說之次善男子汝今亦爾下證今云云

大般涅槃經疏卷第九

大般涅槃經跡卷第十　計卌二帋

天台沙門灌頂撰　沙門湛然再治

梵行品

諸師謂梵行四心爲體聖行三品爲體引經云說四無量是梵天道名轉梵輪說四諦是第一義天道名轉法輪又師言慧定戒爲梵行體七善悉知知即慧也四心是十二門禪即定也後明持戒得失即是戒也若然與聖行何異異者梵是化他聖是自行聖以慧爲正戒定相成梵以戒爲正慧定相成聖是聖人所行梵是淨道道通凡聖聖先戒後慧梵先慧後戒是爲梵聖異也又師言因果是梵行體梵者言淨是涅槃因能得涅槃故以因果爲梵行體義皆不然若四心爲體斯乃梵天道非大涅槃若三品爲體雖異聖行不出二乘非大涅槃因果爲體者尚存因果云何名淨非大涅槃若非大涅槃是誰梵行名義無取故皆不用今言梵者名淨淨義有三謂淨淨不淨淨非淨淨非不淨淨云何淨淨所謂七善四無量心三品六念如是等法悉是出世涅槃淨道今以梵行徧淨諸淨文云誰是一切諸善根本當言慈是是名淨淨云何不淨淨我說是慈有無量門所謂神通調象調狂治眼治創慈游世間悲入湯鑊慈善根力無所不現使諸不淨悉皆得淨是名不淨淨云何非淨淨非不淨淨所謂大乘大般涅槃非因非果非自非他非染非淨畢竟清淨即是如來常樂我淨文云慈若有無是有是無是聲聞慈慈若有無非有非無如是之慈是如來慈如來慈者乃是非淨淨非不淨淨若此三慈縱橫並別非妙非淨即一而三即三而一不可思議乃得名爲清淨梵行從三得名名梵行品文爲二初明梵行次歎經初梵行爲三先七善次四心三持戒初七善中二初徵次釋釋中三標釋結標則標章唱數列名此七善者前三通自他次兩尊自行後兩是化他若旁正言之正是化他旁是自行釋中二初明別七善次明圓七善別七善中即爲七章初釋知法者法通自他以知法故能自行化他此章亦有標釋結初標如文次釋中二先列次釋釋中十二部經爲十二段初云修多羅者舊云無翻五義訓釋或云契經是用此代彼或云契經是正翻開善云但通無別莊嚴云有別即是偈頌長行引成論云祇夜頌修多羅祇夜者具足應云路伽祇夜祇夜翻爲句亦云頌開善云等句莊嚴云等頌光宅云重頌是頌長行之偈受記者梵云和伽羅那論云解義經此翻受記即授六道三乘等記伽陀經一云不等句二云不等頌三云直偈即孤起偈所言除修多羅者除別相被頌長行又言及諸戒律者又除戒律中有此偈知前有長行無長行者即是孤起優陀那論云無頌之長行經云無問自說因緣此偈出法句尼陀那論云本末次第即因緣經阿波陀那論云即譬喻經伊帝曰多伽論云一竹伊帝曰多伽開善翻如是語莊嚴翻爲本事言我所說名界經者各有界別欲明各有封印名如是語闍陀伽論云本生然本生本事不異即合第九爲本生第八爲如是語開異者第八名

本事第九名本生此佛略者論云廣今經方廣亦云
鞞佛略直廣是小乘中名方廣是大乘中名阿浮達
磨即未曾有優波提舍即論義亦云大教亦云解義
大乘中没解義名光宅以前和伽羅那名解義謂解
受記義云云菩薩若能下是第三摠結次釋知義者即
知十二部經所詮之理今明此解極略應言解十二
部經空平等義又於一句解無量義又解畢竟清淨
義若解三義義勢則周第三知時如是時中任布施
者即是化他餘句多是自行四釋知足下兩善是自
行五自知者謂視善不善如曾子曰吾日三省吾身
六云何知衆下兩善皆屬化他知衆者應備知十法
界衆文中略舉人及二乘於二一衆施三業化但略
舉身口又化他多用身口少用意是故略之七知尊
卑者應備知十界尊卑文亦簡略不信是闡提即地
獄界此則極卑不往僧坊無事中福德即餓鬼界不
礼拜是憍慢即畜生界不聽法不受法訓諂曲很戾
即脩羅界不至心聽散善不專即人界不思議者雖
至心聽不能思義是天法界不能修行但有聞思無
有修慧是二乘方便道淺劣皆卑但求小乘無大志
願雖復發真此亦爲卑若求大乘此乃爲尊次第相
望乃至圓別是佛菩薩界如是節節迭爲尊卑善男
子去即第二明圓七善舉兩譬者如意珠譬圓生善
甘露譬圓滅惡一善一切善無善不備一滅一切滅
無惡不除故舉兩譬先譬次合譬可見次如是下合
譬云於人天中最尊最勝若直以世人天解者未爲
允當於賢聖人天中尊勝乃應合文善男子是名下

第三摠結能具七善即梵行中之一品第二明四無
量心者亦名四等無量從境四等從心何者前境非
一故名無量在境雖多我心一相故名爲等通而爲
言境亦名等心亦無量云云文爲二初明四心後明心
果初辨四心又二先明次第四後明圓四次第又三
一略標二論義三領解初標如文次迦葉下論義先
問次荅問開五難一難四心應三二難四心應一三
重難四心應三四難四心應二五重難四心應一合
而言之亦成三難第一與第三難四令三第二與第
五難四令一第四一難難四令二且依經文而分五
難第一以兩心無異同能治瞋應同是一喜能與樂
捨能除癡是故但三不應有四慈有三緣下第二皆
同有三難令唯一先唱三緣次釋三心三緣深淺但
爲一義然約境雖異緣心無別如緣貧窮即衆生緣
知此貧人應須衣食即是法緣若知衆生須知如來
受第一樂則無所須即是無緣能緣既一不應有四
故只是一緣五陰名衆生緣者五陰從何而生緣所
須物而施與之是名法緣若緣如來不須此物即是
無緣欲明緣境心徧乃至上緣於佛況復餘境慈之
所緣下第三舉三緣難衆生境淺法空則深無緣兩
無是故極深既有三緣寧得有四只應有三成論人
云緣生是生空緣法是法空緣如來是平等空此失
文意文云緣衆生者緣於父母妻子顯與其樂何時
云空人有二種下第四難人有二種見行利根愛行
鈍根利人好瞋爲教鈍者十徧不解是故生瞋爲此
義故須修慈悲以捨瞋心鈍見利者恒生嫉妒所以

令其修於喜捨即除嫉妒若爾只見有二不應有四
夫無量者下第五以名字難合作難既言無量寧得
唯四既其但四不應無量若無量者唯應是一次如
來荅爲二先破定四之執次荅無四之難初有三一
明教門廣略不定二明反常不定三明治惑不定既
其不定何必須四初約十二因緣不定爲荅或十一
乃至二一因緣隨機利益不可爲定除生一法者河
西云薩遮尼犍聰明鍱腹頭戴火冠來至佛所其心
高逸不聽佛法密迹杵擬怖方聽法其父是梵志母
是尼犍俱共出家以從非法父母生故唯此爲恥餘
無所憚佛將護之故除生一法唯說十一爲迦葉說
以辟支根利復無忌諱具說十二善男子如來方便
下第二反常不定或謂口密不定佛實具足常樂我
淨亦說無常不淨生死實是無常不淨亦說常樂我
淨善男子或有衆生下第三治惑不定謂身密不定
作轉輪王施財是捨與五欲樂是喜作僕使趨走是
慈訶諫是悲善男子是無量下第二荅無四之問又
二前摠後別摠又二初舉二事次摠非前問舉二事
者前舉體異次明用異初體異者得報不同慈得徧
淨悲得空處喜得識處捨得不用處處異故治惑不
同如是無量伴類下第二明用異者貪取人物慈與
人物瞋與人苦悲拔人苦嫉忌人樂喜與人樂癡長
憎愛捨亡愛憎以是義故下二摠結前非非一者非
第二第五非二者非第四非三者非第一第三如汝
所說下第二別荅五問即爲五章此初荅第一治惑
難唯三無四今明雖同治瞋瞋有輕重是故成四有

六復次如文是故迦葉是無量下荅第二同緣難治惑不同伴類有四何得令同有三緣但共爲一復以器下荅第三淺深難難令有三今明隨用有四並遂行爲三或言器是境以行分別下荅第四據人利鈍難欲明雖有兩人而有四行不得爲二以無量故下荅第五名字難爲二初列四章門次廣解釋欲明無量有四句何妨得有四種無量迦葉白佛下第三領解如文世尊頗有菩薩下第二明不次第即圓四心又二初料簡小慈次顯大慈此之大小小亦不小不可以凡夫爲小二乘爲大二乘爲小菩薩爲大何以故凡夫二乘俱不住於大涅槃故今以次第慈爲小不次第慈爲大此兩俱住大涅槃故有人以似爲小眞爲大此亦不然次第似眞俱小不次第似眞俱大故簡小有兩問荅初問有菩薩住大涅槃有慈悲心非是大慈心不此正問次第梵行次佛荅爲三一唱有二釋有三結有初倡如文次釋有中二先出境次明觀初境有九品冤親中人各有三品或謂中人唯一但七中人於我無冤無親不須開三一往如此然此中人不無愚智貴賤之殊故可分三便成九境即有九慈次是菩薩下正明修觀若全未修但欲與其三親三樂三冤三苦三種中人不與苦樂若初修慈於三親中與三品樂於三中人與三品樂於三冤人上冤與下樂中冤與中樂下冤與上樂第二修時上冤與中樂中下兩冤與其上樂第三修時三冤併與上樂未是親中三種之樂第四修時即以中人下樂併與三冤第五修時以中人中樂併與三冤第六修時以中人上樂併與三冤第七修時以三親下樂併與三冤第八修時以三親中樂併與三冤第九修時以三親上樂併與三冤是名上冤與增上樂尒時得名慈心成就又直取三品樂與九種境初入觀時三親與三樂第二時中親與上樂下親與中樂第三時下親與上樂第四時下中人與下樂第五時下中人與中樂第六時下中人與上樂第七時上冤與下樂第八時上冤與中樂第九時上冤與上樂是名慈心成就今文中但略有四番入觀初番三親等與上樂此摠三親以爲一番別開三冤以爲三番若明修觀實有九品修習不同而今文中但明三品善男子是名得慈下第三結有世尊何緣下是第二番亦先問次荅荅爲三一倡難成二釋三結初文倡次何以故下釋先法次譬凡舉四譬如文惑彊慈弱不得名大達惑慈成方名大慈以是義下第三結善男子菩薩住初地下是第二顯大明圓四心方是大慈文爲二一明大慈二明虛實初大慈又三一正明大慈二明兼用三明善本初正明大慈又三謂倡釋結初倡如文次釋中意者上來於上冤與上樂未於闡提與其上樂今此圓慈緣於闡提但見實相不見其過故不生瞋方是大慈三結如文善男子爲諸衆生下是第二明慈兼用者若慈但與樂悲唯拔苦則非兼用今明慈亦拔苦悲亦與樂捨中亦二如文唯四無量心下第三明善本爲三初爲六度本次爲發心本三自相本迦葉白佛下第二明虛實開善謂爲實觀亦先問次荅問爲三一奪難二縱難三遮難初奪難者又二先法次譬初法者明雖欲拔苦實未拔苦皆是虛言雖欲與樂實不得樂此是假說次舉譬顯亦如比丘作假想觀觀羹爲蕆而實非蕆雖言與樂實不得樂世尊若非虛妄下第二縱難縱有實益何以不見得安樂者若實與樂今佛菩薩無量無邊何以不見與衆生樂若當眞實下第三遮難佛若荅言是虛無實如來亦由往昔行慈得爲梵主最勝最上何得無益是故遮云不得無益故名遮難次佛言善男子下荅前三難初荅遮難次荅奪難三荅縱難初荅遮難爲二先歎其遮次正荅荅中四偈爲三初一行明大慈次一行大悲三兩行格量實能與樂功福無量善男子夫修慈者下二荅奪難又二初倡眞實故舉譬開假想之非顯菩薩是實云何知耶第二廣明是實又五一實能轉境二實能治惑三實能善本四實能徧諸法五實不可思議初爲三一倡二釋三結初如文釋中意者解此有二一實能轉境二但能令見若轉金爲土則可實轉若令衆生爲非衆生但能令見一師云經云能成云何二解菩薩非但能轉金成土亦轉衆生成非衆生非衆生者即是草木轉非衆生成於衆生若言衆生本來虛妄無所有者當知衆生有非衆生若言諸法有安樂性即非衆生亦是衆生情與無情有性無性準此可知私問若衆生與非衆生實更互轉情作無情無情作情是義難信若不實轉聖力徒施摠而言之只是諸佛菩薩自既依正不二而二二而不二能令衆生亦復如是此則永轉若暫轉者不無斯義亦令轉者不自覺知況復慈即如

來如來即慈慈即佛性佛性即諸法敬請後德思之
思之復次善男子下第二明實能治惑又三謂倡釋
結舊云四等但是功德猶樂相伏非究竟斷此中四
等即是般若即是能斷復次善男子四無量下第三
明實爲善本又二先明能爲大乘善本次明能爲三
乘善本初又二初明通爲一切善本次明能爲布施
之本初文可見善男子菩薩下二偏明爲布施之本
又五一正施本二無相爲得三有相爲失四明一心
即四心五廣發揩顯初明施本舉八事爲下八事作
本如是施時下第二明無相爲得又三初摠次別三
結初如文次別中云不見因果者施時是因得報是
果得果是常不得是斷菩薩皆不作如此施三雖復
下結如文善男子菩薩若見下第三明有相爲失爲
三法譬合法如文譬中人譬淺行菩薩箭譬慳起眷
屬請醫譬知識勸施言且待者譬不肯時施我當觀
者取相分別毒箭誰射譬分別福田若持若犯何箭
竹柳譬分別施物何物可捨何物不可所有毒者譬
執施之人竟不知施而命終者既不得施爲慳所蔽
斷善根命合譬如文復次善男子下第四一心即四
顯圓慈相明行施時具有四等施時生慈及以起悲
施時心喜施已是捨菩薩於慈心中下第五廣發揩
顯凡有八重初明施食乃至燈明初三如文第四施
衣云離身一尺六寸者一依理云裂諸見衣除十六
知見二依事云面各四寸即一尺六第五施華香中
云無戒者是無戒之戒非是不受及受不得之無華
嚴云如虛空戒無所依戒大集云無所住戒見住戒

非故言無作戒者非是非色非心之無作乃是此戒
不作生死涅槃之戒餘如文善男子一切聲聞下第
二爲三乘本又三初明三乘次一切法三摠結以此
章用慈攝一切法無法不徧圓慈之義轉更明顯然
善本者即是利他利他之中慈悲最勝初文即是三
乘菩薩摩訶下第二別列一切法不淨與出入息即
是二甘露門七方便者數師云一不淨二別相三摠
相四煖五頂六忍七世第一論師云一色苦二色集
三色滅四色道五色過六色味七色出三觀處者謂
苦無常無我此小乘名若大乘者觀十二因緣苦業
煩惱以爲三觀又瓔珞云明三觀者二諦觀平等觀
中道第一義觀云云無爭有三解一云慈心成故無爭
二云空解明故無爭三云隨心覺照與物不爭本際
智者二解一空解爲本際故阿若憍陳如名了本際
二以邊際智緣延促自在爲本際智以是義下第三
摠結善男子能爲善者下是第四實徧即是諸善亦
是徧於一切善法明圓慈轉顯又二先明即大乘諸
善一十五句次明即小乘諸善有十六句初十五句
句句中皆結是如來慈慈若無常下是第二徧小乘
善法十六句亦句句後皆結是聲聞慈善男子慈若
有無下第五明實不可思議又四一歎大慈體二歎
行慈人三歎詮慈教即大涅槃四歎說慈主初歎慈
體舊有三解一云衆生慈緣有法緣緣無無緣緣非
有非無二云初地至三地空心多故是無四地至七
地有心多故是有八地至十地有無並觀故云非有
非無三云同緣佛果妙有故是有無生死界故是無

冥眞故非有非無今言不然緣五陰法如何是無若
是無者即應入眞既不入眞何得是無又若是無無
緣何異又初地至三地豈一向空又非有無豈皆佛
地今文歎於行慈之人但行慈者皆有雙非不必唯
佛此乃正明梵行中意若緣淨淨是無若緣不淨淨
是有若緣非淨非不淨是非有非無不並不別又緣
於三諦緣眞故無緣俗故有緣中故非有非無中論
云因緣所生法即空即假即中道義問四句是戲論
何以釋經答定性四句即是戲論假名四句非是戲
論菩薩住於下第二歎行慈人是大涅槃下第三歎
詮慈之教諸佛如來下第四歎說慈之主迦葉白佛
下第三追答第二縱難前難云慈悲若實應有利益
故更牒問請答還復進退兩難一就實修慈爲難若
佛實修應與衆生何以衆生不得慈益若慈不能與
衆生益慈即無用答又三初明實有益二引事證三
結歎不思議初又三前倡有益次善男子下釋益三
以是義故下結益初如文次釋益若定業不轉則不
得益若不定業則得益也雖是定業若修善者還成
不定如定壽八十此不可轉若中間非橫慈即益之
云何定業如初興殺起重毒害殺時決定殺後暢快
並起恚心此業即定則不能與樂若不定者慈能與
樂問業自不定自應得樂何須慈與答業雖不定或
轉成定若得慈益轉重爲輕見虎豹等自然生怖者
喻行慈者人見生喜善男子我說是慈有無量門下
第二引事爲證凡舉八事慈運神通以救衆生初事
中文云謂呼是血者有三解此是十二年前未制壞

色故純著赤二云五部不同十誦一衣三種雜點五
分四分三隨著一謂青泥木蘭木蘭赤色三云三色
衣中一衣即用三色點之如大豆許但諸弟子併著
點衣但其點雖小遥望猶赤次五事可見第七事初
云憍薩羅舍衞者或有言是一國異名或云憍薩是
附庸國其國有賊故波斯遣兵善男子下第三結歎
夫無量者不可思議乃是通歎菩薩所行不可思議
歎次第慈諸佛所行即歎圓慈是大乘典即是歎教皆
不思議俱會一圓言語道斷心行處滅不可說不可量

梵行品之二

起卷是第二明四心果又爲二初明三心極愛地果
次明捨心空平等地果舊二解一云三心未成但共
一果一心已成獨得一果二云三心同是有行故共
一果一心空行獨得一果義皆不然三心未成何以
得果又四心同緣衆生同緣於法同是有行同緣無
緣同是無行有無既同三一應等今亦一往別圓兩
判別者即理而事慈悲喜三與愛相扶故制一果捨
心扶空故獨一果若圓判者上明一慈即悲喜捨圓
慈即徧一切諸法無法不收果豈隔別特是文略亦
是互現云云一子地文爲二初明地果後論義初先倡
章門次解釋初文舊云是性地二云八地已上三云
是初地今明不然先明聖行即是自行已云初地此
明梵行即是化他先之自行已入初地化他何容但
是性地何容超至八地已上斯皆過若不及正是
初地證化他果云何此地去是解釋先標兩章謂極
愛一子然極愛故一子一子故極愛不應有異而今
分別極愛就心一子就境子非我內故言外境次釋
中凡舉五譬初譬釋極愛四譬釋一子結判分明初
如文譬如父母下第二譬菩薩見諸凡夫起惡因是
生悲如人小時下第三別譬發心學人起於取著土
塊等譬五陰下文合云身口意業左譬實智右譬權
智又左譬定觀右譬智拔捉頭救其身非挑出救其
口過譬如父母下第四別譬衆生感於苦果故言同
生地獄譬如父母下第五通譬救因果迦葉白佛去
第二論義兩番問答初番論義次番領解初中先問
次答初問爲二一直申不解次若諸菩薩下正是論
義或云五難或云三難一難殺婆羅門二難罵提婆
達多三舉須菩提爲況初殺婆羅門又三一何故殺
二應護念三何不墮獄若使等視者是第二罵調達
三舉須菩提小乘況大小乘尚乃護生若此況佛果
滿猶有殺罵若慈何故令人增長煩惱汝今不應下
第二佛答答前三問但不次第初答況難次答殺難
三答罵難問何故不次答只是逐近何必須次是例
甚多然況難最劇何者說師無慈不及弟子是故前
義中一是如來義如去在善逝中如解在世間解中
云何爲應梵云阿羅訶有三義謂殺賊不生應供此
中但云應不言供有五復次爲兩前四以殺賊爲釋
後一以應供爲解前殺賊兼不生以破陰魔故即是
不生云何正偏知下是第三号又二初止釋次云何
不徧下反釋初文者梵云三藐三佛陀有五復次前
四是佛能知四法皆悉徧故言因苦行定得苦果者
外道苦行後一斥小云何明行足是第四号梵云毗
侈遮羅那有四復次前一就脚足釋後三就滿足釋
皆先舉世譬次用佛合明者名呪般若是大明呪因
呪得解即解脫也吉者菩提果名涅槃因於菩提得
涅槃故三明者菩薩明是因佛明是果無明明三解
一云無明是惑明是解用明解斷無明故云無明明
二云畢竟空境不當明與無明而能生明及以無明
故言無明明又一解前分菩薩佛者作異解後舉無
明明作不異解佛與菩薩俱是無明明無明即明云云
云何善逝第五号梵名阿耨多羅亦言修伽陀亦言
修伽度有三復次最後復次有法譬合初中云善名
高者辦於高勝逝名不高者雖出生死而不捨就佛
心爲言善知識者即是道品云何世間解第六号梵
云路伽憊世間有三謂五陰衆生國土此中六復次
即六世間一五陰二五欲三國土四衆生五諸佛爲
世間六照世名世間云何無上士第七号梵云富樓
沙有五復次開斷惑不斷惑義文云體大涅槃無新
無故者過去諸佛已成名故衆生是當成名新無新
無故即無已當此任理之體達也若爲緣云有新故
已當也云何調御下第八号梵云曇藐波羅提先明
丈夫次明調御丈夫又二先明能調開二章門能調
即如來所調即衆生後釋兩章如來實非下釋能調
實非丈夫方便示爲能調丈夫一切男女下釋所調
出是出苦味離是離集味滅道如文迦葉白佛下第
二明捨心果文爲二初明空平等二辦知見所以然
者即寂而照即空而有即實而權上三心果即事而
理而後結云諸佛境界即事而理與今互顯初又三

一明平等果二辨空義三明利益初文先問後荅荅
中二初略明空門果後廣明空門果歎須菩提者於
聲聞中解空第一舉小況大以明地體舊有二解一
云七地引經云七地能入寂滅二云八地空有並觀
故是平等今云初地與一子地理同能異故立別名
何得淺深例聖行中戒定之果同在初地善男子下
第二廣明空門果又三法譬合初法說具明人法二
空不見父母等即是生空不見陰界即是法空而復
言衆生壽命者更牒前生空次譬如虛空下舉事空
爲譬一切諸法下合迦葉白佛下第二廣辨空門義
又二先問後荅荅又三一列十一空章二一一解釋
三結初文者若大品明十八空或論七空今處中說
故但十一然大品廣空而略性此經廣性而略空摠
其二經互顯其美菩薩云何下解釋十一空舊有二
說治城云前六空是互無空性空下五空是任理空
任理是眞諦空互無是世諦空莊嚴用之開善皆是
理空而廣斥治城仍分爲四初六是假名空次二是
實法空次一是平等空次二是佛果空以修行有漸
故觀師云此十一空皆是破病引釋論云如藥有十
一破十一病空十一有名十一空亦得皆明理亦得
言前八是破病後三是顯眞今明羅列十一界分不
同即世界緣宜十一說之生善是爲人治十一病是
對治聞一一空即能見理是第一義通方融治並應
定執私謂經論不同不逾四悉該括漸頓融通顯密
並適於斯此十一空即爲十一段初文明內空云無
外法外空無內法治城呼爲互無空開善明外空時

例解內法亦空內空時亦例解外法亦空知有爲是
空時例知無爲亦空知無爲時有爲亦空有人評此
二解謂治城於文爲得於理爲失開善於理爲得於
文不便有師言待內明外既無內即無外此還扶開
善解文解內空無有常樂三寶等後文又云如來法
僧不在二空解言前云無者無理外横計後言不無
者即理內正法若釋內外空作互無釋極不相應若
作相待意則易見既待內外得離內外以爲二空既
無內外即無內外合爲一空有爲空者如內外空無
爲空者而言佛等四法非有爲非無爲即中道正法
無始空者一云破外道冥初故言無始二云遠討其
根無初來處非今始空始破明無無無有始性空一
云破性說性空二云本性皆空如貧窮人一切皆空
舊云從眼生滅去就法空明第一義從何等去就人
空明第一義開善云何得用於淺近生法兩空釋大
涅槃文諸經無不前明生空何故此中前明法空觀
師云眼生時無所從來即不生義滅時無所去即不
滅義還是中論兩不之義若眼是有不應本無今有
已有還無推其實性無眼無主推一切法亦應如是
問第一義空何得有業有報荅此寄有以明無寄無
以明有不有不無即第一義空空者爲三謂歎釋結
歎者此是凡小所迷沒處是有是無正釋也一云是
有是無是二章門後言是是還牒上兩是又言非是
者兩是皆空二云上明有無兩境皆空下明權實二
智皆空是是即權智非是即實智今更作三句責爲
空境名空空爲空來空智名空空爲空來空能空之

法名空空耶若直空境空智此猶是偏未得名圓若
將空來空空乃是圓正中道之空大品云一切諸法
悉皆是空是空亦空有兩師不同一云一切法空者
空猶未妙今更將空來空此空二云不爾前一切法
已是妙空今空亦空只能空之法亦空河西同後解
故云或謂萬法雖空而智體不空遣破惑情故曰空
空是有亦空是無亦空下句即云前計既空智不獨
有眞悟之心理無並照雖無並照遣義可知有漏空
無漏空人多重無漏空將有漏空輕有漏空無漏空
二空體一並應輕重萬法既寂智體又空蓋謂妙空
非二乘所及有人言大空即般若空者色大故般若
大釋論解大空有事理事者東方空乃至十方空理
者即涅槃第一義空大品指涅槃涅槃般若更互相
顯今約三諦釋十一空內空者眞諦空外空者俗諦
空內外空者即二俱空有爲空者生死俗空無爲空
者涅槃眞空無始空者三諦相即不見元祖名無始
空性空者三諦體性本來自空故名性空第一義空
者眞即是中中即是眞名第一義空空空者一空一
切空大空者三諦俱空後歎文亦約三諦爲歎三諦
相即諸凡小聖所迷沒處是有是無者雙照二諦故
言兩是一一諦悉備具中故言空空是是非是者單
照一諦即具空假空故是是假故非是即備中道故
言空空若雙若隻若三若一皆不可思議具足無缺
故非凡小所議善男子菩薩下第三結歎我今於下
第三明利益又二一明悟空二住是地已下說功能
即是前離後得之意善男子菩薩住是地中去第二

廣辯知見知見廣遠良由空寂亦是即寂而照文爲
四一明知見二無所得三會通四結歎即寂而照故
明知見即照而寂故無所得得無所得其性不二是
故會通此法奇特是故稱歎初文爲三一知十三法
二得八種知見三得四無閡智初文云行即是心緣
即是境性即是内相即是外親者爲因跡者爲緣復
次知而不見下第二明八知見一知非處二知是處
三知共行四知因果五知轉障六知佛性七知二諦
八知二智知外道邪法是知非處知善惡報是知處
知常無常四德等是知共行求大乘是知因到彼岸
是知果身戒心慧是知轉障佛性爲三一據凡夫二
據十住三就諸佛不知不見是知眞亦知亦見是知
俗惠施等是知權不見所施等是知實迦葉白佛下
第三明四無閡智又二前問次荅荅爲三一章門二
釋三料簡初如文次釋爲五一就世諦釋二就出世
釋三就無著釋四就辟釋五就往因釋初世諦釋者
法者知法及法名字義者知法下義及名下義詞者
音聲清雅分別了亮樂說者能究轉變換無窮無盡
隨字論者定其文字善識字體正音論者正其音詞
分明切齒闡陀者法句論亦言合聲如合聲唄河西
云即是此閒詠歌聲也又言唯是外法未必全爾乃
是偈聲通於内外復次下次就出世釋者知三乘義
悉皆歸一三就無著釋爲二初釋次論義他云是遣
執釋今依難意爲無著釋迦葉下論義先問次荅初
迦葉難意云知即是著佛荅以無著故知四就辟釋
中初舉六辟釋法無閡解還指六辟釋義無閡解言

地持者持衆生非衆生勝鬘云大地持四重擔謂山
海草木衆生彼廣此略山取壓地地取安山互相持
故眼能持光有二解優樓迦計眼光與意合時能見
借此爲辟二云非借外義眼有清淨四大之色因外
光能見善男子菩薩下五就往因釋善男子聲聞緣
覺下第三料簡又二初料簡後論義初爲三一明二
乘無無閡二別釋三總結初如文次別釋中先釋緣
覺次聲聞迦葉下二論義先問次荅荅爲三一正荅
二開昔權三顯今實如文迦葉白下第二明無所得
知見又三一明無所得二引偈證三無得而得初又
三一問二荅三領解問又三初領指前文前文已遠
故言梵行次菩薩知見下正難三云何如來下結難
佛荅又二初歎其問次正荅又二先正荅次結正簡
邪初正荅中凡十復次得無得相對得者非謂得中
之得乃是無得之得此無非是析滅之無是體達無
十對者所謂得無得倒無倒智慧無明涅槃諸有大
乘小乘方等三藏眞空生死常無常眞空五見菩提
二乘次善男子汝之所問下結如文大品明諸有二
者是有所得諸無二者名無所得云云迦葉白佛下三
領解又二有領解有得益次引偈證者如來上云於
此正在雙樹云何更指雙樹解言直是語法未必別
處指此雙樹二云見聞不同寧有定所假使異處指
此何妨此偈是第二出釋得無得文爲二一舉偈請
問二釋偈爲荅荅爲三一別釋二總釋三結釋別又
三一略標二重問三正釋釋中二先誡許次正荅荅
中凡有八番前六番止釋後二明不果得說一一並

前釋上半後釋下半又須望下總釋之意舊釋此偈
本有煩惱即是昔本今無涅槃即是昔今不得云是
今日之今何者今有涅槃故若天魔梵說言如來有
煩惱者無有是處此乃今日佛果不爲三世所攝如
此釋文一往得去不遣他難只爲昔日有無無常後
乃是常還是本無今有焉能遣疑興皇云本無今有
皆是隨緣本有煩惱非有說有今無涅槃非無說無
若天魔梵能解此者說言如來有煩惱者無有是處
遣難釋文二塗俱了今謂乃是總荅中意若別釋文
猶自未去此之偈意爲化衆生衆生唯作善惡之見
謂昔有惡今則有善二乘作眞俗不一之見菩薩作
三諦各別之見文殊作三諦相即之解亦是四門四
悉等解豈可只作如上諸人一種解耶私謂如來自
作八種解釋佛意乃將此八爲式當知其義徧一切
法若如諸師各一種見佛何不唯一種釋耶欲許諸
師一一皆是若欲非之假使諸釋寧得佛意略如章
安四悉故悉是離悉故俱非故知四出則四是各計
亦四非四非故一切俱非四是故八番皆是故更總
釋以總冠別方稱佛旨四悉四門具如前釋如來普
爲下第二總釋總成前意故知言有不有言無不無
皆爲利益悉皆無定隨國土人其相不同是故輕重
犯不犯異善男子一切世諦下第三總結釋皆以生
死爲世涅槃爲第一義有時說世謂第一義或說諸
法空寂即是生死謂說第一義或說妙有常住即是
第一義人謂是生死如來說空欲明不空說有欲明
不有衆緣皆作有無之見善男子是故汝上不應難

言下第三明無得而得又三先標次問三荅初標如
文次問中二先問次難初問者若有得應是無常自
有法辭合夫道者非色下次難若常則應無得三佛
荅爲二先荅初問次荅後難初文先汎明道有二種
常道雖得而非無常道與菩提悉皆名常下第二正
荅今云道定圓常本來有之爲惑所覆斷惑復本義
言其得得而是常次善男子道者雖無色像下荅後
難爲三法辭合初法說次如衆生心下辭說然實是
常能修者得不修不得善男子見有二種下第三會
通又爲二一會通二論義初會通者會前所說知見
等法皆有似眞似是相貌了了即眞眞又爲二一菩
薩了了二如來了了此下盡卷是會通兩章如文

梵行品之三

起卷是第二論義有問荅問爲二一問同世間二問
異世不知荅爲二先正荅次結初荅爲三初明異世
間二明同世間三非世非出世異故即世間不知不
知十二部經或同者世間橫計微塵等生計世界有
邊爲終無邊爲無終皆情斷常舊云無始無終有兩
解一云無始無明全無始終二云無始無明有始有
終無有一始在此無始之初者故知有始而復終於
佛果此之兩解同於此中橫計斷常十一空中明無
始空爲破此始亦破此終於如是事下第三明非世
出世若菩薩知謗言不知即是謗人言無菩提即是
謗法次結如文尒時迦葉下第四說偈結歎他云初
半行歎大慈次一行半歎大悲後兩偈結歎今謂初
半行如前次半行歎大悲次世醫者一行半歎大喜

喜之所離故言不發喜之所得故言甘露衆生既服
下半行是歎大捨次一行結歎如文說是偈下是第
三明戒爲梵行開善云前明深梵行此明淺梵行是
義不然以戒爲本故能化他就文爲三一持戒二護
法三六念以持戒故能護法以護法故能修念次第
相成法爾故也持戒爲二初略明持戒次廣明得失
初文有問荅問爲二初領旨後正難難中爲兩先難
同世若世間不知見覺菩薩亦應不知見覺次難異
世佛荅有二先開兩章次釋兩章汝言有何異下釋
兩章門先明不異即釋同章有同有異不一向同如
文菩薩聞是下第二釋異章門又二先明聞經故得
三法次明三法相資初文具明三法皆戒爲本以修
慧下第二明三法相資文略故但言二初明慧資戒
二明戒資慧迦葉復言下第二廣辨得失有問有荅
荅又二先舉不淨持戒不能相資次明淨戒正荅問
初文又二初明不淨次無相資有四不淨一爲有如
難陀云云二性不定或時能持或不能持三非畢竟不
能從始至終永永長持四不爲衆生無廣大意自局
在己不兼利他菩薩摩訶薩下第二明於淨戒正荅
其問亦二先明淨戒次明相資初淨中四淨對前四
不淨戒非戒即對前無始終戒非戒非是五戒律儀
等乃以無戒無持爲戒此是畢竟淨戒於戒淨中下
第二明相資之力又二初三法相資次五法佐助相
資中次第傳傳釋前句於中二初因戒故釋不悔又
有法辭合辭有三辭次以淨戒故下次釋歡喜又二
先明三相次明悅樂初文爲三初明持喜二明毀憂

三雙明二義前二各有法辭合於第三雙明持犯中
二先辭次合初中牛辭經教女辭果者酪餅辭破戒
漿餅辭持戒至城欲賣辭俱求當果以因貿果云云脚
跌辭命終二餅俱破辭身壞喜憂辭持毀漿餅者已
罄得酥止餘漿汁所直不多不得亦閑辭持戒人已
修得道只餘殘命命存亦善不存亦閑若也酪餅全
未罄酥失酪酥亡辭破戒人未得修道此命若終其
道亦失是故喜憂次持戒下合如文次心歡喜故則
便思惟下釋悅樂又二初正釋後論義論義中先問
後荅荅中有四重解釋後展轉深入成大涅槃皆由
於戒然五受根中則樂淺喜深禪定之中則喜淺樂
深各有所據今同禪支次明五法佐助中言得五涅
槃者即脫五陰涅槃非五脫五陰縛名五涅槃善男
子若我弟子下第二明護法護法即是護戒護戒既
牢即是持戒持戒不牢由無護法心又二先訶毀法
次勸護法初訶毀又三一正訶破戒二訶求有作業
三訶是處非處然極猥人無過破戒一無所用文云
寧當不受不持不用毀戒而受讀之問上文爲僕趣
令讀誦今文寧可不受不持兩言相反者何耶荅此
各有意前明汲引百方令入今誡人師令無瑕犯初
訶毀中不出三業初是訶身次是訶心三是訶口初
文者若人受持戒所有弟子亦數是師自既不正号
令不嚴次當正身心下第二訶求有若求三有名爲
輕躁不求果報名爲沈審望有修因是則名爲有
造業三莫非時說下第三訶離是處非處審能弘宣
須離此等諸非法處莫不請者然與不請之友相乖

釋云事須適時今下須請莫滅法說不持戒說不護
法說是滅法說熾然世法說者即是求有造業而說
他解多以世典詩書添足令他不信名熾世法令不
爾於所說中增長若集是熾世法善男子若欲受持
下第二勸贊護法他云先列十智次勸淨心令初言
自他欲受持者信故名受不忘爲持即是自行口所
說者謂化他也涅槃宗體行教用果前說佛性爲宗
後說見性爲果兩塗並使三業清淨復次善男子下
第三明六念大品中明十念八念小乘亦有六念即
是晨朝唱者一念何年月日二念戒臘年月三念施
食法四念三衣長應說淨五念不別衆食六念有病
應治皆各有意今此六念爲梵行者居於林野有懷
恐怖令修六念前三念他後三念自戒施是自因生
天是自果戒是止善施是行善天有近果遠果云云就
文爲二先唱數列章云何下解釋六念即爲六章念
佛章爲二先念佛果後念佛因念因是念往因念果
是念現果由何因得今果念果爲四謂兩章兩釋初
立十号衆德兩章門次釋十号衆德兩章釋十号是
釋名下義釋衆德是釋體下義先列十号章門成論
與阿含皆合無上士與調御丈夫爲一号至世尊十
數方滿今經與釋論開無上士與調御爲兩至佛則
十名已足總結上德十号具足爲世所尊就別釋中
不稱世尊但言婆伽婆此是佛之總名將代世尊常
不變易下二列衆德章門三以知法下釋衆德章前
文皆略直釋最後大法師一事還以前七善爲釋知
我能持戒能說大乘復知中道名大法師知小乘偏

道皆非法師云何名如來下第四釋十号梵云多陀
阿伽度舊但以乘如實道來成正覺一義以釋如來
釋論四義釋如來謂如來如去如解如說佛三世佛
學十二部經修十一空而得成佛故名如來去離生
死永免諸惡即是如去如如而解如如而說亦是說
我所解解我所說此中三復次前後二復次是如說
遣仍訶責之言其不應先摠訶次擧七事別別訶之
初言蚊嘴者鳥口尖者曰嘴蚊口似此以類名之中
五可見云云最後文中更有多事於中云寧與毒蛇等
摠奇迦葉誡制愚蒙善男子如汝所言下第二荅殺
難還酬三意今初荅何故殺而實非殺廣擧六度文
爲三先牒問次正荅三結實不殺汝向所問下酬其
護念問亦三先牒問次我時已得下是正釋上迦葉
問未得不動地時得破戒不佛荅言得此中荅云殺
時已得一子之地二文云何一解云上問家問未得
佛荅云得地及破戒二解云上言未得未得於眞此
中言得即得於眞舊解云是見機殺故云無罪河西
云一大悲心恐其墮獄二爲護法其旣謗法是故殺
之令免謗罪三爲滅邪見四生其信心作此觀之亦
似實殺興皇云是示現殺如前童子盜聽如後罵於
調達今問若是化殺豈有地獄三念甘露十劫之事
若皆是化如來所作爲利益誰若俱非化童子死已
後生何處故知二解不可偏用若得意者理在其間
三以是義下結善男子若人掘地下三酬其不情問
又三一更反問二迦葉荅如文佛贊下第三正荅又
三一歎述二簡內外諸殺三會通所問此初歎述明

惡心殺草尚得罪者若無惡心殺人無罪婆羅門法
下次簡內外初簡外殺如文佛及菩薩下簡內善男
子若有能殺下第三會通言殺無罪者下文云施一
闡提得千倍報施一餓狗得百倍報而此中云殺闡
提言無罪者互明與奪若據闡提現在無善害之無
罪過去五戒感報人身勝於畜生故報千倍汝上所
言下第三荅其罵難亦爲三牒問正釋結會初如文
次釋中引昔七事爲證又爲二初摠略述意次如我
一時下別擧七事我於介時下三結會所問迦葉白
佛下第二領解又二先領次述成四味者即四諦味
文夫具足四法乃名丈夫若無四法行同畜生大論
亦云人頭鹿鹿頭人云云如御馬者以此四種法釋能
調利鈍不同如快馬見鞭鈍馬痛手利人說生鈍訶
老死如大論野干云云云何天人師第九号梵云舍多
提婆魔㝹舍喃有十二復次初兩復次釋師次五復
次釋天並用勝義釋天次四復次釋人言驕慢者非
惡驕慢欲立丈夫弘護三寶復能破慢次一復次摠
釋天人師如文云何名佛釋第十号前釋名後歎德
梵云佛陀耶亦云佛陀四耶此翻覺者亦言教籍前
緣覺者亦同此義故覺應是正如支佛翻爲獨覺不
言獨教地人云自覺覺他復言他覺此大煩矣婆伽
婆下釋第十一或謂是世尊彼此之異何者前列章
云世尊釋章釋婆伽婆故知是也此恐不爾世尊梵
云路伽那他此稱世尊龍樹釋婆伽婆爲四一能破
煩惱二有功德三巧分別四好名聲今具四義初一
復次釋破煩惱次一復次釋有功德三一復次釋巧

分別四一復次釋好名聲初是釋破煩惱可見次又能成就下釋有功德成就善法正是功德三又能善解下釋巧分別四有大名聞下釋有聲名餘三復次屬釋功德當知婆伽婆有無量功德功德據內世尊者為世所尊此即據外今將婆伽婆代世尊非即名世尊文有二義前七釋四義後一復次勸修善男子何故下是二念佛因欲明得果謂久修因文為二前徵起次正釋釋中二先明六度四等為因後明五十四心為因於中云無為心者非謂常住謂無所為作無心無無心雙捨此二非但無心亦無無心無無記心光宅云常住佛果有二無記一知解無記二果報無記即違今經修因之時尚無無記云何佛果猶有無記無報心者不求果報不住心者無住著無常心者無所定執無多少心者不厚此薄彼界知心者分別諸法各有界分生界知心者即生滅界住界知心者知常住不滅界自在界心者於常無常皆悉不生通達自在生界者知俗住界是知真自在是知中云何念法下第二念舊云二先念別體法唯此正法下念一體法今不爾文云最上最妙能令眾生得現在果若準藏通能得現果而非上妙別是上妙而非現果動經無量阿僧祇劫唯圓上妙能得現果當知是圓一體之法云何念僧下即第三念舊亦為二先明別體事和僧不可覩見下次明一體理和僧今明不爾文云受正直法三教非直唯有圓僧是正直法云何念戒是第四念雖無形色而可護持者或謂以為無作之戒自有三釋一云僧祇部謂無無作色故自

無無作無作亦無色但有其心故言而可護持二薩婆多謂無作是色即數人所用故自有無作而復有色色非質閡而有教假色故須護持三曇無德部成論所用無作是非色非心如此等說並是爭論乃是小乘自論有無大乘之中都不明此故上文云有漏之法凡有二種謂色非色非色法者心心數法色法者地水火風何時云有無作色耶云何念施下第五念謂修善因言雜華者觀佛三昧海經云我於雜華已為普賢賢首等說此土無雜華經唯有華嚴或謂別有雜華不來此土一云觀佛三昧云雜華者是華嚴云何念天下即第六念或謂當果第一義天今謂不爾通念諸天直是念天不云當果當果天與前佛果無異正是通念此世天境隨義別立故名為天善男子下即大段第二歎經文為二初盡此卷歎經生善後兩卷歎能滅惡初生善文為三一正歎經二歎弘經人三歎興衰此三次第者良由五行能顯於道復有亡身弘道之人人弘故興不弘故衰初正歎經又二初如來歎次迦葉領初佛歎中云十二部經所不及者二解一云小乘十二部二云大十二部亦不及涅槃大乘方等當機故勝又涅槃之中有十二部十二部中未必有涅槃是故勝也今明圓經勝於歷別十二迦葉白佛下是第二領解從世尊以何義故下第二歎弘經人文為三一問二答三領問如文次佛荅歎菩薩有十三不可思議一能發心二受生死苦三受地獄苦四旋還赴救五終不退轉六度生死海七能稱量生死八能說常住九生死不惱十在

胎不亂十一於法不吝十二遠離十惡十三忘於功用不思議者舊云人所不測是義不然如人鬧事咸所不測豈可以此亂於聖賢今明三諦相即不可以一二三思心行處滅亦不可作三二一說言語道斷雖列十三實非是數名不可思議初不思議中云無有人教自能發心者緣真發心則憜聲聞理須人教緣俗發心則墮分別須境教之皆不得稱不可思議若緣中道三諦相即則非真俗不從人境故言無人教者明了佛性故言自發不雜名精入流名進地獄是舉生死果諸結是舉生死因累劫為此因果所燒今了生死即是涅槃又了諸結即是菩提非復二邊故名為一動寂不壞故名決定燒身碎首無非正道內不捨道外不求救此約三諦發心明不思議與止觀中發心意同次第二不可思議文云所見生死無量過患非諸聲聞緣覺所及不生厭離者二乘但知分段少分而不知於變易過患菩薩過之故言不及即俗真中故言不厭即中真俗故言不離約照三諦智明不思議此與止觀安心意同第三不思議文云受地獄苦如三禪樂者其文甚略亦應更言受三界苦如涅槃樂此約三諦上障明不思議此與止觀通塞意同亦似大慈第四不可思議文云如長者救子宅譬中道故言旋還燒譬於俗故言火起出譬於真故言出舍此約三諦行明不思議此與止觀真正悲心意同第五不可思議文云見諸眾生厭生死過退為二乘菩薩不爾知生死常不見其過知涅槃近不退取小此約三諦證明不思議此與止觀道品意

同第六不可思議文云聖人神通辟體法智併羅長
大辟次第智人無兩種而能得度辟圓教智非通非
次即圓智度此約三諦位明不可思議此與止觀次
位意同第七不可思議文云藕絲懸山一念稱量生
死者即是稱量一中無量無量中一非一非無量是
約三諦法明不可思議此與止觀妙境意同第八不
可思議文云無常樂我說常樂我者隨病設藥逗會
得所此約三諦教明不可思議此與止觀中對治意
同第九不可思議文云不溺不燒者雖在生死不爲
所害第十不可思議文云在胎不亂者前是死不能
滅此是胎不能生此約三諦報明不可思議此與止
觀中安忍意同第十一不可思議文云菩提與心皆
不可說說之無怯此約三諦說默明不可思議此與
止觀中通塞意同第十二不可思議文云從身離身
等云云此約三諦業明不可思議此與止觀中破法徧
意同第十三不可思議文云終不說言我破煩惱此
約三諦無能無所明不可思議此與止觀中離愛意
同此經明初心菩薩未入位時不可思議意與止觀
圓教菩薩十觀相應故用釋此文云慧不能破火不
能燒他云如是實法元用實慧是一心故故不能破
相續之法即是兩心前滅後起故能破惑復伐於慧
若斷惑已無所攻伐故於實法而不能斷然此中歎
菩薩弘經何須假實但是推求慧不可得故言慧不
能破例如求貪癡不可得故故無貪癡又生來生滅
滅不能滅滅來滅生生不能生又生若是常生不應
滅滅若是滅滅不應滅諸法例爾此中直歎一切諸

法皆無所有智慧亦然不存其相三迦葉下領如文
世尊無上佛法下第三歎興衰又四問答一釋尊佛
法二迦葉佛法三一切佛法四重結釋迦佛法初問
答問如文答中二先明修五行則興多犯戒則滅次
迦葉復白下明迦葉佛法亦有問答初問又二先領
言次問初文者賢劫經云迦葉佛法住世二十年今
言七日答七日之時與佛在無異七日之後佛法訛
替不如在時二十年者明住久近迦葉如來下第二
問又二先難定有不次雙難佛答爲二先汎明有滅
不滅次正答所問初汎答中又二先許次正汎答初
中云文殊乃解者指本有今無偈欲明滅是不滅不
滅而滅次汎答中文相可見次善男子汝向所問下
第二正答所問於中又四一明先佛有經二明不須
演說三今佛對辨四法實不滅此初明先佛有經次
善男子迦葉佛時下二明不須演說今世衆生下三
今佛對辨寧說蚊嘴下四明法實不滅善男子若佛
初出下第三通明一切佛法有六雙對辨初解義不
解義二有檀越無檀越三爲利不爲利四起爭不起
爭五說過不說過六種種說不種種說善男子我法
滅時下第四重結釋迦佛法又三一明將滅起爭二
明拘睒彌國佛法遂滅三大衆悲歎初文如迦葉品
明洛沙者河西云從波羅奢樹出出時純蟲外國以
染毛尒時拘睒彌下第二明佛法遂滅因六百起爭
相害致滅尒時拘尸下第三大衆悲歎又三初大衆
悲歎次迦葉慰撫三大衆悲止發心言聞滅則悲聞
不滅即悲止達非滅非不滅即發心故知非滅非不

滅而滅而非滅大作利益

大般涅槃經疏卷第十

大般涅槃經疏卷第十二　背竺帝一　慈

天台沙門灌頂撰　沙門湛然再治

德王品之二

起卷德王問若犯重下第二明邊因於中爲三謂問答領解治城爲六問開善爲五問只是三意初兩問四罪次兩問一闡提三一問不定初問四罪者若有佛性不應墮地獄如其退落佛性不持第二問若有佛性云何復言無常樂我淨若無四德豈有佛性第三問闡提斷善應斷佛性第四問不斷佛性何名闡提第五問四罪與闡提等不定還生善根涅槃不定還成凡夫難文小廣入涅槃已若還出者聖還成凡若爾佛無四德若不爾者闡提亦無成佛之義前難今涅槃無常佛答非無常此中作不定難一切不定則一切無常則涅槃亦是一切之限亦應無常此難難一切人悉令皆轉云云佛答爲兩先歎問次答問初歎問爲四一歎現德二歎往因三歎所問超逾人天四誡聽許說如文善男子一闡提下正答爲三一答第五不定問第二答第三斷善問即兼答第一第二罪人問第三重答第五不定問兼答第四問初答第五中三先標次答三結從如汝所言下第二正答第三有三番一約內外二約漏無漏三約常無常佛性中道非此二邊故不可斷人天是善三塗是惡凡法爲外聖法爲內世間是漏出世無漏有爲無常無爲是常佛性悉非此之兩邊故不可斷若是斷者下兼答第一第二罪人問彼雖作罪終不斷性明罪不定

以不定故得三菩提本取斷已名一闡提性非已得云何可斷既非定有豈能遮情答第一問若非定有遺第二問又斷已得方名闡提今性非已得亦遺第四問犯四重下第三重答第五問爲三初汎明不定二廣明不定三結不定初文又四一明惡人不定二明諸法不定三明善人不定四明如來不定此即惡人不定也色與色相下第二明諸法不定有法譬初法如文次譬中凡三譬三合如文而言亦有定相謂常樂我淨者爲其前難不定云如來入已亦應出聖成凡即無常樂今答不爾無定之中亦有定相謂如來常樂我淨故言亦有定相須陀洹下第三明善人不定如來今於下第四明如來不定方便道中如來不定法身本地定不爲凡是名爲定二端不可得燒者兩解一云觀身譬本地在外譬迹應此二不滅二云觀身譬佛智觀機在外譬神通應物物機無窮故神通不盡是故不燒觀音者非應言親音此衣在裏名爲親衣善男子當知如來下第二廣明不定舊解諸句作一存一亡非鬼至亡法身非非鬼至存應身今謂法應兩分還是定義豈是不定興皇云非鬼法身不定法身則亡非亡非非鬼應身不定應身則存非存存非存能鬼能非鬼亡非亡能非鬼能鬼今謂皆未免定何者鬼定能非鬼非鬼定能鬼雖言不定亦名爲定今明鬼即非鬼亦即非鬼非非鬼非鬼即鬼亦即非鬼非非鬼非非鬼亦即鬼非鬼非鬼是一即三是三即一無一無三一三不定斯則眞不定義餘句例然今先唱章門次解經凡二十章門但解十

六不釋四門於第九短非短門中云現三尺身者河
西云其家無兒産一子長三尺而死父母悲苦失性
佛現兒像父母見子還得本心謂兒言我言汝死汝
何處來荅言從死處來因緣暫會身屬衆緣四大假
合徧觀衆緣何者是身種種說法感心即斷便現三
尺佛身光明色相長者得阿那含非漏非無漏是第
十二章而最在後釋何故爾佛欲廣釋此章故留在
後又私謂諸門之中若漏無漏凡夫聞之多易解故
又二初明非有漏其文極廣後明非無漏其文甚少
廣略相望亦應可見初非有漏文爲二先明三漏後
明七漏問何不取三界煩惱爲三漏而取色無色爲
有漏通取無明爲無明漏荅佛說無定或轉三漏以
爲四流然作三漏者欲重故獨爲一色無色小輕故
合爲一無明是根本通共爲一但數家稱爲漏落生
死論家稱爲漏失道理今經意者只是煩惱則名爲
漏復次一切凡夫下第二明七漏一見二思惟三根
四惡五親近六受七念前兩是漏體後五是漏緣見
是利使思是鈍使根是內五根惡是外惡法近是惡
人受是受取色欲等法念是晝夜念念不斷今文無
思漏又惡漏作離漏名能離是道所離是惡初解見
漏中應具十使但舉疑見者欲明貪瞋癡慢四使通
於見思五見及疑但在見諦思惟門中則爲慢攝文
又二先廣明疑心後別明見使疑乃非見但疑見相
關故言疑見生六種心者具列諸見莊嚴云只是五
見開邊爲斷常故言六開善云決定有我決定無我
未是六數但總唱決定從我見我下即是六數一我

見我二我見無我三無我見我四我作五我受六我
知所言六者一於假我計有眞我故言我見我二於
假我上計無此我故言我見無我三於陰身上計有
眞我故言無我見我我作下三種即十六知見中三
河西以決定有無爲二我見我者本計有我入定之
時見妙光明猶如日月即以所見證定有我故言我
見我見無我者計現有我過未無我即斷見外道
無我見我謂諸有情悉無有我離五陰外別見有我
如麻麥等我作我受者謂始終常有即是常見謂我
能作因我能受果及以能知從凡夫不能善攝下三
釋根漏又三一明凡夫因根起漏二明菩薩不爾三
結如來無漏凡夫如文菩薩下二明雖復因根不起
諸漏行苦者二解一云即三苦中之行苦此苦最通
二云行是無常苦但是報不得爲一言二十五里者
辟二十五有鉢辟色心油辟於戒不弃一滴辟不犯
一戒王辟佛臣辟行人拔刀在後辟於無常如來拔
出下第三結如來無漏也復有離漏下第四釋惡漏
當體名惡從治道名離又二先明能離之道後明所
離之惡初又二先明菩薩修行後引昔證今初文有
五種法師而言一經於耳七劫不墮者前名字功德
品云若聞常住二字生生不墮者聞有多種若深能
思惟如說行者即生生不墮若不能深思惟行者只
得少益八魔者舊云無常等四各有其因是爲八魔
又一解煩惱等四及無常等四爲八善男子我念過
去下第二引昔證今於中有偈舊解上半明果下半
辨因證涅槃是果至心聽是因果中有得離二事證

涅槃是得永斷是離因亦有二至心是修行無量樂
是得果言得樂果者非常樂果乃是行因得因中之
樂果有人評之此太近局全無所以若只有此事何
能賣身復云何聞此而得成佛觀師云偈意無量不
可得盡所該甚廣義味無竭且出十義一三寶二四
諦三三德四四德五生不生等四句六本有今無偈
七雪山偈八四悉檀意九中論偈十四種佛性所言
偈含三寶者只如來證涅槃此一句即是佛法三寶
能證之人是如來即是佛寶所證之法是涅槃即名
法寶永斷一句只是助語若能至心即是僧寶能至
心聽即是衆行之衆豈非僧寶但此一句亦得兩望
至心亦得是法寶至期何處即是聽法今且屬僧得
無量樂亦是助句明三寶者只是兩句且置兩句言
四諦者不取諦義但取行證證此法者佛證涅槃即
是證滅何故知爾涅槃翻滅豈非滅諦永斷於生死
即是除集集是煩惱及以結業今生死亦是煩惱及
以結業若能至心聽即是道諦由至心聽故即證道
常得無量樂即是苦諦何以故若果既遣便獲樂報
三三德者即是摩醯首羅三目亦是伊字三點如來
證涅槃即法身德永斷於生死即解脫德至心聽即
般若德更須一一釋之四依品中明三德者一法身
二解脫三般若四相品中不爾一者涅槃二者解脫
三者般若即取涅槃代法身今此中既云涅槃者豈
非法身永斷生死是解脫者有生死即有累不脫今
既斷除即是無累寧非解脫至心聽即是般若者由
聽法故能生智慧智慧既生寧非般若不至心者容

可不生今既至心聽即能生智復得法樂自娛非復世間之樂言四德者即常樂我淨如來證涅槃即常德問爲將如來爲常涅槃爲常今明人法皆常故前文云以法常故人亦是常永斷即淨德生死是可惡不淨充盈既除不淨便得淨法豈非淨德至心聽即我德由我能聽無我誰聽常得無量樂自是樂德亦云復是重明常德生不生等四句者前已委悉解竟今不復釋云云應本有今無偈者如來證涅槃即本無今有未證涅槃即是本無今既證竟即是今有永斷生死即是本有今無如來未斷生死之時由有煩惱即本有義既證法身無復煩惱豈非今無下之兩句不可分張只此三世是無有是處故直合是三世有法無有是處何者是三世法耶只證此法涅槃常果即是三世無有是處雪山偈者文小交加須善分別上半不應此中文義但取下半而復不全應今四句但應今兩句生滅滅已即是永斷於生死寂滅爲樂即是常得無量樂此兩偈相望互有所無此偈望彼即無諸行無常是生滅法彼偈望此即無如來證涅槃若能至心聽亦應四悉如來證涅槃即第一義有時說涅槃爲第一義永斷於生死即對治論中云以三觀治三漏今正斷生死豈非對治若能至心聽即是世界世界之中或言有我或言無我皆當至心領受此我無我常得無量樂即各各爲人論中云一法分爲兩種說之爲計我者即說無我計無我者即說有我著苦說樂執樂說苦今此爲除計無常苦者故明常樂等法中論偈者因緣所生法即如來證涅槃

涅槃只是因緣之法若非因緣即成性義我說即是空是永斷生死既斷生死故得是空亦名爲假名者即是至心聽若有假我方能聽受亦是中道義即是常得無量樂中道即是非有非無亦是非常非無常結之爲常無苦無樂結爲大樂今此常樂即是中道之常樂也四種佛性者除正因性但取果果因因四緣佛性如來證涅槃即是果果性故下文云果果者謂大涅槃永斷生死即因因性下文云因因者十二因緣所生之法亦斷十二因緣煩惱盡者生觀智解豈非因因至心聽者即了因性三十七品六度四等並是了因常得無量樂是菩提果以常樂故豈非果性觀師云聊爾思惟即便得此十科大義是故當知其理無量非可述盡前梵行中言痛此中云不痛舊解云只是淺深云云次明所離之惡謂惡象惡馬諸惡獸等能害人者能生惡念動身口惡惡城惡舍無情之物何能爲惡如在邊城持弓執箭警捺過道莫不生人殺害心耶惡舍亦爾此是惡緣惡知識者甘談詐媚巧言令色牽人作惡是故須離次釋第五親近漏如文復次一切凡夫下第六釋受漏文云覺覺即受世聖行品云受爲覺相因三受後起三煩惱故名受漏其中復釋沙門等名皆有多義不可定執此中六難與上純陀有異上以檀爲難哀歎品以羅漢果爲難此中以怖心爲難何故三處辨難而五同一異純陀品對俗故云最後檀難哀歎對道故羅漢難此中通對著有凡夫故怖心難

德王品之三

起卷釋第七念漏又二先明漏相次明菩薩無漏能斷念漏行心邪念爲漏理應具三受中生念漏今偏據苦中生念漏起貪瞋等過菩薩下第二明菩薩無漏又三法譬結初少許法說正明菩薩思惟能斷念漏凡夫愚人不能思惟令其漏滅從譬如有王下第二譬說爲二先譬次合初譬者說之不同或七八九望下合文應是八譬一四蛇二五旃陀羅三詐親四聚落五六賊六大河七草筏八到岸東八爲三初六譬道緣次一譬修道後一譬得果初言王者三解一云佛說衆生身中四大二云無明能構衆生四大之身三云此經詮衆生四大各相違害譬之如蛇篋譬一身養食譬摩洗準法者依所作惡品有輕重戮之都市者斷善根絕慧命其事顯然故云都市切令者數惡莫作誡善奉行逃走者若得真解彰顯而去今初伏惑故言逃走次王時復遣下五旃陀羅用譬五陰刀譬無常苦迴顧者欣涅槃爲逃走厭生死爲迴顧三是時五人下詐親譬藏刀者以虛妄我覆於無我妄樂覆苦密遣一人一人譬愛五陰行心有此貪愛能惑衆生故言詐親四其人不信下聚落譬譬於五根五根即是識所棲託如人居聚落甑器者舊云是重口器譬五根重沓字書爲洪音既不見人即人空求物不得即法空坐地者安心空境五聞空中聲下六賊譬譬於六塵能劫善財空聲譬於聞佛教中說有六塵夜來者無明闇心蔽此六塵六路值一河下譬遇惑流但諸衆生恒在煩惱那忽云值然都未修道則不知惑過今始研心知其爲闇故名爲值斷

常衝擊辟之漂急之戒定慧故無舩栰七即取種種
下栰辟修道運手動足辟道用栰不可依應善微弱
不能勝濟身倚者心依此善截流而去草木辟衆善
法兩手辟權實二智兩足辟戒定二善八即達彼岸
下辟得涅槃果在此在流多有所畏既度到果必無
所怖次合八辟初合四蛇即是四大大有内外内身
四大正合四蛇四大共造眼根合見毒共造身根合
觸毒共造鼻根合氣毒共造舌根合齧毒次合五旃
陀如文三合詐親親只是愛愛能詖諂誘害衆生但
前三心不能生愛唯行心中能生親愛然此五陰盡
能為惡但起愛取要在行心故云一怨文云怨詐親
者有始有終愛心不爾無始無終復有二義一者如
十二緣猶如車輪無有始終愛心亦爾無有始終然
十二緣復有始終即無明為始老死為終言無始終
義者求愛來處永不可得即無始義去處無從復是
無終次合第四空聚落者即内六入外世間聚人所
住處無人故空六根即是我之棲託求不可得故空
如人望舍謂内有人比至進覓都不見有菩薩亦爾
觀於六根皆空無我但此六入即為六根并外六塵
内外十二六根亦名六情亦云六識根以能生為義
情從生識得名然六根無情識即有情從能受名故
云六情識取和會根塵和會故能生識次合第五六
賊即是六塵賊從外來劫人貲財六塵之賊劫人善
法但此六塵生三種法四事能生細煩惱者名為四
微所生者麤故名四大言四事者色香味觸四大各
四亦不具四五事生者名為五欲言五事者足一聲

塵六事生者即名六塵塵是滓累之名次合第六一
河河是煩惱但此開二河六河不暇併述有生死河
涅槃河善法河佛性河云云但此經中三河不同師子
中明生死河迦葉中明涅槃河此中明煩惱河既至
河上取草為栰下合第七辟戒定智慧以為三品到
於彼岸下合第八到彼岸辟常樂涅槃云何如來非
無漏下第二釋非無漏半句文云如來常行有漏者
數人云有漏無漏逐境為判若緣漏境名為有漏緣
無漏境即名無漏此中明如來有漏似數人解何故
爾文云如來常行有漏有漏即是二十五有故知是
從二十五有境為名論人從心何時逐境我體清淨
無煩惱時雖緣漏境心不成漏此之兩解為鬭爭本
此中具明如來非有漏非無漏非有漏者乃明如來
無復諸漏非無漏者明佛猶有漏此漏無漏欲明佛
是非有漏非無漏漏無漏雙非何曾云是有漏無漏
善男子以是因緣下第三結不定介時德王下第三
領解云云如佛上說下第二德王更請荅上果問者前
問既遠故重牒之就上第二雙問因緣中先雙荅因
果次別荅因果別荅中如來既廣荅因竟今德王更
騰果問文為二先騰果問介時佛讚下第二如來荅
又二一歎問二正荅初但歎問即有二意一歎其有
憶持不忘既經長時猶憶前問能請佛荅故是得念
摠持之力二者此涅槃中多有所含汝今併欲而摠
持之是故復云得念摠持如世人言下第二正荅又
二一者舉大小相對是就相待義荅二者就絶待義
荅其大涅槃問初明相待即有十對絶待義者如下

文中辟如虛空不因小空名為大空涅槃亦爾不因
小相名為大相就相待中先舉十對以為十辟次合
合中為兩先摠合次別舉辟帖合摠合又兩先列大
小兩章門次云何涅槃下釋兩章先釋小次釋大初
釋小又二先舉五事少分有滅苦之義名為涅槃非
大涅槃若凡夫人下第二舉斷伏之滅名為涅槃先
出凡聖兩章門次釋中二先釋次釋成初從或因世
俗下釋上凡夫或因聖道下釋上聲聞世俗即是外
道得禪伏惑之人聖道即是小乘斷惑之人何以故
下二釋成上兩還生煩惱即釋凡夫有習氣者即釋
小乘次文中具出習氣之義通論十使皆有習氣如
舍利難陀畢陵伽等云云今偏就我見明習無我無樂
唯有常淨無我樂者此是與其常淨奪則皆無常樂
我淨常樂我淨下此三句合十二字釋上大涅槃章
門善男子辟如下第二舉辟帖合上有十辟今但別
合七餘三則兼合王城地三事共一合此三事相兼
王即有城城即有地義勢相隨人天又共合於別合
中先合海次合河三合山摩訶那伽鉢建提者大論
云大龍大象天中力士梁武翻為極壯隨小王下第
四併合三辟大王大城等也四種兵下第五合前第
七衆生大衆生辟若有人能下六併合前人大人天
大天兩辟普示衆生一實下七合前有道大道大名
不可思議下第二釋大涅槃即絶待釋又二先摠次
別初摠釋又二初明不可說次可說次別釋中但約
三德不言常者二義一云前開宗廣明常竟故略不
言二云名字品云所言大者名之為常此更明大不

復言常就三德中亦各有二初大我中二者先不可思議釋大次多因緣釋大即可說不可說也今文中云有大我故名大涅槃又云涅槃無我舊有二解一云無我者絕名冥真故涅槃無我俗諦寄名故涅槃有我二云無我者涅槃中無我者無生死妄我有我者有常樂之我觀師難此二解若絕名冥真名無我者亦應絕名冥真名為無常彼解云不得無常涅槃是常故以冥真四絕名為無我更並冥真四絕故無常云云難次家云既言無生死中我亦應無生死中常彼即反難生死中何處有常即應反問生死中何得有我彼若解云生死無真我而有假我者又並無凝然常有相續常若爾非但無生死之我亦無生死之常並之無窮八自在者一一多二小大三輕重四色心五根六得七說八見如文復次譬如寶藏下第二釋多因緣故名大我次大樂又二一明不可說大樂次世間下明多因緣大樂初文釋四樂於中初樂之中有三復次明無苦無樂之樂二大寂靜下即是明無喧無靜名大寂靜名之為樂三一切下釋非知非無知乃名大知名之為樂四釋身不壞者即是非生死非涅槃之身是故不壞名為大樂次世間名字下第二釋有因緣還對無緣以之為釋故分有因無因二文釋之先明有因緣次辨無因緣涅槃即同無有因緣還是前絕待之意初有因緣中云迦迦者烏聲究究者雞聲怛怛者雉聲次無因緣中云曼陀等者河西云曼陀婆者梵本一音二物一者高座敞堂二者藥陽而出經者言殿堂飲漿薩婆軍多云似馬芹

一音二名坻羅婆夷是鷰雀亦一音二名次有法不可稱量下第三就不可量釋淨初釋中文多因緣但是文略次以純淨故名為大後釋淨義凡舉四淨義如文善男子是名下大章第三摠結也

德王品之四

起卷明第二功德他釋十德各各論體謂初功德以五事為體此功德以五通為體今云不爾此文云以得大涅槃威神力故當知十功德皆以涅槃為其體隨事分別種種不同體應根本豈從枝末而言十德五通者皆約無分別中而論分別若十若五舊云初功德深第二功德淺此不應爾上以四句開拓人謂為深此中直說人謂為淺若欲開此為四句者不得得得不得不得不得得得餘章亦爾何淺之有云云舊云大乘異小唯佛乃具漏盡菩薩乃是因人故但五通不說漏盡此乃一往以因讓果若具足論唯佛世尊有真天眼不以二相見諸佛國他心宿命究竟在佛菩薩既其分得五通何以不云分得無漏今此文中雖列五章六通意足舊用不得而得是摠標五通今云不爾不得得者得大涅槃大涅槃者中道佛性非漏非無漏之無漏故文中非外道即非漏非二乘即非無漏而言得大涅槃即非漏非無漏之無漏釋云所謂神通者不如小乘十八變化之神通神名天心通名慧性天然之慧即是中道無二邊漏名大涅槃指此而為無漏通也私謂驗此十德皆證初文既有知於略藏豈有不能分證六通故知德文皆悉互通為辨不別而別故十相不同別而不別同一涅

槃是故對地亦應無失況復十地義通圓別別而不別圓義也不別而別別義也若依此意以此十德中之法門一一皆挾十地帶圓法門作通別釋彌益其美此則與經部會與五時會與諸教會與逗機會就文為四初標次列章門三解釋四結二列六名既異小乘當知六通不與彼共文中解釋一一簡出列名雖異今指此文亦名六通不得而得即漏盡通不聞而聞即天耳通不見而見即天眼通不至而至即如意通不知而知即他心宿命二通三解釋文即為五然列章與解釋小不次第緣宜不同是故耳就初不得得章為三一標二簡顯三結標者即標神通神是大涅槃天然之理此理融通自在無閡故稱神通其名雖同其理永別故簡除凡小顯出中道圓具自在故知漏盡方名神通從通有二種去是簡顯即為二標釋釋中二一簡非二顯是初簡非中即簡出外道二乘如文顯是為兩一明一心中神通圓滿具足如文二顯身心自在具足就其體圓自在明其用妙就自在又二先簡出不自在次明自在第三結文可解復次所現身相下二釋不至至章門即是身通文為三一明遠到二簡異二乘三明自在如文復次善男子下三釋不聞而聞即是天耳通文為二初釋次論義釋文為四一修二得三簡四無著前二如文第三文中云復轉修習得異耳根者明其修得皆異小外轉修即是大涅槃心無閡自在之修又雖聞音聲無音聲想是名轉修得異耳根者不與小共第四無著中云主相依相者不同外道陀驃求那不作果相

等者不以禪定爲因通爲果簡異於小餘文可見
尒時光明下第二番義有二番問荅初問爲兩一領
言仰非何以故下作兩難一難善聲二難惡聲皆作
定難佛荅爲二初歎問次正荅荅又二初摠荅次別
荅就初摠復二初皆不定次復明定還是不定中之
定初有二重皆先法次舉譬後結次如汝言下別荅
爲兩初荅善聲次荅惡聲欲明原由惡心不關惡聲
世尊聲若無定下第二番問荅先問次荅如文善男
子下四釋不見而見是天眼通文爲六一修二得三
簡四不著五明異知六結此有數番明知非是後知
乃借知明見後結文乃借天眼文助結以不共故善
男子云何下五釋不知而知即是他心宿命兩通文
爲四一知他心二知宿命三重明他心四以是義故
下結初他心又二先知他心次知佛性云云復次下二
明知宿命又二初正明宿命次念過去簡異難前可
知略不具說也復次云何下三重釋他心又二先橫
知六道次竪知十六心此文明十六扶順數義論云
見道無量心此心疾利名無間心成論云聲聞欲知
第三心乃見十六心緣覺欲知第三心乃見第七心
唯菩薩能備知小乘根鈍欲知第三心乘去昇欲知
後諸心比欲知已至第十六心中乘人小利欲知第
三心去得知第七心菩薩不爾昇知逐之無有一心
而不知者此乃是三乘共義而有三人不同而同此
十六心非今經意前知六道是知有邊次十六心是
知無邊以非有非無中道之體能知有無復次下明
第三功德舊言此中明慈成上梵行品云云於中先標

次釋釋中二先釋次結初釋中意者然此中功德攝
具明四心而偏明慈者一云特是文略義應具有二
云慈尚是一切善法根本何意不得即是三心捨偏
得圓舉一知三略不說之釋文爲二先唱捨得二章
門次釋釋中先徵起次釋釋中凡有五番初約二諦
次約凡聖三約闡提對如來即是善惡四約毘那王
菩薩即是勝劣五無著次結如文次明第四功德文
爲二初明功德次論義初爲四初標次列章門三解
釋四結治城云前兩是地前後八配八地前言根深
即性地亦是生空決定心入初依亦是法空後八初
不觀福田即初地檀滿第十斷除二邊即八地是義
不然今並是眞證功德云何根深下第三解釋文中
第五第六合爲一釋釋初章文爲三標釋結初事中
具足五義一根本二根深三根廣四根長五根勝不
放逸即是根本若通登行善皆不放逸若別論者以
初檢心爲不放逸具此兩意以爲根本次阿耨三菩
提根者即是根深深窮實相到際即是菩提根故
言深也一切諸佛諸善根本皆不放逸即是根廣以
能增長即是根長諸善中勝即是根勝凡舉十三辭
辭其勝相云何不放逸下凡舉十根重釋根長具此
十義深固難拔私謂長勝既以多義解釋驗三亦然
餘四皆十皆十三云何於身下釋第二章門文爲三
標釋結標如文釋爲二一定身二定心初定身中觀
身是有是生死器觀身是無是涅槃器今觀身非有
非無正顯中道即三菩提器名身決定次心亦如是
若隱小者即自爲心變易二義若論修因生滅無常

名爲變易若論受果變易生死名爲變易聲聞辟支
從人標心此屬無爲邊魔心即魔天自樂心通諸天
樂生死心通三界此三心是有邊非決定求慈慈於
無求悲悲於有是爲決定云何不觀福田下釋第三
章文爲三標釋結上四依品匡持佛法須簡持犯此
中自修宜用平等又前誡出家今導戒行今誡在家
修亡相檀異念處者異於二邊正觀中道持戒外道
者非但持戒又得上定下文云施斷結外道勝持戒
比丘持戒比丘止伏欲界惡比之言勝施雖四種俱
得淨報者以無施無報乃爲淨報云何淨佛土下釋
第四章文亦三標釋結標如文釋中但淨土業菩提
爲本此中十善者非直十善與菩提心和合而行例
如上荅無畏之問然十善者明相似因得相似果離
妄語得華果者明妄無實如華無果今不妄語有實
果報受報之時感好華果云何滅除下合釋第五第
六兩章義勢相關合爲一釋解者不同一云此中開
章明三種有餘初兩事釋第五滅除有餘後一事釋
第六斷除業緣二云煩惱餘報釋滅除有餘餘業釋
上斷除業緣餘有一事但是牓出就文爲三先唱三
章門二次第釋三結二釋三章中初釋煩惱若以習
報分門則習因爲煩惱報因爲業今分習報之異故
言煩惱餘報然感報由業煩惱但能滋潤此業若大
論中只任煩惱亦能得報云何餘業下第二釋上除
業緣摠明凡夫與二乘業言須陀洹人受七有業者
然須陀洹人雖斷見盡猶有思惟潤生人天七人七
天往還合數只是七有往還離數即十四有斯陀含

人受二有業者斯陀含人但人天中各有一生此則兩生離數若合數者只是一有問何故初果合數二果離耶解云只是互現阿那含人受色有業者阿那含人斷欲思盡餘色惑在故云受色有業然那含有五種但出一上流者上流有二一者至阿迦尼吒二至無色所以經云樂論義者生五淨居樂禪定者生無色界然生尼吒即徧歷四禪若於初禪不得滅者復生二禪二禪不滅生第三禪三禪不滅復生第四禪方滅於中復三超半超徧沒若生無色名無色般云云若生無色即不更生亦生即滅不同色界四禪受生故略不云受無色業只云受色業中不生故亦云有行無行生同於色故亦不云云何餘有下第三釋上除餘有無業無結而轉二果者莊嚴云羅漢轉爲六地菩薩支佛轉爲七地菩薩故言而轉二果今明此乃通教之義非釋今經開善云無此事轉者本是鈍根羅漢轉爲利根支佛亦爾數習故轉爲二果今明還是二乘全非今經河西云上句二果得道得向轉羅漢向得羅漢果支佛亦然文中自云得及果者豈可不作此釋今明還是二乘之義非今經意又一解云煩惱因盡果報亦亡而今不滅者只是輪轉餘勢然業既除唯此二果於菩薩爲果是故言轉轉即是捨還是他義不關今經興皇云轉二果者二乘果身有寒熱飢渴此果得除故言轉二果亦小乘義今明此果不生任盡則止何用因經轉之荅三界果雖盡界外果方生言轉果者轉界外果今明此是別教義亦非圓意云何修清淨身下釋第七章亦三標釋

結初標次釋中師子吼品明或一業一相或一業二相三相此中明百福成一相文爲二先明相業次明好業外道所事各指一相佛集衆相備在一身十二日者即子丑等十二日河西云一年有十二吉日堪祠祀求福然修相好亦四悉意一者法王之體應以相好而自嚴身諸佛皆爾是爲世界令人見者生信起善是爲人一身具衆好對破外道是爲對治色淨故般若淨般若淨故色淨是第一義文舉四譬或當主此云云云何了知諸緣下第八章此中亦三標釋結初如文釋中他云知因緣和合即是世諦是義不然不見色相是行支滅不見色緣是無明滅不見色體是識名色六入觸受滅不見色生是愛取有生等滅不見色滅是老死滅不見一相是不見十二因緣空不見見者是不見因緣假眞俗雙云二諦俱泯亦不見中如是通達了知因緣爲若此云何只是世諦耶一切法亦如是云何菩薩下釋第九章文爲三標釋結標如文次釋文爲二初明離怨次簡出怨初離怨又二初自離怨次爲他離怨初文者遠離煩惱是自離怨次五住者是爲他離怨次何等爲怨下是簡出怨敵河西釋八魔者謗方等等四惡是四魔即生死魔無常無我等四即涅槃魔云云云何遠離是第十章亦有標釋結標如文釋文中以二十五有愛煩惱爲二邊即是因果二法私謂破二十五有中三種惑故故離二邊河西以業與煩惱爲二邊私謂若云三惑有三種業方會今意直以界內惑業以爲二邊全非今意既得此意例一切法有無常斷垢淨縛脫等皆

是二邊尒時光明下第二論義有問荅問意者若菩薩具修十事如來何故不修淨土佛荅爲四一我因具十事衆聖亦然二若使世界下訶其所問三西方下示其無勝淨土四爲化衆生下爲化衆生出穢土悉如文復次下第五功德文爲三標釋結標如文釋中二先釋次論義初釋者舊解五事有三說冶城云通外凡及三十心既言不生邊地諸根完具即是其證二云此德不淺何者登地已上皆因事表裏言諸根完具者非耳眼等乃是出世信首根諸邊地者非世間邊陲無佛法處乃是離斷離常諸天護念者以佛爲天四衆恭敬者爲物福田三開善云此乃登地菩薩猶生欲界故言完具等若論無漏得變易報而此菩薩猶有有漏故今受生雖有此五心不存著正以不著爲體今評之開善全是三藏菩薩義初家通地前是別教初心不關經意中間登地是證道意就文爲二先明功德後論義初功德者有標釋結標如文釋者此五前四是報果後一是習果次論義中先問次佛荅又二先贊問次正荅荅中有二初是勝劣章次善男子下是顯勝劣相初舉五章定是樂勝是我常淨可見異是中道不共無漏是證中道利益安樂等是化他次文云離渴愛是釋定釋樂生死斷不相續是釋常得作菩薩是釋淨斷一切貧善法是釋勝釋我無分無果是釋異釋不共兼得釋無漏利益衆生佛說五事因大涅槃得人師解通內外三十心當知地前不名爲得佛自說是無漏開善云是有漏既公抗佛語豈不疑誤後生故知人解全不可信將

來學者但自佛經善男子下第六功德舊解金剛三
昧若論十地是最後終心若論三忍即是上忍退非
菩薩名等覺進非妙覺是金心菩薩一釋云具空有
二解二云但取照有之解不取空解空解未足莊嚴
云金心斷惑盡引此文由乾陀山七日並照一切燒
盡故知等覺斷惑盡開善解金心但伏無明至妙覺
佛時斷此一念輕惑即得成佛勝鬘云佛菩提智能
斷此文說伏爲盡金心有解乃滿空解未足引二十
二遇經及夫人經證廣論其義觀師云不可定判其
位應例如般若通貫諸地又十地太高第五功德復
是何地不應懸殊但使與三昧相應亦不簡高下舊
又解十地得百三昧已方得首楞嚴方入金剛三昧
者進非佛果退非下地唯在窮學此亦不然此一三
昧亦有通別別據窮學通亘諸地亦通似道何異金
剛般若通初後地般若既通三昧寧別何者舉體堅
如金剛舉體定如三昧舉體利如般若故經云金剛
三昧有三種名下文亦云佛性五名若言終心有斷
無斷乃是二家相扼爲緣利益故作斷不斷說而其
實理非斷不斷云云今謂莊嚴家引由乾陀山譬偏何
者夫七日現時非但能燒由乾陀山一切洞然而今
不以洞然爲諭但燒草存山者非譬十地終心斷惑
取七日初出先照由乾陀故其草然明此三昧是初
地功德最初斷惑故以燒草爲譬標釋結初如文次
釋中爲三一略明三昧二廣明三昧三釋其名略中
又二前明自德次辨化他自德又二初明能斷次奉
非悉能破散是能斷見一切法是舉非住是三昧雖

施衆生下第二明化他也譬如金剛下第二廣明又
二初廣自行後廣化他廣自行又三初能斷次能見
三重明能斷初能斷中凡舉八譬初一譬能斷後七
譬稱歎善男子若有菩薩安住下第二廣明能見初
一譬能見次三譬稱歎善男子如由乾陀山下第三
重明能斷亦有三譬初一譬能斷次二譬亡功若有
菩薩安住下第二廣明化他爲四一變身如佛二還
本處三斷他惑四三密示現又四一口密二身
密三重明口密前則一音異適今明一法異適四菩
薩下意密何故名爲下第三釋名譬有三初不定譬
無相次不平價譬無名後離苦毒譬無畏結如文

德王品之五

起卷明第七功德開善用此下兩功德爲第二周由
近善友初聞正法於位則淺下第八功德九事爲體
辨心慧解脫明義深極今謂不爾悉是初證不聞聞
時所獲功德佛作第七第八番說明其洞識涅槃近
因之法堪爲衆生作善知識邪忿弃其內德化他之
功而作外求師範自行之解縱令自求善知識者亦
是寄事而表於理例如淨名念佛之時師子響等皆
來說法說已而去如此知識聞法思修何得是淺就
文爲三初標章次釋三結標如文次釋又二初明四
事次論義初又二一標章二解釋標章又三一明是
二舉非三正列名明是如文次舉苦行非中兩解一
云外道無益苦行二云只佛法中直修苦行不能得
道要須慧品爲正餘行相資三列名如文譬如有人
下第二解釋又二先總釋後別釋初總中舉三譬初

兩譬菩薩後一譬凡夫初菩薩譬中初譬自行亦具
四事菩薩居因聖法未滿亦須善友聽法修行云云次
一譬譬菩薩化他化他亦須四事諸佛起發如教行
行云云後譬譬凡夫凡夫罪重故言如癩云云如是三譬
一一有合初譬中熱譬發冷譬癡勞譬慢下譬瞋疣
譬疑衆邪通譬五利云云問菩薩利鈍俱盡寧有此病
答寄通指別耳菩薩別惑至佛方盡寧得無病私云
通別之惑名同體一二三異譬如富弟子下第二別
釋四事又二先略後廣初略釋知識又四一善知識
二聽法三思惟四修行初又四先稱歎有譬有合如
文善知識者下第二出其人人有五別一菩薩二佛
三緣覺四聲聞五人中信者何故名爲下第三辨其
位初明五位一教離惡行善二如說如行三修菩提
四行戒施五不自爲爲他或以配前五人未必須爾
如空中下第四得善知識益夫初月雖不可見不得
言無初近知識謂未有益而實已潤若能聽下是第
二釋聽法人又二先聽三經後得三解三經者謂十
二部方等大乘此經尋此文意似如一化初中後教
云云次專心聽法下明三解謂八聖道十一空大涅槃
有人以三解對前三教今明未必全爾於一一教中
具生三解文以修習故得大涅槃若有能修八聖道
者即是佛性得大涅槃徒聞涅槃不修習者豈有能
得三菩提耶譬如病人下釋第三思惟下文以五塵
四相無常爲十相今以五塵三相男女爲十只是數
門不同云何名如法下釋第四如文善男子第一眞
實下第二廣釋四法亦爲四此是初明善知識人略

而文廣先法說次舉七譬初法說中有三種語悉是如來善達根機應以耎語爲說善法應須訶責爲說苦切應須兩說即便雙用七譬之中或前喻或後喻云云云何聽法下第二廣釋聽法又二先釋後引證釋中有法有譬譬中有四譬是故我於下第二引證又二先引諸經後引兩事初汎引諸經二從以聽法故須陀洹下引二事證先明初果事即是須達得病聞身子四說十慰喻便得病愈四種即是此中四法十慰喻者舊云八正道盡無生智然初果無兩智彼救云見諦盡爲盡智見諦不生即無生智此言無據河西云八正正智正解脫此出阿含不得作餘解無目謂凡夫一目謂法眼二目謂法慧又無目謂散心凡夫又一目謂天眼二目謂天慧云云如我昔下二引身子事佛遣阿難爲其說法何難是初果上果不伏聽下果法令人舉牀往佛所聽法便愈云何思惟下第三廣釋思惟爲五一離五欲二離四倒三離四苦四知住因五解常初文者心思於法寧復有心緣於五欲若未聞法橫計我常既已思惟我常倒遣此中明滅滅只是死云何如法下第四廣釋修行又三一明止行二善二明空無常解三明七種知見知見又三先標章門次釋三料簡初標章門次略列中舉實不實兩章實即有七知見不實中無云何名爲知下第二釋也第一知涅槃又二先略出三涅槃後解釋一佛涅槃二凡夫三聲聞後二皆少分滅耳初明佛涅槃者然佛具萬德略言八耳盡謂一切煩惱盡善性謂如來所作一切皆善實是不虛眞是不僞餘四如

文外道涅槃八事者若散心外道不涉此文今取得非想定能脫下地惑故名解脫即有善性但非究竟眞實常樂我淨是故言無聲聞六事者互有與奪不及佛故奪其常我只有六事勝外道故與其樂淨此據有餘涅槃故云無漏八聖道有身智在故云安樂斷於子縛故言清淨若有衆生下二釋上章門不釋前一唯釋後二以佛涅槃此經盛談無俟更廣後二須解此初釋凡夫涅槃云何六相下釋二乘文中明不眞不實以得無漏八聖道故故言淨樂未來當得大涅槃故所以無常後仍結異次釋第二知佛性章門下迦葉品中明五種性異一者佛佛性有七事一常二我三樂四淨五眞六實七善二者後身佛性有六一常二淨三眞四實五善六少見三者九住佛性亦六五不異前第六可見今此所明皆非佛佛性心義異故開善云此二皆是九地佛性若迦葉品則是約位分別初地至五地有五性六地至七地有五性八九二地有六性十地亦六性後身佛性有七即分判之今此文不約位明六七通據十地因位不可分別以配諸地然須直知通辯十地當見與可證並未具得降佛已還通作此說四者八住下至六住有五事與常名不異五者五住至初住有五事善與不善異耳次釋第三知如來相具有一體別體先明常樂之體次言示道可見即別體次釋第四知法章亦具二義一云常樂我淨一體法後無常等即別體次釋第五知僧章常樂即一體僧是弟子相即別體僧次釋第六知實相實相之體則非因非果非有非無若

據用者徧通諸果皆有異義次釋第七知虛空此前未說而有行結之言又三一明眞空二辨事空三明涅槃空空乃無異約法爲三又唯二空涅槃自屬第一故也初明眞空故言慧眼見此見無見善男子空名無法下第二明事斷之空舉此爲譬善男子衆生之性下三明涅槃空文云光明故名虛空者二解一云虛空不可見但有通光明之用若但空者無光明色色若因空故得見色若有障者即不見色因空無障即見光色二云虛空非識心所見識心見光導生行心方得見空涅槃雖樂下第三料簡簡前四種即爲四文初簡涅槃是別德故唯寂滅樂次簡佛是人人揔於法故有二樂證於涅槃有寂滅樂有智照境有覺知樂三簡實相既通故有三樂四簡佛性中道當來可見故有菩提之樂此據正因爲言尒時光明下第二論義問爲二一正問二結難初正問爲三一問斷煩惱處是涅槃二問斷煩惱處非涅槃三重問斷煩惱處是涅槃初文又二初領旨仰非次正難難又二初據荅魔二據菩薩亦斷此惑此難從前云直是諸佛斷煩惱處故名涅槃準理只應難斷煩惱而言處非涅槃者恐佛轉宗遂遮佛意以處作難初據荅魔者若斷煩惱爲涅槃者初成道時已斷煩惱便是涅槃何故待有多聞弟子方乃涅槃及云却後三月是涅槃者當知初斷煩惱未是涅槃荅魔之詞出長阿含二引菩薩爲難者若必斷煩惱是涅槃者菩薩亦斷應是涅槃若斷煩惱非涅槃下第二難此遮佛意非是正難故文不多若斷惑非涅槃者何故昔

告婆羅門云我今此身即是涅槃身若是者斷非涅
槃斷若是者身處即非如來又時下第三重難斷處
是涅槃又三一還據答魔云三月者月令不同亦得
言却後二月三月四月四月是周時三月是殷時
二月是夏時此云三月用殷時二云不爾如今年
十一月中魔催佛去佛答却後三月我應涅槃二
據在道場時三據語力士等爲難尒時者二解一云
爾於道場時尒時既是涅槃何須今日後夜涅槃三
云爾者尒於二月十五日朝已是涅槃何故方云後
夜涅槃佛答爲二先直答結其過直是誠諦之言已
是不虛況乃出廣長舌寧當妄語又復如來善識機
緣適時逗益或說斷爲涅槃或說斷非涅槃皆是佛
教無非實者後正答三難但不次第前答初難第二
答後難第三答中間難答初爲二先答魔答魔不識
涅槃謂默爲滅佛隨其情並是涅槃之體善男子下
二答菩薩之難明佛菩薩同而有異者佛有涅槃菩
薩即無是僧寶故云三寶各有別相但言常住清
淨二事無異後兩釋亦爾善男子尒時我下第二答
第三重難斷處問先明滅惡故唱涅槃後明生善故
唱涅槃初滅惡中先法說次廣舉五譬次善男子如
來懸見下是生善之時故唱言涅槃善男子有名涅
槃下第三答中間難斷處非涅槃明有是有非若不
見佛性唯斷煩惱得名涅槃非大涅槃若見佛性斷
煩惱者是大涅槃是非既爾何得一向又爲二初分
別是非二廣解大涅槃凡十一復次由來人引此中
初文云般涅言不槃那言織將此爲翻文中了無槃

那之語又是織識二字經本不同餘之十支文相可
見三結如文云云釋第八功德有三標釋結初如文次
釋中有九事文爲二先明功德後論義初爲二先列
九事章門後次第釋列章門如文釋初除斷五事即
是五陰而菩薩實未全除五陰而復不爲陰之所蓋
初釋陰中二先摠釋次別釋初摠言陰蓋及重擔等
雖見陰下第二別釋色陰五根五塵以爲十色皆是
因緣故言無性受有百八有二釋一云受陰之中無
百八語但行陰中有諸煩惱九十八使及以十纏足
爲百八二依釋論只受陰中自有百八通約六根一
根有三即成十八就一根中復有善不善即成三十
六復約三世合成百八云何遠離下釋第二章門謂
離五見又云因是五見生六十二兩解一云合我邊
二種爲六十二我見有五十六邊見有六我見五十
六者欲界五陰各有即離四見爲二十色界亦爾爲
四十無色但有四心各四見爲十六足前爲五十六
邊見有六者三界各有斷常爲六二云但結邊見爲
六十二不論身見約三世辯現在有我無我四見約
五陰爲二十未來邊無邊爲二十過去如去不如去
爲二十即有六十俱不離斷常以斷常足爲六十二
中論觀涅槃品明佛滅度後依佛起於斷常二見約
過去未來不明現在計如來如去不如去約五陰爲
二十常無常爲二十未來邊無邊爲二十斷常足之
爲六十二云何成就下釋第三章成就六念與梵行
品同但小不次第云何修習下釋第四章即修習五
定前是四禪後是般若知定即初禪以有覺觀故寂

定即二禪無覺觀故亦名聖默然故名爲寂受快樂
即三禪樂受極故無樂定即四禪已斷苦樂是捨受
故首楞嚴者自有通別通則互於十地乃至地前別
則於十地中更修百八三昧方得此定云何守護下
釋第五章門謂護菩提之心隨所修善皆菩提行有
法譬合云何親近下釋第六章即四無量心云何信
順下釋第七章門即是一乘一乘爲實法華云唯此
一事實餘二則非眞云何心善下釋第八章門心慧
異者二解一冶城云緣俗諦心無復貪恚是心解脫
緣眞諦心無復無知是慧解脫二云斷貪恚等故心
解脫斷除無明故慧解脫引論云煩惱趣心無明趣
慧云何慧善解脫下釋第九章門如上釋所言因慧
解脫昔所不聞等三句者二解一云聞即天耳見即
天眼至即身通二云九地爲聞見佛性十地爲眼見
佛性具足明了今因慧解脫至第九地是不聞而聞
因九地至十地即不見而見因十地至佛地爲不至
而至尒時光明下第二論義論前第八章心解脫先
問次答初問有三先就本無奪難次就本有縱難三
就不定難皆令縛解初文者又二先領旨仰非次正
問問中意者若心本有煩惱此亦不可本無煩惱此
亦不可定有煩惱此亦不可定無亦不可就初立本
無難中有九世尊爲三意初一雙明心無縛無脫次
有五偏明無縛後三偏明無脫此即初文正難無縛
無脫若心本性下第二五中偏明無縛又二前四明
無所縛後一明無能縛舉安橛譬本卓空中無因倚
住云云若心無貪下第三三者偏明無解爲三初明槃

解二明無得解者三明無得解道世尊貪亦是有下
第二據本有作縱問又二意一明若本有者應善心
中有貪二辭如鑽火下明應前境中有貪初中又二
先法說次舉二辭初法說中意者若言心本有貪是
亦不可本有則不從因緣既借他色而生貪者當知
非有又心本有貪不可令無應不得脫心應常貪次
以境對心亦如是難世尊心亦不定下第三據不定
爲難又三初明心不定次明貪不定三明貪及境亦
俱不定介時世尊下第二佛荅有云即次第荅前三
問即爲三別初荅本無之問有諸外道下荅第二本
有之問善男子諸佛終不定下荅前第三不定之問
又謂不然次第安處似相主對亦觀文意全不相關
但隨義爲三先據正義第二破執第三廣辨因緣中
道此即第一明心體非有非無非非心非不心非貪非
不貪非事非雙非兩捨當非中道正義次有諸外道下
第二破於定執又二先破計有次破執無汝若謂心
定有貪定無貪則同尼乾初文又二先廣出所計一
切凡夫無明所盲下二結過訶之有請凡夫下第二
破其執無亦二先出所執如是等輩下正是訶責結
過有法說辭說善男子諸佛菩薩下第三廣說中道
因緣之義無所定執又二一明因果諸法非有非無
因緣故有第二明心之有貪亦非有非無因緣故有
初文爲三一明離於四句若言因中先定有果下第
二定執爲非諸佛菩薩下第三正顯中道之法善男
子諸佛菩薩終不定說下第二章正明心之有貪非
有非無因緣故有又二第一明心性本淨不定非有

非無第二明心性本淨無有和合初文有三一標二
釋三結釋中又三先唱章門從緣生貪從緣解脫二
章門因緣有二下第二釋兩章門有因緣故下第三
四句料簡也三以是義故下因緣結善男子是心不
與下第二明心性本淨故無和合又二先明無和合
次明因緣和合故有縛脫此即初文明畢竟清淨故
無和合諸佛菩薩下第二明因緣和合得有縛脫又
二先明縛脫之境次明縛脫之人就境中又二先標
次釋標出境竟除貪欲是解境有貪欲是縛境次辭
如雪山下釋二章門又二初釋縛境先辭次合初辭
中山辭八正道懸險難行若行人辭魔獼猴辭外道
俱不能行悉不修聖道獼猴能行即是得上界定外
外道人不能行即魔住欲界二俱能行即五塵六欲
俱能行之獵師者還辭魔邪黐膠辭愛欲之境置案
上辭五欲置果報上以黐衆生手觸辭眼耳等觸色
聲等黏手者於行心中以起繫著五處皆著者五根
起染杖貫之者魔邪化行負還歸者將入三塗合辭
如文辭國王下第二釋得解境即四念處云何繫屬
下第二明縛脫之人爲二先明縛人次明脫人縛人
爲四一起到故縛二取相故縛三我見故縛四非法
故縛如文最後文中云慳惜他家者此家與我最爲
親厚不許他往稱譽者唯應稱我不許稱他若有不
受下第二明得解之人文略但一後結如文

大般涅槃經疏卷第十二

□等廣稱云若歎菩薩□
□二身名只是一體隱顯爲異有言身
方便者即是二身亦是二智今明此文自稱□
諦何容改諦爲智復改爲身今作三諦目異二□□
成重說而文約一乘顯其信意爲衆生故分別說三
知無異趣是故說一準此一條例通四法三寶亦爾

爲衆生故分別二體知歸至極故說一體因果亦爾
爲衆生故說因致果到於彼岸無施無受二諦三諦
亦復如是次如是信者下釋信德釋有四意相次而
來此信堅固無能壞者何故不壞得聖人性以爲根
本即是見性之信深固難拔以根深故即能增長近
大涅槃成就戒等初一切諸法從於聖性近大涅槃
即是豎高戒聞智慧等即是橫廣雖有橫豎深廣之
異而亦不見橫豎之相彌著彌亡如此明信那忽云
淺三結如文云何直心釋第二事又三標釋結初標
如文次釋中文爲兩初以不諂爲直復以懺悔爲直
初明不諂中二先釋次論義初中二初正釋次釋疑
初文者以解因緣故不諂次雖見惡下釋疑左右解
之初見惡不說後見善則歎疑者云見惡應說而不
說者乃是不直何名直心即釋云恐生煩惱即復疑
云既見惡不說見善亦應不說乃是直心次明不爾
即釋云贊佛性故令得菩提次論義中有問荅初問
有六而爲三雙初兩從現病生彼明三種五種病人
次兩從初功德生後兩從此文生就初兩中初一又
爲三先非佛音次領初開經時說若言遇不遇下第
三正難既能自發菩提之心何須歎於佛性令得菩
提是取第三病人爲難初中第二又兩先領音仰非
次正難明闡提人亦應發心何故爾其既有性應自
發心何俟須歎此是取第二病人爲難如佛所說下
是第二兩難從初功德生第二十卷中明五難初兩
難據四種罪人中兩難據闡提後一難據不定佛荅
中明佛性非內非外非常非無常所以不斷今還因

此生問先領旨仰非次正難正言不斷佛性云何言斷善根只此佛性即是善根既其斷善即斷佛性云何復言佛性非内非外如佛往昔下後難若佛性不斷何故不遮令不墮地獄既不斷佛性但斷善根由有佛性應能遮惡答未了故更論義若因佛性下第三復有兩難近從此生若歎佛性令發心者何須復說十二部經直歎佛性其義自足有法有譬合諸佛如來下即是後難從第八功德佛答貪心非有非無非因非果或即因中有果或因中無果今還取此爲難若爾乳應無酪樹無五丈若乳有酪樹有五丈者當知因中有果不得汎言或無介時世尊下佛答爲二初贊次答初又二初贊問次舉五句歎其功用初六種二人歎其能開發大衆能令得解非但能除見世者疑亦使未來無有滯閡實爲希有是故歎之初兩人一者本不造惡二者作已能悔即是前二健兒第二知恩報恩他與我恩我復須報第三聽受新法二者直溫故不忘書云温故而知新可以爲師第矣四造創新好二者治葺故壞第五樂說樂聽若無說者聽何所聽若無聽者說爲誰說第六能難能答正意在此二人前之五雙乃爲弄引善問是汝身善答即我是若無汝精問何得我善解無我巧答何得汝能問自有人身左能右能口辯通敏能主能客自有人專一無二昔莊嚴門下有淨藏法師唯能並難答無所以有善解釋不便論義者即彭城正公云云今推前六雙成後五句能問能答能聽能說成後轉予法輪句造新修故成枯十二因緣大樹取有是新無明

是故不生生是新世諦死時是故以新破新名造新以故破故名修故作恩念恩成度海句作恩爲他舟棹念恩自運舟棹故成度海句不作惡悔惡成摧魔旛句魔以惡爲旛令能倒之復自能建故前後相成歎生善即初一句歎滅惡即後四句既言因此善問即能轉於無上法輪寧非生善後四句復爲二初兩句歎能滅惡次兩句歎摧惡於初二句又二上句即歎枯十二因緣大樹者十二因緣枝條森聳喻之大樹今枯此樹使華葉不生能度無邊生死大海者即此生死海中勇浪可畏今得度此永免驚懼無復可畏能與魔王共戰者此明其始摧波旬所立勝旛者此明其終舉終攝始外國亦戰得勝樹旛魔不勝者即倒此魔今魔戰敗即摧其旛次就答中次第答三雙六問初答前舉三病二問次答舉初功德兩問後答此中兩問但答前兩問不次第答直解三種病人覓即是答第一兩問了依理只應解於初後二種病人而今復解中間者不用此爲答只爲中間舉來今還次第爲釋彼不舉來今亦不解一闡名信下二答第三難前言若不斷佛性亦應不斷善根只善根即是佛性佛性即是善根今答佛性中道不同善根何者一闡名信提名不具佛性非信亦復非具云何可斷佛性非善非惡闡提但能斷善云何斷性其中諸句例爾古來云闡提具含衆惡不知的翻唯河西翻爲極欲言極惡欲之邊此乃於摠惡之内取一事爲翻例如涅槃名含衆德亦無的翻而翻爲滅度者亦是摠中取此一事爲翻又善法者名生巳得依數人義善

有二種一生得善二方便善世間慈孝名生得善闡提亦無故言巳斷如汝所言下答第四難前難云何不遮墮令牒問作答明闡提佛性非有非無即事求而頗得故非有而有是理故非無又善巧方便則非無無巧方便則非有故舉箜篌喻此有無先譬次合初譬中所言王者譬衆生箜篌譬衆生身音聲譬佛性大臣譬佛菩薩能善說之斷絃譬就此身盡命終皮木斫裂譬五根四大求之頗得即無方便故非有也合譬者佛性無有住處即非有以善方便故可得見即是非無如汝所說若乳無酪下第三答第五第六兩難明應有定性答意非定有性因緣故有若乳定有酪即應自生不假頗求樹汁既其假緣當知因中無果然前作六歎今但舉一訶者何也答與奪適時皆爲利益正言此難是計性義與外道同寄正訶邪云是癡人實不訶德王此答即兼答第五歎善自足何須說十二部經今明既無定性因緣而有是故須說十二爲緣次以懺悔明直心者若有失不悔則非直心犯愆發露乃名直心 文爲三初設有過下正懺悔次於師同學下即是發露三慙愧自責下即斷相續心結如文云何修戒下第三釋戒文爲二一離惡戒即牛狗等並取其相而爲護持外道得通者見牛狗等死後生天便學彼行望得生天餘皆例爾次得善戒如文云何菩薩親近下第四釋善友爲四一辨明是二辨非三證非四證是初明是爲二一菩薩是二如來是刹多見佛得生天者二解數義必須上定乃得生天今見佛力發昔修定故得生天二云但令

伏下界惡隨有散善皆得生天雖有舍利下第二明
非既未識機不能稱緣是故云非如來稱緣知病識
藥是故名是我昔住於下第三證非觀白骨者即背
捨禪數息即根本禪舊云金師子善取火色故應教
數息今明不爾金師之子善解調椎宜扶其習故教
數息私云準莊嚴論云善解鞴囊善知息相澣衣之
人善取淨相故教骨觀今明不爾澣人厭穢作背捨
易若使衆生下第四證是如文云何具足多聞下釋
第五章文爲五前一就文言後四就義理十二文多
而義奢佛略文少而義要義要故是多聞又除十二
唯此涅槃者不言涅槃之理出十二外正言十二文
言浩博除廣就略其理存焉即是多聞何必在言故
復除全體但取四偈又除四偈但取常住復除常住
取寂默故知損之又損遂至無爲但貴其理以爲多
聞不取博言而爲多聞次善男子若有下第三稱歎
又二一法說歎二譬說歎法說爲二一唱三章門二
解釋解釋爲兩一釋三事二不存著如文譬爲三初
爲難施作譬亦有合次爲難忍難作作譬亦有合三
爲無著作譬有法譬合介時光明下第二論義兩番
問荅初問又二先兩定次兩難先兩定者一定自空
二定空空若性自是空此結初定爲一難若性自不
空此結後定爲一難善男子下荅爲二先荅初定者
性本自空何以故下明一切法不可得故既不可得
豈不是空次荅後定亦須修空然後見空而其本性
理本是空但不能見要修於空方乃見空既荅兩定
二難自遣荅初定中爲三一略標次何以故下廣釋

三相似相續下舉得失致結於中又三初舉凡夫失
次菩薩得三更訶凡夫失善男子一切諸法下荅第
二定意明雖復本空復須修習然後乃見有無常性
故滅能滅之有空性故修空得空當知本空具有法
譬合譬有二初如一切法下舉內法爲譬如鹽下舉
外法爲譬菩薩修空下合也光明下第二番論義還
從鹽譬生問爲二一問觀空是倒何者本來不空而
修空見空是於不空見空寧非顛倒例如實常而見
無常無常見常皆是顛倒亦有譬合還轉鹽譬來此
爲譬二問空既是無爲何所見若有可見即非是空
若無可見不應言見佛荅兩問爲二章荅初爲三一
總標二廣釋三重結初總標中有法譬合佛荅意云
見不空法能令其空而非顛倒但就理論無非空者
而於衆生乃是不空只滅其謂情故云能令不空作
空是故非倒善男子貪是有性下第二廣釋又二先
廣釋非空作空後廣釋非是顛倒初文云非空者於
緣是有又二一明貪欲於其是有次明色性於其是
有若不是有云何貪著今言非空使空者此法皆空
以是義故下第二廣釋非倒又二初標非倒一切凡
夫下正是廣釋又二一不生貪相故非倒次見佛性
故非倒問入初地時已能見空此文云住九地者見
法有性其義云何解云約二忍明義初地至十地是
無生忍唯佛地是寂滅忍今約二忍九地望佛寂滅
則見法有性雖比於佛非究竟空亦分有空故華嚴
云七地菩薩能入寂滅寂滅即空赴緣異說不應迷
執諸佛菩薩下第三重結佛亦有時說有說無當知

爲緣故今皆說以爲空也善男子汝言見空下第二
荅後難又二先牒問善男子下第二正荅正荅又二
初正荅次引昔證初文者以無見爲見例如般若無
知無所不知是故我下廣引昔證如文次明第十功
德亦先標次釋釋中舊用三十七品爲體興皇云涅
槃佛性爲體舊以菩薩行因道品是因故以前文爲
體興皇云前諸功德未以涅槃爲體最後義深故取
後文爲體問此中何不用六度而用道品一解云但
是略耳一解云釋論云六度是遠因道品是近因今
明不爾道品攝度捨覺攝檀餘皆可見婆沙文中以
十一法攝於道品十一與六名體相當但餘二念通
於諸度就文爲二初明功德次論義初又二先明道
品入涅槃次簡得失信者爲得不信者爲失初功德
云不聞聞者常住秘藏即是中道不聞聞者外道經
書毗伽羅論即俗諦不聞聞十一部經即真諦三諦
一心中不聞而聞今第十功德亦如是三十七品即
真諦入大涅槃即中道爲諸衆生分別演說即俗諦
此亦一心三諦始終不異若能信者入大涅槃意謂
此解方近於理云云興皇以最後功德涅槃爲體第九
已上皆不如此此解大失已如前難論義爲二一問
二荅荅爲二先舉惡人爲誡次舉善人爲勸惡人爲
三先法說次舉五譬三還合五譬先別合後總合初
譬旃檀貿凡木者二車並載一炭一檀值冬炭售檀
者遂乃燒香爲炭雖得易售而無所直持戒者貧寒
飢渴見破戒者富曉飲啖即毀於戒甘嗜飲食所利
無幾所失者大次譬中云金易鍮石者昔人乘馬賣

著金帶見乘驢者著驢條帶即便問之市中何物貴
彼即荅云驢條甚貴其即易之人為色聲而弃正法
其猶如是餘三譬如文別合如文善男子當爾之時
下二舉善人次光明下領解者是品中第二領解段
如文三是名下總結

師子吼品

諸師咸言此品譬能問者得名非為不爾不一向然
此俱譬能問能荅雙題品目何者菩薩與佛皆二莊
嚴下文中有師子王及師子子若師子子足滿三年
則能哮吼又若能師子吼贊於大悲能吼無量師子
吼徵文據義二種雙明講者因何只作一解惑者云
題中只稱師子吼菩薩品云何強作兩種釋之荅依
題則失文依文不失題廣能兼略師子擬王菩薩擬
子吼通兩處二義炳然更何所惑又師字自邊安帀
言師居左位事理皆帀則自行圓滿又師字訓師師
師也師有他化之能故知師者擬佛明矣子者訓資
弟子之禮受稟於師若從師者日新月益故知子字
者擬菩薩明矣吼通兩處者吼是口密通有六位云云今
明究竟與分吼通兩處身口意密皆有六位口密通
六此是世界單約子者此從為人單約吼者此從對
治單約師者從第一義故題具多意地人呼此品是
入證分開善云荅安樂性問河西興皇同為佛性門
今悉不用若是入證入證則無說若說入證非菩薩
說若荅安樂性問安樂性問為是誰問而今以此品
荅之若明佛性佛性誰說而以此品用目說人諸說
乖舛故皆不用今明此品是第四問荅涅槃義是師

子子問是師子王荅若從其文應言問荅佛性義前
量皆稱涅槃相從稱為涅槃義涅槃只是佛性佛性
只是涅槃涅槃名總佛性名別總攝於別就品又為
二初明佛性後歎經初文又四一明佛性二明中道
三明縛解四明修道佛性是基本由佛性故中當通
達不識故縛識之則解欲得解縛應須修習初文有
問有荅問為四一勸問二求問三許問四正問勸問
中先舉諸法門後正勸初舉諸法中有六門一舉三
寶次舉四諦三舉實諦四舉四德五舉五佛性六舉
因果等有乘無乘是舉了因性何者萬善一乘皆屬
了因有性無性是舉果性果果性有衆生無衆生是
舉正因性有有無有真無真舉境界性何者夫二
諦是智所緣境境又生智故是境界性有因無因者
單舉因果一解云先兩句明習因因果又三句明報
因因果有作無作是煩惱因業非煩惱是善惡業報
是煩惱業果二解云上兩句明出世因果下三句明
世間因果復次舉法門勸者總論是舉二諦法門有
佛即世諦無佛即真諦乃至有報是世諦無報是真
諦文但二諦若準悉汝所問寧只二諦二門四門等
一切諸法豈止二諦且通三諦乃至四門通三諦者
有佛俗無佛真非有佛非無佛中道乃至報亦如是
通二門者有佛是有門無佛是空門乃至有報無報
亦如是若準悉汝所問應有四門兩門如上亦有佛
亦無佛是兩亦門非有佛非無佛是雙非門乃至亦
有報亦無報非有報非無報亦如是問佛勸問諸法
門何不依佛所勸而別問佛性荅諸法門雖別通入

佛性若問佛性總能攝別何者依有乘無乘五句之
勸即是問五種佛性又依三寶是問云何為佛性果
依苦集二諦即問境界佛性依道滅即問緣了依實
無實即問正性依因果即問因性因因性果性果果
性依作無作即是問因性依業無業即問緣性復次
依乘無乘是問云何為佛性體依報依三寶四諦等
即是問何義故名佛性依四德即是問何故名佛性
依有因無因即問菩薩何眼不了了見依有果無果
即問佛以何眼能了了見依有作無作等二句即問
衆生何故不見依報無報即問正性佛有十八條勸
菩薩依此勸門起六種問同異若此而人不見私謂
勸別問別實稱佛言但未為得意總勸別問收法不
偏未為得意總勸總問亦稱佛意但恐時衆不曉總
中之別故佛別勸而設總問深得佛旨時會易曉故
佛別勸而師子吼總問良由此也此從今悉汝問下
即是正勸正勸中有正勸敎勸佛殷勤令衆得益尒
時會中下即是第二求問先經家敘次正發言敘字
亦為撿字皆是恭敬之貌次正發言尒時佛告下即
是第三許問先勸供養次正許初勸中三先正勸次
釋三結初勸供中備勸三業尊重是意贊歎是口迎
送是身所以者何下二釋勸文有法譬合法中先明
過去德次明現在德善男子如師子下譬說又二先
為佛作譬次為菩薩作譬佛譬中先譬法身次譬應
迹法身又為三先總次別後結初一句總譬自知身
力下五句別譬諸德身即六度力即十力牙齒即智
慧斷截煩惱四足即四如意地即尸羅巖穴即禪定

境尾即大悲大悲俯救如尾下垂聲即八音說法三
若有能具下摠結晨朝出穴下二明應身方便又三
一正應晨朝是暗終明始辭惡滅善生之機而能應
之次出穴即是從法身起頻伸為滅惡欠呿為生善
四望即四無閡發聲即說法有十一事三一切禽獸
下即是衆生得道水性辭凡夫愛染陸行辭二乘高
原飛辭降衆魔香象辭制外道如彼野干下第二為
菩薩作辭野干者先舉非次明是三年辭三行然下
合文於五行中略說此三又梵行是化他化他中同
其斷惑是病行同其生善是嬰兒行梵行兼之故不
具說如來正覺下合辭初合佛辭次合菩薩辭初文
二先合妙本為衆生次合應迹合初小不次第備合
十一事合前欲壞實非師子詐作師子合云為諸衆
生而師子吼前文云欲試身力合云示衆十力云云從
聖行下第二合應但不合晨朝師子吼者下第三合
前衆生得益前有四句今合直言決定說所以降魔
制外兼釋師子吼義次聲聞緣覺下合菩薩辭亦前
合舉非次合明是如文開辭合辭明佛菩薩二義究
然豈可單釋品耶諸善男子下第三結勸供養尒時
世尊下二正是許問師子吼白佛下第四正問凡發
六問但為兩意前三問法後三問人初三問者
舊解初一問果性次問因性後雙問因果性觀師云
此與文不相應直依文者初問佛性體次問佛性義
後問佛性名河西意亦爾今將後人來問前法初問
理佛性體次問分佛性義後問究竟佛性名若一切
衆生下問見不見人初問問不見性人後兩問問見

性人於中又二初問何法有了不了次問何眼有了
不了法擧性體眼約性用佛答為兩初歎問次正答
歎問又兩初歎次論義初歎又二初歎二莊嚴次歎
解六義汝自解六為他故問歎六義中歎初後各二
中兩則略師子吼下第二論義兩番問答初問如文
答中為四前三就勝劣義解智莊嚴勝於福德後一
就平等解有云初番以空解為智慧有解為福德十
地為智五度為福直言般若即是有中智慧故屬福
德若識波羅蜜即是空解屬智慧次番又取九住已
還為福德十住及佛屬智慧後以果地為智慧因中
為福德此就法體相望如此勝劣若此土則福勝慧
若淨土慧勝福今樹出衣食但企尚智慧故言慧勝
耳篤論具足者善也今明三番應約三教而分別之
十地發眞破無明故是智慧者此別教意十住菩薩
與佛同為智慧者通教意因中為福果上為智者六
度因中都不斷惑故是福德佛斷惑故是智慧而文
云常住者此非全是六度菩薩若消此文應云利根
人於三藏中宜聞常住聞即得解如初轉法輪時八
萬天子得無生忍最下既然例餘亦爾乃是密教意
但差別不定不可執一汝今具足下就平等答故云
汝之與我各具二莊嚴故能問能答寧非平等無差
別義今謂此釋似約圓教師子吼言下第二番問答
問為三正難釋難結過初正難者我若二嚴則不應
問佛若二嚴則不應答以問答非二嚴故所以者何
下釋難明諸法無有一種二種一種二種下結過是
凡夫相佛答還訓其三一訓初難只由具二莊嚴一

能問二能答二若言下訓其釋難只由解一二無一
二故能問一二能答一二衆生不解一二無一二今
示其一二令知無一二非是一二於一二乃是無一
二之一二亦是言於無言非是言於言善男子若言
下訓其結過翻其前難云云前云是凡夫相今云是十
住相先唱生死涅槃兩章門次釋一名涅槃是常常
即無二次釋二名生死愛無明過現故為二二則非
一此之一二非凡夫相解為兩一云正須此語其云
一二是凡夫相佛言一二非凡夫相二解云凡夫不
知一亦不知二雖在生死不識生死若知一二者非
凡夫相今解不爾一者是常此大涅槃常故非凡夫
相二者生死無明與愛此即二乘涅槃未除無明沈
空之愛即是生死之二此二非凡夫菩薩能知此二
此不二無一二過則非凡夫福慧平等是圓教義今
令師子難此圓義圓教雙亡無一無二那忽能問一二
能答一二佛還以圓教雙照答之良以雙亡一二則
能雙照一二雙照一二即能雙答一二還以雙照答
其釋難良以一二故能無一二若無一二何能無一
二又以雙亡答其結過汝言一二是凡夫相我言一
二非凡夫相雙照一二豈是凡夫相不作圓教問答
此義難解善男子下第二正答五問兼答一問答初
問又二先牒問誡聽如文次佛性者下正答初問又
二一明佛性體二簡不見者初明體又三一標名二
釋相三結體標者佛性名第一義空第一義空名為
智慧智慧是有即空而有即有而空空則三諦皆空
一空一切空乃是第一義空名智慧者三諦皆照一

照一切照乃是智慧當知空有非空非有即三而一即一而三即非三非一即空故盡一切相即智故照一切境即非空非智故云一切中是故名爲第一義空第一義空名爲智慧名爲佛性如此標名貴在得意不可言盡次所言空者下釋相者爲二先釋空次釋智初釋空則三諦皆空文云空者不見空與不空不見空者不見空邊不見不空是不見中無邊無中是第一義空次釋智智則三諦皆照文云智者見空及與不空見空是見邊見不空是見中見邊見中是第一義智慧若此空智非前非後不淺不深即空即智即智即空亦即非空非智而空而智是爲佛性之相文又釋不空者即是四德空者即是二邊無有四德對非顯是解釋分明三結體者佛性名中道中道之法常恒無變如文從無明覆故下第二簡不見者又二先簡二邊異故不見次簡起中道見故不見初文者無明所覆此簡生死有邊異故不見第一義空次簡二乘偏證空邊異故不見第一義空如文次從善男子去是簡起中道見故不見有人解云兩種不見一種見而皆言不見者以隨情故是義不然前唱中道見凡有三種全未見而言見中道者此乃名同而於名起見後結以是義故不見佛性當知三種並不見性將後驗前前是唱中道見凡夫惑心雖作中道想而因若果若是定若行是故不見第一義空一乘自行勝於凡夫化他邊劣於菩薩雖作中道之想名定苦樂行二乘偏空故不見第一義空菩薩慈悲甘苦如樂是定樂行即是偏假故不見第一義空如

此三種雖同名中道與上名相違相違故無圓徧之義是故不見如汝所言下正荅第二問舊云此荅因性觀師云此具明五性意獨因耶就文爲兩初荅第二問後論義初荅問爲二先牒問次正荅初具提其問其問何義義者名之所以有何所以稱爲佛性佛荅爲三初摠舉圓義二別舉偏義三結歎初摠荅意者善得圓旨是其所以佛是圓人性是圓法人法合稱故言佛性又一切諸佛是圓人菩提是圓果兼得涅槃之果果也既言果與果果即知此果從因因生此果果從因生中道者非因非因因非果非果果皆顯現者悉由佛性爲種子故知此中道即是佛性佛性既爲種子種子能生兩因兩果此兩因果又是種子能顯中道即是更互以爲種子不作此釋無奈此文何通塗雖爾別說即是佛性以爲種子問佛性既爲四性種子何獨是於菩提種子荅特是略出又是旁正如十二因緣非無旁義正發觀智生於菩提種子義彰餘之三性其義則旁譬如胡瓜正能發熱是熱病緣復次善男子下二別舉偏義應偏一切別舉四種偏有中道一俱倒上下二生死三斷常四因果他解此四是中論八不不上不下是不來不出不因不果是不一不異餘兩可知一師云法門無量何必如此今明初以上下屬當凡夫俱倒橫計上下不見中道諸佛體之不上不下得見中道次生死約六度偏行既不斷於無明愛惑惑心求佛是二中間則有生老病死不見中道諸佛體之不生不死得見中道三斷常約二乘厭生死是背常入涅槃是向斷不見

中道諸佛體之非常非斷於二乘法得見中道四者十二因緣觀智是因得菩提是果修因克果次第淺深此約別教地前不見中道諸佛體之知非因果於菩薩法能見中道上文云一切諸法中悉有安樂性普賢觀云毗盧遮那徧一切處譬如耆婆執草成藥佛亦如是徧一切法無非中道中道即是佛性汝問何義其義如是略屬當竟今更帖文初云道有三種者先唱三章門次下者下解釋下者外道邪見謬謂梵天以爲涅槃實非涅槃還是生死故名爲下所言上者即是凡夫未免八倒無常計常常是上法當得上果故名爲上所言中者第一義空智慧無常見無常如理而見不同外道故不名下不同凡夫故不名上而是兩邊之上故言是上又言與佛不異故言是上復次生死本際下第二明不生不死中道之義文爲二初明中道次舉解惑初爲三一唱中道二明能破生死三結是佛性無明有愛下但中間只是行識名色六入等何以云有生老死耶解云後文云現在世識名未來生現在六入等名未來老死中間即是生死義言中道者兩因夾一果一果居中如此論中方是妙中破生死義云何只以因緣因果不生不滅名爲中道今作易解無明與愛即現過見煩惱道也點煩惱道即是般若中間是苦道即是法身法身即中道若是中道則無生死無生死故名破生死以是義故下第三結爲佛性既是中道寧非佛性以諸衆生下第二舉解惑有法譬合法中初明惑者不見則是無常後明解者能見則非無常正用此語兼荅第

三難難云以何義故名常樂我淨以見佛性故常樂我淨辟如下爲惑解者作辟與上貧女辟同合如文復次衆生起見下是第三不斷不常明中道又三一唱章門二釋三結初章門中明凡夫菩薩二乘前後舉非中間明是次佛性雖常下即釋也又三先釋凡夫爲無明所覆故起斷常次又未能度下釋二乘只爲兔馬不盡河底二乘智偏沈空取證不見佛性無常無斷是觀十二因緣下第三釋菩薩章十二因緣即是觀境菩薩觀境生智合取境智皆名中道善男子佛性者下第四約因果明中道爲三一明有因有果二明非因非果三明亦是因果亦非因果只應明非因非果何得云因果若不明因果何所辨非初文有法辟法說中論兩因兩果兩因者謂因因兩果者謂果果尋此文意不得以因家之因爲因因而得以果家之果爲果果得以因家之果爲因得以果家之果爲果果何故爾單因是境重因是觀單果是菩提重果是涅槃境但是因不從因至於因但因非因因觀智從因至於因故得是因因菩提但是果不從果至於果但果非果果涅槃從果至於果故得是果果辟說中意是則不然辟中以無明爲因因無明當體是因而復爲行作因故是因因識當體是果復爲行作果故是果果以辟例法境是因因菩提應是果果而不例者境體非因不從因至於因但是因非因因觀智體非果不從果至於果若然辟與法乖答取少分辟私謂亦非全取無明行識以爲境智菩提涅槃之辟但是先舉無明行等亦有因果因因果

果之名故下文中具舉四句佛性涅槃爲初二句十二因緣爲第三句言少分者名同義異故云少分若欲將境智爲二因菩提涅槃爲二果是則境體是因復爲智作因故名因因智體是因復爲二果作因例二果亦爾準因作之亦應可見以是義故下第二明非因非果即中道正性此中十不牘中論中有不因不果從是因非果下第三明亦是因果亦非因果開善作五性是因非果即境界性是果非因即果果性是因即了因是果即菩提果非因非果即正性而彼家用衆生爲正性與非因非果義不相應莊嚴作四性是因即了因是果即涅槃是因即正因是果即菩提非因非果非復是性但非前義觀師亦作五性是因非果即境界性是果非因即果果性是因是果即了因性及菩提性言了因者以望境界爲果望菩提是因若爾菩提性亦應兩望望了因是果望果果是因非因非果即正性興皇但名正法正性不許稱爲正因今經中有正因之名何以不許然此五性乃是開合之異正性不二緣性則二二是因果開因出因因開果出果果合四爲二所謂因果合二爲一合緣爲正正無復數以是義故下第三結歎甚深又爲三一略歎二廣歎三總結初略歎者簡凡小不見唯佛能見以何義故下二廣釋甚深有六一明因緣甚深二明凡夫不見故甚深三唯佛能見四重明甚深難見五重明能見六雙明見與不見初中云不常不斷者諸句例作中道以明甚深離念念滅即是不常而無所失即是不斷不斷不常即中道甚深難無作者

即不有而有作業即不無即不可思議中道甚深一切衆生下二明凡夫不見十住下三唯佛能見菩薩少見如來具見然十住既少見於終亦應少見其始今互顯沒者正言十地一轉即便作佛去終處近故言能見其終始則杳然故言不見舊云十住破元品無明當果不起故云知終生死久遠其始難知興皇云自性無所有爲易因緣所起不有而有則難今言十住有治道能分斷則分見其終而不能分見其始辟如健人破賊而不知賊起根元私謂亦可云初住所斷斷其始故故云見始並始斷故亦云見始故知賢位非但不見中道亦不見於無明故從初斷始邊名爲見始等覺菩薩餘一品在在者名終由未斷終故不見終斷之終故亦名見終故知等覺非但不見最後真如亦不見於終品無明故唯佛斷唯佛方見諸佛見始見終者究竟知無始終究竟鑑其始終文中從惑起邊是故反此始謂元品終謂終末最後著故見謂知見有智能治故名爲見初住智淺但見終末故云見終未有治於元品之智故云不見一切衆生下四重明不見是故我下五重明能見觀十二緣智下六雙明見不見又二先唱四章門次釋四章三種不見唯上上能見可將此義類前定樂行等三皆不見於義明矣問十住少見者爲唯第十住少見九住至初住亦少見耶舊解爲二一云唯第十住分見九住至初住皆不分見二云初住至十住皆少分見而須兩望初至九住望二乘爲少見望十住爲不見有人難前解云二乘不見各得菩提九住既不見得

何等菩提進不同佛退非二乘應當別得一个菩提云云今明若指住是地而言十住皆分見者此是別義若住非地十地則見十住不見此亦別義若言十住即十地地住皆少見者此即圓義若言十住非十地十住亦少見者此亦圓義若言十住非十地而言九住不見十住少見者此是別接通義人不識此於文於義往往不通云云以是義故下第三摠結甚深即五佛性十二因緣名爲佛性者結因性第一義空結因因性中道者結正因性即名爲佛結果性涅槃結果果性文義具足此結甚妙尒時師子下第二論義此義起上結衆生行業甚深甚深若衆生與佛平等不二何用修道初似是一問佛爲兩荅則成二問下佛荅中一荅佛與佛性平等二荅修道故知兩問地人云衆生是佛具足在妄便不用修道正當此難若成論人云佛果在當則不當此難而不得言即是佛此應作無差別差別荅無差別故即是佛差別故未具足如父生子姓無差別用未具足故須莊嚴莊嚴故後則具足然但明佛性何關具足不具足具足既藉緣而具佛性亦應藉緣而具若言佛性在當此據果性果果性若言佛性在現此取因性因因性若言佛性非當非現此取正因性若各以爲是如盲觸象若見此意無當現之爭佛荅爲三一非問二正荅三引證非問如文正荅爲兩一荅無差別亦有差別二荅何用修道初荅爲三一正荅二引偈三擧乳酪而辟此意者據體不殊約緣成異初文有法有譬法說中云未具足者但有其理事用未足故言不具非謂悉

無名爲不具譬如下二譬爲二先譬次合初譬又二先擧惡譬次引善惡例初文者必定當墮如害母者悔身雖未墮必去不疑衆生亦爾有佛性理未來必得次佛復引云行十善者名見天人行十惡者名見地獄亦是當報一切衆生下二合譬一切衆生未有相好以當得故一解云當得相好之果一解云當得果佛性佛性云何是當若是當者爲三世攝即是無常則不應言當果佛性二引偈荅者略釋偈意已如前文此偈四出初荅常無常二荅得無得下二十六荅破定性今荅有無不定以明中道若但以有無別解俱不會偈百常無常等亦應如是此中準經應作差無差亦差亦無差非差非無差不一不異不思議釋乃會偈百餘常無常等亦復如是今長行釋本有云三世皆本有如文準此而言生死與涅槃各應本有各應今無若生死本有者具足無量煩惱生死本無者本無涅槃涅槃本有者涅槃本有非適今涅槃本無者久已成佛無諸煩惱生死雖復本有今無本無今有悉束爲有以涅槃望生死生死有所得故涅槃雖復本有今無本無今有悉束爲無以生死望涅槃無所得故又即本有是今無不離有而論無即本無是今有不離無而論有此前三句即是差別三世所攝本有之有非有今無之無不無不有不無三世有法無有是處此一句是無差別不爲三世所攝更約本末重明四句自有兩本兩末一本一末末而不本本而不末非本非末上文云寄生一子舍主驅逐舍主是境豈非生死爲本一子正觀豈非涅槃爲末

文云大般涅槃本自有之又如來藏依持建立豈非涅槃爲本迷理起惑豈非生死爲末若各有其本則各有其末爲是義故兩本兩末又生死無終將涅槃之始爲生死之終涅槃無始將生死之終爲涅槃之始二河相望互作終始是爲一本一末又生死若本若末皆束名爲末以其虛妄無根本故故末而不本涅槃若本若末皆名爲本以其眞實無偽故本而不末末本非本本末非末非本非末三世不攝分別本末四句既成例具不具得無得常無常皆悉不定不可思議亦復如是四句不定不可思議即是三諦不並不別如前說譬如有人下第三擧乳酪譬以證當有此謂約有心論有佛性不即心爲佛性何異衆生有佛性之理後得佛時不取衆生爲佛心佛心亦爾只云有心爲佛性心不即爲佛性畢竟有二種下第二應須修道正荅前何用修道之問衆生等有一乘正性應須修於六度莊嚴若不修不得正性他云一乘是萬善今此文中則以一乘爲中道正性此一道清淨能運衆生作佛故名一乘豈同萬善文中爲二先唱章門次解釋初章門有兩雙四隻次釋中先釋以六度爲莊嚴一乘爲究竟次釋世間出世間初六度與一乘更無別體但隨義異釋其間有譬有合初譬云忉利欝越果報雖勝人不得見佛性既爲無明所覆不能得見故須修道復次佛性下釋後兩隻又二先偏釋出世畢竟後雙釋世出世兩畢竟初又三一出體二釋名三擧類初如文次釋名中云首楞嚴翻爲堅固和闍黎翻修治心而此三昧有通有別

在終心通通諸地如一三昧下三舉類覺名定覺即七覺中定覺分正名正定即八正中正定又云覺名定覺即八大人中定覺楞嚴亦爾有五種名云云善男子一切衆生下第二雙釋世出世兩畢竟下中即世間畢竟上定即出世畢竟於中二先具釋三定後重釋上定初釋三定中先釋上定即是佛性或云了因或云正因中定即色界定下定即心數定數人云十數並起呼爲大地通五品謂善惡無記不共藏汙等成論云法起十數義說爲十或云欲界十居止是十數三塗人六天一切衆生悉有下重釋出世即首楞嚴釋論名爲健相三昧善男子我於一時下第三引證荅此明如來觀機可不或說佛與佛性無差或時說異或說修道或說不修例如知外道機應須說我應說無我云云文爲二先正引昔證今次更會通初引昔證今又二先引昔次證今引昔又三一明洗浴二外道論義三時衆得益是佛性下二證今正言佛性非我而說爲我不應定執訓修道之問如來有因緣下二是會通如來自在或以我爲無我無我爲我又一解在因佛性故言無我在果佛性故言有我云云尒時師子下第三荅上第四問爲二先申問次正荅初申問長有金剛力士語正荅爲兩初正荅後結歎初正荅中凡舉七辟大爲三意初三辟辟有而不見中間一辟辟平等皆有第三三辟辟待緣故見三意次第而來雖復云有而復不見未知定有故不見定無故不見次一辟辟其定有既其定有何故不見次荅須待因緣然後乃見初三辟一一皆先辟次合初是

盲人辟辟底下凡夫如盲故不見色辟佛性數人解色有二十種青黃赤白高下邪正方圓長短光影明闇煙雲塵霧或加虛空爲空一顯色如眼膚翳第二眼病辟辟諸菩薩眼有少翳不得見色辟諸菩薩有煩惱故不見佛性不同前盲合辟中先舉十地菩薩後更舉四人凡夫二乘十住如來如來全見菩薩少見兩全不見辟如初月下第三辟亦辟衆生未斷惑者不見斷惑者見如初日月則不可見漸漸可見佛性亦爾本有此理衆生煩惱不能得見惑稍稍盡稍稍得見文云大悲十力等一切衆生悉有性者舊云當有即事未有引下文云破一闡提然後乃得地人解云眞神佛性如敝帛裹金大慧大悲十力相好此事具有爲惑所覆若除煩惱即得見之除敝帛巳即得黃金觀師云此二解相害若當有此經文云大悲十力四無所畏衆生有之既言悉有寧得言當若言現有如金爲所覆者夫佛性雄猛何不排惑若執當現便是爭論只具此理不可推當修道乃得不可言現彼三解偏據未會圓旨何者佛性非一二三而爲衆生作四門分別或言第一義空迦毗羅城空或言不空者即是智慧貧藏頷珠或言亦空亦有如水酒瓶或言非有非無名爲中道欲使因四悟於不四捨執四以來通論人指當此執則無地人或覆此執即有觀師所說此執亦有亦無門今明佛性如王見象衆師所覩全同盲觸云云合最後辟中言三種破煩惱者舊有二解一云二國煩惱見思二惑是界內穢土煩惱習氣是兩國中間淨土煩惱無明是界外煩惱

七地菩薩斷二國中間煩惱莊嚴所用二解云見諦爲一煩惱思惟爲二煩惱習氣是三煩惱無明元品品數與習氣是同故不別說初地至三地斷見諦四地至六地斷思惟七八地者並斷習氣無明此是開善解又一師難此二解文云三種破煩惱竟不出破煩惱意但出三種名與經乖較若論破意應如釋論三觀治三種病亦如瓔珞本業從假入空名二諦觀從空入假名平等觀二觀爲方便得入中道第一義諦觀用是三觀能破煩惱又世諦破性病眞諦破假病此二諦但說伏爲斷若非眞非有即是中道雙除性假二病名斷煩惱今明是義不然前二解乖經觀師破其違經今難其義僻若三種破煩惱巳見佛性破見思穢土煩惱及破中間淨土煩惱爲見性不見性若見性者二乘之人亦破見思何故不見若不見性與經相違開善云破見爲一破思爲二須陀洹人乃至四果悉破見思爲見性不若見性者無有此義若不見者與經相違又二諦觀平等觀皆是方便不入中道亦不見性復與經違世諦破性眞諦破假是伏非斷又不見性此亦違經唯非眞俗斷煩惱者乃得見性雖唱三種破煩惱名二種破者則不見性唯一種破得見經稱三種破於煩惱皆見佛性若一種破見二破不見者寧得相應今明七地修方便八地道觀雙流破無明見佛性者此以別接通是一種破煩惱得見佛性若入理般若名爲住破四住惑出生功德名十行破塵沙惑未見佛性十迴向伏無明登地破無明見佛性此是別教次第破惑又是一種

以煩惱見佛性若圓觀法界煩惱即菩提初發心時便成正覺入銅輪位登初住時破無明見佛性三種破惑其義炳然而皆見性與經文會諸德莫知又一空一切空三諦皆空此觀破五住惑能見佛性又一假一切假三諦皆假此觀亦破五住惑能見佛性又一中一切中三諦皆中此觀亦破五住惑能見佛性如此三種數之與義正與經合諸德亦未能知前三種破惑是就別意後三種觀是約圓意善男子十二因緣下二有一譬譬平等皆有先譬後合前譬就外合譬就內即爲四一唱等有二出因緣體三明有具不具四結等有初明平等皆有而言亦內亦外者此唯在人非謂外物心則爲內色則爲外具有色心故云內外又云在胎爲內出胎爲外私謂文中自云內外貪求及爲內外事然此文中非謂以十二緣而爲觀境但取十二以爲佛性例如十二緣支支別辯爲令衆生識於三世輪迴之相豈可無明之時唯有無明故知乃至老死常具十二故下合云佛性亦爾豈可在衆生時唯是衆生況一切衆生一一無不念念具足十界百界依正因緣故界界中無非佛性故內外之言意兼多義何等十二下二出因緣體具解十二支過去具有因果何以取二因而不取果然過去之果自酬前因是故不取是則二因生今五果取今三因生後二果識支二解一云初受胎七日爲識介時有色色未顯現識義已顯故受識名二云但取託胎初念雖即有色色乃未足而名識者識是報主是故言識亦至第二念即是色支此解稍勝入胎五分

釋第四名色支亦云五胞二手二脚及頭四根未具者但有身意未有眼耳鼻舌言名色者二解一云色陰是色四陰名名二云只此色與衆生之名故言名色次具足四根即第五支既具四根六根都具故言六入從此已去有麤細相生若細相生即是胎內識心未有想受若麤相生即是初出胎時未能捉火觸毒如一兩月小兒未別苦樂下第六觸支若細生相是胎內想心未知苦樂若麤相生即一兩歲已能捉火觸毒而未有所知手內有物未辯貴賤深習一愛第七受支五果之後若細相生即胎內受心言一愛者於一樂緣而生想著若麤相生即三四歲但知食愛未知五欲習近五欲第八愛支即三因之初若細相生即胎內行心之初就行心爲三初名愛中名取後名有若麤相生即八九歲稍知欲愛內外貪求第九支即十餘歲稍復長大轉能貪求行中稍增爲內外事下第十支起即十餘歲身成長大盡屬百年現在世識下第十一支即未來二果之初還同現在識支時節即初託胎一念現在名色下第十二支還同現在名色等時即未來老死支識名色六入等並是未來二果未來二果還是現在識名色六入等但轉名名之三具不具中約色界言無三受者二解一云於三受中不具苦受故言無三亦無苦受家想故言無三種觸亦無苦受家行故言無三種愛若色無色不具十二云何文云亦得名爲具足十二然歌羅羅死及色無色界生雖復不具十二而苦輪未息往還三界終具十二二解據第四禪至無色界無復苦樂

亦無中容之捨故言無三受無色既無色不具十二以定得故下第四摠結皆具十二既未息苦輪始終長望故云皆具佛性亦爾第二合譬六道四生皆有十二譬諸衆生等有佛性雪山有草下第三三譬明待緣方見即爲三初文譬合合中二先正合次明理明理又三初唱九章門門有三句合二十七句第二解釋釋中長出三事非章所列合三十六句後兩善男子是第三摠結云云第二舉黑鐵譬第三舉種子譬前二譬皆先譬後合後譬無合文是大涅槃下第二結歎如文介時師子下答第五問先騰上兩問後作兩荅以荅前問荅文爲二初唱十章後解釋其八是八大人覺屬自行後兩章是化他八覺是小乘名教云何是菩薩行一解云法門無定在大即大二解云只八大人自行爲小復有化他故得是大今明以大涅槃心修即異小乘師子吼下第二解釋十法有五番初番有問荅荅但以少欲知足共爲一解以義相帶故餘者各解就初釋少欲知足復數番初約善惡共解後有少欲下約小大共解文爲四句初句少欲是須陀洹前云少欲知足爲善今釋不少欲不知足爲善法華云得少便爲足自保守小謂是爲足今釋少欲是須陀洹知足是中乘皆是保非爲極少欲知足即知四果最極對菩薩不少欲不知足菩薩上求佛果無窮故不知足下化無窮復不知足餘如文第八釋解脫即是無上涅槃者二解靈味令正翻涅槃爲解脫此明涅槃與解脫異開善云涅槃翻滅度解脫翻無累觀師云涅槃與解脫同是斷德因滅煩

惱故得解脱得解脱故得大涅槃即是不異又云四
暴河者即前三漏長有見暴河即通覽三界見爲見
暴河復次出家之人下第二番約出家人釋十法但
有八文前合少欲知足後但釋解脱不明涅槃是故
略耳四樂者大樂即出家人樂應是戒樂寂靜即禪
定樂永滅即智慧斷惑樂畢竟即菩薩樂四精進即
四正勤復次菩薩下第三番據菩薩釋十法但有九
者菩薩以涅槃心修故不說之隨順天行爲正定者
此明天行以定爲體今寄一並若正定隨順天行爲
行遂以定爲體應身隨順衆生衆生應以應身爲體
今明天行是理以理爲本故言正定復次夫少欲者
下第四番解十法文亦可解八解脱爲正定者數人
云八解脱以定爲體論人八解脱以慧爲體私云皆
不爾云云復次善男子下第五番但解九五種樂者河
西云一因樂受樂斷樂遠離樂菩薩樂因樂者因内
外緣得樂受樂者從内外緣身得增長心得安隱名
爲受樂修習聖道斷除諸受今道增長名斷受樂永
離煩惱身心無患名遠離樂以常樂故名菩薩樂五
樂皆從淺至深出菩薩地經善男子如汝所言下荅
第六問先牒問後正荅荅爲二先荅後勸初荅又爲
兩先明了與不了次明眼見聞見初了不了中有五
番最後釋一切覺者一心三智照一諦三諦名一切
覺十住亦得此覺比佛猶昧故不了了地前十住全
不見性是故不論了與不了次眼見聞見中有兩番
初以十住爲聞見佛地爲眼見次番以九地已還爲
聞見第十住爲眼見此中應作四句第十住亦聞見

亦眼見九地已下但有聞見佛地但有眼見文中自
出此之三句若衆生聞不信者非聞見非眼見云云若
十住與十地異者非難初住不見十住亦不見即是
別位若十住與十地同者直第十住見初住亦見今
文云住又復云地故知此中住地不異即是圓位而
簡九地是聞者以其見不了了抑之爲聞第十住勝
加之以眼蓋是圓位得作此釋餘位不得云云

大般涅槃經疏卷第十三

大般涅槃經疏卷第十五　計卅二帋　菰

天台沙門灌頂撰　沙門湛然再治

師子吼品之五

起卷是第二明定慧相資亦是相即亦應言捨但是略耳又捨無別法定慧均平即名爲捨文中先問後荅問意云慧能斷惑何須用定舉偏別之難以祈圓融之說初師子吼引佛經爲難果知不破外人亦非破問者只是破佛爲緣之經佛經不出四教觀此義意正用圓破別別既被破餘例可知次佛荅中初文爲兩初總破次別破初總中總唱是義不然何所不該若邪執若小教若共教若漸次皆悉不然之中但是治內之流滯非破外之閑邪次別破爲二先以法料簡後示圓融無方定慧於初文中爲七一約無異二約無有三約無所四約無缺五約無動六約無能七約無作初約無異破者文爲二一論體同次舉譬譬體同也何者惑者咸謂煩惱與智慧其猶水火冤賊須修智慧故破煩惱自別教已還莫不如此故師子吼挾此設難祈於異聞佛以圓破別何者智慧何者煩惱蓋是法界之解惑解惑同體無二無別若惑時舉體是惑惑外無智若解時舉體是解解外無惑經言煩惱即菩提菩提即煩惱又經言出法性外更無有法出外有法即非法界若然有煩惱時則無智慧何所論破若有智慧無復煩惱復何所破而言智慧能破煩惱故舉明時無闇闇時無明喻此圓法斯理斯文彪炳灼然不應餘解從誰有智慧下第二約

無有以破文爲二先責人法次結無破初文者自三藏已上別教已還不能法界圓融虛己忘物二乘猶存我衣我鉢菩薩則嚴土化人彼我雙存智斷俱證此則有誰不得無誰佛以圓法責之只此智慧是煩惱誰以煩惱斷於煩惱只此煩惱是智慧誰以智慧斷於智慧尚無煩惱斷於煩惱何得智慧斷於智慧是故結云如其無者則無所破從善男子若言智慧下第三約無所以破文爲二先雙明不到次雙結無破何者智慧是法界縱令出法界外有煩惱用法界內智慧破外煩惱爲不到彼所能破爲到彼所能破若不到彼所能破凡人不到亦應能破若到彼所即能破者爲初念能破後念能破若初念不能後亦不能是故結云到與不到若能破者是義不然法界之外更無復法是故無所從復次毗婆下第四約無缺以破文爲二先約法正破次舉譬初法意者智慧是法界圓滿具足無有缺減智慧即是戒定等而無有異那忽法界外而猶有伴共破法界外之煩惱既無伴破獨亦不能故舉盲譬若獨若伴俱不見色若獨若伴是缺減義從善男子如地堅性下第五約無動以破文爲二先舉類破次結破如四大性不可動轉更無一物改動四大令失本性煩惱亦爾與智同性智性自斷煩惱之性亦自是斷云何以斷能斷於斷次結文云毗婆舍那決定不能破諸煩惱從善男子如鹽性鹹下第六約無能以破文爲四前奪次縱三更奪四復縱初舉鹽蜜轉他同己即奪智慧不能如鹽蜜不滅之法智慧不能彊令其滅此奪智慧無

斷惑之功次若言下引鹽能鹹者縱於智慧能滅他者智慧自念念滅豈令他滅如溺人自沈何得浮他三善男子有二種下更奪正以性滅奪之智是性滅不能令煩惱滅四若言智慧能滅下復重縱之舉火隶斧伐求其滅處不可得也前一縱奪明無常苦空及緣修等智慧自是無常何能斷惑歷然可見後一縱奪責不見能斷所斷方所此破法界外別有於惑爲智所斷何以不見處所如火隶如斧痕既無隶痕則無惑可破既其無惑智慧破誰用圓破別文義明矣從善男子一切下第七約無作以破亦呼此爲摠結於前此中明一切諸法性自空者誰令生滅無造作者那得智慧破於煩惱若修習定下第二示圓融無方定慧皆是法界非但慧能斷惑定亦斷惑文爲四一明定慧相具亦具一切法二明定慧相即即寂能斷即斷能寂三明定慧名相四明自在適時開此四科即四悉意定慧具足三菩提即第一義即寂能斷即對治定慧名相即是世界適時利益即是爲人就初定慧相具文爲三一即定具慧謂正智見也二定具世間生滅無常等法引證是也三具三菩提是也定爲法界包含既爾慧摠亦然次菩薩具足二法下明定慧相即若言相資此義則踈又爲二初即定而慧次即慧而定初文中凡舉八辟即定而慧妙能斷惑次復調攝五根去明即慧而定在危而安處損能益云云初辟如刈菅草者字音姦詩云白華菅兮又云無弃菅蒯苦怪切爾雅云白華野菅郭璞云茅類也甘鍋者融金之器土釜也字當作融並音戈而言甘

者謂口敍也次文又二先正明次善男子下明功能並如文定相下第三明名相者無名而名緣一實相而言三相約三相立三名名相皆是法界具一切法定無定相故名空慧達清淨法故無願求捨無能所故有無相若有菩薩下第四自在適時巧用文爲二先唱時非時後更問荅荅中明三法時非時即是自行四悉受樂等生慢宜修定者此巧用爲人精進等起悔心宜修慧者此巧修對治二法平等冝修捨者此巧修第一義起煩惱宜讀誦六念者此巧修世界經云修習三相以是因緣成無相涅槃既言因緣即是巧修悉檀以爲因緣成大涅槃又宜修於定即是有門宜修於慧即是空門宜修於捨即非空非有門宜修十二部六念等即亦空亦有門從四門因緣成大涅槃復應巧作化他四悉不能煩文修者須具云云善男子若有菩薩修習下第三修道力用文爲二初明感樂得涅槃後明離苦轉障初文又二初明得涅槃次論義論義有兩番問荅初問偏修三法能得涅槃故問其相文爲二初牒無十相名大涅槃但因荅竟此言已領未解其餘更以十法爲問開善取此諸結火滅名爲滅度以翻涅槃莊嚴取離諸覺觀名爲涅槃以彈開善云子縛盡名滅度果縛盡名涅槃云何取子縛之文翻涅槃之果開善救云具存外國子果縛盡俱名解脫有餘無餘二滅俱名滅度而出經者巧互其詞以子縛盡存此音爲滅度果縛盡存彼音爲解脫然此中十荅皆荅涅槃之圓德兩師各執一句而起於爭此是因於解義而起煩惱又同觸象

云云師子吼下師子吼重問已聞十義未知修者爲修幾法得涅槃耶次佛言下佛荅荅意者向之十法但是涅槃果果之異耳若欲修行復具十法於中三標釋結師子吼言如佛先告下第二明離苦轉障又二先明所轉之業障次明能轉之治道初有二番問荅初番明業不定故障可轉次明業不定故道可修初問荅爲二先問善業次問惡業初問善業爲五一明無窮二明必定三重無窮四重必定五舉況結問初又三一語端二領旨三結問初告純陀者此欲設問之由漸如佛下領旨施畜生百倍闡提千倍者畜前因惡今報畢闡提取前因善今報勝故有百千之殊上文殺畜生得下罪殺闡提無罪此復云何荅畜無斷善謗法之愆闡提有此之失純陀大士下結問次世尊經中復說下問必定又二先領次正問純陀心重而因勝此業決定何得成佛三世尊經中說下重明無窮四世尊經中說下重明必定五又阿尼樓馱下舉況結問次世尊若善果下第二舉四人惡業無窮云何能得菩提佛言下荅又爲二一贊問二荅荅又二初緣起次正荅初歎業力深是荅問緣起然佛十力亦無優降特是宜爾又業輕重定不定等難知餘人不解故稱爲大有諸衆生下正荅又四一開權二顯實三釋權四釋實初開權者爲不信人唱言決定一切作業下第二顯實業法不同有輕有重有定有不定安得一向決定或有人下釋權只緣邪者不信爲其定說或重業下釋實又二先出愚智二人從一切衆生下二雙出二轉智轉重爲輕定爲不定愚

轉輕爲重不定爲定若如是下第二番問答明業不定可得修道問意有兩一以惡業不定何用梵行求於涅槃二以善業不定故亦何用梵行求於涅槃佛答此問其文甚廣所破疑惑處多故不可不委若不曉此一切行不成是故此文文相稍長文爲四一正明業不定故修道二明業定有多過三雙明業定不定四結不定故修道初又二先明不定次善惡相奪初又二先若定者不勞修道二以不定可得修道若能遠離下明善惡相奪以惡不定故可得爲善善不定故可得爲惡若一切業定得果下二明定則多過又二初明定則無修道次明定故則有多過就初又二前略次廣略中二初明若定則不須修道次明若不修道則無解脫若一切業下二明廣說亦二先廣明定則不須修次若人遠離下廣明若不修則無解脫期善男子一切業定下是第二明業定多有過又二初明業定過次明人時定過前文又二初正明有過則應一作善惡業永受善惡永無息期次業果若爾下結無修道人作人受下第二明人時定過又二初正明過次結不須修道前又二初明人定之過業若定者人天六道貴賤好醜永應常爾不可改動小時作業下二明時定之過小時作業還小時受壯老亦爾次業若無失下結無修道善男子業有二種下第三廣明業有定不定又二初唱定不定兩章次解釋然業有四句一報定時不定二時定報不定三俱定四俱不定今合爲兩章報定時不定時報俱定同入定章門時定報不定時報俱不定同入不定章門

所以然者正意皆據報定爲正定業有二下第二釋章門又二初釋定章門甚多次釋不定章門極少止十二字初釋定門更爲兩章一報定時定二報定時不定緣合則受下即釋先釋報定時不定時不定者於現生後三時應受而不受者此永不受必時不定報定者善惡報具唯待緣合緣合即受無有毫差若定心作下第二釋俱定又三一釋報定二釋時定三雙結初文又三一明定業二還復不定三釋疑證轉此初正明定復有四事莊嚴一信心二歡喜三發願四供養此據善業四事飾之惡亦例爾一信惡二歡喜三發願四供養惡黨以此嚴於惡智者善根下第二明此業復遇緣迴轉還復不定又三一智人轉重爲輕二愚人轉輕爲重三結是不定菩薩無地獄業下第三釋疑證轉恐物情疑見諸聖人而生地獄豈非業定故今釋之實無彼業但是願力而生其中爲度衆生故結云非現生後受是果報所言證轉者前文雖言愚智轉業未見其證今明聖人入惡化物若業不轉則在彼無益既其有益當知可轉其中又二初略次廣我念往昔與提婆下第二釋時定又二先釋現報次雙結生後現報又二前明爲調達所弊是現事次爲迦羅富所弊小般若云歌利賢愚經云迦利釋論云迦梨同是一人梵音不同忍辱名戒者次第六度相攝皆不言忍是戒今云忍名爲戒者何也此是戒忍更互相成忍若内明戒亦外淨於忍只是忍於殺盜淫妄戒只防此是故忍有成戒之力故言忍名爲戒今明忍爲法界具一切法不能具說且舉

一端故言忍名爲戒說文云劓者割鼻刖者斷足善業生報後報下第二雙結兩報菩薩得菩提下第三雙結報時兩定又二初雙結次偏結時初文者闡提犯五逆惡業雖不可現報復不得受後報應生報此時報定文云得菩提時一切諸業悉得現報者此時菩薩斷一切惑無生後報唯一生在即得佛果故云得現報又解若以一生之言同於分段則不名現報以增一品智斷名爲一生故雖一生仍名現報一云只法身佛有此現報二云是迹身佛有此現報即指應身若業定得現世報下第二偏結時定正爲時定故只得現報不得生後又修三十二相業不得現報者以此業難成必爲佛因故都無現報若業不得三種下十二字即釋不定章門對前可知故不廣說若言諸業定得下第四結成不定故有修道又二初結定則爲失次一切衆生下結不定爲得有二種人下第二明能轉障治道又三初轉障人次轉障行三明轉相初人又二先法說次舉十二譬初後二譬有合中十無合中十譬中第九譬云無副軸者二說一云乘車遠行須儲軸爲副擬備折傷如天子御車有副牛代僕二解云此字誤應是輻軸若欲乘車須此輻軸師子吼言下第二明轉障之行有問有答初問中二先領旨次正問問意何等輕業重受何等重業輕受佛答又三先出愚智二人輕重不定次舉六復次次以十四善男子譬說及多難喻初文又二初出人次法說廣明其相云身戒心慧者合束爲言只是戒慧二事若然修此戒慧能令重業爲輕無此二事令

輕爲重難而爲語故云修身修戒修心修慧身是七
支戒防意地修心靜攝修慧者是般若七種淨戒者
即七支戒不修心謂不修三種相即是入住出三相
又不能觀生住滅三相無生無住無滅不修慧者謂
不修梵行梵行中具三法以慧爲正次六復次者第
一可見第二文中身數者五陰五根四大等數下戒
者即雞狗牛雉等戒又言爲天五欲而持戒者即是
下戒邊戒者河西云外道五戒非佛法内内方名中
故名曰邊或言窮惡欲邊持樂戒者即是窮於樂邊
持苦戒者即窮於苦邊餘四如文十四善男子中第
二云火天者火是天口若供養之無燒魚肉煙氣至
天天得此氣故是天口又外道事火以火爲師又用
此火供養於師以尊師故呼火爲天口最後雜喻中
云兜羅茸者楊華身者八尺相者五包也因者飯食
等也果者過去五戒感身爲果聚者色陰聚也身一
者總彼假實合成一身身二者四大和合所得此身
自身他者彼身又此身者業力所得他身者即遺體
身滅者念念不住身等者有人觀身與虛空等又言
六道各有身故言等身修即所修之法修者能修之
人還是人法後戒慧例應可解師子吼言是人下第
三明業轉之相二番問答初問云何轉輕爲重後問
云何轉重爲輕答如文

師子吼品之六

起卷第四勸修文爲二一舉法勸二舉人勸初舉法
中先問次答問爲三一問佛性力故應同得涅槃那
有六道差別二問既有佛性應自得菩提何用修道

三問既有佛性即能吸得菩提初問先領言次作問
如文世尊下第二問又四一領經二作難三合四結
難如文若一闡提下第三問又爲三法難合如文次
佛答爲二初正荅次總結初爲四一荅同得涅槃難
二荅吸取菩提難三荅不須修道難四重荅吸取難
荅初有辭合結辭中先總大意河邊七人咸備手足
手足雖同而有度與不度次別列七人初七人者前
二是外凡次一是内凡後四是聖人外凡窮惡闡提
次將立而退故爲二人内凡有五方便同爲一者雖
復優劣俱未發眞聖人爲四者聲聞不侵習支佛侵
習菩薩侵習復化衆生佛習氣盡若不作此解無以
取異上說衆生皆有佛性衆生何故不同得涅槃欲
令分明更作一河七人不同此經前後凡說六河謂
生死涅槃河煩惱佛性河善法惡法河兩兩相對生
死論得出不得出涅槃論得入不得入煩惱論能斷
不能斷佛性論能見不能見惡法論能離不能離善
法論至極不至極此中正明恒河辭生死迦葉品以
大涅槃爲河河中七人離合不同此文明七人後品
明七衆生此中合四果爲一第四離三乘爲三人後
品離四果爲四人合支佛菩薩佛爲第七人至下當
更分別言洗浴者辭出家受戒自身清淨怖畏寇賊
者辭煩惱采華者二解一云七淨華即是求因二云
游諸覺華即是求果出家應是出河而言入河者欲
明生死涅槃非迢然別須於生死中而求涅槃第一
人者下別列七人沒即闡提過去乏善宿因既劣現
在無信故不習浮第二人是將立而退身力大者過

去善深今生不修名不習浮能斷善根第三人即是
得住以辭内凡沒已出者昔日經沒第四人即是四
果以辭四方四方者下文以四方辭四諦非今用辭
文云不知出處故觀方以昔不知出處故不觀今知
出處故言觀方又不知大乘出處故取小果第五人
即支佛亦云觀方過於四果以利根故不取四果但
爲自證故言而去同畏生死故言怖第六人即菩薩
去不住者不住生死淺處住者心安生死從其心邊
故言淺處第七人即是佛善男子生死大河下第二
合辭先合總辭畏煩惱賊合前怖畏發意欲度合前
入河出家剃髮合前洗浴身披法服合前采華既出
家已下第二合別辭七人初合常沒即一闡提此中
略合有六因緣下廣合五部僧者二解一云五衆向
五衆邊更互說過二云是五部律佛滅度後一百餘
年育王設會上座他鞞羅立義摩訶僧祇大衆不同
分爲二部後上座部更生二部謂雪山薩婆多雪山
絕後薩婆多更習僧祇生於三部謂彌沙塞曇無德
迦葉遺就婆多僧祇爲五部如來預見互相是非大
集經亦預指五部如宗輪論廣明分部以爲二十非
今文要故不引第二人下合將立而退即外凡人亦
能斷善而不同恒沒第三人者下此合内凡得住之
人小大兩位俱在中者豈非通教三人共位若作別
義大乘教異不應同位文云信如來是一切智常恒
無變一切衆生悉有佛性一云此是三乘初業不愚
於法如勝鬘說此文多有所關若信如來常不變易
衆生有佛性則似別義以大涅槃心修方便行入方

便位下文須跋得果即是其義第四人者合四為一但斷正不復習第五人是支佛但復少許習第六人是菩薩能復多習復化衆生第七人是佛習究竟盡為此義故分四人之異此是通義既具兩文未可專是今作一種推之只是通義俱指分段生死為河以大涅槃心發意求度而有七種差別不同同有佛性義同成涅槃義亦成荅問宜作此說是恒河邊下第三結辭酬其應同涅槃之問手足俱備荅其佛性是同習浮不習浮得度不得度荅其不同得涅槃之問文為二初明不修不得非如來各法譬如文次明修者必得舉三譬譬之又二先譬次合如文汝言衆生下第二超荅第三問又二初牒問褒貶若能修者必得不疑是故褒歎若不肯修自恃有性欲令吸取者故貶之為非次譬如有人下正荅中二初荅修者必得故舉汲井喻之井譬五陰身渴乏譬厭苦求樂心井深譬身性理遠雖不見而必有汲取譬因修見性佛性亦爾下合如文次胡麻下譬不修則不得合如文如汝所說世有病人下第三追荅第二問又二初訶其引經謬解六住不同一云是十住中之第六住二云是十地中第六地此地般若現前有自差之義佛訶云我言過病自差者為六住菩薩說不為凡人示其僻引次譬如虛空下正荅凡舉三譬有人云此舉世間眼所見空以之為喻有取真諦空為喻有云即是理內非內非外之空中論云虛空非有非無非內非外此譬佛性次文中云財物者財在他方雖不現用往取即得譬佛性雖未能見修之即會後文中

云造業者造譬初心業譬修習果譬見性其中有六句一非內二非外三非有四非無五非本無今有六非無因出非此作此受下二明修者必得有五句次第釋之一云非此陰作業此陰受果若此作此受則是一陰一即是常又不由此陰而有後陰此則為斷第二句非字冠下即非此作彼受者非此陰作業彼陰受果河西云人作天受者則有因而無果有果而無因有果無因是常見有因無果是斷見亦應有彼作此受無者可解彼作彼受同第一句第四無作無受都無因果是則不可時節和合是第五句衆生佛性下合譬初合造業六句但合五不合非無因出初合第五句非內非外合第一雙非有非無合第二雙非此非彼下合第二修者必得感果之相前有五句今備合初非彼非此即合兩句非彼是合非彼作彼受非此即合非此作此受非餘處來即合非此作彼受非無因緣合上無作無受亦非一切衆生下合前時節和合而有善男子下第四重荅第三問前問荅有法說譬說今直荅譬初非其問次荅初非者夫磁石不能吸鐵次何以故下釋不吸意又二先釋次譬初文者石無心識寧能吸取如葵藿無心而隨日東西芭蕉無耳聞雷出華皆異法出生能隨能聽琥珀吸芥亦復如是安得以此例佛性耶今釋異法出生異法滅壞者異法有故異法出生諸法皆為因緣所起因緣於諸法名之為異有異因緣便有諸法故言異法有故異法出生亦如水土為牙緣牙與水土何時有心領解生法云我與汝生汝可受生但有此異

緣牙則得生亦如水因緣故火便盡滅水火亦無更相領解我起汝滅次舉葵藿東西向日豈應有心而作此事故更為譬作譬凡舉五譬次磁石吸下又二初還以譬合譬次衆生佛性下更以法合所譬之法即是佛性文為三一明因不吸果二明佛性無有住處三廣辨佛性初文又三初正合磁石之譬次舉十二因緣顯無吸之義無明為因諸行為果乃至生因死果無明豈能吸諸行耶亦如佛性不能吸菩提三有佛下正顯不吸次善男子若言佛性下第二明佛性無住處有法譬合法可見如十二因緣下譬又二先正舉譬次舉如來帖譬如來是舉顯佛性是舉隱次佛性下合譬如文譬如四大下第三廣明佛性為四一明非當非現而說當有第二明非即非離第三簡邪正第四廣出體性初非當非現約衆生當得故名當有譬有合然四大無的一業能感地大復有一業能感火大餘二亦爾但聽業緣揔能感得佛性亦爾時至即現故以四大為譬譬云有輕有重者風火輕地水重又言赤白黃黑者此配其色火赤風白地黃水黑若配五行火赤金白地黃水黑大青又小乘中明風無色大乘明風有色五行中金在西方主白又主秋秋氣白秋風蕭颸故言風白未詳合如文譬如有王下二明佛性非即非離有譬有合初文中言萊茯根者爾雅作蘆菔郭注為蘿茯蘿茯為正峯象示衆盲者他作一存一亡釋之頭足等皆非象亡也不離頭足等是象存也佛性非六法亡也六法之外無別佛性還用六法存也如此釋者不得出於即

離兩句況得絶於四句離百非耶此文雙彈即離非頭足爲象此彈即也離是無象此彈離也頭足之中既無有象不可即也頭足之外既無別象不可離也非即非離非内非外而得言象衆生佛性亦復如是非即六法非離六法非内非外故名中道名爲佛性若取六法爲佛性者乃是衆盲之佛性若離六法爲佛性者如指虚空爲佛性如諸婆羅門所謗爲仙豫所害取不即不離中道爲佛性者如大王臣智所見佛性若得不即不離意廣歷諸法悉是佛性四無量六度等悉如文於合文中又二先摠合次是諸衆生下別合於中又三先正合次更舉本盲帖合三結初正合中六一一皆三先合六法次舉譬帖三結悉如文有諸外道下第三簡邪正爲二初簡邪我非外道所計或言常偏或言如芥子並是邪執次明正我又二初明假我次明眞我初明假我文爲二初法次譬譬中有六初後有合中四無合開善假名有用有名無體莊嚴名用體俱有此兩皆不可若名用體皆有者何謂爲假開善雖無體既有名用亦復非假觀師引中論無我無無我無我破常無無我破斷亦破即離爲破此等故言我與無我雖説此二皆是假名故文中舉六譬譬於假我如來常住下第二明眞我此之眞我對破妄我畢竟清淨即無我無無我衆生亦應得此眞我大慈大悲下第四廣出佛性又三初明佛性有八復次次如我上説下還結是當三我若説色下結非五陰前四如文第五云第四力者一云是十力中第四根力知物根緣化道之要二云別有名

教一信力二忍力三定力四善權力善權力者化道便故故言第四力第六云十二因緣即佛性者於他兩解並皆不便一云十二因緣是觀智何得有境界性二云是果性此亦不可今明十二因緣是佛性別有所出云云餘二如文善男子若諸衆生下第二摠結酬前問又三初結問不須修道次若諸衆生下結勸三佛性不可思議下結歎爲二初佛歎次師子吼歎師子吼言云何不退下第二以見佛性人勸修有問有荅問如文佛荅有三一自試其心二爲物受苦二用六度化他初一是自行後二是化他初自試者猶是淺行深者不俟言粟床者人讀爲和音非也復云黎音復云床音尋撿無此字善男子菩薩爲破下二明爲物受苦復次菩薩下三明六度化他如文復次菩薩下品中大段第二歎教爲三一歎弘經人即菩薩也二歎所弘法即涅槃教也三歎説教主即是如來教不自弘弘之在人教不自宣宣之由佛故相因而歎亦是稱歎三寶初文二前摠略歎次廣釋初略歎中二初通歎菩薩次別歎補處諸大士謙勞勤苦利益衆生是故歎之補處方紹尊位是故別歎初有九復次通歎如文次受後邊身下別歎有七復次第二文中云三事勝者欲天之中此天命定人中鬱丹越命定将梵足之爲七此天處中文中云或怖或悎舊云盍音是教音中寺安法師問王儉儉是僧達之子博學有名古人作教字穴下豎心邊安告今人省穴單作耳善男子下二歎經爲二先歎次料簡初文法譬合法可見次譬中云深難得底者人解云豎論唯常樂我淨不得

有無常苦等横論具常無常等故言深難得底此亦不然經但云深那作單解今謂常無常非常非無常不一不三不可思議是故云深耳云云合如文師子吼言下二料簡有問有荅問從前深難得底不生不滅不三種生獨一種耶佛荅初摠明不受外溼二生次別明不受化生云云介時師子吼下三偈難説經主四十行偈初兩行請求説中三十七行歎三一行結云云

迦葉品第二十四

此是善始發問今欲令終是故更請前隨義題品今從人立名故云迦葉迦葉如前説開善用此荅安樂性問地師爲慈光善巧住持分河西興皇同爲佛性門今明第五涅槃用此經初後通論佛性此品與前有何同異異略爲五一義用異前品明中道佛性義爲菩提種子今品明佛性勝用能攝極惡闡提偏邪外道二因果異前品明因性在因不在果果性在果不在因此品明一切惡陰皆是佛性此即因性從惡五陰生善五陰此亦果性又云佛性有三世有非三世聖人果性通三世不通三世由來解果性通三世是應身佛性不通三世是法身佛性此不然只説果性通於因果何須分應法兩身若善五陰佛性通因果因中佛性即三世攝果佛性即非三世三開合異前品生死河合四果離三乘此品涅槃河離四果合三乘四通別異前品通明五種佛性天人六道皆有佛性此品專明正因佛性闡提由正因故還生善根前品別據萬善了因佛性今品通據善惡皆是佛性故云善根人有闡提人無闡提人有善根人無五者

前品對告一人今品再對迦葉諸異乃多起品初明
用異從初意立章故言涅槃用就文爲二初明攝惡
後明攝邪就攝惡中二先明佛性用二歎經初明用
又二先明斷善後明生善以虛妄力故斷善以佛性
力故生善舊解云作惡生善兩人更遞然不相關又
一師云只是一人前傎倒故起惡後遇知識故生善
今明不然或是一人或是多人如河中七種即是多
人若一人始沒乃至成佛即是一人舊云生善有接
識義衆生從界外無明識窟中始起一品無明而來
未起四住有佛接去即得成佛此義大妨設有此經
亦是一時改惡爲緣若無此經全不堪依若言必須
起五住竟方能改惡作善亦無一經定作此說設有
此經亦以一時爲緣而已若爾任惡極而任運被接
何須修道與八萬劫得道何異若言從識窟中來者
即是從無明中來云何言始起一品無明若未起惑
應在別處若從窟中來始起一品而被接者自後起
品乃至四住何不被接若無明窟中既被接四住窟
中何不接之故是難信若爾昇不須修上數破此義
若佛性力任得菩提不須修者正破於此舊言善星
無發迹處是實惡人是義不然雖未見經義推是權
何者佛兩第兩子各行善惡阿難爲善調達作惡悉
皆是權今羅云爲善善星作惡例知是權斷善文爲
三一明斷善人二明斷善相三明斷善見斷善人者
即善星是斷善相者不定根性是闡不定教執成定
解斷善見者分別推求諸法道理初就人中二先問
次答問爲二先緣起次正問緣起中二先明佛有能

化之德次明善星有可化之緣就佛又二初內有慈
悲二外有方便初文者憐即大慈憫即大悲次不調
能調下有七句即外方便善星比丘下第二明有可
化之機又二初明是子即羅云庶兄此緣則重次出
家之後是有信戒受持十二部經是慧壞欲界結獲
得四禪是定具足三德豈非因深次云何如來下正
問先作兩難後作兩結初難何故記是惡人後難何
故不先爲說法初又二初難何故記是闡提即惡因
次難何故地獄劫住是惡果如來何故下是第二難
與佛緣重何不先爲說法如來世尊下結兩難云何
得名有大慈憫下結初難佛有慈悲云何名爲廝下
劫住既爲廝下當知佛無慈悲次有大方便下結後
難佛既不先爲其說法云何名爲有大方便若有方
便應爲說法佛答中不答緣起但答兩難兩結先答
後後答前前答後中凡七譬前六譬明緣有淺深故
說有次第後一譬明佛心平等等說無偏前六譬中
例有三一舉譬問二述事奉答三合譬作解何以有
此三之次第解云如佛初爲提謂文驎瞽龍說人天
五戒次赴鹿苑爲二乘人轉四諦法後明方等教諸
菩薩自是一塗約小爲初若初成佛道以舍那教初
照山王次照平地此復一塗約大爲初今此文意包
括始終以山王爲初文驎爲中雙林爲後然第三子
雖復極惡以體同故是故須教下田雖瘠以家業故
是故不廢下器雖破防急用故下病雖必死以親屬
故下馬雖老以代倦故下人雖卑以等施故前六譬
中雖差別答義兼無差意猶未顯第七譬中文轉分

明舉師子王不重象輕兔俱盡壯勢譬佛不學善薄
惡等運大悲若巨細而觀象不足兔有餘若量力而
觀象須疾兔須徐歎王不爾等一無殊就緣而觀菩
薩教深細聲聞教淺近闡提教世間佛不二三大悲
平等我於一時住王城下二追答記彼之問問有二
句初答闡提次答記意初答闡提自謂有信慧定盡
非其問不許有之明無信又三一不信佛是無所畏
人我於一時在迦尸下二明不信佛是無妄語人我
於一時與善星下三明不信佛是無疾妒人初文者
汝言出家表其有信今以三事顯其無信第二佛行
時足離地四寸千輻印文常現迹中人皆欲見其常
滅之既不能滅取死蚯蚓置佛迹中令無量人起踐
害想云云第三文者夫人鬼報別而宛然相見詶往問
答豈實惡人所能爲也驗知是權云云善星雖復讀誦
下二明其無慧但得文字不解其義是則非慧親近
惡友下第三明無定又二初明雖得後失故言無定
次退禪下總結起邪所以記之善男子汝若不信下
第二答其前問記意又二先明記意次明不可治初
文者以其必入故我記之顯必入相故往見之見佛
起惡即入地獄必入明矣往善星所者或謂舉往事
或難恩力不動而往云云善男子善星雖入佛法下二
答不可治人由彼放逸故不可治憫之而已有法譬
合合中二番各二皆先正合次以譬帖合我從昔來
下三答其兩結初答先結無慈悲心又二先正答次
料簡初正答中有法譬合二更問答料簡於中二先
問次答答中二先正答次善男子下引昔顯實於中

引目連記事非全不有但見前兩不見後接但見頭
白不見體駮云云如來不爾是故無二善星比丘常爲
無量下荅後方便之結明我令其恒在左右不令遠
去恐其爲惡云何是無方便第五解力即是欲力知
衆生欲解也世尊一闡提輩下第二斷善之相文爲
三初正明斷善二明根性不定故斷善三明說教不
定故斷善初有五番問荅初番先問次佛荅中以斷
善根故所以無善依數人解闡提起惡邪無閒斷此
善根如無漏無閒道斷煩惱若爾當知畢竟不復生
善云何能得還生善根是義不然闡提身中有重惡
障善不並興名此被障善不得生後惡稍滅善復得
生故言還生善根問闡提爲有善可斷無善可斷荅
具有兩義其曾作善後遇惡友斷滅此善故言有善
可斷無善可斷者向時作惡全未有善而惡業將滅
善業應生而復起障善不得起名無善可斷文云衆
生悉有信等五根闡提永斷者相承釋云理內衆生
有信等五根理外俱倒虛妄故無信等五根此義不
然只此理外亦有信等闡提既是理外起惡斷此五
根但作惡衆生既有佛性應生五根而即事未有義
說應有故云一切衆生悉有文云殺闡提無罪殺蚑
蛣有罪者闡提有重惡在身殺之無罪蚑蛣無重惡
故殺之有罪文云施畜生得百倍報施一闡提得千
倍報者闡提過去五戒感人施之福重畜生先世惡
業感此畜身施之福輕世尊一闡提者下第二番問
荅問中定宗荅可見世尊一切衆生下第三番問荅
問中明闡提不斷未來云何斷善佛荅斷有二種一

現滅二障未來若現起惡善法不生故是現滅既現
作惡復遮未來善不得起故斷未來亦具斷三世過
去作惡而復不悔即無復善未來復有還生善義但
自微弱不能救之世尊一闡提輩下第四番問荅明
不斷佛性佛性是善此善不斷名不斷性又佛性是
常實不可斷所言如世間衆生我性佛性者三解一
云借外道我以之爲辭都無邪我故三世不攝眞我
是常三世不攝二云不爾只是世間衆生我性即是
佛性是佛性故三世不攝三云即是眞我語勢牽令
佛性是常後文云佛性未來前云非三世攝兩語相
違今須會通前云三世所不攝者就佛性體後言未
來約衆生修一切衆生未來當得清淨之身故言未
來迦葉言佛性下第五番問荅初問佛性次問闡提
初問者佛性既其三世不攝云何言未來如來若言
下次問闡提若言闡提全無善法何以得有憐愛等
心若有此心即是有善佛言下荅先荅初問又二先
荅問次論義初荅中二先歎問次正荅性非三世約
未來得故言未來故下舉例說因爲果說果爲因佛
性亦爾云未來者因中說果言食及觸者食可見觸
名不同或以識爲觸或根爲觸今具二義故論云觸
不定故故無別法若意識在緣名觸此觸在識若言
眼識眼觸此觸在想今言見色名觸此謂識心以之
爲觸色是前塵能生識觸故謂色爲觸亦因中說果
世尊下第二論義先佛次荅問因前生果性既非三
世云何言衆生有佛荅性非內外猶如虛空而諸衆
生定有此性文云悉皆有之如汝所言下荅次問初

牒問非之何以故下正荅有法辟合法說雖有孝慈
等善文云皆是邪業雖有見聞皆是無記既無正善
皆名邪惡取業求業者對翻於善善中先生善欲次
生善思今以取業對善欲求業對善思雖皆言善猶
是無記次舉辟云如訶棃勒味唯是苦色香非苦然
前難闡提豈得無善其有憐愛即名爲善故佛荅云
悉是邪惡莊嚴云無出世善有憐愛善光宅云設有
憐愛並無記性不名善性如棋書等是工巧無記開
善云斷善作惡設有憐愛並屬惡邪何得有善觀師
同開善云重惡居身如種苦瓠根葉悉苦合如文善
男子如來具足下第二明根性不定或惡或善又二
初正明不定後更問荅論義初又二初明不定次斷
善根初明不定又三一知不定根二出不定相三結
不定初如文次文者數習則利轉下爲中上不習則
鈍轉上爲中下三結如文云云以無定故下二明不定
故故斷善根又三初明不定斷善次明若定則不爾
三是故下證不定迦葉白佛下第二論義云云問可見
佛荅爲二初就善星荅後就餘人荅非但知善星根
性亦知餘人根性初又三初明其居王位即能破滅
善星若不下二明出家不出家俱能斷善出家增其
敬長讀誦修定等善具如上說若我不聽下三結知
根力次佛觀衆生下約餘人爲荅又二初明不定次
辨升沈初又二有斷善生善初斷善又三一正斷善
次何以故下出斷善之行三以是因緣下結其斷善
次如來復知下二明生善有法辟合法可見辟中衆
辟佛性村辟陰身熱渴辟苦福欲往辟求樂心邊智

者辟佛菩薩合辟中二先合次結知根力尒時世尊
取地少土下二明外沈不同沈多外寡又三初舉事
問次領言奉荅三合又三初就果合次就因合三結
知根力迦葉白佛如來具足下第三明說教不定佛
照根不同說敎則異衆生不達根敎之殊執成爭論
能斷善根爲二先問次荅初問爲三一明知根二明
執爭三結問何故作不定說致令起爭初明知根亦
應知過去特是略爾如是衆生下次明執爭因玆廣
出爭論之相開善云二十爭論冶城云二十一爭論
云云三如其如來下結難云云次荅中佛具荅三問此卷
内荅前兩問後卷初荅第三問荅初爲二初正明說
教不定次廣明不定法初文爲四一明理深難解二
出愚智兩人三明須不定說四結知根力即四悉意
初言理深者非六凡識所知唯聖智能解故是理深
此第一義意次愚智中又二先出智次出愚初智人
聞有知無聞無知有聞有無知非有無一二等亦如
是爻愚人聞有執有以拒無聞無是無而非有聞亦
有無以封雙存聞俱弃而著兩捨面聞尚然未世轉
尤斯由不解對治悉意三如來所有下須說不定此
總據不定有法辟合初法者爲度衆生須說不定本
令得益不令其執不定爲爭次辟中如醫用藥元爲
差病終不願其服藥成病合辟中爲國土封疆不同
豈可一類一類則無益國土者如多寒國用毛褥著
皮韈時節者饑饉時乞唯得肉食爲他語者如九住
言不見十住言少見爲人者隨人根性此即爲人意
也四結知根力即世界意云云有一經文無結應是遺

漏於一名下二廣出不定法又三初正明不定法次
引證三結非二乘所知初文又二初名義不定後廣
略不定初名義中二初列章門次解釋初列中列三
章門如經若欲對明應有六句對一名說無量名應
云對無量名說一名對一義說無量名應云對無量
義說一名對無量義說無量名應云對無量名說無
量義今文略舉一邊云何一名下釋出先釋三章門
後重釋第二門釋初章舉涅槃一名具含衆名大亮
云涅槃八味之都名衆德之總稱意在於此而諸師
種種翻涅槃者亦只因此而生爭論次釋一義說無
量名舉帝釋釋者與前何異前寄法後寄人下重釋
中復寄五陰者此寄果法亦是一義而復多名種種
分別令易解故河西翻婆蹉婆爲好嚴飾昔好衣布
施今報得麗服宫闈陀羅翻爲調伏諸根明天帝外
以麗服嚴容内以善法調意摩佉婆翻爲無勝無過
超諸天故因陀羅翻爲光明光明最勝千眼者一時
知千義斷千事金剛者身相堅固三釋無量義說無
量名者就如來萬德具足釋之即是無量義一義一
名即是無量名八智有三解一云常等無常等八二
云四諦各有法比爲八數人就欲界論法色無色爲
比論家就現在論法過未爲比三云優婆塞戒經有
八智七如梵行中七善法足一知根四復有一義下
重釋第二章門前約帝釋止就善義有無量名名不
通惡爲顯斯意重約五陰此是有漏復名顛倒陰是
苦諦境爲念處所觀觀色不淨受苦想行無我識無
常復名四念處但除色陰餘四陰即是四識住處陰

通内外故名四食能通名道因於實法有假名時故
云時體即無相名第一義三修即身戒心煩惱者正
在行陰解脫者即有爲解脫亦名十二因緣者即以
五陰爲因緣體亦名三乘者能成三乘之身餘皆可
解不復釋云云善男子如來世尊下第二明廣略不定
爲三初列四章門次云何下釋出三結釋中云世諦
爲第一義者阿之言無若之言智謂其得無生智此
即約世諦說第一義諦餘可意推三是故隨人下結
又二先結不定次我若當於下結知根力又二初明
佛知有智人下明非淺識所知次何以故下明爲人
不定不爲五人說五種法者不用對治但用爲人只
教慳人戒忍禪慧自能行施破戒之人令禪慧等自
能持戒是故我先下第二引證廣略說法下第三結
非二乘所知善男子如汝所言下第二荅第二執爭
之問又二先略荅次廣荅初略中言第五解力亦云
欲力是知衆生欲解之法文又云是二力者由第四
力名根力第五名解力以成二力善男子若言如來
下第二廣荅中明佛赴緣異說衆生不解致成爭論
凡二十一條一是涅槃不涅槃須解異部若薩婆多
據事明畢竟涅槃曇無德及僧祇據理云不畢竟涅
槃古來評云婆多非而短無德是而長皆失佛意文
云若言如來畢竟涅槃不畢竟涅槃同是爭論不得
我意云何評之妄判長短河西云畢竟是斷不畢竟
是常言斷常者並是斷常乃是非斷非常能斷能常
言斷不違常言常不違斷斷常不相異斷常俱圓滿
觀師云佛赴機說何得是非則失佛意如醫治病授

藥不同弟子不解妄執失旨此初爭論又二初章門
次解釋釋中又二初釋執定涅槃次釋執不定涅槃
前文又二先釋次結初文者佛爲五事説涅槃一爲
諸仙二爲力士三爲純陀四爲須跋五爲世王先爲
諸仙者然仙生香山而言展轉者從於諸天轉至山
上仙人住處皆得羅漢有權有實破其保常故説無
常拘尸那下第二爲力士有一工巧下第三爲純陀
王舍城下第四爲須跋羅閱祇下第五爲世王失通
憤而不死者以餘勢故頻婆娑羅王亦云瓶沙國曰
摩伽陀亦云摩竭提羅閱祇此翻王舍城後摠結可
解菩薩二種下第二釋執定不涅槃又二先釋次結
初文者爲假名菩薩言不涅槃真實菩薩即不言涅
槃及非涅槃此菩薩能知如來非常非無常並偏作
常無常解善男子有諸衆生下第二爭論明有我無
我者須善異部意數人宗薩婆多純明無我破諸外
道謂之邪我無假名我一向明無雖明無我終了無
我無常而得入道不同外道論人同曇無德明有假
我破諸外道即陰離陰有相續假我因成假我復言
實法念念遷滅無復假名相續假我因成假我復言
實法念念滅故無我假名相續不斷故有我又云真
諦無我世諦有我此即一向明有我義而此二家不
得佛意故成爭論招提解云此之二文明我無我者
以破兩病言有我者破邪見無我不言假我言無我
者破即離我常見之人直説無我亦不言假真諦難
云若我無我破我無我者有此理不理中若不得有
我無我者亦應不得用我無我破病更並生死之中

既用我無我破病涅槃中亦應用常無常破病若涅
槃唯有常不得有無常者生死中唯得是無我不得
有我若中論云諸佛或説我或説於無我諸法實相
中無我無非我應將此意例諸爭論就文爲二先明
有我次明無我初又二前明相續假我以破邪見無
我次又我一時下明因成我又二初正明因成次明
因成所成初文者文云我者即性舊有二解一云是
佛性之性引前文云二十五有有我不耶云云二還以
假名性爲我性性即是體體即因成三假之中唯因
成是體續待是用內謂四陰外謂四大十二緣者色
心之摠名衆生者假名性也此等成身即因成假若
爲其作佛性義者衆生具爲五陰所成佛性正約衆
生身內五陰實法性也心界者五陰中心王也功德
業行下次明因成所成業行即因自在天即果修因
得果言自在者不止但標欲自在天摠語諸天升舉
自在世者餘四趣也復於異時下第二明無我又二
先佛説後起執初爲三一假問二假答三觀無我得
益問爲三一問名云何名我二問體誰是我三問何
緣故我我時即爲下二假答答爲三初摠大意答次
別答三結無益大意爲二先舉章門次釋出云云如汝
所問下二別答三問大意已足何須別答然摠論無
我次別答假名假體假因緣初答假名中而言期者
河西云如人期契應期而來即是合義不應期者是
不合義五陰和合即成假名故是期義次舉業以答
體問次舉愛以答緣問業正能成果故是體義愛是
煩惱潤生於業復是緣義辯如二手下三結無又四

一明假名故有即先辯次合二手能出辯期聲辯體
相拍辯愛比丘一切下第二明即離皆無諸外道下
第三簡也文云終不離陰者外道起於即離之計此
中云離陰無是處者云何解此爲兩一云元本皆計
即陰是我無計離陰於草木計我佛破即陰無我即
更計離陰有我今此中存破故云若離陰有我無有
是處二云佛法小乘亦有計即陰我義所以破之亦
不得計離陰有我一切衆生下第四結無我介時多
有下第三觀無我得益當時説此會機得益後執成
爭云云善男子我於經中下第三有中陰無中陰爭論
婆沙云育多提婆説色地受生定有中陰毗婆闍婆
云定無中陰薩婆多亦言定有論家亦云有舉業利
鈍如鑽矛離手惡業強者直入地獄善業彊者徑生
人天並無中陰文中前説定有有三復次後説定無
有四復次若説有中陰即有六有又六有者只是六
道佛爲帝釋別開修羅修羅只是鬼道則但五而不
六善男子復説有退下第四爭論數人明無漏有退
如初果見諦一向無退入思惟中二果用等智斷惑
即有退義羅漢無漏理應不退前兩果退牽羅漢退
舉沙井喻上下有瓶中間有沙中沙既積上去到下
論家云無漏不退但禪定退修得欲界雷光之定此
定難捉有時退失名之爲退無漏無退文中先明退
次執無退初退又三法辯合法又三先通明比丘退
二別明羅漢三通舉六人初通明中二先通明次明
退緣有五因緣次有有二種下是別明羅漢又二初
直云羅漢有退次別舉瞿坻即是死想羅漢我復或

說下三通舉六人一退二不退三慧四俱五時六不時時鈍好退不時利不退次善男子下舉譬三煩惱亦爾下是合譬因緣者即外惡緣而羅漢下二正明不退內無惡因外不能亂所以無退善男子我經中下第五爭論明佛身有爲無爲薩婆多說有爲僧祇說無爲成論兩說絕言故無爲寄言故有爲應身有爲眞身無爲文中先明有爲次明無爲善男子我經中說十二因緣下第六爭論先明執次解釋初文者薩婆多執因緣是有爲僧祇說是無爲言有爲者謂三世因果輪轉無窮寧非有爲言無爲者十二因緣理是無爲雖因果無常而其理無爲初執文中二先執有爲次執無爲次解釋中先唱章門次釋初句云不從緣生謂未來十二支者然未來但有生死兩支云何言十二耶即事未有輪轉必然雖不從緣十二義足直非無爲用此一句證是無爲餘三句便來釋第二句云從緣生非十二者即是羅漢已壞三因復無生死即是已破十二緣竟而此身五陰從十二緣得云云釋後兩句可見云云我經中說一切衆生下第七爭論心常無常薩婆多云心無相續即是無常僧祇云心有相續即是常義成論用薩婆提義心有相續即是常也文爲二先執心常次執無常初執常云四大散壞是身破滅作善業者心即上行即生好處還將此心至於好處直非常義作惡亦爾我經中說下第八爭論五欲障道不障道薩婆多云障道僧祇云不障成論有障不障皆有其義我經中說遠離下第九爭論世第一在欲界通三界若薩婆多云色界四

說無心數佛陀提婆無異體起亦相次前起爲心後起爲數成論同之就文爲二前明無心數次明有心數就明無中二先舉聖人十二因緣次正明凡夫十二因緣於中又二先明後即前次明前生後既其相即即是一也故無心數初文可細尋之從受因緣下二明前生後須細尋釋此中言受或謂以未來生支爲受非今世支我於經中作如是說下二執有心數亦具約五陰十二緣明其相可見雖復相生而不相即故是別有心數不同我或時說下第十五爭論明五有六有餘部多說五道唯犢子部說有六道釋論亦言有六然修羅一道婆沙二釋一云天攝二云鬼神言一有者通是一有爲私謂通是二十五有中一有所言通者如下三趣亦只通爲一有不同人天各離爲多有即人四天十七二即因果善惡三即三界四即四生五即五道六即六道七即七識處河西云色無色足五道爲七八即八福河西云色無色足六道爲八福此不應然三塗云何是福九即九衆生居二十五有等河西云九即八禪及欲界我往一時下第十六爭論五戒八戒具受不具受薩婆多具受乃得成論不具亦得如優婆塞戒經云直受三歸未受一戒即名無分優婆塞如是二分多分滿分又人師解云屛受五但持一二名一二分云云文爲二先明五戒不具次明八戒具但是互出我於經中下第十七明犯重失不失四卷毗曇有犯重捨即是失故毗曇云調御戒律儀有五時捨一邪見增二法滅盡三命根斷四犯重禁五罷道時若雜心毗曇更增損之但

根本禪能發世第一法曇無德人云色欲兩界通發五方便無有論明無色界發五方便者唯犢子部云三界屛發在凡夫時已作等智斷惑至無色界而後時更修無漏斷惑至無色界仍前所斷即發方便故云三界屛發文中爲三即名執一界我經中說四種施下第十爭論施通三業不通三業成論云唯在意地以捨財相應思爲正體亦以身口暢之毗曇用薩婆多云施定三業但意地善故身口亦善文爲二先執在意次通五陰明四句施主信因果等並是意地後明色力等是身辯是口命是意我於一時下第十一爭論有三無爲無三無爲然諸部中不見計無三無爲者何有此文此亦有意若成論人云三無爲既同是無爲寧有異體此即是計無三無爲數人計三無爲別有異體既言三種豈無異體此即計有三無爲義我又一時爲跋波下第十二爭論有造色無造色毗曇定有因四大故有形顯等色成論則無文即爲二初明有者又爲二初明能造之四大譬如因鏡下第二出青黃等是所造色輕重澀滑是所造之觸次明無造文極略不廣者以就事爲言多因四大則有造義故不廣明無往昔一時下第十三爭論有無作色無無作色薩婆多定云無作有色成論曇無德定云無作非色僧祇捴云無作不可言有色無色文中先執有色非異色因果者異色是心言無作不爲心作因又不作心果故知是色河西云不生餘色文亦二先明有次明無我於經中下第十四爭論明有心數無心數薩婆多別有異體心數一時俱起僧祇

是義戒除法滅盡及犯重禁並言不捨二根生時不
入僧數又非尼攝餘部多言不失文爲二初執定失
次執不失到道即眞無漏示道即相似無漏受道即
持戒汙道即犯戒我於經下第十八明一乘三乘諸
部之中無此計何者一三皆是大乘所說非其境界
所以無此文云一乘一道一因等並云不解我意者
法華明解一乘一道即知三乘同還一理即是此乘
何得言非解云前文亦云能得常住二子不墮惡道
此那更云執常不解佛意何異執一乘一道不解佛
意耶又若言三乘同歸一乘得成佛者大論何故問
云聲聞人成佛不成佛論主答云此事非論義者所
知若爾豈可得言同歸一理爲定是耶文中二初明
皆得佛道即是一乘後明不得即是三乘言羅漢二
種現在未來者現在正斷未來不生我經中下第十
九明佛性離衆生即衆生諸部亦無並是近代所計
即離當果與眞神即是離衆生有心及衆生即衆生
有並不得佛意文中二先舉六事及三文明離後說
衆生即是佛性以是因緣下第二十犯四重人有佛
性無佛性開善云二十者此還屬第十九佛性即離
之義若治城云二十一此是第二十何故屬前前云
即衆生離衆生此中云作五逆犯重佛性有無云何
是同故爲異我於處處下第二十一有十方佛無十
方佛薩婆多明無僧祇明有成實一世界則無多世
界則有

大般涅槃經疏卷第十五

大般涅槃經疏卷第十七　計廿六帋

天台沙門灌頂撰　沙門湛然再治

迦葉品之三

迦葉白下第二明異虛空義又兩番問答此初番問者正言佛性涅槃虛空等並非三世虛空非三世而名爲有涅槃非三世而名爲常問無三世何不同有佛答爲三一章門二解釋三結酬先唱章門如文云何名下次釋三門皆有所以涅槃等三爲利益故相待而說空無利益故無相待但得是無不名爲常私謂言利益者只爲將護未代權機者不宜聞於生死是涅槃二乘是如來瓦礫是佛性忽有機緣不可不說但依下答真實有歸法華已說豈可固違故經云世間相常住世間之言豈過五陰國土等耶況陰界入色大小兩乘不難正報一切世間下第三結酬以虛空無待故所以名無涅槃有待故名爲常問涅槃對非涅槃虛空亦對非虛空何故非待解云欲互顯故涅槃本絕而名爲待虛空本待而名爲絕涅槃相待故得是有明是妙有虛空絕待故得是無明是妙無此即不例後番迦葉因佛上答即設並云如來向云涅槃有對是故名有虛空無對即是無者四大無對亦應是無四大無對而是有者虛空無對亦應是有此文不易故一切世間無非四大對猶名四大有者一切世間凡所有物皆是四大即皆是有無非四大對於四大雖復作並佛竟不答但牒虛空以對涅槃問何故不答亦有深意迦葉本云四大無對是故

名有虛空亦應無對是有今明四大雖無外計非四大來對於四大而四大中自有相對如地水等各自相對而虛空中更無有物自相對者所以是無此並虛出故佛不答佛答有三初牒問非之何以故下二釋明涅槃有十五句所以有虛空無十五句故所以無若有離於下第三正答有五句先明虛空若有應同四大有三世攝如世人說下第二明虛空若有應同心數自有三句虛空若同下第三明若有待者是三世攝若三世攝下第四明應是四陰但同四陰除色一事餘名四陰四陰非見虛空亦然陰三世攝空亦然耶是故離四陰下第五結非有此意正明法若是有可論相待空既是無無何所待復次諸外道言下第三破外道計空又二初正破執次結同異就正破又二先別破八執次總舉五大例破初別破八執一破空是光明二破空是住處三破空是次第四破空在三處五破空是可作六破空在無閡處七雙破兩執八重破空是住處初破空是光明者數家亦謂二十一色空屬明色於中又二先牒執次破之文云亦可說言虛空是常者具足應云亦不可說是常文中略故而無不字虛空雖無不可說常終是無常但此外道不解空義云空是色乃是空中容於光色何得乃言空是色耶言亦可者應言不可語略故爾復有人言下第二破空是住處亦先牒次破三結光宅云既言具諦有重數亦言虛空有處所如東西二室一滿一空當知有處亦同此破復有說言下第三破空是次第言次第者如簫管中及門向內數人云窓

內見於外聞之空先於第一寬柱中見復於第二第三中見此是次第亦先牒次破若復說言下第四破空在於三處即有三計亦二先牒次破彼計一云空還在空處有中無空二云空在有處無處無空三云在有無處如淫爛物當爛未爛即名有空破執如文如說虛空可作下第五破空是作法亦先牒執次破之今時數論等各計穿地斫樹等悉皆得空並是作空世間人說下第六破無閡處先牒執次破彼執於中二初具不具下先兩句定次若具下難只問無閡處爲空者此空爲具足容十方空爲不具足容十方空耶若具十方虛空者當知十方無有虛空若不併著者亦是此有彼無若有人說下第七雙破兩執一執空與有並二執虛空在於物中先牒兩執二俱不然下正破先總倡不然次何以故下雙破兩執又二前破空與有並次破器中初文又二先作三章門次次第解釋三章門者一異業合如飛鳥集樹唯鳥來棲樹樹不來棲鳥亦如物來合空空不來合物二二業共合如兩羊相觸空亦合物物亦合空三已合共合如二雙指合者物用與物已合物只是體用是物家動用此二事體用已合空用與空已合空即是空體用即是空所容受用此體用已合復更以物合空如兩指先已合後更兩兩共合若言異業下次釋上三章先釋第一文自有三一無常難二常難三亦常無常難今初先作無常難中言一是物業即是動業二虛空業即是空業言空業合物空則無常物既無常而空與其合豈不無常若物來合空物則不徧考

此既合彼應隨空亦徧復應物隨空是常百論中或心神等覺以覺等神破。然今在言小異而其還於此執正言物既不徧云何合空言則是無常者空亦無常耶若言虛空是常下第二作常難又二先牒執非之次正難難意並之令併無常若言虛空亦常無常下第三作常無常難彼意或言合物之空自是無常不合物空恒自是常云亦常無常者今直難云無有是處謂法相中無有一法半常半無常者若共業合下釋第二章門又二此初牒執非之何以故下正破言若空與業合業亦應徧者謂空體與用合用亦應徧若空用徧則應徧與物合不得更有離物之空不應說有合與不合若言已合共合下釋第三章門又二此先牒章門非之何以故下正破其中有法辟合言先無後有者謂空之與物先時不合後時方合則是本無今有應是無常然此唯破後合不破前合所以然者前空體與空業用物體與物業用不有則已有則俱時豈可得言先時無合後時方合而淺識者謂空是體有若來時方有空用物亦如是體移動時方有動用只此前合亦是本無今有破則應云無常只此先無今有破者即具破於前後二合正破後雙合旁破前單合若言虛空在物下破其後執明空在物中又三初牒執非之次正難後結句此初牒執非之何以故下正難又二初作理責次作並難初又爲三此初正責若言有器空在器中者本無器時空在何處若有住處下第二難應有多空未有器時已有一空後有器時復有一空空非多空如其多者下

第三結過凡結三過一不得言常謂先是無器之空今是有器之空寧得是常二者不得言一可解三者不得言徧有器時空非無器時空空寧得徧若使虛空離空有住下第二並難若謂無器時空離有器時空而有住處者物亦離空而有住處是故當知下第三結句可見若有說言指住下第八重破空是住處亦先牒次破所言指住處者若言即指一切住處爲虛空住處既有四方方若異者空應四方隨空住處有法若從因緣下第二總結舉五大住例破可尋虛空無故非是過去下破外道執中次結同異所言同者涅槃虛空同無三世所言異者涅槃是常虛空是無又三初明空非三世次舉兎角亦非是故我說下三結同異善男子我終不與下明用中第三習解除惑之用亦言無爭之用何以除惑已得中道觀故能去之若無此觀何由能斷大分爲二先明如來習解已滿故不與世爭二明諸菩薩等觀解除惑前文又三一觀解二論義三結成不爭之用此即初文世間智人體中道理雙說有無佛亦如是不違彼說復异由佛得中道故故與物和所以不爭豈非中道觀解之用世間愚人所述乖理不當法相言有言無違於佛旨如與佛爭況世間人迦葉菩薩言下第二論義有四番問荅此初番先問次荅荅中有三初唱十法次列十法三結不爭倡結二文之中皆有沽字須作點音次第二番問荅論世智所說有無問可見荅中定於法體又二先明有次明無次第三番問中二先正作相違之問次結佛有顚倒荅中明不相違各有

所據衆生之色從煩惱生故色是無常色不然故得是有次第四問答明色常無常相問含二意一問云何色陰從煩惱生而是無常二問云何色不從煩惱生而得是常答中具明二義今問中略故但舉色從煩惱生是無常一邊佛答有三一明觀與不觀爲常無常之本二正明常無常果三結所屬之人初文又二初摠明觀與不觀次單明觀者亦可云先略後廣廣中唯明一義前文又四此即一明生三漏是所觀境智者應當下二出能觀人如人將盲下三出不能觀者有四種人下第功德舉二人前二如文第三文中不觀之人人譬三漏盲譬衆生棘譬惡道欲明三漏牽諸衆生令墮三惡縱出惡道法身破壞法身破壞故三身盡壞四雙結兩人中有四句前二即是觀不觀者後二即是任業之人若人能觀下第二單出能觀人又二先單出人次廣明其人又二初摠後別摠中又二此初正明觀漏有六句復作是念下二明其自能勤修亦有五句是故我於下第二別明觀漏亦二初正明觀漏次明能自勤修前文有三此初先觀因有法譬合有智之人下次觀果報觀果報已下三觀於輕重智者若知下二明自能勤修亦有法譬合若人能知煩惱下二正明常無常果又二先明不從煩惱生則得常果次明從煩惱生得無常果知煩惱煩惱因下三結所屬人又二先結得常果者即是如來次明得無常果者是凡夫世間智者下第三還結成不爭之用迦葉白佛下第二明菩薩除惑即是諸菩薩等習此觀解雜諸結漏若無中道力用云何

能令惑使俱盡又四一觀漏體二觀漏因三觀漏果四結觀智初觀漏體有三番問答此初文先問三漏之體佛答中三漏爲三初明欲漏又三一出體二引證三結名初出體內惡覺觀即內心因於外緣即是外境是故我昔下第二引證此偈出出曜經佛將阿難共行見一女人將兒汲水見一男子遂生染心瞻目不已因繫兒頸內兒井中乃說偈自責云欲欲我知汝根本意以思想生我不思想汝則汝不得生說者或小不同但明三漏兩處不同前德王品以欲界一切煩惱除無明是欲漏上二界煩惱除無明是有漏摠三界無明是無明漏今文所明以欲界中愛爲欲漏上二界愛爲有漏無明與我見合爲無明漏是故一切下第三結名次明有漏中亦三初出漏體次簡異欲漏三結名次明無明漏中又二初出體次明能生諸漏此初一行餘出體從無明即一切下第二明能生諸漏文有三倡釋結迦葉言如來下第二番問答先問何以異說如是二法下佛答有三初倡兩章門一互因果二互增長不善思惟下第二釋章門先釋互爲因果其能生長下釋增長如子生牙下第三譬結迦葉白佛下第三番問答問意言佛前說第三漏云是無明今復云何從無明生佛言如我所說下佛答又三先倡有兩無明若說無明下第二釋兩無明又二先明無明漏是內無明次解從生是外漏內心不了是一無明而外復生煩惱是外無明若說無明漏下第三結兩果言無明漏名無始終者謂得無始無終果十二因緣無明最初而能生於行識等

果如是因緣三世輪轉名無始終若得中觀能焦因緣成有始終斷彼生死歸涅槃終從無明生陰入等者謂從無明生於諸漏亦招陰果迦葉白佛下第二觀漏因有兩番問答此即初問智者當觀下佛答有四此初明外因何緣轉下作中下第二明內因菩薩作是觀時下第三明爲觀得道是故我於下第四引證迦葉言衆生一身下次番問答初問次如一器中下佛答先譬次合初譬中言如一器者譬一神明有種種子者譬成就諸惑得兩各生者謂得取相各自相生若取好相生貪取惡相生瞋次合譬云愛因緣故生煩惱者還復取相名之爲愛或復說愛未必明取相迦葉言下第三觀漏果亦兩問答此初問答中又二先明報果次明習果就報果中有三種苦及三無常者二解一云三苦即苦苦行苦壞苦三無常者一生滅二流動三大期二云此謂三界爲三苦三無常者即是三界皆無常也迦葉言佛有無漏下第二番簡無漏果報問中有二初略次廣初略問又三一倡有無漏果二明智者斷果三問斷無漏果不諸得道人下第二廣問亦三此初倡有無漏之果如其智者下第二明云何言斷如其斷者下第三問云何言有問意云有有漏果復有無漏果聖人若當斷無漏果者云何能得聖人果報然佛答有二意一云當體爲言即無漏無有果報今言有者是因中說果佛答有三初舉因果互說次明無漏無果三明無煩惱果前文三句初倡如來有兩種說如世間人下第二明世人之說我亦如是下第三出如來之說言身從心

至梵天邊者是因中說果謂色界爲身初禪之定爲心定是意業所以名心所以常謂色界爲心生身是爲定心心實非身但能得身故名爲身即是因中說果果中說因可見一切聖人下第二明無漏無果果謂三界中但以漏業得報故云無無漏果下句復云無漏果者此是因中說果因此無漏能得佛果因實非果能得果故名因爲果有智之人下第三明無煩惱果又二初明斷惑次智者下明修道聖道者下第四結觀智

迦葉品之四

起卷是第三單明生善兩番問答初爲三一緣起二正問三結問緣起中法譬合云云若從是義下二正問用煩惱爲衆生衆生復是煩惱煩惱爲衆生即是因苦而無善衆生復是煩惱即是果苦不善若爾俱不善云何而得生於善法何得復有妙藥王耶若言下三結問佛荅爲三初歎問次合前譬三結能修之人即佛性力初歎如文雪山下次合前譬然前妙藥譬於佛性今云藥王即淨梵行在言少異若有衆生下三結如文迦葉白佛下第二問荅正出所生之行此更問前意何等衆生有清淨梵行佛荅爲二初總荅所問次別荅初總中先譬次合佛荅意者衆生亦不盡具有此梵行如世果子其已是果但此果不必併生於子鳥食火燒水爛則不能生不被三事即能生子衆生亦爾不能修者是煩惱果而於果上復生惑因若修善者即但有惑果無有惑因即此衆生身中有清淨梵行衆生觀受下第二別荅明修觀解文爲五一觀受二觀想三觀欲四觀業五觀十二因緣此

之五觀但成兩科前四觀五陰後一觀因緣觀五陰中何故不觀識色兩陰識初起時未別苦樂論人云識得實法想得假名未能分別是故不觀色陰麤淺故亦不觀三陰猛盛所以觀之於三陰中受想不開行陰開二謂欲業是所以然者行陰過重是故開之觀中一一例皆有四一觀受體二觀受因三觀受果四明修道初觀受體夫受心者只是果報言近因者以受是五果之末從於此處復起三因生諸煩惱名觸因緣言因緣者觸名不定無別自體亦可說識爲觸亦可說想爲觸此是次第因緣言無明觸即是煩惱前心言明觸者即是無漏前心言非明無明觸者即是有漏諸善前心復當更觀下第二觀受因前討受因無所從生後明從和合生次觀果報下即第三觀果若人能作如是下第四修道文云觸有三種一無明觸者若行心作惡即識想受三名無明觸行心起善即前三心名爲明觸行在無記非善非惡即前三心名非明無明觸又一解如次文云明觸即八聖道餘之二觸增長諸惡復次善男子下第二觀想例前爲四此言想者非謂想陰以行心中別有想倒又思惟中名想倒心倒見諦之中名爲見倒今乃總論不得名見通名爲想又云無色界爲一切想者無色界中乃有不用處非謂一切但前二是一切故以爲名觀想體中又二先正觀體次問荅云云初問中云滅受想名解脱者數人云得解脱者不止滅此二心滅一切心乃得解脱今偏言二心者過患多故受心修禪想修無色受心味禪想計無色以爲涅槃論家不

爾緣世諦名想受緣眞諦名慧心世諦想心可滅得脱眞諦慧心不可滅與數大同故迦葉難云滅一切法名爲解脱豈滅兩心得解脱耶佛荅須滅一切方得解脱佛或時摠說即攝一切或時別說今說受想二滅即得解脱此則摠論已說一切文中初云因衆生說聞者解法者即是因於衆生說善惡等法聞即得解又云因法說衆生衆生得解者先說善法須近惡法須捨衆生聞此即能得解此兩意正酬前問次觀想因亦二先正觀因次兩番問荅三觀果四修道悉如文復次智者觀欲下第三觀欲即是煩惱門亦例有四此初觀欲體正是內心今但舉外塵者能生心欲故名塵爲欲此即因中說果倒想因緣便生於受下第二觀欲因次觀下三觀果報是故下四修道復次智者下第四觀業亦爲四先觀體文云受想觸欲是煩惱者數論二解一云受想觸欲心王起時數即隨起此中云受想者即是十通心數中四數受即痛數既屬通心俱通善惡心數起善即名爲善心數起惡即名煩惱今據起惡言之論云無王數異此中云受想四者即是四心但無色陰觸即是識欲即行陰若行起善即名爲善若行起惡即名煩惱此中正明作惡義也又言能作生業不作受業者二釋一云由此煩惱因緣不絶故云生業而不能分別五蓋果報諸受差別故不作受二云由此煩惱潤業得生故言能作生業而不能招捨受二捨中容捨心既是煩惱云何能潤生於受樂受正是樂心復不能潤此並論潤業生義與業共行則有二種者欲出業體此論

業時猶有於惑故言與業共行而業法不同故具爲生受二業又云身口二業亦名爲業亦名果者其能造作即名爲業復暢口意即名爲果意但是業無自暢義故不名果又云正業是意以意正是業體故也期業爲身口業者以身口自然待會有若期契故云期業也第三觀果報又二初正解四業次兩番問荅料簡初如文初番問如文荅中云無漏名果不名報者或時云果報不異此中判別私謂無漏是習果故但云果不得云報次番問如文荅中云又言十不善法有上中下重苦入地獄輕苦入餓鬼不重不輕在畜生十善有四報在四洲閻浮年命果報最劣下業之果而言上上者取其修道行善邊勝四有智之人下修道復次智者觀業煩惱已下第五是觀十二緣文亦有四謂煩惱業有苦但今文準前受想等皆具四門今文但云煩惱等私云十二緣中體因果報三義具足能觀之智即是修道且依現文即是果報以此文推煩惱得苦業亦得苦不應云煩惱不能招報十地經分十二因緣爲三道謂煩惱業苦無明愛取是煩惱道行有是業道識等及老死是苦道此中爲四長出於有即指現在五果爲有生死爲苦苦之與有此亦無定而上文明八苦不取識名色但取老死故作此說然此四句若具存其相一從煩惱生煩惱二從煩惱生業三從煩惱生有四從煩惱生苦次更約業一從業生業二從業生惑三從業生有四從業生苦後兩句亦爾即應十六句今文但九句亦有經本說十二句者但九句少十二句多準理應有十一

句何者十二因緣次第相生如因無明生行因行生識乃至因生生老死老死不知更生何等若爾只十一句但出經者安十二時意欲彰於十二因緣今此不足只是廣略不同夫相生者有前生後後逆生前復有跨節相生且作初句煩惱生煩惱無明是本即是煩惱而生愛取煩惱生業即是無明生行煩惱生有者即是無明生識等煩惱生苦即生老死第二句從業生業者從行生有從業生煩惱者行生無明從業生有者行生識等從業生苦者即是行生老死第三句從有生有者識生六入等從有生煩惱者即識生無明從有生業者識生行從有生苦者即識生老死第四句從苦生苦是從生生老死從苦生煩惱者從老死生無明從苦生業者即老死生行有從苦生有者即識等五果文云內外愛則有愛苦者經有二文一云受苦二云愛苦愛義稍弱義解皆通言受者由此愛故則受於苦言愛苦者經中多言恩愛爲苦就觀因緣今亦準前四觀不同體中爲四一明因果相生二觀五道皆苦三觀三界皆苦四觀八苦初又二初正辨相生後結十二義相生九句並相關如文有智之人觀地下第二觀五道苦就五道中具有十二因緣中煩惱等四地獄即是苦煩惱即是煩惱業即是業體即是有例餘道亦然智者深觀三界下第三觀三界皆苦然三界未必皆苦唯三塗是苦人天至第三禪皆樂第四禪是捨此且一邊若依如來初成道時手指上下三界皆苦智者若能下第四觀八苦智者深觀下第二觀苦因文云苦因即愛無名者

小乘中業煩惱爲苦因大乘中即愛有無明爲苦因小乘業爲苦本無明爲勞是故文云愛爲集諦皆用煩惱爲苦本文云愛無明有內外者有二義且出愛內外者見外色境生心想著名爲外愛自心起染名爲內愛見他人身是外愛見自己身是內愛無明者內心不了名內無明不別外事即外無明文云愛因緣取取因緣愛者此如十二因緣順則愛緣取逆則取緣愛此二義者還是取愛互相因待如無明緣行行緣無明亦因亦果三觀果報四智者下修道如文迦葉白佛云何下品中第二歎經大文爲三一正就教歎二就行歎三就佛歎初正歎教能生中道佛性遂使闡提還生善根是故歎教依教而行此行希有是故歎行佛是教主是故歎佛此即歎三寶也初教中文有二番問荅初問意者云何梵行之緣此非正問梵行之體佛荅一切法是此乃通荅一切諸法皆能生行此文意在涅槃滿教含一切法後義自現第二番問荅正是歎經問意者經能生行云何通言一切法是佛荅二先歎後荅荅中意者只此涅槃是一切法又二先廣舉二十五譬後善男子下結指涅槃歎此經也第二十五中云割習氣者輕品同斷今斷最輕無明以習氣爲言若三藏通教皆先斷正後斷習正是界內正習若依別教先斷界內正習次斷界外正次斷界外習依圓教界內外正習一時同斷今文云斷習者即是歎圓教同斷之意非方便也如我先說下第二就行爲歎爲二初明道品次明十想此有兩義一爲行之要二皆是大行言行要者菩薩應

修六度四等爲行　要何得以聲聞道品十想爲要此明道品取眞解之位已上十想取方便之位此是似解正觀是入道宗寧非要耶又以大涅槃心修則非二乘法言大行者欲攝衆善無非大士之所行故初明道品於中爲二初正明道品體次明道品因緣初體又三一明眞解爲是二明有漏則非三還結眞是莊嚴解道品云三四是外凡所觀二五是內凡能觀八七是眞聖作觀開善云不爾三十七品通內外凡三四二五並是內凡似解之觀八七皆是眞聖觀之八正是見諦七覺是思惟觀師彈莊嚴云大品明三十七品是出世法云何三四是外凡彈開善云此文世第一法非淨梵行三十七品是清淨梵行云何外凡而能觀之天台明道品多種具在止觀道品文中莊嚴據約位道品開善據通修道品皆是一塗云云就初明是有四第一明三十七品爲梵行之宗若離如是下第二明離道品則不得果以是因緣下第三結是何以故下第四釋是之意迦葉白佛有漏之法下第二明非有四番問答此初番問中明有漏善非問意云有漏之善亦資生無漏何故不說以爲梵行答以其體是倒故是故不得言是倒者不明有漏之善有常無常等倒但既是有漏則有執心不能無得故名爲倒迦葉白佛世第一法下第二問答問意欲舉世法爲難故先定義宗佛言有漏者佛答開善云五方便皆帶取相實是有漏然又是相似無漏但未能斷漏不攝無漏之異故言有漏然其體實不執故難文即云性非倒也世尊雖是有漏下第三門答正

難問意云雖復謂爲有漏而能生解體非傎倒既其若是何故非梵行佛答有二此初言向無漏故不名倒者明此觀發無漏故不名倒而自體有執次又言世第一法唯是一心者正取鄰於苦忍爲第一法則唯一剎那心今佛答意明我說梵行本令衆生發心相續世法即唯一心是故不取迦葉白佛衆生五識下第四問答問中舉五識爲問文云衆生五識非是顚倒者諸解不同有說識陰未有取相或言識心有相但輕後三心而今問家云五識非倒者謂但一往得境未分別三假衆生之相故說非倒而復云非一心者如眼見色即心心相續若爾者不得不爲梵行佛答云然是有漏復是傎倒故知識心已有取相又云體非眞實非著想故倒下文釋云生男女想乃至舍宅缾衣等想者識心未得男女形心缾衣等解此乃想心而有此文者欲明想時何故有執正由前識心已著色聲故生今想著舉果明因也善男子三十七品下第三結是也善男子若有菩薩於三十七品下第二明道品因緣即能知九義九義即是道品之用婆沙中明道品有九性此則是性若論其體各有所據言九性者一戒二定三慧四念五信六精進七喜八猗九捨約道品中唯三是戒即正語業命八種是定四如意爲四定五定根六定力七定覺八正定九種是慧四念處爲四慧根慧力爲六擇法覺分爲七正見正思惟爲九四種是念念根念力正念念覺分兩種是信信根信力八種是精進四正勤爲四根力爲六正精進及精進覺分爲八所餘各一此文有五

一列名二明體三釋義四約法五料簡此第一列名然此九義即爲三別初四是道品之因中三是道品之體後二是道品之果言前四因者根是欲欲發心求於菩提因是明無明善因是明惡因是無明攝是收攝不令散失增是善思惟思惟作善所以此四是因主是念道是定勝是慧既云念定慧寧非是體是解脫即少分畢竟即涅槃果此二豈非是果迦葉白佛下第二明體先問次答答又二先贊問次正答答中云因名明觸者即善知識之緣善男子善欲即是下第三釋九義即爲九文此先釋欲爲根本又二先釋次料簡釋中二先答次辭次料簡中有兩番問答世尊云何明觸下第二釋觸最有多句以觸無定然則隨有觸對之義皆得說也文云因正命故得淨根戒前明正命已是木叉木叉云戒此中又未明定共道共何以知然下文自云因淨根戒得樂寂靜始是得定能善思惟始是得慧既未明定慧云何已有道定戒耶而今得木叉竟在道定前而說淨根戒者有二釋初云前明正命是木叉戒正是堅持不犯此復明淨根者更明此戒漸細乃能攝護五根不令起過故謂淨根二云不言淨於五根但菩薩自有信等諸根戒有能生之義即戒爲根此戒既淨能生定慧等法故謂淨根戒十住論優婆塞戒經並有淨根之說受名攝取下第三釋攝受前明觀受受是生煩惱之始攝取煩惱今明受生道品故還謂受爲攝取因善思惟下第四釋增謂因思惟故心解增進故名爲增其中先倡次釋若觀能破下第五釋念有法辭合

也既入定已下第六釋導謂定能導生於智故有導名是三十七品下第七釋勝有法解合意言慧能正斷故名爲勝雖內修習下第八釋實先舉定伏非實次正明智斷是實是三十七品下第九釋畢竟其中二先明四沙門果猶非畢竟後正明得大涅槃乃爲究竟而文言除斷三十七品所行之事謂得果之日因中有爲諸慧悉捨復次善男子念心下第四明約法又三一約法二約人三就辯此初就法明其中九法爲三意前四是因中三是體後二是果復次欲者即發心下第二就人此中九法爲二前四就因後五就果然因中通內凡果地通學與無學復次欲名爲識下第三就辯此又三解一開善云此舉十二因緣是九法之境道品緣此境也二者今之所用此是就辯明此九法次第如十二緣相生此九法亦爾次第相生然此十二因緣有三事難解一不具足二識支重出三不次第所以不具者正爲存略而略得不略無明者以無明是因緣根本所以識支重出者一正是識支二謂觸爲識所以不次第者正欲明因緣輪轉無窮不定次第迦葉菩薩言根本因增下第五料簡先問次答答有五復次初復次云根者初發可解因者即是相似即是初後兩心相續不斷增者滅相似得相似者即滅前相似心更復得後相似之心而但簡三法其中有三道之說見道即見諦道修道即思惟道唯除羅漢果無學即羅漢迦葉菩薩言如佛所說下第二就十想明行先問次答答中有三初揔標次解釋三揔結此初揔標十想次列然論其體實是慧

也以想名說之初作觀時未能明了想像其事後觀成時從方便立名亦名爲想若論其位則通淺深以其初習亦名十想大品中亦有十想釋論云初習名九想成就名十想名數甚略與此是同但有兩異一者大品不淨有不淨想斷想二者大品無有多過罪想及無愛想其中離惡想即離解脫想盡想即滅想但此十想爲二前六明觀行後四明出離就前六爲二初三是正觀謂苦無常無我後之三想相成而已右來二解一云別相主對以死想成無常不可樂想成苦厭離食想成無我言食厭成無我者然世間人於食生貪者只由計我欲美其色故佛知無我即不貪求精好飲食故知厭食成無我想不可樂成苦想者所以瑞應經云三界皆苦何可樂者死想成無常者此最易見以死故無常言通相成者只由食厭不可樂死故無我亦只由食厭不可樂死故苦由食厭不可樂死故無常後四想者多過罪想通厭世間離解脫想與滅想爲異者三解一云斷因盡爲離斷果盡爲滅二云分知爲離全盡爲滅三云伏惑爲離斷除爲滅無愛想者既離滅之後故心無愛著文云稱比丘義可知故下云稱可沙門之相迦葉言云何名爲下第二解釋又三初別解六想次揔歎六想三略標四想此初先別解六想無常爲初先問次答答中六想自爲六文初無常中二先標次釋釋中二先麤次細言二苦因者二解一云因內生內苦因外生外苦二云出在文中飢渴爲內寒熱爲外言行六處者即是六塵次修苦想下第二解苦想云深觀此身即無

常器者身中三苦八苦皆在身內故言苦器文又云無常故苦者數人云無常力切故苦若無常所偪則不苦論師云不關苦必無常無常未必有苦如一切草木亦無常而不苦有情之類有苦必無常三聚爲色與無記並皆無常而不苦唯心一事是苦從智者復觀下第三無我想可見次明食厭想又三初正明次論義三結成文中云四食攝觸思識者攝只是今時人飯食可分段故觸食即是依報衣服臥具彊耎諸觸思食是業食識食只是意食次明不可樂想如文次明死想又二初明大期之死後明念念死又二初問次答文云一息一眴四百生滅成論云一念六十生滅問云何兩文不相應耶解有二意一云成論是小乘明無常猶奢所以六十生滅經是大乘明無常稍切故所以四百二云論云一念者此念短故但六十經云息者息長故有四百智者具足下第二揔歎六想明從六想得於七想文云一常修想非觀常境但常作此修故也樂修想作願樂之音亦是恒樂欲修也若人具足如上六想下第三略標四想文云能訶三界即是過罪想遠離三界即離想滅除三界即滅想不生愛著即無愛想是名智者下第三揔結介時迦葉下次偈歎中第三就佛爲歎三十六行偈大分爲三初兩行揔標次三十行正歎三四行結歎靈味師云師子吼歎佛大慈此品歎佛大悲今謂不爾文中自言佛具一味大慈心復云所謂慈心救世間寧直大悲今謂應如靈味師子吼明佛性即是大慈與樂此品明闡提生善即是大悲拔苦別說

若是雖明大悲非無大悲雖說大慧非無大慧云云

憍陳如品

憍陳如翻火器姓也阿若翻無知名也其義甚多且出四意在先得道是最初上座左面右面前佛滅度持法領法于今未來耆年長德爲最後座首佛欲善始令終故對其人二初轉法輪最先對之布行甘露後轉法輪復更對之以開祕藏三本行理外最初翻邪今因其人最後破外四初對之今五人見諦後對之令十仙見理以是義故從人得名若作付法對陳如者若領受言教應在阿難若住持紹繼應在迦葉弘闡大言應在文殊而諸大弟子或已滅度或復未來耆年長德見佛始終必藉上座堪任付囑故對告之流通遺命開善云翻經未盡只有序正正又爲三初開宗略說二辨宗廣說此品是第三攝邪歸正說先宅云翻雖未盡三段且足此品即是流通段也又云此品答第三十七今欲問諸陰而我無智慧興皇云若是答問得前少意失後諸文若言流通得命阿難文又失其餘若評諸師各得一意若引曇無讖言此經義足而文未盡若引居士請僧經云三品未來又引下文命阿難則有二事一令化須跋二應付囑命化已竟未見付囑當知未盡言有流通者一攝邪歸正流通二付囑流通雖無付囑之文而有攝邪故言有流通分今明此品猶是涅槃用其義則寬現在有攝邪摧惡之用將來有救惡救邪之用欲爲正說流通兩塗皆得欲作翻盡不盡二義無妨今明涅槃用前品是攝惡用此品是攝邪用就文爲二第一結

正觀行第二破諸邪說修行之要莫過此兩正觀是自行上求破邪是利他下化正觀是行善破邪是止善正觀是解生破邪是惑滅正觀是智德破邪是斷德即四悉意初明正觀又二第一正辨觀行第二揔結褒貶此初雙明常無常觀皆憑陰爲境不論餘法者揔有四義一化道始終二隨物所宜三結一經首末四諸法初後一化道始終者法華云昔於波羅柰轉四諦法輪分別說諸法五衆之生滅五衆即五陰生滅即無常今入涅槃還滅五無常得五皆常二隨所宜者可見三言結一經首末者此經開宗便言我今施汝常命色力々々最後經還結此意辨五陰是常欲明命色安辯即是五陰四言結諸法始終者凡觀行之體無不先以五陰爲始種智爲終故大品等經多言色空受想等空乃至種智五陰即其始涅槃即其終略其中間他解色是閡法心是緣法佛無閡無緣故無色心若有色者應礙之以屋著之以衣所言色者辯智明淨譬之於色今明此解違經經云因滅是色獲得常色亦應滅於閡色獲無閡色亦應滅於緣心獲無緣心何得猶存緣心復呼緣心而爲色耶若以色譬智慧受想行識復譬何等豈可以小乘牛迹乘於大海又一師云據實論之佛無色心引經云介時過意界住在智業中雖引此經還成自害智業是何豈非佛心又言凡夫名陰佛豈然乎佛名五分何者陰名蓋覆佛無蓋覆故非是陰例如因名萬行果名萬德此亦違經經云獲得常色受想行識亦復如是豈非常陰常色心耶上文云我今施汝常命色

力安無閡辯即常住陰覆蓋法界何所妨害而言非陰夫法身者非常陰非無常陰界入亦爾而能常陰能無常陰此中正對陳如說於前義破無常色獲得常色即常色陰云何違經言無色陰若作圓說即無常色仍是常色受等亦爾即無常陰是於常陰界入亦爾雖別圓二種同明常陰常界入等二結成褒貶其文可見因此破邪介時外道下第二破邪又二初緣起次正破就緣起中二初謀議次求佛角力謀議有五番可見介時多有下次々々求角力々々時衆中闍提下第二正破十仙即爲十章此是其一闍提首那宗迦毗羅執因有果因果同時故百論云迦毗羅弟子誦僧佉經二十五諦今此具出故知是也此章爲二一論義二歸伏論義爲四一定義宗二受定三正難四通釋初定宗者我聞瞿曇涅槃常者爲定爾不次答如是如是即是受定然涅槃何曾定是常無常亦常亦無常非常非無常耶欲以常破之故言如是如是婆羅門言下第三正難又三先非佛義次正難三取意結初如文次正難中有五難不出兩意初四難同令無常後一難非但無常亦無樂淨我初明修無常想得常涅槃不應無常因得於常果者當此難彼云涅槃是果修於習因還生習果涅槃之果既其是常復以何等爲此常因乃至我淨亦復如是彼若答言我之涅槃自足常果情自然義云云最貭又說解脫欲貪下第二難明解脫欲貪得於涅槃所脫欲貪既無常者能脫涅槃亦是無常此難最拙[illegible]又說從因故生天下第三直明從因生故故是無常涅槃

是果即從因生不得是常瞿曇亦說色從緣生下第
四開作兩難若涅槃即五陰既無常涅槃亦爾若離
五陰與五陰異猶如虛空即不可得云何衆生能得
涅槃瞿曇亦說從因生下第五難明涅槃既是無常
不得是常者何但無常亦無樂淨我若瞿曇說亦常
無常下第三取意結難意云佛見難常既不可通恐
佛移宗向亦常亦無常即成二語若二語者即不名
佛佛言下第四通釋文爲二初答正難次答結難初
文又二初答第一難次答第三難所以不答餘三難
者其難涅槃今是無常故餘從例不答第二所斷欲
貪者欲貪無常云何今能斷亦無常不答第四者涅
槃是常何論即離不答第五者涅槃是常寧無樂淨
今先答初難佛先問之令出彼義其向拒抗不出其
義佛因餘難遂出其義我性是常大等諸法何妨無
常若爾即是能生之因是常所生之果無常佛便並
通如汝法中因常果無常者何妨我法因是無常而
果是常云云此二十五諦與百論中有同有異揔爲三
一者名異體同論云從冥生覺從覺生我心此中云
從性生大從大生慢即是名異體同者冥是八萬劫
外冥然不知此中言性是萬法性冥伏在於八萬劫
外不可得知論云覺者即是覺知八萬劫事此中言
大只是能大覺知慢我易見二者名體俱同即是五
大五塵五情五業并心平等三名體俱異者論云神
我爲主即是一根此云深麤黑者亦是一根此即大
異深麤黑三云何爲一解云三不並起貪等從前數
取其一足二十四問此閒提就其宗於此等義[illegible]

大般涅槃經玄義卷上

天台沙門　灌頂　撰

夫正道幽寂無始無終妙理虛玄非新非故無始而言其始者謂之無明生死無終而語其終者即是種智涅槃無明生死本自有之名之爲故種智涅槃修因方克目之爲新此經乃於非始之始分別佛性三因之殊還就無終之終辨於涅槃三德極果之別若佛性之因非因涅槃之果非果是則因如不異果如果如不異因如若因如不異因如非止佛性之如亦復非新若果如不異因如非止涅槃之如非新佛性之如亦復非新非故是則佛性涅槃因果之如非故涅槃之如亦復非故非新非故之理即是法身非新之如皆是非新非故非新非故之理即是法身非新而新之果即是摩訶般若既有非新而新種智之圓極則非故之故無明生死患累究竟斯亡目之解脫此則三德之義宛然不縱不橫妙等伊字但衆生利鈍不同是以大聖赴緣之教亦有頓漸之別頓則辟於忍辱之草牛食即得醍醐漸則五味階級次第圓滿或有不定根緣爲赴此機所說教門非頓非漸喻之置毒於乳也皆是能仁妙窮權實巧赴根緣化他利物罄無乖爽今此大經爲欲開通往昔教門顯發如來方便密義故於娑羅雙樹大師子吼師子吼者名決定說決定說者說一切衆生悉有佛性如來畢竟不入涅槃不入涅槃即是入於無上大乘大般涅槃此經若具依梵本應云摩訶般涅槃那修多羅摩訶言大般涅槃那此翻滅度釋此三字具依兩義一別二通第一別釋者大即法身故此經云所言大者其性廣博猶若虛空其性即法性法性即法身也滅者即是解脫解脫二種煩惱生死永滅免斯因果患累即解脫義也所言度者即是摩訶般若故大論云信爲能入智爲能度當知別以三字標今經之目即是三德之異名也第二通釋大者謂大法身大般若大解脫也滅者即是三德皆寂滅也度者即是三德皆究竟圓滿也故通以三字標名表三德皆大寂滅究竟也別通之義雖殊然並是用非果之果無上祕密之極果以標一教之首也修多羅即是聖教之揔名有翻無翻事在別釋若具依梵本應言摩訶般涅槃那今翻爲大滅度大若虛空不因小相又其性廣博多所容受又名不可思議諸佛之法界是爲三義釋大也滅者滅二十五有及虛僞物又得二十五三昧種種示現又生滅滅已寂滅爲樂是爲三義釋滅也度者度於不度又度於度又度此彼之彼岸亦度非彼非此之彼岸譬如神龜水陸俱度是爲三義釋度也揔攬三法三目三點名大般涅槃金剛寶藏滿足無缺不縱不橫不並不別微妙祕密以當其體常住不變恒安清涼不老不死以當其宗置毒佛性徧五味中味味殺人震大毒鼓雖無心欲聞聞之皆死八大自在我以當其用常住二字無上醍醐與諸典別決定之吼以當其教名含體攝常宗毒用極教之相也

玄義開爲五重

一釋名　二釋體　三釋宗　四釋用　五釋教

釋名又五謂翻通無假絕翻者四說謂無有亦有亦

無非有非無初言無者天竺五處不同東南中三方奢切小殊西北兩處大異如言摩訶摩醯泥曰泥洹此則三方如言洹隸槃那般涅槃那此則二方類如此間楚夏耳有人以泥曰目雙卷泥洹目六卷涅槃目大本是義皆不然雙卷明八十無常六卷明金剛不毀豈可以方言簡義毗婆沙云涅槃那今經無那字蓋譯人存略耳肇論以摩訶涅槃爲彼土正音古今承用其各說者凡有五家一廣州大亮云一名含衆名譯家所以不翻正在此也名下之義可作異釋如言大者莫先爲義一切諸法莫先於此又大常也又大是神通之極号常樂之都名故不可翻也二云名字是色聲之法不可一名累書衆名一義疊說衆義所以不可翻也三云名是義上之名義是名下之義名既是一義豈可多但一名而多訓例如此間息字或訓子息或訓長息或訓止住之息或訓暫時消息或訓報示消息若據一失諸故不可翻四云一名多義如先陀婆一名四實關涉處多不可翻也五云秖先陀婆一語隨時各用智臣善解契會王心涅槃亦爾初出言涅槃涅槃即生也將逝言涅槃涅槃即滅也但此無密語翻彼密義故言無翻也二云有翻者梁武云佛具四等隨其類音溥告衆生若不可翻此土便應隔化四等亦是不徧引釋論般若尊重智慧輕薄既得以輕代重何得不以真丹單別翻天竺兼含既可得翻且舉十家一竺道生時人呼爲涅槃聖翻爲滅引文云聞佛唱滅悲哀請住魔王所以勸令速滅云云二莊嚴大斌翻爲寂滅引文云生滅滅已寂滅爲樂前家止滅於生後家滅生復滅於滅故言寂滅云云三白馬愛翻爲秘藏引文云皆悉安住秘密藏中云云四長干影翻爲安樂引文云如人病差名爲安樂安樂名涅槃五定林柔翻爲無累解脫既無創疣即無累也六太昌宗翻爲解脫引四相品云涅槃名解脫迦葉品云慈悲即真解脫解脫即大涅槃七梁武翻爲不生引文云斷煩惱者不名涅槃不生煩惱乃名涅槃八肇論云無爲亦云滅度九會稽基偏用無爲一義爲翻也十開善光宅同用滅度引文云大覺世尊將欲涅槃引六卷云大牟尼尊今當滅度彼此兩存正是翻也例大本稱娑羅雙樹六卷云堅固林又引法華長行云中夜當入涅槃後偈云佛此夜滅度又引華嚴云古來今佛無般涅槃除化衆生方便滅度又引遺教佛臨涅槃略說教誡又云時將欲過我欲滅度是爲十家明有翻也三明亦可翻亦不可翻者叡師云秦言謬者定之以方冊梵音不可變者即而書之匠者之公謹受者之重慎今經翻摩訶爲大般涅槃三字存梵音是則一字可翻三字不可翻梵漢雙題正應在此四云大名不可思議故非可翻非不可翻今明漢人多不曉梵即有衆說莫知孰是世既咸用開善未能異之今雖同其翻不用其義同翻者摩訶此翻爲大般涅此翻爲滅槃那此翻爲度是爲大滅度也有翻無翻四家竟次出開善四解一云滅據法度據人生死之法滅已還無生死之人轉而作佛二云滅名目無滅有還無故度名目有從此至彼故實法道邊人法俱滅相續道中人法

俱度三云滅是有餘度是無餘有餘涅槃既未究竟止可是滅無餘永免方得是度四云滅是本有今無之義而加之以度者是永免之名欲明凡夫之死亦得是滅而非永免不得稱度觀師難初解云若生死之法滅無生死之人附何而度若生死假人轉得成佛生死之法何不轉爲涅槃今研初解是何等義若依聲聞法者三果生死未併滅假人不永度若第四果凡法因雖滅凡法果未滅假人猶未度若灰身滅智假法俱寂寂則不論度又不得作佛若菩薩法者凡法都不滅假人又不度是誰法滅何等人度如此往推非三藏義也若依聲聞菩薩共法者三乘之人同以無言說道斷煩惱入第一義即體生死法是涅槃法不論滅與不滅即生死人是涅槃人不論度與不度既無法可滅何用以滅目之既無人可度用度目誰如此推之則非通教義也若獨菩薩法非但滅生死之僞法死滅涅槃之真法非但度生死之凡人亦度出世之聖人彼既誰不涉真法語不論聖人以此往推非別教義也若就佛法者滅之與度不縱不橫無二無別彼師分滅異度離法論人如此往推非圓教義也既非小非共非菩薩非佛並非先聖之法言則不敢道也云云今研第二解若以滅目無以度目有者若受此有無猶是苦諦執此有無猶是集諦修此有無猶是道諦盡此有無猶是滅諦滅諦之真尚不可以有無名之云何以有無名大涅槃如此往推非三藏真義若以滅目無以度目有若雙目生死生死本自不然今則無滅生死既無滅以滅目誰生死

本自不然那得是有非有則無度法亦無度者度復目誰既不可以滅度目於生死云何以滅度目於涅槃彊以死贅累彼虛空以此推之非是聲聞菩薩共法若以滅目無以度目有者此以名召法以法應名名物尚存為見所縛云何以見義釋大涅槃若以滅目無門以度目有門者為目小門為目大門小門能通拙所通偏貧住化城久已被弃云何以拙能通釋大涅槃若以滅目無以度目有明真俗二諦者此是偏邪二邊云何以二邊釋中道大涅槃如此往推則非菩薩法也若以滅目無以度目有有不關無無不關有滅非是度度異於滅縱橫藉劫掠羣牛不解攢搖槃猶難得況酥醍醐如此往推則非佛法既非小乘非共乘非菩薩乘非佛乘是何等義耶云云今研第三解若有餘涅槃既未究竟止可是滅無餘永免方得稱度者亦應滅度四住非是究竟滅度塵沙方得稱度又滅度塵沙亦非究竟滅度無明方得稱度又滅度無明亦非究竟滅度究竟滅度方得稱度以後望前前非究竟第二第三亦非究竟何得以初番滅度釋大涅槃云云今研第四解凡夫已有還無得是滅亦應凡夫從此至彼便應是度若凡夫非度凡夫亦復非滅若聖人已有還無亦得是滅聖人從此至彼復應是度若凡聖俱度俱滅若為論異若同凡聖則近應非高廣若異凡聖亦非高廣非高故則非無上非廣故則有邊涯云何以此釋大涅槃若具研四解應作四四十六番今但十番而已餘皆可知明招自解何俟多言時人以開善為長故遂研之餘人置而不言耳翻名已如前說釋其大義者大有三義一理大二智大三用大釋論謂大多勝大取包廣多取含攝勝取秀出今言法身法界徧一切處是廣大義報身智境照發相應不可窮盡是含攝義應身自在無能過絕是勝出義於一大字三法具足不縱不橫不可思議名祕密藏祕密藏者即大涅槃釋般涅為滅滅有三義謂性滅圓滅方便滅性滅者理性至寂非生非起生起不能喧動故名性滅圓滅者照無不徧發無不足明窮境極故名圓滅方便滅者權巧妙能逗必會取必克故名方便滅如是三滅即三解脫無縛無脫是性淨解脫因果畢竟是圓淨解脫巧順機宜無染無累是方便淨解脫於一滅字三脫具足不縱不橫不可思議故名三點三點者即大涅槃釋槃耶為度度有三義謂實相究竟度智究竟度事究竟度實相度者諸佛之師也非此非彼亦非中流非能非所無始無終故名實相度佛師度故諸佛亦度論云智度大道佛善來智度大海佛窮底即其義也智度者如如智稱如如境函大蓋大照發相應故名智度論云智度相義佛無閡即其義也事度者自度度他彼我利益無不究竟慈悲擅顯一切周悉故名事度如此三度即三般若實相般若是一切種智與諸佛同體觀照般若即一切智與諸佛同意文字般若即道種智與諸佛同事於一度字三智具足不縱不橫不可思議故名面上三目三目者即大涅槃今作三番九義淺深別異各各不同者雖復多含攝勝未是今經正意文云法身亦非那可單作三身釋大文云解脫亦非那可單作三脫釋滅文云般若亦非那可單作三智釋度故知單釋非今經意意者文云三法具足名大般涅槃三法即三智三智即三點三法即九法九法即三法三法即九法是不縱九法即三法是不橫不並不別亦復如是不三而三不一而一所以名祕密藏攝一切法悉入其中是諸佛體是諸佛師都名揔号乃為具足稱大涅槃意在此耳一智三智三智一智所以名一面三目涅槃亦耳一脫三脫三脫一脫所以名為伊字三點涅槃亦爾體意及事不得相離不得相混不可言言不可思思故名大涅槃二釋通名者涅槃之名徧布諸處安樂一意亘十法界皆稱安樂梵行品云寒地獄中若遇熱風以之為樂熱地獄中若遇寒風以之為樂如是安樂亦名涅槃獼猴得酒則能起舞騰枝躍樹秋水卒至河伯欣然負鼈吟噏歡沫戲沼如是安樂亦名涅槃餓鬼飢渴得水食飽滿則得安樂如是安樂亦名涅槃脩羅怖畏得歸依處則得安樂如是安樂亦名涅槃如貧得藏如病得差則得安樂如是安樂亦名涅槃檀提婆羅門飽食撫腹我今此身即是涅槃此計欲界果報法為涅槃阿羅羅仙得無想定此計色界法為涅槃鬱頭藍弗得非想定此計無色界法為涅槃文云斷欲界結則得安樂乃至斷無色界結則得安樂如是安樂亦名涅槃此多用善因為涅槃也若三十三天常樂我淨用善果為涅槃也若修二乘者多貪欲人得不淨觀則得安樂如是安樂亦名涅槃乃至數息慈心念佛因緣亦如是此計二乘方便法

爲涅槃也若斷三界煩惱八萬六萬四萬二萬一萬住處則得安樂如是安樂亦名涅槃此計二乘果法爲涅槃也釋論云菩薩從初發心常觀涅槃行道初心菩薩亦名涅槃此文云十住菩薩雖見不了了亦名涅槃諸佛法王聖主住處乃得名爲大般涅槃也涅槃之名隨情逐事浩蕩若此蓋是通名也達摩鬱多羅此翻法勝解云煩惱滅名有餘涅槃引經云滅諸煩惱名爲涅槃離於生死名無餘涅槃引經云離諸有者乃名涅槃此就所滅釋二種涅槃也二乘所得二涅槃若於如來皆是有餘唯佛乃是無餘引勝鬘云二乘是有餘如來是無餘昔滅是盡今滅非盡經云不應生滅盡想涅槃非滅非滅故常也若依鬱多之解乃是通涅槃今昔相對一塗之說若擘肌分理義則不然何者二乘有餘無餘所滅則異眞諦則同若於如來皆是有餘唯佛是無餘者若爾二乘既是有餘涅槃子縛斷破無明入菩薩位見佛性生死身謝即應同佛入無餘涅槃何事被訶言非不斷煩惱不到彼岸破除草庵若此等皆無分者云何對佛是有餘涅槃又若二乘有餘無餘對佛而得是有餘涅槃者自地獄已上至菩薩已還例應如此若諸涅槃皆不可得然二乘安是故知鬱多羅之說不可依也問安樂之名通十法界佛性四德名復云何答經云一切諸法中悉有安樂性一切衆生悉有佛性豈非佛性通耶文云二十五有有我不耶答言有我難言刀刀又楊樹黃葉等豈非四德通耶然名乃該通義不得混應作三番四句料揀初四句謂通別亦通

亦別非通非別通者如向說別者各有所以六道以安身適性爲安樂猶起煩惱惡因招生死苦果安樂義不成要斷煩惱使苦樂不復隨身憂喜不復隨心得有餘無餘灰身滅智隔別生死入于涅槃者則與六道別也菩薩從初心爲一切衆生觀涅槃行道望二乘是別望佛猶通即是亦通亦別也諸佛究竟大般涅槃非六道之通非二乘之別即非通非別之安樂也又安樂之名或是病非藥或是藥非病或亦藥亦病或非病非藥是病者長者沒已劫掠羣牛聲乳自食漿酪醍醐一切皆失如來去後鈔竊正法常樂之名如蟲食木偶得成字不識是非廣起僞倒沈淪生死隨其流處有種種名或辛或酸故知三界四倒但是病而非藥爲治此病說四非常倒瀉斯病病去惑盡名入涅槃文云三種病中無三種藥三種藥中無三種病此小涅槃但藥而非病雖復病去而藥不亡還執此藥而復成病文云其後不久王復得病當知四非常亦藥亦病也治此病故還用常樂我淨而倒瀉之故斥無常病說於新伊是勝三修不同凡夫之倒病不同二乘之偏藥故名非藥非病又新伊但是藥而非病正法正性非藥非病之安樂也又小而非大大而非小亦小亦大非小非大小者二乘也雖斷煩惱猶有習氣我身我衣我去我來謂佛與已等唯有常淨無有我樂三寶差別則是習氣所以爲小也云何名大諸佛如來豎出九界橫收一切無邊底故常大丈夫故常能化度一切故常不可思議故常具八自在故我斷苦樂故樂大寂故樂一切知故樂

身常故樂有大淨故業淨身淨心淨是故名爲大涅槃菩薩望下爲亦大望上爲亦小凡夫六道不斷通惑故非小無四德故非大例前應就理爲非小非大互顯令易解耳前一番從地獄已上料揀次一番從外道已上料揀次一番從二乘已上料揀問如此料揀六道二乘既非安樂何故強說爲涅槃耶答通有四悉檀因緣故則作通說云何更別問耶所以作通說者爲悅衆生故引導生善故破壞諸惡故顯昔第一義故通說无咎又佛常依三諦說法依俗故說六道安樂依眞故說二乘安樂依中故說佛菩薩安樂又不離俗而有眞中尚得即俗即眞即中何意不得六道說通安樂是涅槃耶龍樹云因緣所生法即空即假即中是其義也三釋無名者先出舊解一云眞如實際等是眞諦名佛果涅槃常樂我淨等是俗諦名而言涅槃無名者無生死患累之名而有美妙之名也引互無爲證涅槃無生死之名生死無涅槃之名耳二云眞諦涅槃俱無名無相名相所不及言語道斷心行處滅引譬論江河競注而不流日月歷天而不周豈有名於其間哉三云眞諦無名佛果涅槃雖復冥眞猶是續待二假故涅槃不得無名也初家眞俗俱有名第二家眞俗俱無名第三家眞無名俗有名應更有第四家執眞有名俗無名未見執者若定執此情四倒見若以四爲方便正是三藏四門何者若引互無有美妙之名者斷眞是三藏有門能通是有所通是非有何得用小乘能通釋大涅槃所通指荒塗爲寶所認魚目是明珠大無所以若言眞諦

涅槃皆無名者秖是三藏空門若言眞諦無名佛果涅槃猶是續待二假者秖是三藏亦有亦無門復應有計非有非無門者未見其人也然三藏涅槃既非數法尚不是一何得有四四者能通之門耳不可以能通爲所通縱令跨節是通教四門者亦不可以通教能通爲通教所通何得以共能通釋別所通又跨節爲別教能通者亦不得以別能通爲別所通那得以別能通釋圓所通將此望之節節無意窈然大遠故不用此無名釋大涅槃云云問古來傳譯什師命世外堂入室一肇而已肇作涅槃無名論其詞虛豁洋洋滿耳世人翫味卷不釋手意復云何答高僧盛德日月在懷既不親承其門難見鑽仰遺文管窺而已觀其旨趣不出四句其論云有餘無餘涅槃者良是出處之異號應物之假名若無聖人知無者誰若無聖人誰與道游即其有句也寂寥虛豁不可以形名得微妙無相不可以有心知豈有名於其間哉即其無句也果有其所以不有故不可得而有有其所以不無故不可得而無耳恍忽窈冥其中有精本之有境則五陰永滅推之無鄉則幽靈不竭即其亦有亦無句也然則有無絶於內稱謂淪於外視聽之所不暨四空之所昏昧而欲以有無題牓標其方域者不亦邈哉即其非有非無句也然其作論談大意不在小不可謂是三藏四句也文云超度有流言不涉界外之流大患永滅不滅涅槃之患故不可謂是別圓四句也辨差中云三車出於火宅俱出生死無爲一也此以三三於無非無有三如來結習都盡聲聞結盡習不盡盡者去尺無尺去寸無寸脩短在於尺寸不在無也智鑒有淺深德行有厚薄雖俱至彼岸而升降不同彼岸豈異異自我耳以此推之歸宗指極在於三人同以無言說道斷煩惱入涅槃文義劵然何可隱諱故知是通教四句也夫通教詮理非有非數而以有無四句爲通道之門若執門求所通其失一也又通教體法之觀非如來本懷隨自意語乃是俯提枝末隨他意語故嬰兒行云不知苦樂晝夜親疏等相不能造作大小諸事名曰嬰兒不知苦樂是泯憂喜不知晝夜是齊明暗不知親疏是等憎愛不作大小是亡巨細三人同學體觀喻之以嬰兒俱證無爲喻之以入水論其智德喻之以三獸論其斷德喻之以灰斷宗在他經要非此典那忽將彼釋此其失二也又法華教起已破化城一切諸菩薩疑網悉已除千二百羅漢悉亦當作佛佛開通教方便之門示眞實相云何追欣三獸更建草庵其失三也又聾聵之徒不在法華席者於哀歎品中更爲分別汝先所修悉是顚倒我先所說亦非實語斥故顯新指劣明勝云何違經波動水浪握捉瓦礫持作月形其失四也然綱維既闕綱目安寄執佛法之遺弃謂是眞實徒施於十演終非三德明矣今言涅槃無名涅槃者指三德涅槃也無名者無六道安樂之名也又無三藏有門見有得道獲有餘無餘涅槃之名亦無見空得道亦無亦空亦有得道亦無非空非有得道獲有餘無餘涅槃之名也又無三乘共行十地有門得道獲有餘無餘涅槃之名也亦無空門亦空亦有門非空非有門得道獲有餘無餘涅槃之名也又無別教有門得道常住涅槃之名也亦無空門亦空亦有門非空非有門得道獲常住涅槃之名也無如是等諸方便之名從所離故故言無名從所得故故言涅槃此即圓教有門之意也又非離諸名外別一涅槃即諸名無名便是涅槃故言涅槃無名此圓教空門意也又從所離故故言無名從能離故故言涅槃能所合稱故言涅槃無名此圓教亦空亦有門意也若有能所則大有名何謂無名今無能所稱爲涅槃無名此是圓教非有非無門意也門雖有四涅槃非四也云云無名之意超度爾許諸涅槃名然後乃顯圓常四門大般涅槃諸師都未嘗分別一兩節目即道無名無何等名名曰無名疑誤後生今所不用也故梵行品云無緣慈者不緣衆生亦不緣法緣於如來故名無緣今亦例此無六道之名無四聖之名而有祕藏涅槃之名故言涅槃無名也四釋假名者德王初云涅槃非名非相云何而言可得見聞不可見故無相不可聞故無名佛以佛眼佛耳尚不見聞況復下地及與凡夫而能見聞大悲方便動樹訓風舉扇喻月能令機緣而得見聞其見聞者實無見聞而言見聞迦葉品云涅槃一名有無量名亦名無生無出乃至亦名甘露亦名吉祥凡列二十五種示其無量悉爲衆生而假施設文云如坻羅婆夷名爲食油實不食油無有因緣強爲立名名爲食油如經廣說涅槃亦爾無有因緣強爲立名名爲涅槃智度云名假施設受假施設法假施設實非色心而言色心是法假

施設於色心上更設五陰十二入十八界等是受假施設於陰入界上更立張玉李趙等是名假施設亦如攬色香味觸是法假施設於四微上更作根莖枝葉等是受假施設根莖之上更立楓柟杪柏等名是名假施設是大涅槃亦復如是強指此實法名爲佛師是佛祕藏是法假施設於佛師上更復分別法身般若解脫三點是受假施設於三點上更立名字大般涅槃是名假施設或復呼爲洲渚窟宅或復呼爲乳糜妙味或復呼爲醍醐上藥或復呼爲一闡提杖或復呼爲一破戒明鏡譬說虛空不可得無障閡如是豈非名假施設當知從地獄已上至佛已還皆言安樂者悉假名也大論云衆生無上者佛是法無上者涅槃是所以設此假名者欲令衆生知名非名名不在內亦不在外亦不在中間亦不常自有大品云菩薩菩薩但有字佛佛但有字是字不住亦不不住是字無所有故涅槃亦爾涅槃不在法身文云法身亦非又涅槃不在般若文云般若亦非又涅槃不在解脫文云解脫亦非三德中各各求皆不可得三法合求亦不可得故智度云若人見般若是則爲被縛若不見般若是亦爲被縛若人見般若是爲得解脫若不見般若是亦得解脫法身解脫亦如是譬如幻化物不可見而見見而不可見是事爲希有此經名爲微妙不可思議但假名字名此三身爲祕密藏涅槃但假名字名此三般若爲摩醯三目涅槃但假名字名三解脫名三點涅槃但假名字具足三法名大涅槃但假名字引導衆生譬如空拳爲誑小兒爲引

小兒爲止啼兒爲教黠兒其事辦已散指舒拳拳無拳矣涅槃亦爾以新伊悅之以新伊引進之以新伊破之以新伊悟之是爲假名四種利益得利益已寧復執名而起諍乎假立有名既爾假立無名假立亦有亦無名假立非有非無名亦如是云云應說將跨來因緣云云又如治噎法云云五釋絕名者有人以無釋絕亡有而存無無則不絕非今所用有人以離釋絕言涅槃之中無有諸有此尚非小乘義亦所不用有人以滅釋絕言滅諸煩惱悉無所有猶如火滅存於涅槃者經稱是邪解邪難此豈可用耶有人引經云如大香象頓絕羈鎖自恣而去將此釋絕者此乃三修比丘偏歎菩薩所絕一邊義未具足同上無名之意非今絕名也若言語相逐對無說有乃至對有無說非有非無等待對不息言則不絕若以心分別介爾動念心起想即癡心亦不絕心既不絕言那得絕若知心是攀緣三界攀緣三界生滅是無常苦空無我息此攀緣心無所得心絕故其言亦絕此乃修習言語道斷心行處滅非眞絕也若入見諦苦忍明發世諦死時名生不生身子云吾聞解脫之中無有言說亦是解脫之中無有分別此則眞證言語道斷心行處滅蓋三藏絕意指此一絕凡絕幾許人法況復餘耶然入眞時絕出觀不絕何者眞俗異故一絕一不絕待對宛然云何名絕若能道遠乎哉即事而眞聖遠乎哉體之即神見色與盲等聞聲與響等其說法者無說無示其分別者無所分別無絕無不絕而名爲絕此亦方便道中言語道斷心行處滅若空

慧相應入第一義豁然清淨無能絕無所絕無絕者無絕法此通教絕名意也此雖冥眞未冥中雖斷通未斷別淨名云結習未盡華則著身下文云無明未吐迴轉日月如瘧病者對界內說界外想通惑對別惑是則不絕若能以大涅槃心修行五行具十功德是時一向專求大涅槃行無復界內之心無復界內之說如是方便亦名言語道斷心行處滅而未是冥中若發中道所得功德不與聲聞辟支佛共昔所不得而今得之昔所不絕而今絕之蓋是別教絕名意也然證絕之時乃同圓極而修時梯隥江河迴曲何者發心不能偏法界故法界外更有法故不名絕法拙行不能行一行是如來行如來行外更有行故不名絕行非無上方便上更有方便非絕方便若圓發心觀大涅槃諸心法界法界外更無復法界獨一法界故稱絕法界又如經復有一行是如來行如來行外更無復行故名獨絕行又如經正直捨方便但說無上道尼俱耶洲直入西海猶如直繩是絕方便絕方便絕者如經斷絕一切疑網心故名爲解脫三藏四門即是法界即如來行即上方便何者生死即是涅槃況聲聞法生決定心寧起疑網通教四門亦即法界共乘疑網斷故別教四門即是法界菩薩乘疑網斷故是名斷絕一切疑網之心名獨絕解脫唯說一法界不說餘法界唯思一法界不思餘法界是爲方便道中言語道斷心行處滅是圓方便亦有四門若謂一切法絕是法界唯一法界此約有門絕名也若謂法界尚無法界寧有其餘此約空門絕名也

若謂法界微妙一法即三法三法即一法此就亦有
亦無門絶名也若謂法界不可思議此就非有非無
門絶名也此皆方便道若謂開示悟入如以金鎞決
其眼膜二指三指了了分明是名究竟絶言言滿法
界而無一言心滿法界而無一念是爲圓教絶名意
也然諸經絶名其首非一華嚴云如執虛空風如畫
虛空中說之巳自難何況以示人淨名云諸法不相
待一念不住故又諸菩薩言於言文殊言無言淨名
杜口絶言善吉云我無所說不覺不得龍樹云若法
爲待成是法還成待今則無因待亦無所成法今經
云譬如虛空不因小空名爲大也涅槃亦爾不因小
相名大涅槃云何小相從二乘所證乃至生死安樂
皆是小相不因此小而名大也又云譬如有法不可
稱量不可思議乃名爲大涅槃亦爾不可稱量不可
思議故名爲大當知絶名涅槃其義顯矣斯文甚多
逗緣亦異不可一槩今以四句料揀謂不絶絶非絶
非不絶絶云何不絶如前六道安樂等云何爲絶
如三藏通共等云何非絶非不絶如別四門等云何
絶絶圓四門是也云何絶絶能絶所故言絶絶從
別教四門巳下名爲所絶從圓教四門名爲能絶以
能絶絶所絶能絶亦絶如前火木然於草巳亦復自
然當知絶名與無名爲異義在此也故言絶絶次摠
結釋名一章開爲五重都是圓教四門意也若大涅
槃名具善妙有本自有之非適今也此是有門義故
作翻名同名釋之若大涅槃空迦毗羅城空此是空
門義故作無名釋之若大涅槃亦色非色此是亦空

亦有門義故作假名釋之若大涅槃名爲中道遮二
邊故此即非空非有門義故作絶名釋之夫大涅槃
者尚非是一云何爲四四者門也門以標理有種種
名如天帝釋有千種名解脫亦爾多諸名字名字功
德品云涅槃是名其餘稱歎是則爲字若爾涅槃是
摠而當機立之爲名三點等及餘一切皆屬於字若
法身當機是摠巳復爲名涅槃及一切物以復屬字
若爾更互無定雖復無定今既定以涅槃爲名若定
不定若摠若別皆無待對悉是不可思議悉是大絶
故名絶大涅槃也第二釋涅槃體先出舊解莊嚴
云佛果涅槃出二諦外非真俗攝凡夫以惑因感果
是浮虛世諦假體即空故是真諦佛果非惑因所感
故非世諦不可復空故非真諦引仁王經云超度世
諦第一義諦住第十一薩雲若地也開善云佛果涅
槃還爲二諦所攝體是續待二假故是世諦即此
二假可空故是真諦佛果靈智亦復冥真也冶城秀
云佛果涅槃非世諦是真諦微妙寂絶故云世諦死
時名生不生龍光云佛果涅槃具相續相待二假即
世諦乃即真之義而不冥真若冥真同頑境即無靈
智故非真諦也有人難此四解若佛果出此二諦外即
應非有爲非無爲汝義中那云佛果一向是無爲若
爲二諦所攝佛果應是亦有爲亦無爲若佛果是真
諦真諦不可說於衆生無用若佛果是俗諦佛果一
向是有爲此皆成論師說自相矛盾都不愜人情亦
不稱肇論論云不可形名得不可有心知言之失其
真知之反其愚有之乖其性無之傷其軀肇意推

之情去在四見佛法邊外尚非小涅槃門況小涅槃體
尚非小涅槃門體焉得是共別涅槃門體尚不是共
別門體何得是大涅槃體耶經云是諸人等春陽之
月乘船游戲失琉璃寶即共入水競捉瓦石歡喜持
出謂琉璃珠都非真寶是珠澄渟清淨故在水中
猶如仰觀虛空月形超然獨遠非衆人所執亦非衆
盲所觸古來復約三聚論涅槃體言佛地一向有心
聚一向無無作聚色聚亦有亦無無麤色有妙色引
經因滅是色獲得常色六卷云妙色湛然常安隱云云
又一解色是頑閡不可研進故佛地無色無無作唯有
靈智獨存經道色者能應爲無窮之色又妙果顯現
義說爲非色引文顯諸衆生滅一切色入於無色天般
涅槃又分別兩界有色一界無色又四空無色者無
麤色耳三界並有色界外變易則無色六地巳還身
在分段故有色七地巳上身在界外則無色又七地
是兩國中閒猶有光影色八地巳上則無色又言金
心猶有色故經言意生身者雖無一期壽命但有念
念生滅名爲變易故言意生身者猶有色也唯佛
地無復色耳無作者金剛巳前皆有無作唯金心無
心無無作也有人難此義若涅槃定有色應有長短
質像須依食住處若定無色心無所依豈可有心而
無色若色須離心是取相何意不離如是等釋皆
是妄語猶如盲跛見佛亦盲跛王語諸臣我庫藏中
無如是刀不須多難也

大般涅槃經玄義卷上

大般涅槃經玄義卷上

校勘記

一　底本，金藏廣勝寺本。

一　二三五頁中二行撰者，徑、清作「隋天台沙門灌頂撰」。卷下同。

一　二三六頁下一六行第六字「死」，南、徑、清作「亦」。

一　二三六頁下一七行「彼既誰」，南、徑、清作「彼師言」。

一　二三七頁上一一行「⿱艹狼藉」，南、徑、清作「狼藉」。

一　二三九頁下一一行末字「常」，南、徑、清作「當」。

一　三四〇頁上九行末字「杖」，南、徑、清無。

一　二四一頁上三行末字「決」，清作「抉」。

大般涅槃經玄義卷下　計二十紙　玆

天台沙門　灌頂　撰

古來復約三性明涅槃體言佛地一向是善性一向非惡性無記性亦有亦無云云光宅云常住佛果有兩種無記一知解無記二果報無記如棋書射御闡提亦有故非是善佛地亦有故非是惡即是無記性也果報者如生死苦無常報既非是惡只是無記涅槃地常樂我淨亦非是善直是無記開善莊嚴並言佛無無記唯一善性知解無記有多釋莊嚴云是善性開善云通三性在闡提是惡在佛是善在餘人是無記言果報者生死中多有異具故果報可是無記佛果報何以是無記佛果唯一習果無復報法豈得類此是無記以習善既滿併成習果也夫三性者若有若無只是世俗尚不是眞何得用此釋涅槃體此皆數論之極說安處佛體如野人暴背獻至尊耳今明涅槃體者上來釋名論無無一切方便論絶絶能絶所名下妙理寧可思議德王云大般涅槃非色非聲云何而言可得見聞古來諸師云何以色爲涅槃體又經云夫涅槃者不從因生體非是果古來諸師云何以佛果釋涅槃體又涅槃之體無定無果古來諸師云何謂涅槃體定是一法當知其體非色非聲非因非果非一非異非諸聲聞緣覺所知亦非十住能了了見不能默已強作五種言之一約性淨涅槃二約法身德三約一諦四約不生不生五約正性初論性淨摠指一部次論法身指哀歎次論一諦指聖行次論

不生指德王次論正性指師子吼迦葉等不可備引斑駁略周耳性淨者淨有三種一方便淨二圓淨三性淨方便淨者嘔和善巧權能逗物住首楞嚴建于大義或一閻浮提或一四天下或一大千界或十方土隨諸衆生應可調伏種種示現無生而生王宮七步無滅而滅倚卧雙林是以晨朝放光大聲徧告正覺世尊將欲涅槃若有所疑今速可問爲最後問所以三界躃踊八部悲號獻供塡空流血灑地高旛翳諸日月廣蓋徧覆大千如經廣說乃至下者作九法界身非生現生非滅現滅不前不後一時等現然於寂滅無所損減於諸生死無染無累故名方便淨涅槃也圓淨者因圓果滿畢竟成就原其初基以大涅槃心行如來行持戒不殺擁護正法廣宣流布利益衆生迴向大乘感得金剛堅固之體法身常身圓滿具足獲大涅槃修道得故安住於此祕密藏中復能須宣廣說一切悉有佛性施與一切常命色力安無閡辯雖破煩惱亦無所破雖圓智慧亦無能圓雖施衆生不得衆生及以施相是名圓淨涅槃也性淨者非修非得非作業非與業本自有之非適今也沖湛寂靜不生不滅雖在波濁波濁不能昏動猶如仰觀虚空月形五翳不能翳雖復隨流苦酢其味眞正停留在山雖沒膚中膿血之所不染故名性淨涅槃也此三涅槃不可相離即三而一不可相混即一而三雖復一三即非一三雖非一三而復一三會之彌分派之彌合橫之彌高竪之彌闊微妙莫測不可思議今欲分別令易解故摠唱涅槃即是其名尊據性淨以

當其體指於圓淨即是其宗方便善巧以爲其用作此分別即是其教雖復分別都是一法所謂大乘大般涅槃若得此意無俟多言其未解者更重復說耳二約法身德者德有三種一法身德二般若德三解脱德法身者即是金剛堅固之體非色即色非色非非色而名爲真善妙名真故非色善故即色妙故非色非非色又真即是空善即是假妙即是中例一切法亦復如是以是義故名爲佛法名佛法界攝一切法名法身藏名法身德也般若德者即是無上調御一切種智名大涅槃明淨之鏡此鏡一照一切照照中故是鏡照真故是淨照俗故是明明故則像亮假顯淨故瑕盡真顯鏡故體圓中顯三智一心中得故言明淨鏡攝一切法故稱調御是佛智藏名般若德也解脱德者即是如來自在解脱其性廣博無縛無脱是廣博義體縛即脱是遠離義調伏衆生是無創疣義如是解脱攝一切法亦名解脱藏亦名解脱德如是三德不可相離文云法身亦非乃至解脱亦非如是三德不可相混文云三點具足無有缺減當知雖一而三雖三而一雖復三一而非三一雖非三一而三而一不可思議攝一切法攝一切人文云我及諸子四部之衆悉皆入中微妙難思爲若此今欲分別令易解故揔唱秘藏以當其名法身攝一切法不縱不横以當其體般若攝一切法如一面三目以當其宗解脱攝一切法如三點伊以當其用如此敷演即是其教非但經體義明餘義亦顯云云三約一諦者世人解諦或境或智或教非無此義今用理釋諦理

當即境正境正即智教皆正以理釋諦其義爲允有四種四諦一生滅四諦集是能生苦是所生能生生所生所生還生能生苦集迴轉生死無已道名能壞滅是所壞所壞亦壞能壞能壞所壞更互生滅故稱生滅四諦若論其相逼迫生長能除所除等是也如經二無生四諦者推苦集之本本自不生不生故則無苦集既無所壞亦無能壞故稱無生四諦論其相者解苦無苦而有真諦集道滅亦如是如經三無量四諦者分別校計苦集滅道有無量相非諸聲聞緣覺所知如經四一實四諦者解苦無苦而有於實乃至解滅無滅而有於實實者非苦非苦因非苦盡非苦對而是一實乃至滅亦如是是名一實四諦具如經非離生滅四諦別有一實四諦即達生滅而是一實四諦無生無量亦復如是一中有無量無量中有一不可思議不可說示強欲分別令易解故揔唱一實四諦即是名也取一滅諦即是其體故勝鬘云一依者即一滅諦也道諦以當其宗取道諦所治以當其用調御心喜說此真諦即名爲教雖差別說只是一無差別法耳　此中遺一章

五約正性者性有五種謂正性因性因因性果性果果性正性者非因非因因非果非果果是名正性因性者十二因緣因因性者十二因緣所生智慧果性者三藐三菩提果果性者大般涅槃今且約一事論之五陰下所以即正因佛性五陰即因性觀五陰生智慧是因因性此智慧增成是果性智慧所滅是果果性於陰既然餘一切法亦爾當知五性亦非條別

即一而五即五而一一而不混五五而不離一不可思議不可說示強欲分別令易解故指果果性爲名指正性爲體指因因性果性爲宗指因性爲用作此分別五性爲教雖復分別只是一法更無差別若人能如此解者非但識體於名宗用教觸事泠然爲未解者更論宗耳

第三明涅槃宗者有人言宗體不異是義不然何者若論至理二即不二不二即二此則宜然若論名事不二不可爲二二不可爲不二既立宗體寧得是同宗者要也修行喉襟莫過因果此經明因略有三種一破無常修常如哀歎品以常樂我斥諸比丘無常苦無我虛僞不真宜應捨離今當爲汝說勝三修此是破無常修於常能得常果顯於非常非無常煩惱爲薪智慧爲火以是因緣成涅槃食令諸弟子悉皆甘嗜劣三修是煩惱薪勝三修是智慧火非常非無常是涅槃食四衆安住秘密藏中即是甘嗜又云如來體之是故爲常體者履也履而行之法常故佛亦常亦是法非常非無常故佛亦非常非無常也問初爲純陀直說一常次明常住二字次斥諸比丘云勝三修何意增減答皆是今昔相對昔說四非常揔是一無常今論四德揔是一常舉揔常破揔無常耳昔說生死無常而復流動今以常破生死以住破流動故舉二字以破二耳諸比丘置事緣理但修三想今舉勝理破劣理但用三修云云二者以大涅槃心修從淺至深次第行學如聖行中專行五行初謂戒定慧居家如牢獄梵行若虛空從頭至足其中唯有髮毛

爪齒大小腸胃觀察八苦五盛陰等次解苦無苦而有眞諦次分別挍計苦集滅道無量無邊次非苦非集非道非滅而有實諦廣說如經修是行已得二十五三昧住大涅槃況出諸佛功德不復可說當知從淺至深成因克果顯非因非果始終莫不以常爲宗德王品中亦如是初觀四大如篋五陰如害六塵如賊愛如怨詐煩惱如河八正如筏運手動足截流而去得到彼岸戒定如動足智慧如運手涅槃是彼岸師子吼中亦如是初從少欲知足乃至住大涅槃又善修戒不見戒因戒果戒一戒二等是名善修定慧等亦復如是原始要終皆宗常住以常爲宗明矣三者如聖行中云復有一行是如來行所謂大乘大般涅槃大乘即是修因涅槃即是得果大乘爲因何所不運大涅槃果何所不克一切無閡人一道出生死莫復過此大略可知不復委說但此文中處處論行或修十想或知根知欲種種不同不出三種初破無常而修常即是以圓接小接通意也次以大涅槃心修無常次修於常即是從漸入頓次第別意也後即無常而修於常即圓頓人也雖三不同悉以常爲因歸宗常果住大涅槃等無有異故文云因雖無常而果是常即第二番意也餘例可知云云問明體一章即識五意明宗亦爾不荅例然宗有三義一宗本二宗要三宗助宗本者諸行皆以大涅槃心爲本本立道生如無綱目不立無皮毛靡附涅槃心爲本故其宗得立也宗要者行之宗要要在於常行會於常能顯非常非無常如七曜之環北辰似萬川之注東海

行以常爲要亦復如是宗助者助名氣力也常宗得成賴於資助或人助或教助或行助或道助由助得力故言宗助摠此三宗是釋名專論宗本即體意專明宗要即宗意專明宗助即用意分別此三異餘法門即教意

第四釋涅槃用者爲三一本用二當用三自在起用本用者先出舊解靈味小亮云生死之中本有眞神之性如敝帛裹黃金像宛在深泥天眼者捉取淨洗開裹黃金像宛然眞神佛體萬德咸具而爲煩惱所覆若能斷惑佛體自現力士額珠貧女寶藏井中七寶闇室缾盆等喻亦復如是此皆本有有此功用也新安述小山瑤解云衆生心神不斷正因佛性附此衆生而未具萬德必當有成佛之理取必成之理爲本有用也開善莊嚴云正因佛性一法無二理但約本有始有兩時若本有神助有當果之理若能修行金心謝種覺起名爲始有始有之理本已有之引如來性貧女額珠闇室等證本有引師子迦葉明乳中無酪但酪從乳生故言有酪酪非本有必假酵煖種植胡麻荅言有油油須擣壓乃可得耳又引佛性三世衆生未來當有淸淨莊嚴之身此證當有雙取二文意與瑤師不異又引木石之流無有成佛之理則非本有之用衆生必應作佛今猶是因因是本有果是始有本有有始有之理即是功用義也有人難初義若言衆生身中已有佛果此則因中有果過食中已有糞童女已有兒若已具佛果何故住煩惱中坐不肯出耶何故不放光動地故文云若言已有者何故

默然正破此執耳次難第二有得佛之理此理若常爲相續常爲凝然常若相續常何謂本有佛果之理若凝然常則因中有果過同於前難第三家若言本有具始有亦應本有常住復有無常本有只得是常不得無常者本有只本有那得有始有又若本有有始有亦應無常有於常無常不得有於常本有那得有始有又本有有始有則了因有生因若了因了本有是常生因生始有是無常不得相有者今本有那得有始有耶鷸蚌相扼更互是非由來久矣今當宣明此義若定執本有當有非三藏通教之宗乃是別圓四門意本有是有門當有是無門雙取是亦有亦無門雙遣是非有非無門別家偏據不融門理兩失爲圓家所破何者若執本有之用譬之樹木工匠揆則任曲者梁用直者桁用長者矟用短者箭用本有之用亦復如是佛即破之草木生時無梁箭用工匠所裁因緣獲用若裁曲爲直曲無梁用展直爲曲直無桁用割長爲籌長無矟用折短爲薪短無箭用何得若執本有之用經云三世有法無有是處何得若執本有當有當本不立勝用安在耶若尊難破復失適緣何者理非本非當非亦本當非非本當有四利益或言本有即是常用或言當有即是無常用或亦當亦本即常無常雙用或非當非本即雙非不用之用本有常用攝一切法何得無三門用三門亦攝一切法何得無本有常用文云大般涅槃是諸佛法界即其義也是爲圓教赴緣論此四用大獲利益不同舊義云云二當有用者先出舊解解有三一云理出萬惑

之外須除惑都盡乃可見之譬十重紙裹柱雖除九
重終不見柱併盡乃見二引漸備經明一切智慧皆
漸漸滿不可一期併悟也三云眞諦可漸知佛果可
頓得何者即俗而眞更非遠物所以眞可分知佛果
超在惑外不即生死故不可漸知有人難初義若理
不可漸見惑豈可漸除既不見理由何除惑若言理
可漸見夫理若是分可作分知理既圓通若爲漸解
若初見稱後見與後無異不名漸見若初不稱後不
名頓見云云若言見眞者須漸得佛須頓是義不然釋
論云若如法觀佛般若與涅槃是三則一相華嚴云
虛妄多分別生死涅槃異迷惑聖賢法不識無上道
眞與涅槃既其不異云何眞漸果頓耶今明諸解更
相馳逐水動珠昏然理非遠近見理之智寧得漸頓
智若漸頓寧得稱理如方入圓殊不相應如理而解
解如於理不見相而見無所得即是得耳有因緣故
亦得漸頓此中應有四句漸漸漸頓頓漸頓頓漸漸
尚非漸頓況復頓漸漸頓尚非頓漸況復頓頓法華
玄廣說頓漸者無差別中差別耳頓者差別中無
差別耳三種修三種見明宗中意是也漸頓修漸頓
見者是不定觀意也漸更不同又開四句漸修漸見
漸修頓見漸修頓漸見漸修非頓漸見見此一句意
餘三句亦可解四四十六句不同當知顯體之用甚
多那只作一兩種解耶文云王家力士一人當千種
種技藝能勝千故一人當千又云譬如大地草木爲
衆生用我法亦爾當知用同草木比大力士故知用
不一也舊論照境之用不同問俗有三世流動萬境

去來佛智若爲照之若逐境去來則生滅無常若不
逐境去來則不與境相稱由此一問七解不同治城
嵩云佛智乃無大期死滅猶有念念流動逐境去來
此人臨終舌爛口中浪語之過現驗也二藥師解佛
智體是常住用是無常逐境去來此解亦違經經云
若正見者當說如來定是無爲那忽體是無爲用是
有爲三光宅云若無常之智照常住境而不逐境是
常今常住之智照無常之境豈應逐境無常此亦不可
四作九世照境義明此境雖在未來復有當現在當
過去義今遂來現在及過去我皆照竟所以不生滅
也此亦不可向在未來時猶是當現在未正現在今
遂來在現在即作正現在照當知已息豈不生滅耶
五作逆照義云如來道成正覺時初一念併逆照萬
境從初流來至後成佛併皆照竟後萬境自有去來
我都不更新照如天子初登極時併付制法後人犯
者隨輕重治不更復制也此亦不可佛智照境何嘗
暫息忽言初照後都不照縱令如此終不與境相稱
六開善云佛在因日道發初心已能橫照數境豎照
數時次入初地一念橫照百法豎照百時二地千法
乃至佛地一念橫照萬法豎照萬時如懸鏡高臺
此亦不可鏡照先無而後有未免無常之難七靈味
更借虛空爲諭萬物在空空不生滅物自去來此亦
不然佛智靈知豈同頑空今明三藏教中二諦不相
即故二智各照所以諸解喧喧若此若通教中二諦
相即二智二而不二尚無此諍況復三諦即一諦一
諦即三諦三智即一智一智即三智一照即一切照

一切照即一照非一非一切不可思議寧復有此微
淺問荅耶又開善解佛智照眞與眞冥無復智境之
異智體與眞境都復不殊約位分別凡夫不冥不會
因中聖人會而不冥佛果亦冥亦會第二解云佛智
是靈知眞諦是無知二體既殊豈可併有知同無知
但會之既極詺之爲冥豈得有冥異會慧印三昧經
云冥不冥寂不寂肇論亦有用冥體寂之語今難佛
之眞智既其冥眞與眞不異佛之俗智亦應冥俗與
俗不異佛雖知幻而非幻人若爾佛雖知俗不可冥
俗佛雖冥眞不可同眞不應作如此冥眞冥俗義冥
眞不出二乘冥俗不出凡夫境界云何得是佛智用
耶云云三自在起用用徧法界廣不可委文云譬如大
地一切草木爲衆生用我法亦爾當知勝用無量無
邊且約三種一不可思議用二二鳥雙游用三善惡
邪正雙攝用不可思議用者舊釋有七一云令他見
須彌入芥子其實不入唯應度者乃能見之此解不
可若不入者何謂神通二解實入但佛神力感大令
小開小令大此亦不可若爾乃以大容小何謂以小
容大三解不知入與不入既是不可思議那可定判
入與不入此亦不可佛果上地皆是不可思議盡應
不可解餘者盡言可解至此一義獨言不知耶四若
有則相妨小大皆空故相容此亦不可若其皆空何
所論入亦無大小也五大中有小性小中有大性以
芥子之大性容須彌之小性此亦不可若執定性過
同外道又似毗曇又還是大容於小何謂以小容大
六地論解大無大相不無無相之大小無小相不無

無相之小以無相之小容無相之大無相之大還入
無相之小此亦不可大小本是相既言無相那有大
小若有大小應是有相若定無相還同空也七興皇
云諸法本無大小因緣假名相待假說大爲小假說
小爲大說大爲小小是大小說小爲大大是小大故
得相容此亦不可大不自大待小爲大小不自小待
大爲小此惟他性義自性大小尚不能相容他性大
小那能相容今明小不自小亦不由大故小大不自
大亦不由小故大因緣故小大亦不離大離小不在
內外兩中閒亦不常自有不可思議大亦如是通達
此理故即事而眞唯應度者見不思議須彌之高廣
入於不思議芥子之微小是名以不思議之大入不
思議之小住首楞嚴能建大義如經廣說云云一往明
不思議用在於道後其理實通乃至善惡邪正等例
如是所謂四趣是邪人天爲正又三界是邪二乘爲
正又二乘偏邪菩薩爲正云云邪正兩用亦徧法界四
趣是惡人天是善又三界悉是惡二乘是善又二乘
是惡菩薩爲善此用亦徧法界三界皆悉無常二乘
是三無爲常又二乘是無常菩薩是常常無常用亦
徧法界其門略義廣也常無常雙用者俱亡二邊如
鳥喻品中說即是一時雙用也前後倒瀉即是異時
偏用宜一時即並用宜前後即單用不必一種用自
在故善惡雙用如迦葉品中說善星至惡尚能攝受
令得出家況復善者寧當不攝或雙用或前後云云三
邪正善惡俱攝者陳如品中說邪即外道正即陳如
弘廣邪即諸魔正即阿難平等皆攝巧施妙用游諸

世閒作大利益若見此意即是自在之用善巧四隨
稱機利益住首楞嚴種種示現不動法性其見聞者
無不蒙益此義可知不俟多說云云問此一章五意云
何荅例前可解若攝論三用即釋名意若專本用即
是體意若專當用即是宗意若專自在用即是用意
若分別三用即是教意

第五釋教相者爲二一增數二經來緣起增數者謂
一乳二字三修四教五味也所言乳者此名則通外
道言教亦稱爲乳文云是時舊醫純用乳藥二乘言
教亦稱爲乳阿含云舍利弗是所生母目連是乳母
二人說法生養四衆後文亦云聲聞緣覺佛性如乳
菩薩教行亦稱爲乳故云手出香色乳施令得飽滿
佛教亦稱爲乳故目連騰請云譬如犢子其生未久
若不得乳必死無疑又云醫占王病定須服乳乳名
既通若爲分別舊醫偷教竊取乳名不解其義而
爲相續恍惑轉動薄皮所誑起四倒毒亂心中多
所傷害即邪教也二乘乳者佛以方便合三種藥謂
醎苦酢二乘之人用此方便爲於四衆治彼邪乳如
以楔出楔此以四非常教名爲乳也菩薩乳者以大
慈大悲隨諸衆生應以何法而得度脫隨而說之或
說方便法或說眞實法或治邪常或治無常稱彼機
緣令得飽滿是名菩薩教乳也佛教乳者究竟眞實
如經其犢調善不馳不住不處高原亦不下溼不食
酒糟麥麩滑草不與特牛同共一羣故其乳多德最
爲第一正顯涅槃之教是最上乳也又外道教如驢
乳亊之成糞從其教者惰落三塗二乘教如羊鹿乳

亊之成酪從其教者外出生死菩薩教如下品牛乳
亊之成酥從其教者革凡成聖亦革聖成無上道佛
教如上品牛乳從佛教者即得安住秘密藏中當知
涅槃教乳最上最妙問何故於一乳中多種分別荅
此經意爾如本有一偈四出證義明無差別差別等
例作此說之无咎又德王中不聞聞不生生等皆作
四句今亦例爾邪乳名乳乳二乘名乳不乳菩薩名
不乳乳佛是非乳非不乳意高例盡子何須惑二字
者世亦二字出世亦二字上上出世亦二字今文亦
二字二字既通復須分別世二字者如瑞應云太子
乘羊車詣師學書師教二字謂梵佉婁此二字應詮
世閒禮樂醫方技藝治政之法故是世閒二字也又
云梵字應如金光明中說出欲論明修梵法歎梵報
故是出欲論也佉婁字應是無量勝論明十善法歎
釋天報善能攻惡故言勝論摠而言之世閒二字也謝
靈運云梵佉婁是人名其攝諸廣字爲略如此閒倉
雅之類從人立名故言梵佉婁雖復廣略還是世閒
之二字出世二字者嬰兒行云婆和二字所謂有爲
無爲爲二字也若出世與出世上上共爲二字者即
是半滿爲二字也衆經同以鹿苑說爲半字摩訶衍
所說爲滿字小大相對共爲二字又諸師釋此滿字
不同地人云涅槃六行俱明是滿字法華是大乘非
滿字由是無常此都非義不須論難云云興皇嘲諸師
作五滿半邊滿竪滿積足滿共滿具足滿今不委論
云云今明半滿二字更爲五意一直是半二對半滿三
帶半滿四廢半滿五開半滿如鹿苑無常此直半無

滿若方等之流說無常逗小又彈小褒大此正對半明滿若大品通三人共學是帶半明滿若法華正直捨方便是廢半明滿亦有開權顯實即開半明滿若此經斥劣辨勝即廢半明滿一切衆生悉有佛性須跋陀羅得羅漢果即開半明滿而復對破生死流動明於常住二字常破生死住破流動此亦是廢半明滿一切諸法中悉有安樂性又是開半明滿故知二字雖通不可一槩今之常住二字於諸字中最尊最勝其義可知又結爲四句二乘無常是半非滿一乘是滿非半若斥小帶小等是亦半亦滿若世間非半又非滿大意可知云云三三修者有邪三修劣三修勝三修邪三修謂世間顛倒隨邪師教見相似相續謂爲常適意可悅謂爲樂轉動運爲謂是我愚惑所覆如執掣電如蛾如蠶追求無厭如渴飲鹹唐無毫益亦是厭下苦麤障攀上勝妙出故名邪三修劣三修者依半教破於邪執無常鹹味破其執濇無樂苦味破其執甜無我酢味破其執辛三界皆無常諸有悉非樂一切空無我無我所能破欲染色無色染無明掉慢疑如諸迹中象迹爲最於諸想中無常爲最如經廣說是名劣三修勝三修者依佛勝教破於劣修謂常樂我法身常恒無有變易游諸覺華歡娛受樂具八自在無能遏絕如是修者入祕密藏名勝三修又邪修是世伊劣修是故伊勝修是新伊大涅槃理即非新非故伊今經即是新伊勝修最尊最上之教也四四教者此該佛一化名相理趣別有疏本云云三藏教者謂戒定慧藏爲彼嬰兒梯隥出苦畏憚

長遠止息化城即小乘法也菩薩以大涅槃心修即成聖行如經浮囊白骨八苦等觀即其文義也通教者三乘共學近遠俱通若能前進亦可得去即摩訶衍法也菩薩以大涅槃心修即成聖行如經解苦無苦而有眞諦乃至解道無道而有眞諦即其文義也別教者別在菩薩不與二乘人共所行事理非彼境界即獨菩薩法也若以大涅槃心修即成聖行如經苦有無量相分別校計有無量種非諸聲聞緣覺所知乃至道亦如是即其文義也圓教者即事而理一教一切教一切教一教非一非一切不可思議隨佛自意是佛境界非諸二乘下地所知如經非苦非諦有實乃至非道非諦有實是名一實諦即其文義也菩薩大涅槃心修即是圓心圓心爲本行於衆行從淺至深屆極而止如放金剛到際則住當知聖行之一意即是漸頓之教亦名漸圓教此乃文中一種耳復有一行是如來行所謂大乘大般涅槃者即發軫仍頓仍圓一切諸法悉入其中衆流悉鹹無非性海漸圓與頓圓更無別異歷次第門故言漸耳今經乃具二文從勝受名即是圓頓之教於諸教中最爲尊上也若類通異名者即是四藏三藏是聲聞藏通是雜藏別是菩薩藏圓是佛藏上能攝下佛藏第一也若例四句三藏是聞聞通是聞不聞別是不聞聞圓是不聞不聞乃至生生等例可解五五味者即五種牛味正譬說教次第不應以淺深意取若謂初淺後深是義不然文云醫占王病定須服乳又云如得乳糜更無所須無所須者即眞解脫眞解脫者即大涅

槃比其淺耶文云如水乳雜臥至一月終不成酪若以一滴頗求樹汁投之於中即便成酪衆生佛性亦復如是若本有者何故待緣如此酪譬不可淺也文云譬如甜酥八味具足是大涅槃亦復如是當知此酥其況深矣文云阿羅漢辟支佛猶如醍醐如此醍醐不可言淺若初味定淺後味定深妨文害義若作次第意釋者則無過各牛者譬佛大覺朗然圓明成就如血變爲乳具足在牛從牛出乳譬佛初說也即寂滅道場從法界體流出法界法教諸菩薩如日初出先照高山故言從牛出乳也次從乳出酪者爲小機不堪如聾如瘂隱其無量神德示丈六身覆如來藏恒說三藏以貧所樂法隨宜方便令華凡成聖故華嚴大後次說三藏之小如從乳後即有於酪也次從酪出生酥者譬三藏之後以大訶小挫其取證敗種壞根無生無用先與後奪如耳酪作生酥也次從生酥出熟酥者譬方等之後委業領財使諸聲聞轉教教菩薩也次從熟酥出醍醐者譬般若已後付財定性與記作佛故文云八千聲聞於法華中得記作佛見如來性如秋收冬藏更無所作無所作者即究竟也夫衆生不見佛性智手指撝或作大說或作小說或訶責說或教化說或定天性說衆生若見佛性則靜乎雙樹指撝畢矣息教二河法流竭矣如牛出乳極至醍醐諸佛布教極於見性今經是最後之說喻彼醍醐一切諸樂悉入其中歎於橫廣在四味之上歎其豎高故此經處處歎教不可思議只是歎於上妙之乳常住二字最後新伊極圓之教醍醐妙味

耳種種名目只是一法一法者只是佛師諸菩薩母佛菩薩辯所不能宣凡夫千舌豈解揄揚二乘百盲安能舞手者哉五味義具在法華玄中說又從增一至五惣諸說者即釋名意若尊五所以是體意若尊五所以設諸名相是宗意若專對破是用意若分別其相是教意準前可知不復委釋云云二經來緣起又二經緣起二疏緣起經緣起者有雙卷六卷大本雙卷明八十入滅不辯常住蓋小緣所感三藏教也六卷與大本皆明常住俱是大緣所感同座異聞例如大小品耳又云小本是法顯於天竺鈔初分翻爲六卷大本上帙是道猛齎來斯乃廣略二文耳世猶惑焉若是異聞那忽問詞答旨兩本皆同若是鈔者只應存略那忽前後大本則如來說偷狗六卷迦葉問偷狗大本偈說三歸六卷長行說三歸解云問詞答旨所同處少不同處多昔鈔梵文尚無前後秦人翻譯逐意要互於二義無妨也昔道猛亡身天竺唯齎五品還謂壽命金剛身名字功德如來性大衆問等品到西涼州值沮渠蒙遜劉據隴後自号玄始其号三年請曇無羅讖共猛譯五品得二十卷遜恨文義不圓再遣使外國更得八品謂病行聖行梵行嬰兒行德王師子吼迦葉陳如等品又翻二十卷合成四十軸傳於北方玄始五年乃得究訖是時姚萇復号弘始弘始非玄始玄始五年即晉恭帝元熙元年次入宋武劉裕得四年次入宋文帝文帝尚斯典敕道場寺慧觀烏衣寺慧嚴此二高明名蓋淨衆康樂縣令謝靈運抗世逸群一人而已更共治定開縟命

足序純陀哀歎開如來性足四相四依邪正四諦四倒文字鳥喻月喻菩薩凡十二品足前合二十五品制卷三十六卷則一萬餘偈讖云經義已足其文未盡餘有三品謂付囑燒身分舍利二萬言未來秦地耳小亮云是羅什足品由來關中不聞涅槃恐其言爲謬經錄稱謝靈運足品相承信用初三人欲刪略百句解脫俱夢黑神威猛責數剛切汝以凡庸改聖人言義其過大矣若不止者以金剛杵碎之如塵因不敢刪略但去質存華如啼泣面目腫改爲戀慕增悲慟如嗚嘘我口改爲如愛子法故其文璀璨皆此例焉經者通名也如法華疏說序品第一者亦如彼云云二疏緣起者余以童年給侍攝靜攝靜授大涅槃誦將欲半走雖不敢願聞旨趣於是負笈天台心欣藍染登山甫爾仍逢出谷不惟菲薄奉從帝庭師既香塗三宮光曜七衆道俗參請門堂交絡雖欽渴甘露如俟河清詎可得乎嘗面請斯典降旨垂許有期無日逮金陵土崩師徒雨散後會匡嶺復屬虔劉爰西向江陵仍遭霧露敕徵師江浦頂疾滯豫章始擧飄南湖已聞東還台岳秋至佛隴冬逢入滅歎伊余之法障奚可勝言昔五百羣盲七迴追佛祇洹一狗聽兩鍾鳴唯彊唯沈無見無得入山出谷淳隊涯汪希聞斯典竟不獲聞日既隱於重崖盲龜眠於海底馮光想木詎可得乎余乃埽墓植樹更伏灰場口誦石偈思衍畢世事不由己迫不得止戴白負封西考闕庭私去公還經塗八載日嚴諍論追入咸陽值桃林水奔而夜亡其伴又被讒爲巫收往幽削乘冰濟北

馬陷身存臨危履薄生行死地悼慄兢兢寧可盡言昔裹糧千里擔笈於東南負罪三讒驅馳於西北若聽若思二涂俱喪情不能已尋諸舊疏將疏勘經不與文會怏怏終日恒若病諸攷群盲之觸象學獨夢之談刃以大業十年十月十日盧于天台之南管窺智者義意輙爲解釋運丁隋末寇盜縱橫海關山噎無處紙筆匿影沃洲陰林席箭推度聖文衣殫糧盡虧其次第於是懷挾鄙志託命遂安草本略通放筆仍病縣令鄭氏呼謙淨名曳疾應之事不兼擧寄疏他舍他舍被燒廓然蕩盡冥持此本得免灰飈重寄柵城海寇衝突玉石俱盤篋亮提挾復獲安存所謂焦不能燒賊不能得冉蒙靈異重屬微誠更往遂安披尋補削復值軍火食息無寧乃卜安洲安洲者微瀾四繞絕人獸之蹤峯連偉拮兼二山之美左臨水鏡澄徹鑒心右帶蕖池紅葩悅目脩竹冷風勝白牙團扇萋萋翠草加戴氏重席雲霞鍾粹於松桂五彩卷其繪圖猨磨和韻於蟬蛙八音陋其絃管雅有高致豐趣冥倫仍蒔栗拾薪勤兼曉夜賦深筆已來凡歷五載何年不遭軍火何月不見干戈菜食水齋冰牀雪被孤居獨處夢抽思乙詞既野質意不會文其玄義一卷釋文十二卷用紙七百張有崖易治空海難徧盲寫偏知敢稱圓識特是不負本懷遠茲石火卷舒常住之卷酬報乎身手讚歎解脫之法仰謝於心口蠢耘毒草微養藥王螳蠍螢熠非能抗曜也

大般涅槃經玄義卷下

大般涅槃經玄義卷下

校勘記

一　底本，金藏廣勝寺本。

一　二四四頁上一三行第三字「淨」，南無。

一　二四六頁中一三行第一〇字「成」，南、徑、清作「迎」。

一　二四六頁下一七行第一三字「人」，南、徑、清作「入」。

一　二四六頁下二二行「若其皆空」，徑作「若其皆可」。

一　二四七頁上八行「那能」，徑作「那得」。

一　二四七頁上一二行第一九字「入」，南、徑、清作「入於」。

一　二四七頁上一四行末字「例」，南作「列」。

一　二四七頁下一三行末字「報」，徑作「執」。

一　二四七頁下二二行第三字「地」，清作「他」。

一　二四八頁下一行第二字「比」，南、徑、清作「此」。

一　二四八頁下一二行第二字「怛」，南、徑、清作「但」。

一　二四九頁中末行「幽薊」，南、徑、清作「幽薊」。

一　二四九頁下一六行「萎蓨」，南作「萎蓨」。

一　二四九頁下二一行第一八字「治」，南、徑、清作「迨」。

涅槃玄義發源機要序　土六

夫涅槃無方佛性無體而菩薩見之謂之假二乘見之謂之空凡夫日用而不知故如來之道鮮矣古者能仁大覺愍群機之未悟也於是仰觀妙理俯立嘉號圓常之經於是乎作也其體言見心得兔忘蹄不知紀極洎乎去聖踰遠人根漸鈍故四依大士撰之以疏童蒙之類又不能曉其旨故八師申之以記俾因記以了疏因疏以知經因經以識理理斯達矣孰爲經乎孰爲疏乎孰爲記乎混而爲一則如來之道不遠而復若乃考其功則記爲啓發之先也故秉筆立言者實難其人嘗試論之夫欲開前疑決後滯者必在乎識也學也才也匪識胡以宗圓理斷是非匪學胡以曉群言通理論匪才則言之不文行之不遠三者備矣始可與言筆削已矣斯玄疏者蓋章安法師用智者義趣演龍猛宗旨以申經意也遂古作者莫之與京圓不佞識昧學寡才短故非立言之人也竊念斯文墜地傳受道息於是辯理解紛而筆記之乃有玄記兩卷疏記二十卷文淺義迂實無所取憙者族夫後世者有達如荆溪者忿我之紕繆秉洪筆敷麗藻而發揮之俾斯經斯疏光大於時導無窮之機入祕密藏者豈不功由於我耶夫經名者題牓大理經文者剖析衆義衆義由大理所出也譬若觀發源必知其流多也挹衆流必知其源一也故玄之五義疏之五門大底申明於此旨使大理衆義總別相涉無越三德爾夫三德者實諸佛之所證也衆生之所具也生佛不二同歸于心若然者則首題之總品卷之別在我方寸豈他物哉嘗撰疏記以指歸爲名者蓋令於別而識總也今玄記以發源爲號者蓋令於總而識別也此乃贊述疏主之微旨耳豈古自我作哉抑又此之玄義皆用經語以成文章具引則文煩略之又義關縣是蠢微經文聊輔大義機要之名又在此也吾宗達人且不以狂簡罪我或有可觀無隱乎爾時聖宋三葉天子在宥之十七載大中祥符紀號之七年歲次甲寅正月既望錢唐沙門釋智圓字無外於大慈山崇法寺方丈絶筆序云

涅槃玄義發源機要卷第一

宋錢唐沙門釋智圓述

此玄義即章安舊文旣辭旨盡善故荆溪不更修治或曰下文有此中遺一章之語即知亦經再治今謂不爾遺章之語蓋後人籤注書者謬寫此乃鄙語常談豈是荆溪再治之例若再治者應書云四明不生不生下注闕字如梁氏删止觀書三大章皆注闕字今以七義驗之知不再治一者疏文再治則於總題削大般二字今此備有知非再治二者題下無再治之人號故三者或謂闕逸借使闕逸治者之號則不合顯書疏主之名例下疏中只合云頂法師撰今旣顯書名諱知非再治四者文中全無私謂之語知非再治五者準淨名部荆溪亦但删略疏文而不再治玄

義以此例彼知非再治六者疏文舊本再治二俱在世而此玄義唯有一本知非再治七者準下疏文釋義有闕則荆溪私加補助今既再治何故不生一章闕遺無釋然義非難見但恐後學穿鑿故此評之初題目二初標法題玄義者五章釋題妙盡經旨故稱玄義二顯作者沙門者此翻勤息謂勤勞息斷煩惱故瑞應經云息心達本源故號爲沙門若乃息見思之妄心達真諦之本源藏通沙門也息塵沙之妄心達俗諦之本源別教沙門也息無明之妄心達中道之本源圓融沙門也又次第息三惑達三本者是別沙門一心中息三惑者是圓沙門今疏主即圓人也然沙門之名於諸教中復通因果今約疏主迹說乃住前因中沙門也灌頂即名諱華嚴第十法雲地名灌頂位菩薩也經云諸佛智水灌其頂故名爲受職故名灌頂字法雲小字非凡蓋言十地之聖非三賢之凡也俗姓吴氏常州義興人祖避地東甌因而不返今爲臨海章安人也父夭早亡母親鞠養生甫三

月孩而欲名思審物類未知所目母夜稱佛法僧名師乃口効音句清辯時共驚異因告攝靜寺慧拯法師聞而笑曰此子非凡即以非凡爲字及年七歲還爲拯公弟子才業日新玄儒並騖弱冠之歲進具律儀洎拯師厭世沐道天台即陳至德元年時俗壽二十七也智者辯才雲行雨施能領能記唯師一人故方集奔隨爲法上將後於隋大業十年十月廬于天台之南撰此疏文越五年於安洲絕筆即唐武德元年也常於章安攝靜寺講說此經值海賊抄掠道俗奔委師撾鍾就講顔無懾懼賊徒麾旛詣寺忽見兵旗曜日持弓執戟人皆丈餘雄悍奮發群賊驚散其感通有如是者事蹟見唐續高僧傳習禪科若乃撰疏之休徵爲法之艱苦則下文詳悉以唐貞觀六年八月七日終國清寺春秋七十二將終之際身現微疾室有異香命弟子曰彌勒經說佛入城日香煙若雲汝多燒香吾將去矣有同學智晞智者親度於貞觀元年卒臨終云吾生兜率矣見先師智者寶座行

列皆悉有人唯一座獨空云却後六年灌頂法師陞此說法焚香驗意即慈氏降靈計歲論期審晞言不謬是故灌頂之名法雲之字豈有過實之畏哉撰者鳩集文義解釋之也本文二初總序玄旨二初標題大般涅槃經序者以此序是開題序王故別標之如法華玄別行經序亦標云序王或除削此題者非也二夫正下正序二初總歎三德宗歸二初歎所詮宗極三初雙歎事理二初正歎事理融即二初歎即事之理二歎即理之事理即三千三諦之理生佛一貫因果無殊事即十界迷悟之事始終兩異新故有別然而即事而理波即水也即理而事水即波也故此事理是今經之所詮斯教之極致故於文首舉而歎之初文者正道即妙理綺互其文正以簡邪道約能通謂涅槃佛性之理無二邊邪而徧通一切故名正道妙則不縱不橫理乃無所不統無始終之喧動故稱幽寂無新故之滯礙故稱虛玄又幽寂即妙理寂絕虛玄即正道虛通而言正道幽寂者蓋言正道即

妙理故妙理虛玄者蓋言妙理即正道故雖有二名而無兩體然則約理乃無始終新故之異約事則始終新故宛然今談於理實不離事即始終而無始終即新故而無新故其猶指波即水也二無始下嘆即理之事即無始終而有始終即無新故而有新故其猶指水即波也波水融一理事誰分無明生死等者無明對種智為始終生死對涅槃為始終翻無明為種智即生死證涅槃故本自有之者無始本迷故修因方克者由緣了因得智斷果故二此經下結為今經所詮非始之始等者問向以無明生死為始今何故以佛性三因為始耶答無明生死體即三因二若佛下複疎釋成三初按定是則下釋上二句義如即理事也因理即果理故佛性非因果如下果理即因理故涅槃非果二若因下複釋上文既顯因果理同則非但極果所證之理非新非故下凡所具之理亦非新非故也文中反覆釋成故云因如不異果如果如不異因如大抵只顯因果理一耳問據前所釋乃

以涅槃為新佛性為故此中合云非止涅槃之如非故何以卻云非新耶答若因果對明誠如所責今雖分句釋義但顯因果理同並非新故耳故下結云是則佛性涅槃因果之如皆是非新非故也三是則下結成三非新下結歸三德以理事對一性二修共成三德一性是理以配法身雖理本具三今對修成一二修是事雖智斷俱冥於理今對性但二此即合性為一合修為二若約開說則修性各三理具三法身智即三般若斷即三解脫開雖成九九只是三三九互融展轉無礙下明體宗用三各各互具即此意也即理成解故曰非新而新即理成惑故曰非故而故既惑解即理故種智不發無明不斷而斷即一而三故非點水之縱即三而一故非烈火之橫不縱不橫如新伊字凡論修性進否非一顯性錄備明之二辯能詮興由二初通舉一化利鈍不同者一切眾生無不本具三德平等無殊但由熏習淺深故成利鈍差別利根者於華嚴座席即悟圓常故法華云始見我

身聞我所說悉皆信受入如來慧其鈍根者如聾如啞全生如乳故須三味次第調熟來至今經方歸祕藏故法華云除先修習學小乘者如是之人我今亦令得聞是經入於佛慧其有不定根性則於三味得悟妙理對前名鈍對後名利由此根機不等故有五時之教差別故云是以大聖赴緣等也頓即華嚴漸即三味鹿苑漸始方等漸中般若漸終法華涅槃會前頓漸歸非頓非漸頓則下徵下經文證成其義忍草等者第二十五云雪山有草名曰忍辱牛若食者即得醍醐雪山譬佛忍草譬教牛譬機緣食譬修行得譬入位頓機扣佛說圓頓教聞教修行解發入住此證利根於華嚴會悟三德理彼雖兼別且約圓說漸則下第十三云從牛出乳譬從佛出十二部經即華嚴也從乳出酪譬從十二部出九部即阿含也從酪出生酥譬從九部出方等從生酥出熟酥譬從方等出般若從熟酥出醍醐譬從般若出大涅槃法華與涅槃開顯義同故經省之此證鈍根既於華嚴全

生如乳故須歷三味漸次調熟至于今經方
悟三德故云次第圓滿因前四味次第得至
今經三德圓滿故云次第圓滿喻之下二十
七云置毒乳中乳即殺人酪及二酥置毒亦
爾宿習了因名爲置毒藉今聞教毒發不同
若昔於二酥下圓乘種故今再聞無明即滅
名爲殺人此證不定根性味味得入也皆是
下總結也釋迦此云能仁妙窮權實者五時
增減不出四教教所詮宣離十界藏通詮
六別圓詮十由即不即故分四殊今能仁究
竟顯理十界唯心九權一實權實理等故云
妙窮巧赴下亦由衆生理具權實故感如來
施權實教權實雖異理常平等故不二門云
由衆生理具非權非實爲權實機佛亦果具
非權非實爲權實應磬盡也爽失也二今此
下別彰此經開通往昔等者開諸權門顯今
實義故法華云開方便門示真實相也寄義
者佛若不說偏小不知故名寄義又已前顯
施方便而寄意在圓今談此意故云顯發如
來方便寄義也畢竟不入涅槃者偏小之機

謂佛灰滅圓頓之機知佛常住二此經下別
序五章玄義初序二初廣序釋名二初翻名
釋義二初約三德釋二初通舉梵文二隨文
翻譯二初釋別名三初翻對關章二依章正
釋二種煩惱生死者界内見思煩惱感分段
生死界外無明煩惱感變易生死免斯因果
者因謂煩惱果謂生死通釋下包廣曰大三
德圓融包括百界故俱受大名圓融故俱無
二邊之喧動故皆稱寂滅圓融故俱超二死
之暴流故悉名究竟三別通下結意顯題無
上至極果者即約究竟所顯涅槃以立題也
二指通名聖教之總名者大小偏圓總名經
故事在別釋者如法華玄義中約有翻無翻
各有五義也無翻五者以彼語多含此方單
淺不可以單翻複應留本音既不可翻而含
五義一法本二微發亦云顯示三涌泉四繩
墨五結鬘有翻五者一翻爲經二翻爲契三
翻法本四翻線五翻善語教昔佛法初度梵
漢未明故有無翻之說乃是河西群學所傳
晚人承用耳有翻之家雖具五義以經爲正

以此方先聖之語悉名經故以佛語爲經此
義翻也是以三藏中但有經藏十二部中但
有經部而無線藏線部等名二若具下約三
諦釋然三德三諦同體異名故前約三德次
約三諦文分爲二初重翻別名二再釋三字
初約真俗中俱名大也初明真諦偏蕩相著
故大故云大若虛空次明俗諦體具三千故
大故云其性廣博後名中諦遮照不二故大
故云又名不思議等不因小相者虛空絕待
非對小名大也二約真俗中俱名滅也初約
真諦自行名滅滅凡夫生死故云滅二十五
有滅二乘涅槃故云及虛僞物次約俗諦化
他明滅則隨類現形滅彼三惑故云得二十
五三昧也二十五三昧如聖行品說後明中
諦滅真滅俗故云生滅滅已生即是俗滅即
是真二邊俱滅故云滅已是則中諦名寂滅
樂三約真俗中俱名度者度以過越爲義三
諦無着悉是過越咸得度名不著於俗故云
度於不度不著於真故云又度於度又度此
彼下約中諦明度也不著雙照故云度此彼

之彼岸不著雙邊故云亦度非彼非此等此即生死俗彼即涅槃真神龜者中華古今注云靈龜者玄文五色神龜之精也上隆法天下平法地能見存亡明於吉凶水陸俱度者譬中道度於二邊也水喻生死陸喻涅槃二總攬結歸三法等者哀嘆品云何等名爲祕密之藏猶如伊字三點若並則不成伊縱亦不成如摩醯首羅面上三目乃得成伊我亦如是解脫之法亦非涅槃如來之身亦非涅槃摩訶般若亦非涅槃三法各異亦非涅槃故知即一而三即三而一方是涅槃也二金剛下略序餘四然釋名總論三法體宗用別論三法總既含別別不離總故體即是大宗即是度用即是滅教相分別總別之三法耳是故五章不出三法金剛實藏等者二十一經云譬如實藏多諸珍異種種具足佛道甚深奥藏亦復如是多諸奇異具足無缺名大涅槃二邊不壞故曰金剛含攝三千故名寶藏無二死遷變故曰恒安無三惑熱惱故曰清涼不老不死即常住不變也置毒佛性者毒喻佛性五味喻五道二十七經云譬如有人置毒乳中乃至醍醐皆悉有毒名字雖變毒性不失若服醍醐亦能殺人衆生佛性亦爾雖處五道受别異身而是佛性常一無變應以見性破惑名爲殺人即是今經大力用也前引置毒喻五時教此引置毒喻五道攬同引一文而用意各别毒鼓如第九經譬如有人以新毒塗鼓於衆人中擊雖無心欲聞聞之皆死唯除不横死者是經亦爾於諸行衆中有聞聲者所有三毒悉皆滅盡雖無心思念是經力故能滅煩惱犯重造逆聞已亦作菩提因緣漸斷煩惱除不横死一闡提輩八自在我者一一多示一身以爲多身身數大小如微塵充滿十方如來身實非塵以自在故現微塵身二大小示一塵身滿大千界三輕重以滿大千之身輕舉飛空實無輕重四色心如來一心安住不動所可示化無量形類五根六根互用六得得一切法亦無得想七說演一偈經無量劫義亦不盡八見如來徧滿一切處如虛空不可得見具如第二十一經常住二字者壽命品云常當繫心脩此二字佛是常住若有脩此二字當知是人隨我所行至我至處四諦品云或聞常住二字音聲若一經耳即生天上無上醍醐者即經云從熱酥出醍醐如從摩訶般若出大涅槃也二名含下結極教之相也者聖人被下之言曰教分别同異曰相謂分别今經三德圓融異偏小縱横也又望前諸部明圓雖同兼等則異今雖重施同知佛性故與兼等其義永殊天竺二五處不同者五國咸名天竺而言音各異天竺二或言身毒或言賢豆皆訛也正言印度印度月名月有千名斯一稱也良以彼土賢聖相繼開悟群生照臨如月因以名也奢切小殊者謂言音大同但奢緩親切小異如中國云摩訶東南稱摩醯也此間楚夏者此則言音大異如中國云般涅西北稱涅隸淮南曰楚中原曰夏楚即蠻夷也中原語正類彼中天淮楚語訛類彼西北春秋後語曰楚之先季連苗裔曰鬻熊其子事周文王早卒子熊任任生熊繹成王舉文武之勳

而封於楚實也孔安國曰大國曰夏無文卷者自有二經一在王舍城鷲山中說名佛般泥洹經上下兩卷即西晉帛法祖譯一在毗舍離國大林中重閣講堂說名大般涅槃經亦上下兩卷即東晉釋法顯譯而此二本皆是小乘六卷名大般泥洹經亦法顯所譯大本即無識所翻六卷乃是大本前分耳是義下斥古非也肇論下彼涅槃無名論云泥洹泥曰涅槃此三名前後異出蓋是楚夏不同耳涅槃者正也故今云為彼土正音如言大者下以此方大含多義以例涅槃不偏翻一切至於此者此即涅槃大品云一切法中涅槃為第一又大下名字功德品云所言大者名之為常神通者瓔珞經云神名天心通名慧性天心慧性究竟開發名之為大故曰極號常樂下總包四德故名為大故曰都名故不可翻也者以涅槃多含故存梵語是色聲之法者手書故屬色口說故屬聲不可下累書是色疊說是聲意云既書梵名不可更書華名也又一梵名具含多義不可累說由是不

翻義豈可多者此師不許一名含多義也但一下正示已義還引此方息字為例同多訓與多義豈不同耶答不同如訓子息時但有子息一義故子息名下更無多義此皆人師情見如此蓋匪通方或訓長息者以生長訓息也暫時消息者此以調養為消息報示消息者此以音信為消息一名四實者先陁婆一名而有鹽器水馬之四實智臣善解者菩薩品云如是四物共同一名有智之臣善知此名若王洗時索先陁婆即便奉水若王食時索先陁婆即便奉鹽欲飲奉器欲行奉馬經喻如來密語唯大乘智臣應當善知四等者謂慈悲喜捨也亦曰四無量無量從境四等從心境雖無量我心常等以輕代重者以智慧翻般若也真丹者或云震旦旃丹指那指難皆梵音賒切也若準華嚴翻為漢地又婆沙論中有二音一云指那此云文物國即讚美此方是衣冠文物之地也二云指難此云邊鄙即貶挫此方非中國也西域記翻摩訶支那為大漢國或謂日出東隅其色如丹

故云震旦真丹者此皆訛也竺道生者竺姓也道生名也本姓魏鉅鹿人幼而穎悟聰哲若神後值沙門竺法汰遂改俗受業因姓竺也言涅槃聖者初生遊長安從羅什請法關中僧衆咸謂神悟後還建康住青園寺寺即晉恭思皇后褚氏種青之處因以為名以六卷泥洹先至京都生剖析經理洞入幽微乃說闡提皆得成佛遂撰十四科其第十衆生有佛性義云經言闡提無者欲擊勵惡行之人非實無也以其見惡明無無惡必有抑揚當時誘物之妙豈可守文哉于時大本未傳孤明先發獨見忤衆於是舊學以為邪說譏憤滋甚遂顯大衆擯而遣之生於大衆中正容誓曰若我所說反於經義者請於現身即表癘疾若與實相不相違背者願捨壽之時踞師子座言竟拂衣而遊初投吳虎丘山旬日之中學徒數百其年夏雷震青園佛殿龍升于天光影西壁因改寺名龍光時人嘆曰龍既去已生必行矣俄而投迹廬山銷影巖岫之中僧衆咸共敬服後涅槃大本至于南

京果稱闡提悉有佛性與前所說合若符契既獲斯經尋即講說以宋元嘉十一年冬十一月庚子於廬山精舍升于法座神色開明德音俊發論議數番窮理盡妙觀聽之衆莫不悟悅法席將畢忽見麈尾紛然而墜端坐正容隱几而卒顔色不異似若入定於是京邑諸僧內慙自疚追而信伏其人鑒之至徵瑞如此嘗著涅槃記事跡委如梁傳第九其於涅槃獨見若此故時人美之爲聖引下文引唱滅速滅即是譯人翻涅槃爲滅也前家下令師判也前謂生公後指莊嚴唱滅速滅但約生身故云止滅於生復滅滅者亦滅涅槃也二邊俱滅故稱寂滅白馬引第二文長千引第十五文定林引第五文瘡疣即二死也梁武引二十三文因中用智名斷果上惑盡名不生叡師下叡公釋論序也秦言者秦有亡秦符秦姚秦乞伏秦今云秦者姚秦亦曰德秦以符秦爲前秦也叡乃什公門人即姚秦時也方册者即此土經籍也禮記中庸篇曰文武之政布在方册鄭玄注云方版策

簡也或曰一扎曰簡連編諸簡曰册故左傳序曰大事書之於册小事簡牘而已梵音不可翻者謂不可翻也唐三藏明不可翻凡有五例一祕密如陁羅尼二多含如薄伽梵三此方無如閻浮樹四順古如阿耨菩提五生善如般若今涅槃不翻應在生善多含之例即時書之者即就也匠者謂師謂什公也受者謂資謂稟受之人也謹敬也四云下約所詮之理不可思議故雙非華梵又理難思故不可翻而摩訶亦可翻大故非不可翻滅據下法即五陰人即假名生死下滅生死妄法證涅槃眞法轉凡夫因人爲極聖果人以轉釋度義也滅名目無者目謂題目以滅名題目其無以度名題目其有也實法即第一義諦假人五陰俱不可得故云俱滅相續即世諦從因至果革凡成聖故去俱度三云下苦依身在名有餘身智俱滅名無餘而非永免者謂死已還生故但名滅佛於三界更不受生方得名度觀師下難開善初解也生死之人附何而度者且人之與法豈得相離由五

陰實法有衆生假人如攬指成拳故無異體其法既已先滅其人附何而度此難彼釋滅義也若生下人既可轉倒知法亦可轉以人法無異體故何得云生死法滅耶此難彼釋度義也今研下令師以四教望之次第破彼四解三果生死未併滅者初果雖滅四趣生死而有欲界人天七生二果尚有一生三果雖無欲界生死尚有色無色生死故前三果未併滅也凡法下約有餘解脫難子縛已斷名因滅苦依身在名果未滅若灰下約無餘難假法俱寂者謂假人實法也寂則不論度者人既寂滅約誰論度又不下小教所談二乘取證無餘無作佛義凡法都不滅等者以三藏菩薩不斷惑故不論滅與不滅度與不度者以本自不生今則無滅若法若人俱如幻化故非但下滅僞法在十住滅眞法在十行滅僞法故度凡人滅涅槃故度聖人言不涉眞法者彼釋滅但云生死之法滅語不下釋度但云生死之人轉故云不涉眞不論聖也滅之與度不縱不横者滅即三解脫度即

三般若而體同名異三一相即不縱不橫既
非下小即三藏共即通教菩薩別教佛即圓
教先聖法言准茲四教彼既並非故不敢遵
受此有無猶是苦等者領受二見故逼迫爲
苦執此起惑故成集修行對治故是道斷常
俱離故是滅此斥開善有無之義全同斷常
言猶是滅諦者謂縱滅斷常未出三藏小乘
意未涉大故云猶是滅諦之眞下開善所說
尚非小乘滅義云何釋今圓頓涅槃若以至
目有者牒義若雙下按定雙目生死者謂以
滅度俱約生死以說也生死本自下正難則
無度法等者實法既無假人亦無故云亦無
度者既不可下以生死本空如幻化故云何
下生死尚不可何況涅槃耶疕贅者上音尤
下之汭切說文[十六]曰疕贅也小曰[十八]疕大曰贅釋
名云疕者丘也出於皮上如地有丘今以滅
度之義如彼疕贅通眞之理喻之虛空若以
下約別教破且以初地中道爲涅槃文中先
邪次小約二邊次第縱破也縱非邪執乃是
小義縱非小義乃是教道二邊定非中道涅

槃以名召法等者以滅度名召有無法以有
無法應滅度名名物尚存者物即法也能通
拙者且據三藏二乘爲破析色故拙所通偽
者所證偏眞非是眞實故貪住化城者乏大
乘財食猶如貧子止住草菴悲佛道長遠譬
之疲商權息化城法華開顯破草菴之滯情
蕩化城之執教故云久已被棄云何下要用
法華已棄之義用釋今經圓常之名偏邪二
邊者望當教但中理故二邊悉是偏邪有不
關無等者有無不融故非圓義縱橫狼籍者
各體故縱並得故橫劫掠下掠力尚反奪取
也經喻外道竊佛常樂之名喻以劫牛今斥
開善但得滅度之名如掠劫群牛不知其義
如不解鑽搖三藏酪漿尚猶難得況通別二
酥圓醍醐耶[十六]又滅度無明亦非[十九]究竟者以破
無明通分眞故滅度究竟者破惑究竟唯妙
覺故方得字上或有滅度二字者文悞以後
下後謂妙覺前謂分眞第二第三者文亦悞
應云第三第二也第三約塵沙無明第二約
四住塵沙初番即有餘無餘尚不可以第四

番中分破釋涅槃況用第三第二尚不可以
第三第二況用初番小乘義以釋圓頓極果
涅槃耶亦應凡夫從此至彼便應是度者準
前開善立義乃云度者永免之名不云從此
至彼今此例難也既得以已有還無釋滅例
應以凡夫死此生彼釋度也文中初難凡夫
展轉復並意云既許是滅即應是度若不是
度亦應非滅何得云滅通凡夫度唯聖人耶
若聖下次難聖人既許滅義同凡例應度義
亦同故云聖人從此至彼等若同下結難也
若同小乘凡聖則近同小果非至圓極之高
狹唯六道非包十界之廣若異下借使異小
凡聖但是通別是故亦非高廣云何下結斥
應作四四十六番者難第三第四解亦應例
前二解作四教難之故有十六今文存略前
二解各約四教則成八後二解各合爲一故
但十番然後二解文雖但一義各含四第三
約有餘無餘及以三惑則已該四教第四既
約近狹非高廣以斥之則高廣在圓近狹攱
三義各含四其旨煥若明哲下示存略意哲

智也時人下示研難意遠音偉遠也巳如前說者如前依開善翻名也釋其下依翻釋義於中分二初且寄歷別爲釋義故次正約圓融爲顯理故非前歷別無以顯後圓融非後圓融無以會前歷別故知圓融更無別法但是達前三九互攝耳復於二文皆徵下哀嘆品中祕藏之說以顯其義於次第中引法說文用結三身故云祕密藏者名大涅槃伊字三點首羅三目只是譬說還譬三德故無別途今就義便點是文字宜結解脫目能照了宜結般若至圓融釋乃取合譬之文以結其義故云法身亦非等故哀嘆所談祕藏法譬合三義無別趣既用法譬以證歷別合文以證圓融乃知二文義歸一揆不可見下斥云未是今經正意便棄歷別別覓圓融若得此意至下釋經用別用圓處處多爾秀出者秀亦出也又榮也智境照發相應者以智照境由境發智境大智大故曰相應境即法身智即報身應身自在者應徧法界如鏡現像形對像現故曰無能過絕非生非起者前生即因後起即果照無下以徧以足釋其圓義照無不徧者圓滅周徧照三諦故發無不足者性滅具足發三智故雖境智雙舉正顯報智圓滅耳照徧故明窮發足故境極逗必會者以四教法逗權實機隨自隨他示生示滅稱機無乖故曰必會取必克者義同上句克勝也諸佛之師也者諸佛即智師即是境境能發智故稱佛師非四即之此岸非究竟之彼岸非分眞之中流非能契智非所契理無始因無終果實相絕待故並非之故云故名實相度佛師度故諸佛亦度者境既絕待智亦絕待也以境智不二故此雖明智正在示境論云下釋論讚般若偈也境發智故名佛善來智照境故名佛窮底如如智等者全境如爲智如故曰如如智全智如爲境如故曰如如境佛無礙者即大義自度度他者自既出二死亦令他出二死也度他故彼利益自度故我利益一切周悉者等彼十界故名周悉淺深別異者於三番中各有深淺也法身則深二身則淺性淨涅槃一切種智則深二淨二智則淺身智脫不同故別異未是今經正意者意本圓融說有次第今據所說故非經意意者下正約圓融三法即三智等者三法謂三法身也以理智用皆可軌故同受法名三智即三般若三點即三解脫法身即一切種智性淨涅槃報身即一切智圓淨涅槃應身即道種智方便淨涅槃三法下兩番融即初明九三相即次明三一相即良由九只是三三只是一故也三法即九法者以身智脫各開三故九法即三法者以合三身爲法身合三智爲般若合三脫爲解脫故不三而三下明三一互融不得相離者即三而一故不得相混者即一而三故涅槃之名徧布諸處者涅槃是安樂法諸處即十法界此乃約事以辨故有十界淺深之殊獼猴者毛詩草蟲經曰猱獼猴也楚人謂之沐猴騰枝躍樹者後漢王延壽王孫賦曰緣百仞之高木攀窮裊之長枝河伯者水神也名天吳山海經云天吳八首十八尾亦曰水伯援神契曰河者水之伯上應天漢噞喁上音驗下牛凶切說

文云衆口上見也淮南子曰天且雨也魚已喻喻修羅怖畏得歸依處者謂與天主鬭戰奔北故怖入藕絲中即歸依處也欲界報法等者即人中飽足爲樂是報法也斷欲界結等者即第二十一文多用善因者謂斷結之

言皆在人中懸發上二界定故云善因若三下嬰兒行品文也八萬等者初果八萬劫成善提六四二及十千如次對二三四果及支佛以由界内經生多少故成菩提賒促有差經有三文第十云成菩提十九云至大涅槃

二十云得阿耨善提心委釋如疏記釋論下諸文明菩薩法界多明三教菩薩或但取别教今此乃以圓教分真名菩薩界故知從初發心即指初住故引此經十住見不了了證成其義唯取極果爲佛界問三教菩薩及圓

住前何不明之答欲顯極果住大涅槃是經正意故且以真因爲菩薩界餘可準知各有涅槃義也隨情逐事者十界事别各謂涅槃此翻法勝者亦法尚是阿羅漢佛滅度後八百年中於婆沙中取三百偈以爲一部名雜

阿毗曇又撰增一集文中解二涅槃皆先立義次引證悉是今經第二十一文也滅煩惱即子縛斷離諸有即果縛斷皆是有餘者二乘雖斷果縛無明全在是故望佛仍是有餘故引勝鬘證成其義昔滅下昔教小乘以灰

斷爲涅槃故云是盡今經大乘以常住爲涅槃故云非盡若依下約别義正斥今昔相對者昔小今大俱有涅槃正是通途之義非别顯今經圓極涅槃也若擘下蓋約别義以彈剥之也故云義則不然肌謂肌肉理謂湊理張平子西京賦曰街談巷議彈射臧否剖析毫氂擘肌分理注云言此人彈剥善惡雖毫氂肌理之間亦能分擘何者下牒彼立義所滅則異者彼以滅煩惱爲有餘滅生死爲無餘若爾下今師正難也法尚既於小乘以斷

見思子縛爲有餘斷生死果縛爲無餘若例大乘亦應以破根本無明爲有餘破變易生死爲無餘此則大小兩教各有二種涅槃高下碩異小既未破無明豈得以小所得二種爲大乘有餘耶汝今既以小乘二涅槃爲大

有餘則應小乘已破無明入菩薩位也故云若爾至同佛入無餘涅槃也何事下既若二乘已破無明入菩薩位何故復被彈訶言非大乘耶故云被訶言非也不斷下出訶小之文不斷根本無明故不到三德彼岸故門外草菴非長者宅内故云何下結責也此約别義則大乘二種涅槃唯佛及證不應對佛云小是有餘也又若下約通義倒斥通則九界皆應對佛稱爲有餘何但二乘皆不得然者然是也謂皆不是大乘有餘也豈非佛性通耶者安樂性即佛性也前明涅槃約事通於十界如云寒獄以熱爲樂等今明佛性約理通於十界且取通義故得倒答

涅槃玄義發源機要卷第一

涅槃玄義發源機要卷第一

校勘記

一　底本，明永樂北藏本。

一　二五一頁下三行首字「宋」，南無。

一　二五二頁上一九行「義興」，南作「宜興」。

一　二五二頁上末行第一六字「甫」，清作「哺」。

一　二五五頁上一六行「珍異」，南作「寶珍」。

一　二五六頁中二行第四字「示」，清作「云」。

一　二五七頁中一六行第一一字「去」，南作「云」。

一　二五九頁中二行「圓滅」，南作「圓寂」。

一　二六〇頁中一六行第二字「思」，徑作「師」。

涅槃玄義發源機要卷第二　十七

宋 錢唐沙門釋智圓 述

文云下即如來性品文二十五有者即細開六道也謂四洲四趣無想天那含天六欲天梵天四禪天四空天二十五有生死不亡故並名有我謂眞我亦佛性也不耶即迦葉問辭答言即佛答云一切衆生悉有佛性即是我義也寤言下文選曰寤言莫予應注云謂卧而語也依經應作寱牛世切眠言也如來性品云譬如二人共爲親友一是王子一是貧賤見王子有一好刀心生貪著王子後持是刀逃至他國貧人於後寄宿他家即於眠中寱言刀刀傍人聞之收至王所乃至云菩薩亦爾出現於世說眞我相說已捨去譬如王子持刀逃國凡夫說言一切有我如彼貧人止宿他舍寱言刀刀又楊下嬰兒行止小兒啼故以楊樹黃葉爲金等者取木人木馬皆爲止啼此喻說三十三天妄常樂我淨也下疏云葉喻妄常金喻妄淨人喻妄我馬喻妄樂六道以安身適悅等者如寒地獄中以熱閻爲適悅也餘道可知望佛猶通者以未能究竟隔別變易生死故非通非別者此咸四句故屬雙非若東而明之只是通別九界是通佛界是別故上句明菩薩而云望佛猶通也犛古候切取牛乳也隨其流處等者如來性品云譬如雪山有一味藥名曰樂味輪王爲此藥故處處造作木筩以接是藥其味眞正王既沒已其後是藥或酢或醎或甜或苦或辛或淡如是一味隨其流處有種種異是藥眞味停留在山猶如滿月乃至云祕藏亦爾以煩惱故出種種味所謂五道四姓委釋如疏記倒瀉斯病者倒即吐也文云下引陳如品也三種病貪瞋癡也三種藥不淨慈心因緣也事理不融故藥病互無王復得病者即哀歎品中客醫喻也王得病即小機執無常爲病也亦藥亦病者治邪常故名藥障眞常故名病是勝三修者謂常樂我也舊伊縱橫喻無常苦無我劣三修也又新下前對二邊故中道教行理三悉雙非之名今以教行對理則圓伊教行能治二邊故得名藥圓理亡泯故屬雙非故云正法正性等唯有常淨等者此約半與半奪故與二奪二若全奪者四德俱無如下疏記則是習氣者謂三寶差別即無明心也無明即習氣淨名云結習未盡華則著身此無爲緣習非界內習也竪出九界者此約自行破九顯佛界名竪出然但破事九不破性九橫收一切者橫徧彼彼九界也無邊底故常若橫收故無邊竪出故無底由達無邊底故名大丈夫自既丈夫復調丈夫故云能化度一切自他融攝故不思議斷苦下亦四句釋樂初二約斷後二約智初二中前一明斷用故云斷苦樂故樂即是斷生死苦及涅槃樂故得中道之大樂後句明斷體故云大寂故樂即是中道求寂二邊故名大寂後二約智中初句明智用故云一切知故樂即中道雙照二邊名一切知後句明智體故云身常故樂即了了常知也業淨者總標也身淨下即三業俱淨也以身兼口但云身淨即色心不二咸空假中故並名淨是故下總結然此文中明常樂各有四句

明義唯一句明淨有三句各隨語便更無他說例前應就理等者例前正法正性非藥非病之文也互顯等者前已約理明非令但約事明非以前例後以後例前故云互顯從地獄已上料簡者即通別中云六道以安身適性為安樂也從外道已上者即藥病中云長者沒已劫掠群牛也二乘已上者即大小中云小者二乘也四悉檀者名出智論悉是華言檀乃梵語悉之言徧檀言為施以歡喜生善破惡入理四法徧施有情故曰悉檀又應法師云悉曇此云成就論中云悉檀者亦悉曇也準此二字俱是梵音故他宗學者或謂天台不善華梵且古來亦云二字俱是梵語豈獨唐代方知故淨名玄義云悉檀是外國之語諸法師解釋不同或言無翻外國多含例如修多羅名含五義此土不的翻也有翻者或翻為宗乘墨印實成就究竟如是異翻非一難可定判南岳云此例如大涅槃是胡漢兼舉也南嶽親證不應錯用故天台智者依之釋義又如龍樹之名古者譯家皆云二字並是華言謂龍生法身樹生生身至于唐代乃云龍是華言樹是梵語梵云那伽樹那此云龍猛應知龍猛既有父母禱樹之緣復與樹那音濫故致異釋以例悉檀以悉訓徧借是梵語亦應無爽如翻究竟亦是徧義顯

昔第一義者昔人天教及小乘教各指當教涅槃為第一義也引互無為證者即第三十五卷云牛處無馬馬處無牛名互無也真諦涅槃者亦同初家以涅槃為俗諦也彼為涅槃因修而證故屬俗諦引肇論以證俗諦無名無相也肇有四論一物不遷論二不真空論三般若無知論四涅槃無名論今引物不遷文也江河至不流者前波後波雖復相續而不相到其性各住雖注不流日月至不周者日月歷天晝夜無停亦由各住故不能周豈有下結顯涅槃無名無相也謂江河等物及以涅槃俱俗諦故猶是續待二假者以冥真故無明已盡故非因成而有緣真相續之假迷悟相待之假具二假故即是俗諦故有名也執真有名者謂俗本無名依真立名然

劫初聖人仰法真理俯立俗號真理能通因名道路真理不動因名山嶽所通非有者以四門所通同一偏真故但存陳虛名有門析破陳虛名空門兩亦雙非準義可見指三下引喻結斥三塗者山名泰行轘轅崤澠是也左傳曰三塗四嶽九州之險也或作荒塗者後人妄改彼以小能釋大所其猶指三塗之險阻為實所之坦夷魚目喻小明珠喻大其旨可知問古下嘆美立問而有三嘆一問一嘆師承道勝二肇作下嘆述作辭高三世人下嘆古今共許意復下是一問雖具三美所詮義意比望今家孰優孰劣故云意復云何命世者文選李陵書曰皆信命世之才抱將相之具注云命名也言其名流播於時代也孟子云五百年必有王者興其間必有名世者矣注云名世次聖之才物來能名正一世者生於聖人之間也升堂入室者以於道淺者為升堂於道深者為入室論語云子曰由也升堂矣未入於室也一肇而已者什公門下有十哲八俊四聖肇皆預焉生肇融叡為

四聖更加影嚴憑觀爲八後兼常標名十哲僧傳曰通情則生融上首精難則觀肇第一劉遺民覽肇所撰之論嘆曰不意方袍復有平叔洋洋下謂其文辭洋溢盈人之耳也論語云師摯之始關雎之亂洋洋乎盈耳哉卷不釋手者釋放也答中初謙已總指日月在懷喻其明達也既不下自斥既不親承肇師其法門深旨我亦難見鑽仰下雖不親承遺文既在尋其旨趣亦應可知鑽仰者顔淵嘆仲尼云鑽之彌覺其堅仰之彌覺其高管窺者莊子曰以管窺天以錐指地二其論下以四句判論文也彼論凡有九折十演共十九篇今之所斥皆於上秦主表及第一開宗第二數體中撮其妙言要辭不出四句故參雜引之不成次比今先指會其文次消釋其義初有句中初是開宗中文若無下表中文次無句中初二句即開宗中文具云余嘗試言之夫涅槃之爲道也寂寥虛曠等豈有下一句是表中文具云既曰涅槃復何容有名於其間哉兩亦句中唯恍惚窈冥其中有精句是表中語餘開宗中語雙非句並開宗中文而欲下具云斯乃希夷之境太玄之鄉而欲以有無題牓標其方域而語其神道者不亦邈哉次釋義者出處至假名者有餘住世名出無餘入滅名處斯皆應機示有生滅既無實體故並假名若無下此本秦主之語斥諸家通第一義諦皆廓然空寂無有聖人故肇擧之若眞諦廓然無聖人者誰知眞諦耶既有知者驗有聖人故彼文云實如明詔也若無下即肇公伸明秦主之意聖人忘懷動靜合道故曰與遊即其有句者既存能知能遊之人豈非有句即無句也者既無形名復非有心所知豈非無句故不可得而有者此即亦無不可得而無者此即亦有恍有也惚無也窈幽也冥暗也謂有無不定幽暗難測故曰窈冥雖曰難測而有靈明知覺其妙甚存故曰有精也窈冥即亦無有精即亦有五陰未滅故亦無幽靈不竭故亦有有無絕於內者沖而不改故不可爲有故有絕至功常存故無絕稱謂下涅槃之體既內絕有無故外沒稱謂視聽下釋上二句也由外絕稱謂故兩界視聽之所不及由內絕有無故無色四空之所不了題牓謂名字也方域謂理體不亦邈哉者若執有無去道甚遠然其下以四教定論意文云等者開宗云滅度者言乎大患永滅超度四流不涉界外者但度界內欲有見無明之四流耳不滅涅槃患者但以陰身爲大患故辨差下既彼論是大又非別圓今尋辨差之文知屬通教辨差即第九章也無爲一也者彼云以俱出生死故同稱無爲此以下彼云三乘諸道皆因無爲而有差別此三三於無爲非無爲有三也如來下彼云放光云涅槃有差別耶答曰無差別但如來結習都盡聲聞結習未盡耳請以近喻以況遠旨如人斬木去尺無尺去寸無寸修短在於尺寸不在無也今師引之語或改轉有本云聲聞結盡習不盡者結下多盡字也在於尺寸不在無也者尺寸喻三乘淺深無喻涅槃理一雖俱下彼岸涅槃也升降三乘也以無言說道者即大品共般若也倂土限切然者

尚書曰方鳩僝工孔安國云鳩聚僝現也夫通下斥肇四失也次第在文脩提枝末者肇云仰舉玄根脩提弱喪初句是上求下句是下化理爲道本故云玄根嬰兒失故鄉名爲弱喪方便善微名爲嬰兒本有真如名曰故鄉今判彼意故云乃是等也是泯憂喜等者通人了達幻化即空故憂喜等一切亡泯齊明暗者智明惑暗也不作大小者下䟽釋云是別教嬰兒謂不造五逆名不作大不起二乘心名不作小今爲通教嬰兒者不以文害意也以達即空故亡巨細喻之以嬰兒者準下品意但是和光利物能令衆生得見菩薩同其始學名嬰兒行是則示同人天三教并圓住前悉名嬰兒也今判肇論但是通教嬰兒也喻之以三獸度河以三乘俱證涅槃而智有深淺文載大品及今經第二十一卷則聲聞如兎緣覺如馬菩薩如象灰斷喻文載智論聲聞斷正使如燒木成炭緣覺侵習如燒炭成灰菩薩俱盡如炭灰俱無宗在他經者通教體法非今圓頓也一切下下三教菩

薩藏通羅漢咸破偏疑同成圓佛佛開下既開通即圓云何更立通義聾瞶之徒者於法華中機生未脫斥爲聾瞶於今得悟悉是聰明瞶五怪切聾也斥故顯新者故即劣三修新即勝三修波動下用哀嘆春池失珠喻也丸礫喻小理月形即珠喻圓理委釋如䟽記肇以昔教三乘所證之理而解今經圓融涅槃何異捉礫爲珠也網維即網上大繩故網維整則網目正網維闕則網目隳涅槃大義喻以網維九折十演其猶網目涅槃義壞折演何爲故云安寄執佛下昔教方便佛於法華涅槃已斥爲權故云遺棄十演者彼有十九篇而名九折十演折者問難也演者答釋也謂一開宗二覈體三位體四徵出五超境六搜玄七妙存八難差九辯差十責異十一會異十二詰漸十三明漸十四譏動十五動寂十六窮源十七通古十八考得十九玄得於中一三五七九十一十三十五十七十九是演餘九是折終非三德者十演之談但明昔教涅槃終非圓常三德也今言下今師正明

涅槃無名之義請尋文覈旨比望肇師雖塗漢之相遠山毫之相絕未得爲喻優劣歷然其猶指掌非獨情也初舉三德釋涅槃次離九界釋無名六道并三教三乘合成九界從所離等者所離即九界能離即佛界乃是無九界涅槃之名故曰無名而有佛界三德之名也故知涅槃無名四字上二顯能離下二明所離以約能所相待故屬有門即諸名無名者即九界名是佛界無名故云便是涅槃此約絕待故屬空門涅槃非四者三一互融豈存四相須知四門還是三觀即空故名即無名即假故不離九界名即中雙照是兩亦雙遮是俱非當曉十界一心三觀融攝涅槃無名之旨不離方寸皎在目前豈假九折十演迂曲而談哉故名無緣者不緣二邊也今亦下無六道名即不緣衆生無四聖名即不緣法有祕藏名即緣於如來況復下地等者佛眼佛耳尚不見聞況餘四眼四耳而能見聞耶問佛眼佛耳豈不見聞耶答見無見相聞無聞相故云不見聞也大悲方便者隨四

悉機施設假名也動樹舉扇喻名相月喻實理文云下即第二十一文也坻羅婆夷䟦云是鶵雀一音二名智度下論四十六文也更設五陰等者開心故成五陰開色故成十二入心色俱開故成十八界故此三科不出色心楓栩或復下所列諸名散在經文欲有見無明四流所不能漂名洲陼爾雅曰水中可居曰洲小洲曰陼能遮煩惱惡風雨故名窟宅圓法徧攝故圓修者如服乳糜更無所須最第一故喻之醍醐能扶起闡提圓信心故喻之以杖故三十四經云是經能為一闡提杖猶如羸人因之得起照了破戒猶如明鏡故經云是經即是毁戒衆生之明鏡也如世間鏡見諸色像故云為破戒明鏡有本於為字下加一字者非不可下釋喻虛空義也即空中故如空不可得徧一切故如空無障礙大論下衆生假名五陰實法皆因中之稱既通極果例知涅槃果稱亦通因中故知十界悉言安樂名不在內等者不在內即非空不在外即非有中間即兩亦常自即雙非是字

不住即四性不可得名性空亦不不住者此空亦空名相空涅槃亦爾者佛菩薩是能住之人涅槃是所住之法人既二空法豈不爾人法不二體性無殊合求亦不可得者謂具足三德亦非涅槃也此明三德若具若各皆無定相故各各求及合求皆不可得方名涅槃故智下引大論讚般若偈證見與不見各求合求俱縛俱脫顯向涅槃不在之言是不見脫也若人等者於法起見名見被縛述於法相名不見縛稱法起見名見得脫見無見相名不見脫法身解脫各例般若以為四句故云亦如是譬如下幻體本虛故不可見而有色像故而見不可見而見喻見脫見而不可見喻不見脫但假名字引導衆生者假立祕藏三德之名欲令衆生悟名下理達名非名即是大悲動樹舉扇也譬如空拳下次第配四悉可知以新伊悅之者大機發悅即歡喜益引進即引生大善破之即破昔小惡悟之則悟小即大無則不絕者於無起許何曾得絕尚非小乘義者以通教二乘即有達空

證涅槃故大香象等即哀嘆品文羈鎖者革絡馬頭曰羈釋名曰羈檢也所以檢持制之也介爾動念者介微弱也周易繫辭曰憂悔吝者存乎介心既不絕等者心為語本故也揚子法言曰言者心之聲書者心之畫此乃修習言語道斷等者即小乘內凡方便道也苦忍明發者即見道十六心中初苦法忍苦法智也略舉見道意該修道以此二道皆真諦故世諦死時者即見思破處名世諦死指此下舉劣況勝三藏之劣已能絕六道人法況餘三教大乘之勝乎然入下將明通義先斥三藏真俗異故者以三藏事理相隔故入觀冥真故絕出觀入俗故不絕不同通人事理相即出觀入觀咸皆契絕若能下正明通義初二句即肇論中語以肇論所詮但在通故遠乎哉者言不遠也初句明法即俗而真故道不遠次句明人即凡而聖故聖非遥無絕無不絕者皆如幻化故無二相方便道即性地也空慧相應者見地已上悉名相應淨名下即天女訶身子文也無明未吐者下哀

嘆品二乘白佛云我於往昔情色所醉輪轉生死如彼醉人卧不淨中如來今當施我法藥令我還吐煩惱惡酒而我未得醒悟云何放捨迴轉日月者又云如彼醉人見上日月實非迴轉生迴轉想衆生亦爾爲諸煩惱無明所覆生顛倒心我計無我乃至樂計爲苦如彼醉人於非轉處而生轉想如瘧病者者又云如瘧病人值遇良醫所苦得除我亦如是邪命熱病雖遇如來病未除愈未得無上安隱常樂對界下結示經意界內通惑雖除界外別惑全在故云結習未盡無明未吐等也以大涅槃心修行者以但中解修次第五行具歷別十德也然五行約修十德約證亦互通修證今此且約地前教道以說則二俱在修則是一向專求初地眞證大般涅槃而修地前諸行也無復界內之心等者界內心即析體智界內說即藏通教如是方便者即別教三十心也而未是冥中者以初地分證爲冥中昔所不得等者昔於凡位不得證中智令闇中智不絕無明令絕無明而修時梯

陛等者以果望因斥爲次第階級如登梯陛離邊求中如河迴曲第十經云一切江河必有迴曲發心不能徧法界者信本有性至果乃發故次第滅九顯出佛界不能達九即佛名爲不徧非無上方便者別三十心非圓融相似方便故也方便上更有方便者別教方便上更有圓教內凡方便也若圓下通明圓絕文中明理行教皆絕初明理絕言諸心法界者諸心即九界心達九界妄心即三諦眞理故云法界更無復法界者如觀地獄心即三諦理具足三千攝無不徧離此心外更無餘法觀九界起心徧攝咸爾故云獨一法界也又如下明行又如下明教尼俱耶洲喻教也指事即理如直入海第十經云於此大千有洲名拘耶尼其洲有河端直不曲名娑婆耶猶如直繩入西海絕方下正釋方便初絕偏顯圓有本絕方便下多一絕字者誤如經下依經總立三藏下約教別示一切疑網即三教偏疑寧起疑網者寧願辭也以疑是解津不起疑心豈得生解故迦葉品云若人於

此生疑心者能破煩惱如須彌山故知執小爲決定者無由入圓方便道中者即觀行相似也是圓下結成四門亦有亦無門者一即三是亦有三即一是亦無不可思議即非三非一故屬雙非門若謂下眞道開示悟入即四十眞因位也金錍喻涅槃教眼膜喻無明三指喻三諦是名究竟絕者對前方便眞因分顯通名究竟非剋指妙覺也而無一言者言由心變即言是心心空故言空故滿法界無一可得心滿倒爾心無定相隨緣而起隨染緣則起九界心隨淨緣則起佛界心染淨雖別只是一心心性亡泯故無一念然諸下引諸經證成又諸菩薩言於言等者三十二菩薩各說不二法門即是言於詮理之教故曰言於言淨名杜口直顯絕理文殊讚淨名云寂然無說眞入不二即是以言詮於無言之理非絕非不絕如別四門者非藏通之絕非六道之不絕前火木者進火杖也草喻所絕木喻能絕次總結下顯前五重皆依經立義非是徒然故徵經顯門以收五義在文可

見同名即通名也四者門也者涅槃是所入理四說是能入門如天下天帝喻理千名喻門涅槃是名等者亦由人以定體爲名彰德立字也不可復空者意謂涅槃是妙有故也具相續相待二假耂如前說乃即眞之義者以即眞故非全同也諦而不冥眞者以不冥眞故非全同眞諦故與前三師立議並殊有人難下次第破前四師初破莊嚴二若爲下破開善三若佛下破治城四若佛下破龍光此皆成論等者爲諸師皆依成論立義謂佛果是無爲也及至釋義翻在有爲等故使人情不伏遭前四破矛盾者矛兵器盾傍牌也莊子曰楚有鬻矛盾者兩皆譽之買者曰以子之矛擊子之盾如何鬻者不答凡說義相違皆喻矛盾慚伏也肇論下涅槃之理非色像故不可以形名得非緣慮故不可以有心知本無言而强興言說故失其眞實本無知而强起慮知故反成愚執謂有則乖非有之體謂無則傷非無之軀此由涅槃不思議非有無故也肇意推之下正出肇意也墮在四

見者謂以四句言之以四句思之謂有謂無但是邪見故云不可以名得等也然肇師立義但離邪執及小四門而正是通意廣如前說經云下引哀嘆品喻以斥諸師以四見釋大涅槃如捉瓦礫謂瑠璃珠也春陽譬塵欲躭湎之境乘船十七譬乘諸業遊戲十六譬著可愛果失寶譬無解因於放逸慧解潛昏故言失耳即共入水者信教如入水謂佛果是二諦等如競捉瓦石皆謂得意故歡喜以此示他如持出謂是涅槃深理如謂瑠璃珠俱背圓常故都非眞實體非四執故云澄渟清淨爲教所詮人自不曉故云故在水中周徧一切如仰觀虛空圓備無缺如彼月形非衆人所執者結斥諸師解義如執礫爲寶此喻本斥小乘三修今借之以斥異解衆盲所觸者競執尾牙不見全象亦譬諸師色聚亦有亦無者亦有眞常妙色亦無無常麤色經道色者下此師釋妨恐他難云佛果若但有心何故經云獲得常色等故以眞應二義釋之一則應同方類故有色二者眞果顯現有可見義故

喻以色故云義說爲色爲下多非字或爲字下欠色其實三字應云義說爲色其實非色兩界有色者欲色二界也無麤色耳者舍利弗毗曇云無色有色此經云無色界色非諸聲聞所知故此師定謂三界並有色也六地十七已還者通六地也即前三果猶十七有生故故云身在分段七地下殘思已盡故生界外兩國中間者以分段變易爲兩國亦是同居方便爲兩國金心者即等覺是金剛心也意生身者楞伽大慧問佛何名意生佛言譬如意去速疾無礙此即從譬彼經兩義而釋通名初云如十萬由旬外憶先所見念念相續疾至於彼次云如幻三昧力憶本願故生諸聖中二義並是意憶生故也而有三種意生如跳記皆有無作者皆有第三聚也何意不離者既離妄色亦應離妄心若許有眞心何妨有眞色如是下令師斥前若立若破皆是妄語無如是刀者略如前記廣在下經令以貧賤羅言喻諸師異解也無記性亦有亦無者謂無記有四種一異熟二威儀路三工巧處四

通果異熟者謂三界五道果報五陰即異時熟故變異熟故異類熟故具此三義故名異熟二威儀有二一威儀事謂行住坐卧四塵為性二威儀心即意識强盛能引發威儀眼等五識自性羸劣雖緣威儀不能引起威儀第七末那唯執賴耶為內我既不緣色等四塵所以不發威儀第八賴耶雖緣色等諸塵亦性是羸劣不能引發威儀言路者謂威儀行路也工巧者一工巧事謂彩畫彫鏤五塵為體二工巧心即是意識眼等非威儀進前四通果者謂證果有於通用亦名變化無記一變化事謂改易形質無而欻有小乘以五塵為性大乘以五陰為性二變化心即是意識今云亦有即佛果有工巧及異熟亦無即佛果無威儀路及通果如下光宅簡出二種
十七　十八
其義自顯故注云云一知解者即工巧二果報者即異熟然此去取皆是人師情計不當正理弗可致詰總如下破如棊下釋佛地有知解無記也棊者博物志曰舜造圍棊丹朱善之書者帝王世紀曰黃帝垂衣裳倉頡造文字然後書契始作射者禮記曰男子生桑弧蓬矢六射天地四方鄭玄注曰天地四方男子所有事也御者家語曰善御馬者正銜勒齊轡策均馬力和馬心故曰無聲而馬應轡策不舉而極千里夫無銜勒而用箠策馬必傷車必敗故曰御四馬者執六轡果報者下釋佛地有果報無記也開善下即開善寺智藏莊嚴寺僧旻并光宅寺法雲即梁朝三大法師也今此二師立義不許佛地有無記初且總示故云並言至善性知解下釋出佛果無知解無記也有多釋者合云有二釋不應云多是善性者謂棊書等知解非是無記以通佛果有之故云是善性餘人下除闡提及佛果凡夫至菩薩悉曰餘人此謂棊書等在餘人得云知解無記在佛地悉名為善非
十七　十九
無記也言果下釋出佛果無果報無記也多有異具者具應作熟文悮無復報法者謂佛無生死中異熟報故此明佛但有習因習果也夫三下總斥尚不是真者三性尚非小教偏真也以偏真涅槃無三性故何得下尚非偏真何以用此釋於中道極果大涅槃耶如野人曝背等者列子曰野人之所安野人之所美謂天下無過者宋國有田夫常衣縕黂符分切縕黂亂麻也僅以過冬既春東作自曝於日不知天下之有廣廈隩室綿纊狐狢顧謂其妻曰負日之暄人莫之知以獻吾君將有重賞里之富室而告之曰昔人有美戎菽甘枲莖芹萍子者對鄉豪稱之鄉豪取而嘗之蜇於口慘於腹衆哂而怨之其人大慙子其類也今以諸師喻野人三性喻曝背涅槃喻至尊令師斥之喻里之富室也五種言之者五名雖異其體無殊性淨即法身乃至即正因正因即不生不生乃至即性淨餘義皆爾舉一即五舉五即一總指一部者以二十五品通名涅槃故方便淨者下初正釋相三初方便淨文中先釋方便義次然於下釋涅槃義初釋方便即現十界身也又二初明能現由住首楞嚴故能現像漚和此云道種智建于大義者建立也或一下二明所現先明處所從狹之廣始一閻浮終乎十方隨諸下次明現

身初廣明現佛界身示生示滅示生中云七步者四相品明東行七步是對小機十方各行七步是對大機示滅中示倚卧者即如來答迦葉三十四問畢乃倚卧如彼小兒及常患者如現病品初說是以下明序中發起倚卧示滅之相也擗踊者擗拊心也踊跳躍也翳隱也障也乃至下示九界身也下者即劣機所感但見地獄乃至菩薩等身且約見身以為下劣若論聞法則一一界身各說四教若然者勝身說劣劣身說勝論其悟解勝劣自分今約現身且以見佛身為勝見九界為劣不前等者總結十界生滅隨機利見不相妨礙故云一時等現然於下釋涅槃義雖十界喧動而不損寂滅由契寂滅故於生無染於死無累涅槃之義其在此也故名下總結二圓淨文中亦二初釋圓淨義次雖破下釋涅槃義初又二先總後別總釋中言因圓果滿者分真因圓妙覺果滿也原其下別釋先明因次明果二文各有自行化他初文至正法因中自行也始乎名字達性成修故曰初

基五行互融名如來行持戒下別舉戒聖行也不殺事戒無非中道斯則理事自他不二名護正法廣宣下化他也弘通正法故曰廣宣令彼聞悟故曰利益迴事向理迴因向果故曰迴向大乘此之自他始從名字終至等覺悉名因中感得下果上自行也感即能感之因得即所得之果謂妙覺極果也金剛下正示所得不可破壞故喻金剛理可軌則故曰法身理無遷改故曰常身此之三名悉是法身異稱耳雖三身不二且從勝說修道得故者舉因顯果由修常因得此常果復能下化他也一切悉有佛性者介爾有心三千具足不簡闡提及以定性故云悉有又依正唯心不簡草木故云悉有施與下此由純陁獻最後供故佛印之得五常果當以常字貫下力等五法並常故初云常連持曰命常命則以無始無終而無斷絕以非色為色吾今此身即是法身作用為力徧一切處用無窮盡不動名安雖具力用安固不動被機有辨無緣慈悲普施法藥雖破下釋涅槃義也初約

自行明寂滅雖施下次約化他明寂滅亦無所破者以煩惱即智慧故亦無能圓者以智慧即煩惱故不得衆生等者佛如生如一如無二故是名下總結三性淨文中亦二初釋性淨沖湛下釋涅槃初文云非修等者謂三千三諦始凡本具非修因非修果非作業非與業者字誤作應作正與應作期非意業故云非正業非身口故云非期業第三十四經云正業者即意業也期業者謂身口䟽釋云意是業體故也以身口自然符會有若期契故云期業本自下既非因果及以三業故知本來具足非今修成果證始有也適始也沖湛下釋寂滅義不生不滅者由性本寂滅故名此性以為涅槃雖在下舉春池喻以釋之如前記五翳者烟雲塵霧修羅手以喻五住煩惱不汙性淨之理猶如五翳不隱月形此言月形即池內珠故非五翳能隱隨流等如前記雖沒下如來性品云譬如王家有大力士眉間有金剛珠與餘力士角力觸珠尋沒膚中都不自知是珠所在其處有瘡命醫欲

治腎善方藥知瘡因珠入其珠入皮即便停住廣如經文今以珠喻性淨之理本來寂滅故云膿血不染此三下明互融不得相離者體性互融故唯一法不可相混者體用既分自成三種會之彌分者即一而三故泯之彌合者即三而一故橫即竪故彌高竪即橫故彌闊更復重說者更約法身以明義也

涅槃玄義發源機要卷第二

涅槃玄義發源機要卷第二

校勘記

一　底本，明永樂北藏本。

一　二六二頁上二行首字「宋」，南無。

一　二六五頁上一一行首字「意」，清作「義」。

一　二六六頁上六行第三字「柟」下，南有音註「音男」。

一　二六六頁中一二行第一三字「故」，南作「空」。

一　二六七頁下五行第一六字「入」，清作「人」。

一　二六八頁中二行「名得」，南作「得名」。

一　二六九頁中一八行第七字「報」，徑作「執」。

涅槃玄義發源機要卷第三　　土八

宋　錢唐沙門釋智圓　述

德有三種者然此釋體正約法身以三德互融故須備舉而於此三各自具三謂三身三智三脫開之成九合之成三三九雖殊同歸一體一尚無一豈有九三雖無九三九三宛爾佛果既爾生因亦然乃識體宗用三展轉相成只我一念若知此旨前後易明法身者下釋三德相一一德中各自具三在文可見釋法身中云非色即報身即色謂應身雙非謂法身由三身互融故名眞善妙色又眞下約三觀釋因修三觀果證三身例一切法者亦應云眞善妙心眞善妙陰界入等乃至根塵細鬧凡聖備歷皆可加於眞善妙三字以明諸法同歸三諦焉又例一切法者即是以眞善妙三字攝一切三法也法身藏等者包含三故名藏皆具常等名德下二結云藏德者亦爾二般若言一切種智者大論云一相寂滅相種種行類相貌皆知名一切種智一相寂滅即中道雙遮也種種皆知即中道雙照也當知三智圓融名一切種智故下結云三智一心中得照中即一切種智照眞即一切智照俗即道種智三解脫自在解脫等者自在即方便解脫解脫即實慧解脫其性廣愽即實相解脫無縛下次第釋出三脫義也體縛即脫者體達也即是實慧達結業之縛即解脫也此即釋上解脫二字調伏衆生自在無礙即方便解脫此即釋上自在二字令彼衆生離二死苦名無瘡疣所引三文皆下經中明百句解脫中語攝一切法攝一切人者十界實法假人俱在一念即三德故悉皆入中者我究竟入諸子分入餘義亦顯者謂餘四章也世人解諦等者下疏云舊或以境爲四諦或以智爲四諦謂凡夫無智但有於境所以經云有苦無諦或云苦集滅道皆是對境說智智即是諦境能發智令智無所有智能照境了境本無境智相成故言四諦下疏中闕約教釋諦義應謂言教詮辨分明是審諦義經云心喜說眞諦說即教也各得一途故云非無此義今用理釋諦者此即用興皇義也故下疏云興皇云諦者只是佛性涅槃非境非智非漏非無漏非因非果非世出世故名聖諦此乃約理釋也然今約一理隨機而有四種四諦之別則興皇所釋未爲盡善理當即境正者以境是事事元依理故境正即智教俱正者以依境發智依智說教故以理下理爲境智教之本舉本攝末故以理釋諦義方允合能生生所生者習因招苦果也所生還生能生者於苦果上還起集因因又招果故云苦集迴轉道名能壞者戒定慧能治苦集也滅是所壞者苦集盡處名滅諦也更互生滅者能壞生則所壞滅聖人是也所壞生則能壞滅凡夫是也逼迫下如次對四諦如經者如四諦品及聖行品明四諦慧中說下三文末皆云如經悉指二品有無量相者以約十界明四諦故解苦無苦者陰入皆如無苦可捨煩惱即菩提無集可斷邊邪皆中正無道可修生死即涅槃無滅可證故云乃至解滅無滅皆即一心三諦故云而有於實苦因即集苦盡即滅苦對即道一中有

無量等者一即是一實四諦無量即三種四諦取道諦所治以當其用者苦集滅處用義乃彰調御下即迦葉問云何諸調御心喜說眞諦故佛以四諦一品答之只是一無差別者前約理釋諦妙在此也此中遺一章者此非正文乃是古本闕落不生不生一義後人校勘籤於卷上或注於界外寫者不曉輒入文中亦如疏中如是下有白書重點二字亦是文中合重書如是二字而疏本闕落勘者籤之今於如是字下重點寫者不曉亦書在文中鸚鵡學語斯言驗矣然此不生不生之義若欲例說者如德王中明四句謂生生不生不生生不生不生也生生是無明生死生不生是斷德解脫不生生是智德般若不生不生是理體法身而此四句即一而四即四而一今易解故總唱四句即名不生不生即體不生生即宗生不生即用如此演說即教非但經體義明餘義亦顯性有五種者正因約理餘四約事以約理故雖非因果體徧因果所生智慧因緣之境已是於因智慧望果復是於因故曰因因果果性者菩提智德已是於果復得涅槃斷德之果故云果果今且下約五陰正示以五陰之境常現前故所以止觀初唯觀陰煩惱等九待發方觀今從要的故約陰境以示五性五陰下所以者所以猶義理也五陰是事佛性是理事由理變此事即理故云所以也五陰是因復生智慧之因故曰因因問五陰是果何名因耶答凡夫妄果望佛仍因智慧增成者分證究竟悉曰增成智慧所滅者所滅即無明無明滅處即涅槃果餘一切法者即界入等果果性爲名者以經名大涅槃故正性爲體者正性是妙理故因因性果性爲宗者以因果爲宗故問既以因果爲宗何故不攝涅槃斷果耶答其實兼之但經題正約果果而立其義既便故宜當名若準前義亦應云總攝五性爲名也因性爲用者十二因緣是所破故以所顯能用義明矣二即不二等者二謂因果不二即理體事理融一故並相即不二不可爲二者以名事分別則不二之體不可爲因果之宗故云不可爲二下句例說既立下正約名事分別以立五章修行喉襟者如身之喉如衣之衿蓋言要也莫過因果者以因收萬善果攝萬德故略有三種者謂三修五行一行也次第標釋故不先列問淨名玄云涅槃非無五行之因而果正因傍以果爲宗又上句云莫過因果何故但引三種明因之文以釋宗義耶答雖引因文因必克果則與上句義同符經簡示則與淨名玄義同下名三修云能得常果成涅槃食五行中云修是行已得二十五三昧住大涅槃德王中到彼岸師子吼中住大涅槃一行中大乘大涅槃此等皆是所克之果故知明因意在於果則是今經明宗之意以此經中正譚果人所證故也斥諸比丘者以圓斥小也顯於非常非無常者即因果所顯之體也劣三修者即所破無常也是煩惱薪者以二乘人無明全在故勝三修即常住因果也涅槃食者即所證理分理極理悉名爲食四衆即四十眞因也即是甘嗜者智能證理故喻甘嗜履而行之者履

踐其性體而修因至果法常等者法即所履
之境佛即能履之智何意增减者增至二三
減至二一置事緣理者諸比丘棄置小乘事
行而對佛稱嘆昔教苦無常無我三修之理
觀也故經云譬如諸迹之中象跡第一此無
常想亦復如是舉勝理破劣理者苦等劣理
也常樂我勝理也問何故但言三修答空濫
果證今明修義故且不言既增減由機亦應
至四二者下約次第五行明修因也初謂戒
定慧者以五行中聖行居初故云初也聖行
不出三種故標戒定慧居家下次第釋出初
文即戒聖行即經云在家不樂猶如牢獄出
家閑曠猶若虛空文云梵行者非指四等之
梵行蓋指出家爲梵行耳以離在家染穢故
此明戒聖行也從頭下明定聖行此即特勝
禪也引文雖略而有修有證從頭至足修也
唯有下證也證此特勝發開身倉備見已身
三十六物觀察下明慧聖行而有四種慧行
初觀八苦等是生滅次無生次無量次無作
在文可見如經者指第十一卷得二十五三

昧者即慧行果由慧行成謂無畏地得二十
五三昧隨機利生也分證三德名住涅槃況
出等者舉分果況出極果從淺至深者因淺
果深顯非下以因果事顯雙非理德王下五
行約修十德明證故彼品云菩薩修行大般
涅槃證十功德也然五行通證十德通修捨
傍取正以分二別疏記委論四大如篋者大
如毒蛇身如篋笥四大成身如蛇在篋五陰
如害者即經云五旃陁羅拔刀隨之也經文
甚廣截流者流喻煩惱生死從因名煩惱河
從果名生死河經中凡有六河謂煩惱生死
善業惡業佛性涅槃初從下第二十五經有
十番初少欲二知足三寂靜四精進五正念
六正定七正慧八解脫九讚嘆解脫十以涅
槃化衆生今舉初二及第十中間並略故云
乃至又善下文在第二十九彼云若見戒戒
相戒因戒果戒上戒下戒聚戒一戒二此戒
彼戒滅戒等戒修修者戒波羅蜜若有如
是見者名不修戒釋曰見有戒體防止戒相
修時名因成時名果聖上凡下多戒名聚總

一別二自此他彼息過名滅餘善名等修上
七門名爲戒修修人名者戒能到果名波羅
蜜見如是相名不修戒今文直顯修相故云
不見等也定慧等亦爾者謂定定相定因定
果等例戒釋之原始要終者始因也終果也
何所不運何所不克者大因大果無所不攝
故因運萬善果克萬德因果融通即事而理
一切下圓因圓果徧融一切名無礙人生佛
無差名爲一道如是修證能出二死或修十
想至知欲者並在第三十四卷也經云菩薩
若四衆能修十想當知是人能得涅槃一者
無常想乃至十者無愛想知根知欲者經云
菩薩於三十七品知根知因知攝知增知主
知導知勝知實知畢竟者則得名爲清淨梵
行又云三十七品根本是欲因名明觸等故
今云知根知欲也接小接通者小即三藏以
圓常法接引兩教三乘也此約通途接引故
云接小若明三接則不通六度菩薩及兩教
二乘委明如疏記從漸入頓者以地前爲漸
登地爲頓故文云下引迦葉品證别意本立

道生者涅槃本立則諸行道生涅槃也者其唯行之本歟如無下如無綱維則綱目不正也綱皮喻涅槃毛目喻諸行靡無也要在於常者雖破偏次第圓融三行不同而常果無別故向文云雖三不同悉以常爲宗行會於常者行即因常即果能顯下果上所顯理也即前宗本義故知宗本約理宗要約智宗助約行以此尋文義無不曉七曜謂日月五星也北辰者荆州星占曰北辰一名天關一名北極北極者紫宫天座也論語爲政以德譬如北辰居其所而衆星共之似萬下尚書曰江漢朝宗于海七曜萬川喻行北辰東海喻智或人下人理教行並能資助令分眞極果常智開發也謂依人聞教依教修行以行契理由斯四法得入分眞乃至極果故云由助得力或道助者道即理也亦是用偏人偏教等爲助如止觀對治助開中說如弊下即如來藏經喻也彼經云譬如持金像行詣於他國裹以穢弊物棄之在曠野天眼見之者即以告衆人去穢現眞像一切大歡喜我天眼

亦爾觀彼衆生類惡業煩惱纏生死備衆苦又見彼衆生無明塵垢中如來性不動無能毀壞者力士下今經喻也額珠如前引經寶藏者如來性品云一切衆生悉有佛性從本已來常爲無量煩惱所覆是故衆生不能得見如貧女舍多有眞金之藏家人大小無有知者井中下經云如闇室中井及種種寶人亦知有闇故不見有善方便然大明燈照之得見是人終不生念是水及寶本無今有涅槃亦爾本自有之非適今也大智如來以善方便然智慧燈令諸菩薩得見涅槃正因佛性附此衆生者由心神不斷故但約下謂其理元一約時有異故云兩時異或作若字者誤本有下神時雖無當果之事而有當果之理時或作助者誤金心即等覺種覺即妙覺明乳下乳喻衆生酪喻佛性醪煖喻修行醪應作撈謂取酪必撈攪也應法師云應作醪古孝切起酒麴也經文多作醪音勞三蒼說文皆云有滓酒也醪非字體胡麻喻衆生油喻佛性擣壓喻修行雙取二文者取如來性

文證本有取師子吼及迦葉文證當有又引下即迦葉品云爲非佛性說爲佛性非佛性者謂墻壁瓦石此師但得簡去木石之文豈識依正互融之理當知木石刹塵悉由心變當體即心我心成佛即刹塵俱成安有木石別居心外則非本有之用者謂衆生則有本有之用木石則無也寧曉因中有依正互融之理果上有依正互融之事耶因中有果過者斥彼所解過同外道若相續常者由因相續得至果故亦應至無常者此亦他人不了二鳥雙遊之旨故有斯難若達雙遊則常與無常二皆理具了因了本有等者了因是智照本有性如燈照物生因是福從因至果如泥成瓶鷸蚌下令師雙斥二家也專執者不許專破專破者不許專執更互是非其猶鷸蚌而併爲今師漁父所擒也春秋後語第十云趙將伐燕蘇代爲燕說趙王曰臣從外來過小水見蚌方出暴而鷸啄其肉蚌夾其喙鷸曰今日不雨明日不雨必見蚌脯蚌亦謂鷸曰今日不出明日不出必見死鷸兩者不

相捨漁父得而併擒之令趙且伐燕燕趙相支以弊其衆臣恐强秦之爲漁父也故願大王熟計之趙王乃止今當下雙斥二家初約理非三世以斥專執次約適緣四說以斥專破初文中非三藏通教之宗也佛性之名不在二教故工匠揆則任用者揆度也左傳曰山有木工則度之有本任下闕用字稍用者山卓切埤蒼云稍長丈八尺或作槊俗字也佛即破之者此段皆師子吼中破定性文也展直爲曲者展音臣字誤也展應作熨下陳如品疏云向時曲者任机熨机直爲牀向時直者爲牀令熨牀曲爲机若專下約適緣四說以斥專破也是諸佛法界者法界徧攝四門互融舊義下云云者令四句互融不同舊師各執又約理非四句不同專執而隨機說四不同專難故此二家悉爲令破須除惑都盡等者惑許漸除理須頓見不可一期等者由智漸滿故理漸見三云下此師明佛果在二諦外故眞可漸知果須頓得既不下除惑由見理故理既下以理體圓通如太虛空不

可分知故若初下反覆詰難也初既稱後即是頓見則不須後見初不稱後者謂初淺後深也既有淺深故非頓見然第二師但執漸見恐彼被難轉計於頓故此遮之如法觀佛等者佛即佛果涅槃即眞諦此計涅槃在眞不同前師謂涅槃是俗也佛與涅槃既是一相不應眞漸見佛頓得引華嚴者彼謂即俗而眞故可分知果在惑外不即生死故不可漸得既不即生死豈非虛妄分別生死涅槃異耶以佛果無所證但證涅槃故眞與下佛果所證涅槃即是眞諦故也依此知是執佛果不出二諦家難也若以今家會通並是通義約當教則不出二諦約被接見中故出二諦今明下將明正義先斥古師諸解相攻故云馳逐由是諍計水動妙理珠昏然理下文有二初明理非漸頓次有因緣下明漸頓隨機約理則不同執家約機則不同難家寧得稱理者以如理而解方名智故智不稱理全是邪執如方下如方鑿入於圓柄言不相應也不見下不見約理無得約智俱非漸頓能

所一如故不見不得而見而得明宗中意者即前文云初破無常而修常即是以圓接小接通次以大涅槃心修無常次修於常即次第別意後即無常而修於常即圓頓人雖三不同悉以常爲宗同歸常果即前二是頓漸後一是頓頓所接藏通及別次第既已會歸則顯前教是頓家之漸頓乃無差漸則有差故向云無差別中差別以解行俱頓故名頓頓是不定觀者兼前二句及後漸漸即三種止觀也漸更下謂約漸漸句更自開四也前文但明三句者此既細開漸漸故前闕之此中細開仍闕三句前後互顯四句咸足漸修漸見者藏通當教修行見眞也漸修頓見別教地前漸修登地頓見也漸修頓漸見者別接通也接歸地前還是漸見接歸登地則是頓見漸修非頓漸見者圓接通別也異前三教故非頓漸餘三亦可解者謂漸頓漸頓頓皆各開四準漸配釋思之可知今且明頓頓中四義以示後學頓頓修漸見者修圓頓發藏通三乘境也頓頓修頓見者圓修圓發

也頓頓修頓漸見者修圓頓發別教菩薩境也頓頓修非頓漸見者約理故雙非亦是發煩惱等境也照境之用者即當有用上有照境之能舌爛口中事蹟如䟽記當說如來定是無爲者體用俱是無爲也那忽下責彼違經光宅云下無常智謂凡夫智常住境謂佛境意云凡智觀佛既不逐佛境爲常今佛智觀凡豈逐凡境爲無常耶此亦不可者如大論云若如法觀佛般若與涅槃是三則一相豈非凡智逐佛境爲常耶若然者反例佛智逐俗境爲無常也作九世者過現未各更開三也欲明佛智無邊且約未來三世以說復有當現在等者當即未來也今遂來等者謂至未來時則未來成現在望今成過去故云及過去例如今日望明日爲未來至明日時今日乃爲過去若於今日併知明日之事則是徧知三世以今日是現在明日是未來明日望今日是過去故既於一念徧照故非逐境生滅此亦下今斥照當知已息者今照正現在故向者當現在智已息也豈不生滅者

即照當智已滅照現智方生正是無常也文中照當智或作知者字誤逆照者反觀過去名逆照則知向九世家約未來三世是順照也從初流來者流來爲迷眞起妄之始天子登極者易緯曰天子者繼天治物改政一統各得其宜父天母地以養人至尊之號也終不與境相稱者境體常照智體亦然若後不照何能契境佛在因日等者指地前爲在因時導發初心者謂引導開發初心衆生也其心便能橫竪照了但力用微劣未能周廣故云數境數時數去聲三四五並名數若據下云百千萬展轉而增則數當其十境謂十方故橫時謂三世故竪懸鏡高堂者梁元帝講學碑云詳其懸鏡高堂衡鑄待酌或改堂爲臺者非萬物在空者萬物喻境空喻佛智況復下諦智三一既乃相即豈所照俗境能照俗智是無常耶因中聖人謂初地已上也亦冥亦會者冥約體一會約契合故冥之與會其義兩殊第二下此師立義復破開善冥一之義二體既殊者佛智有知眞諦無知有無

兩異故曰體殊豈可下責開善但會下示已義會極爲冥不以體一爲冥也慧印下引證會極爲冥寂亦冥也肇論下即般若無知論中文也故彼論云用即寂寂即用用寂體一也佛雖知幻等者如下經中長者難佛云瞿曇知幻應是幻人佛反問云汝知旃陀羅應即是旃陀羅耶若其非者如來之幻豈是幻人若爾下依經顯義須知中智雙照當體雙遮故知俗不冥俗眞不同眞三當有起用下前列章云自在起用今云當有者謂今第三即是第二當有果成起自在用相由明義故云當有起用望前列章乃是互現䟽中此例甚衆或改此文當有爲自在者非且約三種下即三輪施化也不思議謂芥納須彌即身輪現通二鳥雙遊謂雙照常與無常即心輪鑒機善惡邪正雙攝謂聲教等被即口輪說法也不思議用者四相品明身密中經云善男子是大涅槃能建大義汝等今當至心諦聽廣爲人說莫生驚疑若有菩薩摩訶薩住大涅槃須彌山王如是高廣悉能取令入於

芥子其諸衆生依須彌者亦不迫迮無往來
相如本無異唯應度者見是菩薩以須彌山
納芥子中復還安止本所住處此名不思議
用而古來解釋七家不同一云下次第出七
家義也何謂神通者但是衆生自見何顯菩
薩神通況經云如是高廣悉能取令入芥子
中而此師云其實不入顯背佛言三解下此
成論師義下釋四相品疏文重破此論師意
云此是聖人權巧於凡不解故云既是不可
思議等餘者下經所談無非聖人境界既皆
釋義驗悉解知那於權巧獨云不解耶小大
皆空者長沙所解義與此同彼頌云須彌本
不有芥子本來空將空納不有何處不相容
若其下破也況大小相入正論事用不應以
皆空約理釋之大中有小性者須彌有芥子
性故能小小中有大性者芥子有須彌性故
能大此亦下破此解凡有三失一同外道二
同小乘由執定性故縱非外道還同小乘有
門之義故云又似吡曇三不成妙用故云還
是大容於小等地論師義大約與第四師義

同興皇謂法性本空絕大小相故云本無大
小世諦虛假相待而説有大小名其體無異
但是一有爲法耳小是大小者芥子是須彌
之大相也大是小大者須彌是芥子之大相
也既是一有爲法中有此二相何妨相入故
云故得相容大不自大等者須彌自無大相
待他芥子之小爲大相也小不自小等者芥
子自無小相待他須彌之大爲小相也故壁
外道他性之執自性下舉前第五師況斥興
皇也前解云大中有小性小中有大性即是
自性大小其義甚巧尚已被破況今作他解
其義迂拙耶今明下明今義二初依理起用
二用徧法界由分證妙理故有大用而自在
應機普周十界故有二文初又二初理絕四
計以芥子之小須彌之大二並是事而此事
即理並絕四性豈同古師文中先明小次以
大例明小中初句明不自生亦不下明不他
生大不下此二句屬推大然是相對而來以
此段正推小故下云大亦如是方是明大也
因緣故小大者明不共生應以上句亦不字

貫下亦不下明不無因生不在下引經以證
理絕四計也內自外他兩中間共常自有無
因由此妙理本絕四執故不可以九界心思
言議也大亦下明大例小可見故云亦如是
通達下明依理起用通達此理者通達向明
絕四之理也即事而眞者達大小事即實相
理唯應度者即能感之人見不思議等即能
應之事感應道交以所見也大小俱言不思
議者以須彌之大芥子之小俱由心變無非
心性而此心性本具依正心性既一相入何
疑但由在迷則無外用此理顯已轉變無方
內則果佳撈嚴外則建斯大義如經廣説者
指四相品一往下明用徧法界在於道後者
唯於佛界現變也其理實通者謂變於十界
乃至現地獄身等乃至下以例善惡等用亦
徧十界菩薩爲正下云云者此則九界邪正
悉爲佛界非邪非正所攝下明善惡其義例
爾三界下例二鳥雙遊用亦徧十界是三無
爲常者謂虛空擇滅非擇滅通舉乃三其實
但證擇滅無爲也如疏記以眞空比生死故

真空名常又二下菩薩破空出假空既可破故二乘無常菩薩是常常無常雙用者句首合有二字即前倒章云二二鳥雙遊用也俱亡二邊者中智之體非常非無常故俱亡即亡而照雙用二邊而用有二異一並用如鳥

喻品以鴛鴦雙遊並息以喻涅槃二用同時前後下二單用如已前二用無常破邪常今經用真常破無常喻以倒瀉病無不盡宜一下結示二意用時雖單佛意必並故知單用不失雙遊用自在故者單並適宜也善惡下以例攝善攝惡亦是雙遊不妨亦有單並之別故云或雙用或前後也邪即外道等者彼品之初如來始告陳如說五陰常住結正觀行故捨無常色獲得常色等能如是知是名沙門名婆羅門以斥外道虛假詐稱都無實行外道聞之心生瞋恚遂索論議凡十外道其第十人即弘廣也以是權人故在正攝故經云是婆羅門乃往過去於普光明佛所發善提心久已通達了知法相為衆生故現處外道邪即諸魔等者即經云世尊知已即告

陳如阿難比丘今為所在答言阿難比丘在娑羅林外去此大會十二由旬而為六萬四千億魔之所嬈亂平等皆攝者非但攝陳如阿難亦攝外道諸魔同歸祕藏也若見此意等者謂見不思議雙遊雙攝之三意也具此三者名自在用善巧四隨者稱經名隨大論名悉謂隨樂欲隨便宜隨對治隨第一義也住首楞嚴者謂分住及究竟住悉能起十界用故云種種示現雖終日示現而不離楞嚴故云不動法性其見下見形聞聲俱蒙四益

若尊本用即是體者以本用在理故是體當用在果故是宗自在化他故是用手出香色乳等者此請觀音經文也今約觀解應以兩手表二智出乳表說教令他飽滿法味也舊醫偷教者外道偷佛教也用佛常樂之名故

云竊取乳名不解下不解四德真義也而為下由不解四德則起四倒妄計念念相續為常妄計人天悅意為樂妄計轉動自在為我妄計薄皮所覆臭身為淨由此四事所誑而起四倒毒亂下四倒毒乳鬬亂真心而傷法

身害慧命也醎苦酢喻三修也以楔出楔者又作楔同先結切說文楔櫼也櫼子林切以正乳之楔出邪乳之楔或說方便法者以小乘無常治邪常也或說真實法者以圓常治無常也此即別教十行隨機利他如經者即哀嘆品文也犢喻佛也得中道理柔和善順名調善不馳空不住有不處涅槃高原不居生死下濕不染真諦三昧如不食酒不著俗諦三昧如不食糟泥洹智易得如滑草分別智難生如麥麨特牛無乳譬無慈悲明佛有不共慈悲華凡成聖者此約別教華地前凡成登地聖亦華下華十地聖成妙覺無上道佛教下圓信圓修初後不二故云即得安住等四出證義者即本無今有偈人師名為四出偈亦名四柱偈則涅槃如室四出如柱一

出菩薩品二出梵行品三出二十五卷四出二十六卷大意是同而為緣則異一菩薩釋差無差二釋得無得三釋有不定有無不定無四為破定性說無定性故云明無差別差別等也例此說之無咎者例彼四出說乳多

種邪乳名乳乳者以生死喻乳涅槃喻非乳凡夫因果俱生故名乳乳子何須惑者結責問者子謂男子之美稱也諸師學書者此方古者子生六歲而教數與方名十歲入小學學六甲書計之事則文學之謂也出欲論者明梵天出離欲界也釋天即忉利也倉雅之類者然倉雅多種倉有蒼頡篇埤倉三倉雅有廣雅博雅小雅倉即人名帝王世紀曰黄帝垂衣裳蒼頡造文字雅非人名爾近也博於聞識可近而取正故曰爾雅謝氏正引蒼頡以證梵佉婁是人名雅則相帶而來還是世間二字者例如此方蒼雅二書俱說文字詁訓之義名爲二字是則梵是一人佉婁是一人也婆和者是小兒習語之聲以喻方便小教也所謂有爲無爲者苦集有爲道滅無爲此名生滅二諦爲二字也半滿爲二字者前有爲無爲合爲半字對大爲滿六行俱明者勝劣各三修也是大乘非滿者意謂涅槃勝劣俱談則是大小滿足故稱滿也法華廢小故是大非滿由是無常者由應作猶謂談

常住謂在涅槃也此都下法華開權顯實超出諸教已今當說最爲第一却謂非滿世間相常住知法常無性顯談常住却謂無常非聖反經顛亂已甚不可與言故云不須論難興皇五滿略如疏記彈小褒大者彈三藏褒三教也帶半者帶二乘也廢半明滿者若以四教明之則後三教俱得滿名若在法華涅槃則前三悉是半字唯圓名滿開半明滿者廢約相待開約絶待故知半滿二字其名則通其義則異須跋此云善賢陳如品云娑羅林外有一梵志名須跋陁年百二十得非想定起涅槃想佛令阿難召來爲說第一義諦得羅漢果彼聞圓常而證小果者由小半即大滿故明於常住二字者如哀嘆品又結下約五時結爲四句也初句是鹿苑次句法華涅槃三句二味四句即鹿苑已前人天教也邪三下初約邪慧釋次約邪禪釋如執掣電速滅喻妄常非久住飛蛾赴火喻妄樂唯是苦蠶蠒自縛喻妄我非自在追求下明由起邪執故追求五塵亦是下約邪禪釋此即六

行觀也外道於初禪覺觀支中厭離覺觀以初禪爲苦麤障二法動亂定心故苦從二法生喜樂故麤二法翳上定故障二禪異此名勝妙出修上三禪四空皆爾此厭三欣三亦得名邪三修也能破欲染下明三修有破惑之功染即是貪遊諸覺華者七覺如華故云覺華又邪修下哀嘆品文但有新舊兩伊今以義加世伊及非新非故伊倒前一乳多種分別智論明四依菩薩依義立名名爲法施此其例也然經以舊伊喻外今旣義立世伊故以舊伊之名以名二乘也別有疏本者開淨名前玄以爲三部謂四悉四卷四教四卷三觀兩卷今指四教也謂戒定慧藏者即是律藏詮戒經藏詮定論藏詮慧藏有三別故云三藏此是合字解義四念處中謂聲聞緣覺菩薩故言三經律論故言藏者即分字解義也爲彼嬰兒等者三乘悉名嬰兒歷修三學如登梯隥畏憚長遠者不能行五百由旬也止息化城者偏約二乘以說若菩薩因中不入至果方入菩薩下此指圓頓菩薩修小

三學以為助道亦是漸次止觀行人也下明通別亦爾浮囊是小戒白骨是小定八苦是小慧近遠俱通者鈍根近通偏真利根遠通中道即受接人也若能下借彼法華開小之文以成通人受接之義所行事理者事則歷劫修行入空出假理則初心知中登地開發故非兩教三乘所知兩教菩薩所證真理既同二乘故悉在二乘所攝故上云不與二乘共顯前菩薩與二乘共是彼境界也非諸二乘下地所知者圓融三諦之教非兩教二乘非別教下地所知也下地即地前也證道同圓則有知分從淺至深者三教互有淺深圓教唯深菩薩備修四教故云從淺至深即是漸頓之教等者歷三教偏漸至圓頓故名漸頓漸圓也此乃文中一種者即次第五行從漸至圓於三種止觀中即次第止觀也復有下一行即不次第五行也於三種止觀中即圓頓止觀也發軫者文選曰發軫清洛汭注云軫車也言發車洛陽也今以發軫喻初脩也更無別異者圓法無別從漸入故名漸圓非謂圓有漸頓之異通是雜藏者以當教三乘及被接者其人不一故稱雜也正譬說教次第者以從牛初出於乳譬佛出世先說華嚴乃至最後變成醍醐譬佛最後說法華涅槃也如第十三卷中說不應以淺深意取者不應謂乳等定淺則以華嚴等為劣醍醐定深則以涅槃為勝須知約次第相生故有五味而諸味中悉有圓融故無勝劣鹿苑顯無祕密亦有此亦不約開未開別以分勝劣也若謂下廣引諸文用破定執所喻淺深之見四味若淺不應喻深醍醐若深不應喻淺醫占王病等者醫喻佛王喻眾生病喻執無常乳喻今經以常藥破無常病也甜酥八味者乳酪時淡醍醐時濃酥居中間故具眾味一生味二熟味三酥味四漿味五乳味六甜味七淡味八膩味以喻涅槃具常樂我淨恒安無垢清涼不老不死之八德也其況深矣者況比也不可言深者既喻二乘其法乃淺如血變為乳者無明即明如血變乳從法界體至界法者即依圓頓理說圓頓教也

涅槃玄義發源機要卷第三

涅槃玄義發源機要卷第三

校勘記

一　底本，明永樂北藏本。

一　二七二頁上二行首字「宋」，南無。

一　二七八頁下一八行首字「爾」，南作「是」。

一　二七九頁上一四行第一五字「知」，南作「如」。

一　二七九頁中一三行第五字「請」，徑作「謂」。

涅槃玄義發源機要卷第四　十九

宋 錢唐沙門 釋智圓 述

如日下日喻法界體照喻法界法高山喻菩薩如聾下喻小機在華嚴座不得大益聾故不能聞大瘂故不能說大隱其下初約隱身次約隱法初文者神德舍那身丈六釋迦像覆如下明隱法如來藏者圓頓法也令敗華凡夫成小聖人無生無用者敗種無生壞根無用先與後奪者與小即鹿苑奪小即方等委業領財者用法華窮子喻也此喻委以大乘家業以化菩薩如諸部般若多是空生身子滿願對揚也付財定性者會父子定天性也如經云此實我子我實其父以喻法華開權二乘皆當作佛也文云下即第九卷指法華持品中八千人也故知法華涅槃開會事等悉號醍醐但彼廢此施義有小異然由法華本懷已暢故至今教遂般涅槃夫衆下通示化意也衆生本具與佛無殊日用不知乃淪生死故佛出世以二智手指撝迷徒黙示本性方將直顯復慮謗法機既不等遂有五時兼別但小對三帶二一期調熟乃獲開權法華今經所以興也或作下敘五時華嚴唯別圓故大鹿苑但三藏故小方等訶責偏小褒嘆圓大意令恥小慕大般若委以大法令教菩薩漸使通泰法華開權名定天性衆生下明法華既見佛性故於今經涅槃故知二經見性義一靜手雙樹者即經云右脇而卧表一期化極内智指撝其功已畢息教二河者即經云寂然無聲也故云息教也二河者拔提河大在城南熈連河小在城北相去百里佛居其間於四雙八隻樹下涅槃也諸佛下燈明迦葉出於淨土但說法華即入涅槃今佛世尊既出穢土故須扶律以拾殘機二經雖殊見性無別又若約扶律爲涅槃者則唯穢土若約談常爲涅槃者則淨穢皆說只是下能發究竟智故名佛師能生分眞智故名菩薩母佛菩薩下舉佛菩薩之勝以況凡小之劣千舌百盲者舉千百言多耳安能舞手者毛詩序云嗟嘆之不足故詠歌之詠歌之不足故手之舞之足之蹈之專五所以是體意者五番所詮之理名爲所以謂從上品乳滿字勝修圓教醍醐所詮俱是今經正體設諸名相者應云行相即依理起行故是宗意對破者即五番中皆有以圓破偏意也嘗言若專者專獨也謂五番具含衆義今若獨取其一故成體等不同雙卷等者如上卷記大本者雖南北二本不同同名大本對六卷名小本也同座異聞者宜廣聞大本宜略聞六卷例大小品者般若有大品小品故以爲例準諸經目録秦弘始五年四月二十三日譯大品竟二十七卷成者是也竺法護於晉太康元年譯上帙爲光讚羅什又重譯爲十卷名小品是知小品亦是抄其前分若然者則次說爲是以六卷但盡菩薩品故斯乃廣略者六卷則略抄前段大本則廣有後文世循惑焉者或云異聞或謂廣略難可準定故人尚疑如來說偷狗等者示其前後不同也如來說則在後迦葉問則在前偷謂盜賊以喻見魔狗喻愛魔如四依品說三歸在如來性品秦人翻譯者六卷東晉所翻大本北涼

所翻俱非秦代而言秦人者但姚秦翻譯最盛故義學之家相承而用摸互者摸胡計切換也或作係奚者俱悞昔道猛等者按譯經圖紀及僧傳並云曇無讖以玄始元年歲次壬子至姑臧賫涅槃前分十卷止於俗舍遜聞讖名厚遇請譯遂以玄始三年歲次甲寅起首至玄始十年辛酉譯經律總二十三部合一百四十八卷慧嵩筆受又南山涅槃弘傳序云北涼沮渠氏玄始三年有天竺三藏曇無讖者涼言法豐賫此梵本前分十卷來達姑臧僞主蒙遜珍賞隆重於涼城內開豫宮中前後三翻成四十卷終宋武帝永初二年據此諸文乃是讖公賫至不云道猛將還沮渠蒙遜者胡人其先爲匈奴左沮渠遂以官爲氏蒙遜博覽群史頗曉天文段業自稱涼州牧又破傳檀于窮泉乘勝入姑臧僭號西河王隴右即隴西也右或作后後並誤自號玄始者改元玄始也是時下南經緣起也經從北涼入于江南後因治定既與舊本品卷開合不同遂號南本姚萇殺苻堅改長安爲常安都之改元白雀後改建元萇卒子興立改元皇初後改弘始今云姚萇復號弘始者誤應云姚興弘始非玄始者別其兩國年號也玄始五年即晉恭元熙元年者恭帝者即東晉第十一帝都建康在位一年遜位于劉裕是爲宋武帝故云次入宋武裕也恭帝元熙元年即是宋武永初元年以當年改號故宋武姓劉諱裕字德輿得四年者宋武在位三年而崩長子義符立是爲少帝即位昏亂太后廢帝爲榮陽王在位二年武帝第三子諱義隆即位是爲文帝以少帝於武帝三年當年即位在位二年至文帝元嘉元年凡四年矣故云得四年此即大本始至南朝之年也故開皇錄云宋文帝世元嘉年初達于建康也即北涼玄始九年也此二高明者謂德高智明乃美稱也事跡如梁傳第七康樂縣令者南史第十八云謝靈運少好學博覽群書文章之美與顏延之爲江左第一縱橫俊發過於延之深密則不如也襲封康樂公今云縣令恐誤抗世逸群等者抗舉也逸群猶出群也南史云以國公例除員外散騎侍郎不就爲琅琊王大司馬行叅軍車服鮮麗衣物多改舊形制世共宗之咸稱謝康樂也開皇三寶錄云陳郡處士謝靈運治定者蓋靈運自稱處士也靈運陳郡陽夏人嘗爲永嘉太守郡有名山水公素愛好肆意遨遊稱疾去職於始寧縣修營故墅傍山帶江盡幽居之美因著山居賦尋山登嶺常著木屐上則去其前齒下則去其後齒會稽太守孟顗事佛精懇公謂之曰得道應須慧業丈人生天應在靈運前成佛必在靈運後顗深恨之令撫州城東南四里有翻經臺唐顏魯公碑云宋康樂侯謝公元嘉年初於此翻譯涅槃經因以爲號問謝公但修定舊本安稱翻譯答翻經之所有譯語者筆受者綴文者證義者潤色者而通稱譯人謝公治定乃是證義潤色之職也故稱靈運翻經馬開壽命下開壽命爲四品復改壽命爲長壽開如來性爲十品凡十二品者新開品目則有十二并舊壽命如來性共有十四皆準大卷中品名

開之故三寳録云靈運等以讖涅槃品數踈簡初學之者難以措懷乃依舊翻泥洹正本加之文有過質頗亦改治足前等者并舊大衆問等品也北本但十三品成四十卷南本二十五品成三十六卷故北遠師名北本爲少品多卷經名南本爲多品少卷經有三品等者至唐麟德中後分方來尚闕分舍利其後分中立品與讖說不同者和會如䟽記第二十卷由來闕中者闕中秦地羅什居闕中不見大本故知足品非羅什也録稱者即梁寳唱録及隋開皇三寳録第十三云豫州沙門氾慧嚴清河沙門崔慧觀陳郡處士謝靈運等加品改治故今依之知小亮非也初三人下此明事蹟與梁僧傳及開皇録不同者恐是傳說有異而彼二文咸云三十六卷始有數本流行未廣嚴後一夜忽夢一人形狀極偉厲聲謂嚴曰涅槃尊經何以率爾輕加斟酌嚴既覺已懷抱惕然旦乃集僧欲收前本時有識者咸共止之此蓋欲誡勵後人耳若必乖理何容即時方始感夢嚴以爲然頃

之又夢神人曰君以弘經精到之力於後必當得見佛也如法華䟽說者即玄義第八明有翻無翻各具五義也亦如彼者如文句也以玄義文句皆是解經通得稱䟽釋序品義既指法華文句故下䟽文直釋通序五事而已更不消釋序品名義又下䟽文初且離文通示五章所以䟽初不題序品。二字若法華䟽發初即解序品故云序謂庠序等所以䟽初乃標序品二字或例法華文句於此䟽初如序品二字者非也且淨名䟽初亦不標其品目用意各別豈須一準又䟽文已經治定標題從省故削大般二字但題云涅槃䟽此乃荆溪新意或加大般二字者亦非必也正名宣尼所誡後之學者宜善思擇二䟽下䟽緣起二初通示二由二初製䟽遠由二初受經攝靜緣起者因由曰緣興致曰起余我也童年稚歲也攝靜寺名在章安即慧拯法師也傳云及年七歲還爲拯公弟子具載上卷予甞讀高僧傳見古來盛德解有不講誦斯經者信夫法王顧命慈父遺囑爲臣爲子理

合遵奉通世講誦闡其無人法漸陵夷於斯驗矣庶幾同見同行勉力流通載紐頽綱重樹顛表忠臣孝子於是乎在二走雖下求旨天台二初別示緣差二初八障妻聽二初師存妻聽二初正明八障凡稱走或僕或謩皆謙也東京賦曰走雖不敏庶斯達矣注云走謂走使之人公子自謙敏達也願聞旨趣者既誦其文願知其義負笈天台者切韻曰笈負書箱也史記云後漢蘇章字士成北海人負笈追師不遠千里天台指智者所居之山也陶隱居真誥曰高一萬八千丈周回八百里山有八重四面如一當斗牛之分上應台星故曰天台輿地志曰天台山一名桐栢衆嶽之極秀者也心忻藍染者劉子云青出於藍而青於藍染使然也此以染義喻從師求解不取勝義登山甫爾者甫始也言未久也仍逢出谷者又值智者奉陳後主詔出山也䟽主傳曰陳至德元年隨師出京住光宅寺不惟下自謙也言不思已德荒薄而輙侍奉隨從智者於皇帝朝廷也易緯曰帝者天號

也德象天地不私公位稱之曰帝香塗三宮者或作六宮並由斯文古無章記講貫者寡故令傳寫魚魯成訛今謂三宮定非二六通用有云三宮爲正乃地名也引唐僧傳疏主傳云三宮廬阜九向衡峯無不搆迹依迎訪問遺逸此不應爾今叙大師正宮京輦地乃金陵非三宮也今按三宮即東嶽泰山故茅君内傳曰岱宗山之洞周回三千餘里名三宮空洞之天言二宮者文選曰婉孌二宮徘徊殿閣注云婉孌徘徊皆顧慕貌二宮謂帝及太子宮也故大師別傳云陳主幸寺捨身大施又云皇太子已下並託舟航咸宗戒範故云二宮也續高僧傳中皆指帝宮及儲宮爲二宮既稟戒法故云香塗即經云常用戒香塗瑩體也或謂大師爲陳隋二帝戒師即是二宮此亦不然此中正叙陳主欽崇下云金陵土崩方歸隋國豈於陳世預說隋朝無乃不可或作六宮即特指天子其義亦通言六宮者周禮天子后立六宮三夫人九嬪二十七世婦八十一御妻鄭玄注曰六宮者前

一宮後五宮也五者后一宮三夫人一宮九嬪一宮二十七世婦一宮八十一御妻一宮凡一百二十人后正位宮闈體同天子七衆者一比丘二比丘尼三式叉摩那四沙彌五沙彌尼六優婆塞七優婆夷也比丘等六翻名釋義具在疏文式叉摩那者此云學法女不別得戒也先以立志六法練心爲受緣也四分云十八童女應二歲學戒又云小年曾嫁年十歲者與六法十誦中六法者練心也試看大戒受緣二年者練身也可知有胎無胎此式叉尼具學三法一學根本謂四重是二學六法謂一染心相觸二盜人四錢三斷畜生命四小妄語五非時食六飲酒也三學行法謂一切大尼戒行並須學之言光耀七衆者此謂戒香既塗於二宮道光彌耀於七衆也道俗參請者道謂出家五衆俗謂在家二衆交絡者謂參玄請法之人往來不絕也雖欽下甘露喻涅槃旨趣也瑞應圖云露色濃甘者爲之甘露王者施德惠則甘露降其草木甘露仁澤也一名天酒如俟下謂待智

者講說此經如待黃河之清言其難者也王子年拾遺記曰丹立千年一燒黃河千年一清皆至聖之君以爲大瑞又黃河清而聖人生左傳子駟曰周詩有之曰俟河之清人壽幾何杜預注曰言人壽促而河清遲詎豈也有期無日者雖許講宣以我多障竟無日得聞也逮及也金陵地名也吳晉宋齊梁陳謂之江南六朝悉都其地建康實錄云本楚金陵邑秦改爲秣陵吳改爲建業晉愍帝諱業改爲建康元帝即位稱建康宮土崩者隋開皇八年文帝命晉王楊廣清河公楊素督兵五十萬以伐陳旌旗千里金鼓震天俄而平江東虜陳主陳國傾壞喻以土崩文選陳琳檄書曰必土崩瓦解不俟血刃師徒雨散者陳國既破法集遂停師徒相捨如雨分散絕交論云駱驛縱橫烟飛雨散大師遺囑云朝同雲集暮如雨散或作雨字者誤後會匡嶺者匡嶺即廬山也廬山記曰匡俗出於周威王時生而神靈隱淪潛景廬于此山俗稱廬君故山取號焉大師別傳曰金陵既敗旋錫

荆湘路次盜城忽夢老僧曰陶侃瑞像敬屈守護遠公寘請也於是往憩廬山俄而潯陽反叛寺宇焚燒獨有茲山全無侵撓復屬虔劉者左傳曰虔劉我邊垂杜注云虔劉皆殺也即是值潯陽反叛也江陵荆州也仍遭霧露者仍值兵亂也抱朴子曰白霧四面圍城不出百日大兵必至又三國名臣贊曰雖遇塵霧注云塵霧謂恥辱也勑徵下江浦即江都今揚州也亦曰洛浦文選曰歸骸洛浦注云揚州則梁之洛陽也勑徵者即煬帝潛龍之時鎮守江淮兩請智者初請出江都求受戒法即開皇十一年也事畢仍歸江陵建玉泉寺後又請出江都撰淨名疏此言再出江都時疏主滯疾於洪州也若初出江都則獲隨從故疏主傳云開皇十年[十二]晉王作鎮揚越陪從智者止于[十九]邸滿漢制天子曰勑太子曰令諸王曰教煬帝鎮揚越時猶是諸王後既登極故云勑徵故別傳云奉勑撰淨名疏也頃滯疾豫章者頃疏主稱名也始稱余次稱走今稱名文體之變也豫章郡名今洪州也

大師既再出江都而疏主滯疾洪州不獲隨從既遠聖師安聞斯興始舉飄南湖等者南湖即宮亭湖亦曰拱亭謂於豫章病愈始舉棹飄帆速往江都以就智者而值隋文東巡狩晉王入朝於是大師東旋台岳是故無暇講演且給侍東歸此乃大師最後入天台即開皇十六年春也東旋者旋或作還同似泉勿文選曰祗召旋北京作此旋字也秋至佛隴者神邕天台山記曰從修禪寺南行二百步有盤石平正猶如削成古老相傳佛嘗於此放光故名佛隴春離江都秋時方至者以隨處利人行程故緩冬逢入滅者即其年十一月二十四日未時於天台西門石城寺彌勒像前加趺而終也嘆伊余之法障者伊維也語辭耳余我也法障者欲聞此經法義竟不獲聞由前八事為障也一逢師出谷障二參請交絡障三金陵土崩障四復屬虔劉障五仍遭霧露障六滯疾豫章障七東旋台嶺障八冬逢入滅障由其八事障我聞法故曰法障若不出谷則合得聞雖在帝庭若參請

事簡則合得聞雖其人交絡若金陵久安亦當得聞乃至若不入滅雖有前障終當講演令我得聞故入滅之障最為深重故下嘆云日既隱於重崖盲龜眠於海底也奚可勝言者奚何也勝平聲謂法障之多非言所載也二昔五下引事感傷初引[十九]事類[十二]已賢愚經第六云毗舍離國有五百盲人乞匃自活時聞人言如來出世盲人聞已還共議曰我曹若當遇佛必見救濟即便問人佛在何國答云佛在舍衛遂各乞金錢一枚雇人引往時有一人收取金錢將諸盲人至摩竭提國棄諸澤中盲不知處互相捉手經行他田傷破苗穀長者行田見彼踐苗甚多瞋怒盲者求哀具宣上事長者使人將詣舍衛適達彼國又聞佛往摩竭提國及到彼國復聞世尊已還舍衛如是追逐凡往七反佛知根熟乃於舍衛待之盲到佛所蒙光目開佛為說法成阿羅漢衹洹等者譬喻經第三云昔有一人作兩業有二婦適詣小婦小婦語言我年少壻年老我不樂住可住大婦處作居其壻挍去

白髮適至大婦處大婦語言我老頭已白婿頭黑宜去於是拔黑作白如是不止頭遂禿盡二婦惡之便各捨去坐愁致死過去世時作寺中狗水東一寺水西一寺聞揵搥鳴狗便往得食後日二寺同時鳴磬狗浮水欲度適欲至西復恐東寺食好向東復恐西寺食好如是猶豫溺死水中文云祇洹者通取寺名非直指祇洹寺也唯疆唯沉無見無得者結前二事盲雖七追唯至於他驅竟不見佛故云唯疆無見狗聽兩鐘唯死於沉溺竟不得食故云唯沉無得次入山下以已類事已之多障如盲如狗入山出谷總前八障入山攝七八出谷攝前六浮墜泝江者釋上句也浮墜字誤應作乘陵謂入山乘陵出谷泝江空歷艱苦不關斯典文選北征賦曰乘陵岡以登降注云陵岡皆山丘也左傳曰吳將泝江入郢爾雅曰逆流而上曰泝洄順流而下曰泝游字林云順流曰沿逆流曰泝泝蘇故切日既下舉喻嘆師滅也日喻師解圓明隱崖喻師入寂滅崖山也淮南子曰日入崦嵫注云亦曰落棠山盲龜喻已無智眼海底喻迷深雜含第十六云告諸比丘如大海中有一盲龜壽無量劫百年一遇出頭復有浮木止有一孔漂流海浪隨風東西盲龜百年一出得遇此孔龜至海東浮木或至海西違遶亦爾雖復差違或復相得凡夫漂流五趣之海還復人身甚難於此今借彼文以喻聖師難值也憑光想木者人在半夜欲憑日光鑒物龜居海底空想浮木安身其不可得也故云詎可得乎二余乃下沒後思慕師既已滅斯經旨趣莫得而聞省已宿慽於是躬事塔廟口誦斯經以期未來值師聞法也掃墓願值師誦偈期聞法西土塔婆即此方墳墓也掃灑墳塔種植林樹以墳必樹故舍文嘉曰天子墳高三仞樹以松諸侯半之樹以栢大夫八尺樹以欒庶人無墳樹以楊柳更服灰場者更平聲謂常更換淨服於塔所誦經也故法華云著新淨衣內外俱淨也或作伏字者非如來闍維之地號曰灰場今大師土葬而言灰場者用其故實耳亦猶法華疏序云晚還台嶺仍值鶴林鶴林之言例同灰場也石偈即此經也以聖行品中雪山大士既獲半偈乃於草木石壁書之以示來者故名此經爲石偈也跳主童年誦經已半知此誦其全部非只一偈也思慕畢世者則是思往世之譽成今法障遠乃身掃口誦隱居求志期盡此身故云畢世二事不下五難喪思五初僧使迫已雖欲隱居畢世而爲衆舉差因與智璪同充僧使屢入帝京故云事不由已蓋爲僧事所逼迫也故云迫不得止事備國清百録戴函員封者所持牒表詔勅皆用函也百録云全書一函與天台衆西考闕庭者考應作朝字誤也闕謂雙闕以石爲之其上隱起奇獸異禽之狀在端門外夾道置之亦曰象闕魏闕周禮太宰以正月懸理象之法於象魏使萬人觀理象焉左傳哀公三年夫季桓子命書藏象魏曰舊章不可忘也崔豹古今注曰闕者觀也古者每門樹兩觀於其前所以表宮門也其上可居登之則可遠觀故謂之觀人臣將朝至此則思其所闕故謂之

闕天子所居曰闕庭隋都長安也私去公還
者充僧使而去奉勅命而還或度僧造寺或
修營香火事備百録故百録云今遣大都督
段智興送師還寺故曰公還經塗下往還充
使經由道塗凡八年也二日嚴下諍論遭追
雖免僧使仍因諍論重入帝京日嚴寺名也
唐高僧傳曰煬帝時爲晉王於京師曲池施
營第林造日嚴寺咸陽即長安今永興軍也
諍論之事而不傳不書乃傳搜訪之闕耳三
值水夜奔桃林水奔者尚書放牛桃林之野
是也左傳晉侯使詹嘉處瑕以守桃林之塞
杜注云桃林在弘農華陰縣此言行至桃林
山水夜至避之奔走故失伴侶四又被下被
讒收往及至京都又遭讒佞謂爲巫蠱惑亂
於人而煬帝信讒故收往河北幽薊二州名
在河北薊音計五乘冰馬陷冬月度河故乘
履其冰以濟北岸馬雖陷冰而死其身猶獲
生存臨危履薄者詩云戰戰兢兢如臨深淵
如履薄冰疏主意云昔聞詩語喻以戒慎而
今身當履踐故下句云生行死地也寧可言

盡者危難若此那可具言二昔襄下總結俱
喪者襄檀至東南者即指前負笈天台已下
文也入山出谷揚越往來何啻千里文選云
裹糧萬里登長柄竹笠也史記虞卿躡屩擔
簦說趙孝成王一見賜金百鎰再說拜爲上
卿負罪至西北十九者即指又被讒已十六下文也三
讒者晉獻公三子皆爲驪姬所讒故曰三讒
疏主自比也三子謂太子申生重耳夷吾也
左傳第五曰初晉獻公欲以驪姬爲夫人卜
之不吉筮之吉公曰從筮卜人曰筮短龜長
不如從長弗聽立之生奚齊其娣生卓子及
將立奚齊既與中大夫成謀姬謂太子曰君
夢齊姜必速祭之太子祭于曲沃歸胙于公
公田姬寘諸宮六日公至毒而獻之公祭之
地地墳與犬犬斃與小臣小臣亦斃姬泣曰
賊由太子太子奔新城公殺其傅杜原款或
謂太子子辭君必辯焉太子曰君非姬氏居
不安食不飽我辭姬必有罪君老矣吾又不
樂曰子其行乎太子曰君實不察其罪被此
名也以出人誰納我十二月戊申縊于新城

姬遂譖二公子曰皆知之重耳奔蒲夷吾奔
屈言東南西北者以帝京居中則揚越在於
東南幽薊居乎西北也若聽若思等者前希
聞斯典故擔簦東南有八障故喪其聞後欲
思營畢世由驅馳西北有五難故喪其思故
云二塗俱喪十九二情不下製疏近由十七後時雖獲
生還台嶽以昔兩緣聽思俱喪於是慕法不
已更尋佗疏以勘經旨義既違經因自撰疏
舊疏即河西光宅等諸師疏義各存也不與
文會者乖經失旨也怏怏於亮切悵快也病
諸者諸之也見其義非如已有病此即製疏
之近由二斅群下正明述作時處二初謙光
述懷經第三十云譬如王告大臣汝牽一象
以示盲者時彼衆盲各以手觸其觸牙者即
云象如萊茯根其觸耳者言象如箕等經自
合云王喻如來臣喻方等大涅槃經象喻佛
性盲喻一切無明衆生獨夢談刀如經第十
八略如上記刀喻佛性夢寐謬談非親得刀
此皆疏主謙也謂心思經旨如盲觸象豈識
全軀口說經文如夢談刀故非實有二以大

下著述時處二初明時處二初示涤筆時處
大業即隋煬年號十年即甲戌歲也廬于天
台之南者小爾雅云廬寄也謂寄止也亦別
舍也黄帝爲廬以避寒暑春秋去之冬夏居
之故云寄止也神邑天台雜記云赤城爲南
門石城爲西門今云天台之南謂赤城也二
管窺下明憑師述作管窺智者義意者莊子
云以管窺天也謂智者法門如天之高遠已
解推尋如以管窺義意者五時四教之義三
觀六即之意依此義意輒爲此經解釋旨趣
也爲去聲尚書序曰承詔爲五十九篇作傳
大業明製撰之時天台之南顯筆削之處管
窺智者示所學之宗二運丁下叙難緣二初
避難四㭊兩蒙靈異丁當也大業十二年有
大鳥似鵰飛入殿内至于御幄至明而去九
十九　十八
月幸江都以代王侑留守西都越王侗留守
東都既至江都唯以酒色爲務五月星隕吳
郡爲石徵求螢火數斛夜出遊山光徧巖谷
火守羽林星如斗出王良閣道聲如隤墻杠
矢出北斗未一斛計錢八九萬用錫環錢細

如線十月李密起兵於梁楚之郊竇建德廬
明月等所在稱號盜賊公行劫掠州縣又諸
道賊師孟海公徐圓朗朱粲劉武用薛舉蕭
銑李子通沈法興等各率衆冦掠多者數十
萬少者二三萬天下無處無賊故曰冦盜縱
橫于時天台悉爲沈法興所有雜記云大業
十四年沈法興擅置海州即改臨海縣爲海
州也匿影沃洲者匿藏也沃洲山名在剡即
支遁所棲之山也赤城既喧復更匿藏形影
避盜於沃洲山也蔭林席箭者山宿野棲故
無屋宇但蔭茂林以爲帳布箭竹以爲席亦
猶古人班荆而坐也箭竹偏産會稽爾雅曰
東南之美者有會稽之竹箭焉衣彈等者彈
音丹盡也既避盜深山而衣糧又盡故於撰
述致乖次第於是下明爲撰述緣闕更求他
十九　十九
處挾藏也鄙志謙也託命遂安者寄託形命
於遂安也遂安縣名今屬睦州縣令鄧氏者
即遂安令也㝵疾應之者赴請爲講也應去
聲事不兼舉者既務講宣且停筆削因將草
本寄於他舍冥持此本者謂冥聖護持故得

舍燒蹤在故云得免灰飈飈音羊風所飛颺
也重寄柵城者講經既畢復寄柵城意欲補
削草本也柵音冊編木成援也未詳何處今
仙居縣有柵岸保恐是其地玉石俱罄者王
石喻貴賤賢愚海賊劫掠貴賤並盡故云俱
罄尚書曰火炎崑岡玉石俱焚蕭亮即當時
將帥也復獲安存者身安蹤存焦不能燒者
即前云冥持此本得免灰颺賊不能得者賊
劫柵城玉石俱盡而此蹤獨存也再蒙靈異
者初火不燒次賊不得故云再也勵勉也誠
心也或作厲非也食息者息寢卧也無寧不
安也二乃卜下幽境稱懷勤加補削二初叙
幽境稱懷卜者禮記曰龜曰卜蓍曰筮古者
移居必卜故離騷經有卜居也左傳曰非宅
是名唯隣是卜今蹤主以移居爲卜居安洲
在樂安縣今仙居縣也故僧傳云樂安南嶺
地曰安洲然安洲之名始於蹤主台州圖經
曰管竹山在縣東南五里高二十丈周回二
里其下舊有潭唐武德年中邑人請天台國
清寺灌頂尊者講于光明寺將此潭之魚取

者甚衆尊者率道俗於潭側講金光明經誘漁者令止其採捕一夕忽暴風雨至旦視之乃爲洲矣故號爲安洲以此洲渚在樂安故微瀾者瀾力旦切又力安切爾雅曰河水清且瀾漪大波爲瀾小波爲時絕人獸之蹤者山深溪隔故人獸[十九]不到峯連偉括者[二十]謂偉美山及括蒼山也陶弘景玉匱云括蒼山西南百餘里有偉美山狀如宮闕多靈異可偉美也皇朝新修圖經曰亦名天姥山又云大括蒼嶺在縣西一百八里兼二山之美者謂安洲景象兼有偉括之好水鏡者溪水澄淨有若明鏡也蕖池者謂池有荷花也爾雅曰荷芙蕖郭璞注曰别名芙蓉江東呼荷紅葩普巴切華也白牙團扇者善見律云優波離昇座執象牙裝扇先集律藏藂蒨者草茂盛貌加亦勝也戴氏重席者東觀漢記戴憑字次仲拜侍中正旦朝賀帝會群臣諸生能說經史者更相詰難義有不通者輒奪其席以益通者憑遂坐五十餘席今疏主承修竹之風藉翠草而坐勝於牙扇重席也以彼由遣作

此任天眞其實勝之圖非詩飾下云叢繪圖陋絃管亦爾雲霞赤白松桂青黑雕鏤雜糅而有五彩之文則使畫圖有叢色繪畫也糅吟麞叫蟬噪蛙鳴相和成韻似其八音之樂翻令絲竹成陋聲故左太冲招隱詩云非必絲與竹山水有[十七]清音麞居筠切[廿一]鹿屬八音者五經通義曰金石絲竹匏土革木也金爲鍾石爲磬絲爲絃竹爲管匏爲笙土爲塤皮爲鼓木爲柷敔雅有高致者竹風草席畫圖音樂皆得之於自然故云高致也豈趣冥倫者冥幽也倫人也謂此高致豈饒歸趣於我幽人也倫亦可作淪淪没也謂隱没於山澤也二仍蒔下明資緣勤苦蒔種也種粟充食拾薪備爨二暨涤下感傷讖已二初感傷多難暨至也從此絕筆逆至涤筆凡歷五載即唐高祖武德元年戊寅歲撰疏絕筆也煬帝即位改元大業在位十三年十二年幸江東宮十三年唐公起義師於太原破宋老生於霍邑所在克敵遂入長安尊煬帝爲太上皇奉煬帝孫文德太子之子侑纂位即恭帝也改

元義寧至二年遜位于唐公改元武德既云凡歷五載知是武德元年絕筆也於此五載凡經六移初寄天台之南二移沃洲三移遂安四移栅城五重移遂安六移安洲并前八障及中五難共成十九難緣於後六中更取火賊二事則有二十一也五難謂僧使遣追值水被讒馬陷也前八中五是製疏之遠由尋舊疏是近由後六是正製疏問前八爲障何名遠由荅由不聞法故自撰疏若其聞者則疏是師說安得自製前八爲障竟不聞法後六雖艱終成斯疏嗚呼正法難聞正道難行其若是乎干戈者孔安國曰干盾也戈戟也論語曰而謀動干戈於邦内菜食水齋言其儉也冰牀雪被喻其寒也其有圓頂方袍暖衣飽食既逢遺教又偶清時而口不談出世之言心[十九]不則至眞之道自樹迷[廿二]瞎反輕學宗吾知斯人紹三塗種疏主聖者得無悲乎夢抽思乙者乙應作一昭明文選序云耿介之意既復壹鬱之懷靡愬注曰壹鬱憂思也令謂軍火所怖干戈所駭而夢驚若抽憂思

壹鬱辭旣下謙已述懷野質者論語曰質勝文則野此言辭鄙意豈會文者謂所立義意淺近豈能契會斯經圓頓之文也此言義暗辭鄙義暗皆謙也有崖易殆者爾雅曰重崖岸注曰兩崖累者曰岸殆危也有身遂滅如土岸易崩空海難徧者圓空廣大若滄海難徧故不可以易殆之身窮難徧之義也盲竊下如盲觸象如竊談刀或可偏知於少義敢言圓解於大理也特是下正明述作之意旣是偏知何故撰疏故釋云特是不負本懷也言本懷者始為此經遂覩智者即前文云走雖不敏願聞旨趣於是負笈天台心忻藍染也遂茲石火者淮南子曰人生天地之間如鑿石見火電光過隙疏主自謂無常忽遽如彼石火不能久研經義故且率爾成疏也卷舒下自慶也初句明卷舒壽經次句明讚嘆撰疏仰謝於心口者由心思故口讚也麁耘毒草或作蘪蓑並豕亥之誤應作麃蔉上彼苗切下音衮左傳曰譬如農夫是穮是蔉杜注云穮耘也蔉壅苗也然毒草藥王之語出在今經故如來性品云譬如雪山多生諸藥亦有毒草諸衆生身亦復如是雖有四大毒虵之種其中亦有妙藥大王所謂佛性或執訛字便求麋鹿耘草之緣者何異聞三豕渡河便謂豬行水上乎故僧傳道丕識沙汰云僧之清高必不露於人前僧或凶頑而偏遊於世上必恐正施麃蔉草和蘭蓓而芟方事淘澄金逐沙泥而蕩彼用蘪蓑之語義與今同又麃蔍穮三體並通爾雅云穮穮也經典釋文作麃耘也字林云耕禾間也說文云穮耨鉏也今疏主斥諸師非義如麋蓑毒草顯佛性正理如微養藥王故前文云將疏勘經不與文會快快終日恒若病諸也螳螂螢熠者螳螂性怒遇物必舉螂而拒之莊子曰螳螂怒臂以當車豈免碎於轍間文選曰欲以螳螂之斧禦隆車之隧注云前有兩足舉之如執斧之象崔豹古今注曰螢火一名燿夜一名景天一名熠燿一名燐一名丹良一名丹鳥一名夜光一名宵燭非能抗曜也者曜即日也廣雅云日名曜靈謂螳螂不能拒抗於車轍螢熠不能爭輝於曜靈此疏主自謙識見微劣不能抗曜於諸師也吾祖聖師為法之志艱苦之迹盡在於此文矣傳斯宗者得不思齊詩云伐柯伐柯其則不遠可不懋乎或卷末有半紙批文者蓋後人謬錄

涅槃玄義發源機要卷第四

涅槃玄義發源機要卷第四

校勘記

一　底本，明永樂北藏本。

一　二八二頁上二行述者，南作「錢唐沙門智圓述」。

一　二八五頁下一三行第三字「膚」，南作「膚」。

一　二八六頁上一六行「邪溝」，南、徑作「邪溝」。

一　二八八頁下四行第一〇字「入」，南作「八」。

金光明經文句卷第一　約一

天台智者大師說　門人灌頂錄

此四卷文揔有十八品舊來分割盈縮不同江北諸師以初品爲序壽量下訖捨身爲正讚佛爲流通正文又三壽量下是正說四王下大擯護經除病下大悲接物江南諸師以初品爲序壽量下爲正四王下十三品爲流通真諦三藏分新文二十二品初品爲序壽量下至捨身十九品爲正後兩品爲流通真諦釋云壽量明師果懺歎兩品明弟子因授記是弟子果除病是師因四王下正論力用前師果弟因既爲正後師弟因果何得爲流通邪今師謂分文本是人情人情咸謂序未辨道流通歇末不得論師弟因果是義不然夫三段者不可杜斷隔絕序本序於正通序則有三義正本正於序通正亦三義通本通於正序通亦三義上中下語皆善故又衆生得道根性不定何容序無滋味流通歇末邪既不歇末說師弟因果亦應何妨如序中說正亦應無妨流通中有正意彌是督勵宜行不乖經意又法華中明阿私仙是師因持品授弟子果記諸師咸判是流通此有其例於義無妨與奪由人不須苦執也今從如是我聞入壽量訖天龍集信相菩薩室爲序段從介時四佛下訖空品正說段從四王品下訖經流通段序者序將有利益正者正當機辨道流通者流名下注通名不壅欲使正法之水從今以注當聖教筌第不壅於来世經曰上中下語皆善即此義也疑者云序分何得入正品中衆經例爾如維摩無序品序在正說中大品正說在序品中涅槃序分入正品中衆經皆然不以爲疑何獨或此斯乃出經者意爲四佛斷疑孤然而起其文嶄絕引序分安壽量中今從義便不得齊品分割也序有三義一次緒二敘述三發起次緒者居一部之初冠衆說之首故言次緒敘述者敘於方將述於當益故言敘述發起者發其信心起於教也一段經文含此三義故題爲序品品者梵語稱爲跋渠此爲品也品是類義此中文句氣類相從節之爲跋渠例如律中有篇聚毗曇有犍度爾從如是下是次緒從是時如来下是敘述從其室自然廣博嚴事下是發起次緒之序舊云五事地人開佛是爲六事此經天龍集信相室不聞前序不聞後夢亦得是同聞亦得是非也同聞衆少不吹第云云此之五六亦名印定序三世諸佛經初皆安如是故亦名通序與諸經同亦爲通名作本故亦名經後序結集者所置故亦名經前序遺囑令安故亦名破邪序對破外道阿嘔故亦名證信序令聞者不疑故天台師云揔此六說都是四悉檀意也諸佛諸經同是世界悉檀也經前經後爲利来世是爲人悉檀也對破外道是對治悉檀也信順無疑是第一義悉檀也舊解如名不異是曰無非阿難所傳文句似瀉水分缾與佛一種故不異稱如文下之理允當無謬故無非曰是略而言之文如理是肇師云如是者信順之辭也信則所聞之理會順則師資之道成真諦三藏云如是者決定也數決定理決定佛說此經有若干文句若多成增謗若少成減謗阿難傳之如瀉水不多不少故數決定佛說無相之理不有不無若有墮增若無墮減阿難傳之無增無減故理決定龍樹解如是者信順之辭也信者言是事如是不信者言是事不如是此之四解各據一悉檀意舊解語揔不顯文詮何等理爲如何等理爲文所詮爲是既不顯了只是世界悉檀意肇師據信順是爲人三藏文理決定爲對治龍樹信順如是爲第一義云云今作通別二釋佛如法相而說阿難如聞相而傳故言如也佛如法相而辭阿難如海量而受故言是也云云別釋者外曰阿嘔稱吉文乖其理故非如理異其文故

非是不可見阿塢在初而中後皆吉也文如其理故言如理如其文故言是今謂三藏經初云如是二諦各異故非如理淺故非是摩訶衍二諦相即故言如理深故言是今謂三人同聞而各解故非如證入優劣故非是唯菩薩所聞皆爲如菩薩所到者爲是今謂離邊明中之文則非如出二諦之外有中道則非是文字性離即是於如故言如一切法即佛法名之爲是初破邪明正即三藏經如是次破具明同即通教經如是次破淺明深即別教經如是次破離明中即圓教經如是此經既是方等通被根性不同作種種說无咎觀心解者觀與境冥故爲如境即正觀故爲是經言如此觀者即是正觀若他觀者名爲邪觀即其義也我聞者舊云阿難不師心親承佛言故曰我聞真諦曰我是器義一散心名覆器無聞慧故二忘心名漏器雖得而失無思慧故三倒心名穢器非而謂是無修慧故阿難無三過唯是善好器親承有在故言我聞釋論云耳根不壞聲在可聞處作心諦聽因緣和合故稱聞阿難與聽衆述佛遺言親承不謬故言我聞師釋我有四義謂我我我無我無我我我無我而不二真我義配四根性人云云聞亦四義謂聞聞聞不聞不聞聞不聞不聞配四教法人云云有四種阿難謂歡喜阿難賢阿難典藏阿難海阿難爲四種緣立四種名歡喜阿難是我我用聞聞親承丈六身佛持三藏法故言我我聞聞賢阿難是我無我用聞不聞親承丈六尊特合身佛持通法故言我無我聞不聞典藏阿難是無我

約一

我用不聞聞親承尊特身佛持別法故言無我我不聞聞海阿難是我無我而不二用不聞不聞親承法身佛持圓法故言我無我而不二用不聞不聞此經通三乘說聽一音各解故須分別云云觀解者若作攀上厭下觀是爲我我聞聞若作析體兩種從假入空觀皆是我無我聞不聞若作從空出假觀是無我我不聞聞若作中道觀是真我不聞不聞一時者肇師云法王啓運嘉會之時也三藏云高時下時皆是若過若不及不堪聞法唯有平時即是一時也私謂高時慢心不行下時耽荒五欲不耽不慢是平時也師釋衆生感法佛慈赴教機應之時也亦是發真見諦之時也亦是法眼明朗照世之時也亦是佛眼照中之時也云云而言一者若前思後覺斯二非一思覺妄斷豁悟之時故言一時也觀解者從假入空與真一時從空入假與機一時中道正觀與法性一時云云佛者真諦云佛有三義一切智異外道慈悲異二乘平等異小菩薩餘人無此釋論明佛是第九號佛名爲覺覺世間出世間常無常數非數等朗然大悟故名爲佛天台師云佛者依一切智有丈六佛依道種智有丈六尊特佛依一切種智有法身佛三佛不得一異非一異而一異爾

約二

觀解者空觀覺知諸法一相假觀覺知諸法種種相中觀覺知諸法無一異相亦一異相云云住者佛是能住王舍城是所住處真諦明住法有八一住大千界內二住依止處王城也三住五分法身壽命現在也四住威儀利物五天住住禪定六梵住住四等慈悲七聖住住三三昧八大處住住第一義也釋論四住攝八也天住梵住攝其天住定住聖住攝其五分命住佛住攝其大處住又有遠住王舍城攝其界內依止威儀三住天台師云丈六身佛住真諦也丈六尊特合身佛雙住真中也尊特身佛雙住俗中也法身佛住中道也觀解空觀住真假觀住俗第一義觀住中王舍城者釋論大出因緣初立五山中七燒七造王來居此故言王舍又云他舍被燒王舍不燒後悉排云是王舍即得免燒自是已來呼爲王舍觀解五陰爲舍心王居之故言王舍耆闍崛山者釋論翻鷲頭真諦云曲鳥

山在王舍城東南暵富羅山在西南仙人山在西北黑土山在東北白土山在中央中央三由旬平正即王城也觀心山者靈即神智是般若也鷲即萬德是解脫也山即不動是法身也常爲心王所觀即是觀之住處也令一切心數同入其中也此經闕同聞衆者謂時有五處有四耆山衆不聞信相室說信相室衆不聞夢中說夢中衆不聞夢覺已說衆非一座故不列同聞若爾阿難不應稱我聞然雖不聞佛更爲說又其得佛覺三昧能自通達得稱我聞也從是時如來下是敘述序敘下十七品故亦名別序簡異餘經亦爲別名作本故言別也別義爲七一從是時如來下一行半是入定別二從是金光明下訖二十七行偈是敘述別三從壽量品下是懷疑別四從大士如是下是瑞應別五從信相見佛下是騰疑念別六從四佛告下是止疑別七從欲色界天下是集衆別生起者佛常在定而群機扣佛佛欲應之故示軌儀如來常寂猶尚樂定入游法性出敘經王信相聞深法疑法既是常人壽那短是故懷疑善權福力疑能感應應故四佛現佛現即騰疑騰疑故佛即止疑當雨法雨故大衆雲集七事異他經故言別也已說七別竟或時作三別一

從是時下名敘述序二從壽量品下名現瑞序三從時四如來下是衆集序云云言敘述序者敘後十七品初五行敘壽量品爲三初兩行敘果德次一行敘懷疑次兩行敘斷疑細作可尋次一行半敘懺悔品破惡生善之意云云次一行半敘讚歎品生善破惡云云次六行敘空品破惡中破三障惡云云從護世四王下是敘其品可解大辯者是敘其品尼連鬼母是敘功德天品同是女天故地神是敘其品天梵三十三天是敘散脂品散脂是將梵釋是主敘主即得臣將也緊那羅等是其領敘其領得其管也我今所說諸佛祕密者是敘正論善集兩品說世祕密可以治國出世祕密可以詣道故知敘兩品也若得聞經去是敘鬼神品鬼神品中純明聽法功德爲八部所護云云著淨衣服下兩行敘授記品三大士十千天淨心殷重淨若虛空故獲授記也若得聽聞下敘除病流水等品聞名服藥悉得病除則是善得人身復能修行布施福業是善得人道魚聞佛名善得天身天道即此意也正命是敘捨身品虎飡血肉即得解脫豈非正命也若聞懺悔下一行敘讚佛品佛有三世諸菩薩多是先佛即過去佛也又是未來佛也爲此菩薩所讚即爲佛所讚也敘述

之意止可彷彿不得遂自分明云云問論作敘述舊云集經者若爾是論非經又乘經文文云我今當說或云是信相若爾信相已能玄敘何事致疑又非集經者那忽作序師云是佛自作難者言若爾便是正經那得稱序此無所妨菩薩尚能安禪合掌說千萬偈況如來口密神力赴機何所不爲文云我今當說懺悔等法此是明證大品中化佛說六波羅蜜亦得稱序此其例也釋入定爲三初一句一字明能游人二三字兩句明所游法後兩句結也是時者真諦云有五種三時一欲說正說說已二破外道去來時立現在有說有聽時三下種成熟解脫時四正師正教正學時五佛欲說衆欲聽不高不下平平時今但論如來知機堪可得道時若慧眼得道智與真冥時若法眼得道智與俗冥時若佛眼得道智與中冥時佛欲履歷法性觀知衆生於何時得道故言是時也如來者十號之初也三藏解如來文多不載今言智照理與諸佛等故言如慈悲與諸佛等故言來諸佛應住祕密藏中何故出世只爲慈悲故來成論云乘如實道來成正覺大經云從十一空來就智論來從六波羅蜜來就行論來釋論明如法相解爲如如法相說爲來今明如三諦法

相解名如如三諦法相說名衆故言如來也游者游涉進入之義爾夫法性者非入住出故小般若云如來者無所從來亦無所去故名如來何得言游邪良以慈悲導物數我而入故言游也令衆生食甘露味亦應言住爲衆生宣說亦應言出故法華云善入出住百約一千三昧即此義也無量甚深者將明游入簡顯其體高廣體包法界故言無量徹到三諦八故言甚深非是二乘下地菩薩之所逮及故言無量甚深也法性者所游之法也諸佛所軌名之爲法常樂我淨不遷不變名之爲性非是二乘以盡無生智所照之理爲法性也二乘法性淺故非甚深有限故非無量今之如實智所照之理橫包法界豎徹三諦故言無量甚深爾又無量者非別有一法名爲無量毗盧遮那徧一切處一切諸法皆是佛法皆佛法故即皆法性佛皆游之故言無量又非別有一法名爲甚深即事而真無非實相一色一香莫非中道皆中道故即是甚深例如釋論解四無量心云緣東方衆生名廣緣四方名大緣四維上下名無量準此而言緣真諦法性名廣緣俗諦法性名大緣中道法性名無量若緣中道即是三智一心中緣三諦一諦此境無量唯佛無量智乃能緣之如

函蓋相稱非二乘下地測其涯底諸佛行處者正顯佛智無量甚深故行處亦無量甚深行處無量甚深故佛智亦無量甚深舉函顯蓋舉蓋顯函正在此也過諸菩薩所行清淨者正簡也菩薩居未及之地智之所行未能深廣故地持云菩薩得九種約一九禪初名自性禪若入此禪即入實相法性清淨之境二乘不聞其名況有其行若入第九清淨淨禪一切通別惑累若正若習皆盡故言清淨淨禪自下地去皆有餘習佛住十地頂若入此禪過諸菩薩淨名云心淨已度諸禪定即此義也亦是舉其高位簡法性甚深也是金光明下敘述序若敘正說流通十七品意已如上說今更論敘述五重玄義初十二行半敘名體宗用次十四行半即敘流通弘宣此典即是敘教相也就初一句敘名次一句敘體次三行敘宗次九行敘用讚世下去敘教相也解者或言金光明一句猶是敘體如鑛石中金金體乃非光非明不妨約金論內外用法性非宗非力亦依法性起於宗力當知此句正是敘體今明理乃當然分文則屬敘名也經王上已說今更述之三藏云三德攝三涅槃正斷二乘斷見般若正遣凡夫有著華嚴正化始行菩薩今經通爲八位

人故稱王也此語難解涅槃爲菩薩說甚深微妙行處豈止爲二乘般若云法身佛爲法身菩薩說法其聽法衆非生死人豈止遣凡夫有著華嚴說初地乃至說十地豈止爲始行菩薩作此偏說無智之人於諸經起輕慢此義不可今言經王者若取文爲經即是三種俗諦若取理爲經即是三種真諦若取文理合爲經即是三種中道若說餘諦是經而非王若說中道是經復是王於九種經中而得自在但經王是一隨緣設教名字不同華嚴云法身方等爲實相般若稱佛母法華爲髻珠涅槃名佛師皆是法性異名通爲諸經作體辟如諸姓應運迭興龍師鳥官隨時爵立百代雖異而統王是一法性亦爾宜聞大品佛母爲王餘名廢息宜聞法華實所爲王餘名廢息法性爲金光明之王亦復如是若作此解上不違佛經王之旨下不增長衆生我慢微妙者他釋因微果妙今不爾因果俱約一微妙因中性德深而難見名爲微不縱不橫名爲妙果中修德亦復如是四方四佛護持者四方者四門也四佛者四門果上覺智也釋迦覺智與四佛同諸佛果智冥於法性法性得顯名爲法身法身不動名之爲持法性常故諸佛亦常法常佛常壽命亦常常故無

量信相推迹或本四佛令其達本悟迹名之為護此一句種種義法性四門法性四德即體義果智顯體即宗義護念信相斷疑復是用義而敘宗為正意也觀心解者四方是四諦四佛是四諦智東是方首如集是苦因又東甲乙是春生生即集諦也從東次南亦循

生而有長先春次夏故南方是苦諦也長後秋收又白帝屬金金能決斷西方即道諦也從秋收至冬藏衆事都息北方如滅諦苦集因果皆謝無用也觀此四諦生眼智明覺持理不失護倒不起故名護持也又觀四方是四德觀東方常為破無常觀無常為破常觀

非常非無常破常無常乃至觀北方無我為破我亦如是此觀持德不失護倒不起故名護持也觀東方集諦常非常非無常不動故名阿閦觀南方苦諦樂無去無來法性實相實相尊貴故名寶相觀西方道諦畢竟清淨法性壽命與虛空等故名無量壽觀北方滅

諦求寂為我入祕密藏祕密藏故名微妙聲云云我今當說下九行偈是敘用文為四初三行明能破之勝法次三行半明所破之惡罪次一行半舉行法勸脩次一行結成初三行明能破勝法者謂境法法性也行法懺悔讚歎也導法一切種智也故言懺悔等法知非

一種也若相資為論行資智智顯理理顯故能盡衆苦苦盡故法身顯智圓故報身顯功德無上故應身顯若圓論者三法不縱不橫而脩三身亦不縱不橫而顯雖圓別之殊俱是能破之勝法也觀舊文語略新本具有三周說法之文四佛說常果上根得益婆羅門

說法身無舍利中根得益佛分別三身下根得益今敘中云我今當說懺悔等法即是敘下三周之法能破惡也次從諸根不具下敘述空品文為二初三行半明所破之惡次二行半明能破之方初又為三諸根不具下破報障愁憂一句破煩惱障惡星災異下破業

障餘經對緣云報障難傳因時可救果無如何此經三障皆可轉一往釋此三障由破五戒破五戒是業障受三塗人天等身是報障煩惱為根本是煩惱障今直就人道中明犯五戒報者諸根外缺壽命內夭此兩句是殺生報昔損他身分今諸根殘毀昔斷他命今

壽損減經云殺生因緣得二種果報多病短命即其事也若貧窮困苦是外無依報諸天捨離是內無福德此兩句是犯盜戒經云有同生同名天龍輔佐之功德天發願利益之盜人無此事也又先富後貧者必是龍弃天捨也若親厚內鬩王法外加此兩句是犯婬

戒經言人讒則人瞋法讒則法壞昔使其人令骨肉鬩訟昔毀他法今王法所加即其事也各各忿諍此應有兩句或是翻者脫落或是略爾內則各各忿諍外則人人不信此一雙是犯妄語昔不實欺他今常被欺忿昔語無實今人無信者外耗財物內虧禮度此是

飲酒報昔慢財費日今多損耗昔乖撙節今墮聾騃經言嫌恨猛風吹罪心火常令熾然即其事也問釋大乘經何得以五戒對義答開合五戒大有所關提謂經云五戒者天地之大忌上對五星下配五岳中成五藏犯之者遣天觸地自伐其身也又對五常不殺對

仁不盜對義不婬對禮不飲酒對智不妄語對信又對五經不殺對尚書不盜對春秋不婬對禮不妄語對詩不飲酒對易又對十善殺盜婬是身三妄語攝口四飲酒攝意三俗不能護口略制一不妄語釋論云說重者是妄語則已攝三飲酒是邪命自活增益恚癡

出世以智慧為首生死以三毒為根若能禁酒是防止意地三毒長養出世智慧也是為開五戒出十善十善是舊法輪王所用亦名性罪性善都是一切罪之根本又五戒對五陰不殺即色陰不盜即受陰不婬即想陰不妄語即行陰不飲酒即識陰五陰開四念處

念處開三十七品三十七品開三脫門三脫門開涅槃故云色能發戒受受禪定想慧悟虛通行發解脫識即知見當知五戒能成五分法身辦二乘之法也又五戒亦是大乘法門提謂經云五戒是佩長生之符不死之印即常德也出入無亂住還無閒即淨德也統

約一　十三

御一身即我德也以立道根即樂德也此是五戒對四德束五戒爲三業即對三無失三不護三輪不思議化三密三軌三身三佛性三般若三涅槃三智三德等無量三法門橫竪無邊際與虛空法界等亦是無盡藏法門亦是無量義三昧舉要言之即是一切佛法也復次害命名事殺不害命名事不殺法門解者析法名理殺體法名理不殺當知不殺之戒種種不同論其果報亦復不同若作意防護如馬著勒如牧牛執杖者報在人道百二十年唯得肉眼無有四眼若任運性成如河注海者報在六天極長者九百二十六億七千萬歲唯得天眼未得三眼若加脩客戒無常苦無我等慧者報在變易壽七百阿僧祇唯得慧眼未得二眼若加脩常無常等慧報在蓮華藏海受法性身分得五眼分得常壽比佛猶是諸根不具壽命損減況前諸根諸壽耶若圓教人持事不殺戒又持理不殺

戒不壞於身而隨一相不斷癡愛起於明脫體陰界入無所毀傷若子若果不生不滅成就智慧居常寂光土常壽湛然五眼具足得根自在耳見眼聞得命自在脩短自仕是則名爲究竟持戒諸根具足命不損減也又圓教人何但持之是戒唯殺唯慈亦作事殺亦作理殺如仙豫大王殺五百婆羅門與其見佛之眼與其十劫之壽又作法門殺者析蕩累著淨諸煩惱如樹神折枝不受怨鳥如劫火燒木灰炭雙亡故鴦掘云我搯斷陰界入不能持不殺戒一切塵勞是如來種斷此種盡乃名爲佛成就金剛微妙法身湛然應一切唯殺唯慈垂形九道隨其所宜示長短命任其所見用缺具根而化度之前諸戒行淺近隘塞非是通途圓戒宏遠徑異會同故名究竟持不殺戒也不殺之戒人天已上極佛已還曠大縱橫其義如是云何而謂是小乘數耶復次不與取名事盜與取名事不盜法

約一　十四

門解者如佛言曰他物莫取名法門不盜菩提無與者而取菩提是名法門盜不盜之戒種種不同若持戒作業求可意果可意果者無常遷朽悉是他物與如糞果害如毒食有智之人所不應求設使得之心不甘樂云何殺勤飲苦食毒而自毀傷貧窮四姓即此三

界洄澓困苦豈過有流三障障佛第一義天之所捨離是名爲盜非不盜也又二乘之人以四諦智觀身受心法厭惡生死欣求涅槃涅槃心起爲自爲他爲共爲無因介爾心生即取他物即非時取證即不待說所因焦種不生見苦斷集脩道造盡非求法也謂有涅槃成涅槃見若有著空者諸佛所不度身長三百由旬而無兩翅墮三無爲坑受若死若死等苦法華云飢餓羸瘦體生瘡癬豈非貧窮困苦邪淨名云不見佛不聞法不入衆數豈非第一義天遠離邪此猶名盜非不盜也若別教菩薩次第行次第學次第道從淺至深捨一取一來已更復來去已更復去悉是厤於來去相亦是不與而取取已而捨亦是貧窮捨已更取數數去取即是困苦不即與第一義相應即是遠離此猶名盜非不盜也圓人觀諸法實相受亦不受不受亦不受亦受亦不受亦不受非受非不受亦不受不受

約一　十五

亦不受不取是菩提障諸顛故是法平等無有高下不高故不取不下故不捨如是觀者觀如來藏具足無缺是如意珠隨意出寶即脩羅琴任意出聲即是大富大富故無取無取故即第一義第一義故天不遠離也是名究竟持不盜戒也圓人復有盜法門菩提無

與者而取菩提如海吞流不厭萬派如地荷
負擔四重擔衆生悉度煩惱悉斷法門悉知
佛道悉成此義可知不能多說前諸戒行淺
而且塞非是通途圓戒宏遠徑異會同故名
究竟持不盜戒也復次男女身會名事婬不
會名事不婬法門解者若心染法是名爲婬

不染法名爲不婬不婬之戒種種不同若關
禁七支如猴著鎖擎一油鉢過諸大衆割捨
觸樂求於未來淨潔五欲如市易法以銅錢
博金錢此乃增長欲事非不欲也若爲生天
故持戒如羝羊相觸將前而更却帝釋共八
十億那由他天女繼遶嬉戲看東忘西欲纏
不足化爲老脩羅納舍脂使諸天亡身失首
又見仙人入定汙弄其女仙從定起釋羞自
化爲羝羊仙人咒之千根著身無能却者後
來懺謝變爲千眼是亦增欲非不欲也若斷
欲界麤弊之欲染著色無色界禪定之樂如
氷魚蟄蟲壟長壽天是爲一難貪著禪味名
爲大縛是染欲法非不欲也若憎惡生死如
怨如蛇愛說涅槃如親如寶奔之直去涉路
不廻諸有色聲不能染屈如八方風不能動
須彌若聞菩薩勝妙功德甄迦羅琴聲迦葉
起舞不能自持隨嵐風至破須彌如腐草是
染欲法非不染也若菩薩惡生死如糞穢惡

涅槃如怨鳥捨於二邊志存中道起順道法
愛生名頂墮是菩薩旃陀羅既無方便此慧
被縛不能勝怨已所脩治爲無慧利是染欲
法非不欲也圓人觀一心三諦即空即假即
中即空何所染即假何所淨即中何所邊即
空即假何所中即空故無我人十六知見慠
約二　十六
正等愛即假故無空無相願等愛即中故無
佛菩提轉法輪度衆生等愛三諦清淨名畢
竟淨是淨亦淨經言唯佛一人具淨戒餘人
皆名汙戒者圓人行於佛法即究竟持不婬
戒也圓人又有染愛法門如和須蜜多女人
見人女天見天女見者得見諸佛三昧執手
者得到佛刹三昧歐者極愛三昧抱者冥如
三昧各各皆得法門亦如魔界行不汙戒菩
薩變爲無量身共無量天女從事皆令發菩
提心如維摩詰若入後宮後宮中尊化正宮
女先以欲鉤牽後令入佛道斯乃非欲之欲
以欲止欲如以屑出屑將聲止聲前諸行淺
塞非是通途圓戒宏遠徑異會同是名究竟
持不婬戒也復次不見言見見言不見名事
妄語法門解者未得謂得未證謂證名爲妄
語妄語多種諸欲求時苦得時多怖畏失時
懷憂惱諸欲無樂時凡夫癡人於下苦中橫
生樂想豎我慢幢打自大鼓謂色即是我我

即是色色中有我我中有色執有與無鬪執
無與有鬪依止斷常起六十二戲論破慧眼
不見於真實增見長諸非吾我毒甚盛備口
四過略標妄語爾三十三天黃葉生死謂是
真金非想自地具細煩惱謬計涅槃此非妄
語誰是妄語邪二乘之人競執瓦礫歡喜持
約一　十七
出生滅度想生實未盡寧得滅度生安隱想
所作未辦寧得安隱淨名云佛爲增上慢人
說離淫怒癡名爲解脫其實未得一切解脫
未得謂得豈非妄語邪佛爲別教人以四門
說實相執於一有隔礙三門乃至執非有非
無而隔有無夫實相者言語道斷心行處滅
云何以字字於無字云何以數數於無數豈
非妄語邪圓人如實而觀如實而說如實觀
者非內觀得是解脫非外觀非內外觀非離
內外觀亦不以無觀得是解脫如實說者一
切實一切不實一切亦實亦不實一切非實
非不實如是皆名諸法實相經言諸佛皆實
語佛語實不虛能以一妙音徧滿三千界隨
意之所至隨諸衆生類各各皆得解即是以
佛道聲令一切聞也圓人亦有妄語法門無
車說車誘戲童子無樂說樂止彼啼兒若有
衆生因虛妄說得利益者佛亦妄說經言我
是貪欲尸利我是瞋恚尸利愚癡尸利然實

非也我是天是人實非天人我是龍鬼實非龍鬼特靈以出靈令得不靈爾前諸行淺近隘塞圓行深遠夷坦無礙僅異會同故能如此是名究竟持不妄語戒也復次若穀若草昏心眩亂者名事酒法門解者迷惑倒見名之爲酒倒見多種夫酒爲不善諸惡根本能生三十六種之失招於五百世中無手慢刑失禮發出伏匿眠臥糞穢播揆水火過患如此人猶尚之晉世引滿稱蔡能覩朝清濁爲賢聖畢卓自署爲酒徒鄭泉自擔爲酒壺竹帛載之古今歌之不應作而作不應歌而歌非醉酒是何釋論云有一法師爲王說五戒罪福王難云飲酒招狂飲者甚多狂者何少邪法師舉手指諸外道而已更言餘事外道倘張云王難甚深是先高座更不能答王云法師答竟狂亦不少指汝等是將護不彰爾此即世人之醉也又貪如海納流無有滿時瞋如火益新展轉彌熾癡如膠黏結如冰足

約一　十八

水八萬塵勞煩惱其心無暫停住掣電蛇舌颮燄獼猴五欲攪作無時不醉大經云從昔已來常爲聲色所醉流轉生死三界人天通有此醉也若二乘之人雖斷九十八使四住煩惱無明未吐如半痓人大經引醉歸之人世間無常樂而言我淨如來實我淨而言無常樂如彼醉人見日月轉此二乘醉也菩薩之人無明未盡不了了見菩薩行故見不了了如遠望大舶遥觀鵝鴈夜覩畫像遠視人杌亦如醉人朦朧見道如是等無量譬喻顯於菩薩未得明了故迦葉云自此已前我等悉名邪見人也此菩薩醉也圓人行觀來行具煩惱性能知如來祕密之藏雖有肉眼名爲佛眼所可見者更不復見故文云入深法性即於此典金光明中而得見我釋迦牟尼大經云了了見佛性猶如妙德等是則五住正習一時無有餘酒法既除何所可醉是爲究竟持不飲酒戒也圓人亦有飲酒法門奮搖云持真空餅盛實相酒變化五道宣揚哮吼波斯匿醉轉更多恩來利后飲佛音持戒入于酒肆自立其志亦立他志夫得其門者道順俱當失其柄者操刀傷手前諸行淺近隘塞圓行宏遠徑異會同故能如此是名究竟醉醒無二也上觀四諦智名四佛觀五佛

十九

云何觀觀五戒實相覺智清淨即是觀心中見五佛也次破煩惱障指愁憂恐怖一句是也上來諸事或約內身或約外報是報障義便此一句尊明心爲煩惱障便

金光明經文句卷第一　　約

金光明經文句卷第一

校勘記

一　底本，明永樂南藏本。此本分六卷。金藏廣勝寺本分三卷。見存卷上、卷下二卷。除缺卷中外，卷上尚缺開首四張，不宜作底本。玆將其殘卷附於南藏本後供參考。

一　二九二頁上二行「天台」，徑、清作「隋天台」。以下各卷同。

一　二九二頁下一至二行「阿堀」，徑、清作「阿漚」。下同。

一　二九四頁下一〇行第一二字「明」，徑、清作「歎」。

一　二九六頁上四行第九字「也」，清作「今」。

一　二九六頁上一六行「阿閦」，徑、清作「阿閦」。

一　二九六頁中一三行第一〇字「傳」，徑、清作「轉」。

一　二九九頁中四行首字「杌」，徑作「杭」。

金光明經玄義拾遺記卷第二

天台智者大師說　門人灌頂錄

報障如上可解煩惱與業云何數人云數起而輕名煩惱數起而重名爲業天台師云任運常有是煩惱卒起決定心發動身口必牽來報者是業若爾星災異都不關心云何是業障此乃外相表業將起是業責報之相即得是業障也若煩惱業轉報未必轉若報轉業煩惱必轉通論見思煩惱皆有愁憂恐怖別論愁憂屬見煩惱恐怖屬愛煩惱今不具記云三破業障者從惡星災異下是也業將感報故其相前現相名表發意在此也惡星者別有客星也亦是五星二十八宿一方有七四七二十八也違其度數失其分野若熒惑亂行欃彗暴出是客星也災異者風雨雪霜乖候等是也衆邪者有三人邪鬼邪法邪是也蠱道者毒鬼也又言三毒是蠱也變怪者詭怪也謂禽獸醜惡形聲等是也惡夢者心靈潛密業現其中夢見不適意事是也夫諸業表報不出五罪若惡星表亡身失命者殺生業相也惡星表神奔困窮者竊盜業相也惡星表親離幽厄者淫罪業相也惡星表誣枉譏謗者妄語業相也惡星表喪失財産者飲酒業相也其餘災異怪禽惡夢等隨其時節各有所表細心推詳不出五罪之報行者知解推之何須折箋鑽龜問管公明邪從當淨洗浴下二舉方法能空於惡也前業相外彰報對不久內無方法何以禳之約其三業作三德之方以事表理也洗浴臭體擬作法身緘口攝耳擬聽般若至心淸淨擬作解脫前令洗浴內身後更勸淨外服內外相成爾前但令聽後誡令專聽節重緘口爾前令至心後示至心之境成其方法爾夫人身本於不淨蓮華本於淤泥譬如旃檀生乎伊蘭世間現見也今近因三業規矩遠成三德妙義可不信哉洗浴法身能禳報障攝耳緘口能禳煩惱障至心能禳業障云從是經威德下四結成也能悉消除者明三障轉也今其寂滅者三德成也寂滅祇是涅槃涅槃祇是三德前三業方法旣成三障理數應轉三障旣其已轉理數成於三德報障轉成法身德煩惱障轉成般若德業障轉成解脫德前寄事相將淺以表深後明寂滅將深以結淺經文綿密見之者寡云護世四王下敘流通中品皆如上說

釋壽量品

佛本無身無壽亦無於量隨順世間而論三身亦隨順世間而論三壽量法身者師軌法性還以法性爲身此身非色質亦非心智非陰界入之所攝持彊指法性爲法身爾法性壽者非報得命根亦無連持彊指不遷不變名之爲壽此壽非長量亦非短量無延無促彊指法界同虛空量此即非身之身無壽之壽不量之量也報身者脩行之所感也法華云久脩業所得涅槃云大般涅槃脩道得故如如智照如如境菩提智慧與法性相應相冥相應者如函蓋相應也相冥者如水乳相冥也法身非身非不身智旣應冥亦非身非不身彊名此智爲報身也法壽非常非無常智旣應冥亦非常非無常彊名常爲壽也法旣非量非無量智旣應冥亦非量非無量彊名無量爲量也應身者應同物身爲身也應同連持爲壽也應同長短爲量也智與體冥能起大用如水銀和真金能塗諸色像功德和法身處處應現往能爲身爲非身能爲常壽爲無常壽能爲無量能爲有量有量有二義一爲無量之量二爲有量之量如七百阿僧祇及八十等是有量之量如山斤海滴實莫數此是有量之無量應佛皆爲兩量逐物隨緣參差長短然此三身三壽三量不可並別一異則乖法體即一而三即三而一乃會

玄文故下文云如源法性即於此典金光明
中而得見我釋迦牟尼即其義也但信相偏
疑應身之有量四佛偏舉應佛之無量斷其
有量迹疑旣除深達報法若從信相所疑應
言壽有量若從四佛釋疑應言壽無量而今
不道壽有量不道壽無量直言壽量者意欲
圓論三佛之壽量故不偏題取意爲釋若從
義便正是報身之壽量何故取此報身上冥
下應上冥法性即非量非無量下應機緣能
量能無量量疑牽無量之荅即違於圓經家
從其生圓解而題品舉一而蔽諸從此義故
題為壽量品又一時重解壽量品亦作三重
一玄義二引證三還源玄義者壽者命也謂
報得命根連持不斷名之為壽延促期數名
之為量故言壽量也此釋應佛因緣之壽量
也又壽者受也境智和合共相盛受謂無分
別智盛受無分別境無分別境盛受無分別
智如函大蓋大故壽是受義也量者相應也
境智相應故言量此釋報佛之壽量也又壽
者久也常不變易稱之爲久量者銓量也常
久之壽非多數非少數非相應盡知非相應
不盡知非可說非不可說無以名之彊以銓
量說其長久此釋法身之壽量也初番爲二
一有量量如釋迦之壽方八十是也二量無

量如彌陀之壽實是有量人天所不能測故
言量無量也此量無量皆應佛所爲也第二
番亦二義佛以如如智稱如如境境無分別
智亦無分別若境稱於智智有分別境亦有
分別此知與不知皆報佛所明也第三番亦
二義一者深寂不可說二以慈悲方便亦可
約二
得說此可說不可說皆法佛之法也二引證
四
者方八十年證有量也諸天世人八部之衆
無能思筭山斤海滴不可數知此證量無量
也虛空分界不可齊限證境無分別也又唯
除如來證智可分別也又下文云智淵無邊
法水具足亦是證智也壽不可計此證不可
說也將欲宣暢釋迦如來所得壽命此證慈
悲可說也又聞是四佛宣說如來壽命無量
證大悲可說也新本明婆羅門求佛舍利如
粟大求六天報即證有量也王子說金光明
難思難解福報無邊福報無邊是證量無量
難思難解即總證智境不可說等云云三還源
者亦云復宗釋此壽量雖作三身六義勿作
異解秖是經題金光明義爾初番量無量者
秖是明義以其明故大小長短延促數量悉
現明中還是明義爾第二番智境函蓋體解
相應色大故般若亦大以法常故諸佛亦常
還是光義也第三番可說不可說常樂我淨

說滿法界法性無所盈都無一言法性無辯
擯還是金義夫解一則千從迷一則萬惑即
此義也旣是兩時之聞兼而錄之云云此品正
說而序文未盡分別如上從王舍城下是第
三疑念序文爲二一出人二明疑出人爲四
約三
一出處二明位三出名四歎德處如文菩薩
五
者菩名道薩名心自行此道復能化人故言
摩訶薩依勝行立勝位也信相者信家之相
在似道中別判三十心圓判鐵輪位下文云
見有一人似婆羅門以枹擊鼓鼓是法身聲
是機動似位機與知非真聲又真似之位地
地相隨無位不有如普賢修普賢行滿位鄰
尊極此似則高信相稱似道者未敢判其高
下也難者言若同普賢言似者何故有疑此
亦非妨菩薩爲疑者作發起人爾又佛地未
了疑無所嫌法華中補處彌勒亦復懷疑大
集中有生疑菩薩於菩提未了菩提爲我作
名名爲生疑難者言見諦已斷疑十地云何
疑荅言見諦斷通疑十地有別疑也觀解者
心王名王五陰名舍觀此五陰空寂空寂即
涅槃涅槃能防非禦敵呼之爲城初心後心
常觀涅槃行道故是住處也歎德文爲二外
供養佛內種善根此菩薩殖善旣深多值諸
佛作高位解釋亦應無媿色云云供養有二義

一財供養可解二法供養佛說百千法門讚而脩學名法供養觀心解者一念覺了心名爲佛無量功德心資此覺心令轉明淨名供養佛如膏資火如食益身如禪發慧皆供養義也種善根者法性名地觀法性智名種子常以觀觀名下種久習不退名種久五番嚴

生名增長增長由風動日照雨潤漸增哉好風辭佛身輪月辭佛意輪雨辭佛口輪值佛三事能大利益楞嚴般若增法性轉顯法性若顯定慧倍明殖種值佛二義相成舉此一變歎菩薩德也從是信相下正明疑念序又爲二初疑之由次正生疑由有遠近遠由三月唱入涅槃近由敘述若有聞者則能思惟無上之義又云由乎本揩擊動生疑何因何緣者通論三種皆名因而此文既略緣了相資共能顯正正當於因緣了當緣正因常恒壽命無量緣能顯理境常智亦常此因此緣皆非八十之因緣今方八十是何因何緣是故生疑也方八十者世壽有三品下方四十中方八十上方百二十下方少夭上方太老中方不少不老表常又十二因緣第八名愛支八十滅者表愛已盡入有餘無餘涅槃愛盡無縛表我涅槃表樂又中方表中道佛樂中道中道表淨爲此義故方八十年也信

相不作此解是故生疑何因何緣也從復更念言下是正生疑如佛所說者此執教疑理教詮止行二善感壽則長佛昔行因甚多而今果壽極少理教相違不能不或若無此理教爲虛設若其必然長壽安在是爲執理而惑教也有二因緣者與前爲異前合止行同是緣了今就止行自作因緣十善中一一善皆具止行不殺是止善放生是行善不盜是止善施食是行善今經舉不殺家之止善不盜家之行善互舉一邊共明止行若備論者一一皆有止行止之與行須明也今就一一各有因緣夫命是衆生之所共惜奪而害之居然大苦宥而放之則爲快樂慈心是因不畜殺具是緣此是止善因緣也夫食是依報得之則命存失之則壽殞施心是因施具是緣此行善因緣也不殺一條既爾乃至不邪見亦復如是摠有止行二十善四十因緣此等因緣俱感長壽佛之止行二善累高於山積厚於地云何今日八十而終此約因果一途論止行二善但作此解於義未允今當更說人天之因以五戒十善名之爲命三乘行人以智慧爲命魔名殺者若遮奪此事即是斷人天命若不遮奪名爲止善方便勸脩名爲行善若破壞三藏法名殺二乘人命若不

毀傷名爲止善方便勸脩名爲行善若毀訾事理乃至毀訾世智名斷六度菩薩命若不障礙名爲止善方便勸脩名爲行善若脩體法斷貪恚癡是二乘命若障不令脩名斷二乘命若不障者名爲止善方便勸脩名爲行善非撥體空則斷通教菩薩命若不障者即是止善方便勸脩即是行善若毀訾漸次是斷別教菩薩命不作障礙即是止善方便勸脩即是行善若誹謗圓融即斷圓教菩薩命亦斷佛命若不留難即是止善方便勸脩即是行善圓人非但不壞諸法而隨一相即殺諸法而隨一相如仙豫大王害五百之短命施十劫之長齡如佛斷一切煩惱及習一切無有餘此皆言逆而理順非小行者所行如上所論一一法皆有止行二善一一善皆有因緣若得此意歷諸法門浩然若海故大經云行檀波羅蜜得壽命長菩薩行檀則施衆生無量壽命乃至行般若得壽命長菩薩行般若則施衆生無量壽命即其義也而我世尊行無不圓果無不滿云何今日方八十年次明施食者百味甘漿等依報食也身肉骨髓者正報食也此皆事中施食爾經言法食法食者世間法味出世間法味出世間上上法味菩薩能爲一切衆生作大施主令未發

心者迴邪入正已入正者增長萌牙如陰陽
養卉如父母鞠子多積繒纊令墮地不痛所授
以五戒十善巳持五戒者說三界火猛多所
燒害讚歎三乘無繫解脫巳入證者毀呰小
乘敗種焦穀讚歎菩薩所行之道設飢國人
大王之膳煩惱爲薪智慧爲火以是因緣感
約二
涅槃食令諸弟子皆悉甘耆如是等八一切法
門悉名法食一一法皆具止行二善一一甚
具因具緣此諸因緣感長壽果而我世尊行
無不圓果無不滿云何今日方八十年觀心
不殺者無明爲父貪愛爲母若斷此者即成
逆害但觀無明即是明愛即是淨體違能所
皆如虛空是爲止善觀諸心數亦復如是是
名行善能如是觀獲得金剛常住之壽也已
身骨髓血肉者此彼相望此爲已身智慧推
之非已身也如王子飢虎尸毗貿鴿皆捨父
母遺體非捨巳身巳身者法性實相是也釋
論云持戒爲皮禪定爲血智慧爲骨微妙善
心爲髓爲他說戒戒能遮罪脩福無相最上
非持非犯尸波羅蜜者是施已皮也說諸禪
定神通變化不起滅定現諸威儀者是施已
血也說無著妙慧非智非愚亡泯清淨終日
說終日無說其所說法皆悉到於一切智地
者是施巳骨也檀忍等應是肉也說甚深法

性諸佛行處不一不二言語道斷心行處滅
微妙中道者是施已髓也將此充足飢餓衆
生況餘飲食餘飲食者即是人天二乘戒皮
定血慧骨真諦之髓爾法華云於餘深法中
示教利喜者即其義也如來往昔隨他意說
無量無邊隨自意說亦無量無邊皆是長壽
約二
因緣云何今日方八十歲也從大士九如是至
心念佛思是義時此一句結前開後至心者
徹到心源盡心實際故言至心觀心既然觀
佛亦爾故言念佛念佛不殺施食與法性虛
空等如此之壽不應短也是爲結前開後者
由作此觀機動瑞與故言開後也從其室自
然下是第四現瑞序瑞者蜜報相者表發密
報四佛當臨此室爲爾斷疑表發增進常因
感得常果也問佛作此瑞信相福作荅信相
無機佛亦不應若無諸佛機無所扣機應相
須瑞以之興問衆緣感瑞信相獨感荅通由
衆緣別在信相若瑞在靈山可非其力室中
所見豈不由之譬張家降瑞寧得王家受福
雖然信相是發起之人無容獨善法華云如
爲一人衆多亦然就文爲二一現相由二正
現相取結前開後之文爲現瑞之由從其室
自然下爲正現相也正現相又二一別現相
二總現相從其室自然下是別現相從舉要

言之下是總現相別相爲十表十地因成也
總相爲一表因成一果也又別相表地地各
各增益總相表一地具諸地功德也問此經
常果爲宗何得作相表因荅此因是果家之
因因必成果不乖宗也問前判信相是似位
後相則非其徵若似同普賢前相亦非甚兆
荅一往云十地一地之中皆有諸地功德豪
報利益前後皆靈也經家不定判位秖可從
容不得尅斷也別相有十者一其室廣博二
其地寶嚴三妙香氛氳四高座涌出五佛坐
華座六放大光明七雨諸天華八作天妓樂
九皆受天樂十根缺者具此之十相表報十
地功德止可斐亹擬議不得責其備悉其室
自然廣博表初歡喜者此地初開過於凡聖
故以廣博表之嚴淨瑠璃間錯表離垢地者
此地對戒戒是諸行基壇諸行莊嚴於戒故
以間錯表之香氣表明地者其地對忍唯辱
約二
而忍增如烟多則香盛故以香表之高座表
炎地者其地對精進精進膋出衆行故以高十
座表之佛坐其上表難勝者其地對禪禪有
神通轉變大力故以佛表之光明表現前者
其地對般若般若洞照故以光明表之天華
表遠行者其地對方便方便善巧觸處嚴淨
故以天華表之作樂表不動者其地對力力

能利安一切如妓悅物故以作妓表之受樂
表善慧者其地對願願滿則心喜故以受樂
表之根具表法雲者其地對智因中衆行故
智慧爲首智導諸行躡階而圓故以根具表
之云云復次十相表一一地中具諸功德且約
初地釋之其室自然廣慱嚴事者此相表初
地智也室者以五陰爲室此陰非陰亦非非
陰不爲陰非陰所作亦不作陰非陰故言自
然不得陰不得非陰二邊虛豁故言廣慱非
直空無二十五有二種涅槃亦有因中十力
無畏種種功德而莊飾之故言嚴事嚴事即
假智廣慱即空智自然即中智三智一心中
具足是故歡喜天紺瑠璃雜廁間錯以成其
地者此相表初地所照境天紺瑠璃瑩淨明
徹表真諦境雜廁間錯種種莊嚴表俗諦境
猶如如來所居淨土至聖所居極尊之地表
中道第一義諦境一地而三相三相而一地
表一諦而三諦三諦而一諦有妙香氣過諸
約二
十二
天香者此相表初地慈悲功德慈能與樂如
香氛氳悲能拔苦如香離臭此慈悲豎高故
言過諸天香此慈悲橫闊故言徧滿徧滿一
切陰界入中無不溥覆也其室四面有四高
座者此相表初地四德四德是祕密之藏佛
住其中如高座可坐爲坐諸佛也有四如來

者此相表初地覺四德智智與德冥如佛坐
座也放大光明者此相表初地自行化他照
此土表自行照他土表化他也雨諸天華者
此相表初地四辯華雨於空如辯詮於理也
作天妓樂者此相表初地四攝四攝攝物如
樂樂他也受天快樂者此相表初地法喜法
喜澄神如受天樂根缺具足者此相表初地
諸根互用耳見眼聞一根之中具足諸根之
用也初地功德佛辯所不能宣略舉十相表
其梗介爾初地既然一一地亦復如是復次
十相表初地自行化他功德前五相表自行
功德後五相表化他功德其室廣慱表自行
之解若天紺瑠璃表自行之法身有妙香氣
表自行之解脫高座華衣表自行之因成佛
坐座上表獲記成佛也後五相表化他功德
者放光表意輪益物也雨華表口輪益物也
作樂表身輪益物也又表能令衆生轉煩惱
障而受法喜之樂根具表能令衆生轉報障
也初地既然後一一地亦復如是從一切世
間下是摠現相也別相文廣意略摠相文略
意廣此表十地因成一果究竟具足也一切
者該十法界世世間者包三世間也未曾有
者因中所無也悉具現者因圓理顯也國土
世間未曾有則實相滿衆生世間未曾有則

根若滿五陰世間未曾有則解脫滿舉要者
實相是要實相既圓何法不滿邪從信相歡
喜下是第五黙念騰疑序文爲二初見相歡
喜二黙念陳疑歡喜者既因心疑覩瑞見佛
必知聞法是故歡喜從至心念佛下是黙念
求決也夫疑情不可又處是故騰疑念釋迦
約二
十二
如來無量功德相好光明神力說法皆不生
疑唯壽命中心生疑或云何佛壽中八十年
念此覆心故黙騰求決也而不發言者四佛
適現威尊敬重不敢發言疑既覆心不得不
念又前黙念而感瑞今承前黙念以求決爾
從尒時四佛以正徧知下是第六止疑序文
爲二一正止疑二釋止疑疑蓋覆心聞法不
解故先止之例如見諦先斷疑方進脩道也
若信相實疑宜須折止若是起教因其訓人
從汝今不應下正止疑也云何不應有三不
應一大用不應八十者是佛大用是故不應
二法性海深非言思所測三以信能入以智
能度汝信智未具豈度量所思釋論云無量
法欲量是人為覆溺故將不應而止之也何
以故下釋三不應之意舉八衆皆不能量者
釋法性不應也法身菩薩法性淨土故不在
言生身菩薩若在家為天龍等所攝若出家
為四衆所攝若法性身施權亦為八衆所攝

若凡若聖悉不能思筭也唯除如來者釋論
度不應也若如如來是則能知既未如如來
那忽能知舊用此語為智所知知是無常可
量之法天台師云不爾如來有無量常智能
知無量常法豈可以常智所知判為無常邪
智性既冥大用可解是釋三不應也從時四
約二 十五
如來下是第七集衆序餘經或先集衆後現
瑞此經先現瑞後集衆前後互出爾時者將
欲宣暢之時也衆者欲色界諸天也信相一
人利益者少有緣若集所益處多是故集衆
衆有四種一發起衆信相樹神等是也二當
機衆聞即得道者是也三影響衆從十方遠
來者是也四結緣衆當座雖未得道作後世
因緣者是也如流水為魚說法遠作今日得
悟因緣即其事也此經集天龍衆與華嚴意
同亦集人衆而文略新本中有無量百千婆
羅門衆懺悔品初信相及眷屬詣耆闍崛山
即是人衆也相承云此經與冥道相關正集
天龍略不說人爾據瑞中云一切世間未曾
有事悉具出現不見與二乘記但明常辨性
與般若方等意同故判屬方等教攝此中應
論乘戒緩急四句判出天龍生處得道不得
道權實等事如別記云云齊此判屬序段者文
云將欲宣暢大衆雲集豈非序之明證邪序

分竟從尒時四佛下三品半文是第二正說
段凡三說不同一云壽量明常果為宗常果
契性性即是體二義宛然不須多或下懺悔
品滅惡讚歎品生善空品導成即是經用也
二云壽量明宗懺歎明用空品明體此乃以
因中所用之性為果上所顯之體於義不便
故不用之三三藏云正說有兩段壽量是果
段三身是因段二文各有序虛空藏問為因
段序直是發問於序義弱師云三身成果上
義非因義也是故不用初家所說好與今意
同新舊兩文凡三處明宗初是四佛拂疑明
應化之壽非思筭所知迹既長遠本難窮極
上根人聞迹悟本也若未悟者王子明蚊蚋
脚可以作城棲鼠登兔角摘食月除脩羅明
法身無舍利如來真實身舍利無是處中根
人直聞理本而悟迹也若未悟者釋迦論三
身共說廣分別之本迹俱解是為三番明宗
顯體懺品別論滅惡通亦生善歎品別論生
約三 十六
善通亦滅惡空品導成俱是經用也今之四
卷止有一番明宗文為四初四佛說偈二信
相歎喜三當機得道四四佛還本說偈又二
一經家敘二四佛偷說問四佛說偈為各為
共答經既無文不可定判或宜聞共說異口
同音或宜聞別說各引一偈見亦如是若見

四佛同尊特身一身一智慧者即是常身弟
子衆一故若見四佛佛身不同即是應化弟
子衆多故分八偈為二意初云前四偈立辭
次一偈合辭次二偈斷疑次一偈結釋次云
前四偈為辭本後四偈合釋兩途俱可用舊
云四偈止辭其壽長更無別意是義不然諸
佛之教上中下善其言巧妙其義深遠此中
正是常宗斷疑一經之要處何容無義且作
三意消文一對四諦二對四念處三對四德
四諦理通因果四念論因四德論果若論果
壽宜對四德果不孤起故念處明因因果有
本故對四諦也上以四佛對四諦智今以四
佛所說對四諦理舊讀四諦文云知苦如苦
相知集如集相相是其事齊事而知於理不
顯今明知苦如苦相如是其理相是其事即
事而真事理雙達餘三諦亦如是如是釋者
於四諦理義便也又一解知苦是知俗如是
知真相是知中中是實相故今以相為中也
約二 十七
此則三諦具在一文知苦既然下集道滅亦
如是云云明識四諦是脩長壽境故約四諦對
偈也一切諸水者此對集諦大經云有河洄
澓沒衆生即其義也水體潤生如集能資長
鼓怒浩瀚無處不有集亦如是沒溺凡聖亘
界内外也諸須彌山者此對苦諦小般若以

身爲須彌即其義也山體結構磐峙水上如
苦報積聚爲集作果繫縛界内外色心也大
地微塵者此對道諦法華云其所説法皆悉
到於一切智地即其義也地體能容載水陸
兩途如通別道到此彼岸虛空分界者此對
滅諦法華云常寂滅相終歸於空即其義也

空體盡淨五翳所不能染三光所不能淨如
滅諦滅無二十五有及滅化城涅槃也四諦
理徧一切處即法身四諦智稱境而知即報
身從體起用同其長短即應身信相但見應
短不見應長應尚不達寧知報法四佛舉四
喩喩其應長水滴山斤地塵空界尚無能思

筭得其邊表況復智冥於法淵哉玄哉信無
底際曠矣大矣豈有根涯舉應迹以釋報法
豁然明悟斷疑之巧爲若此也釋此偈妙爲
若此也行者思之思之四偈對四念處者念
處之觀本在苦諦唯應約須彌山偈而論今
則通對也一切諸水對受念處受能含納如

海多容故也須彌山對身念處色相與質礙
相類故也大地對於想行念處想取行行如
地容載故也空界對心念處心但有名如空
無相故也若觀四念處是脩長壽因若念處
得道即是長壽果故用念處對四偈也若觀
四枯念處破凡夫之四倒若觀四榮念處破

二乘之四倒若觀中道念處則非榮非枯於
其中間而般涅槃成五種解脫謂色解脫乃
至識解脫五陰縛名五解脫洞達五陰空
無所有名五般若冥五陰理名五法身雖三
分別不一不異不縱不横名祕密藏號大涅
槃仁王呼爲法性色法性受想行識陰之法
約二
十六
性即是法身智冥法性即是報身法報皆非
常非無常而能起用爲常爲無常常用則長
無常用則短信相但見無常不能見常於用
未達況解其本四佛舉喩明其用常迹常無
邊非思筭所得況復體理寧可心知信相迷
除豁如雲卷斷疑之巧爲若此也四偈對四

德者水潤生榮對常德山能高出對我德碎
地爲塵對淨德空無苦受對樂德四德成就
是果上所尅果與理冥冥於非常非無常能
起常無常用冥於非我非無我起我無我用
冥於非淨非不淨起淨不淨用冥於非樂非
不樂起於樂無樂用信相但見無常無樂不

見常樂於應尚迷何能識本四佛舉四德之
用非思筭所知體本報法杳然慮外信相聞
説非但疑除惑斷增信生解故歡喜踊躍得
之於懷云云億百千萬下合辟偈也舊解有二
失一僻取文二偏執義舊云四辟皆有齊畔
可盡之物百千是數法數必有窮據此爲無

常今釋不爾四佛引四辟者乃是舉量以況
無量量物尚非思筭所知無量之法寧可商
度億百千萬此舉數法以明無數汝既不能
數數那能知無數縱令知數知無數知量知
無量者秖是化用都不關體本僻取之失非
但自毀又亦誣經偏執義者三身品云化身
約二
十七末
亦常處處説法是故爲常當知化身備有常
無常義舊人那忽一向無常云云以是因緣下
兩行斷疑偈也若作因緣者因親緣踈命是
正報不殺爲因食是依報施之爲緣以此因
緣得壽命長若作二緣者不殺是不殺戒家
止善施食是不盜戒家行善互舉止行俱是

二緣法性善根心名之爲因止行福慧等併
皆是緣緣能顯性會非常非無常能常能無
常法食不殺等皆如上説脩因既長得果又
長顯體又長起用又長破其短疑也是故汝
今下一偈結成也尒時信相下聞偈斷疑生
信也聞壽命無量者解迹中之能常其壽無

量也疑去者解迹中之能短其壽八十也深
心信解者悟其本識非量非無量也踊躍者
登位也歡喜者信生也別教釋者信相似位
中疑惑去登歡喜地中信生也圓教釋者信
相鐵輪位中疑惑去入住銅輪位中歡喜也
若作普賢似位釋者下地中疑惑去十地頂

深信堅固猶若金剛鄰真接極而生歡喜也從說是如來下是第三當機上根初悟也從時四如來下第四息化也佛本爲緣與緣已利益則攝化還本故言忽然不現也觀解者諦境發智覺慧相應深觀此慧亦不得慧亦不見境境智俱寂即是不現義也云云

卷終

金光明經文句卷第二

校勘記

一　底本，明永樂南藏本。

一　三〇〇頁上二三行第五字「謗」，清作「諦」。

一　三〇〇頁中一四行末字「令」，徑作「今」。

一　三〇一頁中一六行首字「乗」，徑、清作「乘」。

一　三〇二頁上七行第一六字「茷」，徑、清作「茂」。

一　三〇二頁上八行「輪月」，徑、清作「輪日」。

一　三〇四頁中一〇行「梗介」，徑、清作「梗槩」。

一　三〇五頁上一六行第六字「而」，清作「即」。

一　三〇五頁中一六行第三字「閒」，徑作「無」。

一　三〇六頁中四行「陰理」，徑作「陰現」。

一　三〇六頁下三行第一四字「汝」，徑作「法」。

一　三〇七頁上末行第一一字「現」，徑作「境」。又「卷二終」，徑、清作「金光明經文句卷第二」。

金光明經文句卷第三　約三

天台智者大師說門人灌頂録

釋懺悔品

諸大乘經多分散明懺悔此經專以懺悔當
品今先釋名懺者首也悔者伏也如世人得
罪於王伏欵順從不敢違逆不逆為伏順從
為首行人亦爾伏三寶足下正順道理不敢
作非故名懺悔又懺名白法悔名黑法黑法
須悔而勿作白法須企而尚之取捨合論故
言懺悔又懺名修來悔名改往往日所作惡
不善法鄙而惡之故名為悔往日所弃一切
善法今日已去誓願勤修故名為懺弃往求
来故名懺悔又懺名披陳衆失發露過咎不
敢隱諱悔名斷相續心厭悔捨離能作所作
合弃故言懺悔又懺者名慙悔者名愧慙則
慙天愧則愧人人見其顯天見其冥冥細顯
麁麁細皆惡故言懺悔又人是賢人天是聖
人不逮賢聖之流是故懺悔又賢聖俱是人
天是第一義天第一義天是理賢聖是事不
逮事理俱皆懺悔又慙三乘之聖天愧三乘
之賢人不逮此天人故名慙愧慙愧名懺悔
又三乘賢聖皆是人第一義理為天約此人
天慙愧故名懺悔又三乘賢聖尚非菩薩之
賢況菩薩之聖今慙愧三十心之賢十地之
聖故名慙愧懺悔摠此賢聖皆是人第一義
理名為天約此人天論慙愧故名懺悔又三
十心去自判聖人十信是賢人約此賢聖論
慙愧懺悔摠此賢聖皆名人第一義理名為
天約此人天論慙愧懺悔合十番釋名也次
明懺悔處者大經闍王偈云麁言及軟語皆
歸第一義是故我今日歸依於世尊又梵行
品云我昔與汝等不見四真諦是故久流轉
生死大苦海若能見四諦則得斷生死生死
既盡已則不受諸有法華云行處近處住忍
辱地亦不行不分別又云寶處在近汝可前
進即滅化城即至寶所此經云我當為是作
歸依處歸依處者即甚深無量法性也法性
秖是諦理諦理秖是妙境諸佛所師寂滅真
如祕密之藏十方衆聖安住其中若得其本
本立則道生不得其處則平地顛墜如盲人
入棘林動轉罣礙為是義故須識懺悔處也
故普賢觀云端坐念實相衆罪如霜露慧日
能消除我心自空罪福無主是名大懺悔是
名莊嚴懺悔是名無罪相懺悔無罪相者此
約空為處也莊嚴懺悔者約俗諦為處也大
懺悔者約中道為處也若三種差別者此是
歷別論處爾即一而三即三而一者此圓妙
懺悔也諸大菩薩修學佛法而懺悔也若識
此法而懺悔者最妙最上懺悔處也大經云
譬如有人在大海浴當知是人已用一切諸
河之水大品云譬如負債人依投於王債主
反更供養何敢就其覓物書云如猶頭草非
其莖葉能高能長所依得處也行人若依法
性為懺悔處者高出一切諸處所也行人若
識此意先當求覓法性道理為懺悔處也次
明懺悔法者法為二種一正法二助法正法
者即是觀法性之慧也法性常故是觀亦常
法性樂我淨故觀慧亦爾法性不可思議至
深至妙無上無等等者觀慧亦爾境智相冥
無二之法如如不異者境如智智如境故言
如如不異也經言說智及智處皆名為般若
說智及智處皆名為實相說如不說不說如
說說不說無二無別以此觀慧歷一切法亦
復如是故云毗盧遮那徧一切處若行若住
若明若闇皆得不離見佛世尊六根所對無
非佛法耆婆攪草無非藥者普能愈病釋摩
男所執一切砂礫皆變為寶阿那律空器悉
滿甘露若如是者所觀之罪非復是罪罪即
實相所觀之福福即非福福即實相純是實
相是名大懺悔也助道懺悔者若純用正懺
亦不須助若正道闇昧不明了者修助以助
之所謂灰汁澡豆皁莢木槵以助清水爾略

言勸用身口意而為助也身謂旋礼口謂讀誦心謂筞觀而助開門如順流順風助之以篙棹去則疾也如是略論正助也四明懺悔位者若作一種解者謂鄙濁凡夫應須懺悔離垢清淨者何用懺悔此不如是故新本業障滅品中說人從父母稟身十月懷抱三年鞠養撫念惟惟始能升頭戴髮教方教數始解作人邪忽違恩背義而行殺逆天雖大不覆此人地雖厚不載此人此人命終直入地獄如是逆罪應須懺悔滅除業障佛為人天師師嚴道尊凡有所說若有違犯罪莫大焉初篇後聚那可違負爾則欺佛負心復負三師七僧此則佛海死屍華園爛肉此四重人應須懺悔滅除業障多瞋墮蛇多欲墮鴿鴿多癡墮蝨蟻多慢墮飛鳥多諂墮修羅多慳墮餓鬼餓鬼常飢渴畜生相殘害修羅多怖畏是四惡道聞名尚不可況復當之應須懺悔滅除業障人中八苦一苦尚不可忍況八苦交横應當懺悔滅除業障天上有五衰地獄等苦色界天不得速入定求不得苦無色界天有四心苦三界籠樊生死窟宅應須懺悔滅除業障若出家人雖欲脩道為五煩惱所障心不得停心為四顛倒所惑不得入四念處亦須懺悔除滅業障念處治彼四倒

二惡不勤斷二善不勤生不得入如意是煖法不發亦須懺悔五根不生喜有退墮根生未有力雖有力未鄰真如是四善根中應須懺悔滅除業障若忍明發雖不墮三途欲界七生次第應受一生尚苦何況七生雖斷欲界五下分六品餘三品在亦應懺悔雖斷五（約三）下八品盡餘一品在雖斷色盡餘無色分在亦須懺悔雖入有餘涅槃猶有果身在身子風熱畢陵伽眼痛欲弃有餘入無餘亦須懺悔雖斷三界正使盡習氣尚存大須懺悔支佛亦爾亦須懺悔若乾慧地未得理水露心故言乾慧性地未能見理八人見地猶有愛惑薄地神通未能還生欲界離欲地猶有上界惑已辦地不能除習辟支佛地但作神通不能達文字菩薩地未窮至極如是等位皆須懺悔滅除業障十信但信未能稱理十住但入偏理十行但事未能入中十迴向但修中未能證中十地雖證中地地皆有障未窮於學不得無學應須懺悔滅除業障又十信雖三智圓脩但是方便陀羅尼十住已去乃至等覺已來秪如十四日月非十五日月匡郭未圓光未頓足闇未頓盡應須懺悔滅除業障齊此已來當知懺悔位長其義極廣云何而言止齊凡夫是故五十挍計經齊至等

覺皆令懺悔即其義也若人得聞如此懺悔功德不少故文云非於一佛五佛十佛脩諸功德聞是懺悔乃於無量百千佛所修諸功德聞是懺悔語其華報在在處處常為國王輔相大臣之所恭敬語其果報常為十方諸佛互相恭敬直開此懺悔尚得如此功德況（約五悔）復如法修行已聞懺悔義此法從經出此經（五）從佛說是故當報恩歸命礼諸佛云云懺悔品依字訓釋懺者鑑也披陳發舒已之三業不敢隱諱令他委鑑顏惡而口變心權而意伏身披鑑故而顏惡口披鑑故而脣變心披鑑故而意伏故懺名鑑也悔者屢也内懷鄙恥悔造衆非悔身故則三廢悔口故則四廢悔心故則十廢故悔名廢也又法門釋者懺悔名慙愧慙愧是白法又自不作惡不教他作惡如是等種種說懺悔有三一作法二取相三無生此三種通大小小乘作法者如毗尼中發露與學二十僧行摩那埵或半月作法或對首作法或責心但令作法成就不障僧事即清淨也阿含中亦作相懺犯欲人作毒蛇口想此觀成時淫罪即滅亦有觀空懺秖是真空大乘中亦有作法或八百日虛空藏塗廁是也或九十日般舟是也或四十九日大悲懺是也或二十一日法華是也或七日

方等是也夾湯漯豆淨身辛酒禁口慙愧勤心旋誦各有徧數等皆作法懺攝也取相懺者如方等求十二夢王菩薩戒見華光摩頂虛空藏中唱聲印辟相起罪滅雖不正明作法兼得事用也無生懺者如普賢觀云端坐念實相如日照霜露觀空緣理無相最上雖不正作事相無上兩懺也作法懺成違無作罪滅而性罪不除如犯殺生作法懺成違無作罪去而償命猶在即其義也取相懺能滅性罪性罪去違無作罪亦去如伐樹枝葉萎根本未去續生如故忠觀無生懺能滅無明如覆大地根枝葉等悉盡無餘又作法滅違戒上罪取相滅犯定上罪無生滅犯慧上罪又作法滅三惡道報障取相滅人道報障無生滅三界有漏報障又作法滅三惡道業障取相滅人道業障無生滅三界有漏業障又作法滅怖畏憂愁之煩惱亦是破煩惱取相滅四住之煩惱無生滅無明之煩惱又三種

約二

懺共除報障取相除業障無生除煩惱障又作法懺如服薑桂差病而已不能肥身辟罪滅不能生善取相懺如服五石病差身充不能得道無生懺如服五芝病除身飛外仙得道如是等種種分別行者須知今文具有大乘三懺著淨潔衣專聽是經又七日七夜朝

暮淨心等即作法也於其坐處得見彌勒文殊普賢即取相也五陰舍宅觀悉空寂本無有生亦無和合即無生也三意宛然故能滅諸惡蕩三障顯經力用也從此品下明經力用今品正明夜夢晝說懺悔斷惡拔苦下品正明昔歎發誓生善與樂旁正互舉此品文為二初夢中見聞二覺已說見聞夢又二一夢見金鼓二夢擊鼓聲見鼓又三一正見鼓二見鼓光三見光中佛夢者是入如夢三昧也又入觀如夢出觀如覺入觀心靜能觀法性法性即金鼓金鼓體圓空鳴圓即法身空即般若鳴即解脫姝者勝義深義大者廣義無量義如上文游於無量甚深法性意爾姝大略敘鼓體委論應言圓姝大空姝大鳴姝大鼓體備三種三種皆甚深無量此即夢中所觀法身觀一而見三佛也從其明淨照下是第二見鼓光也光是智慧契此法性克成大果智與體冥體圓姝大光圓亦姝大體空

約三

姝大光空亦姝大體鳴既姝大光鳴亦姝大何者此身與諸佛同體同意故也此即夢中所觀報身佛一佛而三也從復於光中見十方佛下是第三見光中諸佛也光從鼓出徧照十方用從體起應周法界與機緣同事也琉璃座者所安之理也佛坐其上智稱法性

也大衆圍繞者所應之機也此即夢中所觀應佛即一而論三也觀此三佛即是三身三德種種三法門從此設教名金光明也從見有一人下是第二夢見擊鼓文為三一見擊鼓二出大音聲三聲所詮辯鼓是法身擊是機智婆羅門是淨行似是鄰真鄰真之人以似解之淨智和會法身甘露相應滅苦生樂鼓是法身枹鼓合是報身聲出是應身聲所詮辯是法界大用起教利益衆生從時信相菩薩下是第二覺已說見聞文為四一往佛所二與緣俱三伸敬四述夢夢者入法門為夜夢出法門如過夜至旦又三十心感障未遣故如夢登地斷惑如過夜至旦觀解者觀行位中所觀三身如夢分真位中所觀三身如旦出王舍城者表出因位也往耆闍崛山者表向果地也伸敬有三頂礼是身敬瞻仰是意敬說夢是口敬頂礼者菩薩居因信首為貴諸佛在果慈悲為賤以貴敬賤也從以其夢中下是第四述夢也此下總有一百六十二行偈分為二初四行半總明夢後一百五十七行半別明夢總又為二初三行半明見金鼓後一行明見擊鼓見鼓又三初一行見鼓形狀次一行見鼓光明次一行半見光中諸佛即長行中三身意入觀所觀之境也

次一行見擊鼓者自覩其觀智之機扣擊法身之境也出大音聲者已如上說自覩其境智合能多利益也從是大金鼓下一百五十七行半偈別明夢事文爲二初從是大金鼓下至悉能滅除有二十一行三句明金鼓有滅惡生善之力二從一切諸若無依無歸下

初三一百三十五行三句正明教詔懺悔之法就八能滅惡生善文爲六一有三行滅世間因果之苦二有三行生出世間因果之樂三有四行能令衆生自行化他俱備四有四行能滅衆生報障又發宿命通五有四行能令衆生得諸法門先少得後多得云云六有三行三句能破衆生八難流轉釋此六義皆從三塗漸至人天二乘菩薩等一一皆有破惡生善之力從一切諸若無依無歸下有一百三十五行三句是第二明教詔懺悔之法文爲五一從一切諸若下有十九行一句教自說過罪懺悔二從我當供養下有三十五行明供養

諸佛自行化他修懺悔三從諸佛世尊我既依止下有二十一行明稱歎修懺悔四從我以善業諸因緣故下有五十一行半明發願修懺悔五從若有敬礼稱歎十力下有九行結成懺悔生起五意者但衆生邪倒障理不識法性愚癡障解不識因果惡業障行不識

善法聖人慈悲因大士之夢示其懺悔示其道理示其因果示其善行故論自懺荷佛恩深故仲供養供養不減其誠故歌詠稱歎供歎是行須願指歸行願既圓結成讚美也自懺文爲三初一行一句明法身是依憑之所

次兩行請佛覆護次十六行正明懺悔夫法約三身具三德即是一體三寶法性是九法寶寂而常照是佛寶徧一切處是僧寶自凡夫二乘雖不知亦不出法性揔而言之一切菩薩何嘗不以此爲歸依依此則本立而道生也內本雖立外無佛加不得成就若蒙擁護斷惡生善辦在斯須如萌芽得雨扶踈豐鬱是故

請佛也內外因緣既備正須懺悔也正懺文爲二初三句揔明懺悔後十五行一句別明懺悔揔懺者揔懺三障也本者煩惱是二障本也惡者報障也不善者業障也三障障三身三佛三寶三障若轉諸三法門悉明故揔懺也別懺者別懺三障也文爲三初一行一句懺煩惱障次一行懺報障次十三行懺業障諸十力前者正懺煩惱障也獨頭無明癡倒殊甚不識法身佛也法身佛徧一切處癡闇不知公於佛前造作衆罪如牛羊不識天子如鳥雀不識綵像於前造過愚癡不識法身亦復如是父母恩者方便是父智度是母

此二法門能生法身而不識者是不知報佛恩也不解善法者善法是助道之行能資智顯理而不解者是不識應佛三佛皆不能知豈非無明過患此別懺煩惱障也自恃種姓下別懺報障也略言有三種一以姓慠他二以財忽物三以壯年陵彼雖報有此三不應自恣若縱恣者此報成障事也今更約法門解出家人以慧爲姓定爲財戒爲年染此三法自尊卑他者是名染法非求法也法華云汝年少壯我年衰邁者凡人以五陰盛爲壯二乘通教以空出有爲壯別教菩薩以法眼過慧眼爲壯著此諸法者悉是恃彊陵弱成報

障也悉須懺悔從心念不善下十三行別懺業障文爲十二初一行懺由心口造惡業亦是教他作惡也從身口意是自作惡也二一行懺內外因緣造惡業三一行懺五欲因緣造惡業四一行信受邪師造惡業五一行隨順惡主造惡業六一行愛心所使造惡業七約三二行爲衣食女色造惡業八十一行於佛世敬田造惡業九一行於無佛世敬田造惡業十兩句於正法造惡業十一一行於恩田造惡業十二一行半揔一切處造惡業造業因緣甚多不可具列故揔而懺之若欲細釋從人道爲始二乘通別菩薩等行一一作之例應

可解故五十校計經云上至等覺皆須懺悔即其義也從我今供養下三十五行明供養諸佛所以供養者我本癡盲蒙示懺悔此恩深重故與供養文為二初一行明財供養後三十四行明法供養法供養為二初八行半明化他法供養隨順如來慈悲法門濟利含識是為化他修法供養後二十五行半明自行法供養隨順如來智慧法門修十地功德是為自行修法供養諸供養中法供養最為第一財供法供事理自他皆悉具足也化他法供養文為二初四行化他令其修行後四行半化他令修懺悔初修行者我自行十地為法供養令後化人令法供養譬如一燈然百千燈暝者皆明明終不盡其意有四初明化始以大悲拔苦次勸真因十地之行次勸真果菩提大覺次勸精進皆使速成夫衆生等故性欲亦等善巧度一般多亦然不計劬勞積行累德功成大覺即智德滿盡一切苦

約三

即斷德滿文自明顯不俟多釋觀心者調一念心使真明發任運成真果調一切心數亦復如是弟子衆塵勞隨意之所轉即此義也

十一

次四行半化他令修懺者我蒙佛教懺還以懺教他重重然無盡燈化化不絕也文為三意初欲為說懺次正為說懺三說懺已千劫者設多以顯懺力大爾譬如惡人造罪山積能拔於王難尚分半國償豈復問其前愆設千劫造逆難復厚重能拔法性之王從如來藏中顯成法身者大覺朗然超升自在寧復為五無間業之所縛耶從我當安止下二十五行半自修法供養文為二初五行自修行後二十行半自修懺前自懺竟今那後責譬如金師從初習學至于皓首互燒互打器成方息修行譬智燒修懺譬斷打智斷極乃止重說无斜前是自行門今是法供養門為異也自修行又為三初一句標章我當安止是也次修因十地是也次成果菩提是也珍寶者十地因可貴諸地即是珍寶也脚足者十地是果家之基本故言脚足又十度是十地之脚足於餘功德非為不修隨力隨分正以檀為初地之足檀足若滿得入初地乃至智度足滿得入十地故十度為十地脚足也果中有惣明果滿別明果滿在文可知功德光明者是果上二種莊嚴也令衆生度海者即果上轉法輪也從諸佛世尊下二十行半明自修懺文為二初一行請佛後十九行半明懺文為五初四行半懺報障次一行半懺煩惱障次六行懺業障次兩行明迴向次五行半懺善惡兩難就報障文又二初二行半出報障相次二行請除滅百劫者受報之時也時中受身身即是報報有所作作即是障貧窮困苦是依報不圓亦是報障也愁熱驚懼者由貧窮外偪故驚懼內焦皆報障也所作衆惡者即想行陰苦也貧窮困苦者即色陰苦也愁熱驚懼心常怯劣者即識陰苦也

約三

暫無歡樂者即受陰苦也此皆報障意爾次

十二

煩惱障文為二初兩句出相次一行乞清淨次業障文為三初二行竪論三世造業次二行横明現起十惡次二行求懺過去業今正受者名為報障未受者繫屬行人若修善道能為障礙間過現須懺未來未有云何言懺吞數家呼為未來有論家呼為當有大經云遮未來故名之為殺現在念念滅何所可殺秖遮斷未來名為殺爾經論悉以未來為有故須懺也今更舉現事例之如在家人晝度生方起無量惡念事雖未有次第必更忽然發心捨家修道前所念事併與緣差未來之業亦應如此雖非現有時到必然今若懺悔索然清淨横關現世三業為十惡可解遠離者惡斷他修行者善生也十住者初心因位也逮十力者後果滿也次明迴向者衆生頑故愛著於有不能升出今懺此罪故云迴向他以若此國土及餘世界為隨喜之文今意

不爾此土他方凡所作善皆施衆生共向佛果如聲入角則能遠聞方便力大與虛空等又結文云是迴向不得作隨喜釋隨喜在下文也釋八難者此是善惡中論八難非佛前佛後之八難文為二初四行指惡為難次一一行半指惡遮善為難或指善遮道為難初四句是報障（約三）難諸有者二十五有（十三）報得之身造作衆惡豈非報障生死險難有二解若取其因即是業障若取其果即是報障種種淫欲即煩惱障心輕躁者復是報障輕躁是覺觀覺觀屬報法如羅漢斷煩惱盡出觀猶有覺觀散心當知輕躁是報障非煩惱也更舉世人學問迴轉易轍不成業障皆由輕躁之過豈非障邪近惡友難者惡友能汙染人三業此屬業障如移廐於屠邊如孟母鄰於哭皆朱赤墨黑即其義也三毒是煩惱障也遇無難難下此有二義一若不脩善障難不興若欲修善惡障即起善非是障惡來遮善名善為難此義易知常人皆作此解也二者諸善是難善能障道豈非難邪此義今當說遇無難難者自謂無惡不肯修善如二乘入空生滅度想生安隱想不復進求菩提即其義也脩功德難者多作有為求可意果如一比丘專行福德不脩禁戒墮白象中七寶絡身金

盂承糞又如妙莊嚴王本事等豈非脩功德難值好時難者如劫初時在鬱單越時一向受樂都不脩道豈非值好時難值佛亦難者如旃遮婆羅門女善星調達等皆是值佛而難例此應云聞法起謗值僧起破皆是難也若讀作難易之難者此是惡來遮善之義使善難成也若讀作障難之難者此是善自是難能障於道又依經文云如是諸難今悉懺悔當知經作障難之難義也從諸佛世尊我所依止下二十一行偈是第三稱歎者論次第前財法供養是身意身意未洩未備今更口歎若作法門者前是供養法門今是念佛三昧法門文為三初一行標章歎次十九行正歎三一行結歎標諸佛者橫則十方豎則三世事即報應理即法身言略而意廣標章之巧妙也我所依止者依止法性一體三佛也佛海者四眼入佛眼十智入如實智皆失本名字但名佛眼佛智如物投石蜜如流會海無不甘（約三）鹹者法性三佛攝一（十四）切法故名佛海也就正歎為二初十六行寄言歎後三行絕言歎寄言又二初一行略歎略況次十五行廣歎廣況略歎者諸相好中略歎金色釋論以即時鐵比即是金即時金比海金海金比龍金龍金比閻浮洲金閻浮洲金比四天

王金如是傳傳比第六天金第六天金比佛身金色第六天金如鐵又佛金光徹照辟障無影佛入城時放光照地一女人低頭礼拜金釵墮地唯見晃晃不知何者是地何者是釵佛過後光歇方見金釵爾然金色身是衆相所依處唯舉金色故知是總歎衆相好也金有四義堅不可毀辟常得之者富辟樂體無瑕穢辟淨色妙晃曜辟我諸德之中四德為總猶如須彌者須彌為四寶所成況佛身具足四德故知總況也廣歎廣況文為二初十二行半廣歎次二行半廣況廣歎又四從其色無上下二行廣歎金色無上無上者我德也從善淨無垢下三行廣歎佛色無垢無垢者淨德也從功德巍巍下三行半廣歎佛色安住安住者當德也從三有之中下四行廣歎佛色能除苦毒即樂德也從如大海水下二行半廣況文為二初二行廣況二半行合喻佛功德海思所不能知言所不能盡心行處滅（約三）言語道斷即此義也海水難（十五）知況常德也地塵難知況淨德也山斤難知況我德也空邊難知況樂德也諸佛亦爾下合喻也從一切有心下三行絕言歎也文為二初一行半正絕言歎二一行半牒辟帖合一切有心不能得知即是絕思思既已絕口何所宣

即絶言也更牒辟帖合在文可見徒相好莊
嚴下一行總結相者結一切相好者結一切
好莊嚴者一一相一一好中皆具衆德以為
莊嚴也從我以善業諸因緣故下有五十一
行半偈是第四發願行若無願如牛無御不
能有所至如畫無膠如坏未火如水中月故
以願持行亦是懺悔退轉之罪也文為二初
有四十七行半明發願次四行約願隨喜初
願又二初九行自發願次三十八行半為他
發願自願又二初四行願果滿次五行願因
圓果滿願又四初一行成佛道是願意輪滿
次一行說法是願口輪滿次一行摧魔是願
身輪滿次一行佳壽又並是願慈悲滿因圓
願又四初一行具六度願有為功德圓次一
行願無為功德圓次二行宿命念佛圓次一
行值佛圓為他發願文為二前八行半願作
藥樹王身大悲拔苦後三十行圓作寶珠王
身大慈與樂拔苦又為四初一行總拔衆苦
次一行拔根不具苦次兩行拔病苦次四行
半拔王難苦與樂又為三初十六行半與世
間果樂次九行半與出世因樂後四行結成
上文大悲拔苦根不具者令具令大慈與樂
視聽聰明暢悅快樂諸根語同與拔小異也
從願諸衆生常得供養下九行半與出世因

樂文為二初三行半令脩行外緣具次六行
令脩行內因具外緣又二初二行值三寶二
一行半離八難人緣不同或值佛難不除或
難除不值佛今願其亦除亦值內因又二一
半行生尊貴家二五行半多饒財寶人因不
同或多財而卑賤或尊貴而貧窮因不具足
今令其亦貴亦富女有五礙願其無五礙若 約二 十六
從若我現在下四行結成自他誓願也前二
行結自後二行結他從若此閻浮下四行約
願隨喜隨喜者慶他脩善也亦是懺悔疾妬
之罪也文為二初二行隨喜於他後二行隨
喜於自從若有敬礼下有九行偈是第五結
成文為三初二行結成斷惡故言超六十刧
罪次四行半結成生善故言國王大臣之所
恭敬次二行半結值佛多雖不別說善知識
佛自兼之

釋讚歎品

讚歎凡有四意一從能讚人二從生善三從
滅惡四從所讚人一從能讚人者前品明信
相思疑佛壽四尊盡降其室一心信解夜夢
金鼓出聲旦向耆山說夢今品佛述其昔為
龍尊面讚法王願我當來夜夢晝說說斯人
之本事故言讚歎品二從生善得名者夫善
不孤運生必託緣緣中勝者無過於佛龍尊

讚佛能生妙善從生善緣得名故言讚歎品
三從滅惡得名者罪之尤者無過毀佛若翻
滅斯罪應須讚歎讚歎治於毀訾從能治得
名故言讚歎品四從所讚人得名者即是去
來現在三世諸佛諸佛極尊甚深無量稱揚
顯說故名讚歎品若散分別述德名為讚襃
喻名為歎亦更互分別爾釋論第三十云美 約五 七
其功德名為讚讚之不足又稱揚之名為歎
也此品有恭敬是身業尊重是意業讚歎是
口業口業不發身意不暢為暢身意音聲為
佛事故稱揚顯說襃美如來真實功德故言
讚歎品也結此四義都是四悉檀因緣立此
品名故言讚歎品也此品雖從四悉檀立名
正是生善之用文為二一長行二偈頌而對
告地神者主此大地菩薩行行皆寄其上壽
命長久見去來今事證義事彊如瑞應云積
功累德誰為證佛時指地是知我今說往昔
金龍尊事所以對告地神也又對善女天者
男天陽表權女天陰表實實智能生衆善善
生故宜對善女證往故宜對堅牢云云今論生
善之用故對告善女金龍尊者此王往昔脩
金光明法門依法性理故言金能以智慧讚
三世佛辯如雲雨故言龍能為衆生作大利
益為物所仰故言尊從行得名故言金龍尊

也惣有六十二行半偈文爲三一三十五行讚三世佛二二十五行半發来世願三二行結會二世事就讚佛文爲五初一行半惣讚次二十三行別讚次三行偏類讚次五行半絶言讚次二行迴向惣讚者豎惣三世横惣十方世方是惣事微妙寂滅是惣理惣理是惣法身惣事是惣報應二身惣讚三身亦是惣讚三德三寶等種種三法門如是諸佛惣皆清淨清淨者即是惣讚之辭也非但清淨亦常樂我云云從色中上色下二十三行是歷相別讚其文間出分爲六意初六行半讚七大相海亦讚駁紺之好次二行讚兩小相海次兩句偏讚大相海次十三行又讚四大相海次兩句讚一小相海次兩句讚手足柔耎復是一大相海所以然者大相小相更相間填共嚴佛身龍尊巧智如法相解如法相讚故大相小相相間而讚爾夫相好本莊嚴佛身佛身多種父母生身尊特身法性身身既不同相好亦異相體不同相用亦異相用不同相業亦異三身異者如林微尼園舉手攀樹化右脇生天地大動阿夷甚驚披髭而相相相炳明決定成佛悲不能聲此是生身佛相也如釋論說尊特身佛巍巍堂堂譬如須弥映臨大海所有大相小相亦巍巍堂堂不

同常身常光常相此即尊特佛身相也法性身佛者非是凡夫二乘下地之所能見唯應度者亦令得見此即無身之身無相之相一切智爲頭第一義諦髻八萬四千法門駮大悲眼中道白毫無漏鼻十八空舌四十不共齒四弘誓肩三三昧腰如来藏腹權實智手空慧足如是等相莊嚴法性身佛也種相業者如釋論脩百福德成於一相三千二百福德成三十二相此即生身佛種相義也若以空慧淨諸相業一一業悉與空相應諸相應中空相應最爲第一此是尊特身佛種相義也若以實相導成諸業一一業無非實相法界此是法性身佛種相義三身三種相三種相業不得縱横並別若一異者則不清淨非微妙寂滅以不縱横並別故是絶言言歎所不及也今經正讚尊特身相上兼法性下攝生身處中而明實讚者之巧云云一一相皆明其用如是下安平相一切魔邪無能傾動者一切有無無能動者一切邊無能動者如頂肉髻相法不礼人亦不礼聖亦不礼分中別有所出云云從去来諸佛下是第三偏類讚諸佛法身平等一心一慧應化亦然特舉一佛一相以爲讚端偏類諸佛亦復如是文殊問般若云念一佛功德與十方諸佛等即其

義也身口清淨者有二解一云所讚者三業清淨我今悉礼二云能讚者清淨以好華香是身淨奉献是意淨歌詠是口淨云云從設以百舌下是第四絶言讚初三行半是絶言讚次二行是絶心讚而有三齒者或應擬三身絶言也一人百頭頭有百口口有百舌住壽千劫讚生身佛相好功德不能得盡一人千頭頭有千口口有千舌住壽萬劫讚尊特身佛相好功德不能得盡大地及天毛滴其水一切有心不能知法性身佛相好功德是故絶言絶心歎從我今下兩行惣迴向也從如是人王下二十五行半是第二廣發來願文爲二初一行佛述後二十四行半是龍尊歎願文爲五別初五行夜夢晝說願次兩行爲他取淨土願次兩行半同永記莂願次三行下化願次十二行上求願其間細釋可尋問諸願皆剋此中何不與記答法伴未来來在不久然從信相當知下兩行是第三結會古今如文

金光明經文句卷第三

金光明經文句卷第三

校勘記

一　底本，明永樂北藏本。

一　三一〇頁中四行「三障」，徑作「五障」。

一　三一一頁上一五行第六字「若」，徑、清作「苦」。

一　三一一頁上一九行末字「既」，徑、清作「所」。

一　三一一頁中三行至四行「供歎」，徑、清作「供養」。

一　三一二頁下二一行第四字「他」，徑、清作「也」。

一　三一三頁上一四行第七字及一一字「友」，徑、清作「友」。

一　三一三頁中一〇行第一五字「者」，徑、清作「若」。

一　三一三頁中二三行「即是金」，徑、清作「即時金」。

一　三一三頁下一行「傳傳」，徑、清作「轉轉」。

一　三一三頁下八行第九字「曜」，徑、清作「曜」。

一　三一三頁下一五行「當德」，徑、清作「常德」。

一　三一三頁下二三行「怗合」，徑、清作「帖合」。次頁上一行同。

一　三一四頁上一七行第一三字「圓」，徑、清作「願」。

金光明經文句卷第四
天台智者大師說　門人灌頂錄
釋空品
夫空者應有四種謂滅色入空即色是空滅邊入空即邊是空此經通諸乘懺悔應須四種空而今品但標空者專是即邊而空也何故尒經云無量餘經已廣說空是故此中畧而解說也又空者空有空無空有者空二十五之塊有空無者空二乘之灰無兩邊清淨名之為空直作此說惑者迷名濫理不能趣悟今作六句分別空破非有非無非有非無破空空修非有非無非有非無修空空即非有非無非有非無即空空破非有非無者所謂凡邪非有非無見二乘偏住非有非無證別教教道執非有非無門悉為空品空所破也凡邪之見多種一單四見二複四見三具足四見單四見可解複四見者謂有有無無有無無亦有亦無有亦有亦無無非有非無有非有非無無此是複四見具足四見者於一句中具有四句四四十六句故名具足也雖單複具足皆苦集浩然雖計為非有非無實是妄見故為空品空所破也二乘偏住非有非無證者斷常見故言非有斷斷見故言非無有無二見滅無餘三界見思永已盡生滅度想生安隱想梵行已立所作已辦不受後有保此而已不復進求三菩提但二乘發真斷常見斷斷見其門不同或從有門入如阿毘曇或從無門入如成實論或從亦有亦無門入如毘勒或從非有非無門入如那陀迦旃延經離斷離常名聖中道四門俱斷斷常名同中道實是保偏取證故為空品空所破也別教教道執非有非無門者佛為鈍根菩薩方便權巧作四門說中道如彼械輪不得意者四門成諍故涅槃云真善妙有大般涅槃空佛性亦色非色非色非非色若各執一門則於如來有諍訟心不見中道執此教門猶為空品空所破也新本云初地菩薩欲行有相道斯即一門之意也文中悉有四門之說大經云自此之前我等悉名邪見人也非有非無破空者還是凡邪之空見二乘之空證教道之空門墮在二邊故為中道非有非無所破也相脩者見空證空教道空應脩中道非有非無也非有非無見非有非無證非有非無教門應脩中道空也相即者破二邊空即是中道非有非無中道非有非無即是破二邊空無二無別般若是一法佛說種種名空即是非有非無而不以非有非無為名者為略說故故言空品也此品來意者懺品破惡讚品生善空品導成滅惡生善也亦是導成用宗体等故釋論云若以無此空一切無所作導成上品故明空品也又常果顯体滅惡生善非不明空利者已解為鈍根故起大悲心更明五陰生法本性空寂尒此品有四十五行偈分為二初四行半敘欲說空次四十行半正說空無量餘經者指廣而明略亦是標略以顯廣若指般若則此經非方等攝若不指般若諸經不廣明空義此復云何荅諸經前分結集人應作次第而其後分皆攝入前例且舉一以類諸如阿含經云佛將涅槃舍利弗不忍見佛滅前佛而去均頭頭擎衣鉢來至佛所此是窮後之事而在十二年前阿含中集當知阿含後分至涅槃也又方等次第在法華前而云先於靈山已為聲聞授記豈非方等至於涅槃又大品次第在法華前釋論云須菩提於法華中授記故而諸菩薩為畢定為不畢定當知般若亦至涅槃以此推之言次第者是前分也至相指者是後分也結集者以後分明義氣類若同向前集之或者不知言乖次第實不乖也此經属方等後分指般若為廣說於義無妨略而解說者佛有略廣二門應作四句分別或名義俱廣如十八空二十空二十四空是

也亦名義俱略如一獨空是也或名廣義略
如法性實相實際如如法界等衆多名共名
一義是也或名畧義廣如生法二空之名而
義大廣迄從凡地至于極佛皆名衆生釋論
云衆生無上者佛是從凡夫之五陰極至佛
地亦稱色解脱受想行識解脱釋論云法無

上者涅槃是今言略說生法二空下文云五
陰舍宅觀悉空寂善女當觀何處有人及以
衆生即其義也衆生根鈍者根緣不同或廣
說得悟名利根或略說得悟名鈍根此語似
倒身子一聞得悟是略是利目連再聞得悟
是廣是鈍此經意不就得悟邊明利鈍乃是
聞持邊論利鈍利人廣聞則能持鈍人略聞
方能持今機但有得悟之機無有廣持之機
故言不能廣知也無量空義者二乘真諦是
有量空義菩薩中道是無量空義此經明法
性實相即是無量空義也興妙方便者即是
悲檀方便巧作上來辨果明因滅惡生善種
種分別等是也起大悲心者一段衆生著有
病重故大悲亦重也我今演說者演名為廣
與略相違上論生法二空是名略今論生法
二義故言演尔知衆生意者知此一機樂略
宜畧對略悟略故言知意也叙欲說空意竟
從是身虛偽下四十行半偈是第二正明於

空又為二初從身偽下十九行半明生法二
空境二從善女當觀下二十一行明生法二
空觀無境觀不正無觀境不顯應引上觀中
十番撿境智明不可思議下文云不可思議
智境不可思議智照新本云如如法如如智
即其義也明空境又二初從是身虛偽下十
七行半明實法境二從水火風種下二行明 約四
假想境實法者觀五陰無法觀十六無人空
觀諦理故名實法身雖未死虛假臭穢故名
假想亦名慧行行行緣空直入名為慧行帶
事兼脩名為行行亦名正道助道空觀順理
名為正道不淨破貪名為助道小乘脩正道
斷結名慧解脫人脩助道斷結名俱解脫人
大品明菩薩發心與薩婆若相應者是脩正
道遊戲神通淨佛國土者是脩助道法華名
為大車備從即此意也涅槃明正慧遠離遠
離十相住大涅槃又諦觀白骨破二十五有
成王三昧衆經同論此二義而亦有廣略今
經略明正助意也實法境又二初從身偽下
十行半約苦果論境二從從諸因緣下七行
偈約集因論境觀此苦集而起道滅若能見
四諦則得斷生死生有既盡已更不受諸有
云云苦境又三從身偽下兩句明生空境次從
六入村落下九行偈明法空境次從身空盡

偽下一行結上生法二空境是身虛偽為生
空境者攬陰成身計有我人衆生壽命身見
得生若体其生名虛偽則求身叵得身見不
起餘知見亦寂故約假身為生空之境又撿
此身原由一念妄想託父母遺体假名之始
也此赤白二渧色陰也覺苦樂受陰也想此
苦樂想陰也具三性行陰也識於中住識陰 約四 五
也又精血是地大溼是水大煖是火大氣命
是風大四大圍空是空種心依此住是識種
此實法之始也觀此身與名依妄偽法豈可
為真故言虛偽空聚者身名積聚如水上泡
圍空而起泡名亦起起即有滅泡名亦滅無
明業力託父母体即陰泡起陰泡起即身名
起陰泡滅則身名滅故言空聚也從六入村
落下明法空境何以知之此文但細撿根塵
不論人我故知是法空境文為三初一行明
六根次二行明十二入次五行明十八界六
入者六根也能生於識名之為根塵之所趣
名之為入亦為識之所入故名六入也撿其
元初但有三事謂命煖識如凝酥薄酪七日
一變巧風所吹開張五胞攬四大淨色結成
眼耳鼻舌身等諸根若立則有生識之用是
為開色為五心但為一識依根住故名為村
塵從此入故言結賊所止眼見耳聞鼻嗅舌

當身觸意緣各有所伺不得相濫故言各不
相知也從眼根受色下明十二入更開色為
十并一入少分開心為二成十二入也塵入
於根根亦入塵互相涉入通名為入根生識
強別名為根塵汙義強別名為塵當一根塵
互相涉入故言各各自緣他根不入此塵此
塵不入他根故言不行他緣也從心如幻化
下明十八界更開心為八色為十界者隔別
不濫名之為界文為三一心如幻化下明識
徧諸根假令眼耳不對於塵心亦追緣預念
故言馳騁如人坐馳天下以愚痴故不知根
塵空險故為賊害如大經云二心常依止下
明識常在根卅故言六根識常在塵故言境界
若謂識不在根塵那忽即對即覺以即覺故
故常在根塵釋論云根不壞心欲聞復有聲
衆緣和合故得聞即此義也三心處六情下
明識之於根乍出乍入如鳥在網出入間関
喙一捨約四一周而復始無暫休息識在根網亦
復如是或在於耳或在於眼六去還無定雖復
無定而得論常在云從身空虛偽下一行是
第三結上生法二空境也身空不可長養結
上生空境長養是十六之一長養既空十五
亦空即是結成生空境也亦無正主者結上
法空境遺教云此五根者心為其主此明託

胎之始心在諸根之初名之為主其實不能
控制諸根根大相違心為受惱身病時心亦
隨病寧得是主邪或時更互論主如地具四
微則鈍為水所制水但三微為火所制火但
二微為風所制風有一微為心所制心無有
微故得為主復為四大所惱主義不成故言
無正主也無有諍訟者若計有四大則有相
違如四蛇相陵四國相拒可有諍訟今觀四
大空不能得空便故言無有諍訟也此是結
上法空之意也從諸因緣和合而有下七行
偈約集因明境即是集諦文為三初兩行明
集起相次三行半明集相吞噬次一行半明
集善惡境前三是慧行後一是行行前三是
正觀境後一是助道觀境前一從無明生後
一從無明滅若直論生滅者未異小乘無明
本不生而生不滅而滅生滅不二而二爾從
諸因緣者苦集通從因緣欲明集義須作集
之因緣釋也前三句假名起之因緣後五句
實法起約四之因緣小乘破四大至鄰虛細塵從七
細塵則有麁塵用此為起假實之因緣今明
麁可析盡細塵亦盡麁細俱盡將何物作因
緣言因緣者無明內惑為因不了生法二空
故染愛於外為緣觸處染著故無明潤愛集
業得起故言從諸因緣和合故起以業起故

則有一念託胎招於苦果此一念託胎由無
明愛能生之心既是虛妄所生之心亦是虛
妄討其本末能所都虛故言無有堅實也妄
想故起五句明實法起之因緣由妄想不了
一念託胎五陰得起也業力機関者善惡業
是機関主色陰是機関具受想行陰於中動
作去來進止以自娛樂識陰依六入住故言
空聚四大所造故言成立也隨時增減共相
殘害者堅論增減者如涅槃十時別異從歌
羅邏時名增壯時名減老時名減橫論增減
者火增水減水增火減風地亦爾又念念生
滅生是增滅是減又新諸根生故增故諸根
滅故滅又下文云隨其時節共相殘害春風
夏火秋地冬水增減云云譬如四蛇初在篋時
名生四蛇力敵名壯互相強弱名病蛇鬪困
暫息不動謂為調適息已復鬪蛇羸如老蛇
絕為死如是增減此是果身如此由乎集業
四分等如地瞋如火欲如水痴如風此四分
互相違瑞應云貪欲致老瞋恚致病愚痴煞
死例云等分致生集業相噬致令四大增損
云云同處一篋者此明篋同性異蛇有螫毒四
大有八萬四千煩惱為害義同大經以假身
為篋身持四大如篋貯蛇篋壞則蛇去身滅
則大亡如鳥在籠云云又用業力為篋業持四

大業謝則大散如烏在籠處處求出心烏亦
然未曾一念繫在身篋恒常外馳此則念念
求死非安身道也其性各異者二上外是陽
二下沉是陰何故相違猶其性別性別那能
和合成身諸方亦二者四大對四方風東火
南地西水北又對四時風春火夏地秋水冬
約四
八
東與南屬陽而上外西與北屬陰而下沉故
言二上二下諸方亦二若相對論者東上西
沉南外北降若論四維者東方帶兩維一維
陽上一維陰下餘三方亦如是或言一根中
具四大二上二下云云悉滅無餘者初見散滅
謂言風火向上地水向下比至上推不得於
風火下揜不見於地水故言悉滅無餘也若
果外沈頤異由於集業善惡天乘云云心識二
性躁動不停者釋論云心意識一法異名對
數名為心能生名為意分別名為識又言有
異前起為心次起為意後了別為識例如意
識不得為一二性者心有善惡性異意之與
識亦有善惡性異故言二性也躁動者心前
起時亦與數俱意識後起亦與數俱故言躁
動又如四大壞時善惡業爭牽不知從誰故
言躁動但此業未謝心常覺觀況復業牽牢
不躁動有熟牽強牽此世雖行善先世惡業
熟既與時合即受惡報故言熟牽強牽者

雖行惡臨終之時善心猛盛即隨善上外趣
牽強牽彌顯躁動亦是隨業所作而墮諸有
云云水火風種散滅壞時下二行明業謝弃苦
施也氣命盡是風去故言散煗盡是火去故
言滅水盡則身爛故言大小不淨盈流於外
地散滅是骨肉離解故言如朽敗木大小不
約四
九
淨者身為大四支為小足支為大手支為小
手為大指為小如是傳傳作大小皆悉臭穢
不淨盈流此名助道若正觀降伏煩惱煩惱
不伏當修不淨助破欲心釋論云三解脫是
涅槃門道品是開門法不淨九想等是助開
門法不淨是破欲初門若進修背捨及大不
淨己身他身一身多身一國多國山林石壁
一切依正皆悉不淨即雖未爾想力若成怖
畏心起能大助道開發正慧大經云不淨觀
亦實亦虛能破煩惱故名為實淨言不淨是
故為虛此不淨觀亦具生法二空大經云諦
觀白骨一一支節何者是我八色流光亦復
無我我不可得即是生空鍊骨人八色不見
四大無有於實即是法空此就助道明於生
法終成正道爾從善女當觀下二十一行是
第二明生法二空觀文為二初八行半明修
因生法二空觀次十二行半明果成起用因
中又二初三行半約苦集明生法二空觀次

從無明体相下五行約十二因約明生法二
空觀約苦集又二初從善女下一行半明眾
生空次從如是諸大下二行明法空問四諦
十二緣是二乘法云何是菩薩觀門荅四諦
十二緣通是三乘觀境譬如大道貴賤同游
不可羣小行之而判屬民庶通意云何涅槃
云我昔與汝等不見四真諦云云又云凡夫有
苦無諦聲聞有苦有苦諦菩薩解苦無苦而
有真諦諸佛如來有真有實所以然者二乘
觀有量四諦菩薩觀有量無量四諦大經云
十二因緣凡有四種下智觀故得聲聞中智
觀故得支佛上智觀故得菩薩上上智觀故
得佛菩提復有別意大品云十二因緣獨菩
薩法如佛昔為儒童雖行眾行非波羅蜜見
然灯佛得無生法忍一念相應習應若空乃
至習應滅空習應無明空乃至老死空諸相
應中空相應最為第一以空導行皆名波羅
蜜以得無生法忍故佛即與記當知菩薩豈
約四
十
不觀於四諦十二緣邪二乘雖復同觀觀法
有異聲聞觀諸果摠作一苦諦觀觀諸煩惱
及業摠作一集諦觀又苦之與集摠是現在
所以名摠相觀也緣覺觀苦為七現在五未
來二觀集為五過去二現在三別觀三世別
開苦集故言緣覺別相觀也雖復摠別有殊

同是自調自度同是析生法二空觀爾與菩薩有異菩薩與衆生脩四等六度觀四諦十二緣作生法二空今舉譬喻之如握五指成拳若一指一拳應有五拳若一指無拳五何得有我人亦爾攬五陰成衆生一陰有衆生應有五衆生一陰無衆生雖五亦無即陰求衆生不得離陰求衆生亦不得雖求拳不得拳不妨有皮骨之指存雖求人不得人不妨有五陰之法在二乘人得生空時未能知法空更須析指皮肉骨髓分分推求亦不得指地水火風窮逐鄰虛亦不得色前念後念亦無想受求指不得指始知指無我法不得法方知法虛既不得生法二空境亦不得生法二空智通菩薩觀亦然是為菩薩二乘析生法二空相如此但有自行為他之異云若論別菩薩体空與其永異如見鏡拳懸体既虛不勞尋撿鏡拳既虛鏡指非實鏡內拳指既是虛鏡外拳指亦非實衆生亦爾但有名字約四名為衆生此之名字本來自空非摧後空名既假名法亦非法体名即体法如大品云我性如色性色性如我性今世生法由無明行五果既虛二因寧實下文云本性空寂無明故有無明既寂從無明生寧得不寂雖不得生法二境而能了了通達二境不為境所染

雖不得生法二空智而能了了通達二空智不為智所淨非染非淨雙亡二邊正入中道第一義諦而能雙照二諦三諦朗然非前非後一時大覺與此甚深法性相應金剛寶藏具足而得是為菩薩体生法二空觀諸小乘師雖說析空同外道義何者析色極至隣虛或存塵不破或破塵令盡若存不破祇是常見若破塵盡祇是斷見斷常宛然非邪何謂諸大乘師雖說体空同於小道何者單用体慧不能一念空心游戲神通淨佛國土具足解釋佛之知見何能三智一心中得五眼具足而成菩提耶似小乘壞法人無三明六通願智頂等祇是慧解脫人而已非小何謂今經首軸窮深極廣序品云游於無量甚深法性空品云求於如来真實法身捨身品云求於寂滅無上涅槃豈可用世人邪見豈可用小乘之析豈可用大乘師之体解此空義邪善女當觀下一行半明生空觀初一句對告勸發次一句指上境次四句正作觀善女者菩提樹神也諸佛說法必有對揚寄一以訓衆故告其人也又時衆機緣宜在善女若闡對告宿善發生又男天表方便女天表智慧欲說智度破於羸著故告女天也又佛在道對得道欲說此道故對告對神也此是表四

悉檀對告非無因緣也當觀者勸一人以例諸一切菩薩必須脩於智度無有菩薩不由此者故言當觀也諸法者指上四諦十二因緣若假若實二空境也名目雖略攝法則徧故言諸法也如是者正明揔觀也如是有三義謂如事如理如非事非理如事者如助道約五假想不淨流溢也如理者如生法二空無法也如非事非理者如法性法身也又事即如理如非事非理非事非理亦即如理亦即如事理即如事亦即如非事非理三法不一異故言如是三法亦一異故言諸法何處有人者點出理觀也何處者若色處有人則不須四陰若色處無人四處亦無人五處都無人故言何處有人又果處既無人無明行因處亦無人因果合亦無人離因離果亦無人故言何處有人也人既無衆生十六知見等皆無故言及以衆生也本性空寂者點出非事非理觀也本性無事亦復無空空本空事既其無事空何所空無事故事寂無空故空寂本性如此非今始然故言本性空寂也無明故有者點出事觀也若其空而復空那得此事既有事即有空既有空即有非事非理此之三種悉由無明故有以有無明痴故有行有行即有生法既有生法即有助事之觀助

來助正即有空理之觀正助顯本即有非事
非理之觀是事不知名為無明淨名云從癡
有愛則我病生病生故則有藥起即此義也
若知無明本性空寂尚無無明那得事理非
事非理畢竟清淨故稱空慧也但我見深重
為覺道大障凡夫所作恒與我俱我行我住
約四 十三
坐卧言語無離於我我行施戒乃至我行智
慧若攬他遺体而計我者此我疏鈍若執法
塵而計我者此我䆮利如執一法謂我知我
解於法起我隨執一句是實餘皆妄語即是
邊見非道謂道即是戒取非理謂理即是見
取不可當謂當即是邪見自是陵他即慢撥
之即瞋譽之即愛破之即疑不了即癡十使
煩惱以我為根本不自覺知日夜增長縱令
世智辨聰如長爪鏃腹難石石裂難樹樹折
難水水竭難火火滅去道弥遠假令隨禪梵
世極至非想我心常在將出復還如此凡邪
尚無暖法那能破我廣說此我即二十種身
見謂即陰計五離陰計五我中有五陰陰中
有五我是為二十若一陰是我餘陰無我若
併是我即有五我是義不然若離陰有我既
離於陰我是誰我是義不然若陰中有我是
則陰盛於我如器盛果如屋貯人是義不然
若我中有陰則陰在我內是義不然是為破

二十種身見此約外境作如此說而其內心
猶計有我復當反觀即智有我離智有我我
中有智智中有我是義皆不然復破二十種
身見內外合數即四十種身見是名生空毗
曇云我見是共等因我見起時未動身口因
我見後生思惟時方動身口斷我見巳悟衆
生空成論明我見心即思惟能動身口斷我
見巳即悟衆生空亦悟法空大乘明我見即
具諸法可不具於思惟悟衆生空即是悟實
法空破二十種身見通上三句皆通用之若
即事而理何處有人即陰離陰陰中無人人
中無陰二十種見破故言何處有人能觀之
智智即是人離智有人人中有智智中有人
此計亦破故言何處有人若作非事非理本
性空寂觀者本性空寂本無即陰離陰人
人陰既無如此計破故言何處有人能觀之
智本性亦寂故言何處有人若作助道不淨
觀時若觀惡心取境即是汙穢五陰若善心
約四 十四
慙愧即是方便隱沒五陰是見皆依色色即
不淨以不淨故無人無我故言何處有人能
觀觀智亦復如是故言何處有人若得悟為
論破二十種身見是得衆生空無復見惑而
作二十種觀者除於實惑實惑若除即入脩
道即應言何處有法若未悟為論者雖作二

十種觀見惑未除而於假名上伏愛度入實
法計我故法華云衆生處處著捨一取一如
缶步蟲須實法上更作二十種觀使空慧分
明處處作无我從如是諸大下兩行明實法
觀上生空得悟即解於法為未悟故更說尒
文亦為三初兩句即法而空次一行一句即
法本性非空非假次一句即法而假例如生
空三意也如是諸大者標四大法也一一不
實者正明空觀也若四大各守其性者地守
堅性不應動不應燸水守溼性不應氷不應
冱火守熱性不應貞不應皺風守動性不應
持不應觸壁而止一大既有三性非都堅非
都溼非都熱非都動失本性故則是不實不
實故空請觀音云地無堅性水性不住火從
緣生風性無礙一一皆入如實之際即其義
也上撿生空故言何處有人今撿法空故言
一一不實不實者即空也本自不生者即法
本性不生不滅非空非假觀也体其元不生
約四 十五
中無和合末亦不空元無四大四大何得而
生元既不生中那和合四大既不和合寧得
五陰和合大陰既不和合那得法空本自不
生不滅非是觀智令其不生不滅即事而理
此之謂也以是因緣也觀與理冥逵即空即
假即中大經云亦有因緣因滅無明即得熾

然三菩提燈即因緣義也和合而有者即法而假也既本体不實那得大陰此由無明業因託今世遺体果故有四大五陰即是迷惑因果和合而有此法有故体有非有亦非有非非有即空即假即非空非假三觀明文在經寧不信邪更為鈍根人作實法惑相或謂四大五陰是有是無是亦有亦無是非有非無四執既生生名為有是見依色依色起我我生五利為法恚然復起五鈍十使是集方招來苦來世不了展轉無窮生死大海濤水波濤世世常為大陰所惑惑此色法即色陰憂喜是受陰取相是想陰起善惡是行陰分別是識陰陰心起故名為有法非法空也心不依色亦復不依受想行識寂然滅衆惡無量衆罪除如是尊妙人則能見般若亦是甚深法性金光明中而得見故釋迦牟尼行人若能如此觀生法二空則是懷壁向本一世兩世能有所辨保不孤然矣從無明体相下五行明十二因緣生法二空觀文為二初三行出境相後二行出觀相初又二初二行明生空境故文云名曰無明釋論云誰老死故知是生空境也後二行出法空境文云老死愁惱釋論云是老死故知是法空境也然十二因緣經論不同或三世或果報或一念或十

種三世者過去二因破神常之見現在五果破神我之見現在三因未來二果破神斷之見常途所用果報者初託胎歌羅邏時為無明一期始終論十二支也一念者華嚴云十二因緣在一念心中大集云十二因緣一人一念悉皆具足如眼見色不了名無明生愛十六 約四 惡名行是中心意名識色共識行名名色六處生貪名六入色與眼作對名觸領納名受於色纏綿名愛想色相已名取念色心起名有心生名生心滅名死乃至意思法亦復如是一日一夜凡識幾許十二因緣輪網以自纏迴今更說其因起之相若觀名色由行行由無明於無明不了或謂有謂無亦有亦無非有非無作四句取者皆是無明是事實是行是中心意名為識識共色行名名色一一如前說又觀一念託胎是名色五胞開張名六十六入對塵名為觸領納為受於此受中作四句分別或有受無受亦有亦無受非有非無受如眼受色於色不了是無明愛惡之心名為行識共色行名名色六處生貪名六入餘如上說乃至意思法不了是無明愛惡是諸行餘如上說如此推十二因緣大樹枝條布濩徧覆三界誰能識邪誰推伐邪今經既是略說不論三世一念等但舉生法為二

觀之境宜以譬顯如捉火爐闇中舞之圓輪相續團團不斷火者實法也輪者假名也衆生長夜著於假名舞炊不息迷於陰入薪火不息十二因緣何由可盡若知輪依於火止手則無輪火賴於薪除薪則無火輪火雙無生法二空也生空境文倒於三無明体相兩十七 約四 句明本性不有不無是中觀境妄想因緣和合而有此兩句是假觀境無所有故兩句是空觀境是故我說兩句結成尒行識名色一行明法空境例應有三特是文略得意可知衆苦行業下明生法二空觀文亦三意衆苦行業不可思議一行明非空非有觀本無有生亦無和合兩句明空觀上句本無有生是生空下句亦無和合是法空也不善思惟兩句明假觀前不善思惟致今名色今不善思惟復有未來老死雖名為生法二空觀即空即假即中其文炳然明與義會何所疑徵更為鈍人說空觀相若假名自生不須實法若由法生非假名生若假實合生應有二假若離假實則無是處今之假名但有名字名不在內外兩中間亦不常自有以不可得故是名觀假名空觀實法空者若名色自生不應待業若業能生羅漢有業何故不生若業果共生各有名共各無寧共若無因緣生則

無是處既不得生亦不得不生亦不得亦生亦不生亦不得非生非不生亦不得滅亦不得不滅亦不得亦滅亦不滅亦不得非滅非不滅無滅無生名為無生無生故假名壞假壞故則六十二見壞見壞故實亦壞既不然火是則無煙日中舞燼是亦無輪是略示空觀相中觀假觀在別記云我斷一切諸見纏等下十二行半偈是第二果上生法二空用明觀發證果文為二初三行半自行成後九行化他成自行文又二初兩行智德滿次一行半斷德滿一切諸見者六十二見八十八使等故言一切此是生空觀成也以智慧刀者辟智慧利用上辟斷見下辟斷煩惱纏者別明十纏煩惱網者通明十使網有羅籠之失舍有覆闇之過達陰空寂闇障不能蓋裂網破壞羅罥不能礙此是法空觀成也二乘所斷是通見纏菩薩所斷是別見纏淨名云結習未盡華即著身未斷別見為華所著也十五約四而言佛斷見纏者若通若別究竟盡在於佛也釋論云衆生無上者佛是法無上者涅槃是無上假實佛地所不感故言斷尒經論不同或言佛上上智斷下下惑無明力大佛智能斷一念相應慧正習俱盡無有餘或言有上士者名之為斷無上士者名無所斷斯乃

隨國隨時隨人隨悟皆有利益云云說無上道者生法二空正道滿也德妙功德結法二空助道滿也開甘露門下一行半明斷德滿甘露是諸天不死之神藥食者命長身安力大体光辟諸佛斷德住大涅槃真常樂我淨用知是斷德滿也然此義意復欲通對華嚴諸位開甘露門對十住位初開聖道遮二邊故故言開也示對十行歷別顯示也入對十回向迴事入理也最對十地處法性室也食味對妙覺自食斷味最以被人不地非不化他自行未圓化亦不廣佛地果圓斷德已滿慈悲力大能為衆生開於十住示十行入十向處十地食甘露味功用具足斷德化他兩義皆成也又通對般若四智開對道慧示對道種慧入對一切智處對一切種智食味對佛住大涅槃以大悲令衆生得此四智於果地斷德義亦無妨云云又對法華開示悟入佛之知見良由佛德圓滿能以大事因緣出現於十五約四世開示衆生佛知見也於斷德義亦顯又涅槃云常樂我淨於果斷最便如前釋云云次大法蠡下九行明果地化他滿文爲二初兩行轉法輪化他次七行四弘誓願化他說法又二初一行說法次一行神通餘經前神通竪物關後說法今經後神通成前說法亦醉因

時生法二空之正慧得果時智德滿故能說法化他修因時生法二空之助道得果時斷德滿故能神通化他說法舉四辟者開法之益實自無量略舉四辟別有所擬吹蠡是改號辟佛說小乘法改凡夫耆忍之凡性入聖人之正性說大乘法改凡聖之偏性入中道之圓性通教七地別教初地圓教初住皆是改號之位從偏以入中也擊大法鼓者擊鼓誡進肅衆前驅此辟佛說法督進深行小乘位在修道通教在八地別教在十行圓教在初住此諸位以聞法力感進真修道也然大法炬者炬能自照亦能照他辟佛說法今自他雙益如千年闇室一燈能了又如一燈然百千燈聞法之力自他俱益亦復如是通教八地別教十迴向圓教亦在初住皆是道觀雙流自他俱益之位也雨勝法雨者兩能成熟農夫加功扶疎益寡時澤一降華果敷榮喻如衆行雖復勤修發趣事弱聞佛說法增道損生任運成熟自然流入薩婆若海如大恒中船不勞筋力疾有所到此並在雙流位中義如上說若得此意例華嚴之四位般若之四智法華之四知見涅槃之四德皆可解此一法竪擬諸經之位橫論一切諸位一聞法音隨類各解云云此中四辟皆言大者說大

法也通途解釋明大非小位尓我今摧伏下是神通化他也怨結者四住是二乘怨結五住是菩薩怨結魔為煩惱主伐樹去根化物須降主若不降魔化道不暢降魔之法須用神通譬如勝怨乃可為勇非法王不壞法王勝者是時化道得立尓豎法幢者法幢三昧

二十末

也高出衆行為衆行之望如兵望麾也三德不縱不橫故言微妙從度諸衆生下七行是四弘誓願化他雖復成果本願未休故言四弘益物亦名四諦益物四弘是誓願之心四諦是所緣之境也度諸衆生是初弘誓亦是未度苦諦令度苦諦也從煩惱熾然一行是第二弘誓亦是未斷集諦令斷集諦也從我以甘露下一行是第四弘誓亦是未證滅諦令證滅諦也從於無量劫下四行是第四弘誓亦是未安道諦令安道諦也此中指檀為四諦檀對於慳慳貪自蔽是集集業招果是苦檀能破慳是道慳滅是滅諦無量劫者積功高也遵修諸行者攝法廣也論云檀義攝於六訟捨身命財與後際等得不壞常住名波羅蜜豎高橫廣故言遵脩諸行也

金光明經文句卷第四　約四

金光明經文句卷第四

校勘記

一　底本，明永樂南藏本。

一　三二〇頁中八行「傳傳」，徑、清作「轉轉」。

一　三二一頁上二行第六字「與」，徑、清作「爲」。

一　三二一頁上一六行末字「虛」，徑作「空」。

一　三二一頁中二〇行末字「詶」，徑、清作「訓」。

一　三二一頁下七行「流溢」，徑作「流濫」。

一　三二二頁上六行第二字「覺」，徑、清作「學」。

一　三二二頁下三行第三字「蟲」，徑作「蠱」。

一　三二二頁下二三行「因緣」，徑、清作「因緣者觀解因緣」。

一　三二三頁上一七行第一三字「壁」，徑、清作「璧」。

一　三二三頁中七行第一一字「共」，徑、清作「六」。

一　三二三頁中九行第六字「愛」，徑、清作「受」。

一　三二三頁中一七行「六十」，徑、清作「六入」。又本行「爲受」，徑、清作「名爲受」。

一　三二三頁下六行第一一字「於」，徑、清作「爲」。

一　三二三頁下二〇行末字「名」，徑、清作「名字」。

一　三二四頁中一〇行第一二字「不」，徑、清作「下」。

一　三二四頁下二〇行「筋力」，徑、清作「筋力」。

一　三二五頁上一五行「第四」，徑、清作「第三」。

金光明經文句卷第五　約五

天台智者大師說　門人灌頂錄

釋四天王品

四天王者上升之元首下界之初天居半須彌東黃金埵王名提頭賴吒此翻持國領乾闥婆富單那南琉璃埵王名毗留勒叉此翻約五增長領鳩槃荼薜荔多西白銀埵王名毗留博叉此翻雜語領毗舍闍毒龍北水精埵王名毗沙門此翻多聞領夜叉羅刹此四王聞經歡喜各領五百眷屬發誓護經從此標章故稱四天王品觀心釋者東集南苦西道北滅四諦理是四天觀四諦智爲四王護四諦境名護國護心數是護衆生世者他也爲他說心數名護他衆生八部者苦諦下有利鈍見思法華指此爲鬼神乃至滅諦下亦有見思是爲八部也若不照四諦理見思二惑侵害心王毀損境界心王亡境國收心數人民逆散境智俱爲鬼神所惱能觀苦集控御見思則國安民寧能爲他說四諦是護他國土遮彼見思使得安樂是爲觀心護世四天王也此下十三品是流通段佛慈孝未使邪惡不騎於正真經王不墜於來代有緣之者得正聞正聽故曰流通凡爲七意四天王至散脂明天王發誓勸獎人王弘宣此經正論善集明人王弘經天王祐助亦是示往日弘經方軌鬼神品明聽經功德天神地祇若河若游菩提薩埵成守衛之授記品證聽經功德之不虛除病流水引昔聽經之功德證今護持之非謬捨身品引昔行經不惜軀命戒勸師弟勿吝法財讚佛品明諸菩薩歎佛法能宣所宣利益深重云云天王發誓又爲五四王以天力擁護請者大辯品以辯充益說者功德天品誓以資財潤請者說者地神品誓以地味膏腴味請處說處散脂品誓以威武摧外敵攘內難安於請說聽等也又天王護其國大辯護其師功德護其衆地神護其地散脂救其災令經法大行也云云四天王品者有六番問答即爲六段第一白佛述有護國之能第二白佛述其護國之事第三白佛示其軌模第四白佛要其法利第五白佛雙述興衰第六白佛說偈頌德初番爲二一白佛二佛述成白佛又二一經家敘一正白佛敘約五敬知文正白佛文爲二一歎經二述能護諸天信法有力是故歎經欲得經弘述其能護歎經爲二從是金光明下歎經體從莊嚴菩薩下歎經宗從此經能服下歎經用正說乃多歎三則略攝於廣也法性之理佛所護念文詮此理故言經王既言經王知是歎體約體修行能令菩薩興二莊嚴成於極果既言莊嚴知是歎宗世天淨天義天皆宗仰極地施三業供養恭敬是身歎是意讚歎是口又下從地獄上至菩薩無明永盡通有熱惱此經能除如月清涼知是歎用云云從世尊是金光明下是第二述能護國文爲二一內以法護國二外以衆護國法護國又四一護國之由二以法護國三以天衆護國四以天眼護國護國由者由此經獲於四益身益光明力益勇猛心益增進德益尊嚴理獲二益謂法身慧命皆得增長由國弘經致斯法潤寧得不護述所以者此義正與觀心相應以四諦智護四諦境即是修行正法以四諦智導諸心數使諸心數不行故名行般若波羅密即是能說正法內有如此護國所以名護世王正治國土爾帥衆護國者此亦與觀心相應心王帥心數衆降伏見思利鈍諸使如諸天王共眷屬遮諸惡鬼如轉輪王與七寶約五千子有所至處四方歸德四王共五百所臨之地何惡不除邪用天眼護國者以報得天眼徹視無幽不燭防萌杜漸何惡不除邪二從若此國土有諸衰耗下是智策護國令內外因緣和合文爲三一若王國多災種種艱難謂兵饑疾者我以智策勸法師往或威神

勸往或現形勸往或降夢勸往法師若往廣宣此經如日出朝陽霽霧自歇此勸外緣也次王心無智照災承闇入若有明慧變怪不生師既秉法來儀王須專心聽受王若勸聽天亦勸護所以加於可加護於可護一人有慶賴及萬方王身與國安隱無患此內因也若外雖有弘法人王內心不殷重則不和合不能攘災也二者王無惠施則寡於福祿如不勤田倉廚少穀勸王傾財供給四衆四衆得安福資於王舉國眷屬一切無患此內外因緣和合能致豐年流行云云三者王身無先王之德行臣民不從口無先王之法言鄰國不詠令勸王三業供養恭敬是身業尊重是意業讚歎是口業夫高以下爲基辯以訥爲師屈尊敬畢功亦大矣以天威力使鄰國遥崇羽檄稱讚歌詠羨慕三業顒顒上之化下如風之靡草鄰國既然國人牛馬草葉無不低迴內向此則能讚所讚因緣和合頌聲溢於鄰國云云經文分明尋之可見次佛述成文爲二初合述歎經二述其能護國四王初歎經說既合理佛述而成之成其上體宗用三歎故言佛合述善哉善哉其上總歎一教佛述成其偏讚百千諸佛諸佛從是法生故舉多讚成於一也從於諸佛所下述成其能護

國又爲二初述以法護國二述以智眼護國法護國有四佛皆述成上明護國之由由聞經得益佛述令益良由先種發心畢竟二不別如是二心前心難是故敬礼初發心此舉前以成後述後以顯前從說於正法下述其以法護世上云能說能行所以名爲護世佛約王亦述成能說能行得名護世云云從汝等令日下超述其天眼護國小不次第於義無失上云以淨天眼過於人眼佛述長夜利益夫天眼夜照不假日光故言長夜也從汝等四王及諸眷屬下追述其天黨護國上直言護國佛令加讚是護三世諸佛正法也從汝等四王及餘天衆下述其智眼和合護國上云請法師入境攘惡此功歸已能却修羅之陣汝勸王聽經供給四衆佛述其內智外福實是消伏諸苦能致安樂如文云云第二番白佛述護國之事文爲二一白佛二佛述成白佛又二一是經流布之處其王自能頂受又供給四衆者我及眷屬皆當隱形令其顯益二者惡鄰興兵侵斥善國我當隱形起諸怖懅種種難起令其軍兵顯然退散尚不擾邊況能壞中云云次佛述成文以爲二從尒時佛讚下至無關訟之事是述成初意其上隱形護國欲使經弘佛述隱形是護三寶我是佛寶脩

習菩提是法寶諸王無關訟是僧寶述其護一而能成三也從四王當知此閻浮提下是述成後意上以天威攘之天力退之似若憎惡愛善佛勸慈心平等向之爲惡者自懺爲善者自豫非薄惡而厚善成其懺遷之意也又勸諸國各守本業住境自樂勿起貪企諸約五王和則民無夭法興盛則熏諸天佛告帝釋闘諍因緣人天損滅善能慈和天下非止供養於我則是供養三世如來非止安於一王徧安諸王非止安於一國徧安一切故以慈和述成第二意也云云第三白佛示人王規模文爲二一出其願欲二示其軌模願欲有六一欲安己身二欲安妻子三欲安宮殿四欲王領殊勝五欲攝諸福德六欲國無憂苦六願如文從世尊如是人王下是第二示其規模雖不次第六數足上欲安身令示莫放逸制心則身安也上欲安宮殿令示嚴法堂旛蓋映於上香華麗於下三寶受用則柏梁無災上欲王領殊勝令示洗沐香塗敬恭去慢一身敬於此八紘休於彼上欲攝取福聚令示正念聽經正念聽經能致無量功德天神竭其力攘地神竭其力截鬼神竭其力護臣民竭其力愛上欲安妻子令示和顏與語勸其與福內外脩善感益事多上欲得國無憂

苦令示應自喜慶自勵忘疲倍作利益一人既悅則四海謐然此之謂也次佛述成文為二先述成六方法次述成六願欲四王約六事又所說少止在現世佛約一事而所益多起無量世倍述成之從佛告四王下秖弘經聽經即是述成安身方法上直示心不放逸令加示羽儀出宮迎候步步值邪由他佛方法既倍體亦彌安從復得超越爾許劫難者述成安國方法上止一世無憂苦今則超爾許生死之難從復於来世封受輪王者述成安妻子方法輪王有玉女千子悉無怨對爾許劫中妻子常安也從亦得如是現世自在之力者述成上安於王領方法也從常得最勝七寶宮殿者述成上安於宮殿方法也從在在生處訖具足無量福聚述成其上攝福方法也從汝等四王下述成其六種願欲從四王下至不退轉述成上願安身從已為得值至畢三惡道若述成上安國從我今已種約五 六 輪王釋梵之因述成上願安妻子從已種無邊善根下述成上欲攝福聚從後宮宮宅無諸凶衰述成上願安宮殿從國土無有他方怨刺述成上王領第一從汝等四王下更摠結成六法六願皆令具足者若能屈已迎候至心聽法即是六願六法又迴利施天亦即能令六

願六法成就滿足也第四白佛要其人王施善此由第三段末文為二一白佛二佛述成白佛又二一人王運心二天宮相現人王心存至典是故香作金光迴施必得是故天宮相現香至天宮龍宮鬼神等宮摠至三法界爾觀心解者以智慧火然實相香起戒定慧煙實相是真法故言金光戒慧與理冥故徹照無礙也云云次佛述成文為二先述香光非但至天宮等三法界徧至百億諸宮又至恒沙佛上摠而言之徧至十法界也從諸佛世尊聞是香氣下述成人王運善奉施諸天為諸佛所讚先讚因成次讚果滿如文第五白佛雙舉興衰文為二一白佛二佛述成白佛又為三初從白佛至諸惡災患悉令消滅是第一舉興勸從若有人王心生恭敬至善神遠離生如是欲等無量惡事是第二舉衰勸從世尊人王欲自護及王國土是第三正勸舉與勸為四一人王弘經則四天隱形聽受二非但四王聽約五 七 受釋梵八部皆集聽受三以是人王為善法知識四既得法利護國弥勤皆如文次舉衰勸亦四一王不弘經天失甘露則威勢減少二釋梵舊神並皆遠捨三惡鬼亂行災毒競起四展轉結成災災何故起惡鬼亂行鬼何故行天神捨離天何故捨不聞法食何故無

法食王不弘經如文三正勸為六一欲得現利故必定聽二天欣法食故必定聽三出過三論故定聽三論者四韋陀論說梵事毗伽羅論說十善事僧佉衛世師勒沙婆論說學通事云云四始終得益成就菩提故必定聽五教主勝於釋梵故必定聽六諸法之本故必定聽皆如文次佛述成文為二初番述成舉興勸不弘則衰無可述成又解云前番則兩述成而與安樂是述成舉興勸滅其衰患是述成舉衰勸從若有人能於天人中作大佛事者述成正勸云云第六白佛文為三一說偈歎二佛以偈荅三歎喜發誓偈歎有八行半文為三初一行歎三身次五行半歎身相次二行結歎夫三身有通別依文是別空是法身日是報身月是應身通意者空是法身日是報身水日是應身空是法身月是報身水月是應身空是法身日中空是報身水中空是應身月亦如是依結歎文空是法身月是報身水月是應身空是法身日是報身燄是應身化法是法身化主是報身化事是應身雖復別說義則通融故文云無有障礙即通意也歎身相文為五初一行歎上兩相謂目與齒次一行半歎智斷兩德謂智三昧次兩行歎下兩相謂平與網次兩句絕言歎謂不可

思議次兩句結歎夫相好不獨在應身報法亦通莊嚴父母生身者應相好也莊嚴尊特身者報相好也莊嚴法門者法身相好也今言歎智斷即法身相好也文云無有障礙者非獨歎一身相也偈初標佛月令結先佛月為三身次結三身通融故言無有障礙次結佛日故言如醯次結佛化身即是四身義故言如化皆具三身四身則是無障礙也結竟即礼礼於佛月亦是礼佛日佛化也品初歎經歎體宗用品後讚佛辯異義同佛眞法身即是體佛月清淨即是宗應現水月即是用天王天辯其妙若此也問空辯法身月譬報身空為作月不作月空若作月月非空作空不作月月那依空荅空不作月亦不作非月月非月必依於空法不作報亦不作非報報非報必依於法之間法不作報非報報非報必依於法者亦應月不作影亦不作非影影非影必依於月者月亦是法身耶荅智與法冥法是法界智亦如法界云云又並影不作動與不動動不動必依於水水亦是法界耶荅動不動譬機一切諸法中悉有安樂性譬法界亦是無妨又淨度三昧云衆生亦度佛若無機感佛不出世亦不能得成三菩提出世菩提皆由衆生機為法界此義成也佛荅云云

十四行半偈天王所以讚佛者佛能說法故也法王所以讚法者法能成佛故也般若云我初成道觀誰可敬可讚無過於法法能成立一切凡聖故佛讚法以荅天王文為三初一行歎經體荅其法身次一行歎經宗荅其報身次二十二行半歎經用荅其應身悉如文　三四王歎喜發誓如文

釋大辯品

辯有四種小辯無量辯雙辯大辯無偏法名小辯恒沙法名無量辯備二種名雙辯雙非雙照名大辯此天住智慧莊嚴法門自住大辯以自在力為悅衆生故隨說一辯若二若三若四故名大辯為宜衆生故若授一辯若二若三若四冝而立之故名大辯為對衆生故或對一辯若二若三若四對而治之故名大辯為悟衆生故若悟一辯若二若三若四一悟一切悟而開發之故名大辯對佛發願以大辯加於說者故稱大辯品文為三從白佛下以大辯力加益法師二從若有衆生於百千下以感應力加於化道三從復令無量下以行力加於聽者初加法師以樂說辯才莊嚴次第是辭辯大智是辯摠持是法辯若有衆生下加化道流布不絕加其能化之道無入無所化無道無能化因緣和合化道不絕也從復令無量下是加聽衆兩益聞經至不退轉是加因益必定得菩提是加果益文言雖略誓願甚深為益大矣

釋功德天品

此天住福德莊嚴法門攝一切法而以功德為首故言功德天又能與說者所須無所乏少故名功德天又令說者晝夜思惟是經深義故名功德天又令聽者速成菩提具此衆義故名功德天品此是天王護經第三意福資請說及以聽者文為六一從白佛下發誓四事資給法師二從我已於過去下明福德之由三從若有人能稱下勸示行法文中有略示廣示云云四從我於尒時如一念頃下誓臨影響五從若能以已所作廻施我下要求同行六從應當礼下別示歸敬悉如文

釋堅牢地神品

上諸天或住善權方便道為衆生法父此天住善實智度道為衆生法母一義也譬如陰陽覆載卉木智度養育出生衆善二義也餘度各有所主未亡未泯實智照了無相無名三義也餘度有等有上智度無等無上是究竟度四義也智度法門常無改變義曰堅牢常也能荷樂也能生淨也名之為地德力自在我也稱之為神從此等法門故名堅牢地

神品此品是天王護法第四意翻涌地味資益請説聽等地也文為三一從白佛下誓涌地味利益行者二從尒時佛告下如来述成三從尒時地神下發誓弘經初涌地味文為三三從初白佛下明己身利益凡約八事展轉增長由聞法故法味增長法味增長故氣力增長氣力增長故翻地味增長地味增長故諸物增長諸物增長故衆生五果增長五果增長故脩行增長脩行增長故供養增長供養長故弘通增長悉如文從何以故世尊下明眷屬利益是經力增長凡約五事展轉增長以經力故我眷屬增長眷屬增長故地味增長地味增長故諸物增長諸物增長故衆生快樂增長快樂增長故依報皆具足具足亦名增長從世尊是諸衆生下名報恩增長凡約六事展轉增長以知我恩故專聽增長專聽增長故功德增長功德增長故教他增長教他增長故地味增長地味增長故受樂增長受樂增長故信施增長悉如文二佛述成文爲二一約聞經展轉增長從人世至天世從天世至出世日夜即受不可思議快樂即出世樂也地神所説止是今世增長如来述成文雖略意極長遠二述成供養增長從人世至天世從天世至出世長遠之義準前可知云云三發誓護經文爲三一誓護説法者二誓護化道不絶三誓護聽法者如文

釋散脂鬼神品

具存梵音應言散脂脩摩此翻爲密密有四義謂名密行密智密理密云云蓋北方天王大將餘三方各有東方名樂欲南方名檀帝西方名善現各有五百眷屬管領二十八部孔雀王經云一方有四部六方則二十四部四維各一部合爲二十八部又説者云一方有五部謂地水火風空四方有二十部足四王所領八部是爲二十八部巡游世間賞善罰惡皆爲散脂所管聞經歡喜發誓護於説者聽者從能護人受名故言散脂云云文爲四一從白佛下發誓護持二從何因縁下述有能護之德三從散脂大將下誓以智力充益説者四歸敬本師初段有經家叙正發誓悉如文述德又爲三初標次述後結標如文述又爲三初五句述智次五句述境次五句述正三番稱世尊知是三種意也神既名密述名顯德應談密義智若淺深階級次第不名爲密即一智一切智一切智一智非一非一切而一而一切者斯是智密若得此意五句一句一句五句非一非五而一而五唯數唯密尒若境可以智知可以口説者境則非密不可智知不可識識不可以名名不可以言説是名不可思議密境也而約五數論密者例前可知也若對邪道明正道待邊説中此正非正此中非中皆非是密即邪而正即邊而中邪正中邊無二無別者乃名爲密思益云若以心分別一切法者一切法邪若不以心分別一切法者一切法正即其義也我行正道若境若智從此得名唯然世尊自當證知云云又此三番一往是身口意密前五句言知知即意密次五句言現見現見屬眼眼屬身即身密後五句明正解由正解故言正分別分別即口密所以言不彰露者是密義也如此述名密義已顯實味無已更復略説世尊我知一切法下作三觀義解之知一切法一切縁法兩句同是因縁所生法境何者能生爲因是初句所生爲縁是第二句能所合故諸法得起中論云因縁所生法即此義也了一切法者了達靡無也中論云因縁所生法我説即是空是爲從假入空觀也知法分齊者知空非空用道種智分別假名凡聖之法無有差別中論云亦名爲假名是爲從空入假觀也如法安住一切法如性者以二觀爲方便得入中道第一義諦中論云亦名中道義即是中道第一義諦觀也舍受一切法者

即是中道正觀能雙照二諦故言含受若三
觀一異縱橫並別者則不名密觀即一而三
即三而一名為密欲知智在說說即口密也
世尊我現見下五句作三諦三解脫義釋之
現見不可思議智光者光是實智如日月光
常明不息此實智照不可思議真諦境成圓
約五　十三
淨解脫也不可思議智炬智行智聚者皆是
權智如人執炬屈曲照物乍興乍癈隨順機
緣或此或彼行因義聚是果義從因以向果
果興而因廢皆是權智照不可思議俗諦成
方便解脫也不可思議智境者是法如如智
此智與法如如真故言不可思議智境此智
照不可思議中道第一義諦成性淨解脫也
若三諦三解脫一異縱橫並別者非不可思
議也以不一異並別故故名不可思議不可
思議故名密也世尊我於諸法下五句作三
身釋之正解正觀正解能顯體顯名正觀
正觀是報身也得正分別正解於緣者分別
機緣不待時不過時普應一切即是應身也
正能覺了者無覺無不覺名為覺非了非不
了名為了究竟清淨之覺了即法身也若此
三身縱橫一異者不名為正非一非異不前
不後故名為正正即密也約正明法身即是
金義約觀明般若即是光義約不思議解脫

即是明義三德是微密之藏金光明是微密
之教從密教生密解安住密理行於密行以
密利他故我名密唯然世尊自當證知復次
此十五句互相釋成若正解正觀十五句皆
正解正觀也若不可思議智光十五句皆不
可思議智光也若我知者十五句皆知也云云
文作五種佛性釋者正性緣性了性三名不
異又一家取果性境界性為五又一家取果
性果果性為五若作果果性即沒境界性為
緣因性所攝若開境界性即沒果果性為果
性所攝雖開合不同終是五數今以五知對
五佛性我知一切法者知一切法中悉有安
樂性安樂性者即正因佛性也一切緣法者
無量功德低頭舉手之善緣因佛性也了一
切法者即是般若空慧了因佛性也知法分
齊者即世間出世間因果不濫境界因佛性
也如法安住如性者即是果性究竟安住如
中也含受一切法者還是果性能雙照含受
十四末
也若作果果性者取知法分齊為果性克果
智照分明為分齊也安住如性含受為果果
性云云若然者下兩種五句亦應對五佛性師
雖不釋義例應介準須釋出其意消文令會
介世尊以是義故下是結文也從世尊散脂
大將下是第三發誓以智辯充益說者文為

二先益能化次益所化益能化為三莊嚴言
辭下益其口業衆味精氣下益其身業心進
勇銳下益其意業從以是之故下益其所化
此亦為三以是之故廣說是經此是未種者
令種也若有衆生下是已種令熟也無量衆
生下是已熟者令脫悉如文此消文大好從
南無寶華下是第四歸敬文也佛說一切衆
經初皆歸敬而譯人略之諸論初亦先歸敬
此文是說竟歸依三寶在文可尋也
十四末

金光明經文句卷第五　約五

金光明經文句卷第五

校勘記

一 底本，明永樂南藏本。

一 三二六頁上一八行第一六字「御」，徑、清作「作」。

一 三二六頁中一八行第一三字「一」，徑、清作「二」。

一 三二七頁下三行第九字「㨿」，徑、清作「懅」。

一 三二七頁下一一行「規模」，徑、清作「執模」。一五行至次行同。

一 三二九頁上三至四行「今言」，徑、清作「此中」。

一 三二九頁上五行「結先」，徑、清作「先結」。

一 三二九頁中一八行第一六字「從」，徑、清作「一從」。

一 三三〇頁上一〇行第二字「長」，徑、清作「增長」。

一 三三〇頁下二行第一四字「論」，徑作「議」。

一 三三一頁上九行「因義」，徑、清作「是因義」。

一 三三一頁上一七行「體顯」，徑作「顯體」。

金光明經文句卷第六　約六
天台智者大師說　門人灌頂錄
釋正論品
正論者正名為聖聖有二種一世聖二出世聖論名數實一數事實二數理實此品是先王舊法世世相傳先王傳力尊相力尊相傳約六於信相信相又傳其子其子又傳於後世世世正聖世世善實即是先王之法言亦是世界悉檀立名名正論品王行此法法律相應陰陽以之調日月以之順百穀以之豐萬民以之樂社稷以之安治化以之美即是民用和睦上下無怨亦是為人悉檀立名名正論品王用此法外敵不敢謀內姦不敢驚妖星不敢現惡虹不敢行暴風不敢動疾雨不敢零是則禍亂不生災害不生亦是對治悉檀立名名正論品此之世善本金光明從金光明出此正論善用此正論天宮天身以之光明天力天威以之增長天心為之倍樂天之法味為之倍加深遠即是先王之至德要道亦是第一義悉檀立名名正論品也此文是流通中第二意明人王弘經感通冥聖天王佐助善政興隆文為二一長行說事本二偈頌說正論長行中對告地神說昔尊相如文偈有八十二行文為四初二行半集衆次三行半發問次一行結問開荅後七十五行梵天荅即說正論也集衆文為三初一行是佛叙尊相欲為天子說先王本法次一行佛叙尊相誡聽次半行明說論處所次四王發四問一問云何呼人為天二問非天所生而名天子三問處王宮殿何故名天四問以治人法那得名天次一行成前起後可見云云問既有四荅亦為四一荅天護其入胎雖是人子而稱天子三十三天各分己德雖是於人而稱為天雖處人宮殿用天律治世雖是人主而稱為天雖是人法治世令衆生行善多生天上以因中說果故稱為天從汝令雖以下是梵荅文為二初十行半略荅後六十四行半廣荅略中有四初一行半許荅次因集業故一行略舉昔因今果荅其問王義次五行舉三義荅其問天義次三行舉三義重荅問王義荅天舉三義者未入胎入胎分德力加是也以護胎故稱為天子荅第二問也以分德約六　二故有其天德故稱為天荅第一問也神力所加脩善遮惡後必生天因中說果故稱為天荅第三第四正法治世名為天問也荅半名為天三義竟從半名人王已下荅有三義故稱半為王一名執樂者樂由於王王執此樂使天下和平五日一風十日一雨老者擊壤小騎竹馬誰不歸德故執樂者名王二者遮惡為民除害天不亢旱地不洪流不障折傷民無疾癘者誰不歸德故遮惡名王　三父母者誨示禍福導語善惡制禮作樂而民知禁誰不歸德故父母名之為王能為民下作父母故諸天護之名為天子以遮惡不起諸天分德名之為天以執樂故因中說果復名為天非但半名人王義成半名為天三義亦顯從若有惡事下三十九行三句廣明非法不得名天不得名王六義俱失三十三天各生瞋恨是天不護不護故非天子是諸天王各相謂言是天不分德不分德故不得名天捨遠善法增長惡法則無天因寧得因中說果歎人為天也生大愁苦者無執樂義疾疫流徧無遮惡義縱惡不顧善無父母義云云從當正治罪下二十四行三句更廣說六義當正治罪即父母義諸天護持即天子義以滅惡法即魁膾義魁膾名典軍遮制惡鬼鬼畏典約六　三軍不敢亂行也脩習善法即執樂義應各為說即示因果義諸天即分德義還以六義消文皆可尋云云此中應明觀義自思之云云問金光明是正論本其意云何天者即法性金也法性作依止故言天護分德者即光也報身與法性冥即是分德也神力所加者即明也

云云又父母者即金也法性為父母故遮惡即
光也執樂即明也以此為本故能正論爾如
半名人王半名為天為世間正論半名出世
間正論本末相關即此意也
釋善集品
此轉輪王集衆善法如海導師善海無涯六
度則攝六度又廣二度略攝謂檀與智提如
意珠捨四大地滿中珎寶以用布施即集檀
行也合掌而立請寶冥尊者宣揚顯說是金
光明即集智行也檀智既然餘法亦尒從行
得名故稱善集品也此六度不同是世界悉
檀集善也偹於五度是為人集善也偹於智
度是對治集善也皆波羅蜜是第一義集善
也從此四集得名故言善集品此品是第二
人王弘經上明世間正見感動天地此明出
世正見感動賢聖云云文為二初對告地神二
以偈說偈有六十四行半分為二初四行通
明因地行檀次六十行半別明善集施財施
法別為六一六行半明事本二十一行半明
聖王請法三十九行半明尊者宣揚四十行
半明輪王行施五二行結會古令六十行半
引因果以證以勸悉如文就此品論金光明
者善集波羅蜜金也集般若光也集五度明
也就寶冥論者在一窟中金也面如滿月光

也讀誦如是經明也就二人作者在窟中金
也許為王說光也王提如意珠雨四天下珍
寶明也
釋鬼神品鬼字訓歸又云畏也報多怖畏如
阿修羅云云又云威也能令他畏其威也神者
能也大力者能移山填海小力者能隱顯變
約六
化此品通列一切天龍江海日月諸神上已
天題品竟無容再出雖通列諸道而鬼神文
多從多故以之題品此品是第三一切天龍
鬼神天靈地祇咸皆發檀溥徧弘宣以勸流
通文為二一長行二偈頌長行中先舉事別
次圓供養事別者佛從慈悲中起受供養者
蓋應佛也佛從如中起覺智智與如合者報
佛也一切法悉是諸佛行處者法佛也作如
此解者三佛歷別若修事之供養供養亦別
也圓供養者勸聽經聽經是法之供養諸供
養中最為第一第一供養者供養一切佛佛
說文字是應佛能詮是報佛所詮是法佛能
敬文字即敬三佛亦是敬三世佛諸佛從此
生故供養文字即供養一切諸佛云云又別時
重聞更記之長行舉四願欲而作一勸若欲
知佛行處行處者即如如境法佛也欲知者
知是如如智報佛也能聽此經此經即文字
文字即應佛也能聽者隨順佛教即法供養

法供養即妙供養也聽經能生覺智覺智生
故即是佛受供養也聽經一事具諸願欲秖
圓一事具別諸事也偈有一百二行半分為
六一從若欲供養下十一行頌上長行秖能
聽經即是舉圓妙以勸修二從隨所至處下
三行半舉聽經即能攘災以勸修三從於說
約六　五
法處下六行舉聽經致靈瑞以勸修四從威
德相貌下五行半舉秖聽經有威力以勸修
五從大梵天王下四十九行半舉聽經能致
天龍鬼神以勸修六從於諸衆生下二十七
行舉秖聽經能令國土安樂以勸修六云盡道
者四天上遣神名弥栗頭虔伽陀漢言善品
主蠱毒也摩醯首羅餘經翻為大自在灌頂
經翻為威靈帝摩尼跋陀翻為威伏行富那
跋陀翻為集至成金毗羅翻為威如王賓頭
盧伽翻為立不動車鉢羅婆翻為忍得脫曇
摩跋羅翻為學帝王摩竭婆羅翻為除曲心
繡利蜜多翻為有功勳勤那翅奢翻為調和
平劒摩舍帝翻為伏衆根奢羅蜜帝翻為獨
處快醯摩跋陀翻應舍主薩多埼梨翻大力
天波利羅賒翻勇猛進毗摩質多翻為高遠
睒摩利子翻英雄德波訶梨子翻威武威佉
羅騫馱翻吼如雷鳩羅檀提翻戦無敵脫因
者脫業障也脫果者脫報障也度諸有者脫

煩惱障也
釋授記品
有四種授記今是二種云云授者與也記者記成道事也此中授三大士一萬諸天當來成佛事故言授記亦名授莂亦名授決授劫國數量名為莂審實不虛名為決從佛所與名為授從其所得名為受此中從佛所與故言授記此是流通中第四意舉昔行經之因方成圓極之果證弘護不虛以勸流通也文為二一與記二疑記與記為二一與三大士記二與十千天記與三大士記又二一同緣者集二正與記世界轉名淨幢者應論四句此中是其一也十千記又二一聞經生解二正與記云云從介時道場下是第二疑記又二一疑問二佛荅疑者夫移山填海非一日之功菩提極果積行方魼切利暫下無久聽之劳不聞往昔有難思之行行淺記深是故疑惑如餘菩薩者六度菩薩引錐指地無非捨身命處戒忍禪智滿三僧祇若通教菩薩從假入空非止一世修行從空入假動逾塵劫若別教菩薩直行一行動經無量阿僧祇劫況復徧行衆行豈不可數尚不獲記少時聞經而得斯決時衆咸疑故樹神發問也佛荅為二一舉現行二舉遠緣現行者捨天宮樂故來聽經聞三大士獲菩提記我昔本悟與其法食三事和合故與其記也此意證成鬼神品初以妙供養供養三世諸佛又欲得知諸佛行處決定至心聽此妙典雖有此言未見其人今此十千即其人也聞記當果果必有因因金光明生殷重心起功德身心無垢累起般若身猶如虛空起於法身一心中聽三德圓成復有無量功德說不可盡此不得記記與誰乎證聽功德意在於此以隨相脩指今現行行隨實相而脩也有妙善根指於遠緣也遠緣實相而種善根也從亦以過去下是舉遠緣荅也文為二一略二廣此中少文是略除病流水兩品是廣荅也

釋除病品

廣荅遠緣由醫王救疾故言除病品通取後流水品文為五一緣本二遠緣三近緣四結緣五會緣從佛告樹神下明緣本如文從像法中下明遠緣遠緣為六一明父二生子三國人遇病四其子請五父為說六知已徧治子請為三一見人遇病二思惟三正問問為四初一偈問四大增損二問飲食犯觸三問治病醫方四問病動時節身火不滅者食飽熱病暫息食消熱復更生故言身火不滅也水過肺病者水多則損肺即是痰病也父醫還荅四問初六行荅四大增損二一行半荅飲食犯觸三二行荅病動時節四八行半荅治病方就大行中分二初一行是佛敎父醫欲荅爾次五行正荅時節時節有二一俗法四時謂春夏秋冬冬為歲末春為歲始而初言夏者或可趣作此言或可荅問正是於夏三三而說者一時三月謂孟仲季四時即十二月也若依佛說法一歲三時謂冬春夏夏為歲末冬為歲始何故爾為破諸弟子著常為開安居迦提月故沒秋時爾佛法三時亦是三三說也若二二說滿足六時者依俗法四時時本二月土寄四季各十八日本之二月只是陰陽二月一時唯有陰陽二月合成六時正月二月是木王時四月五月是火王時七月八月是金王時十月十一月是水王時臘月三月是陽土寄王六月九月是陰土寄王欲論本月亦二二說若論土寄王亦二二說故言足滿六時也若依佛法解二二說者佛法有三時時有四月各有初分後分從臘月十六日至二月十五日此初分春時從二月十六日至四月十五日此二月春後分從四月十六至六月十五日此二月是夏時初分從六月十六至八月十五此是夏後分從八月十六至十月十五此二月是冬時初

分從十月十六至臘月十五此二月是冬後分故言若二二說足滿六時也又云正月三月是陽月二月四月是陰月五月七月是陽月六月八月是陰月九月十一月是陽月十月臘月是陰月故言若二二說足滿六時三三本攝依俗法者正月是春分本月攝後兩月悉屬春分四月爲夏本月攝後兩月悉屬夏分七月爲秋本月攝後兩月悉屬秋分十月爲冬本月攝後兩月悉屬冬分三三本攝也又云正月二月正是春時木於中王土寄三月攝屬春時四月五月正是夏時火於中王土寄六月攝屬夏時七月八月正是秋時金於中王土寄九月攝屬秋時十月十一月正是冬時水於中王土寄臘月攝屬冬時土寄四季正時爲本各三月並攝於土故言三三本攝主攝於客客是土也依佛法言三三本攝者本時各三月既廢秋時以秋之三月各配入三時時則四月論本則三論攝則一故言三三本攝也間四時各有三月此是四三本攝何謂三三本攝答三爲一數以三而數故言三三爲本爾隨是時節消息者時如上說或四或三或二或攝等種種不同隨時以意消息斟酌去取若依佛法無秋時而言秋時發病此云何釋從八月半已還隨俗名秋而夏時攝八月下半以去隨俗名秋冬時攝隨時消息者二法之間而斟酌也代謝增損者春動肝病此可治夏動肺病此難治夏動心病此可治春動脾病此難治夏末冬初於秋分中動肺病此可治若動肝病此難治冬動腎病此可治若動心病此則難治論四時增損大略如此間四時皆動病何故去秋時解此爲二一爲破保常秋時萬物結實人計爲常爲樂爲破此著故去秋時佛爲弟子保常心多故也二者爲開後安居立迦提月安居本名坐夏八月半內已還若是秋時便是坐秋爲此義故故廢秋時尒從有善醫師下一行半答犯觸犯觸有六一多坐二多眠此二多致疾宜多行倚散之三多行四多倚五多語生風病宜多眠治之六多淫生一切病即等分病也若火少疾多若火多即熱壯若風多吹火成熱病若風多吹疾成冷病三事若等無病飲食得病者亦有六一過量食二少食不足而止三過食四逆時食未飢強與也五妨食如食肉飲生乳使人癩六不曾食而強食如南人飲漿北人飲蜜若菜和蜜令不結男豬膏煎白鷺肉令人癩若患熱而飲酒食小麥生牛肉令人失明吐血痢血若病痰而食甜肥鹹酸令人嗽鼻多汁又癖痢也六大者是六腑大腸小腸膽胃三焦兩膀胱也從多風病者下二行答病起時節四月五月是風生時六月七月是風起時八月九月是風滅時六月七月是熱生時八月九月是熱起時十月至正月是熱滅時八月九月等分生時十月十一月是等分起時十二月正月是等分滅時十月至正月是痰生時二月三月是痰起時四月至七月是痰滅時痰是水病肺也夏日動風者夏日毛孔開通外風得入內風動也熱病秋動者毛孔閉塞熱伏於內不得行故成病等分冬動者春時動水肺病不差至夏復動風風病不差至秋復動熱熱病不差至冬俱動一切病故也二月三月是痰起損肺肺病動也從有風病者下八行半答治病方丈爲三初二行半未病前以藥防次二行明正以藥治後四行病退以藥補風病夏服肥膩鹹酸熱食者夏月毛孔開通具以肥膩潤塞之令風不得入鹹酢性熱能消水令體堅實治於風虛熱食流汗引風令出又治虛冷風不得進冷甜是酥乳等能治熱也等分冬服甜酢等除風也肺病服肥膩塞毛孔令水不得入熱能焦水宣通故能治肺病也飽食發肺病食飢多則腸胃氣滿故發肺也食消發熱者如食汰燭則熱

病伏食消無澗熱病起也消已盡踈風氣入體故發風也風踈補穌膩醎除風甜除熱肺帶風水宜吐也此中消文出真諦三藏疏中從善女天下是第六知已偏治文為二一病輕聞說即差二病重服藥方除云云觀心者三毒等分是内病也數息不淨慈心因緣是法藥宜聞法藥得悟者信行人病差也作觀研心得悟者法行人病差也眼是春時舌是夏時鼻是秋時耳是冬時身是四季攝屬諸時妙好五欲增貪病麁惡五欲損貪病妙好五欲損瞋病麁惡五欲增瞋病平平五欲增癡病違順五欲損癡病揔三種五欲增覺觀病偏動三種五欲損覺觀病是為增損之相也犯觸者違情犯瞋順情犯貪不違不順犯癡揔三犯覺觀慢時即發瞋求須時即發貪餅解時即發癡欲違時即發覺觀慈心治瞋不淨治貪因緣治癡數息治覺觀云云

釋流水品 約六

文云一能流水二能與水與水者與安樂水 十一 也一世安樂二出世安樂世安樂者如象負水濟彼枯魚是也出世安樂者如發誓言於未來世當施法食與菩提記是也流水者流除苦惱水也一果報苦惱二業因苦惱流除果報苦惱如治諸病人救彼渴魚是也流除業因苦惱者授三歸說十二因緣讃佛十號是也請父求方欲成流水之義從王借象欲成與水之義既有二能那單以流水題品文中既彰與水之義題品須安流水之名不煩於文二義雙顯出經者之巧為若此也長者者如法華疏中十種長者義也子者持水之子故言子也此文是斷疑中第三結緣之近由近由又二一弄引二正近由弄引又二一行恩布德二國人稱美並如文近由又三一明眷屬二見魚之緣三正救魚如文從未來之世當施法食下是第四正結緣又為四一發誓願二思惟說法三正說法四魚改報生天酬恩供養就魚報恩文為四一魚改報生天二天酬恩而下地三王見光問瑞四長者儆教而定答如文報恩有二義一事二理事者真珠四邊報水飲食因緣十號等四種澤也理者準涅槃文云施食令他得命表常令他得樂是故得涅槃令他得悟是故成自在我如法求財是故得淨用四十千報常樂我淨之恩也第五結會古今者昔佛疑魚數樹神定判十千今神疑行淺記深佛為說妙因緣今昔相關是故結會也

釋捨身品

捨義甚多財位壽命獨以身當名邪此從正要得名受者須身餘則非要施者正捨身餘旁捨亦故言捨身品文為四一問二答三衆得益四結成問者上聞大士治病救魚實為曠濟小人小蟲得二世益特衆須聞亡身殉命感深契極之事行苦而果樂可得聞耶是故請問佛答為二一敘緣起二正明捨身緣起為十一 約六 地塔涌二大衆生疑三佛起礼四 十二 樹神問礼五佛荅礼六命阿難取七阿難述骨狀八命示大衆九奉命取示十佛勸衆禮皆如文從過去有王下是正捨身文為二一長行二偈頌長行為四一明本眷屬二捨身方便三正捨身四捨後悲戀就本眷屬為五一明本眷屬摩訶羅陀此翻大無罪文殊問經云羅陀翻為中摩訶波那羅或云此翻大變詳未摩訶提婆此言大天摩訶薩埵此翻大心二游行三各述相四見産虎五各陳觀見從作是念言我今捨身時已到矣下是捨身方便方便為二初述觀解二起誓願願行相扶適産七日者見虎子頭上有七點知已七日出山海經也又云七日眼開又七日不食必死虎兒垂死知是七日或云鬼神示悟如樹神數魚正捨身為二一捨身二感動天地捨身後眷屬愁苦先兩兄愁惱各說偈共向捨所次父母愁苦偈九十三行為三初二行

通明昔行次別頌長行三結會初如文我念宿命下別頌長行四行頌上本眷屬上有述相陳觀今不頌餘皆頌從時勝大士下二行頌上捨身方便不頌發捨從即上高山下頌上正捨身感動也從是時二兄下頌上捨身後眷屬愁苦從是時王子下頌上父母愁苦

的六 十七

從佛告樹神下第三結會結會爲三一結會人二結會塔三結會誓願說是經時下大衆所益也樹神是名礼塔下第四是結問意

釋讚佛品

此品從能所得名能讚是三番菩薩所讚是一佛世尊能所合標故言讚佛品私謂三番菩薩是能讚一佛是所讚一佛是能讚三番是所讚三番是當佛一佛是現佛通而爲言皆是能讚皆是佛故言讚佛品次第者因前十七品故有今品何者序品敘大體如來游於無量甚深法性窮源極邊壽量品極果冥深合廣能起大用懺品勸菩薩若欲修學當如懺品滅惡讚品生善空品導成四王至散脂皆願流通說請者之功德正論至善集明說者之功德鬼神至流水說聽者之功德捨身明行者之功德如是等利益出現世者皆是如來大體大智大用金光明力既善始令終初中後竟故諸菩薩等以讚讚佛稱揚教及教主故言讚佛品此文爲二一經家敘陳列讚衆從此至彼金寶蓋剎施三業供養投地是身同聲是口口身共暢意業也二正說偈合六十五行半文爲三一二十行諸菩薩說二十七行信相說三二十八行半樹神說云云私謂其文有四前三是能讚後一是所讚所讚又是能讚能讚又是所讚故文云佛從三昧起以微妙音而讚歎言善哉善哉樹神善女汝於今日快說是言豈非所讚讚能讚其文既明不須或也又是印成三番菩薩讚歎從序品已來快說如來果地大體大智大用菩薩修因也上文有佛禮舍利即果身礼因身也今文有佛讚大懺大讚能請能說聽能行皆是快說也當知快說是果讚因菩薩也即果口讚因口其義屬然果意讚因意任運例成也云云問佛何處入定此云從三昧起答初將說經佛游甚深法性今說將竟故從三昧起此經首尾皆在法性中說其文甚

六 十五末

明若作入法性者法性自在四佛五佛同處各處共見異見四來四去一住一在隨人所觀皆無障礙也觀心者諸菩薩三業讚佛三業事可解三觀心者觀身不得身身空但有名字名字無量或捨身名種乃至身空名智慧六度十度八萬塵沙法門名字即空說空不定空假非定假非空非有即顯中道三觀宛然事理六法皆悉具足若無觀慧事亦不成例如三衣六物若解其意三六俱成若不解者非但無六三亦不成觀心亦介若得理觀六觀亦成若不得意既無理觀事觀亦不成無六亦無三此之謂也此大好甚廣云云

金光明經文句卷第六

約六

金光明經文句卷第六

校勘記

一　底本，明永樂南藏本。

一　三三三頁上一五行第七字「生」，經、清作「作」。

一　三三三頁上一九行第六字「加」，經、清作「更」。

一　三三四頁中一七行末字「佛」，經、清作「能」。

一　三三五頁上七行第一〇字「比」，經、清作「此」。

一　三三五頁下一一行「滿足」，經、清作「足滿」。

一　三三六頁中一九行「飢時」，經、清作「飢」。

一　三三八頁下五行第四字「亦」，經作「六」。

難是我無我用聞不聞親承丈六尊特合身佛持通法故言我無我聞不聞典藏阿難是無我我用不聞聞親承尊特身佛持別法故言無我我不聞聞海阿難是我無我而不二用不聞不聞親承法身佛持圓法故言我無我而不二用不聞不聞此經通三乘說聽一音各解故須分別云云觀解者若作擊止厭下觀是爲我聞聞若作析體兩種從假入空觀皆是我無我聞不聞若作從空出假觀是無我我不聞聞若作中道觀是眞我不聞不聞一時者肇師云法王啓運嘉會之時也三藏云高時下時皆是若過若不及不堪聞法唯有平時即是一時也私謂高時慢心不行下時耽荒五欲不耽不慢是平時也師釋衆生感法佛慈赴教機應之時也亦是發眞見諦之時也亦是法眼明朗照世之時也亦是佛眼照中之時也云云而言一者若前思後覺斯二非一思覺妄斷豁悟之時故言一時也觀解者從假入空與眞一時從空入假與機一時中道正觀與法性一時云云佛者眞諦云佛有三義一切智異外道慈悲異二乘平等異小菩薩餘人無此釋論明佛是第九號佛名爲覺覺世間出世間常無常數非數等朗然大悟故名爲佛天台師云佛者依一切智有丈六佛依道種智有丈六尊特佛依一切種

智有法身佛三佛不得一異非一異而一異爾觀解者空觀覺知諸法一相假觀覺知諸法種種相中觀覺知諸法無一異相亦一異相云云住者佛是能住王舍城是所住處眞諦明住法有八一住大千界內二住依止處王城也三住五分法身壽命現在也四住威儀利物五天住住禪定六梵住住四等慈悲七聖住住三三昧八大處住住第一義也釋論四住攝八也天住梵住攝其天住定住聖住攝其五分命住佛住攝其大處住又有迹住王舍城攝其界內依止威儀三住天台師云丈六身佛住眞諦也丈六尊特合身佛雙住眞中也尊特身佛雙住俗中也法身佛住中道也觀解空觀住眞假觀住俗第一義觀住中王舍城者釋論大出因緣初立五山中七燒七造王來居此故言王舍又云他舍被燒王舍不燒後悉排云是王舍即得免燒自是已來呼爲王舍觀解五陰爲舍心王居之故言王舍耆闍崛山者釋論翻鷲頭眞諦云曲鳥山在王舍城東南毗富羅山在西南仙人山在西北黑土山在東北白土山在中央中央三面平正即王城也觀心山者靈即神智是般若也鷲即萬德是解脫也山即不動是法身也常爲心王所觀即是觀之住處也令一切心數同入其中也此經闕同聞衆者

謂時有五處有四耆山衆不聞信相室說信
相室衆不聞夢中說夢中衆不聞夢覺已說
衆非一座故不列同聞若爾阿難不應稱我
聞然雖不聞佛更爲說又其得佛覺三昧能
自通達得稱我聞也從是時如來下是敘述
序敘下十七品故亦名別序簡異餘經亦爲
別名作本故言別也別義爲七一從是時如
來下一行半是入定別二從是金光明下訖
二十七行偈是敘述別三從壽量品下是懷
疑別四從大士如是下是瑞應別五從信相
見佛下是騰疑念別六從四佛告下是止疑
別七從欲色界天下是集衆別生起者佛常
在定而羣機扣佛佛欲應之故示軌儀如來
常寂猶尚樂定入游法性出敘經王信相聞
深法疑法既是常人壽那短是故懷疑菩薩
福力疑能感應應故四佛現佛現即騰疑騰疑
故佛即止疑當兩法兩故大衆雲集七事異
他經故言別也已說七別竟或時作三別一
從是時下名敘述序二從壽量品下名現瑞
序三從時四如來下是衆集序云云言敘述序
者敘後十七品初五行敘壽量品爲三初兩
行敘果德次一行敘懷疑次兩行敘斷疑細
作可尋次一行半敘懺悔品破惡生善之意
云云次一行半敘讚歎品生善破惡云云次六行
敘空品破惡中破三障惡云云從護世四王下

是敘其品可解大辯者是敘其品尼連鬼母
是敘功德天品同是女天故地神是敘其品
大梵三十三天是敘散脂品散脂是將梵釋
是主敘主即得臣將也緊那羅等是其領敘
其領得其管也我今所說諸佛祕密者是敘
正論善集兩品說世祕密可以治國出世祕
密可以詣道故知敘兩品也若得聞經去是
敘鬼神品鬼神品中純明聽法功德爲八部
所護云云著淨衣服下兩行敘授記品三大士
十千天淨心殷重淨若虛空故獲授記也若
得聽聞下敘除病流水等品聞名服藥悉得
病除則是善得人身復能脩行布施福業是
善得人道負聞佛名善得天身天道即此意
也正命是敘捨身品虎殘血肉即得解脫豈
非正命也若聞懺悔下一行敘讚佛品佛有
三世諸菩薩多是先佛即過去佛也又是未
來佛也爲此菩薩所讚即爲佛所讚也敘述
之意止可彷佛不得遠自分明云云問誰作敘
述舊云集經者若爾是論非經又乖經文文
云我今當說或云是信相若爾信相已能玄
敘何事致疑又非集經者那忽作序師云是
佛自作難者言若爾便是正經那得稱序此
無所妨菩薩尚能安禪合掌說千萬偈況如
來口密神力赴機何所不爲文云我今當說
懺悔等法此是明證大品中化佛說六波羅

蜜亦得稱序此其例也釋入定爲三初一日
一字明能游人二三字兩句歎所游法後兩
句結也是時者具諦云有五種三時一欲說
正說說已二破外道去來時立現在有說有
聽時三下種成熟解脫時四正師正教正學
時五佛欲說衆欲聽不高不下平平時今但
論如來知機堪可得道時若慧眼得道智與
眞冥時若法眼得道智與俗冥時若佛眼得
道智與中冥時佛欲履歷法性觀知衆生於
何時得道故言是時也如來者十號之初也
三藏解如來文多不載今言智照理與諸佛
等故言如慈悲與諸佛等故言來諸佛應住
祕密藏中何故出世只爲慈悲故來成論云
乘如實道來成正覺大經云從十一空來就
智論來從六波羅蜜來就行論來釋論明如
法相解爲如如法相說爲來今明如三諦法
相解名如如三諦法相說名來故言如來也
游者游涉進入之義爾夫法性者非入住出
故小般若云如來者無所從來亦無所去故
名如來何得言游耶良以慈悲導物我而
入故言游也今衆生食甘露味亦應言住爲
衆生宣說亦應言出故法華云善入出住百
千三昧即此義也無量甚深者將明游入簡
顯其體高廣體包法界故言無量徹到三諦
故言甚深非是二乘下地菩薩之所逮及故

言無量甚深也法性者所游之法也諸佛所
軌名之爲法常樂我淨不遷不變名之爲性
非是二乘以盡無生智所照之理爲法性也
二乘法性淺故非甚深有限故非無量今之如
實智所照之理横包法界竪徹三諦故言無
量甚深爾又無量者非別有一法名爲無量
毗盧遮那徧一切處一切諸法皆是佛法皆
佛法故即皆法性佛皆游之故言無量又非
別有一法名爲甚深即事而眞無非實相一
色一香莫非中道皆中道故即是甚深例如
釋論解四無量心云緣東方衆生名廣緣四
方名大緣四維上下名無量準此而言緣眞
諦法性名廣緣俗諦法性名大緣中道法性
名無量若緣中道即是三智一心中緣三諦
一諦此境無量唯佛無量智乃能緣之如函
蓋相稱非二乘下地測其涯底諸佛行處者
正顯佛智無量甚深佛智無量甚深故行處
亦無量甚深行處無量甚深故佛智亦無量
甚深舉函顯蓋舉蓋顯函正在此也過諸菩
薩所行清淨者正簡也菩薩居末及之地智
之所行未能深廣故地持云菩薩得九種禪
初名自性禪若入此禪即入實相法性清淨
之境二乘不聞其名況有其行若入第九清
淨淨禪一切通別惑累若正若習皆盡故言
清淨淨禪自下地去皆有餘習佛住十地頂

若入此禪過諸菩薩淨名云心淨已度諸禪
定即此義也亦是舉其高位簡法性甚深也
是金光明下敘述序若敘正說流通十七品
意已如上說今更論敘述五重玄義初十二
行半敘名體宗用次十四行半即敘流通弘
宣此典即是敘教相也就初一句敘名次一
句敘體次三行敘宗次九行敘用護世下去
敘教相也解者或言金光明一句猶是敘體
如鑛石中金金體乃非光非明不妨約金論
內外用法性非宗非力亦依法性起於宗力
當知此句正是敘體今明理乃當然分文則
屬敘名也經王上已說今更述之三藏云三
德攝三涅槃正斷二乘斷見般若正遣凡夫
有著華嚴正化始行菩薩今經通爲八位人
故稱王也此語難解涅槃爲菩薩說甚深微
妙行處豈止爲二乘般若云法身佛爲法身
菩薩說法其聽法衆非生死人豈止遣凡夫
有著華嚴說初地乃至說十地豈止爲始行菩
薩作此偏說無智之人於諸經起輕慢此義
不可今言經王者若取文爲經即是三種俗
諦若取理爲經即是三種眞諦若取文理合
爲經即是三種中道若說餘諦是經而非王
若說中道是經復是王於九種經中而得自
在但經王是一隨緣設教名字不同華嚴云
法身方等爲實相般若稱佛母法華爲髻珠

涅槃名佛師皆是法性異名通爲諸經作體
譬如諸姓應運迭興龍師鳥官隨時霸立百
代雖異而統王是一法性亦爾宜聞大品佛
母爲王餘名廢息宜聞法華寶所爲王餘名
廢息法性爲金光明之王亦復如是若作此
解上不違佛經王之旨下不增長衆生我慢
微妙者他釋因微果妙今不爾因果俱微妙
因中性德深而難見名爲微不縱不横名爲
妙果中脩德亦復如是四方四佛護持者四
方者四門也四佛者四門果上覺智也釋迦
覺智與四佛同諸佛果智冥於法性法性得
顯名爲法身法身不動名之爲持法性常故
諸佛亦常法常佛常壽命亦常常故無量信
相推迹或本四佛令其達本悟迹名之爲護
此一句種種義法性四門法性四德即體義
果智顯體即宗義護念信相斷疑復是用義
而敘宗爲正意也觀心解者四方是四諦四
佛是四諦智東是方首如集是苦因又東甲
乙是春生生即集諦也從東次南亦猶生而
有長先春次夏故南方是苦諦也長後秋收
又白帝屬金金能決斷西方即道諦也從秋
收至冬藏衆事都息北方如滅諦苦集因果
皆謝無用也觀此四諦生眼智明覺持理不
失護倒不起故名護持也又觀四方是四德
觀東方常爲破無常觀無常爲破常觀非常

非無常破常無常乃至觀北方無我爲破我
亦如是此觀持德不失護倒不起故名護持
也觀東方集諦常非常非無常不動故名
阿閦觀南方苦諦樂無去無來法性實相
寶相尊貴故名寶相觀西方道諦畢竟清淨
法性壽命與虛空等故名無量壽觀北方滅
諦沉寂爲我入秘密藏秘密藏故名微妙聲
云云我今當說下九行偈是敘用文爲四初三
行明能破之勝法次三行半明所破之惡罪
次一行半舉行法勸脩次一行結成初三行
明能破勝法者謂境法法性也行法懺悔讃
歎也導法一切種智也故言懺悔等法知非
一種也若相資爲論行資智智顯理理顯故
能盡衆苦盡故法身顯智圓故報身顯功
德無上故應身顯若圓論者三法不縱不橫
而脩三身亦不縱不橫而顯雖圓別之殊俱
是能破之勝法也觀舊文語略新本具有三
周說法之文四佛說常果上根得益婆羅門
說法身無舍利中根得益佛分別三身下根
得益今敘中云我今當說懺悔等法即是敘
下三周之法能破惡也次從諸根不具下敘
述空品文爲二初三行半明所破之惡次二
行半明能破之方初又爲三諸根不具下破
報障愁憂一句破煩惱障惡星災異下破業
障餘經對緣云報障難轉因時可救果無如

何此經三障皆可轉一往釋此三障由破五
戒破五戒是業障受三塗人天等身是報障
煩惱爲根本是煩惱障今直就人道中明犯
五戒報者諸根外缺壽命内夭此兩句是殺
生報昔損他身分今諸根殘毀昔斷他命今
壽損減經云殺生因緣得二種果報多病短
命即其事也若貧窮困苦是外無依報諸天
捨離是内無福德此兩句是犯盜戒經云有
同生同名天龍輔佐之功德天發顯利益之
盜人無此事也又先富後貧者必是龍棄天
捨也若親厚内鬬王法外加此兩句是犯淫
戒經言人護則人瞋法護則法壞昔侵其人
今骨肉鬬訟昔毀他法今王法所加即其事
也各各忿諍此應有兩句或是謝者脫落或
是略爾内則各各忿諍外則人人不信此一
雙是犯妄語昔不實欺他今常被欺忿昔語
無實今人無信者外耗財物内虧禮度此是
飲酒報昔慢財費日今多損耗昔乖撙節今
憒聵驗經言嫌恨猛風吹罪心火常令熾然
即其事也問釋大乘經何得以五戒對義答
開合五戒大有所關提謂經云五戒者天地
之大忌上對五星下配五岳中成五藏犯之
者違天觸地自伐其身也又對五常不殺對
仁不盜對義不淫對禮不飲酒對智不妄語
對信又對五經不殺對尚書不盜對春秋不

淫對禮不妄語對詩不飲酒對易又對十善
殺盜淫是身三妄語攝口四飲酒攝意三俗
不能護口略制一不妄語釋論云說重者是
妄語則已攝三飲酒是邪命自活增益惡癡
出世以智慧爲首生死以三毒爲根若能禁
酒是防止意地三毒長養出世智慧也是爲
開五戒出十善十善是舊法輪王所用亦名
性罪性善都是一切罪之根本又五戒對五
陰不殺即色陰不盜即受陰不淫即想陰不
妄語即行陰不飲酒即識陰五陰開四念處
念處開三十七品三十七品開三脫門三脫
門開涅槃故云色能發戒受受禪定想慧悟
虛通行發解脫識即知見當知五戒能成五
分法身辦二乘之法也又五戒亦是大乘法
門提謂經云五戒是佩長生之符不死之印
即常德也出入無亂往還無閒即淨德也統
御一身即我德也以立道根即樂德也此是
五戒對四德束五戒爲三業即對三無失三
不護三輪不思議化三密三軌三身三佛性
三般若三涅槃三智三德等無量三法門橫
豎無邊際與虛空法界等亦是無盡藏法門
亦是無量義三昧舉要言之即是一切佛法也
復次害命名事殺不害命名事不殺法門解
者析法名理殺體法名理不殺當知不殺之
戒種種不同論其果報亦復不同若作意陀

護如馬者勤如牧牛執杖者報在人道百二十年唯得肉眼無有四眼若任運性成如河注海者報在六天極長者九百二十六億七千萬歲唯得天眼未得三眼若加脩客戒無常苦無我等慧者報在憂易壽七百阿僧祇唯得慧眼未得二眼若加脩常無常等慧報在蓮華藏海受法性身分得五眼分得常壽比佛猶是諸根不具壽命損減況前諸根諸壽耶若圓教人持事不殺戒又持理不殺戒不壞於身而隨一相不斷癡愛起於明脫體陰界入無所毀傷若子若果不生不滅成就智慧居常寂光土常壽湛然五眼具足得根自在耳見眼聞得命自在修短自任是則名為究竟持戒諸根具足命不損減也又圓教人何但持之是戒唯殺唯慈亦作事殺亦作理殺如仙豫大王殺五百婆羅門與其見佛之眼與其十劫之壽又作法門殺者析湯累著淨諸煩惱如樹神折枝不受怨鳥如劫火燒木灰炭雙亡故鴦掘云我擂斷陰界入不能持不殺戒一切塵勞是如來種斷此種盡乃名為佛成就金剛微妙法身湛然應一切唯殺唯慈垂形九道隨其所宜示長短命任其所見用缺具根而化度之前諸戒行淺近隘塞非是通途圓戒宏遠徑異會同故名究竟持不殺戒也不殺之戒人天已上極佛

已還曠大縱橫其義如是云何而謂是小乘數耶復次不與取名事盜與取名事不盜法門解者如佛言曰他物莫取名法門不盜菩提無與者而取菩提是名法門盜不盜之戒種種不同若持戒作業求可意果可意果者無常速朽悉是他物臭如糞果害如毒食有智之人所不應求設使得之心不甘樂云何殷勤飲苦食毒而自毀傷貧窮四姓即此三界迴復困苦豈過有流三障障佛第一義天之所捨離是名為盜非不盜也又二乘之人以四諦智觀身受心法厭惡生死欣求涅槃涅槃心起為自為他為共為無因介爾心生即取他物即非時取證即不待說所因焦種不生見苦斷集脩道造盡非求法也謂有涅槃成涅槃見若有著空者諸佛所不度身長三百由旬而無兩翅墮三無為坑受若死若死等苦法華云飢餓羸瘦體生瘡癬豈非貧窮困苦邪淨名云不見佛不聞法不入衆數豈非第一義天遠離邪此猶名盜非不盜也若別教菩薩次第行次第學次第道從淺至深捨一取一來已更復來去已更復去悉是貧於來去相亦是不與而取取已而捨亦是貧窮捨已更取數數去取即是困苦不即與第一義相應即是遠離此猶名盜非不盜也圓入觀諸法實相受亦不受不受亦不受亦受

亦不受亦不受非受非不受亦不受不受亦不受不取是菩提隱諸願故是法平等無有髙下不髙故不取不下故不捨如是觀者觀如來藏具足無缺是如意珠隨意出寶即脩羅琴任意出聲即是大富大富故無取無取故即第一義第一義故天不遠離也是名究竟持不盜戒也圓人復有盜法門菩提無與者而取菩提如海吞流不隔萬派如地荷負擔四重擔衆生悉度煩惱悉斷法門悉知佛道悉成此義可知不能多說前諸戒行淺而且塞非是通途圓戒宏遠徑異會同故名究竟持不盜戒也復次男女身會名事淫不會名事不淫法門解者若心染法是名為淫不染法名為不淫不淫之戒種種不同若闇禁七支如猴著鎖擎一油鉢過諸大衆割捨觸樂求於未來淨潔五欲如市易法以銅錢博金錢此乃增長欲事非不欲也若為生天故持戒如羝羊相觸將前而更却帝釋共八十億那由他天女縱逸嬉戲看東忘西欲猶不足化為老脩羅納舍脂使諸天亡身失首又見仙人入定汙弄其女仙從定起釋羞自化為羝羊仙人呪之千根著身無能却者後來懺謝變為千眼是亦增欲非不欲也若斷欲界麤弊之欲染著色無色界禪定之樂如冰魚蟄蟲情長壽天是為一難貪著禪味名

爲大縛是染欲法非不欲也若憎惡生死如
怨如蛇憂翫涅槃如親如寶弃之直去涉路
不迴諸有色聲不能染屈如八方風不能動
須彌若聞菩薩勝妙功德甄迦羅琴聲迦葉
起舞不能自持隨嵐風至破須彌如腐草是染欲
法非不染也若菩薩惡生死如糞穢惡涅槃
如怨鳥捨於二邊志存中道起順道法愛生
名頂墮是菩薩旃陀羅既無方便此慧被縛
不能勝怨已所脩治爲無慧利是染欲法非
不欲也圓人觀一心三諦即空即假即中即
空何所染即假何所淨即中何所邊即空即
假何所中即空故無我人十六知見依正等
愛即假故無空無相願等愛即中故無佛菩
提轉法輪度衆生等愛三諦清淨名畢竟淨
是淨亦淨經言唯佛一人具淨戒餘人皆名
汙戒者圓人行於佛法即究竟持不淫戒也
圓人又有染愛法門如和須蜜多女人見人
女天見天女見者得見諸佛三昧執手者得
到佛剎三昧歍者極愛三昧抱者冥如三昧
各各皆得法門亦如魔界行不汙戒菩薩變
爲無量身共無量天女從事皆令發菩提心
如維摩詰若入後宮後宮中尊化正宮女先
以欲鉤牽後令入佛道斯乃非欲之欲以欲
止欲如以屑出屑將聲止聲前諸行淺塞非
是通途圓戒深遠徑異會同是名究竟持不

淫戒也復次不見言見見言不見名事妄語
法門解者未得謂得未證謂證名爲妄語妄
語多種諸欲求時苦得時多怖畏失時憂惱
諸欲無樂時凡夫癡人於下苦中橫生樂想
豎我慢幢打自大鼓謂色即是我我即是色
色中有我我中有色執有與無鬬執無與有
鬬依止斷常起六十二戲論破慧眼不見於
眞實增見長諸非吾我毒甚盛備口四過略
標妄語爾三十三天菴菓生死謂是眞金非
想自地具細煩惱謬計涅槃此非妄語誰是
妄語邪二乘之人競執瓦礫歡喜持出生滅
度想生實未盡寧得滅度生安隱想所作未
辦寧得安隱淨名云佛爲增上慢人說離淫
怒癡名爲解脫其實未得一切解脫未得謂
得豈非妄語邪佛爲別教人以四門說實相
執於一有隔礙三門乃至執非有非無而隔
有無夫實相者言語道斷心行處滅云何以
字字於無字云何以數數於無數豈非妄語
邪圓人如實而觀如實而說如實觀者非內
觀得是解脫非外觀非內外觀非離內外觀
亦不以無觀得是解脫如實說者一切實一
切不實一切亦實亦不實一切非實非不實
如是皆名諸法實相經言諸佛皆實語佛語
實不虛能以一妙音徧滿三千界隨意之所
至隨諸衆生類各各皆得解即是以佛道聲

令一切聞也圓人亦有妄語法門無車說車
誘戲童子無樂說樂止彼啼兒若有衆生因
虛妄說得利益者佛亦妄說經言我是貪欲
尸利我是瞋恚尸利愚癡尸利然實非也我
是天是人實非天人我是龍鬼實非龍鬼將
虛以出虛令得不虛爾前諸行淺近隘塞圓
行深遠夷坦無礙徑異會同故能如此是名
究竟持不妄語戒也復次若穀若草皆心眩
亂者名事酒法門解者迷惑倒見名之爲酒
倒見多種夫酒爲不善諸惡根本能生三十
六種之失招於五百世中無手慢刑失禮發
出伏匿眠卧糞穢搪揬水火過患如此人猶
尚之晉世引滿稱藝能魏朝清濁爲賢聖畢
卓自署爲酒徒鄭泉自擬爲酒壺竹帛載之
古今歌之不應作而作不應歌而歌非醉酒是
何釋論云有一法師爲王說五戒罪福王難云
飲酒招狂飲者甚多狂者何少邪法師舉
手指諸外道而已更言餘事外道倘張云王
難甚深是禿高座更不能答王云法師答竟
狂亦不少指汝等是將護不彰爾此即世人
之醉也又貪如海納流無有滿時瞋如火益
薪展轉彌熾癡如膠黏結如冰足水八萬塵勞
煩惱其心無暫停住對毒蛇舌驄餤彌猴五
欲攪作無時不醉大經云從昔已來常爲聲
色所醉流轉生死三界人天通有此醉也若

二乘之人雖斷九十八使四住煩惱無明未吐如半瘥人大經引醉歸之人世間無常樂而言我淨如來實我淨而言無常樂如彼醉人見日月轉此二乘醉也菩薩之人無明未盡不了了見菩薩行故見不了了如遠望大舶遙觀鵝鴈夜覩畫像遠視人杌亦如醉人朦朧見道如是等無量譬喻顯於菩薩未得明了故迦葉云自此已前我等悉名邪見人也此菩薩醉也圓人行如來行具煩惱性能知如來祕密之藏雖有肉眼名為佛眼所可見者更不復見故文云入深法性即於此典金光明中而得見我釋迦牟尼大經云了了見佛性猶如妙德等是則五住正習一時無有餘酒法既除何所可醉是為究竟持不飲酒戒也圓人亦有飲酒法門鴦掘云持真空缾盛實相酒變化五道宣揚哮吼波斯匿醉轉更多恩末利后飲佛言持戒入于酒肆自立其志亦立他志夫得其門者逆順俱當失其柄者操刀傷手前諸行淺近隘塞圓行宏遠徑異會同故能如此是名究竟醉醒無二也上觀四諦智名四佛觀五佛云何觀觀五戒實相覺智清淨即是觀心中見五佛也次破煩惱障指愁憂恐怖一句是也上來諸事或約內身或約外報是報障義便此一句專明心為煩惱障便報障如上可解煩惱與業

云何數人云數起而輕名煩惱數起而重名為業天台師云任運常有是煩惱卒起決定心發動身口必牽來報者是業若爾惡星災異都不關心云何是業障此乃外相表業將起是業責報之相即得是業障也若煩惱業轉報未必轉若報轉業煩惱必轉通論見思煩惱皆有愁憂恐怖別論愁憂屬見煩惱恐怖屬愛煩惱今不具記云云三破業障者從惡星災異下是也業將感報故其相前現相名表發意在此也惡星者別有客星也亦是五星二十八宿一方有七四七二十八也違其度數失其分野若熒惑亂行麻彗暴出是客星也災異者風雨雪霜乖候等是也衆邪者有三人邪鬼邪法邪是也蠱道者毒鬼也又言三毒是蠱也變怪者詭怪也謂禽獸醜惡形聲等是也惡夢者心靈潛審業現其中夢見不適意事是也夫諸業表報不出五罪若惡星表亡身失命者殺生業相也惡星表神棄困窮者竊盜業相也惡星表親離幽厄者淫罪業相也惡星表誣枉讒謗者妄語業相也惡星表喪失財產者飲酒業相也其餘災異怪禽惡夢等隨其時節各有所表細心推詳不出五罪之報行者知解推之何須折筮鑽龜問管公明邪從當淨洗浴下二舉方法能空於惡也前業相外彰報對不久內無

方法何以禳之約其三業作三德之方以事表理也洗浴臭體擬作法身緘唇攝耳擬聽般若至心清淨擬作解脫前令洗浴內身後更勸淨外服內外相成爾前但令聽受誡令專聽鄭重緘口爾前令至心後示至心之境成其方法爾夫人身本於不淨蓮華本於淤泥譬如旃檀生于伊蘭世間現見也今近因三業規矩遠成三德妙義可不信哉洗浴法身能禳報障攝耳緘口能禳煩惱障至心能禳業障云云從是經威德下四結成也能悉消除者明三障轉也令其寂滅者三德成也寂滅秖是涅槃涅槃秖是三德前三業方法既成三障理數應轉三障既其已轉理數成於三德報障轉成法身德煩惱障轉成般若德業障轉成解脫德前寄事相將淺以表深後明寂滅將深以結淺經文緬邈見之者寡云云護世四王下敘流通中品皆如上說

釋壽量品

佛本無身無壽亦無於量隨順世間而論三身亦隨順世間而論三壽量法身者師軌法性還以法性為身此身非色質亦非心智非陰界入之所攝持彊指法性為法身爾法性壽者非報得命根亦無連持彊指不遷不變名之為壽此壽非長量亦非短量無延無促彊指法界同虛空量此即非身之身無壽之

壽不量之量也報身者脩行之所感也法華云久脩業所得涅槃云大般涅槃脩道得故如如智照如如境菩提智慧與法性相應相冥相應者如函蓋相應也相冥者如水乳相冥也法身非身非不身智既應冥亦非身非不身彊名此智爲報身也法壽非常非無常智既應冥亦非常非無常彊名常爲壽也法既非量非無量智既應冥亦非量非無量彊名無量爲量也應身者應同物身爲身也應同連持爲壽也應同長短爲量也智與體冥能起大用如水銀和眞金能塗諸色像功德和法身處處應現往能爲身爲非身能爲常壽爲無常壽能爲無量能爲有量有量有二義一爲無量之量二爲有量之量如七百阿僧祇及八十等是有量之量如山斤海滴實有齊限凡夫所不知阿彌陀實有期限人天莫數此是有量之無量應佛皆爲兩量逐物隨緣參差長短然此三身三壽三量不可並別一異則乖法體即一而三即三而一乃會玄文故下文云如深法性即於此典金光明中而得見我釋迦牟尼即其義也但信相偏疑應身之有量四佛偏舉應佛之無量斷其有量迹疑既除深達報法若從信相所疑應言壽有量若從四佛釋疑應言壽無量而今不道壽有量不道壽無量直言壽量者意欲圓論

三佛之壽量故不偏題取意爲釋若從義便正是報身之壽量何故取此報身上冥下應上冥法性即非量非無量下應機緣能量能無量量疑牽無量之答即達於圓經家從其生圓解而題品舉一而蔽諸從此義故題爲壽量品又一時重解壽量品亦作三重一玄義二引證三還源玄義者壽者命也謂報得命根連持不斷名之爲壽延促期數名之爲量故言壽量也此釋應佛因緣之壽量也又壽者受也境智和合共相感受謂無分別智感受無分別境無分別境感受無分別智如函大蓋大故壽是受義也量者相應也境智相應故言量此釋報佛之壽量也又壽者久也常不變易稱之爲久量者銓量也常久之壽非多數非少數非相應盡知非相應不盡知非可說非不可說無以名之彊以銓量說其長久此釋法身之壽量也初番爲二一有量量如釋迦之壽方八十是也二量無量如彌陀之壽實是有量人天所不能測故言量無量也此量無量皆應佛所爲也第二番亦二義佛以如如智稱如如境境無分別智亦無分別若境稱於智智有分別境亦有分別此知與不知皆報佛所明也第三番亦二義一者深寂不可說二以慈悲方便亦可得說此可說不可說皆法佛之法也二引證者方八十年證有

量也諸天世人八部之衆無能思筭山斤海滴不可數知此證量無量也虛空分界不可齊限證境無分別也又唯除如來證智可分別也又下文云智淵無邊法水具足亦是證智也壽不可計此證不可說也將欲宣暢釋迦如來所得壽命此證慈悲可說也又聞是四佛宣說如來壽命無量證大悲可說也新本明婆羅門求佛舍利如粟太求六天報即證有量也王子說金光明難思難解福報無邊福報無邊是證量無量難思難解即揔證智境不可說等云云三還源者亦云復宗釋此壽量雖作三身六義勿作異解秖是經題金光明義爾初番量無量者秖是明義以其明故大小長短延促數量悉現明中還是明義爾第二番智境函蓋體解相應色大故般若亦大以法常故諸佛亦常還是光義也第三番可說不可說常樂我淨說滿法界法性無所益都爲一言法性無所損還是金義夫解一則千從迷一則萬惑即此義也既是兩時之聞兼而錄之云云此品正說而序文未盡分別如上從王舍城下是第三疑念序文爲二一出人二明疑出人爲四一出處二明位三出名四歎德處如文菩薩者菩名道薩名心自行此道復能化人故言摩訶薩依勝行立勝位也信相者信家之相在似道中別判三

十心圓判鐵輪位下文云見有一人似婆羅門以杫擊鼓鼓是法身擊是機動似位機興知非具擊又具似之位地地相隨無位不有如普賢脩普賢行滿位鄰尊極此似則高信相稱似道者未敢判其高下也難者言若同普賢言似者何故有疑此亦非妨菩薩爲疑者作發起人爾又佛地未了疑無所嫌法華中補處彌勒亦復懷疑大集中有生疑菩薩於菩提未了菩提爲我作名名爲生疑難者言見諦已斷疑十地云何疑荅言見諦斷通疑十地有別疑也觀解者心王名王五陰名舍觀此五陰空寂空寂即涅槃涅槃能防非禦敵呼之爲城初心後心常觀涅槃行道故是住處也歎德文爲二外供養佛內種善根此菩薩殖善既深多值諸佛作高位解釋亦應無媿色云云供養有二義一財供養可解二法供養佛說百千法門隨而脩學名法供養觀心解者一念覺了心名爲佛無量功德心資此覺心令轉明淨名供養佛如膏資火如食益身如禪發慧皆供養義也種善根者法性名地觀法性智名種子常以觀觀名下種久習不退名種久五善根生名增長增長由風動日照雨潤漸增茂好風譬佛身輪月譬佛意輪雨譬佛口輪值佛三事能大利益撈攍般若若增法性轉顯法性若顯定慧倍

明殖種值佛二義相成舉此一雙歎菩薩德也從是信相下正明疑念序又爲二初疑之由次正生疑由有遠近遠由三月唱入涅槃近由敘述若有聞者則能思惟無上之義又云由乎本揩擊動生疑何因何緣者通論三種皆名因而此文既略緣了相資共能顯正正當於因緣了當緣正因常恒壽命無量緣能顯理境常智亦常此因此緣皆非八十之因緣今方八十是何因何緣是故生疑也方八十者世壽有三品下方四十中方八十上方百二十下方少夭上方太老中方不少不老表常又十二因緣第八名愛支八十滅者表愛已盡入有餘無餘涅槃愛盡無縛表我涅槃表樂又中方表中道佛樂中道中道表淨爲此義故方八十年也信相不作此解是故生疑何因何緣也從復更念言下是正生疑如佛所說者此執教疑理教詮止行二善感壽則長佛昔行因甚多而今果壽極少理教相違不能不或若無此理教爲虛設若其必然長壽安在是爲執理而惑教也有二因緣者與前爲異前合止行同是緣了今就止行自作因緣十善中一一善皆具止行不殺是止善放生是行善不盜是止善施食是行善今經舉不殺家之止善不盜家之行善互舉一邊共明止行若佛論者一一皆有止行止

之與行須明也今就一一各有因緣夫命是衆生之所共惜奪而害之居然大苦宥而放之則爲快樂慈心是因不害殺具是緣此是止善因緣也夫食是依報得之則命存失之則壽殞施心是因施具是緣此行善因緣也不殺一條既爾乃至不邪見亦復如是揔有止行二十善四十因緣此等因緣俱感長壽佛之止行二善累高於山積厚於地云何今日八十而終此約因果一途論止行二善但作此解於義未允今當更說人天之因以五戒十善名之爲命三乘行人以智慧爲命魔名殺者若遮奪此事即是斷人天命若不遮奪名爲止善方便勸脩名爲行善若破壞三藏法名殺二乘人命若不毀傷名爲止善方便勸脩名爲行善若毀呰事理乃至毀呰世智名斷六度菩薩命若不障礙名爲止善方便勸脩名爲行善若脩體法斷貪恚癡是二乘命若障不令脩名斷二乘命若不障者名爲止善方便勸脩名爲行善非撥體空則斷通教菩薩命若不障者即是止善方便勸脩即是行善若毀呰漸次是斷別教菩薩命不作障礙即是止善方便勸脩即是行善若誹謗圓融即斷圓教菩薩命亦斷佛命若不留難即是止善方便勸脩即是行善圓人非但不壞諸法而隨一相即殺諸法而隨一相如

仙豫大王害五百之短命施十劫之長齡如佛斷一切煩惱及習一切無有餘此皆言逆而理順非小行者所行如上所論一一法皆有止行二善一一善皆有因緣若得此意歷諸法門浩然若海故大經云行檀波羅蜜得壽命長菩薩行檀則施衆生無量壽命乃至行般若得壽命長菩薩行般若則施衆生無量壽命即其義也而我世尊行無不圓果無不滿云何今日方八十年次明施食者百味甘漿等依報食也身肉骨髓者正報食也此皆事中施食爾經言法食法食者世間法味出世間法味出世間上上法味菩薩能爲一切衆生作大施主令未發心者迴耶入正已入正者增長萌牙如陰陽養卉如父母鞠子多積繒纊令墮地不痛授以五戒十善已持五戒者說三界火猛多所燒害讚歎三乘無繫解脫已入證者毀呰小乘敗種焦穀讚歎菩薩所行之道設飢國人大王之饑煩惱爲薪智慧爲火以是因緣成涅槃食令諸弟子皆悉甘嗜如是等一切法門悉名法食一一法皆具止行二善一一善具因具緣此諸因緣感長壽果而我世尊行無不圓果無不滿云何今日方八十年觀心不殺者無明爲父貪愛爲母若斷此者即成逆害但觀無明即是明愛即是淨體達能所皆如虛空是爲止

善觀諸心數亦復如是是名行善能如是觀獲得金剛常住之壽也已身骨髓血肉者此彼相望此爲已身智慧推之非已身也如王子飫虎尸毗貿鴿皆捨父母遺體非捨已身已身者法性實相是也釋論云持戒爲皮禪定爲血智慧爲骨微妙善心爲髓爲他說戒戒能遮罪脩福無相最上非持非犯尸波羅蜜者是施已皮也說諸禪定神通變化不起滅定現諸威儀者是施已血也說無著妙慧非智非愚亡泯清淨終日說終日無說其所說法皆悉到於一切智地者是施已骨也檀忍等應是肉也說甚深法性諸佛行處不一不二言語道斷心行處滅微妙中道者是施已髓也將此充足飢餓衆生況餘飲食餘飲食者即是人天二乘戒皮定血慧骨眞諦之髓爾法華云於餘深法中示教利喜者即其義也如來往昔隨他意說無量無邊隨自意說亦無量無邊皆是長壽因緣云何今日方八十歲也從大士如是至心念佛思是義時此一句結前開後至心者徹到心源盡心實際故言至心觀心既然觀佛亦爾故言念佛念佛不殺施食與法性虛空等如此之壽不應短也是爲結前開後者由作此觀機動瑞興故言開後也從其室自然下是第四現瑞序瑞者密報相者表發密報四佛當臨此室

爲爾斷疑表發增進常因感得常果也問佛作此瑞信相福作荅信相無機佛亦不應若無諸佛機無所扣機應相須瑞以之興問衆緣感瑞信相獨感荅通由衆緣別在信相若瑞在靈山可非其力室中所見豈不由之辟張家降瑞寧得王家受福雖然信相是發起之人無容獨善法華云如爲一人衆多亦然就文爲二一現相由二正現相取結前開後之文爲現瑞之由從其室自然下爲正現相也正現相又二一別現相二揔現相從其室自然下是別現相從舉要言之下是揔現相別相爲十表十地因成也揔相爲一表因成一果也又別相表地地各各增益揔相表一地具諸地功德也問此經常果爲宗何得作相表因荅此因是果家之因因必成果不乖宗也問前判信相是似位後相則非其徵若似同普賢前相亦非其兆荅一往云十地一地之中皆有諸地功德表報利益前後皆露也經家不定判位秖可從容不得尅斷也別相有十者一其室廣博二其地寶嚴三妙香氛氳四高座涌出五佛坐華座六放大光明七雨諸天華八作天妓樂九皆受天樂十根缺者具此之十相表報十地功德止可斐亹擬議不得責其備悉其室自然廣博表初歡喜者此地初開過於凡聖故以廣博

表之嚴淨瑠璃間錯表離垢地者此地對戒
戒是諸行基壇諸行莊嚴於戒故以間錯表
之香氣表明地者其地對忍唯辱而忍增如
烟多則香盛故以香表之高座表炎地者其
地對精進精進督出衆行故以高座表之佛
坐其上表難勝者其地對禪禪有神通轉變
大力故以佛表之光明表現前者其地對般
若般若洞照故以光明表之天華表遠行者
其地對方便方便善巧觸處嚴淨故以天華
表之作樂表不動者其地對力力能利安一
切如妓悅物故以作妓表之受樂表善慧者
其地對顯顯滿則心喜故以受樂表之根具
表法雲者其地對智因中衆行故智慧爲首智
導諸行隨階而圓故以根具表之云復次十
相表一一地中具諸功德且約初地釋之其
室自然廣博嚴事者此相表初地智也室者
以五陰爲室此陰非陰亦非非陰不爲陰非
陰所作亦不作陰非陰故言自然不得陰不
得非陰二邊虛豁故言廣博非直空無二十
五有二種涅槃亦有因中十力無畏種種功
德而莊飾之故言嚴事嚴事即假智廣博即
空智自然即中智三智一心中具足是故歡
喜天紺瑠璃雜廁間錯以成其地者此相表
初地所照境天紺瑠璃瑩淨明徹表真諦境
雜廁間錯種種莊嚴表俗諦境猶如如來所

居淨土至聖所居極尊之地表中道第一義
諦境一地而三相三相而一地表一諦而三
諦三諦而一諦有妙香氣過諸天香者此相
表初地慈悲功德慈能與樂如香氣氳悲能
拔苦如香離臭此慈悲豎高故言過諸天香
此慈悲橫闊故言徧滿徧滿一切陰界入中
無不溥覆也其室四面有四高座者此相表
初地四德四德是祕密之藏佛住其中如高
座可坐爲坐諸佛也有四如來者此相表初
地覺四德智智與德冥如佛坐座也放大光
明者此相表初地自行化他照此土表自行
照他土表化他也雨諸天華者此相表初地
四辯華雨於空如辯詮於理也作天妓樂者
天使樂者此相表初地法喜法喜澄神如受
天樂根缺具足者此相表初地諸根互用耳
見眼聞一根之中具足諸根之用也初地功
德佛辯所不能宣略舉十相表其梗介爾初
地既然一一地亦復如是復次十相表初地
自行化他功德前五相表自行功德後五相
表化他功德其室廣博表自行之般若天紺
瑠璃表自行之法身有妙香氣表自行之解
脫高座華衣表自行之因成佛坐座上表獲
記成佛也後五相表化他功德者放光表意
輪益物也雨華表口輪益物也作樂表身輪

益物也又表能令衆生轉煩惱障而受法喜
之樂根具表能令衆生轉報障也初地既然
後一一地亦復如是從一切世間下是總現
相也別相文廣意略總相文略意廣此表十
地因成一果究竟具足也一切者該十法界
也世間者包三世間也未曾有者因中所無
也悉具現者因圓理顯也國土世間未曾有
則實相滿衆生世間未曾有則般若滿五陰
世間未曾有則解脫滿舉要者實相是要實
相既圓何法不滿邪從信相歡喜下是第五
默念騰疑序文爲二初見相歡喜二默念陳
疑歡喜者既因心疑覩瑞見佛必知聞法是
故歡喜從至心念佛下是默念求決也夫疑
情不可久處是故騰疑念釋迦如來無量功
德相好光明神力說法皆不生疑唯壽命中
心生疑或云何佛壽中八十年念此覆心故
默騰求決也而不發言者四佛適現威尊嚴
重不敢發言疑既覆心不得不念又前默念
而感瑞今承前默念以求決爾從介時四佛
以正徧知下是第六止疑序文爲二一正止
疑二釋止疑疑蓋覆心聞法不解故先止之
例如見諦先斷疑方進脩道也若信相實疑
宜須折止若是起教因其訓人從汝今不應
下正止疑也云何不應有三不應一大用不
應八十者是佛大用是故不應二法性海深

非言思所測三以信能入以智能度汝信智未具豈度量所思釋論云無量法欲量是人為覆溺故將不應而止之也何以故下釋三不應之意舉八衆皆不能量者釋法性不應也法身菩薩法性淨土故不在言生身菩薩若在家為天龍等所攝若出家為四衆所攝若法性身施權亦為八衆所攝若凡若聖悉不能思筭也唯除如來者釋智度不應也若如如來是則能知既未如如來那忽能知耶用此語為智所知知是無常可量之法天台師云不爾如來有無量常智能知無量常法豈可以常智所知判為無常耶智性既冥大用可解是釋三不應也從時四如來下是第七集衆序餘經或先集衆後現瑞此經先現瑞後集衆前後互出爾時者將欲宣暢之時也衆者欲色界諸天也信相一人利益者少有緣若集所益處多是故集衆衆有四種一發起衆信相樹神等是也二當機衆聞即得道者是也三影響衆從十方遠來者是也四結緣衆當座雖未得道作後世因緣者是也如流水為魚說法遠作今日得悟因緣即其事也此經集天龍衆與華嚴意同亦集人衆而文略新本中有無量百千婆羅門衆懺悔品初信相及眷屬詣耆闍崛山即是人衆也相承云此經與冥道相關正集天龍略不說人

爾總瑞中云一切世間未曾有事悉具出現不見與二乘記但明常辨性與般若方等意同故判屬方等教攝此中應論乘戒緩急四句判出天龍生處得道不得道權實等事如別記云云齊此判屬序段者文云將欲宣暢大衆雲集豈非序之明證耶序分竟從尒時四佛下三品半文是第二正說段凡三說不同一云壽量明常果為宗常果契性性即是體二義宛然不須多或下懺悔品滅惡讚歎品生善空品導成即是經用也二云壽量明宗懺歎明用空品明體此乃以因中所用之性為果上所顯之體於義不便故不用之三三藏云正說有兩段壽量是果段三身是因段二文各有序虛空藏問為因段序直是發問於序義弱師云三身成果上義非因義也是故不用初家所說好與今意同新舊兩文凡三處明宗初是四佛拂疑明應化之壽非思筭所知迹既長遠本難窮極上根人聞迹悟本也若未悟者王子明蚊蚋脚可以作城樓鼠登兔角梯食月除脩羅明法身無舍利如來具實身舍利無是處中根人直聞理本而悟迹也若未悟者釋迦論三身共說廣分別之本迹俱解是為三番明宗顯體懺品別論滅惡通亦生善歎品別論生善通亦滅惡空品導成俱是經用也今之四卷止有一番明

宗文為四初四佛說偈二信相歡喜三當機得道四四佛還本說偈又二一經家敘二四佛喻說問四佛說偈為各為共答經既無文不可定判或宜聞共說異口同音或宜聞別說各引一喻見亦如是若見四佛同尊特身一身一智慧者即是常身弟子衆一故若見四佛佛身不同即是應化弟子衆多故分八偈為二意初云前四偈立譬次一偈合譬次二偈斷疑次一偈結釋次云前四偈為譬本後四偈合釋兩途俱可用舊云四偈止譬其壽長更無別意是義不然諸佛之教上中下善其言巧妙其義深遠此中正是常宗斷疑一經之要處何容無義且作三意消文一對四諦二對四念處三對四德四諦理通因果四念論因四德論果若論果壽宜對四德果不孤起故念處明因因果有本故對四諦也上以四佛對四諦智今以四佛所說對四諦理舊讀四諦文云知苦如苦相知集如集相相是其事齊事而知於理不顯今明知苦如苦相如是其理相是其事即事而真事理雙達餘三諦亦如是如是釋者於四諦理義便也又一解知苦是知俗如是知真相是知中中是實相故今以相為中也此則三諦具在一文知苦既然下集道滅亦如是云云明識四諦是脩長壽境故約四諦對偈也一切諸

水者此對集諦大經云有河洄澓沒衆生即
其義也水體潤生如集能潰長鼓怒浩瀚無
處不有集亦如是沒溺凡聖亘界内外也諸
須彌山者此對苦諦小般若以身爲須彌即
其義也山體結構磐峙水上如苦報積聚爲
集作果繫縛界内外色心也大地微塵者此
對道諦法華云其所說法皆悉到於一切智
地即其義也地體能容載水陸兩途如通別
道到此彼岸虛空分界者此對滅諦法華云
常寂滅相終歸於空即其義也空體盡淨五
翳所不能染三光所不能淨如滅諦滅無二
十五有及滅化城涅槃也四諦理徧一切處
即法身四諦智稱境而知即報身從體起用
同其長短即應身信相但見應短不見應長
應尚不達寧知報法四佛舉四喻喻其應長
水滴山斤地塵空界尚無能思筭得其邊表
況復智冥於法淵哉玄哉信無底際曠矣大
矣並有埌涯舉應迹以釋報法豁然明悟斷
疑之巧爲若此也釋此偈妙爲若此也行者
思之思之四偈對四念處者念處之觀本在
苦諦唯應約須彌山偈而論今則通對也一
切諸水對受念處受能含納如海多容故也
須彌山對身念處色相與質礙相類故也大
地對於想行念處想取行行如地容載故也
空界對心念處心但有名如空無相故也若

觀四念處是脩長壽因若念處得道即是長
壽果故用念處對四偈也若觀四枯念處破
凡夫之四倒若觀四榮念處破二乘之四倒
若觀中道念處則非榮非枯於其中間而般
涅槃成五種解脫謂色解脫乃至識解脫脫
五陰縛名五解脫洞達五陰空無所有名五
般若冥五陰理名五法身雖三分別不一不
異不縱不橫名祕密藏号大涅槃仁王呼爲
法性色法性受想行識陰之法性即是法身
智冥法性即是報身法報皆非常非無常而
能起用爲常爲無常常用則長無常用則短
信相但見無常不能見常於用未達況解其
本四佛舉喻明其用常迹常無邊非思筭所
得況復體理寧可心知信相迷除豁如雲卷
斷疑之巧爲若此也四偈對四德者水潤生
榮對常德山能高出對我德碎地爲塵對淨
德空無苦受對樂德四德成就是果上所尅
果與理冥冥於非常非無常能起常無常用
冥於非我非無我起我無我用冥於非淨非
不淨起淨不淨用冥於非樂非不樂起於樂
無樂用信相但見無常無樂不見常樂於應
尚迷何能識本四佛舉四德之用非思筭所
知體本報法杳然慮外信相聞說非但疑除
惑斷增信生解故歡喜踊躍得之於懷云云億
百千萬下合譬偈也舊解有二失一僻取文

二偏執義舊云四譬皆有齊畔可盡之物百
千是數法數必有窮據此爲無常今釋不爾
四佛引四譬者乃是舉量以況無量量物尚
非思筭所知無量之法寧可籌度億百千萬
此舉數法以明無數汝既不能數數那能知
無數縱令知數知無數知量知無量者秖是
化用都不關體本僻取之失非但自毀又亦
誣經偏執義者三身品云化身亦常處處說
法是故爲常當知化身備有常無常義舊人
那忽一向無常云云以是因緣下兩行斷疑偈
也若作因緣者因親緣踈命是正報不殺爲
因食是依報施之爲緣以此因緣得壽命長
若作二緣者不殺是不殺戒家止善施食是
不盜戒家行善互舉止行俱是二緣法性菩
提心名之爲因止行福慧等併皆是緣緣能
顯性會非常非無常能常能無常法食不
殺等皆如上說脩因既長得果又長顯體
又長起用又長破其短疑也是故汝今下一
偈結成也尒時信相下聞偈斷疑生信也聞
壽命無量者解迹中之能常其壽無量也疑
去者解迹中之能短其壽八十也深心信解
者悟其本識非量非無量也踊躍者登位也
歡喜者信生也別教釋者信相似位中疑惑
去登歡喜地中信生也圓教釋者信相鐵輪
位中疑惑去入住銅輪位中歡喜也若作普

賢似位釋者下地中疑惑去十地頂深信堅固猶若金剛鄰真接極而生歡喜也從說是如來下是第三常機上根初悟也從時四如來下第四息化也佛本爲緣與緣已利益則攝化還本故言忽然不現也觀解者歸境發智智慧相應深觀此慧亦不得慧亦不見境境智俱寂即是不現義也云云

金光明經文句卷上

金光明經文句卷下　[illegible]

天台智者大師說

釋四天王品

四天王者上升之元首下界之初天居半須彌東黃金埵王名提頭賴吒此翻持國領乾闥婆富單那南瑠璃埵王名毗留勒又此翻增長領鳩槃茶薜荔多西白銀埵王名毗留博又此翻雜語領毗舍闍毒龍北水精埵王名毗沙門此翻多聞領夜叉羅刹此四王聞經歡喜各領五百眷屬發誓護經從此標章故稱四天王品觀心釋者東集南苦西道北滅四諦理是四天觀四諦智為四王護四諦境名護國護心數是護衆生世者他也為他說心數名護他衆生八部者苦諦下有利鈍見思法華指此為鬼神乃至滅諦下亦有見思是為八部也若不照四諦理見思二惑侵害心王毀損境界心王亡境國敗心數人民迸散境智俱為鬼神所惱能觀若集控御見思則國安民寧能為他說四諦是護他國土遮彼見思使得安樂是為觀心護世四天王也此下十三品是流通段佛慈季末使邪惡不謬於正眞經王不墜於來代有緣之者得正聞正聽故曰流通凡為七意四天王至散脂明天王發誓勸獎人王弘宣此經正論善

集明人王弘經天王祐助亦是示往日弘經方軌鬼神品明聽經功德天神地祇若河若海菩提埵神感守衛之授記品證聽經功德之不虛除病流水引昔聽經之功德證今護持之非謬捨身品引昔行經不惜軀命誡勸師弟勿吝法財讚佛品明諸菩薩稱揚佛法能宣所宣利益深重云云天王發誓又為五四王以天力擁護請者大辯品以辯充益說者功德天品誓以資財潤請者說者地神品誓以地味膏腴味請處說處散脂品誓以威武攘外敵攘內難安於請說聽等也又天王護其國大辯護其師功德護其衆地神護其地散脂攘其災令經法大行也云云四天王品者有六番問荅即為六段第一白佛述有護國之能第二白佛述其護國之事第三白佛示其軌模第四白佛要其法利第五白佛雙述興衰第六白佛說偈頌德初番為二一白佛二佛述成白佛又二一經家敘二正白佛敘敬如文正白佛文為二一歎經二述能護諸天信法有力是故歎經欲得經弘述其能護歎經為三從是金光明下歎經體從莊嚴菩薩下歎經宗從此經能照下歎經用正說乃多歎三則略攝於廣也法性之理佛所護約體脩行能令菩薩具二莊嚴成於極果既

言莊嚴知是歎宗世天淨天義天皆宗仰極
地施三業供養恭敬是身歡喜是意讚歎是
口又下從地獄上至菩薩無明未盡通有熱
惱此經能除如月清涼知是歎用云云從世尊
是金光明下是第二述能護國文爲二一內
以法護國二外以策護國法護國又四一護
國之由二以法護國三以天黨護國四以天
眼護國護國由者由聞此經獲於四益身益
光明力益勇猛心益增進德益尊嚴理獲二
益謂法身慧命皆得增長由國弘經致斯法
潤寧得不護述所以者此義正與觀心相應
以四諦智護四諦境即是脩行正法以四諦
智導諸心數使諸心數不行故名行般若波
羅蜜即是能說正法內有如此護國所以名
護世王正治國土爾帥黨護國者此亦與觀
心相應心王帥心數黨降伏見思利鈍諸使
如諸天王共眷屬遮諸惡鬼如轉輪王與七
寶千子有所至處四方歸德四王共五百所
臨之地何惡不除邪用天眼護國者以報得
天眼徹視無幽不燭防萌杜漸何惡不除邪
二從若此國土有諸衰耗下是智策護國令
內外因緣和合文爲三一若王國多災種種
艱難謂兵饑疾者我以智策勸法師往或感
神勸往或現形勸往或降夢勸往法師若往
賔宜此經如日出朝陽雰霧自歇此勸外緣

也次王心無智照災承闇入若有明慧變性
不生師既秉法來儀王須專心聽受王若勤
聽天亦勤護所以加於可加護於可護一人
有慶賴及萬方王身與國安隱無患此內
因也若外雖有弘法人王內心不殷重則不
和合不能攘災也二者王無惠施則寡於福
祿如不勤田倉廚少穀勸王傾財供給四衆
四衆得安福資於王舉國眷屬一切無患此
內外因緣和合能致豐年流衍云云三者王身
無先王之德行臣民不從口無先王之法言
鄰國不誠今勸王三業供養恭敬是身業尊
重是意業讚歎是口業夫高以下爲基舜以
訥爲師屈尊敬卑功亦大矣以天威力使鄰
國遙崇羽檄稱讚歌詠羨慕三業顯顯上之
化下如風之靡草鄰國既然國人牛馬草業
無不低迴內向此則能讚所讚因緣和合頌
聲溢於鄰國云云經文分明尋之可見次佛述
成文爲二初合述歎經二述其能護國四王
初歎經說既合理佛述而成之成其上體宗
用三歎故言佛合述善哉善哉其上總歎一教
佛述成其徧讚百千諸佛諸佛從是法生故
舉多讚成於一也從於諸佛所下述成其能
護國又爲二初述以法護國二述以智眼護
國法護國有四佛皆述成上明護國之由由
聞經得益佛述令益良由先種發心畢竟二

不別如是二心前心難是故敬礼初發心此
舉前以成後述後以顯前從說於正法下述
其以法護世上云能說能行所以名爲護世
佛亦述成能說能行得名護世云云從汝等今
日下超述其天眼護國小不次第於義無失
上云以淨天眼過於人眼佛述長夜利益夫
天眼夜照不假日光故言長夜也從汝等四
王及諸眷屬下追述其天黨護國上直言護
國佛今加讚是護三世諸佛正法也從汝等
四王及餘天衆下述其智眼和合護國上云
請法師入境攘惡此功歸已能却脩羅之陣
汝勸王聽經供給四衆佛述其內智外福實
是消伏諸若能致安樂如文云云第二番白佛述
護國之事文爲二一白佛二佛述成白佛又
二一是經流布之處其王自能頂受又供給
四衆者我及眷屬捨當隱形令其顯益二者
惡鄰興兵侵斥善國我當隱形起諸怖懅種
種難起令其軍兵顯然退散尚不授邊況能
壞中云云次佛述成文亦爲二從尒時佛讚下
至無鬬訟之事是述成初意其上隱形護國
欲使經弘佛述隱形是護三寶我是佛寶脩
習菩提是法寶諸王無鬬訟是僧寶述其護
一而能成三也從四王當知此閻浮提下是
述成後意上以天威儺之天力退之似若憎
惡愛善佛勸慈心平等向之爲惡者自懺爲

善者自豫非薄惡而厚善成其慘退之意也
又勸諸國各守本業住境自樂勿起貪企諸
王和則民無天法興盛則薰諸天佛告帝釋
鬪諍因緣人天損減善能慈和天下非止供
養於我則是供養三世如來非止安於一王
徧安諸王非止安於一國徧安一切故以慈
和述成第二意也云云第三白佛示人王軌模
文爲二一出其願欲二示其軌模願欲有六
一欲安己身二欲安妻子三欲安宮殿四欲
王領殊勝五欲攝諸福德六欲國無憂苦六
願如文從世尊如是人王下是第二示其軌
模雖不次第六數足上欲安身今示莫放
逸制心則身安也上欲安宮殿今示嚴法堂
旛蓋映於上香華麗於下三寶受用則柏梁
無災上欲王領殊勝今示洗沐香塗敬恭去
慢一身敬於此八絃休於彼上欲攝取福聚
今示正念聽經正念聽經能致無量功德天
神竭其力覆地神竭其力載鬼神竭其力護
臣民竭其力愛上欲安妻子今示和顏與語
勸其興福內外脩善感益事多上欲得國無憂
苦今示應自喜慶自勵忘疲倍作利益一人
旣悅則四海謐然此之謂也次佛述成文爲
二先述成六方法次述成六願欲四王約六
事又所說少止在現世佛約一事而所益多
超無量世倍述成之從佛告四王下秖弘經

聽經即是述成安身方法上直示心不放逸
今加示羽儀出宮迎候步步値那由他佛方
法旣倍體亦彌安從復得超越爾許劫難者
述成安國方法上止一世無憂苦今則超爾
許生死之難從復於來世封受輪王者述成
安妻子方法輪王有玉女千子悉無怨對爾
許劫中妻子常安也從亦得如是現世自在
之力者述成上安於王領方法也從常得最
勝七寶宮殿者述成上安於宮殿方法也從
在在生處訖具足無量福聚述成其上攝福
方法也從汝等四王下述成其六種願欲從
四王下至不退轉述成上願安身從已爲得
値至畢三惡道若述成上安國從我今已種
輪王釋梵之因述成上願安妻子從已種無
邊善根下述成上欲攝福聚從後宮宮宅無
諸凶衰述成上願安宮殿從國土無有他方
怨刺述成上王領第一從汝等四王下更摠
結成六法六願皆令具足者若能屈已迎候
至心聽法即是六願六法又迴利施天亦即
能令六願六法成就滿足也第四白佛要其
人王施善此由第三段末文爲二一白佛二
佛述成白佛又二一人王運心二天宮相現
人王心存至典是故香作金光迴施必得是故天
宮相現香至天宮龍宮鬼神等宮摠至三法
界爾觀心解者以智慧火然實相香起戒定

慧煙實相是眞法故言金光戒慧與理冥故
徹照無礙也云云次佛述成文爲二先述香光
非但至天宮等三法界徧至百億諸宮又至
恒沙佛上摠而言之徧至十法界也從諸佛
世尊聞是香氣下述成人王運善奉施諸天
爲諸佛所讚先讚因成次讚果滿如文第五
白佛雙舉興衰文爲二一白佛二佛述成白
佛又爲三初從白佛至諸惡災患悉今消滅
是第一舉興勸從若有人王心生捨離至善
神遠離生如是等無量惡事是第二舉衰勸
從世尊人王欲自護及王國土是第三正勸
舉興勸爲四一人王弘經則四天隱形聽受
二非但四王聽受釋梵八部皆集聽受三以
是人王爲善法知識四旣得法利護國彌勒
皆如文次舉衰勸亦四一王不弘經天失甘
露則威勢減少二釋梵舊神並皆遠捨三惡
鬼亂行災毒競起四展轉結成災災何故起惡
鬼亂行鬼何故行天神捨離天何故捨不聞
法食何故無法食王不弘經如文三正勸爲
六一欲得現利故必定聽二天欣法食故必
定聽三出過三論故必定聽三論者四韋陀
論說梵事毗伽羅論說十善事僧佉衞世師
勒沙婆論說學通事云云四始終得益成就菩
提故必定聽五教主勝於釋梵故必定聽六
諸法之本故必定聽皆如文次佛述成文爲

二初畨述成舉興勸不弘則衰無可述成又解云前畨則兩述成而與安樂是述成舉興勸滅其衰患是述成舉衰勸從若有人能於人天中作大佛事者述成正勸云云第六白佛偈歎有八行半文爲三一說偈歎二佛以偈荅三歎喜發揞文爲三初一行歎三身次五行半歎身相次二行結歎夫三身有通別依文是別空是法身日是報身月是應身通意者空是法身日是報身水日是應身空是法身月是報身水月是應身空是法身日中空是報身水中空是應身月亦如是依結歎文空是法身月是報身水月是應身空是法身日是報身餤是應身化法是法身化主是報身化事是應身雖復別說義則通融故文云無有障礙即通意也歎身相文爲五初一行歎上兩相謂目與齒次一行半歎智斷兩德謂智三昧次兩行歎下兩相謂平與網次兩句絕言歎謂不可思議次兩句結歎夫相好不獨在應身報法亦通莊嚴父母生身者應相好也莊嚴尊特身者報相好也莊嚴法門者法身相好也此中歎智斷即法身相好也文云無有障礙者非獨歎一身相也偈初標佛月今先結佛月爲三身次結三身通融故言無有障礙次結佛日故言如餤次結佛化身即是四身義故言如化皆具三身四身則

是無障礙也結竟即礼礼於佛月亦是礼佛日佛化也品初歎經歎體宗用品後讚佛辯異義同佛眞法身即是體佛月清淨即是宗應現水月即是用天王天辯其妙若此也問空辯法身月辯報身空爲作月不作月空若作月月非空作空不作月月那依空荅空不作月亦不作非月月非月必依於空法不作報亦不作非報報非報必依於法又問法不作報非報報非報必依於法者亦應月不作影亦不作非影影非影必依於月者月亦是法身邪荅智與法冥法是法界智亦如法界云云又並影不作動與不動動不動必依於水水亦是法界邪荅動不動辯機一切諸法中悉有安樂性辯法界亦是無妨又淨度三昧云衆生亦度佛若無機感佛不出世亦不能得成三菩提出世菩提皆由衆生機爲法界此義成也佛荅二十四行半偈天王所以讚佛者佛能說法故也法王所以讚法者法能成佛故也般若云我初成道觀誰可敬可讚無過於法法能成立一切凡聖故佛讚法以荅天王文爲三初一行歎經體荅其法身次一行歎經宗荅其報身次二十二行半歎經用荅其應身悉如文三四王歡喜發揞如文

釋大辯品

辯有四種小辯無量辯雙辯大辯無漏法名

小辯恒沙法名無量辯備二種名雙辯雙非雙照名大辯此天住智慧莊嚴法門自住大辯以自在力爲悅衆生故隨說一辯若二若三若四故名大辯爲宜衆生故若投一辯若二若三若四宜而立之故名大辯爲對衆生故或對一辯若二若三若四對而治之故名大辯爲悟衆生故若悟一辯若二若三若四一悟一切悟而開發之故名大辯對佛發顯以大辯加於說者故稱大辯品文爲三一從白佛下以大辯力加益法師二從若有衆生於百千下以感應力加於化道三從復令無量下以行力加於聽者初加法師以樂說辯才莊嚴次第是辭辯大智是義辯揔持是法辯若有衆生下加化道流布不絕加其能化之道無人無所化無道無能化因緣和合化道不絕也從復令無量下是加聽衆兩益聞經至不退轉是加因益必定得菩提是加果益文言雖略揞顯甚深爲益大矣

釋功德天品

此天住福德莊嚴法門攝一切法而以功德爲首故言功德天又能與說者所須無所乏少故名功德天又令說者晝夜思惟是經深義故名功德天又令聽者速成菩提具此衆義故名功德天品此是天王護經第三意福資講說及以聽者文爲六一從白佛下發揞

四事資給法師二從我已於過去下明福德之由三從若有人能稱下勸示行法文中有略示廣示云云四從我於尒時如一念頃下擔臨影響五從若能以己所作迴施我下要求同行六從應當礼下別示歸敬悉如文

釋堅牢地神品

上諸天或住善權方便道爲衆生法父此天住善實智度道爲衆生法母一義也譬如陰陽覆載卉木智度養育出生衆善二義也餘度各有所主未亡未泯實智照了無相無名三義也餘度有等有上智度無等無上是究竟度四義也智度法門常無改變義曰堅牢常也能荷樂也能生淨也名之爲地德力自在我也稱之爲神從此等法門故名堅牢地神品此品是天王護法第四意翻涌地味資益請說聽等地也文爲三一從白佛下擔涌地味利益行者二從尒時佛告下如來述成三從尒時地神下發擔弘經初涌地味文爲三初從白佛下明已身利益凡約八事展轉增長由聞法故法味增長法味增長故氣力增長氣力增長故翻地味增長地味增長故諸物增長諸物增長故衆生五果增長五果增長故脩行增長脩行增長故供養增長供養增長故弘通增長悉如文從何以故世尊下明眷屬利益是經力增長凡約五事展轉

增長以經力故我眷屬增長眷屬增長故地味增長地味增長故諸物增長諸物增長故衆生快樂增長快樂增長故依報皆具足具足亦名增長從世尊是諸衆生下名報恩增長凡約六事展轉增長以知我恩故尊聽增長尊聽增長故功德增長功德增長故敎他增長敎他增長故地味增長地味增長故受樂增長受樂增長故信施增長悉如文二佛述成文爲二一約聞經展轉增長從人世至天世從天世至出世日夜即受不可思議快樂即出世樂也地神所說止是今世增長如來述成文雖略意極長遠二述成供養增長從人世至天世從天世至出世長遠之義準前可知云云三發擔護經文爲三一擔護說法者二擔護化道不絕三擔護聽法者如文

釋散脂鬼神品

具存梵音應言散脂脩摩此翻爲密密有四義謂名密行密智密理密云云蓋北方天王大將餘三方各有東方名樂欲南方名檀帝西方名善現各有五百眷屬管領二十八部孔雀王經云一方有四部六方則二十四部四維各一部合爲二十八部又說者云一方有五部謂地水火風空四方有二十部足四王所領八部是爲二十八部巡游世間賞善罸惡皆爲散脂所管聞經歡喜發擔護於說者

聽者從能護人受名故言散脂品云云文爲四一從白佛下發擔護持二從何因緣下述有能護之德三從散脂大將下擔以智力充益說者四歸敬本師初段有經家敘正發擔悉如文述德又爲三初標次述後結標如文述又爲三初五句述智次五句述境次五句述正三番稱世尊知是三種意也神既名密述名顯德應談密義智若淺深階級次第不名爲密即一智一切智一切智一智非一非一切而一而一切者斯是智密若得此意五句一句一句五句非一非五而一而五唯數唯密爾若境可以智知可以口說者境則非密不可智知不可識識不可以名名不可以言說是名不可思議密境也而約五數論密者例前可知也若對邪道明正道待邊說中此正非正此中非中皆非是密即邪而正即邊而中邪正中邊無二無別者乃名爲密思益云若以心分別一切法者一切法邪若不以心分別一切法者一切法正即其義也我行正道若境若智從此得名唯然世尊自當證知云云又此三番一往是身口意密前五句言知即意密次五句言現見現見屬眼眼屬身即身密後五句明正解由正解故言正分別分別即口密所以言不彰露者是密義也如此述名密義已顯賞味無已更復略說世尊我

知一切法下作三觀我解之知一切法一切
緣法兩句同是因緣所生法境何者能生為
因是初句所生為緣是第二句能所合故諸
法得起中論云因緣所生法即此義也了一
切法者了達虛無也中論云因緣所生法我
說即是空是為從假入空觀也知法分齊者
知空非空用道種智分別假名凡聖之法無
有差別中論云亦名為假名是為從空入假
觀也如法安住一切法如性者以二觀為方
便得入中道第一義諦中論云亦名中道義
即是中道第一義諦觀也含受一切法者即
是中道正觀能雙照二諦故言含受若三觀
一異縱橫並別者則不名密觀即一而三即
三而一名為密欲知智在說說即口密也世
尊我現見下五句作三諦三解脫義釋之現
見不可思議智光者光是實智如日月光常
明不息此實智照不可思議具諦境成圓淨
解脫也不可思議智炬智行智聚者皆是權
智如人執炬屈曲照物乍興乍廢隨順機緣
或此或彼行是因義聚是果義從因以向果
果興而因廢皆是權智照不可思議俗諦成
方便解脫也不可思議智境者是法如如智
此智與法如如冥故言不可思議智境此智照
不可思議中道第一義諦成性淨解脫也若
三諦三解脫一異縱橫並別者非不可思議

也以不一異並別故故名不可思議不可
思議故名密也世尊我於諸法下五句作三
身釋之正解正觀正解能顯體體顯名正觀
正觀是報身也得正分別正解於緣者分別
機緣不待時不過時普應一切即是應身也
正能覺了者無覺無不覺名為覺非了非不
了名為了究竟清淨之覺了即法身也若此
三身縱橫一異者不名為正非一非異不前不
後故名為正正即密也約正明法身即是金
義約觀明般若即是光義約不思議解脫即
是明義三德是微密之藏金光明是微密之
教從密教生密解安住密理行於密行以密
利他故我名密唯然世尊自當證知復次此
十五句互相釋成若正解正觀十五句皆正
解正觀也若不可思議智光十五句皆不可
思議智光也若我知者十五句皆知也云云又
作五種佛性釋者正性緣性了性三名不異
又一家取果性境界性為五又一家取果性
果果性為五若作果果性即沒境界性為緣
因性所攝若開境界性即沒果果性為果性
所攝雖開合不同終是五數今以五知對五
佛性我知一切法者知一切法中悉有安樂
性安樂性者即正因佛性也一切緣法者無
量功德低頭舉手之善緣因佛性也了一切
法者即是般若空慧了因佛性也知法分齊

者即世間出世間因果不濫境界因佛性也
如法安住如性者即是果性究竟安住如中
也含受一切法者還是果性能雙照含受也
若作果果性者取知法分齊為果性克果
智照分明為分齊也安住如性含受為果果
性云云若然者下兩種五句亦應對五佛性師
雖不釋義例應爾準須釋出其意消文令會
爾世尊以是義故下是結文也從世尊散脂大
將下是第三發誓以智舜充益說者文為二
先益能化次益所化益能化為三莊嚴言辭
下益其口業衆味精氣下益其身業心進勇
銳下益其意業從以是之故下益其所化此亦
為三以是之故廣說是經此是未種者令種
也若有衆生下是已種者令熟也無量衆生
下是已熟者令脫悉如文此消文大好從南
無寶華下是第四歸敬文也佛說一切衆經
初皆歸敬而譯人略之諸論初亦先歸敬此
文是說竟歸依三寶在文可尋也釋正論品正
論者正名為聖聖有二種一世聖二出世聖
論名最實一最事實二最理實此品是先王
舊法世世相傳先王傳力尊相力尊相傳於
信相信相又傳其子其子又傳於後世世世
正聖世世善實即是先王之法言亦是世界
悉檀立名名正論品王行此法法律相應
陰陽以之調日月以之順百穀以之豐萬民

以之樂社稷以之安治化以之美即是民用和穆上下無怨亦是爲人悉擅立名名正論品王用此法外敵不敢謀内姦不敢驚妖星不敢現惡虹不敢行暴風不敢動疾雨不敢零是則禍亂不作災害不生亦是對治悉擅立名名正論品此之世善本金光明從金光明出此正論善用此正論天宮天身以之光明天力天威以之增長天心爲之倍樂天之法味爲之倍更深遠即是先王之至德要道亦是第一義悉擅立名名正論品也此文是流通中第二意明人王弘經感動冥聖天王佐助善政興隆文爲二一長行說事本二偈頌說正論長行中對告地神說昔尊相如文偈有八十二行文爲四初二行半集衆次三行半發問次一行結問開答後七十五行梵天答即說正論也集衆文爲三初一行是佛敍尊相欲爲其子說先王本法次一行佛敍尊相識聽次半行明說論處所次四王發四問一問云何呼人爲天二問非天所生而名天子三問處王宮殿何故名天四問以人法治世那得名天次一行成前起後可見云云問既有四答亦爲四一答天護其入胎雖是人子而稱天子三十三天各分已德雖是於人而稱爲天雖處人宮殿用天律治世雖是人主而稱爲天雖是人法治世令衆生行善多生天上

以因中說果故稱爲天從汝今雖以下是梵答文爲二初十行半略答後六十四行半廣答略中有四初一行半許答次因集業故一行略舉昔因今果答其問王義次五行舉三義答其問天義次三行舉三義重答問王義答天舉三義者未入胎入胎分德力加是也以護胎故稱爲天子答第二問也以分德故有其天德故稱爲天答第一問也神力所加脩善遮惡後必生天因中說果故稱爲天答第三第四正法治世名爲天問也答半名爲天三義竟從半名人王已下答有三義故稱半爲王一名執樂者樂由於王王執此樂使天下和平五日一風十日一雨老者擊壤小騎竹馬誰不歸德故執樂名王二者遮惡爲民除害天不亢旱地不洪流草不折傷民無疾癘者誰不歸德故遮惡名王三父母者誨示禍福導語善惡制禮作樂而民知禁誰不歸德故父母名之爲王能爲民下作父母故諸天護之名爲天子以遮惡不起諸天分德名之爲天以執樂故因中說果復名爲天非但半名人王義成半名爲天三義亦顯從若有惡事下三十九行三句廣明非法不得名天不得名王六義俱失三十三天各生瞋恨是天不護不護故非天子是諸天王各相謂言是天不分德不分德故不得名天捨遠善

法增長惡法則無天因寧得因中說果數人爲天也生大悲苦者無執樂義疾疫流徧無遮惡義縱惡不顧善無父母義云云從當正治罪下二十四行三句更廣說六義當正治罪即父母義諸天護持即天子義以滅惡法即魁膾義魁膾名典尊遮制惡鬼鬼畏典軍不敢亂行也脩習善法即執樂義

示因果義諸天即分德義還以六義消文皆可尋云云此中應明觀義自思之云云問金光明是正論本其意云何天者即法性金也法性作依止故言天護分德者即光也報身與法性冥即是分德也神力所加者即明也云云又父母者即金也法性爲父母故遮惡即光也執樂即明也以此爲本故能正論爾如半名人王半名爲天半爲世間正論半名出世間正論本末相關即此意也

釋善集品

此轉輪王集衆善法如海導師善海無涯六度則攝六度又廣二度略攝謂檀與智提如意珠捨四大地滿中珍寶以用布施即集檀行也合掌而立請寶冥尊者宣揚顯說是金光明即集智行也檀智既然餘法亦爾從行得名故稱善集品也此六度不同是世界悉檀集善也脩於五度是爲人集善也脩於智度是對治集善也皆波羅蜜是第一義集善

也從此四集得名故言善集品此品是第二人王弘經上明世間正見感動天地此明出世正見感動賢聖云云文爲二初對告地神二以偈說偈有六十四行半分爲二初四行通明因地行檀次六十行半別明善集施財施法別爲六一六行半明事本二十一行半明聖王請法三十九行半明尊者宣揚四十行半明輪王行施五二行結會古今六十行半引因果以證以勸悉如文就此品論金光明者善集波羅蜜金也集般若光也集五度明也就寶冥論者在一窟中金也面如滿月光也讀誦如是經明也就二人作者在窟中者金也許勝王說光也王提如意珠雨四天下珍寶明也

釋鬼神品鬼字訓歸又云畏也報多怖畏如阿脩羅云云又云威也能令他畏其威也神者能也大力者能移山塡海小力者能隱顯變化此品通列一切天龍江海日月諸神上已天題品竟無容再出雖通列諸道而鬼神文多從多故以之題品此品是第三一切天龍鬼神天靈地祇咸皆發揚溥徧弘宣以勸流通文爲二一長行二偈頌長行中先擧事別次圓供養事別者佛從慈悲中起受供養者蓋應佛也佛從如中起覺智智與如合者報佛也一切法悉是諸佛行處者法佛

也作如此解者三佛歷別若脩事之供養供養亦別也圓供養者勸聽經聽經是法之供養諸供養中最爲第一第一供養者供養一切佛能說文字是應佛能詮是報佛所詮是法佛能敬文字即敬三佛亦是敬三世佛諸佛從此生故供養文字即供養一切諸佛云云又別時重聞更記之長行擧四願欲而作一勸若欲知佛行處行處者即如如境法佛也欲知者知是如如智報佛也能聽此經此經即文字文字即應佛也能聽者隨順佛教即法供養法供養即妙供養也聽經能生覺智覺智生故即是佛受供養也聽經一事具諸願欲秖圓一事具別諸事也偈有一百二行半分爲六一從若欲供養下十一行頌上長行秖能聽經即是擧圓妙以勸脩二從隨所至處下三行半擧聽經即能攘災以勸脩三從於說法處下六行擧聽經致靈瑞以勸脩四從威德相貌下五行半擧秖聽經有威力以勸脩五從大梵天王下四十九行半擧聽經能致天龍鬼神以勸脩六從於諸衆生下二十七行擧秖聽經能令國土安樂以勸脩云云蠱道者四天上遣神名彌栗頭虔伽陀漢言善品主蠱毒也摩醯首羅餘經翻爲大自在灉項經翻爲威靈帝摩尼跋陀翻爲威伏行富那跋陀翻爲集王成金毗羅翻爲威如王賓

頭盧伽翻爲立不動車鉢羅婆翻爲忍得脫曇摩跋羅翻爲學帝王摩竭婆羅翻爲除曲心繢利蜜多翻爲有功勳勳那趙耆翻爲調和平劍摩舍帝翻爲伏衆根耆羅蜜帝翻爲獨處使醯摩跋陀翻應含主薩多琦黎翻大力天波利羅睺翻男猛進毗摩質多翻爲高遠睒摩利子翻英雄德波訶黎子翻威武盛怯羅騫馱翻吼如雷鳩羅檀提翻戰無敵脫因者脫業障也脫果者脫報障也度諸有者脫煩惱障也

釋授記品

有四種授記今是二種云云授者與也記者記成道事也此中授三大士一萬諸天當來成佛事故言授記亦名授莂亦名授決授劫國數量名爲莂審實不虛名爲決從佛所與名爲授從其所得名爲受此中從佛所與故言授記此是流通中第四意擧昔行經之因方成圓極之果證弘護不虛以勸流通也文爲二一與記二疑記與記爲二一與三大士記二與十千天記與三大士記又二一同緣者集二正與記世界轉名淨幢者應論四句此中是其一也十千記又二一聞經生解二正與記云云從尒時道場下是第二疑記又二一疑問二佛荅疑者夫移山塡海非一日之功菩提極果積行方尅忉利暫下無久聽之勞不

聞往昔有難思之行行淺記深是故疑惑如
餘菩薩者六度菩薩引錐指地無非捨身命
處戒忍禪智滿三僧祇若通教菩薩從假入
空非止一世脩行從空入假動逾塵劫若別
教菩薩直行一行動經無量阿僧祇劫況復
徧行衆行量不可盡尚不獲記少時聞經而
得斯決時衆疑經故樹神發問也佛荅爲二
一舉現行二舉遠緣現行者捨天官樂故來
聽經聞三大士獲菩提記我昔本捨與其法
食三事和合故與其記也此意譏成鬼神品
初以妙供養供養三世諸佛及欲得知諸佛
行處決定至心聽此妙典雖有此言未見其
人今此十千即其人也聞記當果果必有因
因金光明生殷重心起功德身心無垢累起
般若身猶如虛空起於法身一心中聽三德
圓成複有無量功德說不可盡此不得記記
與誰乎證聽功德意在於此以隨相脩指今
現行行隨實相而脩也有妙善根指於遠緣
也遠緣實相而種善根也從亦以過去下是
舉遠緣荅也文爲二一略二廣此中少文是
略除病流水兩品是廣荅也
釋除病品
廣荅遠緣由醫王救疾故言除病品通取後
流水品文爲五一緣本二遠緣三近緣四結
緣五會緣從佛告樹神下明緣本如文從像

法中下明遠緣遠緣爲六一明父二生子三
國人遇病四其子請五父爲說六知已徧治
子請爲三一見人遇病二思惟三正問問爲
四初一偈問四大增損二問飲食犯觸三問治病
醫方四問病動時節身火不滅者食飽熱病
暫息食消熱復更生故言身火不滅也水過肺
病者水多則損肺即是痰病也父醫還荅四
問初六行荅四大增損二一行半荅飲食犯
觸三二行荅病動時節四八行半荅治病方
就六行中分二初一行是佛叙父醫欲荅爾
次五行正荅時節時節有二一俗法四時謂
春夏秋冬冬爲歲末春爲歲始而初言夏者
或可趣作此言或可荅問正是於夏三三而
說者一時三月謂孟仲季四時即十二月也
若依佛說法一歲三時謂冬春夏夏爲歲末
冬爲歲始何故爾爲破諸弟子著常爲開安
居迦提月故設秋時爾佛法三時亦是三三
說也若二二說足滿六時者依俗法四時時
本二月土寄四季各十八日本之二月只是
陰陽二月一時唯有陰陽二月合成六時正
月二月是木王時四月五月是火王時七月
八月是金王時十月十一月是水王時臘月
三月是陽　王六月九月是陰上寄
王欲論本月亦二二說若論土寄王亦二
二說故言足滿六時也若依佛法解二二說

者佛法有三時時有四月各有初分後分從
臘月十六日至二月十五日此初分春時從
二月十六日至四月十五日此二月春後分
從四月十六至六月十五日此二月是夏時
初分從六月十六至八月十五此是夏後分
從八月十六至十月十五此二月是冬時初
分從十月十六至臘月十五此二月是冬後
分故言若二二說足滿六時也又云正月三
月是陽月二月四月是陰月五月七月是陽
月六月八月是陰月九月十一月是陽月十
月臘月是陰月故言若二二說足滿六時三
三本攝依俗法者正月是春分本月攝後兩
月悉屬春分四月爲夏本月攝後兩月悉屬
夏分七月爲秋本月攝後兩月悉屬秋分十
月爲冬本月攝後兩月悉屬冬分三三本攝
也又云正月二月正是春時木於中王土寄
三月攝屬春時四月五月正是夏時火於中
王土寄六月攝屬夏時七月八月正是秋時
金於中王土寄九月攝屬秋時十月十一月
正是冬時水於中王土寄臘月攝屬冬時土
寄四季正時爲本各三月並攝於土故言三
三本攝主攝於客客是土也依佛法言三三
本攝者本時各三月既廢秋時以秋之三月
各配入三時時則四月論本則三論攝則一
故言三三本攝也問四時各有三月此是四

三本攝何謂三三本攝苔三爲一數以三而
數故言三三爲本爾隨是時節消息者時如
上說或四或三或二或攝等種種不同隨時
以意消息斟酌去取若依佛法無秋時而言
秋時發病此云何釋從八月半已還隨俗名
秋而夏時攝八月下半以去隨俗名秋冬時
攝隨時消息者二法之間而斟酌也代謝增
損者春動肝病此可治春動脾病此難治夏
動心病此可治夏動肺病此難治夏末冬初
於秋分中動肺病此可治若動肝病此難治
冬動腎病此可治若動心病此則難治論四
時增損大略如此問四時皆動病何故去秋
時解此爲二一爲破係常秋時萬物結實人
計爲常爲樂爲破此著故去秋時佛爲弟子
保常心多故也二者爲開後安居立迦提月
安居本名坐夏八月半内已還若是秋時便
是坐秋爲此義故廢秋時爾從有善醫師
下一行半苔犯觸犯觸有六一多坐二多眠此二
多致痰宜多行倚散之三多行四多倚五多
語生風病宜多眠治之六多淫生一切病即
等分病也若火少痰多若火多即熱壯若風
多吹火成熱病若風多吹痰成冷病三事若
等無病飲食得病者亦有六一過量食二少
食不足而止三過飢食四逆時食未飢強與
也五妨食如食肉飲生乳使人癩六不曾

食而強食如南人飲漿北人飲蜜若菜和蜜
令不結男豬膏煎白鷺肉令人癩若患熱而
飲酒食小麥生牛肉令人失明吐血痢血若病
痰而食甜肥鹹酸令人涑鼻多汁又痳痢也
六大者是六腑大腸小腸膽胃三焦兩膀胱
也從多風病者下二行苔病起時節四月五
月是風生時六月七月是風起時八月九月
是風滅時六月七月是熱生時八月九月是
熱起時十月至正月是熱滅時八月九月等
分生時十月十一月是等分起時十二月正
月是等分滅時十月至正月是痰生時二月
三月是痰起時四月至七月是痰滅時痰是
水病肺也夏日動風者夏日毛孔開通外風
得入内風動也熱病秋動者毛孔閉塞熱伏
於内不得行故成病等分冬動者春時動水
肺病不差至夏復動風風病不差至秋復動
熱熱病不差至冬俱動一切病故也二月三月
是痰起損肺肺病動也從有風病者下八行
半苔治病方文爲三初二行半未病前以藥
防次二行明正以藥治後四行病退以藥補
風病夏服肥膩鹹酸熱食者夏月毛孔開通
具以肥膩潤塞之令風不得入鹹酢性熱能
消水令體堅實治於風虛熱食流汗引風令
出又治虛冷風不得進冷甜是酥乳等能治
熱也等分冬服甜酢等除風也肺病服肥膩

塞毛孔令水不得入熱能焦水宣通故能治
肺病也飽食發肺病食既多則腸胃盈滿
故發肺也食消發熱者如食沃潤則熱病伏
食消無潤熱病起也消已虛踈風氣入體故
發風也風踈補穌膩鹹除風甜除熱肺帶風
水宜吐也此中消文出眞諦三藏疏中從善
女天下是第六知已徧治文爲二一病輕聞
說即差二病重服藥方除云云觀心者三毒等
分是内病也數息不淨慈心因緣是法藥宜
聞法藥得悟悟者信行人病差也作觀研心得
悟者法行人病差也眼是春時舌是夏時鼻
是秋時耳是冬時身是四季攝屬諸時妙好
五欲增貪病麤惡五欲損貪病妙好五欲損
瞋病麤惡五欲增瞋病平平五欲增癡病違
順五欲損癡病揔三種五欲增覺觀病偏動
三種五欲損覺觀病是爲增損之相也犯觸
者違情犯瞋順情犯貪不違不順犯癡揔三
犯覺觀慢時即發瞋求須時即發貪僻解時
即發癡放逸時即發覺觀慈心治瞋不淨治
貪因緣治癡數息治覺觀云云

釋流水品

文云一能流水二能與水與水者與安樂水
也一世安樂二出世安樂世安樂者如象負
水濟彼枯魚是也出世安樂者如發誓言於
未來世當施法食與菩提記是也流水者流

除苦惱水也一果報苦惱二業因苦惱流除果報苦惱如治諸病人救彼渴魚是也流除業因苦惱者授三歸說十二因緣讚佛十號是也請父求方欲成流水之義從王借象欲成與水之義既有二能那單以流水題品文中既彰與水之義題品須安流水之名不煩於文二義雙顯出經者之巧爲若此也長者者如法華疏中十種長者義也子者持水之子故言子也此文是斷疑中第三結緣之近由近由又二一弄引二正近由弄引又二一行恩布德二國人稱美並如文近由又三一明眷屬二見魚之緣三正救魚如文從未來之世當施法食下是第四正結緣又爲四一發誓願二思惟說法三正說法四魚改報生天酬恩供養就魚報恩文爲四一魚改報生天二天酬恩而下地三王見光問瑞四長者徵教而定荅如文報恩有二義一事二理事者眞珠四邊報水飲食因緣十號等四種澤也理者準涅槃文云施食令他得命表常令他得樂是故得涅槃令他得悟是故成自在我如法求財是故得淨用四十千報常樂我淨之恩也第五結會古今者昔佛疑魚數樹神定判十千今神疑行淺記深佛爲說妙因緣今昔相關是故結會也

釋捨身品

捨義甚多財位壽命獨以身當名邪此從正要得名受者須身餘則非要施者正捨身餘旁捨爾故言捨身品文爲四一問二荅三衆得益四結成問者上聞大士治病救魚寶爲曠濟小人小蟲得二世益時衆顯聞亡身殞命感深契極之事行苦而果樂可得聞邪是故請問佛荅爲二一敘緣起二正明捨身緣起爲十一地塔涌二大衆生疑三佛起礼四樹神問礼五佛荅礼六命阿難取七阿難述骨狀八命示大衆九奉命取示十佛勸衆礼皆如文從過去有王下是正捨身文爲二一長行二偈頌長行爲四一明本眷屬二捨身方便三正捨身四捨後悲戀就本眷屬爲五一明本眷屬摩訶羅陀此翻大無罪文殊問經云羅陀翻爲中摩訶波那羅或云此翻大度未詳摩訶提婆此言大天摩訶薩埵此翻大心二游行三各述相四見產虎五各陳觀見從作是念言我今捨身時已到矣下是捨身方便方便爲二初述觀解二起誓願顯行相扶適產七日者見虎子頭上有七點知已七日出山海經也又云七日眼開又七日不食必死虎兒垂死知是七日或云鬼神示悟如樹神數魚正捨身爲二一捨身二感動天地捨身後眷屬愁苦先兩兄愁惱各說偈共向捨所次父母愁苦偈九十三行爲三初二

行通明昔行次別頌長行三結會初如文我念宿命下別頌長行四行頌上本眷屬上有述相陳觀今不頌餘皆頌從時勝大士下二行頌上捨身方便不頌發誓從即上高山下頌上正捨身感動也從是時二兄下頌上捨身後眷屬愁苦從是時王子下頌上父母愁苦從佛告樹神下第三結會結會爲三一結會人二結會塔三結會誓願說是經時下大衆所益也樹神是名礼塔下第四是結問意

釋讚佛品

此品從能所得名能讚是三番菩薩所讚是一佛世尊能所合標故言讚佛品私謂三番菩薩是能讚一佛是所讚一佛是能讚三番是所讚三番是當佛一佛是現佛通而爲言皆是能讚皆是佛故言讚佛品次第者因前十七品故有今品何者序品叙大體如來游於無量甚深法性窮源極邊壽量品極果冥深合廣能起大用懺品勸菩薩若欲脩學當如懺品滅惡讚品生善空品導成四王至散脂誓願流通說請者之功德正論至善集明說者之功德鬼神至流水說聽者之功德捨身明行者之功德如是等利益出現世者皆是如來大體大智大用金光明力既善始令終初中後竟故諸菩薩等以讚讚佛稱揚教及教主故言讚佛品此文爲二一經家敘陳

列讃衆從此至彼金寶蓋剎施三業供養投地是身同聲是口口身共暢意業也二正說偈合六十五行半文爲三一二十行諸菩薩說二十七行信相說三二十八行半樹神說云云私謂其文有四前三是能讃後一是所讃所讃又是能讃能讃又是所讃故文云佛從三昧起以微妙音而讃歎言善哉善哉樹神善女汝於今日快說是言豈非所讃讃能讃其文旣明不須武也又是印成三番菩薩讃教從序品已來使說如來果地大體大智大用菩薩脩因也上文有佛礼舍利即果身礼因身也今文有佛讃大𢥠大讃能請能說能聽能行皆是快說也當知快說是果讃因菩薩也即果口讃因口其義彛然果意讃因意任運例成也云云問佛何處入定此云從三昧起答初將說經佛遊甚深法性今說將竟故從三昧起此經首尾皆在法性中說其文甚明若作入法性者法性自在四佛五佛同處各處共見異見四來四去一住一在隨人所觀皆無障礙也觀心者諸菩薩三業讃佛三業事可解三觀心者觀身不得身身空但有名字名字無量或捨身名檀乃至身空名智慧六度十度八萬塵沙法門名字即空說空不定空假非定假非空非有即顯中道三觀宛然事理六法皆悉具足若無觀慧事亦

不成例如三衣六物若解其意三六俱成若不解者非但無六三亦不成觀心亦爾若得理觀六觀亦成若不得意既無理觀事觀亦不成無六亦無三此之謂也此大好甚廣云云

金光明經文句䟦卷下

金光明經玄義卷上　會一

隋天台智者大師說

門人灌頂錄

此金光明甚深無量太虛空界尚不喻其高廣況山斤海滴寧得盡其邊崖日輪赫奕非嬰兒之所瞻仰大舶樓櫓豈新產者之所執持諸佛行處過諸菩薩所行清淨況二乘心口安可思議凡夫徒欲言之言則傷其實徒欲不言默則致其失二俱不可欲以言之言亦不可欲以默之默亦不可故大品中梵志云非內觀故得是菩提非外觀故得是菩提非亦內亦外觀故得是菩提經言皆不可思議又生生不可說生不生不可說不生生不可說不生不生不可說有因緣故亦可得說者以金為名名蓋衆寶之上以法性為體義則如來所游莊嚴菩薩深妙功德以為宗照曜諸天心生歡喜以為用故文號經王教攝衆典故唯貴為名唯極為體唯深為宗唯大為用唯王為教所以不二之體常為四佛世尊之所護持三世十方亦復如是一切菩薩徧他方以遙禮樹神善女親雨淚以稱揚諸天覆之以天威地祇潤之以地肥大辯加之以辯道功德益之以財寶諸有悉乾枯三塗除熱惱舉要言之一切世間未曾有事悉皆出現是以金龍尊王三世讚歎地神發願以護說者上聖既爾豈況人乎敢託斯義輒欲興言蕺消露入海禽鳥向山實藉片緣同均鹹色將釋此經大分為二初釋題二釋文釋題為五一釋名二辨體三明宗四論用五教相就此五章大分為二初總釋二別釋總釋又二初生起二簡別生起者此娑婆國土音聲為佛事或初從善知識所聞名或從經卷中聞名故名在初以聞名故次識法體體顯次行行即是宗宗成則有力力即是用用能益物益物故教他聞名是自行之始施教是化他之初有始有終其唯聖人乎五章生起次第如此簡別者簡是料簡也問若略則唯一若廣則無量今此五章進不是廣退不成略何故五耶答非略非廣非略故不一非廣故不多廣則令智退略則義不周我今處中說令義易明了五章中當其義如此別者分別也前一章總三字共為名次三章派三字以為別後一章兼於總別而明教相也又顯體一章明理餘四章明事又前三章是因後二章是果又前四章是行後一章是教又前四章是自利行後一章是利他行又前四章是聖默然後一章是聖說法如此等種種分別料簡令顯譬中當分明包冨如囊中有寶不探示人人無知者此皆為分別中作譬也囊中有寶為總三字作譬探以示人為別三字作譬囊中有寶為理一章作譬探以示人為明事章作譬其餘例皆可知也二別釋者別釋五章也今先解釋名章若依四卷題但作三字無帝王兩字若依經文有經王之義若說若不說俱亦無妨今釋名為五一通別二翻譯三譬喻四附文釋五當體釋言通別者夫教有通別依教明行行有通別從行顯理理有通別且置行理但明教通別者夫理無名字名字名理如虛空無丈尺丈尺約虛空天王般若云總持無文字文字顯總持若

從能顯之文字是名則通若從能顯之所以此名則別云何爲通如聖所說一經一時一處一部一偈一句一言皆是文字從此文字通稱爲經云何爲別別則有四一令世諦不亂歡心悅耳二退化所宜開發宿善三對其業障令惡滅罪除四點示道理霍然妙悟悅宜對悟各各所以其致不同稱之爲別譬如鹽梅相和成種種滋味組織交横成種種文繡從別所以故有金光明三字標今教異於諸教從通文言故有經之一字衆經通稱也今經通別合標故言金光明經二翻譯者眞諦三藏云具存外國音應言修跋拏婆頗婆鬱多摩因陀羅遮閱那修多羅修跋拏此言金婆頗婆此言光鬱多摩此言明因陀羅此言帝遮閱那此言王修多羅此言經外國又稱佛陀羅此間所無又略帝王兩字但存三字者漢人好略譯者省之但翻爲金光明經也餘師翻不及此委悉也三譬喻者舊經師以三字譬三德金譬法身光譬般若明譬解脱若大師云數論但明眞應二身若以二釋

三於論不便若取經文經文無一處明三德若別作義解何義不通而獨譬三德既違已論又不會經非今所用地人云金質之上自有光明之能譬於法性從體起用自有般若解脱之力但作體用二義不須分光明異也若大師云地論幸明三佛三佛釋題於義自便而棄三身從體用者則非論意若取經文新舊兩本並說三身不道體用亦違已論復不會經進退何之今所不用眞諦三藏云三字譬三種三法一譬三身二譬三德三譬三位譬三身者金體眞實以譬法身光用能照以譬應身明能徧益以譬化身次譬三德者金有四義一色無變二體無染三轉作無礙四令人富金以譬法身常淨我樂四德光有二義一能照了二能除闇以譬般若照境除惑明有二義一無闇二廣遠以譬解脱衆累永盡溥益有緣次三位者金性先有如道前正因位光融體顯如道中了因位明無瑕垢如道後緣因位彼家料簡云法身是實二身不實法身具四德般若解脱各具二德正因

是本有了因是現有緣因是當有大師謂三三之釋三義不了一因果不通二乖圓別三不稱法性云何因果不通夫三身三德本是果上圓滿之名而今分置三德殘缺不足何者若法身是道前爲是果上之法身爲是性德之法身若是果上之法身不應在道前若是性德之法身性德何獨有法身亦應有性德之般若性德之解脱云云若言般若是道中爲是何等之般若若是果上之般若不應在道中若是分得之般若何意無分得之法身解脱云云若解脱在道後道後衆善溥會何獨有解脱以是觀之因果不通乖圓別者若作圓説法身常樂我淨此自可知云云般若與法身相冥法身既具四德般若寧無四德耶解脱脱果縛故樂脱因縛故淨無因果縛故我非因非果故常圓説圓滿無有缺減眞諦若作別説應依此經經云法身是常是實實即我德也應身智慧清淨即淨德也化身三昧清淨即樂德也三藏説法身獨具四德二身各具二德故皆乖圓別也不稱法性者且引

一經如淨名云衆生如彌勒如一如無二如此性德法身也一切衆生即菩提相不可復得此性德般若也一切衆生即涅槃相不可復滅此性德解脫也如此三義豈非本有道前之位豈獨有金而無光明耶又華嚴云初發心時便成正覺所有慧身不由他悟清淨妙法身湛然應一切妙法身是法身德慧身是般若德應一切即應身是解脫德此之三身地地轉增如月漸滿豈非道始因中之位那得因中祇有般若耶道後具三德如上說此事可知當知道前圓性德道中圓分德道後圓究竟德那忽分割一處唯一耶豈非鑿靈鳳於鳩巢迴神龍於兎窟辱鱗羽之壯勢非法性之圓談天台師尋其經意義則不然何者經言法性無量甚深理無不統文稱經王何所不攝豈止於三三九法耶當知三字徧譬一切橫法門乃稱法性無量之說徧譬一切豎法門乃稱法性甚深之旨方合經王一切徧收若長若廣數無不統此義淵博不可以言想且寄十種三法以為初門復為三

意一標十數二釋十相三簡十法言標十數者謂三德三寶三涅槃三身三大乘三菩提三般若三佛性三識三道也諸三法無量止取此十法其意云何此之十法該括始終今作逆順兩番生起初從無住本立一切法夫三德者名祕密藏祕密藏顯由於三寶三寶由三涅槃三涅槃由三身三身由三大乘三大乘由三菩提三菩提由三般若三般若由三佛性三佛性由三識三識由三道此從法性立一切法也若從無明為本立一切法者一切衆生無不具於十二因緣三道迷惑翻惑生解即成三識從識立因即成三佛性從因起智即成三般若從智起行即成三菩提從行進趣即成三大乘乘辦智德即成三身身辦斷德即成三涅槃涅槃辦恩德利物即成三寶究竟寂滅入於三德即成祕密藏也是為逆順次第甚深無量義復云何無量義者是一法門具九法門三德尊重即是三寶三德不生不滅即是三涅槃三德具足諸法聚集名為三身運載荷負即是三大乘不可

異趣名三菩提覺了清淨名三般若是如來種名三佛性分別不謬是名三識即事通理故名三道是為一三法門具九三法門亦具一切三法門悉例可知又皆具一切一法門一切二法門一切三法門四法門五法門六法門七法門八法門九法門十法門百法門千法門萬法門億法門一恒沙二恒沙百千萬億恒沙法門亦應可知經云一法門無量法門以為眷屬一中解無量是為法性橫廣無量之義也甚深義者寄三位顯之如十法門共論者三道三識是本有位三德三寶是當有位其餘是現有位是名法性甚深豎高之義亦成又一法門具九法門取其三道三識是本有位取三德三寶是當有位取其餘者為現有位甚深義亦成又一一法門具六即位理即是本有位究竟即是當有位其餘即是現有位甚深義亦成是為法性豎高甚深之義也當知金光明三字徧譬一切橫法門故言無量徧譬一切豎法門故言甚深乃稱法性之丈方合經王之旨次釋十種三法

相者十名如前已列十相今當分別若分別
色相青黄同異者應用肉眼若分別法相深
淺同異者應用智眼今時行者既無智眼應
用信解分別同異之相初明三德相者云何
三云何德法身般若解脱是爲三常樂我淨
是爲德法者法名可軌諸佛軌之而得成佛
故經言諸佛所師所謂法也身者聚也一法
具一切法無有缺減故名爲身經言我身即
是一切衆生眞善知識當知身者聚也般若
者覺了諸法集散非集非散即是覺了三諦
之法解脱者於諸法無染無住名爲解脱是
名爲三云何爲德一一法皆具常樂我淨名
之爲德法身無二死爲常不受二邊爲樂具
八自在爲我身業淨口業淨意業淨爲淨無
以爲類彊寄世金以譬之世金不變不染轉
變富貴譬法身四德也般若任運具四德如
智冥如境故大品云色淨故般若淨例此即
得色常色樂色我諸義皆成又云色大故般
若大色無邊故般若無邊此是法性廣大般
若亦廣大例此應云色深與故般若亦深與

此是法性豎高般若亦豎高當知般若亦具
四德明矣解脱亦具四德夫解脱者諸惡永
盡即無常無樂無我無淨皆已盡也亦是衆
善溥會即常樂我淨溥會也大經云眞解脱
者即是如來如來即是法身當知解脱同如
來常樂我淨也又大經云三點具足名大涅
槃點是文字當知法身般若解脱皆文字也
故知三點悉備四德故言具足三因即是三
智三智各具四德三德具足名祕密藏具足
之文必具四德也當知四德具足即是其相
若得此一章意餘九可解不能默已更復略
言云何三云何寶佛法僧是爲三可尊可重
名爲寶至理可尊名爲法寶覺理之智可尊
名佛寶毗盧遮那徧一切處即事而理此和
可尊名僧寶此之三寶皆常樂我淨常樂我
淨故乃可尊可重當知三德與三寶無二無
別既以金光明喻三德還以金光明譬三寶
也云何三云何涅槃性淨圓淨方便淨是爲
三不生不滅名涅槃諸法實相不可染不可
淨不染即不生不淨即不滅不生不滅名性

淨涅槃修因契理惑畢竟不生智畢竟不滅
不生不滅名圓淨涅槃寂而常照機感即生
此生非生緣謝即滅此滅非滅不生不滅名
方便淨涅槃當知此三涅槃不生不滅即是
常常故名樂樂故名我我故名淨涅槃既即
常樂我淨即是三德可尊可重故即是三寶
無二無別既以金光明喻三德三寶還以金
光明喻三涅槃也云何三云何身法報應是
爲三三種法聚故名身所謂理法聚名法身
智法聚名報身功德法聚名應身然理無聚
散義言聚散始從初心顯出正理乃至究竟
理聚方圓始從初心終至究竟顯理之智智
聚方圓始從初心終至究竟功德之聚方圓
故以三法聚爲三身當知三身皆常樂我淨
即是三德可尊可重即是三寶不生不滅即
是涅槃無二無別既以金光明譬三德等還
以金光明譬三身也云何三大乘運荷名乘
理性虛通任運荷諸法故名理乘隨乘者智
隨於境如蓋隨函故名隨乘得乘者得果得
機得果故自解脱得機故令他解脱故名得

乘當知三乘皆常樂我淨即與三德無二無別既以金光明譬三德還以金光明譬三大乘也云何三菩提一眞性菩提亦名無上菩提此菩提以理爲道二實智菩提亦名清淨菩提此菩提以智慧爲道三方便菩提亦名究竟菩提此菩提以善巧逗會爲道當知三菩提皆常樂我淨與三德無二無別既以金光明譬三德還以金光明譬三菩提也云何三般若般若名智慧實相般若非寂非照即一切種智觀照般若非照而照即一切智方便般若非寂而寂即道種智當知三般若皆常樂我淨與三德無二無別既以金光明譬三德還以金光明譬三般若也云何三佛性佛名爲覺性名不改不改即是非常非無常如土內金藏天魔外道所不能壞名正因佛性了因佛性者覺智非常非無常智與理相應如人善知金藏此智不可破壞名了因佛性緣因佛性者一切非常非無常功德善根資助覺智開顯正性如耘除草穢掘出金藏名緣因佛性當知三佛性一一皆常樂我淨與三德無二無別既以金光明譬三德還以金光明三字譬三佛性也云何三識識名爲覺了是智慧之異名耳菴摩羅識是第九不動識若分別之即是佛識阿棃耶識即是第八無沒識猶有隨眠煩惱與無明合別而分之是菩薩識大論云在菩薩心名爲般若即其義也阿陀那識是第七分別識訶惡生死欣羡涅槃別而分之是二乘識於佛即是方便智波浪是凡夫第六識無俟復言當知三識一一皆常樂我淨與三德無二無別既以三德譬金光明還以金光明譬三識也云何三道過去無明現在愛取三支是煩惱道通去行現在有二支是業道現在識名色六入觸受未來生老死七支是苦道道名能通此三更互相通從煩惱通業從業通苦從苦復通煩惱故名三道苦道者謂識名色六入觸受大經云無明與愛是二中間名爲佛性中間即是苦道名爲佛性者名生死身爲法身如指氷爲水爾煩惱道者謂無明愛取名此爲般若者如指薪爲火爾業道者謂行有乃至五無間皆解脫相者如指縛爲脫爾當知三道體之即眞常樂我淨與三德無二無別既以金光明譬三德還以金光明譬三道也若見此十法門若同若異亦是一法門作一切法門相若同若異相相明了即百法千法萬法恒沙塵數亦如是華嚴云一法門無量法門而爲眷屬首楞嚴和香丸大品裹珠法華一地所生涅槃大海水浴皆是其義問若一法即是諸法者唯說一法何用餘法耶答佛爲悅一切人宜一切人對一切人悟一切人若偏說之多有利益一說尚令生種種解徧讀諸異論即知智者意故種種說令得一切解麤言及耎語皆歸第一義皆是示人無違諍法即此義也三料簡者初料簡三德若指太子相好體爲法身法身在前樹王下時明無漏慧三十四心爲般若般若在中八十滅度燒身不受後身爲解脫解脫在後異而且縱法身時無般若般若時無解脫解脫時無般若法身此即三法各異斯乃阿含三藏數家所用此之三意悉不得稱常樂我淨也

若指空境為法身法身是本有照真之慧為般若般若是今有子果兩縛盡為解脫解脫是當有異而且縱斯乃三乘通教中所說前代探明大乘人所用亦不得稱常樂我淨若如真諦師明法身具四德般若解脫各二此乃橫而且異乃別教一途所明而真諦師偏用當知法身可稱為德般若解脫無德可稱不會無量甚深之高廣亦不得稱為經王今所明三德如上說一一皆具常樂我淨論廣則無量論高則甚深若諸學人聞諸經之王四佛所護不解此意如牛羊心眼不足論道也料簡三寶者若指樹王得道為佛寶轉生滅四諦法輪為法寶度陳如等五人先得眼智明覺者為僧寶由是三寶故到于今即有相從三寶者此乃阿含中所明階梯三寶亦是數論宗用也若指樹王得道為佛寶所說無生四諦為法寶二乘菩薩修真無漏斷結成聖理和為僧寶者此亦三乘通教中所說探明大乘人所用此兩種三寶並無常樂我淨若指華王世界坐蓮華臺成道為佛寶所說恒沙佛法無量四諦為法寶四十一賢聖為僧寶此則異前雖非階梯未是同體亦非金光明所譬三寶也料簡三涅槃者若餓得食病得差獄得出獼猴得酒栴遮婆羅門飽食指腹皆是世人暢情為涅槃爾若計非想定無想天為涅槃者此是邪見妄謂為涅槃爾若多貪欲人得不淨觀為涅槃者斯乃四善根方便行人涅槃也若三界煩惱盡證有餘涅槃焚身灰智入無餘涅槃菩薩未得此涅槃此即阿含中析法二乘之涅槃若三乘人同盡子果兩縛即是通教中共涅槃若指中道如理為性淨涅槃中道智為圓淨涅槃同緣出世薪盡火滅為方便淨涅槃三種各別互不相關是為別教涅槃若言但有性淨方便淨兩涅槃不明緣因涅槃各別不融者還是別教非今經所譬涅槃也料簡三身者若取樹王下佛為真身神通變化猨猴鹿馬為應身不明三身者此小乘析法意爾若取即事而真為真身化用為應身不明三身者此體法中意爾問若爾樹王下丈六既非佛復非鹿馬為是何身答一往應同人像此屬應身又一解例如大乘心中智合中理為法身今亦如是體是人像即是真空此屬真身若依真諦師云法身真實二身不真實此則三身體相各異乃是別教中一途非今所用若言三身皆真實至理是法身契理之智是報身起用是應身應身是實佛所化皆實不虛大經云不淨觀亦實亦虛非實不淨作不淨想是為虛能破貪心是為實應身例爾非本體故為虛能利益故為實今取實邊不取虛邊故言三身皆實是今所用若復圓論三身皆實皆虛皆亦實亦虛皆非實非虛當約三身並作四句如別記云問三字譬三身亦得譬一身二身四身無身不答佛赴緣以三字名經義家作三身解釋若得意者作四三二一無義亦復何咎下經中悉有其文若作四身者新本云釋迦牟尼能種種示現此則開出應化是為四身若作三身者即有三身分別品專論其義若作二身者佛真法身猶若虛空應物現形如水中月若作一身者新

本云一切諸佛以眞法爲身若作無身者如來行感淨善虛空而復游入善寂大城虛空中則無一二之數此是無身之文問若爾云何以金光明譬四身二身一身無身耶答若以義名譬盈縮由義爾若譬四身者取光明之上有煜爚之燄文云金光晃曜此是譬四身之文若譬三身如即所用若譬二身金是正體光明只是功能以此爲譬若譬一身但舉於金以爲正譬光明既是枝末非正所論若譬無身者至寶以無貪爲金楊震四知亦以無貪爲金今以世之至寶譬出世之至理彌會文義也料簡三大乘者若約因緣六度大乘者此還是三人名別義同也若約三人同用無生斷煩惱三人同乘一乘此則通教中乘也若理隨得三乘體相別異不同者此則別教中乘也三種並爲得乘方便所攝也正法華中明象乘足三爲四羊鹿牛乘爲得乘所攝象乘即是理乘如今之所明三乘也華嚴中明四乘三乘亦爲得乘所攝佛乘正是今之三乘義也料簡三菩提者如請觀音

云修三種清淨三菩提心此即緣三乘人心而修心也乃是方便菩提所攝若緣眞如實理發菩提心者或緣如來智慧說法發菩提心者或緣如來神通變化發菩提心者亦非今所用文殊問般若云無發是發菩提心又若一發一切發是發菩提心又若非一非一切而一而一切是發菩提心如此菩提心即一而三並今所用於一而論三於三而論一爾云云料簡三般若者問般若至忘至寂云何分別諸法耶答一切智觀慧眼見見法皆非法道種智觀法眼見見非法皆是法一切種智觀佛眼見見法非法非非法雙照法非法若三智三眼一時圓觀一切法寂滅相種種行類相貌皆知五眼具足成菩提汝所問者乃是眇眼所見偏觀所觀與則是曲見奪則隨尼犍也料簡三佛性者眞諦師云正性在道前了性在道中緣性在道後此一往別說推理不然華嚴云一中具無量大品云一心具萬行淨名云舉足下足具於佛法矣法華云一切智願猶在不失涅槃云金剛寶藏具

足無缺但有深淺明昧之殊爾料簡三識若分別說者則屬三人此乃別教意非今所用若依攝論如土染金之文即是圓意土即阿陀那染即阿棃耶金即菴摩羅此即圓說也問如經云依智不依識既云三識此那可依答經言不依識者是生死識今則不爾今言依識者是智之異名名清淨識又道前通名爲識道後轉依即是智慧未詳料簡三道者問界內可有十二輪轉三道逑感界外復云何答寶性論云生界外有四種障謂緣相生壞緣即無明爲行作緣即煩惱道也相即結業即業道也生即名色等是苦之初壞即老死是苦之終即苦道也有此四障障於四德緣障淨相障我生障樂壞障常四障破四德顯也第四依經文立名者上來擧譬多是義推依文立名顯然可解何者義推疏遠依文親近以己情推度是故言疏彼義例此是故言遠用佛口說是故言親即此經文是故言近豈可棄親近而從疏遠耶始從序品終乎讚佛品之中若不說金光明名即說金光

明事或一品說名不說事或一品說事不說名或一品名事兼明或一品名事獨說或一品重說名重說事故知品品不空篇篇悉有爲此義故依文立名也序品云是金光明諸經之王創首標名彌爲可用次壽量品四佛俱集王舍城放大光明照王舍城及此三千大千世界發起其事懺悔品信相夢見金鼓其狀姝大其明溥照過夜至旦向佛說之讚歎品金龍尊王奉貢金鼓發大誓願願我當來夜則夢見晝如實說空品云故此尊經略而說之尊經即金光明也四王品六番問答問問之中重說其名答答之內重明其事又以手擎香鑪時香煙變爲香蓋金光不但徧此大千亦徧十方佛土云云大辯功德已下標名舉事其例甚多若信相所夢是現在金光明之事龍尊發願是過去金光明之事香蓋徧滿是未來金光明之事一部名事徧十八品一處起煙十方光蓋非但現在亘通三世若名若事縱橫高廣無量甚深爲若此也而不用此標名義推譬喻無有一文無而疆用

有而不遵明識者審之無俟多云又諸經例多如稻稈斧柯象步城經等說其事指所說事仍即爲名又如說稻稈事斧柯事象步事等即名爲稻稈斧柯象步經事也第五當體得名者有師云眞諦無名世諦有名寄名名於無名假俗而談眞爾成論云無名相中假名相說今反此義俗本無名隨眞立名何者如劫初廓然萬物無字聖人仰則眞法俯立俗號如理能通依眞以名道如理尊貴依眞以名寶如理能該羅依眞以名網如理能起應依眞以名響華嚴中云耕田轉耒衣裳作井皆聖人所爲大經云世諦但有名無實義第一義諦有名有實義以此而推眞諦有名更何所惑龍樹四依菩薩隨義理爲立名字義即第一義理即如理也淨名云從無住本立一切法經論咸然豈可不信今言法性之法可尊可貴名法性爲金此法性寂而常照名爲光此法性大悲能多利益名爲明即是金光明之法門也菩薩入此法門從法爲名即是金光明菩薩佛究竟此法門即有金餤

光明如來金百光明照藏如來等若爾何故名釋迦釋迦此有通別名從通即名金光明允同諸佛從別即受釋迦之稱爾故讚佛品云如來之身金色微妙其明照曜曜即是光此是讚佛法體非讚世金也當佛法性爲金非借世金也三身品云與諸佛同體與諸佛同意與諸佛同事同體者是同法性金也同意者同法性光也同事者同法性明也故華嚴云一切諸如來同共一法身一身一智慧力無畏亦然一身即是同金智慧即是同光力無畏即是同明於一法體三義具足非假世金寄況佛法故樹神云無量大悲宣說如是妙寶經典當體並是妙寶此寶具足光明非借世金以譬法也

金光明經玄義卷上

金光明經玄義卷上

校勘記

一 底本，明永樂北藏本。見存金藏廣勝寺本爲一卷本，開首三版缺，末二版漫漶，不宜作底本。茲將此殘卷之清晰者附於北藏本後，供參考。

一 三六六頁上二行首字「隋」，南無。卷下同。

一 三六六頁下一行第二字「令」，徑作「令」。

一 三六六頁下九行「分別」，徑作「分明」。

一 三六九頁中九行第四字「备」，徑作「德」。

一 三七一頁上一行「法身法身」，南作「法身」。

一 三七三頁中一〇行末字「起」，徑作「超」。

金光明經玄義卷下　會二

隋天台智者大師說

門人灌頂錄

問舊云此經從譬得名云何矯異而依文耶答非今就文而害於譬若苟執譬復害於文義有二途應須兩存故前云義推蹤遠依文親近若鈍根人以譬擬法若利根人即法作譬下文云如深法性安住其中即於是典金光明中而得見我釋迦牟尼又空品云爲鈍根故起大悲心鈍人守指守株寧知兔月利人懸解不須株指云云次觀心釋名者何故須是上來所說專是聖人聖實非已智分如鸚鵡學語似客作數錢不能開發自身寶藏今欲論道前凡夫地之珍寶即聞而修故明觀心釋也淨名曰諸佛解脫當於衆生心行中求釋論云有聞有智慧是所說應受即此意也問心有四陰何以棄三觀一答夫天下萬物唯人爲貴七尺形骸唯頭爲貴頭有七孔目爲貴目雖貴不如靈智爲貴當知四陰心爲貴貴故所以觀之心貴故心即是金夫螢火自照燈燭珠火雖復照他光不及遠星月之光與暗共住日光能照天下不能照理心智之光能發智照理故心是光若心癡暗則憔悴心有智光實色充澤故大品云般若大故色大般若淨故色淨亦能充益受想行等心即明也又知心無心名爲光知想無想知行無行名爲明又知四陰非四陰名爲光知色陰非色陰名爲明又知五陰非五陰名爲光知假人非假人名爲明又知正報非正報名爲光知依報非依報名爲明又知依正非依正名爲光知一切法無一切法名爲明得此意者即觀心金光明也上約十種三法論金光明今觀心王即觀苦道觀慧數即煩惱道觀諸數是業道心王是金慧數是光餘數是明如淨名曰觀身實相觀佛亦然者若頭等六分各各是身此即多身若別有一身則無是處各各非身合時亦無若頭等六分求身叵得現在不住故不可得過去因滅亦不可得未來未至亦不可得如是橫竪求身畢竟不可得即是無此無亦不可得亦有亦無亦不可得非有非無亦不可得但有名字名之爲身如是名字不在內非四陰中故不在外非色陰中故不在中間非色心合故亦不常自有非離色心故當知名無召物之功物無應名之實假實既空名物安在如此觀身是觀實相實相即是金實相觀智即是光緣身諸心心數寂不行者即是明也觀身是假名假名既如此觀色受想行識亦如是即爲苦道觀也次觀煩惱道者煩惱與業皆是身因今且取煩惱爲身因而起觀也淨名云不壞身因而隨一相者應作四句分別誰身因果俱壞誰身因果俱不壞誰壞果不壞因誰壞因不壞果云何是身果父母所生頭等六分是也云何身是因貪恚癡身口意業等是也今且置三業觀貪恚癡等四果以無常苦空觀智破貪恚癡子縛斷名壞身因不受後有名壞身果凡俗之流名衣好食長養五陰縱心適性放逸貪恚癡自惱惱他一身死壞復受一身因果相續無有邊際是名因果俱不壞如犯王憲付旃陀羅如怨對者自害

其體身既爛壞四陰亦盡是爲壞果貪恚癡身因轉更熾盛彌綸生死無得脫期是爲第三句也餘三果亦以無常觀智斷五下分因縛五下分果身猶未盡是名壞身因不壞身果如此四句存壞不同皆不隨一相隨一相者所謂修大乘觀觀一念貪恚癡心心爲自起爲對塵起爲根塵共起爲離根塵起皆無此義非自非他非共非無因亦非前念滅故起非生非非生非滅非非滅如是橫竪求心叵得心尚本無何所論壞是名不壞身因而隨一相隨一相者即是隨金隨相智即是隨光諸數寂滅即是隨明既得不壞一句而隨一相了壞身因亦隨一相壞身果不壞身果亦隨一相皆亦如是云云次觀業道者如淨名云舉足下足無非道場具足一切佛法矣觀舉足時爲是業舉爲是業者舉爲業業者共舉爲離業業者舉若業舉不關業者業者舉不關於業各既無舉合亦無舉合既無舉離那得舉舉足既無下足亦無觀行既然住坐卧言語執作亦復如是是爲觀業實相名爲

金此觀智名爲光諸威儀中心數悉寂名爲明是爲三道辯金光明夫有心者即具法界法性金光明能如此解了但是名字金光明常依此觀念念不休心心相續即是觀行金光明若蒙籠如羅縠中視未得分明閉目則見開眼則失此是相似金光明若了了分明閉目開目俱見者是分證金光明若妙覺果圓究竟明了名究竟金光明也次觀心明三識論金光明者諦觀一念心即空即假即中即是觀心識於三識何者意識託緣發意本無識緣何所發又緣中爲有識爲無識若有識緣即是識何謂爲緣若無識那能發識若意緣合發二俱無故合不能發離最不可當知此識不在一處從衆緣生從緣生法我說即是空於此空中假作分別是惡識是善識是非惡非善識種種推畫强謂是非識若定空不可作假識若定假不可作空當知空非空假非假非空非假雙亡二邊正顯中道一念識中三觀具足識於三識亦不得三識觀故淨名云不觀色不觀色如不觀色性乃至

不觀識不觀識如不觀識性雖不得識不得識如不得識性雙照識識如識性宛然無濫以照識性故是菴摩羅識照識如故是阿梨耶識亦照亦滅故是阿陀那識是名觀心中三識金光明六即位如上說次觀心明三佛性金光明者觀一念心起即空即假即中是見三佛性何者心從緣起是故即空强謂有心是故即假不出法性是故即中此釋已顯更引經證之淨名云何謂病本所謂攀緣何謂攀緣謂緣三界證其假也何謂息攀緣謂心無所得此證即空我及衆生病皆非眞非有此證即中華嚴云心佛及衆生是三無差別此證觀心即三佛性也又般舟三昧經云我心如佛心如佛心如我心如不見我心爲佛心不見佛心爲我心而見阿彌陀佛如瑠璃中見像如饑夢食如夢婬從事如觀骨光等喻皆是證即空即假即中之文讀此經文宜須細意若併作如讀是即空也示如許多心紛紜是即假也見阿彌陀是即中也又我心如佛心如者以有我佛如等分別之異所

以是即假從不見我心爲佛心去是即空也而見阿彌陀是即中也又以夢食喻之夢食不飽譬即空夢食百味譬即假皆不出法性譬即中餘譬類如此又釋云我心佛心者是假名假名分別我佛之異也我心如佛心如凡聖俱空不得我心不得佛心豈有我心作佛心佛心作我心亡假也不得我心如不得佛心如豈有我心如作佛心如亡空也是爲雙亡空假正顯中道而見阿彌陀者雙照二諦也常見佛餘者安不見耶此又是證觀心即空即假即中之文觀心即中是正因佛性即空是了因佛性即假是緣因佛性是爲觀心三佛性是金光明六即位如前說復次佛者覺智也性者理極也能以覺智照其理極境智相稱合而言之名爲佛性今觀五陰稱五陰實相名正因佛性觀假名稱假名實相名了因佛性觀諸心數稱心數實相名緣因佛性故經云佛性者不即六法不離六法此之謂也觀五陰實相故名金觀假名實相故名光觀心數實相故名明六即位如前思得此大好故附此後也次觀心三般若金光明者諦觀一念之心即空即假即中即是三般若何者一念心一切心一切心一心非一非一切一念心一切心者從心生心雜雜沓沓長風駛流不得爲喻日夜常生無量百千萬億衆生六道輪迴十二鉤鎖從闇入闇無邊際皆心之過也故言一念心一切心是則凡夫所迷沒處一切心一心者若能知過生厭皆自持出如小火燒大積薪置一小珠澄清巨海能觀心空從心所生一切諸心無不即空故言一切心一心如此一心乃是二乘所迷沒處非究竟道雙亡二邊故煩惱非一非一切大經言依智不依識識但求樂凡夫識妄求樂二乘識求涅槃樂是故雙亡不可依止智則求理如是觀者即是一心三智即空是觀照般若一切智即假是方便般若道種智即中是實相般若一切種智是三智一心中得即空即假即中無前無後不並不別甚深微妙最可依止是爲觀心三般若金光明六即如前次觀心三菩提金光明者諦觀一念之心即空即假即中即是三菩提心何者一心一切心交横緣亂如絲如沙如蠶如蛾爲苦爲惱若知即空眞諦菩提心度妄亂心數之衆生通四住之壍是爲即空發菩提心即假發菩提心者空雖免妄亂經云空亂意衆生而智亂甚盲闇復是三無爲坑是大乘究鳥未具佛法不應滅受而取證也若眞即假俗諦菩提心度洗空心數之衆生通塵沙之壍分別可不分別時宜分別藥病分別逗會不住無爲故言即假發菩提心空是浮心對治假是洗心對治由病故有藥藥存復成病病去藥止宜應兩捨非空非假雙亡二邊即發中道第一義諦菩提心度二邊心數之衆生通無明之壍以不住法住於中道故言即中發菩提心說時如三次第觀即不然一心中三菩提心若觀即中是緣金發無上菩提心若觀即空是緣光發清淨菩提心若觀即假是緣明發究竟菩提心是爲觀心三菩提金光明六即如前次觀心三大乘金光明者諦觀一念之心即空即假即中是三大

乘何者雖觀一念心而實有四運此心迴轉不已所謂未念欲念念念已從未念運至欲念從欲念運至念從念運至念已復更起運運運無窮不知休息如閉目在舟不覺其疾觀一運心即空即假即中一一運心亦復如是從心至心無不即空即假即中是則從三諦運至三諦無不三諦時是名以運運運若隨四運運運入生死若隨三運運運入涅槃即空之觀乘於隨乘運到真諦即假之觀乘於得乘運到俗諦即中之觀乘於理乘運到中諦三乘即一乘是乘微妙清淨第一觀音普賢大人所乘故故名大乘是爲觀心三大乘金光明六即如前次觀心三身金光明者諦觀一念心即空即假即中即是三身何者華嚴云心如工畫師造種種五陰若心緣破戒事即地獄身緣無慚愧憍慢恚怒等即畜生身緣諂曲名聞即餓鬼身緣疾妬諍競即修羅身緣五戒防五惡即人身緣十善防十惡緣禪定防散亂即天身緣無常苦空無相願即二乘身緣慈悲六度即菩薩身緣真如實

相即佛身登難墜易多緣諸惡身故故知諸身皆由心造譬如大地一能生種種芽若觀五受陰洞達空無所有從心所生一切諸身皆空無所有如翻大地草木傾盡故言即空若即空者永沈灰寂尚不能於一空心能起一身云何能得游戲五道以現其身不得應以佛身得度者爲現佛身應以三乘四衆天龍八部種種身得度者皆悉示現同其事業爲此失故故言即假同六道身如此觀身墜在二邊非善觀身善觀身者大經云不得身八尺之形也不得身相五胞形也不得身因飲食將養也不得身果酬五戒也不得身聚陰入界也不得身一假實成身不得身二四大成身也不得身此已一身也不得身彼彼遺體也不得身識念念無常也不得身等身中空也六道皆等有身也不得身修依身能修法也不得修者即行人也亦不得身如身相如乃至身修如修者如亦不得身性身相性乃至身修性修者性畢竟清淨爲此義故故言即中言即中者即是法身即空者即是

報身即假者即是應身是名觀心三身金光明六即如前次觀心三涅槃金光明者諦觀心性本來寂滅不染不淨染故名生淨故名滅生滅不能毀故常不能染故淨不能礙故我不能受故樂是爲性淨涅槃若妄念心起悉以正觀觀之令此正觀與法性相應妄念不能染不能毀不能礙不能受常樂我淨者即是圓淨涅槃又以正觀觀諸心數心數法不行心數法不能毀不能染不能礙不能受著名方便淨涅槃是名觀心三涅槃金光明六即如前次觀心三寶金光明者諦觀一念之心即空即假即中即是三寶何者不覺名法寶覺名佛寶和名僧寶三諦之理不覺故是法寶三諦之智能覺故是佛寶三諦三智相應和故是僧寶無諦智不發無智諦不顯諦智不和不能大用利益衆生三種皆可尊可重是故俱稱爲寶六即如前復次中諦不覺名法寶真諦不覺名佛寶俗諦不覺名僧寶知即中離二邊名法寶知即空名佛寶知即假名僧寶即中事理和名法寶即空事理

和名佛寶即假事理和名僧寶即中名爲金即空名爲光即假名爲明是爲觀心三寶金光明六即如前次觀心三德金光明者諦觀一念之心即空即假即中即空故一空一切空無假無中而不空空無積聚而名爲藏藏具足故名之爲德即假故一假一切假無空無中而不假假攝諸法亦名爲藏藏具足故名之爲德即中故一中一切中無空無假而不中中攝一切法亦名爲藏藏具足故稱之爲德雖言一中有無量無量中有一了彼互生起展轉生非實智者無所畏當知一不爲少衆不爲多非一非多不失一多不可思議不縱不横不並不別諸佛以即中爲體故名法身以即空爲命故名般若以即假爲力故名解脱一一皆常樂我淨無有缺減故稱三德一一皆是法界多所含藏故稱祕密藏故淨名云諸佛解脱當於一切衆生心行中求當知我心亦然衆生亦然彼我既然諸佛亦然心佛及衆生是三無差別得此意者即中是金即空是光即假是明此爲觀心三德金

光明六即如前世間有行空人執其癡空不與佛修多羅合聞此觀心而作難言若觀心是法身應觸處平等何故於經像生敬紙木生慢敬慢既異則非平等非平等故法身義不成既無平等平等智不成則無報身不能將此化他應身義不成不如我於經像紙木平等平等皆如如名法身有此平等智是報身將此智化他是應身我三身義皆成用汝觀心何爲若逢此難者當以三事反難答之一者汝謂於紙木經像平等爲如者何意於七廟敬木像天子符勑而生畏敬於佛經像而生輕慢畏慢既起諸使沸亂何處有平等法身義耶二者汝於同師同學生愛生護於異師異學生慢生恚愛慢從癡生三毒熾然諸惡更甚寧復有智慧報身耶三者汝耽癡空無慧方便尚不悦人情況會至理矜高自著是增上慢人汝師所墮汝亦隨墮毒氣深入若爲將此邪氣化他和光應身復在何處我以凡夫位中觀如實相爾爲欲開顯此實相恭敬經像令慧不縛使無量人崇善去惡

令方便不縛豈與汝同耶今更釋帝王者眞諦三藏云法身攝華嚴華嚴以法身爲體故報身攝般若般若明智慧故應身攝涅槃涅槃明百句解脱四德等故此是彼師明帝王統攝之義今明帝王應具三義謂帝慧王也帝則貴極至尊至重慧則神謀聖策王則萬國朝會備此三義稱帝慧王此經亦爾如來游於無量甚深法性過諸菩薩所行清淨即是至尊極貴義若有聞者則能思惟無上甚深微妙之義開甘露門入甘露城處甘露室令諸衆生食甘露味以智慧刀裂煩惱網即是聖智雄略義諸佛護持莊嚴菩薩諸天恭敬護世讚歎能令地獄諸河焦乾乃至一切世間未曾有事悉具出現即是萬國朝會多致利益義將此三義歷十種三法門若道即法身是貴義煩惱即般若是慧義業即解脱是朝會義乃至法身德即貴義般若德即慧義解脱德即朝會義一一法門悉備三義一一法門皆是經王也既得此意即論攝法攝法有三先攝法門次攝經教三攝六即位初

攝法門者三道攝一切惑三識攝一切解三佛性攝一切因三般若攝一切智三菩提攝一切發心之行三大乘攝一切發趣之位三身攝一切佛果智德三涅槃攝一切佛果斷德三寶攝一切佛恩德三德攝一切理是為橫攝法門第二攝教者三道是三障即三障是三解脫攝不思議解脫淨名教三識攝楞伽地持攝論等三佛性攝涅槃三般若攝大品等五時教三菩提攝諸方等經三大乘攝法華三身攝華嚴三涅槃三寶三德等皆攝涅槃此舉當道諸經經是八萬法藏皆應攝爾云云第三攝位者苦道有一切五陰煩惱道有五住惑業道有一切業乃至云云三道是三障障覆六位若即三種之非道通達三種之佛道者六位所顯則攝諸位也乃至三德亦有六位三德既備攝六位寧不備收耶其間則例自可知云云所以作三番攝者合帝慧王三義攝法門合貴義攝教合慧義攝位合王義又攝法門是橫攝攝位是豎攝攝教是橫豎雙攝統攝之義既明經王之義顯矣次觀心明經王者觀心即中是貴義觀心即空是慧義觀心即假是朝會義是為觀心中經王也觀心論位者眾生本有理性金光明心但有名即名字金光明念念修觀即觀行金光明觀心淳厚即相似金光明會入法流即分證金光明盡邊到底即是究竟金光明若不修觀徒聞何益如遥羨寶山足不涉路安可得乎為此義故須觀心一番令聞慧具足也次釋通名者如法華玄義中說云云第二辨體為三一釋名二引證三料簡釋名者體是質質是主質何為主質之體法身法性是經體質若依義者法身為體質若依文者法性為體質法身法性只是異名更非兩體欲令易解是故雙題爾法性語通令以佛所游入法性為體質也文云是時如來游於無量甚深法性過諸菩薩所行清淨故知此體不與下地菩薩及二乘等共非通法性也但是佛所游入一切種智以此為根本無量功德共莊嚴之種種眾行而歸趣之言說問答共詮辨之類眾星之環北辰如萬流之宗東海故以法身法性為此經正體之主質也故書家解禮者體也體有尊卑長幼君父之體尊臣子之體賤當知體禮之釋與經法性意同如來所游佛所護持故知此體是貴極之法也復次體是底義窮源極底理盡淵府光揚實際乃名為底釋論云智度大海唯佛窮底此與今經法性甚深意同當知法性高深豎窮佛海故以底義釋體也復次體是達義得此體意通達無壅如風行空中自在無障礙一切異名別說皆與法性不相違背釋論云般若是一法佛說種種名隨諸眾生類為之立異字又云若如法觀佛般若與涅槃是三則一相其實無有異此與今經法性無量意同當知法性廣大無涯橫收法界徧無所隔故以達義釋體也二引證者序品云如來遊於無量甚深法性鬼神品云若入是經即入法性如深法性二文既云深法性即知簡異二乘菩薩所得法性也空品云故此尊經略而說之說於空即如也讚佛品云知有非有本性空寂當達此等皆體之異名悉會入法性法是

執則性是不變不變故常一此常一法性諸佛執則故云法性爲此經體也三料簡者問法性定是空爲非是空答法性過諸菩薩所行清淨淨於四句不應以空有求之雖非四句或時赴緣作四句說之文云兩足世尊行處亦空新本云是第三身是眞實有又云前二種身是假名有又云非有非無此有四句四門意也門乃有四悟理非數佛示人無諍法不應執此相競舊本明空新本明有以體達義釋之二文不乖即此意也第三明宗者宗謂宗要也說者或以果爲宗或以因爲宗或雙用因果爲宗令尋壽量品雖明施食不殺之因乃將因擬果果是正意三身分別品雖復問因佛答三身還是果爲正意令此意但用佛果爲宗何者法性常體甚深微妙若欲顯之非果不克當知果是顯體之樞要如提綱目整則以果爲宗意在此也更附經重顯此義文云釋迦如來所得壽命釋迦是果人壽量是果法果人克果法寘乎法性法性既非有非無非常非無常果人果法亦非常

非無常法性既能常能無常果人果法亦能常能無常四佛釋疑舉山斤海滴地塵空界無能筭計知其數量明其能常八十滅度是能無常此見八十滅度之無常不能計校其常尚不能知其常焉能知其非常非無常若不約果此義[十二]難明既舉果寘[十六]理顯體義彰以果爲宗其義如是又說果義不同或約無上菩提智德明果或約大般涅槃斷德明果若舉智德衆善溥會任運知有斷德若舉斷德諸惡永盡任運知有智德互舉一邊不可偏執也令經舉壽量明果壽量是果報果報語總總於智斷智斷亦總果上三身果上三身既與法性寘法性非常非無常三身亦非常非無常法性既能常能無常三身亦能常能無常若能無常即化身壽命也對無常而論常能常即報身壽命也報化與法性寘法性既非常非無常不可筭數報化亦非常非無常不可筭數云何見迹短而言佛壽定短此不識果能顯體之意又如佛非鹿馬能現鹿馬鹿馬定是佛耶鹿馬是佛化所爲非佛身

也法性能長短長短非法性也若見此意果能顯體常義亦成非常非無常義亦成無常義亦成果爲宗要義亦成若不爾者諸義皆不成舊用山斤海滴之文是無常謂虛空分界是虛空無爲復引捨身品中求常樂住處者是三無爲[十二]爲常無生死故[十七]爲樂也皆以小意曲解大乘如此解者一切皆不成非宗要也第四明用用謂力用也滅惡生善爲經力用滅惡故言力生善故言用滅惡故言功生善故言德此皆偏舉具論畢備也夫一切種智是果上之德果智由於無量功德之所莊嚴滅除諸苦與無量樂苦是惡業果貪恚癡是惡因惡因不除果不得謝聖人意先令滅惡因故懺悔品居先樂是善果懺讚是因懺罪讚聖惡滅善生故讚歎品居後亦是互舉爾將此勝用莊嚴果智智備體顯體顯名金果備名光力成名明益他曰教也但懺品滅惡非不生善讚品生善非不滅惡互說一邊爾空品雙遵識不得空惡不除滅讚不得空善不清淨文云一切種智而爲根本即其義

也四王品已下護經使宣通還是生善攘災
令去還是滅惡攝此諸文故言以滅惡生善
爲用也第五判教相者舊明此經非會三非
褒貶非無相不列同聞衆不在五時次第而
明常住者是偏方不定教是義不然若不列
同聞非次第者列同聞衆應是次第鴦掘摩
羅經列同聞與衆經不異論褒貶與維摩意同
論家何故不預次第若列衆不列衆皆非次
第者亦應列衆不列衆俱是次第云若言未
應明常而明常是偏方不定者陀羅尼云王
舍城波羅柰祇陀林三處與聲聞記此亦是
未應會三而會三得爲次第未應明常而明
常何故不定耶又法華般若淨名方等咸論
常住得是次第此經明常獨居不定何耶又
一師言此經與法華同是第四時山斤海滴
與塵沙義齊故是義不然新本云舍利繫縛
色如來常住身無有舍利事何得山海而譬
金光塵沙而蔽寶所眞諦三藏云此經是法
華之後涅槃之前九十日說引涅槃云佛告
波旬却後三月吾當涅槃信相聞斯故知八
十應滅是義亦不然唱滅之旨非獨告魔定
在三月法華云如來不久當般涅槃普賢觀
亦云當般涅槃諸經唱滅非但一文何必九
十日耶縱令三月爲屬第四時爲屬第五時
若屬第四時法華已捨方便此中何得更許
三乘同懺若屬第五時何得復言在前三月
進退無據兩楹不攝云今既不同措若爲判
教若安無相而時異若入會三而未別案下
文云曾聞過去空閑之處有一比丘讀誦如
是方等大乘既言方等豈非文耶方等之教
通於三乘新本云欲生人天欲得四果支佛
欲得佛皆應懺悔滅除業障安處方等其義
無疑而難者言新本云法界無異乘此害於
通義然方等滿字通別通圓此旨非妨難者
以不列同聞爲疑胡本尚多何必止四卷七
軸或其文未度爾如此斟酌五味明義則第
三生酥攝若四藏明義則雜藏攝四教明義
則通教攝通教之中即得論帶別明圓也

金光明經玄義卷下

金光明經玄義卷下

校勘記

一　底本，明永樂北藏本。

一　三七七頁中九行第一五字「小」，南作「少」。

一　三七八頁中六行「不得」，南作「不能」。

陀羅此開所無又略帝王兩字但存三字者漢人好略譯者省之但翻爲金光明經也餘師翻不及此委悉也三譬喻者舊經師以三字譬三德金譬法身光譬般若明譬解脫若大師云數論但明眞應二身若以三釋三於論不便若取經文經文無一處明三德若別作義解何義不通而獨譬三德旣違己論又不會經非今所用地人云金質之上自有光明之能譬於法性從體起用自有般若解脫之力但作體用二義不須分光明異也若大師云地論幸明三佛三佛釋題於義自便而弃三身從體用者則非論意若取經文新舊兩本並說三身不道體用亦違己論復不會經進退何之今所不用眞諦三藏云三字譬三種三法一譬三身二譬三德三譬三位譬三身者金體眞實以譬法身光用能照以譬應身明能徧益以譬化身次譬三德者金有四義一色無變二體無染三轉作無礙四令人富金以譬法身常淨我樂四德光有二義一能照了二能除闇以譬般若照境除惑明有二義一無闇二廣遠以譬解脫衆累永盡溥益有緣次三位者金性先有如道前正因位光融體顯如道中了因位明無瑕垢如道後緣因位彼家料簡云法身是實二身不實法身具四德般若解脫各具二德正因是本

有了因是現有緣因是當有大師謂三三之釋三義不了一因果不通二乖圓別三不稱法性云何因果不通夫三身三德本是果上圓滿之名而今分置三德殘缺不足何者若法身是道前爲是果上之法身爲是性德之法身若是果上之法身不應在道前若是性德之法身性德何獨有法身亦應有性德之般若性德之解脫云云若言般若是道中爲是何等之般若若是果上之般若不應在道中若是分得之般若何意無分得之法身解脫云云若解脫在道後道後衆善溥會何獨有解脫以是觀之因果不通乖圓別者若作圓說法身常樂我淨此自可知云云般若與法身相冥法身旣具四德般若寧無四德耶解脫脫果縛故樂脫因縛故淨無因果縛故我非因非果故常圓說圓滿無有缺減具歸若作別說應依此經經云法身是常是實實即我德也應身智慧清淨即淨德也化身三昧清淨即樂德也三藏說法身獨具四德二身各具二德故皆乖圓別也不稱法性者且引一經如淨名云衆生如彌勒如一如無二如此性德法身也一切衆生即菩提相不可復得此性德般若也一切衆生即涅槃相不可復滅此性德解脫也如此三義豈非本有道前之位豈獨有金而無光明耶又華嚴云初發心時

便成正覺所有慧身不由他悟清淨妙法身湛然應一切妙法身是法身德慧身是般若德應一切即應身是解脫德此之三身地地轉增如月漸滿豈非道始因中之位那得因中祇有般若耶道後具三德如上說此事可知當知道前圓性德道中圓分德道後圓究竟德那忽分割一處唯一耶豈非鑿靈鳳於鴉巢迴神龍於兔窟辱鱗羽之壯勢非法性之圓談天台師尋其經意義則不然何者經言法性無量甚深理無不統文稱經王何所不攝豈止於三三九法耶當知三字偏辟一切橫法門乃稱法性無量之說偏辟一切豎法門乃稱法性甚深之言方合經王一切偏收若長若廣教無不統此義淵博不可以言想且寄十種三法以爲初門復爲三意一標十數二釋十相三簡十法言標十數者謂三德三寶三涅槃三身三大乘三菩提三般若三佛性三識三道也諸三法無量止取此十法其意云何此之十法該括始終今作逆順兩番生起初從無住本立一切法夫三德者名祕密藏祕密藏顯由於三寶三寶由三涅槃三涅槃由三身三身由三大乘三大乘由三菩提三菩提由三般若三般若由三佛性三佛性由三識三識由三道此從法性立一切法也若從無明爲本立一切法者一切衆

生無不具於十二因緣三道迷惑翻惑生解即成三識從識立因即成三佛性從因起智即成三般若從智起行即成三菩提從行進趣即成三大乘乘辦智德即成三身身辦斷德即成三涅槃涅槃辦恩德利物即成三寶究竟寂滅入於三德即成祕密藏也是爲逆順次第甚深無量義復云何無量義者是一法門具九法門三德尊重即是三寶三德不生不滅即是三涅槃三德具足諸法聚集名爲三身運載荷負即是三大乘不可異趣名三菩提覺了清淨名三般若是如來種名三佛性分別不謬是名三識即事通理故名三道是爲一三法門具九三法門亦具一切三法門悉例可知又皆具一切一法門一切二法門一切三法門四法門五法門六法門七法門八法門九法門十法門百法門千法門萬法門億法門一恒沙二恒沙百千萬億恒沙法門亦應可知經云一法門無量法門以爲眷屬一中解無量是爲法性橫廣無量之義也甚深義者寄三位顯之如十法門共論者三道三識是本有位三德三寶是當有位其餘是現有位是名法性甚深豎高之義亦成又一法門具九法門取其三道三識是本有位取三德三寶是當有位取其餘者爲現有位甚深義亦成又一一法門具六即位理

即是本有位究竟即是當有位其餘即是現有位甚深義亦成是爲法性豎高甚深之義也當知金光明三字偏辟一切橫法門故言無量偏辟一切豎法門故言甚深乃稱法性之文方合經王之旨次釋十種三法相者十名如前已列十相今當分別若分別色相青黃同異者應用肉眼若分別法相深淺同異者應用智眼今時行者既無智眼應用信解分別同異之相初明三德相者云何三云何德法身般若解脫是爲三常樂我淨是爲德法者法名可軌諸佛軌之而得成佛故經言諸佛所師所謂法也身者聚也一法具一切法無有缺減故名爲身經言我身即是一切衆生真善知識當知身者聚也般若者覺了諸法集散非集非散即是覺了三諦之法解脫者於諸法無染無住名爲解脫是名爲三云何爲德一一法皆具常樂我淨名之爲德法身無二死爲常不受二邊爲樂具八自在爲我身業淨口業淨意業淨爲淨無以爲類彊寄世金以辟之世金不變不染轉變富貴解法身四德也般若任運具四德如智冥如境故大品云色淨故般若淨例此即得色常色樂色我諸義皆成又云色大故般若大色無邊故般若無邊此是法性廣大般若亦廣大例此應云色深奧故般若亦深奧此是法

性豎高般若亦豎高當知般若亦具四德明矣解脱亦具四德夫解脱者諸惡永盡即無常無樂無我無淨皆已盡也亦是衆善溥會即常樂我淨溥會也大經云具解脱者即是如來如來即是法身當知解脱同如來常樂我淨也又大經云三點具足名大涅槃點是文字當知法身般若解脱皆文字也故知三點悉備四德故言具足三因即是三智三智各具四德三德具足名祕密藏具足之文必具四德也當知四德具足即是其相若得此一章意餘九可解不能默已更復略言云何三云何寶佛法僧是爲三可尊可重名爲寶至理可尊名爲法寶覺理之智可尊名佛寶毗盧遮那徧一切處即事而理此和可尊名僧寶此之三寶皆常樂我淨常樂我淨故乃可尊可重當知三德與三寶無二無別既以金光明喻三德還以金光明譬三寶也云何三云何涅槃性淨圓淨方便淨是爲三不生不滅名涅槃諸法實相不可染不可淨不染即不生不淨即不滅不生不滅名性淨涅槃修因契理惑畢竟不生智畢竟不滅不生不滅名圓淨涅槃寂而常照機感即生此生非生緣謝即滅此滅非滅不生不滅名方便淨涅槃當知此三涅槃不生不滅即是常常故名樂樂故名我我故名淨涅槃既即常樂我

淨即是三德可尊可重故即是三寶無二無別既以金光明喻三德三寶還以金光明喻三涅槃也云何三云何身法報應是爲三三種法聚故名身所謂理法聚名法身智法聚名報身功德法聚名應身然理無聚散義言聚散始從初心顯出正理乃至究竟理聚方圓始從初心終至究竟顯理之智智聚方圓始從初心終至究竟功德之聚方圓故以三法聚爲三身當知三身皆常樂我淨即是三德可尊可重即是三寶不生不滅即是涅槃無二無別既以金光明譬三德等還以金光明譬三身也云何三大乘運荷名乘理性虛通任運荷諸法故名理乘隨乘者智隨於境如蓋隨函故名隨乘得乘者得果得機得果故自解脱得機故令他解脱故名得乘當知三乘皆常樂我淨即與三德無二無別既以金光明譬三德還以金光明譬三大乘也云何三菩提一眞性菩提亦名無上菩提此菩提以理爲道二實智菩提亦名清淨菩提此菩提以智慧爲道三方便菩提亦名究竟菩提此菩提以善巧逗會爲道當知三菩提皆常樂我淨與三德無二無別既以金光明譬三德還以金光明譬三菩提也云何三般若般若名智慧實相般若非寂非照即一切種智觀照般若非照而照即一切智方便般

若非寂而寂即道種智當知三般若皆常樂我淨與三德無二無別既以金光明譬三德還以金光明譬三般若也云何三佛性佛名爲覺性名不改不改即是非常非無常如土內金藏天魔外道所不能壞名正因佛性了因佛性者覺智非常非無常智與理相應如人善知金藏此智不可破壞名了因佛性緣因佛性者一切非常非無常功德善根資助覺智開顯正性如耘除草穢掘出金藏名緣因佛性當知三佛性一一皆常樂我淨與三德無二無別既以金光明譬三德還以金光明三字譬三佛性也云何三識識名爲覺了是智慧之異名菴摩羅識是第九不動識若分別之即是佛識阿黎耶識即是第八無沒識猶有隨眠煩惱與無明合別而分之是菩薩識大論云在菩薩心名爲般若即其義也阿陀那識是第七分別識訶惡生死欣羨涅槃別而分之是二乘識於佛即是方便智波浪是凡夫第六識無侯復言當知三識一一皆常樂我淨與三德無二無別既以三德譬金光明還以金光明譬三識也云何三道過去無明現在愛取三支是煩惱道過去行現在有二支是業道現在識名色六入觸受未來生老死七支是苦道道名能通此三更互相通從煩惱通業從業通苦從苦復通煩惱

故名三道苦道者謂識名色六入觸受大經云無明與愛是二中間名爲佛性中間即是苦道名爲佛性者名生死身爲法身如指冰爲水爾煩惱道者謂無明愛取名此爲般若者如指薪爲火爾業道者謂行有乃至五無間皆解脫相者如指縛爲脫爾當知三道體之即眞常樂我淨與三德無二無別既以金光明譬三德還以金光明譬三道也若見此十法門若同若異亦是一法門作一切法門相若同若異相相明了即百法千法萬法恒沙塵數亦如是華嚴云一法門無量法門而爲眷屬首楞嚴和香丸大品裹珠法華一地所生涅槃大海水浴皆是其義問若一法即是諸法者唯說一法何用餘法耶答佛爲悅一切人宜一切人對一切人悟一切人若徧說之多有利益一說尚令生種種解徧讀諸異論即知智者意故種種說令得一切解麤言及耎語皆歸第一義皆是示人無違諍法即此義也三料簡者初料簡三德若指太子相好體爲法身法身在前樹王下時明無漏慧三十四心爲般若般若在中八十滅度燒身不受後身爲解脫解脫在後異而且縱法身時無般若般若時無解脫解脫時無般若法身此即三法各異斯乃阿含三藏數家所用此之三意悉不得稱常樂我淨也若指空境

爲法身法身是本有照具之慧爲般若般若是今有子果兩縛盡爲解脫解脫是當有異而且縱斯乃三乘通教中所說前代探明大乘人所用亦不得稱常樂我淨若如眞諦師明法身具四德般若解脫各二此乃橫而且異乃別教一途所明而眞諦師偏用當知法身可稱爲德般若解脫無德可稱不會無量甚深之高廣亦不得稱爲經王今所明三德如上說一一皆具常樂我淨論廣則無量論高則甚深若諸學人聞諸經之王四佛所護不解此意如牛羊心眼不足論道也料簡三寶者若指樹王得道爲佛寶轉生滅四諦法輪爲法寶度陳如等五人先得眼智明覺者爲僧寶由是三寶故到于今即有相從三寶者此乃阿含中所明階梯三寶亦是數論宗用也若指樹王得道爲佛寶所說無生四諦爲法寶二乘菩薩修眞無漏斷結成聖理和爲僧寶者此亦三乘通教中所說探明大乘人所用此兩種三寶並無常樂我淨若指華王世界坐蓮華臺成道爲佛寶所說恒沙佛法無量四諦爲法寶四十一賢聖爲僧寶此則異前雖非階梯未是同體亦非金光明所譬三寶也料簡三涅槃者若飢得食病得差獄得出獼猴得酒摘遮婆羅門飽食指腹皆是世人暢情爲涅槃爾若計非想定無想天爲涅

槃者此是邪見妄謂爲涅槃爾若多貪欲人得不淨觀爲涅槃者斯乃四善根方便行人涅槃也若三界煩惱盡證有餘涅槃焚身灰智入無餘涅槃菩薩未得此涅槃此即阿含中析法二乘之涅槃若三乘人同盡子果兩縛即是通教中共涅槃若指中道如理爲性淨涅槃中道智爲圓淨涅槃同緣出世薪盡火滅爲方便淨涅槃三種各別互不相關是爲別教涅槃若言但有性淨方便淨兩涅槃不明緣因涅槃各別不融者還是別教非今經所譬涅槃也料簡三身者若取樹王下佛爲眞身神通變化獼猴鹿馬爲應身不明三身者此小乘析法意爾若取即事而眞爲眞身化用爲應身不明三身者此體法中意爾問若爾樹王下丈六既非佛復非鹿馬爲是何身答一往應同人像此屬應身又一解例如大乘心中智合中理爲法身今亦如是體是人像即是眞空此屬眞身若依眞諦師云法身眞實二身不眞實此則三身體相各異乃是別教中一途非今所用若言三身皆眞實至理是法身契理之智是報身起用是應身應身是實佛所化皆實不虛大經云不淨觀亦實亦虛非實不淨作不淨想是爲虛能破貪心是爲實應身例爾非本體故爲虛能利益故爲實今取實邊不取虛邊故言三

身皆實是今所用若復圓論三身皆實皆虛皆亦實亦虛皆非實非虛當約三身並作四句如別記云云問三字譬三身亦得譬一身二身四身無身不荅佛赴緣以三字名經義家作三身解釋若得意者作四三二一無義亦復何各下經中悉有其文若作四身者新本云釋迦牟尼能種種示現此則開出應化是爲四身若作三身者即有三身分別品專論其義若作二身者佛真法身猶若虛空應物現形如水中月若作一身者新本云一切諸佛以真法爲身若作無身者如來行處淨若虛空而復游入善寂大城虛空中則無一二之數此是無身之文問若爾云何以金光明譬四身二身一身無身耶荅若以義名譬盈縮由義爾若譬四身者取光明之上有煜爚之飾文云金光晃曜此是譬四身之文若譬三身如即所用若譬二身金是正體光明只是功能以此爲譬若譬一身但舉於金以爲正譬光明既是枝末非正所論若譬無身者至寶以無貪爲金揚震四知亦以無貪爲金今以世之至寶譬出世之至理彌會文義也料簡三大乘者若約因緣六度大乘者此還是三人名別義同也若約三人同用無生斷煩惱三人同乘一乘此則通教中乘也若理隨得三乘體相別異不同者此則別教中

乘也三種並爲得乘方便所攝也正法華中明象乘足三爲四羊鹿牛乘爲得乘所攝象乘即是理乘如今之所明三乘也華嚴中明四乘三乘亦爲得乘所攝佛乘正是今之三乘義也料簡三菩提者如請觀音云修三種清淨三菩提心此即緣三乘人心而修心也乃是方便菩提所攝若緣具如實理發菩提心者或緣如來智慧說法發菩提心者或緣如來神通變化發菩提心者亦非今所用文殊問般若云無發是發菩提心又若一發一切發是發菩提心又若非一非一切而一而一切是發菩提心如此菩提心即一而三並今所用於一而論三於三而論一爾云云料簡三般若者問般若至忘至寂云何分別諸法耶荅一切智觀慧眼見法皆非法道種智觀法眼見見非法皆是法一切種智觀佛眼見見法非法非非法雙照法非法若三智三眼一時圓觀一切法寂滅相種種行類相貌皆知五眼具足成菩提汝所問者乃是眇眼所見偏觀所觀與則是曲見奪則憍尼揵也料簡三佛性者真諦師云正性在道前了性在道中緣性在道後此一往別說推理不然華嚴云一中具無量大品云一心具萬行淨名云舉足下足具於佛法矣法華云一切智願猶在不失涅槃云金剛寶藏具足無缺但有

深淺明昧之殊爾料簡三識若分別說者則屬三人此乃別教意非今所用若依攝論如土染金之文即是圓意土即阿陀那染即阿梨耶金即菴摩羅此即圓說也問如經云依智不依識既云三識此那可依荅經言不依識者是生死識今則不爾今言依識者是智之異名名清淨識又道前通名爲識道後轉依即是智慧未詳料簡三道者問界內可有十二輪轉三道迷惑界外復云何荅寶性論云生界外有四種障謂緣相生壞緣即無明爲行作緣即煩惱道也相即結業即業道也生即名色等是苦之初壞即老死是苦之終即苦道也有此四障障於四德緣障淨相障我生障樂壞障常四障破四德顯也第四依經文立名者上來舉譬多是義推依文立名顯然可解何者義推疎遠依文親近以己情推度是故言疎彼義例此是故言遠用佛口說是故言親即此經文是故言近豈可棄親近而從疎遠耶始從序品終乎讚佛品之中若不說金光明名即說金光明事或一品說名不說事或一品說事不說名或一品名事兼明或一品名事獨說或一品重說名重說事故知品品不空篇篇悉有爲此義故依文立名也序品云是金光明諸經之王創首標名彌爲可用大壽量品四佛俱集王舍城

放大光明照王舍城及此三千大千世界發起其事懺悔品信相夢見金鼓其狀姝大其明溥照過夜至旦向佛說之讚歎品金龍尊王奉貢金鼓發大誓願願我當來夜則夢見書如實說空品云故此尊經略而說之尊經即金光明也四王品六番問答問問之中重說其名答答之內重明其事又以手擎香鑪時香煙變為香蓋金光不但徧此大千亦徧十方佛土云云大辯功德已下標名舉事其例甚多若信相所夢是現在金光明之事龍尊發願是過去金光明之事香蓋徧滿是未來金光明之事一部名事偏十八品一處起煙十方光蓋非但現在亘通三世若名若事縱橫高廣無量甚深為若此也而不用此標名義推譬喻無有一文無而彊用有而不遵明識者審之無俟多云又諸經例多如稻稈斧柯象步城經等說其事指所說事仍即為名又如說稻稈事斧柯事象步事等即名為稻稈斧柯象步經事也第五當體得名者有師云真諦無名世諦有名寄名名於無名假俗而談真爾成論云無名相中假名相說今反此義俗本無名隨真立名何者如劫初廓然萬物無字聖人仰則真法俯立俗号如理能通依真以名道如理尊貴依真以名寶如理能該羅依真以名綱如理能起應依真以名

譬華嚴中云耕田轉耒衣裳作井皆聖人所為大經云世諦但有名無實義第一義諦有名有實義以此而推真諦有名更何所惑龍樹四依菩薩隨義理為立名字義即第一義理即如理也淨名云從無住本立一切法經論咸然豈可不信今言法性之法可尊可貴名法性為金此法性寂而常照名為光此法性大悲能多利益名為明即是金光明之法門也菩薩入此法門從法為名即是金光明菩薩佛究竟此法門即有金餤光明如來金百光明照藏如來等若爾何故名釋迦釋迦此有通別名從通即名金光明允同諸佛從別即受釋迦之稱爾故讚佛品云如來之身金色微妙其明照曜曜即是光此是讚佛法體非讚世金也當佛法性為金非借世金也三身品云與諸佛同體與諸佛同意與諸佛同事同體者是同法性金也同意者同法性光也同事者同法性明也故華嚴云一切諸如來同共一法身一身一智慧力無畏亦然一身即是同金智慧即是同光力無畏即是同明於一法體三義具足非假世金寄況佛法故樹神云無量大悲宣說如是妙寶經典當體並是妙寶此寶具足光明非借世金以譬法也問舊云此經從譬得名云何矯異而依文耶答北今就文而害於譬若苟執譬復

害於文義有二途應須兩存故前云義推跡遠依文親近若鈍根人以譬擬法若利根人即法作譬下文云如深法性安住其中即於是典金光明中而得見我釋迦牟尼又空品云為鈍根故起大悲心鈍人守指守株寧知兔月利人懸解不須株指云云次觀心釋名者何故須是上來所說專是聖人聖寶非己智分如鸚鵡學語似客作數錢不能開發自身寶藏今欲論道前凡夫地之珍寶即聞而修故明觀心釋也淨名曰諸佛解脫當於眾生心行中求釋論云有聞有智慧是所說應受即此意也問心有四陰何以棄三觀一答夫天下萬物唯人為貴七尺形骸唯頭為貴頭有七孔目為貴目雖貴不如靈智為貴當知四陰心為貴貴故所以觀之心貴故心即是金夫螢火自照燈燭珠火雖復照他光不及遠星月之光與暗共住日光能照天下不能照理心智之光能發智照理故心是光若心癡暗體則憔悴心有智光膚色充澤故大品云般若大故色大般若淨故色淨亦能充益受想行等心即明也又知心無心名為光知想無想知行無行名為明又知四陰非四陰名為光知色陰非色陰名為明又知五陰非五陰名為光知假人非假人名為明又知正報非正報名為光知依報非依報名為明又

知依正非依正名金光知一切法無一切法名為明得此意者即觀心金光明也上約十種三法論金光明今觀心王即觀苦道觀慧數即煩惱道觀諸數是業道心王是金慧數是光餘數是明如淨名曰觀身實相觀佛亦然者若頭等六分各各是身此即多身若別有一身則無是處各各非身合時亦無若頭等六分求身叵得現在不住故不可得過去因滅亦不可得未來未至亦不可得如是橫豎求身畢竟不可得即是無此無亦不可得亦有亦無亦不可得非有非無亦不可得但有名字名之為身如是名字不在內非四陰中故不在外非色陰中故不在中間非色心合故亦不常自有非離色心故當知名無召物之功物無應名之實假實既空名物安在如此觀身是觀實相實相即是金實相觀智即是光緣身諸心心數寂不行者即是明也觀身是假名假名既如此觀色受想行識亦如是即為苦道觀也次觀煩惱道者煩惱與業皆是身因今且取煩惱為身因而起觀也淨名云不壞身因而隨一相者應作四句分別誰身因果俱壞誰身因果俱不壞誰壞果不壞因誰壞因不壞果云何是身果父母所生頭等六分是也云何身是因貪恚癡身口意業等是也今且置三業觀貪恚癡等四果

以無常苦空觀智破貪恚癡子縛斷名壞身因不受後有名壞身果凡俗之流名衣好食長養五陰縱心適性放逸貪恚癡自惱惱他一身死壞復受一身因果相續無有邊際是名因果俱不壞如犯王憲付旃陀羅如怨對者自害其體身既爛壞四陰亦盡是為壞果貪恚癡身因轉更熾盛彌綸生死無得脫期是為第三句也餘三果亦以無常觀智斷五下分因縛五下分果身猶未盡是名壞身因不壞身果如此四句存壞不同皆不隨一相隨一相者所謂修大乘觀觀一念貪恚癡心心為自起為對塵起為根塵共起為離根塵起皆無此義非自非他非共非無因亦非前念滅故起非生非非生非滅非非滅如是橫豎求心叵得心尚本無何所論壞是名不壞身因而隨一相隨一相者即是隨金隨相智即是隨光諸數寂滅即是隨明既得不壞一句而隨一相了壞身因亦隨一相壞身果不壞身果亦隨一相皆亦如是云云次觀業道者如淨名云舉足下足無非道場具足一切佛法矣觀舉足時為是業舉為是業者舉為業業者共舉為離業業者舉若業舉不關業者業者舉不關於業各既無舉合亦無舉合既無舉離那得舉舉足既無下足亦無觀行既然住坐臥言語執作亦復如是是為

觀業實相名為金此觀智名為光諸威儀中心數悉寂名為明是為三道辨金光明夫有心者即具法界法性金光明能如此解了但是名字金光明常依此觀念念不休心心相續即是觀行金光明若蒙籠如羅縠中視未得分明閉目則見開眼則失此是相似金光明若了了分明閉目開目俱見者是分證金光明若妙覺果圓究竟明了名究竟金光明也次觀心明三識論金光明者諦觀一念心即空即假即中即是觀心識於三識何者意識託緣發意本無識緣何所發又緣中為有識為無識若有識緣即是識何謂為緣若無識那能發識若意緣合發二俱無故合不能發離最不可當知此識不在一處從衆緣生從緣生法我說即是空於此空中假作分別是惡識是善識是非惡非善識種種推畫強謂是非識若定空不可作假識若定假不可作空當知空非空假非假非空非假雙亡二邊正顯中道一念識中三觀具足識於三識亦不得三識觀故淨名云不觀色不觀色如不觀色性乃至不觀識不觀識如不觀識性雖不得識不得識如不得識性雙照識識如識性宛然無濫以照識性故是菴摩羅識照識如故是阿黎耶識亦照亦滅故是阿陀那識是名觀心中三識金光明六即位如上說次觀

心明三佛性金光明者觀一念心起即空即假即中是見三佛性何者心從緣起是故即空強謂有心是故即假不出法性是故即中此釋已顯更引經證之淨名云何謂病本所謂攀緣何謂攀緣謂緣三界證其假也何謂息攀緣謂心無所得此證即空我及眾生病皆非真非有此證即中華嚴云心佛及眾生是三無差別此證觀心即三佛性也又般舟三昧經云我心如佛心如佛心如我心如不見我心為佛心不見佛心為我心而見阿彌陀佛如瑠璃中見像如飢夢食如夢婬從事如觀骨光等喻皆是證即空即假即中之文讀此經文宜須細意若倂作如讀是即空也示如許多心紛紜是即假也是阿彌陀是即中也又我心如佛心如者以有我佛如等分別之異所以是即假從不見我心為佛心去是即空也而見阿彌陀是即中也又以夢食喻之夢食不飽譬即空夢食百味譬即假皆不出法性譬即中餘譬類如此又釋云我心佛心者是假名假名分別我佛之異也我心如佛心如凡聖俱空不得我心不得佛心豈有我心作佛心佛心作我心亡假也不得我心如不得佛心如豈有我心如作佛心如亡空也是為雙亡空假正顯中道而見阿彌陀者雙照二諦也常見佛餘者安不見耶此又

是證觀心即空即假即中之文觀心即中是正因佛性即空是了因佛性即假是緣因佛性是為觀心三佛性是金光明六即位如前說復次佛者覺智也性者理極也能以覺智照其理極境智相稱合而言之名為佛性今觀五陰稱五陰實相名正因佛性觀假名稱假名實相名了因佛性觀諸心數稱心數實相名緣因佛性故經云佛性者不即六法不離六法此之謂也觀五陰實相故名金觀假名實相故名光觀心數實相故名明六即位如前思得此大好故附此後也次觀心三般若金光明者諦觀一念之心即空即假即中即是三般若何者一念心一切心一切心一心非一非一切一念心一切心者從心生心雜雜沓沓長風駛流不得為喻日夜常生無量百千萬億眾生六道輪迴十二鉤鎖從闇入闇闇無邊際皆心之過也故言一念心一切心是則凡夫所迷沒處一切心一心者若能知過生厭皆自持出如小火燒大積薪置一小珠澄清巨海能觀心空從心所生一切諸心無不即空故言一切心一心如此一心乃是二乘所迷沒處非究竟道雙亡二邊故煩惱非一非一切大經言依智不依識識但求樂凡夫識妄求樂二乘識求涅槃樂是故雙亡不可依止智則求理如是觀者

即是一心三智即空是觀照般若一切智即假是方便般若道種智即中是實相般若一切種智是三智一心中得即空即假即中無前無後不並不別甚深微妙最可依止是為觀心三般若金光明六即如前次觀心三菩提金光明者諦觀一念之心即空即假即中即是三菩提心何者一心一切心交橫繚亂如絲如沙如蠶如蛾為苦為惱若知即空真諦菩提心度妄亂心數之眾生通四住之壅是為即空發菩提心即假發菩提心者空雖免妄亂經云空亂意眾生而智亂甚盲闇復是三無為坑是大乘覓鳥未具佛法不應滅受而取證也若具即假俗諦菩提心度沈空心數之眾生通塵沙之壅分別可不分別時宜分別藥病分別逗會不住無為故言即假發菩提心空是浮心對治假是沈心對治由病故有藥藥存復成病病去藥止宜應兩捨非空非假雙亡二邊即發中道第一義諦菩提心度二邊心數之眾生通無明之壅以不住法住於中道故言即中發菩提心說時如三次第觀即不然一心中三菩提心若觀即中是緣金發無上菩提心若觀即空是緣光發清淨菩提心若觀即假是緣明發究竟菩提心是為觀心三菩提金光明六即如前次觀心三大乘金光明者諦觀一念之心

即空即假即中是三大乘何者雖觀一念心而實有四運此心迴轉不已所謂未念欲念念念已從未念運至欲念從欲念運至念從念運至念已復更起運運無窮不知休息如閉目在舟不覺其疾觀一運心即空即假即中一一運心亦復如是從心至心無不即空即假即中是則從三諦運至三諦無不三諦時是名以運運運若隨四運運入生死若隨三運運入涅槃即空之觀乘於隨乘運到眞諦即假之觀乘於得乘運到俗諦即中之觀乘於理乘運到中諦三乘即一乘是乘微妙清淨第一觀音普賢大人所乘故故名大乘是爲觀心三大乘金光明六即如前次觀心三身金光明者諦觀一念心即空即假即中即是三身何者華嚴云心如工畫師造種種五陰若心緣破戒事即地獄身緣無慚愧憍慢恚怒等即畜生身緣諂曲名聞即餓鬼身緣嫉妬諍競即修羅身緣五戒防五惡即人身緣十善防十惡緣禪定防散亂即天身緣無常苦空空無相願即二乘身緣慈悲六度即菩薩身緣眞如實相即佛身登難墜易多緣諸惡身故故知諸身皆由心造譬如大地一能生種種芽若觀五受陰洞達空無所有從心所生一切諸身皆空無所有如翻大地草木傾盡故言即空若即空者永沈灰寂

尚不能於一空心能起一身云何能得遊戲五道以現其身不能應以佛身得度者爲現佛身應以三乘四衆天龍八部種種身得度者皆悉示現同其事業爲此失故故言即假同六道身如此觀身墮在二邊非善觀身善觀身者大經云不得身八尺之形也不得身相五胞形也不得身因飲食將養也不得身果酬五戒也不得身聚陰入界也不得身一假實成身不得身二四大成身也不得身此已一身也不得身彼彼遺體也不得身識念念無常也不得身等身中空也六道皆等有身也不得身修依身能修法也不得修者即行人也亦不得身如身相如乃至身修如修者如亦不得身性身相性乃至身修性修者性畢竟清淨爲此義故故言即中言即中者即是法身即空者即是報身即假者即是應身是名觀心三身金光明六即如前次觀心三涅槃金光明者諦觀心性本來寂滅不染不淨染故名生淨故名滅生滅不能毀故常不能染故淨不能礙故我不能受故樂是爲性淨涅槃若妄念心起悉以正觀觀之令此正觀與法性相應妄念不能染不能毀不能礙不能受常樂我淨者即是圓淨涅槃又以正觀觀諸心數心數法不行心數法不能毀不能染不能礙不能受者名方便淨涅槃是

名觀心三涅槃金光明六即如前次觀心三寶金光明者諦觀一念之心即空即假即中即是三寶何者不覺名法寶覺名佛寶和名僧寶三諦之理不覺故是法寶三諦之智能覺故是佛寶三諦三智相應和故是僧寶無諦智不發無智諦不顯諦智不和不能大用利益衆生三種皆可尊可重是故俱稱爲寶六即如前復次中諦不覺名法寶眞諦不覺名佛寶俗諦不覺名僧寶知即中離二邊名法寶知即空名佛寶知即假名僧寶即中事理和名法寶即空事理和名佛寶即假事理和名僧寶即中名爲金即空名爲光即假名爲明是爲觀心三寶金光明六即如前次觀心三德金光明者諦觀一念之心即空即假即中即空故一空一切空無假無中而不空空無積聚而名爲藏藏具足故名之爲德即假故一假一切假無空無中而不假假攝諸法亦名爲藏藏具足故名之爲德即中故一中一切中無空無假而不中中攝一切法亦名爲藏藏具足故稱之爲德雖言一中有無量無量中有一了彼互生起展轉生非實智者無所畏當知一不爲少衆不爲多非一非多不失一多不可思議不縱不橫不並不別諸佛以即中爲體故名法身以即空爲命故名般若以即假爲力故名解脫一一皆常樂

我淨無有缺減故稱三德一一皆是法界多所含藏故稱祕密藏故淨名云諸佛解脫當於一切衆生心行中求當知我心亦然衆生亦然彼我既然諸佛亦然心佛及衆生是三無差別得此意者即中是金即空是光即假是明此爲觀心三德金光明六即如前世間有行空人執其癡空不與佛修多羅合聞此觀心而作難言若觀心是法身應觸處平等何故於經像生敬紙木生慢敬慢既異則非平等非平等故法身義不成既無平等平等智不成則無報身不能將此化他應身義不成不如我於經像紙木平等平等皆如如名法身有此平等智是報身將此智化他是應身我三身義皆成用汝觀心何爲若逢此難者當以三事反難答之一者汝謂於紙木經像平等爲如者何意於七廟染像天子符勑而生畏敬於佛經像而生輕慢畏慢既起諸侯沸亂何處有平等法身義耶二者汝於同師同學生愛生護於異師異學生慢生恚愛慢從癡生三毒熾然諸惡更甚寧復有智慧報身耶三者汝耽癡空無慧方便尚不悅人情況會至理矜高自者是增上慢人汝師所憤汝亦隨憤毒氣深入若爲將此邪氣化他和光應身復在何處我以凡夫位中觀如實相爾爲欲開顯此實相恭敬經像令慧不縛使無量人崇善去惡令方便不縛豈與汝同耶今更釋帝王者眞諦三藏云法身攝華嚴華嚴以法身爲體故報身攝般若般若明智慧故應身攝涅槃涅槃明百句解脫四德等故此是彼師明帝王統攝之義今明帝王應具三義謂帝慧王也帝則貴極至尊至重慧則神謀聖策王則萬國朝會備此三義稱帝慧王此經亦爾如來游於無量甚深法性過諸菩薩所行清淨即是至尊極貴義若有聞者則能思惟無上甚深微妙之義開甘露門入甘露城處甘露室令諸衆生食甘露味以智慧刀裂煩惱網即是聖智雄略義諸佛護持莊嚴菩薩諸天恭敬護世讚歎能令地獄諸河焦乾乃至一切世間未曾有事悉具出現即是萬國朝會多致利益義將此三義歷十種三法門苦道即法身是貴義煩惱即般若是慧義業即解脫是朝會義乃至法身德即貴義般若德即慧義解脫德即朝會義一一法門悉備三義一一法門皆是經王也既得此意即以例攝法攝法有三先攝法門次攝經教三攝六即位初攝法門者三道攝一切惑三識攝一切解三佛性攝一切因三般若攝一切智三菩提攝一切發心之行三大乘攝一切發趣之位三身攝一切佛果智德三涅槃攝一切佛果斷德三寶攝一切佛恩德三德攝一切理是爲橫攝法門第二攝教者三道是三障即三障是三解脫攝不思議解脫淨名教三識攝楞伽地持攝論等三佛性攝涅槃三般若攝大品等五時教三菩提攝諸方等經三大乘攝法華三身攝華嚴三涅槃三寶三德等皆攝涅槃此擧當道諸經經是八萬法藏皆應攝爾云云第三攝位者苦道有一切五陰煩惱道有五住惑業道有一切業乃至云云三道是三障障覆六位若即三種之非道通達三種之佛道者六位所顯則攝諸位也乃至三德亦有六位三德既備攝六位寧不備收耶其開則例自可知云云所以作三番攝者合帝慧王三義攝法門合貴義攝教合慧義攝位合王義又攝法門是橫攝攝位是豎攝攝教是橫豎雙攝統攝之義既明經王之義顯矣次觀心明經王者觀心即中是貴義觀心即空是慧義觀心即假是朝會義是爲觀心中經王也觀心論位者衆生本有理性金光明心但有名即名字金光明念念修觀即觀行金光明觀心淳厚即相似金光明會入法流即分證金光明盡邊到底即是究竟金光明若不修觀徒聞何益如遙羨寶山足不涉路安可得乎爲此義故須觀心一番令聞慧具足也次釋通名者如法華玄義中說云云第二辨體爲三一釋名二引

證三料簡釋名者體是質質是主質何爲主質之體法身法性是經體質若依義者法身爲體質若依文者法性爲體質法身法性只是異名更非兩體欲令易解是故雙題爾法性語通令以佛所游入法性爲體質也文云是時如來游於無量甚深法性過諸菩薩所行清淨故知此體不與下地菩薩及二乘等共非通法性也但是佛所游入一切種智以此爲根本無量功德共莊嚴之種種衆行而歸趣之言說問荅共詮辯之類衆星之環北辰如萬流之宗東海故以法身法性爲此經正體之主質也故書家解禮者體也體有尊卑長幼君父之體尊臣子之體賤當知體禮之釋與經法性意同如來所游佛所護持故知此體是貴極之法也復次體是底義窮源極底理盡淵府光揚實際乃名爲底釋論云智度大海唯佛窮底此與今經法性甚深意同當知法性高深豎窮佛海故以底義釋體也復次體是達義得此體意通達無壅如風行空中自在無障礙一切異名別說皆與法性不相違背釋論云般若是一法佛說種種名隨諸衆生類爲之立異字又云若如法觀佛般若與涅槃是三則一相其實無有異此與今經法性無量意同當知法性廣大無涯橫收法界徧無所隔故以達義釋體也二

引證者序品云如來遊於無量甚深法性鬼神品云若入是經即入法性如深法性二文既云深法性即知簡異二乘菩薩所得法性也空品云故此尊經略而說之說於空即如也讚佛品云知有非有本性空寂當違此等皆體之異名悉會入法性法是軌則性是不變不變故常一此常一法性諸佛軌則故云法性爲此經體也三料簡者問法性定是空爲非是空答法性過諸菩薩所行清淨於四句不應以空有求之雖非四句或時赴緣作四句說之文云兩足世尊行處亦空新本云是第三身是眞實有又云前二種身是假名有又云非有非無此有四句四門意也門乃有四悟理非數佛示人無諍法不應執此相競舊本明空新本明有以體達義釋之二文不乖即此意也第三明宗者宗謂宗要也說者或以果爲宗或以因爲宗或雙用因果爲宗今壽量品雖明施食不殺之因乃將因擬果果是正意三身分別品雖復問因佛荅三身還是果爲正意今此意但用佛果爲宗何者法性常體甚深微妙若欲顯之非果不克當知果是顯體之樞要如提綱目整則以果爲宗意在此也更附經重顯此義文云釋迦如來所得壽命釋迦是果人壽量是果法果人克果法冥乎法性法性既非有非無

非常非無常果人果法亦非常非無常法性既能常能無常果人果法亦能常能無常四佛釋疑舉山斤海滴地塵空界無能筭計知其數量明其能常八十滅度是能無常此見八十滅度之無常不能計挍其常尚不能知其常焉能知其非常非無常若不約果此義難明既舉果冥理顯體義彰以果爲宗其義如是又說果義不同或約無上菩提智德明果或約大般涅槃斷德明果若舉智德衆善溥會任運知有斷德若舉斷德諸惡永盡任運知有智德互舉一邊不可偏執也今經舉壽量明果壽量是果報果報語總總於智斷智斷亦總果上三身果上三身既與法性冥法性非常非無常三身亦非常非無常法性既能常能無常三身亦能常能無常若能無常即化身壽命也對無常而論常能常即報身壽命也報化與法性冥法性既非常非無常不可筭數報化亦非常非無常不可筭數云何見迹短而言佛壽定短此不識果能顯體之意又如佛非鹿馬能現鹿馬鹿馬定是佛耶鹿馬是佛化所爲非佛身也法性能長短長短非法性也若見此意果能顯體常義亦成非常非無常義亦成無常義亦成果爲宗要義亦成若不爾者諸義皆不成舊用山斤海滴之文是無常謂虛空分界是虛空無

為復引捨身品中求常樂住處者是三無為為常無生死故為樂也皆以小意曲解大乘如此解者一切皆不成非宗要也第四明用用謂力用也滅惡生善為經力用滅惡故言力生善故言用滅惡故言功生善故言德此皆偏舉具論畢備也入一切種智是果上之德果智由於無量功德之所莊嚴滅除諸苦與無量樂苦是惡業果貪恚癡是惡因惡因不除果不得謝聖人意先令滅惡因故懺悔品居先樂是善果懺讚是因懺罪讚聖惡滅善生故讚歎品居後亦是互舉兩將此勝用莊嚴果智智備體顯體顯名金果備名光力成名明益他曰教也但懺品滅惡非不生義讚品生善非不滅惡互說一邊兩空品雙導懺不得空惡不除滅讚不得空善不清淨文云一切種智而為根本即其義也四王品已下護經使宣通還是生善攘災令去還是滅惡攝此諸文故言以滅惡生善為用也第五判教相者舊明此經非會三非褒貶非無相不列同聞衆不在五時次第而明常住者是偏方不定教是義不然若不列同聞非次第者列同聞衆應是次第鴦掘摩羅列同聞與衆經不異論褒貶與維摩意同論家何故不預次第若列衆不列衆皆非次第者亦應列衆不列衆俱是次第云云若言未應明常而明

金光明經玄義拾遺記卷第一并序　碑八

宋四明沙門知禮述

問曰昔者寶雲法師嘗有撰集贊釋玄辯近歲孤山闍黎又以章記表明微旨今復纂述其故何哉答曰寶雲講次學徒隨録義或闕如未及補治不幸歸寂孤山之製多事消文復於中間毀除觀心斯實不忍今故秉筆拾先師遺餘之義拾後人遺棄之文使教行二塗不至壅蔽但諭新學達者無誚吾之煩辭也時天聖元年歲次癸亥四月望日序

題有六字上四所釋下二能釋能釋乃通由智者師解釋諸經皆立五義故以所釋揀非他部入文廣解經題四字故不預叙能釋二字者玄謂幽微難見也義謂理趣深有所以也其幽微義而有五重蓋一經始終能詮之名所召之體即體之宗宗成力用此四言教通局相狀大師捜抉如是五義解釋一題欲令學者預知經旨然後尋文使於文文成智行故斯是道場持因靜發稱會佛心演玆奧旨故不可以暗證者及尋文者同日而語也幽微所以豈虛名哉能說師號者天台即棲眞之處智者是隋主所稱大師乃群生模範說者揀異他師握筆撰述也若始終事迹具彰別傳今略不書二釋文二初釋序文二初總示法體此者指定之辭也金光明者所示法體也甚深無量明體德也應知此經三字別題是法非譬何以知然經叙如來游於無量甚深法性諸佛行處乃住此定而便唱云是金光明諸經之王豈非直指所游法性名金光明不云法性如金光明而下文所立譬喻一釋者蓋以諸師解金光明爲世物象用譬如來所得深法諸師雖乃用譬顯法其實不知法相圓融隨名局解是故不能偏譬諸法大師欲示金光明海無法不備無法不融故順諸師以金光明三字爲譬具足比況佛之所游略則十種三法廣則一切法門一一互融皆不思議此乃格他譬法不周因此廣顯法性圓具然雖順他以譬顯法其如經題是法非譬故後自立附文當體二種解釋斥彼義推譬喻蹤遠依經就法方爲親切斯由大師深解法性可尊可貴當體名金寂而常照當體名光大悲益物當體稱明是知法性具金光明眞實名義究竟成就也除法性外所有名言皆無實義故金光明三種法門擧一即三全三是一非三非一而一而三不縱不橫絶思絶議是祕密藏佛所游處又復應知以金光明示法體者即五章體蓋由此經以金光明爲名以金光明爲體以金光明爲宗以金光明爲用以金光明而爲教相亦可三字別對五章以金爲體以光爲宗以明爲用總三爲名分別三名而爲教相法體既爾體德合然甚深是光之德窮法性底故無量是明之德達法性邊故此二不二是金之德法性究竟尊貴義故亦可三義皆甚深皆無量皆不二五章之德莫不如是二別明教意上已總示五章法體今乃別明起教之意初叙說經意即如來顯示五章二叙宣通意即是智者流行五章初自爲二初據理絶言蓋由至理但可妙證難以狀名二赴緣可說此約大悲無說而說說必利人初又爲二初約

我辨上至極果下及庸凡皆不能令妙理有說更分三初明果人不能盡喻四佛說偈山斤海滴地塵空界皆不能比釋尊壽命此之四喻虛空最大以山等三依空立故虛空雖大而是妄心變起之境迷眞故生悟性則滅與眼作對心緣所及安能盡喻不可思議金光明耶故經云空生大覺中如海一漚發寧將一漚類乎大海空尚莫喻三那可論問經云空等莫比釋尊所得壽命今何得云不類大覺及金光明荅覺性若少金等三義則不名大釋尊壽命義當於明不具金光則非永壽一法不少三法不多生佛無差體用不二若不爾者非方等義四佛世尊喻不能及彰理絶言也二明因位未能窮源上舉果佛證雖究竟而法本寂滅故言喻莫彰今辨因人未到性源故擬議非及此自爲二初約喻以智斷斥日輪赫奕喻智德般若嬰兒之眼喻空假觀慧既違本智則非佛眼故於智德赫日非所瞻仰大舶樓櫓喻斷德解脫新產之婦喻生法緣慈既異無緣則無妙力故於斷

德樓櫓非所執持此約圓果三智三脫斥前三教菩薩悲智故也若圓菩薩脩既即性則能從始不乖二德然雖解即若因望果智有明昧力分强弱是故因人於果智斷亦非瞻仰及以執持須了智斷名爲光明二德不二即是法身復名爲金雖用二斥乃顯未窮三法源也二約法以因果定偏圓菩薩皆能伏斷隨其所行悉名清淨今圓極果所行法性超越一切故言過也於金光明極證之人尚不能喻未窮源者寧可言耶三明凡小全迷所以二初小偏圓菩薩發曠大心有分證智於金光明妙絶之理猶尚不能騰象立言況復二乘滅心自度如聾如啞豈能思說諸佛行處二凡三乘賢聖雖小異大因不及果而能修證三諦理智尚莫言想金光明海況凡外之徒本非其分隨語生見故言則傷實既執無言故默則致失若具論於言乃有單複及具足句具論於默則於三重四句之外各一無言并犢子部我在第五不可說藏此皆邪外發語默見也若悠悠者及學佛人惟理

之心非語即默於玆二處增見長非雖非神我全當人執故四教四門皆生語見離四即起無言之見故起信論明五人執皆是執於如來藏起今之所斥正在此人故言與默皆云不可如是具論凡夫起見之語默二乘偏證之思說菩薩未極之智辯皆不能詮至圓之性上至果佛純淨心口究竟說證亦不能喻者蓋顯金光明本來祕密離言說相離心緣相俾乎行者辭喪慮忘二引文證二初大品彼經及論明先尼梵志本雖邪外道機巳熟詣佛請云今我此坐不起得眼佛爲開決證須陀洹佛還詰其悟理之智由內觀故得是智耶荅言不也外觀及以內外俱等得是智耶皆荅不也此乃四句言想都絶方得預流小智尚爾況金光明乎二大經初文總泯一切思說又生生下別忘四說今家以此泯於四教言思之道實因緣生成所生法故名生生三藏教也幻有之生即是不生名生不生通教也不住不生立十界生名不生生別教也圓教名爲不生不生者理本不生事即

理故事亦不生名不生不生性本不生順修即性修亦不生故二不生故二不生惑體空故不生智用忘故不生故二不生無因可修故不生無果可剋故不生故二不生自他感應諸相對法性皆不二本寂滅故重言不生四種皆云不可說者斯有二意若當分者四教之理但可智證皆不可說身子云解脫之中無有言說三藏也三人同以無言說道斷諸煩惱通也無言童子非凡非聖非有非空故不言者別也諸法寂滅不可言宣圓也若跨節者圓妙之理都不可以四種言示尚叵圓說況三教耶如此皆彰法金光明是祕密藏不可思議矣二赴緣可說金光明理雖離相寂滅若忘情而證以四悉檀無說而說則令衆生獲益無量文自爲四初明有緣須說大經四種不可說後即云有因緣故亦可得說豈非赴緣可作四說言有因緣者十因緣也於十二中唯除未來生死二支此是因緣所成果故過去無明至現在有此十皆是能成因緣能成四教所得之果何者以無明支乃是過去愛取之心以有此心故佛菩薩示以四教種種名義既愛且取乃依四教起四行業即無明緣行也此業能持稟教人識來託毋胎即行緣識此識隨於四教業緣成名色等四種之果即是識緣名色乃至觸緣受也既四教業感今五果故於受心還愛四教即受緣愛愛必取索四教之法即愛緣取也愛取若深則能勤修四教行有即取緣有也有必招果故於現當成就賢聖之果此乃衆生有十因緣故於是諸聖說四教法未種與種復以四法令已種者熟復以四法令已熟者脫說有此益是故對緣不可不說二明此說可尊通論赴緣則一期四教今別對機示此經五義而其五義一一尊崇更分爲二初列經五義以金爲名等者名有三字一必具二金最上故光明亦然法性爲體雖通一切如來所游唯局果證通之盛也局之極也特舉義者三字所標即是究竟第一義也莊嚴菩薩等者下文定宗專取於果今云菩薩者剋果人也既能莊嚴深妙功德即果四德深妙之極也語雖帶因意正在果照耀諸天等者諸天鬼神皆大菩薩法性光明照必增道是故大權心生法喜顯經力用廣而復深文號經王等者此部多文稱金光明諸經之王王能統領故教攝衆典然疏釋經王以文理合而爲中道是經復是王於九種經而得自在文是能詮理是所詮文理合故能所互融若教若理皆名中道悉是經王疏以經王叙體即所詮是中道也今以經王叙教即能詮是中道也若非中道教莫詮中道理慎勿僻解以所名能稱中道教二結示可尊以金爲名故貴果理爲體故極究竟三身故宗深無物不益故用大文字即中故教稱王是故五章一一高廣三明尊故諸聖護持二初極果護持所詮妙中一切法趣名不二體一切如來證此體故依之住持常所護念令諸衆生八倒不起經表四智故舉四佛其實此體無佛不護故云三世十方亦復如是故下經云十方諸佛常念是經二大權宗奉一切菩薩等者下讚佛品云爾時無量百千萬億諸菩薩衆從此

世界至金寶蓋山王如來國土到彼國已五體投地爲佛作禮向佛合掌異口同音讚歎於佛疏云陳列讚衆至彼國土故云徧他方以遥禮樹神善女等者亦此品文菩提樹神讚偈中云我常修行最上大悲哀泣雨淚欲見於佛諸天覆之等者四天王品散脂及鬼神品皆廣說常以神力護說聽者并其國王及以土境堅牢地神品大辯天品功德天品各於品内廣明饒益行經之者此諸菩薩及諸天神多是古佛却來或乃分真垂應遥禮稱揚如來功德護持饒益說聽之人皆爲宗奉經王流通方等若非法門至妙曷能裨賛惟勤四明說故其益該博諸有悉乾枯者懺悔品云三有之中生死大海滃水波蕩惱亂我心其味苦毒最爲麤澁如來網明能令枯涸諸有不出欲色無色三有故也三塗除熱惱者四王品云是經能令地獄畜生餓鬼諸河焦乾枯竭舉要等者壽量品云爾時三千大千世界所有衆生以佛神力受天快樂諸根不具即得具足舉要言之一切世界所有

利益未曾有事悉具出現說經利益不止能除三塗諸有報苦而已應明二十五有十番離苦十番得樂能令究竟金光明顯方是具論未曾有事出現之相二叙宣通意上之所明從本寂理赴緣立說皆叙如來說經之意今是智者自叙智力取義釋題依文顯義通經之意也自分四初聖者讚護已欲開談先思上聖讚歎不已護法忘疲故希聖之心有自來矣金龍三世讚歎者信相菩薩過去爲王號金龍尊廣說章句讚歎諸佛願於當來值釋迦佛今遂所願乃於此會以偈讚佛金龍尊王是過去讚信相菩薩是現在讚又有誓願未來無量阿僧祇劫在在生處夜夢金鼓晝如實說即未來讚也是彼一身三世讚歎問金龍三世皆讚於佛安得類宣金光明經人法既殊若爲通會答攬金光明無上實法而爲果佛無上假人離法無人離人無法讚佛之語乃是宣揚微妙心色此之心色即金光明如馬鳴大士歸依三寶以救世大悲者爲佛以彼身體相爲法就佛歎者即是剋

體讚金光明也地神等者其品堅牢白佛云隨是經典所流布處敷師子座令說法者坐其座上廣宣此經我當在中常作宿衛隱蔽其形於法座下頂戴其足上聖重法所以尊人二凡師軌則二聖深證尚歷劫稱揚屈身敬護況外凡下位稟法勵行豈不弘宣者耶三託義與言託上諸聖護法之義與今五章通經之言四稱法求益消露禽鳥喻通經之善入海向山喻此善順性實藉片緣即上所喻之善同均鹹色即今所冀之益蓋言消露微善願同性海一鹹味也禽鳥片緣願均佛山一妙色也山謂妙高四寶合成東黃金西白銀南瑠璃北水精鳥隨近處皆同其色然一念隨喜尚功等虛空五品流通豈善同消露特是大師以凡望聖謙已尊經意誠後昆不自矜伐矣二釋玄義二初列章科判初釋題即玄義二釋文即文句此卷標名但云玄義科文順此是故不列釋題釋文二段科目今列章科判何妨對下文句爲釋文判今玄義爲釋題於釋題中先列五章是其所釋就

此五章而作二釋所謂總別以茲二釋皆釋五章故二依科解釋二初總釋二初生起二揀別若廣論總釋如法華玄總釋五章而作七番一標章令易憶持起念心故二引證據佛語起信心故三生起使不亂起定心故四開合五料簡六會異起慧心故七觀心即聞即修起精進心故今文從略但作兩番唯起二心生起起定揀別起慧定慧若立諸行皆成也二中初生起名居初者是能詮故而名是假必依實法所謂聲也由聲屈曲方成名句推假由實故論此土音聲佛事然若從佛及善知識名則因聲若從經卷名雖因色而其色經本集聲教故從經卷亦云聞名此從自行初稟名言也體居次者名是能詮如標月指體是所詮如所標月若失意者執指爲月不唯迷月亦失於指若得意者忘名得體不唯識體亦不昧名今論得意故云以聞名故次識法體也宗居三者宗即是行行能進趣從因至果若不識體則不成行此說猶通若前三教識真中理緣理修觀亦得名爲體

顯次行今明圓宗全性起修若不識性以何爲修性是本覺修是始覺本覺無念徧一切處即以此覺而爲始覺故不思議境即是觀此之觀行方是圓宗故知體顯次行文寛義緊須善解之用居四者以宗成故方有力用言宗成者顯體竟也全體起宗宗還顯體全鑑發光光還顯鑑顯鑑既畢現像無遺是故宗成能徧益物教居後者用能益物益物之方在乎施教故教當五聞名等者然名之與教俱能詮理以約自他而分兩章自行始稟從名命章化他初施從教命章有始有終等者即二始終尋名得體宗成發用自行始終也施教益他他亦尋名乃至發用仍成始終故知五章有二始終文舉二始形出兩終矣二揀別二初料揀三初問起約極略極廣而爲問端引處中答也二答通若名數大廣既難憶持修觀智者望涯而退若章段太略顯義不周習名教者不能生解故立五章豐約得中則令行者義觀俱成於第一義易得明了三結示二分別二初正分別二初約六種

即是總別理事因果教行自他說嘿六雙料揀五章也總別者前一章即釋名也總金光明三字爲能詮名次三者即體宗用也派三字爲別者以金別當於體以光別當於宗以明別當於用故稱爲別後一章即教相也兼於總別者乃是分別總別四章教味相也次理事者體是四章所顯之理四章是體所起之事三因果前三是因後二是果者據下明宗定在於果合云前二是因後三是果恐文悞也然體非因果而是因果所顯之理尋名得體猶是因中信解顯理未是宗成果顯之理故分屬因四教行前四是行者對後施教故前皆行何者名是行法體是行本宗是行果用是行德五自他復以五章皆名爲行而分前四屬自利行用屬自利者自在應用緣因顯故猶屬自利唯後設教屬於利他皆名行者以由二利悉爲作故六說默以自四章既當自行悉須忘言故皆屬默後一化他赴機設教故當說也並云聖者離語默見是聖人法故二例餘義六種之外解行修證縛脫

體用感應等種種義皆可分別五章之相避煩從略耳二約喻顯二初立喻顯即示也中當即五章也分明包富即法喻之德也包富如囊中有寶分明如探以示人故大論云解釋佛經如囊中有寶繫口則人不知應爲解佛經囊釋其道理今亦如是用此一譬顯示六雙故云皆爲分別作譬也二合六種總總於別別別於總對譬可見理具四章如囊有寶全理立四如探示人因具果德如囊有寶從因顯果如探示人行蘊於教如囊有寶教詮於行如探示人利他之法自必修之如囊有寶還將自修而利於他如探示人默然圓證如囊有寶如證而說如探示人不但六雙諸皆可譬二別釋上一一番皆通五章故曰總釋今則五章逐一解釋於釋名時不言餘四釋四皆然故當別釋大分爲五初釋名名即一部所列名言今就總示以題爲名此自爲二即通別二名經之一字即是通名通諸部故金等三字即是別名別題此經故今家解釋諸經題目但作通別二名分之不云經

是能詮餘是所詮稟山教者切在知之初釋別名二初定三五詳略無妨以今四卷是曇無讖譯但標金光明三字而爲別名無帝王兩字若眞諦所譯七卷之題即於金光明下更有帝王二字此本題中雖無帝王之言而於經文有經王之義故釋題者於其二字說與不說二途無妨又應大師頻宣此典釋題之際帝王之名存沒適時故使玄文本有廣略二約文義先後而釋二初據文先釋三字二初約教義釋謂教詮義理二約觀行釋謂修觀成行此乃今家教行俱明義觀兼舉欲今稟者解行功成也初二初標列五中前二兼通號後三唯別名三中初一順古立後二唯今義二中附文有理事當體獨在理二正釋五初通別二初揀示通別四初泛明三通別斯蓋大師深解二名不獨召於通別二教亦乃召於通別二行及通別二理故云依教明行行有通別從行顯理理有通別故三通別皆二名召是故諸部有但就理立二名者即如來藏經等藏乃別在妙俗之理經即通

理有專就行立二名者即楞嚴三昧經等楞嚴既異偏小三昧即是別行經即通行有但以教立二名者即遺教經等遺教既異諸教乃是別教經即通教或以教爲別名行理爲通名如維摩詰所說經等說既是教所說經即行理也或以理爲別名教爲通名如寶篋經等實相如寶此經如篋教含理也況諸部中以理爲經其類非少此部乃云十方諸佛常念是經華嚴云破一微塵出大經卷法華云此法華經藏深固幽遠無人能到又云爲諸佛護念殖衆德本入正定聚發救一切衆生之心成就四法乃得是經疏云四句即開示悟入佛之知見知見得經非妙理耶以行爲經如小彌陀經云諸佛出廣長舌說誠實言汝等衆生當信是稱讚不可思議功德一切諸佛所護念經既指功德爲所護經經非行耶佛自問起何名諸佛所護念經佛自釋云若善男女聞是經受持者及聞諸佛名者是人則爲諸佛護念得不退轉於阿耨菩提以所護念經爲問以能修行人爲答豈非以

行爲經又大彌陀經中彼佛談行皆云說經故知行理爲經甚多所出不可但以教名爲經通經既具教行理三別名具三顯然可見二揀二用教三通三別今家釋題諸部已委故置其二且就於教明通別相只此一釋已能揀異諸家釋題何者蓋以諸師獨以經字爲能詮教餘字是所詮理豈知二名俱在於教三明教功能通別二教相須而立能詮理故問此云理無名字名字名理與當體章眞諦有名俗諦無名頓爾相違云何融會答彼辨眞俗此明理教彼以圓教所詮爲眞而以凡人所見爲俗眞既本具究竟名義故曰有名俗無實義故曰無名今之理教俱就圓論理無名字者乃彰本寂離名字相名字名理者非謂凡俗著相名字乃是圓教稱實之名由理具德能應諸名故一一名無不名理取喻虛空無長無短而能應於長短之數故一丈及一一尺無非虛空當體章云眞諦有名既就圓談非定有之有乃無名之名故彼有名與今無名其義一揆同起信論云眞如

義先明離言次明依言雖分二義只一眞如故荆溪云性本無名具足諸名是知今文與當體章略無乖舛又引般若總持之義雖無文字而云總持若不具足眞實名義豈稱總持深見有無義不相反四正明教通別上已
十六　釋八
雖說教之功能而未明示通別之體今取文字爲教通體乃取所以爲教別體何者詮善詮惡示偏示圓皆用文字其教則通所以者能詮意趣也文字隨於意趣而轉意趣不同故教成別應知全通爲別以用文字詮所以故別不離通以其意趣用文字故今之通別皆在於教故二皆能顯也二經題通別二初偏示諸部二初正用通別釋題二初通聖說該收一代聲教無非文字從經至言皆云一者趣舉一也即衆經中趣舉一經乃至群言中趣舉一言列則自廣之狹數則前少後多謂經少時多乃至句少言多此等皆是聖說說必文字故知文字是教通體文字通故通稱爲經二別二初明別相即能顯之所以也聖說言句意趣雖多四悉收之義無不盡世

界悉檀使世諦不亂如華嚴異於阿含方等異於般若令欣樂故爲人悉檀便宜不同令發善故對治悉檀破惡緣殊令滅罪故第一義悉檀入理機別令妙悟故故說諸經名相有異二結四悉悅宜對悟配四可知若說一
十七　釋八
經皆由四悉此四彼四意既不同是故諸經稱爲斯別二喻顯通別成教鹽梅鹹酢組織經緯皆喻文字之通所以之別滋味文繡皆喻諸經名相之異也二的判此經二初釋從別所以等者別明今經四悉意也有世界機聞三身常忻樂讚用有爲人機宜聞讚歎三身生善有對治機堪修懺悔破三障惡有第一義機合悟諸佛行處之理從此別意故說此經部雖四悉皆從金光明法門獲益故標三字以彰教別從通文言等者四悉所以雖異衆經而一一悉皆須文字文字之體乃通諸部故標經字以表教通二結二翻譯今之題目雖是讖本然眞諦所翻金光明帝王經題名最委悉故大師用之定其華梵故前文中論題詳略帝王二字若說不說俱亦無妨

也三譬喻釋若准第四附文釋中明斥譬喻義推踈遠非是佛語驗知附文及當體釋是今正意若譬喻釋文相雖廣蓋見古師雖用譬釋譬法不周翻屈此經所詮之義因茲大師同他用譬偏譬一切圓融法門此之法門雖從譬顯乃是顯示當體釋中法金光明諸異名耳蓋由法性具無量德有無量名名金光明亦名法身般若解脫亦名法報應亦名正緣了乃至名苦惑業一攝一切一切入一以約所譬說此義已至當體中但定三字非譬是法法必徧融則於一切無二無別然若得知法金光明是諸三法中一種名者即曉此經立題之旨也此自分二初古師釋三初數師二初叙舊經師者即是舊來講此經人也本弘數論兼講此經以譬釋題對於三德十八二破章安記録智者之義故云若大師云有時亦云天台師云或今師云先破違宗既其本論但立二身何故釋經而用三德若開二身釋三德者已宗則壞故云於論不便次破華經若云云論雖但二身為順經文須用三德者經文何處明示三德若云經雖無文推義合有者則何所不通合具一切三法豈獨三德耶既違本論不會今經故無取也二地人二初叙地人者本弘華嚴十地論兼講此經也此師釋題縮三為二金質之上雖有光有明若望金體同名為用又定此用不從外來故云自有譬般若解脫雖是二德若望法身同名為用此之二德不從修成故言自有此師秖以體用二義釋今三字也二破論明三佛者論釋舊經故有三佛一毗盧遮那法身也二盧舍那報身也三釋迦牟尼應身也正合此經法身應身化身之義若用三佛為此經題三字所譬則於經論義不相違故云自便那棄三身自立體用特違已論若云本論雖說三佛為順此經須談體用者此經新十九本顯以三身而立品目品內三身燦然可舉若今舊本雖略此品而三身名義經中甚多如四王品云佛真法身猶若虛空應物現形如水中月既水月是應豈空中無月空月即報也天辯巧故以二顯三又如別序如來游於無量甚深法性釋迦如來應身也游必妙智報身也深廣法性法身也又懺悔品以桴擊鼓出大音聲鼓即法身桴擊即報身出聲即應身故知三身名義不少有何一處但言體用進不會經退違已論故亦揀之

金光明經玄義拾遺記卷第一

金光明經玄義拾遺記卷第一

校勘記

一　底本，清藏本。

一　三九五頁上二行述者，南作「四明沙門知禮述」。以下各卷同。

一　三九六頁上八行第九字「尚」，經作「向」。

一　三九九頁中一五行「初料揀」，南作「初自爲」。

金光明經玄義拾遺記卷第二　碑九

宋四明沙門知禮述

三眞諦親譯此經名金光明帝王經而自約譬釋玆題目文分二初敘三初標列諸師之中眞諦稍勝能以一譬譬三法門三法皆三二釋三初釋三身彼經三身與法報應二三名異其義是同第二應平聲身此是妙智與法相應與報義同第三化身應去聲機而化與應義同二釋三德金有四義以譬法身具足四德一一法譬其相顯然光明各二義譬般若解脫各具二德光云除闇明云無闇義有何別光能破闇故名爲除闇更不生故名爲無乃以除闇譬般若除惑無闇譬解脫衆累永盡此師雖昧三德互具以譬對法不無所以三釋三位復用三字喻正緣了乃以三性對於三位文義亦顯三料揀揀三身者法身是性故是實二身修成故不實揀三德者法身是總體故具四德二是別相故各二德揀三位者正因在性故本有了因修證故現有緣因在果故當有二破以眞諦釋義出諸師語與今濫慮其後學不見其過執非爲是復欲對彼不融之義顯今圓妙之談是故破斥其文稍廣文二初總破彼以三種三法解今題目故云三三大師評之三義不了一因果義二別圓義三法性義既其不通有乖不稱故云不了二別破三初舉三失二釋三失三初因果不通問眞諦但以三因分對三位何故破云分置三德殘缺不足答一切三法秖一三法以具衆德故有衆名常樂我淨故名三德可尊可重故名三寶不生不滅故名三涅槃諸法聚集故名三身是如來種故名三因即事通理故名三道既其法門體本不別故分置三因即是分置三身三德兩節注云云者今準大經說圓三德互具之相法身即云直法身非法身法身必具般若解脫般若即云直般若非般若般若必具解脫法身翻出解脫合注云云例上故略以直解脫非解脫解脫必具法身般若彼既分置乃令三位各唯一德則因不攝果果不攝因故云不通二乖圓別先舉圓別四德之相然後方斥乖違之失圓四德者法身乃是性中三德法身常我般若故淨解脫故樂此四在性但名法身全性發修必成三智智冥性德同性具四從照了義但名般若智合性故解脫應機既全性起必成三脫是故同性具於四德從起用義但名解脫般若契性同性具四其相易知故不別示解脫應機起成外用同性具德其相難解故今別示果即二死脫此苦故名爲樂德因即五住脫此染故名爲淨德永無二縛性即自在故名我德惑因死果是生滅法本來解脫非此因果故名常德雖是離縛說此四德然縛本空是故四德全同於性別四德者約三身說法身具二常即常德實即我德者法身堅實方有主宰及自在義是眞我德應身智慧照破惑染別當淨德化身三昧即首楞嚴普現色身拔苦與樂故名樂德別是教道故以三身分對四德今明圓別二四德者由此二教多無異部闇說三身具於四德失意之者分隔而解即當別教其得意者互具而解名爲圓教知一一身皆即三身故一

一身皆具四德若三身不融四德乃別故善談別教即共有四德善談圓教即各具四德融別即圓分圓即別明二教已乃斥乖違三藏所明共四不成故乖別各四不成故乖圓三不稱法性三法不改名之爲性一切三法皆二屬修一在於性逆順二修皆在於性一性全在迷悟二修故使三法橫該十界依正色心豎徹三位迷悟因果是故經稱無量甚深之法性也若其稱此法性而談則於三位位位具三一一該徹今具言此即是破他也此自爲四初引淨名破道前據此三文驗知道前不獨一法然須了知菩提是智德至果方證得涅槃是斷德至果盡滅惑經既顯云不可復得不可復滅乃是性中已具果德豈非道前具金光明他云一金安稱法性二引華嚴破道中初發心者發心住也便成正覺者能現八相也此是圓教十住位中第一位也住前圓修登住圓發發於性三即慧身等三身三德一切三法且以一三以破眞諦立道中位但一了因初住之後至于等覺皆名

道中位位三法漸增如月華嚴圓說乃稱法性無量甚深證則俱證驗彼分割實爲不稱三指前義破道後具三如上說者前破因果不通文云三身三德本是果上圓滿之名而今分置三德殘缺不足又云道後衆善溥會何得獨有解脫彼義自壞故不別引經四約圓總斥據前引經位位圓具豈各一耶三約喻斥經談法性稱無量甚深若金光明橫周豎亘無德不備無位不通其猶鳳之威靈龍之神異眞諦所釋德既不備位又不通如鶩縮於鳩巢若槃迴於兔窟豈不辱禹門之鱗鸞丹穴之羽儀俱無壯勢耶上三句皆喻後一句法合故云非法性之圓談矣二今師釋六初舉今異古通異諸師是故都云義則不然二據經斥局若論無量不少於事以從法性故增勝說云理無不統也中道經王豈與理異今且從事故云何所不攝此如法界之橫三諦之豎不分而分也豈止三三九法者別斥眞諦也三稱法釋題經云無量意顯橫該復云甚深意彰豎徹今以三字偏譬橫豎

一切法門方稱經意不違王義四捨廣從要據金光明所譬法門長廣無際何教名相而不統收既淵且博慮其始心言想不及故於一切取要談十以爲行者悟入初門若入此門何法不見五列章六正釋三初標十數二初正標名數二略示功能二初約逆順生起顯十法該括始終二初徵二釋三初略顯示捨於無量取十種者蓋由此十該於逆順括於始終而其兩番皆成次比二正生起二初約施教逆推理顯由事二約立行順修即妄歸眞此二生起初從法性無住本立一切教法二從無明無住本立一切行法問法性無住立於教法依何文說答此文當體章明諸聖人依眞立名乃引淨名從無住本立一切法既引此證依眞立名豈非法性無住故立一切教耶然若具論從無住本立一切法不出四重如妙樂云理則性德緣了事則修德三因迷則三道流轉悟則果中勝用如是四重並由迷中實相而立上皆彼文今之初番是彼第四果中勝用今之後番是彼第二修德三

因問初番生起始從祕藏終至三道合當迷
故三道流轉何以却對果中勝用立教法耶
答今云祕密藏顯由三寶等豈可迷理而由
三寶及諸三法耶故知須作依理起教釋之
方允況今逆順二種生起與法華文句釋開
示悟入約位智門觀四義生起逆順意同故
彼文句云見理由位位立由智智發由門門
通由觀觀故則門通門通故智成智成故位
立位立故見理記釋云此逆順生起者初明
所由於能次明能顯於所今文初番豈非所
由於能次番豈非能顯於所耶得此意已方
可消文初文者三德之理是佛極證絕乎名
相曰祕密藏此藏得顯功由覺智與不覺理
合是故如來示現三寶而其三寶立由斷德
故說三涅槃涅槃得成復由智德故說三身
身由乘至故說三大乘乘由行通故說三菩
提菩提由智照故說三般若般若由性發故
說三佛性性種元由解了名義故說三識識
解本由三障即理故說三道都由三德祕密
法性無堅住性是故大聖以此法性無住為

本立九名相及一切教法此番生起為後解
釋十法立也釋次文者上辨大覺證三德藏
以無住故立諸教法極至三道今辨衆生處
於三道由無住故成諸行法極趣三德三道
復以無明為始無明明故業苦皆轉轉迷成
解了別聖言故成三識解為乘種即名佛因
故成三佛性種熏本覺故發智慧名三般若
智能道行行大直道成三菩提智行契性無
不運荷成三大乘乘辨報智上冥下應即成
三身身永離惑不生不滅名三涅槃斷德自
在施恩利物故現三寶利物功成自他休息
同歸三德此番生起為後十重觀心立也三
總結示逆討教由順修觀行皆成倫叙也二
約無量甚深明十法皆悉高廣三初徵起二
解釋二初約偏攝明無量三初明各具十法
三德法界既無邊量有何法門而不包攝且
從其要具於九種自體本是常樂我淨故稱
三德能具所具即當十法三德既爾餘九互
具可以意得故不備陳二明各具一切一具
九三既從要說當知一一各具一切三法門

耳
法性無礙能應諸數故一法門能具一切一
數法門復具一切二數法門乃至河沙名數
法門無不能具若解法性無量之義於此不
昧故云可知三引經證結經即華嚴趣舉一
法為法門主其餘一切皆為眷屬一法既爾
彼彼皆然方於一中能解無量如是解釋方
稱法性無量義矣二約豎窮明甚深上約無
量始從一法至河沙法豈不豎高但未約位
義具屬橫乃即豎之橫今明甚深一一法門
皆約三位及以六即即彼橫法各示豎深文
三初約十法共論三道三識是迷時法故屬
本有三德三寶是果後法故屬當有若三佛
法至三涅槃始自微因終剋大果皆是道中
故屬現有若昧三法高廣之義見今配對謂
為分割須知十三祇是一三蓋一法性無量
甚深具十種德立十種名一三不獨十三不
分若其三道在本有位已攝九三若言三德
在當有位亦攝九三中入皆爾又一等者一
法具九能所有十亦以此十分對三位此十

既是一法中具即當一法徧在三位顯前分對故非隔截三約各具六即示一一法門者十中一一中具九九中一一法乃至無量河沙一一法門無不竪通六即之位何者蓋一一法體是法性無量甚深博地全迷唯有理是若蒙說示於一一法名字知是深廣法性五品位人觀行知是六根淨位相似知是四十一位分真知是唯妙覺位於一一法究竟知是深廣法性故成竪義也復以六即對乎三位皆就橫廣而論竪深故但結爲甚深之義三結歸秖以三字徧譬橫竪窮邊極底法性經王文旨俱得二釋十相四初標二結前生後三勸須信解取大經意以人肉眼對佛智眼而辨勝劣常人肉眼但能分別色相同異五品觀行雖是肉眼名爲佛眼能見佛性祕密之藏今之解釋十種三法一一祕密非三智佛眼何能分別淺深同異淺深對偏三教爲淺唯圓乃深同異明圓十即是一爲同一即是十爲異同異俱時淺深宛爾大師已得此之智眼今爲須宣偏圓十法而愍

行人未開此眼故勸深信生於圓解依乎名字分別十門四正釋十相二初正解釋十初三德四初標名略示三是法體四是德相二約圓廣釋二初釋三以軌釋法深廣法性軌不軌之但由九界雖軌而違故於法身而成苦道諸佛順軌能於苦道而成法身以聚釋身者一色一香無非中道一切趣一一切皆然名之爲聚一切衆生等者良由佛身具一切法一切衆生各於一法真實識知則真知佛則真識佛故佛是一切真善知識華嚴亦云一切法不生一切法不滅若能如是解常見盧舍那釋般若中集即俗諦假智照故諸法集成散即真諦空智照故諸法散壞雙非即中諦中智照故諸法絶待三智一心名爲般若釋解脫中諸法不出真俗中三既於此三不染不住名三解脫即三惑累永不相應二釋德三初明法身四德一一法者生佛依正至一隣虛一刹那念無不圓具微妙四德約三業明淨德者十界三業皆與六染本來遠離名法身淨法身四德妙而無類强以世

金四義爲喻二明般若四德即體之智還寘於體既其不二豈智功德少於法身是故般若亦具四德大品經中果有此義言色淨者陰色即性故是法身合具四德爲成蕩相且舉一淨淨德不孤必具餘三合云色常故般若常樂我亦然言諸義皆成者即是體具清凉不變義真實識知義光明徧照義乃至過河沙諸功德義智既寘體是故般若皆成此義故復引經色大色無邊立廣大義例明深與立竪高義般若皆具也境但色者色居陰初是法界首故經先舉既色具四德受想行識界入諦緣六度道品至于種智皆常樂我淨是故般若常樂我淨此乃般若具四德也三明解脫四德前破古文已別列四故今約義總明合有而有二義初約諸惡永盡諸惡不過無常等四既離四過合具四德若其別論無常等執但在二乘若通論離無常等障唯佛方盡今就通說次約衆善溥會善法雖衆豈過四德會集既溥德必無虧是故解脫具足四德三引證體圓引三文者初文之意

乃明解脱同於法身具足四德次文通論三
德意在法身所照法身必三德故經雖闕於
般若之文而盛說三因因是智性三因圓故
即是三智各具四德言三點具足等者哀歎
品云何等名爲祕密之藏猶如伊字三點若
並則不成伊縱亦不成如摩醯首羅面上三
目乃得成伊我亦如是解脱之法亦非涅槃
如來之身亦非涅槃摩訶般若亦非涅槃三
法各異亦非涅槃是則三法離乎縱橫一異
之相方得名爲大涅槃也點是文字者蓋天
竺新伊三點如此方草書下字復有紬畫圓
連三點故知點點皆是文字以喻三法法法
互具皆大涅槃三點悉備四德者若迷三點
皆是文字安今三點悉備四德以法身常我
般若是淨解脱是樂既點點收二則點點成
四故知三點之法身方具四德三點之般若
三點之解脱方具四德故云悉備及具足也
所言三智各具四德者智是般若以收二故
二皆名智乃成三智是將三德而爲三智故
令三智各具四德三德若此安可思議故得

名爲祕密之藏四結前生後良以三德與九
法門無二無別一章得解餘九應知猶患聽
徒未窮旨趣故難緘默更爲宣通耳二三寶
二初約圓釋義以佛法僧皆具四德是可尊
重故三名寶此與三德其體不別蓋具覺不
覺和合及以可尊重義是故依義立三寶名
今明三寶是一體義而文略難見觀音玄中
其相稍委今具寫之用顯此義彼文云以實
相慧覺了諸法非空非有故名佛寶所覺法
性之理三諦具足即是法寶如此覺慧與理
事和合名僧寶與事和即有前三教賢聖僧
與理和即有圓教四十二賢聖僧今釋曰佛
必三智略語雙非法寶乃云三諦具足此之
三諦即差無差性中理也無差而差性中事
也慧合無差三諦即有圓教僧慧合而差三
諦即有三教僧今佛法二文與彼不異但小
略耳其僧寶相語異義同須會其語今云毗
盧遮那即彼所和理也徧一切處即彼所和
事也彼文理事雖各論和其體不二是故今
云即事而理此之事理皆法寶也能和覺慧

是佛寶也今文從略但舉所和以顯能和是
故結云此和可尊須知秖一三諦而分事理
圓融三諦名之爲理即融而隔三教諦理名
之爲事佛寶權智與法寶事和應現三教賢
聖僧寶佛寶實智與法寶理和應現圓教賢
聖僧寶彼云四十二賢聖爲圓僧寶故知應
爲妙覺亦名僧寶以其法報屬於佛法二寶
故也故釋摩訶衍論云等覺已上有眞僧寶
又華嚴中以統理大衆爲僧寶者豈非應佛
應佛對機統衆之極也此之三寶一人一念
皆能具足名爲一體實通六即文從眞證能
垂應説故云四十二也二例餘對喻三德三
寶名異義故聖以四悉廣布不同其實體性
無二無別故用三字復喻三寶然此同異三
昧智眼之所知見非尋名者依教安布當生
信解即聞而觀證悟在邇三三涅槃二初約
圓釋義涅槃之言章安疏中有多翻譯今取
一翻不生不滅明三種相義甚分明三種別
名性則不改淨則本空圓則智滿淨則惑盡
方便則赴機淨則無累三種通名名通義別

隨文自見性淨中諸法實相者修善修惡徧收一切名爲諸法修全是性相相皆實故名實相非謂諸法内有實相亦非修虛其性本實諸法當處既皆眞實故無法可染亦無法可淨既無惑染豈有法生既非智淨豈有法滅是故名爲不生不滅圓淨者據性而論雖無染淨約修而說惑智宛然惑本違理智若契理惑永不生智既順理若理全顯智永不滅故惑盡智圓亦得名爲不生不滅方便淨者智冥寂理即鑑群機故云寂而常照照必垂應機感即生心常寂滅故此生非生緣謝即滅應用常興故此滅非滅應機出沒非存非亡是亦名爲不生不滅此三涅槃約契理應機二種修義對於本淨一性而說當知一性對修故合約性常開全修在性故性具三若全性三起契理修乃成三智若全性三起應機修乃成三脫既應機有三即方便淨具三涅槃既契理有三即是圓淨具三涅槃既一性具三即是性淨具三涅槃不爾安能三點具足四德無減豈三涅槃獨論離合須知

餘三亦復如是二例餘對喻三涅槃體與三德等無二無別豈唯體一義亦相從故以涅槃義成四德復由具德故成寶義今三涅槃體義既同三德三寶豈金光明不能比況三涅槃耶四三身二初約圓釋義身有三義謂體依聚欲令易解但取聚義偏釋三身聚何法耶所謂一實二諦三德四信五眼六通七覺八正九禪十度百門千法八萬四千法門三昧總持諸波羅蜜乃至過塵沙無量諸淨功德如是等法性具則名理聚法身也智證則名智聚報身也行成則名功德聚應身也然理無等者然智行屬修修成則聚不成名散理非成不故無聚散今約顯覆義言聚散理雖具法覆故不見與散義同例顯可知此三皆言從初心者雖通觀行今據顯出正理之文合從初住終至妙覺以垂應身非二凡故此之三身一念齊顯故不縱三義相由故不橫何謂相由由行聚故資智智聚故顯理亦是理聚故發智智聚故導行行聚故證理復須了知智行在理理方名聚行理在智智

方名聚理智在行行方名聚開合之義在其中矣二例餘對喻五明三大乘二初約圓釋義大乘即大車取運荷之義運而不荷荷而不運俱非乘義無法不具故名荷能趣極果故名運此三皆爾故名大乘初理性虛通者一性虛故萬法具含任運荷也法法自然性通祕藏任運運也任運下少一運字隨乘者智照諸法終歸祕藏而言隨境者良由諸境性本趣極智隨性故亦能趣極是則理乘本運故隨乘能運隨理荷法其義亦成得乘者體是眾行隨乘導故莊嚴極理故名得果自既解脫能令他脫故名得機修性離合亦同前說二例餘對喻六三菩提二初約圓釋義菩提翻道道曰能通即前三乘各一運義也若三別相同於前後故不特釋但舉異名兼而顯之故云眞性亦名無上眞性體是第一義故更無過上二實智者即惑成智體染本空故名清淨三方便者智但自淨未滿大心今用善巧逗機則使已他會極是故方便復名究竟開合如前二例餘對喻七三般若二

初約圓釋義通名般若此翻智慧別名有三
即實相觀照方便此三般若體是圓常一大
覺也即此一覺有三種德就非寂非照之德
名實相般若就非照而照之德名觀照般若
就非寂而寂之德名方便般若此乃寂覺照
覺非寂照覺三皆覺故名三般若寂照之上
皆言非者以依雙遮起兩用故然寂照等義
初學難曉今略言之照謂照明明故了法了
法無相名一切智畢竟空也寂謂寂靜靜故
諦法諦法緣生名道種智難思假也非明非
靜無緣之知名一切種智絕待中也然實相
般若他宗執實相無知名般若者以所照境
從能照智得名如此釋名非性宗義二例餘
對喻上釋三德以般若智照法身境境智既
合乃起解脫若謂三智定是一德作少分解
則迷經旨莫銷此文若定多少則有二有別
應知般若具於法身及解脫故方受三名三
德既是修二性一般若豈不然乎三德離九
三智亦爾是故三德與三般若及諸三法皆
同一體而立異名悉是法界之全分也故今

三字亦喻三智八三佛性二初約圓釋義通
名佛性華梵兼陳佛翻爲覺即三智融明徧
一切處無不明了名大圓覺性以不改爲義
謂大覺性不增不減非變非遷豈正獨然緣
了本具亦無變異別名者正因了因緣因正
謂中正了謂照了緣乃助緣緣助於了了顯 卌九 十六
於正正起勝緣亦是正發於了了導於緣緣
嚴於正正起勝緣相由既然非橫義也一心
頓具非縱義也此之妙因能剋妙果俱名因
者其義在茲文釋三相皆云雙非者以其正
因是中實故常無常苦樂垢淨我無我等
八種之倒本不相應文且從略舉非常等也
全此正因發照了智智豈邪倒此了導緣衆
行皆中也以從勝說故舉雙非中必雙照三
諦義足是則以即空假中正性發即空假中
了智導即空假中助緣嚴即空假中正體起
即空假中勝緣如是方曰圓釋三因文舉開
掘金藏爲喻顯此三相喻通別教須依即義
釋令歸圓天魔外道不能壞者魔等當體自
是三因豈應佛性更壞佛性二例餘對喻九

三識二初約圓釋義釋通名云識是覺了智
慧異名問三識之名在本有位又阿梨耶體
是無明阿陀那性是染惑何得云識是智異
名答大聖悉檀示諸衆生顯理名教或存或
廢義有多途如大經令依智不依識及諸教
中勸脩觀智斷諸煩惱此以廢惡之名詮斷 卌九 十七
煩惱而成理觀也若楞伽經殺無明父害貪
愛母此以惡逆之名詮斷煩惱而彰理觀也
若無行經貪欲即是道恚癡亦復然如是三
法中具一切佛法今家釋云是大貪大嗔大
癡三毒法門即與三觀無二無別此以惡毒
之名詮不斷惑而明理觀也今以三識及下
三道爲金光明所喻法者同無行經用於惡
名詮不斷惑而顯妙理良由圓教指惡當體
即是法界諸法趣惡十二因緣非由造作即
是佛性故陀那惑性賴耶無明相相圓融與
祕密藏無二無別是故得云識是覺了智慧
異名然若不以不斷煩惱即惑成智消此文
者圓意永沉釋別名中存三梵語逐一釋義
即是翻名言第九等者出梁攝論眞諦所譯

故輔行云真諦云阿陀那七識此云執我識
此即惑性體是緣因阿賴耶八識此名藏識
以能盛持智種不失體是無沒無明無明之
性性是了因菴摩羅九識名清淨識即是正
因唐三藏不許此識云第九乃是第八異名
故新譯攝論不存第九地論文中亦無第九
但以第八對於正因第七對於了因第六對
於緣因今真諦仍合六七爲緣因以第六中
有事善惡亦是惑性若分別者爲易解故以
一念中所具之法教道權說分對諸位且立
遠近以第九識無染不動故當於佛第八屬
菩薩者以十地位六七二識已轉成智正以
賴耶三分爲境雖是境界而即用此便爲觀
智如初心人亦用現前第六王數而爲境觀
故引大論在菩薩心名般若也第七名阿陀
磧九
十八
那者據真諦譯若新經論皆云第七名爲末
那今依古譯言訶惡生死等者以二乘人人
執既忘見思所熏第六事識轉成無漏既壓
沙未破正住第七法執之中不了生死法空
故有訶惡不了涅槃法空故有欣羡此識若

於果佛位中却復用之而爲權智以二乘法
接引小根著蔽垢衣執除糞器故知諸識破
後自在爲機載用也波浪等者第六識也楞
嚴云陀那微細識習氣成暴流而爲波浪乃
當凡夫心心數法也此約四人各對一識若
就漸斷分別四相麤必含細凡夫具四二乘
具三已破第六故菩薩具二六七已轉故佛
唯有一第八至果已轉故也然其第六是意
家之識乃阿陀那之枝末若說第七自已收
之故今不論上明三識分三位者乃屬教道
若稱實論此三種識即是三德何人不具何
物暫虧若識若色唯是一識若識若色唯是
一色豈可有無增減而說且約有情一念心
具一切染淨佛究竟具寧容獨一若不然者
豈爲三字所譬之法二例餘對喻例三德者
磧九
十九
問三德與三識無二無別者三德修性有離
有合今明三識有離有合耶答有又問不二
門云順修對性有離有合三識之中七八二
識迷九而起是逆修義豈得對性辨乎離合
答離此逆修立順修者則有惑可破有智能

觀能所既存此修名逆何順之有若即七八
爲順修者既無所破亦無能觀惑智既忘修
性亦泯而其三識一異同時無逆順中强名
爲順是故得云識是覺了智慧異名今文三
識明此順修此修對性辨離合者九具八七
名爲性三八具七九及七具八九名爲修二
各三之義是爲離也今合性三但明第九各
合修三但明七八是爲合也離合既爾故與
三德及諸三法無二無別乃以三字喻今三
識十三道三初束十二支爲三道二初正束
此十二支教門不定有通三世有通二世有
在一世有唯一念時雖延促皆論十二今就
三世束爲三道教門多故其相顯故二釋名
上束十二是釋三名今明道義是釋通名通
名道者謂業惑苦互相通故故今世世相續
無窮然今文意即以事通彰理不壅二約圓
釋即事而理經指癡愛中間五果爲佛性者
蓋於報法易顯正因故以此五果雖有觸受
未生愛取就此色心顯正因體易成妙觀如
摩訶止觀初觀陰境其意亦然凡明觀法初

多就易易處觀成無難不曉大師得意故例惑業皆是佛性即是緣了二因性也舉三喻者世間物象比於妙理皆是分譬須將法定方顯偏圓如如來藏經九喻止觀喻別餘文喻圓今冰水等亦兼圓別何者若謂結佛界水爲九界冰融九界冰歸佛界水此猶屬別若知十界互具如水情執十界局限如冰融情執冰成互具水斯爲圓理薪火縛脫其例可知故十二緣輪迴之法謂實則三障確爾情虛則三德圓融於十二緣不損毫微全爲妙境即惑業苦一一通徹法界邊底是名三道欲顯此三圓融義故名從勝立故云法身般若解脫但轉其名不改法體其實秖是當體通徹耳三約體達例德對喻問前明三識第九一性對八七二修以明離合故類三德今明三道三俱逆修如何說於修二性一此義不成則與諸三有二有別豈是三字所譬之法答即事而理事理無差且如事中惑起於業業感於苦苦還起惑此三修惡即是性惡乃名性三亦即因法轉名三識三佛性三般若三菩提三大乘亦即果法轉名三身三涅槃亦即果用轉名三寶亦即祕藏轉名三德故知節節但轉其名不改其法故不二門云性指三障是故具三修從性成成三法爾其義既爾安云三道不具離合以金光明譬於三道其意略爾二示融通三初勸解法圓融上極三德下至三道不增不減無二無別即異而同也迷解智行因果自他至同歸處名義不濫即同而異也終日同終日異用十同異以爲初門從門入者則於一切同異無礙如風行空能於一法解一切法若同若異能於百法解一切法千法萬法河沙塵數各解一切若同若異故云亦如是二引諸經圓證一法門者趣舉一法攝無量法故云眷屬彼彼攝法亦復如是此經云於一切法含受一切法以此例之一切諸法皆譬衆香之丸隨色之珠地具四微海容諸水若同若異合法可知三設問答顯益問意者如前三德尊重名三寶不生不滅名三涅槃乃至通達名三道此於一法顯一切法已自具足何用更說三寶等九法及一切法皆各能攝一切法耶答意者其實一法已具一切無所減少但爲人根宿熏差別致令宜樂斷證託緣不同有聞三德攝一切法得四益者乃至有聞三道攝一切法得四益者故須徧說能益多機一說下明於徧說令彼一人生一切解圓頓根性聞說一法尚解一切若聞諸法妙解愈明能知佛意佛是一切智人故云智者麤言軟語者大經云諸佛常軟語爲衆故說麤麤言及軟語皆歸第一義然則麤軟之言該乎一切今就十法論者三道至麤中八相望三德至軟既約圓說一一互融法法高廣故令聞者入第一義及無違諍也

金光明經玄義拾遺記卷第二

金光明經玄義拾遺記卷第二

校勘記

一　底本，清藏本。

一　四〇六頁上一行第二字「是」，〔南〕無。

一　四〇七頁下一二行首字「垂」，〔徑〕作「無」。

一　四〇九頁上一〇行第一六字「明」，〔南〕作「謂」。

一　四〇九頁中一九行第二字「令」，〔徑〕作「今」。

金光明經玄義拾遺記卷第三　　碑十

宋四明沙門知禮述

三簡十法十初簡三德三初標二正料簡二初斥偏三初三藏太子五陰久修五分雖未無漏得名法身在二德前樹下真明方有般若三十四心者十六心破見十八心斷愛若頓證羅漢及辟支佛此之二人皆一時得三十四心羅漢但斷正使支佛分侵習氣若樹王下用三十四頓斷正習一時俱盡是故此心獨在菩薩解脫在後其相可見此之三法以漏無漏存亡不同故異而且縱此教經部名爲阿含釋論明文以摩訶衍對三藏爲小婆沙翻數此論廣說四階成佛阿含唯經婆沙唯論三藏之名具經律論此三所說但有三義全無德義何者終歸灰斷故無常德非大涅槃故無樂德無八自在故無我德不斷五染故無淨德二通教通詮體觀法本不生非證後空此爲法身是故本有境雖本有須依此境體破見思正習盡處正是般若故屬現有果縛盡時方是解脫故屬當有此之三法空境無知般若有照如幻色心盡方名脫故云異而且縱前代成論師見乾慧等十地中二乘證果謂是小教所明人法俱空乃取此義釋所弘之論意謂小教探明大乘故妙玄云舊云成論探明大乘又云成論師秖見共般若意不見不共意即此義也故知彼師不知藏實是三藏空門與衍門永異又不知衍門真諦含於但中及不但中今就彼不知及鈍菩薩故無四德三別教前破真諦乖圓別者蓋違本經別分四德對於三身故云乖別若以彼說四教收之既談四德非前藏通德既不融非後圓教雖收屬別然非別教通方之說故云一途問真諦立云般若解脫各具二德今何斥云無德可稱答若就別論二各具一亦可名德今以圓斥隨有所闕德義不成何者若般若照境故常破暗故淨若無樂我乃是有苦之常淨不自在之常淨豈成德耶若解脫無暗故樂廣遠故我而無常淨斯乃無常之樂我垢染之樂我豈成德耶既德有增減則法不高廣焉稱經王無量甚深耶二顯圓具如前說三勸生圓解四德殘缺非經之王縱橫可思非佛所護有念心眼皆是牛羊無緣知見方可論道二簡三寶相從者從佛說法從法有僧從是三寶于今不絕皆由歸佛稟法成僧故曰相從復名階梯者蓋喻等級非相亂也此明別體四果之僧定不成佛其猶下級不成上級又樹王下迷真輕者見如幻佛說無生法三乘因地皆能斷結有異三藏菩薩因中全不斷惑衆即空故名理和僧雖異三藏而其三乘共證之理既是偏空亦無四德若華王世界成盧舍那雖通圓別今就鈍根迷中重者不知即性作修成解是故佛寶從報彰名法寶但名無量四諦既非無作故從多數受河沙名稟法之僧雖純菩薩且非發心便成正覺故四十一位分於賢聖此之三寶佛是僧果僧是佛因法是因果所修所證實僧成佛佛現權僧永異階梯高下不攺然從別相末是同體言同體者三寶一體此體覺了名佛此體不覺名法此體和合名僧迷悟因果其體不分一人一

念無不具足故華嚴三歸以體解大道爲佛
深入經藏爲法統理大衆爲僧三雖在果而
是一體三寶若此方與三德無二無別是金
光明所譬三寶也三簡三涅槃般涅槃那翻
爲安樂故凡聖大小皆有涅槃若世人適意
亦是涅槃若外道不知非想非非想定十種
細想及無想天第六心心數法暫爾不行故
皆計爲永寂涅槃若染欲心伏名方便涅槃
若二乘菩薩論得未得是三藏涅槃若三乘
同盡子果兩縛是通教但空共小涅槃簡不
但空不共二乘今就共論故無四德若中道
理智及同緣示滅三種涅槃此有得意及不
得意其得意者一必收二三皆圓具即成圓
教大般涅槃是今所喻今就失意互不相關
者故屬別耳若言等者即地論師也但以實
相名爲性淨修因所成爲方便淨不明緣因
薪盡火滅隨機涅槃既但二種攝義不周即
非三德圓融涅槃故非今經所喻之法四簡
三身二初簡偏二初明藏通但二無三二初
三藏樹王下佛爲真身者非即事而真是證
真之身故名真身神變爲應亦非無謀全是
作意三藏之中唯明此二無法報應三身之
說證真現變皆從析法觀智所成二通教二
初正明但二此教雖云即事而真但即偏空
非佛性真真無實體非任運應此教及藏但
詮二諦未明三諦是故論身唯二無三二徵
釋真身欲示即真先詢色相若爾者領前也
事即真空方是佛體是則丈六非是真佛又
作人形復非鹿馬究論丈六爲是何身答中
二意初意是應次意是真初云應同人像者
以此丈六非愛業感自已辦地誓扶餘習潤
神通生與物結緣淨佛國土群機既熟出現
王宮故知丈六是神通身應同人像然未盡
理故云一往故又一下正示真身匏分大小
理在空中今以即空爲真身者猶屬於小故
例大乘秖以中智所合之理便爲法身豈離
色心別論中道今但空真亦即人像全體是
空色心不生色心不滅爲真身也依身起變
名爲應身是故此教唯有二身二明別教雖
三且異若其互融那分虛實驗其所立體相
各別三身不圓故今不用二顯圓三初明三
身皆實三初正明體實理體既實理智豈虛
實理實智冥故起用用豈不實三既相即二
乃非虛二引經類顯淨妙欲境作死壞觀雖
是假想能治貪心虛有實益例乎應身非生
現生故非本體益物不虛故名爲實三取意
結成二明四句俱融圓說三身舉一即三各
有四句何者若別分之報身眞證故實應身
假說故虛法身平等遮照皆雙雙照故亦實
亦虛雙遮故非實非虛三身互具四句皆融
當細揀之三明增減自在二初約義立身二
初問意者以金光明譬三身者所譬之身可
增減不二答二初明義立無咎就題三喻故
立三身以爲所喻對喻雖爾若其得意多少
不拘或增至四身或減至一二若蕩名數亦
可說無二明經意本通若增若減悉在經文
釋迦牟尼是第三身種種示現義當第四開
應出化是四身義文中出字合在應下佛真
等文義雖具三今就現文得名二身諸佛雖
有二三四身以一真法收無不盡故唯一身

善寂大城寂亦空也既無諸數即無身義也二以身用譬二初問意者譬有三字可顯三身約何道理令譬增減對多少身二答意者譬雖三字義有盈縮若四身之譬文義宛然若爲二者乃合光明而爲一用對於金體以爲二譬顯於二身若爲一者取正捨旁從本除末唯以一金對於一身無身譬者以無貪爲金此金無質爲世至寶可譬無身數量都忘是出世間第一義寶楊震等者東觀漢記楊震爲東萊守道經昌邑昌邑令王密是震所舉秀才夜懷金上震曰無人知震曰天知地知我知子知已有四知何謂無人遂不受此蓋貴乎不貪即以不貪爲金也故知世金有名無實五簡三大乘因緣六度者三藏教中自立大乘十二因緣是支佛乘對聲聞爲大六度菩薩對二乘爲大此是三人各有所乘即羊鹿牛雖立大名用別於小而其同趣偏眞之果是故名別其義同也通教菩薩與二乘人同無生觀同斷同證永殊三藏三因大異故云三乘同乘一乘此一既共二乘所

證驗非中道也別教詮中獨爲菩薩說理隨得而理乘但是所契之境隨乘但是能契之智得乘但是自他之行三乘隔異互不相融非圓乘義三種者即藏通別所說乘相都是圓教得乘之中得機之義故云得乘方便所攝也若正法華說羊鹿牛三車之外更有象車即妙法華中三車之外大白牛車也牛名同故一乘難顯致使他宗於菩薩乘不分權實今據正經象名不濫乃彰圓教是一佛乘若羊鹿牛秖是得乘得機所攝彼之象乘是今所譬圓教三乘但云理乘者欲顯隨得皆即理故圓教智行是性本具修而無修是故文中就理立稱華嚴四乘者彼部雖無小機稟教何妨說於三乘麤淺顯圓佛乘六簡三菩提請觀音等者三菩提翻爲正道彼經論盖通於三乘是故發心有其三種即聲聞緣覺菩薩也三皆破惑故名清淨皆離邪倒故名正道既共二乘非圓實智故是方便菩提所攝若緣眞如佛智神通發心爲非依文殊問經發心爲是者乃辨三心隔別圓融爲是

非也何者若緣眞如理則發眞性菩提心若緣佛智則發實智菩提心若緣神通則發方便菩提心三既不融是故爲今化他方便菩提所攝義不高廣非今所譬若無發是發即理之智是圓實智一發一切發不思議假是圓方便非一非一切而一而一切即邊之中是圓眞性即一論三即三論一此與三德無二無別是今所譬須知文殊問經三種圓發非離眞如佛智神通但非三處各發一心若於一處圓發三心故名爲是如摩訶止觀發大心中云諸經明種種發菩提心列於十種謂推理發菩提心覩佛相發心覩神通聞說法遊土視衆見修行見法滅見起過見受苦於此十緣發菩提心而於十處皆生四解以圓對三而分是非以此例彼豈不然耶是知緣於三處各發不融正屬別教故爲所簡三一互具發者屬圓故爲今用七簡三般若初爲世人不知般若是畢竟空三智具足謂是忘寂不照諸法故順世情以斷滅問設生後答俾乎學者識般若體是三智眼然此眼智

有次不次故先列次顯後不次其次第者即是前空次假後中各一眼一智智則觀於三境分明眼則見於三諦審實分明故審實審實故分明因修止觀果發眼智次第三種一一皆然二眼二智偏空偏假中眼中智雙遮空假雙照空假若三止三觀一心圓修者必三智三眼一心圓證觀一切法一相寂滅相中智也行類相貌皆知二智也三智既圓五眼斯具以法眼攝肉天二眼是故五眼與三智齊般若若此能知能見諸法邊底那云忘寂不別諸法若於忘寂不生邪慢則與汝是聲聞曲見若以此心壞於因果生邪慢者則須奪之是尼揵子斷滅之見尼揵此翻離繫蓋此外道專守空見或裸形自餓謂離繫縛也八簡三佛性先斥三性各在一位體不通融非圓三性次引諸經明三性圓具華嚴既云一具無量豈緣了正有所虧耶大品一心萬行乃至涅槃寶藏無缺皆是三性圓足之文理性名字觀行相似分真究竟位位皆即三佛性也淺深明昧宛然一一即三無缺九

簡三識若分三識陀那屬聲聞棃耶屬菩薩菴摩屬佛此乃教道分張次第斷相若菴摩是本性無明迷故生業轉現名阿棃耶復執見分起我見我愛我慢我癡名阿陀那此乃三識次第起相皆是教道非今所譬若欲圓論須依攝論金土及染三不相離則於聲聞菩薩及佛三人心中皆具三識大師猶恐尋此喻者作真妄二法相合而解謂除土存金至佛唯有菴摩羅識故據大經依智不依識而爲問端爲欲答出三識乃是三智異名則土喻陀那是方便般若染喻棃耶是觀照般若金喻菴摩是實相般若至佛究竟三種淨識豈但一耶然若不知性具染惡安令七八土之與染至果不滅又道前等者地前名道前皆依煩惱及以生死故八心王通名爲識佛果爲道後轉依四智菩提種子是故八識轉名四智轉第八識爲大圓鏡智轉第七識爲平等性智轉第六識爲妙觀察智轉前五識爲成所作智故云轉依即是智慧注未詳者潛斥之意耳以彼所明道後轉依熏成種

子轉成智慧不言八識性是妙智斯是唯識一途教道非今所譬然是菩薩所造之論不欲顯言故但注未詳如諸文中破古多云此語難解故知未詳不異難解十簡三道前解釋中雖云三道與三德等無二無別而未分別界內外相雖於界內十二因緣明不思議未明界外三障即理示障既淺深理難彰今的辨之令皆究竟故設問曰界外云何答中引寶性論界外四障對十二緣體狀宛爾此之三道不就隔生唯論當念故起信論明不覺即心動說名爲業動則有苦果不離因不覺即煩惱動即是業此動即苦是故結云果不離因斯是變易生死之相界外三乘同有此障今明即障全體是德三障乃是三德異名即金光明所喻法也四附文釋二初標二二釋三初對前顯勝二初總對上義辨前作譬釋蓋爲古師不知三字從法得名謂是譬喻及其解釋何曾洞曉所譬法門眞諦最優尚乖圓別因果不通不稱法性況諸師邪大師見昔譬法不周是故同他用譬擬法略譬

十種三法廣譬一切法門橫竪該收無法不備顯於法性無量甚深若作譬釋合當如是然而大師深知三字是法非譬從茲自立附文當體二種解釋其中附文舍於二義一直名理二從事用若當體釋唯從理立今欲依文先貶譬釋多是義推不及依文顯然可解二別約四事辨初之二句總舉四事以巳情下釋出四事初三兩句約情智明親疎佳前觀智皆名爲情況人師推度是故言疎初住已上證理名智況今極果三業隨智故云用佛口說是故言親二四兩句約彼此釋遠近以彼凡世金光明義例此出世三種法門是故言遠即此經文聖言詮召理性事用不假他求是故言近豈可下結責四事二正明附文二初委明所附文相二初通論諸品名事

碑十　十一

名是理名事是事用諸品之中或單或複名事分明故非髣髴一文而巳二的示一部文相三初正示諸文別序文云是時如來游於無量甚深法性諸佛行處過諸菩薩所行清淨是金光明諸經之王既在法性定中而便唱言是金光明諸經之王是之一字即指法之辭不指法性更指何物爲金光明耶故知三字直名深廣法性不從譬喻此文最顯故云創首標名彌爲可用壽量品放大光明雖無金字既是佛光佛身金色此金身光明全從法性金光明起即事用也懺悔品中夢見金鼓其明普照即光也讚歎品王名金龍尊奉貢金鼓讚佛此等皆從金光明理起於種種金光明事用也若空品中言尊經者金以可尊可重爲義光明既是即體之用豈不尊耶此乃名於金光明理爲尊經也四王品內六番問答重重名事具載其文又人王燒香供養經時香蓋金光徧照十方諸佛國土文云皆是此經威神力故二明通三世信相所夢既是佛世即現在龍尊屬過去可見香蓋徧滿是佛滅後供養經時屬於未來由金光明法性深廣故得事用三世徧通三結徧一經二結示無量甚深二初正結示手擎香爐一處起煙十方佛剎皆有雲蓋悉放金光又金龍往劫發金光明願信相現在感金光明相人王未來作金光明佛事若名若事亘三世爲縱徧十方爲橫此等既是即理之事故稱法性金光明理無量甚深也二勸審思理名事用重重標示佛意令人解金光明理事不二如何講者不附經文釋其題目順情推

碑十　十二

喻棄親逐疎故勸識者審令依經立名之意也三例同諸經二初例指事立名稻稈事者佛見枯株稻稈即說十二因緣生滅因名稻稈經象步事者即無所希望經一名象步經諸經所說既即指其事以立經名此經盛說金光明事何不即以此事立名却謂金是世寶體有光明堪喻三德豈非彰灼違佛旨耶二例以經名事又如諸經說稻稈等便即名爲稻稈經事此經盛說金色光明何得不名金光明經事耶此乃以經名事意令以事名經耳現行即本象步經下等字悞諸舊書本皆作事字方是以經名事也五當體釋二初標言當體者當謂主當體即法性謂法性主體名金光明此對譬喻以彼顯此則三字名從他而立非是法性自體之名今據經文見

三字名真名法性即前所引佛游法性便即唱云是金光明經既不云如金光明驗非譬喻大師深解經家之意故立三字是當體名又與經中諸文符契問今當體釋亦是依經全同附文那分二釋答前斥譬釋但是義推無有一文無而强用有而不遵今當體釋若不依文則成自斥故知此釋非不依經得爲兩釋者蓋有兼獨何者以此部中重重舉名重重說事既附文釋題須名事雙附事即事用謂金色光明也名即理名直召法性也如創首標名驗是召理此乃前釋雙兼名事雖復雙兼而其理名未曾顯說讓今當體委陳其相是故兩釋雖通依經而當體釋獨在理名二釋二初及常情立今正義二初叙古寄俗名真大師欲定經題三字是法性名且爲常情執於真諦本無名字一切名言皆是世諦聖人談真蓋寄世名名真無名故引成論證真無名此義若成則金光明名須從譬立故今順理反此常情二明今則真名俗二初對他略立他師本立真諦無名俗諦有名今

特翻云俗本無名隨真立名即是寄於真名名俗無名也問今之破立若真若俗有名無名爲是何教二諦相耶答凡論二諦須辨三番一隨情二諦二隨智二諦三隨情智二諦即情智相對合明二諦此之三番有總有別所言別者則於教教各明三番隨情則凡位自論二諦隨智則聖位自論二諦隨情智則聖位二諦以隨智故合爲真諦凡位二諦以隨情故合爲俗諦此乃四教各論三番也言總論者以前三教及諸凡夫是可思議法故總束爲隨情二諦圓教始終是不思議法故總束爲隨智二諦隨情二諦併名俗隨智二諦併名真故名隨情智二諦今云真諦有名者即是圓教始終二諦以不思議故但名真諦此之真諦具一切德本有一切真實名義故云真諦有名言俗諦無名者即前三教及諸凡夫所有二諦以可思議故但名爲俗此俗虛假淺狹故無真實名義故云俗諦無名今之所論乃是聖人仰則圓教隨智真名俯立凡夫隨情俗號二稱理委示二初約義委

示若論大聖則真名俗有何時節今舉劫初立名事顯成劫之始尚似空劫故云廓然萬物雖立皆未有名諸大聖人所證真法具足一切究竟名義乃應生其中俯順凡情見於萬物有淺近義乃則真法深遠名義立於世諦淺近之名如世道路有少能通乃則如理究竟之道名於世間淺近之道如世珍寶凡情所貴乃則如理究竟可貴之寶名於凡情可重之寶網之與響皆悉如然問如靈鷲山劫劫皆有乃是聖人以昔名今驗知萬物皆是以昔而名於今今那忽云則真名俗答大聖常以五眼等照四悉被機若但緣過現不則真法則聖唯有肉天二眼無餘三眼但用世界無於三悉其實不然不以二相見諸佛土鑑機即照理照理即鑑機何有一事不則真法而施爲耶故知不妨將昔名今而若今若昔所有名字皆從真立如此方名聖人立法二引教誠證五初引華嚴則真立俗聖見出世真如理中本具耕田作井真實義故乃教衆生耕世間田作世間井也二引大經真

具名實諸佛菩薩雖則眞法俯立俗號但順衆生淺局之情立名召物能召之名雖法眞立而其所召無眞實義何者如依眞名道其實不能徧通諸法故云世諦有名無實唯有如理究竟不壅通達一切故云第一義諦有名有實如依眞名寶無可重義且世七珍但於穢俗心生愛重若廉潔之士視如糞土況三乘人耶唯有如理諸佛尊重如依眞名綱豈有該羅萬有之義唯眞如理徧該生佛羅單十方如依眞名響豈能一時徧應衆緣唯有如理無思無作十界機扣一時普應故云世諦有名無義第一義諦有名有義也三引大論隨理立名若第一義理不具名義如何隨之立乎名字則眞名俗其意昭然四引淨名事由理造所引經文大意明於從理造事而所造事有修性迷悟故妙樂明法性無住本立一切法具有四重謂理則性德緣了事則修德三因迷則三道流轉悟則果中勝用今明聖人仰則眞法俯立俗號蓋由證悟眞如之理理具諸法不守一性故則此理立世俗名故不可以三道流轉爲所立法正當第四果中勝用爲所立法五舉誠教勸物生信二用今義立當體名前破古立眞諦無名顯於今立眞有名義廣引經論證眞有名此義既成乃知經題金光明字從當體立是法非喻故約當體釋三字題文三初明經從當體立名題稱金者可重爲義彰於法性妙絶難思諸佛所師最尊最重光者照了爲義彰於法性當體覺照徧一切處無不明了明者應益爲義彰於法性當體即是無緣慈悲隨對即應拔苦與樂當知法性金光明義義方究竟如來入定游歷法性知此法性究竟可重究竟照了究竟能益即依三義唱三字名直以此名名於法性固非寄託世金光明以爲喻也既知三字是法非譬乃是一種三法之名法性當體名金光明法性當體名法身般若解脱乃至法性當體名苦惑業既十三法皆常樂我淨此金光明一一皆具常樂我淨彼諸三法不縱不橫此金光明亦不縱不橫則與一切微妙三法無二無別前順諸師用世金三義譬於法性十種三法及一切法今當體釋以金光明直名法性則前十種及一切法並爲金光明三種法門之眷屬也二明人從所證立稱經題三字既是法性三種法門故菩薩分證此三法門從法立名佛乃究竟此三法門從法立名以此驗之三字之名彌彰當體三二問答料簡人法二初叙人二初以能仁立妨二約通別爲酬二初明別稱允同諸佛釋迦牟尼雖是別稱此別具通豈釋迦文不證三法從通證故允同諸佛從別因緣名爲釋迦二辨通名皆具三法三初引一文明同具金之三義無量菩薩唯讚釋迦而所讚德允同諸佛即金色明耀是佛法體具金光明三種妙德則與諸佛無二無別非借世金有光明用比類於佛問前云法性具於可重照了應益三種義故名金光明故以此名還名法性此中既云金色明耀乃是色法豈是法性三種之義前就義辨今就色辨云何同是三種法門答前之三義皆絶思議名第一義今文讚色不縱不橫名微妙色此

色此義相去幾何真善名色與第一義空辭異體同楞嚴經云性火真空性空真火起信論云智性即色性色性即智性又復應知今讚色身金色明耀是解脱德解脱必具法身般若須了二德不離色身即色非色非色非非色金色微妙即非色非非色名中道色法身也耀是非色般若也明是應色解脱也不得此意寧於色身讚三法體允同諸佛耶二引二文明同證性之三法釋迦牟尼允同諸佛則一切三法無不同等且舉當經及華嚴經二處三法示其同相此二三若同則一切不異體即法身同也意既是智智能合體即應身同也事謂事用即化身同也共一法身復言一身者牒上法身與智俱一也十力四無所畏及六通三達一切法門體通三德若從所證即法身德若從能證即般若德若用化物即解脱德今文既以一身一智示於二德故力無畏的在化用須屬解脱此二三法對金光明者乍似以法而對於喻其實不然以前引教定此三字是法非譬故今以其三身三德類金光明三種法門彰於諸佛皆同證得恐謂是譬故文結示非假世金寄況佛法三引文定此經題非從譬立言妙寶者名金爲寶皆以可重爲義並是當體得名此法性寶具足光明即是照了應益之義非借世寶爲譬喻也二研法二初設執譬問以附文釋及當體釋並據經說雙附理名及事用故得名附文獨附理名乃稱當體是故二釋皆依經文故今設問舊但從譬何得矯異而依於文矯强也亦詐也謂强依經文詐顯異義二約雙存答二初答雙存今釋經題存於二意一順佛語故依文釋二對古師故作譬言對古者因見三師不善用譬所譬不周乖違法性故作譬釋具顯法性深廣之義而對形之如此用譬雖無經據存之有益是故二途不偏廢一汝專執譬則棄親逐踈我今雙存則親踈俱得二被二根即釋伏疑恐人疑云依文二釋既甚親切何須復存譬喻一釋故以被根利鈍爲答存譬釋者爲鈍根人以根鈍故不能直解金光明字是法性名欲被此根乃以三字爲世間金有光明用三不相離比擬一切圓融三法也若依文二釋爲利根人以根利故能解性具一切名義知其能譬世金光明本無名義聖則真法而作其名故云利人即法作譬尚知即法作譬豈須以譬擬法故引當經二文爲證住法性故即金光明而得見佛故知法性與金光明釋迦牟尼名異體同見則俱見此證利人解於三字是法性名也然經所被非純利根故空品云爲鈍根故起大悲心佛説茲典既被二根故通經者釋三字題亦須兩説赴其利鈍復貶從譬如守株指裹依文者懸解兎月不守株指二觀行釋此文及前一番問答并後重明帝王之義在昔清敏二師云得舊本無此等文乃謂後人添製耳今原略本直是往人不能深解境觀之説故輙除削以今驗昔昧者可知復恐大師頻講此經其觀行門有時不説帝王之義進不亦然故前文云或説不説俱亦無妨記録隨時或圓或鈌致有一處存乎略文以其觀道對境用心意趣難見與夫

教義或少不同淺識之流既闇廣文忽偶略本便生封滯形于章句廢此觀心予於早歲出釋難扶宗記救茲正義彼徒抗論因數窮逐於是妄破之義皆爲蕩盡近有孤山圓師既審所承能破義隨經十餘載别搆四意重斥斯文一謂詞鄙（釋十）二謂義踈三謂理乖（二十）四謂事誤今慮後學遭其眩亂故不獲已引而釋之彼破詞鄙曰吾觀其詞也繁而寡要質而少文苟留心翰墨者讀之則知其言非向者之言知其筆非向者之筆則眞僞可辨矣豈待潛心佛學能斷其是非乎釋曰詞之巧拙將何準憑情若謂非妍亦成醜良由昧此觀心深義翻將無礙之辯以爲輕鄙之談又復此文委明觀行曲示心要故其詞尚實不尚華也況諸部中文質相間其例甚多不欲援據苟執片言而害正義斯蓋攻於細務而不明於大用也若義踈等三既其各有所破之處待至其處一一對論文爲二初標對前教義即當解行兩門意也前約譬顯十種三法附文雙附理事二文當體獨彰理性之號雖皆深廣微妙圓融然是約教談於佛法生人信解故大師云今時行人既無智眼當以信解分别同異如前生起十種三法而有兩番前番約教後番約觀約教則爲顯三德次第生起九種教法終至三道約觀則始翻三道次第生於九種（釋十）觀法終會三德（十二）故解釋十法及料簡十法既爲生解並順約教生起之次今論觀法爲成行故所明十法乃順約觀生起之次故知前立後番生起意在今之十法成觀又今觀解十種三法不獨成行兼資深解何者以就觀門研心具法故使十法圓融之義轉更分明是知大師爲成智眼故立觀釋是故標云觀心釋名也又復應知前當體釋定金光明三字之名非譬是法今附十種三法之觀皆研法性金光明也是故十處皆標三字並非譬喻得此意已尋茲文者方可略見觀心旨趣

金光明經玄義拾遺記卷第三

金光明經玄義拾遺記卷第三

校勘記

一　底本，清藏本。

一　四一七頁下一四行第一五字「得」，南無。

一　四二一頁上四行首字「逐」，徑作「邊」。

一　四二一頁中八行首字「今」，徑作「金」。

金光明經玄義拾遺記卷第四　刻一

宋四明沙門知禮述

次釋中三初設二問答示觀心所以二初明解須行成故於心作觀二初問起者前已廣約譬喻附文當體釋金光明足顯法性深廣圓融今何更立觀心釋耶二釋出二初正釋此一段文須得心佛高下之意方免疑情妙玄云佛法太高衆生法太廣初心爲難心佛及衆生是三無差別觀心則易今從上來至不能開發自身寶藏是論佛法太高也從今欲下明觀心則易也上來等者即前譬等釋金光明一一無非豎徹三位徧該諸法說衆生皆如菩提涅槃本性具足此顯法性無量甚深而但是佛所游之法佛是聖人金光明是聖寶尚過菩薩所行清淨豈是凡夫已之智分若但言議上之名句不能觀察已之心性則於聖人聖寶有何益乎故引二喻斥其多聞無觀智者鸚鵡學語者曲禮云鸚䳇能言不離飛鳥猩猩能言不離禽獸人而無禮不亦禽獸之心乎今但借喻有聞無觀徒學聖言不離凡夫之心耳客作數錢者華嚴云譬如貧窮人日夜數他寶自無半錢分多聞亦如是今欲等者攝前佛法入心成觀心是心性若陰若業若煩惱等即凡夫心地既三障當體是金光明故云珍寶此乃立心爲顯理境也欲令行者即聞而修開發自已金光明寶免同學語數錢之類也二引證初引淨名諸佛解脫者三解脫也與十種三法不多不少此是佛法若緣佛修則增念慮理難可顯故佛示要門令諸衆生觀已心行即空假中則三解脫當處發現此乃心佛無差觀心則易也又引釋論彼論九十三云有慧無多聞亦不知實相譬如大闇中有目無所見多聞無智慧亦不見實相譬如大明中有燈而無照無聞無智慧譬如人身牛故大論云如安息國邊地生人雖生中國不可教化根不具支不完不識義理著邪見等皆名人身牛也有聞有智慧是所說應受如人有目日光照見種種色今亦如是若聞上來種種釋金光明不觀已心者即多聞無慧句也若但觀心不聞圓融說者即有慧無聞句也能攝上來無量甚深十種三法觀於心性顯金光明者即有聞有慧句也有三觀目圓教日照則見三諦種種之色二明心爲行要故觀必研心二初約簡數觀王問若約三科論去就者則棄界入但觀五陰復於五陰簡四觀識大師譚觀常論簡境去丈就尺去尺就寸義既可知故今但約觀心爲問既云觀心五陰除色四皆屬心何故棄三而獨觀識然設此問令知觀境唯在識陰也孤山四意中第二義踈破此文云今家約行附法託事三種觀中唯約行觀簡示陰境其餘二種全不觀陰但託事攝法明理觀耳今附法觀秖合直攝三法以歸三諦而發棄三觀一之問者盖不知三種觀心規矩驗是後人擅加也釋曰義例立附法觀云攝諸法相入一念心以爲圓觀且一念心豈非陰耶既觀於陰簡有何過法華文句託靈鷲山觀於五陰記云諸餘觀境不出五陰今此山等約陰便故以諸文中直云境智又云亦應於此明方便正修簡境及

心既諸觀境不出五陰乃知託事及附法觀無不觀陰也直云境智者即諸文云觀於一念即空假中一念是陰境三觀是智也又令明於方便正修簡境及心須棄思議取不思議方名簡心不於三科而論去取安名簡境又王城觀云應如止觀十乘十境下去皆爾記主意令講此觀時人欲修者須叙私記簡陰境文及十乘等而委示之令山城觀行法備足非廢託事便自講說止觀全部他之致意直欲如斯既云下去皆爾信諸託事及附法觀皆須簡陰及示十乘也彼文不簡尚令簡之今有簡文那成非義據此棄三觀一之問云義踈者義實不踈蓋汝解踈耳又若直攝三法以歸三諦不許簡陰便是觀心則成偏觀清淨真如何反宗之甚耶是知彼人都昧一家三種觀法如釋觀經十六觀云是一心三觀的非義例三種觀攝且義例云夫三觀者義唯三種豈應妙觀更有異塗況諸文觀心皆一家樞要儻解之錯謬徒成斐然既失其本餘皆枝詞矣彼又於金錍記中云若取止觀來消事法觀文乃以止觀隨機面授深違大師遺囑也囑云止觀不須傳授私記時爲人說輔行釋云囑意正言隨機面授意多不周非後代所堪彼人曲解輔行之文成於已見也且輔行釋面授等意者斯蓋隨逐大師修心之者或觀道不進或内外障起有所諮問師乃隨機面授口訣一時取益意多不周若後代人心病既異故非所堪蓋不須用面授止觀而授後人非謂不得叙十卷中十境十乘消事法觀以茲境觀載於私記若其叙者正以私記時爲人說雅合大師臨終遺囑若全不許叙止觀荆溪何故於山城觀令辨方便正修簡境及心十境十乘耶叙此令修山城觀不又若謂此是開其解心非謂令其修習者何故妙玄明觀心文中令即聞即修耶釋籤云隨聞一句攝事成理不待觀境方名修觀何公背吾祖之教乎故知今辨棄三觀一正符荆溪於山城觀中指授意也二約心淨法融答二初約離性先觀内心上定三字非譬是法法性可貴名之爲金法性能照名之爲光法性能益名之爲明今用此義觀於識心若心不具金光明義那可於心觀於法性此文爲三初約貴論金欲顯心貴先於萬物推人爲貴從劣至勝見心不昧名爲靈智靈智雖貴而通四陰分於王數問已棄三數今獨推王而爲最貴識心既貴故觀心王即法性金二約照論光光有勝劣故先就劣比至心識最得名光是故觀心即法性光三約益論明即能充益色等四陰益色陰者良以色心性不二故色隨心轉大品佛現色像無邊皆由般若性周徧故色淨亦然亦能等者心王若正心數亦正化轉塵勞心數衆生故心能益是以觀心即法性明此約心有貴等三義故觀於心顯金光明法性三法此文即是離性爲三也所觀之性既離爲三能照之智任運成三所起之用亦合有三文雖不言二修各三以性顯之其義合爾二約合修自融諸法上示心境即金光明義當修性三各具三今明徧融但指光明至後結文具言三字驗知此是修二性一文有離合乍

覽難知此自分二初偏融諸法迭顯光明此文豫示觀成理顯徧融諸法以釋伏疑疑云若唯觀識陰顯金光明於一切法何能融淨是故釋云若知心無心爲光知想行無想行爲明等意云識陰金光明顯則一切法皆金光明故以王數心色實假正依及一切法從狹至廣迭顯光明二修之德對於一性以成三法知心無心爲光者即以三智觀於識心見金光明法性之體則識心相寂故云知心無心其能知者實是三智今但合爲一觀照智故唯名光知想行無想行爲明者既以合一觀照之智知此心王即實相故無心王相爲光則任運有合一方便智知心數實相無心數相爲明此以知王知數而爲光明也復以觀照之智知四陰心即實相故無四陰相爲光則任運有方便之智知色陰實相無色陰相爲明此以知心知色而爲光明又五陰實法對於假人論於觀照方便二智而爲光明又以正報對於依報論於光明又約依正對一切法論於光明義悉如是言一切法者

即假人實法及以依報各有相性體力作因緣果報本末究竟等法也此由觀識金光明顯故於諸法任運觀成欲彰諸法一一是金一一是光一一是明故歷諸法迭論二智故義例云修觀次第必先内心内心若淨以此淨心徧歷諸法任運泯合既云任運知不加功二約顯一性結成三法上於諸法從狹至廣約於二智迭示光明而二智所顯無非一性即當於金是故結云金光明也而云觀心者從本言之二正附十法明觀心成行二初舉上教義爲所附之法上約十種三法論金光明有其二意初則同他譬釋以金光明喻十種三法次則附文及以當體釋金光明非譬是法故十種三法當體名爲金光明也今之觀釋順上次意故云上約十種三法論金光明故以十種金光明義爲所附法即攝此法入心成觀耳二明今觀門爲能顯之行十初三道二初示觀二初釋二初通約三道明圓正觀二初兼通數秖於報障義立三道之境言通數者謂想欲觸慧念思脫憶定受此

十隨王能作一切善惡之事故得名爲通大地數問前簡觀境棄三觀一今那却取慧及諸數爲煩惱業耶答今論觀法具有十種後九皆從所顯之德其體本融可約一念識心爲境而修三觀顯其三法唯此三道從所破障立於觀境是迷惑事體本不融若於一識示其三境境既叵分觀難成就故特兼通數爲三道境也問若欲分明示三道境何不徧取五陰爲苦三毒爲煩惱七支爲業何但王數對三道耶答今秖於陰境示三道相識親別苦報之總主是故心王的屬苦道慧分違順故起貪瞋乃以慧數對煩惱道諸數隨慧能造善惡故以諸數對於業道雖非業惑當體而是業惑親依常與王俱有三道義可以正觀顯金光明若現起煩惱動作之業爲下助道觀之所觀也二約圓乘即障顯德以明妙觀之功此文雖略觀法可明先須了知金等三字是法非譬即於王數三道之境體金光明三種法門即體心王可尊可重是法性金體於慧數即寂而照是法性光冥理智也

體於諸數能多利益是法性明即體之用也斯是光明二修對金一性爲三法也圓論三法必非孤立金無光明非圓正因光無金明非圓了因明無金光非圓緣因但爲前文數曾顯示故此三道略對三字是合三相也應須了知以離爲合合體常離言三不少言九不多問此三道觀何故不用空假中耶答心王是金三諦一境也慧數爲光三智一心也餘數是明則有二意在果則三脫應機在因則三行資智也此正觀文極簡略者以此文中有助道觀别於身等麤顯三道明觀廣故故今正觀未暇備陳從三識去一一明於一心三觀故今三道略對金等三法門耳二别約三道以空助道今於三法立觀釋者意在行人即聞而修然其初學見愛彌隆於身於心起重惑業若但令觀三障即德不破不顯必生見慢更增生死是故大師於三道境略譚正觀廣說助道就假實境委示二空於惑業中廣推四性令見思調伏業累不生方於九科示妙三觀麤心既息妙觀可修製立有由不可云謬此於三道各論空觀分三初約假實觀苦道二初約六分觀假人三初舉經文總標觀法彼爲觀佛先推己身以己實相與佛無二故云亦然今文且取觀身之言修於空觀見思若息三法現前則身與佛皆金光明有何差别二於現境窮逐假人六分者身首爲二及四支爲六此六合處執成身見也如是橫竪者六分爲橫三世名竪觀智推求畢竟叵得執有雖息傳入無中及雙亦雙非此之三句皆依身起悉是身見推令無理故皆叵得所召之身執雖似泯而猶復存能召名字若不推窮還生見惑故以心色内外中間及常自有以爲四句推能召名皆不可得故引肇師名物俱空證今所推身及名字本

來空寂言假實既空者非指假人及五陰實法也秖指所召之身爲實能召之名爲假故下句云名物安在三明治道助開圓理觀身是實相是金等者蓋此行者聞前教義明三識三道三一圓融與三德等無二無別乃能信解分段之身及見思惑當體全是性惡法門但爲執情故成重障實類盲者身居寶藏爲寶所傷今修空觀助道功成見執既虛即於境觀皆見實相身之實相是金法門即此實相體能觀照是光法門緣身心數本亦實相今不隨情名寂不行皆悉轉爲實相之行是明法門二就五陰觀實法二初結上人空上之觀法雖言六分及以五陰但推身見意顯生空故空品云是身虛偽大師指此爲生空境故文句云攬陰成身計有我人衆生壽命故約身假爲生空境故今結前觀身觀法是觀假名若今諸部衍門空觀人法雙觀以色性如我性我性如色性故唯此經空品明於圓空即先觀生空次觀法空此文順經先生次法蓋由初心人執障道故今對治先廣推檢至觀實法例之而已二例觀實法例上人空名物叵得此中亦合以所空陰爲金能空觀爲光緣法心數爲明悉應例上也二約愛見觀煩惱道二初簡示身因之境上之假實是身果也今推身因因有惑業業屬業道

次文明觀今觀身因且在煩惱二正明體法之觀三初舉經文約句簡判二初直舉經文簡於析觀故云不壞體觀通中名隨一相二簡非經意二初明雖有四句四初標列句法所言誰者檢人之語推四種人當於四句二指示因果三去取業惑因雖兼業今正論惑業在後觀故云且置四約人對句即前誰字所檢人也四果者第四果也有餘解脫能壞身因無餘解脫能壞身果俱壞句也凡俗之流俱不壞句也王憲害者怨對害者自害體者此之三人名壞身果彌增煩惱名不壞身因第三句也餘三果人斷五下分者初果斷三分謂身見戒取及疑也二果三果能斷二分欲界貪瞋也名壞身因而此五分所感果身猶存欲界名不壞身果此以未壞且名不壞壞在不久名第四句二明不隨一相前所名壞皆是析觀其不壞句自指凡惡是故四句俱非體法本不生滅故皆不隨一實相也二於惑境順經修觀二初推本不生此是大乘體法巧度亦論橫豎橫破因成豎破相續

破因成中非自等者龍樹云法不自生待緣故法不他生因本具故法不共生無二分故法非無因生有因緣生尚不可得況無因耶次破相續具足應云非前念滅故起非前念不滅故起非前念亦滅亦不滅故起非前念非滅非不滅故起今云非生等者生即不滅而但非於雙非雙亦唯闕第二句如是橫豎等者結示因成相續求心不得生相既本不生今亦無滅故名不壞也二結隨一相圓解之人修空助道既了身因不生不滅即能隨順中道實相三明治道助開圓理二初正明體法功成本以圓心修空破障正助合運即於煩惱隨一實相所隨是金能隨是光諸數是明三不縱橫名開圓理二更明餘觀助道壞身因者析觀斷集也壞身果者前第一句也不壞身果者前第四句也體法空觀既堪助圓析法空觀亦能治惑若以圓解合而修之壞與不壞皆隨一相三約動作觀業道三初舉經文總標觀法今就六作觀業道者蓋一切善惡由茲辨故舉足下足六中屬行淨

名指此而爲道場通於六即今是觀行佛成道處不觀舉足即空假中安令此處是寂滅場安能具足一切佛法如此觀業見業本際方稱經文道場之説但爲初學雖有茲解尚於六緣計我我所若唯正觀反增執情故立助道且令觀空對治此惑也二於六作體本無爲二初約行緣明觀業是身業業者是心以心爲因以身爲緣單因單緣或共或離推於舉足不得舉相下足亦然如是觀時我我所相寂然不起一切業累自茲清淨初心行者得無介意乎二例餘作亦爾以住坐卧足於行緣即是四儀復加言語及以執作乃成六作止觀稱爲語默作作今云言語就顯示相其實默然亦能成業文雖闕示義合俱觀三明治道助開圓理以解圓心推業四性四性空處正觀現前境觀諸數成金光明三法門矣二結此乃總結前文正觀及以助道皆顯法性金光明竟二結位若約教釋明六即者多爲顯於法性高深若今明六即正辨行人全性起修觀之成不入位淺深仍示因果

皆金光明故六皆名即觀親踈故即須論六
就即論六免生上慢就六論即免生退屈不
慢不退妙位可階初理即位言有心者大經
云凡有心者悉當作佛若其不具金光明性
佛何由作言法界法性者不異而異法界橫
論法性竪說意云理具橫周竪亘金光明也
既其未有信解等事但有理性金光明德故
名理即名字位聞金等名解了本具觀行位
修成圓觀塵緣不間故得相續相似位開目
則見開眼則失者此位未入無功用道三不
退中念猶退故以開閉彰其得失問觀行
尚得念念不休心心相續似位治生不違實
相那於金光開眼則失答觀行相似雖俱圓
觀親踈不類得失懸殊其觀行位三惑全在
於彼踈觀能安忍者則論相續於無術者則
有退失若相似位見思已去於親觀中而論
得失若能防護則速發眞名閉目則見若起
法愛則有頂墮名開眼則失不進爲失非退
失也大判意根似解已立故云治生不違實
相細檢此位未破無明若無住風息名開眼

則失分眞位善入出住楞嚴三昧故開閉皆
見究竟可知孤山第三理乖有三初破此也
彼云且金光明本喻三德前文尚作當體釋
之而相似之文翻作眼見金像釋之吾知其
往者竊取觀經六即於茲謬說彼明觀佛色
身仍在觀行之位故云開目閉目周眸徧覽
無非佛界吁可怪也任作金像用義且彼疏
文是大師親說觀行位者閉目開目境界常
現何以今於相似證位而云開目則失顛亂
之說徒惑後學釋曰若其竊取觀經疏者必
不文相頓爾乖違予今詳之文違理順闇者
罔知何則今於三道直觀理性金光明也若
觀經疏託彼佛身顯三諦理雖俱圓觀託境
不同彼想色身以爲事境即於此境修空假
中以爲理觀境觀雖於一念同修而其事境
是應物相觀中先發故觀行位閉目開目常
得見佛此顯三道金光明理登住方發故相
似位閉見開失蓋以開閉用顯此位是似非
眞良以此位尚須作意登住方入無功用道
彼疏似位於妙三諦豈不然乎又復似位論

開閉者蓋約五眼非獨肉眼既體上二惑任
運先除必二諦四眼此位先發若策四即佛
則稍同眞見亦速入眞名閉眼則見若任四
眼則起法愛呼爲頂墮故云開眼則失若不
然者離愛一法爲被誰耶故輔行云三諦之
乳眞善妙色五眼洞開方見諦境是則相似
猶屬於盲障中無明未破故也彼人全迷般
舟觀法佛身爲境空等爲觀一念之內難易
淺深而却妄斥此作眼見金像釋之相似開
失觀行俱見謂之顛亂若論不解事理淺深
則顛亂之責須歸已也又見與不見妙旨難
知如法華四信弟子聞經信解即能見佛常
在靈山文殊等覺不修三昧不見妙音此經
樹神覩佛禮塔爲衆詢疑及至讚佛哀泣雨
淚請佛現身此之經義忽有一本無如是文
他必謂之後人擅加耳二觀三釋三初標觀
顯理十種三法皆可當體名金光明以十種
三法無不具於貫等義故是故今云觀心三
識論金光明二附法作觀三初略示境觀一
念心境也即空假中觀也即是觀心識於三

識者三識本來是妙三觀九界忘本識隨妄
轉不識本性今順性修觀觀無別體即以本
識識本識也二廣陳觀相二初明一心三觀
三初空三識沉隱其相難知而不暫離第六
意識此識緣外故以意根對塵爲緣推於四
性不在一處即以四性而爲衆緣從此緣生
生即無生故云我說即是空也空無分別即
阿梨耶識二假衆緣生故空無性相衆緣生
故善惡熾然惡即四趣善即人天非善惡識
通於四聖此四俱非有漏善惡於彼空中順
緣起性種種觀察言是非者即藥病也於空
假立故謂之强此觀立法即阿陀那識此識
名意以其第六是意之識名爲意根是故根
立識亦立也三中心性不動本來中實不可
思議而體具足空與不空二種功德故體及
德成圓三識故雖觀空而不定空雖觀於假
而不定假即現前識絶二邊相能所叵得此
觀即是菴摩羅識二明雙亡雙照二初明即
照而亡二初約義立識於三識照三識也亦
不得三識觀忘三識也二引經證觀色等五

即是觀俗觀五皆如即是觀空觀五即性是
觀中也今皆云不觀者即於此三無觀無得
名約三觀即照而亡經明五陰今但於識忘
三觀也二明即亡而照雖於識心忘於能所
而三境觀了了分明故云不濫而言雙照者
以識識如乃是二邊識性是中今頓觀三諦
即中邊雙照驗不得三是雙亡也三結成附
法觀於意識即如即性乃識三識言亦照亦
滅爲阿陀那者淨名經文既以觀識而爲假
觀是故今文順此識義以結附法何者蓋第
七識能生第六故名亦照常緣第八故名亦
滅故用雙亦而結此觀三結法判位例上三
道可以意知然道識二三位雖在理聞名作
觀成修中五而此五位皆即性三是故須約
六即判位三觀三佛性二初標觀顯理例三
識觀義可知也二附法作觀二初約三觀所
顯明佛性三初直約義立於一念心明妙三
觀例前三識其相已明故不委示二引經證
成三初引淨名病本明心即三諦居士權病
以示衆生三障實病實病之本不出通別二

種見思此二見思皆緣三界即分段變易二
病之本病必須藥相兼而示即假觀也空中
可知二引華嚴無差明心即佛性初立三觀
觀一念心顯三佛性三觀即心其義雖立如
何於心明三佛性故引此文三無差別以驗
我心即是佛性他生他佛尚與心同豈已佛
性心不是耶此證觀心顯三佛性其義明矣
三引般舟念佛明佛即三諦二初引法喻二
文如文二釋皆成三諦四初釋法文作兩番
銷文以顯空假初於一文而示二觀以諸句
中如字爲空即以諸句我佛心異便名爲假
次以二文而示二觀諸句之中雖有如字以
我佛如異故當假觀乃以不見我佛如異方
名空觀兩番見佛皆是中觀故知彼佛是我
覺體以具空假二種德故故用二觀觀於二
德助發中觀佛即現前問覺體是心今見色
相豈不相違答須知本覺具一切法離分齊
相色性即智智性即色唯心唯色方曰見中
故見彌陀以爲中觀二釋喻文於諸喻中但
釋夢食餘皆倣此然不出法性似法非喻斯

蓋作夢及以成觀皆法性力今以作夢法性而喻成觀法性如釋籤云夢事宛然即假求夢叵得即空夢之心性即中此之三法不前後不合散故知今家如此釋喻最能況顯一心三觀三明亡照初我心下立假也次我心如下立空也空假既立若不忘之中觀不顯故先以二不得句忘於假觀次以二不得句忘於空觀二觀既寂心絕所緣即見彌陀中道之佛任運雙照妙假妙空四顯一心經文既云常得見佛佛即中道大覺之體豈有見體而不見用用即空假即見佛句仍是三觀一心之文三結法判位性德三因而爲三諦全性起修即以三因而爲三觀諦觀名別體不殊是故三觀即三佛性三性當體名金光明六位皆即二約六法境智明佛性二初正釋二初約境智明佛性附法作觀非局一途前明三觀觀一念心顯乎佛性則佛性二字俱是所顯今明佛字既翻爲覺即能顯之智性字既以不變爲義即所顯之理此乃即就佛性二字論於觀境行者應知此之一釋能

顯前義何者前文雖立能觀三觀實非別修體是覺智今之佛字爲能觀者示前三觀元從性起此覺之性即爲所觀能令修性其義一合故後結云得此大好性云理極者果佛之性爲妙境故此理至極如以性德名無上也二約六法明三因二初對顯三因今以佛字爲能覺智即以性字爲所覺理爲覺何法而爲理性即指六法故也即於此法覺智研之令理性顯六法者所謂五陰及假人也以此六法而爲三境問五陰中三即是心數今那陰外別指諸數答心王心數通於三性今以無記王數及色爲正因境以假名人爲了因境以善惡數爲緣因境如託王舍立境觀義以五陰爲舍心王居之荊溪云以善惡王居無記舍今無記陰外指善惡數於義何失蓋由前釋境唯一心而就能觀立空假中故得所顯具三佛性今於實法立記無記弁其假人乃成三境各顯實相即三佛性以所顯能令一覺智成於三觀境觀互映一三無礙立義之巧無以加焉問於無記陰顯乎實相

復名正因其義可爾假名諸數那名實相於二實相那名緣了答佛智究盡諸法實相故假實國土諸法皆實今修佛智豈觀此二不稱實相假名實相對了因者大論云衆生無上者佛是佛翻爲覺豈非即達鄙俗假名而爲無上佛之假名佛既是覺今對了因有何乖舛論又云法無上者涅槃是涅槃斷德正屬緣因數是陰法若不體達善惡數法寧顯緣因大乘因果皆是實相豈獨正因性爲因果耶二引證六法雖善惡數別對緣因而體不出五陰實法五及假名而爲六法以此六法對三佛性不即不離以不離故六法全是三種佛性以不即故須觀六法破二種執以不離故破無所破以不即故無破而破以不離故顯無所顯以不即故無顯而顯又不離故六不可遣以不即故六不可立不遣不立妙性存焉二示意文中先且結名辨位從思得下方正示意秖以二字示妙觀境用此境觀體於六法一一稱實見於三性故云大好孤山第三意有三二破此文也乃云又解佛

性云佛者覺智性者理極能以覺智照其理極境智相稱合而言之名爲佛性且佛性名出乎涅槃能仁談之章安疏之荊溪論之皆言因人有果人之性故名佛性儻大師於此反經別立章安荊溪亦合指之以申其說既〔刺一〕其不爾則後人謬立又何疑哉〔二十〕釋曰前譬釋中三佛性義豈非因人具果人性而不妨作性一修二相契釋之又若執云但性中三是果人性者便成緣了自外別修安得名爲全修在性全性起修況復大師不云因人具果人性唯言佛名爲覺性名不改不改是正覺智是了與今分對境智之釋無少相違那獨謂今反經別立又金錍云因不名佛果不名性彼以二字分對因果蓋示因果二而不二今以二字分對境智欲彰境智二而不二夫論觀法若其不用果覺爲觀則非圓行若其不以即覺之性爲所照境則非妙境非極理也當知今立境智不二名爲佛性正與金錍因果不二佛性義同其義既同安得名爲反經別立耶既非引立何須指說耶普門玄說

性具三觀既用此觀照性爲境今性具果覺豈得不用照性爲境也今附法觀秖附佛性二字之法立觀立境是故能所二即非二不知此妙斥爲謬譚悲哉悲哉彼人雖引因有果性而不能信果覺爲觀觀於六法顯覺之〔刺一〕〔二十一〕性徒聞因人有果人性全不能用有何益耶妙樂云果理在行方名等賜又此觀意全同普門玄義所說彼云觀人空是了因種者釋論云衆生無上者佛是佛者覺也始覺人空終覺法空彼指果覺爲了因不即以果覺爲觀智不所覺人法是六法不二空所顯是覺之性不彼文亦是後人添耶應知二字分對境智爲妙無盡何者即以果佛爲初心觀智是如來行也用即性之覺非別修緣了也照即覺之性非心外境也如此方名附佛性法修圓觀也然茲妙趣彼尋名者爭不怪之

金光明經玄義拾遺記卷第四

金光明經玄義拾遺記卷第四

校勘記

一　底本，清藏本。

一　四二五頁下三行第五字「今」，南作「令」。

一　四二六頁上一〇行第一六字「害」，南無。

一　四二九頁上一五行第一五字「二」，南作「一」。

一　四二九頁中三行第三字「起」，南作「知」。

一　四二九頁中九行第二字「令」，徑作「今」。

一　四二九頁下一一行第一五字「以」，南無。

一　四三〇頁上七行第一四字「而」，南無。

一　四三〇頁上九行「便成緣了」，南作「便成緣了便成緣了」。

金光明經玄義拾遺記卷第五　剳二

宋四明沙門知禮述

四觀三般若三初標二釋三初約圓總舉總舉一心空假中三是三般若何者下略示三相以即一而多示假相即多而一示空相非一非多示中相於一念心而論三相不前不後亦不一時二寄次別釋三初假次空後中初一心一切心別示假也假在初者假有二種若在空後即建立假若在空前即生死假欲明凡夫從心生過警於初學有漏之心念念常造六道三障令知其過動習空中以求出離故於三觀示假在前日夜常生無量衆生者謂一業成百千萬生受報不盡一一果報皆有假名如諸經律所明來報那不自省輙謂無生十二因緣喻如鉤鏁相續無際故云一心一切心此生死假即建立中所治之病舉病顯藥假觀立也二一切心一心別示空也既知心有則生諸心欲寂諸心當觀心空須約四性檢一念心生滅叵得一心既空一切安有故舉小火小珠喻一心空燒薪澄海喻一切空故云能觀心空從心所生一切諸心無不即空欲明空觀其相顯故故寄二乘分齊而說三雙亡二邊故煩惱非一非一切別示中也現前一念若定空者下能舒出一切有心若定有者何能卷歸一空心耶不空不有無狀無名强稱中道復以識智示其邊中經云不依識者非眞實識是虛妄識凡小依之著有沉空二種之樂也經云依智者非二乘一切智及菩薩道種智是一切種智也故屬圓教佛及菩薩達二邊中故名求理欲示中道觀相明故故斥二觀其實三諦一心圓照三依圓對智二初對智言如是觀者即一心三觀者示三觀相須寄次第爲明對破三種惑故顯三諦故若能一心修此三者自成圓觀何則頓破三惑則一空一切空也頓顯三諦則一假一切假也三皆妙故則一中一切中也此三方是圓三般若二明圓據大論文三種觀智實在一念體是祕藏故離前後及並別等大經依智智體如是初心依止即名佛行三結例如前說五觀三菩提三初標二釋三初約圓總舉如三般若二寄次別釋以次第三顯圓頓意亦同前三般若說但今假觀列於空後復明藥病是建立假又前般若體是三智但於一念略明修相不須借義示於觀法今菩提翻道是能通義又菩提心體是四弘大集經云未度者令度未解者令解未安者令安未滅者令滅四皆度生今三觀中皆云度心數之衆生乃是借彼度他生義成今三觀度已衆生故知附法含託事義文自爲三初破假入空先舉生死爲所破假即一切心也起非次第故交橫繚亂乃舉四物喻繚亂相如絲之亂如沙之多如蠶自縛如蛾自然此四喻於世間因果是故總云爲苦爲惱次若知下正明即空菩提心觀若空觀相前三識中已曾略示是故今文但云知空此菩提心度義通義並約見思即空而說二破空出假先舉空過經云空亂意等者經即涅槃斥小之文小乘詮空爲寂滅之理以有爲妄亂大乘詮中爲寂滅性乃以空有俱爲亂意雖離有亂仍被空亂今修觀時

心若著空即指此心數爲空亂意衆生此空心數望彼見思而得名智今論假觀此智是亂故云智亂甚盲闇小乘證空得三無爲謂擇滅無爲非擇滅無爲虛空無爲此處滅心菩提善根不得生長故斥爲坑是大乘怨鳥者大論三十云譬如空澤有樹名奢摩黎枝觚廣大衆鳥集宿一鴿後至住一枝上枝觚即時爲之而折澤神問言鵰鷲皆能任持何至小鳥便不自勝樹神答云此鳥從我怨家樹來食彼樹子來棲我上或當放糞子墮地者惡樹復生爲害必大是故懷憂寧捨一枝所全者大菩薩摩訶薩亦復如是於諸外道天魔等無如是畏而畏二乘二乘於菩薩邊亦如彼鳥壞彼大乘心永滅佛乘心今取此義明破空出假成菩提觀次若眞下正明假觀菩提心相眞即假故依空建立也此菩提心度義通義並就塵沙即假而說凡論假觀不出三義謂知病識藥應病授藥令得服行今從分別下以四分別明四悉檀寄此四悉總明三義可不不同即世界時宜生善是爲

人以藥治病即對治逗機會理是第一義此四明了即假觀成也三破邊入中先舉二觀未免生過今爲所捨而以見思及塵沙惑爲浮沉病空假乃爲二病之藥以病偏增故藥偏用藥存成病者若墮二邊增無明病故須兩捨次非空下正明中道菩提心觀此中度義通義皆約無明即中而說心無能所名不住法此法方可住於中道三依圓對法二初明圓說欲相顯須寄次第觀就理融則無前後前三般若已明其意二對法今三菩提就異名說眞性菩提三皆妙絕故亦名無上實智菩提三皆蕩相故亦名清淨方便菩提三皆自在逗會無遺故亦名究竟三在一心故三各三以體融故發即俱發是故當體名金光明三結如前六觀三大乘三初標二釋三初總立觀法二約境明觀附三大乘修圓三觀必須境觀義符於乘以乘是運義三種大乘無法不運性既具運故逆順修法爾而運今體逆修念念四運運運即性性是三諦乃成三觀順修妙運此文分三初明四運爲境

觀一念者趣舉一念也心隨境遷起滅更運故一一念無不四運從未至已終而復始凡愚不覺爲運所遷故以閉目喻凡不覺舟行喻於四運心疾二明三運爲觀圓教行者知刹那心性是祕藏祕藏徧含未始暫缺故無一運非空假中得此意者四運愈遷三觀彌進故止觀云薪多火盛風益求羅所以大師常示衆云實心繫實境實緣次第生實實迭相注自然入實理實心繫實境者三觀繫三諦也實緣次第生者四運迭遷也四運是境境爲觀緣如薪助火實實迭相注者三觀實心注三諦實境此之實境還注實心相注不已自然從於觀行相似得入初住實理之中此乃以三觀運運於四運亦是四運之運運三觀運皆得名爲以運運運三明對失顯得若迷三諦但隨四運則生死無窮若觀四運即是三諦則涅槃在即三以觀對乘二初約法對三乘爲大車三諦是道場不動而運無到而到二約人歎三乘即一乘等者理乘爲車體故高廣無過隨乘爲白牛故行疾如風

得乘爲具度故莊嚴絕比雖三而一雖一而
三此微妙乘乃是觀行觀音普賢大人所乘
故名爲大三結如上七觀三身三初標二釋
三初立觀顯法二約心明觀於一念心修三
身觀必須境觀皆有身義故先明一心能起
十界即顯一念具十界身次於十界即起三
觀則彰十界無不三身初文爲三初明十相
今家妙解華嚴心造乃有二義一者理造造
即是具二者事造通於三世造於十界謂過
造於現過現造當現造於現皆由理具方有
事造故十界身一一皆是全性起修雖全是
性而因成感果無少差忒如破戒心成能造
地獄種種苦具宿豫嚴待故十界身皆有假
實及以依報無有一物從外而起二辨難易
良以衆生無始熏習惡多善少致令心念多
科二　六
緣惡身未駕五乘先遊四趣登難墜易誰曰
不然修觀行人於十界心常當脩省三結唯
心法譬可見次文者於此心境而修三觀顯
於三身分三初空五受陰洞達空無所有者
語出淨名受陰心也五者五處生受謂受有

受無受亦有亦無受非有非無及受不受亦
名五取陰觀此一陰空無所有則令十界皆
不可得翻地喻心空草木傾盡一切身空二
假若就一念觀十界空已具三諦今斥空者
欲顯假觀立法功故復慮圓人退大取小故
寄二乘斥空灰寂空心不能起十界應乃彰
假觀無身不現言同六道者必是文悞此文
自云爲現佛身及三乘故三中二初著二斥
偏斥意亦同假觀斥空二亡三顯中問正爲
明中中何須亡答末陀摩經自注云末者莫
義陀摩者中義莫著中道也釋籤據此立中
道義故知亡中方是中觀也文中初列十三
不得亡於身假亦不得身如下亡於身空如
是空義也亦不得身性下亡於身中性是中
義也空中各合具亡十三略舉初後故云乃
科一　七
至也語遣情則三諦俱亡論顯理則三諦俱
照八尺身性五胞相性乃至修性及修者性
身十三法既皆云性具義善成且舉人身以
爲語端理合十身身身十三一一皆性則彰
十界各具十法一一即性就此論忘故畢竟

清淨方顯十身皆即中道三以觀對身三結
可解八觀三涅槃三初標二釋三種涅槃皆
具四德方名圓極故令觀三一一皆成常樂
我淨觀法既同乃就三境而辨三相雖於一
境顯一涅槃須知一一無不具三若不爾者
何能令三皆具四德此義前文已曾委示文
分爲三初約報心觀性淨報心無記本淨易
彰心性既寂豈唯寂染淨亦本寂是故本性
不染不淨若可染淨性則生滅故云染故名
生淨故名滅以不生滅四德義成既云生滅
不能毀故常驗於不染不礙不受三句皆須
言生滅避繁故略具四德故名性離生滅故
名淨故名性淨涅槃二約起心觀圓淨妄念
煩惱宜觀圓淨圓淨是智須論破惑用三正
觀破三妄念應三諦性令三妄念不染故淨
不毀故常不礙故我不受故樂四德顯故圓
三妄泯故淨淨故不生圓故不滅故名圓淨
涅槃三約諸數觀方便淨諸數造作是故託
之觀方便淨諸數不行者不隨妄念造生死
業而隨正觀作不思議業乃是轉於八萬塵

勞爲八萬三昧及總持等諸數既轉故不毀方便不染方便不礙方便不受方便令方便淨成四德也四德益他故名方便諸數不行故名爲淨淨故不生方便故不滅此乃諸數當體成方便淨涅槃三結可知九觀三寶三初標二釋三初立觀顯法二附法明觀二初約諦智及和就名共論三寶二約修性及和尅體各立三寶二釋意者蓋以三寶修性相對有開有合初則約開論合故以九義立一三寶次則約合論開故就三名立三三寶初文三初依經立名一體三寶佛名曰覺法名不覺僧名和合二約義釋相此之三寶既與三德同出異名三德互具一一論三是故三寶三不孤立不覺是性餘二是修二修各三一性亦三性中之三既未覺悟同名不覺雖未覺悟理本諦當故名三諦是爲法寶全性起修成三諦智既能覺悟故名佛寶此三覺智與性三諦相應和合故名僧寶非三諦法無三智佛非諦智和無三脫僧三結歸寶義此佛法僧諦智圓極妙用廣大實可尊重寶

義成就非專極果五即皆然次文分三初約性德三俱不覺三諦在性未起修德覺了智故是故三諦皆名不覺而此三諦性是三德中是法身故當法寶眞是般若故當佛寶俗是解脫故當僧寶若其不指迷中三諦爲三寶者何能彰於性攝二修不以不覺便無佛僧二約修德三俱是覺三智在修俱能覺了是故三寶皆立知名蓋此三智亦是三德知中之智體是法身故當法寶知空之智體是般若故當佛寶知假之智體是解脫故當僧寶不指三智爲三寶者寧知覺智能攝理性及化用耶三約相應三俱和合三智在修故皆屬事三諦在性故皆屬理三諦三智既皆相應是故約和明於三寶以由此三亦是三德故對三寶中事理和體是法身故當法寶空事理和體是般若故當佛寶假事理和體是解脫故當僧寶雖是三德以就諦智相應義故三俱解脫若此三義非三寶者那彰三脫合三諦智且如今家於諦於智及以解脫一一須三是何意趣若讀今文觀心三寶開

合二釋生驚疑者當知未解一家教觀三三之意徒說徒行契證無分又事理和者一念十界可分事理若此三智契九界三諦名與事和若其三智契佛界三諦名與理和事和則有三教三寶理和則有圓教三寶一念事理不分而分其義宛爾孤山第三意有三三破此義云又云中諦不覺名法眞諦不覺名佛俗諦不覺名僧夫佛陀梵語覺者此言託事成觀安得違義豈佛陀翻不覺耶此皆昏醉之譚於理何益乎釋曰佛翻爲覺人誰不知前科立名不覺名法寶覺名佛寶和名僧寶此之名義皎然如日今重釋中次文佛寶三皆云知豈非覺義以翻於佛今云眞諦不覺名佛寶俗諦不覺名僧寶者蓋欲令人解於法寶即具佛僧此之三寶以法爲主是故三寶皆言不覺以由眞諦是性德般若義當於佛俗是解脫故得名僧而皆未有覺不覺智是故三寶通名不覺彼人不曉法寶眞諦是性般若故妄破云不覺翻佛次佛寶具三皆從知立僧寶具三皆從和立故思益云知

覺名佛知離名法知無名僧三皆云知乃於覺義開三寶也覺義既然理合不覺及以和義各開三也佛世機利不須偏說如此方名一體三寶乃與三德無二無别若不然者安可一念融妙而觀如此等義若非四辯之親宣孰臻三寶之極致故知正言似反他莫信之昏醉之誣諒招塗炭矣十觀三德三初標二釋三初直列三觀二約觀明德二初正觀德二初約圓示觀二初示觀圓妙三德體必互具一一皆三不縱不横方名祕藏大師示位雖居五品能知如來甚深祕藏即以祕藏爲諦爲觀融一切境令體一念性是三德即以三德而爲三觀故明三觀一一融攝三觀之首皆言即者指一念心即三諦故初云即空非即偏空乃觀一念即圓空也此空能破三諦相著故云一空一切空也言無假無中而不空者非獨空觀於法破相假中亦能於法破相何者以空破相即眞破俗以假破相即俗破眞以中破相雙遮二邊此三頓破名畢竟空空既破相有何積聚然具三諦不縱

不横即祕密藏此藏具足常樂我淨名般若德次云即假非即偏假乃觀一念即妙假也此假能立三諦之法故云一假一切假也言無空無中而不假者非獨假觀能立於法空中二觀亦能立法何者以空立法即俗立眞以假立法即眞立俗以中立法雙照二諦此三頓立名爲妙假既攝三諦不縱不横名祕密藏此藏具足常樂我淨名解脱德次云即中非即但中蓋指一念即具德中此中能妙三諦之法故云一中一切中也言無空無假而不中者非獨中觀於法絶待空假亦能當處絶待何者以空中故眞諦絶待以假中故俗諦絶待以中中故雙遮雙照俱絶對待此三頓絶名爲圓中既攝三諦不縱不横名祕密藏此藏具足常樂我淨名法身德此三德觀列諸句者但在離於偏破偏立及别觀中得此意者能所既寂言慮都忘故得名爲不思議觀如是方顯三德祕藏二明圓從一中至無所畏皆華嚴文所言一者趣舉一法也無量者一切法也若以三諦收一切法無有

餘也復於三諦隨以一諦名之爲一如是一三展轉生起如示觀文說有兹觀解聞一不畏滅於三德聞三不畏增於一實當知下復以一多而爲四句顯不思議離縱横等成祕藏觀二寄佛明德二初明德從觀立佛體命力從三觀成況復體等是空假中不可分於能成所成二明德受藏名二歎心境二初據經歎要諸佛皆具眞性實慧方便三種解脱令但云解脱亦是一中解多之意此之三脱與其三德無二無别但佛法太高初心爲難心佛無差觀心則易是故令於心行中求蓋衆生心即空假中中是眞性空是實慧假是方便高下雖殊其性不二故使觀心得佛解脱令觀十法其意皆然二例三無差他生他佛三德三脱已心三德豈與觀殊三結法歸題題標三字既是三德當體之名故以三觀對於金等義當三觀顯三德也三結倒前三對斥邪空顯觀心功德三初叙彼邪空令立觀法皆依佛言佛令依經修觀契理復教設像託似觀眞經詮佛心像寫佛質此二不敬

觀何由成令作理觀以爲正修恭敬事儀用
爲助道世間愚者不知此意妄執癡空見令
觀心復敬經像謂乖平等難令修觀三身不
成乃執佛經及以佛像同餘紙木我於經像
不生敬心於餘紙木不生慢心自行化他三
身義足以此癡空毀令正助合修之行二以
事對破彼執癡空詞既虛誕故但以三事驗
其恚慢三身不成初破平等義不成汝於廟
勑既須敬畏於佛經像何以輕慢畏慢既起
諸使熾然平等不成法身安在二破智慧不
成師學兩分憎愛俱立既生憎愛驗是愚癡
愚癡非智報身則失三破化他不成癡空非
智方便則縛執凡愚見生憎上心我慢相傳
師徒必墮三毒邪氣轉入他心化益全無應
身何在二明今觀德邪空之輩妄毀觀心以
事驗之其過略爾今立觀心復敬經像有何
功德略論有二所謂有方便慧有慧方便此
二俱解爲三身因即顯癡空二種俱縛非三
身本二功德者於凡夫位修圓實慧以敬經
像方便資故令慧不縛以不縛慧導恭敬善

誡勸衆生故復能令方便不縛三身因者有
慧方便能成應身有方便慧能成報身所顯
實相即是法身豈同癡空立三身耶二約義
重明二字眞諦所譯七卷別名金光明下復
安帝王今之讖經唯標三字故前文云若依
四卷題但作三字無帝王兩字若依經文有
經王之義若說不說俱亦無妨大師釋題前
雖據文且論三字今復約義重明帝王故翻
譯章備舉眞諦華梵二文而言此師譯題最
爲委悉乃是作今重釋張本也釋中先約眞
諦解眞諦譯此經後以統攝義釋帝王字乃
將三身分對三經意云諸經各說一身此經
具有三身名義故能統攝華嚴等經是故得
帝王之目分割三身優劣大教具如疏斥必
是赴機且作此釋耳二明今師釋二初明應
具三義三初標名略示欲約教觀圓對三法
故示帝王必具慧義即以神謀聖策弁帝是
貴極王是朝會合成三義謂帝慧王二釋出
三義此義於他仍是譬喻若據今師皆是當
體三引經證成初取所游深廣法性證貴極

義若從能游乃屬慧義次聞者思惟雖在於
因然其初心即用果智此顯圓宗因果不二
甘露雖理從能開入及能處食皆是聖智雄
略之義諸佛菩薩以朝會故佛得常住菩薩
莊嚴乃至諸河焦乾希有事現是利益義孤
山第四事悞破此文也而言事悞有四其一
云夫附法成觀秖觀前文所譚法相且此文
唯釋讖本三字之題及以觀心反用眞諦立
題帝王二字其二云厥或直用猶可從容況
復擅加慧字其三云又加其帝王二字之間
而云帝慧王如至尊之號可以文武聖神等
字於皇帝二字中間著邪其四云又云慧者
是神謀聖策帝則貴極至尊王則萬國朝會
此解釋者出於經乎備於史乎載於子乎見
於集乎苟四者不譚則是胷臆謬說智者聖
師豈其然乎今釋其一者大師重明帝王之
義甚非徑庭先叙眞諦局解次陳今之正義
今義又二初明應具三義次依三義解釋釋
中自有二意初約教義釋二約觀行釋教觀
顯然如指諸掌是前文已用教觀釋其讖譯

三字題訖今復用教觀解眞諦譯帝王二字何曾但附讖譯三字之法而約眞諦二字明觀若觀此破尚讀文不委況觀道深致何勞擬議平釋其二者今師解經要在顯義以眞諦所譯文雖標二義合具三如世帝王豈不具慧故云今明帝王應具三義也立此三義爲能詮名以召所詮十種三法以三召三令理可識至唐義淨重譯此經名最勝王果符大師所立三義極尊釋帝與最義同慧之聖神與勝義合以新譯驗三義宛然況約義加文顯有其例如今文句釋經五戒欲令義顯乃於各各忿諍之下加於人人不信之句財物損耗之下復加虧失禮度之文何不破擅加二句使令文句成訛說耶釋其三者今明帝王具慧義者意用三名詮乎三法以十三法唯有三寶佛在於初八種皆同三德次第今欲準此帝詮法身慧詮般若王詮解脫順所詮故故安慧字居二之間大師宣揚多從義便釋妙法則先法次妙釋觀世則先世後觀以今重明帝等三義乃是法性當體之名

尚非譬喻安得全同皇帝尊號況復自云帝王合具慧義非謂令將經題添於慧字耶忽掩其義而責其字深見人情也釋其四者若謂解釋帝等三義非經史子集即後人擅加者且如懺摩梵語悔過華言今經文句不分華梵直以首釋於懺伏釋於悔及黑白等五義釋之又以鑑義訓於梵音此等出何經論典籍何不責其文無所出令皆成謬豈非大師善巧說法務在顯理以開人心又既云智者聖師也所說名教固非凡情俗學所能逮及安得齊我之聞見斥聖之辯才巫蠱之言誰當信受二依三義解釋二初約教義釋二初明十種三法皆具三義問前以十種三法釋金光明其義已顯今那更將十種三法釋帝慧王且尊重名金照了名光應益名明與今貴義慧義及朝會義道理無殊何須用此重對十法豈非繁芿致令往者謂此等文是人謬撰有何所以須重釋耶答麤心讀文謂爲稠沓精詳其義各有所歸何者前譬喻釋以金光明爲世物象可以比況十種三法至

當體釋雖捨喻從法但云法性可重名金寂照名光應益名明而且未示十種三法一一當體名金光明觀心十法雖從當體而非約教是故今釋顯從教示一一三法即貴義慧義及朝會義皆是當體名帝慧王雖帝慧王與金光明三義稍同而前從譬喻今從當體義勢天殊縱使前後皆從當體而前文自釋金等三義今釋帝等何曾重述又諸三法若也各具帝慧王義則令人深信一一三法皆是經王以即在題非遠取義故也二明十種經王皆能攝法二初標列二釋相二初正明攝三三初攝法門三道在迷故攝惑識別名義故攝解三菩提攝發心行者填願行也三大乘攝發趣位者發眞趣果位也乘遊四方直至道場故三德攝理者果後祕藏究竟理也前文既明彼彼三法無二無別驗知一一悉皆互攝前文既曾委論互義故今但示各攝相耳二攝衆教二初攝諸部三道攝淨名者不即三障顯三解脫安得名爲不可思議三識攝楞伽地持等者以此經論多用三識

顯事理故問經題本是佛世法門豈可豫攝滅後論耶答今以經題所召法門即是諸論所詮之義乃以所詮攝於能詮故云三識攝地持等況諸菩薩爲顯大乘尊經妙義故造諸論諸論所說違此經耶若其不違理應攝屬涅槃明說一切衆生皆有佛性悉當作佛故大品等五時教者仁王般若云大覺世尊前已爲我等說摩訶般若金剛般若天王問大品等般若今日如來放大光明斯作何事至佛定起無問自說仁王般若仁王對前四種般若即當第五此五般若說各一時故得名爲五時教也菩提願行多出方等諸部經故理隨得三成一大乘法華開會故新譯華嚴合於理智但名法身幷於垂應以爲二身舊經明義即一而三故與此經三身相攝涅槃三寶及以[剩二]三德大經最顯故[十八]問眞諦云三德攝三涅槃正斷二乘斷見般若正遣凡夫有著華嚴正化始行菩薩今經通爲八位人故稱王也○文句破云作此偏說無智之人於諸經起輕慢此義不可今那得用十種三法分對諸經却同眞諦被破之義答眞諦所釋分割三德在於三經是別異義故爲所破今以三法非縱橫義攝於一經攝彼彼經亦復如是且如大品題稱般若義至三故諸法融淨維摩所說亦名解脫以具三脫故不思議須知今立十種三法一一三法非縱非橫而高而廣豎徹極果徧收諸法故以十三分對諸部如前眞諦分於三德對道前等三種之位大師廣斥至今自立法性甚深乃用十種三法之義對本有等三種之位故知他將一法以攝一經類今三法而攝一經山毫相絶學者應審若謂不殊太無眉目二攝一切上諸經論並是大乘且舉世人共見聞者故云當道綎猶豫也但豫八萬四千法藏皆爲所攝須知八萬該乎一代無一名義暫離十種三法經王故[剩二]文句云於九種經[十九]中而得自在三攝六位二初明十法本位苦道有分段變易故云一切五陰煩惱有通惑別惑故云五住業有漏無漏等故云一切合云三識有一切心王心數此二是本有位三因至三涅槃此六是現有位三寶三德是當有位此位前又已委說故但舉三道餘皆例知此說乃是十種三法本分之位也文略九種本位攝法故云乃至及注云云現行印本悞將並書云云而爲以字也

金光明經玄義拾遺記卷第五

金光明經玄義拾遺記卷第五

校勘記

一　底本，清藏本。

一　四三一頁上八行第一二字「在」，南作「有」。

一　四三六頁下八行第三字「讖」，徑作「識」。

一　四三七頁下九行第六字「王」，南作「二」。

金光明經玄義拾遺記卷第六　　刻三

宋四明沙門知禮述

二明十法攝位謂下攝於上上攝於下中攝上下故一一三法皆攝六位三障覆六位者斯由三障從迷說六即從解說耳若即三障之非道通達三障之佛道即此佛道須論六位此之六位攝一切位理即攝博地位名字攝一切學習位觀行攝五品位相似攝十信位分眞攝四十一位究竟攝妙覺位乃至三德等者解於三障有六即位解九三法各論六即然性德中十種三法皆須即障照之令顯但約所顯而明十番六即之位言三德既備攝等者合例三道論於類攝謂法身有三身及一切妙境般若有三智及一切辯慧解脫有三脫及一切神變既就三德論於六位須論六位皆即三德所攝之法故云六位寧不備收其間八三各各備攝及八六位位位備收準例可解二明攝三意以三番攝法合帝慧王者前之三番即三十重論帝慧王今乃攝褢法門十重佛所師故結歸於帝合貴極義攝教十重鑑機說故結歸於慧合雄略義攝位十重皆趣果故結歸於王合朝會義又十種法門一一高廣不論優劣乃是橫攝六位皆即自下升高故當竪攝教詮法門復論六位故當橫竪雙攝之義如斯統攝題稱帝王諒無慙德二約觀行釋二初正釋二初正約帝慧王明觀以中空假觀一念心即帝慧王義觀冥符能所體一自已經王於茲可顯二會同金光明示位以帝慧王與金光明皆是法性當體之名欲令經王統攝義顯是故重安帝王之目令欲行者知此二名同詮法性故特會同金等明位五位文義如前可知唯名字即語稍難解心但有名者金光明名也初學之者於一念心但有此名未有此觀故云即名字金光明也二結意意在觀心闡慧具足夫如是則法性寶山不跬步而至矣然此觀行諸說文旨尤邃非造心山家壼與者莫可輕議也予研精此義積有歲年豈敢抑理順情是此非彼奈何境觀之道宛而有歸況諸部之相符驗斯文之末喪嗚呼諸祖既往代有明賢知我以觀心罪我以觀心願無得而隱也二釋通名法華解題廣釋通目乃直以經翻脩多羅雖有翻無翻各十五義秖於經字義解無餘學者須於彼文尋究釋名畢大章第二辨體前章釋名總於三法舍體宗用利根之者即達能詮忘情得體自成宗用其鈍根人以名具三體混在內心慮難遣妙體莫彰故次釋名別譚體等俾於法性絕念而游即於此典金光明中而得見我釋迦牟尼文先分二初標列列於辨體三章門也問本爲忘名故別示體今還釋名與前何異又但釋名引證料簡何意不立辨體章門答夫忘名者非謂默然若善釋名其名自泯無離文字說解脫相文字性離即是解脫今所釋者但釋體名前章總三與此永異又體本寂滅寄名詮之故但釋名即當辨體總持無字字顯總持斯之謂也既釋體名又引經論證成體義復約說證料簡於體辨體之旨曲盡其妙那言不立辨體章門解釋分三初釋名二初約字略示前章釋名是賓是假

此章辨體是主是賓二就義廣釋二初約二
名總釋三初標標起二種爲釋所依二釋三
初一體二名若依義者即體宗用三章義也
法身爲體報身爲宗應身爲用今之所辨義
當法身若七卷經有三身品此亦是文今解
四卷且名爲義若依文者創首即云游於法
性下文節節其文不少須知一體立此二名
二簡通從别三初約義簡眞中二理俱名法
性故身子云同入法性偏眞法性也就中而
論有但不但於不但中有分有滿今取如來
所游法性乃是不但已滿中道而爲經體二
引文示尚過菩薩分證圓中豈是但中及空
法性三據文結此經判教應於通教簡取圓
極而爲經體不取二乘及鈍根菩薩所證法
性及被别接但中法性三爲四章主二初法
佛以種智爲能游入是經之宗深廣法性而
爲所游及爲智本即是經體若偏眞法性體
類太虛非智之本中道法性體是本覺能爲
始覺種智之根今經以果而爲宗要果智乃
是究竟始覺始本不二不二而二體爲宗本

若不然者何名但是佛游入耶功德衆行是
經之用所嚴所趣即是體也滅惡爲功生善
爲德功德乃是力用異名以此力用莊嚴法
身懺悔讃歎空智導成此乃以行而爲力用
問宗取佛果用須佛力功德屬佛爲用可爾
行在衆生那爲經用答衆生之心非佛威力
豈能立行故般舟見佛論其三力一佛威力
二三昧力三是行者本功德力若非感應無
一善生故起信云所言用大者謂能生一切
世間及出世間善因果故行是經用其義昭
然皆偏十界故云無量及種種也言說問答
能詮辨邊即是經名及教相也其所詮辨豈
非經體名教二種俱是能詮自行稟得故曰
經名爲他詮辨乃曰教相自他雖異俱詮法
性問名是經題豈有問答詮辨等耶答一經
始終皆能詮名舍幾問答但以題目是經總
名故解題目稱爲釋名那謂經名不曾問答
二喻衆星萬流以類四章北辰東海可方體
質三結可見二就三義别釋以金光明是能
詮名法性既是所詮之體故今於體而立三

義應彼三名以此望前前不分三名爲總釋
今釋分三初應金名以禮義釋二初直明字
訓禮者釋名云體也言得事之體也今明體
有尊賤者意在揀臣子而取君父也二會同
體義今之經體既是究竟所證法身正同君
父體禮之義揀非分證法身已還臣子之體
也二應光名以底義釋三初約字訓立謂此
實體是諸法底故其得體方曰窮源淵府實
際皆理趣之極也二引文證成三種般若圓
融深廣名智度海實相般若爲體爲底底通
分證唯佛能窮三以今義結秖一法性當體
貴極當體甚深當體無量以底釋體合甚深
義言法性高深豎窮佛海者對前論意互顯
令深論明法海深唯佛能窮底今明佛海深
此法能爲底人法互相顯體底義方成三應
明名以達義釋三初約字訓立體是達義者
顯法性體本具諸法諸法當處是中道體佛
以此體達一切法人識此體亦達一切是故
智者觀行得體能達諸法自在無礙一切異
名不能壅塞具如前文三字譬法如從一法

至河沙法同異無妨正是今文體達之義例
前體尊及體底義皆是觀行所證法門故章
安敘止觀云大師說已心中所證法也二引
文證成實相般若雖是一法而體本具一切
諸法佛赴衆生種種異說異是一異異豈異
一故得一者能達異說佛等三名即一實相
觀一達三同異自在三以今義結秪一法性
當體無量故與達義釋體相符二引證二初
具引四文序品在初故示法性體義備足如
來所游非三乘共故無量甚深三諦圓妙故
鬼神品兩言法性且云二文語句相連共顯
一義文云若入此經即入法性如深法性即
於此典金光明中而得見我釋迦牟尼今據
深字簡非二乘及以分證空品說空不但空
有亦乃空空既是中空無二邊異故云空即
如也讚佛品既讚果佛知之一字即種智知
此知知下三諦之理有即俗諦非有即真諦
本性即中諦空寂二字寂其三諦對俗立真
對邊立中知絶待故三皆空寂不作此解非
讚佛知上之三文其義不異今經之體理合

如然二結成一體四品異名皆詮法性故法
是下解法性名成經體義法性常一能軌則
佛法常一故諸佛常一故佛皆以法性爲體
佛體即是此經體也三料簡二初問略舉二
句意必該四以答中自他若泯若用皆論四
故二答二初正答二初明理非四句當知等
覺修離見禪蓋欲淨於微細四句今明妙覺
所游法性出于等覺四句之外故云過諸菩
薩所行清淨豈將三教及凡外四句而可求
耶二赴機須四說第三是法身前二是化身
應身此以性一簡於修二故分真假文列三
句結云四句四門者既有雙非寧無雙示即
雙取前二爲第三句此皆圓教四門詮理若
論赴機亦可說前三教四門二結示良以衆
生於四種門有四悉機是故大聖作空等說
若其悟入理尚非一況定有四四無四相故
云皆是無諍之法新舊兩文空有不同若得
今師體達之意百千尚一況二文耶第三明
宗此亦名中三法之一以由根鈍於總不了
故別示三謂體宗用今別明宗即當果智顯

體之宗也先分爲二初標二釋二初約義略
明三初示字義宗義蓋多今取要義欲明果
智是常無常衆德之要也二定因果二初泛
舉他釋二尋究二經新舊兩本雖各舉因並
是就因疑問於果故知經意以果爲宗三正
明宗二初的約果德略示今意也二釋出所
以萬行之因雖亦顯體不及果德究竟相應
問若言爲顯法性體故偏取佛果爲經宗者
法華豈不顯實相體何故雙用因果爲宗答
法華正開千如實體是故因果皆能顯之此
經正詮如來所游法性之體此體非常非無
常能常能無常乃是專論極位三身非果爲
宗此等衆義無由得立故云果是顯體樞要
等也二附經委釋二初明今師正釋二初正
釋二初據經文立義釋二初約佛壽對法性
明宗三初明得果冥體釋迦別號如來通號
以別簡通顯今教主極果人也壽量乃是果
人所剋難思之用不冥法性寧剋此用二稱
體立能二初立義法性中實離諸邊倒故非
有無及常無常果人果法既與性冥亦乃雙

非雙非之性法爾雙照故也二示文問下文句釋壽量品題云山斤等無能筭計與阿彌陀同是有量中之無量雖極長遠終是無常今何以此明其能常答雖是有量以人天等莫知齊限若非法性能常之用那得現壽長遠若斯是故四佛舉此長壽顯佛常用今八十滅度即無常用此常無常即是法性雙照大用三約釋疑明宗二初約疑明失信相但以八十滅度無常爲疑不知如來能現常壽尚不能解即短之長焉了妙證非長非短此舉迷宗之失也二約宗顯得法性體用顯由極證故云若不約果此義難明今以佛果爲顯體宗則非常非無常能常能無常衆義皆立除信相疑使群機悟此乃解宗之得也二約報化對法性明宗三初明果有總別二初明餘經別舉智斷餘經說果或智或斷如指左邊必具於右指右亦然智契理故衆善溥會豈可契理而不斷惑是故任運具於斷德斷德調機非智焉能諸惡永盡是故任運具於智德諸經互舉乃隨時之義也二明此經總於二三壽量乃是修道所得故名果報感果獲報智斷必全既總智斷合具三身何者智是報身斷是應身此二全以法身爲體故知今經明壽量果能總二德及以三身二明宗體融妙二初約三身稱性故互攝問法身如何更冥法性答此文既云果上三身與法性冥此乃修三冥於性三故云法性非常非無常能常能無常豈非性三修極三身與性冥故使三身各有三義斯由性三互具成九致今修三亦成九義顯無別修故論二九二無二體秪是一九九秪是三三非定三三秪是一舉一不少言九非多修性圓妙其義如是二約二身即法故難思上約離義修性各三今就合義故以報化冥於法性二既即性安可數知乃即八十應化之身壽不可計是故四偈皆云釋尊此意皆由果宗顯性故使二身同法性壽三託疑者彰失信相若知果能顯體非常非無常能常能無常終不見短定謂之短二約化事比況釋二初立況二結釋所言長短非法性者其實長短全是法性良由迷者定執長短不識法性故於長短指非長短而爲法性若見法性必能長短二顯得若見此意者指今立果爲宗意也此意若立諸義皆成何者修二性一而論三身顯體之果正是報身常義成也所顯之體豈非法身非常非無常義成也法報既合應身赴機無常義也此等義立功由果證果爲宗要其義善成果是顯體樞要如提綱目整信不誣矣問文句云應佛能爲常與無常是則能常亦是應身今文何故常屬於報應唯無常答報應乃是法身常與無常二種之用法身是體性不偏屬故法身云非常非無常報身屬常應屬無常而文句云應身能常者以能現長人天莫數能彰法性常住之用故云常耳若望報身長短二應俱名無常故與下釋義不相違二簡古師非義二初叙二斥古師此解略有二失一不能分別大小法體故將三藏三種無爲曲解方等四德之果二不知今經果宗顯體果人果壽冥乎法性法性既非常非無常果人果法亦非常非無常法性

既能常能無常果人果法亦能常能無常以果三身皆即性故是故三身一一互具古人迷此故齊海滴判爲無常既失修性俱融之義雖立經宗全無要義也四論用者果宗實體故有大用其猶鑑鼓以瑩以擊現像發聲釋名總三今別示一釋此爲三初標示通名以力釋用名義成也非堪能力無作爲用二義相顯以示通名二正釋此典二初示四名先且總舉滅惡生善宗既實體體之力用任運發生能爲群機滅惡生善若偏對者力能滅惡用能生善以滅惡故力乃成功以生善故用乃成德故舉功德顯其力用欲令易解故且偏言若其盡理力用功德一一皆能滅惡生善二明經意二初明果智成由功德序品云一切種智而爲根本無量功德之所莊嚴滅除諸苦與無量樂今以此文明經力用以果上智爲衆行本者此明初心了知本性具於果德雖以無量修德莊嚴修即性故嚴無所嚴了苦即性無苦可滅乃能除滅一切苦也知樂即性無樂可與乃能徧與究竟樂

也問今言功德嚴果智者斯是行人修懺讚等滅惡生善趣向菩提何得以此爲經力用答佛得經體體發力用力用者何謂說懺讚及以空慧行者修之成滅惡力及生善用莊嚴本智而成佛智豈經力用不修而成耶如世妙藥不服無功二示文旨力用銓次三初明懺讚兩品二初明二行成果三初明二品先後懺有三種謂作法取相無生無生爲正以二爲助是故能令貪瞋癡滅此三煩惱有通有別今了通別同居一念頓照無生兼事懺助無惡不滅讚有三種謂讚丈六尊特法性今正讚尊特上實法性下現丈六此三即一此一即三不縱不横不可思議如此讚佛攝一切善兼前懺悔爲常樂因據其品次先以懺洗用淨三業禮讚三身若以讚佛善力資懺令三障滅以此爲次其義亦成故云亦是互舉耳二明能成宗體佛之果體爲生心體佛示懺讚二種勝用衆生修之得成滅惡及生善用此用莊嚴同佛果智顯法性體三明五義俱備此文承上即是行人智備體顯

體顯名金性體既顯果智稱體此智名光嚴果之力自行功成能多利益名之爲明利益之事無過設教也金等三字別對體等若總此三即是名也感五既然應五亦爾今示一五已含二五二明二品互具如說不修善根之罪即懺中生善也若讚能離染著之德即讚中滅惡也今且從强左右說耳二明空品一文此品圓譚即空假中蕩三惑著名畢竟空導成懺讚二種之用若其不照三惑無生縱懺不除惡之根本暫息復起故云惡不除滅若其不照三諦無得縱讚不顯性淨功德還成漏因故云善不清淨今以空慧無生無得是故懺讚能嚴果智引序品文中空之智爲懺讚本也然其利根於前二品修無生懺就尊特讚豈乖空慧鈍者猶昧故特說之故此品云爲鈍根者起大悲心三明已下諸文鬼神品云一切皆是大菩薩等故知護經及禳災力皆是分得金光明宗顯金光明體起金光明用也故知諸天得經力用還護於經以至下文正論治病救魚飼虎皆是此經生

善滅惡力用功德故四王云我等聞經增益身力心進勇銳具諸威德又人王燒香供養經時變成香蓋金色徧照此界他方皆是此經威神之力三牒文結攝其意可見五判教相若論生起則尋名得體依體立宗宗成有用用則設教此乃製立五章次第若究五義須明總別名總三法體宗用三別示三法令之教相判前總別時味所攝文二初標前之四章皆是聖人被下之言悉稱爲教今以五味四藏四教明其相狀使覽之者區以別矣二釋二初破他異解三初破舊師判屬不定二初叙會三即法華褒貶即方等無相即般若既非此三乃以不列同聞之衆以驗不在五時次第未至涅槃而忽譚常是故判屬偏方不定之教偏謂偏僻方謂處所指信相室爲偏僻處古人判教所立五時與今有異彼以華嚴別名爲頓乃立五時皆名爲漸一有相教謂四阿含二無相教謂諸般若三褒貶教謂淨名經及諸方等四萬善同歸教謂法華五常住教謂涅槃若偏方不定教非漸頓攝二破二初破非五時次第三初舉彼義定二引鴦掘並彼經通序非不列衆鴦掘摩羅斥聲聞乘明摩訶衍同於維摩而成論師同與今經判屬偏方不定之教三竅成次第論家既判鴦掘在不次驗知不因不列同聞而爲不次若爾何妨今經不列同聞是次第耶二破非偏方不定三初舉彼義定古判五時第五涅槃方譚常住前之四時悉是無常此經越次豫明常壽稱偏方者此先定之二引方等破陀羅尼者即方等陀羅尼經也乃以第四法華會三例於第五涅槃譚常也方等會三既居次第今經譚常何故不定此是方等後分經文故得却指三處法華授聲聞記三引衆經破古人判教不了異名同詮一理華嚴法界方等實相般若佛母法華一乘此等若與涅槃常身金剛不變體不同者豈以生滅無常之法而爲實相及一乘耶又維摩云法身無爲不墮諸數法華云常在靈山又云常住不滅此等諸經既居次第此經何故獨屬偏方此乃正示今經譚常非不定教傍顯諸經皆詮常住二破一師判屬法華二初叙謂法華壽量喻以界塵與今經齊意謂二經未出數量皆是無常二破此師不了二經譚常但執數量一不了此經者帝王經中因婆羅門欲生天故求佛舍利梨車王子廣譚佛身是常住體無舍利事此於應色即示法身非長非短以驗此品全法起應能長能短八十是短山斤是長短表應身長表報智古人不見新本所明常住法身是所證金報身常智是能證光但齊應身山斤海滴能表之數判屬無常翳於所表法報金光也二不了法華者彼部所譚本迹二門皆顯常身何者迹門中云世間相常住於道場知已本門中云如來明見三界之相非如非異此皆所證常住法身中道之體乃以寳所髻珠而爲譬喻所證法身既其常住能證報智所垂應用豈可無常經舉界塵乃是過去本成劫數若論未來經文顯云常住不滅豈非此師以久遠成佛界塵劫數翳於寳所所譬三身耶三破真諦判在三月二初叙二破二初奪破唱

滅之語通在諸經豈可獨指於三月前告波旬時信相懷疑耶此文分三初總奪二引經三結破二縱破二初縱而覈之所以縱者諸經唱滅其語猶通若三月前知齊八十故須縱許在乎三月雖縱年月須覈部味以凡判教有前後分前分有次後分不定如今空品在般若後若陀羅尼在法華後後雖不定須攝歸前縱令此經在三月說爲屬法華爲屬涅槃此順古人以法華涅槃二經分對第四第五二時故也二驗其無據三乘同懺文出新經三乘行人各求證果同依此經修懺悔也法華廢權尚捨別教不共方便豈存三乘同懺方便退非法華也此經既在三月前說進非涅槃也兩楹不攝規矩無從二明今正判二初以文義定二初簡異餘時若安無相而時異者簡非般若也說彼部時處會雖多而同名般若此既別立金光明稱故與彼時所說異也會三即法華彼經廢權同歸一乘純一醍醐今存異趣則屬生酥故云味別二定屬方等二初以文定二初引方等文二引三乘文方等之名立有二意若大經云從酪出生酥譬修多羅出方等此則的約第三時教名爲方等即被三乘四教機也若普賢觀稱方等者乃直名圓理非第三時偏被群機教部之稱也今初所引方等之文恐人謂同普賢觀等從理立稱故引三乘懺悔之文以定此名的從教部是故結云其義無疑二約義定初明方等部元不局因今立云方等之教通於三乘遂引新本無異乘文難今所立通三不成故云害於通義然方等下釋難所云法界無異乘者別教圓教俱以法界而爲歸趣是故自得名無異乘方等滿字既通二教有何妨礙二明列衆文或未來經初不列同聞之衆他疑今師判屬第三方等不當是故大師指彼天竺其文尚多不止讖譯四卷之文及眞諦七軸至唐義淨重譯此經名最勝王金光明經果有列衆以驗大師所指梵本宛爾冥符又驗他師判屬偏方灼然爲謬二以教味判對他研覈復據文義故云如此斟酌乃以五味四藏四教而判攝之初五味者涅槃經文既以生酥喻於方等今經顯有方等之文又有其義是故須在第三味攝次四藏者謂聲聞藏菩薩藏雜藏佛藏此乃以人而名法聚聲聞名藏意彰純小菩薩佛藏唯詮於大雜藏兼含若大若小今經既許三乘同懺則能總攝聲聞菩薩及以佛法故屬雜藏也後四教者五味四藏名尚同他四教判經唯今所用此經體幻即顯中空全非三藏析法拙度三乘同懺復非別圓不共之法正是通教三乘共稟不生滅法利根菩薩知常達性故名通教帶別明圓問通教菩薩利者受接乃於聖位方知不空何故釋題及解經文唯約始終俱圓而說是則解釋與判教相頓成胡越也答通教機雜不獨受接方知不空蓋論通教須具三義一因果俱通二因通果不通三通別通圓初義者是鈍菩薩但見於空始終不知二教別理故云因果俱通也次義者見地已上深觀於空能見不空以此菩薩初依通理得成眞因後依別理而趣佛果故名因通果不通也第三義者即於乾

慧及性地中間體法空不但空於二十五有亦乃空於涅槃之空此人雖藉通教譚空開導其心而了此空體是中道乃以別圓內外凡觀同於二乘歷乾慧等及後諸地至第十地即成別圓初地初住八相之佛此乃通教通別通圓義也既在初地便知不空是故不受被接之名以是義故此經雖約三乘同懺判屬通教不妨釋題及解經文自明三法始終圓妙正是通教第三義也又復應知此經既許三乘同懺其懺悔處隨彼信解或空不空或次不次合具通教前之二義大師特為成今行者圓解行故捨劣從勝一向圓譚見聞之徒當從此意而思修之

金光明經玄義拾遺記卷第六 刻三 十八一

金光明經玄義拾遺記卷第六

校勘記

一　底本，清藏本。

一　四四一頁中一八行「百千」，徑作「百年」。

金光明經文句記卷第一上　盟七

宋四明沙門釋知禮述

吾先師昔居寶雲嘗講斯典其徒繁會競録所聞而竊形卷軸況筆寄他手反覊乎曠遠之旨至於援證經論辭多舛謬予每一臨文不能無慨近因講次憶其所領大義撰成記文仍採孤山索隱中俗書故實用爲裨助庶覽者不以事相之闕情但思理觀之爲益時天聖五祀臘月三日記

釋題二初正標題目金等四字即所釋也文句二字是能釋也所釋經題委在玄義能釋文句者文即經文句謂章句亦句逗也即以章句節其經文令其詮旨各有分齊故荆谿云以由釋題大義委悉故至經文但粗分章段題云文句良由於此然立此二字蓋謙辭耳若觀釋經大義非少又解諸經皆稱文句乃是通稱故以經題簡之令別二能說師號住處得名如常所辨二入文二初定三分二初的指所傳異於真諦所譯七軸二十二品故指四卷十八品也世有足屬累爲十九品者謬也以諸譯本皆無此品故二正判三分二初引諸師判二初總舉不同盈者進也縮者退也蓋言諸師分割三分進退不同也二江北下正明初判三初江北師以四王等各於佛前發願擁護說聽之者故云大普護經流水長者除病救魚薩埵太子捨身飼虎等爲大悲接物此師之意與下真諦新舊雖異大意是同二江南師與今分節三分似同但昧壽量半品屬序耳三真諦師二初判文真諦三藏於梁世重譯此經名金光明帝王經更加四品謂三身分別品滅業障品陀羅尼淨地品依空滿願品足識本十八凡二十二品而出疏解釋故云新文等也二真諦下明義仍斥江南以授記除病悉在流通故云後師弟因果等也合云師因弟果現文似倒二令師下示今師意二初約理破諸師二初總斥人情正斥真諦義兼江北以此二師判師弟因果並在正宗意謂序分全未辨說修證之道至流通分道味已歇微末而已故總斥云是義不然二夫三下別示經意二初立意二初明三分互通杜塞也三分共成一經感應豈得義理互不相兼如初序分敘述發起若不關於下之二分何名正通之序正是序中所發所述復是流通所宣流布不爾何名一經正說流通一段若捨序正爲通何法是故三分各具三義上中下語即七善中時節善也妙經云初中後善若其杜絶何名善耶二又衆下衆機徧益經所被機益有遲速不必皆在正宗悟入故云根性不定何容序分全無法味通中法味歇滅微末耶既其不然於流通中說流水因及信相果復何所妨彌益也督率也勵勸也二又法下引經師即釋迦也達多品中明佛往劫以國王身事阿私仙求大乘法故曰師因持品授記波闍耶輸等成佛劫國即弟子果古諸法師判法華經目法師品後皆屬流通而人共許此與江南判令流通有師弟因果其意齊也故云於義無妨然不可定執故云與奪由人二令下據義分今部二初分經二初定三分文今分三分大同江南但序盈半品故引三師但破真

諦二序者下示三分義二初正示將者當也
正宗流通在序分後今序當有二分之益故
云將有利益正當機者當是對義即正對機
緣辨説常果懺讃之道也筌魚筍也罤兎罝
也筌罤喻言教魚兎喻義理欲使言教流至
將來正像末時常令羣生取於義理故云不
壅於來世也二經曰下引經二疑者下釋難
二初立難既稱序分合齊序品安得復入正
宗壽量半品餘耶二衆經下釋通三初引他
部例淨名經以佛國因果以爲正宗既無序
品諸師乃將佛國半品而爲序分若大品般
若序品中云佛知衆會已集告舍利弗菩薩
欲以一切種智知一切法當習行般若波羅
蜜等如此説者已是正宗而文在序分若涅
槃經常壽爲正既無序品乃以壽命品中集
衆爲序此約北本也若南本者謝公治定乃
取壽命集衆之文題爲序品此等三經或序
入正或正入序諸師分解不以爲疑安得獨
疑今判序分入壽量中耶二斯乃下明此經
意斯乃出自集經者節品之意蓋以若將壽

量品題於天龍集信相室後安者則令四佛
斷疑之文孤然而起故云嶃絶嶄劖街切嶃
巖山貌若文孤起則如山巖之險絶不相連
屬也爲此之故安壽量題於序段中也三今
從下約今意結品雖屬正義當序分豈順標
題令義失耶二序有下至釋經三分也初釋
序分二初釋品題二初釋序二初標三義緣
之序分義合有三諸部之中或秖一二蓋闕
略也今經與法華等諸大部中皆具此三二
次緒下釋三義緒謂繭之緒也凡繭之抽絲
先抽其緒緒盡方見其絲今以五事在初如
絲之緒也冠去聲呼敘方將述當益蓋言敘
述當時有正宗流通之益故此序述下一十
七品也發謂開發物機之信也起謂興起聖
應之教也此序即以現瑞駭動物情令信心
顒顒教必深益二品者下釋品二初舉梵翻
名二品是下就名釋義二初正釋此中文句
俱在經也以能詮教皆用四法謂聲名句文
此有二種佛世滅後若約佛世八音四辯梵
音聲相此一是實名句文身但是聲上屈曲

建立此三是假聲屬色法名句文身屬第三
聚不相應行毗曇十四成論十七瑜伽二十
四種此則大小二宗所立有異名句文者唯
識云名詮自性句詮差別文即是字爲二所
依若約滅後諸聖結集彼土貝葉此方黃卷
其中所載名句文者皆依形顯色法建立也
今略舉此二具足應四氣類相從者如以四
法同明發起等義故節爲序品乃至同明讃
佛之義故節爲讃品今雖釋序而品義貫下
二引例律論二藏文句氣類咸有篇聚揵度
之節段猶經之品類篇聚者謂五篇六聚一
波羅夷二僧殘三波逸提四提舍尼五突吉
羅此謂五篇也於僧殘之下加偷蘭遮即名
六聚若於吉羅更開惡説復爲七聚毗曇者
具云阿毗曇此云無比法即論藏也揵度此
云法聚亦以氣類相從之法聚爲一段也如
八揵度論謂一業揵度明三業二使揵度明
百八煩惱三智四定五根六大七見八雜思
之可見二從如下釋經文二初分三序此雖
分三至下消文但束爲通別二序二釋三序

三初釋次序二初泛論名數二初明數不同二初正明數開合地人者弘地論師也六事者一所聞法體二能持人三聞持和合四說教主五依止處六聞持伴或七則離於我聞或五則合於佛處二兼示衆是非此經正談常壽之宗在信相室故諸天龍及諸菩薩於此集聽說竟四佛不現理合其衆退散靈山說序夢中金鼓時處既異故皆不聞約聽常壽得是同聞不預夢等故非同聞以說此經時處不定故同聞衆不如諸經安布次比也若義淨新譯最勝王經列同聞衆不異諸經大師懸知梵本將至故注云云二此之下立名多種二初列釋異名凡有六名皆上句標名下句釋義印定義者以如是等文如世符印見此冠首知是佛經故大論云非但我法如是三世佛經初亦然爲通名作本者金口所談皆安如是故通名經經後序者結集時在說經後故經前序者以佛遺囑令安經首故大論云佛將涅槃阿難問佛一切經首當作何語佛荅阿難應云如是我聞一時佛在某方某國與某大衆破邪序者以一切外經皆以阿漚二字冠首阿之言無漚之言有以其所計此二爲本顯於部内不出有無故立如是對破邪執不如不是證信序者大論云何以不直說般若而說住王舍城荅說時方人令人信故二天台下結歸四悉天台師者章安對彼舊解故稱智者爲天台師四悉檀者悉是華音以徧爲義檀是梵語此翻爲施諸佛聖人常以歡喜生善破惡入理四種之益徧施衆生斯是感應之通相也此之次序金口令安即是應也即被滅後一切機緣即是感也而其一序有六名義其意如何今以四種悉檀收之則一一名義皆有所歸也故初二二名是世界益施衆生也三四二名屬於爲人第五破邪是對治法第六信理屬第一義此四既未判於深淺即當四教各具四也二舊解下正釋經文二初依經釋五義二明闕同聞意此依地論師六事分文故若依五事現文唯四就初爲五初釋法體二初舊解二初引諸師釋四初舊解二肇師三真諦四龍樹其四文義皆悉可見至判四悉方定深淺二此之下以四悉判今明聖法若多若少若總若別無非感應感應不出四種悉檀前判次序六種名義是總是多今判六事一一感應是別是少故如是二字諸師異釋今天台師用四悉檀而會釋之各得如來感應一意豈同世諍是一非諸舊解二字雖對文理不分大小其語通總又無生善三益之相但得授受不謬之益故屬世界也肇師雖有會理之言亦不簡真俗但生信順資禀之善故屬爲人真諦文理亦未分別而論決定離增減惡故成對治龍樹信順雖同肇師而言信者言是事如是此則能彰三諦之義是事即俗諦如即真諦是即中諦此於一句巧示三諦當第一義也注云云者令如向辨二今作下今釋二初約教二觀心此之二釋即教觀二意雙美而談逈出諸宗功由此也初文分二初通約說約傳明如約解約受明是此既通釋貫下別釋必該四教故知法相是四所詮佛是宣說四教之主阿難是四聞持之

人當分而言四皆海量二別釋三初迭明破立四即是四教一一破前不如不是方立本教如是之義初破邪立正破外道邪顯三藏正二初破邪阿漚稱吉者百論明外道問內弟子云佛說何法荅云略說二種惡止善行外曰汝經有過初說惡故是不吉我師經法初說吉故如廣主經等初皆言吉以初吉故中後亦吉故曰阿漚稱吉也文乖等者以正破邪不如不是經初標吉而部內所詮唯是邪見此文乖理非如也邪見即不吉豈稱阿漚此理異文非是也故百論破云是吉是不吉此是邪見氣也二文如下立正三藏教中文理相稱以無常生滅之談稱無常生滅之理曰如此理稱文曰是二今謂下破異立同二初破異欲彰衍理先斥藏非實有之俗而為能詮不即真諦故非如也所詮之真不含中理淺故非是二摩下明同通談幻有當體即空不異名如即空之真能含中道不同三藏析空定淺故理名是通教必通別圓二教故文標云摩訶衍也三今謂三下破淺明深

二初破淺欲明別理先斥通非通教三乘同聞即空而鈍菩薩同二乘解利根聞空不但空有兼能空空既此各解望別非如空中兩證證空尤劣比中非是二明深別教不通二乘修學雖復廣攝微塵之衆唯菩薩根皆聞佛性次第修入既無異解故得稱如無不證中故稱為是四今謂離下破離立中二初破離欲明圓理先斥別非別雖談中中唯佛界雖復變造九界因果九非性具須緣中道次第斷盡方成佛界佛與九異故不名如初觀出俗次觀出真至第三觀雙出二諦方證中道中不即邊故非是義二文字下明中能詮文字性本忘離與理不異故稱為如唯空唯有唯色唯心一一皆中無非佛法故名為是文如理是義究竟成二初破下結成四教問前釋四教通真含中得名理深今結四教別教乃云破淺明深豈可通教真中俱淺荅通理雖深為攝二乘及鈍菩薩故兼淺理今結別教獨菩薩法唯談深理故以唯深破於兼淺與前列釋義不相違三此經下示部具四

二觀心以圓三觀觀於陰等修惡之心即是性惡名惡法界無法不收體是三德復名三諦稱諦而照觀境不異故名為如境即正觀者境是本覺起為始覺雖分新舊覺體不殊故得名為境即正觀是義方成若不爾者境照境等四句豈立經言等者若觀須境偏小忘心假立真如等皆名邪觀今茲正觀雖非約行行人若欲攝事成理即閩而修必須於所觀心簡於十境陰境常有餘九待發於能觀觀須識十乘上根修一中根至七下根具十若自未解摩訶止觀當依師友一一咨詢明識藥病方可修之勿謂一句修行即足下去觀解准此應知二我聞下釋聞持二初舊解三初舊師外人我見故多師心阿難師佛故唱我聞二真諦我能受持佛所說法故是器義簡三非器顯成三慧雖未分於四教慧別然釋我聞尤過舊解三釋謂彼明耳識從四緣生一空二根三境四作意今云不壞是根可聞處是境諦聽是作意唯闕空緣下云因緣和合義可兼之即四緣和合方發耳識

不言耳聞稱我聞者我是耳主故新云耳識九緣生備於唯識也二師釋下今釋二初約教釋二初我聞各釋二初明四我此我我等例於大經生生等四句而立然我是假名攬陰而有陰法既有生生等四我隨實法豈不然乎如釋生生云大生生小生此乃生滅生於生滅攬生滅法成生滅我故例生生成於我我雖是空觀而非體空是故三藏當於初句又復應知假實生滅衆生本爾而不覺知今稟此教稱本而觀豈唯此教下三皆爾通教實法生即不生故陰中我即無我也故屬次句別人知陰不生而生是故觀於無我而我蓋由此教元知真我見慢盛故初觀無我次破無我建立於我後入真我是故此教當第三句圓人即達現前假實不生不生攬常住陰而成真我我既即中二諦皆趣故云我無我而不二真我義是故此教當第四句教本被機故四我義配四根性令後說者如上分別故注云云二明四聞我是聞主聞是我用主是假人用是實法然若解生義則聞義

自顯但生是總論緣起聞乃別從說聽不無少異從聞因緣而有餘聞故曰聞聞既從緣生終歸壞滅此聞生滅也聞無四性當處無聞故曰聞不聞此聞無生也真雖不聞俗中有聞故曰不聞聞此聞無量也二諦即中故云不聞中亦叵得復云不聞四十九年不說一字何有中邊而可聞耶此聞無作也注意同前二有四下我聞共釋三初聞者四能三藏教中阿難一身而有四德故受四名典藏出阿含餘三出正法念今演小名對於四教義與名合阿難梵語歡喜華言佛成道夜生舉國歡喜因以爲名從緣立名符生滅法傳持三藏宜用此名通教所說體事即理異凡俗見宜用賢名別教正談塵沙佛法名所主領宜典藏名圓教始終詮法界理既深且廣宜用海名二歡喜下能承四佛四初三藏此教析法空不含中故見佛身唯是丈六二賢阿下通教觀既體法顯二種空謂但不但鈍根菩薩同二乘人唯見但空無中實故非色心本故佛元由誓扶殘習幻出身智終歸灰

滅色有分齊故云丈六若利菩薩受別圓接解不但空空是本覺中實之體是妙色心佛位證得所有身智稱體無邊故名尊特尊崇奇特亦名報身秖一佛身由利鈍機見二種狀故云合身通教佛身須作此辨應了鈍根見佛縱高十里乃至百億以依但空亦非尊特有分齊故若利人見丈六八尺既依中道亦無分齊是故下文金龍尊王偈讚三十二相文句解云正歎尊特三典下別教此教初心便聞但中中雖不具九界依正非無佛界妙色妙心是故見佛唯無分齊尊特身也此教始終不共二乘及住空菩薩修證故也四海下圓教此教所說世間相常故一切法無非中道雖與別人同見尊特彼兼別修此皆性具故龍女云微妙淨法身具相三十二欲彰全性是故從勝特名法身故此教人觀性德苦樂而興與拔以即理毒害爲所消伏修德三因名性德行報應二身即名法身蓋欲以性而泯於修苦則即拔無拔毒則即消無消行乃即修無修佛乃即證無證阿難傳此

無作四諦即說無說是故親承法身佛也三
此下部有四機問上明四教今那但云三乘
說聽荅以三乘中聲聞緣覺須論藏通若明
菩薩須該四教三乘總論四教別辨聽既三
乘說必四佛既一音各解亦一身異見前明
合身其意在此二觀下約觀心解以上我聞
各四句義就於行者心觀辨之攀上等者是
有漏禪六行觀也攀上淨妙離厭下苦麤障
約於九地迭論上下我我聞聞是三藏中生
滅俗境前約三乘知解生滅觀之入理今就
凡夫不知而修但成世禪既是俗境知與不
知法本生滅故當生生句今宗解之或從所
化機或約能觀觀析體二觀俗異真同前約
俗異故將析法別對初句今就真同故以析
體共對次句後之二觀不殊前對又前約教
我聞四句可對四人今論修觀須就一人一
念而照故釋籤一心三觀於一念心見四四
諦尚具四趣豈關世禪故說必次第約人辨
相故修無前後唯成圓觀故三一時下明和
合二初舊解二初舉師啓開也運謂時運嘉

善也會合也即是機應善合之時也二三藏
下真諦二初敘彼立義此解同舉以合釋一
而但就機論不高下合應之心也若諸衆生
心不高下中平之時即是與佛合一時也故
云平時即是一時二私下章安釋成言私謂
者大師滅後頂師記録此文句時自加此釋
事非公灼故言私也蓋慮後人不解真諦高
下之義故爲釋出高謂慢心自恃陵他不能
奉行佛之道法故云慢心不行下謂耽戀五
欲荒迷不捨何能受道此之二心最爲道障
欲令今人不耽不慢修於平時即感聖也二
師下今釋二初約教二初約因緣總釋感應
因緣合一之時也不明感應與誰論一未分
三諦淺深之別故當總釋二亦下約諦智別
釋二初釋時問諦智但在機感應該生佛雙
隻既不同如何論總別荅智即是機諦即是
應智諦合時名感應一何者佛以三諦而爲
其體不以此體應於衆生衆生無由智合於
諦如須菩提石室觀空釋迦歎言得見我身
豈唯諦理諸善亦然如云若持五戒釋迦如

來在汝家中故知佛以三諦諸善而爲體相
衆生修善見諦理時即是感應合一時也今
明三諦即攝四教如常所辨二而言下釋一
即前諦智合一之相也先簡不合謂前思後
知此乃覺觀虛妄之心若智發者思覺俱寂
豁爾開悟方與諦一故言一時四教諦智一
相皆然二觀解前約教解是佛會開悟今約
觀心是滅後造修前分四教今在一心文同
意異四明教主二初舊解二初真諦未破無
明名小菩薩若證法身分顯三義故不被異
二乘異外故但一義菩薩雙異外道二乘故
得二義而未平等佛盡能異是故三義具足
究竟二釋論世尊當十故佛第九此就合說
若調御丈夫開爲二號則佛當第十十號具
足名世間尊此是能覺其所覺者即世間等
三雙法也初雙約凡聖世則六凡法出世則
四聖法次雙約小大無常則凡小法常則大
乘法後雙約思議不思議六凡三教是數皆
可思議法唯圓非數是不可思議法此等法
門於一心中朗然頓覺故名爲佛二今釋二

初約教佛既翻覺而有三身即是三種覺智所成若一切智成於三藏丈六佛依道種智有二佛者此智論於界内外故界内道種成於通教但空丈六以鈍菩薩爲空出假故界外道種成於通别但中尊特以二菩薩爲中出假故一切種智成於圓教及通别教諸法趣中法身佛也雖被四機秖是三佛此之三佛不可定一無差即差故不可定異差即無差故須忘一異是祕密藏故而論一異跨節當分故二約觀三觀所覺皆云諸法者一一覺於三諦也故空覺三諦差别情忘名第一義空故曰一相假覺三諦皆能立法名如來藏故曰種種相中覺三諦遮照同時名第一義理故曰無一異相亦一異相前約教釋故以三智别示三身攝於四教今既約觀須唯在圓圓觀若成四教三身不求自獲塵去鑑淨像現隨形令此分别故注云云五住者下住處二初雙標佛能住人也城山所住處也人必有法以爲能住如世惡人必以惡法住於家舍善人善法住舍亦然今云佛住王城耆山豈得不以首楞嚴定爲能住法耶故普賢觀云釋迦牟尼名毗盧遮那此佛住處名常寂光牟尼是人寂光是法此之人法自可分於能住所住若望山城俱爲能住山望寂光爲所住處處隨法轉其猶還丹點鐵成金故摩竭提阿蘭若處名寂滅場令之城山豈其不爾故知不辨能住心法但云色身住於土石則大小心境之談便成無用是以雙標能住所住其有旨乎二真諦下雙釋二初明能住法二初舊解二初真諦此師釋住不但色質住於城山故明八種能住之法一住大千顯能住化廣二住依止顯今能住三住五分顯於能住無漏五陰五分者謂戒定慧解脫解脫知見謂無學道共戒滅盡定無生慧有餘解脫照解脫智眼名爲知見謂自知是初果乃至四果也是則前三並在於果方名法身言壽命現在者以入無餘則五分滅故灰身則戒定有餘解脫滅滅智則慧及知見滅故壽命現在五分得住四住威儀行住坐卧皆有法則故能利物五天住住禪定者禪則四禪定謂四空是色無色二界天法故六梵住住四等衆生無量我心常等故四禪加修慈悲喜捨生梵王天故云梵住文無喜捨略也七聖住住三三昧謂空無相無願此三聖人所修故云聖住八大處住即常寂光言處已絶故云第一義也此之八義皆是如來能住法也二釋論大品云佛住王舍城龍樹約四義釋能住法謂天梵聖佛也真諦八法不出此四是故大師以四攝之論中天梵與真諦師天梵二住名義全同而言定者四等定也此則以二攝於二也聖住與真諦聖住名義全同而更攝得五分壽命此則以一攝二也佛住與真諦大處住名異義同以一攝一此則論四已攝彼五也而論復云於四住法中住聖住佛住法憐愍衆生故王舍城住今云迹住也此義復攝真諦三住以王城是依止處故王城在大千界内故四威儀不離王城故問佛能住法是首楞嚴論何須說聖梵天三答如來自行實在楞嚴爲利他故住餘三法心若不住梵天等法口豈能說四禪

四等是故妙樂明論四住云從廣之狹將勝攝劣故天攝機寬佛攝最狹中二迭論故云從廣之狹佛住既勝無善不攝故聖等三是凡小善明所攝耳二令釋二初教論明四住其義猶總是故今家明四教佛住於三諦復論兼獨住法明矣三藏所詮析法觀拙故成佛唯丈六身但住真諦通教所詮體法觀巧能證二空故所成佛隨利鈍機一身兩見丈六住真尊特住中別教詮中修次第觀故所成佛唯一尊特以須別修緣了莊嚴故使此佛雙住俗中圓教詮中中具諸法因中萬行不修而修果上萬德成無所成故即報應名爲法身唯住中道前三教佛豈離法身今就當分明四差別是故四佛各以住法住於城山二觀於一心中圓修三觀住於三諦以此住法住所居處若念念不休即觀行佛行住坐卧經云此處皆應起塔即此意也二王下明所住處二初城二初因緣釋此文雖略意亦可見若欲備知當尋彼論二觀行釋上諸觀解皆是附法以如是等不借事義表觀法

故此之城山是託事觀也如今王舍借覆蓋義表於五陰託自在義表善惡王故妙樂云以善惡王對無記含應知無記徧該八識若善惡王唯第六識以此第六通三性故謂善性惡性無記性也此無記性同餘四陰爲所觀境取善惡性爲能觀觀初心修觀莫不用此第六心也以由此心能起忻厭分別名義作善惡因故所言善者對惡得名非究竟善以此王數本由見愛熏習所成圓名字人全未能伏縱起善念不離見愛故十境心皆名魔障不思議觀方曰善淨若直以此心觀實相理如用藕絲縣須彌也徒增分別絶念無由若體此心是性惡者性惡融通無法不趣自然攝得七八九識同爲妙觀故得名爲境即是觀能所既泯思議乃忘圓妙之觀初心可修故妙樂云忽都未聞性惡之名安能信有性德之行須聞性惡者以知性惡故則修惡本虛三觀十乘無惑可破無理可顯修德功寂是無作行故以性德召此行也此意若昧徒說心王爲能觀觀終非圓觀豈前三教

非善惡王爲能觀耶又須了知非獨城山以陰爲境諸事法觀皆須觀陰故妙樂云又諸觀境不出五陰今此山等約陰便故以諸文中直云境智記文既云諸觀之境不出五陰則知託事附法無不觀陰言此山等約陰便者蓋此山城表陰義便故明言陰諸文不便故直云境智雖爲不便不言五陰而所觀境無不是陰故上句云不出五陰直云境智即諸文云觀一念心即空假中也雖不云陰且一念心非陰是何有人據此執諸觀境不觀陰者違文背義過莫大焉又僻執云唯止觀中從行觀法得簡陰境諸事法觀不得簡陰斯是胷情自立規矩諸文觀法既不出陰簡有何妨況妙樂中觀陰須明方便正修簡境及心簡境豈非去尺就寸簡心豈非去其思議取不思議耶安得固違執不簡陰此人又執諸文託事附法觀心不可修習唯止觀約行觀法方可修之乃引義例諭邪師文爲據彼文云十二部觀寄事立名雖有三觀之名十境十乘不列一部名下唯施一句豈此一

句能伸觀門今人謂事法觀心便可修習不假止觀者豈不全同往代邪師耶今評義例驗此人說全昧荆谿破立意也何者義例諭疑本爲邪師錯謂止觀十境十乘是漸圓觀唯頂法師十二部經觀心之文爲頓頓觀修之即得是故荆谿如上諭之其意但是破彼邪師將頂法師十二部下觀心一句具足伸於頓頓觀門也邪師既以止觀十境十乘自是漸圓終不肯用入十二部事觀中修豈得同於正解之師講至城山等觀之時學者欲修即敘止觀方便正修揀境等文成其法行若然豈是十境十乘一向不列耶豈是獨將一句伸觀門耶又何嘗云事法觀心不假止觀便可修習又不云城山等觀是頓頓法耶斥全同往代邪師耶又法華玄義示諸文觀心令即聞即修釋籤云隨聞一句攝事成理不待觀境方名修觀先祖垂範昭然可鑒如何固執事法觀門不可修習此人又全不許傳法之師敘於私記教人修觀須自深諳止觀法門方可修於諸文觀心若其然者修觀行人則全不藉教授知識五緣之中善知識緣全無用也四緣窄闕善知識緣最不可捨故大師云自能決了可得獨行妨難未諳不宜捨也經云隨順善師學得見河沙佛又備諸止觀十乘等法是大法師是大禪師豈諸文中事法觀心皆須此人方得修耶作此謬說障傳法者宣示觀門障初心人依師進行所損彌大學者知之二耆下山二初因緣釋山峯之勢似鷲之頭或云靈鷲此鳥有靈知人死時故又多仙靈隱其中故說文云鷲黑色多子二觀行釋若妙經疏先以三字對於五陰次觀三字而爲三德達陰即理也今此文略直以三字表示三德雖不云陰義當體陰而爲三德須知陰是見思報法此乃修惡即是性惡而爲三德其善惡王若非性具何能常住祕藏之處心數塵勞若非性惡何由能得同入其中二此經下明闕同聞意二初正釋時五處四者一耆山說序時二室内說壽量時三夢中見金鼓時四夢覺詣耆山說時五列衆至金寶蓋山王佛國讚釋迦時故時有五也以說序說夢俱在耆山故處但四二若爾下釋疑問意者四佛說壽在信相室阿難在靈鷲何稱我聞然雖下荅也報恩經中衆令阿難爲佛侍者阿難從佛而求四願一不受故衣二不受別請三不同諸比丘須見即見四所未聞經重爲我說佛皆許之又其得佛覺三昧者佛加覺力如佛故名佛覺能自通達者不待重說也然阿難佛成道夜生年二十五方爲侍者已前之經准向兩義尚稱我聞況近在信相室中耶

金光明經文句記卷第一上

金光明經文句記卷第一上

校勘記

一　底本，明永樂北藏本。

一　四四七頁上一行「卷第一上」，南作「卷第一」。卷末卷次同。

一　四四七頁上二行首字「宋」，南無。以下各卷卷首二行同。

一　四四七頁中四行第六字「初」，南作「所」。

一　四四七頁下三行第三字「關」，徑作「闕」。

一　四四八頁上一九行第二字「令」，徑、清作「今」。

一　四四八頁中六行第一〇字「至」，南作「正」。

一　四四八頁中一六行第七字「二」，徑作「三」。

一　四五一頁中一四行第一五字「名」，南、清作「多」。

一　四五一頁中末行「扶殘」，徑作「無殘」。

一　四五二頁中三行第一五字「諸」，徑作「謂」。

一　四五二頁下一一行首二字「二乘」，徑作「三乘」。

一　四五四頁下五行第三字「託」，徑作「記」。

一　四五五頁上一九行首字「傳」，徑作「得」。

一　四五五頁中一七行第一二字「闕」，南作「間」。

金光明經文句記卷第一下　盟八
宋四明沙門釋知禮述
二從是下敘述序亦名別序二初列二名雖是異名亦有長短述壽序品別盡初分以有別序異於衆經故立別名名金光明故知此序是別名本二別義下釋二序二初泛示二序文相二初別相二初明七別二初示七經文二生起下明七次第初入定者大覺頓圓照而常寂令之入定蓋示軌儀令人樂定次敘述者既入妙定見法尊貴即於此定敘述經王言出敘者實未示於出定之相蓋寂不妨照故云出耳佛不出定即說此經意本彰於寂中有照也次懷疑者既敘常法是佛所證信相乃疑能證人壽那不稱法瑞應等次文顯可知二或時下明三別大師有時作此分別章安兼錄與前七別開合異耳二言敘下述相二初正示敘述敘懷疑者思惟深義必合疑於所證法常能證壽短敘斷疑者佛護本令斷疑生信也敘懺悔品者正爲破惡旁爲生善故敘讚歎品者正爲生善旁爲破惡故敘空品者此品導成生善滅惡今文偏敘滅三障故大梵釋天是散脂主緊那羅等乃是散脂所領部從經舉主敘其品也敘正論善集者正論治國善集聽經此俱是祕藏流出故以祕密敘二品也敘授記者彼由聞經心淨若空故得記莂今云身意無垢纖故敘捨身品者飡太子身既得解脫顯非邪食以活其命故令正命一句敘之敘讚佛品者雖三番菩薩以偈讚佛而此菩薩多是古佛縱是實行亦是當佛故令佛讚行人亦是當佛故敘其品也彷佛者不分明貌也違音偉違也如云不得過自明分也二問下兼示敘人二初問起二荅示二初敘舊斥非舊有二師一云阿難斥云是論非經者以佛說名經滅後三乘弟子所作悉名論也經云我今當說懺悔等法豈懺悔法阿難說耶豈非乖文夢中金鼓是佛法身以智扣之故乃隨機說懺悔法須知金鼓是佛真我故云我說也二云信相斥云若是信相玄敘始末不應疑也玄敘者玄與懸同二又非下重問的示二初的示師意二難下難起荅通二初難起若是佛說即是正宗那得稱序二此下荅通二初以因況果不惟能詶是佛作序兼顯如來定不妨說以法華文驗佛敘述正在定中豈千萬偈局在正宗以況果佛口密赴機豈但正說不作序通是故結云何所不爲二文下引文證結二初引當文證二大下引大品例彼經序中明佛出廣長舌相放無量光是一一光化成寶華華上皆有化佛說六波羅蜜彼既稱序此豈正經二釋入下的從別序消文七初入定別二初標科欲顯能遊人與所遊法義皆明了故節遊字入其初科須知釋義不類讀文二是下隨釋三初能遊人三初釋是時二初舊解二今下今釋不用古人五種三時但論佛鑒機得道時又得道猶通須約三智冥三諦時方盡如來鑒機之相佛欲等者乃是化儀非謂今日鑒照方知二釋如來二初略示二三藏下解釋二初指他廣解二今言下今從要釋三初約悲智釋二初約義釋法華文句三身各有如義來義今以法報

相宜釋如乃以應身出世釋來但使義成通別無在佛若順智應如祕藏祇爲順悲故來三界二成下引論證能乘即智如實道即理來成即是慈悲垂應二大下約智行釋雖但云來已具如義以約福智來嚴法身所嚴即如也此是大經梵行品中解如來名三釋論下約說證釋二初引論二今明下釋成本有之法妙真俗中而爲其相智稱此解即法報宜故曰如也稱此如說是應身被機故名來也前約悲智其義猶總今明解說三諦法相釋於如來義無不盡三諦法相即三法身法身圓也稱此而解即三般若報身圓也稱此而說即三解脫應身圓也以今望前非無區別三遊者下釋遊字即是如來以究竟智遊入法性也夫所證法性能證果智義立能所體非相到以始覺究竟即同本覺唯真如智獨存也故若然者其誰能入復何所入住出皆然引小般若意亦如是今言遊者爲引衆生學佛入理故示入相爲令衆生稱理而住故示住相甘露乃是不死之藥喻常理也爲

衆生說此甘露味亦應言出不出而出出敘經王也法華地涌諸大菩薩於深法性百千三昧不入而入名爲善入出住亦然菩薩尚爾果佛可知二無量下明所遊法二初明深廣法性二初直約文釋二初消無量甚深將欲明示佛所遊入先須簡顯其體高廣乃以法界顯其廣中道之法非界爲界此界無外故言無量又以三諦顯其高然真俗二諦雖俱究竟而乃通於二乘及偏菩薩少分而證若其中諦非圓實智莫能證入今明三諦體非優劣乃是三德祕密之藏即法性底故云徹到方稱經文甚深之歎深即高義須知法界與圓三諦無二無別今取二名顯無量甚深令易見耳顯已次簡若約二乘以圓簡偏若約菩薩以深簡淺降佛已還皆下地故圓聖尚簡況三教耶二法下消法性二字上明高廣是體之德今明法性是德之體釋二字義顯高廣體所言法者軌則爲義諸佛軌之萬德成就故涅槃云諸佛所師所謂法也然此法性三乘六道誰不軌則而成立耶以迷

性具無事用故雖軌而違故成三障其猶七衆誰不師佛而有違順故分縛脫今就極順用顯所師故云諸佛所軌名之爲法所言性者不變爲義謂四德之體無遷易故須知此四徧一切法下至地獄依正因果一一無非常樂我淨世間相常斯之謂也二非是下更取義釋三初取實智所照釋盡智者斷惑已盡也無生智者惑不更生也故俱舍釋此二智云謂無學位若正自知我已知苦斷集證滅修道名盡智若正自知我已知苦不復更知後三例說名無生智瑜伽論以惑盡名盡智來報不生名無生智而此二智俱照偏空略簡二乘意該菩薩二等覺也二乘法性非中道故淺不具色心故有限如實智者釋論明十一智前十與二乘共唯如實智則不與共謂一切法總相別相如實證知無有罣礙此智所照橫包竪徹是今法性也二又無下就即事而理釋深廣法性是佛遊處又過菩薩所行清淨恐不達者謂令凡鄙依正色心因果之外別有法性是佛所遊故特遮之非

別有法名爲無量及甚深也然一切處言須攸三土諸法合當九界因果若遮那佛法唯淨唯善則三土九界染惡須斷云何得名皆是佛法故當了知一切染惡無非性具緣了佛性非專善淨性染性惡全是緣了若此等法皆佛性者則三土九界修染體虛性德十界是圓覺體無所不徧方曰遮那徧一切處一切諸法皆是佛法有何一念一塵一人非是如來所遊法性故言無量又須了知一切染惡當體幽邃故云甚深實非別有甚深之法是故名爲即事而真色香中道以色香等述情謂是色之少分解則無非法界全分以唯色唯聲唯香唯味唯觸故也色外更有微塵許法則不名唯亦非中道中道祕妙思議罔窮稱爲甚深也三例如下引論等心類二初引類二準此下準釋三初明中諦無量論明四等謂慈悲喜捨從心名等從境名無量此衆生緣也就其所緣方隅廣狹得三重名謂廣大無量今類彼說就真俗中而立三名經示遊於無量法性乃彰中道圓融之理非

但空之真及偏假之俗二若緣下明中必融攝佛或對機用於權智偏照二諦既不攝中故非遊於無量法性今用實智照中諦理中無不攝故云若緣中道即三智一心等是以中諦稱爲無量三此下結境智相稱如法華云唯佛究盡諸法實相權實之理何有盡極良由佛得無盡之智方能究盡今亦如是二乘下地智有限量是故不測無涯之涯無底之底二諸下釋諸佛行處二初法學者應知本覺爲處始覺爲佛全本爲始始方合本若不爾者如何各稱無量甚深然初坐道場即已冥合今爲引物故示合相乃云遊於諸佛行處二舉喻舉行處函顯能遊蓋也三過下結二初直約文釋二初據義略釋二引文廣釋二初地持九種禪者一自性二一切三難四一切門五善人六一切行七除煩惱八此世他世九清淨淨文中略示初後二禪也其第九禪即從十地轉入妙覺故云一切通別惑累若正若習皆盡自十地已還悉有正習論解華嚴不閑等覺十地即等覺也言通別

惑累正習皆盡者通即四住別即無明通惑正使圓七信盡習氣至佛同別習盡以今家於小乘習氣分別四四十六門故若別惑者四十二品斷位如常習氣具如淨名疏說圓教始從初住終至法雲圓斷諸見猶有習在等覺入重玄門千萬億劫重修凡事見理分明習氣猶薄專等微煙彼引地持離一切見清淨淨禪故但明見習若引優婆塞經十地斷愛習十地即等覺豈不入重玄耶故知別惑斷正使外更入重玄斷於習氣文甚分明二淨名佛復自性清淨之心超於一切修得禪定故云心淨已度諸禪定亦是到於一切禪定彼岸故云已度二亦是下重取意釋佛不自高依法故高今明高位意欲簡顯法性高深矣二是金下敘述別二初明述義異前然前敘諸品豈出五義以十七品唯談三法總明別相及被物教但爲既從經品而敘名等不彰故今明示序品經文備敘五義使乎學者知此一經始末唯詮名體宗用及教相耳方知釋題搜盡經旨二初十下約文述義

二初分文二解者下述義二初敍四義四初一句敍名二初他解屬體鑛石者說文云鑛銅鐵璞也内外用者光爲内用自顯體故明爲外用鑑他物故此師亦知光明二字屬於宗用金是正體以其體用不相離故雖標三字意在於體也二今明下今定敍名標三顯一非全乗理故云當然其如分文自有次句的以中道而爲經王正是敍體何須初句兼於宗用而敍體耶學者應知敍名之句據上附文釋三字名非從喻立乃是直名深廣法性以佛正遊此之法性便即唱云是金光明諸經之王不名法性是之一字爲指何耶智者深見經之微旨故立附文及當體釋證於附文先引此句云創首標名彌爲可信既前附文特出此意今釋敍名不更顯示二經王下一句敍體二初指上標令上即玄文重明帝王約攝法門攝教攝位辨經王訖今此更就中道明王二三藏下對他辨正二初明他解二初敍三藏意云經題三字喻於三德乃以三德分對三經涅槃明佛有體解脫正斷

二乗灰滅之見般若談空正爲凡夫遣於有著華嚴頓說法身之理被十信三賢故云始行上之三經各談一德各被一機若金光明具顯三德故能通被八位之機解脫被二乗二位也般若被凡夫通指人天爲一位也法身被菩薩信住行向地五位也既無機不被即是經王統攝義也二此下破二初明違教旨涅槃正談深妙三德合被圓機豈唯二乗般若具示三種般若豈異三德況云聽衆非生死人寧止凡夫華嚴三身亦即三德具論十地豈但被於始行菩薩此解不獨攝機有限抑亦彰法性非圓二作此下明損行人眞諦此解有識之者知其不當無智之人謂彼三經劣於此典起謗得罪安可依之二今言下明今釋三初泛示諸部經王是非二初約三諦定是非二初示三諦一代教部有取能詮文字爲經有取所詮義理爲經有取文理合爲經故一代經不出文理合與不合若不合者能詮之文但是俗諦不出三種謂三藏實有俗通教幻有俗別教幻有幻有即空共

俗若所詮理但是眞諦亦唯三種謂三藏實有滅空眞通教幻有即空眞別教不有不空眞此六之内三種眞諦體不具俗但因三俗而得入眞俗終須滅合義不成若文理合者不出三種謂圓接通圓接別及正圓教此三眞俗其體是中何者圓教本自眞俗互趣若法趣故此三種眞俗不二名文理合中道義接通別所詮眞理既諸法趣局照俗文亦諸成以眞即俗故眞即非眞俗即眞故俗即非俗非眞非俗言慮自忘強名中耳問別教複俗幻有可是能詮之文即空如何亦是文耶答文謂文相能詮能顯之義也義若在通教空以忘相爲所詮理今於別教二邊俱相乃爲能顯顯於雙非是故空有俱爲文也問藏等七種俱名眞俗如何後三得名中道答豈聞眞俗便無中耶如圓當教及接通別此三眞俗既皆名爲不可思議寧非中道如涅槃疏釋七二諦於中三亦以中道爲名何獨責此問若取其義别教眞諦不空不有何不名中答離邊之中文理不合初心不得思議頓

忘若望於圓但是複俗所詮真耳故前文句釋經如是對圓別云破離明中良以所詮不即能詮不名中道文字性離無非佛法方名圓教中道如是問何故獨遺別接通耶答今以真俗對於文理其別接通已在六內何者若未受接乃當幻有詮於即空若受接後自屬但中局照複俗故據法體已在前六有何所遺況復今文不顯標云七種二諦但明一代取文取理取文理合有三俗經有三真經有三中經如此明經收於一化罄無不盡有人秖就金光明名立九種經專據取字以爲義本謂若取著三字能詮之文名三種俗諦若取著三字所詮理體名三種真諦若取文理合謂不偏著二邊爲三種中道如斯說者豈唯師心解義無乃固違文意前二取字作取著釋後一取字作不偏著解是何言歟大師爲解諸經之王故立九種收一代經此經既說中道之王故於九種而得自在名諸經王何緣九種但在三字乃是金光明自爲金光明經之王也既闕諸經全非統王乖反至多且言此二二若說下定是非若諸部內有說前三能詮俗諦有說前三所詮真諦體不合者皆名餘諦但得是經不名經王以其不明真理具俗是故俗諦不即真諦真俗俱無統王之義故非王也若諸部內有說三種具俗之真全真之俗二諦不二名爲中道此中道外更無少法如此經云無量甚深法性又云不思議智境又云安住一切法如性於一切法含受一切法則所詮外更無能詮能詮之外豈有所詮文理既合中道斯圓故得是經復是王也乃於三俗三真三中九種經中而得自在問三種中經體已是王何故復云於九自在答上辨九種乃是通約三俗三真三中示一代經有偏有圓也今判諸部隨有一處說圓中道即是經王能於通示九種自在於三中經即是異名其體既同故得自在若餘六經乃是圓中所用方便如王於臣豈不自在二但經下就中道顯尊極三初明諸部圓體爲王中道經王其體是一隨物宜樂立乎異名故向文云若說中道是經是王何經說耶即華嚴等四味之內作法身等說經體也然須簡別四味之內是王非王如華嚴部有三種經其正圓中及接別中是經是王正別教中是經非王是故法身須簡別中三藏但空實有二諦是經非王方等部內具九種經正圓教中圓接別中圓接通中三是經王故實相名通此三種餘六是經不得是王般若部內無三藏二有七種經亦同方等三是經王得名佛母餘四非王法華一圓是經是王以開權故解髻與珠涅槃九種皆知圓中無非經王一切衆生悉當成佛其誰不以正因爲師故諸大部中道經王有此盈縮秖一法性立此異名作諸經體二譬下約歷代人王爲譬諸姓者謂三皇五帝之姓也太昊伏羲氏風姓炎帝神農氏姜姓黃帝有熊氏公孫姓此三皇也少昊金天氏顓頊高陽氏帝嚳高辛氏皆姬姓帝堯陶唐氏伊祁姓帝舜有虞氏姚姓此五帝也故云諸姓也應運迭興者應天五行相生之運也伏羲應木運神農火運黃帝土運五帝依次推之龍師者

伏羲初立有龍瑞故以龍紀官故左傳曰太昊氏以龍紀故爲龍師而爲龍名鳥官者少昊始立有鳳瑞故以鳥紀官故左傳曰少昊摯之立也鳳適至故爲鳥師而鳥名隨時霸立者謂應運王天下也百代雖異謂紀號不同也統王是一皆天下主也三法性下示隨部立名合譬名雖興廢體非增減是故法身乃至佛師一一皆於九種經中而得自在即前諭云百代雖異而統王是一二法性爲下的明此典經王體性以文理合中道爲體斯蓋通辨若例諸部經體別名此經的以法性之王爲經體也以佛遊於深廣法性便即唱云是金光明諸經之王豈非的指所遊法性爲金光明名下之體此體自在是諸經王問三種經王皆得爲於大乘經體此經之體的屬何王荅文詮法性雖在於圓而許三乘依此懺悔是故大師就圓釋體判教屬通義當圓教入通中道以爲經王也問淨名玄云若理內三種俗諦非此經體三種真諦是法性實相得爲經體今云若取文理合爲經即是三種中道且文理既合則真俗俱中是則俗諦得爲經體將非與彼義相違耶荅彼此究順無相違也良以經體未始離文而文不到即事而真方爲經體以二諦判體則屬真三諦判之體當中道斯乃示於心路絕處方爲經體若藏通別當教亦云體絕言想而皆所詮不具能詮安得能詮合於所詮故六種經文理不合望於圓教實無絕理是故大師欲彰經體示絕想門云文理合是三中道爲四味教所詮圓體談理具文文方即理理亦即文文既即理能詮自忘理既即文所詮亘得能所既絕中體斯彰彼明理內三種真諦皆是圓中故與今文明體不別如妙玄中引地論金剛藏說空有不二不異不盡四句顯體辭異意同釋籤問曰空假如何得爲經體荅云既是不思議空假還指空假即中中爲經體中即空假亦指於中彼之四句不出三諦以圓融故三諦各三是則四句句句三諦所以得名辭異意同句句具中故皆爲體究論空假得爲體者由具於中故云還指空假即中中爲經體是故中諦雖具空假空假非體故云中即空假亦指於中問何不但云中是經體空假非體於義已足何故先明三諦各三皆得爲體復於三諦各揀空假唯取於中而爲經體豈非繁重荅秖爲單說圓義不成作此融談方彰妙體何者蓋以空假是其修二即經宗用中是一性即經體也若但云中是經體者則宗用外別有於體體狹不周故須三諦無非經體若不於三各揀空假唯取中體則不能顯體非智斷如此辨體不即宗用不離宗用思議泯淨妙體天然中爲經體圓妙既然以例空假宗用亦妙以空徧三諦此宗不狹假徧三諦此用彌廣仍須三諦各揀假中顯宗是智亦須三諦各揀空中顯用是斷各對二明不即不離故皆稱爲不思議也若然豈獨體是經王宗用亦王名總三王教辨四王以一名一體一宗一用一教無非中道故也故玄義云文號經王教攝衆典教尚稱王名等可見既法法皆中無非經體復須簡顯名是能詮宗是自證用是化他教能

分別唯有經體是所取也收無不盡簡無所遺與金剛藏四句皆體釋籤於四唯取於中其意泯合三若作下特彰今釋契理益機顯圓中道泯絕言思而爲經王上順如來敘體之旨下赴衆生聞經之機既論四味諸大乘經文理合者皆是經王豈有獨尊我經而慢他典此望眞諦萬萬相懸三微妙下敘宗二初釋微妙如來既敘金光明名經王之體此乃一經所詮祕藏其有聞者必思此義故云微妙此之二字若因果互闕則非始終常住三法故對古非顯今正義因該博地果極妙覺位分六故深而難見六皆即故不縱不橫因即果故不縱事即理故不橫文解理性與果例云亦復如是若知六即義無不允二四方下釋四佛護持二初約教釋二初正釋二初釋四方四佛佛唱此言意有所表正敘經宗宗是果智冥法性體體雖是一而開四門謂妙空妙有雙亦雙非如地論明四句顯體以爲四方果智冥之以爲四佛敘宗之意顯然可觀二釋下釋護持二初約五佛體用釋持今經宗在釋尊果智欲彰此智冥四門理是故特從四佛明之良以佛智不分彼此同冥法身不動之性順性名持法性是法體諸佛是報智壽命是應用此三皆常故云無量二信下約信相疑除釋護佛護法性爲令衆生不起倒惑信相但推八十短迹[十六]惑於法報常住之本四佛示本令悟八十即是常用故名爲護二此一下揀示指敘宗文名此一句義雖種種不出於三謂體宗用正雖敘宗宗必冥體體必起用是故此句不可獨釋四德如後二觀下約觀釋上敘經宗義歸果佛當機聞見惑破理明今之行人若不於心明方明佛徒聞此教有何益耶故令觀心覺於四諦及以四德既即我心免數他寶此文分二初約諦約德立圓觀二初約四諦二初總明境智四門四諦俱通因果門從理開就果爲便諦有苦集宜對初心行者應知借四方佛表四諦智此乃託事兼附法相入心成觀是故四諦即一念心陰心是苦現惑是集即智是道本寂是滅如實知之名四諦智二東下別示境智二初觀境四諦法相前果後因今從修觀始因終果故世出世集道居前苦滅在後初心觀境欲易研尋宜從近事故順世俗甲乙五行四季等名令四方義成使四諦可識務在立觀不拘名教二觀此下發智既於一心即觀四諦觀之不已眼智發生[十七]任運持護妙理不失倒惑不起然須深察圓觀四諦皆稱無作苦集逆修體是性惡即逆是順道滅無功故云陰入皆如無苦可捨塵勞本清淨無集可除邊邪皆中正無道可修生死即涅槃無滅可證見此炳然名發諦智二又下約四德上四諦觀雖觀一心四教行人皆可修證今就四德各明三觀初心頓修的屬圓觀東方對常常破無常塵沙淨也無常破常見思亡也雙非破二邊無明集寂也說有前後修在一心三方例此二觀東下約諦約德示佛名前明覺智但是通明若於觀心不論別號則觀於經未爲極順今於集諦達即眞常名爲阿閦此翻不動也次於苦諦達即眞樂眞樂尊重名爲寳相次於道諦達畢竟

淨常住慧命名無量壽次於滅諦達二我空所顯真如是祕密藏一音徧滿名微妙聲四方四佛本是心性即性爲觀觀符於性成四佛名四我今下敘用二初分文二隨釋四初能破勝法二初依現文示二初示三法體能破勝法在境智行如將破賊須身力健次權謀深次兵器利二依於身故喻於境身須有謀故喻於智謀要兵助故喻於行此三若備三障必忘二若相下釋三法相二初別示二初別教行智理三次第資發修時縱也法報應三果中齊顯證時橫也良由此教本有法身爲惑所覆故須別作緣了之功相資顯發復由此教性具三法而不相收致使功成三身橫顯二若圓下圓教圓詮諸法無非法界以法界智導法界行以法界行契法界境法界無二一外無三故離縱過法界非一修性究然故離橫過因中三法修之既然果上三身顯時亦爾二雖下總結修雖漸頓俱能破於界內外障是故皆名能破勝法二觀下取新本示舊文唯有彼於上根第一周法新譯

既廣更有二周其第二周離車王子爲婆羅門說法身常無舍利事爲中根也其第三周自有一品分別三身爲下根也此之三周皆是勝法悉破三障今敘能破既云等法理合該下三周之法也二次從下所破惡罪二初重科總判二初科此文正示所破惡罪而言敘空品者今舉所破罪彰能破用諸能破中空用爲要故當敘也問前句已明能破之法今那復有能破之方荅前境智行是能治藥今明三業專聞思修是服藥法妙藥不服服不依方病何能愈此二相成三障可破二餘下判二初明轉報異餘經惡報已成今難可轉亦有經云宿業不轉況已受報耶然是悉檀被機異說今明三障若依經修無不寂滅以法勝故二一往下明三障由破戒三障之由教門異說豈可備陳今就一門由破五戒五戒之義該深攝廣何法不窮然不礙餘逐故云一往問秖由煩惱起破戒業豈由破戒成煩惱障荅由破戒業現多貪恚如因謗經深著邪見婬欲熾盛此等皆從業起煩惱故

知三障逆順相由二今下依科廣釋三初釋報障二初直約人道釋二初標示因果二諸下驗果尋因五初明殺生報三初牒經示內夭者說文云夭折也二昔下尋因驗三經下引經證舊華嚴經也具云殺生之罪能令衆生墮三惡道後生人道得二果報一多病二短命十地論云殺得三果一異熟果謂三惡趣二等流果謂生人中多病短命三增上果謂感外物皆少光澤不久住故二若貧下明偷盜報三初牒經示二經下引經證同生同名天者晉譯華嚴三十七云如人從生有二種天常隨侍衛一曰同生二曰同名天常見人人不見天三又下以事驗由破禁戒作諸不善其二天龍必見棄捨名譽利養因茲散失三若親下明婬欲報三初牒經示親厚者謂父母兄弟妻子六親也地論云婬得三果一異熟果謂墮三惡二等流果謂於人中受二妻相競及婦不貞良三增上果謂多塵坌今云鬬訟與論符合二引經證人護者女人志弱故藉三護幼小父母護適人夫壻護夫

死子息護法護謂受五八等戒也三昔下約理推昔毀他法者令他犯戒故四各下妄語報二初明經脫略例上三報合有兩句二內下約義足釋二初足文示足奇成偶故云一雙忿即怒也二昔下約理推五外下明飲酒報二初例加文示二昔下推示因果二初正示撙節亦禮度也由醉故聾騃五騃切癡也二引證經亦華嚴也由飲酒故嫌恨彌增故得引證二問下廣約五乘釋二初約五戒違經問以五戒名出小乘律何以釋今經王法相二答下約五乘持戒答一切行法大小俱通隨人智解用之淺深今釋五戒爲五乘法分二初總答以五戒名入一切法或多少異但是開合二提下別示二初約義釋二初以五戒配法體實淺深三初明人天二初引經天地大忌者忌亦禁也戒也五星謂東木精歲星南火精熒惑西金精太白北水精辰星中土精鎮星五嶽者東嶽泰山屬兖州南嶽衡山屬荊州西嶽華山屬雍州北嶽常山屬并州中嶽嵩山屬豫州五藏謂肝心脾肺

腎也以星嶽藏俱配五行但以五行對戒則三義自顯不殺對木木主生長殺則不生不婬對火火主照明邪婬私隱不飲對土土則鎮靜醉則傾搖不盜對金金爲刑殺盜則遭刑不妄對水水方圓任器以彰不妄妄則反是配五行則已配五星嶽之與藏秖主五行經云五嶽蓋譯者順此方潤色耳違天等者上對五星犯之則違天下配五嶽犯之則觸地中成五藏犯之則伐身二又對下配法二初別配二初周孔教二初五常趙蕤長短經曰仁者愛也置刑除害兼愛無私謂之仁也義者宜也明是非立可否謂之義禮者履也進退有度尊卑有分謂之禮智者人之所知也以定乎是非得失之情謂之智信者人之所承也發號施令以一人心謂之信令以不殺對仁殺他是無兼愛也不盜對義者盜則非宜爲也不婬對禮者邪婬則尊卑不分乖禮度也不飲酒對智者昏醉則不能定是非得失也不妄對信者妄語則人不信承也若以五常對五行者鄭康成注禮記中庸篇中云

木神則仁金神則義火神則禮水神則信土神則智向以五行對五戒蓋取此義故以不飲對土不妄對水二對五經不殺對尚書者尚書斷自唐虞已下則尊禪讓而鄙殺伐也夫子以周室微弱號令不行乃約魯史而修

春秋以代賞罰使亂臣賊子懼故對不盜戒也禮有五馬周禮大宗伯之職曰以吉禮事邦國之鬼神祇事謂祀之祭之享之以凶禮哀邦國之憂哀謂救患及災以賓禮親邦國親謂使之親附以軍禮同邦國同謂威其不協及僭差者以嘉禮親萬民嘉善也所以因人心所善而爲制也邪婬是不以禮交所以用嘉禮以戒邪婬也詩者善則頌惡則刺非妄語也易者窮理盡性之書潔淨精微之教飲酒昏亂者豈能窮其理盡其性乎二又對十下輪王法三初開五對十相二俗下示合七爲二意俗不能護口者以五戒制在家衆故口分四過俗護誠難故但制一飲酒是邪命自活者以酒資身不遵正戒名爲邪命三是爲下結法從人立名五戒雖是如來所制既對十善且從有漏判爲舊法故屬輪王亦名性罪性善

者以十惡法性自是罪十善之法性自是善是故輪王順世俗性説此善惡以化衆生二都下結示世間之善不免輪迴縱生人天復起惡業善尚如此況十善耶故云都是一切罪根二又五下辨二乘四初對五陰爲念處境不殺則色質完具不盜則苦受不生不婬則邪想不起不妄則還流淳實不飲則了別分明此之善陰豈獨爲境兼資念慧故可於陰開四念處色陰身念處受陰受念處想行二陰法念處識陰心念處二念下從念處具道品三脫大論四念處中四種精進名正勤四種定心名四如意足五善根生名爲根根增長名爲力分別四種處道用名覺四念處安隱道中行名正道三十七品如平坦道空無相無作如城三門涅槃如城三故云下明轉陰爲五分法身禁防身口故云色能發戒禪是正受故云受受禪定假想了悟身空故云想慧悟虛文中剩通字諸文所引皆無進趣無怠則至聖果故云行發解脫自識已證名解脫知見也此即轉五陰成五分法身也

四當下結五戒爲二乘之法三又五下明大乘三初總標示二提謂下正配法門三初約經配四德以大乘人了知五戒體是心性若受若持一一順性性具四德故五無非常樂我淨此總對也亦可以五別對四德心與衆生性無生滅是故順性持不殺戒是佩長生不死符印此常德也心與衆生性無婬亂故順本性持不婬戒名出入無亂心與衆生念念真實無虛妄間是故順性持不妄語戒名往還無間此二對淨德也心與衆生性非昏醉故順本性持不飲酒戒名統御一身即我德也心與衆生性即菩提離貪求苦故順本性持不盜戒名立道根即樂德也二東下約事對三業不殺盜婬身業也不妄語口業也不飲酒意業也持既順性故立戒因成佛三業佛身口意隨智慧行無有過失名三無失以無失故不須防護名三不護身業現化名神通輪口業說法名正教輪意業鑒機名記心輪三皆摧碾衆生惑業下地不測故名三密三三軌下約理對三法五戒即理一止一作皆與圓融三法相契若欲別對其理亦成不殺衆生順常住理即真性軌不婬則心淨不飲則慧明即觀照軌不妄則生彼信從不盜則全他資具即資成軌既即三軌則與一切三法相冥故知五戒攝法無遺二橫竪下舉廣結名

金光明經文句記卷第一下

金光明經文句記卷第一下

校勘記

一　底本，明永樂北藏本。

一　四五七頁上一行「卷第一下」，南作「卷第二」。卷末卷次同。

一　四五九頁上一八行「三重」，南作「三種」。

一　四六一頁上一七行第七字「王」，南作「正」。

一　四六三頁上一三行末字「與」，南作「以」。

一　四六三頁下一七行「通明」，南作「通名」。

一　四六三頁下末行「寶相」，徑作「實相」。

一　四六四頁中一二行第一五字「今」，南作「令」。

金光明經文句記卷第二上

宋四明沙門釋知禮述

二復次下明五戒事理復簡偏圓上雖通六五戒之義該攝淺深若不委論事理偏圓何能精識持犯之相此自分五初不殺戒二初委示二初總示事理持犯欲令行者用理不殺持事不殺方名初心持具足戒令明體法須別空中體法即空乃屬偏觀望圓是殺須體諸法無非中道世相皆常是令所論理不殺戒欲顯此意故從人天辨至圓極故云因果種種不同二若作下別明偏圓得失二初偏二初人天但事二初人持戒功淺須加防護心如牛馬若非轡勒則見奔逸若無杖策則犯苗稼喻不作意則於境成犯報百二十年是上方壽人道諸根但明肉眼餘根可例二若任下天持戒功成任運成性心如河水自然注入淨戒海中未論定共唯報六天以人歲數較第六天當爾許歲唯得肉天無慧法佛餘根可知若加下三乘加理二初二乘義攝藏通涅槃經以外道先出喻以舊醫如來後現喻以客醫佛所制戒名客戒也事戒之外加修隨道及無著戒此戒位極當教灰斷不說有報令據大乘生方便土受變易壽諸文不說此土壽限但因移果易耳今云七百阿僧祇者必取爾許刧數之後方入實報也若在此土破塵沙惑亦得法眼令論二乘初生之者但得慧眼二若下菩薩二初正示義當別教次第修於三諦道共等常即假觀是智所讚及自在戒無常即空慧即是隨道及無著戒前空次假令從語便空慧居次言等慧者即中慧也乃是隨定及具足戒分得此二當於初地生實報土名華藏海佛眼分顯四眼乃融是故名為分得五眼諸根亦然壽是慧命已屬意根經云諸根復云壽命故須並說二比下結況此教比佛有於二意若當教者以因比果分滿不同二比圓教別教始終是菩薩法望圓始終皆是佛法故稱不具及損減也二若下圓二初示相二初明得意持二初略示事持即不傷殺衆生身命此同偏小輪王之戒但不殺所以與之永異次文所明理觀是也二又持下廣明理持三初約體明持此理不殺若其不解性具九界但云體達諸法即理全波是水猶濫通別未顯圓修故荊谿云若不談具乃屬別教故須體達假合之身三惑癡愛三科實法皆性本具性無差別故名一相性非暗縛稱為明脫既即性具何可毀傷癡愛是子假實是果全體即性性豈生滅如斯妙觀即障是德不待轉除方是持於理不殺戒二成下稱性得報初住已上至于妙覺皆得名為成就智慧居常寂光此乃分滿依正二報也無生後報但現報故名常壽湛然無損減也五眼具足諸根亦然離不具也若論外用六根互通略舉眼耳根自在也現十界壽或脩或短壽自在也三是下結示因果二又圓下明得意犯二初總示二犯此事理犯若其不解性具違用及殺法門但以慈愍能現逆相而解釋此豈前三教菩薩之行不能作耶故普門疏明真法門為成就故常念觀音是知須得性殺之意慈方無緣故云唯殺唯慈名得意犯二如仙

下別示二相二初引人明事殺大經聖行品佛說本生曾爲國王名曰仙豫愛念大乘時世無佛十二年事婆羅門爲師後遂勸彼發菩提心而婆羅門不信謗法王乃殺之而王不墮獄以無殺罪故至梵行品佛說慈心之果住一子地迦葉難言若菩薩住一子地云何佛昔爲王斷婆羅門命耶佛言我以愛念故斷非惡心也諸婆羅門命終生阿鼻獄即有三念一自知從人道來二知是地獄三自知謗法爲王所殺念是事已即信大乘尋時命終生甘露鼓王世界於彼壽命十劫我於往昔乃與是十劫壽命云何名殺然須明於得殺法門令其愛念成無緣慈方合疏文唯殺唯慈也二又作下據經明理殺二初正釋前就不斷名持不殺令明有斷故云犯殺圓教自論斷與不斷二義同時既明六即六故有斷即故不斷亦可秖就即之一字明於二義障體即德無障可論斯爲斷義障既即德障何嘗斷斯不斷義故煩惱即菩提生死即涅槃斷與不斷妙在其中諸大乘經說圓頓

觀有此兩門今就有斷名爲理殺故云析蕩累著是業及諸煩惱以爲所斷樹神諭於修觀之人劫火諭於能斷之智故大論三十云譬如空澤大樹衆鳥集宿一鴿後至住一枝上其枝即折澤神問其故樹神荅曰此鳥從我怨家樹來食彼尼俱類子或當放糞子墮地者惡樹復生爲害必大是故寧捨一枝所全者大菩薩亦爾於魔外惑業無如是畏而畏二乘二乘於菩薩邊亦如彼鳥壞彼大乘心永滅佛乘心今文但以怨鳥通累著等也劫火等者亦大論文論第二云二乘雖破三毒氣分不盡如草木薪火燒煙出炭灰不盡火力薄故佛三毒永盡無餘譬如劫火燒須彌山一切地都盡無煙無灰今謂佛智即圓智也斷陰入界生死即涅槃也約即論斷名得意犯理觀斷破名不持戒此爲誠證下諸理犯其義皆成一切塵勞是如來種此是性種亦敵對種惑非性染安名佛種以知即性修染本虛本虛名滅即理殺也二成下得報事理二犯既順性德殺害法門故殺法成就

乃得法身垂應九界示命長短現根缺具此自在用真因分得極果究竟二前下結勝先且斥劣人天近事藏通淺理別教次第是故隘塞此等皆非修性不二通達之途唯圓實戒一攝一切宏廣無邊即事而中深遠莫測凡小之徑必會逆順之異能同十戒之中名畢竟戒二不下結責先結該收後責局小二復次下明不盜戒二初總明事理持犯事盜可見就理論盜據阿含經演小成大人天取有藏通取空別取但中皆他物也非盜是何淨名云無取是菩提捨攀緣故二若下別明偏圓得失二初偏三初人天二初斥事持成犯人天妄樂爲可意也欲成理持乃斥事戒故就所求果報而責有漏之樂猶如糞中有菴羅果有智童子不應求食樂雜見思如世美食雜以毒藥食則害命有觀智人所不應求設得華報心不甘嗜而生歡樂云何凡夫爲欲持戒二貧下約經文明報四姓者毗舍首陀婆羅門刹利人中雖謂二賤二貴既乏聖財四姓三界俱屬貧窮迴轉水也復深水

也漏心持戒求可意果正爲有流洄澓所困三有流轉故曰有流非四流中一有漏因果具足三障能障見佛天中天也亦是障於第一義天以障隔故義言捨離此乃事持成於理犯據經招報貧窮困苦諸天捨離也二又

二下二乘二初斥理持成犯二初約有求斥智舉四諦境唯在苦於身等四觀苦等四流猒生死苦忻涅槃樂在小名持於大名盜爲於涅槃生忻求心介爾者微弱也微有心生即墮四性既有性過乃屬生死無所得中而

生得想成不與取豈非盜耶二即非下引諸經斥煩惱爲薪智慧爲火成涅槃食不非時證此斥二乘怱怱取證是非時證不待法華說於所因於小涅槃思惟取證大根不發如焦敗種以見苦果故斷除集因以修道品故造趣滅盡則非大乘即惑成智無斷無修即生成滅無苦無盡故云非求法也中論云諸佛說空法爲度著有者若有著空者諸佛所不度身長三百下引金翅鳥雛以爲喻也二乘但念空無相無願三種三昧如身長三百

無中假二智如無兩翅墮三無爲坑如鳥墮地若死等苦成羅漢果也若死苦成辟支果也苦等於死名死等苦而實未死也或云二乘方便是死等苦聖位是死苦又學人是死等苦無學是死苦三無爲者一擇滅二非擇滅三虛空道舉言三二乘所證蓋擇滅也然此諭本出大品而大論釋之謂金翅身長三百由旬能從一須彌至一須彌是鳥初出兩翅未成意欲飛去墮閻浮提受若死若死等苦中道生悔我欲還天不能自舉本諭菩薩

墮二乘地今借諭二乘耳二法下引經明盜報不得大乘法食爲飢餓無大力用爲羸無太功德爲瘦有無善上起見思如瘡癬不見三身一體之佛不聞圓頓之法不入三賢十聖衆數三若下菩薩二初斥次第成犯行學道三對戒定慧言次第者此三皆隨空假中轉三諦縱故從淺至深是故逐一而論取捨生死爲來空中爲去本論生死已名爲來去已載來建立生死故成兩來破有出界已名爲去捨邊趣中名爲更去故成兩去如此來

去豈非屈辱諦觀不殊離二取相今既別修以觀緣諦名不與取二取已下據經明盜報取捨既數即此名爲貧窮困苦盜業之報以別圓教詮變易報不就改生念動是業遷變是苦故起信論云動即有苦果不離因不能

初心頓絕思議故使義天雖近而遠即捨離也二圓二初示相二初明得意持二初讚理持相唯有圓觀乃能究竟離不與取絕取之觀謂五不受即不受四邊及不受不受此五不受若其不以妙理甄之恐濫偏教是故先云圓人觀諸法實相諸法不出佛及衆生依報正報此乃逆順二修之法全修即性一一無非中道實相中實之相非待對相圓人觀此故無四受不獨境絕四句之待亦絕境觀能所之待故不受之觀亦不受也既於初心

即依中實修五不受則唯屬圓也五不受故名爲不取是大菩提能障一切有緣之願法法皆中高外無下下外無高何法可取何法可捨二如是下約經明報即以理富顯不貧窮富故不取窮有困苦以不取故思議即絕

第一義天不相違背乃應經文諸天不離二圓人下明得意犯盜法門者所謂性惡佛所師故名之爲法智由茲入故名爲門圓人得門逆順自在能作理盜亦作事盜今文略事例殺例淫合有其相若理盜義文出鴦掘彼經偈云不與者菩提無有授與者不與而自取故我不與取此意乃明究竟不取是究竟取此取得名如海吞流四重檐者鴦掘經云譬如大地荷負重檐一者大水二者大山三者草木四者衆生菩薩亦爾正法住世餘八十年爲一切衆生說如來藏是名初檐重於大山惡人毀罵聞悉能忍是第二檐重於大水無緣得爲國王大臣說如來藏唯爲下劣堪忍演說是第三檐重於衆生窮守邊地惡處豐樂之處不得止住是第四檐重於草木彼經四檐論於四事觀今文意似喻四弘二前下結勝淺而且塞者且兼也三不淫戒二初示事理持犯示事理者意在兼持以事扶理以理導事既居末代功在事持乃是涅槃扶律之意理持論於染不染者心觀他境名

爲染法即境爲觀方名不染言種種者事隨理觀小大偏圓具如下辨二若闕下明偏圓得失二初偏三初人天二初人持心未淳如猴著鏁擎一油鉢者大經譬如大衆滿二十五里王敕一臣擎一油鉢經由中過勿令傾覆若棄一滴當斷汝命復遣一人拔刀隨之臣受王敕盡心持行雖見五欲心不貪著彼經以二十五諭二十五有拔刀諭無常今文諭凡夫持戒拔刀可諭三塗罪也割捨現麤求未來細如以賤易貴也二若爲下天二初六欲文舉帝釋意徧六天二若斷下八地以數息法攝五欲心意生四禪受枝林樂極至有頂如冰魚等豈知長壽八難中一攝在味禪非不染欲二若憎下二乘二初於小名持知苦斷集如怨如蛇修道證滅如親如寶但自調故直去無悲濟故不迴四方四維謂八方風諭於人天四違四順謂利衰毀譽稱譏苦樂也須彌諭二乘心也二若聞下於大名犯隨嵐此云迅猛壞劫中此風起時能破須彌以界外二土五塵能動二乘也大論中迦

葉聞甄迦羅琴不能自安即云八方風不能動須彌隨嵐風至破如腐草三界五欲我已斷竟不能動心此是菩薩淨妙五欲吾於此事不能自安三菩薩此別菩薩望圓成犯緣但中道而生順愛若入十行退不取小不進求圓如墮山頂故名頂墮旃陀羅者此云嚴幟乃是西土屠殺之輩以惡業自嚴行時搖鈴持竹以爲標幟故以爲名今斥但中解者於圓菩薩猶如人中屠膾惡類也既無即中二觀方便乃被教道中慧所縛既與無明怨讎共住何能勝之別修之慧無無作利望畢竟淨是染欲法凡斥別教多是住行及十信人以迴向位能圓修故二圓二初示相二初明得意持二初約義示三初示能淨諦觀一心者見思心也觀此染心即是淨性性非淺狹極三諦源全諦發觀即空假中即空故不染於染即假故不染於淨即雙遮故不染二邊即雙照故不染中道三諦三觀秖一剎那能所不殊中邊俱淨二即空故下示所淨愛見上之諦觀俱爲能淨今明見愛方是所淨

須知所淨該於通別佛菩提等是順道愛深觀即中其愛自泯三三下示三諦名淨淨是空義畢竟空者須空三諦以驗能空不少三觀能空亦空故是淨亦淨於通不塞也二經下引經證二初引經文二圓下會經意經就位論持唯在果今約圓觀初心即能頻持佛戒以觀實相因果無殊若不爾者云何能以如來莊嚴而自莊嚴二圓下明得意犯二初引諸經事既得本性染愛法門故能行於事染之行亦能示於理染之觀染觀可例取菩提義故今略之但依華嚴出事染相行不汙戒者菩薩名也先以欲鉤牽者愛欲如鉤能牽於人然後令彼達欲法界名入佛道二斯乃下明用犯意指上三人久住性染無染法門能現修染故得名爲非欲之欲而令衆生即欲悟性故得名爲以欲止欲諭以屑者字應作榍又作楔同說文云楔櫼也櫼子林切出前櫼者必假後櫼故云以楔出楔也將聲止聲者大論第七云譬如執事比丘舉手唱言衆皆寂靜是爲以聲遮聲非求聲也二前

下結勝四復次下明不妄語戒二初示事理問事中妄語重者乃是未得聖法言知言見今法門解於未證得謂已證得與事何別答蓋第四戒自知未得上人之法誑他言得故此妄語除增上慢若理妄語內心實謂已得已證此心增上而慢於他是增上慢故法華云比丘比丘尼自謂究竟便不志求無上菩提當知此是增上慢人今未解圓理於人天三教各自謂實名爲妄語亦是上慢二諸下明偏圓二初偏三初人天二初人二初妄語相二初變下苦者輕苦也三塗苦重人間苦輕凡夫不覺計之爲樂以苦爲樂故曰橫生樂想也猶如世人罪合當死而以千罰放命罰實是苦以得全命罰罰之下皆生樂想又如病者恐死加之針灸針灸實苦言除病故皆生樂想八苦交煎妄謂爲樂事亦如是二豎下見廣如大經凡夫外道慢心自高諭之豎幢口宣慢言諭之打鼓於五陰上各起四見文中略示色陰餘之四陰可以例作次句應云離色是我今云我即是色者文之誤也

色中有我即色大我小也我中有色即我大色小也起六十二者五陰各起四見共成二十歷三世成六十而其所計不出斷常二見故有六十二也所說無實其猶譫諼故云戲論由斯戲論不見真空故破慧眼二備口下結示口過見是妄情須生轉計即兩舌也宣邪惡理即惡口也巧飾邪言即綺語也諸見本邪以邪爲正而誑於人故標妄語其實備四二三十下天大經嬰兒行品云如彼嬰兒啼哭之時父母即以楊樹黃葉而語之言莫啼莫啼我與汝金嬰兒見已生真金想便止不啼然此楊葉實非金也木牛木馬木男木女嬰兒見已亦復生於男女等想即止不啼如來亦爾衆生造惡爲說三十三天常樂我淨端正自恣於妙宮殿受五欲樂衆生聞已心生貪樂止不作惡勤作善業三十三天實是生死無常樂我淨爲度衆生方便說有章安釋云此合天上四德楊葉諭妄淨色鮮明故楊樹諭妄常體柔輭故木牛木馬諭妄樂可戲故木男木女諭妄我似人故非想細煩

惱者彼有十種細心數法一受謂識受二想謂識想三行謂法行四觸謂意觸五思謂法思六欲謂欲入出定七解脫謂行法解八念謂念於三昧九定謂心如法住十慧謂慧根慧力二二乘二初出行相競執瓦礫者用大經春池失珠諭也春池譬衆生塵欲耽湎之境失珠譬圓解潛昏信小乘教如入水修觀如求珠但見偏真謂爲究竟如得瓦礫便謂真珠生滅度安隱之想猶如歡喜持出也生實未盡者猶受變易故所作未辦者佛道未修故離毒說脫乃一小脫即毒明脫名一切脫大涅槃也佛爲上慢執著三毒便爲解脫是故說離聲聞住此謂究竟脫其實未得一切解脫此以淨名對法華文出妄語相也二未得下結成妄語三佛下菩薩二初示其行相佛說四門意詮一實別人根鈍各執一門彼此隔礙二夫下結爲妄語諸法實相離言說相離心緣相以法法體徧多少性融豈可定以空有等言一二等數此教言思既乖實理非妄是何二圓二初示相二初明得意持

二初總標心口圓人根利聞空有等皆知性具性具四門豈有隔礙一門具三三門皆爾稱性而觀稱性而說既皆稱性性絶言思故觀即無觀說即無說是故觀說皆云如實二如下別釋心口二初明心離諸相而觀所非內外或約自他或約根塵或約心法或約法性對於無明此等內外雙亦雙非皆成四相妙觀得脫皆離此四亦不以無四相觀而得解脫性空非四相空非無此之二空名濫通教須就圓理揀彼偏空圓理者何謂諸四相不出本覺全本爲始即境是觀豈更偏著四種之性及無四之相非此二空下名解脫二如實下口稱四實而說二初約法示實等四句亦乃不出本覺之性以此覺性真空畢竟故名爲實具足緣起故名不實二不相礙故成雙亦二無二相故即雙非覺性無偏四皆全分實攝三句乃一實一切實不實攝三餘二亦爾是故四句皆云一切其圓解者雖談一句一外無餘何有一言不稱本覺真實之性是故四句皆得名爲如實說也二經下引

經證初心圓說與果無殊故引法華本佛作證佛施權適及開實本皆稱真如有何一句而非實耶似位妙音髣髴同佛口密之相開小成大能以佛聲如實而說令諸衆生聞皆入實二圓下明得意犯二初約果人示雖就果示意顯始行故云圓人妄語法門者乃是性德權巧妙門也稱妄語者無而說有也謂十界寔合本是一乘無有三乘差別之相佛爲機故分別說三令諸衆生各爲究竟自求趣證速出生死如無三車說有三車令諸樂著嬉戲之子爭出火宅天無常樂說有常樂如以黃葉止彼啼兒此皆巧用妄語法門而爲利益也二經下引經證諸法無行經中文殊說不動相法門已空中萬天子讚言世尊文殊名爲無礙尸利不二尸利等文殊語天子言止止天子汝等勿取相分別我不見諸法是上中下我是貪欲尸利等具如今疏天子唯以性善法門而讚文殊且別教但中豈非性善須斷九界然後證得斯乃於法見上中下文殊欲顯圓頓之理具足善惡無非法

界特以三毒而自立稱然三毒等雖俱性具不異而異是即實之權皆是祕妙方便之法故一一句望實言非成妄語義雖是妄語而皆是性本具法門今宗講者纔聞權假便謂非性吾知其人未生圓解二將下明犯意同於前文以楔出楔也二前下結勝五復次下明不飲酒戒二初示事理二夫下明偏圓二初偏三初人天二初人中事酒二初據教明過三十六失出沙彌戒經大論唯三十五失結爲頌曰

財虛招病諍三　裸露醜名彰二
無智得者失二　說匿廢事業二
醒愁身少力二　色壞慢父母二
沙門婆羅門二　及伯叔尊長二
不敬佛法僧三　黨惡遠賢善二
破戒無慚愧二　不守情縱色二
人憎親屬棄二　行惡捨善法二
智人所不信一　遠涅槃狂癡二
命終墮惡道一　若得人常騃一
酒失三十五　大論之所明

五百世無手者梵網經云若佛子若自身手過酒器與人飲酒者五百世無手何況自飲伏匿皆隱也自說私隱故云發出也二過下斥人好尚引滿者晉左思蜀都賦云合樽促席引滿相罰樂飲今夕一醉累月注云酒將闌故合併其樽促近其席引持也持滿以相罰酒厚樂極故醉累月三國志魏尚書郎徐邈私飲至沈醉時科禁酒校尉趙達問以曹事邈曰中聖人達白之太祖太祖甚怒度遼將軍鮮于輔進曰醉客謂酒清者爲聖人濁者爲賢人邈性修慎偶醉言耳竟免刑晉畢卓爲吏部郎比舍釀酒熟卓醉後夜至甕下盜飲之掌酒者縛之明旦乃畢吏部也自署爲酒徒者以酒徒自號也如唐元結自號酒徒皮日休自號醉士之類也三國志吳太中大夫鄭泉字文淵陳郡人博學有奇志性嗜酒臨卒謂同類曰必葬我於陶家側庶百年後化成土卒見取爲酒壺竹帛載之者謂史志皆書其事也古皆記言事於竹簡繒帛以未有紙也後代稱其故實故謂史籍爲竹帛也古今歌之者古今之人不斥其失往往爲歌詩以稱美之也不應作而作者引滿中聖酒徒酒壺之事皆躭湎荒恣其失大矣尚書酒誥誡之甚明而四賢及爲之是君子所不應作之事而作之也不應歌而歌者古今之賢當貶其失而反作歌詩以美之也若作歌非酒之過失而是何耶二釋下三界惑酒二初別示二初引論明見醉釋論第八文也王即南天竺王也倂張爾雅云倂張狂也倂字張由切二又下約諭明愛醉二三下總結二二乘二初斷通從別以明能醉九十八使者見惑有八十八思惑有十也四住者三界見合爲見住地三界思分爲三住地無明未吐者以酒諭惑也半瘥人者四住已除無明尚在半安半病其猶瘥疾此亦大經中諭二兼凡斥小以明所迷引醉歸之者謂佛引醉諭歸還二乘也按哀歎品中諸比丘說醉諭以諭凡夫流轉無常見常如醉小乘修無常想故如醒佛即引醉諭於二乘謂於真常而見無常是醉義也故云引醉歸之文人合作

文世間下文辭從省四倒四德各舉其二影互相顯三菩薩二初約教道觀中皆名不了三初法別教至極但破無明一十二品故於佛性見不了了又從初心不知五住即是法界不名佛法是菩薩行故於佛性見不了了

二如下諭凡舉五事悉諭見性不得了了舶者大船也諭出大經然彼十諭並諭於圓以分揀極故云見不了了今諭別者有二意一者別教極果秖齊圓教第二行故見不了了二者二教理同得意具德失意但中今就失

意故以諭別如來藏經十諭亦爾上觀在別十六觀跡而顯於圓三如下合二故下明自圓解外皆名邪見未得圓中正見故也二圓二初示相二初明示行相二初得意持二初稱性觀故得名醒悟此段文意乃將果德頓

盟九　十八

爲始行苟不了知第六識心是性惡者何能初心修如來行即觀秘藏肉眼即佛永不改觀而見牟尼與妙德等判谿的示須關性惡方修性行不可欺也二是下以圓伏故名除酒法五住正習同居一念即惑爲觀觀外無境如翻大地草木寧存亦如日光不與暗共有何酒法而不除耶此人事戒輕重等持與上理戒念念兼行方名究竟二圓下得意犯二初明具大智故能理醉何名大智謂了性具九界因果是故名爲飲酒法門真空實相如起信論一真如性有二種德一如實空與過河沙煩惱不相應故二如實不空體具河沙功德無有所少故護一切失故空如缾德用無礙故不空如酒然河沙性德即十法界圓融法門九界即佛成前持相佛界即九成

今犯相故犯相云變化五道宣揚哮吼其猶酗酒之用也二波下明具大悲故能事醉波斯匿此云和悅若飲酒後應死判生故曰多恩末利即匿王正后也王嘗嗔怒欲殺廚人諸臣共議國中唯有此人殺已無人知廚稱

盟九　十九

王意者時末利后即辦好酒美肉沐浴名香莊嚴身體將諸妓女來至王所王見后已嗔心乃息后即遣人詐傳王勅勿殺廚人匿王後以此事問佛后持五戒月行六齋一日之中犯酒妄二戒八戒之中則犯其五謂過中食服香花作倡妓高廣牀飲酒妄語也破戒之罪輕耶重耶佛言如是犯者得大功德何以故爲利益故出未曾有經下卷入于酒肆即淨名居士此上三人皆是高位皆住性惡權巧法門故於持犯得大自在不可秖將慈念而解若無性染慈豈無緣二夫下結得斥失若得性具善惡之門則逆順俱當失茲要柄則持犯俱非如把刀自害得失之要不可不窮二前下結勝若善惡分岐豈醉醒不二諸佛究盡寧有所偏二上觀下觀心釋圓論理戒豈不觀心但爲前文是約教釋正爲開解今撮五戒入一念心成於圓觀正爲立行即聞而修修發之門說者應授若不爾者數寶何爲分二初附上諦智問上觀四諦各發覺智乃言四佛今明五戒亦可觀之成五佛

不問意如此二觀五下據今戒體答若觀五戒是實相者所發覺智豈非五佛然五實相是所觀境五境發智名爲五佛實相無相尚叵言一豈定五耶由附五戒各見實理故似分五實理者何所謂本覺此之覺體是無緣

慈故名不殺無取故不盜無染故不婬真實
故不妄明了故不飲今圓行人以妙三觀順
性修慈乃至三觀順性修智說之如此修乃
同時故得名爲觀五實相觀之不已本覺全
體發成始覺名爲五佛名字觀五觀行巳去
皆得稱發二次下釋煩惱障三初節示經文
二上下對上下辨二初對上下定體二初對
上報論義便報多約色惑唯在心故云義便
二報下與下業論體別二初問起以十惡中
貪嗔癡業名同煩惱如何分別二數下釋通
二初引數人釋二俱數起但以輕重分於惑
業二今師釋二初約心麁示貪等決定發動
身口招報名業以異煩惱非決定故二若下
因示生疑二初疑若決定心發動身口名爲
業者下惡星等自是外境何名業障二此下
釋星等乃是業之前相表於責報故屬業障
今示作業體下明宿業相若論作起時豈非
心色二若下對上下論轉二障在因是故易
轉報障已受是故難轉難者若轉易者必去
三通下約文示相二初通別通論可見若別

論者見惑執我愛但著事此之二惑皆具三
毒執我三毒若其不遂則多愁憂著事三毒
既不執我但恐不遂必無愁憂二今下指廣
章安記錄不能廣陳見思之相令後說者委
而示之故註云云三三破下釋業障二初節
經二釋義三初定文是業已作之業將感惡
報故有異相表發其事驗知此句明於業障
二惡下略釋經文別有客星者以五星二十
八宿常現則非惡星亦是下約常星失其行
度躔次亦名惡星一方有七者角亢氐房心
尾箕東方蒼龍七宿南斗牽牛須女虛危營
室壁北方玄武七星奎婁胃昴畢觜參西方
白虎七宿東井鬼柳七星張翼軫南方朱鳥
七宿凡四方之宿皆逆數宿音秀失其分野
者周官云天星皆有州國分野角亢氐兗州
房心豫州尾箕幽州斗牽牛婺女楊州虛危
青州營室東壁并州奎婁胃徐州昴畢冀州
觜觹參益州東井與鬼雍州柳七星張三河
翼軫荊州熒惑火星也漢書音義云妖星曰
孛星彗星長星亦曰欃槍釋名云星光稍稍

似彗言其孛孛然似掃彗也又類散麻故云
麻彗左傳凡人火曰火天火曰災今但取風
雨雪霜乖候者皆名災法邪謂外道經書蠱
道者事釋乃是他鬼毒害於人蠱工户切聲
類作弋者切蠱物害人也說文蠱腹中蠱也
楞嚴云貪恨爲罪是人罪畢遇蟲成形名蠱
毒鬼理解乃是自心三毒名之爲蠱此蠱能
害百千萬身法身慧命求爲所害比夫毒鬼
爲害至微矣醜惡形聲見聞爲怪不適意者
適悅也三夫下勸令正信二初明相見表五
罪二初約現文表示親離即親厚闘訟幽厄
即王法所加幽謂幽禁二其下例餘相亦然
二行下誡行者問邪師禮記曰龜謂之卜蓍
謂之筮卜筮者所以決嫌疑定猶豫也今云
折篾篾謂竹篾謂揲蓍取卦折竹篾爲文也
管公明者槐人也名輅字公明善卜筮所向
皆驗應知惡報由罪結罪由心苟正于心罪
報自蕩不修內德卜筮何爲吳氏春秋云宋
景公時熒惑在心公召子韋問焉子韋曰禍
當君雖然可移於宰相公曰宰相所以興理

國家可移於民公曰民死寡人將誰爲君可移於歲公曰歲飢民餓死爲民后而殺其民誰以我爲君乎子韋曰君有至德之言三天必祐君熒惑必三徙舍舍行七里一里當一年君延年二十一矣熒惑果徙三舍況能内觀法性達罪本空均生佛於自心起慈悲於法界惡星之變何慮乎不滅耶故於次文明其方法二從下舉方法若依初開章爲四此當第三能破方法今依重科

金光明經文句記卷第二上

金光明經文句記卷第二上

校勘記

一　底本，明永樂北藏本。

一　四六八頁上一行「卷第二上」，南作「卷第三」。卷末卷次同。

一　四六八頁上三行末字「六」，南、清作「示」。

一　四七〇頁中一九行第二字「載」，清作「再」。

一　四七三頁中一〇行第八字「偏」，徑作「徧」。

一　四七六頁下五行第三字「弋」，南作「戈」。

一　四七六頁下一六行第五字「槐」，南作「魏」。

金光明經文句記卷第二下　盟十

宋四明沙門釋知禮述

從諸根不具下敘空品文爲二初三行半明
所破之惡即三障文也次二行半明能破之
方即今文也而釋一行半訖復依初開章以
後一行爲四結成然取義成分章從便分三
初節經立意以順重科云能空也二前下據
意釋經三初立意禳謝也又除殃祭也二洗
下釋經二初釋前三句欲知智在說故以聽
經而爲般若又聽經發智慧故心有染故用
不自在今既清淨能成解脫二前令下釋後
三句至心之境即甚深行處不念此處安名
至心三夫下勸信二初約身陳類令之三業
表法之身本是血肉不淨之物次舉二喻栴
檀香木伊蘭臭樹大經明闍王造逆後既見
佛罪除乃自敘云我見世間從伊蘭子生伊
蘭樹不見伊蘭生栴檀樹我今始見從伊蘭
子生栴檀樹伊蘭子者我身是也栴檀樹者
即是我心無根信也二今下約行可期三業
雖近三德雖遠修得規矩即近成遠規圓矩

方孟子曰大匠訓人必以規矩三洗下行成
破障若於浴等無三德觀如何能禳三障惡
罪四從是下結成三初節示經文二能下正
釋經義三寂下深明經意四初據今文示法
寂滅華音涅槃梵語涅槃之名召三德體故
知寂滅是三德成二前下約行成德顯三業
既修金光明行成則契於三德之理修在名
字觀行相似至分真位皆得名爲轉障成德
不爾豈曰行方等經三報下明轉障成德四
前寄下明經巧難知五敘流通明教相疏略
指上三明疑念序二初釋壽量品題二初正
釋二初約三佛難思以釋二初佛本無三不
唯法佛無身壽量報應亦乃不可說三以一
切法離於名字言說相故二隨順下隨世俱
立衆生若有得益因緣即須隨世立諸名相
非唯應佛立身壽量法報亦乃可論此三須
知無三不減一法雖立三三不增一法良以
有無皆法界故故真無俗有真有俗無皆是
悉檀令於三身得四益也此文分二初列三
身各三二釋三佛三義二初約義分別二據

理融即分別且從修二性一令義易明法是
本覺報是始覺始本一合方有應用一往似
縱說者應以次融即文非縱非橫妙會此義
令其聞者識圓三身文分三初法身下法佛
二初別釋三初身始覺報智依本覺成故以
法性而爲師軌究論始本唯是一覺故云還
以法性爲身是故馬鳴歸命三寶即以佛身
及體相等而爲法寶此身等者非分段變易
色質心智三科所攝乃是常住五陰等法聚
以爲身此法無相不可說示爲衆生故彊名
法身二法性下明壽色心和合乃有報得連
持壽命身既非陰豈有命根爲物彊指不遷
爲壽三此壽下明量量依身壽故同彊指二
此即下總釋身壽量上言非無不者若據次
文義當雙非以其法體離於二邊及超報應
彊於此理立身壽量三種名字令物忘情也
二報身下明報佛二初稱法有報二初引經
此從順修稱理事說修行所感釋報義也法
華文證智德之報以彼經云慧光照無量故
涅槃文證斷德之報以云大般涅槃故二如

如下釋義修行所感二種之報乃是始覺與本覺合即以始本而爲境智此二不異故名曰如各二如者智如如境境如如智故也復以菩提名如如智爲能應冥法性名於如如之境爲所應冥以函蓋合先喻應義函蓋雖合猶存際畔復以水乳喻其相冥此乃泯然而成一相始覺本覺義二體一正同於此二法身下明就報立三即身壽量也三中一一言法身者報智所冥離法無報故初身言非身者非應佛有分齊身非不身者非報佛無分齊身又非身則非有非不身則非空中道法身乃本覺體始覺冥此能冥亦忘爲成觀故彊名報智二壽三量稱本雙非爲物彊指義皆同身三應身下明應佛三初明應物有三初身二壽三量皆如谷響大小隨聲是故此三悉云應同二智與下明依二有應三初法不覺忘處始本一如故云智與體冥覺體自在故云能起大用二如水下喻真金上色須水銀和方能塗(去聲)物闕此一緣金無塗用三功德下合報智功德以合水銀法身合金

處處應現合塗色像三能爲下明應徧三土二初雙明報應二有量下單示應身初義者上所說報但論冥法即自受用也金明垂應以他受用常住之應對於生身無常之應示二迹用是故雙明身非身等身即生身有分齊相故名爲身非身是報無分齊相故曰非身小般若云佛說非身是名大身大身者乃他受用身也無分齊身其壽則常故無量也有分齊身壽則無常故有量也此二應用乃依真中二理而住機依事業二識而見住理廣如序品疏文辨之二識委在起信論明論意要在事識見則取色分齊故名應佛業識見則離分齊相故是報身行者應知常身無量通應三土無常有量但應同居所以者何蓋實報機分證論見他受用身方便土人唯稟別圓所見佛相雖小優降然匪生身悉是報佛若同居土具四教機稟別圓者能覩報佛故法華明常在靈山華嚴說法盡未來際及諸大乘即於應相見是法性尊特之身故知常身徧應三土若無常身唯應同居逗藏

通機及凡夫衆也次義分二初明有量二義上之所說自受用外垂三土身皆名爲應其他受用雖就對機名之爲應而是實因之所感尅復名爲報非是差別逗機之用若論逐物隨緣參差長短身壽量者須就同居無常用說故今別示應身之相但於有量開出兩量而此兩量依於事識但空見故唯屬無常若依業識不空見者即此無常全體是常則常無常二用相即二鳥雙遊也若上二土機息應轉亦是無常以非八相故且言常七百等者首楞嚴三昧經云堅首菩薩問佛壽幾何佛令往東方過三萬二千佛土於莊嚴國問照明莊嚴自在王佛彼佛荅云如釋迦壽我亦如是汝欲知者我壽七百阿僧秖劫堅首迴此白佛阿難云彼佛乃是釋迦異名雖機勝見長而七百猶可數故亦是有量之量若阿彌陀人天莫數故是有量之無量也二應佛下結應佛皆然佛佛既皆三身圓證應身被物物壽長短豈不隨順各示兩量故彌陀現長亦能現短釋迦現短亦能現長故大

論第三十六云當知釋迦文佛更有清淨國土如阿彌陀佛國阿彌陀佛亦有不嚴淨國如釋迦文佛國又三十八云此間閻浮惡故釋迦壽應短餘處好故佛壽應長故涅槃二十二云西方去此三十二河沙有無勝國所有莊嚴如安樂世界我於彼土出現於世斯皆隨逐物機也二然此下據理融即二初約理融上之三身三皆在性則並二從修有則別不分修性則一三不互融則異別異故縱並一故横是則乖於所詮法體若能妙達秖一法性而能成就一性二修名即一而三也修性雖成而其三身一性本具名即三而一也此乃得云全性成修全修在性性無所移修常究爾方合能詮玄妙之文矣二故下下引文證經文具云若入是經即入法性如深法性即於是典金光明中而得見我釋迦牟尼此乃以理而爲經也金等三字即法報應三身異名與一法性即一而三即三而一若知此理即是三身三不縱横名爲得見釋迦牟尼故大經中明於三德不縱不横名大涅

槃我今安住如是三法爲衆生故言入涅槃故知不達三身三一融妙不名見佛今解三佛既此融即方會此典玄妙文也二但信下明二字標題之巧二初委明其意二初從應佛融三釋二初明因偏疑見圓體偏疑八十是應有量四佛舉喻明應無量無量既破有量之疑即達法報非量非無量此因偏疑見於圓體二若從下明從圓體不偏題二初指偏題相二而今下示圓論意以不偏題故三壽量二字能詮二取意下就報佛融三釋三初明報佛體圓上約品題壽量二字不偏有無則收二應能顯法報就文便也若義便者今經既以果德爲宗合以報身釋於品目以報身上冥下應則三身義任運成就是故二字正在報身二量疑下明因疑達圓報身義顯良由四佛以長壽應釋短壽疑故使信相達於報智圓具三身三經家下明從圓題品題稱壽量正在報身此從信相圓解所見敵猶當也舉報身一當三身諸也二從此下結示立題二又一下明重解三初示異解時大

師非止一迴講說故於一時別立名義章安既聞是故兼録二亦作下明異解相二初標列章門玄義者文選云睿哲玄覽注云玄通也謂離文通示其義故曰玄義引證者義雖妙悟而與經會故引文證令人生信還源者品題是泳經目爲源所約三身明於壽量不離法性金光明源攝還此源令義究竟二玄義下依章解釋三初玄義二初直示三身壽量三初應身三初壽二延促下量三此釋下結因縁者感應更互而爲因縁二又壽下報身三初壽智外無境境外無智名相盛受既絶能所故無分別函蓋絶待當體名大二量者下釋量境智俱偏名爲相應此之相應實無際畔義言於量三此釋下結三又壽下法身三初壽法性不變無去來今是真久義約此久義釋法身壽二量者下量銓猶度也常乂之壽實叵度量彊以雙非而度量也非多等者出度量相初非多少數次非知不知三非說不說此顯法壽是不思議境故大論云不思議者不決定也若離可說而謂法壽定

不可說是名決定非不思議上二雙非其意亦爾如此銓量是常久量又多少數銓量法壽非長短用盡知不盡知銓量法壽非分滿報可說不可說銓量法壽體非說黙三此釋下結二初番下更作三雙顯示蓋前直以延促境智及雙非義示三壽量恐猶難解故今各以二義銓量欲令行人識三佛相文分爲三初番應佛二義第二番報佛二義境無分別非謂頑境全無覺知乃指心體本來離念名境無分別此離念心全體覺悟名智有分別此之境智究竟相稱智外無境境有分別境外無智智無分別是則境照於境智寂於智以此二義顯報身相第三番法佛二義體本無相故不可說依言顯德是故可說二引證二初引今文三初引二文證應身二義二引三文證報身二義虛空喻通前取不壞喻無量應今取無相證境無念三引三文證法身二義問前云四喻皆喻應壽能爲無量今何引之證報證法荅非全法報爲應身者應必斷滅安能延促不曾休廢今欲顯示三身融妙故即以應而證法報若昧此意諸大乘對機之身莫能深識二引新本二初別證應身二義彼憍陳如婆羅門欲得如來舍利如芥粟許此乃知佛九旬當滅故願求之可證應爲八十有量也王子下即栗呫王子荅婆羅門也雖即法報且從福報以證勝應二總證法報四義智即報身境即法身具知不知說不說四但略舉一以等餘三四皆絶慮故可總用難思難解而證之也今述此意故注云云三還源三初總明意然法報應與金光明皆是法性當體之名本無優劣以此經正用金等顯於法性故佛首唱而爲經目故金光明得爲宗源一切三法便成流派今解壽量須約三身恐作別解故示復宗二初番下示還相三初應還明勝劣二應全是法性能多利益也二第二下報還光報必冥法故於句句法報雙陳此舉所冥智全是法性寂而常照也三第三下法還金說時常默默時常說圓妙四德有何損益全是法性可尊可重也合論融即例前故略三夫解下例一切若解體金光明義豈止三身義歸三字一切法相皆還此源故得千從不即萬惑三既是下明兼錄意二時之說俱彰妙理後之學人隨何聞悟欲示此意故注云云二此品下正明疑念二初序入正品指上說二從王下還從序意釋此文二初節經文二隨文釋二初出人四初出處事釋如通序觀解見出名二菩薩下明位翻名道心復能化人故道心大此行雖該前之三教今位在圓三信相下出名二初約教釋名三初直就相似釋二初約名釋信通真似既言信相信則非真以其似信是其真證前相故也別教三賢是似信位初地已上方得真信圓教登住便得真信即以十信名爲似信言鐵輪者本業瓔珞經以六種輪譬六因位鐵輪十信銅輪十住銀輪十行金輪十向瑠璃輪十地摩尼輪等覺信斷見思得是鐵輪二下文下以相驗枹鼓杖也或作桴二又真下明似通上位二初明位位有似已證名真未證名似普賢等覺望極名似故立賢名二信相下明高下難測三難者

下設難疑實二初高位無疑難二初難二此
亦下釋二初約權實釋爲他發起是權示疑
未了佛地是實行疑二法華下引二經證法
華本迹皆是彌勒懷疑起問大集菩薩菩提
未極故云未了本性菩提熏心起疑疑故求
了故云菩提爲我作名二難者下斷見無疑
難二初難二荅通疑障真別疑障中中道未
極安得不疑二觀解下就處辨觀令出人名
觀那就處良由觀法皆從陰起以王舍城約
陰便故故就處明以善惡王觀無記舍能所
不二人法俱空二空所顯即大涅槃防五住
非禦二死敵城豈過此名字初心觀陰涅槃
妙覺後心涅槃究竟今意正辨初心住處明
後心者示此妙觀同果智也四歎德二初科
判二初正科經二重判位植種也媿慚也云
云者令準歎德判同普賢二供養下隨釋二
初外供養佛二初約財法釋大經云諸供養
中法供養最爲第一財供養則有窮盡法供
養者則無窮盡二約觀行釋無明一念全體
覺了此之覺心名之爲佛緣因資了是供佛

義三喻可見二種善下內種善根四初直明
種善義體本覺心名法性地觀性始覺名爲
種子下種種久其義可知五善根者於本法
性生不動信進念定慧五皆不動名爲五根
此根生者相似位高故名增長二增長下以
值佛釋成二初舉三事譬二風譬下以三輪
合身輪現通駭動其心意輪鑒機智光照也
口輪演教法水潤也三楞嚴下明三因增長
楞嚴是定緣因也般若是慧了因也法性是
理正因也二修一性照發互資由修照性由
性發修此三增長轉似入真於真增道並得
名爲倍明轉顯四植種下結二成德三從是
下正明疑念序二初節經二由有下隨釋二
初生疑之由三初正出疑由遠則由於九十
日前告魔期滅也此經乃是方等後分也近
則由在靈山閒佛定中唱序既起思惟故生
疑念雖有二由無本誓擊此疑不生二何因
下釋何因緣二初約三性分因緣通論三種
即正緣了名爲三因同在理性以修緣了各
三爲緣令文略云何因何緣須合性三但名

爲正以當於因修中緣了合六爲二以對因
故合二爲緣以當於緣就此因緣而生疑念
二正因下約因緣疑壽命正因常久爲所顯
理理境既常全境發智以爲能顯豈可無常
能顯兼福而智爲正故但云智此境此智俱
感常壽故疑八十是何因緣三方八下釋方
八十三初通示世壽三方二下方下特示中
方爲表應化之事皆依理現是故外事悉內
表理豈中方壽不表四德佛意雖密今智者
師據後四佛約應顯常故以所顯驗其能表
則知佛意三信相下不知表意故疑信相若
達上之表意即見三身是圓四德豈疑應迹
定是短促而反疑云何因何緣耶二正生疑
二初約理教互疑二初執教疑理二執理惑
教佛之所說是能詮教長壽因果是所詮理
即道理也互執成疑文義可見二有二下約
經文廣示二初釋有二因緣二初對前辨異
前即經云何因何緣也前釋既以正性爲因
乃以修中緣了爲緣今云長壽有二因緣既
是佛修止行二善各具緣了即是前文能顯

之緣令於前緣自作因緣是故與前因緣異也二十善下就今解釋二初約十善略釋二初正示因緣三初於十善各論止行二初標示二不殺下釋相二初約殺盜釋二初約行相合具二今經下明今經互舉二若備下例八各論止行二善有三差別謂自他共一自行者如文云不殺是止放生是行不盜是止施食是行二化他止行如文云若不遮奪名止方便勸修名行若備論十種止行者不殺不盜如疏已明其八種即不婬梵行不妄言誠實語不綺語質直語不兩舌和合諍訟不惡口常行軟語不貪不淨觀不瞋慈心觀不癡因緣觀皆自修止行也自他共明者自不作十惡名止勸他不作十惡名行二今就下於止行各論因緣二初標二夫命下釋二初就不殺示四二初止善因緣因是善本緣是資助爲成慈心故除殺具二夫食下行善因緣準止可知二不殺下例九善皆爾三總有下結示止行因緣數二此等下結成疑念二此約下就五乘廣釋二初結上起今若其但

說十善因果斯乃淺近一塗之說於方等經未爲允愜此結上也今當更約世出世間漸頓止行方是佛因此起今也二人天下明今廣示二初明教義二初不殺二初明行相二初示相二初正示二初總示五乘命殺若但不殺報得命根斯善甚淺今辨五乘修因之命義乃該深梵云魔羅此云殺者以能害人世出世善故斷下諸命皆是魔業也二若遮下別明修者止行七初人天此事即戒善也二三藏二乘三事度菩薩以不能達三輪體空故行六度皆名事也四通教二乘五通教菩薩說法之過名非廢令勿學曰撥體空字下應云六度方異二乘或脫或略六別教菩薩七圓教菩薩二初順行亦斷佛命者此教初心即佛界故二圓人下逆行二初明二逆了順逆修即逆順性性非差別故名一相故仙豫事殺果佛理殺以即性故皆長壽因仙豫緣如前釋五戒中二此皆下明順理前三教人皆小行者以別初心行亦同小故皆不能即逆而順二如上下結廣始從人天終至

圓教所有止行若無因緣善不成就然且約不殺須歷餘九及一切法皆須論於止行因緣故云若海二故大下引證不作上說豈一一度能施衆生無量壽命邪二而我下成疑念二明施食二初明行相二初明事法權實二初明事法食體二初明事食輕重依報食輕正報食重二經言下明法食權實經是此經流水品云未來當施法食也世間人天也出世三教也上上圓融也二菩薩下明菩薩施相三初總明迴邪入正者令正信因果也萌始也種子之始剖也卉草之都名也鞠養也大論二十二云如國王子在高危處立不可救護欲自投地王乃使人敷厚繒褥墮地不死二授以下別示四初授人天食二已持下授三藏食三已入下施通別食四設飢下施圓教食無大乘法食故名飢國圓頓之法如王者之膳非衆人之食也膳善也謂美食也煩惱下觀惑即智如薪助火智因惑緣故能成於四德之食令四十一位弟子皆悉分得甘嗜三如是下結示二一一法下結止行

因緣二此諸下成疑念二示觀行的明已心無明貪愛能生一切煩惱子孫故名父母若不能體二是性惡則須斷破乃名殺逆若觀即性則不離癡愛全體明淨能觀所觀皆不可得既如虛空癡愛則寂故名止善以即寂觀歷諸心數皆令明淨復名行善此乃觀心見一切法常豈得不感三身常果二已身下釋已身骨髓二初明行相二初簡事從法二初所簡事身事論已身人誰不解故今簡之智推九界皆非已身況人報質二已身下所取法身所取既深驗前所簡非獨人報然若能解色心法界而捨事身乃令所取也今簡不能解法界捨名非已身須知實相爲已身者且是總說若依釋論於實相身論戒定慧及妙善心爲皮血骨髓雖分戒等一一皆是實相全分二爲他下就法明施二初施實身五初施皮爲他宣說實相之戒遮二邊罪修中道福此戒無相持尚叵得豈存於犯體既雙忘名尸彼岸如此說戒方名布施法身之皮血等例爾二說諸下施血諸禪定者九種禪也亦是有漏無漏一切禪定皆達實相皆成無記化化神通故於滅定現十界身名諸威儀例前合云非定非亂三說無下施骨能照功忘故云非智全感成智故曰非愚此智起說無說可得能說既妙故使所説皆到智地智地者智即是地本覺智也智所依地始覺智也修性合一二義俱成四檀忍下例應施肉論但三學及所顯理大師義加檀忍進三成六度義以消今經骨髓血肉義方整足說者應例前之三學明雙非相五說甚下施髓前說戒等既皆雙非豈不斷於言思之道然是談行今是說理雖皆實相而須分別能契所契六度乃是全濕之波微妙善心是波中濕也二將此下明施權身三初結實標權以圓法食充七方便飢餓眾生圓頓之外所有法門皆悉名爲餘飲食以勝況劣也二即是下正明施相文略不語三教菩薩別教六度可爲餘食髓是中道必在已身是故餘髓但在真諦三引法華證示教利喜者大論五十九云示者示人生死涅槃三乘六度教者教言汝應捨惡行善利者未得善法味故心則退沒爲說法利引導令出喜者隨其所行而讚歎之令其心喜以此四事莊嚴說法二如來下成疑念隨他意語施權飲食隨自施實二從大下明現瑞序二初結前開後二初節經二至心下釋意二初結前二初明至心至猶極也心佛同源今欲念佛故須徹至已心實際二觀心下明念佛觀心既極故能盡念佛不殺等種種功德皆等虛空以深覩故乃成疑念二明開後妙機關應瑞相乃興二正明現瑞二初敘意分文三初敘意二初正敘爲爾者爾汝也表發信相增分真因感究竟果二問下料簡作者二初問二荅二揀感者二初問二荅二初簡通從別二雖然下益本在他信相既爲發起之人乃同諸佛而爲能應故知能感本在衆機故應一人是應衆多也二分文三別相下判相二初正判二初約十因一果判二又別下約十地一地判二問下料簡二初約經宗簡二初問二荅二約似位簡二初問前判似位有二種意一約十

信似於分真二例普賢似於妙覺若今瑞相定表十地豈令十信便登法雲豈使普賢倒入初地二荅須知二往一一地中具諸地功德十信發真獲十功德等覺亦進後心十德此則前後皆霑十益故約横竪從容而判二別相下隨文釋相二初節文示十相二約表發釋相二初牒示誡勸亹尾音斐亹者文彩意謂止可以經十段文彩準擬評議倣似之耳不可備具論其行相故云不可責其備悉二其室下約相表德二初竪表十地功德十初此地初開者大凡小聖無明所覆境界局狹今破此惑故以廣博表之二此對戒者準於華嚴十度對地則初地當檀文略不言既諸地互具則十度皆融三唯辱而忍增者不逢屈辱寧彰忍力四督出衆行者督率也衆行諸度也率諸行至于極果故以高座表精進也五六七八九皆可見十隨階而圓者行以智導故隨階位諸行分圓其猶根具注云云者應明六度十度開合之相然六通大小十唯在大十度者於禪中有願智力故開願

度有禪通力開出力度根本定禪守本禪度般若有道種智開出方便度有一切種智開出智度一切智守本受般若名二復次下横表一地功德二初總表一地功德二初約初地三初通示二其下別表十初室淨表智二初明了陰功能室能覆蓋故表五陰欲彰智相須明了陰於陰達中故雙非二邊不爲下釋自然中智不被二邊所作良由此智不作二邊故本來覺性任運現前不得下釋廣博微有所得即當局狹非直下釋嚴事小智無常離過而已終歸灰滅大覺本有過河沙德自然莊嚴二嚴事即下明三智體相其室表一心自然廣博嚴事六字表三智始行圓修今日頓發二天紺下寶閤表境二初直表三諦二一地下兼表融即室中一地有此三相可表妙境三一相即行者應知諦智名別其體不殊欲彰修證彊立能所三有妙下妙香表慈悲一心境智普能與拔即名慈悲境智高廣與拔稱之故使慈悲竪高横闊三無差別故能徧滿一切衆生三科之内四其室下

高座表四德常我是法身樂即解脫淨即般若三德互具故一一具四不可思議名祕密藏是佛究竟棲依之處故以座表五有四下佛坐表覺智本有四德即是三諦以爲所坐修得四德即是三智以爲能坐故用佛表六放大下放光表自他以服此土光即能照他土可表以自行而化諸衆生七雨諸下雨華表四辯解一切衆生語言陀羅尼用法義辭及樂說辯一多融談慈注無盡聞無不喜以華表之文字性離故雨於空此辯方能詮示妙理八作天下天樂表四攝布施愛語利行同事此四攝物其猶雅樂悅樂於人九受天下受樂表法喜一心三智即寂而照無法不知此曰澄神受義天樂十根缺下根具表互具用業轉現識已分破故見聞覺知根根皆具三初地下總歎法性功德不可窮盡此地能稱法性顯德故使諸佛不能盡說止十相者經家略舉也梗介者介應作槩聲之誤也云梗槩粗略也二初地下例餘地此去九地地地皆然將横入竪無竪不横二復次下別

表一地自他二初約初地二初略示自行功
德即自行因果化他功德即化他能所此與
法華十妙意同二其室下正表二初前五表
自行若以此文配十妙者法身境妙般若智
妙解脫行妙因成位妙成佛三法妙此自行
因果也若境智行對理性等住前三即此乃
從彊約修別對若論法體真位無缺二後五
表化他意輪鑒機即感應妙口輪說法妙身
輪神通妙又表下以受天樂根缺具足既皆
轉障可通對於眷屬利益二種妙也此即化
他能所二初地下例餘地二從一下總現相
二初迷意總表言意略者止在十義故意廣
者以一切之言無所不該故二一切下依文
別表該包也十法界者心佛衆生三人皆具
具雖不異迷悟且殊佛已證悟心生在迷全
迷則曰理性十界信說則曰名字十界念念
體達名觀行十六根徧照名相似十證十起
應名分真十今表極果乃究竟十已心合佛
十界體用亦見衆生十界同佛是今表果十
界之義不作此解徒云一切該十法界三世

間者假實依報也攬實成假名字不同即衆
生世間所攬實法色心間隔即五陰世間正
報所依依報差別即國土世間未曾有者分
證十本分垂十迹雖得圓融若望極果明昧
尤別如華嚴說灌頂菩薩所得功德如一塊
土妙覺功德如四洲土故因圓理顯若自若
他三十世間一一究竟清淨自在未曾有也
國土下以三世間配三德且從義便也國土
等者迷時假實既依國土果上智斷全依法
身故於國土明實相滿衆生等者釋論云衆
生無上者佛是佛翻爲覺始覺人空終覺法
空故於衆生世間明般若滿五陰等者釋論
云法無上者涅槃是因滅是色獲得常色受
想行識亦復如是二執既盡五陰自在故於
五陰世間明解脫滿以三對三須知其意良
以三德舉一即三顯三世間一一圓徧互融
互攝新伊天目類之可知實相是要者實相
無相極果俱是究竟忘相故稱實相自他圓
滿也五從信下默念騰疑序二初分文二歡
喜下隨釋二初見相歡喜二從至下默念陳

疑三初明騰疑意積疑不騰恐成疑蓋二念
釋下正騰所疑一切功德依壽得住其壽既
促衆德奚爲故皆不疑但念壽短此覆不騰
莫能決了三而不下明默念意威尊故默求
決故念承前可見六從爾下止疑序二初分
文二疑蓋下隨釋二初正止疑三初止疑意
疑蓋覆心者五蓋中疑能覆禪慧須預止者
何哉若未解理心合致疑既覩威尊是決疑
地儻堅執疑念則觀慧莫開故須止之令諦
心受法例如等者疑是見惑能障真諦斷疑
見道方進真修信相騰疑或權或實佛止則
令自他獲益二從汝下正止疑三初大用不
應八十之壽是法界全體起應物大用故不
應以定短致疑二法性不應釋尊所證性海
淵深豈以長短心慮測度三智度不應真信
真智二皆具足能知能證汝今未具不應度
量此三不應是約三身而成止意亦可前二
約所思止後一約能思止三釋論下引證結
佛所有法皆悉無量若以有量心慮量之必
當覆溺於疑惑海是故四佛以三不應止其

疑念二何以下釋止疑三初釋法性不應二初明八衆攝菩薩經列八衆雖已分明但闕菩薩故約生法權實示之法性土者方便實報也既不居此故不在言二若凡下明皆不應測性如來所遊深廣法性尚過菩薩所行清淨況復凡小而能思筭二唯除下釋智度不應二初正釋降佛難測唯佛與佛乃能究盡因智那知二舊用下兼示佛所知法二初古釋可知故無常言此語者唯除如來句也壽量既爲智之所知是可思法驗是無常二

天台下明今釋常智知常無量常智者究竟無知方具足知此知稱性以全本智成佛智故既知本性性豈無常古師不解故以有知而爲佛智乃以所知是無常法三智性下今比知大用無知之智既冥法性法性本用具足發現現長現短皆名常壽以全性故經釋智性略大用者以可解故七從時下集衆序二初正釋經文二初對他經前後二時者下約今經解釋三初正明此室衆二初略釋時衆二信相下明集衆意即八十壽顯三身常豈益信相一人而已故以神力攝諸有緣令聞圓常得四悉益言益處多者豈止一室此衆聞後在處宣布耳二衆有下兼明一經衆正明此室具四種衆傍兼諸品皆有四衆句三初明此經具四衆影響衆者古往諸佛法身大士隱其圓極助佛揚化爲伴奉主如影隨質似響荅聲四衆名義具法華疏二此經下明衆與諸經同此中集天龍與華嚴何異此品新本既云無量婆羅門衆又懺悔品信相出城與無量無邊百千衆生俱往靈鷲豈皆鬼神驗知集衆與諸經同三相承下止常情偏局解豈以此品舊譯文略便云止集天龍衆耶三總瑞下明經部法益二初異法華屬方等一切世間合該十界未曾有事悉具出現合於十界皆顯三德而且未授二乘佛記驗知未可同法華部但就通教對利根者明三身常辨圓法性與其二酥談圓不異既其首題不標般若部內二處稱方等名故今判教屬於方等而此部中得圓益者自於十界妙證新伊亦得稱爲未曾有事悉具出現

二此中下須乘戒顯衆益乘戒四句者一乘戒俱急二乘戒俱緩三乘急戒緩四乘緩戒急先須了知乘戒體相且戒論十種唯取不缺不破不穿不雜此之四戒雖分定散皆人天因是今戒也不取隨道無著智所讚自在隨定具足以此六種雖名爲戒體是三觀自屬乘耳乘論五乘不取人天以其二種雖名爲乘不動不出體是漏善事戒所攝唯取三乘以此三乘該於四教是入理智雖分深淺皆動煩惱出生死故得名乘也今以四戒而對三乘論於緩急以成四句乘戒俱急者今之人天來聞法者是其俱緩者惡道苦縛莫預此會乘急戒緩者今諸龍鬼同集者是乘緩戒急著樂諸天耆欲人等不預此者皆是其類復須了知集今會者雖云乘急乘有權實宿世修習藏通急者今在室中覩於四佛佛身不同但見應化縱聞長壽須歸灰滅滅已不生若其宿修別圓急者今覩四佛同尊特身一身一智聞山斤等雖是應壽知即法報三一難思名見常身權實等者此四緩急

衆生之中有實行者有權示者權能引實作種熟脫久近因緣故云等事別記者即法華淨名疏及止觀也今依彼說故注云云三齊此下判屬序段

金光明經文句記卷第二下

金光明經文句記卷第二下

校勘記

一 底本，明永樂北藏本。

一 四七八頁上一行「卷第二下」，南作「卷第四」。卷末卷次同。

一 四八〇頁下一七行首字「乂」，清作「久」。

一 四八三頁下一四行第三字「二」，清作「一」。

一 四八五頁中一四行第五字「二」，南作「一」。次頁上一行第六字同。

一 四八七頁中末行第一〇字「木」，南、徑、清作「未」。

一 四八八頁上三行第一六字「三」，南作「二」。

金光明經文句記卷第三上　何一

宋四明沙門知禮述

二從爾時下大段正宗分二初總示文義二初示經文起盡懺悔讚歎空品三品全及此壽量章品同是正說二凡三下辯三章大義二初叙他師二初正明他義三初叙初師二二云下叙次師二初叙二此乃下章安破以今不云師及天台知是私破空難是中乃是因位用中破執且非果上所顯中體法雖不異用顯義殊古既昧此故今不用三三藏下叙眞諦二初叙虛空等者新經三身分別品云虛空藏菩薩白佛云何菩薩於諸如來甚深秘密如法修行指此爲叙也二直是下章安破諸經節節皆有發問豈盡稱叙故云義弱二師云下今師去取彼虛空藏雖約因問佛答乃云一切如來等有三身豈非果義故去三藏取初家次師可知二新舊下明今意三初就新經明宗體三初四佛說迹以顯本拂八十之短疑明海滴之長應既聞應化能長能短則達法報非滅非生本迹既融思議乃絕上根之者秖聞其迹亦悟本源當第一周也二若未下王子示本令悟迹新經壽量品四佛說壽益物事訖有憍陳如婆羅門欲生天故求佛舍利如芥子許黎車毘王子說偈答云假使蚊蚋脚可以作城樓如來寂靜身無有舍利事兔角爲梯隥從地得升天邪思佛舍利功德無是處鼠登兔角梯食月除修羅依舍利盡惑解脫無是處中根直聞法身理本不生滅乃悟報應能常無常理事既融思議即絕當第二周也三若未下釋迦雙論令俱解下根既鈍偏談本迹不能懸解互融之意是故釋迦具演三身所謂法身應身化身如依空有雷依雷有光法身是理應身是智智既應理即起化身三身實一一不定一三身宛然是故品題三身分別法應是本化身是迹一時俱說則生妙解思議乃絕當第三周此之三番皆說如來常宗顯體意令聞者發智證理二懺品下判三品俱明用佛智之宗顯法性體此即名爲經宗經體一切衆生以此宗體而爲本心若能懺歎及修二空故佛妙用全體而起令此衆生滅惡生善及發空用導成二用故云三品俱是經用三令之下明此本略二番以其二番皆顯三身今此一番所顯不別是故譏師順好略機不翻後二二文爲下分文解釋四初文二初分文二解釋四初四佛說偈二初經家叙二四佛說諭二初料簡身說二初問二答二初明說本稱機宜共別無在二見亦下明身釋題判教此經屬通此教明佛丈六尊特一身異見故名合身今此室中有三乘衆三中菩薩利根之者能深觀空見不空理不空理者乃是生佛同一覺性故雖見佛佛非外來隨大隨小皆無邊際故云四佛同尊特身智應用是一是常豈唯諸佛無二無別與其弟子亦復不異故云衆一雖未開廢利人見同若鈍菩薩及二乘人既但見空乃觀四佛自外而來取色分齊但是應化佛尚各異弟子豈同三乘差別故云衆多二分八下分文解義二初叙二家分文二舊云下從初師釋義四初四偈立譬二初斥古二初叙二是義下斥

諸佛說法三時不謬故上中下善能詮有法故其言巧妙所詮離情故其義深遠若齊無意寧悟常宗故知古師全迷經旨二且作下今釋二初開章敘意二初開章大師所解其義無窮稱機釋文且示三意二四諦下敘意二初明三因果四諦是理因果通依四念是行修之在因四德本有證之在果非此三義莫顯常宗二若論下明三相由討果由因因果由諦欲成因果解諦居先二上以下依章釋義三初約四諦釋二初用四諦釋偈二初懸說諦義二初明四諦義三初對上明境智上明能說人宜對於智今明所說法合對於理二舊讀下斥古唯齊事上言讀文者大論第三解十號正徧知文也故論問云云何正徧知答知苦如苦相等舊讀此文雖以如字爲不異解而昧三藏以知事稱理爲不異摩訶衍中以知事即理爲不異致使解義唯齊於事全不顯理又復此文解正徧知正知於眞徧知於俗三今明下明今師正義二初約二諦二約三諦二解意者以苦等四是世出世

因果之境於此四境若其不了即眞即俗及空假中則不名諦仍了二諦以中爲眞三諦空假意在諦中欲於迷悟十界因果一一見中法法無作方得名爲世相常住其理不爾將何以拂信相之疑二句皆初約苦諦釋二例餘諦結二明識下明對諦意二一切下以諦釋文四約因前果後以水山地空對集苦道滅例皆分三初牒示二引證三釋結苦諦中引小般若者金剛般若也對大品等稱之爲小以文爲小理同大部彼以須彌喻於佛身今證苦者積聚義同非集所感然用佛報證生報者彰苦無作陰入皆如無苦可捨即生成滅故盤峙盤廻峙立也或作磐字誤也道諦中引法華智地者以地喻地既到智地道之中也水陸兩途者陸途但到海之此岸可喻三乘通修道品未度變易猶在此岸水途能到海之彼岸可喻一乘別修道品能即二死到三德岸滅諦中引法華者以空喻空此空畢竟故曰終歸五翳者煙雲塵霧修羅手也三光者日月星也常住滅理本來不翳

今亦非淨問若以山喻佛身道以地喻智地滅以空喻妙空此三既有即理之教則可論於所證法身若初集諦引證釋結但論煩惱豈可亦得名法身耶答無作四諦一一皆中若非一切咸趣煩惱那名即中以即中故苦名法身道是智地滅名妙空故知直以煩惱釋集示於法身其意最妙行者知之二明四諦釋疑二初示理明疑斷二初示理明相上釋總瑞一切世間未曾有事悉具出現以表十界假實依報皆顯三德今明十界假實依報一一四諦諦諦三德是理徧相名爲法身知此名報起用名應應有長短二信相下示斷疑相三初所斷疑二四佛下能斷法四種之喻本曉應長大師特以四諦解之若非應壽全是法身三身一體何以妙會疑之兩說故先示云其言巧妙其義深遠若定喻一身言豈巧耶三若並別義豈深耶三舉應下歎意巧文喻應長意彰報法信相得意疑睹豁明二釋此下歎釋妙勸思四佛巧喻斷信相疑智者妙釋發行人解今既得過豈不審思

二四偈下約四念釋念者即空假中三妙觀也處者身受心法四妙境也非此觀境三身不顯豈曰談常此釋分三初以偈對法三初捨別從通身受心法但是五陰故知四念本在苦諦然念處觀修通四教今唯約圓謂觀

身淨不淨非淨非不淨乃至觀法我無我非我非無我皆成三諦二一切下從通對釋想行念處者秖是法念合此二陰令欲配地故存陰名想取行行者想取相貌行乃遷流故云行行下行字平聲三若觀下對偈所以常壽因果非圓念處無由得成故用對偈二若觀下以法釋疑二初明念處因果二初修因相四枯即空四榮即假雙非即中說有次第修無前後乃一心三觀也故佛於其四枯四榮雙樹中間般涅槃者正表於此二成五下得果相三初明三德融即相即枯即榮即非枯榮一剎那修剎那剎那圓念不息歷於五品發似證眞至果位時三惑盡淨百界五陰自在無礙名五解脫百界五陰清淨如空名五般若百界五陰究竟難思名五法身智冥五陰理是所冥故稱之爲理體雖是一不分而分般若能冥法身所冥以相冥故起解脫用雖三下明祕藏義如常所說二仁王下明五陰常住相性名不改即百界五陰八相莫遷十方周徧然非事底別有性陰秖善惡陰穢污陰等當體常住名法性陰慎勿別求三陰之下明三身體用相法報雙非全體起用能常無常常用則長等者長則四喻短則八十既皆應壽悉是無常今以長短分常無常者由山斤等能顯於常若非體常安令應用

人天莫數是故信相聞八十滅疑壽無常聞四喻長悟常住體故云常用則長無常用則短二信相下將果用釋疑三初所破之疑二四佛下能破之法三信相下得解之相此三與向四諦釋疑其意不別然須深究三四偈下約四德釋二初以偈對德碎地爲塵尚無淨相豈存於穢故對淨德喻於理淨淨於淨穢也二四德下以德釋疑二初顯德用常等四德學者須揀名同體別一凡夫所著常樂我淨體是見思二菩薩建立常樂我淨體是無明三佛之所證常樂我淨體是中道今四皆中是故皆以雙非顯之理須非於十二倒也今此常等與其非常非無常等名異體同四德雙非即法身也四能冥智即報身也法報既冥則能應物起常無常至淨不淨自在應用二信相下除疑念三初所破之疑二四佛下能破之法三信相下得解之相若知四諦斷疑之意此三可見二億百下一偈合譬二初標古解二失二舊云下明今意破古二初破僻取文二初出古解古秖齊文不知四佛巧示之意二示今意二初示經深意四喻有量百千是數誰不知之須達舉量舉數況於無量無數二汝既下斥古誣經言有縱奪縱知應化奪迷報法報法乃是應化體本深文淺解自毀毀他自既招愆令他謗教也二

破偏執義義是所詮化身應身法身此之三身皆具四句謂常無常雙亦雙非顯乎三一不可一異而思說之古人迷此化定無常或聞化身即法故常猶謂法常化是無常良由不了即字義故故起信論云隨其所應常能

住持不毁不失此顯化身二義具足三以是
下二偈斷疑二初牒因釋義二初以事行消
文二初約因緣釋因親緣疎不殺存命爲長
壽因此因親義也施食助命爲長壽緣此緣
疎義也二若作下約二緣釋不殺有二不殺
是止善放生是行善不盜有二不盜是止善
施食是行善是故十善各有止行悉名二緣
經於二善互舉止行一一皆是長壽二緣發
菩提心方名爲因言法性者無作四諦全法
性起是長壽因種種二緣既能資助眞正道
心乃會法報非常非無常能起應化常與無
常三身一體斯爲妙常二法食下明法門指
上若就法門明於施食及不殺等如疑念序
疏中具說二修因下據果斷疑以長釋短無
常疑斷常住壽明經是故大士即指如來如
言無上士也故義淨新譯此句云是故大覺
尊四是故汝今下一偈結成二稱時下信相
歡喜二初據所聞釋信相解言本迹者體本
用迹也聞壽無量解迹用能常非長之長也
乃知迹用能短非短而短定八十之疑自兹

而去也深心者悟於報法高深之體也此之
本體妙絶於量及以無量二踊躍下約入位
釋歡喜具信解發入歡喜位別在初地圓在
初住並破無明名疑惑去此皆內凡而釋似
位十地頂者若不立等覺即第十地破上品
無明之惑升於後心此位名爲衆伏之頂金
剛喻定既爲最後無明所動故生歡喜及踊
躍也三從說下當機得道上根初悟者即用
新經三周意也陳如求舍利爲中根三身分
別爲下根阿耨多羅三藐三菩提翻無上正
等覺即一切衆生本來覺性非登極果方名
無上及此正等此覺心發通於五即今是分
眞四從時下四佛還本二初因緣釋此信相
等一類機緣覺性合興乃感四佛不現而現
現爲發心心既已發故不還而還也二觀行
釋諦境者三諦一境本覺也覺慧者三智一
心始覺也全本起始名之爲發始合於本名
曰相應善相應者必雙忘也不忘乃是通中
起塞爲表俱寂故不現也二釋懺悔品二初
釋題二初明懺悔義二初正明大義四初釋

懺悔名三初對他經方等陀羅尼經明四衆
懺法普賢觀法經明六根懺法大經闍王懺
逆請觀音經銷伏三障諸經觀門皆能滅罪
何法非懺然菩薩行爲轉先業作利他緣乃
論無生等三種懺法聲聞自度縱明懺悔多
在作法求免三途故今但對大乘諸經明歆
明尊二正釋名五初約伏首釋然懺悔二字
乃雙舉二音梵語懺摩華言悔過以由悔過
是首伏等五種之義今既華梵二音並列是
故大師以首釋懺以伏釋悔乃至慚愧對釋
懺悔欲令稟者即於二字修首伏行及慚愧
等斯是善巧說法之相故不可以華梵詁訓
而爲責也初約首伏釋首音歎自陳罪也欵
誠也二約累白釋企望也尚猶尊尚也三約
棄求釋鄙恥也惡烏路切嫌也四約露斷釋
發露過現斷未來續五約慚愧釋二初總釋
直以慚愧釋於懺悔未分五種人天之義故
名總釋二慚則下別釋乃分人天及以四教
事理之別也二初約人天釋人是肉眼但見
其顯諸天則有報得天眼故見冥密此人慚

恥愧赧名爲懺悔二又人下約四教釋良以
此經通三乘懺三乘乃攝四教故也既慚愧
義該於四教首伏等四豈不然耶說者捺義
應細作之又四教賢位皆要加功聖則任運
可類三界人天果報作意自然又四教賢聖
有修有證四教之理本非造作是故復得名
爲人天四初三藏二初賢聖賢則七賢聖則
四聖逮及也二又賢下事理二又慚下通教
二初賢聖此教菩薩同二乘斷惑故三乘皆
聖二又三下事理三又三下別教二初賢聖
通教聖位止斷見思別教三賢能斷塵沙又
伏無明故云尚非二總此下事理此以但中
爲第一義四又三下圓教二初賢聖三十心
去皆證法身皆垂八相故判爲聖十信長別
苦輪海故故得名賢二總此下事理以具德
中爲第一義三合十下合十數以慚愧中分
於總别總一別五并首伏等四故成十番釋
懺悔名二明懺悔處四初明懺須得處懺之
所依如器淳朴非砧不成以何爲砧謂一實
相無别實相即罪相是得此處者罪無不滅

德無不顯此自分二初引經明處二初引諸
經二初引大經二文麤言輭語等者七方便
教三障須滅衆行須修能所不泯名曰麤言
若圓教者一切修惡皆即性惡所破既寂能
破自忘無言之言名爲輭語於此麤輭當處
寂然思議道絶故曰皆歸第一義也四眞諦
者二死之苦五住之集以即性故無一可捨
萬行之道三德之滅以即性故無修無證而
言斷生死者就即論斷無斷之斷斷無不盡
亦曰斷於性德之苦此四絶思皆第一義能
如是知名爲得處二引法華二文履歷名行
親習名近此二皆須依一實處欲忍衆辱要
住理地此地是心更何所行及以分別亦不
謂我行不分別若不爾者何名得處實處在
近等者指障即德近豈過此然須觀照故云
前進廢執權情名即滅化城體權是實名即
至寶所二引此經二初引我即眞我離人無
法法即所攬常住五陰此陰爲含普覆衆生
闍王說偈解第一義名歸世尊今此經云我
作歸處彼感此應其義泯然二歸依處若下

釋經云我作歸處我體如何故以法性諦理
妙境佛師祕藏而證釋之十方等者若分若
滿聖皆住中即以此處令衆生住初心能住
名爲得處二若得下結示須處實相本立則
能生於無生妙懺清信之道若其不體諸法
即性乃於中道平坦之地而起八倒名爲顛
墜如盲等者四眼無明盲於佛眼入於偏教
諸見棘林觸途成礙皆由失處二故普下明
得處懺妙二初約妙明懺三初引經示妙端
坐者身儀也禪波羅蜜具出坐法須者宜檢
念實相者懺罪觀也實相無相當云何念必
以無念之念念無相之相以無相相相無念
念若於念外別有實相實相之外別有於念
則非此經念實相也衆罪等者滅罪所以也
前念實相蓋體修惡即是性惡性惡照明斯
爲慧日修惡本虛如銷霜露我心等者亦出
此經心性本來即空假中離三惑染名曰自
空十界罪福二我叵得誰爲主宰如此體達
是無生懺故使如來立三種名二無罪下約
義明妙以三種名對於三諦其義可知若於

三諦歷別而解乃次第觀非今妙義其義妙者空即三諦假中亦然名即一而三三諦俱空假中亦然即三而一行者應知三一相即爲彰懺處絶乎思議若以此語增於言想則求不識懺悔處也三諸大下約人顯妙大人所學其法豈虛二若識下結名妙懺解見思心即三德藏罪根既寂懺法自忘能所泯然何以名狀强稱此處爲妙上也三大經下明懺妙人尊二初引經書示當念深廣其猶大海就此懺悔名之爲浴萬行皆攝名用諸水此喻懺得般若無始惡業繫屬行人猶如債主見業實相名依投王業隨觀轉名返供養此喻懺得解脫心性無上猶如墻頭初心達性如草依高行位雖卑已能超過七方便頂此喻懺得法身也書云即劉子也二行人下舉行人結四行人下勸先求懺悔處然懺悔處誰人不具何法暫非但爲本迷滿目不見全心不知故下文云於十力前不識諸佛勸求覓者須親善師須憑妙教勤聽勤問審諦審思若其然者必於能詮識所詮體翛然應外無以狀名斯乃所求法性道理此理至妙爲懺法所依故名爲處若依此處而立行門方得名爲大乘懺也三次明下明懺悔法此乃示於能懺之法也三初開章此之正助亦名慧行及行行也大約即是緣了二因修德之法也二正法下示相二初正法二初略示上辨處中雖語能觀意乃以觀顯所依處今說能觀意乃以處顯能觀觀法不孤立故須相帶解之不濫方可用心二法性下廣示二初明修觀相二初就內心修觀二初明觀隨於境法性者諸法實相也名如來藏何德不具雖具此德而本離念今乃稱本絶念而觀是故此觀亦具本性一切功德是故結云觀慧亦爾二境智下明境觀不二二初融境觀二初示相境是本覺智是始覺雖分本始而是一覺境智既爾方曰相冥無二之法故舉此經如如不異如名不異即境不異智智不異境亦云一合其體一故方能冥合二經言下引證經即仁王般若也智是般若處是實相能觀之智與所觀處同是般若智外無境也二皆實相境外無智也境智相冥其狀如是二說如下會說默復由說默二相不異顯於境智一體相冥非由無相境智焉發即默之說非由性離之說莫彰不二境智故境智後須論說默是以止觀義例云故不思議境即是觀是故得云境照境境照智智照智智照境照者方照非說可窮照者應說非照可了說者方說非照可窮說者應照非說可了故知彼義與此無殊二以此下用淨心歷法二初例內心泯淨上論妙觀且就內心研於妙境攝一切法觀境若成可以此觀徧歷三科及以業惑自然皆見不思議境故義例云修觀次第必先內心內心若淨將此淨心徧歷諸法任運泯合二故云下引教示融相二初約法示毗盧遮那此方翻爲徧一切處乃以華音彰法體徧體雖本徧迷時不知今以內心妙觀徧歷於一切處皆見遮那此猶總歷復更別歷六作六受行住二作必兼坐卧語默作作是名六作明暗略舉眼受於色合例取聲乃至意法是名六受故總結云六根

所對雖結六受身必六作於此作受常得見佛佛必三身斯由內心成妙三觀故於作受常見如來三德三諦是故結云無非佛法二耆婆下引事喻三初以耆婆喻任運破障二以摩男喻法爾生善三以那律喻自然顯理此三乃是別示三觀徧歷一切任運能契微妙三法說有前後非不縱橫二若如下明滅罪相既於內心復歷緣境諦觀冥契乃達十界罪福無主修惡修善全體即是性惡性善斯乃名見罪福實相故法華云深達罪福相徧照於十方十方即是十界十界皆實相相相宛然一收一切一切皆各收於一切此等一切無非實相妄想皆實實亦自忘此為大懺二助道下助法三初明用助意正助二懺修遂根緣自有一向修於正道直登圓住或內外凡自有一向修於助道如南嶽立有相安樂行不入三昧但誦持故亦能得見上妙色像此二隨根修入不同若悟理時必兩捨也自有正助相兼而修或先正後助或先助後正或同時而修今之所立意在同修耳若

於三句都不攝者則人身牛也二所謂下明助道法二初喻用助意淸水喻正灰等喻助以垢難去獨水不能灰皁助之水方有用二略言下示助道法助本助正正觀不開蓋理惑覆故修助行治於事蔽事蔽若息不資理惑故令正觀開入理門具論六度略舉三業其策觀者或以五法策於正觀亦助開門或策事觀謂五門禪各有對治助開正觀三如順下明用助功正解如順水正觀如順風可喻正道能趣妙理篙棹可喻旋禮等善助於風水船豈不疾三如是下總結四明懺悔位三初他釋局淺二初敘他二此下略斥二故新下今釋通深二初正釋二初明六凡合懺二初四趣二初明地獄二初造逆鞠亦養也撫拍也惟惟憐子之貌也內則六年教之數與方名注云方名東西殺逆殺或作弑同音試下殺於上也易曰臣弑君子弑父也天雖下明天地之不能容其受生故須入地獄也以五逆罪感五無間二佛為下二明破戒初篇四重也後聚吉羅也若論五篇則初後俱

篇六聚則始終俱聚綺文互現故云初篇後聚也三師謂和尚及羯磨教授二開黎也七僧印證戒者此據中國十人也佛海者佛法如海犯重如屍花園可解言犯重者須出淨衆二多嗔下明三趣心既多嗔等身口動作成於嗔業故墮蛇虺舉本攝末故云多嗔下多欲等悉可為例蛇虺者爾雅云蝮虺博三寸首大如擘郭璞云身廣三寸頭如大擘指此自一種蛇名蝮虺諂者莊子云希其意而道其言曰諂餓鬼常飢等者舉果難當須明懺悔二人中下人天二初人八苦者生老病死怨憎會愛別離求不得五陰盛二天五衰者衣裳垢膩頭上花萎身體臭穢腋下汗出不樂本座四心者受想行識也籠樊者樊藩也詩云營營青蠅止于樊今衆生處三界中如在籠藩籬之內不能自出也二苦出下明四教皆懺四初三藏二初聲聞二初七賢初五停心謂不淨停貪慈悲停嗔因緣停癡數息停覺觀界方便停著我若貪等五煩惱障心不得停應須懺悔停下剩心字次四念處

去用對位道品四顛倒者執身淨受樂心常法我四念治此四倒四正勤者二惡者已起令滅未起令不起二善者已生令增長未生令發生四如意足者謂欲精進心思惟五根者謂信進念定慧五力者名同於根以不動排障而分兩科法華文句以正勤如意根力四科對煖頂忍世第一位煖頂與此有不同者或是文誤或別有意二苦忍下四果苦忍明發者見道有十六心謂於下欲界四諦各起法忍法智上色無色二界四諦各起類忍類智此上下八諦共十六心斷八十八使見惑也今云苦忍即欲界苦諦下苦法忍也明發得苦法智也觀欲界苦諦已即觀上界苦諦得類忍智餘三諦例說雖不下以無見惑潰起故不墮惡道欲界七生者欲界九品思惑共潤七生謂上上品潤二生上中上下中上各潤一生中中中下共潤一生下三品共潤一生此言初果也雖斷欲下明二界五下分者身見戒取疑貪嗔貪雖通上不是雅上嗔一唯下不通於上餘三徧攝一切見惑雖

復通上而能牽下縱斷貪等至無所有處由身見等還來欲界是故此五名爲下分餘三品在受一生名一往來也雖斷五下名三果向人也餘一品即第九品也亦名一種子那含雖斷色下正明三果人也九品已盡不來欲界而進斷上惑雖入下無學二支佛侵習未能全盡故須懺悔言亦爾者例上羅漢懺習氣也菩薩未斷且在人天二若乾下通教教詮體空異前析滅空含中道是大乘門利根方見屬後二教今就二乘及鈍菩薩論懺悔也支佛不達文字者不能說法化他也然支佛有部行麟喻之別部行者或能說法今約麟喻爲言也獨悟孤行喻麟頭之一角故名麟喻三十信下別教十信但信者信能造心是佛性故未能稱理者以佛性心別修空故故使十住偏證空理十行但出建立之事既其二觀互破互立未能入中十向不偏但修未證然由漸修登地頓證前前雖顯後後猶障是故名爲地地有障至等覺尚有未得無學故此凡聖皆須懺悔四又十下圓教此

機初解中具二邊空假即中故能三智一心修證不言名字及五品者以高況下也十信尚懺況爾前耶但是等者法華中說三陀羅尼雖通初後似位得之其相最顯一旋陀羅尼旋假入空此齊七信二百千萬億旋陀羅尼旋空出假此當八信已上三法音方便陀羅尼以二觀爲方便轉入中道法音當第十信也匡郭等者此三喻於法身智斷俱未究盡俱須懺也二齊此下斥局下從造無間業者上至圓教等覺故云位長位位橫論各有三障煩惱頭數結業流類苦報等差故云義廣古人何爲但在凡夫三是故下引經證結大師本以三昧總持說懺悔位該亘凡聖自然與彼校計經合寔匪尋經作此安布行者知之三若人下舉利勸修四初明聞者宿殖二語其下明聞者得報果報者此懺諸理功至極果乃與諸佛互相恭敬三直聞下以聞況修解既稱理修之成行則分滿之果證之匪遙四已聞下結示歸敬佛恩若此欲報之者唯當而說而修行之歸命禮佛五悔中一

其四悔法安得不修二正釋品題二初釋二字義二初依字訓釋二初釋懺二初明求鑑悪奴六切慙也二身披下明披鑑二釋悔二初明能廢二明所廢意云十廢者意如君主身口如臣君既克已臣息暴虐故意總十二又法下約法門釋種種二懺悔下明三種懺三初明三種相貌二初列名示列三種名示事通大小二小乘下約相釋二初明小三初作法毘尼此云律二十僧者此約懺僧殘罪也然對治有四法一治覆藏情過謂行波利婆沙此云覆藏或云別住謂別住一房不得與僧同處設入衆中不得談論亦不得答行此法者須滿一百日不憶元覆藏日數故乃以百日爲限二治覆藏罪謂犯已覆藏得吉罪不覆藏得殘罪若覆藏者先懺吉罪後與別住三治僧殘情過罪謂六夜行摩那埵此云意喜前雖自意歡喜亦使衆僧歡喜由前喜故與其少日即六夜也故名意喜僧衆歡云此人改悔成清淨故云衆僧喜也四治僧殘謂二十僧中以白四羯磨出罪然覆藏不

經明相直行摩那埵然後入衆出罪或半月作法者謂行別住時每至半月說戒須白衆僧云我犯僧殘對首作法者懺重吉也責心懺輕吉也摩夷論云故作者對首一說誤作者責心而悔小乘犯夷亦有懺法而疏文不引者以懺已既爲學悔沙彌仍障聖果故非此中復本清淨義也故荆谿云小學悔已障果仍成重罪未忘二阿含下取相上明作法但令三業順於佛制法成罪滅尚是散心罪滅猶淺今論取相屬於定心想成相起滅罪則深故蛇口想成宣唯婬罪得除亦乃欲心不起三亦有下無生言觀空者析法明空也觀造罪心本無主宰念念無常無誰能作無是業報我見若亡諸使永寂此觀若成四趣則除三界須出小乘三懺其相略然二明大三初作法二取相三無生行者應知三種懺法無生是主二爲助緣故前疏云灰汁皁莢助於清水若闕妙觀不名大乘便同外道無益若行須近善師學懺悔處及懺悔法方可行於道場事儀故於諸事皆用妙觀照而導

之使作法等皆順實理悉爲佛因有謂道場所修行法而爲事治須於十乘先修六法後方助開而不思前六在道場中用如今明懺具談三種豈捨事行又有一卷法華三昧別行於世大師制立正爲初心懺障道罪方可造修諸禪三昧又諸苦行精進之門各隨宜樂初心可修但須皆用圓無生觀爲主爲導使一一行即修是性無修無得則成圓行也豈諸事行妙觀妙境妙修發大心安心等法皆妙修耶若其然者隨自意中歷彼三性全無十乘何名三昧若自未諳當依善友開導策修乃成深益又須了知大乘三懺後一雖可獨修不進則須假前二前二不可暫離無生得此意已方可說行三種懺法初作法八百等者虛空藏經云知法者復教八百日塗廁日日告言汝作不淨事一心塗治一切廁勿令人知塗已洗浴禮三十五佛稱虛空藏名向十二部經五體投地自說罪咎等九十日等者般舟經云有四事疾得是三昧一者不得有世間思想如指相彈頃三月二者不

得卧出三月如指相彈頃三者經行不得休息不得坐三月除其飯食左右四者爲人說經不得望人衣服飲食是爲四般舟此云佛立三昧成時見十方佛在虚空中立故名佛立也灰湯下明上諸行法各淨三業也旋誦下諸法各有製度旋誦之度方等最切旋一百二十帀誦柤持呪一百二十徧一旋一呪不徐不疾旋訖却坐思惟中道正空導此軌儀故名作法二取相十二夢王者方等陀羅尼經云先求好夢凡十二種隨得一相則許懺悔梵網經云若犯十戒者應教懺悔要見好相好相者佛來摩頂見光見華等便得罪滅唱聲下彼經明行者夢中若坐禪中現此菩薩以摩尼珠印印行者臂作罪滅字或聞罪滅聲得此相起知罪必滅雖不下以在道場非不作法俱從勝立名爲取相言事用者作法也三無生以無念念念罪實相念與實相能所名別其體不二如是念之罪相既忘實相亦泯此慧如日銷罪霜露無緣緣畢竟空無中邊相此理無過故名最上雖不下此

三種懺同時而修無生是正二爲助緣故云兼兩斯乃正助一合而行如膏益明證理彌速也二作法下明三種功能二初正示功能二初明滅惡二初四畨通小釋言通小者以此四畨釋三種懺意雖在大而且未彰異小之相故便滅惡於大小說皆無妨故云通小四中初約遮性釋三初作法無作罪者昔受佛戒由作法故發無作體若毀犯者得違逆罪今由作法翻破此罪言性罪者即十惡也不論受與不受犯之性自是罪如犯下論云斬大草殺畜二罪同懺二種違制之罪俱除而殺畜償命猶存二取相由以定心想成勝相熏修力强能轉惡業是故能滅性遮二罪如伐下枝葉喻性遮罪根本喻無明也心惑既存罪可重作如枝葉續生也既對遮性辨於無明故此無明通界内外此即通小之相也三無生二又下約三學釋作法防非故滅戒罪取相專意故滅定罪無生觀照故滅慧罪事非是戒家罪散亂是定家罪惑䁧是慧家罪三又作下除三報釋雖俱報障而有

苦樂三惡唯苦違法而得故作法能除人道之報半苦半樂散善所招故取相能滅三界天報望人皆定無苦惟樂三漏所感故無生能滅四又下除三業釋例報可知能感所感而分兩釋也二又作下二畨惟大釋前之四釋通大小乘無生滅惑未簡通別作法或取毘尼之制令之二釋無生的破障中無明通惑不生爲令取相驗知此去惟就大釋二初別煩惱釋怖畏屬思憂愁屬見令作法成位在五品能伏此惑指伏爲破故云亦是取相懺成在七信位故滅四住既見眞諦望中名相故名取相無生觀成位登初住所除的在根本無明故知此釋别就大乘明三種懺二又三下通三障釋共除報者此乃現報父母生身得六根淨轉報實在正助合行若但理觀雖入眞似亦有不得六根淨者故云三懺共除報障取相除業者約出假說能挾宿世無量業種作度生緣業不能障於業自在名除業障以其未是眞出假位故見俗諦猶名取相無生除惑其義可知二又作下明生善

仍約喻顯五石者謂白瑛紫瑛石膏鍾乳石脂五芝者謂五色令芝也舊釋且喻小乘作法故未生善若大作法生善非少五石五芝通喻小大生事理善二知是下勸人修學言須知者謂須知小大皆能滅惡生善須知此三修方有益說而不行爲罪所得也三今文下明經具三懺二初示經有三文二結懺爲經用

金光明經文句記卷第三上

金光明經文句記卷第三上

校勘記

一　底本，明永樂北藏本。

一　四八九頁上一行「卷第三上」，南作「卷第六」。卷末卷次同。

一　四九三頁上一三行第一一字「二」，清作「三」。

一　四九四頁下一四行第六字「泯」，徑作「冥」。

一　四九九頁上二行「令芝」，清作「靈芝」。

金光明經文句記卷第三下　何二

宋四明沙門知禮述

二從此下釋文二初對判分文二初對判明經力用通指三品也今品下乃以此品對讚歎品論於傍正耳二此品下分文二夢者下依文釋義二初明夢中見聞二初夢見金鼓三初正見金鼓二初釋夢疏中前釋信相菩薩在其似位或是鄰極之似或是鄰真之似於此位中夢見金鼓豈是博地昏感之夢故以二義釋於夢字初謂三昧名為如夢由達性具修德無功因辦果事如夢動加是故名為如夢三昧次又入下乃以凡人有夢有覺喻法性觀有入有出此以說默而為出入二釋皆示夢是觀智初釋稍親問夢是顛倒迷真之法觀是覺智悟理之法經文云夢疏中那以觀智釋之迷解天殊如何融會耶答佛地迷盡凡夫未解皆不論觀於迷能解得言觀智故起信論云依業識故說見佛若離業識則無所見今明似解照法性故名為入觀依業識故名之為夢智解未極安得非夢照法性夢豈非觀智不得此意此文莫銷二法性即下釋鼓二初正釋二初直表三德能觀之智既以夢示夢必見相故以金鼓表於所觀即法性也蓋由鼓體具圓空鳴可表三德其狀殊大復彰三德無量甚深二殊大下三皆深廣以此三德一一皆是法性全體趣舉一德皆能具二得名三身三智三脫若不爾者那得三種皆無量甚深耶二此下結示即鼓之三德對光秖是所照法身即此法身攝報攝應為上三德故云觀一而見三佛也二從其下見鼓光全所照理起能照智故法性德皆成智德鼓圓空鳴光豈不爾鼓三殊大光亦合然須知法性體是本覺智是始覺秖是一覺由不覺故分本始殊既成大果已離不覺故始冥本稱法報合豈始覺得異於本耶所引新本同體同意同事者既法報合故與諸佛無二無別此即下此見鼓光正表報智此智冥法法具三故故報亦三亦是此報上能冥法下能垂應故云具三三復於下見光中佛二初約文表義言光從等者對上二身此總表應故云同事應不孤立必具三身瑠璃下法佛坐下報大衆下應二此即下結義歸圓二初別結此三以全法報為應身故是故經文具表三佛二觀此下通結上義言三佛者即鼓表法佛光表報佛明表應佛既其三佛皆具三義乃顯法法具三略則十種三法廣則一切皆三此諸三法順譬釋則世金光明所譬三法也若就附文當體釋皆是法金光明以一一具三可貴可重義寂而常照義能多利益義故其義既爾是故此經名金光明也此所表義乃由大師得旋總持一中解無量無量中解一故釋題消文圓融若此見聞之者當去情著而思修之二從見有下夢見擊鼓二初分文二見有下釋義三初見擊鼓二出大音聲三其聲下聲所詮辯二初鼓是下明似智會法起用上鼓表三光三佛三秖是一三今對信相機智所觀合三為一但名法身婆羅門表真似淨行既是鄰真故經稱似圓似能伏同體惑染故名淨智以此淨智會本常理乃以甘露相似相應能

以妙音徧三千界滅苦生樂故使經文復以擊鼓表似位三身若不爾者則信相本性與佛天殊佛之應用非信相感也行者應了釋迦信相同興此夢故有懺法利益衆生耳二鼓是下明抱鼓合成三身二從時下覺已說見聞二初分文二時信相下隨釋四初往佛所二初釋夢旦二初約教釋疏存二釋初約入觀出觀此乃就法横釋次約伏惑斷惑此乃就位竪釋入觀本期登地斷惑故知二釋其意相須也言三十心者借别顯圓也二觀解言觀行位者既對分眞即五品十信俱名觀行以未證眞似受觀名内外凡位無明眠法全未破故觀三身如夢所見眞位分破於理明了故觀三身猶如已旦出王舍等者變易五陰因位未離如居王舍今出此舍表至於果既論觀法有入分眞及極果分故須表之二往耆下釋出往王城靈鷲雖俱是地山爲佛居故表果地信相在城合表因地今以出往表因趣果二偏時下與緣俱三伸敬信首爲貴者佛法大海以信得入信是因人以上求故如首爲貴慈悲爲賤者拔苦與樂乃果人下化故如足爲賤以貴敬賤者以信和慈也經禮畢右繞表戀慕四從以下述夢二初分文皆言行者古以散說一十七字爲行偈頌二等四五言則四句爲行七言偈則二句爲行所以古師分經悉以行數爲準適世變亂製度增減字數致損元規豈但使古疏分經參差亦令目録紙數無準寄語有識當依古製二以其下釋義二初總明夢二初明見金鼓三初見鼓形狀二其光下見鼓光明三又因下見光中佛此三共是長行所表三身之意鼓雖具三是所證故合爲法身光具鼓三全理是智故合爲報身諸佛境智及以攝機亦具三身對上名應此合九三乃如夢三昧所觀之境三昧是觀二見婆下明見擊鼓上文所表合九之三雖是佛法既與心法及衆生法無差别故爲信相心性之境今於夢中見已似智會性法身起應機用説懺悔偈斯乃信相同於如來起經力用二從是下别明夢二初分文二釋義二初明金鼓有滅惡生善之力二初别分經六初滅世間因果苦前二行滅果諸有者三有也後一行滅因諸惱三惑也二斷衆下生出世間因果樂前二行出世間果斷衆怖者離五怖謂惡道怖惡名怖死怖不活怖大衆威德怖得無所畏者有四一一切智無所畏二漏盡無所畏三説障道無所畏四説盡苦道無所畏離二死此岸到三智彼岸後一行出世間因定謂楞嚴此定具慧即觀不思議境等正道行也助道即事度等對治行也三是鼓下能令衆生自他俱備前一行半自行備後二行半化他備害煩惱是破因除苦是破果下二句釋上貪瞋癡釋上煩惱等之一字等取諸苦悉令寂滅是正釋上能害消除義也四若有下能滅報障兼得宿命以戒緩故處於地獄以乘急故聞金鼓聲不獨出獄兼知宿命千萬億生善知此事故正念諸佛復聞諸佛圓妙法音五是金下能令衆生得諸法門先少得者且約一種遠惡修善之法也後多得者隨思隨願皆悉令成就也六若有下能破衆生

八難流轉即經云諸難也八難者三塗爲三
人中有四一盲聾瘖瘂二世智辯聰三佛前
佛後四北洲天上一謂無想或長壽天二釋
此下總示義經示六文該益雖偏語猶總略
備解或難是故大師令講解者就此六文一
一委明從苦得樂漏得無漏捨小入大自權
至實從因至果節節皆論破惡生善具辯應
如二十五有皆得果報因花小草中草上草
小樹大樹一實事方便實報十番利益方盡
全鼓所出妙音被物之相具如妙玄及請觀
音疏也二從一下明教詔懺悔之法二初分
文二初正分經文二叙意生起邪倒障理者
於苦果身起八顛倒障四德此言報障也下
二可知聖人下據上釋迦自作叙云我今當
說懺悔等法今云聖人即本師也今達三障
即三德也示其懺悔總示也下三句別示也
示道理報障即法身也示因果煩惱即般若
三觀爲因三智爲果也示善行結業即解脱
也須願指歸者以願導之令至究竟也二自
懺下釋義五初教自說罪過懺悔二初分文

二夫法下釋義三初明法身是依憑對修合
故但名法身而性常離故具三德此三尊重
復名三寳法名不覺佛名爲覺此寂照性本
具諸法故徧一切修德之處以此和義名之
爲僧凡小雖迷而全體即是是故圓教初中
後心一切菩薩無不以此爲歸爲本此本若
立則三智三行三身三脱一切道法任運而
生經言我爲等者衆生性德全是果佛眞如
我也二內本下請佛覆護經兩足之尊者大
經明十號中兩釋一約人天善趣兩足爲貴
於佛天人中尊二約福慧俱備名爲兩足斯
須猶頃刻也扶疏盛也豐欝茂也說文云扶
疏枝葉四布也二正明懺悔二初分文二釋
義二初總明懺悔二別懺下別明懺悔二初
分文二釋義三初懺煩惱障二初釋文三初
釋不識諸佛十力者一是處非處力二業力
三定力四根力五欲力六性力七至處道力
八宿命力九天眼力十漏盡力此十通名力
者即諸佛所得如實智用通達一切了了分
明無能壞無能勝故名力也大菩薩亦分得

此力但比佛小劣故沒不受名故直名佛爲
十力也此之十力法佛本具報佛證之應佛
用之衆生色心依正因果舉體即是三佛十
力但以迷故全智爲惑名煩惱障而獨頭無
明爲煩惱種蓋由觸處不了法身故喻牛羊
烏雀之眼不識天子及以檕像以不了故三
細六麤熾然而起言檕像者累土木爲佛像
也人知畏敬烏雀不然或引周禮正弓之檕
者非此中意二釋及父母恩淨名云善權方
便父智度菩薩母一切諸導師無不由之生
以其不了獨頭相應全是二智是故法身隱
滅不生三釋不解善法助道衆善能辦應身
既其不解是故不修二三佛下結示舉不識
解顯今識解是妙懺也二自恃下懺報障三
初約事釋以姓憿他者以貴憿賤也西土剎
利婆羅門姓貴毗舍首陀姓賤餘二可解此
二善報若縱恣者爲修道障若不縱者堪能
助道二今更約法釋二初約三學乃以事三
表於三學由慧得道故如姓貴定能資慧故
如財寳戒能制犯故如盛年滌此下示爲障

相大論云自法愛染故毀訾他人法雖持禁戒人不脫地獄苦非求法者法過涅槃尚了如幻豈染自法以慢他人不見己他方名求法也二法華下約三教三中且取盛年一種該於三教窮子除糞至知庫藏歷漸三味二邊心强背名少壯佛居道後究竟無爲方名衰邁凡人下欲明法壯更舉事壯藏教二乘通教三乘析體雖殊皆以空强而陵有弱別雖三觀共緣無量故恃法眼陵於慧眼此等皆名盛年故逸種姓財寶歷教亦然三著此下結須懺三學三教名報障者此心成就由宿熏感望後在因望前爲果故得名爲於報起障障故須懺三從心下懺業障三初節經示義二初一下隨文略釋十二段如疏列亦是教他者指口作惡業也即自造四過復教他人行一切惡既隨癡心豈能反照經心生忿恚者求五欲則忿他不與有五欲則忿他見侵忿怒也經云親近非聖謂外道也外道自以爲聖故佛弟子指爲非聖慳恪財也疾妬賢也私詐曰姦曲媚曰諂由貧窮故而行

詐媚言無佛世敬田者以辟支佛出無佛世故菩薩歷劫形服不拘故無佛世隨機化物恩田者田有三種三寶曰敬田父母曰恩田貧窮曰悲田通名田者皆堪種福故經憍慢者俱舍云慢對他心舉憍由染自法三造業下示解釋法約今稟教且人爲婦若所懺多屬四趣通藏所造名有漏業別藏所造名無漏業大悲不思議等種種之業故等覺來皆須懺也二從我下明供養諸佛二初立意分文二依文釋義二初明財供養經我今等者此乃即法以明財供何者以一大千界中自有千百億佛況無量無邊大千諸佛財若有限何能徧供良由了達所奉之供體是法界出生無盡一一周徧故一切刹一切佛前皆有六塵妙供養事不獨廣徧亦乃常存盡未來時施作佛事爲彰次段修行法門故此別名財供養矣須知二供其體相即爲門不同故分爲二二法供養二初分文立意化他用慈是無緣慈不離三智自行順智既是佛智豈離三慈爲令易解相對說耳法供養第一

者能令佛壽常住不斷妙化無窮故也又有法則二供俱成無法則財供亦廢是故法供得稱爲最二依文釋義二初明化他法供養二初化他令修行二初分文二釋義四初我當下明化始以大悲拔苦二我當安下勸眞因十地之行三已得下勸眞果菩提大覺四爲一下勸精進督使成行二夫衆下初教義二觀行一念心者趣舉一念也以妙三觀調妄即眞名眞明發或至初住或至六根或成五品皆得名爲成眞果也故止觀義例道樹之喻觀陰等境成不思議名爲生芽初品已上皆名生果彼修止觀生芽生果與今觀心眞明眞果法喻相當調一切等者乃一心觀成歷彼彼心無不成觀與彼義例淨心徧歷任運泯合其意亦同二次四下化他令懺悔二初立意分文二依文釋義三初欲說懺二千釋下正爲說涉時既多造罪復重若了逆罪即金光明全所具理爲能觀觀由此顯出法性金等名拔王難障轉成德何罪能縛故五無間皆解脫相此乃名爲正爲說懺三我

今下說懺已二從我下明自行法供養二初
分文立意前自下問譬如下答以譬帯法兼
而答之金師譬金鼓釋迦化主也初習譬始
發僧那時皓首譬今果後示現從始至今何
嘗暫廢說行說懺互煒譬即懺說行互打譬
即行說懺智斷亦然器成譬一番之機自因
得果故未得果須數燒打何嫌重說今是下
辯果雖數燒打各有其門二我當下依文釋
義二初自修行三初標章二珍寶下修因脚
足者疏存二解初以十地為果脚足二以十
度為十地脚足言十度者六外更加方便願
力智也於餘下釋出十度為地足意華嚴十
地品廣明其相三果中下明成果指經初句
為總餘三行三句為別功德是福嚴光明是
智嚴不離色光而論智光以其色心不二究
竟也三行之中疏不釋者今略列之冀免檢
尋法藏須論八萬四千皆秘密故名為甚深
功德乃是六度萬行所成就者略言萬德廣
則無量一切種智即中道智中必雙照今三
圓極禪謂達禪達根本等皆法界故定謂捞

嚴本性健相二是大乘事理二定於一切法
皆明靜故泛舉百千根謂五根力謂五力即
信進念定慧此五能生一切善法名之為根
力排五障乃以疑怠邪亂癡遮此五故名之
為力與上五根名同用別覺謂七覺分一擇
法覺分二精進三喜四除五捨六定七念此
七能令定慧均平通名覺分者有到極果覺
知之分也道謂八正道一正見二正思惟三
正語四正業五正命六正精進七正念八正
定八離偏邪通至涅槃故名正道根等道品
修雖在因證皆果德陀羅尼者翻為遮持遮
一切惡持一切善數或五百八萬四千表破
煩惱且言其實數一切法能遮能持十力如
向記中已列此乃自行始終之相二從諸下
自修懺二初分文二釋義二初請佛二後十
下明懺二初分文二百劫下釋義五初懺報
障二初出報障相百劫受身身作衆惡惡為
因緣即生憂苦能生所生皆是報障良由報
得惡五陰故故疏與經對於五陰既知皆陰
非報是何須了五陰造作衆惡方名報障若

作衆善豈名障耶二十方下請惡除滅願佛
受懺即是除滅若不助正資導成懺佛雖有
力何能除障意可見故疏更不釋二懺煩惱
障二初分文二釋義二初出相經業垢者業
名動作煩惱心動成於垢染亦可煩惱從宿
業生故名業垢二唯願下乞清淨經大悲水
者同體之悲方稱為大此悲為水洗無不淨
悲雖同體非緣不興三懺為緣不洗而洗也
三懺業障二初分文二隨釋三初豎論三世
造業二初對報示現前色心名正受者未成
報者有繫屬能若修善禪諸無漏道則來責
報現諸業相或密為障不依大乘三種懺法
此障不滅二設問釋二初設未有問二明遮
起答三初引經論證數家是婆沙論家是成
實遮未來者斷相續心若不遮斷（音短）未來必
起故新經淨除業障品懺罪文中依三世菩
薩皆云已作之罪願得除滅未來之惡更不
敢作並遮未來也二今更下引現事例在家
例造罪時捨家例修懺時若不遮斷必須更
改未有之事至於正有三未來下據義結答

索然猶解散也二横明現起十惡三途雜下
求懺過去業若十惡十善上就三塗人天解
釋豈安十住遠十力耶得前五戒持犯之意
則今義可解十住十力別圓二教皆可明之
持犯之意今義易明故須因位至於後果節
節論於十惡十善四明迴向此懺雙著因果
之罪他以此國及餘世界是五乘人修善法
處約處明人故云隨喜今明我在此土他界
所修之善今悉攝取迴向衆生證無上道聲
聞諸善角聞迴向近遠可知方便力大者若
善迴向成大方便功等太虛然若不了善即
法界不名迴向也五釋八下懺善惡二難二
初揀示分文次一行半疏釋正取善遮道義
二初四下釋二隨文釋義二初指惡爲難六
初釋諸有險難二十五有者四趣幷四洲六
欲大梵天四禪無想報那含四空處未絶漏
業故同名有釋報障義具於前疏二釋生死
險難業爲險難至非非想定報爲險難至有
頂天鬱頭藍弗是其例也下之業報險難可
知三釋婬欲難四釋輕躁難二初正示輕躁

相謂初心在緣名覺細心分別名觀亦尋伺
心也此之陰心故屬報法二如羅下引聖凡
例二初聖出觀著出定也就無學釋無惑業
故驗是報法也二更舉下凡迴轉易轍著如
學經未成復欲學律學律未成復欲學論此
輕躁人終不成功業也不成業障者障應作
者字之誤也五釋近惡友難如移廐者廐音
救馬舍也馬之所聚也付法藏傳云親近賢
善聽聞正法如昔華氏國有一白象氣力勇
健若有罪人令象蹋殺後時象廐爲火所燒
移近精舍有一比丘誦法句偈曰爲善生天
爲惡入淵白象聞之心便柔和後付罪人不
害齅舐而已王召智臣共謀此事一臣白王
此象繫近精舍必聞妙法是故爾耳今可繫
近屠坊彼觀殺害惡心當盛王令繫象屠所
象見殺戮惡心猛盛殘害彌甚鄰於哭貸者
謂墓學哭鄰市學貨蔡氏貨清經曰貨化也
變化易之也故字有化又財也史記曰孟軻
考母偏孤居近墓軻乃常戲於墓母曰此非
所居去居市傍軻復戲爲商賈母又曰不可

居又居學館之傍乃爲揖讓進退有禮母曰
此眞可以居軻後遂爲大儒著書七篇六釋
三毒難疏分科云善惡八難善論四難經疏
可了今之惡難經似列七約何云四蓋就三
障義有兼獨一兼三獨乃成四難何者六趣
險難三有險難及輕躁難此雖三難獨在報
障婬欲愚癡及三毒難獨屬煩惱近惡友難
獨屬業障若生死險難疏有兩解體兼業報
故三障惡義當四難然須了知惡是性惡是
故此惡即無生觀如此懺之頓消諸難二過
無下指善爲難二初明善惡俱能爲難二初
雙明二義二過無下依善釋文四初釋過無
難難二乘出宅到無畏處無難相顯故舉爲
例暫樂人天自謂無難皆當此難二釋修功
德難如一等者大論第八云迦葉佛時有兄
弟二人出家求道一人持戒誦經坐禪一人
廣求檀越修諸福業至釋迦佛出世一人生
長者家一人作大白象力能破賊長者子出
家學道得六通羅漢而以薄福乞食難得他
日持鉢入城乞食徧不能得到白象廐見王

供養象種種豐足諸此象言我之與汝俱有罪過象即感結三日不食守象人悕求覓道人見而問曰汝作何術令王白象病而不食答此象是我先身時弟共於迦葉佛時出家學道我但持戒誦經坐禪不行布施弟但廣求檀越作諸布施故飲食備具種種豐足我但行道不修布施故今雖得道乞食不得妙莊嚴王者法華疏云昔佛末法有四比丘於法華經極生殷重如甘露未霑於是結契入山修道居山日久衣粮殫罄一人云君三人但以命奉道莫慮朝中我捨身力誓給所須三人功圓事辦一人數涉人間偶逢王出愛彼光榮功德熏修報生人天常得爲王三人議云我免籠樊功由於王王既果報增長有爲方沉火坑宜早開化一人云此王著欲而復邪見若非愛鉤無由可拔一人爲端正婦二作聰明兒兒婦之言必當從順如宜設化果獲改邪婦即妙音菩薩也二子即藥王藥上也王即花德也三釋值好時難如劫初閻浮人壽八萬歲北洲壽定一千歲俱以壽長受樂不樂修道鬱單越此云勝勝餘三洲故四釋值佛亦難興起行經云多舌童女舞杅起腹至我前曰沙門何不自說家事乃說他事汝今自樂不知我苦耶汝先共我通使我有娠今當臨月事須酥油養於小兒盡當給我天帝化作一鼠入其衣裏嚙杅忽然落地是時地裂旃遮現身墮阿鼻獄涅槃迦葉品善星是佛菩薩時子出家之後受持解說十二部經壞欲界結獲得四禪而親近惡友退失四禪生惡邪見言無佛無法無有涅槃還見佛來生惡邪心入阿鼻獄調達是佛堂弟而自造三逆謂出佛身血破轉法輪僧殺阿羅漢教阿闍世殺父成就害母加行復以惡心十爪甲下藏於毒藥欲鳴佛足剌足害佛將往耆山出城地裂生入泥犂此等值佛而成大難然上三句體是漏善障修無漏故名爲難此句造逆似不類上以值三寶最名爲善逆故成難亦可例上於善障道二若讀下明平去二聲讀文二初明讀字通平二又依下據經屬去三從諸下明稱歎二初立意分文二種供養可對身意既不與言是故未淺三業不足是故未備今加口業顯而復具故成次第前雖自他修行修懺而能資益佛之壽命名供養門今雖稱歎佛之三身而能成就行人觀法名念佛門法雖互具從增勝故立二法門二標諸下隨文釋義三初標歎報應二修全理之事也法身一性全事之理也十方三世佛佛三身如此標章何所不攝我休止者既云法性一體三佛驗知他佛爲心性佛此依本覺起於始覺亦是三諦發於三智非此依止不成妙懺故圓初心名修佛行四眼入佛眼等大論文也十智與如實智總十一智十智與二乘共如實獨在佛十智者一法智二比智三他智四世智五苦智六集智七滅智八道智九盡智十無生智如物投等者石蜜至甘海水至鹹物投水會皆失本味體法即性無不妙也此之佛海寧不歸歎二就正下正歎二初分文二略歎下隨釋二初寄言歎二初略歎略況二初釋略歎二初金色相貌二初以他金比色閻浮金者此

是西域河名近閻浮樹其金出彼河中此河因樹立稱金由河得名二又佛下以照物顯光二然金下讚金色所以二初明是衆相所依二金有下明爲四德之譬二猶如下釋略況二廣歎廣況二初廣歎二初分文二從其下隨釋言讚應色意彰法報色相是表智證是裏雖分表裏旨是異體故新本中所明四德別屬三身謂法具常我應身具淨化身具樂分圓爲別融別爲圓故圓三身身身四德其得意者了今應四即法報四當以此意尋手經疏文四初歎我德二從善下歎淨德三從功下歎常德經巍巍著高大貌也玻瓈此云水玉也四從三下歎樂德潦音老行水也稽首者說文云下首也首頭也孔安國云稽首謂首至地二從如下廣況二初分文二佛功下隨釋二初廣況此之四句喻前四佛果大師釋之或喻應身有量無量或喻法報四諦四德玄文序中顯金光明佛不能喻良以三身三一自在是故四喻或別在一或總顯三此文正同前對四德海無增減故常地體

是淨山形高出如我虛空無礙故樂二合喻二從一下絶言歎二初分文二一切下隨釋二初正絶言二更牒下牒喻帖合問䟽釋寄言及以絶言皆離思說同耶異耶答四德祕密本離心緣今之稱歎爲令衆生入祕藏故故寄言絶言皆彰離念寄言用四喻於四德喻既莫數顯德忘緣絶言中四不可爲喻亦顯四德忘於緣慮大師深達經文妙旨故解二文皆絶思說也三從相下總結四從我下明發願二初立意分文如牛無御者譬牧豎也夫立願者若多若少皆須不失四弘之意而此四弘須依四諦願不依諦名爲狂願今就圓論依無作諦雖世出世二種因果皆了即性無苦可度無集可斷無道可修無滅可證如是則能徧度盡斷圓修妙證比前三教願未免狂銷今諸願若失此意非圓行人二隨文釋義二初正明發願二初自發願二初願果滿四初我以下願意輪滿大覺圓明故屬意業二講宣下願口輪滿三摧伏下願身輪滿除死天子多約於身煩惱屬意今從多

分四住壽下願慈悲滿非無緣慈住壽不爾二願因圓二初分文二釋義四初我當下願有爲功德滿六度成就此約真因破於六蔽從斷正論是智德故名有爲二斷諸下願無爲功德滿此約真位垂形九道調伏衆生任運不與惑苦相應是斷德故名無爲故海東法師云始覺斷障是實斷斷本覺斷障是不斷斷正與今家智斷二德其義齊也三我下願宿命念佛滿憶宿命故見過去佛亦憶諸佛所說正法四我因下願值佛滿因過去善見未來佛遠惡修善成智斷因二爲他發願二初分文二一切下釋義二初願作藥王拔苦二願作珠王與樂此能拔能與是無緣慈悲所拔所與須論十番所謂果報修因聲聞支佛四教菩薩方便實報今藥樹王拔

此十種行人之苦珠王合與十種人樂當以此意銷與拔文初自分四初總拔衆苦二若有下拔根缺苦三十方下拔病苦四若犯下拔王難苦次與樂二初分文二上文下隨釋三初與世間樂果經鼓吹古今注云短簫也

經優鉢羅此云黛色即青蓮華也常於三時者晝三時也二從願下與出世樂因二初分文二人緣下隨釋二初令修行外緣具二初值三寶二離八難二令修行內因具二初分文二人因下隨釋二初生尊貴二饒財寶五礙者一不作梵王二不作帝釋三不作輪王四不作魔王五不得作佛三從若下結成二初分文二釋經二初結自二結他二從若此下約願隨喜二初分文二釋經二初隨喜他二隨喜自五從若有下結成二初分文二釋經三初結成斷惡二諸善下結成生善三非於下結值佛多三釋讚歎品二初釋題二初約義通釋二初示四悉意二初列二釋四初世界思疑佛壽者即前經云作是思惟心生疑惑也一心信解者開悟也即經云信相聞是四佛宣說壽命深心信解也斯人者相信也本事者令之所爲皆由昔願令衆歡喜故屬世界二從下爲人三從滅下對治罪之尤者尤甚也以德勝恩重毀之罪甚口毀曰呰亦訶也四從所下第一義言諸佛極尊甚深

無量者圓初住去分以法性爲身體相妙覺盡以深廣法性爲身體相故起信論云諸佛如來皆是法身智相之身第一義諦離於施作令稱讚此令人入理二若欲下釋讚歎名二初分字釋義亦更互分別者以述德爲讚褒喻爲歎但使叙述褒稱義成對字無在二引論證成彼之稱揚可證褒喻也二此品下結示別顯二初約三業別顯雖具三業口業爲正故是別顯二結此下約四悉別顯四義指向能讚人等也此品下別顯也於四悉中正在生善對前懺品正滅惡故二釋文二初分文二隨釋二初長行二初釋對告人二初約對治釋瑞應云佛告魔王我積功累德今得作佛魔云積功累德誰爲證佛時以手指地云是知我是者謂指地神于時地神涌現爲證二又對下約爲人釋半空巳上皆是男天半空巳下皆是女天是鬼神報稱爲天者有天然力用故褒之以天召諸鬼神皆以天名不唯此也實智乃是善法之本今讚覺者生人實智宜告善女又別名堅牢宜證往事

稱理不壞云云之意也二釋金龍尊金光明法門所依法也金龍尊能契行也若法若行皆性一修二故金爲理能讚爲龍能益故尊斯以證理起用二修對於一性當體名爲金龍尊也二偈頌二初分文二隨釋三初讚三世佛五初總讚三初約事理明總三世十方心意識境名之爲事何有一事不從理現經云寂滅是涅槃義既稱微妙是大滅度則彰三德非縱非橫名祕密藏密藏圓徧無別世方世方宛然無非三德不以二相見諸佛土斯之謂歟以此總讚爲妙何極二總理下約二法明總法身者明性一也報應者明修二也全修在性合三爲法名總法身全性成修合三爲報合三爲應是故名爲總報應也一切三法莫不然耳又法身總三土以實報等皆寂光故報身總二土方便同居觀尊特故應身總同居淨穢兩處凡夫二乘見生身故分別則三身三土勝劣不濫融即則三身三土局徧相收以此讚佛佛德無遺矣三如是下約四德明總經云諸佛清淨尅果明德也

果中衆德更無不會舉一淨德必常樂我四
德圓妙舉一全收是故此四乃是三身之德
三身融故四德徧嚴是故三身無非四德總
此爲讃極佛體用也今此點示故注云云二
從色下別讃二初分文立義二初分文大相
謂三十二相小相謂八十種好皆稱海者若
大若小悉無有邊故皆是法界全體顯現故
一一相無非法海據其總讃諸佛清淨微妙
寂滅以總顯別一一相好皆秘密藏大師見
彼得意處故故釋相好皆立海名二所以下
立義二初明能讃智巧二夫下明所讃德深
二初歷教分別二據圓融即此之二意學者
應知括經論之幽文立教觀之深趣彰化迹
之不濫顯圓機之頓照何者以分別故從勝
別示以融即故觸境徧收得後後者必得前
前得前前者不得後後不知後故當分義成
能知前故跨節義顯若能了知眞中感應二
諦見佛則令二意收攝無遺矣二識者起信
論云佛用有二種一依分別事識凡夫二乘
心所見者說名應身以不知轉識現故見從

外來取色分齊不能盡知故二者依於業識
謂諸菩薩從初發意乃至菩薩究竟地心所
見者名爲報身身有無量色色有無量相相
有無量好所住依果亦復無量種種莊嚴隨
所示現即無有邊不可窮盡離分齊相隨其
所應常能住持不毀不失皆因諸波羅蜜無
漏行熏及不思議熏之所成就是受樂相說
名報身斯乃如來以法界用隨順衆生事
業二識現報應身應身是今生身報身是今
尊特及法性身依事識者但見應身不能觀
報以其淺不窮深故依業識者既觀報身
亦能見應以知眞如起二用故行者應知眞
如之用現佛身相大有三品一如華嚴談相
好數有十蓮華藏世界微塵二如觀無量壽
佛經明八萬四千相好光明三如此經及法
華般舟等說三十二相八十種好此三品相
既是眞如全體之用若多若少皆無邊際故
悉稱海無非尊特然有通局以藏塵八萬局
業識見其三十二通事識見名生名應若業
識見即無有邊不可窮盡離分齊相名爲尊

特屬於報身此如今經別所歎相在三十二
以金龍尊就佛四德微妙寂滅而爲總讃以
總顯別故三十二無非祕藏故一一相離於
分齊如空無邊常住不毀疏據此釋三身融
即正讃尊特若其不知龍尊總讃是依業識
見應即報豈三十二圓光一尋名尊特耶言
眞中感應者良以如來現應化身示住偏眞
說於生滅及無生法被藏通機現尊特身住
於中道宣說無量及無作法被別圓機故文
句云丈六身佛住眞諦丈六尊特合身佛雙
住眞中尊特身佛雙住俗中法身佛住中道
疏有六處明應化尊特皆約眞中感應而辨
如法華歎佛經文顯云三十二相八十種好
法身具故嚴法身故是尊特相是故判豁類
同華嚴一一相好與虛空等又云一一相皆
法界海一一好無非名海疏釋今文大相小
相皆稱爲海此大小相全異華嚴九十七名
一一皆與法界次第三十二相八十種好名
目無差又懺悔品讃佛三十二相八十種好
豈非尊特讃與今金鼓所讃優劣故知祇就

中道感應稱爲尊特非是加添相好之數方名尊特故華嚴中業報衆生等十種之身皆盧舍那舍那非報報非尊特耶失此意者勿議今宗也父母生身丈六身也三藏及通鈍根所感尊特即是他受用報通教利根及別所感法性是法身圓人所感此乃如來法界大用對三類機現三種身故能嚴相亦分三種三身力用優劣有殊不唯示果身相不同亦示行因三種差別以令見佛皆是曩世結緣機也如示迹因論四修相行六度等或示事修或即空修或次第修或圓頓修示修不等致令衆機結緣有異今日感見三身不同二三身下別釋二初釋三身相三初釋生身相林微尼此云解脫處舉手攀樹者即摩耶夫人攀無憂樹而太子自右脅而生也阿夷亦阿私陀此云無比仙人名也披開也太子既生三日遂裹以白氎王召仙人相之於是開氎相其形也相相炳明者謂三十二相皆明顯也決定成佛者即仙人奏王之語謂輪王雖有三十二相相不明了今觀太子相相

炳明決定作佛不爲輪王也悲不能聲者即仙人自嗟年老不見太子成佛故泣也無聲自出淚曰泣今云悲不能聲是泣也此是生身也者疏雖標云父母生身須解其意豈後二身全無父母今特云者彰藏通佛住偏眞也以偏眞理不具五陰故使佛身從正習造機緣若盡灰滅淪空永無示現故以父母顯其有生機盡歸空顯其有滅通雖幻有亦須求無依教分別相狀如是二如釋下釋尊特相巍巍高也堂堂明也言尊崇奇特者此別圓機所見身也常身常光者即凡夫二乘所見身也然高明身相應知兩意有須現起有不須現皆是如來鑑機進不中道之力於須現者即爲現之如梵網經云方坐蓮華臺華嚴藏塵相維摩所說身如須彌映于大海觀無量壽相好八萬身量無邊此等皆是現起尊特相也有不須現者但以力加令於劣身見無分齊作巍巍堂堂而解以不可思議而觀此如今經讚三十二爲尊特法性之身法華以三十二相莊嚴法身相相皆與虛空等

量此等機緣悉以業識而見以中智而觀劣即無邊色即智性故不須現起而稱尊特若不爾者龍尊所讚三十二相疏云融三正讚尊特如何和會學人於此當善了之三釋法性相此乃諸佛第一義諦智相之身凡夫二乘尚不知名豈能觀見若論極證等覺罔窮又復初地不知二地是故樹神哀泣雨淚請佛現身即此身也皆得名爲非下地見雅應度等者斯是大乘第一義悉檀機扣佛者乃以此身應之令見即前疏解一時之義一切種智與中諦一時也無身等者非質礙身是微妙身非差別相是智淨相一切智是萬行首故以爲頭第一義諦諸法中最故以爲髻八萬塵勞轉爲法門數多名髮大悲爲眼見苦即拔中道白毫不偏無染無漏爲鼻齅功德香十八空舌徧嘗理味不共爲齒四十數齊大論以十八不共法十力四無畏大慈大悲三念處等爲四十皆不與下地共故四弘爲肩荷負不息三三昧止散如腰束衣圖三三昧秖是三觀空即空觀無相即假觀不得

空相故無願即中觀於二邊不作願求故如來藏願含三千故權實智手徧拔衆生定慧等足究竟理地今第三身與餘處列不無少異如觀無量壽佛經疏云色相身義當生身及他受用同爲應身次法門身即今所列種種法門義當報身乃自受用也三實相身即以法門所嚴之理爲第三身今則合彼理智二身爲法性身開彼應身爲生身尊特互有開合三身不虧又復應知今法性身頭等法門即是龍尊所讚之相心即色故名前二身色即心故名爲法門但今歷數就分別門隨機所見前不見後是故後後從勝立名故使三身有優劣相又復尊特及法性身皆業識見以尊特相兼於別修故就身相高廣而示今法性佛即修明性故隱色相從法門說講

者學者宜在精詳二種相下釋三相業此從如來淨佛土時隨彼機緣示修不等故分三種初釋生身業雖通通教今且在藏以其通教是大乘門利人能見後二佛故今就三藏修行事度爲相好因言修百福成一相者論

存多解今明一種大千衆生遇緣當苑一一教之皆得壽命是爲一福此福至百方成一相此指伏惑事度所成令彼衆生効此修之今見生身二若以空下釋尊特業言空慧者良以體法即空之慧三教共修鈍根之者但能空有利人知空非但空有亦能空空今分別門論尊特業雖能雙空且在別教但中之慧導諸相業諸業不出前之六度以知中故非莊嚴莊嚴乃能莊嚴第一義體令彼衆生効此修種今見尊特無分齊身三若以實下釋法性業實相者中道理也全中實理爲能觀慧名實相慧實相即慧也非別有慧從其所照得實相名導成諸業者諸業豈離前之六度以圓修故一一即性故無非實相一攝一切故無非法界故散脂云安住一切法如性於一切法含受一切法如是修之絶三教之情名不思議業令彼衆生効此修之今見法佛同虛空相二三身下據圓融即三初正融即圓佛頓證三身三相亦能頓示三種修相若其圓機能於一念修三相業能於一身

見三身三相以了三身是祕藏故生身必具尊特法性尊特必具法性生身法性必具生身尊特見身既爾修業亦然如是方袪縱横一異之情想也常樂我淨微妙寂滅此義方成金龍尊王昔是圓人須修須見故於一身讚三身相欲彰三相是祕藏故寄言讚後絶言讚之欲令衆生圓見圓修故也二今經下明巧讚經之讚辭就三十二即示絶言乃顯能嚴即非莊嚴嚴第一體尊特身相豈不然乎亦可得云非生非法而生而法上兼法性下攝生身其意在此斯乃龍尊巧讚之意也三一一下明妙用三相三業據圓雖即被物成差歷教分之即融而別初安平相生身則表魔邪不動魔謂愛惑邪是見惑既住偏眞此二莫動若尊特佛雙住俗中即無量四諦故凡夫有二乘無此二莫動若法性佛唯住中道邪外三教一切二邊當處皆中何邊能動最後肉髻衆無見頂故以不檀而爲所表言法不檀者謂法爾也生身出離愛見一故法爾不檀凡夫之人尊特出離界內界外二

種塵沙法爾不禮藏通之聖法性身佛究竟圓中法爾不禮分證中道初後既爾中三十相論用可知然不禮凡聖兼因而說非專果也別有所出及注云云者指諸廣文解相好處也

金光明經文句記卷第三下

金光明經文句記卷第三下

校勘記

一　底本，明永樂北藏本。

一　五〇〇頁上一行「卷第三下」，南作「卷第七」。卷末卷次同。

一　五〇一頁上七行第五字「夢」，清作「受」。

一　五〇五頁上一六行「那舍」，南、徑、清作「那含」。

一　五〇五頁中末行「商賈」，南、徑作「商貢」。

一　五〇六頁中五行末字「常」，南、清作「當」。

一　五〇六頁中一八行第一五字「二」，南作「一」。

一　五〇九頁下七行第一六字「徧」，南、清作「偏」。

一　五一一頁下一九行第一六字「一」，南作「二」。

金光明經文句記卷第四上　　　　何三

宋　四　明　沙　門　知　禮　述

二依經釋義六初讚七大相海三十二爲大八十種好爲小一一相好皆是法界無邊無底故稱爲海謂初句是讚第十四金光微妙故云上色次一句讚第十五身光三一行讚二十八梵音深遠四一行讚小相中第七十九髮色青珠五一行讚二十二四十齒具足六一行讚二十九眼七一行讚二十七舌大薄覆面至髮際八一行讚三十一眉間白毫相此八段中一是小相七是大相二眉細下讚兩小相海初一行讚第三眉如月初次一行讚第二鼻高好孔不現脩揚者脩長也揚舉也即是眉高而長也面門口也三兩句徧讚大相海者既云次第最上即徧讚三十二也四得味下又讚四大相海初二句讚二十六咽中津液得味中上味二四句讚十三毛向上青色柔輭右旋三脩臂下四句讚第九立手摩膝相四圓光一尋下四句讚第十五身光面各一丈此言一尋是約佛說也手既摩膝即當面各一丈也此既常光驗知諸相皆是常相云讚尊特者故知不須身大相多但是業識依中理見即名尊特學者應知此丈六身若其量度即不得際若不度之所見如故如淨名室但是一丈而能容受百千人天又能容於三萬二千師子之座皆高八萬四千由旬其一丈量初無所改良以三脫不思議力使之然也今即常身歎尊特相義豈不然微妙寂滅斯言得矣經文除此四大相外或歎放光拔苦與樂行業之因功德之果悉如經文但須皆作十番並解其有二小相以文顯故疏不指定即面貌如月乃第四十一面淨如滿月也身無垢穢即十一身淨潔也五臂傭下二句又讚一小相海即第十四指長纖圓也傭丑凶切均也直也又音容六手足下二句復讚一大相海即第四手足柔輭勝餘身分三十二相八十種好具如法界次第龍尊智巧雖略而周三從去下徧類讚三世塵數而言一者過去不滅未來不生現在不住法身平等報應無差一不離多多即是一生佛尚即佛佛豈殊是故讚一類於一切此文復是讚尊特身何者如前疏云若見四佛同尊特身一身一智慧即是常身弟子衆一故若四佛不同即是應化弟子衆多故知秖就一身一智及常住義是尊特相不必須論現起大身也文殊問般若者問字誤也應作說字今家依二經明常坐三昧一文殊說般若二文殊問菩提今所引文是說般若文也四從設下絕言讚二初分文二而有下隨釋二初絕言今兼例絕心三番者仍就分別門三身優劣不離分別有融即義學者應知五從下迴向一迴事向理即實際二迴自向他即衆生際三迴因向果即菩提際今闕實際菩提兼之謂無上道本性無上故也二從如下發來世願二初分文立意來在不久者即下授記品十千天子從忉利天來者是也二隨經釋義二初佛述二若我下龍尊發來願五初夜夢訖說願二我當下爲他取淨土願不修六度不拔衆生土無由淨當知四修及拔四相今於當世見我三身三奉貢下

同末記荊願以鼓必具圓空鳴義今請忝奉一體三身名爲金鼓讚佛因緣以此因緣趣向果地名爲奉貢不論事相金鼓形也四若有下下化願五我未下上求願此之二願皆明滅惡生善二益在文可見三從信下結會二世事釋空品二初釋題二初正釋題二初約四教詮空示所言空者破相爲義故一代教四空不同若不辨之迷名昧理此自分二初約部列四二初正判四空滅色入空者三藏教也且寄色言諸法皆滅謂析破見愛陰乃不生既詮實有滅方入空也即色是空者通教也體手因果非四性生既詮幻有故即色是空也滅邊入空者別教也中道爲空不唯空有亦乃空空然不知中具於空有是故次第滅二邊已方入中空也即邊是空者圓教也中道具德何邊不中唯假唯空三皆絶待頓破諸相名即邊空二此經下約部須四判教屬通三乘同懺前攝三藏後通別圓導成之空合論四種故四空慧不得不明二而今下定品唯圓二初直示唯圓二初就理示

攝機用四此乃通塗品在圓空斯爲的旨是故中空即邊而示二何故下引文示諸部般若廣示衍中三教空慧復以三藏爲助道觀斯爲聞持利根之者廣談空相此空慧機義持雖利聞持根鈍故不廣談四種空相唯說即邊一中空慧二又空下略示圓相中交空名意彰蕩相凡夫執有塊然質礙二乘證無灰滅歸寂中觀絶念空此兩邊令畢竟淨約次不次分於別圓今不次也二直作下約六句對中簡二初明用句意若直說空是中道義能空二邊其如邪小及以別教皆說雙非空於有無故迷名者謂與今同何能超悟邊即中空又復恐謂若是圓實合談中道那但名空空雖離有豈此中道雙離二邊爲防此計故作相破相修相即三雙六句而對辨之若諸法相名相濫者無此六句莫辨異同二空破下正用句簡二初列六句雙非是中沒於中名存雙非者以中道名邪小稀立若雙非名處處皆有故特用之對今圓空辨於同異又外道二乘別教空句及雙非句體是思

議可破壞法圓教雙非及空若立諸義皆滅是以圓二互破諸二又復諸二互修圓二則二酥中外道菩薩入圓者是二乘初心亦有修義此之兩雙諸二對圓優劣有異第三一雙屬圓當教名別體同是故相即不言修破二空破下釋句相三初釋相破句二初空破中二初略示以理定詮不遭名惑豈關雙非便是實理蓋能了知凡邪雙非體是見惑二乘雙非但證偏真別教雙非既存教道未與三融圓空若立前諸雙非須皆銷殞故云破也二凡邪下廣釋三初破凡邪雙非二初泛示見相二初正示複四者複由重也謂於一句更計有無即執有是有執有是無乃至雙非是有雙非是無具足之見其計轉巧故於句句皆生四計二雖單下結過三種四句雖轉巧細以執一爲實餘皆妄語見愛尤盛業苦無涯浩然如海二雖計下正破第四二初示所破邪計雙非是惑不入真中實是虛妄二故爲下明能破圓空二破二乘雙非二初泛明證相二初明證相二乘雙非雖非中實

而離斷常諦於眞理未至寶渚已到化城寧
不安隱梵行等者無學四智四中但闕我生
已盡以滅度等當之乃是由保此故不求徧
知二示四門阿毗曇此云無比法詮有門觀
法拘鄰五人千二百羅漢皆此門入成實論
詮空門觀法須菩提此門入昆勒此云篋藏
彼論詮於雙亦觀法故大論云若不得般若
波羅蜜多入阿毗曇則墮有中若入空門則
墮無中若入昆勒則墮有無中那陀等者釋
論明佛垂滅阿難問車匿佛答云惡性車匿
吾涅槃後心漸調伏當爲說陀那迦旃延經
即雙非門也四門觀法假人本無四門不異
而其實法四相不同有門則念念生滅空門
則三假浮虛雙亦門則有無從容雙非門則
有無俱遣隨依一觀可以發眞三藏四門其
意略爾二離斷下正示破中二初示所破假
名中中道之名大略有二一離斷常稱爲中
道有名無體屬前二教二者佛性稱爲中道
此有實體屬後二教今論雙非斷常二見得
中道名其實全非妙色妙心故無中體故情

想不忘保偏取證此以沙礫謂瑠璃珠也二
故爲下示能破畢竟空斯乃今品即邊之空
若發此空假名中壞是爲空破非有非無三
破別教雙非門三初示迷門起失二初舉意
明失二初舉意別人望圓其根名鈍非四說
四名爲權巧筏喻者四門意在入理藉筏意
在度川若執門起諍如擔筏馳道故筏喻經
云法尚應捨何況非法二不得下明失失於
融攝是一非三二涅槃下示四門相亦色非
色雙亦門也非色非非色雙非門也二若各
下明失故須破此之執諍非即邊空無由可
破三新本下引證示失相經談初地被於地
前悉有四門者經云初地菩薩欲行有相道
即有門於無相法多用功力即空門一意欲
入涅槃一意欲入生死即兩亦門微妙秘密
之藏修行未足即雙非門大經下明今之得
顯前之失前屬別門執諍邪見非是外道邪
見也二非有下明中破空二明相修句二初
明諸空修圓中凡邪空見二乘空證別教空
門既隨二邊若聞圓中皆須即邊而觀中道

二諸雙非修圓空若邪小及別教門雖曰雙
非皆成取相皆須修於三諦俱空名畢竟空
由諸雙非及諸空句非究竟道是九界法是
故皆須修於圓教空中妙觀歸秘密藏三釋
相即句雖諸經論說空說中名相多少中若
即邊空蕩三諦此則圓教一體異名是相即
義不須相破及互修也二初明圓教空中不
二二初直示不二二引般若結實相觀照文
字三種般若即三而一故是一法即一而三
立名何極得此意者一切異名無不相即二
而不下明今品略說名空文約義豐空無不
盡以被義持根利之者故以略名而標品目
二此品下明來意二初導成上品二初正示
二初導二用若其不了即邊是空讖非無生
破惡不盡讃非稱性生善不深善不深故豈
成智德惡不盡故豈成斷德鈍根之者於前
未悟故於今品圓談空慧導前懺歎今成二
用二亦是下成三章懺歎是用如向說之導
成宗者萬行之因以無所得方證三身非究
竟空豈無所得是故圓空導於萬行成果德

宗導成體者深廣法性徧一切法二種我故
生死浩然今以二空導一切法顯成經體二
故釋下引證論明一切以體宗用攝無不盡
二又常下開悟鈍根圓空具德一切清淨故
談常宗及顯性體讖歎二用皆是究竟清淨
之法豈有一句暫離圓空如云一切衆生皆
是般若即此意也利根聞上已解空義今為
鈍根未解之者特論生法境觀皆空併成上
義二釋文二初分文二隨釋二初釋欲說空
二初釋八初釋餘經廣說二初總示相顯意
二若指下別明指前義二初約部次相違問
大經云從生酥出熟酥譬從方等出摩訶般
若故知般若在方等後此經既屬方等豈得
指般若為已說耶二約後分至終答二初正
答通二初引教答通二初總立意以此經是
方等後分故信相聞佛入滅唯三月在所以
懷疑故指般若名為已說二且舉下引三經
三初引阿含二初正引前佛而去者七日前
入滅也均頭沙彌是身子弟子二此下結示
二引方等即方等陀羅尼經先於靈山雅法

華授聲聞佛記二豈非下結示三引大品二
初正引二當知下結示二以此下詳定結斥
二此經下示非妨二釋略而解說二初示教
門名義廣略二初示二門二應作下明四句
二初直示三句十八空等者空體唯一徧蕩
諸境隨境立名如火是一隨所燒物乃有異
名名下之義不得不異是故因亡內法乃名
內空因亡外法乃名外空亡十八境名十八
空二十空二十四空亦復如是故名義俱廣
立一空名唯詮泯蕩故名義俱略若法性等
立名衆多但詮本性之義耳二委示第四二
初標示二迄從下證釋秖立二空是名略也
此名召義徧乎十界從凡至佛皆有衆生及
五陰故問位至聲聞生法已空因何釋論至
佛猶有衆生及法豈獨不無又稱無上其義
何耶答小乘談空終歸灰斷故入無餘生法
永絕大乘談空其體常住又非獨一覺性常
住須知生法一切皆常故生法未空則凡部
微劣生法若空則高勝廣大是以極果生法
無上斯乃空之究竟也故荊谿云三千果成

咸稱常樂三千關何生法依報耶二今言下
明今品名略義廣三釋衆生根鈍二初定廣
略利鈍二初約聞持立宜廣為利宜略為鈍
二此語下約義持翻身子初遇阿鞞說偈詮
三諦義謂苦集滅令速證故不言道諦身子
一聞即悟初果及其轉為目連說之再聞方
悟一說是略再說是廣豈非義持略利廣鈍
耶二此經下示今機利鈍二初明經意自就
不能廣持詮空名數故曰鈍根二示今機若
論義持聞略能悟乃稱根利無見經云衆生
根鈍便謂今機不能悟於無量空義尠於智
慧亦約聞持智也此同起信論說尋於廣論
文多為煩但樂少文而攝多義者故造此論
又末為諸佛甚深廣大義我已隨順總持說
此品略說無量空義同彼總持說深廣義也
四釋無量空義二初約真中揀偏真斷滅不
具色心是有量空義中道具足妙色妙心出
生不竭融攝無遺是無量空義二就此經示
既談法性性則不改此乃常德實相者中實
之相此品云求於如來真實法身新本云法

身是常是實實是我德自在何窮既具常我豈虧樂淨四德彌彰無量空義也五釋異妙方便六釋起大悲心七釋令我演說八釋知衆生意皆可見耳二正說空二初分文立意二初分文二立意二初直示無境等者生法之境皆妙三諦故曰二空境生法之觀皆妙三觀故曰二空觀妙境發觀其觀方正妙觀照境其境方顯具明境觀令正令顯二引證十番檢境智者境謂十境智謂十乘言十境者一陰入境二煩惱境三病患境四業相境五魔事境六禪定境七諸見境八增上慢境九二乘境十菩薩境陰乃現前九則待發若現若發一一境界皆須修於十乘觀智言十乘者一觀不思議境二依境發菩提心三巧安止觀四破法徧五識通塞六調道品七對治助開八知次位九安忍十無法愛此十都爲十種境絕於思議是故五品得觀行絕十信乃得相似論絕四十一位分證論絕妙覺乃能究論絕也下文即是散脂自說名容之義乃名境智俱不思議新本言法即是境也

如者不異也皆重言者蓋以境智本來不異以情異故令復不異故東陽大士云一是本性如二是滅結如智不異境故曰如如法境不異智故曰如如智斯皆明於不思議意也二明空下隨文釋義二初明空境二初分文立意二初分文二立意五初直示二相言實法者對下假想淨爲不淨乃是事觀令於五陰及以假人皆直觀理故名實法身雖下出假想義二亦名下示二異名行行者慧行之上加修事行故名行行助道者以不淨想破事中貪資於正觀破障理惑故名助道三小乘下明大小皆修二初明小三種解脫不言無疑解脫以俱脫人達內外典籍得無疑名令論正助故且明二二明大薩婆若大論翻一切智遊戲神通以於三界得自在故名遊戲以修得通多於九想背捨等起故以假想爲助道也法華大車具度白牛名爲正道儐從爲助涅槃正慧遠離十相即色聲香味觸生住壞男相女相能離深故所離非輕又諦下明助道也想白骨等觀等事禪即用三觀

於事禪境破三惑障顯出我性成王三昧正助合修名爲達禪見禪法界也四衆經下明經論有廣略五明令品二義即俱略也二實法下隨釋二初明實法境二初分文二隨釋二初明苦果境三初生空境二初釋是身虛僞二初體妄計故虛二初計攬陰有身攬陰成身者五陰和合假名爲身如攬五指故有拳名凡夫不了執此假名而爲我等廣有十六一我二衆生三壽者四命者五生者六養者七衆數八人九作者十使作者十一起者十二使起者十三受者十四使受者十五知者十六見者令略云五我者於陰等法中若即若離計我我所之實人者於陰中妄計我人衆生者則於陰五衆妄計我生壽者則陰等法中妄計我受一期報壽命者則於陰等法中妄計我命根連持不斷以執此故計有我身名身見得起二若體下體本虛亘得妄執有生生實不生故生名虛僞既本不生故見身寂滅亘猶不可也二又檢下檢原由了僞二初正檢二初檢假名由一念妄想者謂

男託胎時見母爲所取境見父是所競境於母起貪於父起瞋父流謂是巳有乘兹妄念故得託胎女人反是委如大經假名始者男女之名由此妄想而爲始也二此赤下撿實法由二初五陰赤白即遺體也三性者謂善惡無記也二又精下六大五陰六大是所依實法原由若是二觀此下結示身是幻質名是假名既由妄想及從精血以驗所成身名虛偽二釋猶如空聚無明業力業即是行乃無明緣行也或初作業時或託胎時如向所明男女之識於父母起貪瞋以父母流謂是巳有乘兹妄念故得託胎體即遺體謂赤白也二從六下體法空境二初立意分文二初立意二分文二隨釋三初釋六入四初釋六入三初釋二名二撿其下撿三事命煖識者大集云歌羅邏時即有三事出入息者名爲壽命不臭不爛名之爲煖即是業持火大故地水等色不臭爛也此中心意名之爲識即是刹那覺知心也三法和合從生至長無增無減七日一變者謂在胎也一七名 雜穢狀如

凝酥二七名疱狀如瘡疱三七日 名凝結狀如就血四七名凝厚漸堅硬故五七名形位四支差別故六七名毛髮爪齒位七七名具根位五根圓滿故今云五疱即形位也三結成下明六數五根并前識是意根則六根具足二識依下釋村落三塵從下釋結賊所止由塵起結能害慧命故云結賊四眼見下釋不相知伺候也二從眼下釋十二入四初約開辨數開色爲十者五根五塵也少分者法入攝二種法一者心法除心王但取相應諸心數也二者非心法即過去未來色法及心不相應諸行及三無爲法也今云少分即非心法中過未色也開心爲二者謂意入也及法入也然於法入亦秖少分謂於法入二種中但攝心法耳今云二者且舉全數二塵入下明通別名三當一下釋各各自緣四他根下釋不行他緣三從心下釋十八界二初辨數釋名二隨文釋義三初明識徧諸根追緣過去預念未來馳騁猶奔走也如人下舉例也端坐一室而心思天下愛染塵緣名曰坐

馳自非妙空莫息馳想以愚下釋六賊所害也如大經者德王品云譬如有王以四毒蛇盛之一篋令人瞻養若令一蛇生瞋恚我當準法戮之都市其人怖畏捨篋逃走王時復遣五旃陀羅拔刀隨後一人藏刀詐爲親善其人不信投一聚落欲自隱匿既入聚中不見人物即便坐地聞空中聲云今夜當有六大賊來其人恐怖復捨而去路值一河其水漂急即取草木爲筏截流而去既達彼岸安隱無患菩薩亦爾聞涅槃經觀身如篋四大如蛇五旃陀羅即是五陰詐親即貪愛空聚即六入六賊即外六塵河即煩惱筏即道品到於常樂涅槃彼岸二心常下明識常在根塵即對即覺者對塵便覺也引釋論證即覺義既云心欲聞則知識在根經隨行平聲三心處下明識常去還乍出乍入者對塵故乍出不對即乍入出入間關者應法師云謂出入也亦設置之貌莊子云小智間間隔礙也啄一捨一者捨一網目復啄一網目隔礙難出得論常在者以塵對即覺故三從身下結

二境二初標示二身空下牒釋二初釋初二句結生空境長養即十六中養育見也妄計我能養育於他又是計我爲父母養育二亦無下釋後二句結法空境二初超釋無主二初別檢心主必能制及得自在既爲他惱二義不成知心非主二或時下互推主四微色香味觸也大論云地有色香味觸重故自無所作水少香故動作勝地火少香味故勢勝於水風少色香味故動作勝火心無等者心望四大以不藉微勝故爲主若論被惱復不成主二追釋無諍因緣和合雖成諸法本無思念有何諍訟皆由情計故四大如蛇六塵如賊若觀本空則諸法寂爾有誰諍訟故以無諍結法空境二從諸下明集因境二初分文對辨二初分文二前三下對辨二初對假想辨前三者即此集境自立三科謂集起相等是慧行正觀之境後一即假想是行行助道觀境此九行經文既相連又俱言四大似難分別故以前三對於後一而論正助以區別之又前一者即以集境三中初一對後假想而論生滅以前一云從諸因緣和合而有及云地水火風合集成立後一乃云水火風種散滅壞時豈非四大生滅相耶而言生滅皆從無明者彰此生滅不離迷妄也故前生云妄想故起至後滅云散滅壞時此乃死支合云憂悲苦惱斯是無明之果復是無明之因故論云老死有果所謂無明無明有因乃指老死是故生滅皆從無明二若直下對小乘辨如上所論無明生滅何教不然若欲了知須論小衍小明四大實從無明生實從無明滅衍明四大而有三教通教四大體本自空故本不生滅由無明故見有生滅如幻之生如幻之滅別教四大體是佛性由無明故四大生滅性無生滅相有生滅圓教四大體亦佛性而性本具九界四大故九四大若生若滅皆是法界是故性相俱不生滅乃不思議論生滅也故法華明世間相常其義既爾則衍三教皆得明於本不生而生本不滅而滅生滅不二而二今非通別的就圓論二從諸下隨文釋義三初明集起相二初通約生法釋三初揀苦從集苦是世間果集是世間因此之因果皆因緣生今之所辨雖然涉苦果其意乃明集之因緣二前三下分句對義三小乘下破小因緣二初敘小俱舍云極微微金水兔羊牛隙塵等小乘有門謂極微始有十方分故不破鄰虛以此爲因緣也二今明下斥非細塵亦盡者鄰虛亦破二塵既破因緣不成二言因下別約生法釋二初假名因緣三初釋從諸因緣此中宜用起信論說無明爲因生三細境界爲緣生六麤方盡疏意言三細者業相轉相現相即根本不覺熏習眞如生三種相故云無明內感爲因也言六麤者謂智相相續相執取相計名字相起業相業繫苦相即枝末不覺於外境界起智相等生法二執名爲染愛於外觸處滌著以二不覺熏二執心成起業相故云無明潤愛集業得起忽都不辨迷一法界爲無明內感等者豈能顯今中道空慧耶二以業下釋和合而有以業起者即起業相也則有下即業繫苦相也此云苦果即是攬陰成假名人也

三此一下釋無有堅實由無明愛者二不覺爲因即能生心也一念託胎是不覺果名所生心計此因果名爲本末既皆不覺豈是眞實故云都虛無堅實也二妄想下實法因緣亦是妄想一念託胎與前不異但前成於假

人今則成於實法假實和合成一報身修二空故破於二執故分二境機關主者如機關木偶假人轉動主即弄機關人也故以業因喻所弄木偶以陰果喻之色陰如木偶形質故云機關具三陰如木偶動作去來識陰如看人故云以自娛樂也二隨時下明集相呑噬二初因果對釋四初釋增減殘害豈約十時者大經云一歌羅邏時異二阿浮陀時異三閉手時異四皰時異五初生時異六嬰孩時異七童子時異八年少時異九壯盛時異十老死時異又念念生滅雖在於心須知四大亦隨增減又新諸根謂生時故諸根死時又飲食資益血肉爲新目淚耳聹等爲故二譬如下釋四蛇同篋二初明四蛇二初約蛇報明四相蛇有力斂羸絶等報可譬身有生

老病死增減四相二如此下約蛇因明四分四分煩惱皆有毒害即是蛇因此因能感四大四相二初別示四分感報二初明生四大二瑞應下明致四相經出三相疏以等分例致生相二總結集業致苦上釋四蛇雖言苦

報意明集因緣故總結云集業相噬令大增損推功歸集是經正意二明同篋二初約身爲篋螫知列切又音釋音郝謂行毒也經舉四蛇以喻四大意彰四分有毒害義一分具足二萬一千四分共具八萬四千無量劫來

法身慧命喪壞由此大經所明身持四大大不起集蛇無毒義如鳥在籠者次文再舉疏粗釋之故注云云二又用下約業爲篋宿業尚存故四大未散重舉籠鳥以明業篋須知令疏舉業持大意顯集因故云心鳥鳥喻四分外馳六塵常求生死非安法身若人念念思破戒事乃求地獄求滅五分宿人業謝泥犂長往三釋其性各異二初約一身釋性別等者雖云四大和合成身大性既異那可合成此顯成中當處即壞妄情不了於壞執成

係著生集四大對四方者顯內四大有四方性四方升降驗大相違對時對維其意皆爾良由內體與外時方其性本一故依正色心感召義成是故今經特以四大明乎集業也二或言下約六根釋以其六根俱是四大造色故也四釋悉滅無餘比至必利切及也見人死滅四大分散便謂息風煖氣已歸於上骨肉血汗必歸於下及至推尋都無去處以本不來故若有來去非今教境二苦果下結由集業經舉四大升沈尤甚正明集境善惡殊塗以其四大不獨是惡亦通漏善也三明集善惡境三初釋心識學斯宗者要知境觀若論觀者須明三識謂第九菴摩羅是不動識當正因佛性可爲中觀第八阿剌耶是無記無明識無明之性即了因佛性可爲空觀

第七阿陀那是分別識是惑性故當緣因佛性可爲假觀此之三識既與三德無二無別是祕密藏何法不收何處不徧修圓觀者必能了知一心一塵無非三識即是所顯妙理復是能觀妙觀若論境者唯尚近要秖以第

六見思之識而爲境界知妙三識未始暫離一見一思故即此心爲妙三觀顯妙三諦雖唯一識未嘗不用三識爲觀未嘗不以三識爲境若謂今宗不明三識但於第六顯三諦理今之釋題及彼妙玄示其三識爲妙三法將何用耶於一識心以何而爲三諦三觀故無通見難議圓宗今明集境故引論文通小之說但於第六辨心意識一法三能立三名字對數名心者對通大地等一切數故名曰心王也能生名意者意是依義依之能起一切因果以具三性故也分別名識者以能了別所緣之境故名識也又言下雖祇一識約三時異而立三名不同前釋祇約一時有對數能生分別之義也前是横釋此乃豎釋初起極微次起漸著後起彌顯豈非豎耶二釋二性夫性有二義一眞理不變名性二隨緣染習名性此言性異約染習性也此之二性徧心意識一一皆二也三釋躁動二初正釋躁動二初約王數釋二又如下約業牽釋二初明業牽二明兩牽二亦是下倒釋隨業即當四句也若了兩牽即知受報二水火下明假想境二初正釋相二初釋散滅壞時二釋大小不淨能破欲情令正觀立故名助道

金光明經文句記卷第四上

金光明經文句記卷第四上

校勘記

一　底本，明永樂北藏本。

一　五一三頁上一行「卷第四上」，南作「卷第五」。卷末卷次同。

一　五一三頁中一三行首字「一」，南無。

一　五一五頁下一九行末字「究」，南作「畢」。

一　五一六頁中一一行末字「二」，經作「三」。

一　五一九頁中二行首字「及」，清作「反」。

一　五一九頁下五行第三字「木」，清作「水」。

金光明經文句記卷第四下　何四

宋四明沙門知禮述

二若正下明功能二初明破欲助正二初略示二廣示三初引釋論明助正三解脫者謂空無相無作從三證果名解脫門解脫涅槃二名一體道品是開門法者小乘則以十六行觀爲三脫門今品則以即空假中爲三脫門欲此門開須以道品調試修之如以念處四種修於即空假中正勤四種乃至八正調試修之亦復如是小乘三脫七科調試其義亦然俱以道品爲開門法九想者一脹想二壞想三血塗漫四膿爛五青瘀六噉七散八骨九燒若約小乘有二種人一壞法人但求斷苦即至燒想成慧解脫人二不壞法人來住骨想不進燒想得有流光等功德具足成俱解脫人今明菩薩見禪實相名修達禪求異於小大小雖異俱以不淨助開三解脫於助開中不淨九想破欲先鋒故名初門二示進修明力大初修不淨進入八背及大不淨所言大者但觀自他正報名小不淨即九想觀若兼觀依報名大不淨所謂舍如丘墓錢如死蛇衣如屎汁飯如白蟲衣如臭皮山如肉聚池如膿河園林如枯骨江海如汪穢名大不淨亦名大背捨背謂背是淨潔五欲捨謂捨是著心三引大經顯治欲　禪得解觀對治力强速發無漏二此不下明二空助正三初據義總示二引經別示八色流光者謂地水火風青黃赤白八種色也法界次第云見地色如黃白淨潔之地見水色如深淵澄清之水見火色如無烟清淨之火見風色如無塵迴淨之風見青色如金精山見黃色如薝蔔花見赤色如春朝霞見白色如珂貝雪三此就下結成助正爲治欲故修於事禪而以二空正觀了達不淨境是法界故於骨於光不見假人及以實法此正助合而修之方是大乘助開之法二明生法二空觀二初分文立義二初分文二立義三初明諦緣本大二初明通大四初約專小問今說圓空那得却用聲聞四諦支佛因緣二約通大答佛說諦緣通被大小二乘菩薩通四教故如世大道羣小同遊不定屬小三重問即通意云何四字也四涅槃下廣釋二初明四諦通義昔等者佛與三乘昔在凡時不見四種四諦眞理故又流轉分段生死偈文未畢今具引之故注云云凡夫有苦無諦者雖遭大苦不以爲愚以不審諦知是苦故聲聞有苦有苦諦此當三藏不了無生故云有苦能審知故名有苦諦菩薩等者通等三教俱達如幻俱能解苦當處無苦而有眞諦者章安疏云眞是眞實故知即是次第不次第二種眞實也諸佛等者佛果圓極究竟實也是知四教智雖淺深皆依四諦所以下更引勝鬘兩種四諦釋成前意二乘有量者藏通不知如來藏故所觀四諦終成有量別圓菩薩了藏性故所觀四諦皆無限量而兼有量者深必知淺故別人次第觀量無量圓人一念觀四四諦二大經下明因緣通四智皆觀十二因緣智淺深故得菩提道四種高下彼經四智意彰四教故知因緣不局在小二復有下明唯大二初明獨菩薩法二初引經儒童者儒仁也謂仁

賢童子也習應者謂修習與空相應也四諦
因緣各舉初後並略中間故俱云乃至諦緣
既是法忍菩薩相應之法驗知理深二乘不
及彼通衍三今取圓教諦緣相應成今空慧
二當知下結示二明二乘見淺三初明聲聞
若望因緣乃以七支總爲一苦仍以五支總
爲一集又復苦集不分過未總是現在以根
鈍故法相總略二明支佛開聲聞總成別相
現在五者謂識名色六入觸受未來二者謂
生老死別相苦也過去二者謂無明行現在
三者謂愛取有別相集也又開三世不唯現
在故云略果及略因由中可比三是則三世
皆有十二以福資智故能別觀三雖復下斥
淺二初正斥二乘所修三學不爲衆生不成
佛法是故名爲自調自度大論云二乘戒名
自調定名自度慧名自淨緣覺雖有少分慈
悲不能廣益故同名自二與菩薩下對彰菩
薩未分權實但是菩薩俱異二乘二今舉下
明析體有殊二初約共三乘明析觀二約不
共菩薩明體觀諸文所明實有滅空爲析幻

有即空名體今明幻有即中爲體乃以實滅
及以幻空俱名爲析以其未達諸法實體體
義不成由謂諸法終歸無常秖是析義今明
諸法一一常住既見法實名爲妙體初義分
二初別釋二初約二乘明觀二初生空觀二
初舉譬推二我人下就法撿各推無故合之
亦無以聚虛空不成色故即陰下更於即離
撿今叵得二雖求下法空觀二初明法存牒
前譬顯人亡法存二更須下用觀析二初正
明推法空正撿法空先析色陰次前合下析
四陰無想受略於行識二既不下雙結二空
智雖空境智須自亡是故境智俱云不得二
通菩薩下以菩薩例結前論析觀乃三藏法
以對今品體觀屬圓故以通教鈍根菩薩不
能體中亦屬析觀故云通菩薩亦然二是爲
下總結言自行爲他異者以通教菩薩對兩
二乘分別二行也二約不共菩薩明體觀三
初總示異前言別菩薩者非是別教乃是圓
人異偏小故稱爲別也故云永異二如見下
深明觀相四初明妙空體法二初立喻顯然

鏡像喻文乍濫通須知圓意通但六界而爲
鏡像別圓十界而爲鏡像別雖十界九是修
成修成不實故如鏡像圓知十界性德本具
以本具故奪修無功故如鏡像不二門云幻
因既滿鏡像果圓如此解之故云懸體體秖
是解鏡內鏡外者解因緣所成即鏡內拳指
不實亦解能成因緣即鏡外拳指不實二衆
生下就法觀二初生法雙空二初明觀若假
若實皆本不生空則俱空二如大下引證我
是假人色是實法二性俱空人法不異是故
名如二今世下因果俱寂二初明觀五果既
是因緣所生可合鏡內拳指不實二因既是
能生因緣可合鏡外拳指不實二下文下引
證假實當體即空假中名本性空寂無始強
執謂假實生名無明故有既了因寂果那不
寂二雖不二下示妙三諦智即空假中而爲
空觀以即空故不得六界生法以即假故不
得二乘生法以即中故不得菩薩佛生法蕩
十界惑是故境智俱名不得而能審諦十界
生法故二境二智皆名了了通達境是妙俗

以無相故故無所染智是妙空以無緣故故無所淨非染非淨稱本離念故雙亡二邊正入中道任運雙照三結三諦圓顯三德三諦即念開明舉一即三體非次第顯無前後無覺而覺稱爲大覺四與此下與經體相應佛

示二空顯法性體不照三諦豈稱法性無量甚深故知本解與性相應此性名爲金剛寶藏若偏照之德非具足三是爲下約人結示故知今體非獨是體空須體二諦方得名爲別體三諦小下斥諸師失意三初正斥失二

初斥小乘師毗曇有門說存鄰虛成實空門說破鄰虛若存若破皆爲析滅見愛二惑弘者失意各生定計起見起思故屬斷常同彼外人全非正析二斥大乘師般若等經談一切法如幻即空此空畢竟三諦宛然諸師罔窮作但空解不即假故不能遊戲神通不即中故不能解釋佛之知見非佛知故不得三智一心非佛見故不能五眼具足雖依大教理齊小乘於小乘中同壞法人進修燒想壞滅骨人既其不修觀練熏修無由成就三明

六通三明者天眼宿命漏盡也更加天耳他心身如意則成六通願智頂禪以超越禪最高上故故名爲頂願欲知三世事隨願則知故名願智頂也二引經示首即經初軸即經末如來法身謂果上法身智斷必具今用二空當念求之無上涅槃體具三德皆與無量甚深法性無二無別故首軸所詮窮深極廣三豈可下結不用世人邪見即是癡空外道斷見也小乘之析雖是正教以無般若方便故墮斷常中大乘之體法雖圓備諸師但作

偏空之體同彼小乘慧解脫觀安能解此即邊之空耶二善女下依義釋文二初明修因二空觀二初約苦集明二空觀二初生空三初分文二釋義三初對告勸發二初釋善女二初約四悉釋四初世界二又時下爲人三又男下對治四又佛下第一義二此是下結成因緣二釋當觀二諸法下指上境二初釋諸法名目雖略者秖云諸法則能攝上所說諸境無不徧也二釋如是二初標列三義正明總觀者下二空觀歷諦緣境別別明修空

假中觀此之三觀盡稱諦境今一如是總示三觀如是三觀如三諦是有三義者列於三法即當三觀所如之義也二如事下指釋三義二初指釋謂指經文中上下釋三法相假想指上餘二指下上下皆是不思議境故皆指爲所如之法二又事下融即初乃俗即真中次乃中即真俗後乃真即俗中以妙三德爲三諦故所以此三不一不異如是之言是故得名爲正明總觀也以亦一異爲諸法既以不一不異爲能觀觀乃以亦一亦異爲所觀境境觀不二卷舒無妨三何處下正作觀二初通釋四句三初約初二句明空觀二初釋初句二初就五陰觀言點出者已用如是總示三觀今以四句明示三觀故皆言點出今檢無人義當理觀二又果下就因果觀二

人既下例次句二本性下約第三句明中觀不以本性爲能觀者非中觀也即一切法非理非事名爲本性非別有也故法華云諸法從本來常自寂滅相般若讚云平等眞法界佛不度衆生以本無無明豈有衆　生本無空

慧豈有於佛既無生佛何度之有非破非立雙非亦忘名本空寂三無明下約第四句明假觀二初由迷俱立二初正釋二初直約事理釋諸法雖即本性空寂由具性染故起事染由破事染故立空慧欲忘染淨故立即中此之藥病悉由無明二以有下委就迷悟釋生法是果成由惑業故云以有無明等也既有下欲空生法須論三觀助事觀者助道事想觀也即不淨流溢等是所助正道即二空契理之觀正助二修爲顯一性故立非事非理之觀也是事下以今知王驗其無明是事不知三皆事者以在修故不二門云修雖具九也二淨名下引證以衆生實病生菩薩權病示病意者爲明法藥也二若知下由悟俱忘若知無病用三藥爲此之泯忘空品意也二但我下別釋初句二初明所破人執二初總示我相五住之初三界之主若破我者縱起結使不生四趣故云深重小乘大乘俱實無我我不復斷四教賢聖入之無路故云大鄙凡夫下明起我處初徧六作次徧六度二

若攬下別示利鈍二初鈍攬他遺體而起者是俱生惑與身俱生名俱生惑如諸蠕動含不推理而舉蛾張鬐怒目自大庭小凡劣何嘗執見行住坐卧常起我心常時自起故名跦鈍二若執下利二初明畧利執法塵起者是分別惑以對意根故曰法塵因分別生迷理之惑此名利使藏之初果通之見地別之初住圓之初信皆斷此惑二明相狀二初畧論十使二初正明使相二初明十爲枝葉執一法者不問邪正大小偏圓隨執一句即生十使前五是利後五是鈍乃利中鈍也二十使下明我爲根本二縱令下兼示其人二初明具邪禪慧長爪即拘絺羅身子舅也勤學不暇剪爪時人呼爲長爪梵志根性最利是外道中高著者故舉之鍱腹者金七十論云傻樓僧佉外道中有一衆首至金地國頭戴火盆鐵鍱其腹與僧論義難石等者大論二十六云薩遮尼乾子難人乃至樹木瓦石流汗至非想者如鬱頭藍弗已至有頂故云將出却墮飛貍故云復還二如此下明不能破

我尚非小乘內凡豈同初果破我二重廣我見謂即色是我離色有我我大色小色在我中色大我小我在色中受想行識亦復如是五陰各四即有二十二若一下明能破空慧二初通明空慧二初就境智明生空二初別示二初於陰境推還就即陰離陰陰中有我我中有陰四句推之是義不然者能破之觀也據義合須二十徧言以破二十種身見也約外境者望能觀智是其內心故所觀陰得名外境非他身也二而其下明觀智檢所觀五陰既立於五能觀之智任運成五五陰一一皆有四智悉應計我故須亦破二十身見二內外下總結以數顯觀令智不漏二毗曇下約大小觀人法三初毗曇我見是共等因若即共業別業合有四句略言共等此有門論陰中求我我空陰有我法兩分故我見思惟前後而起我即衆生思是實法故悟生空未得法空二成實此空門論攬陰成我故我見思惟起不異時是故生法二空同悟三大乘我見即具諸法者俗即真中何法不具我

性如色性生空即法空二破二下別明三觀旣云我見即具諸法合於三諦而破我見是故用上三句破之二初正破人我三初約理觀檢二若作下約非事非理檢我見即中豈存境智四十種執三若作下約事觀檢經文旣云無明故有愛取心强須作不淨助道之觀觀邪見惡心是穢惡陰若善直心慚於義天愧於聖人入方便位眞理未明是隱沒陰善惡雖異皆未破見豈有見心不依於色色須敗壞故云不淨不淨之境何處有人今方便位義當五品也二若得下更推法我二初明得悟推法破思觀雖圓修而其麤惑有除不除若以三觀檢我叵得見惑斷者得入初信更於三諦修二十觀者乃破法執即思惑也從二信位進至六信也二若未下明未悟推法破見二初轉計實法二初正明度入妙觀破見見惑未除見雖未除觀已有力能於假名柔伏愛惑若其我執度入實法二引經及事屈步蟲者要因前脚得移後足方於假名伏惑又於實法起見如彼蟲也二須實下

勸更修觀宜於五陰作二十觀顯我本性使空慧明隨度入處以觀逐之名處處作二明法空二初約經文釋成三觀二初正釋二初立意分文我見即具一切諸法豈觀生空不空實法鈍根未了故今重說二如是下隨文釋義三初明即法而空二初示境觀二若四下明修觀二初就法明空二初正明空逐一推檢不應動等者地動則成風性煖則成火性史記曰陽伏而不能出陰迫而不能蒸於是有地震注云蒸升也冬則地中煖故禮云古者夏則橧巢冬則營窟水堅故成地性波動故成風性貞堅也炭火貞則成地性火焰動則成風性風能持物則成地性觸壁止則成水性二引經證水性不住者不守於濕火從緣生者旣賴緣而生則不能守其熱性風性無礙者以無礙故不能守其動一一下四大俱無性故皆入如實之際前之二教以空爲如實後之二教以中爲如實今取圓中實際爲正二上檢下對生辯觀二本自下明即法而中二初二句法本自中二初明性非生

滅以元中未三節顯於性是中道元無四大者非謂獨一全無四大以其大陰皆如來藏性體常住本無生相故曰元無旣無法生與誰相會而爲和合無和合故無可散滅故不論空如此談中之義顯矣二本自下明非觀使爾世間之相本來常住豈以觀智息念生滅然後不生滅耶此名即事而理亦曰即邊而中也二三句顯由觀解二初正示性雖本然遣迷由觀言因緣性欲爲因師教爲緣因緣成觀達本三諦諸大即是空假中故從本不生二引證無明轉即變爲明名菩提燈若非感應因緣之力豈滅無明故知成佛全假因緣三和合下明即法而假二初成違理之事二此法下成照性之修此法有故者即迷惑因果也體有下三諦也即空下三觀也境觀悉由迷惑因果和合而有也二三觀下結觀三段經文與三觀合知今宗旨契會佛心豈可不信二更爲下爲鈍根重破法執前釋生空已明度入實法或利根雖曉恐鈍者猶迷是故大師以無緣慈更說其相二初明法

執二初依報起見愛心四初依大陰起四執一切外道四教行人若未伏斷見惑巳來皆有此執二四執下因四執生我見四中雖云無及雙非既是執生四皆屬有見既依色合當即離色我我色見依四陰即離亦然三我生下依我見生十使如生空中說四方招下因十使招生死縱依圓教性具大陰開於四門隨執一門生我見者起惑造業招致來苦與彼外人生死不別大師正爲即時行人陳四執過二惑此下指見心名汙穢陰此之五陰皆成執見故悉汙穢稱褻歸有豈名法空二心不下明空觀三初明不依是忘四執心不依陰四教皆然今明圓宗論不依者即穢汙陰爲能觀智何陰可依何執可破誰爲能觀亦無所顯心不依陰今意略言二寂然下明染理則備衆德三種般若與金光明牟尼三身無二無別若不以此爲三觀者見之無由三行人下明此觀速能復本觀生觀法皆以三觀一念而觀猶如懷璧復金光明法性之理如向本國二三世中可登圓住可以保

任二明十二因緣生法二空觀二初分文立意二初分文此十二支而分生法者順此經文初支既名曰無明名即假名故屬生境無明者我執也起信論云計名字相也向下諸文但言行識等既不云名乃是直指色心也以行至老死不出五陰色心故義雖炳然猶恐不信故引釋論遂段證成誰老死者如問云誰則答言我故知誰我悉假名也經云名曰與論寘符論號生空經豈不爾是老死者則直指色心是老死法經不云名與論亦合二然十下立意二初通辯因緣相貌二初標列二三世下解釋三初三世過去破神常者過去已滅故非常也現在破神我者五果皆五陰和合故無我也未來破神斷者未來有果故非斷滅皆言神者外執身神有斷常等也此三世義世共傳之故云常塗所用二果報以前十因緣屬現在後二因緣屬未來二世合爲十二而文云一期始終且據無明行在一期之始栢帶而言遂云始終非謂秖在一世此果報因緣出大集經以在中陰於父

母所生貪愛心爲無明出入息風爲行自識支已去義同三世三一念二初所憑教二如眼下明行相二初正釋相二初對塵直釋六處生貪者眼識染故潛牽諸識各有貪情故普賢觀云以貪香故分別諸識處處染著一日等者一根對塵即起十二六根晝夜數數對塵何念不起十二因緣一一成因皆須感果迴轉如輪纏縛如網二今更下更推因起因緣之觀通三世者意推過去無明爲因生於現果現果之上復起惑因本欲即今無明不起是故今推過現二處起無明相文二初逆推過因從名色起者五果之初故五陰已具故識支未具五陰故不言也過去之因極於無明今觀無明意欲令觀成覺了智而謂無明定是有等則能破智翻爲無明藥乃成病故云四句取者皆是無明無明爲緣豈不生行生識等耶如前說者六入至老死皆如前文直示中明二又觀下順推現果於此受中等者以受支是五果之終故觀至此若生計著還成一念十二因緣或有受等者即是

無明不了之心行識等支一念成就二如此
下歎難知逆順推撿雖在一念其十二支宛
然具足所以技條徧滿諸有其猶大樹尚無
能識況能伐耶言大樹者婆沙云過去二支
爲根現在五支爲質現在三支爲花未來二
支爲果布濩者文選注云布濩長多貌從言
從水並通漢書云布濩猶布露謂於開露處
皆布也二今經下略示今經觀境二初明經
意但舉生法爲境者以假名無明爲生空境
以行識色心等爲法空境此因緣二境通四
教觀今意在圓二宜以下示境觀二初示境
二初立喻二法合著於假名者不達三諦而
妄起我見猶如舞爐成輪故云不息輪依火
有而假名因實法而有也迷故不達色心即
空假中名迷陰入言薪火者即爐也二若知
下示觀二初立喻二輪火下法合觀生觀法
皆即空假中乃輪火雙無二空觀也二生空
下依義釋文二初出境相二初生空境二初
分文二釋義四以前生空三觀釋之故既無
文二行識下法空境例應有三者行即空假

中乃至老死即空假中佛言巧略此前可知
故二衆苦下出觀相二初據經文示觀二初
正示二初指文二衆苦下釋義三初明中觀
衆苦行業指上生法當體妙故不可思議若
生若法皆非空有如是體達名爲中觀此觀
不見生死輪轉有際有息即法界故無際皆
常住故不息二本無下明空觀三不善下明
假觀前不善思惟即過去二支今不善思惟
即現在三支經心行者即上思惟也斯乃舉
病必對於藥假觀彰矣二雖名下結勸名偏
義圓名但云空而義乃是即空假中義既必
當故明與經任運符契生空法空名義皆爾
故勸修者息乎疑情仍須了知全秘密藏爲
生爲法是故生法無非三德故觀生法能所
皆三境觀名別其體不殊是故能所二即非
二此乃今經二空觀也二爲鈍人更說二初
特示空觀二別指假中良以初心於假名實
法起見妄增强障道事重是故大師特陳空
觀不說假中此同釋題觀解三道三道正觀
唯名而已但於假實三毒六作委破四性頗

示二空蓋爲始行我見彌隆故示真空以爲
要術初文二初示二初推人法二初推人若
假名下對於實法推無四性今之下四性被
推執情稍薄但謂有名還須四性撿令叵得
所召之人既無生相能召名字四性亦忘略
示人空其觀如是二觀法二初横推以現名
色對過去業推無四性羅漢有業者無始所
造諸有業因其數何限無惑潤故不受後身
故曰不生各有等者如合兩空豈成一色二
既不下豎推計法之執如屈步蟲捨一取一
生被破故便計無生還是性執雙亦雙非計
皆依生既悉無理復計於滅亦成四執八句
之上皆云不得即是空觀無滅無生者撿滅
撿生俱不可得方乃得名實法無生二無生
故下明觀成二初明二執忘攬陰成人實無
生故假名則壞於假無我諸見俱亡實既無
因安得不壞二既不下舉二喻示不然火喻
不執法無煙喻實法不生日中舞喻爐空心
秉法是亦無輪喻不生我見二是略下結二
中觀下別指中假言別記云云者具如止觀

假中破法行者應知今明三觀圓修二空但為鈍根見惑偏重故別指空對治此惑此惑若忘二諦自顯故中假別指而已二我斷下明果上二空用二初分文二一切下釋義二初明自行成二初明智德滿二初明人法二

觀成二初約人法銷文二初明人空觀成二以智下明法空觀成別明十纏者瞋覆睡眠戲掉無慚無愧慳嫉忿恚曰瞋隱藏自罪曰覆意識昏熟曰睡五情暗冥曰眠嬉遊曰戲三業躁動曰掉屏處起過不自羞曰無慚露處為非不羞他曰無愧財法不能惠施曰慳他榮心熱惱曰嫉煩惱即思惑也雖見思通名煩惱今別以思惑當之習繫也二二乘下約大小釋斷二初論大小斷盡不盡二初明二乘斷通餘別界內一切煩惱名數皆通界外但以所鄣空中分之則知通別淨名室中天女散華聲聞著身菩薩不著故被訶云結習未盡華則著身斯乃斷通未能斷別也二而言下明佛地通別都忘二初正示雖云菩薩能斷別見而斷未盡究竟在佛若至佛地

不唯別盡通亦窮邊何者蓋由見思徧十方界大道眾生差別種智之所成就因地乃斷未盡邊涯唯佛究竟故云若通若別究竟在佛二引證性德生法體本無上通別二執滌故成畢妙覺執盡二俱無上故云無上假實佛地所不惑也二經論下明佛地有斷不斷二初明經論異說二初明有斷智以悟極而為上上惑以迷極而為上上今迷將盡雖餘微細故名下下故起信論云覺心初起心無初相遠離微細念故心即常住惑微細故難

別難除故上上智方能斷盡下下之惑無明力大者惑雖微細能障妙覺故華嚴明灌頂菩薩所有功德如一塊土妙覺功德如四天下土最後無明所障若斯力豈不大非佛智發此惑不忘一念相應慧者究竟覺也正習俱盡者該於通別也二或言下明無斷有上士者等覺也此位須修清淨淨禪斷微細念故名之為斷無上士者是妙覺位修證既忘更何所斷二斯乃下用悉檀和會此斷不斷各見教文人師執之淨計莫止今以四悉近

機之意而和會之詳無由起國是境域即當世界機所居處隨處樂聞佛智有斷不斷而歡喜者時即對治隨時當有斷不斷義而破惡者人即為人隨人宜以斷不斷而生善者悟即第一義隨悟斷不斷而入理者為此四機說有二義究論佛智不可言思二證無下明正助二道滿無上生法證由二空名無上道事助之行與正合修故得稱為微妙功德二開甘下明斷德滿二初略釋甘露以命等四如次對於常樂我淨二然此下廣釋諸句四初對華嚴四位二初正對彼雖兼別今取其圓別三十位未得甘露故二下地下釋疑恐後人疑故釋也化他令同我之所得二又通下對般若四智論雖多釋猶通三教今四皆從甘露而說故的在圓以一心三智蕩一

切相名道慧開門一心三智立一切法名道種慧示器一心三智雙遮蕩立名一切智入城一心三智雙照蕩立名一切種智處室由此四智住大涅槃令諸眾生得此四智名食味也三對法華大事彼佛知見是今甘露彼

之開等對今四句唯有悟入與入處少殊其義不別四對涅槃四德前以四德釋甘露義今用四德對開等文有此異也二吹大下明化他成二初分文立意二初分文二餘經下立意二初明智定相成前現通者令重法繼聞後現通者令依法修證故前云聞後後云成前二修因下明因果同類二空正道爲智德類二空助道爲斷德類即緣了二因非此二因安尅二果二說法下依義釋文二初明轉法輪化他二初明說法二初總示二吹螺下別釋二初別明螺等二初約教位釋二初釋四句四初明吹螺是故號者大經云吹貝知時是也若忍凡性者即內凡上忍位中於苦諦下留一行一緣是凡性也聖人正性謂初果也說大乘法者唯以圓教爲大乘也改凡聖偏性通教六地是聖別教十向圓教十信是內凡以中理未顯悉名偏性通教七地者至此得知圓者皆是改號之位者三人俱破無明見中道圓性也二擊大下明擊鼓誡進者軍陣之法也兵權曰聞鼓則進聞金則止鼓則嚴肅軍衆使前驅也督率也率遵引也位在修道者令初果進二果也通教位在八地者前釋改號是七地破無明今進入八地是增道損生別教應言二地圓教應言二住方名進入修道今言十行初住者恐誤也或別有意眞修道者即通八地別二地圓二住故云咸進地論以初地爲見道二地至七地名修道八九十地爲無學道彼雖別位例圓可知三釋然炬通教下皆取當教化他位也此言八地不取受接但約當教出假道觀雙流耳別約十向其意亦爾以內修中觀外亦出假故圓在初住者以百界作佛普門示現故圓從勝說乃取分眞止觀名眞出假位也皆是下結示三位道謂外化觀謂內行此該三教不同餘文唯就通說四釋雨雨扶踈盛茂也時澤時雨也大恒者殑伽河也二若得下例上四經二此一下以橫豎結豎擬諸經之位者即向四經名字雖殊但是住行向地圓位耳故名爲豎橫論一切諸位者即攝四教凡聖諸位如向消文是也云云者部在方等故此化他必兼四益橫攝諸位旨在其中二此中下通釋大義前三云大後一云勝勝亦大也故云皆言大也通塗下若取通名唯在大法義並歸圓對於四經其義彌順二我今下明神通二初明摧怨二初明煩惱爲怨二魔爲下明天魔是主二明豎幢高出衆行者即法幢三昧也萬行功德皆爲眷屬眞不歸宗此之三昧故爲衆行之望兵望麾者手指曰麾尚書云左仗黃鉞右秉白旄而麾之兵權曰將軍乃秉旄麾衆而誓之又云聞鼓則進聞金乃止隨其指麾五陣乃理三德下出三昧體其體若非不縱不橫豈出衆行豈摧五住豈壞天魔無記神通體用如是二從度下明四弘誓化他二初牒文示義雖復等者既依四諦而運四弘四諦既常誓豈休息因人求佛意在利生今遂所求豈忘與拔四弘是下示誓有依誓即無緣慈悲境乃無作四諦無緣無作行相如何衆生誓度生死即涅槃故煩惱誓斷煩惱即菩提故法門誓學即惑成智故佛道誓成即生成滅故不爾

豈能廣度求度二度諸下隨義釋文四初令
度苦諦經求斷三惡即三惡道也須約十番
論度論斷二令斷集諦須明五住燒十界生
三令證滅諦當分而論四種甘露跨節而辨
唯一圓常四令安道諦四初約檀明諦不獨
行檀具於四諦五度皆然五不依諦則不動
不出何度之有復須知令依無作諦二無量
下略釋經文三論云下檀攝六度大論十二
解檀度云若菩薩行檀度能生六度是時名
檀度滿云何布施生檀度有下中上若以飲
食麤物輭心布施名下能以衣服寶物布施
名中檀能以頭目血肉國財妻子布施名上
云何施生尸度菩薩思惟衆生不知布施後
世貧窮故行惡若行布施後世有福無所乏
短則能持戒云何生忍度菩薩施時受者惡
罵若大求索若不時索或不應索而索是時
菩薩思惟我今布施欲求佛道亦無有人使
我布施我自為故云何生瞋如是思惟已而
行忍辱云何生進度菩薩布施時常行精進
欲行二施勤求財法以求足之云何生禪度
菩薩施時能除慳貪而行一心漸除五蓋是
名禪度又心依布施入於初禪乃至滅定云
何生智度菩薩施時知有果報而不疑惑能
破邪見無明又分別淨不淨施得報不同是
名生智故云檀義攝六也餘之五度亦互相
攝非今文意故且論檀六之首故攝生便故
四捨身下以彼岸結生死為前際涅槃為後
除身命及財此三屬事以觀此三及能施心
所施之境三輪當處即空假中是故能等三
德涅槃此以常因而剋常果不然豈得不壞
常住如是行檀名波羅蜜三德甚深故檀豎
高三德無量故檀橫廣此擬樂略是以如來
妙說一檀遍修諸行仍須了知既誠果後行
檀利物行人豈不即聞而修耶

金光明經文句記卷第四下

金光明經文句記卷第四下

校勘記

一　底本，明永樂北藏本。
一　五二二頁上一行「卷第四下」，南作「卷第八」。卷末卷次同。
一　五二二頁中五行第一三字「禪」，南作「明」；經無。
一　五二三頁上一七行第一六字「彰」，清作「形」。
一　五二三頁中八行第二字「令」，南、清作「今」。
一　五二四頁上七行第五字「本」，南、經、清作「今」。
一　五二五頁上二行第九字「三」，清作「二」。
一　五二五頁上一一行第一一字「王」，經、清作「三」。

金光明經文句記卷第五上　何五

宋四明沙門知禮述

大章流通二初釋四天王品題二初因緣釋二初約處釋人二初明處二十八天皆上升之趣此當其首天分三界於下界中此復在初居半須彌者處之所依欲界六天二天依山忉利居頂四王在半梵語須彌此云妙高出水八萬四千由旬四寶所成二東黃下出人持國者護持國土故乾闥婆此云尋香行天帝俗樂神也富單那此云臭餓鬼中勝者或云主熱病鬼也增長者令自他善根增長故鳩槃荼此云甕形頗似冬瓜是厭魅鬼也薜荔多此云祖父鬼餓鬼中最劣者雜語者能作種種語故毗舍闍此云噉精氣鬼噉人及五穀精氣故亦云顛狂鬼也毗沙門此云多聞福德之名聞四方故夜叉此云輕健飛空健疾故羅刹此云可畏亦名暴惡二此四下明品來意二觀行釋三種觀法此當託事以其境智一一皆借事義而立也須知託事多兼法相如王舍城而觀五陰耆闍崛山而表三德此之五三何殊四諦然此正是託感應事明境觀也分二初示觀相四諦四智乃至諦下各論見思何教不說今釋教義既專約圓故所明觀不關三教四天須表無作諦理四王乃表無緣妙智照事即理名護諦境了縛爲脫名護心數爲他說此名爲護世通別見思同體爲障名爲鬼神法花指此等者不無少異彼以鬼神但譬五利乃將蟲鳥而譬五鈍今則利鈍俱類鬼神但取分同也二若不下明利益而且先明不觀有損侵害心王妙智不發也毀損境界諦理不彰也心王至逆散示迷三德而爲三障雖論三障迷由煩惱故云俱爲鬼神所惱能觀下正示觀之有益無明即明爲能觀智此觀觀苦生死即涅槃也此觀觀集煩惱即菩提也控御等者不動諸見而修道品不斷癡愛起諸明脫如斯控御豈獨不被侵害而能顯理備德顯理故諦境國安備德故心數民寧以轉八萬塵勞成八萬定慧也自行了達既其若此令他修證豈不然乎託護世天王之事修觀獲益其相略爾二釋十三品經文二初立意分章二初立意季亦末也翳障也二凡爲下分章三初開流通七章方軌者方法軌範也二天王下出天神五段以地味膏腴請處說處者膏腴土田良沃也史記曰東割膏腴之地是也腴下多味字穰除也又天王下且從增勝備論一一皆有五能三四天下示此品六番二正釋經文七初段分五初又分六初述護國之能二初分文二叙敬下釋義二初四王曰佛二初經家叙先標北方天王者西土以北方爲上也偏袒者西方之禮弟子諂師必須偏袒表有執役二正白佛二初分文立義二法性下用義釋文二初歎經三初歎體佛所護理無量甚深横攝法周竪收法盡理若不爾豈名經王問文詮此理故言經王是則經文但是能詮王惟在理釋題那云文號經王教攝衆典指文指理二處不同如何和會答若前三教文理不合此則爲妨今乃從圓法皆不二文外無理理外無文釋題舉文若其孤立豈得稱王今顯指理不攝文者翻僞

前教信文理合是經是王其義秘妙不可情
求今經王歎體與序品不別二約體下歎經
宗約體脩行者體是本覺起成始覺方得名
爲約體修行體具佛界因果二嚴全體成修
二嚴無作名非莊嚴而爲莊嚴今以極果二
嚴爲宗世天下經云諸天包此三也然應有
四恐文脫誤或可天王本是生天故疏不出
此四天名義出大經德王品云一者世間天
如諸國王二者生天從四天王乃至非非想
三者淨天謂四果支佛四者義天謂十住菩
薩以見一切法是空義故大論明三種天一
假名天即世天也二生天三清淨天則兼三
乘也三又下下歎經用上至菩薩者經無菩
薩之言既云能滅一切衆生苦惱則通指九
界方名一切經文有四初天趣能與衆生快
樂者天趣衆生也次是經下三惡趣諸河三
趣沈没猶如大河焦乾枯竭者滅三惡苦也
有經於枯竭上加能令二字者妄也三能除
怖畏去是人趣初言一切怖畏是總次別明
破三障惡三災是報障怨賊即刀兵也幷饑

饉疫病名三災惡星是業障業來責報故惡
星現也憂惱是煩惱障四舉要下總指九界
衆生也二從世下述能護二初分文二護國
下釋義二初內以法護國四初護國之由二
以法護國即是述其護國所以無法安能護
持國土而其所以有內有外外即世法內即
心法若但行說世間之法則令此經非方等
教天王全是凡夫心口須知文文皆有世間
出世間意但以此句顯內義便故云正與觀
心相應如下散脂鬼神品中諸文且順世法
詮辨及至自述得名之由則全廢事解故云
現見不思議智境不思議智光乃至云我能
安住一切法如性於一切法含受一切法境
智若是故名爲密方能外現鬼神大將豈非
有理密故乃有事密今文經雖不顯大師得
意乃以行說諦智之法而爲護世安民所以
心數不行等者心心數法全體即是方便般
若心王邪故數行邪境今王既正導令不行
不行而行行深般若到於彼岸三天黨護國
意同向說黨謂徒黨即八部也黨輩也帥黨

者帥音率導引也如轉輪王下是事釋以輪
王降四方喻天王遮惡鬼七寶謂輪象馬女
珠臣兵也四天眼護國以報得天眼者非修
得也受天身則眼必徹障幽暗也燭照也萌
種子初剖也杜塞也謂以天眼徹照防將萌
之禍根塞漸起之惡源也二從若下外以策
護國二初標科叙意二初標科二一若下叙
意三初勸說聽因緣和合二初勸法師爲外
緣日出朝陽者爾雅云山東曰朝陽山西曰
夕陽雰扶文切不祥氣也呂氏春秋曰冬行
夏令則氣霧冥冥春秋元命包曰霧陰陽之
氣也陰陽怒而爲風亂而爲霧今以日出喻
弘經雰霧歇喻三災息也二次王下勸王者
修內因秉法者秉持也一人謂王也慶善也
王有善則萬方之民恃賴之即尚書曰一人
有慶兆民賴之也故王受是典而致國安經
饑饉者爾雅云五穀不熟曰饑菜蔬不熟曰
饉國邑郡縣者王制曰凡四海之內九州方
千里州建百里之國三十七十里之國六十
五十里之國百有二十凡二百一十國凡九

州千七百七十三国春秋左氏傳曰凡邑有宗廟先君之主曰都無曰邑又曰上大夫受縣下大夫受郡二勸供給四衆因緣經優婆塞此云近事男優婆夷此云近事女以成就戒者堪可親近承事出家二衆故也流衍者衍達也三勸能讃所讃因緣先王之德行者先王道德之行若行之於身即可以儀軌風俗法言者是出自典誥聖人禮法之言若宣之於口即可以教人民君既無此故邦民不從其令鄰國不詠其德令勸下即勸王重道尊師修功補過也身意恭重謙以自牧即道德之行也讃歎在口即典誥之法言也夫高下明謙卑之意王高而民下爲國者以人爲本基故當勞謙以聚之辯以訥爲師者訥者內照清淨故外絕矜飾即大辯若訥也故能爲俗中小辯之師尋常治身理國尚當如此況今請出世之法祈人民之福豈宜倨慢乎儒禮以父事三老兄事五更屈王之尊敬卑爲師儒釋一揆矣羽檄者文心雕龍云檄者皦也宣露於外皦然明白也或稱露布蓋露

板不封布諸視聽也顏師古注漢書高紀曰檄以木簡爲書長尺二寸用徵召也其有急事則加鳥羽插之示速疾也今云羽檄稱歎者即告之以文辭述具休明也爾雅云顒顒昂昂君之德靡偃也論語曰君子之德風小人之德草草上之風必偃草萊者萊藜草也或作葉或作菜字之誤也二用意銷文三當以上意對經釋之故云可見二如來述成二初分文二四王下釋義二初合述歎經四王所讃經體宗用既合佛證三德妙理故佛述成諸佛從是法生者體宗用三既是法性豈有一佛不從此生二從於下述能護國二初分文二法護下釋義二初述以法護國四初述護國由發心畢竟者昔種善根是發心今日聞經得益是畢竟二心比校昔種誠難故佛述成歎其宿種然此發心等語即大經迦葉說偈讃佛故佛初心但用彼語以成今意護世下云云者此與觀心相應義如前述也三從汝下超述天眼護國四從汝下追述天黨護國二從汝下述以智眼護國前云策令

云智眼互見其文策即智謀智能鑒照名之爲眼言和合者即前云內因外緣因緣和合然後獲懸云云者前白佛則三段別明今則一番總述以包前別也第二番白佛述護國之事二初分文二一是下釋義二初白佛二初王奉人法天除怨惡經天律治世者師古治民則天行化罰必當罪賞必當功名天律也二鄰國興兵天令慘退斥逐也經四兵象馬車步也規往討罰者規求也或作親者字之誤也討誅也傳例曰有鐘鼓曰伐或作罰者非罰折辱也出金贖罪也軍者萬二千五百人曰軍天子六軍諸侯三軍二佛述成二初標科二從爾下隨釋二初述成初意無鬭訟名僧者無鬭訟即和合也二述成後意二初止以等慈述其慘退豫安也二又勸下兼勸諸國各守本業貪企者企望也佛告帝釋者大經文也經楚撻者楚一名荆可以爲杖撻擊也廣雅沃濕也美也亦柔也壤土也時不越序者四時和也心無貪悋者無貪故不多求無悋故能惠施后妃婇女者天子一后三

夫人九嬪妃二十七世婦八十一御女風俗通云婇女者采擇其容色之女也第三番白佛示其軌摸二初分文二釋義二初白佛二初出願欲六文如疏列二示軌摸六一一如疏對上六願栢梁者漢時殿名天火曰灾漢方法以海中鴟魚尾安殿脊以禳之灾遂息世昧其由謂之鴟吻八紘八方也休美也自勵者勵勉也四海者博物志云天地四方皆海水相通地在其中蓋無幾也七戎六蠻九夷八狄形類不同總而言之謂之四海皆言近於海也次佛下述成二初分文立意二佛告下用意釋文二初別述二初述成六方法六初述成安身方法羽儀者漢書高紀曰紀信乘王車黃屋左纛注云以黃繒為蓋裏纛毛羽幢也在乘輿車衡左方上注之蔡邕曰犛牛尾為之如斗或在騑頭或在衡以纛是毛羽幢為天子儀仗故曰羽儀經躬出者躬親也二從復下述成安國方法爾許生死之難者劫數如值佛之數也三述成安妻子方法四述成安王領方法五從帝下述成宮殿方法六從在下述成上攝福方法二從汝下述成六願欲六段如疏經棘兵器也與戟字同剌殺也二從汝下總述第四白佛要其法利二初分文由第三段末者由前世尊述成云亦當迴此所得最勝功德之分施與汝等及餘眷屬四王因茲遂要法利二釋義二初白佛二初人王運心二人王下天宮相現二初事釋人王至金光者心存即三智金光明也至典即三諦金光明也智諦合即起事用金光明也以色心不二故香隨智徧迴施下天王意云若以法利迴施我等我等皆得故以光照天宮為表龍猶屬畜對天并鬼成三法界言法界者令從解脫所燒之香非法界者何能周徧三趣之體非法界者豈能承受二觀釋上之所說雖談諦智猶是約教示經力用未論觀行今之所論的就研心令觀諸理故荆谿云本雖久遠圓頓雖實第一義雖理堂觀屬事此乃託事觀心借義成行三智妙解如火能然三諦融心如香離臭起三學行如煙氤氳真本覺照故曰金光行冥真故無礙而照但期觀行契金光明功用自然相周沙界唯務相現內觀不修心緣五塵魔必得便慎之慎之次佛述二初標科二隨釋二初述成香光普徧經摩醯首羅此云大自在金剛密跡者正法念經云昔有國王夫人生千子欲試當來成佛次第故俱留孫探得第一籌釋迦當第四籌乃至樓至當千籌第二夫人生二子一願為梵王請千兄轉法輪次願為密跡金剛神護千兄教法世傳樓至化身非也乃法意王子耳據經唯一人今狀於伽藍之門而為二像者夫應變無方多亦無咎摩尼跋陀此云威伏行阿耨達此云無熱惱娑竭此云鹹海經百億非非想天者夫百億即大千界也但同一四禪及四無色三禪統中千界以大千言之則有一千三禪也二禪統小千界則有百萬二禪唯四洲至初禪則有百億今非想亦言百億以下望上言之耳又恐翻譯之訛也以義淨重翻則無百億非想之言二從諸下述成施善護讚二初讚因二讚果經勤修下明修苦行善能下壞外

道降魔怨是莊嚴道場也覺了下成正覺善男子下轉法輪此並果上之事如瑞應經廣明第五白佛舉興衰二初分文二釋義二初白佛三初舉興勸四初述弘經四天聽受二大梵下明釋梵八部皆集經釋提桓因者具云釋迦提婆因達羅此云能天帝三世尊下明人王爲善知識四以甘下明得利護國彌勸二次舉衰勸二初分文二隨釋四初明天失法食二明天神捨離三明惡鬼與灾經流星者星說曰絶跡而去曰奔星光跡相連曰流星薄蝕者案漢書天文志作日月薄蝕孟康注曰日月無光曰薄韋昭曰氣往迫爲薄虧鈌曰蝕京房易傳云日月赤黄爲薄釋名云日月虧曰蝕謂稍侵虧如蟲食草木葉也虹者爾雅云螮蝀虹也爾雅音義云雙出鮮盛者爲雄雄曰虹暗昧者爲雌雌曰蜺蜺或霓江東呼爲絳俗呼爲美人釋名云虹攻也謂純陽攻陰義也四展轉成灾三正勸二初分文二隨釋六初欲得現利二天忻法食三出過三論四韋陀者即外人典籍摩蹬伽經

云初人名梵天造一韋陀次有仙名白淨變一爲四一名讃誦二名祭祀三名歌詠四名禳灾次名弗沙有二十五弟子各一韋陀能廣分別遂成二十五韋陀次名鸚鵡次名善道及其弟子漸漸增廣如是展轉有千二百六韋陀今言四者從其根本爲名皆明梵事出離欲染故云梵天說出欲論也映伽羅論此名記論婆尼尼造明種種經書并諸雜語又名字本河西云世間文字之根本典籍音聲之論宣通四辯訶責世法讃出家法言辭清雅義理深邃雖是外論而無邪法將不是善權大士所爲也僧佉此云數論諸法從數起故劫初黄頭仙所造衛世師此云勝論謂諸論中勝故勝人所造故成劫末鵂鶹外道造勤沙婆此云苦行未知出世時節以人名名所造論此三仙所說無漏盡通故唯五通四始終獲利經如來正偏知說者十號中二號也五教主勝故經以大悲力故等者用無緣大悲普覆法界故超梵王四等之心以難思苦行積劫利物故超帝釋十善之因六諸

法本故經一切衆生等者世間謂五戒十善十二門禪等出世間者四教法門者三乘修證也國事者禮樂征伐治世育民之事也造世論者如上三論及下正論等也皆因此經者乃教行理三種經也故新本云欲生人天欲得四果支佛欲得佛皆依此經懺悔滅障方得成就若探取化意即是於一佛乘分別說三但以此經部在方等教猶屬通理就人分未免異趣故欲令等言隨其五乘而得安樂也二佛述二初分文二隨釋二初舉興衰勸二正勸第六說偈頌德二初分文二夫三下釋義三初說偈歎三初歎三身三初依現文別對三身空是法身者經無空字以其日月必依於空又下文云佛真法身猶如虚空是故疏以空日月三對於三身空無明暗日月共依別喻法身體本周徧日能破暗別喻報身三惑盡淨月能盈昃別喻應身隨機勝劣此之別對爲下圓融而作張本耳二通意下取喻義通具三身二初取喻顯圓若以三喻別對三身恐謂三身其體隔異故今委取

能喻之事其義不局每喻各自具於三義如
日一喻上必依空下必現水此之三義則顯
報智圓具三身此則三般若論三身也月喻
亦爾可顯應用圓具三身此則三解脫論三
身也太虛空是日所依空天日水日當體含
空此之三空則顯法體圓具三身月亦如是
者月所依空天月水月其中含空亦顯法體
圓具三身空徧日月兩說三身者乃約雙照
中道而示此則三軌而論三身也二依下以
結文示此結歎文凡舉三喻謂月焰化此三
事義各合具三如月一喻必上依空必下現
水此乃應身圓具三身文舉如焰焰必依日
日必依空此乃報身圓具三身文舉如化化
必有術名爲化法術必在人即是化主其變
化物名爲化事此乃法身圓具三身三雖復
下復取結文以通融別經既顯云無有障礙
若非以法而定於喻一一圓融何稱此中無
障礙說當以此意融身相文使一一相皆嚴
三身成密藏相二歎身相二初分科釋經二
初分科二釋經五初歎上二相二歎智斷者

初二句總標有喻有法次四句是別歎二句
是智二句是斷淵海也管子曰水出於地而
不流曰淵三歎下二相四絶言歎五結歎二
夫相下總示身相三初通嚴三身相好不獨
在應身報法亦通等者如今所列目齒輪網
例於上下二十八相通能莊嚴三種身也以
身相是一隨見成三莊嚴父母生身者以藏
通人但言偏空所見佛相謂由正習構造而
成相非奇特但能少勝輪王而已以不知心
現見從外來取色分齊故名生身此乃如來
曲順凡小示現此身故名爲應莊嚴尊特身
者以別教人能信中道妙色妙心隨緣變造
所見佛相知從心現無有分齊或現大身十
蓮華藏世界塵相或現八萬四千相好或時
秖於丈六三十二相令其機緣無分齊見不
同藏通分齊之身故名尊特此乃如來修道
所得故名爲報莊嚴法門者以圓教人了大
小身及多少相皆性本具修德無功相雖是
色色即是心故起信論云色性即智說名智
身智性即色說名法身今從即智名法門故

以八萬四千陀羅尼爲基乃至定慧爲足以
即色故故得名爲法身相好此乃相好隨解
而轉故使莊嚴三身相異二此中下別示法
門此乃指經智淵無邊而爲智德百千三昧
而爲斷德此之二德能收一切莊嚴法門也
學者若於色心分隔而解此義則未不識法
身相好也三文下文示圓融上來分別法報
應相欲令易解故須就機淺深優劣須了前
前不知後後須了後後必見前前良以前麤
後妙故也今四天王是大菩薩就圓稱歎見
三身相與妙三德無二無別應是解脫豈隔
二德報法準知欲彰此義是故特云無有障
礙若知此意方是深達金光明法門也三偈
初下結歎二初直銷經文二初銷文結佛月
爲三身者現文唯有空與水月合有天月可
喻三身言佛化爲四身者法身妙色而爲化
法報應二身照理鑒機而爲化主曲順機緣
現九界身而爲化事今以化事顯具上三故
論四身皆具三四者趣舉一身即三即四彼
彼皆爾方名無礙二品初下結妙二初明始

末皆三三章是法三身是人攬法爲人人不離法故云辭異其義是同佛月清淨者取偈初句成今三身三歎天辯絶妙初歎三章云金光明微妙經典顯不縱横今結三身言無障礙亦非縱横以初以後顯於中間句句無非談祕密藏大師歎妙其意在並二料簡機應上明三身無有障礙其義幽微猶慮學人三相不泯情有分張今明三身及以所被無非法界法界無外更何彼此三初一問答明法外無餘言法不作報非報者非報是應難云三身秖一法界豈有能作作所作耶而言依法者此同體依依而復即全體之用用還依體二一問答報即法界影是應身非影是化身以現九界非佛像故法界下注云云者更合明於應是法界三同祕藏豈有一身非法界耶三又並下一問答明機外無應三身一體人或信之其所對機多謂他境故今顯示令泯此疑二初設並顯動譬機生不能觀應不動譬機熟則能觀應水譬正因安樂性者即大涅槃既是三德性必妙融寧非法界

故自他不二門云物機無量不出三千能應雖多不出十界物機應契身土無偏同常寂光無非法界若昧此意勿議今宗二又淨下引文證因感出世由生成佛人皆共知四教悉爾今從圓說始窮經意良以自他性本不二方有能感及有能資因感出世十六者即十界機感十界應也以生地獄與佛地獄性不二故方能感見地獄之應乃至感佛亦復如是今宗所論感應皆具十法界者爲顯不二義若不然豈惟衆生不能感佛抑亦十處不成法界宜深究之宜深究之由生成佛者衆生能作成佛勝緣也若順若違並資佛行而惡逆者其功最強如無達多佛豈成道然若惡法本非佛性何能資助菩薩成佛菩薩不觀生爲法界非同體悲非無作行何能成就大菩提果若其佛外有一衆生非佛法界生外有佛法界不成不作此解未超三藏何況通別二佛以偈答二初立意分文二初立意二初正立法能成佛者諸佛軌法方成因果以法常故諸佛得常例樂我淨亦復如是二般

若下引證法能成立一切凡聖者以法本具十法界故隨染淨緣起成凡聖凡夫雖迷而其迷中假實依正未始離性須知染緣熏於性染方成染法淨緣熏淨人皆共知性染性淨其體本融全體而起隨染緣則染淨俱染隨淨緣則染淨俱淨故不二門云十七三千在理同名無明三千果成咸稱常樂性之染淨是金光明經妙體如來今說爲作淨緣是故稱歎以答天王二分文二用意釋文三初歎經體二十力下歎經宗三以是下歎經用私開爲四初三行通就衆生明生善滅惡二閻浮下十二行半別約人王明生善滅惡三初三行半明願欲二應當下三行半明立行三譬如下五行半明獲益三是金下二行半約上聖護念明生善滅惡四若有下四行半約師弟說聽明生善滅惡三四王歎喜發誓經悲喜者悲昔不聞喜今得聞悲他不聞喜自得聞涕淚横流者涕音體涕即淚横謂交横古本皆作横流不須改爲交字大經亦爾無識所翻多云横流也文選王粲登樓賦曰悲舊鄉

之擁隔弓㴵横竪而未禁怡解者怡謂和悅
解謂舒散也二大辯品二初釋題二初釋文
辯二初所住法門二初具明四辯擬於四教
藏不明大但說無漏故名小辯通教出假說
於界內塵沙八門名無量辯别教能說界內
界外二種塵沙故名雙辯圓談十界法法皆
中二邊情泯法法互徧真俗宛然三諦一諦
名爲大辯二此天下明所住法最勝王云大
辯才天女依高山頂葺茅爲室結草爲衣坐
翹一足空假中智一心中得破根本惑莊嚴
法身心既融通說乃自在即自住大辯也二
以自下能用四悉圓辯深妙能談麤淺隨機
而授無有罣礙方名大辯是故疏以悅宜對
悟而論四悉令得四悅乃至四悟此則一悉
明於四教亦是四教各有四益大辯才天力
用如是二對佛下明品意二釋文二初分文
釋義二初分文二初加下釋義三初加法師
加圓四辯自能談三即前四四十六益也樂
說辯者於一字中說一切字於一語中說一
切語於一法中說一切法隨可度者而有所

益也辭辯者種種莊嚴言語善巧也義辯者
知諸法義所歸趣處也法辯者智慧通達諸
法名字也二若有下加化道前加四辯是能
化之道令加其人是所化之機此二和合化
道無窮也三從復下加聽者經技術也二結
示益深第三功德天品二初釋題二初釋功
德於二嚴中此當福德福能資智以嚴本理
智即三般若福即三解脫所顯所嚴即是三
軌若總若别皆金光明一體異名也應知大
辯與功德天咸皆證入金光明法門皆能徧
攝一切法也引物偏好名行不同彼攝一切
以智爲首此攝一切以福爲首能攝所攝對
智不同故當世界所須不乏能生正念即當
爲人思惟深義能破偏淺即當對治能令速
悟本性菩提當第一義二此是下明品意二
釋文二初分文二釋義六初誓給四事即經
所列衣服飲食卧具醫藥也及餘資産者即
四事之外一切資具産生之物也二明福德
之由述過去世值佛修證金光明法門故能
今日隨弘經處有求皆與寶華等八字别號

也如來等通號也無虚妄名如來良福田名
應供知法界名正徧知具三明名明行足不
還來名善逝知衆生國土名世間解無與等
名無上士調他心名調御丈夫爲衆生眼名
天人師知三聚名佛具兹十號名世間尊種
諸善根者以照金光明微妙之智爲諸善之
根也璧者玉所琢器也周禮云以蒼璧禮天
是也珂貝螺屬也三勸示行法二初略勸示
二廣勸示私開六初示常所住處經阿尼曼
陀此云有財二示稱名供養三明誦持神呪
四明歎呪勸持灌頂章句者以法性水灌十
地頂受法王職令密談此法故名灌頂必定
是般若德吉祥是解脫德真實不虛是法身
德以此三德讚灌頂義等行謂具行諸行中
善根謂行一行八戒者即在家人一日一夜
也於五戒上更加不著華香不觀聽妓樂不
止高牀此八是戒不過中食是齋五勸迴向
菩提此乃奉供及誦密言邀請意也若爲自
身受五欲樂希望財寶即輪迴業衆聖所訶
尊天寧讚令爲己他成菩提故其所尅獲非

生死因富依此文修今行法六勸嚴處奉持
阿蘭若此云無諍以其所居不與世諍即離
聚落五里處也又有達摩阿蘭若謂說諸法
本來清淨因名其處爲法阿蘭若即華嚴經
初於阿蘭若法菩提場是也今經所指該其
二也四誓臨影響五要求同行六別示歸敬
問大經中說功德姊主黑暗妹隨有智主人
二俱不受今令奉供與彼大違兩經所談如
何和會答尊經設法取捨多塗大權垂形表
報非一彼對黑闇表生必死四相隨此對
大辯表福資智二嚴互顯也四相是過寧不
雙驅二嚴是功理合俱進有智之福生死自
亡有福之智菩提可證今爲說聽金光明典
故藉天資所須之物須知今用雙亡生死弘
經之心感功德天所獲資財離我我所姊尚
不著妹豈能來此爲弘經彼專修觀用捨論
益去留豈同又如國王大臣官長法華令離
涅槃令近故知設法各有異門豈以彼經難
今所說第四堅牢地神品二初解題二初正
解名二初所表之智立四悉淨名云智度菩

薩母方便以爲父一切衆導師無不由是生
上是天神天是陽故如父此既地神地是陰
故如母一義也者父母不同故屬世界天陽
上覆地陰下載卉是草之總名木是樹之都
稱智度下合喻衆善合卉木也各有下如檀
破主慳乃至禪主破散五屬緣因故未亡泯
智破生法方無名相破惡中最故當對治智
度復本破立俱忘故無等無上名第一義此
於智度立四悉檀二智度法門下能召之名
彰四德堅牢即常德地即樂淨無苦受故荷
持一切離染著故出生無盡神即我德威德
力用悉自在故二此品下明品意二釋文二
初分文二隨釋三初誓涌地味三初明已身
增長二初生起八事二隨事釋經當依生起
次第消之經聚落者落居也人之聚居故名
聚落山澤者下有水曰澤宿衛謂止宿衛護
五果者即經云壽命色力辯安也此之五果
由食而致二從何下明眷屬增長二初生起
五事二隨事釋經五並如生起經縱廣者南
北曰縱東西曰廣三從世下明報恩增長二

初生起六事二隨事釋經亦如生起二佛述
成二初標文二隨釋二初述成展轉增長一
約聞經下爲成展轉義故探取下科爲出世
也日夜受樂在次文耳二述成供養增長經
明供養是在人世也是人下往天世也日夜
下至出世也雖受天樂住樂法界故無所受
是故名爲不可思議微妙快樂三發誓護經
二初分文二釋義三並如分文第五散脂品
二初解題二初釋名并領二初翻梵名二初
翻名二密有下示義密名順世界密行可爲
人密智能對治密理是第一義皆約三法不
縱不橫非偏小凡下所知是故名等悉稱爲
密注云云者旨在於此二蓋此下明屬領二
初明所屬二初正明所屬二餘三下兼明三
將二管領下明所領二初出部數二初就方
維明數六方者四方天地也四維者四隅也
二又說下約五大明數此五各有主執之神
故二巡游下示功能二聞經下明品來意注
云云者雖三天王各有神將散脂爲首故獨
標名今釋此意也二文爲下釋文二初分文

二隨釋四初發誓護持二初經家敘二正發誓二述有能護之德二初分文二釋義三初標經唯然上聲禮對曰唯野對曰阿二述又下述二初節句立意二神既下總別釋義二初總釋三初據名標義大權所爲有本有迹以智證真名之爲本隨情立俗名之爲迹雖分本迹但立一名昔從冥本垂於冥迹今從冥迹顯乎冥本垂迹之際此之冥名但詮世俗統領神衆有於冥謀令對世尊敘護經德宜須顯本此之冥名合詮理智非是偏小賢聖所知稱之爲冥散脂本迹既於此彰以驗四王諸天神等皆是從本而垂迹化是故今釋委論冥義豈獨能顯諸天本迹亦乃能彰經體宗用二智若下依名釋義二初約境智釋二初釋三智即能觀之三智境即所觀之三諦正即顯境智之非邪能所互融邪正不二冥名顯德其在茲乎初初五句明智冥二初揀非淺深階級者別雖三智前空次假後中此可言思何所論冥二即一下顯冥二初約三智互融不出三也初句即一智是三智

妙空智也次句即三智是一智妙假智也後雙非三一雙照三一即妙中智也若指諸法爲一切者未必盡備以空假中爲一切者更無遺餘矣二若得下附文示融五句即三智配釋如下二次五句明境冥二初揀非智知即可思口說即可議那咸冥耶二不可下示冥二初正示境非智外豈以偏小智之可知識即是境豈以六凡識之可識此明絕思也境離名字豈以諸法名字名之境離言說豈以四句言說說之此明絕議也二而約下附文前三智云唯數唯冥今雖五句句皆云不可思議即唯數唯冥也三後五句明正冥二初揀非介爾對待皆非中正乃麤顯法冥義不成二即邪下示冥二初直就理示邪正中邊趣舉其一收法畢盡更欲與誰而論待對欲令解了強言中正二引思益證心通真妄令以分別有無分之言分別者分於邪正別於中邊乃令諸法不正其中其失既然得可知矣二我行下結二又此下約三業釋二初釋言一往者既智境正外傍顯此義故也

散脂今就冥名顯本本冥必三謂身口意若其不爾何能示現神將三業令衆不知故未顯本前非同證者皆不能測此乃三冥使之然也二所以下結雖在三業言且不彰復是冥義如先陀婆非智臣莫曉三如此下結前生後二世尊下別釋前以五句共明智冥乃至五句共爲正冥但以智等彰其冥名故當總釋今於初五句分對三觀乃至後五句分對三身故當別釋二初大師用三法釋二初正別釋二初約離釋義二約合對題初三初約五句別對三觀三初牒文示義作觀釋者此出散脂本修之行也二知一下依義釋句二初二句示境能生所生皆言一切法者如十二支皆是能生皆是所生能生生所生所生資能生能生名因能資爲緣因緣不盡生法無窮此等即是所觀境也二了一下三句示三觀三初一句空觀了達虛無者悉從因緣無性實故虛離名相故無畢竟叵得方名了法二知法下次句明假觀了無性相名曰知空不礙緣起名爲非空以一切道起一切

種名道種智此智分別十界假名海印森羅而有差別而或作無字必誤也

金光明經文句記卷第五上

金光明經文句記卷第五上

校勘記

一　底本，明永樂北藏本。

一　五三二頁上一行「卷第五上」，南作「卷第九」；清作「卷第五」。

一　五三四頁下九行第一六字「者」，清無。

一　五三四頁下一三行第一三字「初」，清作「物」。

一　五三五頁上六行「方法」，南作「方土」。

一　五三六頁下一七行第一〇字「昊」，徑作「昃」。

一　五四〇頁上六行首字「二」，清作「一」。

一　五四二頁上卷末書名，南作「金光明經文句記卷第九」；清無（未換卷）。

金光明經文句記卷第五下　何六

宋四明沙門知禮述

三如法下後句明中觀以二觀等者出安住行相也圓論三觀若非一心觀體則縱若其不以二爲方便中爲真實觀體則横今論三觀不縱不横如此修之即能安住十界之法如於本性即修成性功由一心三觀之力也故荆谿云以正觀安故世諦方成不思議也此則雙遮中道也雙照二諦故言合受遮乃遮情照則照性邊情既泯二諦皆中中既不偏是故空假各含一切經云於一切法含受一切法不作雙照中道解之經意莫顯也三若三下結觀名密二初揀非二即一下示密即一而三故不一即三而一故不異縱横並別非之例知欲知等者兼用口密以結此文二約次五句別對三脫此明散脂自顯本地已證解脫而兼三諦者得脫由見諦也三初牒文示義二現見下依義釋句三初一句示圓淨實智照不思議真諦者真諦體是性德般若全性起修名爲實智諦非般若寧發實智此諦離縛乃成分滿圓淨解脫當知理果終始一如二三句示方便淨隨機屈曲因果廢興皆是權智照不思議俗諦俗諦體是性德解脫全性起修名爲權智離縛乃成分滿方便淨解脫理果不二準前可知三後一句示性淨前云智光乃至智聚四名但召能照之智唯此智境雖亦標智體是諦理義當所照故疏引經法如如智此智與法如如冥故意彰境智如如不二然而此說人皆知之所解終成二物相合蓋以不曉境智之體故也欲知境體須簡頑境及偏小妄心假立真如此境安能與智不二今依馬鳴立境體者所謂本覺其智體者所謂始覺故起信論云所言覺義者謂心體離念離念相者等虛空界無所不偏法界一相即是如來常住法身依此法身說名本覺文畢此覺是性全性起修名爲始覺論云始覺者即同本覺既云離念豈有思議既等虛空無所不偏豈有一時一塵一心而非本覺及始覺耶是故得云三世十方生佛依正爲所觀境三世一方生佛依正爲能觀智境智名別其體不殊是故能所二而不二境照於境境照於智智照於智智照於境此四句說說即無說無說而說此四句照照而無照無照而照不可思議智境斯之謂歟此之智境須論六即今是分真究竟二位三若三下結脫名密二初簡非二以不下示密俱例前三約後五句別對三身三初牒文示義二正解下依義釋句三初二句示報正解能顯體等者此乃似解能顯真體真體乃是性德般若既得顯發即能觀達根本無明故名正觀而言報身者在心名觀就身名報四十二位皆得論之二得正下二句示應分別約法知藥病也解緣約機知生熟也非此解別則無應身故應身對機未熟而出乃名待時已發後出乃名過時啐啄同時是應機相三一句示法無覺等者此義須對報應簡之秖一大覺而有寂照及非寂照三種之能故名三身覺即照覺能照理故即是報身無覺即寂覺能現形故即是應身今云無覺無不覺者即非照非寂覺能雙亡雙用名究

竟覺即是法身是故三身名爲三佛三種之了亦復如是就身名覺就心名了三義宛然三若此下結身名密二初簡非二非一下示密可見二約正下約合對題二初合三德對題上文約正明於三身觀明三觀脫明三脫三三皆可對金光明此明離也今合三身爲一法身但對金字合於三觀爲一般若但對光字合於三脫爲一解脫但對明字諸經諸論以三德等作脩二性一說者圓人解之是合三義此意至妙學者應知二三德下明五章皆密三德是佛所證密藏以被機故說金光明微密之教散脂本因稟此密教而生密解即聞密名也住理乃是顯於密體也行行乃是脩於密宗也利他乃是起於密用也不言教者同佛故也二復次下明互通雖作三身三脫三觀三節解之而十五句一一皆是金光明海體量高廣故使名義展轉相釋如涅槃中百句解脫以一一句皆是三德微密藏故大師釋句句具百成於萬句今舉正解具十四句能具成十五句合云由正解故正

觀由正解故得正分別由正解故正解於緣由正解故正能覺了由正解故不思議智光乃至由正解故於一切法合受一切法以正解一句爲首既然餘句爲首例亦如是乃成一百七十五句以體量一貫故名義相成疏於三五皆舉顯句例於四句皆十五句註云云今此銷釋也二又作下用五性釋所用五種皆名佛者是果德故皆稱性者不改義故若將此五對今三節五句義者能顯散脂本證圓常迹用周徧讚經德妙利人益深此乃今家對釋意也文二初大師對初五句二初示五性異同二初明三種不異正謂中正緣謂助緣了謂覺了此三名義諸師立同故云不異二又一下明二性出沒二初二家立異二初明異相果性者緣了所尅智斷果也境界者緣了所轉境界即陰等十種境也果及果果者果則別在智德果果者別在斷德智德之上又加斷德故重言果此之二二皆稱性者悉以常住不改爲義境界不改者修惡即性惡故也二若作下明開合沒境界性爲

緣因所攝者陰等十境乃是正觀近方便法觀發了因故可攝屬緣因也沒果果性爲果性所攝者智斷雖殊俱名果故二雖開下五數不虧二今以下約五句對性二初對初家五性安樂性即正因佛性者安樂乃是涅槃之義具足三法今就合說但名正因世出世等者六道是世間因果三乘是出世因果言因佛性者境界之性但齊九界十如是法望佛是因以其佛界十如是法望九稱果皆屬能觀不名境界故起信論但以九相而爲境界是故業相名細中細爲佛境界又云依轉識故說名境界而此證者無有境界可說故知境界是九界法若爾何名佛性良以果人不獨成就佛界十法亦能成就九界十法是故千法衆生雖具體用不彰唯佛究竟圓融自在所以因法是果人性二若作下對次家五性境界既以合入緣因遂取知法分齊之句而爲果性究盡實相名智照分明見無分齊之分齊也如云智度大海佛窮其底豈非無底而爲底耶乃以安住諸法如性一切皆

能舍受一切同名果果性此則果後任運來求雙遮雙照也二若然下章安例兩五句二初例上合對二師雖下準義須釋五性秖是開於三法三番五句既其番番對於三法亦合番番對於五性後之二番大師不釋意云可見章安恐後學不知故略指云義例應爾復令講者伸釋其意故云準須釋此等也第二番中智光是了因性智炬是境界性知境不濫如炬照物智行是緣因性智聚是果性智境是正因性若依次師設境界性者則智炬是果果性斷德對機不濫也第三番中正解顯體是了因性正觀體顯既當報身合是果性正能分別是境界性正解於圓是緣因性正能覺了是正因性若依次師設境界性則以正能分別爲果果性果後應機任運分明也三世尊以是下結三從世下發誓充益二初分文示好二依此消文二初益能化經三初世尊下益口業二衆味下益身業三心進下益意業二以是下益所化經三初未種令種二若有下已種令熟三無量下已熟令

朓問既得智聚又攝福聚斯乃真似二種莊嚴合居方便及實報土經那但云無量千劫人天受樂答須知十益皆悉不離二十五有此中乃是人天方便人天實報故仁王般若云出三界外更有衆生界者此是外道大有經說須知四土若橫若豎秖在三界一處而論學者宜審四從南下歸敬三寶一切衆經初皆歸敬者謂結集經者皆有歸敬在通叙前此方好略譯人省之亦有存者如薩遮尼乾子所說經初云歸命大智海毗盧遮那佛注云外國本一切經首皆有此句諸論下即造論者歸敬也如智度起信等三寶者佛法可知功德大辯即菩薩理和僧也南無此云歸命二正論善集明人王往日通經二初正論品二初解題二初正釋題二初直釋二字世聖者謂輪王也易曰備物致用立功成器以爲天下利莫大乎聖人管子曰聖人若天然無私覆也若地然無私載也此皆言世間聖人出世聖謂三乘果人斷惑證理名聖也覈者說文云考事之實也覈事實則世間正

論可治國覈理實則出世正論可以詣道二此品下委明四悉謂世間正論而有四益皆引孝經結成其義文爲四初世界先王舊法即世間事實世世不同即世界意也二王行下爲人百穀者楊泉物理論云梁者黍稷之總名稻者粳糯之總名菽者衆豆之總名三穀各二十爲六十蔬果之實助穀各二十凡爲百穀社稷者孝經緯曰社土地之主也土地闊不可盡敬故封土爲社以報功也稷五穀之長也穀衆不可徧祭故立稷神以祭之禮記曰厲山氏之子(厲或作列)柱及周棄爲稷(厲山氏之有天下也其子柱能植百穀夏之衰也周棄繼之故祀爲稷神)共工氏之子后土爲社(共工氏之霸九州也其子曰后土能平九州故祀爲社)民用和穆者人民被服其教自相和睦尊卑上下無相怨者三對治內姦謂亂臣賊子孔安國曰在內曰姦在外曰宄禍亂下禍者謂善人逢殃亂者謂臣下悖逆作起也灾者天反時風雨不節也害者地反時水旱傷稼也四第一義本金光明者即四王品云所作國事所造世論皆因此經也至德要道者至謂窮

理之極要謂以一總衆謂益正論是先王舊法爲德之極道之要也前之三悉屬於世間且就末辯今此第四兼出世足故雙明本末之義令其聞者解悟兩種第一義故鈔者但得世間要道此從末也利者乃悟出世要道此從本也增益天德亦須兩分從末者益但生天若從本者益在義天亦兼淨天以金光明屬通教故二此文下明來意寘聖者即諸天是寘聖也故法華三昧云一切寘空二釋文二初分文二隨釋二初長行經受灌頂位者華嚴三十九云轉輪聖王所生太子母是正后身相具足其轉輪王令此太子坐白象寶妙金之座張大網幔建大法幢然香散華奏諸音樂取四大海水置金瓶內王執此瓶灌太子頂是時即名受王職位墮在灌頂刹利之數即能具足行十善道亦得名轉輪聖王二偈頌二初分文二隨釋四初集衆三如分科二次四下發問二初分文二釋義四如分文三結問開答四梵天答二初述意分文二初述意佛經釋天子義此文最顯若儒教則云王者父天母地爲天子之故援神契曰天覆地載謂之天子二分文二隨文釋義二初略答四初許答二答王義經故稱人王者謚法曰德象天地稱帝仁義所生稱王白虎通曰王者往也天下所歸往也三答天下答問天義二初指出三義未入等是一義分德是一義力加是一義二以護下明答三問三初以護胎答第二問未入護者猶在中陰已入護者處在胎藏此之二時多爲鬼害故假天護二以分德答第一問三以力加答三四問前第三問處王宮殿何故名天四問以人法治世那得名天故今答中雖處人宮天力加故自在如天答第三問也遮惡勸善令人生天答第四問也四從半下重答問王義二初正明人王三義三初明執樂名王王執此樂者謂持禮樂以化民也孝經曰導之以禮樂而民和睦樂記曰大樂必易大禮必簡樂至則無怨禮至則不爭揖讓而治天下者禮樂之謂也使天下去明樂之化成也京房易候云太平之時十日一雨凡歲三十六雨此休徵時若之應風土記曰擊壤者以木作之前廣後銳長尺三四寸其形如履臘節僮少以爲戲也逸士傳帝堯之時有老人擊壤於路曰吾日出而作日入而息鑿井而飲耕田而食帝何力於我哉豈非至聖之德爲而不宰玄功讃運是以百姓日用不知竹馬兒童所戲也人王執樂治國故得天下和平老幼俱樂其性也二明遮惡名王即經云羅刹魁膾等以能遮暴惡故亦名羅刹魁膾也以亦名二字貫下如羅刹中魁卒故衆鬼不敢爲非也三明父母名王即是王爲民之父母也誨示禍福等者謂違仁義者致刑罰是禍惡也録仁義而授爵禄是福善也制禮以檢其迹作樂以和其心故樂記曰樂者爲同禮者爲異同則相親異則相敬民知禁者民知有禁令也二能爲下兼顯天子三義因中說果者以禮樂化民必生天上故二從若下廣答二初分文釋義二初廣明非法失於六義二廣明正治得於六義此六經文前後相參故幷前段皆不細分講者當以六義得失對之

銷之其理自會二此中下示觀明本二初令思觀義自思之者稟斯宗人合知三種修觀之法故疏不示令其自思令恐後學未能別之不免略說此於三種是託事觀謂託世天明於諦境託於人王明於妙觀即此一念性是義天依止此天能令此觀不起邊倒名天護義中觀也觀合義天同天之德不分而分名天分德空觀也義天神力加妙觀故能歷諸境皆得圓融假觀也又託人王修理觀者全諦起觀中觀雙照即父母義空觀伏惑即魁膾義假觀立法即執樂義此諦此觀皆離縱橫秖於一心具茲六義二設問明本二初設問上四王品云閻浮提內諸國王等所作國事所造世論皆因此經豈非正論以金光明而為其本欲令答示即末之本故與此問二天者下答示二初正示方等所說豈有一事不本於理如向散脂翻為密者常所稱呼豈知召於秘妙三法今於此典自叙密名十五句義斯乃委彰世名之本此之正論是梵王說梵王之本諸經開為法身菩薩法身菩薩隨所住處是常寂光以身例口隨有所說無非秘藏今之正論既金光明而為其本豈可末事暫乖本理水波金器本末同時以金光明具世間法故即世名而可示本自此為二初明末即於本二初就天子三義示本應先了知此金光明是法非譬以法報應是金光明異名故也天者第一義天也子者無上衆生本來人也攬金光明妙三實法為此假人此人依止第一義天本離八倒是天護義此人智光冥法身金德與法同為分德義此人應益名之為明義天之力之所加也二又父下約人王三義示本此妙假人體是金故雙具權實能與一切而作父母體是光故照惑本空即遮惡義體是明故能生衆善即執樂義二以此下明末從本立如上所示本之六義因果六位皆即此義此義能作世出世間一切事本今即此本而談正論其圓教機聞治國事即達其本乃能頓治四種之國二如來下例結經於一人而立人天兩種之稱意顯此論通世出世也釋善集品二初解題二初正解題二初釋善集得名二初據名廣集六善海導師謂海中船師善法雖多不出此六二附文別集檀智二初明攝六檀能攝六智能導五成就二嚴故舉茲兩二提如下示經文二初正示經經舉此二其相深廣實滿四洲盡奉三寶興隆事廣合掌而立聽金光明證悟理深二檀智下例餘行此王心大集善不輕檀智深廣在文既然驗餘所修皆非聊爾二此六下用悉檀立品總舉六度名數不同是世界五度望智且在事善屬為人智照五度破取相惡屬對治達六法界絶乎思議皆到彼岸名第一義此王具集四悉檀善故以其名立今品目二此品下明來意治國之論是世正見聽金光明是出世間上上正見夜睡夢中聞佛功德是感動聖及見比丘名曰寶冥是感動賢縱入分真望佛名賢二釋文二初分文釋義二初分文二釋義二初對告地神二佛以偈說二初通明因地行檀二別明善集二施謂四天下寶施財也請說此經令無量衆聞金光明施法也此別為

六當如分文以義解釋經治政之勢者謂化之勢分極於海際厠雜也填塞也繒帛之總名也曼陀羅此云適意曼殊沙此云柔輭舊小大白小大赤不鼓鼓擊也怡悅樂也瑱美石次玉琦王名耳璫釋名云穿耳施珠曰璫應作珥璫珥如志切蒼頡云珠在耳也二就此下指歸三法言就此品論金光明者就其所說論三法門疏文秖云論金光明驗直就法立此三名實不從譬以前後文悉皆如是講者學者知之知之然以諸句對三字者以此三是深廣法性當體之名法性可尊可貴名金法性寂而常照名光法性能多利益名明與諸三法無二無別若揩品內事理依正即此三者乃令行人達乎所詮不縱不橫絕思絕議此典方得名為經王是知對三深有所以此自為三初就善集論翻波羅蜜名到彼岸是所歸處故名金般若翻智故名光五度是行故名明此就智行及果為三對金光明二就實冥論蜜是所依名金滿月能照名光讀誦是行名明此約依正對於三法三

就二人論實冥依正與王兩實對於三法行者應知秖一法性名金光明豈可光明暫離於金豈可金光暫離於明今以三名分對依正自他人物為令了依不離於正自不離他人不離物以金光明舉一即三全三是一不縱不橫而高而廣物物皆是金光明海心心皆是三德祕藏若不爾者何名經王耶第三鬼神品二初釋題二初正解題二初正釋鬼神二初釋鬼歸者尸子曰人死曰歸云云者觀佛三昧經云修羅與天帝戰時空中刀輪而下修羅軍衆身支墮落即便怖畏竄隱藕絲若依俗釋者鄭玄云聖人之精氣謂之神賢智之精氣謂之鬼禮記曰明則有禮樂幽則有鬼神二釋神二此品下對上題品二此品下明來意二釋文二初分文二釋義二初長行二初正釋義二初列二釋二初舉事別佛從等者果後慈悲熏法現像說法化人此乃應身被機之佛從本覺如起始覺智合本真如名報身佛是始覺也一切諸法元是諸佛所行之處即法身佛是本覺也三佛歷別

者修二性一能起所起能顯所顯條然異故事供別者四事供養資持應佛萬行功德資成報佛稱理之智顯發法佛資成顯發皆供養義三佛既異三供亦別二圓供養者有理智以歷別故貶之為事今聽經事以融即故褒之為法第一供養者不思議供也能聽所聽體不二故秖於文字了具三身能說是應解脫德也能詮是報般若德也所詮是法身德也不解新伊但論能所豈顯圓佛及圓供耶文字若非祕密之藏那生諸佛恭敬之心非祕妙者安能圓供三世佛耶注云云者令知向釋也二又別下敘重聞二初標示謂四願一勸也二若欲下釋出二初出四種願欲問經示行人欲以妙具供三世佛及知他佛甚深行處大師何故即以知字而為報佛所知是法二必垂形是則三身皆屬行者因既濫果供養義乖此解違經如何取信答前標事別正卻此情經云欲知豈非行者甚深行處既是法身能知之心寧非報佛文字之應現亦唯心若生佛條然能所求異斯出小教

何預圓宗今就圓宗解四願欲若逮三世諸佛三身同在剎那法界六塵頭彰妙解是可思議正當違經二聽經下明一事滿四三世諸佛覺智爲命而與衆生同一心性乏熏修故即不受供養諸佛壽命不滅而滅以隱爲滅也今以聽經爲供養故即是受供諸佛壽命不生而生以顯爲生也行人應了生佛無差聽經智生即諸佛現以諸如來同一智故觀行相似分真之佛與究竟佛無二無別又了智生即三佛生即一而三不縱不橫此乃欲供欲知三世諸佛秖聽經一事四願俱滿三偈頌二初分文二盡道下隨釋科節並如分文所列經若入是經者一言於經即有三種謂教行理能了此三是妙三法名入是經若不然者安得入經即入法性所入法性無量甚深三義具足名金光明稱此安住名之爲如即見釋迦三身妙體須論觀行相似分真入經見佛經若百由旬滿中盛火應從中過者爲法亡軀也經文殊師利云妙德彌勒云慈氏經勇捍說文云多力也五舉能致天龍以勸修二初翻現文疏從摩臨去也閻摩羅王或閻摩羅社此云雙王閻摩雙也羅社王也兄及妹皆作地獄主兄治男事妹治女事故曰雙王又苦樂並受亦名爲雙那羅延此云鉤鏁力士難陀此云喜跋難陀此云賢喜兄弟二龍風雨應時能令人喜賢謂性又賢善故吠摩質多此云淨心正法念經翻爲響高亦云穴居正云吠摩質咀利此云綺畫又云寶飾帝釋婦公舍支之父佉羅騫陀此云廣胛二脫因却解初段脫因等者初段文云能令一切衆生解脫度無量苦諸有大海既云一切衆生解脫度諸有海須於界內及以界外各脫三障故以因果對於業報諸有由感故當煩惱經優鉢羅華下四句四色蓮華優鉢羅是青波頭摩是赤拘物頭是黃芬陀利是白

金光明經文句記卷第五下

金光明經文句記卷第五下

校勘記

一　底本，明永樂北藏本。

一　五四三頁上一行書名，南作「金光明經文句記卷第十」；清無（未換卷）。

一　五四三頁上二行述者，清無（未換卷）。

一　五四三頁中末行「一方」，南作「十方」。

一　五四五頁上一行「舍受」，南、清作「含受」。

一　五四五頁下一行第二字「可」，南作「可以」。

一　五四七頁中七行第一二字「天」，清作「大」。

一　五四八頁上五行第六字「王」，南、清作「玉」。

一　五四八頁中一行第一一字「雨」，南作「兩」。

一　五四九頁中卷末書名，南作「金

光明經文句記卷第十」；
清作「金光明經文句記卷第五」。

金光明經文句記卷第六上　何七

宋　四明沙門　知禮　述

釋授記品二初解題二初正解五初明今是二種四種記者首楞嚴三昧經佛告堅意記有四種一者未發心記或有流轉六道生於人間好樂佛法過百千萬億劫當發心過百千萬億阿僧祇劫行菩薩道乃至供養佛化衆生皆經若干劫當得菩提二適發心與記者是人久劫種諸善根好樂大法有慈悲心發心即住不退地故發心與記三密記者有菩薩未得記而行六度功德滿足天龍八部皆作是念此菩薩幾時當得菩提劫國弟子衆數如何佛斷此疑即與授記衆皆知此菩薩獨不知四無生忍記者於大衆中顯露與記也今是二種者即適發心記及無生記也二授者下約訓釋二字三此中下明所記之人四亦名下釋記異名五從佛下明授非受二此是下來意昔行經者金龍尊王讚佛發願而爲行經十千枯魚聞法熏修而爲行經以爲因方猶將也今得記莂將來作佛

證驗今日若親弘經若爲外護不久得記成佛不虛二釋文二初分文二釋義二初與記二初與三大士記二初同緣者集過去同緣此經不說或見彼經二正與記世界轉名淨幢者應論四句者一名轉土不轉轉名淨幢是也二土轉名不轉如往古釋迦取土名娑婆今釋迦亦名娑婆三名土俱轉如觀音補彌陀處四名土俱不轉如今銀光補金幢光照佛處世界名字如本不異此中是一者恐誤合云二也二與十千天子記二初分科二釋義二初聞經生解或相似解或分真解經無定判故須從容經心無垢累等如下釋疑疏中明二正與記既云於是世界而無別名即是還名娑婆此乃土轉名不轉一句注云云者令如向釋也二疑記二初分文二釋義二初疑問三初行淺記深二如餘下約權疑實引錐指地者謂無有容錐之地不是捨身命之處也從假入空非止一世者菩薩性地經於三祇修六度故直行等者歷別斷次其相如是三爲衆發問大權解頭自必無疑爲

他故問二佛答二初分文二釋義二初舉現行四初明三事和合二證聽經功德順前三教上求下化亦得名爲修法供養但以偏漸故經多劫一聽此經頓達妙性一攝一切名真法供既生圓覺即三世佛皆受供養能知諸佛甚深行處三身頓顯今萬天子來此聽經若不能滿四種願欲安得受於成佛記莂驗知前品所說不虛三聞記下明稱經悟入無有成佛不具三身三身之果由於今日聞金光明以爲妙因從法性明生慇重心應身因也從法性光起無垢心報身因也從法性金起虛空心法身因也此金光明與其三德無二無別三德爲本無量功德之所莊嚴或似或真顯此三德是故如來授與果記聽經之益其相如是四以隨下指今昔因緣經皆因緣者一聞得記豈無因緣此乃總標有妙善根別標遠因緣以隨相修別標現因緣言因緣者感應也或內心外教而爲因緣何以故下釋出現因緣行隨實相而修者以十乘觀而爲行也不思議境名實相也即境爲觀

此觀順境名隨相修非今宗意此句莫鎖然此十觀修有三根上根一觀中根二至七下根具用十今萬天子一坐聞經或但用一或在二三是信行根依言而修入似真位有妙善根下釋出遠因緣善既云妙乃普聞圓而爲根種故云緣實相而種善根也二從亦下舉遠緣經誓願因緣者流水品云未來之世當施法食也乃以此文對下二品而爲略廣五釋除病流水二初釋除病品二初解題二初來意即廣荅遠緣四字是也意通流水文在此中二由醫下釋題方等經王標除病目不止除於果報病苦義合該收惡業煩惱十種之病故下文云治諸衆生所有病苦悉令除差文意含攝十種行人故上正論品疏云半名世論半名出世論今豈不爾又荆谿云上根即於境種而生於果故文云直聞是言病即除愈爲中下根更須後法是故文云至長者所爲合衆藥故知不獨除果報病二釋文二初通後品分文二就二品釋義五初緣本二從像下遠緣二初分文二釋義六初明父二善女下生子經受性聰敏敏達也孝經云參不敏何足以知之三是時下國人遇病四善女下其子請三初見人遇病二作是下思惟經衰邁說文衰減也損也廣雅邁歸往也謂壯力已往也禮記八十曰耄注云耄惽忘亦亂也顫四支動也掉振也机杖者坐則凭机行則執杖三即至下正問四初問四大增損二問飲食犯觸三問治病醫方四問病動時節五父爲說二初分文釋經二初分文二隨釋四初答四大增損二初佛叙父醫欲答二正答時節五初釋時節二初依俗法謂孟仲季者孟始也仲中也季末也二依佛法一歲三時以四月爲一時也何故没秋時耶爲破下凡有二一爲破常計二爲開迦提以秋是收成物皆結實易起保著故不言秋爲開安居者爲後安居人續結令成爲前安居人開迦提月也律中有三種安居謂前中後也四月十六日是前安居十七以去至五月十五日名中安居五月十六是後安居若四月十六日結者至七月十五日夜分盡名夏竟至明相出十六日後至八月十五日以來名迦提月明了論云本言迦絺羅爲存略故但云迦提此翻功德衣以前安居人坐夏有功五利賞德律中受此衣故一畜長財二離衣宿三背請四別衆食五食前後至他家西域記以迦提翻昴星以昴星直此月故於昴星月中得受功德衣故是知若不没秋中後安居不名坐夏以後安居人至八月十五方解故二釋若二二說三初依俗法土寄四季者三六九十二月也各十八日者四季共七十二日也秖是陰陽二月者皆以奇數爲陽偶數爲陰也陽土陰土者從冬至一陽生爲陽遁故十二月三月是陽土從夏至一陰生爲陰遁故六月九月是陰土若論下二陽土二陰土亦是二二故加本月足滿六時二依佛法皆起於十六日者彼以十六日爲朔也三又云下復依俗法皆以奇偶之數分陰陽也三釋三三本攝二初正釋二初依俗法二初以孟爲本二又云下約五行說二依佛法三時三月以爲其本各攝一月故云三三本

攝二釋妨既三爲一數是故俗法及以佛法皆約三論但以俗法本之與攝秖在三中故名三三本攝若佛法者即以三三爲能攝本乃以三一爲所攝月亦得名爲三三本攝四釋隨時消息二初依俗法二依佛法夏之後分冬之初分隨俗名秋隨此兩間消息斟酌五釋代謝增損二初通内外釋春動肝病等者肝藏屬木木春王則可治脾屬土木尅土故脾難治心藏屬火火夏王則可治肺屬金火尅金故肺難治肺屬金金秋王則可治金尅於木故肝難治腎屬水水冬王則可治水尅於火故心難治二約佛法料簡二初問二答意者佛所制法非爲養身但爲修心及以禁足分二初約破常答凡夫四倒常樂我淨顛倒之計託緣而成故廢秋時令諸弟子不保常樂二約坐夏答既開後安居免於坐秋則前安居人得立迦提月廢秋之意爲此二緣二從有下答犯觸二初正明犯觸其中先論六事犯觸多行倚者倚立也次若火下四大動病火少痰多者火滅故水增也飲食下

通明六種犯觸過量等者對君達云體欲常勞食欲常少勞勿過極少勿至虛常去肥濃節鹹酸減思慮損喜怒除馳逐愼房室吾葉別示妨食二略明六大白虎通曰府者何謂也謂大腸小腸胃膀胱三焦膽也府者爲藏宮府也胃者脾之府也膀胱者肺之府也三焦者腎之府也膽者肝之府也大腸小腸心之府也疏中兩膀胱唯一藏黃帝脉經云上焦自頭已下至心中焦自心已下至臍下焦自臍已下至足廣雅云膀胱脬也脬字匹交切腹中水府三蒼云盛尿處曰脬三從多下答病起時節生與起時相不同者微發爲生動用爲起微著不同也夏日等者四病四時生起所以也四從有下答治病方法二初分文二風病下隨釋三初未病藥防二飽食下正以藥治也但舉病發者以病顯藥當用對病妙藥治也三風蹺下病退藥補二此中下示銷文所出良以真諦善閑世術兼有神通故銷此文全憑彼跡六善女下知已徧給二初分文事釋二初分文二釋義二初病輕間

說即差二經善女下病重服藥方除此品事醫意含法藥除病不一非可卒陳次示觀心略申其意其文在即故注云云二觀釋者此品所詮是佛自叙宿命所作淨佛國因文中雖說除果報病意乃通結四教機緣是故大師事解之後示觀心法明彼流水結緣之意如觀音疏釋於七難帖文但在事中大等至觀行釋方明三障四教今豈不然問既結四教生土之機何故但約停心方便而論觀心答語似三藏停心之法意則不然何者以四分名通界内外數息等四四教行人無不修證今之觀解約此而論獨顯除病結緣之意分三初明觀之藥病三毒者謂貪嗔癡偏起也言等分者謂三毒等起也然貪嗔癡性本相反終非三心一時並作但是不定雜雜而生故云等分一分乃有二萬一千四分共成八萬四千塵勞之門此則十界衆生心病對前果報身病是外故今四分名爲内病數息等四對前甘辛種種之藥皆是事治故今四觀名爲法藥二宜聞下示行之根性自有衆

生聞說四觀四病得差屬信行人自有研心修此四觀四病方差名法行人信行則是學讀之人法行則是坐禪人也今明二人皆通四教三眼是下明對病用藥二初明四分起相二明四觀治相初四初約五根對時此説五行對於五藏藏主五根根屬四時眼耳鼻舌偏屬一時身通四時如常所說二妙好下明五欲致病以其五欲麤妙偏總對根不同致令四分增損有異須知五欲徧界内外故使四分通別天殊迦葉斷通故稱少欲未斷別故聞琴起舞請觀音云斷除三毒根成佛道無疑旣論三毒寧無等分此四亦由實報五欲麤妙偏總對根而起也三明三受犯觸違情苦受順情樂受不違不順平平受此三偏起也總三起等分名覺觀緣慮紛紜也四慢時下明四分病因五欲三受旣從外境蓋是四分助發之緣令果慢等內心惡習乃是四分親發之因慢心發嗔乃至放逸發於覺觀并前犯觸通界內外例五欲說二慈心下明四觀治相前說外緣及以內因起四分心皆所觀境即是病相今明四觀正明能觀四種法藥慈心治嗔者嗔旣通於界內界外能治慈觀不獨觀於衆生作父母想與世間樂觀一切法無性無相能與衆生涅槃之樂觀一切法無非法界能與衆生究竟之樂以此治於三種嗔心是故釋論明三種慈也不淨治貪者不獨修於實想假想破於凡夫依正之染亦能破於二乘涅槃之染亦破菩薩執於次第三諦之染故起信論云始覺能破六種之染因緣治癡者不獨觀於三世無常因果破於凡夫斷常之癡亦能次第觀於三諦十二因緣破於二乘有無之癡又能一心觀於四種十二因緣破於菩薩縱横之癡是故大經觀十二因緣具四種智也數息治覺觀者不獨數息觀於生滅而破凡夫有著散亂亦能數息修俗諦三昧深入緣起破於二乘偏空亂意又體數息息息皆中諸法趣息破於菩薩二邊亂意故請觀音於數息法得三乘道住首楞嚴身如瑠璃毛孔見佛然此四治或可四人各修一法以其四法各含三觀人人自可依次不次而治三惑或可四治秖對三觀慈心即假觀不淨即空觀因緣即雙照中觀數息雙遮中觀此三自可約次不次次復不定或可三人各一或一人前後若不次者唯是一人一念而進觀音疏中尚以三毒直對三觀而論次第及不次第況慈等四非三觀耶若其圓人四分徧總而發起者即於一心融妙三觀對病用之即止觀中勝別意也二流水品二初解題二初兼除病釋名二初釋流水二初引文標二名二接經釋二義二初釋二義二初別釋二義二初釋與水二釋流水初則大慈與樂次則大悲拔苦初又二初列二水二釋二水今此一類世樂且在果報之益出世唯明一實之益若論此時結淨國緣合徧人天及以四教二釋流水二初列二水流除者流去其水即是除義二流除下釋二水言業因者於果報外九益皆能除於業因今十號等乃以能除顯於所除十二因緣經稱甚深驗三歸十號皆是圓說識本雖無三歸之文最勝經有真諦所譯必亦

有之授法之儀關之不可二請父下變成二義二既有下單示題二初問二文中下答經文與題二名互顯巧不過此也二釋長者子法華疏中具十種德名長者一姓貴二位高三大富四威猛五智深六年耆七行淨八禮備九上歎十下歸子者下亦如王子公子也故經云持水大長者家中後生一子名曰流水二此文下取授記出意二釋文三初明第三結緣近由二初分文二釋義二初弄引二初行恩布德二國人稱美二善女下正近由三初明眷屬二時長者子將下見魚之緣即禽獸馳奔也三時長者子遂下正救魚私開爲二初明因緣二初因流水興悲二時有下緣樹神示數二善女下與水食二初與水四初取樹枝覆日恃依也二作陰涼已下知水源決絕捕捉也決棄其水決音穴廣雅云穿也說文云下流也周易藩決不羸亦音穴也三時長下就大王借象廐馬舍也釋名云廐聚也馬之所聚也二時長下施食二初察魚飢惱徬徉上扶方切下以章切廣雅徙倚也

文俳佪也二善女天下取食施與二從末下明第四結緣二初分文二釋義四初發誓願二復更下思惟說法三作如下正說法先稱十號次說因緣十號在悟在果因緣在迷在因迷悟因果其名雖殊而體不異以十號果是究盡三德十二因緣是本來三德三德不改因果寧殊故普賢觀云大乘因者諸法實相大乘果者亦諸法實相諸法是修二實相是一性此三圓融不縱不橫全體爲因全體爲果衆生雖迷十號無減諸佛悟極十二不虧以世間相皆常住故今先唱果果理已顯令其解生初稱寶勝者乃是別名名於一佛如來等十乃是通名三世十方佛佛皆具若以通從別合得名爲寶勝如來寶勝佛寶勝世尊此三既然例此合云寶勝應供寶勝正徧知乃至寶勝天人師也此十通號大經大論出其名天台慈恩出其義相狀已顯今傍諸釋更約三三及一總結以銷十號令知一一無非秘藏此義若明則不辱於果人名字初三既以如來爲首即法身中三也如來是

真如屬法身應供利生是解脫正徧知具二智是般若以其法身必具二德故也次三既以明行足爲首即解脫中三也三明之行是解脫善逝能趣極是般若解三世間一一常住是法身以其解脫必具二德故也後三既以無上士調御丈夫爲首即般若中三也見性名丈夫故當般若天人師軌訓衆機是解脫佛是復本大覺是法身以其般若必具三德故也此九即三此三即一一無一相三九宛然三千世間九世刹那一多延促究竟自在故言世尊十二因緣束爲三道無明愛取三支屬煩惱道行有二支屬業道識名色六入觸受及生老死屬苦道此雖昏迷繫縛輪轉而全體即是三因佛性皆不可思議隨人觀察顯發不同故大經說下中上智觀此乃得三乘菩提若上上智觀得佛菩提以前三教智有思議故觀十二止得三乘唯有圓教不思議智體無明等即是性淨非佛天人脩羅所造一一常住當處圓融方曰因中具於果性又玄文中三道三識雖本有位與果後

三德無二無別得此意已方可分別十二別名無明謂不了六受即空假中行謂依不了心動作業行識謂業牽中陰識託母胎名色謂二滴爲色心但有名六入謂名色增長成六入根觸謂六根對外爲塵所觸受謂觸生三受苦樂平平受謂迷三受故於樂染著取謂愛染纏綿四方求索有謂由取造業須有來報生謂有業既熟未來陰興老死等謂生須變滅悲惱縈纏此十二支或約三世或約二世或約一念雖三不同皆以十二而對三道即事而理一一究竟清淨自在不縱不橫而高而廣如是觀者得佛菩提略三歸者義已具也蓋三寶三德體本不異既稱南無實勝十號豈非歸命果上三德復說甚深十二因緣乃是心依因中三德迷悟極際三德無差一體義備三皆具足常樂我淨真是歸依三寶義究竟成當知識師意趣深妙四魚生天報恩四初魚報生天凡初生天以自業力有三種念一自知從其處死二自知今此處生三自知先作何業得來生天既知曩事故

下酬恩一天酬恩下地經樓屋者重屋曰樓或作樓臺者誤也釋此爲二初事因緣十號且就能詮屬言教故同於水食名爲事也二理秖於四事而解四德故成理益以十千魚由戒緩故受鱗介身由乘急故今遇大乘真善知識故能於事深解妙理受食得命即表真常受水得樂表涅槃樂於十二緣林解自在我依十號法獲天報財於世淨命解性淨德此四法益因流水得故持四萬真珠瓔珞報恩供養食等四事既表理益四萬珠瓔豈但事供蓋表千界萬如是法一一皆具常樂我淨即四十千真珠瓔珞非嚴而嚴嚴於法身此乃財供而成法供若不爾者豈得名爲有妙善根得記緣耶三時闍下王見光瑞四長者據教定答三明第五結會古今經羅睺羅此云覆障以六年在胎因立斯號新云羅怙羅此云障月然本迹事不可審知傍文思之十千今昔必是所化餘皆能化此之能化據華嚴等諸經所說皆是劫海修其實因熟其十千令今得脫若取法華久成之意皆是

迹中接此等機令今得記此宗講者内心合知六釋捨身品二初釋題二初問捨多題少二此從下答從要立題受者須身虎飢所逼正須身肉壽命財位非彼所求夫行門無量根由宿熏四種三昧逢人所尚於隨自意善行六度樂行檀者於身命財無所恪惜自行教他隨喜讚歎皆在於施若於善師及依實教修檀行者體能施心及受施境所施身等即空假中事行理觀合一而修助道正修相資而進既稱本習故忻然而爲或因事卒行宿緣會故或積年要誓令觀成故或顯陳所願令物効故或密遂其心息他謗故悲重故密慈重故顯心若真實四悉俱成心若詐欺二利皆失然佛談本事令人効行故疏云引昔捐軀誡今師弟勿恪法財問大論云捨身易捨心難論欲行者捨執著心故以難歎欲息事施故以易斥何不依論遠離執心令人爲何好捨身命答抑揚取捨皆遵佛教悉赴人心佛談正助不同人樂理事不等今品特示捨於身命安得以論難易爲譏又復空說

捨心而執已見膠固自體一毛不拔毀他捨命爲非既乖隨喜之心寧逃嫉善之咎願聞佛說隨力奉行二釋文二初分文二釋義四初問小人即國病者小蟲一萬枯魚關未來法食之誓獲成佛記例病差者定於後世爲解脫機是故皆蒙二世之益感深契極者以不二解導難行行此感至深捨身命財與後際等此契唯極衆聞獲益正當此時是故樹神乘機發問二答二初分科二釋義十段悉如科列二就本下正明捨身二初分文二釋義二初長行四初明本眷屬二初分科二釋義五段如分科列二從作下捨身方便二初分科二釋義二初述觀解二起誓願願行相扶者行即觀解非此觀解莫成其願非乎誓願行則有退蹟適產七日至樹神數魚等者此文追解前第四見產虎文也蹟可見經從作是念言下述觀解觀有二種一助觀二正觀從初至甚可患厭是助道觀也以三藏教假想對治戀著依正之心從是故我今下正觀也至無諸塵累等即空觀也無量禪定至諸佛所讚即假觀也從證成如是至法樂即中觀也說乃前後修必一心二從是王子下述誓願先作方便次作誓言下正起誓六句不出四弘初二依滅諦發成佛願三四依道諦發悲智願第五依苦諦發度生願第六依集諦發斷惑願此依界外滅諦爲首驗發圓心也三正捨身二初科二釋經六種震動者謂動起涌三種是形震吼擊三種是聲今於形聲略言其二故言震動四捨身後悲戀二初科二釋如文二偈頌二初分文二釋義三初通明昔行二我念下別頌長行二初分文二釋義五初頌上本眷屬二頌上捨身方便三頌上正捨身四頌上眷屬愁苦五頌上父母愁苦私開二初經是時王子當捨下頌見相時愁憂二初王妃憂惱二初見相二於是下述相六初正述惡相二是時下述已迷悶三王聞下王臣憂惱四爾時下國人驚愕五爾時下王妃敘德六我所下驗相失子二爾時下大王求覓二初慰諭其妃二大王下求覓其子二先所下頌知終後悲苦三初使者迴白二初前使慰王二須臾下後使告實二是時下大王悶絕三復有下王迎二子三初臣述失志二是時下王並愚惟一七二存對並思忖亡者叵尋存者宜取三爾時下迎子慰母三從佛下結會二初科二釋三初結會人經輸頭檀或閱頭檀此云淨飯摩耶此云天后調達亦提婆達多此云天授父母從天乞子天授與之是佛堂弟瞿夷此云明女悉達有三夫人一瞿夷二耶輸三鹿野各有二萬婇女五比丘者憍陳如頞鞞跋提十力迦葉拘利太子陳如十力迦葉二是母親餘三是父親舍利弗此云身子母好身形故母名身是彼之子故名身子目犍連此云胡豆姓也上古有仙居山常拱菉豆而食因以命族尊者是彼之後也二經爾時下結會塔具云塔婆義翻方墳或云聚相謂累木石及寶高以爲相茶毘後分云佛塔高十三層上有相輪支佛塔十一層羅漢四層輪王塔無復層級以未脫三界故十二因緣經八種塔並有露盤佛塔八重菩薩七重支佛六重四累

五重三果四二果三初果二輪王一凡僧但蕉葉火珠而已雖兩經果說而凡僧並無層級通世所立雖無露盤既出四簷猶濫初果儱侗蕉葉火珠之制則免僣上聖識者宜効之舍利此云身骨三經是時下結會誓願三說是下大衆所益四樹神下結問意經怖懅其據切廣雅云懅懼也療必遥切疽疾也奄忽忽謂倏忽也鷂士虞切鳥子也𨳒如輪切目動也技武粉切拭也躃旁益切倒也慟哀過也懊陟劣切疲也七讚佛品初解題二初明讚之能所二初大師約因人讚果釋能讚是三番菩薩者一是經初陳列之衆二是信相發起之人三是樹神善女此雖衆兼道俗形混人天既發大心咸名菩薩所讚是一佛世尊者即釋迦(何七)教主一佛也斯欲異前讚品(十八)能讚是往世金龍一人所讚是三世極果諸佛也然准前釋題品目具含四悉今文略示欲明其相者應云題標讚佛義含能所即世界歡喜也二能讚善生必托緣起緣中最勝莫過讚佛故三菩薩能讚即爲人生善也三所讚爲能讚乃印咸三菩薩說無虛謬即破惡對治也四如來讚樹神伕說果地大體大智大用即入理第一義也題含四義文理一如令䟽存略不無其以蓋題讚佛實通能所以所讚果佛反讚因人生善破惡二俱不便然或以所讚爲能讚生他善業破他事惡斯何不可故知略也二私謂下章安約因果互讚釋言一佛是能讚者經云善哉善哉樹神善女汝於今日快說是言經雖獨讚樹神意兼前二故云三番是所讚言三番是當佛等者釋疑也恐人疑云既讚兼能所何以獨題讚佛故釋云佛通現未皆是讚佛爾

金光明經文句記卷第六上

金光明經文句記卷第六上

校勘記

一 底本，明永樂北藏本。

一 五五一頁上一行「卷第六上」，南作「卷第十一」。

一 五五五頁下一行末字「二」，徑作「一」。

一 五五五頁下八行至九行「三德」，南、徑、清作「二德」。

一 五五六頁中一行「一天」，南、徑、清作「二天」。

一 五五六頁下七行第二字「他」，南作「化」。

一 五五八頁上八行第一四字「𨳒」，徑、清作「瞤」。

一 五五八頁中末行書名，清無（未換卷）。

金光明經文句記卷第六下　何八

宋四明沙門知禮述

二次第下明品之次第二初明諸品所歸亦是今品之來意也何者下釋諸品次第序品敘大體等者向疏釋經敘乎五章今雖敘體者蓋指極果所游所契而高而廣法性是佛地之所證爲今經之大體也下壽量洎諸品功德皆不出大智大用言窮源等者妙覺中理之源已窮邊際之事亦極故種智泯然萬行休息是唯一性更無異途故曰經之大體也壽量果地二智已圓故冥深廣之體起長短之用懺讚空導豈越大用諸品功德無違應體故下云皆金光明之力也如是下二示今文讚意明由上一十七品之利益故有下六十二行之歎辭也善始令終者序等三分既皆獲利故三菩薩荷佛深恩而興讚歎故有讚佛品也令亦善也二釋文二初標科二釋義二初經家敘疏文可見經云從此至金寶蓋國者欲張大其衆滿中菩薩皆讚釋迦教主也比見有人不曉斯旨謂讚彼佛經疏非間一何昧哉或恐後學隨他所解謬釋經文今略引疏示之原乎讚品之來者蓋三番菩薩並由上聞經得利故讚佛及教豈關他佛況疏云一佛是能讚若謂讚彼佛者能讚一佛何指釋迦定起耶經疏泠然故不繁引二正說偈二初分文別釋二初分文即智者就題分偈故合六十五行半文爲三即以如來定起三行經文合在樹神段中故云二十八行半樹神說分文可見疏不委釋故注云云應云六十五行半文爲二初六十二行半三番菩薩說二後三行如來定起說故下章安總釋乃云其文有四即斯義也具如下釋二釋義三然此三番菩薩讚辭疏不分釋達者必辭意俱明恐新學者不曉今粗科釋初諸菩薩讚三初寄言讚三初讚能說教主自行功德三初讚大小相海二初如來下一行讚金色光一大相經云如來之身者標起也金色微妙等三句者讚第十四金色光微妙一大相也二身淨下二行半讚身清潔等三小相經云身淨者即讚第十一身清潔一小相也柔輭者讚第十二身柔輭小相也圓足無垢二句讚第二十身滿足小相亦是讚容儀滿足三其音下二行重讚梵音一大相也亦是兼讚言音深遠小相海也梵聲者譬佛音深遠故師子吼聲者譬佛音無畏也大雷震聲者譬佛音破迷也云六種聲者諸文皆云八音一極好二柔輭三和適四尊慧五不女六不誤七深遠八不竭譯人增減不須和會亦可先舉妙如梵聲者即八音中深遠音也師子吼大雷震即舉不女音也以佛住首楞嚴定常有世雄之德久離雌耎之心故所出音聲能令一切聞者敬畏天魔外道莫不歸伏也上既已列二種聲下但云六種聲者即舉迦陵頻伽孔雀等六種聲也以迦陵頻伽翻極好聲也二清淨下一行半讚尊特上以大小相間而讚蓋顯身相大小咸遍辭意雖含尊特未彰故今復讚身相光明俱無限齊經云威德者巍巍堂堂之相也二智慧下二句讚智斷功德上句讚智德下句讚斷德三世尊下總結尊特大論云尊特身佛者巍

巍堂堂譬如須彌映臨大海所有大小相好
亦巍巍堂堂然如來自行具足三身功德諸
菩薩唯讚尊特者上冥下應已攝三身斯乃
讚智之巧學者思之二爲諸下六行半讚所
說教法化他利益二初叙說教因由在文可
見新經云欲利益諸衆生故常行法施乃至
令得大果證常樂故二讚所說教法二初如
來下二句讚經宗體體指序品如來所遊深
廣無界超諸因理故稱第一深義舉深該廣
即甚深無量也宗指壽量極果所得過諸菩
薩亦稱第一也法報體一深義可知二讚經
力用三初能令下二句讚上懺品滅惡寂滅
者寂諸業行之惡滅於果報之苦二能與下
二句讚上讚品生善上是如來叙昔龍尊讚
佛意生今日當識之善故能與無量快樂三
讚空品雙導二初能演下一行讚能導空法
妙經云甘露者即長生不死之藥也文詮中
道妙空實相真諦能過二死迷變可生四德
常身故斯理空即名甘露仍由染體本淨空
名妙法從此而入復名法門二能入下二行

讚滅惡生善深懷得斯寂二死惡患之報即
謝三德涅槃之宅可入言解脫者有二意若
就解脫惑業之縛即破惡也若取無染自在
之淨即生善也度三有等破惡生善可知三
結讚人法者功德智慧結上讚能說教主尊
妙人也慈悲精進結上讚所說教法宏深也
法之宗用如是者皆慈悲精進所致也二絕
言讚三初如是無量下一行絕言讚故不能
稱計說喻二諸天世人下二行絕心讚故盡
思度量不能得知大海一滴少分也三我今
略讚下一行指廣結讚可見三若我功德下
一行讚已迴向迴向有三義現文有二理合
其三在文可見二信相說二初經家叙二正
說偈二初世尊下一行總讚相好功德千數
者舉大數也二別讚大小相海五初別讚二
種光相二初色淨下四行讚色具光相色淨
遠照下即第十四金色光相光明熾盛下即
第十五身光相然二種光相若據生身皆有
齊限如云身光面各一丈今云如日千光乃
至悉能遠照無量佛土故知信相昔爲龍尊

讚佛尊特發願未來得值釋迦今日讚佛宜
忘其本是則大相小相皆寄尊特而讚也二
能滅下一行明光具與拔昔爲龍尊讚佛身
放大光滅盡三界一切諸苦令諸衆生悉受
快樂今日讚佛還讚光明滅苦與樂在文可
見二諸根下一行總讚諸根相好如大相中
有身端直皮膚薄細舌大覆面齒白齊密眼
如金精睫如牛王小相中有鼻高好孔不現
耳輪輻相埵成身清潔柔輭等諸根皆見者
無有猒足三又比讚一小相二初髮紺下一
行讚髮相孔雀項蜂王等皆比髮有紺色如
八十好中有髮色青珠好等二清淨下一行
半具功德清淨慈悲無量禪定久皆莊嚴故
髮好柔輭四復明相好功德二初明相好具
功德二初相好下一行明嚴身克果之用可
見二如來下二行明攝生感讚之功若相若
好隨大隨小悉能調伏令心柔輭受諸快樂
故爲諸佛所讚二其光下二行明功德具光
明功德高廣猶如須彌顯出大海五齒白下
二行半又比讚齒毫二大相三樹神說二初

經家叙言道場菩提樹神者即如來得道之場在此樹下然樹本名畢鉢羅佛坐其下得菩提智果立此爲名故今女天依此樹住亦以爲名也西域記云昔佛在世高數百尺屢經殘伐猶高四五丈莖幹黄白枝葉青翠冬夏不凋光鮮無變每至如來涅槃之日葉皆凋落頃之復故此在中印度摩竭陀國大城西南四百餘里修苦行處不遠有此樹也二正説偈四初二句總讚南無者歸命之辭也清淨者佛性論有二種一性淨本無惑染故二相淨對治離障故今總讚如來中邊智滿法報應圓故謂無上正覺也二別讚二初廣讚能説教主三初甚深下一行半就所覺顯明讚佛法身甚深妙法者法性高廣諸法融妙圓智圓覺徧一切處衆邪染障本自離故如來隨順斯理覺了其性一切魔外涅槃非法禪戒非道猶如大樹盤根厚地唯佛金剛大智獨拔而出成佛正覺者所謂出纏大法身也然準圓佛大智覺了本性非法非道應離三乘七方便涅槃非法戒定非道方曰遠

離一切法者即所生果法也道者即能生因道也苟未離無明相分皆曰其非也二知有下二行半就能覺智行讚佛報身三初約法知有下二句讚報智也知者照也有即俗非有即真本性清淨即中以一切種智知照三諦則實深契廣事理周極名佛無上報智也希有下二句讚佛助行功德重言希有者歎美之辭重也下皆例然因中戒定萬行有排障敵惡之力名功助發大智成佛大果名德法華云久修業所得即無上報故謂如來功德也二希有下一行約喩即喩上報身智行也大海喩智也須彌喩行也其智冥理窮實相底故方之大海釋論謂智度大海佛窮其底因中萬行積功累德喩彼須彌如華嚴涅槃皆云析骨書經如彼妙高三希有下二句總合智行契理三法一如故曰無邊行也三希有下一行半就垂世形益讚佛應身優曇花者具足云優曇鉢羅此言瑞應亦云靈瑞輪王出世時感此華泥洹經云閻浮提内有尊樹王名優曇鉢羅有實無華優曇鉢樹有

金華者世乃有佛故云時一現耳無量大悲者垂應本也以大悲故不住涅槃二釋迦下一行半略讚所説教法如來將欲口輪説法必須意業鑒機如日照物無所不徧爲欲利益者準金光明之力用須明十種利益方盡垂世説法之意也三請佛出定二初讚令所入定爲請見由三初善哉下二行就果佛讚所游定諸根寂滅者以了眼等性常具無滅修諸惑死生悉已寂滅故常居寂定而復游入者將軫法輪表不妄説又三世佛説必須入定故首楞嚴經云雖知諸法常是定相而示衆生諸禪差別言善寂大城者正讚所入定也即向經初法性三昧若入此定即能善了諸法寂滅無非法性故防生死之非禦涅槃之敵即中道善寂而名大城也亦名無垢清淨三昧等既是佛之境界故受無垢清淨之名爲諸佛行處也二明三昧能空行相此經雖則結歸方等説在般若時後懺讚善集皆推空導故空品謂無量餘經已廣説空故此經中亦譚其空爲入理門也佛游三昧亦

從空入聲聞之人雖從空入猶爲身果所緣如來空智明見聲聞身果性相皆空諸佛境界亦空如是一切無量諸法者指上自他依果國土淨穢推性推相不見差品一切衆生依正境界推求性相皆同真淨無復其異然推乎性相者即空觀遣情顯理之要門也一家明觀諸處共論其如講學之人亦多昧之今家承用則依中論智論準理準義開拓觀門故於權教實教事觀理觀悉已明之學者須知且如性相二空本是一空觀法備遣情計故有兩番行相是知若善修一空觀者必遣二種執性如法華止云知法常無性荆谿謂應無性性無相性諸文爲辨性相寄前後說故以二諦分之乃云四句推性不見性是世諦破性四句推名不見名是真諦破相相破即相空也荆谿釋云若有性執世而非諦破性執已世乃名諦是以名爲世諦破性性執破已但有名字名之爲假假即是相爲空相故觀理證真是名真諦破相空非前後二諦同時故知性執破已雖名世諦初軫其觀

即須觀真四句推性雖不執性其如惑存轉計其名既不見理但名世諦仍觀法性真理破名字相相執破已方證其真故名真諦破相或初觀真諦四句推性便了陰界色心名字無四句相即名真諦破性破相豈待轉觀破相方用真諦耶若爾推性何故云不自他共等推相自謂不內外中間等句法既別顯理用觀自異何謂秖一四句空觀破二種執耶荅向謂寄前後說對所破執相故推性則謂不自他等推相乃言不內外等考手觀門豈有異途故荆谿云內秖是因外秖是緣等況止觀明性空觀畢乃引中論諸法不自生等四句爲證洎明相空觀畢亦引斯論諸法不自生等四句以斯照之應無別觀又止觀但名一總空觀者即二空觀也問法華疏約真俗假實明生法二空荆谿釋云真諦即法空俗諦即生空俗假真實乃引玄文世諦破性真諦破假假破即相空性破即性空爲證若以性相二空秖一空觀何引人法二空對顯二諦耶以人空時亦未法空故性相二空

若例人法空者應二空須異何謂性空未顯於理相空無別觀耶荅小乘得人空時容有未得法空如云見惑若破得須陀洹果名得生空此則少顯真理進破思惑方得法空其理究顯大乘人法境融觀道不異如大品云色性如我性我性如色性四陰如我用觀亦然縱有惑分麤細執破前後用觀必無異時而法華疏約人法空名二諦者爲對所破寄分真俗故引世諦破性名性空真諦破相名相空爲證其如用觀委明行相須於我人生境破性破相方得生空復於陰界入法寄俗寄真推此二空窮斯真理名爲法空方是用觀行相委悉故止觀云於性相中求我人知見不可得是生空於性相中求陰界入不可得是法空而疏以俗諦對生空者蓋此生空體是法執故以俗諦顯此空相故云俗假假即虛妄也法執若破妄滌究盡方名真諦故云真實實即究竟也荆谿體斯疏意復以玄文寄世諦顯性空等義而爲證也故云真俗不二二空俱時問既云二諦不二二空俱時

顯是一理一空又何分二諦及明二空耶荅其實所顯理是一能觀觀亦一爲對所破執故而分二空顯空淺深故而寄二諦是故性相空中性空約理理既未顯但名世諦明空空猶未盡但名性空仍於世法又觀真諦破此執名之相相若破已理顯方名真諦觀成方名相空故寄二諦顯二空相故知若曉性相二空對所破而分真俗者則寄二諦明人法二空準理亦然是則人空空未實故乃寄俗顯故云俗諦即生空也法空空既已淨而寄真顯故云真諦即法空也矧又雖用生法互融之觀而照真俗不二之境其如衆生無始多於生境計我起執不二之觀亦於生境先當其用故破人執時且名生空既法執在復觀其法本無其執離四句相方名法空故大師謂始覺人空終覺法空然此二諦顯二空相通圓之教行相亦同但通用其觀止照真理故寄俗寄真顯性顯相明斯二空唯在真理而圓實之教體生體法推性推相唯是中道法性法性無生無性名世諦破生破性

此生此性即法法體本空名真諦破法破相雖寄二諦悉用中道而顯二空通無此觀學者思之然委明二空推所執能人執隨法執亡者具如前疏空品記文三狂愚下二句指凡愚不了請現上讚佛所遊三昧空智徧了諸有差異悉皆泯亡唯真智獨存更無染異樹神分曉悲愍凡迷狂亂愚癡不了性相俱空故請佛出定二謄昔常願見正請出定四初我常下五行正叙昔願行請現我常念佛者念即觀照之異名也心遊法界常照三身叙昔觀力未充欲求深證故助之以誓願跪之以合掌加手戀慕哀泣雨淚修行大悲等並助常念之觀也言最上大悲者即無緣悲也正助合修故曰最上問樹神在會明見如來入定說經何故今方頻言欲見於佛耶答今有二意一者如來入定本爲說經說經既畢要須出定欲出其定須得其請故佛出定能印三番所說皆實既一期事畢乃樹神致請殷勤故叙昔常願見復加願行欲使未來亦得見佛故云願使我身常得見佛二者樹

神久已分見如來真身欲增念佛之觀更求上證故寄請佛出定頻陳欲見苟得如來酬請現身即已心中真佛顯發更明故下結云唯願慈悲爲我現身二約定具慈悲請現三初世尊下二行明慈悲能護迷暗樹神自昧如來上位真身故請佛加願使我身常得見佛復愍於他迷瞽所及不見佛之真體故叙世尊常護一切是故渴仰欲見者即引己及他請佛現身二聲聞下一行半約聖凡未發性明即樹神擊請令佛出定也佛雖在定明了性淨猶如瑠璃表裏通徹照機起應皆不動於寂定如來雖久已明了其如衆生未發上定故樹神頻請出現發悟斯機乃舉六喻顯乎聲聞色體非性明體所證真理闃寂無知如空之虛無亦燈之烟焰術之所幻聲之谷響神通之化水中之月皆非實性不能即寂即現也衆生之性虛妄現在如夢所見都無實相三就佛行處明見請現正明佛所入定具慈愍照故請如來出定令我及衆得安樂故三一切下一行半愍凡聖不知請現樹

神以凡夫小聖共迷佛所遊境界故請佛現身即令明見唯心佛現經五通神仙者別舉人趣中有術成仙者發得五通雖有他心宿命而不知佛所遊定照理起應不離衆生心體無漏二乘雖有三明六通亦昧佛境唯心故曰亦不能知也四我今下一行指已信不疑請現樹神述已於佛行處明了無滯雖知本無隱現上舉他衆共迷佛境實有動靜故敎請出定云惟願慈悲爲我現身問今佛入定說法對告起禮舍利既有往來時會共見樹神爲知如來在定未出而致請殷勤耶答樹神大權久與佛同事昔爲流水救魚樹神現半身示數長者既已成佛樹神豈猶滯凡故今一動一靜皆扶佛化何不知之有矧凡出定入定皆有其儀佛雖起坐往來其如未示出定之相樹神敎請至勤方現出相其相者必須先示微微動搖其身次乃鮮氣嚬呻徐緩而起方知如來示出定相故法華謂安詳而起此經云出微妙音故知定起皆有其相也問新經自云爾時薄伽梵於日晡時從

二昧起觀察大衆而說頌曰金光明妙法最勝諸經王今之識本何故至三番讚畢方云從三昧起耶苟譯者所見不同其如集經者梵本編文安次如何耶答梵本不同豈須和會其如學者無由曉經今略試評之在理或當冀無私隱且夫此經古師謂是偏方之敎即一時赴機之說也故天台結歸方等部攝斯由機分大小應赴權實赴權小者今見佛從定起說法應實大者則知佛在定而告亦如華嚴中令見女子身中入正受男子身中起出說等當時應物既殊故集經者或言定起方說或云說畢定起然佛滅度後集經者又匪一途亦有窟内窟外所集亦云梵語有賒有切等致譯經者所觀梵本不同如識師曾遊五天必覩梵文正本見云佛在定而說必須信受敬譯淨師本弘小典曉揆梵文或見云佛從定起方說正符所宗故編譯無改至列聲聞菩薩等衆皆云於日晡時從定而起到佛會所古師審推譯者未爲雅當信亦有之然聖師所爲必非徒然凡流膚學莫盡

考手厥由也求過得過附贅之尤亦已甚矣學者體而思之問大師既依識本釋經何故云入遊法性出敘經王耶答如來常在法性上定應機順物示入定相雖心遊寂理口出其言故謂出敘經王蓋寂不阻照說無妨定非謂身出其定也四酬請起定二初爾時下一行明經家敘起定爾時者即當樹神請畢之時佛示出定之相乃云以微妙音而讚歎言即微細妙好之音而悅豫四衆也二善哉下二行明佛定起能讚佛讚樹神意合前二以諸菩薩及妙幢能讚佛所說教皆是快言如來序品已來明大體大宗大用是金光明妙三法也故云快說是言若衆生聞此三法即能發解證悟明了常住故云入甘露無生法門耳二章安總釋二初約義釋二初約佛讚義二初約定果讚因二初正明讚因義二初示義私謂下總釋也其文有四者前大師分科止爲三段以如來定起三行之文合爲樹神段中故註云云今章安開釋方爲盡理文現可見二引證二示印成讚歎三番菩薩

皆先讚佛次讚說教即讚如來從序品已來是說一經大體大智大用菩薩修因也何者序品明遊法性佛猶所遊是諸經王等三番讚佛是說一經之大體也壽量明佛常果三番讚佛是說一經之大智智即宗也懺讚空品讚佛是說一經之大用也四王至捨身品皆是說菩薩修因也三番讚教既稱佛所說故如來定起印成即讚樹神等快說是言也二讚通三業章安因明今品果佛定起能讚因人快說復考經之上文亦有果身禮舍利之義舍利者翻骨分也即因身爾上懺品佛讚大懺讚品佛讚龍尊是大讚皆言大者一懺一讚等法性大體知罪福性空也四王品能請善集品能說鬼神品等能聽捨身品能行皆是快說者共能了金光明教能詮所詮是體宗用三即一切三法故皆名快說也信相龍尊四王等並是因人故謂因口所說辱字妣限現也身口非意不行故云任運例成也二約出定義二初據起問入二答始末在定二初明住法性定問諸經先須入定定起方說今經何故一向在定而有所說耶答若論法性上定豈有出入說默之異既示其定蓋順物機物機所宜適樂不同諸經示同住佛皆先入定展歷法緣對治散心妄有所說故須入定定起方說此經首尾在定而能說者意同向理又示金光明無量甚深自在無礙寂照融徧故說畢定起印成三番快領如來所說法也二彰法性圓融言若作入法性者顯理含容不阻出入上唱法性無量甚深一出一入有說有默豈逾法性故云法性自在言四佛者即四方佛也五佛者并釋迦耳同處各處等者信相室與靈鷲山雖異若了唯心者見穢妙土則弟子衆一故五佛同處共一身一智也是則四無來去一無住在其執權教者弟子衆異謂妙幢所居共佛耆山多隔多里故四佛五佛匪唯各處亦見異身異智實來實去定住定在雖此殊別無離法性故云隨人所觀皆無障礙也二約觀釋二初明事三業境言觀心者標明觀釋也先明諸菩薩讚具三業爲妙觀境然讚雖在口身須恭謹心仍尊重三業齊運讚義方成二明理三觀成二初明於事觀理言三觀心者寄身等境示空假中能觀三觀心也近有講人不知便謂後人妄加心字亦由向迷心爲所觀致有踏駮斯之蹤謬不可云也止如十六觀經本明佛觀疏云心觀爲宗或不見斯意乃妄有穿鑿今之學者切宜思之觀身不得身者先明身觀推檢四大本無實性名身性空但有名字即身相也名字多種且舉六度十度等如身行布施名檀身離諸非名戒身受所辱名忍身勤前行名進身能安靜名禪身了體空名慧身行其巧名方便身立盟誓名願身利及於他名力身出生死名智身乃至身行八萬塵沙法門行者隨受名字達名無名名身相空推檢性相雖空而色心諸法宛然故空不定空假不定假非空非假皆真實妙性名顯中道也觀身既然口意例解二明事得理成三初明無觀俱失身等爲境能發其觀觀成境現事理雙明猪揩金山方之可解二以衣物爲例三衣者僧伽梨鬱多羅

僧安陀會也六物者兼尼師壇鉢多羅漉水囊也是知六外無三亦如四禪八定定外無禪蓋衣名則局物名稍通衣者遮覆之義也鉢多羅等且非遮覆故通名物也亦如無色四處受想慮亡則無支林喜樂之名故通受定名也色界四處雖通靜慮受想尚行則別受禪名故知解之則事三理六俱明昧之則三六四八俱暗三得理俱成境由觀顯理觀若成身口意三名妙色心故亦名六觀亦名事理成也無六亦無三者隣上例中若不解之文也可見

維昔先稟法智大師嘗講次撰記解釋經疏方終一十七品會乃歸寂其最後讚佛一品經旨幽邈疏科尚簡而鉤索深隱固亦難矣予雖不敏忝久親講授遂纂集舊聞繫諸卷末亦冀覽者豈貽續貂之譏云

金光明經文句記卷第六下

金光明經文句記卷第六下

校勘記

一　底本，明永樂北藏本。

一　五五九頁上一行書名，南作「金光明經文句記卷第十二」；清無（未換卷）。

一　五五九頁上二行述者，清無（未換卷）。

一　五六六頁上卷末書名，南作「金光明經文句記卷第十二」。

觀音玄義卷上 邊一

隋天台智者大師說

門人灌頂記

夫法界圓融像無所像真如清淨化無所化雖像無所像無所不像化無所化無所而不化故無在無不在化應九道之身處有不求寂入不二之旨是以三業致請蒙脫苦涯四弘爲誓使霑上樂故娑婆世界受無畏之名寶藏佛所粟觀音之目已成種覺號正法明次當補處稱爲普光功德其本迹若此寧可測知方便隨緣趣舉一名耳今言觀世音者西土正音名阿耶婆婁吉低輸此言觀世音能所圓融有無兼暢照窮正性察其本末故稱觀也世音者是所觀之境也萬像流動隔別不同類音殊唱俱蒙離苦菩薩弘慈一時普救皆令解脫故曰觀世音此即境智雙舉能所合標經者由義文理表發織成行者之心故曰經普門者普是徧義門曰能通用一實相開十普門無所障閡故稱普門品者類也義類相從故名爲品也大部既有五章明義今品例爲此釋五意者一釋名二出體三明宗四辯用五教相釋名爲二一通釋二別釋通者人法合明別者人法各辯何故爾緣有利鈍說有廣略今就通釋爲四一列名二次第三解釋四料簡一列名者十義以爲通釋所以者何至理清淨無名無相非法非人過諸數量非一二三但妙理虛通無名相中假名相說故立無名之名假稱人法雖非數量亦論數量故大論云般若是一法佛說種種名隨諸衆生類爲之立異字今處中說略用十義以釋通意也十義者一人法二慈悲三福慧四眞應五藥珠六冥顯七權實八本迹九緣了十智斷第二次第者此有兩意一約觀明次第二約教明次第約觀則總初中後心因圓果滿約教則該括漸頓小大諸經約觀以人法爲初者欲明觀行必有其人人必秉法譬如人受一期果報攬陰成人雖具無量德行必先標名字故以人法居初意亦例此人法居九義之初可爾何意秉以人法爲次耶此須據經經云以是因緣名觀世音即前辯人後云方便之力普門示現即却論於法人能秉法故言人法也二次慈悲者良由觀音之人觀於實相普門之法達於非人非法實相之理一切衆生亦復如是故華嚴云心佛及衆生是三無差別此理圓足無有缺減云何衆生理具情迷顛倒苦惱既觀是已即起慈悲誓拔苦與樂是故明慈悲也復次若就言說爲便初慈後悲亦是就菩薩本懷欲大慈與樂既不得樂次大悲拔苦故初慈後悲若從用次第者初以大悲拔苦後方以大慈與樂又就行者先脫苦後蒙樂故先悲後慈今從前義次第也三福慧者初則人法相成此據其信次則慈悲與拔者此明其願欲滿此願必須修行修行不出福慧慧即般若福即五度互相資導以行順願事理圓足若智慧增明則大悲誓滿拔苦義成若福德深厚則大慈誓滿與樂義成故福慧居三也復次言說爲便先福後慧若化他本意先欲實慧利益如其不堪方示福德又資故先福導故先慧四眞應者若智慧轉明則契

於法性法性即實相名爲法身法身既顯能從眞起應眞顯應起只由福慧開發故次第四也又若就方便化物先用應後用眞今從前義爲次第也五明藥珠二身者先明眞應直語證得未涉利人今明兩身俱能益物眞身破取相諭如藥應身對萬機類於珠就兩字明次第者與慈悲相似也六明冥顯者前明二身道理即能顯益今辯被緣得冥益或得顯益故次二身後明也七明權實者前緣得益何意不同良由權巧無方赴機允當不失其宜二智之力故以此爲次也先權後實者此就淺深爲次也若依文者先以實益次以權度此隨物爲次若就佛本意先只爲一大事因緣先顯實益衆生未堪後用權度八明本迹者雖復益物權實之巧而巧有優降必是上中下智本迹之殊權實略而且横今欲細判高下以明次位若其本高所作權實之迹則妙是故次總略之後辯其細妙之能也非本無以垂迹故先明本非迹無以顯本應先迹也九明了因緣因者上來行人發心修行從因剋果化他利物深淺不同從人法至眞應是自行次第藥珠至本迹是化他次第此乃順論未是却討根本今原其性德種子若觀智之人悲心誓願智慧莊嚴顯出眞身皆是了因爲種子若是普門之法慈心誓願福德莊嚴顯出應身者皆是緣因爲種子故次第九也十明智斷者前明緣了是却討因源今明智斷是順論究竟始則起自了因終則菩提大智始則起自緣因終則涅槃斷德若入涅槃衆行休息故居第十也二約諸教明次第者又爲通別通義可解別今當說如華嚴頓教教名大方廣佛華嚴依題初明人法此人秉法必具慈悲菩薩修因居然福慧既入地位必證眞應既能利物則辯藥珠物得其益有冥有顯而未得別論權實本迹緣了智斷者通義則有別意則無何故爾佛一期化物明於頓漸頓教雖說漸教未彰故不明四意也所以不明者彼經明小隔於大如聾如瘂覆於此權未顯其實故云久默斯要不務速說故言無權實也言無本迹者彼經未發王宮生身之迹寂滅道場法身之迹未彈指謦欬發久遠所得生法二身之本故言無本迹言無緣了智斷者不明小乘根性及有心之者本自有常住之因當剋智斷菩提本果故言無也次約三藏教但明人法慈悲福慧三義無眞應等七種何故爾二乘教中但明灰身滅智那得從眞起應既無眞應將何益物私難通論備十別語但三此三若約眞諦則隨通義乃具十意何止但三若言是別別應約中道既得有中道人法三種何意無七私答通論十意此約三乘別語三科的據菩薩三藏菩薩得有慈悲福慧伏惑之義既伏而不斷故無眞應七法師云齊教止三若約方等教對小明大得有中道大乘人法至冥顯兩益等六意然猶帶方便調熟衆生故不得說權實等四意若明般若教雖未會小乘之人已會小法皆是摩訶衍但明人法等六意亦帶方便未明權實等也若約法華教則會小乘之人汝實我子我實汝父汝等所行是菩薩道開權顯實發本顯迹了義

決定不相疑難故知法華得明中道人法至本迹八意前諸教所不明法華方說故云未曾向人說如此事今所說者即是今當爲汝說最實事也三世諸佛調熟衆生大事因緣究竟圓滿備在法華故二萬燈明但說法華息化入滅迦葉如來亦復如是若約涅槃即有二種所謂利鈍如身子之流皆於法華悟入八義具足不待涅槃若鈍根弟子於法華未悟者更爲此人却討源由廣說緣了明三佛性若論性德了因種子修得即成般若究竟即成智德菩提性德緣因種子修得成解脫斷德涅槃若性德非緣非了即是正因若修得成就則是不縱不橫三點法身故知涅槃所明却說八法之始終成智斷十義具足此歷五味論十法次第約四教則可解故知十法收束觀教結攝始終高略大意何觀而不攝何教而不收意氣宏遠義味深邃前後有次第麤細不相違以釋生起意也問法華前教同有六意云何爲異答華嚴六意於利人成醍醐於鈍人成乳三藏中三意於利人

密去於鈍人成酪方等六意於利人成醍醐於鈍人成生酥般若六意約利人成醍醐於鈍人成熟酥若法華八意於鈍人成醍醐第三解釋者人即假名所成之人也法即五陰能成之法此之人法通於凡聖若色受想行識是凡鄙法攬此法能成生死之人戒定慧解脫解脫知見是出世法攬此成出世聖人故大論云衆生無上者佛是法無上者涅槃是雖通凡聖不無差別上中下惡即成三途之人法上中下善即成三善道之人法故有六趣階差若更細論百千萬品聖人人法亦復不同若三藏有門觀衆生我人如龜毛兎角畢竟不可得但有五陰之法此即人空法不空觀此法無常生滅不住發生煖頂等位即是攬方便之法成似道賢人若發眞成聖生方便有餘土攬法性色識等成彼土行人若空門明有實法之體攬此實法得有假名之人觀三假浮虛會入空平煖頂即攬方便法成似道賢人若發眞成無學生方便土攬法性五陰成彼土行人餘兩門人法例此可

知摩訶衍中明人法者亦不言人空法不空亦不言體有假用但觀假名陰入等性本自空故大品云色性如我性我性如色性始從初心終于後心常觀人法俱空故大論云菩薩常觀涅槃行道以觀人空即是了因種子者論云衆生無上者佛是佛者即覺覺是智慧始覺人空終覺法空故知觀人空是了因種也觀法空是緣因種者大論云法無上者涅槃是以生死陰斷涅槃陰興大經云因滅是色獲得常色乃至識亦如是大品云菩薩行般若時得無等等色無等等受想行識當知涅槃是無上法也攬此法成無上之衆生號之爲佛故知觀法空是緣因種也以觀人法空即識三種佛性故大經云衆生佛性不即六法不離六法不即者此明正因佛性非陰非我非陰故非法非我故非人非人故非了非陰故非緣故言不即六法也不離六法者不離衆生空而有了因不離陰空而有緣因故言不離六法也佛從初發心觀人法空修三佛性歷六即位成六即人法今觀世音

未是究竟之人法即是分證之人法前一番問答是分釋無上之人稱觀世音後一番問答分釋攬無上之法故稱普門當知人法因緣故故名觀世音普門也二釋慈悲者悲名愍傷慈名愛念愍故拔苦念故與樂菩薩若但起慈悲心不牢固故須發弘誓加持使堅譬如工匠造物節解雖復相應若無膠漆則有零落誓願如膠亦復如是悲心愍傷拔於世間苦集因果興兩誓願所謂衆生無邊誓願度煩惱無量誓願斷此兩誓願從大悲心起以慈愛故欲與道滅出世因果之樂興兩誓願所謂法門無邊誓願知無上佛道誓願成此兩誓願從大慈心起但前明人法凡聖不同今辯慈悲大小亦異若三藏行人觀分段生老病死八苦即起誓願衆生無邊誓願度若觀分段顛倒結業而起誓願煩惱無量誓願斷欲令衆生觀此因果無常生滅念念流動修於道品即起誓願法門無量誓願知若觀眞諦無爲之理即起誓願無上佛道誓願成如此慈悲緣有作四諦所起也復次通教觀老死八苦如幻如化衆生顛倒謂爲眞實即起誓願貪恚癡等如幻如化衆生顛倒爲之受惱即起誓願觀即色是空即識是空即貪癡等是空非色滅空色性自空空亦不可得而衆生不能即色是空即起誓願又觀涅槃若有一法過涅槃者我亦說如幻化而衆生謂有佛道可求即起誓願是約無生四諦起慈悲誓願也別教觀假名之法森羅萬象應須分別導利衆生那得沉空取證觀此苦果非止一種即起誓願無量之苦由無量集集既無量治亦無量滅亦無量如此誓願緣界內外苦集因果無量四諦而起誓願也圓教觀法界圓融本非違非順非明非闇無明闇故則違違之則有苦集因果智慧明故則順順之則有道滅因果緣此違順因果而起慈悲譬如磁石不作心想任運吸鐵今此慈悲不作衆生及以法想任運拔苦與樂故名無緣慈悲也菩薩從初發心修無緣慈悲歷六即位今此觀音是分證慈悲若前一番問答明無緣大悲拔苦一心稱名即得解脫後一番問答從無緣大慈普門與樂皆令得度故知以大慈大悲因緣故名觀世音普門也三釋福慧者亦名定慧定名靜愛慧名觀策大論云定愛慧策寂照之智無幽不朗如明鏡高堂福德禪定純厚資發如明燈淨油亦稱爲目足備得入清涼池池即涅槃涅槃稱爲二種莊嚴莊嚴法身釋此定慧自有多種三藏以無常觀理爲慧以事中諸禪定爲福以定資慧發眞無漏天然之理名爲法身若通教但以體法異於析法爾若別教以緣修智慧與諸禪定助開中道法身也圓教以實相觀爲慧實相寂定爲福共顯非定非慧之理名實相法身今圓教菩薩從初發心修此不二定慧歷於六即觀音所以用智光照苦者苦是顛倒迷惑所致智慧是破惑之法故智慧能拔苦華嚴云又放光明名智慧又放光明名無惱思益亦然請觀音云普放淨光明滅除癡闇瞑故知前問答應機拔苦是從慧莊嚴以得名後問答住首楞嚴普現色身不起滅定現此威儀安禪千偈讚諸法王

故知普門示現從福德受名良以福慧因緣故名觀世音普門也四釋眞應者眞名不僞不動應名稱適根緣集藏名身若契實相不僞不動之理即能稱機而應譬如攬鏡像對即形此之眞應不得相離若外道作意修通雖能變化譬如瓦石光影不現豈可以此爲應尚未破四住顯偏眞理邪忽有中道眞應若二乘變化修通所得此亦非應譬如圖畫作意乃成了不相似大乘不爾得實相眞譬得明鏡不須作意法界色像即對即應如鏡寫像與眞不殊是時乃名眞寂身應菩薩從初發心歷於六即今經前問答明於眞寂而不動法界大益觀音從眞身得名後問答明隨機廣利出沒多端普門文從應身得名良以眞應因緣故名觀世音普門也五釋藥樹王身如意珠王身者藥王療治苦患出柰女經珠是如意之寶廣歷諸教明治病得寶今約圓教明者如華嚴云有上藥樹其根深入枝葉四布根莖枝葉皆能愈病聞香觸身無不得益菩薩亦如是大悲熏身形聲利物名大藥王身又如如意珠能雨大千珍寶隨意而不窮不盡菩薩大慈熏身與衆生樂名如意珠王身此亦約六即判位就前問答偏救幽厄苦難此從藥王身以得名從後問答稱適所求雨實相雨得涅槃樂此從如意珠王身以得名故知二身因緣名觀世音普門也六釋冥顯兩益者冥是冥密顯是彰露大聖恒以二益利安一切而衆生及以下地日用不知譬如日月照世盲雖不見實荷深恩故藥草喻云而諸草木不覺不知只同是一地下品不知上品冥顯兩益如文殊不知妙音神力所作以不知故名爲冥益此亦約六即判位若就前問答不見形聲密荷深祐名爲冥益聖人之益雖不可知聖欲使知蜆蟲能知如後問答親覩色身得聞說法視聽彰灼法利顯然故知觀音從冥益得名普門從顯益得名以冥顯因緣故名觀世音普門也七釋權實者權是暫用實非暫用略言權實則有三種一自行論權實自觀中道爲實二觀爲權二就化他論權實他根性不同或說權爲實說實爲權不可定判但約他意以明權實也三自行化他合明權實者若自觀三諦有權有實皆名爲實化他隨緣亦有權有實皆名爲權用此三義歷四教復就自行權實明六即判位尋此品意是明自行化他論權實前問答從自行化他之實智益物後問答從自行化他之權以益物故知權實因緣故名觀世音普門也八釋本迹者本名實得迹名應現若通途作本迹者世智凡夫本意難測乃至別教本迹若圓教無始發心初破無明所得法身者名之爲本垂形百億高下不定稱之爲迹若一往判眞應多用上地爲眞爲本下地爲應爲迹地地傳作此判眞本唯據於高應迹唯指於下此義不可今細明本迹則與眞應異本是實得始坐道場及初住所得法身即是其本迹爲上地之佛及作上地菩薩悉名爲迹不可以上地高故稱之爲本始得初住目之爲迹何以故實不得上地上地非本實得下地下地非迹故壽量云隨自意隨他意是本迹意也就本迹明六即就

前問答不可說示但冥祐前人從本地得名
後問答殊形異狀應現度脫從迹地得名故
知本迹因緣故名觀世音普門也九釋了因
緣因者了是顯發緣是資助資助於了顯發
法身了者即是般若觀智亦名慧行正道智
慧莊嚴緣者即是解脫行行助道福德莊嚴
大論云一人能耘一人能種種喻於緣耘喻
於了通論教教皆具緣了義令正明圓教二
種莊嚴之因佛具二種莊嚴之果原此因果
根本即是性德緣了也此之性德本自有之
非適今也大經云一切諸法本性自空亦用
菩薩修習空故見諸法空即了因種子本自
有之又云一切衆生皆有初地味禪思益云
一切衆生即滅盡定此即緣因種子本自有
之以此二種方便修習漸漸增長起於毫末
得成修得合抱大樹摩訶般若首楞嚴定此
一科不論六即但就根本性德義爾前問答
從了種受名後問答從緣種受名故知了因
緣因故名觀世音普門也十釋智斷者通途
意智即有爲功德滿亦名圓淨涅槃言有爲
功德者即是因時智慧有照用修成之義故
稱有爲因雖無常而果是常將因來名果故
言有爲功德滿也斷即無爲功德滿亦名解
脫亦名方便淨涅槃言無爲者若小乘但取
煩惱滅無爲斷但離虛妄名爲解脫其實未
得一切解脫此乃無體之斷德也大乘是有
體之斷不取滅無爲斷但取隨所調伏衆生
之處惡不能染縱任自在無有累縛名爲斷
德指此名無爲功德故淨名云不斷癡愛起
諸明脫又云於諸見不動而修三十七品愛
見爲侍亦名如來種乃至五無間皆生解脫
無所染礙名爲一切解脫即是斷德無爲也
寂而常照即智德也小乘灰身滅智旣其無
身將何入生死而論調伏無礙無染滅智何
所照寂如此智斷圓極故法身顯著即是三
種佛性義圓也法身滿足即是非因非果正
因滿故云隱名如來藏顯名法身雖非是因
而名爲正因雖非是果而名爲法身大經云
非因非果名佛性者即是此正因佛性也又
云是因非果名爲佛性者此據性德緣了皆
名爲因也又云是果非因名佛性者此據修
得緣了皆滿了轉名般若緣轉名解脫亦名
菩提果亦名大涅槃果果皆稱爲果也佛性
通於因果不縱不橫性德時三因不縱不橫
果滿時名三德故普賢觀云大乘因者諸法
實相大乘果者亦諸法實相智德旣滿湛然
常照隨機即應一時解脫斷德處處調伏皆
令得度前問答從智德分滿受名後問答從
斷德分滿受名故知以智斷因緣名觀世音
普門也問此十義名字出餘經那得用釋此
品答大乘義通衆經共用若不許此者佛性
出涅槃五住二死出勝鬘諸師那得浪用通
衆經耶此品在文雖無十名總將二問答帖
十義意宛然可解今已如前今更別點句句
來證十義者如文云以何因緣名觀世音又
云以是因緣名觀世音即是據人名也後文
云普門示現即是明法也有如是等大威神
力多所饒益即慈也愍諸四衆即悲也欲知
智在說十九說法即智慧也一時禮拜得無
量無邊福德之利即福德也自在之業即法

身也何故爾法身於一切得自在智慧契此故名為業壽量云慧光照無量久修業所得威神之力巍巍如是如是滿足之名即是眞身也普門示現神通力即應身也遊諸國土度脫衆生即藥樹王身也於怖畏急難之中能施無畏即如意珠王身也福不唐捐即冥益也三十三身即顯益也現佛身即實智也現餘身即權智也觀音身即本餘身即迹也又大威神力是本方便力是迹聞是觀世音菩薩名者若有聞是品者即證了因功德不少即緣因不肯受常捨行故及即時觀其音聲觀即智皆得解脫種種調伏衆生八萬四千發心等是利益即斷也第四料簡者問人對觀音法對普門者方等有普門法王子標於人名此義云何同答此應作四句分別人非法法非人人即法法即人若約華嚴次第意地前生死行人未是實相之法此法亦非彼人若作不次第意者人即實相實相即人人法不二也若三藏有門明無假人但實法此法非人若空門攬實法成假人人法兩異

若其不離人論法不離法論人此乃是二諦意非中道之人法也若方等對小明大論人法者明小同三藏明大同華嚴般若涅槃等例爾今方等中明普門者即大乘意今明普門是法何得有法無人彼明普門是人何得但人無法此則人法互舉彼經標人此處標法爾例如小乘明身子智慧第一餘弟子各就餘法門論第一本以智慧斷惑發眞無漏餘人無慧那得入道既得道果果知有慧但各舉其初門別稱第一譬如刀刃斷物必藉於背方有利用諸數如刀背慧數如刀刃今普門義亦爾但以因緣之法當普門之名何得無了因之人耶若併從觀音標名者此則通漫欲使世諦不亂互舉別名如身具六根但稱為淨眼淨意豈得無餘根耶料簡慈悲者問若大悲拔苦苦除即是得樂大慈與樂樂至即是拔苦何意兩分答通論如此別則不然譬如拔罪於獄未施五塵身雖免痛根情未娛此但拔苦未名與樂又如施五塵於獄耳眼雖悅不名拔苦為從別義各顯一邊

故別說爾問此中何意不論喜捨答四無量心名雖有四但是三義大經云憂畢叉畢叉名捨捨者兩捨也即是非慈非悲不二之意不二而二即是慈悲喜者從樂生喜初欲與樂衆生苦重不能得樂則無所可喜若拔苦竟即能得樂還遂本懷故樂後加喜苦後無此故不開喜如阿輸加王七日應死雖有五欲之樂憂苦切心又如一身少許痛惱能奪一身之樂故知苦重不得樂也問禪支明喜在前樂支在後復云何答禪支就從麤入細此中慶彼得樂故喜心在後也復次外道修四無量自證禪定作想虛運彼無實益不能令他拔苦得樂雖自獲定虛妄世法報盡還墮不免於苦自他俱無利益若二乘修四無量但自拔苦於他無益自拔分段未免變易灰身滅智非究竟樂今菩薩不爾非凡夫行非賢聖行非凡夫者不同自受禪樂非賢聖者不同自拔於苦不同自受樂故即與他樂不同自拔苦故即拔他苦亦是即拔苦是即與樂即與樂亦即是拔苦但分別說之誓願

相對前明拔苦後明與樂爾料簡福慧者問觀音對智稱之而拔苦普門對福見之而得樂何也答智是光明正治闇惑惑是生死苦惱若治闇惑之苦豈不用智解之光故稱智慧人名即拔苦也法是法門門名能通通至涅槃安樂之處初習此法是得樂因後證此法是得樂果故對此普門明其與樂也問福慧相須本不相離若定而無慧者此定名癡定譬如盲兒騎瞎馬必墮坑落壍而無疑也若慧而無定者此慧名狂慧譬如風中然燈搖颺搖颺照物不了故知福慧相資二輪平等堪能運載也若爾何意以智慧拔苦福德與樂耶自有福德是智慧智慧是福德自有福德非智慧智慧非福德大小乘皆備四句如六度菩薩修般若分閤浮提為七分此是世智不能斷惑此猶屬福德攝即名此福是智故此智是福不斷惑故若聲聞人智慧能斷若名智慧非福德如餓羅漢也若福德非世智亦非出世智者如白象也若大乘四句者別教地前三十心行行名福德慧行名智

慧此慧不能破無明此慧還屬福德攝不破無明故此福是智慧方便治取相故若地前皆名福德地上皆名智慧此智慧非福德福德非智慧方等般若帶小明大若帶小福慧如前四句明大福慧如向四句今此普門名福慧者福即是慧慧即是福福慧不二故大論云如是尊妙人則能見般若此慧那得無定得首楞嚴定何曾無慧論云健相三昧能破强敵大經云佛性者有五種名亦名般若亦名師子吼亦名首楞嚴亦名金剛佛性等即是定慧具足之名也非禪不慧非慧不禪禪慧不二不二而二分門別說作定慧二解故釋論解般若明十八空解禪定明百八三昧此是二說二即不二料簡眞應者亦有四句之殊非眞非應應而非眞眞而非應亦眞亦應若非眞非應此就理可解又就凡夫不見理故非眞無用故非應此亦可解應而非眞者外道亦得五通同他施化通論亦得是應而不得名眞眞而非應者二乘人入眞斷結灰身滅智不能起應此亦是通論其眞爾

亦眞亦應者此則別顯中道為眞即眞而論用為應眞應不二不二而二者故言眞應爾今依文互舉一往言其眞應前番問答明眞身常益後番問答明應身間益常間不得相離二鳥俱游二往為論眞身亦恒亦不恒應身亦間亦不間若小乘明義例如善吉石窟觀空見佛法身蓮華尼則不見此豈非小乘中眞身恒益不恒益義文六之應亦有見不見此豈非應身有間有不間義大乘法身亦爾於理為恒益於情為不恒益應身亦爾此緣滅彼緣興無有斷絕是不間義同質異見是其間義而今分別一往前問答屬恒益後問答屬不恒益也料簡藥珠二身者藥有差病拔苦之功亦有全身增命致實之用故經云若全身命便為已得玩好之具也如意珠王非但雨寶亦能除病大施太子入海得珠還治父母眼大品云若人眼痛珠著身上病即除愈故知通具二義若別據一邊約除患以譬藥證樂以況珠爾料簡冥顯兩益凡有三十六句料簡權實二智者前問答實智照

眞而衆生得脱權智照假而衆生得度度爲度權亦度於實脱爲脱眞亦脱於假答此亦具四句或因眞智解脱於權七難消除二求願滿是也或因眞智解脱於實三毒皆離是也或因權智得度於實三十三身得度是也或因權智得度於權於怖畏急難之中得無畏是也或二俱度脱或二俱不度不脱令依文判互出一邊前文脱權後文度實料簡本迹者通論本迹俱能拔苦與樂故壽量云闍佛壽無量得清淨無漏無量之果報即是從本得樂請觀音云或遊戲地獄大悲代受苦此是從迹拔苦衆生不達本源後流轉苦惱若識本理即於苦而得解脱也衆生若不見迹中施化不能三業種福則無功德之因焉致樂果非本無以垂迹非迹無以顯本前問答是明迹本後問答是明本迹問本迹與眞應云何異答眞應就一世橫辯如諸經所明本迹就三世竪論如壽量所説料簡緣了者問緣了既有性德善亦有性德惡否答具問闡提與佛斷何等善惡答闡提斷修善盡但

性善在佛斷修惡盡但性惡在問性德善惡何不可斷答性之善惡但是善惡之法門性不可改歷三世無誰能毀復不可斷壞譬如魔雖燒經何能令性善法門盡縱令佛燒惡譜亦不能令惡法門盡如秦焚典坑儒豈能令善惡斷盡耶問闡提不斷性善還能令修善起佛不斷性惡還令修惡起耶答闡提既不達性善以不達故還爲善所染修善得起廣治諸惡佛雖不斷性惡而能達於惡以達惡故於惡自在故不爲惡所染修惡不得起故佛永無復惡以自在故廣用諸惡法門化度衆生終日用之終日不染不染故不起那得以闡提爲例耶若闡提能達此善惡則不復名爲一闡提也若依他人明闡提斷善盡爲阿黎耶識所熏更能起善黎耶即是無記無明善惡依持爲一切種子闡提不斷無明無記故還生善佛斷無記無明盡無所可熏故惡不復還生若欲以惡化物但作神通變現度衆生爾問若佛地斷惡盡作神通以惡化物者此作意方能起惡如人畫諸色像非

是任運如明鏡不動色像自形可是不可思議理能應惡若作意者與外道何異今明闡提不斷性德之善遇緣善發佛亦不斷性惡機緣所激慈力所熏入阿鼻同一切惡事化衆生以有性惡故名不斷無復修惡名不常若修性俱盡則是斷不得爲不斷不常闡提亦爾性善不斷還生善根如來性惡不斷還能起惡雖起於惡而是解心無染通達惡際即是實際能以五逆相而得解脱亦不縛不脱行於非道通達佛道闡提染而不達與此爲異也料簡智斷者此是一法異名不得相離如人一體何故從智拔苦從斷與樂然而慧解之心稱智無縛礙身稱斷譬如人被縛運力屬智肅然附外屬斷運力屬心故名智慧莊嚴附斷體散屬色身名福德莊嚴今經文言説不得一時故互舉智斷若深得此十義意者解一千從廣釋觀世音普門義則不可盡也第二別釋名者爲二先明觀世音次明普門以何因緣名觀世音通釋如前別者則以境智因緣故名觀世音云何境智境智

有二一思議境智二不思議境智思議境智又二一約理外二約理内理外爲四一天然境智只問此境爲當由境故境由智故境此智爲當由智故智由境故智若由境故境此境是境境即自生境若智由智故智亦是自

生智自生名性自爾非佛天人所作照與不照恒是境智故名天然境智二明相待者若境不自境因智故境智不自智因境故智此即他生義何故爾境自生境既稱爲自以境望智智即是他今境從智生豈非他境智亦

如是故名相待次明因緣境智者若境不由智故境亦不由境故境智境因緣故境智亦如是此即境智因緣共生義共生有二過墮自他性中次絶待明境智者非境非智而說境智此即離境離智無因緣而辯境智者此是無因緣絶待從因緣尚不可得何況無因緣一往謂絶理而窮之不成絶待並是理外行心妄想推計故中論云諸法不自生亦不從他生不共不無因是故說無生那得如前四種計執是實餘妄語性實之執見愛生著

九十八使苦集浩然流轉不息云何執此而生苦集隨執一種境智謂以爲是隨順讚歎心則愛著而生歡喜即是貪使若人違逆責毀心則忿怒而生瞋恚即是瞋使貪恚既起豈非癡使我解此境智他所不解以其所執矜傲於人豈非慢使既執此爲是令雖無疑後當大疑豈非疑使我知解此法法中計我豈非身見六十二見隨墮一邊豈非邊見如此妄執不當道理豈非邪見執此是實計爲涅槃豈非見取果盜謂此爲道依之進行豈非戒取因盜十使宛然皆從所執境智上起將此歷三界四諦則有八十八使就思惟歷三界則有九十八使此則集諦結業顛倒浩然方招苦果生死不絶於其境智不識苦集何處有道滅既不識四諦則破世間出世間因果無世出世法故無法寶不識出世果無佛寶不識出世因無僧寶賢聖之義一切俱失若作如此執自生境智者只是結構生死增長結業過患甚多若非理外境智更將何等爲理外耶故大論云凡夫三種語見慢名

字聖人但一種語名字今凡夫見慢取著諍用佛語介爾取著乖理成諍雖傍經論引證文字如蟲蝕木偶得成字尋其内心實不能解是字非字口言境智不解境智以不解故如服甘露則以境智起見傷命早夭故爲龍樹所破今不取此爲境智以釋觀世音自生境智既爾餘三句亦然二明思議理内境智者亦作上四門名字雖同觀智淳熟不生執見畢故不造新成方便道發生煖頂乃至十六心眼智明覺豁然得悟破諸見惑與理相應譬如盲人金錍抉膜灼然不謬此之眞觀名之爲智所照之理名之爲境以發無漏故稱理内境智雖見此理終是作意入眞故名思議境智也今明觀世音亦不從此境智因緣得名也次明不思議境智者若自他共無因等四句俱非境智者今諸經論所明或從自生他生共生無因等若不爾者云何辯境智耶答經中所明皆是四悉檀赴緣假名字說無四性執若人樂聞自生境智即說境是自境智是自智以赴其欣欲之心或時宜聞

自境自智聞必生善或時對治說自生境智
說必破惑有時說此令即悟道若無四悉檀
益諸佛如來不空說法雖作四說無四種執
無執故無見愛衆生聞者如快馬見鞭影即
破惑入道故名爲智此智所照名之爲境如
是通達則識苦集道滅三寶四諦宛然具足
若以智照境入空取證成眞諦理内思議境
智如前說若不以累爲證知此境智但有名
字名爲境智是字不在内外中間是字不住
亦不不住是字無所有故雖作四句明境智
實不分別四句境智雖作四句聞境智實不
得四句境智雖體達四句境智實不作四句
思量境智言語道斷心行處滅不可四句思
惟圖度故名不思議境智金光明云不思議
智照不思議智境此具如大本玄義境智妙
中廣說龍樹先破一異時方然後釋如是我
聞等義今類此先破理外境智後明不思議
四悉檀悉檀義如大本玄義夫依名字爲便
應先明觀智次辯世境之音若解義爲便前
明世境次辯觀智如先有境可得論觀若未

有境何所可觀譬如鏡鼓後方映擊今從義
便先明世音後論觀智也世者爲三一五陰
世間二衆生世間三國土世間既有實法即
有假人假實正成即有依報故名三種世間
也世是隔別即十法界之世亦是十種五陰
十種假名十種依報隔別不同故名爲世也
間是間差三十種世間差別不相謬亂故名
爲間各各有因各各有果故名爲法各各有
界畔分齊故名爲界今就一法界復有十法
所謂如是相性究竟等十界即有百法十界
相互則有千法如是等法皆是因緣生法六
道是惑因緣法四聖是解因緣法大經云無
漏亦有因緣因滅無明即是三菩提燈是諸
因緣法即是三諦因緣所生法我說即是空
亦名爲假名亦名中道義故明十種法界三
十種世間即是所觀之境也此境復爲二所
謂自他他者謂衆生佛自者即心而具如華
嚴云心如工畫師造種種五陰一切世間中
莫不由心造問自他那得各具十法界答觀
身實相觀佛亦然華嚴云心然佛亦然心佛

及衆生是三無差別豈不各各具三諦境耶
音者即十法界口業之機也界既不同音亦
有異聞衆生各有三業何意但觀音然通論
皆得常念恭敬得離三毒即是觀世音禮拜
供養所求願滿即是觀世身而今但言觀世
音者舊釋此義爲六一趣立者諸名不可累
出舉一趣以標名若稱爲觀世身者已復還
問此言何意不名觀世音此則非問二隨俗
者釋迦所說以音聲爲佛事故言觀世音若
遊諸國土隨彼所宜三互舉者能觀所觀所
觀即衆生色心也今從能觀故但言觀能聞
所聞能聞是聖人耳識所聞是衆生音聲今
取所聞之音聲舉所聞得能聞舉能觀得所
觀從此爲名故言觀世音舊問能所既爾何
不取所觀之色心能聞之耳識以標名稱爲
聞色心菩薩耶舊答云菩薩一觀於色心此
是應廣衆生之一音此是機狹若從難者則
機有兩字應但一字便是應狹機廣故不如
所難今更作難此語應從義理那得逐字菩
薩以能觀色心何意不能觀音聲衆生何意

但以聲感色心不能感耶若其俱感俱應此逐字爲觀則感應齊等若爲判其廣狹今不作此明互舉凡聖感應皆通三業而聖人與意凡夫與聲故言觀世音爾四義攝者如發聲必先假意氣觸脣口其音能出口業若成則攝得身意若觀於口業亦攝得身意觀餘不爾故言義攝五隱顯者身雖禮拜意雖存想未知歸趣何等故名隱若口音宣暢事義則彰故名顯舉顯沒隱故言觀世音六難易者臨危在厄意則十念難成身則拜跪遲鈍口唱爲急故成機從易受名也又第六爲有緣觀音昔爲凡夫居兹忍界見苦發誓今生西方多還此土既有誓緣急須稱名今明若如前六義皆偏有所舉若依釋論其義即圓何以故出入息是身行覺觀是口行受爲心行心覺觀故尚具三業何況發音成聲而不備三業耶但舉一觀即備三應但舉一音即備三機而凡情謂聲强智利逐物標名圓義往推悉皆具足

觀音玄義卷上

觀音玄義卷上

校勘記

一 底本，明永樂北藏本。此書金藏廣勝寺本僅存卷上一卷，且多所漫漶，不宜作底本。今附於後，供參閱。

一 五六七頁上二行首字「隋」，南無。卷下同。

一 五六七頁上三行「門人」，南作「弟子」。卷下同。

一 五六九頁中三行「八意」，南作「三意」。

一 五七一頁上七行第八字「偏」，南作「徧」。

一 五七四頁上一八行第二字「若」，南、清作「苦」。

觀世音

天台智者大師說　灌頂記

夫法界圓融象無所象非象清淨化無所化雖象無所象無所而不
象化無所化無所而不化故無在無不在化應九道之身無有不有
永寂入不二之言是以三業致請二聖赴四弘爲普使沾上乘故
從迷世界[illegible]

耳今言觀世音者西土云[illegible]觀此音[illegible]
圓融有無兼暢照窮正性察其本末故稱觀也世音者是所觀之境
也萬象流動隔別不同類音殊唱俱蒙離苦菩薩弘慈一時普救皆
令解脫故曰觀世音此即境智雙彰能所合標經者由義文理義殊織
成行者之心故稱曰經普門者普是遍義門是能通用一實相開十

有五章明
二一通釋二別釋通釋人法[illegible]故有
說有廣略今就通釋有四一列名二次第三解釋四料揀一列名者
十義以爲通釋所以者何至理清淨無名無相非法非人過諸數
量非一二三但妙理虛通無名相中假名相說故立無名之名假稱
人法雖非數量亦論數量故大論云般若是一法佛說種種名隨
中生等
法二慈悲三福慧
十智斷第二次第者此有兩意一約觀明次第二約教明次第約觀
則攝初中後心因圓果滿約教則該括漸頓小大諸經約觀以人法爲
初者欲明觀行必有其人人必秉法譬如人受一期果報攬陰成人
雖具無量德行必先標名字故以人法居初慈悲亦例此人法居九義
之初可爾何意秉以人法爲次耶此須據經經云以是因緣名觀世

音即前[illegible]
人法也二次慈悲者良由觀音之人觀於實相普門之法達於非人
非法實相之理一切衆生亦復如是故華嚴云心佛及衆生是三無
差別此理圓足無有缺減云何衆生理具倩迷顛倒苦惱既觀是已
即起慈悲慈悲者拔苦與樂具故明慈悲也復故若就言說爲便初慈
後悲亦是就菩薩本懷[illegible]大悲拔苦故[illegible]
後悲若[illegible]方以大慈與樂文[illegible]
既苦從[illegible]
成此誓其信[illegible]則慈悲與拔者此明其願欲滿此願必須人行修行
不出福慧慧即般若福即五度互相資導以行順願事理圓足若智
慧增明則大悲普潤拔苦義成若福德深厚則大慈普潤與樂義成
故福慧居三也復次言說爲便先福後慧若論化他本意先欲實慧
利益如其[illegible]
轉明則業於[illegible]
顯應退[illegible]由福慧明發故次第四也[illegible]就方便化物旁用應後用
具今從前義爲次第也五明藥珠者二身先明其應直語證得本藥
利人今明兩身俱能益物具身破取相喻如藥應身對現譬於珠
就兩字明次第者與慈悲相似也六明冥顯者前明二身道理即能
益今辨衆得其益或得顯[illegible]也七明權實[illegible]
得益何意不同良[illegible]方趣機宜當不失其宜二智之力故以
此爲[illegible]
權度此隨物爲次若就佛本意先欲爲一大事因緣先顯實益衆生
不堪後用權度八明本迹者雖復益物權實之巧而巧有優劣必是
上中下智本迹之殊權實略而且攝今欲細判高下以明次但要其
本高所作權實之迹則妙是以次權實之後辨其細妙之能也非本
無以垂迹[illegible]非迹無以顯本[illegible]也九明了因
來行

目行次第乘珠至本法華化作次第此乃順論未是卻討根本本源
其性德種子若觀智之人慈心誓願智慧莊嚴顯出其身皆是了因
為種子若是普門之法慈心誓願福德莊嚴顯出應身皆是緣因
為種子故非究也十明智斷[illegible]了卻討因源今明智斷覺
順論其究竟始則起自。以緣則發大智始則起自緣因終則法
槃斷德若入涅槃衆後於息故　也二約教明次第者又
為通別通義可解別今當說如華嚴頓教名大方廣佛華嚴經
初明人法此人乘法必具慈悲普龍佛因居然福慧既入也但能至
進既能利物則辨乘珠物得其益有冥有顯而未得別論權實本迹
緣了智斷也通義有別顯義[illegible]次第開佛期化物明於頓漸頓
教雖說漸[illegible]未說故不明[illegible]世界以不可[illegible]經明小隔於大如聾
如啞覆於[illegible]漸法[illegible]斯要不務說故言無權實
也言無本迹者彼經未發王宮生身之迹寂滅道場法身之迹未辯
指壽量久遠所得是法三身之本故言無本迹也言無緣了智斷
者不明小乘根性及有心之者本自有常住之因當見智斷菩
提本果故言無也次約三藏教但明人法慈悲福慧三義無真應等
十種何故爾[illegible]此教中但明[illegible]身灰智[illegible]是應既無真應將何
弁於本迹論[illegible]十科[illegible]義乃至十意何
止但三藏言是別別應約中道論[illegible]三種何意無七科
答通論十意此約三乘別語三科的據菩薩三藏菩薩得有慈悲福
慧伏惑之義既伏而不斷故無真應七法師云通教止三若約方等教
對小明大得有中道大乘人法至貫顯兩益等六意然猶帶方
便調熟衆生故不得說權實等[illegible]若明般若教雖未會小乘之小
已會小法皆[illegible]摩訶衍但明人法等六甚於帶方便未明權實等事若
約法華教則會小乘之人法故實[illegible]事所行是菩
薩道開權顯實發迹顯本了義決定不相妨難故知法華得明道
人法至本迹今意前諸教所不明法華方說故云未曾向人說如此事

今所說者即是今當為汝說此[illegible]事也三世諸佛調熟衆生本令為
緣究竟圓[illegible]備在法華[illegible]說法華竟化緣滅如薪盡火滅非
復如是若約涅槃即有二種所[illegible]逗流皆於法華悟
入八義具足不待涅槃若鈍根弟子於法華未悟者更為此人
卻討源由廣說[illegible]明三佛性論性德了因種子修得即成般若覺
即成智德菩提性德緣因種子修得成解脫斷德涅槃若性
德非[illegible]即是正因若修得成就是三種[illegible]三寶身故知得涅槃時
明卻[illegible]之始終成智斷十義具足此[illegible]云五味論十法文義約
四教判可知故知十法收束觀[illegible]教[illegible]觀而不
攝何教而不收意氣宏遠義味深邃所以有文第[illegible]細不相違以
釋生起[illegible]前法華前教明有六意云何為異答華嚴六意於利人成
酪酥於鈍人成乳三藏中三意於利人[illegible]生酥於鈍根人成酪方等大乘
於利人成醍醐於鈍人成生酥若[illegible]意於利人成熟酥[illegible]於鈍人成
熟酥若[illegible]八意於鈍人成醍醐[illegible]第三解釋者人[illegible]假名所成之人
也法即五陰能成之法此之人[illegible]色受想行識是凡
鄙法獲此法能成生死之人戒定慧解脫解脫知見是出法獲此
成出世聖人故大論云衆生無上者佛是法無上者涅槃是雖通
凡聖不無差別上中下差即成三途之人法上中下善即成三善道
之人道故有六趣階差若更細論十萬品聖人人法亦復不同若
三藏有[illegible]我[illegible]毛[illegible]自畢竟不[illegible]但有[illegible]
此即人空法不空觀此法無常生[illegible]即是觀方
便之法成似道賢人若發真成聖生方便有餘土觀法性色識等成
彼土行人若空門明有實法之體觀出實法得有假名之人觀三假
浮虛會人空平[illegible]頂即[illegible]觀方便法成似道賢人若發真成無學生方
便有餘[illegible]說法性五陰成彼土行人餘兩門人法例此可解摩訶衍
中明人[illegible]
等性[illegible]空故大品云衆生性如我性[illegible]從初發心至後

心常觀人法俱空故大論云菩薩常觀涅槃行道以觀人空即是了
因種子者大論云衆生無上者佛是佛者即是覺觀[illegible]始覺人
空終覺法空故知觀人空是了因種也觀法空是緣因種者大論云
法無上者[illegible]生死陰斷是涅槃[illegible]
色乃至識亦如是大[illegible]
行識當知涅槃是無上法也觀此法成無上之衆生號之為佛故知
觀法空是緣因種也以觀人法空即識三種佛性故大經云衆生佛
性不即六法不離六法不即者此明正因佛性非陰非我非陰故非
法非我故非人非人故非了非[illegible]故非緣故言不即六法也不離六
法者不[illegible]
佛從初發心觀人法空修三佛性[illegible]即人法今觀世音
未是究竟之人法即是分證之人法前一番問答是分釋無上之人
稱觀世音後一番問答分釋無上之法故稱普門當知人法因緣
故故名觀世音普門也二釋慈悲者慈名愛念悲名憐傷愛念故與樂
念故與樂憐傷故拔苦[illegible]
[illegible]
悲心憐傷於世間苦集因果與出世[illegible]
煩惱無邊誓願斷此即誓從大悲心起以慈愛故欲與道滅與出
世因果之樂興兩誓願所謂法門無量誓願知無上佛道誓願成此
兩誓願從大慈起但前明人法凡聖不同今辨慈悲大小亦異若三
藏行人觀分段生老病死八苦[illegible]即起誓願衆生無邊誓願度
若觀分段[illegible]故令衆生觀此
因果無常生滅[illegible]令[illegible]動修[illegible]道品即起誓願法門無量誓願知若
觀真諦無為之理即起誓願無上佛道誓願成如此慈悲有作四
諦所起也復次通教觀者死八苦如幻如化衆生顛倒謂為真實
即起誓願貪恚癡等如幻如化衆生顛倒[illegible]即起誓願觀
即色是空非識滅空即[illegible]色性自空[illegible]

得而衆生不能即色是空即起菩[illegible]滅涅槃者我
亦說如幻如化而衆生謂有佛道可求即起菩願是約無生四諦起
慈悲誓願也別教觀假名之法森羅萬象應須分別以利衆生那
得沈空取證觀此苦果非止一種即起菩願無量之苦與集集
既無量[illegible]亦無量[illegible]誓願[illegible]
諦而起誓願也[illegible]圓教[illegible]非順非逆非明非暗故
即違逆之則有苦集因果智慧明故則順順之則有道滅因果緣
此違順因果而起慈悲譬如磁石不作想任運吸鐵今此慈悲不
作衆生及以法想任運拔苦與樂故名無緣慈悲此菩薩從初發心
修無緣慈悲歷六即[illegible]今此觀音是分證菩薩若前一番問答明無
緣大悲[illegible]苦一心稱[illegible]即得解脫後一番[illegible]大悲[illegible]
樂皆令得度故知以大慈大悲[illegible]名觀世音普門也三釋福慧
者有多名慧定名[illegible]大論云定愛[illegible]寂照之智
照不明如明鏡高臺[illegible]定[illegible]如明燈淨油亦稱爲目足
備得入清涼池池即涅槃[illegible]爲二種莊嚴莊嚴法身釋此分
慧自有多種三[illegible]以無常觀[illegible]以事中諸禪定爲福又[illegible]
發真無漏天然之慧[illegible]體法異於[illegible]
教以緣修智慧爲諸禪定助開中道法身也圓教以實相觀爲慧
實相寂定爲福共顯非定非慧之理名實相法身今圓教菩薩從
初發心修此不二定慧歷於六即位觀音所以用智光照者者皆是
細倒[illegible]所致智慧是破惑之法故智慧能拔苦華嚴云又放光明
名智慧又放光明名[illegible] 惟思益亦然[illegible] 淨光明
暗瞑故知前問答應[illegible]身名後問答佳旨撈
凌普現色身不起滅定現諸威儀安禪千偈讚諸法王故知普門
示現從福得受名良以福慧因緣故名觀世音普門也四釋具足著
身名不爲不動應名耕適根緣集藏名身若辨實相不偏不動之理
即能稱機而應[illegible]形此之[illegible]不得相離若外道作

意修通雖能變化[illegible]如火石光影不現[illegible]可以[illegible]
顯偏真理那[illegible]有中道真應若二乘變化[illegible]所得此亦非[illegible]
圓[illegible]作[illegible]乃成了不如以大乘不[illegible]
法界色像即對即應如鏡寫像[illegible]
從初發心歷於六即[illegible]答明[illegible]
從其身得名從[illegible]問答明[illegible]
以其應因緣故名觀世音普門也五釋藥樹王身如意珠王身者藥
王[illegible]出[illegible]如意之[illegible]
問教明者如華嚴云有上[illegible]樹[illegible]
食[illegible]問答網[illegible]
王身又如如意珠[illegible]大[illegible]
身與衆生藥名如意珠王身此亦約六即判位[illegible]
苦[illegible]此從藥王身以得名從後問答[illegible]
此從如意珠王身以得名故知二身因緣名觀世音普門也六釋[illegible]
顯二益者冥[illegible]
以下地[illegible]
云而[illegible]不[illegible]知[illegible]是一地下[illegible]
殊不知妙音神力所作以不知故名冥益此約六即判位若說
前問答不見形聲[illegible]
知是[illegible]能知如後問[illegible]
知觀音從冥益得名
門也七釋權實者權是暫用實[illegible]則有三種一自行
論權實自觀中道爲實二觀爲權二就化他論權實他根性不同或
說權爲實說實爲權不可定判[illegible]以明權實也三自行化他
合明權實者若自觀三諦有權有實名爲實化他隨緣亦有權有
實皆名爲權用此三[illegible]即判位[illegible]
今是明自行化他論權[illegible]從自行化他之實智益物後問答

觀音義疏卷上　第八張

從自行化他之權以益物故知權實因緣故名觀世音普門也八釋
本迹者本名實得迹名應現若通途作本迹者如凡夫本[illegible]
乃至別教本迹若圓[illegible]
無形百界高下不[illegible]
下地爲應爲迹地地傳作此判其本唯據於高[illegible]
不可分今細判本迹則與真應異本是實得始坐道場及初住[illegible]
法身即是其本迹爲上地之佛及作上地菩薩並名爲迹不可以上
地高故稱之爲本始得初住[illegible]以故實不得上地上地非
本實得下地下地非迹故[illegible]
本迹明六即就前問答不可說不但冥祐前人從本地得名後問答
殊形異狀應現度脫從迹地得名故知本迹因緣故名觀世音普門
也九釋了因緣因者了是顯發緣是資助資助於了顯發法身了
者即是般若觀智亦名[illegible]莊嚴緣者即是解脫行行
動道福德莊嚴大論云[illegible]能[illegible]種論[illegible]
論教[illegible]義今正明圓[illegible]二種莊嚴之因佛具二莊嚴之果
原此因果根本即是性德緣了也此之性德本自有之非適今也大
經云一切諸法本性自空亦用菩薩修習空故見諸法空即了因種
子本自有之又云一切衆生皆有初地味禪思益云一切衆生即滅
盡定此即緣因種[illegible]便修習漸漸增長起於
毫末得成修得合抱大樹摩訶[illegible]嚴[illegible]此一科不論六即但
就根本性德義耳前問答從了種受名後問答從緣種受名故知了
因緣因故名觀世音普門也十釋智斷者通途智即有爲功德滿
亦名圓淨涅槃言有爲功德者即是[illegible]時智慧有照用修成之義故
稱有爲因雖無常[illegible]言有[illegible]功德[illegible]
無爲功德滿亦名解脫亦名方便淨涅槃言無爲者若小乘但取煩
惱滅無爲斷但離虛妄名爲解脫其實未得一切解脫此乃無體之
斷德也大乘是有體之斷不取滅無爲斷但取隨所調伏衆生之處

惡不能染縱任自在　[illegible]　此名無為功德故淨名
云不斷癡愛起諸明脫又云於諸見不動而脩三十七品變見見惑得
者亦名如來種乃至五無間皆生解脫無所染礙名為一切解脫即
是斷德無為也寂而常照即智德也小乘灰身滅智既其無身將何
入生死而論調伏無礙無染盛智作用寂照如此智斷圓極故法身
顯者即是三種佛性圓滿是為入非因非果正因滿故云
隱名如來藏顯名法身雖非是因而名為正因雖非是果而名為法
身大經云非因非果名佛性者即是此正因佛性也又云是因非果
名為佛性者此據性德緣了皆名為因也又云是果非因名佛性者
此據修德緣了皆滿了轉名般若緣轉名解脫亦名菩提果亦名大
涅槃果果皆稱為果也佛性名因果不橫性德時三因不縱
不橫果滿時名三德故普賢觀云大乘因者諸法實相大乘果者亦
諸法實相智德既滿法然常照顯機即應一時解脫斷德既滿如
調伏皆令得度前問若從智德分滿受名後問若從斷德分滿受名
故知以智斷因緣名觀世音普門也問此十義名字出餘經那得用
釋此品答大乘通義眾經不許此者佛性出涅槃若在三死
出處諸師那得用通釋經耶此品在文雖無十名總將二問文
帖十義意宛然可解今已如前今更別點句句來證十義者如文云
以何因緣名觀世音又云以是因緣名觀世音即是拔人名也後文
云普門示現即是明法也有如是等大威神力多所饒益即慈悲
諸四眾即悲也欲知一一不說十九說法即智慧也一時禮拜得福
無無福德之利即福德也自在之業即法身也何故兩法身於一切
得自在智慧契此故名為眾寶妙華光照無量又修業所得威神
之力巍巍如是如是滿足之名即是具身也普門示現神通之方即
應身也遊諸國土度脫眾生身也於怖畏急難之中能施
無畏即如意[illegible]即冥益也三十三身即顯益也現
佛身即實智也現餘身即權智也觀音身即本餘身即迹也又大威

神力是大士方便之力是迹即是觀世音菩薩名者若有聞是品者即
證了因功德不少即緣因不肯受當持行故及即時觀其音聲解脫即
智也皆得解脫種種調伏眾生八萬四千發心等是利益即斷德第
四料揀者問人對觀音法對普門者今等有普門法王子標於人名
此義云何答此應作四句分別人非法法非人人即法法即人若
約華嚴云第竟地前生死行人未是實相之法此法亦非彼人若作
不次第意者人即實相實相即人人法不二也若三藏有門明無假
人但實法此法非人若空門觀假法成假人人法兩異若其不離人
論法不離法論人此乃是二諦意非中道之人法也若方等對小明
大論人法者明小同三藏明大同華嚴般若涅槃等例爾今方等中
明普門者即大乘意今明普門是法何得有法無人彼明普門是人
何得但人而無法此則人法互舉彼經標人此處標法互例眾乘
明身子智慧第一餘弟子各說餘法門論第一本以智慧斷惑登真
無為餘人無慧那得入道既得道果果知智慧道登聚其初門別稱
第一譬如刀刃斷物必藉於背方有利用論數如刀背慧數如刀刃
今普門義亦爾但以因緣之法當普門之名何得無了因之人耶若
併從觀音標名者此則通淨欲使世諦不亂互舉別名如身具六根
但稱為淨眼淨意皆得無餘根耶對拔苦悲者問若大悲拔苦慈除
即是得樂大慈與樂樂至即是拔苦何意兩分答通論如此別則不
然譬如拔罪於獄未施五塵身雖免痛猶未娛此但拔苦未名與
樂又如施五塵於獄耳眼雖悅不名拔苦為從別義各顯一邊故別
說耳問此中何甚不論喜捨答四無量心名雖有四但是二義大經
云喜即是慈又名喜捨捨者即捨也即是非慈非悲不二慈不二而
二即是慈悲喜者從與樂生其初欲與樂拔生苦更不能得樂則無所
可喜若拔苦竟即能得樂逃逸本懷故歡喜拔如其苦後無此故不俯
身如阿輸加王七日應死雖有五欲之樂安苦切心又如一身少許痛
惱能奪一身之樂故知苦重不得樂也問禪支明喜在前樂支在後

復云何答禪支就從麤入細此中就後得樂故喜心在後也復次外
道修四禪無自證禪定作想益違彼無有益不能令他拔苦得樂雖
自獲定虛妄世法報盡還墮不免於苦自他俱無利益若二乘修四
無量但自拔苦於他無益自拔分段未免變易爰皆滅智非究竟樂今
菩薩不爾非凡夫行非賢聖行非凡夫者不同自受禪樂非賢聖者
不同自拔於苦不同自受禪樂故即與他樂不同自拔苦故即拔他苦
亦是即拔苦是即與樂即與樂亦即是拔苦但分別說之互顯相對
前明拔苦後明與樂耳料揀福慧者問觀音對智稱之而拔苦普門
對福見之而得樂何也答智是光明正治暗惑惑是生死苦惱若治闇
惑之苦豈不用智解之光故稱智慧人名即拔苦也法是涅槃因名
能通通至涅槃安樂之處初習此法是得樂因後證此法是得樂果
故對此普門明其與樂也問福慧相須本不相離若定而無慧者此
定名癡定譬如盲兒騎瞎馬必墮坑落塹而無疑也若慧而無定者
此慧名狂慧譬如風中然燈搖颺搖颺照物不了故知福慧相資只二
輪平等乃能運載也若爾何意以智慧拔苦福德與樂耶皆有福德
是智慧智慧是福德自有福德非智慧智慧非福德大小乘皆備四
句如六度菩薩修般若分閤浮提為七分此是世智不能斷惑此猶
屬福德攝即名此福是智故此智是福不斷惑故若聲聞人智慧能
斷結者智慧非福德如餓羅漢也若福德非世智亦非出世智者如白
象也若大乘四句者別教地前三十心行行名福德行行名智慧此
慧不能破無明此慧猶屬福德攝不破無明故此福是智慧方便治
取相故若地前皆名福德地上皆名智慧此智慧非福德福德非智
慧方等般若中帶小明大若帶小福慧如前四句明大福慧如向四
句今此普門明福慧者福即是慧慧即是福福慧不二故大論云如
是尊妙人則能見般若此慧那得無定得首楞嚴定何得無慧論云
健相三昧能破強敵大經云佛性者有五種名亦名般若亦名師子
吼亦名首楞嚴亦名金剛佛性等即是定慧具足之名也非禪不慧非

慧不禪禪慧不二不二而二分門別說作定慧二解故釋論解般若
明十八空解禪定明百八三昧此是二說二即不二料揀真應者亦有
四句之殊非真非應即非真而非應亦真亦應若非真非應此說
理可解又就凡夫見理故非真無用故非應此亦可解應而非真者
外道亦得五通同他施化通論亦得是應而不得名真而非應者
二乘人入真斷結灰身滅智不能起應此亦是通論其真且亦真亦
應者此則別顯中道為真即真而論用為應真應不二不二而二者故
言真應耳今依文互舉一往言其真應前番問答明真身常益後
一番問答明應身開益常聞不得相離二鳥俱遊二往為論真身亦
恒亦不恒應身亦開亦不開若小乘明義例如善吉石窟觀空見佛
法身蓮華尼則不見此豈非小乘中真身恒益不恒益義丈六之應
亦有見不見此豈非應身有開有不開義大乘法身亦爾於理為
恒益於情為不恒應身亦爾此緣滅彼緣興無有斷絕是不間義
同體異見是其間義而今分別一往前問答屬恒益後問答屬不恒
益也料揀藥珠二身者藥有差病拔苦之功亦有全身增命致寶之
用故經云若全身命便為已得玩好之具也如如意珠主非但雨寶
亦能除病大施太子入海得珠還治父母眼大品云若人眼痛珠著
身上病即除愈故知通具二義若別據一邊約除病以譬藥譬樂
以況珠耳料揀冥顯兩益凡有三十六句料揀權實二智者前問答
實智照真而眾生得脫權智照假而眾生得度為度權亦度於
實脫為脫真亦脫於假答此亦具四句或因真智解脫於權七難消
除二求願滿是也或因真智解脫於實三毒皆離是也或因權智得
度於實三十三身得度是也或因權智得度於權於怖畏急難之中
得無畏是也或二俱度脫或二俱不度不脫今依文判互出一邊前
文脫權後文脫實料揀本迹者通論本迹俱能拔苦與樂故請觀音
云聞佛壽無量得清淨無漏無量之果報即是從本得樂請觀音
云或遊戲地獄大悲代受苦此是從迹拔苦眾生不達本源故流轉

苦惱若識本理即於苦而得解脫拔眾生苦不見迹中施化不能三
業種福則無功德之因焉致樂果非本無以垂迹非迹無以顯本前
問答是明迹本後問答是明本迹問本迹與真應云何異答真應
就一世橫辨如諸經所明本迹就三世豎論如壽量所說料簡緣了
者問緣了既有性德善亦有性德惡不答具問闡提與佛斷何等
善惡答闡提斷修善盡但性善在佛斷修惡盡但性惡在問性德之
善惡何不可斷答性德之善惡但是善惡之法門性不可改歷三世
無誰能毀故不可斷壞譬如魔雖燒經何能令性善法門盡縱令佛
燒惡譜亦不能令惡法門盡如秦焚典坑儒豈能令善惡斷盡耶問
闡提不斷性善還能令修善起佛不斷性惡還令修惡起耶答闡提
既不達性善以不達故還為善所染修善得起廣治諸惡佛雖不斷
性惡而能達於惡以達惡故於惡自在故不為惡所染修惡不得起
故佛永無復惡以自在故廣用諸惡法門化度眾生終日用之終日不
染不染故不起那得以闡提為例耶若闡提能達此善惡則不復名
為一闡提也若依他人明闡提斷善盡為阿梨耶識所熏更能起善
梨耶即是無記無明善惡依持為一切種子闡提不斷無明無記故
還生善佛斷無記無明盡無所可熏故惡不復還生若欲以惡化物但
作神通變現度眾生耳問若佛地斷惡盡作神通以惡化物者此作
意方能起惡如人畫諸色像非是任運如明鏡不動色像自形可是
不思議理能應惡若作意者與外道何異今明闡提不斷性德之善
遇緣善發佛亦不斷性惡機緣所激慈力所熏入阿鼻同一切惡事
化度眾生以有性惡故名不斷無復修惡名不常若修性俱盡則是
斷不得為不斷不常闡提亦爾性善不斷還生善根如來性惡不斷
還能起惡雖起於惡而是解心無染通達惡際即是實際能以五逆
相而得解脫亦不縛不脫行於非道通達佛道闡提染而不達與此
為異也料揀智斷者此是一法異名不得相離如人一體何以故從
智救苦從斷與樂然而慧解之心稱智無累礙身稱斷譬如人被縛

運力屬智蕭然解脫屬斷又運力屬心故名智慧莊嚴附斷體散屬
色身名福德莊嚴今經文言說不得一時故互舉智斷若深得此十
義意者解一千從廣釋觀世音普門義則不可盡也第二別釋名者
為二先明觀世音次明普門以何因緣名觀世音通釋如前別者則
以境智因緣故名觀世音云何境智有二一思議境智二不思
議境智思議境智又二一約理外二約理內理外為四一天然境智
秪問此境為當由境故境由智故境此智為當由智故智由境故智
若由境故境此境是自境即自生境若由智故智亦是自生智自
生名性自爾非佛天人所作照與不照恒是境智故名天然境智二
明相待者若境不自境由智故境智不自智因境故智此即他生義
何故爾境自生境既稱為自以境望智智即是他今境從智生豈非
他境智亦如是故名相待次明因緣境智者若境不由智故境亦不
由境故境智因緣故境智亦如是此即境智因緣共生義共生有
二過豎自他性中求絕待明境智者非境非智而說境智此即離境
離智無因緣而辨境智也此是無因緣絕待從因緣尚不可得何況
無因緣一往謂絕理而窮之不成絕待並是理外行心妄想推計故
中論云諸法不自生亦不從他生不共不無因是故說無生那得如
前四種計執是實餘妄語耶性實之執見愛生著九十八使苦集浩
然流轉不息云何執此而生苦集隨執一種境智謂以為是隨順讚
歎心則愛著而生歡喜即是貪使若人違逆責毀心則忿怒而生瞋
恚即是瞋使令人忿戚起昏非癡使我解此境智他所不解以其所執
矜傲於人豈非慢使既執此為是今雖無解猶豫後當決疑豈非疑使我
智解此法法中計我豈非身見六十二見隨僻一邊豈非邊見如此
妄執不當道理豈非邪見執此是實計為是涅槃果豈非見取果盜謂此
為道依之進行豈非戒取因盜十使宛然皆從所執境智上起將此
歷三界四諦則有八十八使就思惟歷三界則有九十八使此即集
諦結業顛倒浩然方招苦果生死不絕於其境智不識苦集何處有

道滅既不識四諦則破世間出世間因果無世出世法故無法寶不識出世果無佛寶不識出世因無僧寶賢聖之義一切俱失若作如此執自生境智者秖是結構生死增長結業過患甚多若非理外境智更將何等為理外耶故大論云凡夫三種語見慢名字理入但一種謂名字今凡夫見慢取著誇用佛語亦兩取著乖理成諍雖俟經論引證文字如蟲食木偶得成字寧甚內心實不能解是字非字口言境智不解境智以不解故如服甘露則以境智是見傷命早夭故為龍樹所破今不取此為境智以釋觀世音自生境智既闕餘三句亦然二明思議理內境智者亦作上四門名字雖同觀智淳熟不生執見畢故不造新成方便道發生煖頂乃至十六心眼智明覺豁然得悟破諸見惑真理相應譬如盲人金錍決膜內然不謬此之真觀名之為智所照之理名之為境以發無漏故辨理內境智也雖見此理然終是作意入真故名思議境智也今明觀世音亦不從此境智因緣得名也次明不思議境智者若自他共無因等四句俱非境智今諸經論所明或從自生他生共生無因等若不爾者云何辨境智耶答經中所明皆是四悉檀赴緣假名字說無四性執若人樂聞自生境智即說境是自境智是自智以赴其所欲之心或時宜聞自境自智聞必生善或時對治說自生境智說必破惑或有時說此令即悟道若無四悉檀益諸佛如來大空說法雖作四說無四種執無執故無見愛衆生聞者如快馬見鞭影即破惑入道故名為智此智所照名之為境如是通達則識苦集道滅三寶四諦究竟真足若以智照境入空取證成真諦理內思議境智如前說若不以果為證智知此境但有名字名為境智是字不在內外中間是字不住亦不不住是字無所有故雖作四句明境智實不分別四句境智雖作四句聞境智實不得四句境智雖體達四句境智實不作四句思議境智言語道斷心行處滅不可四句思惟思度故名不思議境智金光明云不思議智照不思議智境此具如大本玄義境智妙中廣說龍樹

先破一異時方然後釋如是我聞等義今類此先破理外境智後明不思議四悉檀義檀義如大本玄義夫依名字為使應先明觀智次辨世音之境若解義為便則明世境次辨觀智如先有境可得論觀若未有境何所可觀譬如鏡發後方映擊今從義便先明世音後辨觀智也世者為三一五陰世間二衆生世間三國土世間既有實法即有假人假實正成即有依報故明三種世間也世是隔別即十法界之世亦是十種五陰十種假名十種依報隔別不同故名為世也間是差三十種世間間隔差別不相謬亂故名為間也各各有因各各有果故名為法各各有界畔分齊故名為界今就一法界復有十法所謂如是相性究竟等十界即有百法百界相互則有千法如是等法皆是因緣生法六道是惑因緣法四聖是解因緣法大經云無漏亦有因緣因滅無明即得三菩提燈是諸因緣法即是三諦因緣所生法我說即是空亦名為假名亦名中道義故明十種法界三十種世間即是所觀之境也此境復為三所謂自他他者謂衆生佛自者即心而具如華嚴云心如工畫師造種種五陰一切世間中莫不由心造聞自他那得各具十法界今觀身實相觀佛亦然華嚴云心然佛亦然心佛及衆生是三無差別豈不各各具三諦境耶音者即十法界口業之機也界既不同音亦有異聞衆生各有三業何意但觀音聲答經論皆得常念恭敬得離三毒即是觀世意禮拜供養所求願滿即是觀世身而今但言觀世音者有釋此義為六一趣互者諸名不可累出舉一趣以標名若稱為觀世身者已復還問此言何意不名觀世音此則非問二隨俗者釋迦所說以音聲為佛事故言觀世音若遊諸國土隨彼所宜三互舉者能觀所觀所觀即衆生色心也今從能觀故但言觀能聞所聞能聞是大聖人耳識所聞是衆生音聲今取所聞之音聲舉所聞得能聞舉能觀得所觀從此為名故言觀世音舊間能所既兩但不取所觀之色心能聞之耳識以標名稱為聞色心菩薩耶舊云菩薩一觀於色心此是應廣衆生

之一音此是機狹若從兼者則攝有兩字應但一字便是應狹機廣故不如所難今更作難此語應從義理那得逐字菩薩以能觀色心何意不能觀音聲衆生何意但以聲感色心不能感耶若止俱感俱應此逐字為觀則感應等若為判其廣狹今不作此明又舉凡聖感應皆備三業而聖人舉意凡夫舉聲故言觀世音耳四義攝者如發聲必先假意念口聲口具音能出口業若成則攝得身意若觀於口業亦攝得身意觀餘不攝故言義攝五顯密者身雖禮拜意雖存想未知歸趣何等故名隱若口音宣暢事義則彰故名顯舉顯以隱故言觀世音六難易者臨危在厄意則忘念難成身則拜跪遑遽口唱為急故成機從易受名也又第六為有緣觀音昔為凡夫居慈悲界現在發誓今生西方多還此土既有誓緣念須稱名今明若如前六義皆備有所舉若依釋論其義即圓何以故出入息是身行覺觀是口行受為心行心覺觀故尚具三業何況發音成聲而不備三業耶但舉一觀即備三應但舉一音即備三機而凡情謂聲強智利逐物標名圓義往推衆皆具足

觀音玄義卷上

觀音玄義卷下

隋天台智者大師說

門人灌頂記

第二明觀者又爲二一結束世音之境二明能觀之智結境即爲六一結十法界是因緣境二四諦境三三諦境四二諦境五一實諦境六無諦境此具出大本玄義二明觀智者傍境明智作五番明觀智就因緣則四番因緣論觀四諦亦有四番論觀三諦有兩番論觀二諦有七番論觀一實諦則一番論觀無諦則無觀如此等義具在大本今約三諦明觀若通論十法界皆是因緣所生法此因緣即空即假即中即空是眞諦即假是俗諦即中是中道第一義諦若別論六道界是因緣生法二乘界是空菩薩界是假佛界是中論境即有二意今對境明觀亦爲二意一次第三觀二一心三觀次第者如瓔珞云從假入空名二諦觀從空入假名平等觀二觀爲方便得入中道第一義諦觀此之三觀即是大品所明三智一一切智知一切內法內名一切能知能解一切外法外名能知能解但不能用以一切道起一切種故名一切智二道種智能知一切道種差別則分別假名無謬故名道種智三一切種智能於一種智知一切道知一切種一相寂滅相種種行類能知能解名一切種智通而爲論觀智是其異名別而往目因時名觀果時名智此三觀智即是大經四種十二因緣觀下中上上上涅槃通取析法明於四觀大品瓔珞直就摩訶衍但明三觀三智今若開二經合涅槃者應開衍法從假入空觀生滅一切智也若合涅槃就二經合下中二觀同是一切智也若將三經若開若合對五眼者天眼肉眼照麤細事皆是世智悉爲諸觀境本若三觀三智從此即入體法一切智若四觀四智此即入析法一切智故內眼天眼爲本若入一切智對慧眼道種智對法眼一切種智對佛眼中論偈因緣所生法一句爲觀智之本三句對三智若將三觀智對四教即須開之如前若將涅槃四觀對四教下智是生滅一切智對三藏教也中智是體法一切智對通教也上智即道種智對別教上上智即一切種智對圓教所以應明三觀那忽對四教者何若無教即無觀稟教修觀得成於智所以明教也教必有主有主即佛也或可一佛說四教或可示四相明四佛四教既有四主即應有四補處即是四種菩薩輔佛弘此四教也若言諸法寂滅相不可以言宣大經云生生不可說乃至不生不生亦不可說一教尚不可說云何有四答理論實爾皆不可說赴緣利物有因緣故亦可得說非但生生可說乃至不生不生亦可說以佛教門出生死苦三藏教者如釋論引迦旃延子明菩薩義釋迦初爲陶師值昔釋迦佛發願從是已來始發菩薩心即是行人所求菩提即名爲法深猒苦集欣求滅道即起慈悲心誓度一切行六度行行願相扶拔苦與樂所以者何慳名爲集隨餓鬼名苦行檀名道慳息名滅菩薩自伏慳貪悲心熏物衆生稱名即能脫苦自行檀施慈心熏物物應可度即能示現令得安樂當知爲

滿弘誓而修檀行也乃至愚癡名集生天名苦修慧名道癡伏名滅修慧度時自破苦集爲成悲心以熏衆生衆生稱名即得解脫自證道滅以成慈心以熏衆生衆生有感應機得度故知行塡於願行此六度各論時節尸毗代鴿是檀滿須摩提不妄語是尸滿歌利王割截不動是忍滿大施抒海是精進滿尚闍梨坐禪是定滿劬償大臣分地是般若滿如此修行至初僧祇劫不知作佛不作佛第二僧祇心知作佛口不言作佛第三僧祇心知口言過三僧祇已又百劫種相百福凡用三千二百福修成三十二大人相現時方稱菩薩摩訶薩但伏惑不斷如無脂肥羊取世智爲般若即此意也用此菩薩行對聲聞行位者初僧祇可對總別念處二僧祇可對煖法三僧祇可對頂法百劫種相可對忍法坐道場時可對世第一三十四心斷結成佛即對十六心發眞乃至九解脫無學也爾時坐道場上三十四心斷惑正習俱盡名爲三藏佛所以釋迦精進弟子純熟以精進故九劫

前超八相成佛此即是三藏教主所說教門此中補處位在百劫種相伏惑住最後身六度行成誓願將滿慈悲熏於衆生拔苦與樂若就此辯者但是因緣生法世智明觀即是三藏教觀世音義也問依三藏說釋迦彌勒同時發心一超九劫何意二佛俱成賢劫中佛耶答釋迦値弗沙促百劫彌勒値諸佛何必不促爲九十一劫耶若爾則無百劫義答任此法門則有百劫以精進力傳超通教者如大品明三乘之人同以第一義諦無言說道斷煩惱入涅槃共緣一理用觀斷惑通也亦名共般若教此事與三藏異釋論破云豈以不淨心修菩薩行如毒器盛食食則殺人檀有上中下謂捨財身命也勇士烈女亦能捨身何得中捨名檀滿中檀但名施非波羅蜜不見能所財物三事皆空非慳非施此是眞檀波羅蜜乃至非愚非智無著空慧名眞般若不取世智論云若不信空一切皆違失當知汝所修皆不與理相應若信諸法空一切有所作良以空故能成一切諸法故知若

得空慧能具一切法也又復菩薩無量劫修行何但三阿僧祇如是等種種破三藏失以顯摩訶衍中通教意也大品云菩薩發心與薩婆若相應此即觀眞斷結與理相應也發心已來即觀眞斷結便稱菩薩即是假人也又觀眞即是法也常與慈悲俱起自斷苦集修道滅亦以慈悲誓願斷一切衆生苦集與其道滅體達諸法如幻如化不生不滅三事俱亡以行檀乃至一切法無所著名般若以此諸行塡願即能破四住惑見第一義則有三乘共十地所謂乾慧乃至佛地若將此十地來對聲聞者乾慧地對總別念處性地對四善根位八人地對八忍見地對初果薄地對二果離欲地對三果已辦地對四果支佛地自對支佛位菩薩地自是出假方便道觀雙流斷正侵習佛地盡故論云是人煩惱盡習不盡以誓扶習還生三界利益衆生淨佛國土豈同三藏菩薩伏惑行六度行耶此菩薩修行斷惑餘殘未盡譬若微烟慈悲五通示現度物衆生若稱名若感見即能拔苦與

樂解脫得度也此是通教體假入空觀亦名一切智即是通教觀世音義也別教者別異通也別明不共般若故言別也此教雖明中道爲鈍根人方便說中次第顯理廣明歷劫修行故大品云有菩薩從初發心遊戲神通淨佛國土次第修習恒沙法門助顯中理前却四住次破塵沙後破無明十信通伏諸惑而正伏四住十住亦是通伏諸惑而正斷四住成一切智十行出假斷無知成道種智兼伏界外塵沙十回向斷界外塵沙成道種智正修中道伏無明十地斷無明見佛性成一切種智譬如燒金塵垢先去然後鎔金次第斷結亦復如是此菩薩發心秉法慈悲修行自斷無明成就眞應大誓慈悲熏於法界衆生機感即拔苦與樂此是從空出假觀道種智別教觀世音義也圓教者此正顯中道遮於二邊非空非假非內非外觀十法界衆生如鏡中像水中月不在內不在外不可謂有不可謂無畢竟非實而三諦之理宛然具足無前無後在一心中即一而論三即三而論一觀智既爾諦理亦然一諦即三諦三諦即一諦大品云有菩薩從初發心即坐道場轉法輪度衆生即於初心具觀三諦一切佛法無緣慈悲於一心中具修萬行諸波羅蜜入十信鐵輪已能長別苦輪海四住惑盡六根清淨名似解進入十住銅輪初心即破無明開發實相三智現前得如來一身無量身湛然應一切即是開佛知見示悟入等文云正直捨方便但說無上道又云今當爲汝說最實事即是圓教一實之諦三觀在一心中也大品云若聞阿字門則解一切義大經云發心畢竟二不別如是二心前心難是故敬禮初發心即是義也此中知見但稱爲佛知佛見即是一切種智知佛眼見佛眼見佛智知非不照了餘法從勝受名譬如衆流入海失本名字大論云十智入如實智無復本名但稱如實智眼亦如是五眼具足成菩提而今但稱爲佛眼大經云學大乘者雖有肉眼名爲佛眼若例此語學小乘者雖有慧眼名爲肉眼也若能如是解者名圓教入法約無作四諦起無緣慈悲修不二定慧成眞應二身眞徧法界藥珠普應一切橫竪逗機冥顯兩益以無缺寶藏金剛般若拔根本究竟解脫以首楞嚴法界健相與三點涅槃大自在樂是名中道第一義諦觀一切種智是名圓教觀世音義也問此觀觀衆生非空非有云何行慈悲答如淨名中說問若觀十法界非空非假者即是破一切因果耶答若不明中道則不識非權非實亦無權無實則無四番因果若明中道則權實雙照得有三種權四諦苦集因果三種道滅因果乃至一實無作四諦世出世因果宛然具足在一念心中所以者何以實相慧覺了諸法非空非有故名爲佛寶所覺法性之理三諦具足即是法寶如此覺慧與理事和名僧寶事和即有前三教賢聖僧與理和即有圓教四十二賢聖僧故大經月光增損而舉兩喻前十五日約光論增後十五日約光論減而其月性實不偏圓前後往望不無盈昃月性圓者喻於實相光明增減以喻智斷智光增者即諸法不生而

般若生斷光滅者即是諸法不滅而煩惱滅大經亦稱無明爲明故知用譬邪光滅也如是增減日日有之如是智斷地地皆具若十五日體圓光足則月不更圓光不更盛此喻中道理極菩提智滿故云不生不生名大涅槃若三十日體盡光滅究竟無餘此喻無明已遣邪倒永除無惑可斷故云不滅不滅名大涅槃初三日月即喻三十心智斷次十日月喻十地智斷十四日月喻等覺智斷十五日月喻妙覺智斷仁王天王等般若以十四日譬十四般若即此意也如此明僧寶智斷皆約中道一實相法一切因果無所破失也若不明中道非空非假但計斷常等即是破生滅四諦世出世因果破三藏三寶若但說無常生滅者即破無生四諦通教三寶若但說體法不生不滅眞諦者即破無量四諦別教三寶若但說次第顯非空非假者此亦破圓教無作四諦一體三寶傳傳相望前所破失者多後所破失者少可以意得問若圓修實相一法三諦一心三觀具足諸法亦應一

教四詮稱於圓教即足何用四教如前分耶答上開章云次第三觀一心三觀明教亦二若一教圓詮一切諸法者赴利根人若四教差別逗鈍根人若不假漸次分別圓頓何由可解用別顯圓故先明四教也雖說種種道其實爲一乘又於如來餘深法中示教利喜餘法即三方便引導弄引開空法道若入佛慧方便無用故云唯此一事實餘二則非眞故知但一圓頓之教一切種智中道正觀唯此爲實觀世音餘皆方便說也復次若有所說若權者實悉是方便非權非實言語道斷心行處滅不可說示不生不生妙悟契理方名爲眞此亦無實可實次明觀心者夫心源本淨無爲無數非一非二無色無相非偏非圓雖復覺知亦無覺知若念未念四運檢心畢竟叵得豈可次第不次第偏圓觀耶猶如虛空等無有異此之心性畢竟無心有因緣時亦得明心既有論心即有方便正觀之義譬如虛空亦有陰陽兩時心亦如是雖無偏圓亦論漸頓若作次第觀心者即是方便漸

次意也若觀心具有性德三諦性德三觀及一切法無前無後無有次第一念具足十法界法千種性相因緣生法即空即假即中千種三諦無量無邊法一心悉具足此即不次第觀也華嚴云一切世間中無不從心造心如工畫師造種種五陰若觀心空從心所起一切皆空若觀心有從心所生一切皆有心若定有不可令空心若定空不可令有以不定空空則非空以不定有有則非有非空非有雙遮二邊名爲中道若觀心非空非有則一切從心生法亦非空非有如是等一切諸法在一心中若能如是觀心名上上觀得諸佛菩提淨名云觀身實相觀佛亦然觀身相既等於佛觀心相亦等於佛華嚴云心佛及衆生是三無差別當知觀此心源與如來等若作餘觀觀心皆是方便名爲邪觀若作如此圓觀名爲眞實正觀即開佛知見坐如來座如此慈悲即是入如來室安忍此法即是著如來衣修此觀慧即是如來莊嚴其人行住坐卧皆應起塔生如來想如此觀心名觀

佛心也第二明普門即爲二一通途明門二
歷十義解釋通六意者一略列門名二示門
相三明權實四明普不普五約四隨六明觀
心列門名者通從世間如人門戶通至貴賤
居室凡鄙以十惡五逆爲門通至三途清昇
以五戒十善四禪四定等爲門通至人天外
道以斷常爲門通至惑苦愛以四倒爲門見
以四句爲門善惡雖殊束而爲言俱是有漏
世間之門通至生死爾若就佛法論門亦復
衆多三藏四門通有餘無餘涅槃通教四門
近通化城遠通常住別教四門漸通常住圓
教四門頓通常住此則四四十六教門又有
十六觀門合三十二門能通之義分別其相
在大本玄中二示門相者三藏四門所謂阿
毗曇是有門成實是空門毘勒亦空亦有門
車匿非空非有門一一廣明行法判賢聖位
由門通理通教四門者謂如幻之有如幻之
空亦空亦有非空非有一一作行相判賢聖
位由門通理別教四門觀佛性如闇室瓶盆
即有門觀佛性如空迦毗羅城空即無門觀

佛性如石中金福人得實罪人見石是亦有
亦無門觀佛性離二邊即中道非有非無門
一一作行相判位由門通理圓教四門名不
異別但一門即三門三門即一門不一不四
無歷別之殊圓融不四之四一一判不思議
行位之相由門通理此義皆在大本次論諸
門權實三藏通教教觀十六門能通所通皆
是權別教教觀能通是權所通是實圓教教
觀八門能通所通皆是實具論在彼玄義次
明普不普者若凡夫外道見愛等門尚不能
通出三界何況普耶三藏通教雖通化城亦
復非普別教漸通亦非普義唯圓教教觀實
相法門能徧十法界千性相三諦一時圓通
圓通中道雙照二諦獨稱爲普門也復次如
淨名中說入不二門者生死涅槃爲二不依
生死不依涅槃名爲不二亦復非一何以故
既除於二若復在一一對不一還復成二豈
名不二耶今不在二故言不一不二亦名不
有不無不有是破假不無是破空不有是破
二不無是破一若爾者應存中道中道亦空

大經云明與無明其性不二不二之性即是
中道中道既空於二邊此空亦空故名空空
空名不可得空是爲入不二法門即是圓教
就空門辯普門之意也三十一菩薩各說不
二門文殊說無說爲不二門淨名杜口爲不
二門細尋彼文皆有四門義肇師注云諸菩
薩歷言法相即有門文殊言於無言此即空
門思益云一切法正一切法邪亦是普門意
遊心法界如虛空是亦空亦有門淨名默然
即非空非有門大品四十二字門先阿後荼
中有四十字皆具諸字功德此亦是不二普
門上方便品云其智慧門難解難入譬喻云
唯有一門而復狹小衆經明實理門者悉普
門意也四隨觀心等悉在大本二別釋普門
者至理非數赴緣利物或作一二之名或至
無量廣略宜然且存中適十義一慈悲普二
弘誓普三修行普四斷惑普五入法門普六
神通普七方便普八說法普九供養諸佛普
十成就衆生普上通途普門已約法竟此十
普門皆約修行福德莊嚴前五章是自行次

三章是化他後二章結前兩意自行中前四是修因後一是明果修因又二初二是願後二是行總生起者菩薩見一切苦惱衆生起大慈悲此心雖不即是菩提心能發生菩提心譬如地水雖非種子能令芽生令因大悲起菩提心亦復如是次誓願者若但慈悲喜多退墮魚子菴羅華菩薩初發心三事因時多及其成就少以不定故須起誓願要期制持此心即菩提堅固次明修行者若但發願於他未益如無財物勢力權謀不能拔難菩薩亦爾須福德財神通力智慧謀乃可化道大經云先以定動後以慧拔修行填願意在此也次斷惑者成論人無礙道伏解脫道斷若然者修行是伏道爲因斷惑是解脫道爲果若毗曇明無礙道一念即斷那得容與七覺而有伏惑之義以方便道伏無礙道斷解脫道證引釋論云無礙道中行名菩薩解脫道中行名佛此約究竟爲語佛證三菩提名解脫道也若然者修行是方便道斷惑是無礙道入法門是解脫道取此自行次第也次

神通者若欲化他示三密神通是示色身方便示意同情說法是示口隨其類音此是化他次第也供養諸佛結自行非但華香四事是供養隨順修行是法供養於供養中最大經云汝隨我語即供養佛稟教而行是結自行也成就衆生是結化他菩薩四威儀中尚不忘衆生何況入諸法門淨佛國土皆爲饒益一切衆生故一句結化他也次解釋者始從人天乃至上地皆有慈悲此語乃通不出衆生法緣無緣若緣衆生衆生差別假名不同因果苦樂有異尚不得入於法緣之慈何得稱普耶若法緣無人無我無衆生從假以入空尚不得諸假名何況是普若無緣慈者不緣二十五有假名不緣二乘涅槃之法不緣此二邊雖無所緣而能雙照空假約此起慈名無緣慈心通三諦稱之爲普也別釋者若修衆生緣慈者觀一法界衆生假名可不名普今觀十法界衆生假名一一界各有十種性相本末究竟等十法界交互即有百法界千種性相冥伏在心雖不現前宛然具足

譬如人面備休否相庸人不知相師善識今衆生性相一心具足亦復如是凡人多顛倒少不顛倒理具情迷聖人知覺即識如彼相師知此千種性相皆是因緣生法若是惡因緣生法即有苦性相乃至苦本末既未解脫觀此苦而起大悲若觀善因緣生法即有樂性相乃至樂本末觀此而起大慈具解如大本今約初後兩界中間可解地獄界如是性者性名不改如竹中有火性若其無者不應從竹求火從地求水從扇求風心有地獄界性亦復如是地獄相者攬而可別名之爲相善觀心者即識地獄之相如善相師別相無謬故名相也體者以心爲體心覺苦樂故以當體譬如釵鐺環釧之殊終以銀爲體質六道之色乃異只是約心故心爲體也乃至運御名力緣山入火皆是其力也作者爲動曰作已能有力即有所作或作善作惡也因者業是因也緣者假藉爲緣也如愛潤業因緣合也果者習果也如地獄人前世多淫生地獄中還約多淫見可愛境即往親附名習果

也報者報果也昔有淫罪今墮地獄受燒炙之苦名報果也本者性德法也末者修得法也究竟等者攬修得即等有性德攬性德即具有修得初後相在故言等也地獄界十相性既如此餘九亦然問當界有十性相可然云何交互相有餘界交互已難可信云何地獄有佛性相本末耶答大經云夫有心者皆當得三菩提如仙豫殺婆羅門即有三念又婆藪地獄人好高剛柔等義雖在地獄佛性之理究竟不失故知地獄界即有佛性佛相者即是性德之相也淨名經云一切衆生即菩提相聖人鑑之泠然可別也體者即是地獄界心實相理也力者法性十力變通大用也作者從無住本立一切法如師子筋師子乳也因者正因也緣者性德緣了也果即般若菩提大果也報即大涅槃果果也本即性德末即修得等者修得相貌在性德中性德中亦具修得相貌故言究竟等也大經云雪山之中有妙藥王亦有毒草地獄一界尚具佛果性相十法何況餘界耶地獄互有九界

餘界互有亦如是菩薩深觀十法界衆生千種性相具在一心遠討根源照其性德之惡性德之善尚自泠然何況不照修得善惡耶如見雪山藥王毒草以觀性德惡毒惻愴憐愍起大悲心欲拔其苦以觀性德善樂愛念歡喜起大慈心邊二欲與其樂此十法十六界收一切衆生罄無不盡緣此衆生假名修慈豈非衆生慈普耶問地獄界重苦未拔云何言與樂耶答衆生入地獄時多起三念菩薩承機即與樂因故言與樂也又菩薩能大悲代受苦令其休息餘界苦輕與樂義可解二法緣慈者觀十法界性相一切善惡悉皆虛空十法界假名假名皆空十法界色受想行識行識皆空十法界處所處所皆空無我無我所皆不可得如幻如化無有眞實常寂滅相終歸於空衆生云何强計爲實良以衆生不覺不知爲苦爲惱不得無爲寂滅之樂拔其此苦而起大悲欲與其此樂故起大慈淨名云能爲衆生說如此法即眞實慈也若緣一法界法起慈者可不名普今緣十法界法豈非普

耶是名法緣慈普也三無緣慈者若緣十法界性相等差別假名此假則非假十法界如幻如化空則非空非假故不緣十法界性相非空故不緣十法界之眞既遮此二邊無住無著名爲中道亦無中可緣畢竟清淨如是觀時雖不緣於邊二空假任運雙照十七二邊起無緣慈悲拔二死之苦與中道之樂如磁石吸鐵無有教者自然相應無緣慈悲吸三諦機更無差忒不須作念故言無緣慈悲也行者始於凡地修此慈悲即得入於五品弟子觀行無緣慈悲進入十信位相似無緣慈悲入於十住方是分證無緣慈悲乃至等覺鄰極慈悲熏衆生不動如明鏡無念如磁石任運吸鐵故名無緣慈悲三諦具足名之爲普通至中道故稱爲門也二弘誓普者弘名爲廣誓名爲制願名要求是故制御其心廣求勝法故名弘誓也弘誓本成慈悲慈悲既緣苦樂弘誓亦約四諦若見苦諦逼迫楚毒辛酸緣此起誓故言未度令度也若見集諦顛倒流轉迷惑繫縛生死浩然而無涯畔甚可哀傷

約此起誓故言未解令解也清淨之道衆生
不識行此道者能出生死至安樂地欲示衆
生立於此道故言未安令安滅煩惱處名爲
涅槃子果縛斷獲二涅槃約此起誓故云未
得涅槃令得涅槃生死因難識苦果易知故
先果後因涅槃理妙須方便善故先因後果
大經云不解鑽搖猶難得況復生酥醍醐
如此四意但一往只迷心起業業即感果欲
識果源知果因集制心息業則生死輪壞煩
惱調伏名之爲道修行不懈苦忍明發子果
俱斷證盡無生名之爲滅雖有四別終是一
念更非異法四諦既爾弘誓亦然次明普不
普者若凡夫旣猒下攀上約此立誓是不名
普二乘見三界火宅畏此修道此乃見分段
四諦亦不名普若別教先約分段次約變易
遵二　十八
此亦非普若圓教菩薩於一心中照一切苦
集滅道徧知凡夫見愛即有作之集二乘著
空即無作之集故淨名云法名無染若染於
法是名染法非求法也又云結習未盡華則
著身即是變易之惑全未除也大經云汝諸

比丘於此大乘未爲正法除諸結使即無作
集也乃至順道法愛生亦是無作集也是名
徧知集徧知苦者以有集故即能招苦報有
作之集招分段苦無作之集招變易苦即知
苦諦也徧知對治苦集之道滅從五戒十善
不動不出二乘四諦十二因緣通至有餘無
餘涅槃通教亦爾別教歷別通至常住不能
於一道有無量道不名普道圓教中道即是
實相普賢觀云大乘因者諸法實相修如此
道名爲圓因稱爲普道故所得涅槃即是究
竟常住一切煩惱求無遺餘譬如劫火無復
遺燼故名普滅所觀四諦既周緣諦起誓何
得不徧故稱弘誓普也私用觀十法界性德
修得善惡而起弘誓論普不普自是一節大
義與四諦語異故宜用之亦應善也三明修
遵二　十九
行普先明次第修行次明不次第修行具在
大本行妙中四明斷惑普者若從假入空止
斷四住惑華猶著身未爲正法除諸結使但
離虛妄非一切解脫若從空入假止除塵沙
不依根本而斷亦不名普若空假不二正觀

中道根本既傾枝條自去如覆大地草木悉
碎故名斷惑普也五入法門普者二乘若入
一法門不能入二何況衆多若修歷別之行
階差淺深我唯知此一法門餘不能知者此
亦非普若入王三昧一切悉入其中譬如王
來必有營從營從復有營從王三昧亦如是
入此三昧一切三昧悉入其中所謂三諦三
昧三諦三昧復有無量法門而爲眷屬亦皆
悉入王三昧中故名入法門普六神通普者
若大羅漢天眼見大千支佛見百佛土菩薩
見恒沙佛土皆是限量之通故不名普何以
故緣境旣狹發通亦小今圓教菩薩緣十法
界境發通徧見十法界而無限極三乘尚不
知其名何況見其境界眼見旣爾餘例可知
神通妙中當廣說七方便普者進行方便是
道前方便起用方便是道後方便令正明道
後方便也若二乘及小菩薩所行方便入一
法門若欲化他齊其所得起用化物道前道
後俱非是普圓教菩薩二諦爲方便收得一
切方便入中道巳雙照二諦二諦神變徧十

法界而於法身無所損滅道前道後皆名爲普八說法普者二乘小菩薩說法不能一時徧答衆聲又殊方異俗不能令其俱解大經云拘絺羅於聲聞中四無礙辯爲最第一非謂菩薩也今圓教人一音演法隨類得解以一妙音徧滿十方界如修羅琴隨人意出聲故名說法說法妙中廣說九供養諸佛普者就此爲二一事二理華嚴云不爲供養一佛一國土微塵佛乃至爲供養不可說不可說佛能不起滅定現諸威儀安禪合掌讚諸法王以身命財一切供具周至十方譬如雲雨供養諸佛也理解者圓智正觀之心名爲覺覺即是佛義萬行功德熏修此智此智名一切修功德資供此智即是供養一切智淨名云以一食施一切故云供養諸佛普十成就衆生普者譬螢火燈燭星月爲益蓋微日光照世一切卉木叢林徧令生長華果成就外道如螢火二乘如燈燭通教如星別教如月成就義約今圓教聖人慈慧饒潤冥顯兩益而無限量華嚴云菩薩不爲一衆生一國土

一方衆生發菩提心乃爲不可說不可說佛刹微塵國土衆生發心成立利益一時等潤譬如大雨一切四方俱下故名成就衆生普普門之義何量何邊豈可窮盡如淨名之儔不能受持今此觀世音普門即對三號觀即是覺覺名爲佛世音是境境即是如普門即正徧知此之三義不可窮盡若見其意則自在說也私就普門品搜十普之義證成此者若如觀音愍諸四衆受其瓔珞者諸是不一之名愍是悲傷之義此即慈悲普有慈悲任運有弘誓普義也以種種形遊諸國土度脫衆生即是淨佛國土豈非修行普自既無縛能解他縛自既無毒令他離毒一時稱名皆得解脫皆是徧悉之言豈非斷惑普普門示現即是入法門普方便之力即是方便普神通力者即神通普而爲說法即說法普多所饒益即成就衆生普分作二分奉二如來即供養諸佛普如是義意悉在經文故引以爲證也第二釋體者以靈智合法身爲體若餘經明三身者則單以法身爲體此品但有二

身義故用理智合爲體也只此智即實相理何以故若無靈智實相隱名如來藏今知權實相與理不二如左右之名爾若明實相體義廣出大本玄義第三明宗者以感應爲宗十界之機扣寂照之知致有前後感應之益益文雖廣直將感應往收如牽綱目動所以用感應爲宗餘經或用因果爲宗今品不爾者因果語通從凡乃至上地各有因果能感所感旣皆有因果但經文意似不至此機家雖有因果但以感爲名聖雖無因果但以應爲名則扶文義便也感應義有六一列名二釋相三釋同異四明相對五明普不普六辯觀心具在大本問若言機者是微善之將生惡微將生亦是機不答然問機爲是善爲不善若已是善何須感聖若未是善那得言善之將生答性善冥伏如蓮華在泥聖人若應如日照則出又問若言機是關者爲善關不善關若已是善何須關聖而成善若非是善復何得關聖而成非善凡聖條然何曾相關答善關於大慈惡關於大悲故言相關問若

言宜釋機者此乃是應家觀機用與之言耶釋感義答圓蓋圓底互得相宜問爲用法身應爲用應身應身無常此則無應法身若應此則非法身答法既言身何不言應應身既稱應何意不應故俱應又問感應爲一爲異若一感即是應凡便是聖若異則不相關答不一不異而論感應問感應爲虛爲實若是實者凡夫是實實則何可化若言是虛虛何所化答云云以他問聖人是所感凡夫是能感聖人是能應凡夫是所應所感非是感所應非是應云何言感應道交答所感實無感從感名所感言聖人是所感所應實無應從應名所應言凡夫是所應還是感所爲應能應能爲感所亦是應所爲感能感能爲應所既無感應之實亦無感應之異不異而異者聖没所感目爲能應凡没所應目爲能感故言感應道交私難此語若實無感應之異今聖没能感凡没能應何不聖没能應凡没能感若如此則無凡聖之殊若不如此感應便異何言不異又感能無感能之實而名感

能者何不名應能若應所無實何不名感所若爾則無凡聖感應若不爾則是異云何不異又難若以感能爲應所感所爲應能此是自生義若能應只是所應能感只是所感還是自生義若應能生應所感能生感所能感生所感所感生能感能應生所應所應生能應皆是從他生豈非他性義若共生則二過若離二墮無因過問若爾則無感應答聖人以平等無住法不住感以四悉檀隨機應爾問妄執之善能感不答妄執是惡亦得感問妄執既非一應亦爲二答應本無二爲緣何所不作問凡名凡僻善則招樂惡則感苦聖名爲正正則非善非惡非苦非樂善惡之僻何能感非善非惡之正耶答正聖慈悲拔其善惡之僻令入非善非惡之正故有感應第四慈悲利物爲用者二智不當用耶答二智語通今別附文以感明隱顯之益故以此當用爾他釋法身冥益爲常應身暫出還没爲無常今明法身常寂而恒照此理宜然應身處處利益未常休廢亦是常義若言有應不

應以爲無常者法身亦有益無益故知俱是常無常俱有冥顯如日月共照一虧一盈如來恒以常無常二法熏修衆生故言二鳥雙遊而呼爲常無常爾譬如種植或假外日風雨内有土氣煖潤而萬物得增冥顯兩益亦復如是此中應用王三昧十番破二十五有以辯慈悲益物之用具在大本玄中問觀音利物廣大如此爲已成佛猶是菩薩答本地難知而經有兩說如觀音受記經明觀音勢至得如幻三昧周旋往返十方化物昔於金光師子遊戲如來國王名威德化生二子左名寶意即是觀音右名寶尚即是勢至往問佛何供養勝佛言當發菩提心從如來初發菩提心次阿彌陀佛後當成正覺觀音名普光功德山王勢至名善住功德寶王又如來藏經亦云觀音文殊皆未成佛若觀音三昧經云先已成佛號正法明如來釋迦爲彼佛作苦行弟子二文相乖此言云何乃是四悉檀化物不可求其實也第五明教相者夫觀音經部黨甚多或請觀世音觀音受記觀音

三昧觀音懺悔大悲雄猛觀世音等不同今所傳者即是一千五百三十言法華之一品而別傳者乃是曇摩羅讖法師亦號伊波勒菩薩遊化葱嶺來至河西河西王沮渠蒙遜歸命正法兼有疾患以告法師師云觀世音與此土有緣乃令誦念患苦即除因是別傳一品流通部外也此品是法華流通分既通於開權顯實之教令冥顯兩益被於將來以十法界身圓應一切使得解脫圓人稟於圓法流通此圓教故即是流通圓教相也五味爲論即是流通醍醐味也問文云方便之力種種不同說亦應異何得是圓教相答就能說之人爲圓弘圓教徧逗法界之機機雖不同不可令能稟法人隨機而偏例如佛於一乘分別說三豈可令佛便是聲聞緣覺耶又付囑云若人深信解者爲說此經若不信者於餘深法中示教利喜既奉佛旨圓逗萬機種種不同只是流通圓教又問能說人圓於教亦圓行人機異此人稟何教耶若稟偏教與鹿苑人同若稟圓教機亦應一答昔鹿苑

佛未發本顯迹不會三歸一人法未圓所稟方便不得稱圓今經已開顯權實雖是種種身本迹不思議一雖說種種法爲開圓道於義無袭問上文云正直捨方便此中那言以方便答上正顯實故言其捨此中論用故言示現體用不思議一也

觀音玄義卷下

觀音玄義卷下

校勘記

一　底本，明永樂北藏本。

一　五八七頁下一九行「盈旲」，徑作「盈昃」。

一　五八八頁中一〇行「復次」，徑作「復此」。

一　五八八頁下一八行第七字「是」，南無。

一　五九〇頁下二行「凡人」，南作「凡夫」。

一　五九一頁下五行「無著」，徑作「無邊」。

觀音玄義記卷第一　邉三

宋四明沙門知禮述

知禮俯伏惟念早年慕學投跡寶雲遇授法師講說此品神根旣鈍遂數諮疑先師念我學勤不辭提耳故所說義粗記在心昔同聞人今各衰朽慮乎先見不益後昆共勉不才抄録於世但疑識暗謬有所傳圓宗哲人刋正是望時天禧五年歲在辛酉八月一日絶筆故序

觀音玄義從略標之具存應云觀世音菩薩普門品玄義以其序中及以正文具明人法故且略標言玄義者能釋之義門也玄者幽微難見之稱義者深有所以也斯蓋大師以三昧力徹法性際深見今品人法之意也應知名等五義皆悉幽微七方便人智莫能見卷上者既有兩軸乃以上下而甄別之次示能說之人即天台智者既是門人記録所說故不敢正斥其法諱也天台山者即大師棲身入寂之所故以此處顯其人也若山之得名居之所自入滅相狀滅後靈異具於大本及輔行別傳等文今不備述智者者即隋帝求受菩薩大戒詭師云大王过遵聖禁宜號總持王曰地持經云傳佛法燈即是智者師旣傳燈可號智者自此凡上書疏皆云弟子總持和南智者言大師者斯乃帝王大人所師故稱也非同今時補署之號說者悅也縱樂說之辯悅妙悟之懷異乎諸師採摭經論著述疏章消解經文也故大忍法師觀智者說法對衆歎云此非文疏所載乃是觀機縱辯般若非鈍非利利鈍由緣豐富適時是其利相池深花大鈍可意得記録乃是章安尊者解行靈異始終事跡本傳具彰釋文爲二初釋序文二初敘眞應益物二初正明眞應二初示二身妙用三初明體妙故二用泯亡二初法融應泯法界圓融者色心依正以即性故趣指一法徧攝一切諸法徧攝亦復如是法法互徧皆無際畔乃以無界而爲其界此之法界無不圓融即百界千如百如千界也是故得云唯色唯心唯依唯正若不爾者即非圓融觀音證此以爲本體全此妙體而起應像以法界應赴法界機亦是以法界機感法界應法界無二能所自忘感應尚忘體用寧異故雖設應無應可存故云像無所像二眞如下性淨眞忘眞如清淨者起信論云眞如者所謂心性不生不滅是故一切法從本已來離言說相離名字相離心緣相畢竟平等無有變異不可破壞唯是一心故名眞如又云此眞如體無有可遣以一切法悉皆眞故亦無可立以一切法皆同如故旣不可破立自絶言想則與河沙煩惱本不相應故曰清淨觀音證此而爲本體即以此體示諸衆生令觀行知或眞似見此知見者成伏斷益若其未有此知見者但能三業精進成機亦離衆苦悉得名化此皆眞身益物相也問同緣曰應欻有名化此二種身皆非智德今何以化而爲眞身答欻有之化即化現化也今對像論化取化轉化也所以者何上言於像則應化皆像自實報下至地獄身皆已攝盡若欲化轉凡賢入聖須示眞智若非眞身不能化轉言化無所化者據性平等忘於化

功雖令九道皆趣涅槃而無衆生得滅度者平等眞法界佛不度衆生終日化物終日無化二雖像下明用忘故二益周徧二初顯益周色心諸法雖無生性因緣和合法爾而生觀音妙證同諸法性雖無形相衆機扣之無像不現此由絶於垂應之念故能徧應法界羣機其猶明鑒無念而現故云無所而不像二化無下冥益徧以上雖字貫此句初雖中實性不可變化不變而變迷悟宛然觀音順理雖知不變常以眞智化一切凡成不二聖此則由無化物之念故徧令他葷迷成悟其循礠石無念而吸故云無所而不化三故無下遮照相即結二身德相二初應身相中道法界雙遮二邊故無所在當體雙照故無不在化應九道之身者此中云化作欸有釋并應成二顯益相足也問經云應以佛身得度即現佛身令那云九答佛界身者有通有局局在妙覺智相之身三千實相以究盡故尚非等覺心眼觀見況乎下地及凡小耶通則三教果頭之相及以圓教凡聖所見雖分麤

妙皆名佛身然是隨機應現之相是其事識或是業識之所見故雖是佛身而通二乘菩薩界攝經文從通故云現十令文從局故云九道二處有下眞身得通以九界名之爲有以其皆有業報故也應身雖乃處在其中而其眞智自冥極理故云寂入不二之旨前即眞身而垂應相此即應相而示眞身二是以下明兩用攝生上明眞應兩用既然今示與拔攝生之相初二句明眞身拔苦次二句示應身與樂佛答前問三業顯機感乎冥應七難二求及以三毒盡諸苦際故云蒙脫苦崖佛答後問三業顯應赴其冥機三土衆生十重獲益終歸祕藏故云使霑上樂然其四誓非專與樂雖在此明實通上句以上三業即能感之因此明四誓是能應之本上下互顯彼此無虧應知三業亦通冥機現在雖無宿生須具二故娑下兼明本跡二初示諸名二初令昔因名令堪忍土稱無畏者此經兩出怨賊難中一人唱言諸善男子勿得恐怖汝等應當一心稱觀世音名號是菩薩能以無

畏施於衆生乃至云稱其名故即得解脫又勸供養中佛自歎云是觀世音菩薩摩訶薩於怖畏急難之中能施無畏是故此娑婆世界皆號之爲施無畏者寶藏等者悲花經云過去散提嵐界善持劫中時有佛出名曰寶藏有轉輪王名無量淨第一太子三月供佛及比丘僧發菩提心若有衆生受三途等一切苦惱若能念我稱我名字爲我天耳天眼聞見不免苦者我終不成無上菩提寶藏佛云汝觀一切衆生欲斷衆苦故今字汝爲觀世音二已成下過未果號已成等者千手眼大悲經云此菩薩不可思議威神之力已於過去無量劫中已作佛竟號正法明如來大悲願力安樂衆生故現作菩薩又觀音三昧經云先已成佛號正法明如來釋迦爲彼佛作苦行弟子次當等者觀音授記經云觀世音菩薩次阿彌陀後當成正覺名普光功德山王如來補處者猶儲君之義也二其本下結難測如上經說或已成如來或現爲菩薩往世正法曾作釋迦之師今曰觀音仍補彌

陀之處亦如妙德元是能仁九代祖師孫巳果圓祖猶因位本跡高下安可測量然須用其高下四句以顯諸聖難思之相二今言下叙人法標題二初叙人兼經字二初叙人二初對梵翻名諸神呪經先稱梵名今文稍略而其華語名多互出此云觀世音餘云觀自在唯千手眼大悲經中云觀世音自在菩薩其義似足然約境智而明感應則令三字詮顯無虧若依今解已彰自在二能所下約華釋義二初別釋二初釋二初釋觀字二初中邊妙達能所圓融中智也有無兼暢二智也只於一心雙遮雙照於照中時即達二諦故云兼暢是則十界言音即起即觀常遮常照二照窮下修性俱明照窮正性見性德也察其本末見修德也此約妙境顯其妙智本具三千雖即三諦對修故合但云正性修中緣了各有本末合掌低頭緣之本也福德莊嚴緣之末也一句一偈了之本也智慧莊嚴了之末也順修既爾逆修亦然造惡之時慧數諸數豈非其本受苦之時習果報果即是其

末若以修性論其本末義復臻極性德三千語本方盡修起三千論末乃窮非上三智莫照斯境非此妙境莫發其智函蓋水乳聊可方之二釋世音即十界衆生遭苦求救稱名等音也是所觀境者上之境智皆是能觀可譬槌砧此之世音可譬淳樸非前境智觀此世音爲令十界俱脫三障又復應知前之境智即是菩薩難思體用即能應也世音之境乃是衆生由苦成機即能感也此即境智及以感應三字之中悉得成就萬像等釋世類音殊唱帶世釋音俱蒙離苦致感獲益二菩薩下結可見二此即下總示觀等三字境智也能所着感應也能即能應所即所應豈可重云能照所照二叙經此品既已別行於世本多題云觀世音經或云觀世音菩薩普門品經故今叙人名後略釋經字言由義者淨名玄義云經由聖人心口故稱爲經悉檀致教經由如來心口故名經也又云前聖後聖莫不經此悉檀所說之教而得成道文理等者取經緯義法喻參明文經理緯互相表發

纖成行者觀智之心也二普門下叙法兼品二初叙法二初消二字二用一下示十普實相者三千皆實相相圓融而言一者不二義也萬德總稱一乘異名下文十義以示其相一無緣慈悲二無作弘誓三圓修之行四不斷之斷五圓入法門六無記神通七體内方便八施開說法九普供諸佛十普益衆生從願立行自因之果全體起用上供下益原始要終攝諸法盡十皆實相互通徧攝無所障礙二叙品雖順別行立乎經目然是法華流通一品故今叙之不忘本也中阿含云跋渠此翻爲品取義類同者集爲一章也二大部下釋正文二初例大部妙玄五章解釋甚委經之一品妙義豈殊彼但正明五字通目今之所釋一品別題況復抗行故須自立五義分別雖復自立還須符彼開權顯實圓妙之文故釋名則純妙人法顯體則不二理智明宗則難思感應論用則無緣與拔判教則終極醍醐此之五章名總三別教判總別云云二釋名下釋今文五初釋名四初列章二通者

下示相三何故下對根通既是略一往對利别解則廣一往對鈍若其二往須明二持門持則以廣説爲利義持則以略説爲利鈍可意得槃特名鈍是就聞也目連稱鈍蓋約義也今之二釋對手兩根須約聞義互論利鈍四今就下正釋二初通釋二初標列二一列下正釋四初列名三初略標示二立名意二初明理超名數大師雖用十種義門通釋題目而深體達觀音至人普門妙法本離言説心緣之相故云至理清淨等也故起信云一切言説假名無實但隨妄念不可得故二但妙下名數顯理二初約義示上言至理清淨無名相等蓋約自證絶乎言思也今云妙理虚通假名相説乃據被物設教而談也言虚通者此明妙理無堅住性雖無名數而能徧應一切名數故荆溪云性本無名具足諸名故無説而説説即成教是則離言依言皆順至理聖默聖説俱有大益故起信問曰若一切法不可説不可念者諸衆生等云何隨順而能得入答曰若知一切法雖説無有能説可説雖念亦無能念可念是名隨順若離於念名爲得入今亦如是以十種義無説而説意令學者無念而念二故大下引文證般若無相即是一法悉檀爲物立種種名三今處下正列名二初明中當今立十義雖於太廣及以太略廣則令智退略則義不周我今處中説令義易明了二十義下正標列二第二下次第三初標示兩意二初正標示約觀約教各有生起次第不亂二約觀下明總該若觀若教能總能該觀總三心人法慈悲初心也福慧中心眞應至八皆在後心緣了極性示因方圓智斷究盡明果方滿教約五時無不該括華嚴頓也三時漸也復於漸中三藏唯小二酥部大若論法華出前四味以非兼但對帶故也已備諸説故今略之二約觀下解釋兩意二初觀次第十初人法二初能冠九雙慈悲等九皆以人法而爲所依是故品題特標此二故以凡夫假實爲譬先有攬陰所成衆生方可論其種種德行人法冠九義豈不然二人法下當科次第二初疑何意兼以人法爲次者法是所乘人是能乘理合先説本性所乘方論始覺能乘今何反此二此須下釋能乘所乘先後無在今有二意先人次法一據經文二從義便人能乘法即其義也二慈悲二初十中次第二二法前後下去諸科例有此二次於人法論慈悲者大士既觀本性普門之法乃達生佛無差之理而閔迷者枉受衆苦失於本樂故起誓願未期與拔觀境發心正當其次先慈次悲者文有四釋今從語便及以本懷不從用次及以行人故結示云今從前義三福慧中人法據信者願行之前人觀圓法止且成信依乎忍樂立其四弘若匪行山莫塡願海行即福慧義當六度五資於慧慧導於五其猶目足不可互闕五除事障慧消理惑此二功圓則悟理得事矣是知福慧成前慈悲之心起後與拔之用先福次慧亦從語便不據本懷若論資導復何先後四眞應者信願福慧皆在於因因能剋果故成眞應福資於慧顯出眞身慧導於福顯出應用眞應次者若就漸化先示應

身接其小器後令入實方示眞身亦可先頓
次漸則眞前應後令不從設化但就眞顯應
起而立其次故云從前亦是語便五藥珠者
福慧二行顯發眞應故云直語證得未涉利
人令明藥珠則示兩身益物相也眞身冥理
見則三惑皆消即差病益也應身赴物感則
衆善普會即雨寶益也言眞破取相者旣以
三智冥理爲眞豈但能破見思取相應知見
思取生死相塵沙取涅槃相無明取二邊相
若次不次俱有其義藥珠次中與慈悲相似
者藥即同悲珠可類慈彼有四義定乎先後
言說本懷即先慈次悲從用就機則先拔後
與令之次第似彼後二六冥顯者前明二身
破惑如藥對機如珠機旣破惑則顯見眞身
故云二身即能顯益令辯二身常普被物有
邊三　十一
見知者俱名顯益不見知者稱爲冥益如是
說者方盡聖人益物之相二益先後不可定
判亦從語便故云冥顯此旣易解故不言也
七權實中前緣不同者蓋所被之機根性差
別也權巧無方者即能鑒之智無定方所也

或冥或顯破惡生善深淺不同廣狹有異皆
由二智逗會無差故於益後須論權實二智
前後雖有三義且據淺深爲次八本迹中巧
有優降者謂智有高下也上中下者以妙覺
爲上等覺爲中降此爲下前權實鑒機必須
雙用故云橫也令本跡約位旣論高下人必
從本方乃垂跡故云竪也二法前後可見九
緣了二初指前順論自他如上八雙從微至
著皆是順論仍未分配令挹流尋源須明性
德而爲諸法生起之本二明令却討種子則
逆推眞身智慧悲誓觀智之人元以性德了
因爲種若應身福德慈誓普門之法元以性
德緣因爲種自行旣然以例化他本證實智
冥益藥王屬乎了種跡化權智顯益珠王功
歸緣種乃以順論却討爲次十次緣了論智
斷者前旣逆推盡乎因德之始令更順說至
於果德之終即以始終而爲其次過茶無字
故十後不論矣二二約下明教次第二初牒
章立門二通義下依門釋義二初通者五時
四教各可論十隨法義立不可深窮且如三

藏立十雙者人法則攬陰成人諦緣度法慈
悲則聲聞法緣菩薩生緣福慧則聲聞三學
菩薩六度眞應則五分法身作意通應藥珠
則治四住病雨三乘實冥顯則衆生獲益有
見聞不見聞權實則稱眞之實隨情之權本
跡則自證之本示現爲跡緣了則一句了因
邊三　十三
微善緣種智斷則聲聞四果菩薩頓成三藏
尚備通別可知二別令下別二初五味二初
釋五初乳二初明具前六義乳即部頓故指
華嚴六字別題具法人喻大方廣法也佛是
舍那果人也華嚴喻諸地因華嚴果德也只
就一題已含六義以慈悲乃至眞應不出自
行因果藥珠冥顯只是化他能所即就中道
別論六義也二而未下明闕後四義二初明
通別二初明無別二通義下許有通若以別
圓對權實體用論本跡微因之緣了大覺之
智斷亦有理存焉二何故下明闕具二初約
化始明闕權實等四說出世意示久遠成却
討三因終歸祕藏初成設教別接大機旣匪
終窮故闕斯意二所以下對具明闕二初對

法華言小隔於大者舊經三十七云時舍利弗祇園林出不見如來自在莊嚴變化及生意念亦不樂說不能讚歎以聲聞人出三界故此即如聾如啞之文也以未說爲實施權開權顯實故也言無本跡者華嚴初云於菩提道場始成正覺今法華云一切世間天人阿修羅皆謂今釋迦牟尼佛出釋氏宮去伽耶城不遠坐於道場得三菩提然我實成佛已來無量無邊百千萬億那由他劫斯是華嚴被廢之文也言彈指謦欬者如神力品釋迦牟尼與分身諸佛出廣長舌相上至梵世一切毛孔放無量光皆悉徧照十方世界滿百千歲然後還攝舌相一時謦欬俱共彈指是二音聲徧至十方諸佛世界地皆六種震動乃至佛告地涌諸菩薩汝等於如來滅後應一心受持讀誦解說書寫如說修行等此乃本門爲囑累地涌菩薩通經現斯神力也疏云謦欬者通暢之相彈指者隨喜也蓋表如來遠本之意已獲通暢隨喜菩薩聞於遠本增道損生也二言無下對涅槃言不明小

乘根性等者不如涅槃明二乘之人及一切衆生皆有佛性悉當作佛故闕後二雙二次約下酪二初大師明闕具二初正明闕具二何故下明闕具所以言二乘教者以三藏菩薩果同二乘如大論中通指阿含爲聲聞經耳此教不談妙有之眞故身智滅不能起應既無眞應豈有藥珠等邪二私難下章安私料簡二初正料簡二初難者恐人不了大師立今通別之義故設茲難作說示之由乃約眞中設通別難由此二是通別理故二私答下釋者不以眞諦通對中道別蓋約三乘通對菩薩別若三藏三乘從因至果可就眞諦通論十義今釋觀音須在因位此教菩薩因中唯有求佛人法四誓慈悲六度福慧伏惑未斷故不得論眞應等七豈唯無於中道之七亦乃未有眞諦之七二師云下指師意只齊三藏別論菩薩前之三義異於二乘不就中道別論三義三生酥部雖四教今對偏小明圓中道人法等六未開權跡及卻討等故無別四四熟酥雖會小法未開小人同前二

部但明六意五若約下醍醐二初法華二初明部彰八意六雖同前不無小異前是隔偏之圓此乃開麤之妙故人理教行咸會一乘權實本跡唯彰此典若約自他及以偏圓論權實者前部非無今所論者爲實施權開權顯實會權歸實廢權立實此之權實餘部永無若理事理教教行體用四重本跡不獨今經諸部容有若塵點劫前最初成佛而爲實本中間今日示現成佛皆爲權跡此名權實本跡本門開竟此身即本跡門已說及諸部談皆名爲跡是名今已本跡此之二重諸經絕議故云諸教不明法華方說二三世下明化滿一期方便品中五佛章内皆先施方便後顯種智方便即四時三教種智是法華一乘是知諸佛化終此典燈明迦葉出於淨土故至法華即入滅度今佛釋迦現於穢土故說涅槃以爲贖命二若約下涅槃二初明攝機盡漸化已來法華入者望前已鈍復有未入待至涅槃法華猶利然法華破大陣涅槃收殘黨法華爲刈穫涅槃是捃拾大化之

功在乎靈鷲餘機未盡故至雙林極鈍既昧法華八義須為此人委明佛性一代之機終窮於此二若論下明示法無遺涅槃既攝鈍機故始窮本性終顯極果十義整足故以性三起於修三既修性各三則因果不二雙非緣了即是中道正因之體而此正體必具雙照之德故至修成三點法身也例知緣了亦各具三修德須云三點般若三點解脫等也當知今文為順經題人法二義故立十門始終皆二二即不二中在其中數有虧盈法無增減故止觀云首楞嚴偏舉一法具一切法亦不減少名秘密藏乃至涅槃三法具足法亦不多亦名秘密藏蓋諸經赴緣不同故也二此歷下結中云此歷五味論十法次第者問前約觀明十法自行化他原始要終實成次第生起不亂今歷五味但明諸部具法多少何名次第生起邪答前約觀中正論修證次第今約教中乃論用與次第明其十法隨於部味次第被機前之四味但三但六後至醍醐具八具十豈非用與次第邪應知前明

諸教觀法次第今明觀法隨教次第雖乃約修約用不同而皆得名十法次第也二約四下四教者通論則隨眞隨中各有十雙若別論者三藏別就菩薩唯有人法慈悲福慧三雙以未斷惑故無眞應等義具如前說例此通教亦就菩薩而可別論眞諦六雙以第七地去誓扶餘習神通託生雙流化物得有眞應藥珠冥顯之義二乘無此故名為別若其別教行雖次第而可就中明乎六義凡三聖三其相可見法華前圓亦只有六涅槃四教皆知十雙然約重施不無進不前歷五味已含教義故云可解三故知下結歎兩意二初結歎觀論此十則因有願行果有力能教論此十則詮法有始終被機盡利鈍故禀教修觀者何莫由斯道也商略猶較量也以此十義較量一代教觀攝無不盡該修德之極故云意氣宏遠徹性德之本故云義味深邃又橫收四教故云宏遠豎攝五味故云深邃人法至眞應自行之前後藥珠至本跡化他之前後緣了與智斷修性之前後三義為麤六

義為細乃至八義猶麤十義最細此就略廣以辯麤細若以麤妙釋麤細者諸味純雜可以意得二問法下料簡問意者法華之前別論華嚴方等般若同有六義有異意否雖問三味六意同異答中委出酪味中三及醍醐八以五味中根有利鈍利人部部得入醍醐鈍者隨味次第轉改故華嚴六義高山王機即入地住窮子迷悶見思全在三藏但小教無顯露得大益者若八萬諸天獲無生忍故云密去二乘之人方破見思故但成酪方等中六有褒有貶利者聞褒即得圓益小人被貶冥入通門般若中六意在淘汰利聞圓空得不共益聲聞轉教密破塵沙法華八意調機已熟開彼權門即示實理復廢近跡令見本身鈍人皆得一乘利者復增聖道涅槃同味故略不言但為捃拾具說十雙於極鈍根亦獲常益故知四味雖談圓頓機悟淺深至第五時益無差降不禀山門焉知一化機教之相第三解釋三初略標二人即下廣釋十初人法三初立所言入者陰中主宰也略論

四名所謂我人衆生壽者具論十六即於四
上加其十二謂命者生者養育者衆數作者
使作者起者使起者受者使受者知者見者
言假名者自無實體但藉五陰和合而成如
攬五指假名爲拳是則拳由指得指非拳成
拳如於人指如於法能成是實所成是假此
之假實就大小教辯常無常小明人法終歸
無常大說假實究竟常住如藏通教始從凡
地至有餘涅槃皆有假實若入無餘身智既
忘假人安寄若別圓教三惑二死盡淨之時
人之與法常住自在假人是尊極衆生實法
名常住五陰以要言之若云惑盡人法永無
斯是小乘亦稱權教若言惑盡人法不滅斯
是大乘亦稱實教凡言別圓初後知常蓋知
人法不可灰斷藏通反是故曰不知又復應
知假人之號多從依正實法而立如世人稱
謂或從形貌或從德業即正報實法立名也
或從住處或從統攝即依報實法立名也今
觀世音爲假名者觀是觀智世音是境此是
自他正報豈非實法但以名爲觀世音菩薩

故判屬人普門既是此人所乘故判屬法若
云普門法王子觀世音者即須却判普門屬
人觀音屬法蓋由今品以觀智目人是故釋
義皆用智慧而對人也須知觀智體是實法
既以觀智目人則九雙中悲慧眞樂冥實本
了智皆是實法目其假人於今知已釋下諸
文則皆可見二此之下釋二初總示二初示
通凡聖雖漏無漏偏圓因果優劣不同而其
假實終無暫闕二若色下各明假實二初凡
庸常曰凡弊惡曰鄙即六道五陰唯成分段
生死人也二戒定下聖二初示相旣華凡成
聖即轉五陰而爲五分三乘四教雖權實異
皆能轉陰而爲法身隨位攬法成其假人二
故大下引證妙覺極位人法二執究竟盡處
假名一千皆成四德名無上衆生依陰二千
一一四德名無上實法故偏小及圓因位無
非本性無上人法但二執未盡而其修得不
名無上耳二雖通下委釋二初凡善惡爲因
人法是果各論三品此約總示其中別業交
互感果非算數可及二聖人下聖性德人法

何嘗改變但以隨機教門示觀致有小大共
不共異故於聖中分別其相初小三初就有
門釋即毗曇中人法觀也言人空法不空者
非全不破實法蓋此門觀行破假人時未破
五陰且云不空以此二空前後觀故而前後
相兩途不同若觀假人如兎角等惑落見諦
即於修道觀陰無常破彼思惑若其人執雖
被窮逐見惑不破而更廋入實法之中於陰
生見即須觀陰無常無我破此見惑故法空
觀能破二惑乃於節節各有人法若見惑未
伏即有漏人法其能伏者即方便人法發眞
斷結及生有餘皆無漏人法然小教中不説
生處今約跨節故生界外如大論云出三界
外有淨國土聲聞緣覺出生其中以大乘説
身智不滅無漏業牽生彼五陰二若空下就
空門釋即成實中二空觀也攬陰成人不同
有門陰中求我三假浮虛且異實法生滅人
旣攬陰而有觀乃即法觀人從始至終假實
雙破言三假者謂因成相續相待名不殊大
義歸小乘大觀三假生即不生亦復無滅今

觀三假因緣和合體性不堅大若空華此如雲翳由此觀故會入眞空平等之道三餘兩下例二門釋亦有亦空門即毘勒論之所申也非有非空門未見論來有人言犢子阿毘曇申此門意未可定用然假人不有四門是同唯論實法四相有異若毘曇明析色存於鄰虛成實析色破於鄰虛毘勒說色亦有亦無第四門意例應雙遣然此四門詮法雖殊諦理是一若不得意四門成諍故大論云若不得般若方便入阿毘曇即墮有中入空門即墮無中又大師云數存鄰虛論破鄰虛此與邪無相濫等若得意者色若麤若細總而觀之無常無我破於見愛得入空平雙亦雙非語似中道理只在空但能從容會入空理節節人法例前可知二摩訶下衍三初明體空通三教不言人法空不空者異彼毘曇觀人空時未破實法不言體有假用者異彼成實攬實法體成假人用但觀人法本自不生今亦無滅色是五陰之首我是十六之初故各舉一以例其餘人法即空故曰如也觀此二空始因終果若人若法不生不滅名爲涅槃常修此觀以行正道應知大品談空義含深淺何者若鈍根者謂但空有即入偏空證其通理若利根人一聞於空知空二邊名見中空屬後二教又此中空復分二種離邊而解此當別理即邊而解乃屬圓理如來巧智善談於空能被三根斷證不等又復應知彼經空義雖通三教今之人法非前二種唯用最後即邊之空淨其二執成圓假實若不爾者非今人法二以觀下明緣了通別圓者前明二空未明緣了意雖在圓通人有分今約二空明二佛性故在圓別不涉通門今文既以觀人法空明二因種一言於空須分二種若畢竟空觀於人法顯圓二因若次第空觀於人法即別二因文以無上人法爲緣了種亦須善別百界假實爲佛涅槃斯爲圓觀若唯佛界故屬別也文意在圓別人有分釋此爲二初了因中以觀人空即了因種者大乘空觀蕩情顯德今經既以智慧目人故人執空則智人顯況觀本空乃顯本智本智即是性德了因故引論文果佛爲證則因果不二修性一如故知今文正明圓觀言始覺人空終覺法空者人是覺智不獨自空人執復能空於法執雖云始終非次第觀此由大乘觀性相二空破生法二執顯眞俗二諦觀雖不次說有始終故也如大本疏云眞諦即法空俗諦即生空俗假眞實輔行云若有性執世而非諦破性執已乃名世諦故云世諦破性性執破已但有名字名之爲假假即是相爲空相故觀於法性觀理證眞名眞諦破相空非前後二諦同時爲辯性相前後說耳思之思之不見此意徒謂即空（上皆輔行）此明覺智一念之中空人法執有始終義勿迷此語定判屬別說時非行時思之謂也二緣因中觀法空即緣因種者由覺智故法執既亡五陰清淨乃以淨陰而爲緣因況了本空乃陰本淨本淨之陰名性緣種故引大論大經極果法空及大品眞因法空以顯緣因相當知眞因極果既十界圓融則百界五陰皆無上之法攬此等法稱之爲佛若以三千言之則衆生

一千皆佛之假名陰土二千皆佛之實法故荆溪云三千果成咸稱常樂又云一佛成道法界無非此佛之依正修德既爾性德本然問文中緣了並云種者其義何邪答夫言種者凡有二義一敵對論種如三道是三德種二類例論種如緣了是智斷種性德法身爲修德法身種此二皆取能生之義也若以二空爲種即類例義若以二執爲種即敵對義今文既云觀人法空即緣了種是類非對若就覺智觀於二空爲二因種則取修二類於果二若就性德本自二空爲二因種則取理淨類於已淨故圓論性種有對有類別無對種學者審思圓教及是學者思之三以觀下明即離唯圓頓二初約六法示三因二初引經標即離衆生佛性者性德三因也六法者五陰神我也斯蓋本覺常寂常照常非寂照寂是緣因照是了因雙非是正因此三於六不即不離乃不思議不生不滅之六法也立門既妙故別初心不能造趣二不即下據理明即離正因不即者正非寂照故不即一切

迷時不即我陰人法解時不即修中緣了良以始終無變改故也緣了不離者性德二因既當而寂而照寂是百界實法照是百界假人此之假實能迷能解迷故舉體而爲一界假實即非局而局是故二因不離六法若即迷成解轉成修中緣了破於二執顯本寂照百界假實名爲二空即非徧而徧故云不離衆生空而有了因不離陰空而有緣因結云不離六法者不動我陰而成二空故也只一覺性具三種德名爲三因即三而一即一而三非一非異不縱不橫欲彰祕藏絶乎思說故對六法言非即離人見文中正因不即緣了不離不達妙旨分對而已應知一王一數一根一境隨迷隨解從因至果但趣舉一皆名佛性不可謂是不可謂非故云不即六法不離六法亦名一念即空假中中故不即空假故不離義非異途故此觀唯屬圓教二佛從下約三性明分證言佛從者欲對觀音明分滿故佛於三性六即究滿良由初心能以三觀觀於六法應知三性即是性中三德三

觀初發心時須於性三起於修三六位雖殊三性無別是則六即皆是無上人法故下結云二番問答是分釋無上人法也二前一下結文有二初結指經文二當知下結歸題目可見二慈悲三初標示二菩薩下解釋二初約四誓論功二初明須誓三初須誓意所言慈悲弘誓者簡於凡小無誓慈悲顯令菩薩有誓慈悲二譬如下舉喻顯慈悲攝生如節解合無誓膠漆拔與不長三誓願下牒喻結二悲心下示運心二初二誓明悲今既通示世間之言兼兩三界後出世間亦當例此二以慈下二誓明慈前拔苦中果重因輕故先拔重今與樂中因顯果審故先與顯斯是菩薩利物之心則與聲聞知苦斷集慕果修因不同故也若瓔珞中明四誓云未度苦諦令度苦諦未解集諦令解集諦未安道諦令安道諦未得滅諦令得滅諦彼經所立四皆利他今文所列三通自行應知語有自他意必雙具二但前下約四教辯相以其立誓須依四諦若不依諦名爲狂願何者四既稱諦則

能審實迷解之相苦樂之際依此起誓方有拔苦與樂之理儻於法不諦徒興與拔之心終成狂簡之願此有二初例前科二若三下明四教依諦立誓須知權實各有事理故以四教明乎諦相生滅無生無量無作皆明菩薩依之起誓初三藏此教爲於迷眞重人說世出世二因二果不即眞理故互生滅菩薩觀此與有作誓有生可度有惑可斷有法可知有佛可成四皆有作諦使然也問三藏所談滅非眞諦今文依滅起第四誓那云眞諦無爲理邪答滅諦之體是二涅槃雖非眞諦能冥於理故云因滅會眞道是滅因苦集違理佛既契眞故成佛誓觀眞而發二復次下通教所拔所與二因二果大同前教但以此教所被之機迷眞輕故事皆即理四並如幻不生不滅所謂苦無逼迫相集無和合相道不二相滅無滅相觀此四諦而起四誓諦既如空誓亦如幻言若有一法過涅槃等者大論第五十先引經云諸天子心念應何等人聽須菩提所說須菩提知諸天子心念語言

如幻人聽法無聽無聞無知無證乃至云佛亦如幻化涅槃法亦如幻化論釋云一切衆生中佛第一一切法中涅槃第一聞是二事如幻驚疑謂須菩提錯說爲聽者悞是故更問須菩提須菩提言以二法皆從妄法生故法屬因緣無有定實須菩提作是念假令有法過勝涅槃能令如幻何況涅槃三別教此教爲迷中重者雖談無作果不通因故初發心但依無量所詮森羅萬像之法皆爲迷於如來藏性而起然此藏性雖不具九而能隨緣變造諸法性隨染緣則起世間無量苦集性隨淨緣則起出世無量道滅故妙玄明別教如來藏者名爲妙有爲一切法而作依持從是妙有出生諸法等但由苦集定能爲障故須別緣道滅對而翻之先以生滅四諦伏於通惑次以無生四諦斷於見愛中以無量四諦破於塵沙後以無作四諦斷於無明此四四諦在于別教皆名無量故云緣界內外苦集因果無量四諦而起願也所以然者蓋知一切迷解之本皆是佛性性無量故諦稱

無量前教不爾故不受名圓教雖有無量之義三皆即實故云無作四圓教二初示四誓二初明誓相法界者即十法界也圓融者總論百界別語三千既生佛依正互具互徧故曰圓融非違等者以性奪修千法皆性何修不泯破戒比丘不入地獄清淨行者不入涅槃豈唯地獄涅槃即性抑亦破戒淨行非修非違非順泯苦滅也非暗非明泯集道也無明暗故則違等者上示全修即性是故俱非今論全性起修是故俱立荆溪云性無所移修常宛爾既觀不違而違故起悲願拔其二苦既觀非順而順故起慈願與其二樂由知法界圓融故非違順亦由法界圓融故有違順有違順故起誓非違順故無緣二譬如下明無緣二初喻不得前意此喻莫銷二令此下法正以三慈分緣無緣若依生法則緣有空心若即中方絕緣念以絕念故乃能周徧法界任運與拔大經十四梵行品初云慈有三種一緣衆生二緣於法三者無緣衆生緣者緣一切衆生如父母親想法緣者見一切

法皆從緣生無緣者不住法相及衆生相大論二十亦云慈有三種衆生緣者謂緣十方無量怨親中人法緣者謂緣無漏羅漢支佛諸佛聖人破吾我相但觀四緣空五衆法無緣者不住有無唯諸佛有此與涅槃文意大同又大論第五明悲亦有衆生等三故知將三慈悲以對三諦義甚顯了今從勝說但云無緣若得無緣必具生法二菩薩下明六即皆由理具方有事用今全理慈起修德五而觀世音未臻究竟猶處分眞欲令衆生知理慈悲修成五即故興兩問以生二答摠砧相扣器諸淳樸三若前下結歸二初結指經文二故知下結歸題目可解

觀音玄義記卷第一

觀音玄義記卷第一

校勘記

一　底本，明永樂北藏本。

一　五九六頁上二行述者，南作「四明沙門知禮述」，以下各卷同。

一　五九九頁下七行末字「閔」，清作「憫」。

一　六〇〇頁下四行第六字「雨」，南作「兩」。

一　六〇〇頁下一六行第一三字「緣」，徑作「約」。

一　六〇〇頁下一七行末字「約」，徑作「緣」。

一　六〇二頁中一四行「詮法」，徑作「論法」。

一　六〇四頁上一三行「無常無我破於見愛得入空」，徑作「無我破於見愛得多得入空」。

一　六〇四頁下一四行第八字「思」，南作「斯」。

一　六〇七頁上七行第一四字「勝」，南作「聖」。

觀音玄義記卷第二　尊四

宋四明沙門知禮述

三福慧三初標示異名福中之勝不過於定舉勝攝劣則五度備矣二定名下依名釋義二初明二法功能四初定慧之功靜愛觀策者由寂靜故能愛攝諸行由觀照故能策進諸行愛而不策則生凝滯之心策而不愛則成散越之慧愛策具足方有趣果之功二寂照下福智之德寂照之智者即權實二智也無幽不朗者即無三惑之暗也福德禪定必含諸度及大小諸禪以福資智如油助燈也三亦稱下目足之稱清涼池即涅槃者涅槃必須三德具足極在妙覺分通初住四涅槃下莊嚴之名二嚴屬修法身是性性有闕具故使二修有眞緣之異如下所辯二釋此下約四教解釋二初明四教三藏菩薩雖云觀理伏而未斷且舉諸禪實兼餘度發眞必在三十四心若通菩薩體法巧慧理度助之因即發眞至佛方竟別人雖信能造之心即是佛性性不具九爲惑所覆故須別緣眞中二理破通別惑是故名爲緣修智慧乃以俗諦諸禪三昧助顯法身圓談性惡了惑實相即爲能觀名實相觀定亦如是名實相定復以實相名所顯身即一而三名定慧身即三而一同名實相若昧性惡何預初心二今圓下示圓六即如文三觀音下結指經題二初指經文言智光照苦者經無此文而有其義無量衆生遭苦稱名菩薩即時觀其音聲皆得解脫觀是智照照即光也觀音妙智即是衆生三道之體衆生迷故顛倒乃生觀音照之解脫斯在頻引三經放光文者若非色者安得云放若定是色那名智慧故知色心其體不二色性即智智性即色豈惟光然一切色然普現色身義準可識又豈獨果事實存因理良由理具方有事用二良以下結歸題目四眞應三初標名示義二身皆有集藏之義眞集一切智慧藏於一心應集一切神通藏於一色色心不二通慧一如唯色唯心斯之謂也二若契下對揀是非二初約法示三初法實相之體即是法身能契之智即自受用報此二於今皆名眞身法報既冥則能稱機起勝劣等應二譬如下喻攬鏡譬證眞即形譬起應三此之下結三千俱體爲眞三千俱用爲應此之眞應方不相離無謀之說義顯今宗諸家所談難逃作意二若外下就人簡二初簡小外根本有漏禪境不明縱少現通不能益物此簡非應尚未下簡非眞也若二乘等者且舉二乘必兼兩教及二菩薩準妙玄意藏通二教皆是作意神通以須灰滅無常住本不能起應若別接通別惑未斷亦不得應縱令赴物皆名麤應若別初心亦不應初地初得三觀現前證二十五王三昧法身清淨無思無念隨機即對是不思議妙應也二大乘下示圓人二初明二身得實相眞者正語圓住義該別地與眞不殊者名質爲眞聖人應像同機體質已證衆生本覺之性用機百界應百界機體本不二安得少殊二菩薩下示六即三今經下結指經目二初指經文二良以下結題目五藥珠三初標名示教柰女經者具云佛說柰女祇域經一卷柰

女即維耶離國梵志家柰樹所生顏色端正宣聞遠國因蓱沙王往媾後生一男名曰祇域生時手把針筒藥囊至年八歲廣通醫術徧行治病後逢小兒擔樵祇域視之悉見此兒五臟腸胃祇域心念本草經說有藥王樹從外照內見人腹臟此兒樵中得無有藥王樹耶即往問兒賣樵幾錢兒曰十錢便雇錢取樵下樵置地闇冥不見腹中祇域思惟不知束中何所爲是藥王便解兩束一一取之以著小兒腹上無所照見輒復更取如是盡兩束樵最後有一小枝裁長尺餘試取以照具見腹內祇域大喜知此小枝定是藥王悉還兒樵兒既得錢樵又如故歡喜而去祇域於國徧治病人皆以藥王照視悉見病本然後治之無不愈者今取譬真身拔苦如藥王之治病也珠是如意之寶者如華嚴中得摩尼珠十種瑩治能雨衆寶今取譬應身與樂如摩尼之雨寶也二廣歷下約教辯能二初略指三隨教淺深益物廣狹以明治病得寶之相二今約下廣明圓二初釋二身二初藥

樹身二初喻根深喻真妙四布喻應廣示理行果教如根等次第信行修四如聞獲益法行修四如觸獲益二菩薩下法合品初段專明拔苦即是大悲熏於真身與治病義齊也形聲利物且就通說若據經文須在冥益不以形聲合前聞觸意亦在茲二又如下珠王身二初喻如文二菩薩下法即以大慈熏於應身普令得樂與實義同也問大悲熏真其相如何答真是妙智能破妄惑悲名既傷能拔他苦同是法身一清淨用耳欲彰照理有利他益故立拔苦之悲熏於破惑之智即顯有悲之智普除衆生妄惑之苦例於大慈熏應與樂同是法身一自在用一用二能故有能熏所熏之義良由應身本是自行證得之法以慈熏故方徧益他然則慈心非不熏真悲心非不熏應真身非不與樂應身非不拔苦欲令易解是故經文寄兩問答分別說也二此亦下辯六即博地已具治病雨寶二種之理與佛不殊名字已上隨淺隨深能治能雨三就前下結指經目二初指經文二故知

下結題目六冥顯三初釋名二大聖下辯相二初明二益三初示相大聖常以真智冥熏妙色顯被無明隔故益而不知二譬如下舉譬兩曜喻二益盲者喻無明凡小全在下地分隔眼膜既有厚薄之殊故不見之相不可一揆三故藥下引證三草二木而皆不知一地一雨下不測上亦通圓人故引妙德不知妙音言以不知故名爲冥益者此明二身於不知者皆稱冥益即彰真應於其知者皆稱顯益發智見理於真顯益見身不識但荷冥利真冥應顯可以意思二此亦下明六即理同極聖此則不論名字即人所有智行兼他之益彼七方便受而不知況內外凡二益非薄皆知即性故離我能三若就下結指二初指經文前論真應各有冥顯斯爲盡理今以人法別對二益且隨文爾二故知下結題目七權實三初釋名暫用則權宜非暫則究竟二略言下辯相二初泛明三種二初總示三種即唯自唯他及自他共以諸經論所談權實其相不同或言自行有權有實或許化他

有權有實或經論說自行之法皆名為實化他之法皆名為權是故今家凡論權實須明此三若不然者禀學之徒則不盡知權實之相於諸經論不免生疑復應了知權實法相或約理事或約理教教行縛脫因果體用漸頓開合通別悉檀皆通自他及自他共今以中觀對於二觀為權實者似用因果而辯三番自修三觀為自行權實若約化他但隨他意四悉適時不可定判若第三番自行三觀有權有實以順智故只稱為實化他之法雖有權實以順情故唯稱為權二用此下徧歷諸教二初略指四教隨教淺深明理事等約自約他及自他共義皆不闕二復就下明圓六即六適三教即雅在圓復就自行明六權實從因至果義便故也二尋此下別用第三前番問答有權實七難二求在權求離三毒是實以由大士用於自行一心三觀觀其音聲令皆解脫故都判為實後番問答十界身說顯有權實以是大士隨差別機示種種應故都判為權此乃判於自行化他以為權實

無第三番如何分經兩段而對權實三前問下結歸二初結指經文前後皆云自行化他者簡異單自行單化他權實意云前番是自他相對之實後番是自他相對之權二故知下結歸題目八本迹三初名義淨名玄義云所言本跡者本即所依之理跡是能依之事事理合明故稱本跡譬如人依住處則有行往蹤跡也住處是所依能依之人有行往之跡由處有跡尋跡得處當知若高若下實得皆本若高若下應現皆跡二若通下解釋二初通凡漸世智高者諸有施作但見蹤跡莫知本意二教賢聖至別似位本所證得下位焉知節節皆可通論本跡二局圓聖二初局分滿二初略示的論其本須破無明證法身體所垂之跡或九界身或現八相二若一下簡判二初簡一往二今細下取細明二初約義明二初明本跡通高下若知四句釋之方盡一本下跡高初住法身跡為八相上位菩薩八相元是妙覺威儀故云跡高二本高跡下妙覺法身跡為下地及九界相三俱高妙

覺法身跡為八相四俱下初住法身跡為九界中四十位本跡高下可以意知二何以下明實得辯是非二故壽下引文證自意是本他意是跡二就本下通六即五位本跡理皆具足三就前下結歸二初指經文前以實本益他後以垂跡益他二故知下結題目九緣了三初標示名義三初示名義此之名義修性皆然二了者下辯流類類至極果節節名異其體不殊三大論下引論釋緣了之相實同耘種非此二力性田不豐二通論下依教解釋二初諸教皆具藏通義立全乖性種別教雖有初心別修唯有圓教修性不二雖云皆具須辯此殊二今正下剋就圓論二初剋辯二因二初明二種因果此中二因且在修類二原此下討二種根本三初總明性德前之因果猶在修中今窮其源性具緣了淨名云一切衆生本涅槃相不可復滅本菩提相不可復得起信論明真如二德謂如實空如實不空當宗明三千即空三千即假皆是性德緣了文也二大經下別引文釋二初證釋

了因不明三千徒消一切非空假中莫辯自
空如實空性與一切染本不相應一切染者
不出三惑自非本性即空假中豈能不應一
切染邪乃畢竟空爲了因性亦用等者全性
起修方見本空二又云下證釋緣因經云衆
生即菩提相及涅槃相或謂理中獨具佛德
令又衆生有初地味禪及滅盡定豈非性具
天法聲聞法邪既具此二餘諸法界那不具
邪又具二定者從二習果及報果說豈不各
具性相等邪不以理具而消此文如何欲散
便是滅定性德緣因於茲驗矣三以此下依
性立修以此二種者性種也方便等者智行
也毫末者類種也由斯性類修成智行乃至
二嚴二此一下不論六即此科正意但明理
即非論五位三前問下結指經題二初指經
文明令二嚴必有其本故從二種受名二故
知下結題目十智斷三初略標二通途下廣
釋二初不二而二明智斷二初約通途明二
德言通途者此解兼別以有爲無爲對智斷
故若唯圓說苦集尚無作智德豈有爲然名

雖借別其意唯在圓以修妙三觀得成圓斷
功因時立此能至果須休息故將無作行暫
立有爲名斷德稱無爲別從道後立此猶教
道設是故曰通途此文自二初智德二初列
異名圓淨等者智極故圓惑盡故淨不生不
滅名爲涅槃二言有下釋有爲智雖無作有
斷證功故借別教立有爲稱因雖無常等者
涅槃經中因外道輩執因是常成無常果佛
用別教以無常因感常住果而對破之故因
無常猶在別教將因等者由惑未斷故起智
照一分惑滅一分智忘故智無常既有照用
故名有爲果既惑盡稱理常住更無爲作將
因名果故令智滿受有爲名二斷即下斷德
二初列異名解脫者不繫名解自在爲脫在
染不染名之解脫方便等者機生則生是生
不生機滅則滅是滅不滅權示生滅不被染
礙故此涅槃名方便淨二言無下釋斷義二
初簡小不知三種世間常住謂煩惱滅便無
身心安能自在名無體斷但於虛妄見思解
脫未得三千三諦自在二大乘下明大二初

正示妙覺三脫名有體斷所言斷者任運斷
也已有智德了三惑空故處九道惡自相離
衆生之心如塗膠手捉物皆粘諸佛之心如
淨洗手捉物不粘已有智水洗其膠故致令
淨用自然不著此智斷德說有次第用無前
後以三千法究竟即空名令智德三千之法
究竟即假爲令斷德三千之法究竟即中是
法身德道前道後悉是一心通教尚是雙流
圓果豈當分隔二故淨下引證證有體斷見
愛業報全體即是性惡法門如富豪人七寶
家業凡夫生盲轉動罣礙爲實所傷二乘熱
病見是鬼虎避走遠去圓人之眼不盲不病
明見是實自在用與非獨不被損傷恐怖而
能以此自給惠他於此證理名爲自給以此
利物即是惠他令之斷德正在惠他此等皆
由體達修惡即是性惡今明究竟體達位也
二寂而下約寂照簡非德常住寂照妙色妙
心方名智斷莊嚴之相小乘灰斷身智俱忘
將何永度衆生將何常照寂理二如此下二
而不二明三德二初約即三明理極二初明

二三不殊而寂而照即是智斷非寂非照即是法身二德既窮法身乃極亦名究竟三種佛性二法身下明因果無別二初別示三法因果二初法身隱顯法身一德體非因果而有隱顯者斯由緣了逆順故也緣了逆性而成惑業故使正因非隱而隱名如來藏緣了順性而成智斷故使正因非顯而顯名爲法身雖有隱顯體無增減故大經云非因非果二又云下二德修性是因非果復名佛性佛是果稱豈非果法而爲因種是果非因復名佛性性是因稱豈非因法而爲果德不以修性緣了銷之此文安解二佛性下總示三法因果二初約義示前雖因果互是互非而皆稱佛性驗知緣了通因通果又言佛性非因非果良以正因不即我陰故曰非因緣了不離我陰故曰是因不即故一點在上不離故二點在下是故性三不縱不橫又正因不即智斷故曰非果緣了不離智斷故曰是果不即故一點在上不離故二點在下是故果三不縱不橫故知妙三貫通因果方得名修性

不二二故普下引文證不違妙三始終該亘普賢觀文如何可解二智德下復就二符經文若匪智德常照何能即稱即脱若非斷德偏調安得身説普應三前問下結歸二初指經文二故知下結題目三問此下貼文爲證二初約無文立難攬爭別文立其總目釋題十義名出餘經今經全無此文何名攬別爲總邪二答大下約有義答通三初明衍義衆經共用二初約法義明大乘諸部皆談中道故使義門可以共用二若不下以人師驗諸師説釋諸大乘經顯理則須論佛性指惑則莫非五住豈以當經無文爲責二此品下以二問答貼義無虧十種別名文雖不列以二問答總貼十義明如目擊故曰宛然三令已下別點句句證十義二初結前有義開後有文前云在文無十名者但無次第明示十名若於品中散取諸句則有文有義也二如文下約句對義自在之業即法身者眞應二身亦稱色法應則現色眞則冥法名從所契故曰法身理具一切一一融通最自在也業是

德業即智德也眞身契法名自在業巍巍是重明高累之貌高明如是即滿足也此等理智相合皆眞身名義也若運三業無顯應者其福不失須知密有與拔之功即冥益也常捨行者畢竟空智無所受著故屬智德又以即觀音聲屬智皆得解脱爲斷此彰二德同時而用應知句句證義不獨示其十義有文亦顯十重二二互具四料簡二初別料簡十初簡人法二初問彼經具明十法王子觀世音法王子外自有普門法王子既以普門而名於人今釋普門那定屬法二答二初立句二初泛立四句雖有四義實唯二不出相非及相即故如此二義皆通大小今意在大而論小乘即離句者欲示名言須將理定所辯人法若其不以二諦中道甄其權實但言即離何能的顯今之相即二若約下以部對句二初明諸部人法即離四初華嚴彼經別教緣實相法修次第行未能即以實相之法爲觀行人是故人法互不相即圓觀不次即以實相爲觀行人是故人法更互相即別則

證道方即圓則始終不二二三藏此教有門
人如兎角故無陰有生滅故實此唯非句空
門兩向攬實爲假假實不同名互非句既不
相離復名互即此教兩門雖談即離人之與
法俱非中道三方等四教並談藏通唯二諦
別圓同華嚴四般若下例餘般若蕩相鈍謂
但空同前二諦利分二種同前別圓涅槃四
教雖俱知常初心用觀不無差別藏通且須
順於二諦別初心人未即圓法二今方下明
難屬方等即句二今明下通難三初正約即
句通難今品前問答觀音屬人能觀所觀豈
非法邪若後問答既以普門爲所證法此法
豈無能證人邪方等既以普門目人能目普
門豈可非法論其大意觀音普門皆中道法
隨悉檀益將何目人唯圓始終即攬實相而
爲假人二例如下傍取人物例顯二初以人
顯二譬如下舉物喻三今普下以人法互具
結示三初明法具人二若併下明人具法三
如身下以身爲例皆可見矣二簡慈悲二初
簡慈悲名相三初明與拔同異二初與拔相

兼問苦除即樂如夕盡即曉樂至苦除如燈
來闇滅趣舉一種即有二能何以慈悲而分
兩法二答通下與拔不俱答一能兼二此就
通論對境發心實須別說故舉二喻以彰別
相二明喜捨關具二初問二答二初不二是
捨四無量心捨無別體奢摩他觀體既是定
定能與樂毗婆舍那觀體既是慧慧能拔苦
二觀不二即憂畢叉亦名平等捨故不二而
二則立慈悲二而不二即是於捨今既明於
不二慈悲則已含捨故不別立二喜者下苦
在闕喜二初約法釋今明慈悲是立誓願運
慈與樂生既苦重即須運悲二俱未遂何喜
之有福慧滿時樂珠功畢方與衆生生乎慶
喜二如阿下引事例阿輸加王即育王弟不
歸三寶見兄飯僧乃生嫌謗育王見懸設計
勸之王入溫室詐言已崩策之紹位方登御
座育王出怒其罪當死乃令七日受王五欲
使旃陁羅逐日唱死過已王問受樂否邪答
言我聞幾日當死唯苦無樂王言沙門觀念
念滅雖受供養寧有著心阿輸知已出家修

道得阿羅漢少痛奪樂近事可驗衆生若此
故菩薩心未生喜也三問禪下明支等前後
二初約前後問今論四等慈悲喜捨慈能與
樂則樂前喜後何故禪支喜前樂後初禪五
支謂覺觀喜樂一心二禪四支謂內淨喜樂
一心三禪無喜四禪無樂今約初二皆喜在
前樂支在後其意何邪二答禪下約自他答
自證禪支從麤至細前喜後樂利他四等先
與其樂後方慶喜故其次異二復次下簡與
拔有無三初外道虛想四禪四空及四無量
十二門禪根本定也通於內外小大聖賢而
修證之若諸外道及正信凡夫修慈悲喜捨
自證此定虛想衆生離苦得樂於他無益自
雖暫益不免退失二若二下明二乘自利二
乘修此雖不益他自拔分段得小涅槃三今
菩下明菩薩徧益二初明行超凡聖不同凡
外隨禪受生異小聖賢但自拔苦蓋非生法
二種緣慈乃以無緣法界與拔令諸衆生離
一切苦得究竟樂二明同時與拔無緣慈悲
不二而二用不異時分別令解故各說耳言

前明拔苦等者從本懷故先標於慈若從用
次先拔後與是故四誓從用為次三簡福慧
二初定福智與拔所以二初問二答因修福
慧至果則成智斷二德此德與生體性無二
故稱觀音智德人名即能顯召本性了種是
故能除暗惑苦也若對普門斷德應身即能
引起本性緣種是故獲於因果之樂若不爾
者何名感應道交二問福下辯福慧一異是
非二初約隔異難備舉相資難令隔異二自
有下約偏圓答二初立即離四句大小皆四
故知即離名同義異二如六下通偏圓諸教
二初明三教即離俱非二初明小衍二初三
藏菩薩一位得兩即句羅漢白象得二離句
雖有即離同在三藏二若大下大乘約別地
前論於四句初以行行對於慧行而為福慧
不破無明故俱名福即此二福能破取相復
受智名故此福智當兩即句又地前福智無
明全在故皆名福地上福智分破無明故皆
名智此之福智當兩非句故兩四句非令福
智二方等下例二部二令此下明圓教開合

俱是二初釋二初二而不二三初明相即一
心三止為福一心三觀為慧始從理性終乎
極果定慧不二是令兩即也二故大下明互
具般若既是尊妙人見驗慧具福尊妙即是
上定故也論即大論彼翻首楞嚴為健相也
三昧既能破彼強敵驗福具慧強敵即是無
明故也三大經下明異名五明之中般若師
子吼是慧楞嚴金剛是定佛性是通名也既
是異名彌彰體一是故此五皆雙具之稱復
以無妨樿慧以結不二二不二下不二而二
法雖不二不妨分門各作名數而為解釋二
此是下結論雖分門別相而說須知樿慧畢
竟不二四簡真應二初正簡真應二初立句
二若非下簡示二初簡前三句非且簡凡小
實兼通別通教灰斷同藏二乘地前作意非
不謀應圓六根淨雖全性發別惑在故未名
真應二亦真下示後一句是即真而應世之
常談自捨今宗莫窮其妙粉為他師不知性
惡故令起應不得無謀徒談無緣之慈不究
無緣之旨二令依下兼定常間三初一往且

分以經二段別對常間二常間下二往互具
二初立二鳥者大經第八鳥喻品云善男子
鳥有二種一名迦鄰提二名鴛鴦遊止共俱
不相捨離此品答前云何共聖行娑羅迦鄰
提舊解或云娑羅一雙鄰提一雙或云娑羅
一隻鄰提一隻或云娑羅翻為鴛鴦章安云
然漢不善梵音只增諍競意在況喻取其雌
雄共遊止息以喻生死涅槃中俱有常無常
在下在高雙飛雙息即事而理即理而事廣
如彼疏令喻二身常間兩益不得相離者乃
是觀音分證涅槃中常無常二用也二若小
下釋二初小真理天然是佛法體善吉觀見
常無間然於蓮華尼似如有間故於二聖明
常無常斯乃真身自有二益丈六之相於有
緣者常得觀之若其無緣同處不見豈非應
身亦有二益二大乘下大佛法界身未嘗不
益於情執者而成間滅真具二也佛應化身
隨機生熟出没無間應身常益也見不見異
令應不常又成間益也故知二身各具二益
三而令下順文別對前文即稱即感別對真

身常益之義後文現相生滅別對應身間益之義五簡藥珠二初依義互具但就譬說即顯真應各能與拔斯爲盡理矣二若別下就文別對前文除苦名爲藥身後文與樂名爲珠身且順經文作斯別對六簡冥顯三十六句者冥顯機應各論四句冥機者過去善能感也顯機者現在善能感也亦冥亦顯機者過現善業共能感也非冥非顯機者過現無善當能生善而能感也冥應者法身也顯應者應身也亦冥亦顯應者二身俱應也非冥非顯應者亦法身但以不見不聞而知而覺爲冥應不見不聞不知不覺即雙非應故此二應皆果中法身也識此八已相對互對具足而言成十六句約機感應約應赴機各成十六加根本四即三十六若解此意則無生不感無時不應除諸邪見深荷聖恩亦知一切衆生無一不成佛也七簡權實二初定文立難真即是實假即是權答文備具四種相也二立句答通二初詳論互具真智冥應脫有淺深七難二求免事中之苦脫權也離三

毒根成佛無疑脫障實感也權智顯應得度不同見身聞法破惑顯理度實也事中怖難得無畏者度權處也機熟之者對此二智得權實理名俱度離淺深障名俱脫機生返此是故俱名不度不脫二據說且分八簡本跡二初本跡俱與拔二初各具二用二非本下相由貼文非脫衆苦之跡不顯一真之本故前問答是明跡本非證千如之本莫垂十界之跡故後問答是明本跡二問本下本跡異真應二初問二答諸經所說始從地住終至等妙一分真明一分應起豈唯一世實居當念是名橫辯別明本跡如壽量品即今說久遠爲本諸經及跡門名已說近成爲跡既約久近是故名就三世豎論前明觀音多就體用而論本跡今彰部故約久近而明本跡九簡緣了二初約當宗問答四初明善惡法門性德皆具二初問緣能資了了顯正因正因究顯則成果佛今明性具緣了二因乃是性德具於成佛之善若造九界亦須因緣九界望佛皆名爲惡此等諸惡性本具不二答只

一具字彌顯今宗以性具善諸師亦知具惡緣了他皆莫測故摩訶止觀明性三千妙玄文句皆示千法徹乎修性其文既廣具義難彰是故此中略談善惡明性本具不可改易名言既略學者易尋若知善惡皆是性具性無不融則十界百界一千三千故得意者以此所談望止觀文不多不少二明提佛但斷修中善惡二初問一闡提者此翻無欲以於涅槃無樂欲故又翻信不具以其不信善惡因果故既無欲無信名斷善盡佛已永離五住二死名斷惡盡善惡既是理性本具則不可斷是何善惡提佛斷盡二答夫一切法不出善惡皆性本具非適今有故云法住法位世間相常若因修有安得常住大經云十二因緣非佛修羅人天等造不是性具何得非造起信云一切法真不可遣故若非性具那得皆真以皆本具故得名爲性善性惡復以性具染淨因緣起作修中染淨因緣乃有所生世出世法若具言者本具三千爲性善惡緣起三千爲修善惡修既善惡乃論染淨逆

順之事闡提是染逆之極故云斷修善盡佛是淨順之極故云斷修惡盡若其性具三千善惡闡提與佛莫斷纖毫三明性中善惡不斷所以二初問二答二初約理答善惡是性性不可改安可斷邪既不可改但是善惡之法門也法名可軌軌持自體不失不壞復能軌物而生於解門者能通可出可入諸佛向門而入則修善滿足修惡斷盡闡提背門而出則修惡滿足修善斷盡人有向背門終不改二譬如下舉譬類魔燒佛經如提斷修善性善不盡以法合也佛燒惡譜如斷修惡惡法門存即是合也焚典坑儒雙喻二人斷修善惡豈能等合也四明提佛逮達起不起異二初問二人善惡既皆斷修而存於性何故闡提後起修善如來何故不起修惡二答二初以了達故不起實惡提以邪癡斷於修善既不能達性善本空故爲善染修善得起佛以空慧斷於修惡了達性惡本來清淨惡不能染故泯修惡二以自下以自在故能起權惡佛能達惡於惡自在現惡攝生不染不起

闡提若爾則名佛矣二若依下破他義顯正二初敘他非義二初明他得修失性他即陳梁已前相州北道弘地論師也又有攝大乘師亦同地人之解他明黎耶是無記無明善惡所依能持一切善惡種子闡提但斷現行之善後爲種子熏起於善佛斷此識無惡種熏永不起惡仍釋伏難佛斷惡種如何現惡化諸衆生故釋云但以神變現惡化衆生耳二問若下難他作意同外斷惡既盡神變現惡全是作意非同明鑑無念而形雖相州南道弘地論者以法性爲依持然不明性具諸惡法門現惡度生亦未能逃作意之咎二今明下明今妙旨二初正明由性具善惡起權實善惡二初正示今義闡提成佛諸佛現惡若非不斷性善性惡則義不成二以有下結成妙旨斷常名通別人緣理斷九以定斷九故昧性惡名爲斷見不能忘緣是存修惡名爲常見涅槃已前皆名邪見斯之謂歟斷修存性既離斷常乃絕一切邊邪之義及種種思斯是妙旨庶去滯情二如來下重明由達

不達故自在不自在現惡達惡豈能染惡際實際縛相脫相非道佛道以了達故無有罣礙闡提不爾故未異也十簡智斷二初明二德同時二初舉一法難與拔二用既是一法而立異名必無所局何故拔與定屬智斷二然而下約身心從二嚴立稱名從義立不無親疎心解通融屬智身力自在屬斷心則智慧莊嚴身則福德莊嚴此之二嚴宜對拔與二今經下示兩文互舉智斷二德何曾相離今且各說互相映顯前段明智後段明斷二若深下總結益舉此十雙以爲義例庶乎行者徧通一切若其然者釋今題目無邊際也第二別釋二初標列謂分文人法各自解釋也二以何下解釋二初釋觀世音二初結前生後二段二云何下依別委釋二初簡示境智二初標科思議中理外理內者此與餘文所說有異若四教義以藏通二諦爲理外別圓二諦爲理內蓋約眞諦非是佛性故云理外若淨名玄義以衍門三教皆爲理內二諦蓋由通教眞諦含中故也今文通以外道

及四教起見之徒皆名思議理外境智故引中論以為能破若思議理內境智者既破四性觀理證眞正在通教義兼三藏若不思議境智者正唯圓教亦兼別教圓該六即別在後心二一天下釋相二初明思議二初約理外二初立四謂天然相待因緣絕待此四即是四性異名用此名者略有二意一示名言通於邪正須以理惑定其是非且如天然及以絕待本圓極名今在理外故知不可以名定理二明理外不全外外意令內人勿於正法生於性計故立此名定其見過又四句中皆雙檢者蓋以境智俱有自生等過故也初天然中言由智故境由境故智者借彼相待顯此天然二相待者境待智成智待境立也三因緣者非是單自單他而成於境乃自他叢四 廿三和合方成於境因緣即是自他故也智亦如是此即共性四絕待者單自單他及自他共此待皆絕約無三句情謂一往立絕待名全非絕理二並是下破二初總約性執斥三初約理外斥上之境智既屬四性不入三諦故

云理外二故中下引中論斥法離四性邪計四邪三計執下約起過斥理外妄想於四計中自執者是實他語者皆妄見惑既盛愛使亦增見愛相添即九十八因茲造業受苦無窮二云何下別示四性過二初自生二初舉過二初約能迷所迷二初能迷諸惑隨執一種即生十使利中有鈍即背上使歷三界四諦成八十八雖徧三界及以四諦隨生一見即能具起一處理顯頓能除滅是名通名利使煩惱若思惟惑界繫不同既非迷理不對四諦但歷三界而成十使足前乃成九十八使二此則下所迷諸法即四四諦四三寶也二若作下約能執所執二初能執性計二初正判屬計縱學佛法若執境智自天而然若照不照常是境智我見不忘者唯增生死惑業既盛與彼外外輪迴一等也二故大下引大論證彼論明三種我義云凡夫三種我謂見慢名字學人二種無學一種見即利使初果頓斷故云學人二種慢即頓使四果方盡故云無學一種但隨世俗分別彼此有名字

我言三種語者即三種語我不同也二今凡下所執正教以見慢心用經論語如蟲蝕字不知是非唯增見慢即不知非以此障理名不知是昧是非故服不死藥而致早夭二今不下結非二自生下例三若增見慢於百千句起過皆然二叢四二明下約理內二廿四初示相二初明理內於上四種境智之中隨用一種而知本為除於見慢遂加精進研境成智於惑能破名為畢故於智不著名不造新乃成似解而發眞證譬如盲人等者大經如來性品云譬如百盲人為治目故造詣良醫是時良醫即以金錍抉其眼膜以一指示之問言見否盲人答言我猶未見復以二指三指示之乃言少見彼經所譬具示三諦方云少見今文但喻抉見思之膜示眞諦之指雖非佛性且約見空得稱理內二雖見下斥作意斯境智者雖滅惑證眞非唯境唯智思議不絕非今所論二今明下結非二次明下不思議二初據前破性難四句境智若非云何立於境智況諸經論所明境智不過此四二答經下

離性四悉答二初辯相二初四悉檀相二初明赴機四悉二初明四相聖人境智求祛四執若其衆生於自然境智有歡喜生善破惡入理機者聖乃隨機說言境智自天而然衆生若於相待境智因緣境智絶待境智有四悉檀機聖人一一隨彼機緣爲作相待等三種說也各令獲益是故經中作此四種說境智也二雖作下辯離情聖說境智天然等相求無四執愛見不生故令聞者破惑入道得眞境智三悉境智亦復如是二如是下明能顯正法若知四種執著過患名識苦集若知四悉被機獲益名識道滅四諦既明三寶則立諸佛之法無不現前二若以下不思議相二初再明思議於四境智離計而修四性既空入空取證雖成理內未泯言思二若不下正明不思議三初約義示開摩訶止觀破見思假節節皆明性相二空不思議境中約法性無明檢四性過荆溪云本自二空爲性德境推檢二空爲修德境是則思議及不思議各須性相二空之觀今文何故頓乖諸說乃

以二空分對兩處答通別二惑同障中道委論觀法皆須二空今既略談名有存沒通惑破處雖具二空小人得之住涅槃相是故且沒相空之名若破別惑從勝而說但存空相而於其中含二空義何者以觀四種境智名字不住四句亦不不住四句屬性不住屬相既了四種境智之名無說無聞不起分別不作思量豈於別理猶計性實今分二空破通別惑且順諸論教道之說小但人空大得二空先人後法良由今文未論觀法且寄次第示妙境智也二今先下引經證三此具下指大本二龍樹下引類大論釋經皆先破計後方示義今明境智亦類彼文先破理外見慢惑心次斥小乘思議之證後方顯示不可思議四悉境智二夫依下正釋境智二初定先後二世者下依義釋二初釋境二初釋世二初釋名義二初示世分三種二初直列三種大論釋百八三昧中至釋能照一切世間三昧云得是三昧故能照三種世間謂衆生世間住處世間五陰世間故一家用義準彼論

之三世演法華之十如妙談三千因非常情之所企及二既有下義須至三二世是下辯三通十界二初約依正明世間二各各下約因果明法界二今就下示妙境二初示妙義二初明三千緣起界有相性至究竟等因果方備十界皆爾則成百法十界互具既成百界則使因果成於千法如是千法不出解惑因緣及以所生世出世法小說無漏因緣但能滅法故令四聖終歸灰斷大說無漏因緣則能顯法故使四聖終歸常住故引大經證大乘義須了緣起修性皆然皆由理具方有事用故也然復應知今明千法即是三千以約三種釋世間故且一界報須論依正正復假實又如初相如世日者記於此世天壽賢愚實法也僧俗仕庶假名也衣食田宅依報也豈非初相能表三邪初後既爾中可例知故千法三千但廣略爾今文前明三種世間今說一千因果之法前後相顯其義圓足二是諸下示三諦妙境以三千法皆因緣生是故一一即空假中三諦互具非縱非横故荆

溪云三德二諦三千皆絶言思是爲妙境二此境下該三法二初約三人分二境一家明觀不出二境四念處心對陰色而分内外此文心對生佛而分自他十不二門以心對彼依正色心而分内外則依報生佛及已色陰皆名爲外荆溪特會兩處之文立外境也應知生佛依正及已色心皆是法界無不具足三千三諦故内外自他皆是妙境但爲觀境近而復要莫若内心故諸經論多明心法徧攝一切須知徧攝由乎不二故四念處云唯是一識唯是一色萬象之色既許心具千差之心何妨色具衆生成佛是依報成國土廢興豈是他事有不達者但執唯心不許色具而立難云色具三千應自成佛何處曾見草木受記是何言歟是何言歟以説心具義則易明於色示具相則難顯故使教文多明心具欲禀教者因易解難以心例色乃顯諸法一一同具故云唯色唯聲唯香唯味唯觸況唯心之説有實有權唯色之言非權唯實是故大師爲立圓宗特宣唯色乃是吾祖獨拔之談固隱圓宗唯同他説其意何邪唯心之義今非不談以明自心及依正色此之三處各具諸法則令唯心不與他共何者忽若不明萬法互具如何可立心具三千金光明云於一切法含受一切斯之審義深可依憑問大意云色由心造全體是心何教文云心由色造全體是色又義例説心具三千是於無情立佛乘義亦是心攝何関色邪答約能造心攝法易解故順經論以心攝法而爲觀境故云色由等也大師既云唯是一色而分二種謂有分别色無分别色意指識心爲分别色此色造心有何數量邪云一向色不造心既云唯是一色那云不云全體是色又至果時依中現正正中現依刹説塵説因果理同依正何别理性名字已有依正不二之相何緣堅執一邊具邪無情佛乘約心具説元是一體從易而觀勿引此文證色不具大師此説令知皆具而今據此唯局在心是得意邪爲失意邪欲人生解邪爲符我見邪二問自下引二經明各具二初問前以十界而爲世境次明世境有自有他他即生佛自即己心乃引華嚴心如畫師造種種陰種種之言豈非生佛故據此文而設今問能造之心可具十界所造生佛云何各能具十界邪以知世人不解三法無差之義謂心爲理生佛是事理能造事心隨解緣造佛心隨迷緣造生三不相離名無差别此解違經隱覆圓義故與此問以生後答二答先引淨名實相者即諸法實相也約今經意十界諸法皆實相也觀身觀佛實相既然豈不各具十法界邪復引華嚴三無差文以證各具彼經如來林菩薩云心如工畫師造種種五陰一切世間中莫不從心造如心佛亦爾如佛衆生然心佛及衆生是三無差别經文先示心造一切便以此心而例於佛示佛權造同心實造次復以佛而例衆生示生實造同佛權造權實雖異因果暫殊三皆能造一切世間故得結云三無差别云何却謂一是能造二爲所造何得此三無差别邪此是今家消彼經文若明其義更匪他知以今經説因緣果報即是實相

因緣是能造果報是所造此之造義既在實相是故造義理本具足以此理造方有事造三法皆爾是故得云理事不二本末相映理既互融事寧隔異三法互具互變互攝深有所以圓頓之旨終極於斯荊溪歎云不解今文如何消偈心造一切三無差別前問那得自他各具十界今答豈不各具三諦故知十界若通若別皆是三諦二釋音二初約口業正釋十法界中佛者今既明機須除極果自分證還但是圓機皆名佛界悉可稱名二問下明三業俱機二初問起二然通下答釋二初正明俱通眞寂常照豈簡身意唯赴口機二而今下對偏顯圓二初明古偏局六初趣舉二隨俗三互舉三初正釋聖標於觀必照生之色心即身意也生標於音必對聖之耳識既聞音聲復觀色心則是聖應三業機也二舊問下通難二初他難一等互舉何不名爲聞色心邪二舊答下古通三初敘古通舉觀爲應既色心兩字則彰應廣舉音爲機音但一字則是機狹機狹應廣深顯聖德也二

今更下今載難若遂字者則彰感應有可有不若俱應俱感則不應云應二感一也三今不下今爲通聖三俱應凡三俱感但約與奪互舉口意四義攝獨有言音具於三業故云義攝五隱顯六難易二初難急口機易二又第下誓深宜急稱二今明下引論圓釋二初以覺觀況音聲且引釋論三業之事無不圓具覺觀纔動與息共俱已成身行既是語本又成口行意業隱細尚能具三身口麤顯各具可知二但舉下明觀音圓感應大聖一觀非獨具於一種三業須知具足百界三業以全法界而爲應故衆生一音圓具亦爾以全法界而爲機故斯由大聖照窮正性察其本末難思感應豈以人師凡見測邪

觀音玄義記卷第二

觀音玄義記卷第二

校勘記

一　底本，明永樂北藏本。

一　六〇八頁下一五行第三字「語」，南作「住」。

一　六〇八頁下一八行第九字「經」，經作「名」。

一　六一〇頁上七行第五字「二」，清作「三」。

一　六一〇頁中一五行首字「禮」，南、經、清作「體」。

一　六一一頁上七行第二字「又」，南、經作「文」。

一　六一一頁下七行「三十」，南、經、清作「三千」。

一　六一一頁下一〇行首字「愛」，經作「受」。

一　六一二頁下八行末字「十」，南作「一」。

一　六一四頁中七行「五明」，南作「五名」。

一　六一四頁中一四行「若非」，南作「殊非」。

一　六一六頁上一六行第九字「惡」，南作「惑」。

一　六一八頁中八行第一六字「破」，南作「故」。

一　六一八頁下一四行「天壽」，南、經、清作「夭壽」。

一　六一九頁上五行第一一字「報」，南作「正」。

一　六二〇頁上一八行第二字「聞」，南作「問」。

觀音玄義記卷第三　　遵五

宋四明沙門知禮述

第二釋觀智二初標列二結境下解釋二初結束世音之境欲明觀智先束境界世間音聲品類無邊塵沙莫喻須依聖教結示諦境方可明觀觀不依諦邪錯何疑十界是因緣境者以十如是類十二緣義無別故二二明下正明能觀之智二初泛明諸境觀諦緣通四教故四三諦唯別圓故二二諦加三接故七一實唯圓極故一無諦體忘觀亦不立二令約下令依三諦觀者境順涅槃新伊之文觀依中論相即之說蕩情立法示妙融心像末觀門此爲最也初示境通別通對頓觀別對漸觀二令對下明觀漸頓二初雙列二次第下雙釋二初歷教釋二種觀二初偏圓並釋二初約諸部釋五初依瓔珞明三觀體於三假四句不生即俗見眞名從假入空觀觀三假俗入即空眞由俗入眞復名二諦於空不證分別一切三假藥病應病授藥故名從空入假前用眞破俗今用俗破眞若俗若眞破用既均復名平等以前二破作雙遮方便即以二用作雙照方便次第破用既立一心遮照可修故云二觀爲方便等三觀俱用從勝名中心既即中思議忘泯名第一義諦觀二此之下依大品明三智三初正明三智相內法內名者謂理內所詮法相及能詮名字外法外名者即理外所詮法相及能詮名空觀若成於此名相悉能體達無我我所故佛言摩訶迦葉婆羅門法皆知沙門法皆知故云內外能知能解然其空智但能總達諸法無生不能別知諸法緣起故不能用諸佛道法發起衆生一切善種假觀能爾故以道種而名其智於一種等者夫中觀智者則了一切皆是中道中則不偏絶待爲義一法若中則一切衆生因種一切佛之道法無不咸趣一外有法不名中也一法既爾一切皆然故云於一種智知一切道知一切種一相等者結前所說而成遮照雙遮則一相寂滅雙照則種種皆知遮照同時故名一切種智二通而下對上辯通別瓔珞三觀大品三智通則異名別分因果三此三下對大經四智二初略示四智相大經二十五云觀因緣智凡有四種謂下中上上上下智觀者不見佛性以不見故得聲聞菩提中智觀者不見佛性不見佛性故得緣覺菩提上智觀者見不了了不了了故住十住地上上智觀者見則了了得阿耨菩提輔行釋云因緣不殊四觀不等對別教中云住十住地者以次第行從住入空乃至十地方入中道次第住三故名爲住住及不了並約教道二涅槃下對上判離合四教證修唯三觀智空分析體故成四也大經觀緣明四智者取藏析空爲下智故大品三智瓔珞三觀簡小明行故若以二經之三就大經四者應開析空生滅一切智若以大經四就二經三者應合下中同入空智四若將下以觀智對五眼肉天二眼是四智三智所觀境本不論開合慧法佛眼與三觀智主對已齊若論四智須於慧眼而對析體二空智也五中論下以中論四句結二若將下對四教釋二初正對四教二初正對教二所以

下出所以觀必教詮智由觀得今明觀智須能詮教二教必下廣明四相二初四教主二初明教主一異文有二義明其一異初跨節論只一圓佛被四種機說四教法次或可下約當分論隨機所見據教所詮四佛體用優劣碩異二四教下明補處偏圓補處亦明當分跨節例主可知二若言下四教法二初明理尚無一二答理下明赴緣說四前通釋題十義之首已明此義證理絕言被緣須教初明赴緣二三藏下明說四四初三藏三初明教相二初明願行二初依諦立誓初爲陶師者合云陶師之子因遇彼佛入城乞食相好巍巍乃發善心而興供養遂對彼佛發於誓言願我當成佛一如今世尊故令釋迦法住之時度人多少等皆同往佛言即起慈悲者發心拔苦欲與其樂若不諦審非想結集及輪廻苦又不諦審三無爲滅及盡苦道則不拔苦際非與眞樂凡外不諦二乘無誓菩薩雙非依諦立誓二行六下依誓起行二初六度塡願文中所明六蔽爲集六道爲苦六度

爲道蔽息爲滅略舉初後中四例知此教菩薩自伏六蔽對破六道令他斷集離苦故也菩薩戒疏云檀破餓鬼尸救地獄忍濟畜生進拔修羅禪靜人中慧照天衆二行此下六度滿時如尸毗王徧割身肉就鷹貿鴿至盡一身不惱不沒自誓眞實感身平復是檀滿相如須摩提王以身就死持不妄戒是尸滿相如忍辱仙人被歌利王割截身體意忍不動作誓即感血化爲乳是羼提滿相如好施太子求如意珠雨寶濟貧得珠墜海抒海取之筋骨斷壞終不懈廢諸天問之云生生不休故助抒海海水減半龍恐海乾送珠與之是毗離耶滿相如尚闍黎得第四禪出入息斷鳥謂爲木於髻生卵定起欲行恐鳥母不來即更入禪鳥飛方起是禪滿相如劬嬪大臣分閻浮提地爲七分城邑山川均故忌諍是般若滿相所言滿者度本治蔽行期滿願今蔽已離與拔遂心即知六度其功剋滿二如此下明時位三初約時明行相從古釋迦至罽那尸棄佛名初僧祇準望聲聞位在五

停心及別相總相念處也觀力既微故不知作佛從罽那尸棄至然燈佛時名第二僧祇位當煖法既有證法之信必知作佛心未分明故不向他說從然燈至毗婆尸佛名第三僧祇位在頂法內心了了自知作佛口自發言無所畏難也無脂肥羊者大論云此菩薩雖有上妙五欲不生貪著以有無常等觀故譬如有王有一大臣自覆藏罪王欲罰罪語言若得無脂肥羊當赦汝罪大臣有智繫一羊養以水草日日三時以狼怖之羊雖得養肥而無脂王問云何得爾答以上事菩薩亦爾見無常空狼令結使脂銷而功德身肥二用此下約觀明涉位問聲聞根鈍尚能速入七賢四聖菩薩利智何故三祇猶居頂法答聲聞但於一境一門修念處等故易成就菩薩徧於一切境界一一四門復加六度久遠熏修使一一行攝諸衆生令種熟脫故三祇內凡化幾人超凡入聖自身此岸度人彼岸故經劫長證位猶下言三十四心正習俱盡者頓證羅漢及以支佛亦三十四心無間而

得但不以此頻盡正習一言於習有見思習及塵沙習菩薩修學塵沙法門治其劣慧於一一門用四諦觀伏其正使於一一門六度行熏見思習故樹王下三十四心於塵沙法上證四眞諦故令正使及二習氣俱時而盡故能二諦皆究竟也方異三乘弟子獨彰佛眼佛智三此中下約佛明補處二若就下結觀智若於三藏明觀音人其相如是三料揀二初簡超劫二初問一超九劫者婆沙云爾時有佛號曰底沙有二弟子一名釋迦樂修利他行所化機先熟二名慈氏樂修自利行所化機在後彼佛念曰迴多人就一人即難迴一人就多人即易欲令釋迦先成道故於是捨二弟子入至山中時釋迦菩薩隨後入山尋求本師不見蹤跡正行之次忽見彼佛在寶龕中入火界定威光赫奕特異於常行次忘下一足經于七日說於一偈歎彼世尊云天地此界多聞室（即北方多聞天王之室也）逝宮天處十方無（逝宮即梵王宮外道計彼為常佛為破彼故辯逝宮）丈夫牛王大沙門尋地山林徧無等因此精進超於九

劫在彌勒前成佛二答弗沙與底沙梵語賒切耳彌勒值佛必有超劫恐梵文未至二簡百劫二初問二答住此法門者若任運行於六度法門則須百劫此據常途理數而言若精進功倍亦何局於時分二通教二初明教相二初示名教三乘因位共能忘言契眞諦故同斷見愛故受通名然有利根通入後教今分四相且從鈍說前教菩薩至果方斷三乘不通也二此事下辯行相二初序三藏明行位二初對事度顯空行三初序事非度大論序三藏菩薩云具足三毒云何能集無量功德譬如毒瓶雖貯甘露皆不中食菩薩修諸純淨功德乃得作佛若雜三毒云何能具清淨法門菩薩之身猶如毒器具足煩惱名爲有毒修習佛法如貯甘露此法教他令他失於常住之命檀有三品謂命上身中財下也貿鴿割身猶是中捨既不了空焉到彼岸二不見下明空成行施本治慳慳不可得三事既空施相不立能所既泯眞空現前是眞檀度下之五度能所皆空是則名爲道不二

相以此空慧蕩生法執故令衆行稱理圓成三又復下序定三祇空心立行長劫忘勞攝無量生經無量劫何得限定三阿僧祇爲遲衍機須破三藏非是廢除彼教接物二大品下約斷結明共位二初行門行位二初斷結行梵云薩婆若此云一切智發心與此空智相應即能斷見及破思惟即是無生人法法緣慈悲自行化他積行塡願皆與無生四諦相應故能因中斷結證理二則有下斷結位二若將下對小階級八人地對八忍人者忍也世第一後十六剎那齊道比忍猶屬於賢至道比智即名爲聖二位同在無間三昧故以十六對八人見此教菩薩從已辦地留習潤生用慈悲道與眞空觀雙行化物前斷正使令侵二習至于佛地見思習盡眞諦究竟塵沙習盡俗諦究竟第七地中有斷有留故盡不盡二以誓下約扶餘習以利他正使既盡習不潤生以誓扶之能生三界以藏通教俱下談常生死之身全由惑業二乘惑盡不受後身菩薩利物恐同二乘故藏菩薩用慈

悲誓扶於正使受生化物通既斷正以誓扶
習而作生因盡在不久故似微烟既爲益他
留形三界故稱名感見能拔苦與樂二此是
下結觀可見三別教二初明教相二初示名
教詮中故異通次第故異圓故名爲別不共
般若不共二乘全別前教圓亦不共故未別
後不名不共意在於茲二此教下辯行相二
初約次第明行位二初明次第意雖說衆生
見聞覺知體是佛性而全起作三種之惑故
須用此覺知之性觀空破有觀假破空待二
均平方照本性中道之覺故名方便次第顯
理既此迂迴故經塵劫從初標志次第修學
河沙觀智破河沙惑顯如來藏河沙性德故
緣無量四諦發心二十信下明伏斷相二初
法十信緣中通伏三惑心正著有要先觀空
伏斷四住方祛滯有復偏著空故觀六界藥
病成就體析八門道種又觀四聖惑智因緣
無量無作八門道種二觀既成故照中道此
時三觀只在一心別向圓修斯之謂矣二喻
圓譬治鐵作器別喻燒金作器治謂鎔鑄渟

樸頻融任運麁穢垢先落燒謂鍛鍊物體循堅
特要麁穢塵先去然後融金以除細垢圓觀頻
窮法界無意先觀二諦二惑任運先落別觀
次第顯中有意先觀二諦故使二惑先除二
此菩下期眞應以利物初雖次修後能圓應
二此是下結觀智問別向圓修何但結爲出
假之智答從勝受名故約教道故如輔行云
一教始終雖具三諦若入證道不復名別是
故別教但在於假四圓教二初約行位明圓
二初廣示相二初正釋行位二初約法示相
二初教所詮理說一切法皆是中道一色一
心一染一淨皆具三千悉非空假非內即非
性全性成修故非外即非修全修在性故既
其空假雙亡修性俱泯則中道之義顯矣二
觀十下教所詮觀二初正示二初明修觀二
初對境示觀教所詮法令生妙解令依妙解
而修妙觀十界衆生所觀境也鏡水譬性德
三千像月喻修起三千內外有無皆無實性
而三千三諦終自宛然二觀智下就觀明諦
此無緣觀照無相諦以無相諦發無緣觀諦

觀名別其體本同是故能所二即非二二大
品下明證釋二初證發心相若發眞心似心
觀心及名字心隨位約即明坐道場轉輪度
生故佛藏云衆生身中已有如來結跏趺坐
理即尚爾況修中位二即於下初發心德二
入十下入位二文云下引文稱歎四初此經
歎眞實二大品歎具法三涅槃歎初心四此
中下諸文歎眼智二初約此經總示開示悟
入皆佛知見所知見境既該百界驗能知見
即三智五眼從勝稱一如海具衆流二引二
文別釋二初大論明智言十智者謂世智他
心苦集滅道法比盡無生也如此十智通於
三藏三乘唯如實智屬于衍教今但證圓二
眼亦下大經明眼既見麁穢色即是佛性具一
切法即觀行五眼從勝名佛肉眼見性褒之
以佛慧見偏空貶之爲肉二若能下兼明人
法二初示圓六雙二以無下明經二益三點
涅槃者大經云祕密之藏猶如伊字三點若
並則不成伊縱亦不成如摩醯首羅面上三
目乃成伊我亦如是解脫之法亦非涅槃如

來之身亦非涅槃摩訶般若亦非涅槃三法各異亦非涅槃此乃三德即一而三名大涅槃也二是名下結歸題如文二問答顯妙三初明無緣與拔二初據中道妨慈問二指淨名成慈答觀衆生品文殊問維摩言云何觀於衆生維摩言譬如幻師見所幻人如智者見水中月如鏡中見其面像等文殊言若菩薩作是觀者云何行慈維摩言菩薩作是觀已自念我當爲衆生說如斯法是即眞實慈也彼品既是通相從假入空徹見三諦即是中道無緣與拔二明中道建立二初約雙非皆破問二明中道偏立答二初約明中能立偏圓三寶四諦二初略示迷中之失四教四諦是權實相皆依中道非權非實而得建立今既迷此則一切皆失二若明下廣示明中之德二初示四種四諦唯心十種法界忘言之理名爲中道得此理故方施權實之教十界融即說者名圓十界次第說者名別六界無生說者名通六界生滅說者名藏此之四教各論四諦若識中道諸法皆融故於一心

具四四諦二所以下釋一體三寶具漸二初約圓觀明三寶佛但雙非者且從略示遮必具照三智圓覺方名佛寶以法三諦顯佛不孤僧寶中云理事和者上三諦法性本圓融名之爲理隨情差別名之爲事佛實相慧具於權實實慧和理能說圓法權慧和事能說偏法故文句明法用方便云智詣於規善用圓法逗會衆生如圓舉指目於圓處智詣於矩善用偏法逗會衆生如偏舉指目於偏處言事和即有前三教等者權慧隨情照諦差別即說別教次第三諦或說藏通即離二諦乃有三教行人稟法修行成三僧寶若其實慧和隨智諦即說不次第三諦乃有頓修行人稟法成於圓教因果之僧不獨令他稟教成僧亦能應作偏圓行人修成僧寶問四十二位自等覺來合判爲僧妙覺爲佛云何因果皆名爲僧答別相三寶乃以因果而爲僧佛今論一體一人一念具足三寶四十二位位位報智冥於法性皆名二寶位位應身皆名僧寶故妙覺應最能三土統理大衆是故

僧寶究竟成就若能善識一體三寶任運能具諸漸教中三寶之義以能和於理事三諦故也二故大下引月愛明僧相二初據經文明諸地智斷二初正引涅槃二初通譬諸地二初順喻白黑論增減二初舉月光喻白月光增以喻發智黑月光減以喻斷惑喻雖前後法乃同時二月性下以體用合實相則因果不二智斷則增減有殊諸法不生諸法不滅三千無改也煩惱滅般若生無明即明也大經等者以無明體是强覺故亦稱爲明二如是下約法地地論智斷捨喻就法四十二地一一智斷故云皆具二若十下別對諸地二初以晦望對妙覺月望以喻妙覺理體智德二俱圓極故重云不生月晦以喻妙覺獨頭相應二皆究盡故重云不滅二初三下約開合對諸地合前開後故以十五對四十二此中初三即有黑白兩初三也乃至十五亦復如是二仁王下例諸般若但明因位故以十四對四十一地地地之中具三般若二如此下結僧寶立一切因果若與中道理和必

與三教事和是則權實因果皆由中道而得建立二若不下約迷中即破漸頓三實四諦二初示得前失後四教三實及四四諦但依二種中道而立藏通依離斷常中別圓依佛性中各有即離故成四教外計斷常都迷二中故失四教三實四諦三教得失在文可見二傳傳下明前多後少二以權顯實二初約圓詮廢漸問二約權能顯實答二初舒漸顯圓二初以觀倒教觀既以次顯於不次教亦以三顯於一圓利可直談鈍宜漸顯今若四說利鈍不遺二若不下以三顯圓二初示立三意二雖說下引文證釋餘深法者藏通餘而不深圓教深而不餘別教亦餘亦深故將唯餘及以兩亦助顯唯深弄引者引去聲謂曲弄之前必有引起言開空法道者謂前三教是開通圓空之法道也二若入下卷權歸實二初廢三立圓前是為實施權今明廢權立實十方三世法皆爾也二復次下忘言契理寄言顯理從偏入圓權非實是恐失意者是非不泯故以雙非絕其思議權既不生實

亦不生故二不生彰乎妙契應知此立非權非實但是袪乎著語之情其所契悟理無別途勿謂雙非理過一實二觀心明二種觀問上明諸教無非對境立乎觀門況復約圓境觀皆妙何故至此更說觀心答上為解釋觀世音名故約四教明乎觀法既觀世音正以他生而為觀境心佛衆生雖無差別就生佛境高廣難觀若就心境近而易照佛世當機隨聞悟入境無遠近滅後初學修觀要須揀難從易故今諸部約教釋中縱已明觀後須更立觀心一科又復他生不出心性若觀自心則能明見十界衆生故知觀心成前約教世音之觀今示觀心其意略爾先標次夫心下示二初約心源本無境觀二初明本無心境二初明性絕百非心源本淨等者只現前心當處即中名之為源離一切相名為本淨無為下列所離相既其若此焉立心境二雖復下明心非四運尚不可以知覺而求豈能以生滅而取是故不可立心為境二豈可下明莫陳觀法三初法心境本無觀於何設二

猶如下喻無以比況強指虛空三此下合二有因下由緣感須立觀心二初由緣立心有十因緣能修證者無能所中立所觀境二既有下由心立觀二初略立三初法二喻三合二若作下委示二初示漸觀雖明二觀正意在圓故次第觀略指而已二若觀下示頓觀二初明全性成修二初就法直明二初示二初於一念觀性三因三諦即正因三觀即了因一切法即緣因具緣了之正名為三諦具正緣之了名三觀具正了之緣名一切法故大經云法身亦非般若亦非解脫亦非此之三法舉一即三三即是一非縱非橫同居一念二十法下觀千法皆有三諦以其千法皆因緣生故趣舉一性相叵得故空緣起宛然故假性絕待對故中一法既然千法皆爾學者須知千種三諦只一三諦說千不散說一不合以圓融故千法各得三諦全分蓋由三諦體是三德名秘密藏一切諸法不出此藏此藏全體徧入諸法如世真金具爍爛色具轉變能具不改性若成師子則全以色等作

頭作尾作手脚背四足牙爪衆毛豈有一處
不具色等三邪此三豈可暫分隔邪得此喻
意則於千種三諦不起合散一多之計也況
今千法且總略言廣則三千一一三諦故荊
溪云三千即空性了因三千即假性緣因三
千即中性正因心法既爾衆生三千諸佛三
千同一祕藏是故一一皆具三諦此等法門
同居一念二此即下結即不次第觀者不思
議境境即是觀若境自是境更起觀智來照
此境此乃别修非性德行故止觀十乘是觀
别相三千空假中是觀總體以此爲妙境以
此爲發心以此安其心以此能徧破以此通
塞著以此調道品以此合助道就此論次位
以此忍他緣以此離似愛此外無行此外無
果以將果理爲妙行故故示千種三諦之後
便云此即不次第觀也二華嚴下按經委示
二初引經示觀二初明心造一切十種世間
皆住眞法與法無礙故十互融融故百界千
法具足此之理具已有造義由理造故方有
事造故一言心造即二造也二若觀下觀一

切皆三理事二造各論一切略則千法廣則
三千若觀心空理事三千無不空也觀心假
中理事三千無不假中既三千空空即三觀
三皆能破故總言空觀三千假假即三觀以
皆立故故總言假觀三千中中即三觀皆絶
待故故總言中遷五此乃三德三諦三千十六故也二
如是下結法歸心二若能下指修是佛二初
廣引經文二初引證齊佛三初約大經觀緣
得佛十如即是十二因緣今觀即性故見三
千即空假中名上上智初心修此即名得佛
二引淨名觀身等佛觀境雖異實相豈殊故
得觀自身心等彼果佛三引華嚴心佛無差
如前委説二若作下約經歎觀二初歎正觀
餘觀望此皆悉偏邪迦葉未聞已前皆是邪
見二即開下歎是佛開示悟入佛之知見今
家四釋一圓四位住行向地二圓四智謂道
慧即畢竟空二道種慧不思議假三一切智
雙遮中道四一切種智雙照中道三圓四門
即不思議空門有門雙非雙亦也四圓四觀
即三觀皆空三觀皆假即三而一即一而三

皆如次對開示悟入四位豎論餘三横辯故
知開等通淺通深座室衣三皆稱如來者以
用果法爲行故也位雖高下境觀無殊是故
四儀皆應起塔二如此下結成佛法非今所
明難越九界三明普門二初開章二隨釋二
初通途明門二遷五初列二釋六初略十七列門名三
初列門下通約喻顯二凡鄙下别就法示二
初世間二初示諸門外唯世間故至惑苦惑
即集也愛著三界常樂我淨故言四倒見惑
雖多不出有無及以一異各執四句二善惡
下東歸生死二若就下佛法門二初示四教
通之能所通眞含中鈍入化城見空眞也利
達常住見中眞也二此則下明四種有手教
觀大本立云若於一教以四句詮理即是四
門四四合爲十六門若以行爲門者稟教修
觀因思得入即以行爲門藉教發眞則以教
爲門若初聞教如快馬見鞭影即入正路者
不須修觀如依電光即得見道不更須教並
是往昔善根習熟今於教門得道名信行於
觀門得道名法行三能通下廣指大本二二

示下示門相四初三藏俗既實有不即眞諦故於俗諦明四種門以通於理假人叵得四門是同但就五陰分別四相實法無常是有門觀三假浮虛是空門觀二門俱用從容而修是兩亦門觀離空有相絶言而修是雙非門觀隨成一觀皆得會眞二通教二諦相即四門不諍或觀幻有或觀幻空或雙存觀或雙泯觀但隨根性依一門修皆得入道三別教言觀佛性者信分別心是本覺性體是三諦根鈍不知性具九故致令三諦體不融即隨稟一門而修觀法稟有門者觀本覺性是眞善妙有如瓶盆等爲闇覆故不能顯現佛藏十喻皆此門意稟空門者觀於本覺是畢竟空無相可得由我執者不得覩見如迦毘羅城空者此城本是釋尊生處爲瑠璃王之所破滅釋種既盡城邑蕩然阿難愁惱世尊怡悅因阿難問故佛答言汝見迦毘羅有我見迦毘羅城空大涅槃空亦復如是稟雙亦門者觀本覺性不定有無如石中金福人見故亦有罪人不見故亦無有無雙照可以證

入稟雙非門者觀本覺性不可有無而思說也絶念而觀方可妙悟圓教者眞善妙有及畢竟空雙遮雙照名豈異前但以別人不知三諦體是三德不縱不橫一一互具以此三諦而爲四門失此意故隨門各解名有四之四今圓得旨乃於彼四融即而觀故得名爲不四之四雖立行位皆不思議三次論下明權實偏眞爲權中道爲實前之二教能詮能觀共十六門所詮所證但在偏眞故皆是權別教教道能詮能觀皆次故權見所詮理及所證地同圓故實圓教教觀能詮所詮能行所到始終俱圓故皆是實四次明下明普不普二初凡漸不普二圓門是普二初約法直示三千之法即空假中乃以所通而爲能通門外無理能所泯亡此之妙門普義成就二復次下引經委釋二初衆經圓門二初別示四門三初約二經一往屬空二初引淨名不專引文已含釋義彼經文云善意菩薩云生死涅槃爲二若見生死性則無生死無縛無解不然不滅如是解者是爲入不二法門彼

疏釋云生死是縛是然涅槃是解是滅爲二今觀生死性本來常寂本自不縛何所論脫又亦不然豈應是滅既無然滅不復有二是爲入不二門問經疏但以中道之一不於縛解然滅之二今文何故更加非一答所言中者體絶待對若定是一必須待二善談中者必忘中也故末陀摩經正詮中道而以忘中名爲中道故自注云末者莫義陀摩者中義即莫著中道也又復今文以彼善意所談不二建立圓空釋普門義若於三諦蕩之不盡非畢竟空豈成普耶故知四依深諦中義破用自由不可執文難於妙解二何以下釋經義二初據本經釋若眞不二必不存一亦名不有不無者圓教中道也此中能破藏通二教單俗單眞故云不有破假不無破空又破別教複俗單眞故云不有破二不無破一蓋前三教各以二諦爲縛解故圓中能具三種二諦具故融即乃以融即破方不融令成不二若爾下明能融亦蕩雖曰圓中存則成待二大經下倒涅槃釋淨名生死與涅槃不二

大經無明與明不二二遣一亡兩經義合既其二邊與中俱蕩名畢竟空此乃約空明普門也二三十下尋淨名門門具四二初舉一品諸門三十一菩薩妙德淨名若説若默無非實相當體爲門若就現文增勝而説可以分對空等四門及以第五不可説藏皆名不二無非普門二細尋下示圓義各四大師妙解盡理而窮見一一門具四門義如向所引生死涅槃二既即中中亦即二中即生死名妙有門中即涅槃名妙空門二即中道中必遮照雙照是第三門雙遮即第四門雖於一門約義開四此四皆悉攝法徧周俱得名普餘三十門既皆融二而歸不二各四宛然文殊以言顯於無言淨名以默彰於無説蓋示三諦體是祕藏本絶言詮既示三諦豈非四門復由向者三十一菩薩皆從無説顯示四門門門妙絶不可言思得意之機隨其所聞忘言而證其失意者猶謂有説莫契無生故二大士以言以默顯乎四門離言説相則使彼彼四門之機各於其門忘言趣理須了無

説彼四門機其功最大故諸菩薩雖各興言不談一字淨名杜口廣説四門是則説時常默默時常説若不爾者何故備舉三十三門而言皆有四門義邪非旋總持莫窮斯旨細尋之説其致甚深三肇師下就諸經分文對四三十三門門門具四義雖成就文且幽深欲使咸知故就顯文示四門相肇注淨名經云諸菩薩歷言法相文殊言於無言山家準肇判屬二門思益一切即邪即正邪是俗有正是眞空華嚴遊心徧入法界豈非妙有即達如空豈非妙空故此二經皆雙亦門也復取淨名杜於言説顯於諸法皆非二邊示第四門其文甚顯此則諸經據圓實理開乎四門深而復廣皆是普門二大品下通明普門大品法華三句明門雖不別屬四門之數而徧攝法皆是普門四十二字字字皆具三種般若非縱非橫而高而廣故能互攝諸字功德智門一門皆通實理難入狹小其義相成難入故狹狹故難入四十餘年調機方説此門甚妙非七方便能解能入斯乃至廣而受

狹名三衆經下結門名普此經開權永異諸部顯示實理與昔圓同故與衆經同明普門四隨觀心並在大本第八辯體中明謂隨彼根機種種差別赴欲赴宜赴治赴悟故四門異説也觀心者若以教爲門即於四門隨門得悟不須修觀名信行人若聞而不悟應須修觀名法行人四教四門各有十觀學者尋之二別釋普門二初標二至理下釋六初明中適二列十章三上通下辯異通十雙通釋既以十雙釋觀音人即以十雙釋普門法故云通途已約法竟今之十門於二嚴中就福德論因果自他莊嚴法身然是性德之行還嚴於性能所本亡即非莊嚴莊嚴也四分別相五總生起七初慈悲菩提之心非小智能發心由曠濟之念而興無上之心二誓願通釋慈悲即是誓願不分兩門今明弘誓能制慈悲功力既殊故須別立又復慈悲通語與拔誓依四諦別示要期又慈通凡小誓唯菩薩三修行福德財者即前四度神通力者即禪定之用智謀即般若也四斷惑二初引兩

論二三道修行斷惑及入法門此之三門有開有合若依成論斷即解脫對於無礙只立二道若依毗曇斷證不同對於方便乃成三道二引釋下依釋論用三道菩薩有斷故行無礙佛果無斷故行解脫既分因果不可合明故用毗曇三道爲次故今列章第三修行即方便道第四斷惑即無礙道五入法門即解脫道五神通從初至五乃是自行從因至果今論化他不出三密第六神通即當身密第七方便即是意密第八說法即是口密六供佛以法供養結於自行七度生言入諸法門者以中道實智入二諦權門化度衆生同歸中道六隨章釋二初標二始從下釋三初且約十義釋普門十初慈悲二初約次第三慈通釋二初就人標列凡聖慈悲三種攝盡大經十四梵行品云慈有三種一緣衆生二緣於法三者無緣衆生緣者緣一切衆生如父母親想法緣者見一切法皆從緣生無緣者不住法相及衆生相大論二十亦云慈有三種文意與涅槃大同又論第五明悲亦有衆生等三輔行云將三慈悲以對三諦義甚顯了

觀音玄義記卷第三

觀音玄義記卷第三

校勘記

一　底本，明永樂北藏本。

一　六二二頁下一八行「慧眼」，南作「慧明」。

一　六二四頁下一九行第二字「下」，南、徑、清作「不」。

一　六二五頁下六行首字「入」，清作「八」。

一　六二六頁下一八行第七字「下」，徑作「以」。

一　六二八頁中七行「結法」，徑作「結髮」。

一　六三一頁上一五行第二字「通」，南作「門」。

觀音玄義記卷第四　遵六

宋四明沙門知禮述

二若緣下約法簡判二初簡生法不周次第
生法二種慈悲藏通二教及別住行若衆生
緣亦兼凡外二有所緣何得名普二若無下
別無緣方普別教十向圓教初心修此慈悲
至入地住乃能分證猶如門鑑不動而形礠
石無念而吸此之慈悲方得名普二別釋下
約圓頓三慈別釋三慈一念不縱不橫故大
經云慈若有無非有非無名如來慈有即生
緣無即法緣雙非即無緣佛心圓具今修佛
慈故一一慈皆不思議文分三初衆生緣慈
二初總示二初一心緣一界非普二今觀下
一心緣十界是普二初觀衆生三初法對下
法緣畢竟空眞故今衆生是難思俗眞實俗
假故曰假名非獨人我稱爲假名十界性一
舉一即十故成百界各有相性體力作因緣
果報本末究竟等故有千種豈唯已千生佛
各千皆冥在性二喻三合凡夫一心具而不
識圓聖法眼一念徧知二知此下起慈悲圓

聞名字學佛慈悲即於一念觀百界生善惡
因緣苦樂本末而起慈悲與拔之想也大本
十如四類解釋一四趣二人天三二乘四菩
薩佛若分苦樂者應以四趣爲苦人天等爲
樂或六凡爲苦四聖爲樂或九界爲苦佛界
爲樂二今約下委釋二初明觀法二初指初
後兩界獄是苦之尤佛是樂之極二地獄下
明一念千法二初明地獄具餘九界二初直
明地獄十法二初明十法十初性二相三體
大本通取摧折色心爲體令取覺苦故的指
心四乃至下力堪任刀火長劫不絶五作旣
堪受苦必任作惡六因三業動作成惡習因
七緣假藉諸惡我及我所一切具度助成習
業八果因習婬欲業旣成就果於苦具見是
欲境如本染愛九報習果在心境隨心變報
因旣滿即受燒然十本末大本乃以初相後
報而爲本末則修性皆爾今欲彰於理事不
二故以修性而爲本末全修在性全性成修
方得名爲究竟等也二地獄下例九界若非
十法不成一界二問當下明具九界十法二

初約佛法難具問界有法分云何互具佛法
離染頻出凡聖云何地獄具茲十法二答大
下明凡心即佛答二初正明地獄具佛十法
十初佛性仙豫大王欲化外道十二年中供
養五百婆羅門衆後令歸信大乘方等其不
歸信乃謗言無仙豫聞謗乃殺五百五百隨
獄即生三念一念此是何處乃知地獄二念
從何處來乃知人道三念何因墮獄知謗方
等因茲悔過便生佛國終獲佛身此乃仙豫
知地獄人有佛性故殺之令墮三念中發婆
藪過去殺生祭天因墮地獄於獄敎化九十
億人從地獄出至方等會佛言婆者好也藪
者高也好高之人豈墮地獄又言婆者剛也
藪者柔也剛柔之人豈墮地獄斯是大權示
現惡相顯於地獄有佛性矣二佛相三佛體
上品惡心即中道故四佛力性具大用即八
自在五佛作此云從無住本立一切法者欲
明順修是佛界作也九界因果皆違本立唯
佛因果順本而作以本覺性元離住著即無
住本若不順本無住而作則非佛界因緣果

報此是妙修此修起時豁然能絕七種方便
智行之作故喻師子筋絃彈絕百獸筋絃師
子之乳點化百獸之乳須知地獄之心本具
佛界修性之性如大本中以相性體爲佛性
三力作以去是佛界修此之修性凡心皆具
得此作意則了諸修皆順性起六因者即是
順修所顯之理故曰正因七緣者即是順修
能資智行故曰緣了而言性德者以地獄心
本具故也八果九報即前緣了所剋二果地
獄之心無不具也十佛本末究竟等約修性
相在釋與前地獄不異二大經下以佛界況
餘界十法雪山者喻惡心地也妙藥毒草者
初後二界也佛法起勝地獄尚具豈不能具
餘八界邪二地獄下餘九皆即十界地獄具
九已如上說九界各各具餘九界可以意得
二菩薩下起慈悲二初約十界解釋三初深
觀善惡境二初法菩薩修慈只於一念徧觀
十界修得善惡皆即性具以性照修盡善惡
際二如見下喻二以觀下廣運與拔心觀於
九界七法因緣及以所生二死果報皆即性

德故起大悲欲拔其苦觀於佛界七法因緣
及以所生二德果報皆即性德故起大慈欲
與其樂問性德善惡及以苦樂皆是法門不
生不滅今何與拔答斯之妙談不可輕議以
三菩薩觀於苦樂但謂修成故存與拔之功
莫運無緣之力是故慈悲俱不名普今知所
生苦樂及以能生因緣皆是性德故拔一切
苦不損毫釐與一切樂不增微末方得慈悲
廣普塵劫忘勞此衆生緣與其無緣無二無
別三此十下結成慈悲普二問地下就地獄
料簡二初約重苦妨樂問二約乘機代苦答
二初答衆下乘機示因以第三念憶知先罪
必有悔心大聖承機現身說法或密警發令
起善心即樂因也或即得樂如婆羅門或後
得樂如婆藪所化二又菩下代苦與樂請觀
音云或遊戲地獄大悲代受苦二法緣慈者
前衆生緣若緣六界但生死俗不得名普圓
觀十界二乘即眞菩薩是俗佛是中諦既在
一念即非次第況復互融而成百界彌顯一
假一切假也此衆生緣安得不普今明法緣

即於此境而觀於空二乘空俗菩薩空眞佛
空二諦既約百界即一空一切空名畢竟空
具足言之三千即空名今法緣安得不普初
明觀境三初深觀性空三初觀千法空十界
必百性相有千觀此皆空畢竟無相二十法
下觀三千空上之千法於假於實及於依報
即成三千三無我下觀二取空無能觀我無
我所觀無智無得離二取相二如幻下舉喻
本空不但俗幻眞中亦幻方是圓家法緣之
喻三常寂下引證圓空三千蕩相即是今教
終歸於空二衆生下起慈悲三初正示慈悲
二初明所與拔相生死涅槃本無二相以不
覺故唯苦無樂二拔其下明能與拔法即以
三諦如幻慈悲拔與十界如幻苦樂二淨名
下引證眞實說三諦空慈即眞實三若緣下
結成圓普可解三無緣慈者中觀之別名也
中則絕待有緣非中問慈悲須對衆生苦樂
若其無緣何能與拔答大乘所說同體慈悲
心佛衆生三無差別圓名字位學即心佛慈
度即心衆生衆生既同體苦樂元性具故無

能緣所緣亦無可拔可與如此慈悲盡未來
際拔一切苦與究竟樂圓談不獨無緣若此
生法亦然何者生緣假名三諦俱假法緣空
寂三諦俱空無緣即中三諦絕待三慈皆照
圓融三諦豈可二慈非同體耶但隨宜樂故

立三門宜取門者故說生緣宜捨門者故說
法緣宜不取不捨門者故說無緣釋此爲二
初約三觀示慈悲二初明修相二初約雙遮
明觀法若緣六界假名此假定假即有所緣
既緣十界假不定假故緣即不緣若緣六界
如幻此空定空即有所緣既緣十界空不定
空緣即無緣故云不緣十界性相不緣十界
之眞即邊是中故遮二邊既是即邊復何中
道中邊絕跡不可思議强謂無緣二如是下
約雙照辯慈悲三初法心無所寄自在雙照
遣六
六
無拔偏拔一切苦不與偏與與究竟樂二如
磃下喻不教喻無緣相應喻與拔三無緣下
合二行者下明入位二初約位辯有證應知
理性具三慈悲全性起修成三觀智雖則六
位無緣不殊必在證悟方彰與拔二不動下

引喻顯無緣明鏡如慈體現像即與樂磁石
如悲能吸鐵即拔苦二三諦下約三諦明普
門三諦名普即是能通復云通至中道者約
證爲所通也又即一而三爲能通即三而一
爲所通所通絕待强名中道耳二誓願普二

初釋名二弘誓下明義二初通明誓相三初
明四誓功用二初通明誓成慈悲苦集二諦
苦因果也道滅二諦樂因果也二若見下別
明誓之與拔四初願度苦果二若見下願解
集因三清淨下願安淨道四滅煩下願得涅
槃二生死下明四誓銓次二初通示因果前
後拔苦二願約知難易易必居前與樂二願
先修後證而爲次也二大經下別證由道獲
滅鑽搖喻道品衆喻有漏善酪等四味喻四
教滅道品不調失方便善況四滅果不云酪
遣六
七
及熟酥者文略三明四誓總要二初明四諦
依一心世出世間二種因果事類非一原其
總要不出自心何者集是四心苦是三受道
是定慧滅是證智豈非四諦皆是一心耶二
以四諦例四弘二次明下明普不普二初大

師約偏圓揀二初偏誓不普三初凡夫厭下
等者即六行觀也謂厭下苦麤障攀上勝妙
出故四無量約此與拔虛僞淺狹何普之有
二二乘者須兼兩教也不言菩薩者與拔分
齊只在界内故斥二乘見彼不普三別教以

次第故初心不普二若圓下圓誓能普三初
一念圓照明普意十界苦集四教道滅即於
一念圓頓而觀二徧知下四諦徧知明普相
四初集普三初知凡夫集攝大乘師稱有爲
緣集體是見愛也二二乘下知二乘集三初
示集名攝大乘師稱無爲緣集體是無明也
二淨名證不染生死而染涅槃結習者結使
之餘習也以小教中未說聲聞別惑正使且
寄通惑餘習言之三大經證二乘道品以大
望之是邪非正三乃至下知圓集住前似愛

住上眞愛亦是等者即無爲緣集通至等覺
也若攝大乘師立四種緣集前二集上更加
自體及以法界今家正意但立二種以自體
法界不殊無爲悉是障中無明故也若約無
爲分出二種是亦無失即以第十地爲自體

等覺爲法界廣如淨名疏記二徧知苦下苦普以因對果知之不謬三徧知對下道普二初徧知徧道不普人天例立道滅之名道不動惑滅不出界有名無義三教道滅雖能動出普義不成二圓教下知圓教中道普三千皆中即名實相不動而運方曰大乘以此爲因故稱普道四故所下滅普三千實相究竟顯處名爲圓滅劫火譬中智遺燼喻無明三所觀下依諦徧周起普誓二私用下章安用修性判菩薩起誓欲斷十界衆生之惡欲生十界衆生之善觀此善惡若但修成不知性具者此誓不普何以故修必次第或少或多那得普邪觀此善惡是性具者此誓乃普何以故性既圓融事必徧攝如別教人不知性九故十唯十圓知性九故十即百豈唯界界徧攝亦復性相互收故得一如而收十界以如收界以界收如一一無邊重重莫盡此之界如不出善惡誓斷此惡何惡不斷誓生此善何善不生故知觀性誓願方普章安私簡以師之義成師之說令前偏圓顯然可見故

云語異不言義別遞者迭也以性十界與圓四諦迭相顯映也三修行普指行妙者彼約大經五行明次不次且次第五行者一聖行謂戒定慧二梵行謂慈悲喜捨此二皆是地前修因行也三天行謂初地已上證第一義天天然之理由理成行故名天行四嬰兒行謂示同三乘七方便人所修之行也五病行謂示爲九道之身現有三障之相此二皆是從果起應之行也不次第五行者即大經云復有一行名如來行所謂大乘大般涅槃大乘是圓因涅槃是圓果今文雖示次第意在不次以如來行是修行普四斷惑普二初明二觀斷不普藏通三乘及別住行皆二觀攝十向圓修屬後中觀二若空下明中觀斷方普圓人初心體於見思即是中道正破無明名拔根本根本既動枝葉先摧觀障即德名翻大地既觀中道二觀自成三觀圓修無惑不破故得名普五入法門普二初明偏小不普修不稱性證乃階差我唯知等者華嚴善財參善知識歷百一十城所見知識皆云我

唯知此一法門新經至第五十見彌勒第五十三見文殊普賢則不復云唯知一法故知即是前漸後頓二若入下約圓頓名普三初法大經明二十五王三昧破二十五有顯於我性三昧者此云調直定而言王者妙玄云空假調直不得爲王所以二乘入空菩薩出假不名法王中道調直故得稱王二喻三合三諦之下理定之外各有種種助道禪定名爲眷屬六神通普神通有六謂天眼天耳他心宿命身如意漏盡皆名神通者瓔珞云神名天心通名慧性天然之慧徹照無礙故名神通今文略舉天眼以例餘五初明天眼二初偏教非普大羅漢見大千者準大論第五云大羅漢少用心見二千界大用心見三千大千世界辟支佛亦爾今言見百佛土者大部文句亦云支佛見百佛世界不以風輪爲礙亦無己他界隔前同羅漢人屬三藏此必在通菩薩見河沙佛土者正唯別教義兼於通應知此等天眼見土皆約同居淨穢言之以有餘土體質是一故二令圓下圓教是普

緣十法界等者圓眞天眼具足五眼見六道即肉天二眼見二乘即慧眼見菩薩即法眼見佛界即佛眼若爾與佛眼何別荅淨名疏云見十法界麁細之色名眞天眼見三諦無二名爲佛眼二眼見下例餘五神通妙中明二乘依背捨勝處一切處修十四變化發得神通六度菩薩因禪得五坐道場時得六通教菩薩因禪得五依體法慧得六別教地前依禪得五登地發六圓教不因事禪而發乃是中道之眞自有神通任運而發又云三輪不思議化七方便普二初簡通取別毗曇三道方便道伏無礙道斷解脫道證令以無礙而爲道中進行伏惑名前方便於解脫位觀機授法皆後方便二若二下明普不普三初小教不普小菩薩者藏通二教也不云別者以今正明道後方便別證同圓故不言也二圓教名普二諦爲方便者圓人雖乃三諦頓觀中須是實二諦爲權故二名方便應知三諦是性三因而緣了屬修故三互融離縱橫過不同別教三皆在性互不相收是故眞則

三諦俱破俗則三諦俱立既破既立方便義成收得一切方便者此之破立何所不收若人若天若小若大所有智慧爲俱破攝人等福善爲俱立收以此破立資發中三不破不立故一念圓觀具性具修舍權含實思議不絕莫造其門入中道已雙照等者道前自行旣以二諦資發於中道後利他亦復如是照眞則以眞身益物照俗則以應身赴機故神變二字有通有別通則二身皆有神變別則眞運神靈拔三障苦應能變現與三德樂皆以三千而爲神變故云徧十法界雙照用增雙遮體顯於其法身何損之有圓人始末方便既然故皆名普八說法普二初小教不普此亦指前二教以今說法是別圓分證位中化他之用也二圓教名普一音者即八十好中一音能報衆聲殊方異類莫不獲益起信云圓音一演異類等解九供養普二初標列二華嚴下隨釋二初釋事供分證三千事之本也十方六塵理之用也上獻佛者表因趣果二理解下釋理供二初正釋萬行熏智名

爲供佛智具三故名爲一切此智即是十方三世諸佛正體復名一切二淨名下引證食即三諦能發三智理佛事佛咸資咸供十成就普二初舉普不普喻二初舉螢等二舉日光卉木叢林總舉三草二木花果成就略喻十番利益二外道下明普不普法二初明凡小通別二今圓下明圓聖慈慧三初正明二華嚴下引證因乃稱性發心果則隨機徧益三譬如下重喻此則今經一地一雨衆生謂異聖意無偏二普門下明普門義無量二初明淨名三號難受彼經云諸佛之法悉皆同等是故名爲三藐三佛陀名爲多陀阿伽度名爲佛馱阿難若我廣說此三句義汝以劫壽不能盡受正使三千大千世界滿中衆生皆如阿難多聞第一得念總持此諸人等以劫之壽亦不能受淨名之儔者彼經儔類諸大乘經所稱三號悉應難受二今此下明今題三義同彼今之觀字同彼第三佛馱之號此云覺者故世音同彼第二多陀阿伽度之號此云如來以今世音即如如境故普門同

彼第一三藐三佛陀之號此云正徧知一實相開十門故此之三義若廣說者劫壽莫受三章安就品證十義大章第二釋體二初略示今品體二初示今體靈智者始覺也法身者本覺也同是一覺何所論合但爲本迷覺成不覺圓名字位尋名覺本功非伏斷合義未成五品頓伏得名觀合六根似合分眞證合今觀世音鄰極之合全本爲始實非二體以有不覺故約伏斷而論於合本覺軌持生始覺解故名爲法自然集聚三千妙德故名爲身始覺元明故名爲靈今能斷證故名爲智本始不二是所詮體二若餘下異他經二初以三二對辯餘經明三身者金光明經立化身應身法身又云如來遊於無量甚深法性如來是應能遊是報法性是法此經跡門云唯佛與佛乃能究盡諸法實相五佛即應能究是報實相是法本門云如來如實知見三界之相非如非異等如來即應如實知見是報非如非異是法淨名有解脫名不思議是法住是解脫即報能以須彌入芥子中是

應大品三般若亦是三身此等衆經皆可三身對體宗用此品但有二身義者名觀世音即眞身義普門示現即應身義眞是內證之智應是外化之身若比諸經即當宗用雖無體文而有體義以智不孤立必合法身豈有蓋無由有光無鑑是則諸經三身故可別以法身爲體此品二身即須法報合而爲體二只此下明理智不二二初約出纏明不二前云靈智合法身者非二物合只此靈智體是法身以本覺不覺是故在纏名如來藏本覺自覺是故出纏名大法身今既出纏驗智即理二今知下約一物喻不二性德本具權實之相七方便人非性德智是故不知同體權實今之靈智既知權實驗理智不二理智二名只名一體其猶一物人若在右物則成左人若在左物則成右左右名異物未始殊故二智與理名異體一二若明下廣指大本釋三明宗四初正明今品宗二初略指體章既明智合法身斯是出纏之體也此體廣有自在之應此應對於冥顯兩機收一品文罄無

不盡故以感應爲此品宗二十界下示相二初示機應相上出纏之體是寂照之知十機若扣即寂之照遂蒙眞智冥拔衆苦十機若扣即照之寂乃蒙應像顯與諸樂寂照不二只是一知與拔雖殊豈須動念致有前後者即二問答說有前後非益時也二益文下二示宗要義七難三毒二求得脫三十三身十九說法得度此之文義喻如網目若牽感應之網目無不動斯爲宗要誰謂不然二餘經下與他經辯異二初示他用因果本部明一乘因果淨名明佛國因果觀經明心觀金光明指果德雖單複不同而不出因果斯是衆經明宗之相二今品下就此明去取二初去因果通義言不爾者明今品宗不用因果也何者若以義推誰無因果從凡至聖能感所感此義通漫非的今宗但經意不至此者出不用因果之意蓋由經文不談觀音自行修證故也以如來答得名之由但云即時觀其音聲尚不明觀音聲觀法豈有觀成入位之相若佛頂首楞嚴經云昔觀世音佛教我從

聞思修入三摩地初於聞中入流亡所所入
旣寂動靜二相了然不生如是漸增聞所聞
盡盡聞不住覺所覺空空覺極圓空所空滅
生滅旣滅寂滅現前忽然超越世出世間十
方圓明獲二殊勝一者上合十方諸佛本妙
覺心與諸如來同一慈力二者下合十方一
切六道衆生與諸衆生同一悲仰乃至同慈
力故能現應身同悲仰故能施無畏又大悲
心陀羅尼經云昔千光王靜住如來爲我說
此廣大圓滿無礙大悲心陀羅尼以金色手
摩我頂上作如是言汝當持此心呪普爲惡
世一切衆生作大利樂我於是時始住初地
一聞此呪故超第八地乃至身生千手千眼
等若今大部跡本二門廣明如來修因證果
及諸經中明佛因果文皆可見此品不然故
云文意似不至此也二機家下取感應扶文
以前答中冥應顯機具詮三業稱名常念及
禮拜等文有因也免七種難離三毒根文有
果也至後答中顯應冥機是故不說三業現
因而感諸身說皆云得度蓋隨淺深悉能到

岸此有果文也此因果文以感往收有何所
漏聖雖無下文雖不示觀音修證而具談冥
顯濟物無窮以應往收更無所失問前釋名
章通論十雙慈悲福慧屬因眞應智斷在果
至別釋中解人則圓觀初終釋法則十普始
末至今明宗何故乃云聖無因果答通別釋
名明觀世音及以普門旣是等覺無上人法
道理須明發心立行從因至果乃取一代教
中所詮修證法相解釋人法此乃義推合有
因果也今明宗要理須扶文豈可却取他經
因果邪須知今言聖無因果乃是文無不妨
釋名義求自有是故今云文不至此應知今
宗不取因果特用感應略有三意一者經旣
不談所證之理故讓靈智合法身爲體旣冥
理屬體故攝物爲宗二者經不談聖自修證
相若用因果則不扶文三者一品始終唯詮
冥顯兩應對冥顯二機若用感應宗要善成
三感應下指大本四開若下雜料揀顯相共
十一番問答分五初四番約機揀四初善惡
俱感明微義二初問若言等者卽大本釋名

中云機是微義故易云機者動之微吉之先
現衆生有將生之善此善微微將動而得爲
機今以善例惡亦有將生微動之義可得爲
機否答然者許亦是機聖心圓照善惡不遺
善微將生念欲與樂惡微將生念欲拔苦二
性善冥伏明生義二初問不知性善有可生
義故興此問二答冥伏未現故須聖應是善
性故得將生三善惡慈悲相關義二初問若
善已成不須關聖若關聖應微善成著惡關
聖應亦微惡成著邪二答聖豈成就衆生之
惡但以善性法爾關慈應則善成得樂惡關
悲應惡滅離苦同體故關非條然也四感應
相稱釋冝義二初問聖智鑑機冝用何法邪
將釋感云機冝邪二答冝必相冝何局於應
底蓋之喻不在一邊二一番約應簡二初約
二身無應問二約二身俱應答法身聚集無
量法門能應衆生種種觀智應身聚集無量
神變能應衆生種種見聞三三番相對簡三
初明感應非一異二初問二答不一故感應
不異故相關二明感應非虛實二初問二答

云云者義應例上既非一異亦非虛實然雙非虛實及非一異須得其意心佛衆生三無差別理本無差差約事用三千理同故不異迷悟事異故不一悟故佛法爲應迷故心生是感理本一故非實事暫異故非虛故不二門云幻機幻感幻應幻赴故地住前異相仍存眞位分分同佛體用至于究竟感應既亡復何論於一異虛實三以他下明感應難思識二初叙他問答二初疑凡聖隔異非感應剋論感應其體各別雖互立能所而凡聖定分所感是聖必非能感所應是凡定非能應感應分隔何名道交二答能所存沒故道交二初互論能所先立所感所應不實何者所感非凡故不實所應非聖故不實次立能應能感不實何者良以還將所感爲能應所感既不實故能應不實又將所應爲能感所應既不實故能感不實二既不實二亦非異二不異下各論存沒既無實無異何名感應道交故以互存互沒而立不異而異以由所感而爲能應所應爲能感故感應不異而今聖邊沒於所感自爲能應凡邊沒於所應自爲能感故成而異就於而異故有感應就其不異故得道交斯是古師情解感應及道交義二私難下章安破立二初難他義不成二初難立義不成二初明存沒不成雖以能所互論存沒究其體狀只於聖邊沒其凡感復於凡邊沒於聖應以其聖沒能應不得凡沒能感不得若爾感應永殊那言不異二又感下明不異不成大意同前二又難下以四性結過感能應所自屬於機感所應能自屬於應故是自性次之二句雖涉感應義不相由還屬自性次有四句皆從彼生故屬他性第三不獨由自不獨由他須二合生乃屬共性若離自他屬無因性二問若下明今能妙契二初離四句無感應以問二答聖下用四悉立因緣而答大聖圓證三千理事同在一心故心平等一一皆了即空假中故心無住聖既用此平等無住爲能應法故不住著所應機感但隨十界樂欲便宜破惡入理四機扣之即以世界爲人對治第一義四種之法任運而應此之感應豈可以其自他共離而思議邪又復衆生於自生感應有四益者亦可說言自感自應若於三種有四益者亦可說言由感生應由應生感共能生感共能生應離二有感離二有應皆可得說既無四執隨機說四故諸經論談於感應不出此四也四問妄執下一番約機簡二初疑妄執之善非機二答妄執是惡能感五問妄執下二番相對揀二初示妙應隨情所爲二初問二答二問凡下示至聖拔邪歸正二初問二答四慈悲利物用二初標問感應慈悲爲同爲異若其同者那得分對宗用二章若其異者請陳其義答法相開合製立多途今文既以般若法身合之爲體乃於解脫分出宗用雖是一德而有二能感應則通語閒冝慈悲則別明與拔若論感應不說慈悲則似仁王降世而無治理之功今明感應則收經義盡故立爲宗次示慈悲則利物義足故立爲用開一爲二其意略爾二二智下釋二初正論冥顯二初略辯二初對二智辯用二初問妙經之用斷

權疑生實信正當二智那指慈悲二答二智之用通亘一部具智慈悲今品別用二他釋下說二身明益二初叙他局解二今明下明今正義二初法二初明二身皆常閒二初明二身皆常法以寂照爲常應以不休爲常二若言下明二身皆閒二故知下明二益無二別二譬如下喻二此中下指廣大本明二十五王三昧破二十五有顯眞常我性通有四意一出諸有過患二明本法功德三結行成三昧四慈悲破有觀音自行已破諸有惑業過患功德三昧皆已成就正以慈悲令他破有故知今用即第四意也二問觀下兼辯本跡三初明本跡難知二初問二答二如觀下明因果異說二初引二經猶在因二若觀下引一經已成果三二文下用悉檀和會二初問二乃是下釋或說已成或說未成蓋順機緣令獲利益勿求其實第五明教相二初定文相二初泛明部黨二今所下的示所傳二初示妙經一品二而別下明別行之由二此品下明教相二初同本經醍醐相二初明品

意通於開權顯實者且舉跡門亦應更云開跡顯本此乃以方便品訖分別功德品十九行偈俱爲正宗以十九行偈後俱爲流通本跡二門也二圓人下明教味圓法即本跡二門所詮之法也圓教即本跡二門能詮之教也二問文下敎今品施開義三初敎成施權相二初約方便乘圓問二答就下約爲實施權答二初約實人施權答圓聖偏說爲引漸機豈佛說小令佛是小就能說人判屬圓教二又付下約權能通實答渫信解者即鶖子云信如來智慧者若不信者即七方便人二又問下敎成開權相二初約機同鹿苑難說人雖圓禀人通小且如鹿苑佛豈不圓只就禀人判屬三藏今豈不然二約部開權跡答阿含小部未開權跡遂令教味隨機屬小今經開顯即權是實即跡是本雖說小法爲通圓經豈同鹿苑邪三問上下敎成妙用相二初約捨用相乘問二約體用難思答正宗廢權立實故言捨流通爲實施權故須用顯實體後而論權用斯是今經祕妙方便

觀音玄義記卷第四

觀音玄義記卷第四

校勘記

一 底本，明永樂北藏本。

一 六三二頁上七行第一一字「門」，南、清作「明」。

一 六三三頁中一七行第五字「若」，南作「共」。

一 六三三頁下一八行「無緣」，南作「無苦樂」。

一 六三四頁上末行第一一字「彰」，徑無。

一 六三四頁中一四行「鑚搖」，南作「攢搖」。

一 六三八頁下一〇行第三字「亦」，徑作「己」。

一 六四〇頁中一八行「用相」，徑作「用相用相」。

觀音義疏記卷第一　遵九

宋四明沙門知禮述

釋疏二初釋題目二初正釋題義者宜也謂解釋經文使合宜也又義理也斯蓋智者入法華三昧於觀行位中見第一義理以此義理解今經文疏者通意之辭又音疎即疏通疏條之義也二說記人二釋疏文二初預分章段二初叙二家三段此品既是識師爲北涼沮渠蒙遜別傳于世故涼陳已來講者甚衆於是分節經文三段有異二今師下示天台多種二初泛明多種分文二若作下正依二段節目二就前下正釋經文二初前問答二初分科二一爾下隨釋二初問四初時節二初釋字義二即是下明悉檀二初別釋相四初世界東方西方隨機樂欲二或可下爲人或有根性闇於前品已得世界故云喜竟令聞此品即生宿善三或可下對治疑破解事屬於對治疑破悟理屬第一義今從解事當第三悉四或可下第一義二土者謂淨光莊嚴土八萬四千隨妙音者此土華德及四萬二千天子因彼菩薩來往得道今八萬發心悟在觀音二諸佛下總明悉如來如鼓四機如桴擊之有聲聲不孤發今乃四機扣佛之時也二標人二初釋別名三初中道對小此菩薩名由證中立中必不偏令偏從無盡者爲對小乘是滅盡法特彰中道性無盡故小乘盡智者謂我見苦已斷集已證滅已修道已如是念時無漏智慧見明覺也無生智者謂我見苦已不復更見斷集已不復更斷盡證已不復更證修道已不復更修如是念時無漏智慧見明覺也二又云下三諦明圓二初總示二大品下別示三初圓空無盡揀析示體故云即色是空應知體空通衍三教通則但體生死即空此偏空也別圓能體涅槃亦空此中空也離邊屬別即邊屬圓今在圓也圓中名空此空無盡二又大下圓假無盡二初引經示相三初大集約八十明假二初本土所修此是妙假具於三觀不滅故假不生故空不出故中蓋不流出二邊故也此觀觀佛具觀三身至分證位名爲見佛一切佛法無不現前且舉六度耳二身子下依法立字二初身子問二菩薩答具彰願行願行無盡名於此立因緣果報即依苦集立誓因緣集也果報苦也爲一切等依滅立誓以一切智及五分等佛果法故衆生性下依道立誓以順法性教化衆生知道法故皆云發心知是立誓又檀下依誓立行萬行皆爲檀等攝也稱波羅蜜行到果也若願若行皆無作故方得無盡凡八下結上願行皆即法界是故皆合一切佛法二又淨下淨名就二諦明假有爲是俗可盡之法無爲是眞不可盡法小乘智淺盡於有爲住於無爲故歸灰斷圓人觀俗即是妙有故行萬行觀眞能達不空之眞是故不住三無爲坑是故二諦皆是常住不思議假故名無盡三華嚴約十藏明假新經二十十無盡藏品云菩薩有十種藏三世諸佛皆說所謂信藏戒藏慚藏愧藏聞藏施藏慧藏念藏持藏辯藏乃至云此十種無盡藏有十種無盡令諸菩薩究竟菩提何等爲十饒益一切衆生故以本願善迴向故一

切劫無斷絕故盡虛空界悉開悟心無限故迴向有爲而不著故一念境界一切法無盡故大願心無變異故善攝取諸陀羅尼故一切諸佛所護念故了一切法皆如幻故是爲十種無盡法能令一切世間所作皆得究竟無盡大藏二如此下結經明假三又如下圓中無盡二初引經示相四初勝鬘約佛法明中以一切法皆佛法故法無不中中故常住常住故無盡二大品約法界明中法界體是大總相故諸法皆趣如提綱領毛目悉歸造境皆中何法非總今特言意蓋爲釋經意爲法界理必雙非名無盡者名偏意圓故例眞常實無邊倒今釋無盡上下皆然三淨名示即邊是中空有當體皆是圓中中性不改豈可有盡此之無盡蕩二邊情是故能空盡與不盡故知下結成圓中是眞無盡四大品明諸法皆中修惡全體是性惡故十二因緣及以五陰一一如空常住周徧非當宗義此文莫銷二如此下結經明中三通達下從德立名二初正立名能達之意從所達法得無盡

名學者須了意即三諦無別所達能達亦無若其不然非無盡意二亦名下例諸法心智五陰及一切法既即三諦故皆得立無盡之名二菩薩下釋通名三初對梵翻名二約華釋義二初釋衆生二初通明因果能生實法所生假人始自凡人訖尊極人莫不從於衆法而生二別明菩薩從於無盡衆行而生故曰衆生二發心下釋餘字又約上求下化而釋前以衆行生已假人今以道法成他衆生三廣釋如別三敬儀二初分經二起者下隨釋三初釋起二初事釋禮即曲禮彼云請業則起請益則起鄭氏注云尊師重道也起若今摳衣前請也業謂篇卷也益謂受說不了欲師更明說之今無盡意欲請觀音利他之業欲益己心菩薩之行故從座而起二觀釋三初約空論起文有二意初明空觀不著諸法次明空觀自不著空故名爲起二又菩下約假論起即不起滅定現諸威儀也三又中下約中論起中道遮照皆絕待對故起不起無非中實即遮之照名不起之起此起自能

起發中實亦能令他起發中實二偏袒下釋袒二初事釋二初約西土二此方下約此方言須賈謝張儀者合云張祿字之誤也元是范雎魏人也初仕魏與中大夫須賈使於齊齊以雎爲賢私賞金璧及牛酒須賈嫉而怒之使還譖雎於魏相魏齊云范雎以魏密事告齊魏齊大怒拉脅折齒遭箦卷棄之廁中雎不死求守圃者出之雎既得免易姓名曰張祿隨秦使王稽入秦見昭王昭王悅之拜爲客卿稍遷左丞相後須賈爲秦使雎乃微服而出杖於路賈見而大驚問雎曰復說於秦乎雎曰逃亡之人免死而已何敢說秦乎又問雎曰秦相張君子知之乎雎曰主人公亦得接近賈曰今欲因子請謁張君於是同詣下車守門者驚起正色賈疑之雎入而不出賈問門人知是秦相失色戰懼脫冠肉袒請入謝罪雎乃數而恕之及賈使還雎曰爲我報魏君令斬魏齊不然我將圖魏矣魏齊後乃自縊魏王斬首送秦二觀解以事表理既成法門可以修觀故名觀解三釋合掌二

初釋合掌二初事釋二觀解二初表權實昔分今合順部表觀百界一念權實脗然二又五下表事理迷殊悟合法性五陰凡聖豈殊但聖出纏衆生在染染中性陰起生死陰以為能感故使聖人出纏實陰起於權陰而為能應感若復性應則歸眞故以兩掌表今方合欲令行人即觀事陰合於性陰二釋向佛文唯觀解而有二意初直明向佛次兼合掌明向義四正發問二初分文立意三初帶總分節二大經下問答功德三釋論下簡示今問二世尊下依文釋義三初釋稱歎二觀世下釋所問三何因下釋正問二初問能成因緣二初別取境智境是機感智即聖應感應名局因緣則通二若就下互通凡聖因親緣踈互論因發互論緣助二名觀下問所成名號因緣是實法名號是假人攬實成假也二佛答二初分科二數者下隨釋三初總答二初貼文二初明機四初標人數二初舉多數三初牒經略示經文所舉百千萬億非謂十界共有此數蓋指一業有如許人二如一下同受一苦以苦驗人知同一業若不然者那得同受一品苦耶三將此下以例諸趣二所以下明多意凡地發心尚能徧攝果中濟物豈有所遺境衆等者機薪若多應火必盛二遭苦二初成上義顯無量二初以別業該同受上言百千是同業者共受一苦今言諸苦即是有諸百千萬億二用此下以此意歷十界界界有諸百千萬億華嚴明數極至不可說不可說二今言下對別答彰徧該二初明總答文略意廣上明諸苦實徧十界苦由惑業即顯能脫十界三障廣豈過此二後別答文廣意狹別答七難約觀行解始通三乘今之總答文該十界三聞名二初遭苦聞名共作機由過現惡故遭諸苦復由二世之善而得聞名妙玄云從闡提起改悔心上至等覺皆有善惡相帶爲機二聞有下四聞三慧俱能感二初釋相二初別指四教四聞三藏能聞所聞皆是實有通教即空別教即假圓知能所皆是法界聞既有四思修亦然故大本疏解我聞有聞聞聞不聞不聞聞不聞不聞二若能下正示圓教三慧前三聞慧不得圓聞圓教聞慧四種徧達達四皆是不聞不聞即聞而思何依何著二慧導行一心稱名名圓修慧二此文下結示四稱號二初牒示事理二若用下各示稱念二初事二初明一心有相續一心有數息一心二明稱名今文但稱所歸之名未稱能歸之辭故是略非廣二理二初明一心心有生滅不名爲一今達心性非四句生既本不生亦復無滅乃名一心然立一心對他成二若無一無心則無諸無法畢竟叵得名理一心言達此心者即是體達事中一心二知聲下明稱名既達心空從心所生一切皆空故令聲響能稱所稱皆非生滅故曰理稱事未必理理必具事以此爲因安不感聖二明應二初分科二應有下隨釋二初明應相二初判偏圓益相三教作意應不一時圓任運應一時普徧二衆機下明機應速相觀音應赴心內衆生衆生機感心內觀音若不然者不偏不速二皆待下明解脫二初約多機顯圓應故前釋人數云此舉

衆境機多以顯觀深應大二或時下約三速再
點文經云觀世音菩薩即時觀其音聲皆得
解脫如何觀之能令衆苦普皆解脫說聽之
者宜善思之三問十下料簡二初明十界機
應俱時徧二初以多機差别難二答譬下以
四事圓普答五初以四喻示二菩薩下約四
法合三安樂下引此經證智慧寶藏證財智
二四又如下又三喻顯五又是下示三昧力
中道爲王統攝二諦一心圓入十益普需觀
音入此三昧即是徧入一切衆生心性常以
三昧之力與其十番之益但由機感親疎致
使利益深淺王三昧在妙玄第四十益在第
六二問一下明一心事理立能感二初久稱
無効問二散心乘法答若能一心稱於事理
其猶形對影生聲騰響答第二别答二初分
科敘意二初分科二敘意二初敘他師意三
初立三機三初有人下定三業前後二通論
下論三機與拔免難是除果離毒是除因得
子是與樂三敘三番料揀三初問那忽與樂
者古以得子爲樂故也答云少分與樂不礙

悲門二問禮拜乞子示求樂果何不令求戒
善等業爲樂因邪答樂果稱意可引人求修
因勤苦非引接法其文在後者十九說法廣
示修因也三問并答可見二有人下立七難
二初明雙隻鬼開去來者去謂飄墮其國來
謂到此惱人王論輕重者被害則重檢繫則
輕體則是五開則成七二明次第鬼王相間
者三鬼國難四臨害難五來惱難六枷鎖難
三四相比鬼難在海國則重王難在城邑似
輕四五相比王難或死故重鬼惱或不死故
輕各論輕重故云相似乃相間也三有師下
立八難二初一師立二一師破二今明下明
今師意二初明三機二初斥他非二初斥情
下聖應二今不下斥悲門與樂二今言下明
今意二初隨世立次此娑婆國聲爲佛事口
機爲初意根冥密起必先身身業麤顯後心
而動三業之次豈不然乎二若尋下聖應無
謀且隨世俗立次如前據聖無謀即扣即應
二他既下明七難二初明次第二初且一往
立次從重至輕一往次第二至如下誡不可

定執二問諸下明所表二初以難多唯七責
二答此下以七難表六答二初正示表意二
初通明七六經明七難不止在事故約觀釋
通互三乘若無所表不能該深故約七難以
表六種外水火風表内三種刀鎖堅礙表内
地種王等有情可表識種大千世界雖非正
難是難所依可表内空二云何下别示空識
二初明表相二空爲下明爲難二初空雖非
正難而是難由若論觀行亦爲所觀二識識
起愛見必該通别二種愛見二所以下結示
唯七意二一火下依義釋文三初口機二初
明七難七初火難二初科意三初節經文二
上總下敘經意三釋諸下列義門二貼文下
隨釋三初貼文四初持名二初釋文義二初
釋持名秉持屬口者大論云出入息是身行
覺觀是口行受爲心行秉持之心既是覺觀
故屬口業二釋若有挑字去聲不定貌也二
餘皆下明先後二初敘古謂是互出其義不
然二今釋三初約義釋二如慈下引事勸二
初引事證此是男子名慈童女爲薪養母昔

於孝誠後欲涉海母抱其足不欲兒去違母掣身絕母一髮海上失伴入諸實城多歲受樂行孝報也後入鐵城火輪著頂絕髮之報若專行孝不遭火輪二行人下勸憶持三火難下約重結二遭苦三應四威神下結二次約下舉事二初示二人著傳二其傳下舉四人免難三就觀下觀釋三初通標列報是事火眼見身覺業與煩惱但有燒義令世善業及三觀壞故名爲火是以稱爲就觀行釋問三觀所對唯在煩惱縱兼遠障只至於業事相火等全不妨觀何得果報預觀釋邪答經列七難止在人中智者深窮救難之功在王三昧即二十五有眞常我性觀音證已乃能徧拔衆生之苦於一一有十番破障令與我性究竟冥一方盡大士拔苦之用然十番破不出三障若盡理說於一一番皆破三障令欲易解從增勝說報且在事業屬有漏唯惑至極觀音修習王三昧時具有弘誓拔於法界三障之苦故令衆生三障苦逼一心稱名皆得解脫其義若此豈得不論果報火等應

知吾祖說觀世音圓修三昧圓發僧那圓入法門圓寂諸難意令行人倣之修入所列三障豈獨即今修觀之境亦是將來所拔之苦故知具示七難淺深正論觀行始末之相也二果報下示分劑報業煩惱始自博地終至等覺皆具此三故輔行明分段土至實報土各有三道分段三道謂見思惑爲煩惱道煩惱潤業名爲業道感界內生名爲苦道方便三道謂塵沙惑爲煩惱道以無漏業名爲業道變易生死名爲苦道實報三道謂無明惑爲煩惱道非漏非無漏業爲業道彼土變易名爲苦道今從增勝而說故約事火而爲果報只至初禪輪迴之因以爲業火故至有頂三觀所破方名煩惱故通三乘下去諸難其意準此三果報火難下隨次釋三初果報火二初遭難三初通明處二如阿下別示相三凡一下總結數四趣四洲六天初禪若加梵王合云十六同在初禪且云十五二持是下感應二初機成獲脫二直就下指數斥局直就果報地上清涼驗於舊解所失者衆因舉

已去九番破有他不聞名二次明下惡業火二初遭難二初明修因上之所明於現報上求免苦厄安其果身今所論者修行戒善及八地定求於未來人天樂果二多爲下明遭火三初釋相宿習破戒十惡業等於修持時起作障難使戒定等善業不成名爲被燒有頂等者然有漏善極非想定非惡業火無所有下即爲惡業且欲示於惡通三界故引之耳二術婆下引證二初引事術婆伽婬欲熾盛火起燒身此即業火能生事火驗三種火其性不別二金光下引經三能破下被燒上升之善既爲所焚乃隨惡業牽墮於下二若能下感應三初成機得脫二故請下引消伏證梵行者淨行也謂大小諸戒是三乘之人清淨之行十惡是能破梵行是所破三由斯下用此文結三煩惱火二初就機應解釋二初明偏圓機感二初別釋二初約聲聞廣示見思之因分段之果四心流動三相遷移名爲火宅競共推排爭出此宅若非一心稱觀世音或當墮落爲火所燒此教觀音身在此

岸度人彼岸故令聲聞得二涅槃二次明下倒餘位俱機劑於通教見思爲火別教正以塵沙爲火圓教初後無明爲火上之二土通名變易未能伏斷無明惑者名鈍根人若能伏斷稱利根人伏在方便斷窮實報二凡有下總示二初修觀被燒唯除求離果報火者戒善已上皆名修道故云九番並爲五住惑火燒者修因禪定亦被愛惑三住所燒況二毒業見思通攝二稱觀下稱名得脫各依本法而修一心及以稱號若成機者無不得脫二問菩下明漸頓慈悲二初問起如上所明二十五有三障苦難十番令脫未知大士修何方便證何法門得如是力二答菩下釋出二初略示二所以下廣釋二初明漸次二初修觀本誓三初果報慈悲既於元始發菩提心凡曰見聞終期濟拔二受持下修因慈悲略云禁戒須兼根本十二門禪以其業火皆能壞故三修無下無漏慈悲二初事定若據根本味禪之外有根本淨禪謂六妙門十六持勝通明禪此等亦帶無漏能滅煩惱今但

從觀骨光等爲無漏者蓋取出世事禪之中有火名者辯其觀相此乃以事禪之火滅見思之火然事禪有四即觀練熏修觀謂九想八背捨八勝處十一切處練謂九次第定熏謂師子奮迅三昧修謂超越三昧今於四中但舉觀禪中三不引八背者以八背中無火名故蓋隨便也初云白骨流光者即九想中於第八白骨修八色流光言八色者見地色如黃白淨潔之地見水色如深淵清澄之水見火色如無煙清淨之火見風色如無塵迥淨之風見青色如金精山見黃色如薝蔔華見赤色如春朝霞見白色如珂貝雪見色分明而無質礙八勝處者一內有色相外觀色少二內有色相外觀色多三內無色相內觀色少四內無色相外觀色多此四句末皆云若好若醜是名勝知勝見五地勝處六水勝處七火勝處八風勝處此於緣中轉變自在觀心淳熟勝前八色故也十一切處者一青一切處二黃一切處三赤一切處四白一切處五地一切處六水一切處七火一切處八

風一切處九空一切處十識一切處此於所觀普徧即觀禪成就也二又觀下三觀諸火者報業煩惱及事定中火皆是三觀所觀境也此境緣生故先即空次假後中故成別觀節節慈悲誓拔報業及三惑火二今住下熏心起應二初乘誓赴難三初眞悲妙力即是鄰極同體慈悲冥熏衆生令成機感垂應拔苦二若事下衆機關誓衆生若起三種火時與本菩薩所起無殊故關分果之悲以答因中之誓肇師云發僧那於始心終大悲以赴難三若衆下一時普救別教雖則修有次第證必圓融故十種機能一時應二如華下引經證成二初引經問今家判華嚴善財未見彌勒文殊已前皆是別教歷別法門今文既云此火山者名爲無盡法門若入此門能知諸法此門豈非圓融義邪答此唯於火法門中能知諸法不能於餘法門知諸法故以彼經云我唯知此一法門故知仍是教道之說若爾此之三昧住何諦理破何等惑答既云無盡法門又云能知諸法即是中道三昧破

無明惑故釋籤明善財若於知識得實相三昧則破障中微細無明多分盡約教道不融破無明惑（上皆釋籤）二舉彼下結示觀音若是別教救於煩惱火者即如方便命婆羅門所修之相也十番利益者乃是通結前來三番慈悲二次明下明圓頓二初明本修圓觀慈悲初心觀火不思議境即一火門具三千法雖皆互徧相相分明即於此境發菩提心誓拔衆生三障火難誓與衆生三種火樂二若法下明入位法界機應二初釋三初無謀而應圓修圓證以圓誓願熏圓力用不動一心救十火難二雖無下不分而分圓普之悲徹底而拔實非前後淺深應之但就機感三障分齊對二十五王三昧力自成多少免果報火當於十五王三昧力修有漏善免惡業火光二十四王三昧力關何一邪若除惡業不用非想若成善因不用地獄以地獄因無成就故非想之因無破除故故修因惡業極上極下互論不用一三昧也二乘已去至圓入中節節皆用二十五有王三昧力三難應下入而不入難入諸有三障之火以其體了即空假中故無相可得何有能燒及所燒邪二菩薩下結二常途下示已他得失如幻三昧破閻浮有具論十番他師唯知果報一益故云少分二水難二初列義門二貼文下隨門釋三初貼文二初科經二問何下釋義三初遭水二初問二答二初就水難答二火難下對火難答二稱名三水論下蒙應二引證三觀釋二初列三水從增勝意同前火難二如地下釋三水三初果報二初遭難二是時下機應二次惡下惡業二初遭難放捨浮囊等者大經云如人帶持浮囊欲度大海有一羅刹乞此浮囊初則全乞其人不與次乞其半次乞三分之一次次乞手許後乞微塵許其人念言若與塵許氣當漸出何由度海故悉不與護持禁戒亦復如是常有煩惱羅刹令人破戒若破根本如全與破僧殘如半與破捨墮如與三分之一破波夜提如與手許破突吉羅如與塵許所破雖少若不發露則不能度生死彼岸菩薩護持重禁及突吉羅等無差別今明惡業故言放捨二若能下機應三煩惱二初明機二初論感水二初通明諸有水菩薩香象足雖到底若未達岸寧免被飄緣覺觀集而爲初門故云愛水增長諸有二二乘下別示四教機二初示聲聞二次支下例諸位支佛修行不立分果深觀緣起久種三多福慧既隆預侵二習雖未發真四流莫動名得淺處頻證極果名到彼岸通教菩薩正盡得淺習盡到岸變易二土同以別惑而爲中流上品寂光方爲彼岸二復次下示四流常途四流只是界内之惑今取別惑方名無明故知即與五住無異但合色愛及無色愛爲一有流耳二菩薩下明應前之十番各有修相皆所被機求脫之事今說本觀二種修相皆是觀音垂應之本二初通示二觀慈悲兼別觀者略有二意一者此教初心立行雖依漸次以知中實後心能證王三昧故二者欲以歷別之相顯於圓融一念具故摩訶止觀十乘之初先明次第顯不次故今釋此品本觀皆兩有茲二意二所以下別明三昧

漸頓二初漸二初漸修元始發心上求下化水光三昧即觀白骨八色流光中一色也水勝處等例如火難中說二今成下頓應二初乘誓赴難漸修頓證常鑑法界十番機緣三障水漂對於因中節節誓願令彼一切皆得解脱二如華下引經證成二初證託於事海觀三障海十二年者十二緣也漸漸轉深見海十德十觀成也生大蓮華顯妙境也天龍莊嚴者具妙力用也有佛相好常見盧舍那也申右手者摧智應也摩我頂者實智感也即以感應道交彰始本分合也說普眼經者分得果法也一日所受至不能得盡者一念心塵顯大千經卷也二當知下結既如阿字具一切義應知亦是中道法門但帶教道唯知此一耳二復次下頓二初頓修十界趣水者水為法界攝諸法盡故言趣也既立能趣及以所趣故當俗諦水尚等者所趣之水全體是性無相可得無所趣故那有能趣能所俱空名為真諦云何等者水尚叵得則無有趣有趣既絶不趣自忘即以雙非顯於中道此之三諦同一法性即一而三即三而一不思議諦也二如此下頓應二初明不應而應大經云慈若有無非有非無名如來慈豈非三諦起慈悲耶前總難中十界衆生受苦稱名菩薩即時觀其音聲皆得解脱不觀十界即空假中那得一時離於衆苦良以三諦是生本性亦聖果源無有二體故同體悲方能圓拔二明不分而分大意同前火難中說今以四流對諸位難四教入空離於有流等於見欲二流也假於有流無染濕著假雖破空亦不著有以雙流故應知假顯空亦彌著名平等觀義在於斯中破無明如常所說

觀音義疏記卷第一

觀音義疏記卷第一

校勘記

一 底本，明永樂北藏本。

一 六四一頁上二行述者，南作「四明沙門知禮述」，以下各卷同。

一 六四三頁上一九行第四字「經」，南作「疏」。

一 六四四頁中一〇行「四五相比王難或死故重鬼惱或不死」，南作「五六相比鬼惱或死故重王但禁固」。

一 六四五頁中二行「圓寂」，南、徑、清作「圓救」。

一 六四七頁上三行「若是」，南作「若示」。

一 六四七頁上七行第一〇字「一」，徑作「二」。

一 六四七頁上一五行末字「光」，徑、清作「當」。

一 六四七頁上一六行第八字「關」，南作「闕」。

一 六四八頁中卷末書名，清無（未換卷）。

觀音義疏記卷第二　　　　遵十

宋四明沙門知禮述

三羅刹難二初列義門二隨門釋三初貼文二初科經二人數下隨釋二初明難五初舉數二初釋人數若百若千或萬或億以其泛海必乘大舶故云結伴不可獨往二賢愚下明入海二次遭下難由三初正釋難由二初證風非證難以古師足風爲八難故援結文但成鬼難二難由下推風是難由若展轉推之皆是難由於諸由中風由最切是故經文特言風耳二七寶下追釋寶物二初分真僞二示似真三黑風下更釋風相二初他解三初舊師立二有人下他人彈三今還下今例難二請觀下今釋二初經明風色二風加下風黑怖甚三羅刹下遭苦羅刹鬼者本毗沙門天王所管有其二部一曰夜叉捷疾鬼也二曰羅刹食人鬼也徧在諸處然其本居海外有國或人飄往其國或鬼來此惱人皆由惡因相關故也四一人下明機五明應二何意下結名二約事三觀釋二初明風義不局

世界中風果報風也黑業名風至失人道善寶皆惡業風也失無漏財煩惱風也以下第五又明鬼難具明三障惡鬼之義故今觀行且從難由風義而示欲於六種明別圓觀即是一切觀境之式二從地下釋風通三障三初果報二初遭苦二初上至三摽二如僧下徧諸趣僧護比丘明四阿含爲衆知識五百商人入海採寶來就世尊請此比丘船中說法佛知有益許之令去船還海岸登陸而行夜宿樹下商人早發忘喚比丘因茲失伴獨行山林見僧伽藍比丘住處若飲食若房舍若溫室若園林若田地若受用皆是苦具日夜之間受種種苦有百餘條僧護問故皆荅云當還問佛自當知之既至佛所具陳所見佛皆荅之悉是比丘破諸禁戒毀壞常住侵用衆物於彼海山受地獄苦學者覽之足以自誡二當此下明機應二次明下惡業二初遭難三塗約果愛見約因皆由宿業令起愛見墮於三塗貪欲之心如羅刹婦破戒定善如隨食子失人天報如食其夫二急須下

機應三次明下煩惱二初明機二初聲聞聖財不出七種一聞二信三戒四定五進六捨七慚愧慧行即無常析觀行行即不淨慈心等二行約凡位所修七財約聖位所得二次明下諸位八倒風者支佛六度通別圓入空之觀以常等爲倒假中變易以無常等爲倒用正觀一心稱觀世音即出二邊惡鬼境界即能達到中道實諸鬼義合前後章前即此章貼文約事後即第五鬼難章也二法界下明應二初通示二觀慈悲別雖漸修果能圓應二菩薩下別明三昧漸頓二初漸二初修時逐行起誓二令入下明證時隨難相關二若作下頓二初修時三諦圓融風字門者如請觀音疏釋六字章句以六道等爲六字門良由六道體是法界能通實相故名爲門今以風字爲門其義亦爾字者召法之辭二若分下用時一念差別四刀杖難二初列門二解釋三初貼文二初科經二釋義三初遺難二稱名三今言下蒙應二初據文消釋二問下對前料簡二初問二荅二約證三觀行二

初通示三障二從地下別釋三相三初果報二初明遭難娑伽龍王本宮安住興雲降雨六天四域修羅龍鬼感見不同天見華寶人得清水修見刀劒二若能下明機應二次明下惡業二初遭難惡業所感三毒熾然近障戒定遠妨三觀言思絶處即微妙心二起怖下機應三次明下煩惱二初機二初聲聞二初遭苦二初釋相二故大下引證彼經云譬如有王以四毒蛇盛之一篋令人養飴瞻視卧起若令一蛇生嗔恚者我當準法戮之都市其人聞已捨篋逃走王時復遣五旃陀羅拔刀隨之密遣一人詐爲親友而語之言汝可來還其人不信投一聚落都不見人求物不得即便坐地聞空中聲今夜當有六大賊來其人惶怖復捨之去乃至路值一河截流而去云云合云蛇若害人不墮惡道無三學力必爲五陰旃陀羅害若不識愛爲詐親誑觀於六入猶如空聚群賊住於六塵六入欲捨復值煩惱駛流應以道品船栰運手動足過分段河十住未免唯佛究竟經文本喻三乘

始終今喻聲聞觀法十二因緣關禁如城黑白不動三種之業繫屬如館五欲爲害如拔刀人魔境難出如門被守二爾時下得脫二次明下諸位各以本觀一心稱名即時解脫二復次下應二初漸二初明本誓隨見隨修皆起誓願拔於衆生三障刀杖二今住下明赴機三初赴機相三昧神力稱本諸誓一一能拔二刀杖下所住法以七種難表内六種對於觀門此地種門今修成也三如華下引經證六種偏收一切觀境刀杖堅礙屬地字門故引屋壁地種能現諸佛及能發明善財定慧一切功德當知地門能成普應二復次下頓二初圓修地爲法界生佛依正無不趣入地字法門當知一塵無不具足三諦等者一塵即空一切皆空假中亦爾二圓起下頓應云云初總示三諦慈悲無不徧攝故能一時徧拔衆苦二若欲下分別圓悲該亘不可別論若欲易知對機分別四洲四趣四王忉利此之十有有事刀杖能感一十王三昧力修有漏善遮惡刀杖感二十四王三昧力四教

三觀一心稱名感二十五三昧之力第五鬼難二初列門二貼文下隨釋三初貼文二初科經二三千下釋義四初標處二初大千假設二對上料揀二遭難三稱名四鬼所下蒙應思感即是折攝二門以思攝故害心惡眼二俱休歇以威折故惡害亦然二約事標而不釋合注云云上羅刹難已彰其事故不重說三觀解三初果報二初明難諸天等者嗔增諸惡助鬼之威慈爲善本消鬼之勢行者當知若多嗔恚常與惡鬼同其事業若常慈悲與佛菩薩同其出處二如是下明感二次明下明惡業二初明難二初鬼動三毒雖是惡鬼使人婬佚亦是婬業所召以其多起婬思致令婬鬼得便嗔恚邪見亦復如是又是宿業互相招集故於今日同造惡因破於善業二三毒下諸惡名鬼如前業火業水業風故今諸惡得名爲鬼皆以三毒而名惡業與煩惱何異任運起者名爲煩惱卒起決定能動身口名三毒業今既能破五戒十善必非任運貪嗔癡也人天散善名爲動業四禪四

定名不動業二若能下明感三次明下煩惱二初機二初明難二初所遭難二初明滿大千男性剛利如見推劃女性柔染如愛纏綿二何以下徧三界二此鬼下遭難人小草已上八番行人俱爲煩惱鬼之所害二若稱下明感見愛塵勞即染而淨是故淨名取譬侍者隨意所轉二次明下明應二初漸二初曉修立願如訖拏迦等即請觀音經緣起也毗舍離此翻廣嚴彼國人民遇大惡病眼赤如血兩耳出膿乃至六識閉塞猶如醉人有五夜叉名訖拏迦羅吸人精氣二於諸下乘誓普救三初示相漸修頓證法身自在法界衆生三障鬼難關於本誓一一救之能令諸鬼皆爲佛乘二如華下引經斯是菩薩住鬼法門能以鬼身廣作佛事三障之鬼或破或用遺十得自在故一切鬼難一時普救三故知下結六益二若圓下頌二初明圓觀慈悲識種乃通令約鬼修別從愛見識種爲境一識一切識一切識一識非一非一切而一而一切此是鬼門十界三諦依此妙境眞正發心乃能徧

應二若分下明隨機分別事鬼既能惱於帝釋故地居天四洲四趣感於十種王三昧力餘義同前六枷鎖難二初列門二隨釋三初貼文二初節經二上臨下釋義四初標罪二在手下遭難三鳥死下稱名曾子云鳥之將死其鳴也哀人之將死其言也善四蒙應二約事三觀釋二初正明枷鎖三初果報二初明難事縶唯在四趣三洲二若能下明感二次明下惡業三初明難二若欲下明感三故經下引經廷尉檢繫可有散時妻子錢財繫無脫日望現在等者只今妻子及錢財等亦業亦報何者若從現說名之爲報從過去說名之爲業應知障善皆是宿惡此之宿惡或已成報乃附報爲障即今妻子及自身依報等也若未成報今在業道亦自有力今善不成七又今妻等不定爲障遺十若於往世同營善因令則能爲修道助緣如妙莊嚴王因妻子故見佛悟道現見有人妻子勸善畜財能施今從惡因所感妻等名鎖名獄若歸觀音則成報之業及未成者是惡皆息三次明下煩惱二

初明機二初約聲聞二初約小釋二初明難凡夫見思全在初二三果思惑未盡皆名有罪羅漢思盡名爲無罪大品經指學無學名爲大龍故云摩訶那伽學人殘思名爲有罪無學斷盡名無罪俱未無餘名同在獄既有果身寧逃五陰及以三相乃名檢繫權實等者此約有罪示也礙於二智提拔名杻妨於二行進趣名械小以斷常爲中道枷能障五分爲法身鎖只是見思對於所障得杻等名二稱名下明感二此復下明通大若就通惑論杻械等即藏通人若就別惑明杻械等即別圓人二次明下例諸位二若論下明應因中漸頓慈悲果上圓普與拔皆如上說二若三下兼明空識二初普應指前二論其下本觀今說二初漸二初本觀慈悲二初隨觀示一切煩惱是識所爲識最是難空雖非難能來難故空亦名難空爲業者亦是業由身內有空故能動作造於業因外空亦然空爲感者於境迷悟成障成理一切法那一切法正而於節節起誓與拔二故淨下引經證入不

二法門品明相菩薩曰四種異空種異爲二
四種性即是空種性如前際後際空故中際
亦空若能如是知諸種性者是爲入不二法
門既云四種性即是空種性就性明空空是
中理此以中理不於事二彼約五種即性故
不二今明六種豈不即性得經意故加於識
種彌顯不二若其空識不即中道將何以爲
王三昧體二成王下秉誓應赴二初示相二
華嚴下引證見空實相能於虛空立種種事
利諸衆生二若作下頓二初空識圓修諸門
觀法多推心識從近從要初心易故人根不
等有宜觀外而得益者四念處中下界衆生
多著於外故令攝境觀於內心上界衆生多
著內心故令觀色奪於內著令觀空種亦是
色類唯是一色空外無法故一切十界悉趣
空門空即三諦故一切法皆即三諦三諦悉
悲無生不攝二起無下慈悲普應第七怨賊
難二初列門二貼文下隨釋三初貼文二初
正釋怨賊二初科經二難處下釋義四初標
難處二初明處二次明下明難二初釋滿中

二怨者下釋怨賊二二標下遭難人二初示
四義二商者下釋四義四初釋商主二既有
下釋商人三既涉遠下釋重寶以人衆路遠
顯所齎實貴四險路下釋險路以處以人二
事釋險三機者下明有機二初示經四義二
所以下通釋四義二初明前三助進二初釋
二初明設三所以一心稱名爲計策者更無
過此知德可憑其膽則定二若不下明無三
不進二故知下結二三義下明後一能感二
初明因三故唱二南無下翻梵就華四明蒙
應二次結下寄結口機二初舉經二今言下
釋意二初約威力明二巍巍下約字義顯二
約事證三觀釋三初果報二修善下惡業修
善治惡若惡多善少惡即怨賊若善多惡少
惡爲僕從冰炭之勢多能滅少繫念成機惡
銷善立三次明下煩惱二初略明機二初通
明四行遭賊以前六徧備明八番破惑感應
故令怨賊但明四行遭煩惱賊將歷四教自
攝八番言四行者一戒法受持二聽習教理
三研修正觀四正助合行出世行人要先稟

戒隨境護持持心習教憑教顯理稱理修觀
以正導助若非此四入聖何期初商主下戒
中三句明受一句明持五塵能殺持護之心
名戒怨賊次或法下聽法中師徒說聽皆欲
依教而顯至理此二俱得名重寶者以其詮
旨得則俱得失則俱失其猶識指方乃見月
故知解教誠爲不易何況理乎而其徒主兩
喜雜魔二寶俱失師爲利故說徒爲名故學
斯之兩人皆成魔業或師嗔弟子或弟子恨
師亦是二人值於魔事或心下修觀中心王
若正心數亦正王數同求正智之寶三毒覺
觀能劫此寶最爲怨賊或般下正助中正觀
般若導五助行共顯理實般若如知金藏五
度如用功掘出六蔽之賊害此二因還令藏
隱是名怨賊二將此下歷諸教明感四教行
人一一須四若遇怨賊一心稱名四行皆就
二例明應例前六種故略不說第二意業機二
初列門二貼文下隨釋二初貼文二初科經
二釋義二初正明意機二初總示經文二通
稱下通釋經義三初依經論釋三毒二初通

釋二初明單複云貪嗔癡此三單也今從複列故云婬欲瞋恚愚癡大本疏云自愛爲欲愛他爲婬自忿爲恚忿他爲瞋自惑爲愚惑他爲癡二有人下明多少二初他明少二意謂下今明多二初立少乖經二今明下明多能感毒之多少由習重輕求之進不由機有無無機者毒多毒少俱不求離若其有機毒之多少俱能求離古人不解執多不求今明能念任多亦離二大論下別釋二初正別釋三初貪欲四初大論明宿因意同此經謗經之罪歷諸惡道縱得人身婬欲熾盛不擇禽獸若不求離役論苦趣無解脫期二不擇下現事明過患術婆伽緣略如玄記褒姒者褒國之女也周幽王伐褒褒人以姒獻之王甚惑之初幽王與諸侯約有寇即擊鼓舉烽諸侯來赴及惑褒姒褒姒無笑王欲其笑乃擊鼓舉烽諸侯皆至而無寇姒乃笑又好聞裂繒之聲發繒裂之以適其意及申侯與犬戎兵至擊鼓舉烽諸侯以爲如前見欺無復至者遂敗三淨住下二經明蟲鬼各是有情以

共業故貧人倒惑又阿含云婬亦有鬼鬼入心則使婬佚無度四如大下大經明多少習果若成報果在即故云熟也如人將至合當王憲即有惡人獎助爲惡蟲鬼如助者地獄如王憲此多欲相也若反此者名爲少相二瞋恚四初約喻明瞋相二故遺下二經明障道慈是一切善法根本瞋既乖慈名劫名障百法明門者即障別圓地住所證之法也仁王云初地得百法明門二地得千法等地論云入百法明門增長智慧思惟種種法門義故百法者應如百法論所明三大集下二經明魔業佛以慈定能伏天魔是知瞋心爲魔所降習近瞋恚是報熟時四若倒下倒上有蟲鬼若蟲鬼潛伏是瞋少相三愚癡二初明過患三句明於邪癡之相如大經者合云習近愚癡是報熟時此乃邪癡習報二果癡心習成地獄報熟也二倒前下倒蟲鬼多少隨人二三毒下總結過二欲離下約伏斷明得離三初示念得離二有人下斥非顯正二初他解非滅離以由他師不解常念致令三毒

不得滅離二今謂下二經明盡淨經直言離邪專伏釋若以念故唯能伏者繫念六字能淨毒根至成佛道亦只伏邪三今作下正明伏斷果報修因三藏菩薩此三伏惑聲聞緣覺通別圓菩薩方便土人實報土人此七斷惑三問離下約問答明常念二初約念非離惑難二答經下約念即智慧釋二初略明正念之德二初即念明慧之功念想觀智等諸名字有過有德有偏有圓須約六句定其法體故圓中念破偏小智圓中之智破偏小念偏小之念修圓中智偏小之智修圓中念圓中之念即圓中智圓中之智即圓中念以此六句評法是非方解一切經論名相問家昧此故使非念而是於智今此圓文既云常念顯非二邊有生滅念雙遮雙照中正之念也體煩惱性是觀音身不破煩惱不立觀音破立既忘能所斯絕是爲常念恭敬觀音不離三毒而離三毒若有觀音可生緣念若見三毒須滅離者此乃增毒非離毒也二若如下離念說慧之過二今此下委明修觀之相二

初忘照各論四句此之正念緣體既絶忘照不妨即照三諦即忘三觀雖約四句唯忘三觀以雙非雙亦只是中故不以色念忘俗也以色例於一切諸法不以非色念忘眞也合云不以非色非非色念忘雙遮中也不以亦色亦非色念忘雙照中也約照三諦復成四句亦以色念照俗也亦以非色念照眞也亦以非色非非色念照雙遮中也亦以亦色亦非色念照雙照中也應知善忘假者方善照假善忘空者方善照空善忘雙非方照雙非善忘雙亦方照雙亦不須以空忘假以假忘空雙非雙亦皆悉爾也此就圓論念即法界無德不備故作四句說之自在終日忘四終日照四如此方是常念觀音二惑次下漸頓有諸四句次第非念忘四句也次第論念照四句也忘照本求離於三毒故次第離亦有四句若得別教三觀之意諸句可見何者如照空時必須忘空以遣著故忘照成者必離見思故此空觀有忘有照有離次觀假後觀中皆須論於忘照離三若不次第忘照及離

斯是圓觀如向四句二次就下觀釋二初前七番指上果報已上至通菩薩皆不能破無作之集別人雖破而在後心今從初心故同前指二今但下後三番當說二初三毒逆順委示二初約界外雙標二今取下依法相廣釋二初逆順各示二初順約煩惱釋初明毒害二初二乘三毒二初明毒相二初合明三毒二開三下開成八萬既有三毒須論等分四分各具二萬一千是故成於八萬四千界內既爾界外亦然何者以大乘說諸法不滅云斷惑者但轉有漏而成無漏入假入中八萬四千隨觀而轉至果乃名八萬四千波羅蜜也二淨名下引經證觀衆生品天女以天華散諸菩薩大弟子上華至諸菩薩即皆墮落至大弟子便著不墮一切弟子神力去華不能令去爾時天女問舍利弗何故去華答曰此華不如法是以去之天曰勿謂此華爲不如法所以者何是華無所分別仁者自生分別想耳乃至云結習未盡華著身耳結習盡者華不著也彼䟽解云華至菩薩皆墮落

者表菩薩住不思議解脫生實報土已離別惑彼妙五欲所不能動故華不著身皆自墮落至大弟子便著不墮者二乘但斷界內五欲故世間五欲所不能動別惑未除故爲界外上妙色聲之所染汙故訶言結習未盡華則著身下文料簡云結習未盡華則著身何關別惑答大論云於聲聞經說爲習氣於摩訶衍說爲正使即是別惑二未斷下菩薩三毒同有此三毒者望前二乘名同義異前但貪空今貪俗中前瞋生死今瞋涅槃前不達眞即是中道爲癡今見中道未得了了爲癡如大樹折枝之譬者大論三十云譬如空澤有樹名奢摩黎枝觚廣大衆鳥集宿一鴿後至住一枝上枝觚即時爲之而折澤神問其故樹神答云此鳥從我怨家樹來食彼尼俱類樹子來棲我上或當放糞子墮地者惡樹復生爲害必大是故懷憂寧折一枝所全者大彼喻菩薩畏於二乘壞滅佛乘心也二欲除下明機應二初明正念機應二永離下明上土全分生身菩薩若未得入別圓地住生

方便土故於變易論全未斷無明之惑若在生身入地住者即生實報故於變易除殘別惑一變易土分於方便實報異者只由生身於無明惑有侵未侵不同故也二次明下逆約法門釋以煩惱名立觀法稱不順常塗故云逆說然若不知性惡之義云何三毒而爲三觀於中二初明毒觀欲成二初明凡小毒少法略於癡人略菩薩癡隨貪恚亦名爲少菩薩偏假三毒非多二菩薩下示圓人毒多二初就毒名論大語稍同前意則永異前在二諦偏論取捨是可離法今就三諦說貪瞋癡是究竟道理性之毒莫不徧周故皆名大五不受者謂受亦不受不受亦不受亦受亦不受亦不受非受非不受亦不受不受亦不受皆言不受者即無生觀蕩於取著也前四即離四句也後一謂觀亦自亡也故大品第三身子問須菩提何故不受答云般若波羅蜜空故自性不受無明下明癡毒須論即性異前唯修又癡下明癡等若非即性豈皆如空不可盡邪二如此下約法門明妙三初標

列三門理性之法德過一際或稱毒害或稱功用今明三毒是三法門則佛菩薩無不修證二大慈下解釋三相圓觀見思三毒之境即三法門攝一切德三初大貪法門大慈大悲者諸佛以無緣慈悲普熏三業於十方世界普現色身而作佛事慈悲之名雖同四無量中而體永異四攝一布施攝二愛語攝三利行攝四同事攝衆生情所愛者即是此之四法以四接引導以正道而度脫之十力者一是處非處力二業力三定力四根力五欲力六性力七至處道力八宿命力九天眼力十漏盡力無畏者即四無所畏一一切智無所畏二漏盡無所畏三說障道無所畏四說盡苦道無所畏於八衆中廣說自他智斷既決定無失則無微致恐懼之相故稱無所畏三昧即百八三昧解釋並如法界次第也二大瞋門般若即三般若四邊不可取者觀照般若即寂而照不可以有取也方便般若即照而寂不可以空取也實相般若非寂非照不可以雙亦取也而寂而照不可以雙非取

也迦毗羅城如玄記三大癡法門前取捨二門雖具中道而取門終以立法爲宗捨門終以蕩相爲主今兩捨門豈不具於二邊而終以雙非爲體不三而三三門宛然三而不三門門絶妙初約無緣直示二舉鑑像難思三引淨名杜口三引人證結諸法無行經云諸天子白佛言世尊文殊師利名爲無礙尸利上尸利無上尸利文殊語諸天子言止止諸天子汝等勿取相分別我不見諸法是上中下如汝所說文殊義者我是貪欲尸利瞋恚尸利愚癡尸利是故我名文殊師利乃至云我是凡夫從貪欲起從瞋恚起從愚癡起我是外道是邪行人諸天子言以何事故自言我是凡夫等文殊言是貪欲瞋恚愚癡性十方求不可得我以不住是性中故說我是凡夫文殊汝云何名外道文殊言我終不到外道諸道性不可得故我於一切道爲外諸天子言汝云何是邪見行人文殊言我已知一切法皆是邪虛妄不實是故我是邪行人說是法時萬天子得無生法忍二欲滿下常念

感應四初明機成德滿二一切下明諸聖所依三故無下引無行經證四一切下結成佛法二此三下逆順合談二初被物雙示就三煩惱常念求離名爲順說約三法門常念求滿名爲逆說滿離俱時但約悉檀去取說耳二如華嚴下引經委證三初證貪欲逆順說離欲際順也隨類見女逆也欲是煩惱是故說離欲是法門是故說住即離即住唯離唯住離深住深離極住極令觀世音乃是際極住離貪欲故一切機求離求住皆須常念二又四下證瞋恚逆順以調一切順也若楚治罪逆也恚害煩惱是故須調瞋恚法門是故須行逆順無二調行不偏例前貪欲其義是同但欲是樂法故作實事接物令離恚害是苦故以幻事調他令離若其機緣宜以實殺而得益者即如仙豫殺婆羅門爲瞋法門此乃假實互現例於貪癡亦可幻設但得逆順相即之意不拘假實也三方便下證愚癡假實如前火難具引經文逆順滿離例前二毒其義不殊二次此下明二觀慈悲例前大士本修三毒滿離之觀復見衆生爲三毒過之所惱害亦見欲滿三毒法門故起慈悲誓令衆生離三毒過滿三毒德令成補處鄰極三毒故能任運徧法界應普令衆生滿離成就然漸頓觀皆觀三毒頓則滿離不二而觀漸則初心但觀於離後乃滿離相即而照二結意機經文可見

觀音義疏記卷第二

觀音義疏記卷第二

校勘記

一　底本，明永樂北藏本。

一　六四九頁上一行經名、二行述者，清無(未换卷)。

一　六五〇頁上一〇行第一五字「我」，南、經、清作「戮」。

一　六五一頁中七行「三觀」，南作「二觀」。

一　六五二頁上一七行「起無下」，南作「十法下」。

一　六五三頁上末行「各是」，經作「各自」。

一　六五五頁下五行「初約無緣直示」，南無。

一　六五六頁上二行「一切下」，南作「佛法下」。

一　六五六頁上六行第二字「如」，南無。

一　六五六頁中卷末書名，清作「觀音義疏記卷第一」。

觀音義疏記卷第三　約一

宋四明沙門知禮述

第三身業機應二初列門二貼文下隨釋三初貼文二初分經料簡二初分經二文云下料簡二初獨女求男問二解者下女無子苦答二初他謬解二今解下今正釋二求男下依經解釋二初求願二初大師銷文二初釋求男二初唱經二釋義二初分經三義二願與下略二解一二初略願行二德業下釋德業二釋求女二初唱經二求女下解釋二初明存略意二女人下明相貌意二有人下章安斥謬二初斥非顯是二初敘他謬立宿植德本衆人愛敬此之二句據義猶是女之德業他師謬謂雙釋男女伏疑之文意恐人疑男之智慧女之端正皆由修種忍智之因非聖能與不修而得墮無因過故出彼意云衆人咸謂觀音但能交會父母等也二私難下明今正義二初難破二初立義難福慧受生皆由緣辦觀音既能與其生緣何不能與福慧緣邪二難觀下引文難兒不修因聖不能

令有福慧者衆不稱名何故得脱此以現文破無因執不用義解同心乞福也二今明下正立二初釋觀音用徧三千法界於諸衆生得大自在無生緣者令植生緣無福慧者亦能令種此等皆於中陰中作故中陰經云妙覺如來以神足力將於無量四衆八部入中陰中化作七寶講堂七寶座等彼中陰衆生七日至一日終者盡令住壽如來與化佛說法教化令七十八億百千那由他中陰衆生起無上正真道意經說甚廣尚能令彼中陰衆生發菩提心豈不能令植福慧邪二今不下結二結歎二初兩向解釋四句經文雖是結句亦是釋疑則可兩向若宿植德本衆人愛敬兩句經文定屬生女德業句也二問禮下對前料簡二初問二答二引事三觀解二初明果報二初無子苦阿鼻地獄無求子念諸餘輕繫苦樂相間六欲諸天皆有親愛故無子者而生苦惱二禮拜下明機應二明修因有漏無漏一切善法不出定慧即男女義皆須修習並名修因不同諸難別以有漏之

善名爲修因二初列章二法門下釋義二初辯法門二初以事表法二初正表法二初表世間法二初明苦集無始至今常爲癡愛及根塵識習熏資熏生於惑業無量男女此之眷屬一切衆生莫能捨離二若外下示外書易云乾道成男坤道成女禮云天子之與后猶陰之與陽天子修男教后修女順二若就下表出世法二初表能生父母佛於一切而得自在名爲國王尊嚴如父經教含理開發智慧養育如母佛法和合生三乘僧故經云從佛口生從法化生得佛法分又權智歷緣能成果用實智冥理能生果智故一切佛皆由此生初則果能生因次則因能生果共成一義也二又慈下表所生男女淨名云慈悲心爲女善心誠實男先標此文立於悲智名爲男女冥中道智即是誠實善心故也乃類此法立諸男女初以禪慧對於男女次分三乘以對男女後約佛性見對不見而分男女何者既以見性爲丈夫相即彰不見爲女人相復約照性自具男女佛性正觀決破無明

為福德智慧之男中道慈悲含覆一切為端
正有相之女二今借下結表意二問那下釋
難明表二初執無妨有難二初立無男女理
二大經下引無男女文二初正引教文二初
引大乘文大經二十八云涅槃無相謂色相
聲相香味觸相生住壞相男相女相是名十
相無如是相故名無相次大論淨名及安樂
行皆列男女二名非之以顯無相若不二門
云無定慧乃是男女所表之法也二小乘下
引小乘文理無相故不可言說無相即非男
女相也空平等故離男女等一切相也二男
女下結無所表能表男女既無所表定慧安
在二答大下即遮而照釋二初廣釋三初說
默相即二初據理妙絕若論絕理尚不可說
無男女相豈可議論有男女邪二善巧下收
機有無若於衆生有四益者或說無男女或
說有男女故引天女不離文字說解脫相性
空即脫何妨文字眞無三世俗即有二諦既
即說默無違二非有下明一二本融三初法
中道雙非則無定慧當體雙照定慧究然言

未曾相離者即定慧不離法性也二譬如下
喻豈因左右令一身異豈可一身而廢左右
三合只一覺性有寂照德名為定慧豈此二
德暫離覺性三言定下明定慧互具二初約
義明具三初法一覺靜明名為定慧是故此
二終不孤立二譬上以一身左右譬於二德
不離一性猶恐謂其二德相離故以二人左
右譬之此如修性不二門云二與一性如水
為波二亦無二亦如波水當以彼喻而尋此
喻三定慧下合二何但下據文證釋二初慧
具定男本表慧而兼福德即慧具定也二文
云下定具慧慈心種相者經云清淨慈門利
塵數共生如來一妙相即無緣慈定而修其
相也互具可知二故知下總結二初以一二
相即結此文男女各具二德即表定慧二法
互具若非體一何能互具故以互具顯乎體
一故二不二舒卷自在二理實下以說默相
即結理非一二赴緣兩說如此說者何異不
說經示男女其德互具表於定慧一二無異
說默不殊能此解者方得經文表法之義二

次明下與願二初示義門二初明十番感應
四初果報二修因下世善三初五戒二初表
行法二若不下求願滿行人若爲五種感業
牽破持心當念未來感報苦樂歸命觀音障
退戒貌二求即滿二十善若例五戒妄攝口
四酒即意三惡慧屬男若自細作不綺是眞
實屬男不兩舌是和愛不惡口是柔善屬女
不貪癡是無染智慧屬男不瞋是慈屬女餘
同五戒三修禪下八定定即四禪四空各有
修證且論初禪五法爲修五支爲證修以樂
欲精進巧慧此三方便分別屬男憶念一心
此二方便靜細屬女若證支林三支慧多屬
男二支定多屬女若論二禪四支一內淨二
喜屬男三樂四一心屬女三禪五支一捨二
念三慧屬男四樂五一心屬女四禪四支一
不苦不樂與第四一心屬女二捨三念清淨
屬男若論四空一空處定二識處定三無所
有處定四非有想非無想定此四雖無支林
男女而有微細四陰通以四處受想爲女行
識爲男若論四無量心慈悲屬女喜捨屬男

今且粗辯備在禪門須者應撿三四教四初
三藏三初聲聞二初表行法略舉停心以爲
所表念處乃至正道節節應明男女之義以
諸道品不出定慧二法故也直緣諦理者即
四諦十六行觀也出觀等者歷事之時愍物
執常爲說四諦名法緣慈二若不下求願滿
出觀男女者法緣即正智之男慈悲即柔和
之女既帶空入假則歷事不染故不畏諸有
也二支佛二初表行法緣方便等者即凡地
修福種相之時名起慈觀慧觀者即觀十二
因緣無常無我發眞約頓證之位出觀能用
生法二緣之慈譬鹿迴顧者大論譬三獸在
獵圍求出不同聲聞如羣鹿怖跳出都不顧
羣緣覺如鹿雖顧盼羣怖不停待菩薩如大
香象雖遭刀箭擁羣共出二若不下求願滿
三次明下菩薩二初表行法方便智慧或第
六度分地世智或辯六度邪正之智或是事
中伏惑之智此皆方便也此等猶是能生男
女所被之機必修六度乃以五一而爲所生
之男女也二若定下求願滿二通教二初表
法小同三藏唯論菩薩凡亦同前唯於眞位
以智爲男以慈爲女二求願下願滿三別教
二初明男女生相此教外凡爲破見思所修
正助作意趣空望中猶名有爲有漏五度福
嚴故稱爲女而知地上無作智嚴在今心性
乃緣此性通伏無明名之爲男雖緣無作爲
偏修空尚違中理故男女相邉若入内凡見
思破處心趣假中順於本性名男女交至迴
向位正修中觀名懷聖胎證初地時即遮而
照慈智合發名爲雙生得念不退無兩邉過
副本期故地名歡喜二慈悲下明男女有能
所生初地慈智男女既是眞因任運能生上
地男女上地復生極果男女是故諸佛皆以
初地爲祖父母仍辯慈智得名所以慈悲稱
大者以拔苦與樂物荷深恩故稱爲大十力
無畏既唯自證物莫能知故不稱大四圓教
二初表法此教頓修始心即用性德慈智以
爲男女方稱經文雙具德業慈無偏緣故名
端正慈即佛相故名有相女德備矣智離邉
邪故名質直智含萬善故名福德男德備矣
似位無明不覆而覆名曰處胎初住慈智不
顯而顯名曰雙生眞慈出假愛見莫拘眞智
趣果無似愛滯亦不畏者同體權實二皆無
縛二方便下願滿四變易言兩番者方便實
報同名變易乃以二土名爲兩番若實報人
斷證雖分四十一品皆是破於障果無明唯
求究竟慈智男女故於此土論一番益其方
便人根雖利鈍法分漸頓而皆大乘俱求佛
智此土唯望實報爲益唯求分眞慈智男女
是故論益亦只一番二復次下作三差料簡
三初明人天定散二初明有善禪之德空居
四天因亦修定以散心强故但名男例此四
空以定强故合云唯女四禪諸支既對定慧
即名男女俱時而得故曰一心二從三下斥
無動出之功三界功德雖名定慧而皆愛味
或雜邪見都屬有漏是故男女無動出用二
從二明藏通智斷二初明有無漏之德二從
二下明無中道之失大經既以見佛性者名
爲丈夫故不見性皆名女人無漏諸定不能
發生中道之智故如石女二乘偏空名爲定

多善薩偏假名爲慧多此之定慧俱不能見寂照平等三德之性迦葉菩薩涅槃之前堂是外道名邪見者蓋未出二邊理中名邪三唯有下明別圓地住修因雖異證道是同斯乃性德緣了顯爲果中定慧二故知下序他句第三勸持二初科經二勸持下釋義三初勸持二格量二初科二格量下釋四初格量本經舉六十二億恒河沙不多不少者佛頂首楞嚴云此三千大千世界現住世間諸法王子有六十二億恒河沙數修法垂範教化衆生隨順衆生方便智慧各各不同既是現住娑婆善薩是故特舉爲格量本二問三答四正格量二初約教釋二初約佛眼略示二初以少格多二問起答釋二初以人情問二答佛下約佛眼答佛眼所照稱法界量四多法界不增四少法界不減故云功德正齊二問何下對他解廣釋二初問雖示佛眼稱量不謬其意難明故須問起先引古釋方彰今義二舊解下答二初敘舊解非五初引物論等其福實殊者謂六十二億之福實勝觀音

但是方便引物論等此解最謬破意可知二二云下田有高下對劣顯勝不見觀音證理之德何名爲歎三心有濃淡四時解不解意謂觀音雖少稱名之時解心現前六十雖多供養之時解心不發是故多少得福乃等此之二釋皆在持供心之優劣歎德遠矣五有緣無緣父母有生育之緣故供之福深毀之罪重路人無緣故淺文雖不斥理亦全踈豈可觀音但與衆生有緣而已二今明下明今義是二初明今立義二初約實際釋一多人法皆無性相二空既顯一實斯彰存則假實暫分亡則一多齊致存亡不二方名正等二一中下以經偈釋華嚴偈釋今經意良由一與無量俱同實際故互能圓解也以實際之多生觀音之一故非是一以實際之一生河沙之多故非是多既其一多無決定性故互生非實也照其事理者事謂一多之相理謂融即之體慎勿以多爲事以一爲理二法華下引本論證論以持六十二億河沙佛名爲校量者古云論誤蓋不解論意也今具引

論文并判豁解釋方曉其義論云受持觀音名與六十二億恒沙諸佛名彼福平等者有二種義一信力故二畢竟知故信力復二一者求我知觀音畢竟信故二生恭敬心如彼功德我亦得故二畢竟知者決定知法界故法界者名爲法性初地菩薩能證入一切諸佛平等身故平等身者謂眞如法身是故受持觀音與六十二億恒沙諸佛功德無差判豁云以此驗知須依圓釋何者於二義中信力約事畢竟約理事理相資方成所念如信力二中既云求我身如觀音即指化身又云觀音功德我亦得之乃指報身願齊報應方乃成念但念果德者何必識理故大義云知法界等次引證位即是初地且引分證令人識之故知若念觀音三身須却以念佛校之若以念法身論之縱引十方諸佛其功亦等何但六十二邪所以論文雖似舉經乃是增句釋義亦如方便初加難解難知欲說大法乃增三句而爲申釋令六十二億菩薩加以佛釋二又約下約觀釋雖三種觀俱受修名

而中是性是故得云二觀發中二觀實不等者破立不等也雖乃不等而二皆是中道之德二與中道畢竟不異中道既等二豈不等是故言空三皆是空假則皆假中則皆中乞人難勝其實不等亦以此二同一法性是故等也三結成此但通云受持名號以正格中言一時故復引大品一華供佛以類一時持觀音名其善流入法性海故如海無盡言至畢苦者二死盡也蓋言成佛散華之福猶尚不盡大章第二問答二初標章述意二初標章二前問下述意二初述前科稱名常念及以禮拜三業現前故曰顯機菩薩以此為所觀境法身靈智即始本二覺分合之眞身也望於衆生即能觀智乃以此知冥應拔苦即此境智而為因緣亦名感應以此因緣名觀世音衆說已領二今問下示今意乃明觀音意業鑒機身業現相口業說法既令衆生知覺見聞故云顯應而且不說衆生三業修行之相此由宿善冥伏在懷乃能致感故曰冥機通釋十雙即當法慈福應珠顯權跡緣斷

十隻之義二分科釋經二初分科二一云下釋經二初問二初示三業文方便問意者非是適前取理方便正當證後鑒機方便二此是下明三業德二初通釋三業二初標列三義二三不下解釋三義三初釋三不護二初法作意等十字是其護義實不兩字彰於任運然須不其三惑之護即能三業任運度生二譬如下諭二三無下釋三無失不護顯於思義寂絶無失彰其追會稱冝得三悉益即會事也得第一義即冥理也三三輪下釋三輪二初徧示三輪三業應機旋轉自在能為衆生摧破三障故名為輪二雖普下釋不思議化二初約義釋相心體離念即是法身本性智慧今雖垂應委悉被機而能稱本離於思念故於法身無所損減二淨名下引經證釋分別諸法證於垂化於義不動證不思議即理而事名不動而動二問意下別明示意二初問二答若隨自意無能測者若隨他意蜫蟲亦知又無機者不測有緣者令知二佛答下答二初分經二初別下釋義三初別答

二初懸示經意三初明諸身皆答三業二初釋相二初以三答三二又但下約二答三二初現身具三二若說下說法具三不如樹木風吹作聲口兼身業其義易明故不言也二二釋下結示二從別下以諸身束對十界二初約義示若據身說理合齊等但約經中結說文少故云十九如八部四衆但結一說耳二而文下足闕文二初明菩薩二初叙他四解二若三下今取古本若指上品今品那闕若云脫落餘何不脫若言觀音即是菩薩不須更現妙音菩薩何故更現故云三解皆有難也若依古本即今品文菩薩一界為化義廣最不可闕二又無下明地獄二初叙三釋若指上品亦可為例其次二釋人之局情耳二今明下明今有義二初依總答明有總文既云現種種形豈可無於地獄形邪二又請下據二經明有請觀音經遊戲五道文先明地獄方等陀羅尼經說婆藪大權示為商主堅執邪見殺羊祀天生陷地獄於地獄中說法教化九十億罪人來至佛會皆令得道邪

言代苦不論說法況復論云多作佛身豈不
說法三今通下約諸身對機四句二初釋相
二初通示四句經云衆生應以佛身得度即
現佛身爲獨現佛爲兼餘身同度彼生又爲
一界獨感於佛爲兼餘界同感於佛諸身乃
約一　十三
至執金剛神能應共獨能感共獨不可偏執
故今通就十法界應對十界機一多相對立
以四句方見經文感應之相二別對三相不
唯感應多少成於四句人法因果亦有多少
故須更立兩重四句初機應四句二初若妙
下釋四句四初一界度一界三即下三土以
現佛身必徧三處蓋等覺下至于凡夫皆能
感佛故須三土以明其應初實報能度所度
純一佛界二方便土就本而說故曰五人生
彼土已沒其異稱以皆求佛是故感應亦純
一界三同居土且明寂場圓機感佛不論形
類及兼別機是故亦當第一句也二若寂下
一界度多界更以寂場對於次句不唯形異
亦乃根殊能感雖多能應唯一問何不二酥
對於次句那將初乳配兩句邪答本論佛界

度於多界二酥之佛勝劣相合鈍見劣身尚
是偏空體非佛界故以寂場一中道佛度於
圓別佛菩薩界及五道形方名一界度多界
句三若有下多界度一界諸時諸會三乘八
部異從世尊共化一機或諸大權共成化事
或佛自徧現而度一機若有一人應以十界
身而得度者觀音即現十身而爲說法四若
佛下多界度多界文中且約作十界身徧入
諸道而爲此句若委論者或有多機同在一
處應以十身而得度者亦隨彼現也用此下
歷五味若就根性爲能感機就所證體而爲
能應則乳唯得一界度二界醍醐唯得一界
度一界若就形相爲感應者則味味中各有
四句既云應以何身得度知正約形爲感應
也學者應知約土約味別對句者欲易解故
約一　十四
若見一多四句相已一切時處應自在作二
復次下人法四句上之四句以人對人今之
四句以法對人此由經云而爲說法故須更
論人法四句初句云善財從百一十者所歷
之城也知識即五十三人也雖帶人辯意在

所說法異二三兩句可見第四句云一道出
生死而言多法者蓋於法法開佛知見以開
十界十如皆是實相即不思議之多法此四
能被多少之法雖引諸經皆顯觀音能應之
德三復下因果四句上二四句對機說法法
須修證從因至果自若不然他何所効如轉
四諦滅我已證道我已修故諸身說一一皆
有因果始終方能被物故四句中戒善麤略
感報亦然故因果俱少聲聞因中凡分內外
聖有見修證助行法徧於三藏而只證得二
種涅槃故因多果少獨覺不稟三學行法但
觀彫變頓成果已能具種種神通化事故因
少果多菩薩修因時長行廣及成佛果二智
萬德故因果俱多此等皆是悉檀示現修因
證果大略如是三觀音下結示二初結歸聖
約一　十五
能二有人下敘他斥局雖因果迭論一多互
說不能顯於權實體相今以十界三重四句
望彼之義塵嶽相殊二舊釋下科釋經文二
初科經二初舊科二初分三枝末二若爾下
釋疑問答二今明下今科二一明下釋義八

初聖身四初佛身三初垂應相狀二初約身
簡定二初定應化化則變化欻然而有欻爾
而無蓋是暫時益物相也應則應荅同物始
終如極樂人民壽不可數佛同無量此土壽
促佛同八十有降生日有入滅時即八相佛
也若尋等者撼列三乘八部四衆至金剛神
究是一期化物之相知非欻爾也二問何下
揀眞應二初問因向文云妙覺法身應於三
土說法被機既本是眞佛何用垂應方說法
邪二荅雖云多種豈出四身法報應化法身
則遠而難示應化則近而易狎報身則亦遠
亦近智同法身像屬勝應般若讚云應化非
眞等者此以眞法而奪應化是則無相之相
方名眞佛無說之說方名說法據妙覺法身
等者此據住上品寂光方是眞法上地菩薩
亦莫能覩以等覺還皆住果報並依業識見
佛若望妙覺俱是勝應故云眞法淵遠如妙
音等者問妙音東來先現八萬四千衆寶蓮
華文殊見已而問於佛據此亦是不識應相
邪忽引證不知眞身荅斯乃見跡不識其本

即是不知眞身也故下問云是菩薩種何善
本修何功德行何三昧即眞法也二若從下
就土分別三初實報二初示應相圓滿相好
者如華嚴如來相海品及隨好光明品說十
蓮華藏世界微塵數相一一皆以妙相莊嚴
十六
說一實諦者若約教道實報猶有別教根緣
約一
亦說無量四諦今約實論也二示機宜四十
一地皆與妙覺分同體用故不可以九界之
身并劣應應之二復次下有餘二初論有無
二初大小有無方便實報二土俱受變易生
死偏目此者上土分破此中全在從強受稱
也小乘不說常住佛性見思若盡果報永亡
大乘談常故三界外更立三土無明全破則
居寂光分破實報全在有餘五種意生身即
全在者也楞伽但明三種意生身今家約義
開爲五種且三種者一入三昧樂意成身此
擬二乘入空意也二覺法自性意成身此擬
通教菩薩出假意也三種類俱生無作意成
身此擬別教菩薩修中意也若開爲五者於
三昧開兩教二乘於覺法開別教十行或作

七種兩教二乘各開爲二不云別教十住者
義同二乘入空故也若論九人生方便土更
取別教十住及取圓教十信攝入三種意生
身中以未斷無明未生實報通言意者以未
發眞皆是作意成之以生並從果說此依妙
十七
玄并輔行撮略而辯二釋論下經論定判二
約一
此應下明機應二初明但示兩應初示勝應
者問前實報身而云此應非餘土堪至此那
云圓滿相海如前實報荅彼應眞機與應分
合此應似機與應未合此猶作意彼則任眞
能見既殊所見寧一但爲此機無明已伏或
少分除故用報相引令入眞云如前者稍似
實報非謂全同二示劣應者問此土一佛示
於勝劣兩種相貌與同居土尊特丈六合身
之相同異如何荅方便兩應但說次第及不
次第二種大乘五種意生其土稟教雖有利
鈍既皆稟大學佛智慧俱知佛身是大覺性
能修中觀伏無明者見相則勝若在二觀未
伏無明見相則劣相雖勝劣只一尊特故非
合身若同居土說通教時鈍但見空故感丈

六利見不空故感尊特大小二機於一佛身
見解有異故名丈六尊特合身此純大見故
不名合二何故下明唯被二機二初總示二
若圓下別示言圓人無明未破者即七信已
上言分破者仁王般若說十地感有三十品
既於一地自有三品是知圓聖四十二位皆
有三品初住三品即第十信三心用觀而對
破之初心用觀對於上品破則中心中心用
觀對於中品破則後心後心用觀對於下品
此品若破方名初住生實報土今云分破猶
生方便即第十信中後心也如等覺人住於
後心經歷多劫方破下品證入妙覺別九向
位十向初心俱名未破第十迴向中後二心
名為分破此圓別人俱修中觀伏破無明雖
生方便其根既利感佛勝身說圓頓法別第
約一　十八
七住至十行位及通善薩偏觀於餒藏通二
乘偏在於空此等生在方便有餘雖已知常
求佛智慧尚滯二邊並未觀伏無明之惑其
根既鈍但感劣身說漸次法三凡聖同居土
或稱淨穢同居土謂淨土穢土各有凡聖而

同居之釋此為二初釋相二初通明二土二
根二初明所感二相三初二土淨穢論土淨
穢有橫有竪若以分段對於變易為淨穢者
則約通感盡不盡說即竪論也如釋論云出
三界外有淨國土聲聞緣覺出生其中若於
分段自說淨穢則約五濁輕重相對即橫論
也今以極樂及善淨國對於堪忍是橫非竪
故使淨土有見思毒無惡道名毒非苦因則
見與煩惱二濁輕也果報嚴淨劫命輕也衆
生居此有何鄙穢彌陀願行攝之故輕非是
斷惑方生其中以世慈善五逆稱佛亦能生
故娑婆穢相目擊可知此是橫論淨穢二土
而此二土皆有凡聖凡如前說聖有二種謂
應來聖有修得聖二土皆然二兩根利鈍濁
重之土論悟道根自有利鈍濁輕土根亦有
約一　十九
利鈍以土對根故成四句三五濁輕重身形
至卑小即衆生濁時節麤險即劫濁餘三名
顯淨土不爾者如大本疏問云既言五濁何
者是五清答準例邪正三毒邪是五濁正是
五清他方淨土無邪三毒則五障輕也二何

故下明能感二行言福德者即三種福也如
觀無量壽佛經三一者孝養父母奉事師長
慈心不殺修十善業二者受持三歸具足衆
戒不犯威儀三者發菩提深信因果讀誦大
乘勸進行者此三種業三世諸佛淨土正因
彼疏云初業共凡夫第二共二乘第三是大
乘不共之業彼經云欲生極樂國者當修三
福故今云多修福德不多修福為二土行就
此福而論也二若穢下別示穢土二根二初
示乘戒四句二初立句相戒論十戒唯取不
缺不破不穿不雜此之四種前三事戒後一
事定皆人天因不取隨道無著智所讚自在
隨定具足以此六種雖名為戒體是三觀自
屬於乘乘論五乘不取人天以其二種雖名
為乘不動不出體是漏善事戒所攝唯取三
乘以聲聞等談於四教是入理智雖分深淺
皆能動出煩惱生死故得名乘今以四戒而
對三乘論於緩急以成四句二戒急下判所
感乘戒約過去機感約現在二機有下明大
小二根二初通明大小感佛不問事戒有持

有毀但論習學理乘大小是故文中置戒明乘故涅槃云其戒緩者未名爲緩於乘緩者方名爲緩以戒緩者唯失人天若其乘緩無解脫路乘分大小昔爲偏眞修觀行者今作小機唯感劣應佛之形聲昔爲中道修觀行者今作大機能感勝應佛之形聲言降神等者如來昔於大通佛所覆講法華與無量衆生作一乘因中間退大深著五塵佛恐墮苦遂以小乘而救拔之或用衍三而引導之如是大小種種成熟堪於今世悟入佛乘是故如來爲此一事出現於世然其機發復少差別故於一代而分五時有機堪能直入於實有機但能迂入於實雖此二類熟在一時故於華嚴頓談圓別被二種機此機從始即見勝相若於中間習小深者雖於今世入一佛乘而小先熟故爲此機示現劣身初說三藏諸味調熟來至法華方開佛慧此機於始唯見劣身故降母胎即示兩相問華嚴頓後方施小化譬如窮子急追不至徐語方來前頓後漸其義善成今那忽云降神母胎即示兩相答諸文所論初頓次漸蓋是化儀施設之語今此所說大小雙應終歸一乘方盡鑒機始末之事如方便品思無大機念欲息化諸佛勸論方施小乘次文却云無量劫來讚涅槃法生死永盡我常是說是故思機然後施小此等之說皆是儀式不可據此以難今文預鑒群機原始要終度物之意也二頓機下別示大小得益二初大機益相一類衆生大種先熟即感勝應入胎住胎出胎成佛其相皆勝轉一實諦即華嚴部頓說圓教既兼別教故云無量彼經預敘一代始終故立譬云猶如日出先照高山次照幽谷後照平地今家義開平地爲三對於涅槃五種牛味高山大機能感頓教日光前照即有次第及不次第見佛性也若涅槃中譬從牛出乳次第五味則對一代五時教味次第相生今明頓機能見佛性是故兼用食草之譬乃以雪山譬舍那佛忍草譬十二部經牛食譬大機修觀即得醍醐譬見佛性

觀音義疏記卷第三

觀音義疏記卷第三

校勘記

一　底本，明永樂北藏本。

一　六五七頁上一行書名，清作「觀音義疏記卷第二」。

一　六五八頁上末行「究然」，南、徑、清作「宛然」。

一　六五八頁中一二行末字「利」，南、徑、清作「剎」。

一　六五九頁上三行第五字「乃」，南作「及」。

一　六六〇頁中二行「二云下」，南作「云云下」。

一　六六一頁中一二行第一三字「普」，徑作「音」。

一　六六二頁下五行「因果」，徑作「次因果」。

一　六六二頁下一五行第七字「三」，南作「二」。

一　六六四頁下二行第七字「三」，南、徑、清作「云」。

二

六六五頁中卷末書名，清作「觀音義疏記卷第二」。

觀音義疏記卷第四　約二

宋四明沙門知禮述

二若小下小機益相四初略益二初明小機應即是小種先熟之者初感劣應始從入胎至于成佛其相皆劣拘隣或鄰見或憍陳如此五人首也其四人者即阿鞞跋提摩訶男拘利太子初於鹿園證四諦理名得甘露此乃佛日次照幽谷二既非下對大甄揀二初進對法華揀悟初教得道雖曰甘露既非第五醍醐之味豈得度於二種生死故未名得度故云等者引此經也但用一門解脫虛妄見思之縛其實未得一切境界解脫塵沙無明惑累其至靈山方證斯脫二未堪下退就華嚴辯機二初於大名乳此中乃以證小之後遇大不聞以驗在凡機不受大以聾啞文在經後分其時乃長義當方等般若之時亦可通在鹿苑之前是故迦葉却敘小機蒙大擬時迷悶躃地以後顯前機未堪大其意宛然雖有冥益其如見愛熾然現行故機在華嚴全生如乳二聞方下於小名酪急追付財稱然大喚徐語除糞歡喜隨來乃施方便說三界苦以畏苦故斷見思集既華凡成聖名轉乳為酪次聞下生酥四教俱演橫攝衆機小聞彈訶漸能慕大密得通益鈍根菩薩益同二乘調此等機得生酥味應知約教明五味者不取濃淡但語相生以其頻乳即醍醐故若約機者有濃淡義然就三乘極鈍者說為此一類於彼華嚴全無顯益如醒血乳說三藏時此機成酪次第漸濃至於極味次聞下熟酥不談三藏具示衍三利根之人入圓者衆聲聞至此被加轉教既於真空具談萬行故令鈍根冥得別益約調漸機名熟酥味四次聞下醍醐二初法華二初明三乘皆得成佛捨前三教方便四諦但說一實無上之道復開三教方便之門皆是一乘真實之相乃是此經待絕二妙談茲妙故方令二乘焦穀更生三教菩薩權疑永息是故無一不成佛者二故云下證一代俱入醍醐若大機先熟華嚴初見即入佛慧若小機先熟即須漸引令聞開廢方得佛慧初得今得皆是佛慧俱譬醍醐但彼兼別至此純圓二若復下涅槃開顯之意法華具彰執權之機大陣已破更須涅槃收其餘黨故法華後復談般若調熟其心令於涅槃得醍醐味是故彼經就般若部後分結撮五味次第云從摩訶般若出大涅槃說勝三修者彼經明三種三修一邪二劣三勝邪即世間邪師所教常樂我也劣即依佛半教破於邪執謂無常無樂無我也勝即依佛勝教破於劣修謂常樂我也法身常恒無有變易遊諸覺華歡娛受樂具八自在無能過絕如是修者入秘密藏名勝三修二是為下結例三初結佛身二或示下例餘身佛身既能說五時教若示餘身亦於五時引諸實行隨味而轉復須論於示現多身度於一人或一度多或一度一或多度多約人既爾人法因果多少相對各成四句故初懸敘立三四句方盡身說感應之相三穢國下例淨土如安樂世界菩薩無數聲聞亦然良以法有頓漸是故人分大小具如九品生彼土後入大小位皆由聞法驗知應彼淨土度

生須論漸頓二種身說二此中下本觀慈悲如上所明三土垂形五時化物穢指釋迦淨約彌陀二佛化事教文備彰以顯觀音示現佛身與此不異分眞究竟體用同故果用若此豈無本因故今卻尋本觀誓願是修別圓觀行之時起慈悲誓期徧法界現身說法度諸衆生今住寂光本誓所熏能徧三土形聲利益例前起難本誓文中已備說也三問經下簡土名體二初辯土名二初問娑婆之名翻爲堪忍於同居中尚不通淨那得具約三土釋耶二答菩薩舉一以爲問端如來稱法周徧爲答故云以種種形遊諸國土橫亘十方豎徹三土故言諸也皆是觀音應身遊處此約如來答過於問據文釋也若更約義其相究然何者經示方便及實報土不離娑婆故云若聞長壽深心信解則爲見佛常在耆闍崛山共大菩薩諸聲聞衆圍繞說法旣云常在耆山則劫火洞然此土安隱復以菩薩共諸聲聞而爲聽衆豈非娑婆即方便土復云又見娑婆世界其地瑠璃乃至樓觀皆悉

寶成其菩薩衆咸處其中旣云又見即非前處唯有菩薩不共聲聞即純菩薩而爲僧也驗知娑婆即是實報此文皆是四信妙觀即於堪忍而見二土觀音深智遊於娑婆豈容獨應同居穢耶二問二下明土體二初問大論云出三界約二外有淨土聲聞四辟支佛出生其中受法性身非分段生即方便土也大品云法身佛爲法性身菩薩說法其聽法衆非生死人但云菩薩不共二乘即實報土也二土不同皆稱法性云何分別二答小乘灰斷無界外生論云出界復云受身此據大說大乘法性體本常住即是一切色心之源何者小謂色心因見思有故因縛斷其果永忘大說色心因惑生滅不因惑有體是法性見思若盡無明全在則當眞諦法性色心方便生滅無明分破本性分顯義當中道法性色心實報生滅無明究盡則復本性常住色心離生滅相常寂光也今明方便及實報土法性名同約斷惑論眞中大異二次明下菩薩二初明應相二初輔佛不同橫論四教豎則三土

同居四教各有教主各有菩薩輔翊化機方便二教實報一圓各須菩薩輔佛逗緣二赴利下赴緣有異大略而分頓部根利漸教根鈍若委論者頓中別鈍漸中圓利所說之法隨機廢興輔佛菩薩亦隨改轉不可文備宜準教思二此中約二下明本觀佛章略五述二支佛若論獨覺旣不值佛稟教何能說法欲化衆生但現神變今云說法乃論佛世稟因緣教者也此明權示亦引其類隨味而轉同聲聞也四次明下聲聞二初明所現二內祕下明能現前列所現全同實行今明能現知是大權此中有四初能現意外示權跡意在莊嚴涅槃雙樹言雙樹者四方各雙東方一雙一枯一榮南西北方亦復如是東方枯榮表常無常南樂無樂西我無我北淨不淨如來於中北首而卧入般涅槃則表雙非常無常等經文略舉因中六人即是身子目連空生那律迦葉阿難及果一人即如來是此皆善能莊嚴雙樹斯蓋如來與身子等久證三德欲令衆生得入祕藏雙非常等眞四德故初於

三藏主伴相與同諸實行殷勤修證無常無樂無我無淨成四枯也次於二酥褒圓折偏恥小慕大說菩薩法引諸衆生破於無常修學常等成四榮也至法華會及今涅槃引諸衆生皆同證入非枯非榮中道四德大般涅槃經示主伴一代化功今已成就乃於雙樹中間涅槃而表顯之故云六人及以如來能嚴雙樹觀音示現聲聞之身其意如是二次引下能現人善財所見諸善知識如海雲比丘善住比丘現聲聞身說別圓法二乘機扣即說藏通既住不思議法門何所不說此合今文人法四句三次引大下能現法上總約法彰能現人今此的示現小之術故引大經四種之智觀十二緣得四乘果觀音若修別觀則次第用四智觀緣若修圓觀則一心用四因緣智而於一一皆起誓願度諸衆生不取四相不捨四法不取故非有不捨故非空雙遮二邊即無緣誓雙照生法即四慈悲今行願成故徧法界現四形聲普應一切今於四中的取下智爲能現法四問下寄料簡二

初問因前分別以十界身應十界機一多交互雖成四句而終有佛度於佛界故有今問答中等覺度初地者約別教義也以圓六即佛義太寬別教登地佛界義顯何者別教三賢用於三乘所修觀法入地證中迴超九界始本分合體用同佛故然是分證感必厚薄智論淺深是故上位現化他佛度於下位自行之佛取譬人中師度弟子須知能度之佛或現八相或坐華王所度之佛必作因身以佛威儀非稟法相故四教佛皆無師智又今一往且云等覺度於初地若本下跡高可云初地度於等覺以示佛跡是妙覺身乃由極果加被故也二二明下天身六初梵王二初釋名相二觀音下明本觀此天依正多是白色觀音因時觀於白色即空假中住白法界即是此有真常我性名王三昧不取不捨者不取此禪有相謂見思也不取此禪空相塵沙也不取此禪亦有亦無相非有非無相無明也則不隨三惑生於此禪三土也以不捨故即能應爲凡夫梵王同居也復能應爲方

便梵王即阿含云已證三果將入方便土也復能應爲實報梵王即仁王云證七地故說出欲論亦三惑欲也四句現身即是感應一多相對以成四句以權引實引三土實行人也具如佛章下去諸身皆應例此二帝釋三自在四大自在五天大將軍鬪釋毗沙門以可見故三小王下人身五初小王二長者十長人之德如大本疏第五云世間長者備十種德一姓貴二位高三大富四威猛五智深六年耆七行淨八禮備九上歎十下歸姓則三皇五帝之裔左貂右揮之家位則輔弼丞相鹽梅阿衡富則銅陵金谷豐饒侈靡威則嚴霜隆重不肅而成智則胷如武庫權奇超拔年則蒼蒼棱棱物儀所伏行則白珪無玷所行如言禮則節度庠序世所式瞻上則一人所敬下則四海所歸內合如來十種功德及觀心十德具彰彼疏三居士四宰官五婆羅門四次列下四衆比丘者或言有翻或言無翻有翻者此云除饉衆生在因無法自資得報多所饉乏出家戒行是良福田能生物

善除因果之鏕乏也無翻者名含三義一破
惡二怖魔三乞云云比丘尼者比丘同前尼者
此翻女也優婆塞此云近事男優婆夷此云
近事女以受歸戒堪近事出家二衆又在家
二衆或翻為清信士清信女五婦女六童眞
七八部八初天二龍三夜叉四乾闥婆五
阿修羅六迦樓羅七緊那羅八摩睺羅伽
八金剛二初釋相二問答二初問二答第二
總答三初牒章示文意二初牒章二示文二
初名下依文明義廣二初依文釋二初明垂
應徧三土就同居說十方土異約上二土則
無異域故同居對方便一異分之方便對實
報融不融別實報對寂光相無相簡若同居
中衆生種類塵沙莫窮觀音悉能示其三業
而度脫之經文所列三十三身蓋略示也欲
彰周徧故總示云以種種形遊諸國土度脫
衆生也二以種下攙總文示三廣不明三廣
但依別答則成限局觀音應化矣二言雖下
結義廣三善財下按義顯他狹二初明文廣
義狹二斥違義立宗若尋今意一菩薩身能

現十界復云以種種形遊諸國土度脫衆生
三廣義彰不可思議經文明示普門示現佛
意令知本性發明就何文義云夢幻不眞乃
是剛然貶挫妙典故知此師但見文略不究
理圓故作斯判矣第三勸供養二初標章立
意二初標章二佛答下立意二初明始終相
稱二初示令立章二初前後皆三二初叙前
三二佛答後下示令三二而總下明總別互
舉二有人下斥他傷義前三後三始終闕合
各得相稱若以總答為歎德者則令後三義
不相稱佛以總答廣前別答若廢總答則令
三廣義意不顯故云傷義二問後下問答釋
疑二初番二初疑前無奉旨二答默念成機
二初明默念前勸持名唯令心念是故受旨
但當冥默後勸供養必假外物以表內懷是
故解瓔而為法施二又欲下互成機前陳三
業已是顯機奉旨默念更成冥感今但宿善
即是冥機奉旨解瓔即成顯感前後互現各
有深致二番二初問以機難應二答以機顯
應二初勸下依文釋義二初分文二先稱下

釋義二初勸供養二初稱美二出供下出意
若佛頂首楞嚴經明十四種無畏功德即以
救七難赴二求免三毒等為施無畏今品既
在第二問答之後明施無畏似用現身說法
為施無畏若攙文云於怖畏急難之中能施
無畏亦可總該前番問答是則眞應二身俱
為能施冥顯二益皆得無畏二奉旨二初科
二經文下釋六初奉命二初釋解瓔二初事
釋二初評衆寶文二若依下釋百千價二初
問經以事瓔表於行瓔諸地功德莊嚴法身
既有階差故以世寶貴賤為表令無盡意入
位既高瓔珞合用無價之寶豈可止直十萬
兩金二答言百千者略舉多數如云百姓豈
局一百萬民亦然約位辯瓔必無價也二若
就下觀解所言百千乃以事數表於理觀豈
專約事定其多少頸是所嚴故表中道此性
德也全性起修故能嚴行皆無著也此行稱
性如瓔在頸而言解者菩薩雖有上求下化
一切功德未始不與常捨相應欲示衆生常
捨行故乃解瓔珞而為施也大集蓋明行瓔

嚴理一地成萬者了達一心十界百法百界千法千界萬法此之萬法性本具足全性起修轉名萬德即三學六度三昧總持神通智慧四等四攝三念八脫十力無畏十地悉能分證萬德即成十萬故知言數不專事也二法施下釋法施二初舊取重法施因重聖法故行財施是則財法分為兩派理豈然乎二今明如法施法是三諦圓常理性今體財即性諸法趣財是趣不過財尚叵得云何當有趣與非趣故財與法無二無別財外無法法外無財豈唯財爾施及受者皆空假中無非法界如是乃名以法界心對法界境起法界施於財下引淨名經以一瓔珞分作二分一分施與最下乞人一分奉於難勝如來而作是言若施主等心施一最下乞人猶如如來（約二）（十一）福田之相無所分別等于大悲不求果報是則名曰具足法施彼疏釋云此即觀所施田入平等法界無有二相成無緣悲具足一切佛法不求緣修之報即是具足法施之會如此明文諸師何得但約說法以明法施疏文

彼經居士觀於悲田法界等佛令無盡意對於敬田既稱法施豈不等彼一切衆生邪二不肯下不受二初事釋二觀解不受三昧即畢竟空一心三觀破無不徧以即空故不受於有以即假故不受於空以即中故不受二邊照空假故不受中道如是不受在一心中方離次第及以但空以五不受義徧衍門應當料簡三重白下重奉三義解懸前二自行後一利他此猶事釋以無等者復約理觀求觀音受何者圓論不受則於諸法無所遺故畢竟不受即畢竟受故云以無所受而受諸受四佛勸五受施觀音本地唯佛能知今現因身須求極果故雖受施迴奉敬田以一瓔珞作二分者表於一行必具二因理則正因事則緣了事理不二名曰妙因能成二身不思議果法無增減而能出纏性即修故報有斷證然匪功成修即性故若其然者方曰事理之因趣於法報之果不論應身者因人趣果合表二身法報若成應用自發六結德文後重頌什公不譯諸師皆謂梵本中有荊谿

云此亦未測什公深意續高僧傳云偈是闍那崛多所譯智者出時此偈未行故無所解荊谿亦於輔行記中引還著於本人之文故知具釋理亦無妨近有天竺寺式法師分節其文對於長行二種問答宛如符契今依彼科略消此偈（約二）偈有二十六行（十二）分三初一行雙頌二問二初一句歎德世尊具相誠由萬德之所莊嚴是故歎相即是美德次我今下三句雙問二初一句含上二問長行先問得名因緣次問三業遊化之相今既重頌豈闕後問故知句中問彼兩字兼含次問也二佛子下兩句別頌初問文甚顯著二具足下二十二行雙頌二答二初二句經家敘緝綴之語合當直說今為偈者或集經者乘便頌之或是崛多以偈翻之貫散無在二汝聽下正頌佛答二初一行半加頌總歎願行汝聽二字勅令審諦觀音行者一心三智觀彼類音令無量苦一時解脫即是己成利他行也不動真心垂形三土方名善應處處現往故曰諸方此二句總歎所剋真應二身次則總論能

成行願初明始心四弘願廣復示行行經劫
難量以誓深故長時不退以時長故值佛唯
多隨佛作為方名侍佛修諸佛行也一一佛
所皆發淨願後心別願也若不爾者安得眞
智徧拔衆苦安能應身普度一切二我為下
約二 十三
別頌二答二初頌初答觀音得名二初一行
頌總答舉要言之故云略說聞名故稱口業
機也見身故禮身業機也心念正當意業機
也上明冥應今云見身二應具也亦可見於
妙智之身不虧冥應長行總答機但稱名而
別答中機具三業至今重頌總中三業別但
心念綺文互現頌之巧也二假使下頌別答
二初十二行頌七難十二初一行頌第一火
難如前疏釋下去諸難皆可例知問上長行
中求離三毒常念觀音疏云常念乃是正念
體達煩惱即是實際無能無所今偈那云念
彼觀音彼此既分豈忘能所答圓妙之教不
可情求文似相違義歸一揆即於無差而說
差故豈有差別異無差邪今文言彼義當兩
向若就佛說觀音為彼即是師弟而分彼此

若就衆生念彼觀音此乃感應而分彼此師
弟感應妙教詮之皆是法界一一圓融衆生
乃感心中彼佛諸佛還應心內彼生此教行
人或遭苦難念彼觀音豈謂能念異所念邪
以知皆是法界故也達彼觀音即念而具既
知即念有何能所故彼此雖分能所俱絕是
故偈文雖云念彼與上正念全不相違問求
脫苦難心念觀音一切機緣俱能感聖今釋
念彼那但約圓豈果報等機全不能感答王
三昧力救一一難皆論十番始離惡報終入
寂光十界衆機誰不蒙益疏釋前答此義備
彰頌開七難而為十二各合具明十番感應
但以部意正在醍醐是故長行佛示意機唯
令常念常念必須絕於破立令聞重頌念彼
觀音必合疑云前令絕所令教念彼豈不相
約二 十四
達故須約圓釋此伏難彼此即念能所豈存
學者應知觀音應物雖無所遺今宗示人唯
在妙觀是故前疏釋乎意機全廢餘塗一向
圓解至今重頌念彼觀音豈可異前自從邃
解違大師意勸今學人若說若行勿離圓觀

一苦一樂常念觀音既成妙機何爽圓應二
實事益念念常害二或漂下一行頌第二水
難三或在下一行加頌墮須彌峯四或被下
一行加頌墮金剛山五或值下一行超頌怨
賊難六或遭下一行頌刀杖難七或囚下頌
幽執難八呪詛下加頌呪詛難還著本人者
凡呪毒藥乃用鬼法欲害於人前人邪念方
受其害若能正念還著本人如譬喻經中有
清信士初持五戒後時衰老多有廢忘爾時
山中有渴梵志從其乞飲田家事忙不暇看
之遂恨而去梵志能起尸使鬼召得殺鬼勑
曰彼辱我往殺之山中有羅漢知往語田家
語言汝今夜早然燈勤三自歸口誦守口身
莫犯偈慈念衆生可得安隱主人如教通曉
念佛誦戒鬼至曉求其微尤無能得害鬼神
約一 十五
之法人令其殺即便欲殺但彼有不可殺之
德法當却殺其使鬼者其鬼乃恚欲害梵志
羅漢救之令鬼不見田家悟道梵志得活輔
行引此云正是觀音經中還著於本人之文
九或遇下追頌羅刹難十若惡下加頌惡獸

難十一蚖虵下加頌虵蠍難十二雲雷下加雷雨難足前七難而爲十二皆須具約報業煩惱六道四教一一釋之若論所表不出六種須彌金剛亦是地種雷雨屬水獸虵呪詛同是有情皆表識種菩薩因中於此大種修別圓觀令住六種如實之際故徧法界救諸苦難皆令得住六種本際斯是觀音證惡法性於惡自在方能任運徧赴諸難以要言之一切依正皆是觀音妙身妙心一切衆生於聖色心而自爲難求救三業亦即觀音是故機成即時而應當以此義念念觀之何患不同觀音利物二衆生下一行總頌三毒二求一切衆生多於界內貪瞋邪見及以界外三毒之惑外則無於報得男女內則乏於定慧男女致招二種生死困厄是故名爲無量苦逼若其能以正助爲機即感眞身妙智之力救於二種世間之苦䟽解長行三毒二求義該一切對今重頌更無所遺二具足下頌次答普門示現二初正頌示現二初一行超頌總答長行先別後總以總結別今頌先總後別開總出別前後互顯矣長行總答云以種種形遊諸國土度脫衆生今頌却論能應之由由神通力及智方便也若匪千如全體之用不名具足神通力也通雖性具復由廣修妙智方便照性發通故得普門示現自在十方無外三土非他不離一心（約二）（十六）徧應諸剎二種種下追頌別答上長行中別列諸身身皆三業今頌別示三業業皆徧周重頌之巧也文三初一行別頌身業普應合明十界但示三塗以下況上也又種種惡趣通指九界九界望佛皆名爲惡次別舉三塗極惡故也九界二死皆有四相漸令除滅歸於常寂二眞觀下頌意業普觀二初一行明本觀慈悲有五觀字皆去聲呼具明三觀及以慈悲眞觀空也清淨觀假也假從空得無見思染故名清淨又空唯自淨假令他淨故名清淨又不思議假三觀具足離三惑染故名清淨廣大智慧觀中也雙遮雙照無偏無待即平等大慧也此之三觀或次第修或不次修無不皆以慈悲合運而其慈悲皆稱觀者其意有二一者慈悲是觀如四無量心名四種禪禪即觀也觀音乃以無緣慈悲觀察衆生名慈悲觀二者慈悲之法必用三觀良以三觀能成衆行用三觀拔苦故名悲觀用三觀與樂故名慈觀故上文云即時觀其音聲皆得解脫豈非悲心用於三觀（約二）雖有二解體是一（十七）也菩薩從初至于鄰極三觀慈悲未始離念故令衆生常願修此常仰茲觀䟽解長行冥顯二應因中合有本觀慈悲後譯重頌果有其文信智者言冥符佛意二無垢下一行明智光徧照三觀慈悲因中立誓也智光徧照果上益物鑒機也無垢淨光照窮正性察其本末若其不破三惑諸暗二死風火何能普益二世間機火災至初禪喻同居生死風災至三禪喻實報生死水災至二禪喻方便生死舉二不言水者中可例知三悲體下一行頌口業普說二初二句頌二輪化本說雖在口必假身意爲按法本初句者爲法現形本期教苦故說法身名爲悲體此身先用戒德警人如天震雷物無不肅次句者菩薩以慈心而爲心

意無緣而被名之爲妙物無不覆譬若大雲二輪既施然可授法二澍甘下二句正頌口輪說法甘露者智者云諸天不死之神藥也所宣至理解必無生若匪無生焉能不死本性常法非說那知於慈雲中澍大法雨衆生受者三惑焰滅以茲三普爲入道門故當別頌普門義也二諍訟下加頌顯機長行顯應以被冥機跡以施顯彰顯機義今逢重頌有顯機文益見天台冥契聖旨事係訟庭身臨戰陣心憂刑罰命慮兵殘今昔寃仇此時合會一心致感衆難皆祛亦可例前疏釋七難通於三障即諍訟等義該諸有及以三乘思之可見三妙音下三行雙頌二勸二初頌勸受持二初一行明智境深妙以勸常念初三句中有五音字皆是衆生稱唱言音以由菩薩妙智觀故皆成妙境三智照故音成三境雙遮空有即成妙音雙照空有即成世音世即二世間也不別而別此二音字中智境也梵是四等慈悲喜捨四觀照之即成俗諦故名梵音稱俗照機若熟若脫時節不差名海

潮音此二音字假智境也畢竟空智出九界情照衆生音起二世相是故名爲勝世間音此一音字空智境也言雖次第觀在一心智外無音音外無智境智冥一思慮頓忘是故須常念者正勸持念也此之類音雖是衆生口業所發大聖三智照成三諦即是三身故勸行者念此三身言常念者如疏解云即是正念非破非立無能無所三諦俱照三觀俱亡不次不偏名常名正若其然者名爲妙機二念念下一行明感應難測以勸勿疑上先舉境智次勸常念今先勸勿疑次陳感應左右互顯耳言念念者相續繫念也念即觀音深妙智境雖達常住未免遷流即於遷流照常境智是則念念不離觀音如大師示衆偈云實心繫實境實緣次第生實實迭相注自然入實理言實緣者剎那念也次第而起一一皆是實觀之緣如是繫念唯慎生疑疑兕若生理境斯障故明聖德以勸息疑縱久修不成求之未應須知淨聖冥資不虛於二死中如父如母可依可怙念念持護感應必彰

然疑有三所謂疑人疑法疑自今但舉人其二可息勸令常念復誡生疑疑去念成勸持意足二具一下一行頌勸供養先舉功德方勸頂禮初句總示一切功德次二句別彰慈眼及以福聚慈爲善本福被萬行結示普門勸修供養禮既屬身身必具口非意不行頂禮已成三業供養第三歎聞品功德二初持地歎功德二初釋聞上二益經云持地者寶雲經云菩薩有十法名持地三昧如世間地一者廣大二衆生依三無好惡四受大雨五生草木六種子所依七生衆寶八生衆藥九風不動十師子吼亦不能驚菩薩亦爾經一一合妙樂引彼釋今持地結云以八教判方應今經二此中下釋自在之業業有多種大約論三一有漏業爲見思所潤受分段土生二無漏業三非漏非無漏業同爲無明所潤受變易土生此約自行受生以說若利他者皆以慈悲潤彼彼業同他受生三藏菩薩衆生緣慈潤有漏業同居業生通教菩薩法緣慈潤有漏業習於同居土神通受生法身菩

薩無緣慈潤不思議業三土應生今觀世音等覺後心無緣慈悲潤於中道自在之業故云中諦攝也應十界感十方淨穢方便實報同彼機類現身說法故云於二諦得自在也即普門示現神通力矣聞者能得觀行真似微妙功德故云不少二無等下聞品獲利益二初約四悉釋無等等跡有四節結云四悉以明發心初釋四初世界二乘有上是可等法佛智無上是無等法初發大心等於無等即無等中而論於等只是等於佛智故也大小體別名世界也二又約下爲人乃以人數用表法門剎那剎那莫不具足八萬四千淨穢之法此一一法無非實相若緣諸法作念而修塵刦不等性中八萬若即實相無緣發心剎那能等八萬四千究竟之法發實相心是生理善即爲人也三亦是下對治八萬四千始終無改迷即塵勞悟即彼岸說波羅蜜翻彼塵勞即對治也四故經下第一義前心難者初破無明實爲難事大經所讚正在分真是故頂禮初發心即發心住也此位能具四十一位真應功德此心超勝已不可等此不可等等於妙覺既是真發即第一義二此即下結上之四釋初四等果二三等理果理不二豈有階差然約諸文三慧四悉多就位辯故須四釋不別而別約位而明五品聞慧即超二乘不二觀成凡心等佛小果有上大果無等小大差別故當世界初信至七位當思慧既麤垢先除發實相似解照乎性德八萬法門既生理善故屬爲人八信至十位當修慧內外塵沙不除自遣能以性中八萬功德對破逆修八萬塵勞自他惡破故屬對治初發心住三慧功成性三圓發四十二位互具雖等較其難易初入功深此位始得真心開發名第一義二發心下約三即顯真發名字發者於能詮名豁然開發三種菩提願行之心對違順境此心彌熾圓伏三惑名觀行成若名字即縱能勤修八法成乘以未開悟不名爲發今發觀行稱名字者蓋此五品非真非似但是信解詮妙名字於妙三諦決無疑滯能伏無明不爲境動是故稱爲名字發也相似發者因觀加功故三菩提倍前開發似於本性六根互用稍類分真如鍮比金猶火先暖故名相似發菩提心真心發者一發一切發發一切方便發一切觀照發一切真性此三菩提圓融通達不前不後亦不一時分證三德分同果佛故華嚴云初發心時便成正覺所有慧身不由他悟微妙淨法身湛然應一切始從初住終至等覺皆有此發位位轉深前之二發相顯故來經文結益正在真發

觀音義疏記卷第四

釋重頌

宋天竺寺沙門遵式述

第二重頌是隋煬大業中智者滅後笈多所譯方入大部故疏闕釋靈感傳天人語南山云什師八地菩薩譯法華闕觀音重頌既涉冥報信有此文今扶上二番問答隨文略釋固難盡理講者但令不失上文大途梗槩何必騁異此頌二十六行爲二初一偈雙問二章次二十五偈雙答二問初問中一句歎德三句正問一句之内名體合歎世尊名也所以略舉尊號則知上九遍爲三世中尊歎之要也具相質也相妙而具妙是歎辭具謂三十二滿足又可妙即是好以八十種好嚴其相令妙好也復次名實俱歎法身名是妙名相爲妙相上文云具相三十二以八十種好用莊嚴法身即此意也具此相好者即具二嚴能答我問故舉而歎也正問中初句兼於二問文云重問即重問上二段之事孰謂不然次二句別問觀音欲佛先答初章就近更徵故也亦可三句併問初章自招後答既有

檀五 二十三

見身冥益豈無應像顯赴耶故許說中雙許二番謂聞名及見身是也第二答中作三意初二偈總答二章次十九偈別答二章三四偈勸持名供養總答中初一偈正答次一偈依本觀慈悲汝聽觀音行是總答前章觀音即境智因緣得名善應諸方所是總答後段普門示現並用上總意消之次一偈却尋本觀慈誓願令智斷十番利益本依別圓無量無作四諦起於願行由誓境深廣故弘誓如海弘即廣也歷劫顯時久遠一一劫中侍多千億顯値復多一一佛所復發別願如四十八等一一願含法界故復云大也歷劫約豎侍多約横一一豎中有横一一横中有所歴之時廣說云云將此總中本誓歷下別答一一難及普門後廣作可知第二別答復二初一偈是雙許說二章聞名是許前章見身是許後章向誠聽令許說言略說者即別答也總答多含即文略而意廣別答陳列且約人界果報邊明七難等普門且約三十三身等即文廣而意略今取意略信是許別答也聞名

聞觀世音境智名也上文約四種聞釋成三慧義觀兩全可解見身即普門示現顯應三業也心念不空者明二段應益也心念屬意不云身口者此從冥顯二機攝二章語便何者初章顯機若身若口俱須域意故意能總攝也故上釋持名云口爲誦持心爲秉持爲理不失雖非口持覺觀是口行通屬口業機攝例如小彌陀執持名號一心不亂亦不妨口機下文皆云念彼觀音力例同此釋後段冥機約心爲便可解不空者縱使稱名都無顯驗冥益不虛第二十八偈正答又二初十三偈頌初章次五偈頌後章初又二初十二偈明口業機應次一行略頌身意二種機應上文七難表六大種而云假令多與諸難亦是表此今偈加推墮二山惡獸蛇蝮此四皆識種攝毒藥從人及蟲鬼識種攝從塵體地種攝雨雹水種攝又合羅刹鬼難加六成十二難初一偈火難上文例作三科釋貼文事證觀解於觀中初廣約十番遵若稱名成機致感次約別圓二種本住法門及慈悲誓願

檀五 二十四

顯前十界圖益今但略作貼文一釋餘可準上不復備敘講者應具示其意使義觀不壅有益來者言大火坑者上直云大火此加之以坑大而更深意顯聖力火無淺小皆能成難況乎大坑設使劫火從地獄至初禪如此大坑滿中紅焰菩薩亦能或以吹滅或以口噏或復手遮令其不燒或作涼池次一偈水難上得淺處即能免難若加龍鬼淺亦可畏故值死緣多重於上文彌彰聖應爾次一偈墮須彌難如日住空顯聖力難思然但是假設何人能到復被推等設有此事聖無不爲項生人王能上妙高因貪帝位還降人間若能稱名必有免理四一偈墮金山難五一門怨賊難六一偈王難七一偈枷鎖難八一偈毒藥難大慈等愛理合均除而還著本人者被害稱名機成須救能害無機惡心自起非聖使然又毒藥有鬼須得著人若不殺他必須自害問若惡心自起怨賊何故但令起慈答賊害事顯但令起慈即彰聖力毒藥陰謀反害方驗然賊亦有自害如東林老僧爲賊

所斬賊反以劍自刺心入背出羣黨奔迸又毒藥未必例皆還著有作折攝二用釋者若二俱有機則可然若能害者無冥顯二機折亦徒施九一偈羅刹鬼難然兼毒龍前有魚龍及鬼此重言者龍鬼通水陸前但在水也上文四種龍等云十一偈惡獸難十一一偈蛇蠍難十二一偈雨雹難欲益觀行者應巧約惡業煩惱作蛇虎等法門釋之使順道理若準請觀音疏作三義明消伏力用謂約事約行約理對此中果報煩惱及所住法門會之亦應可解口業機應竟第二一偈總頌身意二種機應三毒猛盛心不自在名之困厄四類同棲各說所苦鴿說婬爲最苦蛇說瞋爲最苦云女無子苦如上說或分二句對意對身細作可了若作觀解十番爲三毒所困及約界外作順逆法門應釋應用上文意消三毒義身業無子無修因男女乃至無圓頓男女叅上文消之若心念身禮二業成機斷除三毒根滿足二莊嚴永拔十界三土世間之苦故云觀音妙智力能救世間苦亦應道

明別圓本觀慈悲云第二五偈別答普門示現此中文狹望上別文此仍成總又爲三初二偈頌普現次二偈頌本觀三一偈結成聖者三業初又二初一偈直頌普現二一偈別舉所化三種法界上文列聖身至金剛神關地獄界此中舉劣況勝成互出耳一一身說約四句如前又上文約三土爲所應此十方當約三土釋十方云次二偈本觀又二初偈行願次偈觀成普益初又三二句辯觀一句慈誓一句誠歸向真觀了空成一切智清淨觀出假處有無染成道種智廣大智慧即中道觀徧於諸法名廣勝出二邊名大中道體即智慧觀此體故名智慧觀問何以智慧名中體耶答順此經意此經以寂照合法身爲體感應爲宗得作此說三智實在一心中得不可一異悲觀等者誓願通稱爲觀緣諦發故如止觀十法通名爲觀次偈辯益又二上二句明智光次二句慈光破暗照世云三一偈結成聖者三業顯應戒雷對身業慈雲對意業澍雨對口業戒檢七支身業爲便戒淨

能拔三惡之苦故名悲體身輪現通駭動羣
情復如雷震内心愛念名慈普覆一切如雲
無諜而應逗會不差復名爲妙意業也口輪
演實相之法爲甘露雨三草二木平等蒙潤
三惑熱惱爲之清涼廣釋三無緣三不護等
如上文一一應跡一一說法皆須明別圓菩
薩所住法門方有事用釋普門一沓竟第三
四偈勸持供養又爲二初二行一句勸持二
一行三句勸供養初又二初一行重舉前口
業機應以爲勸由由前口業居初舉一攝二
所以特舉官訟軍陣者水火難稀鬼虎事寡
運衰方值諍訟事衆世之諍本財色田宅日
用有之勸持則要也刀杖幽執有過方遭軍
陣王役事非由已又捔力相持白刃森目刀
杖桒籍賒死之難賊奪有財非如師旅斯亦
勸之要也次一行一句正勸又二初三句約
權實格量次二句結勸先舉菩薩實證實益
爲格量本勝彼九界權乘慈智故云勝世間
音秖音壓一法以實智佛眼觀之即實諦妙
音權智法眼觀之即俗諦世音此實證也緣

中道修慈名爲梵音此慈能與機會名海潮
音譬不失度此實益也與夫九界生法二慈
作意應物豈復爲類故云勝彼格量明矣二
句結勸初勸常念有事理二行䢖若事理行
成自見菩薩色法二身故一句復止疑勸也
次一行三句勸供養初一句歎菩薩清淨三
業從正命生故云淨聖言其堪受供養也正
命是聖法人稟此法名人爲聖故云觀音淨
聖次別別舉德以爲勸由於苦惱下二句頌
上施無畏德苦惱死厄怖畏處也作依怙無
畏力也如幼子恃怙父毋更何所畏即指前
現權實身說爲父母護三乘子免二死厄具
一切下三句舉福田勸具一切功德舉菩薩
報身敬田慈眼視衆生舉應身恩田福聚海
無量總歎二田高出如山之謂聚深廣無際
之謂海亦是二田所依歎法身也頂禮正勸
以三業供養也身儀事顯故特舉之必具三
業上文脫瓔珞望今乃互舉耳又此勸事普
一切皆得供養百金之瓔孰人可辯又能嚴
尚貴所嚴豈復輕耶觀心者身業勤則增長

福德供養應身口業勤則說般若供養報身
意業勤則會理供養法身䢖釋偈竟
宋慈雲尊者疏別行重頌附大部入藏而
南方教苑不傳幾二百年矣至元甲午爲
教門入京於燕城弘法寺得之東歸猶至
寶然不敢自秘遂鋟諸梓以惠來學大德
壬寅夏五興元住山苾芻性澄　謹題

觀音義疏記卷第四

校勘記

一　底本，明永樂北藏本。

一　六六七頁上一行書名，清作「觀音義疏記卷第三」。

一　六七〇頁上一〇行「初名下」，南作「諸名下」。

一　六七一頁中八行「料簡」，南作「精簡」。

一　六七一頁中九行第一三字「復」，南作「後」。

一　六七二頁上一二行「假使」，徑作「假使」。

一　六七四頁上六行第五字「焰」，南作「熾」。

一　六七四頁下九行「特地」，南、徑、清作「持地」。

一　六七五頁下卷末書名，清作「觀音義疏卷第三」。又卷末書名後，南、清有釋重頌一篇，兹據清藏本附錄於後。

金剛般若經疏

隋天台智者大師說

略釋經題法譬標名般若幽玄微妙難測假斯譬況以顯深法金即三義一寶中真上不可侵毀二利用自在摧破諸物三表裏清淨影現分明剛是堅義謂身命財身即法身命即慧命財即法財功德助道用譬三種般若實相般若理性常住觀照般若破五住惑文字般若解脫自在如此三法不縱不橫非並非別成祕密藏佛三種身亦復如是實相即法身如大經明金剛身品觀照即報身如金剛三昧破諸煩惱文字即應身隨機利益普現無邊舊云金剛譬十地後心因圓之位今言初心至後即有六種金剛也體者若見諸相非相即見如來是經之正體也宗者約實相之慧行無相之檀如人有目日光明照見種種色是因諸相非相是果此之因果同約實相用者破執爲用一切封著通名爲執破諸相惑顯出功能亦自無滯即力用也教相者有五一摩訶二金剛三天王問四光讚五仁王廣略雖異同名般若摩訶以廣歷色心乃至種智皆摩訶衍此文略說金剛爲喻也次廣解釋言金剛般若此乃摧萬有於性空蕩一無於畢竟甚堅甚銳名曰金剛智名決斷慧曰解知萬像雖繁物我無相有爲斯絕寂其機照故假名般若西云跋闍羅亦云斫迦羅此翻金剛云是利鐵亦名破具引大經云佛告迦葉汝今決斷譬若剛刀又云刧火起時一切皆銷利銳者在下爲金剛際又云往古諸佛舍利變爲金剛如意珠今通取堅利爲譬舊云體堅用利體堅衆惑不侵用利能摧萬物今問體唯堅不利用唯利不堅亦應體則不利用則不堅此乃不堅不利何謂堅利百論云眼非知意非見別既非見合云何見今依中論通此問即無滯義今言堅利若不堅不利假言堅利如言苦以不苦爲義無常以常爲義空以不空爲義此一例語任運不畏斯難般若如大火聚四邊不可觸豈可定作體用耶體用因緣不一不異體堅用亦堅體利用亦利既其不一假名義辨若說體堅即說用利此是假名義一邊之說離用無體離體無用用即寂寂即用無別有無用之體主於用也亦無別有無體之用主於體也不一亦不異有因緣故亦可說一說異爲破一說異破異說一假說一異令衆生悟非一非異秖名此因緣不一不異離斷常戲論戲論不得入即是堅能破斷常即是利也問何者爲般若如是堅利答一往性空爲般若不斷不常不一不異性空畢竟空爲般若萬相一無皆悉盡淨大論云般若有三種實相觀照文字實相即理境第一義諦觀照即行人智慧智慧鑑此實相說智及智處皆名爲般若文字能爲作詮亦爲般若故云無離文字說乎解脫一體三名同祕密藏問有翻無翻答翻爲智慧問大論云智慧輕薄般若深重云何相翻釋論七十卷釋須菩提五歎不可稱不可量無等等無有邊如虛空解不可稱句云稱名智慧此是稱量檀度非智慧不能準量故稱名智慧般若定實相此釋不可量何意不可量欲明佛所得般若明鑑實相

甚深窮邊極底菩薩因中智慧不能稱量佛果地般若此是因中智慧輕薄不能稱量果地般若何得妄引無翻耶大經云慧有三種般若毗婆舍那闍那同一氣類隨名而辨約人般若屬衆生毗婆舍那一切聖人闍那諸佛菩薩就法者毗婆舍那總相般若別相闍那翻破相毗婆舍那翻正知見此即是總相知見般若翻出離慧即是屬衆生衆生有慧數故闍那諸佛十地菩薩有決斷義故共爲一位耳波羅蜜亦阿羅蜜波羅伽等翻度彼岸亦彼岸到亦度無極此假名無度爲度耳佛已度智慧度名一切智菩薩未度亦不名度度時亦不名度不離已度度未度故而今言乃度此假名說度一行度二時度三果度六度善脩滿足爲行度三僧祇滿爲時度得大菩提爲果度彼岸者生死爲此岸涅槃爲彼岸煩惱爲中流八正爲船筏又慳貪爲此岸佛果爲彼岸布施爲河中正勤爲船筏又取相爲此岸無相爲彼岸智慧爲河中精進爲船筏一往如此又即生死涅槃俱爲此非生死涅槃爲彼故云遠離此彼岸乃名波羅蜜又前生死涅槃雙非中道爲二非生死涅槃中道爲不二二不二俱爲此非二非不二俱爲彼故遠離二邊及以中道名波羅蜜脩多羅翻契經經字訓法訓常由聖人心口也次部軸者第一部十萬偈第二部二萬偈並不來此土第三部一萬八千偈即大品亦名放光第四部八千偈即小品亦名道行第五部四千偈即光讚第六部二千五百偈即天王問第七部六百偈即文殊問般若第八部三百偈即此金剛般若敵師云並是如來隨機之說般若非稱量過諸數量豈是一多四五之可說次簡前後言金剛前後者肇師注云五種般若此說最初又千二百五十人後說大品大數五千人受化轉多故摩訶在後若金剛在後者仁王經云初摩訶次金剛又護念付囑及得慧眼未聞此經似宜在後俱有證據由人用耳對機設教廣略不同從得道夜訖泥洹夕常說般若明理一等若依光讚如來十九出家三十成道至四十二二月十五日食後爲諸菩薩說般若次譯經者羅什法師秦弘始三年即晉安帝十一年譯又後魏末菩提流支譯論本八十偈彌勒作偈天親長行釋總三卷分文十二分一序分二護念分三住分四脩行分五法身非身分六信者分七校量顯勝分八顯性分九利益分十斷疑分十一不住道分十二流通分講說時別一途開章耳就此一經開爲三段序正流通序爲緣起說教之前必有由漸分衞放光雨華獻蓋等也由漸既起正教宜陳緣教相感其猶影響故有正說又非止近被一時乃欲遠傳來際故有流通三段各二序有通有別正說前後二周流通付囑奉行通序爲五如是者佛所說般泥洹時侍者請問答云一切經初皆安如是我聞者親承金口而聞事非謬也一時者言則當理理亦如言當理得時令人開悟聖不虛說言必會機故言一時也佛者大師之名佛者覺義異凡夫故自覺異二乘故覺他異菩薩故覺滿在舍衞者法王行運應物而遊在舍衞城憍薩羅國舍

衛名聞物國勝物多出此境嘉名遠振諸國故名聞物又舍婆提者昔有二仙第名舍婆此云幼小兄名阿跋提此名不可害合此二人以名城也祇樹給園者須達布園祇陀施樹共立精舍廣出他經與大比丘者聖化無祕聽必有儔倶聞如林可明信矣應有四衆略而不載比丘云怖魔乞士破惡千二百五十人者三迦葉一千目連身子二百五十爾時世尊下明別序上明通序以證信今辨別序以發起具上十號故曰世尊食時者食熟之時一人家皆有施心易生著衣僧伽梨衣也佛觀良田區滕命出家人著此服也持鉢執四天王所奉應器入舍衛城乞食法身無待何須乞食天人妙供百味日盈自行分衛福物之宜乞食有十利一見相好二去疾三除慢四爲女人監護五天龍從六四天王鉢七貧富等八不雜九息謗十常在三昧其實不食此城縱廣千二百由旬九億家國南城北精舍在東自外以適故言入也食時如法食衆生有此勝智機緣將發以表般若著衣

持鉢衣是被弘誓鎧慈悲之心鉢是行鉢鉢能盛飯行能趣理即表解脫城即法性涅槃之城觀五陰舍悉皆空寂不動如城以表法身次第乞食不越貧從富不捨賤從貴大慈平等故言次第即表菩薩次第行次第學次第道行行因緣故爲還至本處本處即一切智處歷色心觀至一切智飯食訖收衣鉢者即是果後無復願行無誓故收衣不復進行故倂鉢洗足已即是定慧無復垢累塵沙無明永去法水清淨故言洗足敷座者即諸法空爲座四無畏處此說般若也別序竟時長老須菩提下第二爲正說文又爲二從初至果報不可思議名實智道重白佛去是方便道或爲後來或爲鈍根或可智度善權爲菩薩父母如判大品般若方便兩道分文此經略說亦復如是就前段中初問次答問中前述讚次正問長老須菩提是對揚主有長人之德夫鉅鐘雖朗非扣不鳴聖不孤應影響唯仁須菩提翻空生亦名善吉或云東方青龍陀佛從座起者請業之儀即事請道側身

避席袒右肩者隋國法以袒爲敬亦示弟子執作爲便右膝著地屈曲伏從示無違拒之貌合掌斂容祗肅願師尊道重故克敬盡恭專一之至白佛言述讚希有者佛從前代八萬四千歲皆輪王位至釋尊身若不出家當二千五百歲作金輪王而能捨位從門乞食是爲希有此歎身密護念歎意密付囑歎口密又是述讚大品中意護念即般若實道如母能護念付囑即方便權道如父能教詔付囑世尊下還躡前述更起今問發菩提心者一切智也總牒指歸翻云無上正徧知覺標心擬向遠期正覺次問住入理般若名爲住即實智次問降者方便即權智如善財言我已先發菩提心云何脩行云何學道佛言善哉下第二佛答初略許次廣答略許中有三一述二誡三願聞善哉下述許如汝所說讚請之儀當理會機盡善盡美誠如所言汝今諦聽下誡示聽若不審諦即漏言遺理誡令諦聽言理弗虛唯然下受旨願聞慈誡許說敬肅傾心也佛告下第二廣答爲三初明般

若體空無所有次云何名下二明名空無所有後忍辱下三明力用空無所有還就初中更爲三叚初正明體相空二信者行深三信受福重初體相中降心約願住心約行皆無所有爲無相因法身無色爲無得果問何故許中前住後降答中先降次住互前後者般若多含義非一轍若約發心前願後行廣發誓願權引於前次入實相以無住法住於妙理若約脩行要須前脩實慧次用權道故有二觀次第前住後降若就證時權實一心中悟不復前後今就誓願中有四心一廣大二第一三常心四不顛倒菩薩發願普濟萬物無邊曠遠故名大心欲願與涅槃寂滅極樂故名第一生死道長衆生性多而誨人不倦名曰常心不見能所名不顛倒釋大心者横亘四生竪窮三界四生是能住三界爲所住依辭謂卵含藏曰胎假潤稱濕欻現名化若有色即欲色二界無色即空處有想是識處無想不用處非有想非無想即最上天我皆令入下釋第一心法不自起因縁故生但是

因縁自性皆空順理爲解乖宗成惑惑即生死流轉受身心苦解即累滅苦盡寂然永樂謂之滅度小乘涅槃灰身滅智爲無餘大乘以累無不盡德無不圓名爲無餘生滅觀在名有餘也如是滅度下釋常心若有能所即懈息以無休倦故名常心度無量無邊實無度者大品度空品云度衆生如度虚空明衆生無毫末可得只解衆生本來無所有即是悟悟即名度若有衆生可度者佛菩薩等即得殺罪於一身理而爲論實無有衆生衆生顛倒妄執謂有今佛菩薩憐愍說法令悟本無所有名此悟爲度實無別有衆生異理而度著涅槃中也何以故下釋不顛倒以失顯得若有我人可言有滅但是假名横計人我執我爲非忘我爲是是非既彰得失明矣大品中具明十六一我二衆生三壽者四命者五生者六養育七衆數八人者九作者十使作者十一起者十二使起者十三受者十四使受者十五知者十六見者此中略明四耳復次下第二答住問更爲三初辨行次舉喻

格量後結勸就辨行中二前標無住爲本依無住本行於布施即住般若中也娑婆世界宜用檀義攝六資生攝施無畏攝戒忍法攝後三但舉一檀即攝六也捨心無悋謂之布施無相可存何悋之有施爲六度之首塵爲生法之機二法皆空于何不盡次菩薩應如是布施下結成住義施受皆不可得不住相也正以虚心而施福不可量理既無量心不應限稱理行施其福彌廣東方虚空下第二舉喻格量理行既顯如說而行其福甚多齊太虚也但應如所教住下第三結勸也聖言無謬理不可越如佛所教安心住實相也可以身相見不下明願行皆無相爲因法身無色爲無得果菩薩發心有三義一化衆生二脩萬行三向菩提降伏明化物辨住示修行如來身相即菩提果體若識法身菩提可登若計性實乖之遠矣舉法身明菩提空也不也下善吉深識法身故言不可以身相而見或一身一智或言真應或言法報應皆是明果若至果理不生不生而般若生理不生不

生即法身不可說習報二果不生不生即報身不可說慈誓不生不生即應身不可說如此三身皆不可說那得以身相見如來以因緣故若得道人聞說即悟得見如來若聞不悟雖說身相即非身相故不可見凡所有相皆是虛妄若見非相見如來者非因非果有因緣故可得言因亦可言果如非初餘非後餘不離初後餘即此意也今只以相爲非相非謂遣相別有一非相若能如此即見如來頗有下第二明信者行深文爲三一明行深二釋三引證初有問答問頗有人能信不答如來滅後後五百歲有持戒脩福者二初非一佛二多積者能信此經出家持戒在俗脩福後五百歲者從六百至一千亦云最後五百始有佛法之名能生信者非值一兩佛也 勒九 十一
應以如來滅後是其得道之時如優波掘因緣若尋其本非一兩佛也淨信無所得信也無相者爲淨信五百論師非不持戒不信大乘四依久植故能信耳既得實相淨信如來以種智知以佛眼見見其一念信得無量之

福如一人以花自供佛一人以花與他供佛所得福德問羅漢不能見問彌勒彌勒云自者畢苦得辟支與他得成佛是菩薩心故如來知見般若爲佛母佛常眼觀此經及受持者福與虛空齊非下所測唯佛能知見耳次何以故下第二舉二空釋成信者相有三何以故初標次釋後結此中文隱有縱釋反釋傳釋初列生空有四我是自在之名人爲宰主之目衆生取續前爲義壽者以接後爲能此四同爲人執隨用以立四名廣即十六知見取著此見不信般若次列法空但有兩句法非法也今言法者說五陰空爲法五陰相爲非法即以陰空爲藥名法陰有爲病名非法陰病既除空藥亦遣非法既謝在法亦亡又持戒爲法破戒爲非法次若持若犯並非法非持非犯爲法是中道義此信達中道離有無二邊乃信此經耳以是義故如筏喻者第三引證信者行深有六初舉經爲證二舉菩薩正行三舉菩薩徧行四舉往古時事五舉淨佛國土六舉譬山王爲證第一引經爲

證者譬欲濟河搆筏自運既登彼岸棄筏而去將度生死假乘萬行既到涅槃萬善俱捨道法尚捨而況非法初以善捨惡後則俱捨如來得菩提下第二舉菩薩正行爲證佛問有菩提可得有法可說不答無有定法名菩提亦無有定法如來可說無定即是性空解 勒九 十二
窮相盡謂之菩提無相故不有假名即不無不有不無何實可得何定可說應化非真佛亦非說法者應既不說真亦復然離真無應真應不同由來真不說應說說即不說不說而說若知如來常不說是爲具足多聞何以故下釋菩提無相可取諸法空不可說非法即不有非非法即不無故不可說有無並無理之極也所以者何理無生滅謂之無爲無爲之理衆聖同解解會無爲結盡道成一解脫義同入法性無爲雖一解有明昧淺深差別也三千七寶下校量前舉虛空此豈不盡今一念信解復一番格量積寶多而功薄四句約而福厚金玉三千止以養身一偈雖約妙極資神受佛功德七住未忘妙著難覺宜

應虛心也七寶是事善緣因天人果報不動
不出故以動出之慧導之得成菩提一念圓
信能導衆善此心爲勝實相能出諸法法即
非法諸法不生般若生也須陀洹下第三舉
菩薩偏行初舉四果次善吉自陳須陀洹此
勅九　十三
云脩習無漏亦逆生死流亦入道流不入色
塵是逆流至論在觀無逆無入言不入色者
即是六塵過去無明所感無明不實所感六
塵那得是實既其不實那得作定有無六十
二見計以不定性故名不入海爲衆流之川
菩提神極之淵始會無生必盡源也理無乖
順何入之有違理故入六塵背塵即會於理
下衆果類然斯陀含云住薄亦一往來欲界
思惑九品已斷六品餘三品在故言薄人天
各一生便成羅漢故名一往來而實無往來
已得生法二空故阿那含此云不還亦云不
來欲界結盡上界證無學應云不來略以無
兼不互文現耳羅漢此云無著亦曰不生三
界生盡所作已辦羅漢稱道前三言果果實
通四而獨稱道者以得盡無生二智聲聞道

極故以道爲名世尊佛說下第二自陳以已
所解驗理非虛心空恒靜諍從何起蘭那者
寂靜行相盡於外心息於內內外俱寂何時
不靜得名不虛必稱實也蘭那此云無事若
自謂是離欲即是有事何謂無事昔在然燈
下第四舉往古時事爲證次明菩薩其解亦
同如來在昔佛所行般若時非但於假名不
入色香等亦不入涅槃亦不入中道是故得
成菩提四依齊此明一念信人降伏其心無
我相等淨佛土下第五一念淨信辨其應住
以無所住住於般若而取佛土即是四種莊
嚴若自嚴淨即是寂光若論化他即具四土
相感此土穢虛明即國淨嚴國之義亦在虛
心如是嚴淨土應行檀等生清淨心不住色
香其心無住三番法非法等一念淨心無住
勅九　十四
之住即是非因而因而降住等也譬如下第
六須彌山王此即非果而果須彌翻云安明
四寶所成是十山中一一雪山二香山三軻
梨羅山四仙聖山五由乾陀山六馬耳山七
尼民陀羅山八斫迦羅山九宿恵山十須彌

山因大故果大得法性五陰成就法身故言
大如須彌須彌以譬法性色大故般若大
如山大神亦大習果既圓報果亦滿法身非
身故言大身恒河下第三信者福重文有四
階一福多二處重三人尊四總結恒河者是
神名此河長八千由旬廣四千由旬甚深象
度皆没沙細如麵水白如乳初言三千不即
恒河者自少至多一恒河爲本復數諸恒河
諸恒河之沙三重爲數捨寶多而福少持經
少而福多者經之勝用復次下明處重一切
世間總明處貴天人脩羅略明三善道供養
如塔此云方墳亦名靈廟尊法身故敬塔爲
重經故貴說經處大品舍利起塔不及般若
何故說處如塔其義實爾但世人敬塔故令
說處如塔是人成就最上下明人尊法妙人
勅九　十五
稱理故宜然希有之法是菩提成就即人可
貴如法華說最實事即是第一義諦最上之
法也若是經典下總明經所在之處即爲有
佛尊重弟子人能弘法即人有法以法成人
即法有人人法所處理當貴矣非果而果即

爲有佛非因而因即以尊重弟子謂普賢文
殊等初章竟當何名下第二辨名空無所有
夫條散難究本一易尋會宗領旨宜正其名
文有四段初名字空二受持福多三信受行
深四佛述初中有問答問名問持導脩爲奉
任弘爲持在三成範請問其軌佛告下答名
答持名冠題首義已備矣境慧相從通名般
若那要宜別歸乎聖心挈綱擧目詮合義從
名正理顯宜應修習所以者何下釋夫名不
虛設必當其實金剛所擬物莫不碎此慧所
照法無不空即非般若即慧空也境滅慧忘
何相不盡弘持之旨宜在於此釋中初無所
有二亦無所有而意異故明不無所有此簡
性空義一者性自是空二者破性說空前有
所無空後無所有空大品云諸法無所有如
是有如是無所有是事不知名爲無明有所
無望前無所有望後前三藏中說性義皆破
即屬破性說空所攝而此性義前時爲緣爲
有者今日悉無故言有所無而言無所有望
後明諸法無所有而復有不無所有義即明

如是有故經云不知名無明破性說性空橫
論破病一切悉皆洗淨是盡亦盡是淨亦淨
竪論入道盡復有不盡義此望道爲論即此
盡淨爲道道有隔凡成聖之用不同二頭三
手之無所有復有不無所有義即是如是有
勒九
十六
義若是前無所有一向無所有無所有亦復
無所有後明無所有即是不無所有無所有
名雖同其意有異就前中初明如空次明如
亦空所以者何佛說般若則非般若此是如
空既以性空爲般若般若即非般若性空如
亦空如來有所說法不境慧都空復何所說
說不說如不如二智皆空也三千下是第二
受持福多不無所有亦二初明微塵不無所
有二明身相不無所有佛說微塵即非微塵
是名微塵故是無所有如是有大品云不知
名無明今明了此如是有即智慧也散爲微
塵合成世界世界無性故非假名即有可以
三十二相下二明身相不無所有非相假名
身相只以身爲非身不是遣除身別有非身
也亦非遣相別有無相相無相不一不異恒

河沙身命下說經名已復一番校量前寄捨
財以明勝此寄捨身以辨多依報易捨正報
難捐自易之難示化漸也身命布施不免有
生弘持四句累滅道成聞說經深解下第三
信受行深有四初須菩提不聞二餘人能信
勒九
十七
三善吉聞易四餘人聞難深解悲泣者嗟我
晚悟兼悲未聞愍念一切衆生不知此法故
悲聞此法喜故悲深嗟小乘嗚呼自責故悲
不善觀空名得慧眼故爾前雖聞未聞如此
降伏應住也若復有人得聞下第二餘人能
信實相者即是非相若有少相即非實相故
以無相爲實相如來說此而人能信豈非第
一希有而言生實相者此是無生生也大品
云色不生故般若波羅蜜生若解色無生即
是無生觀智起故般若生也我今得聞下第
三善吉信易遇佛道成證聖方信何難生值
佛世親得解悟解故信之易也若當來世下
第四餘人信難生不值佛而能信如是無相
之法斯豈不難㳂文更爲四初明信者希有
末法時信最可稱羨二何以故下釋信者由

無我相能信此經若纔有少許我人等相即不信也三所以者何下釋無相意我相即是非相無片許相可得故其能不顛倒我人等從本以來無一相可得故其體本來無相即爲希有此是反釋四何以故離一切相即名諸佛相盡解極即是爲佛能離有無畢竟常住前云若見諸相非相即見如來佛告下第四如來述成若善吉自言容可不定言無我人即是佛者佛今印定如汝所說是故非虛一徃恒愕名驚心膽怯弱名怖深惡前事名畏又驚是始行怖是二乘畏是外道亦初聞經不驚次思義不怖後脩行不畏第一即般若諸度中最爲第一六從後數亦是第一忍辱下第三明般若功用無所有然諸法不出體名用今皆無所有文更爲三初力用無所（勑九）（十八）有二能如是解仰叅佛慧三明福多就初中復五一體無所有二功用三勸誡四引證五舉譬第一體者安耐名忍加毀爲辱既無我人誰加誰忍故非忍爲忍忍爲非忍爲般若體也何以故下第二明般若用以非忍爲忍

有大力用初一世忍次多世忍一歌利此云惡生王何故忍即非忍引事爲證有苦能忍有忍無苦既無我人割忍何生若有人我必生忿恚而能恬然無我明矣二又念五百世下即多世忍菩薩知身無所有捨不足難若有此身捨大難也尸毗代鴿猶是三藏中事忍前明有忍無苦今明無苦有樂有慈悲故無恨無恨故即樂也應離下第三勸誡此是般若之中心故須精解就文又二一勸二誡文句相叅初勸發心次勸應住後勸脩行前誡離相後誡莫染心施今即初勸離相發心菩薩以相盡爲極故宜以忘懷而期心也不應下即是前誡不應住色心中離一切相不住聲香等也應生無所住心者即次勸應住般若般若無相可緣心何所住若心有住即（勑九）（十九）爲非住住相即心動故非住也是故下是後誡令不住六塵行施還舉前宗會以成義理無住故應忘心而施不住色無財物也菩薩爲利下即是後勸令爲利益而行施施不望報利益必深也如來說一切諸下第四引證

證中有三第一舉佛說爲證諸相皆無不見施者我說一切相即非相不應住相生心行施又說一切衆生即非衆生受者亦無不應化衆生而受度也如來是真語者下第二舉能說人爲證真是不僞實是無虛如必當理不誑非妄不異即始終恒一聖言不謬故宜脩行也無實無虛下第三舉所得法爲證寄實以非虛何實之可得耶若疑我說法非者及能說人亦非者今我所證得法只自如此心實作此證不實不虛兩捨無生無滅等例然故所說如所得非虛言也菩薩心住法下第五舉譬顯住相非曉冥若夜遊前舉有得爲非後明無得爲是若住色香等行施不能得見諸法若不住法行施如有目日光能得見色無我三事即不住相也慧見爲目理境爲日萬行顯别爲種種色諸法本來空菩薩觀心復知其無所有而行布施者即所見明了此中先法後譬直說譬耳當來之世下第二能如是解即仰叅佛說當來若能受持即爲佛悉知見皆得成就無量無邊功德如來

所見理用非謬明將來宜加勤脩也日三時捨下是第三福多若能如是信者勝一日三時以恒河沙身之與命布施分一日爲三分故言初中後施重叉多功德彌曠若於此經生心不逆福勝前施施即有限信心無極何況書寫持讀誦說但言以信況復弘持也以要言之下答上無所有如是有不可思議事也能知諸法本來無所有而以無所有爲有即不可思議此文有十第一經不可思議理圓道極言即盡義提宗表實約言之耳物莫能測不思議也筭數不該不可稱量也蕩然無涯無邊耳以要言之略此三句矣文理平等無所有如是有非般若爲般若非身相爲身相皆不思議也第二爲大乘者說爲最上乘者說此經在始便爲大乘不爲三乘廣運無涯謂之大乘超三乘之勝謂之爲最上自非其人不謬說也包含名大無勝最上如來悉知見者人高道曠唯佛見之荷擔菩提千載不墜由於人弘任持運行荷擔義也背荷肩擔非身而身實相法身非因非果即是兩肩也第三何以故下三乘不堪聞不信受樂小是二乘著我是凡夫著見是外道不能讀誦以失釋得也第四在在處處下地是無知法處故貴雖復廢言息義此處常有天龍圍遶如帝王所居之處人皆宗重天人供養此處是塔恭敬作禮香花而散也第五轉障本有重障習學般若先世重罪現在輕受止爲人輕賤過去重罪即得消滅罪起由惑福生於解福解既積宿殃滅矣第六當得菩提即受記也累滅解生菩提可登故佛懸記第七我念過去下明能持經者所得福德勝佛往行然燈佛時始獲無生忍今能無所得心而持經者得福勝我阿僧祇佛所值八百四千萬億那由他佛供養無空過者福德筭數不及心限即福少意曠則功德多也第八於末世下明若具說無所得持經所得福時人聞則狂亂狐疑不信解通人曠德必無涯狂亂不信不足明道也第九義不可思議萬行淵深義能誰測以無所得無所有如是有無所有爲義以非般若爲般若義故不可思議第十果報不可思議菩提妙果豈有心之所議如華嚴經明初發心便成正覺與微塵法界衆生爲眷屬故知果報不可思議也須菩提問下第二周重說般若或爲後來或是爲鈍根者文亦三段初從問去至福德多明體次佛可以色身見去至前偈辨名後如來不以具足相故至壽者見明用並無所有就體中辨於三假初受假次名假後法假受是人人即有名此人之與名有能成之法三假是立法云何將三假釋無所有三假乃是立法亦是壞法今欲明無所有故須將來釋若橫論破病則實是一無所有若竪論望道即無所有而不無所有此三假亦然能成能破故既言假有竟何所有既言假有何爲而不有初約釋尊因無所有次約如來果無所有後約菩薩化他明無所有就因中更爲三初佛告下釋因無所有次然燈下引證後如是如是下佛述釋中又三初明得次明失後雙釋得失初明發心欲度衆生起弘誓願我當滅度一切衆生實無衆生得滅度者此明菩薩知

衆生如有何可滅若實有衆生可度釋論云
菩薩得殺衆生罪又大品如化品佛語須菩
提諸法本有今無耶此即責須菩提意衆生
非本時有今時無何須慰喻始行菩薩本自
無生今何可滅也二何以故下明失若菩薩
有我人等相即非菩薩以失明得理可知矣
所以者何下雙釋得失無發心者故知無我
即行人空計我有惑故非菩薩於意云何下
第二引證證中有問答初問中即引自昔得
記之解以證前說次今答中無有法得菩提
聖心難測義推可圖得記由於無相無相之
中即無所得也如是如是下第三佛述如汝
所說者在因時已自無所有故無所得菩提
佛與我記若見有法則乖菩提何容得記無
法得菩提是故然燈佛受記無法則會理會
勒九　二十三
理則向極故得記也何以故下第二是明果
無所有有三義初明如次證後譬初即此是
果人同如同如故無所有諸法性空理無乖
異謂之爲如會如解極故名如來也若有人
言如來得菩提下若有說如來得菩提者此

人俗間語非理言也實無有法得菩提佛人
也菩提道也既無人法誰得菩提無實無虛
者是非既盡則會菩提菩提之中不見是非
非實即無是非虛即無非也是故如來說一
切法下第二證如來無所有如來在一切數
故凡夫違一切法爲邪聖人順一切法爲正
正即覺悟故皆佛法矣譬如身長大下第三
說非果而果直舉人身類上諸法緣假故長
大無性即非身既非般若爲般若者寧不以
非身爲身耶若菩薩作是言下第三明菩薩
化他無所有初明化人次引佛說爲證後明
嚴土初滅度衆生不名菩薩元無衆生橫見
衆生見即乖道非菩薩也何以故下釋菩薩
自無何有衆生二是故佛說下引證無菩薩
亦無衆生一切法都無我人也三若菩薩言
莊嚴佛土者虛襟進道嚴土濟物濟物之行
方便慧也解空無相謂之爲慧若言我能莊
嚴國土衆生可化見感違道何名菩薩也何
以故如來說非莊嚴是名莊嚴者無存於化
而土自嚴也明應住義受假竟若菩薩通達

無我法者下第二明名假無所有文二初通
達無我既云一切法皆無所有何名菩薩今
實無一切諸法而今言菩薩但有其名今明
此名亦無所有故何名此爲菩薩通達諸法
無我等相故名菩薩眞菩薩故所以能通達
無我二立眞解通達非僞眞菩薩也名假竟
勒九　二十四
五眼下第三明法假無所有即上如來悉知
見是人其文又三初明智慧次明心後明功
德法雖多不過功德智慧二種嚴心爲其體
故備空也此是初明智慧空智慧雖多不過
五眼舊云肉眼見障內天眼見障外慧眼見
眞法眼見俗佛眼通知內外法今言但是一
智差別說之故有五耳釋論云法眼知聲聞
緣覺等法故名法眼是以知俗名法眼然此
中本明智慧空而直辨五眼不言其空者意
現於後後既將智體心空智寧不空後明功
德空前智豈不空以前明智有後明功德無
無有雖殊致不乖也二恒河中去是明心無
所有以舉恒沙等來爲欲校量取心明其空
耳如來說心皆爲非心只以非心爲心此與

前不異五眼照理無不周備舉色心收境盡
矣三世不可得說非心名心何者以三世心
無性可得故可從緣而生心也三若人滿三
千七寶布施下明功德無所有明福有實此
即有量豈得多耶以無福爲福故多也金玉
無性故可積滿三千福德無實則可曠施而
多心之無性感滅解生也法假竟佛可以色
身見下第二明經名初名次行名中有三初
身相次說法後福多色身者法身如空月色
身若水像世間之色無實可覩尋其本實即
法身也慧爲萬善之主施爲衆行之首總爲
丈六金容別則衆相云娑婆隨現則爲相豈
可一方盡極我當有所說法下第二明說法
又二初正對上名道成應出說法化人謬傳
毀聖名爲謗佛無法可說是名說法故傳說
法之意向言無說非杜默不語但無存而說
即說滿天下無乖法理之過也佛得菩提下
第二明習應有問答前應後習佛人也菩提
道也佛得道故說以示人而言無法可說未
審得道不答中乃至無有少法可得相盡虛

勤九 二十五

通謂之菩提菩提無相有何可得寂滅無得
道之至也是法平等下結成菩提義也人無
貴賤法無好醜平等菩提義也無我無人脩
一切善者即是脩義夫形端故影直聲和則
響順忘我人而脩因必剋無相之菩提所言
善法者人既不有善何得實耶善是離惡之
名法是軌持之義三千世界中山王七寶下
第三明福多聚寶有盡妙解無窮一偈法寶
勝無量珍也我當度衆生下菩提無得爲果
故以忘言而說勿謂如來見衆生可度若見
有衆生則爲我見何謂如來但說假名我耳
非實我而凡夫者闇說假名不達言旨以爲
實我如來說非凡夫者凡夫不實故可化而
成佛也可以三十二相觀如來下二辨行就
文有五一正觀問二邪答三佛難四領解五
佛舉正義爲釋初以問疑者謂衆生是有可
化而聖法身不無可以妙相而期故問之也
次邪答者聽者實爾用三十二相是如來也
三難輪王是佛即以近事質之令其自解四
信解不應時情謂然我解不爾五佛舉正釋

勤九 二十六

者五色煥眼而非形八音盈耳而非聲偏謬
爲邪愚邪隔不見也若作念下第三功用無
所有即是有不斷滅義有因有果一切宛然
即是般若方便用論云得般若氣分故有居
空涉有之用無復滯閡此下去不說諸法斷
滅就文有二初果次因有義雖多不過因果
明果中二初誡次明有汝莫作念誡也勿言
諸法一向無所有故謂不以具足相得菩提
不偏在色聲故向言非非不身相故復言是
也發阿耨下第二明因亦二前誡後明有莫
起斷滅相盡寂滅故不有道王十方非謂無
應畢而謝即不常感至隨現故不斷體合中
道軌物之式限之一方豈不謬哉若人滿恒
沙七寶下結般若成忍就文復三初明體道
成忍之行無所有次明體道證忍之人無所
有三明體道行忍之用無所有以行成人人
故有用備明無所有就忍行中先校量次若
復有人下明成忍之行無所有忘我則忍成
超出故勝也白佛下第二明體道證忍之人
無所有初明因人不受後明果人不受初明

勤九 二十七

因中有問答乃云不受亦不受受其報種巳名貪著無存我人邪染何生次若來若去下明果人不受若言從真如實際中來善逝自及化人去至涅槃皆是不解佛所說義如來道蔭之主世界權應之宅衆生慈育之子舉此三事大旨彰矣無來無去故名如來解極會如體無方所緣至物見來無所從感畢爲隱亦何所去也若三千碎塵下第三明體道行忍之用有四初明碎塵用二碎界用三碎合相用四碎諸見用以微塵成世界有合世界有合故起見見者即失謂有此四妄想得者非見爲見乃至非塵爲塵爲得此四並是般若用塵界等是依報見是正報合通色心即此下是碎塵用善男子並是大行同華嚴中說佛說非微塵爲微塵次三千下明成世界用微塵非實故可碎而爲多世界非有則可假借而成也三一合相下破一合相以非合爲合故是不可說只復言是合此復非復是故假名說合何爲而非合以非合爲合竟何有合大經四句皆不可說有因緣故亦可得說今亦無合假說合耳中論大品皆破合當知無合今經中說合順俗假說耳凡夫貪著其事不知事即理理無所有即是事無所有何故非世界名世界若是實有即應一性合不可分假衆生名一無合可得假名無體不可實說疑惑則凡夫貪著故計實四佛說我見下明破諸見用凡夫謂諸見決定是見今佛說非見以本來無所有諸見非實可改爲正衆生虛假從凡至聖正說竟從發菩提去第三流通段非止近益當時亦乃遠傳千載文爲二初付囑次奉行付囑又三初正付囑次校量後方法始終既畢故指宗勸人凡欲發心成佛淨國土化衆生當如上所說理而生知見也如是信解者理深未明推信爲解耳不生法相但是虛假非實法也如來說非法相是名法相相窮理盡明其唯如來說言非實故應從信矣二阿僧祇七寶下校量流通七寶有竭四句無窮明以無所得心指經一偈其福勝彼有所得施三云何爲人下後方法初標次釋釋中有止有觀弘通此經若爲方法須不取法相須如真如上如是智下如是境心境符合故得不動不動空有等法何以故下一偈明觀觀諸法夢幻等而爲人說句偈有真實及有此假有也大品十喻一幻二焰三水月四虛空五響六乾城七夢八影九鏡像十化此中舉六論本明九然流通方法不出止觀故今略舉即止爲觀故見一切皆空夢幻即觀而止故一切夢等悉如如也佛說是經下第二奉行流通聞法歡喜既能信受復如說行說人如法受者得解般若真正之法非是有所得斷常等法三事具足說人是佛一切智人所說之法即中道正法般若無所得法受者最上乘人久種三多持戒脩福三德斯備聞不驚怖即能信解是故歡喜道蘊聖心待乎則彰宿感冥構不謀而集同聽齊悟法喜蕩心服玩遵式永崇不朽者矣

金剛般若經䟽

金剛般若經疏

校勘記

一　底本，清藏本。

一　六八〇頁上二行首字「隋」，南無。

一　六八〇頁上末行第二字「有」，南無。

一　六八〇頁中四行「甚堅𦬇銳」，南作「甚堅銳」。

一　六八〇頁中一五行第一三字「義」，南作「我」。

一　六八〇頁下三行第一四字「用」，南作「用用」。

一　六八一頁上八行「般若翻出離慧即是」，南作「翻離出慧即是般若」。

一　六八一頁中五行第六字「經」，南無。

一　六八一頁下一六行「理亦如言當理」，南無。

一　六八二頁上七行第八字「怖」，南作「悕」。

一　六八二頁中一二行第七字「二」，經作「一」。

一　六八二頁下一行第一五字「示」，南作「是」。

一　六八四頁中一〇行第一一字「四」，南作「曰」。

一　六八四頁下一行第四字「欲」，南作「於」。

一　六八六頁中三行「入道」，南作「八道」。

一　六八六頁中一七行第一五字「有」，南作「是」。

一　六八六頁下一二行「如來說此」，南作「如未說此」。

一　六八六頁下一九行第三字「斯」，南作「聞」。

一　六八七頁上一〇行第三字「恒」，南、經作「怛」。

一　六八七頁中六行第一〇字「代」，南作「伐」。

一　六八八頁上一一行第一二字「可」，南無。

一　六八八頁上一九行「連行」，南、經作「運行」。

一　六八九頁上一五行第六字「故」，南無。

一　六九〇頁上一七行第九字「理」，南無。

一　六九一頁中一七行第六字「從」，南無。

一　六九一頁下二行「符合」，南作「扶合」。

一　六九一頁下一七行「者矣」，南作「也」。

佛說觀無量壽佛經疏并序　約三

天台智者大師說

夫樂邦之與苦域金寶之與泥沙胎獄之望華池杖林之比瓊樹誠由心分垢淨見兩土之升沉行開善惡觀二方之麤妙喻形端則影直源濁則流昏故知欲生極樂國土必修十六妙觀願見彌陀世尊要行三種淨業然化因事漸教藉緣興是以闍王殺逆韋提哀請大聖垂慈乘機演法曜玉相而流彩聳珍臺而顯瑞雖廣示珍域而宗歸安養使末俗有緣遵斯妙觀落日懸鼓用標送想之方大水結冰實表瑠璃之地風吟寶葉共天樂而同繁波動金渠將契經而合響觀肉髻而瞻侍者念毫相而觀如來及其瞑目告終上珍臺而高踊文成印壞坐金蓮而化生隨三輩而橫截越五苦而長騖可謂微行妙觀至道要術者哉

此經心觀為宗實相為體所言佛說觀無量壽佛者佛是所觀勝境舉正報以收依果述化主以包徒衆觀雖十六言佛便周故云佛說觀無量壽佛經者訓法訓常由聖人金口故言經也

釋經五義名體宗用教相云云第一釋名者一切衆經皆有通別二名通則經之一字別則有七或單人法譬或複或具今經從能說所說人以立名即教別同名為經即教通為行不同從一乃至無量即行別同會常樂即行通理雖無名特門名理理隨於門四四十六即名理別門隨於理即名理通此約一化以明通別更約一題佛說即教觀即是行無量壽佛即是理教行理足任運有通別意更就一字說者釋論云所行如所說說即是教如即是理行即是行佛即法身觀即般若無量壽即解脫當知即一達三即三達一一中解無量無量中解一於一字尚達無量義況諸字況一題況一經一切經耶故經云若聞首題名字所得功德不可限量若不如上解者安獲無限功德耶初釋佛者佛是覺義有六種即涅槃經云一切衆生即是佛如貧女舍實衆物具存力士額珠圖明頻在如來藏經舉十喻弊帛裹黃金土模內像闇室缾盆井中七寶本自有之非適今也淨名云一切衆生皆如也寶篋云佛界衆生界一界無別界此是圓智圓覺諸法徧一切處無不明了雖五無間皆解脫相雖昏盲倒惑其理存焉斯理灼然世間常住有佛不能益無佛不能損得之不為高失之不為下故言衆生即是佛理佛也如斯之理佛若不說無能知者法華云一百八十劫空過無有佛世尊未出時十方常闇瞑涅槃云於無量世亦不聞有如來出世大乘經名若佛出世方能闡智慧日識三寶之光明開甘露門知十號之妙味因說生解於寶適悅故須達聞名身毛皆竪昏夜大朗巨闢自開此名字佛也觀行佛者觀佛相好如鑄金像心緣妙色與眼作對開眼閉目若明若闇常得不離見佛世尊從大相海流出小相浩浩瀁瀁如大劫水周眸徧覽無非佛界念一佛與十方佛等念現在佛與三世佛等一身一智慧力無畏亦然念色身念法門念實相常運念無不念時念念皆覺是

名觀行佛也相似佛者念佛相好身得相似相應念佛法門身得相似相應念實相身得相似相應相似者二物相類如鍮似金若瓜比瓠猶火先煖涉海初平水性至冷飲者乃知渴不掘井聽說何爲略舉其要如法華中六根清淨即是其相名相似佛也分證佛者初發心住一發一切發發一切功德發一切智慧發一切境界不前不後亦不一時三智一心中得得如來妙色身湛然應一切開祕密藏以不住法即住其中以普現色身作衆色像一音隨類報荅諸聲不動眞際羣情等悅應以三輪度者能八相成道具佛威儀以佛音聲方便而度脫之況九法界三輪耶初住尚爾況等覺耶是名分證佛也究竟佛者道窮妙覺位極於荼故唯佛與佛乃能究盡諸法實相邊際智滿種覺頓圓無上士者名無所斷無上士者更無過者如十五日月圓滿具足衆星中王最上最勝威德特尊是名究竟佛義佛有無量德應有無量號舉一淼諸華嚴有十萬號又經有萬號三世諸佛通

有十號淨名三號以劫壽說不能令盡何況諸號耶說者悅所懷也即十二部經八萬法藏六度四等一切法門又於一法中作四門分別於一一門巧作四悉檀利益聞者歡喜讚用受行信戒進念而得開發貪恚愚癡豁爾冰消革凡成聖入法流水或三二一益若都無益則樂黙然若一機扣聖於一門施四益者餘三門亦如是爲一緣說一法既爾諸緣諸法亦如是觀者觀也有次第三觀一心中三觀從假入空觀亦名二諦觀從空入假觀亦名平等觀二空觀爲方便得入中道第一義諦觀心心寂滅自然流入薩婆若海此名出瓔珞經今釋其意泯是虛妄俗諦也空是審實眞諦也今欲去俗歸眞故言從假入空觀假是入空之詮先須觀假知假虛妄而得會眞故言二諦觀此觀若成即證一切智也從空入假觀者若住於空與二乘何異不成佛法不益衆生是故觀空不住於空而入於假知病識藥應病授藥令得服行故名從空入假觀而言平等者望前稱平等前破假

用空今破空用假破用既均故言平等觀此觀成時證道種智二空爲方便者初觀空生死次觀空涅槃此之二空爲雙遮之方便初觀用空次觀用假此之二用爲雙照之方便心心歸趣入薩婆若海雙照二諦也此觀成時證一切種智是爲次第三觀也一心三觀者此出釋論論云三智實在一心中得秖一觀而三觀觀於一諦而三諦故名一心三觀類如一心而有生住滅如此三相在一心中此觀成時證一心三智亦名一切種智寂滅相種種行類相貌皆知也寂滅相者是雙亡之力種種相貌皆知者雙照之力也中論云因緣所生法即空即假即中釋論云三智實在一心中得即此意也此觀微妙即一而三即三而一一觀一切觀一切觀一觀非一非一切如此之觀攝一切觀也無量壽者天竺稱阿彌陀佛本無身無壽亦無無於量隨順世間而論三身亦隨順世間而論三壽亦隨順世間而論三量法身者師軌法性還以法性爲身此身非色質亦非心智非陰界入之所

攝持強指法性爲法身耳法性壽者非報得命根亦無連持強指不遷不變名之爲壽此壽非長量亦非短量無延無促強指法界同虛空量此即非身之身無壽之壽不量之量也報身者修行所感法華云久修業所得涅槃云大般涅槃修道得故如如智照如如境菩提智慧與法性相應相冥相應者如函蓋相應相冥者如水乳相冥法身非身非不身智既應冥亦非身非不身強名此智爲報身法壽非壽非不壽智既應冥亦非壽非不壽強名非壽爲壽法量非量非無量智既應冥亦非量非無量強名無量爲量也應身者應同萬物爲身也應同連持爲壽也應同長短爲量也智與體冥能起大用如水銀和眞金能塗諸色像功德和法身處處應現往能爲身非身能爲常壽無常壽能爲無量能爲有量有量有二義一爲無量之量二爲有量之量如七百阿僧祇及八十等是有量之量如阿彌陀實有期限人天莫數是有量之無量應佛皆爲兩量逐物隨緣參差長短然此

三身三壽不可並別一異即乖法體即一而三即三而一乃會玄文釋名竟次辯體者體是主質釋論云除諸法實相餘皆魔事大乘經以實相爲印爲經正體無量功德共莊嚴之種種衆行而歸趣之言說問答而詮辯之譬衆星之環北辰如萬流之宗東海故以實相爲經體也書家解禮者訓體也體有尊卑長幼君父之體尊臣子之體賤當知體禮之釋是貴極之法也復次體是底也窮源極底理盡淵府究暢實際乃名爲底釋論云智度大海唯佛窮底故以底釋體也復次體是達義得此體意通達無壅如風行空中自在無障礙一切異名別說皆與實相不相違背釋論云般若是一法佛說種種名故以體達釋經體也次明經宗初簡宗體次正明宗有人言宗即是體體即是宗今所不用何者宗既是二體即不二體若是二體即非體宗若不二宗即非宗如梁柱是屋之綱維屋空是梁柱所取不應以梁柱是屋空屋空是梁柱宗體若一其過如是宗體異者則二物孤調宗

非顯體之宗體非宗家之體宗非驗體之宗宗則邪倒無印體非宗家之體則體狹不周離法性外別有諸法宗體若異其過如是今言不異而異故有宗不一而一故有體也今此經宗以心觀淨則佛土淨爲經宗致四種淨土謂凡聖同居土方便有餘土實報無障礙土常寂光土也各有淨穢五濁輕重同居淨穢體析巧拙有餘淨穢次第頓入實報淨穢分證究竟寂光淨穢娑婆雜惡荊棘瓦礫不淨充滿同居穢也安養清淨池流八德樹列七珍次於泥洹皆正定聚凡聖同居上品淨土也方便有餘者修方便道斷四住惑故曰方便無明未盡故言有餘釋論云出三界外有淨土聲聞辟支佛出生其中受法性身非分段生法華云若我滅後實得阿羅漢不信此法若遇餘佛於此法中便得決了就中復有利鈍指上爲淨指下爲穢也實報無障礙者行眞實法感得勝報色心不相妨故言無障礙純菩薩居無有二乘仁王經云三賢十聖住果報即是其義釋論云菩薩勝妙五

欲能令迦葉起舞華嚴云無量香雲臺即其土淨妙五塵就中更論次第頓悟上下淨穢等也常寂光者常即法身寂即解脫光即般若是三點不縱橫並別名秘密藏諸佛如來所遊居處真常究竟極爲淨土分得究竟上下淨穢耳故以修心妙觀能感淨土爲經宗也次辯經用用者力用也生善滅惡爲經力用滅惡故言力生善故言用滅惡故言功生善故言德此皆偏舉具論必備也苦是惡果貪恚癡是惡因惡因不除果不得謝是故此經能令五逆罪滅往生淨土即是此經之大力用也教相者此是大乘方等教攝赴機適化廣略不同大本二卷晉永嘉年中竺法護譯此本是宋元嘉時畺良耶舍於揚州譯兩經皆在王舍城說復有小本名阿彌陀在舍衛國說阿彌陀無量壽彼此方言二藏明義菩薩藏收漸頓悟入此即頓教正爲韋提希及諸侍女並是凡夫未證小果故知是頓不從漸入題稱佛說簡異四人弟子諸仙諸天化人等說也

分文爲三序正流通從如是訖清淨業處序分爾時世尊放眉間光訖諸天發無上道心正說當機益分爾時阿難白佛當何名下訖經流通分序中文二證信發起正說亦二淨業妙觀流通復二王宮鷲山初證信序六句如是標於信我聞異外道一時辯息諍佛正明化主王城論住處列衆爲同聞如是者諸法實相古今不異名如如理而說故爲是決定可信故云如是我聞者表異外道親承有在我者自在義一切法空無我何故說我隨俗假名說我謂見慢名字若無我則無聞若無聞化道則絶爲此義故雖知無我爲傳化不絶假名說我如人以金錢易銅錢及草木等賣買法爾人無笑者故言我聞一者佛法無有定實之一云何稱一隨俗假說一耳釋論廣破一異也時者有二種一迦羅即短時亦名實時二三摩耶名長時亦名假時今不論長短假實說此經竟總云一時佛者亦婆伽婆此云有大名聲亦云能破煩惱佛者平等開覺故名爲佛既能自覺復能覺他覺行

備滿一切智異外道慈悲異二乘平等異小菩薩尊極名爲佛在者暫時曰在久停名住一往語耳住者四威儀皆爲住差別者謂天住梵住聖住佛住也天住謂六欲天因即施戒善心也梵住從初禪至非想因即四無量心也聖住三乘人因即三三昧也佛住首楞嚴百八三昧十力四無畏十八不共也王舍城者天竺云羅閱祇伽羅釋論解摩伽陀國王有夫人生子一頭兩面四臂人謂不祥王即裂其身首棄之曠野羅刹女鬼名闍羅還合其身以乳養之後大成人力能并國王有天下取諸國王萬八千人置此五山以大力勢治閻浮提閻浮提人因此名王舍城也又先所住城城中失火一燒一作如是至七國人疲役集諸智人宜應易處即求覓地見此五山周而如城即作宮殿王於中住故名王舍又古昔國王名婆藪猒世學仙妄云天祀中應殺生噉肉身陷地獄其子廣車次復爲王自念我父生入地獄今欲出家復畏地獄欲治天下復恐有罪當何處身作是念時空

中語言汝行若見難值希有處當作舍住王出畋獵見一鹿走疾如風王便逐之至此山周帀峻固其地平正生草細軟好華徧地茂林華果溫泉浴池皆悉清淨天雨天香奏天伎樂乾闥婆等適見王來各自還去見此靈奇於中起舍故名王舍城也耆闍崛山者翻名靈鷲諸聖仙靈休之而住又名鷲頭峯形似鷲又山南有尸陀林諸鷲食屍竟棲其山然法身無像實不假地所居為欲利益故隨化身明化主住處耳與大比丘眾下列同聞眾也先聲聞次菩薩顯示教中二乘外相為勝菩薩心雖是勝外相無定是故後說也聲聞先標位次列數何不歎德非是無德譯經人略與者共義一處一時一心一戒一道一見一解脫等皆一故名共也今經與阿難諸大眾同聞故云與也大義有三謂大多勝天王大人所敬故言大徧解內外經書名曰多出九十五種上號為勝此等皆是無學小乘中極故云大也比丘者因果六義因名乞士怖魔破惡果號應供殺賊無生釋論淨目問

舍利弗乞士者有四種食合藥種植田園名下口食仰觀星宿名仰口食四方巧語名方口食呪術卜算四維口食比丘不作此四名清淨乞士也怖魔者若發心出家地行夜叉唱飛行空中展轉乃至六天魔王聞之怖畏失人眾也破惡者能破煩惱九十八使悉皆破斷故名破惡眾者四人已上乃至百千無量一處羯磨作法行等布薩事理二和無有違諍名和合眾也一有羞僧持戒無違二無羞僧不持戒不別好惡三無知僧雖不破戒不別輕重二人共諍不能判決默然無言四真實僧謂學無學人今此二僧得共羯磨同聞證信唯取無學人也千二百五十人者列數也三迦葉兄弟有千弟子優樓此云木瓜林伽耶此云城那提此云江昔共起剎令建枝也舍利弗名翻言珠子亦云身子姓拘栗陀目犍連姓也翻讚頌亦萊茯根或云胡豆二人共有二百五十人迦葉舍利弗等先並事火翻邪入正艱苦累載都無所獲一遇見佛便得上果感佛恩深常隨侍佛為同聞眾

菩薩位中有四第一明位第二列數三萬二千人第三標名文殊第四結為上首天竺云摩訶菩提質帝薩埵此云大道心成眾生文殊此云妙德以法化人名法王子也二發起序者諸經不同或放光動地微笑入禪自唱位號勸人令問今經正以殺父以為發起何故舉此逆事為發起耶為彰此界極惡令人猒棄親所生子猶尚危害即欲令人同欣淨土下韋提希願為我說無憂惱處不樂閻浮濁惡之世就中為二初爾時下正明殺父次問守門人下明欲害母問頻婆何故遣人說法韋提何故如來自往答父願聞法遣人傳授為化義足母求生淨土非佛不開故須自往頻婆娑羅此云摸實亦曰影堅韋提希此云思惟阿闍世此云未生怨或婆羅留支此云折指內人將護名為善見也初段為四一頻婆為子幽禁二國太夫人密奉王食以濟王命三漱口畢下聖為說法以潤王心四如是時間下明因食蜜由聞法多日不死初爾時王舍太子阿闍世者當佛在王舍城時未

生怨者未生之日相師占之此兒生已定當
害父隨順調達惡友教者調達此云天熱亦
云天授是斛飯王子是佛堂弟阿難親兄阿
難此翻歡喜亦云無染或云欣樂調達有三
十相出家誦六萬法聚滿十二韋陀爲利養
故往詣佛所求學神通佛不爲說令觀無常
自可得道復至舍利弗目連乃至五百弟子
所皆不爲說取通之法阿難親未得他心授
與通法調達入山學得五通心念誰作檀越
闍世太子有大王相或自變身作象馬寶於
王子前抱持歍欶復至天上取天華天食語
王子言我作新佛汝作新王豈不快耶隨順
惡友收執父王調達破僧舍利目連教化還
合推山壓佛崙跡金剛以杵擬之碎石迸來
傷佛足指華色比丘尼呵之拳打眼出作三
逆罪生入地獄頻婆往日畋富羅山遊行獵
麂空無所獲遇值一仙正坐使人驅遂令去
遂勑殺之臨終惡念願我來生還如今日心
口害汝如此等事皆是大士善權現化行於
非道通達佛道衆生根性不同入道有異一

逆一順弘道益物示行無間而無惱恚闍王
現逆爲息惡人令不起逆二明夫人奉食王
食麨飲漿求水漱口合掌遙禮請受八戒澡
浴清淨三二聖爲說法目連是佛右面弟子
昔爲辟支佛剃頭作褻裟願得神通授八戒
者不殺不盜不婬不妄語不飲酒不著華香
不觀聽伎樂不上高牀此八是戒不過中食
是齋毗曇不著香衣不上高牀同是莊嚴處
合爲一也富樓那此云滿願子亦滿慈子從
父母得名說法第一巧開人心故偏遣之四
頻婆因食聞法遂得多日不死也次害母中
爲四一爲子幽閉二因禁請佛三佛與弟子
因請往赴四見佛傷歎請法初中又三一欲
害母二二臣諫不聽害三勑內官幽閉初闍
世問守門者王今在不二守門者以事實答
三王聞瞋怒名父爲賊母爲賊伴即執利劍
欲害其母應殺守門人而欲害母者守門有
辭王先有勑制諸羣臣不言婦女沙門從空
飛入非我能禁王雖貪國殺父猶不違法劫
初已來一萬八千未聞無道害母害母眼見

何得言聞謂不忍聞世人傳說不宜住此欲
奔他國故云不住有國已來雖有刑罪不加
女人況所生母故不住也以手按劍却行而
退者按劍現威以息王忿也驚怖惶懼者畏
懼也耆婆此云固活生時一手把藥囊一手
把針筒昔誓爲醫能治他病從德立號耆羅
女子也是國賢臣賢臣去必國亡也汝不爲
我者耆婆重諫慎莫害母懺悔求救前諐也
即便捨劍止不害母勑語內官幽閉深宮韋
提希被幽閉下第二請佛謂請如來令遣弟
子與已相見文爲二初明請人次明請法韋
提何故請見目連及以阿難目連是門師阿
難佛侍者先恒教誡故偏求見居在深宮不
敢偏求內猒惡界願生淨土欲令二人傳意
請佛悲泣雨淚望佛哀憐遙向佛禮前已禮
竟今復重禮表已殷勤世尊在耆闍下如來
現宮不異勝鬘即生此念時佛於空中現也
文爲五一神通二色身三坐座四眷屬五兩
華知韋提希心念者是知他心從崛山沒王
宮出顯神通也問前頻婆請弟子意在如來

今夫人亦請弟子意在佛何故前請遣弟子
今請自往耶解有二義一闍王與調達殺父
如來若躬赴恐世王起怨嫌心爲護彼故不
得自往二者佛法寄在國王頻婆定死闍世
當爲國主如來若往者王得國主佛法不行
故不得往夫人無此諸事如來自往傷歎請
法中有二意韋提見佛下正明請其生處今
向世尊下明請往生之因初明供養問往生
因次問生處也我有何罪生此惡子世尊復
有何等因緣與提婆達多而爲眷屬此經不
答餘經說之昔於錠光佛時釋迦爲摩納就
珍寶仙人學學習既成念欲報恩自惟貧乏
于時耶若達欲嫁女時有須摩提求爲女聟
聰明有智而形貌醜摩納遇見論義須摩提
屈在言下耶若達歡喜大賜珍寶以女妻之
摩提生忿發誓未來世世常惱爲此因緣常
觸惱也濁惡者濁五濁也一見二煩惱三衆
生四命五劫惡者十惡也殺盗婬妄語惡口
兩舌綺語貪瞋邪見也三途地獄名泥犂譯
云不可樂畜生云旁行從主畜養爲人驅使

食噉餓鬼飢虚怯畏三千刹土同有此惡故
曰盈滿多不善聚惡道因也無人不起故名
曰多人常現行殺盗婬等違理枉物爲不善
積集稱聚也願我未來不聞惡聲不見惡人
今向世尊五體投地兩肘兩膝頭頂是爲五
體也懺摩梵言悔過漢語彼此並舉故云懺
悔將果驗因知過去有罪恐償未盡當來更
受故須懺悔惟願佛日啓告所求佛能破壞
衆生癡闇如日除昏故言佛日教我觀於清
淨業處序文竟

爾時世尊放眉間光下第二正說文爲三初
明淨業次辯妙觀三利益如來眉間有白毫
相猶如珂雪長一丈五尺毫有八楞周圍五
寸其毫中空右旋宛轉如瑠璃筒從此發光
照無量國還住佛頂變爲金臺廣現諸國令
韋提希樂生安養初放光酬前請於生處次
世尊微笑下酬前淨業近答思惟正受三種
淨業散心思量名曰思惟十六正觀說名正
受就初有二第一答其生處惟願下明見淨
土更請淨國之因初放光普示諸土次或有

下示土差別韋提下示生處思惟是願願思
是業正問其因正受者非邪曰正領納名受
即第二問觀行微笑中有二初明三種淨業
答思惟汝是凡夫下次明十六妙觀答正受
初業共凡夫次共二乘後是大乘不共之法
初淨業中有三第一明三種淨業告阿難下
第二歎其所問妙契佛心從阿難汝當受持
下第三略付阿難令持獲利也就初復三初
明光照頻婆獲道次世尊告韋提汝今知不
下舉果勸修因三欲生彼國者下明往生之
因也何以不直答其土因而復放光微笑耶
解有二初爲欲增道次欲使王與夫人因光
相見王既覩光增道知國非實視死如眠夫
人見王無憂觀法成果也微笑如釋種被誅
如來光色益顯正以如來善達因緣業報無
差對至巨避王雖應死而獲道跡夫人幽縶
即是現淨土之緣有此多緣所以致笑也阿
那舍者第三不還果也去此不遠者安樂國
土去此十萬億佛刹一一刹恒沙世界何言
不遠解云以佛力故欲見即見又光中現土

顯於佛頂一念能緣言不遠也第一孝養父
母奉事師長敬上接下慈心行也修十善業
是其止行身除三邪口離四過意斷三惡也
第二三歸者佛法僧也在家戒亦即是十戒
具足衆戒者道俗備受微細不犯威儀者三
千悉皆不缺也第三發菩提心是願起意趣
向名爲發心菩提是道佛果圓通說爲菩提
讀誦大乘明修解也行能運通說之爲乘餘
二不及是言大也佛告韋提此三種業三世
諸佛淨業正因是歎辭也諦聽諦聽善思念
之諦聽令生聞慧善思思慧念之修慧煩惱
賊者此能損慧命傷法身故名爲賊也即得
無生忍是初住初地仁王經說五忍一伏二
信三順四無生五寂滅初明韋提見土之由
次一問答明爲未來衆生請見土之方法汝
是凡夫彰其分齊不能遠觀韋提實大菩薩
此會即得無生忍示同在凡夫心想羸劣未
得天眼不能遠照見彼國土有異方便令汝
得見異方便者即十六觀非直觀名方便以
佛力故見彼國者亦是方便也韋提白佛如

我今者下爲佛滅後衆生請也濁者五濁不
善者十不善五苦者五道非樂故云五苦或
是五惡五痛五燒五惡殺盜邪婬妄語飲酒
如大經現遭厄難王法刑罰是五痛也五燒
即當來墮三途苦毒名五燒云何當見阿彌
陀極樂國土正爲啓請答中有十六觀一日
觀二水觀三地觀四樹觀五池觀六總觀觀
一切樓地池等七華座觀八佛菩薩像觀九
佛身觀十觀音觀十一勢至觀十二普往生
觀十三雜明佛菩薩觀十四上品生觀十五
中品生觀十六下品生觀就十六觀分文爲
三初六觀觀其依果次七觀觀其正報後三
明三輩九品往生也
第一日觀示令繫心佛告下略明繫念總勸
修觀云何下正明作日觀一切有目皆見日
沒下舉所觀境當起想下正教觀察是爲下
結也教令正觀爲除疑心大本所明以疑惑
心修諸功德生彼國者落在邊地復受胎生
故作此觀令除疑惑也障者大本言唯除五
逆誹謗正法故須作觀五逆重罪除六十劫

生死罪等下華自論
第二水觀初作水想者舉所觀境界後見水
澄清下正起觀行是爲水想下結觀也一作
水想二變水成冰三變冰爲瑠璃四觀瑠璃
以成大地内外映徹地下寶柱承擎地上諸
相莊嚴以衆寶間錯其地一一寶出雜色光
明光明成諸樓觀樓觀兩邊有華幢幢上多
有樂器宣說妙音也八種清風者彼處實無
時節若寄此八謂除上下餘四方四維故云
八亦可用對八卦也
第三地觀文有四一漸想觀從若得三昧下
第二實觀佛告下明利益作是觀下顯觀邪
正前水是想不能滅罪地觀是實故能除斷
也
第四樹觀文三初明結前生後次觀實樹下
正明觀行是爲下結正觀中有五一明樹體
二明莊嚴相三明生法四有大光明下現佛
國土五見樹莖葉下結觀也
第五池觀中有五一明池體二明池相三明
隨心適意四明利益第五結觀摩尼者如意

珠也八功德者輕清冷輭美不臭飲時調適飲已無患清是色入不臭香入輕冷輭是觸入美是味入調適無患是法入

第六總觀中有四衆寶國土下明總觀初寶樓二樹三地四池觀樓中初正觀樓次觀上及虛空中諸音樂聲結成觀想名爲粗見從是爲下二結從若見下第三利益作是觀下第四顯觀邪正

第七明佛身中有四第一佛告下勅聽許說第二從說是語時下明佛現身相第三從時韋提下爲未來請第四佛告下酬請廣明佛身五種觀門第一觀華座第二觀像第三觀佛身第四觀音第五觀勢至初華座中有五一明成座法用并辯其相二一一金色下明能隨機利物三是爲華想下結觀四阿難如此華下明由願力所成五若欲念彼佛下明觀未來有利益

第八明像想中有三初汎明諸佛法身自在從心想生二是故應當下偏觀彼彌陀并示觀行三作是觀者下明修觀獲利也法界身者報佛法性身也衆生心淨法身自在故言入衆生心想中如似白日昇天影現百川即是三十二相八十種好明佛身自在能隨物現前明佛菩薩此顯能隨也又法界身是佛身無所不徧法界爲體入一切衆生心想中者得此觀佛三昧解入相應故言入心想中也是心作佛者佛本是無心淨故有亦因此三昧心終成作佛也是心是佛者向聞佛本是無心淨故有便謂條然有異故言即是心外無佛亦無佛之因也始學名作終成即是佛若當現分別諸佛法身與己同體現觀佛時心中現者即是諸佛法身之體名心是佛望已當果由觀生彼名心作佛也正徧知海從心想生者以心淨故諸佛即現故云生也亦因此觀佛三昧出生作佛多陀阿伽度或明十號無量名號等此中略舉三號即如來應供正徧知天竺三名相近阿羅訶翻應供阿羅漢翻無生阿盧漢翻殺賊今與修多羅合者觀行之時令與教法相應故言合也又解與十二部經教合入定是修多羅出定之時心與定合故云與修多羅合也

第九觀佛眞法身中有五一明結上第二次當更觀下正觀佛身第三從作是觀下正明觀於佛心第四從作此觀者捨身他世下舉利勸修第五從作是觀者下顯觀邪正觀身大小高六十萬億那由他恒河沙由旬毫相如五須彌山須彌山舉高三百三十六萬里縱廣亦爾彼佛毫相過此五倍眼如四大海水準眼量以度身身量太長世人身長七尺者眼長一寸餘四大海水一海八萬四千由旬四海合三十三萬六千由旬身過其眼五十六億倍假令極多無出萬倍何緣佛身得長六十萬億那由他恒河沙由旬準眼定身正六十萬億那由他由旬言恒河沙者譯人謬耳眼見佛身即見佛心身由心起故見身即見心由見身心想轉明故得見佛心佛心者大慈悲心是以無緣慈普攝衆生釋論云慈有三種一衆生緣無心攀緣一切衆生而於衆生自然現益如涅槃經我實不往慈善根力能令衆生見如斯事二法緣者無心觀

法而於諸法自然普照如日照物無所分別三者無緣無心觀理而於平等第一義中自然安住以無緣慈攝諸衆生辯佛心相也念佛衆生攝取不捨者若爲佛慈悲所護餘得離苦永得安樂釋論云譬如魚子母若不念子則爛壞衆生亦爾佛若不念善根則壞今明無緣慈者諸佛所被謂心不住有無不依三世知緣不實以衆生不知故實相智慧令衆生得之是爲無緣也捨身他世生諸佛前以修念佛三昧故發見佛願生生常值如人習巧從少至長所作遂妙以隨念佛三昧故得生無量壽佛國故般舟經云衆生問佛何因緣得生此國彌陀佛答以修念佛三昧得生我國也從一相好入但觀眉間白毫者如觀佛三昧經云釋迦如來眉間白毫者云云寶性論明佛毫相在兩眉間闊三百六十萬里方圓亦然故文云無量壽佛身量無邊非是凡夫心力所及正可取如釋迦毫相大小現觀若得三昧觀心成就方可稱彼佛相而觀也智度論云爲增長諸菩薩念佛三昧故說般若波羅蜜經今說般若現奇特身相光明色像徧至十方以此爲觀也

第十觀觀音中有三初結上次復應觀觀世音菩薩下正明觀菩薩身也第三作此觀者觀之邪正也觀菩薩法身中有三初觀身相冠中立化佛者帶果而行因也第二明與佛同異第三佛告阿難下還舉利勸修也釋迦毗楞伽翻能聖

第十一勢至中有三初明因光神力制二種名次此菩薩天冠有五百寶下明與觀音同異後除無量劫罪下勸修略無觀法當不異上故不重明所以觀佛先作像想後觀法身菩薩直明法身者但佛法身妙極不可一往而觀故先作像想流利後觀法身則易菩薩者觀佛既竟次二大士是眷屬莊嚴如王來即有營從有佛必有菩薩也

第十二普觀普雜何異而爲二耶普觀作自身往想稱彼境界一一具觀雜觀明佛菩薩神力自在轉變非恒大小不定或隨物現故名爲雜以此爲別普中有二初從見此事時當起自心下作自身往想次無量壽佛化身下佛及菩薩化身來現也

第十三雜觀有二第一觀丈六像第二無量壽佛身量無邊下明彌陀變現自在堅固行者常令習觀修行不倦所觀若大若小皆是佛身拂去衆疑生人重意衆云何疑前聞廣大無量今聞觀小疑非佛身於小不敬故須拂去明皆是佛生其重意但觀手相者有作頭首解者上言觀音頭上天冠中有一立化佛勢至頭上有寶缾以此爲別作手解者上云其手柔輭有八萬四千畫以此實手接引衆生皆是經文用無在也

第十四上品生觀此下三觀觀往生人者有二義一爲令識三品往生捨於中下修習上品二爲令識位之上中下即是大本中三品也釋會經論者問依往生論二乘不得生此經中輩小乘得生答正處小行不生要由垂終發大乘種爾乃得生經說現今論舉本始何故復證小果釋雖復垂終發大心先多學小至彼聞苦空無常發其本解先證小果得

小果已於小不住必還入大問論女人根缺不生此經韋提希及五百侍女同皆往生釋言論說女人根缺不生者就彼爲言生彼國者淨根離欲故無女人身根精上故無根缺經語初往故有善心一切得往問大本五逆謗法不得生此經逆罪得生釋有兩義約人造罪有上有下上根者如世王造逆必有重悔令罪消薄容使得生下根人造逆多無重悔故不得生二者約行行有定散觀佛三昧名定修餘善業說以爲散散善力微不能滅除五逆不得往生大本就此故言不生此經明觀故說得生就三品中更爲九上品之人始從習種終至解行菩薩中品者從外凡十信已下下品即是今時悠悠凡夫何以得知上品見佛聞法便悟無生故是道種人下品備造四重衆罪亦得往生類此似爾上品位當道種中品位當性種下品位當習種一得道有遲疾二所乘有異初則金剛臺中紫金臺下金蓮華就初中文爲三第一標第二若有衆生願生彼國下正釋第三從是名下結

釋中復四初明修因第二從生彼國時下明值緣第三從行者見已下正明得生第四從生彼國下生後利益至誠心者即實行衆生至之言專誠之言實深者佛果深高以心往求故云深心亦從深理生亦從厚樂善根生故十地經言入深廣心涅槃經云根深難拔故言深心六念者佛法僧施戒天六事安心不動稱之爲念也無生忍言登初地也陀羅尼者一能持善二能遮惡是總持也上品中生者有三第一標第二釋第三結釋中有四初往生因第二行此下明值緣第三行者自見下得生第四行者身作紫磨金色下往生利益甚深第一義者謂諸法實相言語道絶心行處滅名之深妙精進最稱第一阿耨不退轉者謂道種善提亦通是道種地不退位現前受記者四種受記一往現前也上品下生中有三初標第二亦信因果下釋第三是名下結釋中有四第一明往生之因第二行者命欲終時下値緣第三見此事時下得生第四一日一夜下生後利益得百法明門者

地論云入百法明門增長智慧思惟種種法門義故歡喜地者初證聖處多生歡喜也第十五中品生觀中品上生者有三第一標第二從若有衆生下釋第三從是名下結釋中有四初明生因第二從臨命終時阿彌陀佛下值緣第三從行者見已下得生第四從富華敷時下明生後利益五戒者不殺盜婬妄語飲酒也八戒者加不上高牀不著華鬘瓔珞香塗身熏衣不得歌舞作樂及往觀聽也四諦者苦集滅道也羅漢者應供不生殺賊也三明者過現未來明也六神通者天眼天耳他心宿命漏盡身得如意此六悉皆無壅故爲通八解脫者一內有色相外觀色二者內無色相外觀色三者淨四空處五識處六無所有處七非非想處八滅盡解脫也此八中前三種微妙五欲無染無著中四於下得離後一能脫心慮故名解脫亦名背捨背者背彼淨潔五欲也捨者離是著心也釋會者論明小乘不生者決定不生此中明生退菩提心得生至彼處無漏道熟即證第四果

大論亦然或接引小乘然彼實無中品應時即得羅漢何以不及九品解云是退菩提聲聞往生彼國無漏道熟便證小果不守小位而住還起大心進行彌速或五劫或十劫得成初地如是階級猶是其勝大本上品明其出家中品不明出家此中所明是則中品若其不出家經云一日一夜持沙彌戒故知有也而大本不明據長時始終爲語今言出家者就短時而論中品中生者有三初標第二從若有衆生下釋第三是名下結就釋中有四初明生因第二從如此行者下明值緣第三從行者自見下明得生第四在實池中下明生後利益也十戒者即前八戒更足不捉金銀生像及不過中食爲十戒也具足戒者二百五十戒五百戒等須陀洹者翻修習無漏或逆流也中品下生者有三初標第二從若有下釋第三是名下結釋中有四初明因第二此人命終時下明緣第三從聞此事下得生第四從經七日下生後利益也

第十六下品生觀下品上生者有三初標第二從或有衆生下釋第三從是名下結釋中有四初明因第二從爾時彼佛下明緣第三從作是語下明得生第四經七七日下明生後利益也下品中生者有三一標二釋三結釋中有四初明因第一從吹諸天華下明緣第三從如一念頃下明得生第四從經六劫下明生後獲利也下品下生有三初標二釋三結釋中有四初明因第二從見金蓮華下明緣第三從如一念頃下明得生第四從於蓮華中下明獲利稱無量壽佛至於十念者善心相續至於十念或一念成就即得往生以念佛除滅罪障故即以念佛爲勝緣也若不如此者云何得往生也問云何行者以少時心力而能勝於終身造惡耶大論有此責是心雖少時而力猛利如垂死之人必知不免諦心決斷勝百年願力是心名爲大心以捨身事急故如人入陣不惜身命名爲健人也第二利益中有二初明夫人道悟無生二明侍女發心也

第三流通亦二第一明王宮流通第二爾時世尊足步下明耆山流通初有四一列名教持二行此下明修有益勸人奉信三告阿難下付囑令持四說此下目連等聞歡喜初中阿難先問發當何名下問經名字上來所說言義非一當於何義而名此經此法之要云何受持問受持法佛答名觀極樂無量壽佛觀音勢至亦名淨業生諸佛前對其初問汝當受持無令忘失對其後問次明有益行前十六觀門得大利益現身得見彼佛菩薩善男子善女人聞名下明其念佛菩薩之益但得聞名除無量罪何况憶念明念佛菩薩有大利益舉劣况勝念佛者人中分陀利華明其身勝觀音勢至爲勝友伴勝當坐道場得道之場名曰道場菩提樹下得道故名爲坐依之得果義說爲坐依之起行名生佛家也結名付囑亦名觀無量壽佛亦名滅除業障也歡喜者三義故喜一能說人清淨佛無礙智無有錯謬名爲清淨二所說法清淨能令衆生得證三昧三依法所得果清淨依法修行滿足身證清淨果也耆山流通中初佛步

空還耆闍崛山爲增物敬奉順其言故現此
變次阿難及天龍等聞法歡喜作禮而去也

佛説觀無量壽佛經疏

佛説觀無量壽佛經疏

校勘記

一　底本，明永樂北藏本。

一　六九四頁上末行第五字「十」，南無。

一　六九四頁中一三行第一〇字「泯」，南、徑、清作「假」。

一　七〇四頁上四行第二字「住」，徑作「往」。

一　七〇四頁中五行「第一」，南作「第二」。

觀無量壽佛經疏妙宗鈔卷第一　約四

宋四明沙門知禮述

此經義疏人㤈淨報故說聽者多矣所稟實雲師首製記文相沿至今著述不絕皆宗智者豈有不知修心妙觀感四淨土文義者耶良以愍物情深適時智巧故多談事相少示觀門務在下凡普霑緣種方今嘉運感演圓乘慕學之徒皆欲得旨而修證矣故竭鄙思鈔數千言上順妙宗略消此疏適時之巧非我所能願共有情即心念佛乃此鈔所以作也天禧五年歲在辛酉重陽日下筆故序

此之疏題佛等八字備舉經目皆是所釋唯疏一字是能釋也今之五章釋其八字義稍委悉入文自見若欲預知可陳梗槩經是通號餘是別名今且明別佛說者釋迦化主四辯宣演也觀者總舉能觀即十六觀也無量壽佛者舉所觀要攝十五境也且置能說略明所說能觀皆是一心三觀所觀皆是三諦一境毗盧遮那徧一切處一切諸法皆是佛法所謂衆生性德之佛非自非他非因非果即是圓常大覺之體故起信論云所言覺義者謂心體離念離念相者等虛空界無所不徧法界一相即是如來常住法身依此法身說名本覺故知果佛圓明之體是我凡夫本具性德故一切教所談行法無不為顯此之覺體故四三昧通名念佛但其觀法為門不同如一行三昧直觀三道顯本性佛方等三昧觀想持顯法華兼誦經觀音兼數息覺意歷三性此等三昧歷事雖異念佛是同俱為顯於大覺體故雖俱念佛而是通途顯諸佛體若此觀門及般舟三昧託彼安養依正之境用微妙觀專就彌陀顯真佛體雖託彼境須知依正同居一心心性徧周無法不造無法不具若一毫法從心外生則不名為大乘觀也行者應知據乎心性觀彼依正依正可彰託彼依正觀於心性心性易發所言心性具一切法造一切法者實無能具所具能造所造即心是法即法是心能造因緣及所造法皆悉當處全是心性是故令觀若依若正乃法界心觀法界境生於法界依正色心是則名為唯依唯正唯色唯心唯觀唯境故釋觀字用一心三觀釋無量壽用一體三身體宗力用義並從圓判教屬頓五重玄義本是經中所詮觀法大師預取解釋經題欲令行者用此觀法入十六門而為修證故於序文以主包衆以正收依觀佛既即三身觀餘豈非三諦寄語行者觀雖深妙本被初心若能進功何憂不就縱未入品為因亦強生至彼邦得預大會所見依正微妙難思速入聖階度生亦廣未異事善及小乘行得往生者如此土人宿圓修者於諸座席見相殊常聞法易悟以此類彼功在妙宗但為戒福不精無往生願故在穢土聞法入真須懼娑婆不常值佛縱遇善友色心不勝難發我心況塵境麤強識為險處故須外加事儀內勤理觀正助雙行加願要制必於實刹速證無生令解觀門其意在此疏者疎也決也疎通決擇上之義趣通而不壅令其行者得意修之故也次能說人號備於別傳及諸章記有未知者須尋彼文二釋文初釋序三初叙經觀意二

初正明觀行二初叙意二初對垢立淨二初法二初明二報苦樂欲論觀行先示二報苦樂之相文有四句一一皆論淨穢相對初句以所成國土苦樂相對安養淨國但受諸樂故名樂邦堪忍穢土多受衆苦義言苦域次句以能成物體貴賤相對彼純七珍略言金寶此多衆穢略語泥沙次句以初生受質垢淨相對此土六道具有四生今就人中多從胎藏母食冷熱及飢飽時兒在胎中如處寒熱倒懸山壓地獄之苦故云胎獄彼土九品八從蓮生下品之人雖經多劫大本中說疑心修善生彼胎宮樂同忉利況八九品不生疑惑豈有苦邪是故華池受生即樂次句以生後遊處麤好相對此則荊棘叢林彼則金渠玉樹然此四句雖一一句苦樂相對意則對穢顯彼淨相又復應知四句之文似難顯示同居二土據下明宗具論四土淨穢之相以後驗此不專同居當知四句一一通於四種淨穢見思輕重則感同居樂邦苦域體折巧拙則感方便樂邦苦域次第頓入則感實

報樂邦苦域分證究竟則感寂光樂邦苦域以例金寶泥沙胎獄華池棘林瓊樹亦復如是一家制立正文與序必不相違但序總示宗文別說是故似異問下三淨土既皆有相則可論於金寶等事寂光之淨已全無相如何可說金寶華池及以瓊樹答經論中言寂光無相乃是已盡染礙之相非如太虛空無一物良由三惑究竟清淨則依正色心究竟明顯故大經云因滅是色獲得常色受想行識亦復如是仁王稱爲法性五陰亦是法華世間相常大品色香無非中道是則名爲究竟樂邦究竟金寶究竟華池究竟瓊樹又復此就捨穢究盡取淨窮源故苦域等判屬三郭樂邦金寶以爲寂光若就淨穢平等而談則以究竟苦域泥沙而爲寂光此之二說但順悉檀無不圓極問佛無上報是即理之事可論金等究竟寂光是即事之理豈有金等若其同有事理既混如何分於二土義耶答佛無上報是究竟始覺上品寂光是究竟本覺始本既極豈分二體應知二土縱分事理

實非有無豈亡善妙有而非理邪秘藏之理豈同小空故此事理二名一體以復本故名無上報事也以復本故名上寂光理也故妙樂云修得四德本有四德二義齊等方是遮那身土之相況淨名疏顯將寂光爲佛依報故知定執報土有金寶等寂光定無斯乃迷名全不知義矣二誠由下明二因心行誠實也由從也報之淨穢實從心行二因致感心即迷了二心行即違順二行六道三教迷三德性爲三惑染故曰垢心身口諸業違理有作皆名惡行此之心行感四穢土沉下麤淺也唯圓頓教了三德性離三惑染方名淨心身口諸業順理無作稱爲善行此之心行感四淨土高升深妙也心雖本一以迷了故須分垢淨行業雖同以違順故須開善惡從此二因感報淨穢應知圓人以上寂光而爲觀體凡聖因位皆即究竟不同別人要心只齊一十二品故分證穢正在別教問至理微妙不垢不淨無取無捨今立垢淨令人取捨既乖妙理即非上乘何得名爲修心妙觀顯一

實相答據名求義萬無一得以義定名萬無一失良以理外理内小乘大乘漸次圓頓所立名言率多相似須以邪正定其内外次以空中甄其小大復以漸頓分其别圓則使名言纖毫不濫方可憑之立乎觀行是故今家評此等義而用六句判於同異所謂相破相修相即各有二句即六句也今用此六判此相違先以别義定其同名所謂外道斷無不垢不淨見二乘空理不垢不淨證别教但中不垢不淨門圓教祕藏不垢不淨理復有四淨外道欣猒執淨之見二乘斷惑滅淨之證别教離染漸淨之門圓教即染頓淨之理既知此已乃可論於淨與不垢不淨相破之句圓教頓淨破於别教二乘外道不垢不淨圓教不垢不淨破於三種之淨相修句者三種之淨修於圓教祕藏不垢不淨三種不垢不淨修於圓教即染之淨相即句者圓教即染之淨即是祕藏不垢不淨祕藏不垢不淨即是即染之淨今之妙觀即於染心觀四淨土既照寂光豈異祕藏不垢不淨邪若謂今經捨穢取淨異於祕藏雙非理者何故韋提聞觀淨土分證祕藏邪應知今淨淨於垢淨乃以垢淨平等之理而爲於淨土名偏義圓斯之謂矣但以機緣捨穢心强宜以淨門淨一切相故今談淨與不垢不淨全不相違又復應知取捨若極與不取捨亦非異轍二喻形端喻淨因了性淨心順理善行影直喻果四淨土也源濁喻穢因迷性垢心違理惡行流昏喻果四穢土也若翻上喻形曲影凹自可喻於通修因果若翻下喻源淨流清亦自可喻順修因果今舉二喻各喻一種其義甚明二故知下就淨示修上已對穢顯於淨相故今就淨而明修法前示二因通云淨心及以善行此明修相故的指今十六妙觀三種淨業於十六境不照三諦豈明妙觀修三種福爲三惑染不稱淨業妙觀是正淨業爲助正助合行能感四種極樂國土得見三身彌陀世尊文從互説觀論生土業論見佛依正既俱正助非隔二然化下示文二初示教興二初明興由華凡之化要因近事而爲鴻漸詮理之教必藉機緣方得興起近事爲漸通於諸化今化别由殺逆之事欲令衆生猒濁世故此教當機是韋提希華言思惟善修觀故二大聖下明現土佛是極聖故稱爲大佛慈下被名之曰垂託韋提請布所證理名來機演法曜玉相等者經云爾時世尊放眉間光偏照十方無量世界還住佛頂化爲金臺如須彌山雖廣示等者經云十方妙國皆於中現或有國土七寶合成復有國土純是蓮華乃至云時韋提希白佛言是諸國土雖復清淨我今樂生極樂世界阿彌陀佛所二使末下示觀相二初總標使末俗等者經云如來今者教韋提希及未來世一切衆生觀於西方極樂世界以佛力故當得見彼清淨國土等二落日下别示十六觀法不出三類即依報正報及三輩往生今順此三撮要而示文自爲三初依報初觀落日狀如懸鼓令心堅住專想不移此有二意一令觀日心不馳散二令心想正趣西方故云用標送想之方次觀清水復想成冰良以彼土瑠璃爲地此地

難想且令想冰冰想若成寶地可見故云寶表瑠璃之地次示樹觀而經但云其諸寶樹七寶華葉無不具足而無風吟天樂之事乃取小本中語成今樹觀之文故彼經云微風吹動衆寶行樹及寶羅網出微妙音譬如百千種樂同時俱作故云共天樂而同繁次示池觀經云有八池水從如意珠王生分十四支黃金爲渠其摩尼水流澍華間其聲微妙演說苦空無常無我諸波羅蜜等故云將契經而合響二觀內下示正報先明觀音勢至二菩薩觀以此二觀皆明肉髻故經云若有欲觀觀世音菩薩者先觀頂上肉髻次觀天冠其餘衆相亦次第觀之勢至經云頂上肉髻如鉢頭摩華於肉髻上有一寶缾盛諸光明普現佛事餘諸身相如觀世音等無有異斯是如來教示行者想二大士觀法之要也此二菩薩次當補處今爲近侍故云瞻侍者也次示彌陀觀經云觀無量壽佛者從一相好入但觀眉間白毫極令明了見眉間白毫者八萬四千相自然當現豈非教示觀法之門故云念毫相而觀如來也三及其下示三輩觀下疏判云觀三品往生有二意一令捨中下修上品故二令識位高下即大本三品故此之二意初策自行次則觀他故今略叙就策自行即修觀行人功有淺深致使往生相分三品故云及其暝目告終等也初明上品上生及上品中生以經明上生乘金剛臺中生坐紫金臺故云上珍臺也次文成下明上品下生經云即見自身坐金蓮華文成印壞者大經二十七云譬如蠟印印泥印與泥合印滅文成以喻凡夫現在陰滅中有陰生今借此文以喻往生菩薩此土陰滅彼國陰生須知垂終自見坐金蓮身已是彼國生陰故也成論明極善極惡俱不經中陰如矟矛離手也上雖三品但是上輩次總示三輩往生之者俱出輪迴言隨三輩者非謂隨他盡是隨己所修三輩行業皆能橫截五道永得不退也大本云往生安養國橫截五惡道五苦者此方五道俱不免苦天道縱樂還墮惡趣故二可謂下結歎觀行微行者歎三種業雖是身口運爲之善今順理修皆成無作幽微無相之行也妙觀者歎十六觀雖託安養依正之境而皆稱性絶待照之即不思議圓妙觀也此之觀行能令修者達四淨土縱具見思而能不退誠爲至極之道要妙之術如此歎結意令聞者尚之修之不肖之徒輕欺生死不求不退於斯要術生謗鄙人痛哉痛哉二此經下叙經宗體心觀者經以觀佛而爲題目疏今乃以心觀爲宗此二無殊方是今觀良以圓解全異小乘小昧唯心佛從外有是故心佛其體不同大乘行人知我一心具諸佛性託境修觀佛相乃彰今觀彌陀依正爲緣熏乎心性心性所具極樂依正由熏發生心具而生豈離心性全心是佛全佛是心終日觀心終日觀佛是故經目與疏立宗語雖不同其義無別又應須了若觀佛者必須照心若專觀心未必託佛如一行三昧直觀一念不託他佛而爲所緣若彼般舟及此觀法發軫即觀安養依正而觀依正不離心性故曰心觀須知此觀不專觀心內外分之

此當外觀以由託彼依正觀故是以經題標
爲觀佛若論難易今須從易法華玄云佛法
太高衆生太廣初心爲難心佛衆生三無差
別觀心則易今此觀法非但觀佛乃攝心觀
就下顯高雖修佛觀不名爲難是知今經心
觀爲宗意在見佛故得二說義匪殊途又應
了知法界圓融不思議體作我一念之心亦
復舉體作生作佛作依作正作根作境一心
一塵至一極微無非法界全體而作既一一
法全法界作故趣舉一即是圓融法界全分
既全法界有何一物不具諸法如義例中辟
解師云四教中圓唯論心具一切諸法身色
依報則不論具唯一頻頻方明三處皆具諸
法荆谿論曰四教中圓何嘗不云三處具法
禀今宗者若云心具色等不具同彼謬立漸
圓之見望彼頻頻天地相懸尚劣於彼何預
今宗以一切法一一皆具一切法故是故今
家立於唯色唯香等義若其然者何故經論
多以一心爲諸法總立觀境耶良以若觀生
佛等境事既隔異能所難忘觀心法者近而
復要既是能造具義易彰又即能觀而爲所
照易絶念故妙玄云三無差別觀心則易縱
觀他境亦須約心此經正當約心觀佛也實
相爲體者心觀之宗方能顯發中道實相深
廣之體所以者何若於心外而觀佛者縱能
推理但見偏眞即如善吉觀佛法身但證小
理今約唯心觀佛依正當處顯發中實之體
中必雙照三諦具足故云此經心觀爲宗實
相爲體文特於此舉宗體者成前叙觀顯後
叙題成前者以叙觀文雖具三觀四土之義
語且總略恐失意者謂但叙於同居淨土觀
行之意故叙觀畢特示唯心妙觀之宗以顯
中道實相之體實相既是常寂光土若謂十
六只觀應佛依正之相豈能顯此實相寂光
若於十六用圓三觀尚能感得寂光極樂豈
不能感三土極樂以此成前樂邦金寶等諸
文義皆明四種淨土因果也顯後者行人若
得此宗體意則知叙題能說之佛所說觀境
徒衆依報及以通名如是諸義悉皆圓妙非
小非偏方是今經首題名字叙觀叙題兩楹
之際示乎宗體其意在茲三所言下叙經題
目二初別題七字具含能說所說能觀所觀
正文釋名備顯其義今序但明以勝攝劣攬
別爲總立題之意也以十六境佛境最勝故
云佛是所觀勝境蓋十六觀不出依正及以
徒主若論依正佛是正報舉正攝依則攝日
冰地樹等六觀也若分徒主佛是化主述主
包徒則攝觀音勢至三輩等九觀也故云觀
雖十六言佛便周故入正文以圓三觀釋乎
能觀以妙三身釋所觀佛佛既總攝餘十五
境豈不一一皆是圓妙三諦三觀耶二經者
下通題儒經講解有茲二訓萬代軌則故訓
法也百王不易故訓常也佛經亦然十界咸
規三世不易復以由義而釋於經由佛大聖
金口宣吐自證之法故名爲經法華玄義委
解通名當宗學人不可不究二入文二初取
義釋題二初標列注云云者令依諸部明於
通釋五章之義妙玄最委故彼文云就通作
七番共解一標章二引證三生起四開合五
料簡六觀心七會異標章令易憶持起念心

故引證據佛語起信心故生起使不雜亂起定心故開合料揀會異等起慧心故觀心即聞即行起精進心故五心立成五根排五鄣成五力乃至入三解脫略說七重共意如此今疏從略但標五名也○二隨釋五初釋名二初標二一切下釋二初對通略示二初就三處論通別三初約一化二初釋二初示諸題具通別他釋經題皆以經字為能詮教餘字並是所詮之義作此分之甚違佛旨且人法譬皆是名字豈非能詮那得一向屬所詮義經字不可一向屬教如妙經云法華經義深固幽遠無人能到又云為佛護念植種德本入正定聚發救一切眾生之心成就四法必得是經疏釋此四是開示悟入佛之知見知見證理名為得經此二豈非以理為經金光明云十方諸佛常念是經豈令諸佛但念於教此例蓋多不能備引故知諸師以能詮所詮釋眾經題失旨之甚今家皆用通別釋題方無所失二通則下明通別有三種今解諸經通別二名俱是能詮俱是所詮良以通

別各自具於教行理故勿謂二名但在於教須知通別自有教名行名理名如一別題佛說是教觀即是行無量壽佛是理豈非別教別行別理以此三別對於經字即是通教通行通理今於三中初明教通別二初正明一化通名者頓說漸說施權開權律論之外皆名為經故稱通也別名者別相乃多今從三種謂人法譬單三複三并具足一以成七別單三者單人如阿彌陀經等單法如大般涅槃經等單譬如梵網經等複三者人法如文殊問般若經等法譬如妙法蓮華經等人譬如如來師子吼經等人法譬具足者如勝鬘師子吼一乘大方便方廣經等以此七別與通合標一代佛法二今經下別指此經本論一化言此經者以明七別此屬單人是故言也雖屬單人而人自分能說釋迦所說彌陀以此二人而為別目經同一化故曰通名據有觀字合是人法能從於所以人兼之故略不示然分通別不同廣釋故未委悉二為行下行通別諸經有用一種之行而為別名以

對通名經即通行若論別行其數無量卒難說盡今以增數示於行人似可領會一如一行等二如二智等三如三觀等四如四念等五如五根等六如六妙等七如七覺等八如八正等九如九禪等十如十度等乃至百千萬億無量行也此等別行皆趣涅槃究竟四德略言常樂約趣涅槃別行即通故為行經彼釋籤中乃以因果判行通別須知其意非謂至果其行方通欲知意者據各修因名為行別約趣一果此別即通斯乃別時論通通時論別豈唯行爾教理亦然如以機應對教通別佛以一音演說法眾生隨類各得解各解則機別一音則應通各解不離一音一音不妨各解如金光明玄以能詮文字為教通以能詮所以為教別所以即是四悉檀也一一悉檀皆用文字一一文字不離悉檀如以名實對理通別多名不離一實一實不妨多名故三通別皆悉同時悉類樂中管色之韻約聲則通約曲則別通別二用不相妨礙三理雖下理通別名實相對名即是門乃以四

門彰一理也亦是事別而對理通良以諸經多用一事而彰於理得理別名如此經題以無量壽佛名爲別理以對通名經則通理若於一化以通別理解經題者莫若四門以爲別理四門者有門空門雙亦門雙非門四門名通須分四教所謂三藏教通教別教圓教四教各開有等四門四四乃成一十六門詮於別理成十六理理尚非一那得十六然理無礙能應諸門猶彼虛空其體實非方圓大小以無礙故故能隨彼方圓等物咸無量相從無量說即是別理體是一空名爲通理無通不別無別不通通別合標成一題目二此約下結五時之內一一經題皆具通別若不用此教行理判徒分通別全無所以也然無量行會一常樂四教四門同詮一理若專方等未堪此聞乃是預取法華之意跨節而談於佛滅後解釋諸經不約法華寧窮一化二更約下約一題一化經目通別二名具教等三關涉既廣思修或難故就即今所解經題明教行理宛然可見此三皆別以對經字即

是三通故云任運有通別意欲使行者即此一題就說解教起能觀行見眞佛理三更就下約一字一題雖約而涉三名今示一字解行證三悉得具足此復爲二初就說字兼含釋題中說字最可顯於教行并理故引釋論所行如所說句以示說中含於行理如者眞如也如名不異一眞覺性物我無殊三際平等契此如理方得心口說行不異故金剛般若云云何爲人演說如如不動法華云諸法空爲座處此爲說法事相解如二物相似以爲不異理觀解如二物性一方名不異故釋經如是三藏則以傳佛所說似水傳瓶名曰文如衍教不爾通以二諦相即爲如別則唯闡中道爲如圓以文字性離爲如三教約此方曰文如論就理觀心口理一方得說行如如不異此令說者行契如理也二佛即下就諸字互具釋佛復本源究竟覺體非寂非照故屬法身觀字即是清淨智慧寂而常照故屬般若無量壽是自在神通照而常寂故屬解脫今將諸字分對三德深有所以所以者

何向就一字明教行理雖約說字義具於三既約修辯尚通前教而又未明字字具三故今特用涅槃三德對於諸字乃彰諸字性各具三非前教人所能思說良以三德性本圓融一一互具故直法身非法身法身必具般若解脫直般若非般若般若必具解脫法身直解脫非解脫解脫必具法身般若三德即是教行理三般若是教智在說故解脫是行用從緣故法身屬理是所顯故佛字既是法身之理即具二德及教行也觀字既屬般若之教亦具二德及行理也無量壽既是解脫之行亦具二德及理教也若不然者豈得即一達三即三達一問本以一字具教行理今何得以無量壽三字方具於三則不名爲約一字也答以題諸字對三德釋斯是妙談貴在得意欲令行者知三德性徧一切處一字一句一偈一品一部一經一時一化乃至一切依正色心多亦三德少亦三德一塵三德不小剎海三德不大故引華嚴云一中解無量等也若得此意今之妙觀有造修分應色

一相可照三身依報一塵即寂光土故十六
觀皆照三諦其不信者則辜吾祖立茲法矣
二於一下約一字以校量三初正校量上窮
妙旨從廣至狹今校功德從少至多一字尚
詮大涅槃理況一切經豈不圓徧二故經下
引經證如金光明及諸大乘多作此說三若
不下結令得不明一字圓具三德諸經所說
一句一題受持功德無量無邊便成虛設也
自非道場得入三昧發旋總持曷能妙說自
在若斯二初釋下就別廣明置通釋別也文
四初釋佛字二初正約佛名示六即二初翻
名標示梵云佛陀華言覺者即說教主別號
稱曰釋迦牟尼通號有十今舉第九故標佛
也既是極果即究竟覺起信論云覺心初起
心無初相遠離微細念故心即常住名究竟
覺此覺圓淨無（妙四）所對待生佛依（十八）正鎔融總攝
十方三世亘徹無外五住二死盡淨無餘無
量甚深永絶思議强名妙覺此之覺義有六
種即即者是義今釋迦文乃究竟是圓淨之
覺一切凡聖無不全體皆是此覺雖全體是

且迷悟因果其相不同故以六種分別此是
所謂理是名字是觀行是相似是分證是究
竟是然若不知性染性惡所有染惡定須斷
破如何可論全體是邪全體是故免於退屈
六分別故免於上慢六不離即即不妨六六
即義成圓位可辯問所言凡聖全體即佛爲
即自已當果之佛爲即釋迦已成之佛答自
已當果釋迦已成二佛之體究竟不別故諸
果佛爲生性佛迷則俱迷見則俱見故已他
佛於今色心皆可辯於六即義也又復應知
六即之義不專在佛一切假實三乘人天下
至蜣蜋地獄色心皆須六即辯其初後所謂
理蜣蜋名字乃至究竟蜣蜋今釋教主故就
佛辯以論十界皆理性故無非法界一一不
改故名字去不唯顯佛九亦同彰至於果成
十皆究竟故蜣蜋（妙四）等皆明六即二（十九）涅槃下就
覺廣明六初理即六種即名皆是事理體不
二義而事有逆順名字等五是順修事唯理
性一純逆修事此逆順事與本覺理體皆不
二其逆順名自何而立以知不二事皆合理

名之爲順其不知者事皆違理故名爲逆名
字等五若淺若深皆知皆順若初理即唯迷
唯逆而迷逆事與其覺理未始暫乖故名即
佛所以者何良由衆生性具染惡不可變異
其性圓明名之爲佛性染性惡全體起作修
染修惡更無别體全修是性故得迷事無非
理佛即以此理起惑造業輪迴生死而全不
知事全是理長劫用理長劫不知不由不知
便非理佛以全是故名理即佛以不知故非
後五即然理即佛貶之極也以其全乏解行
證即但有理性自爾即也又理即佛非於事
外指理爲佛蓋言三鄣理全是佛又復應知
不名鄣即佛而名理即佛者欲彰後五有修
德是此之一位唯理性是也又鄣即佛其名
猶通以後五人皆了三障即是佛故釋此爲
三初引諸經示即初引大經迦葉品云衆生
即是佛何以故若離衆生不得三菩提故如
來性品我者即是如來藏義一切衆生悉有
佛性即是我義如是我義從本已來常爲無
量煩惱所覆是故衆生不能得見如貧女人

舍內多有眞金之藏家人大小無有知者時有異人善知方便乃至即於其家掘出金藏又云譬如王家有大力士其人眉間有金剛珠與餘力士捔力相撲而彼力士以頭觸之其額上珠尋沒膚中都不自知是珠所在其處有瘡即命良醫欲自療治乃至時醫執鏡以照其面珠在鏡中明了顯現等如來藏經十喻者彼經十文一法九喻一是所喻九是能喻以所從能故云十喻一法者經云佛告金剛慧菩薩我以佛眼觀一切衆生貪瞋癡諸煩惱中有如來智如來眼如來身結加趺坐儼然不動善男子一切衆生雖在諸趣煩惱身中有如來藏常無染汙德相具足如我無異於此文後即舉九事以喻其法各有長行重頌一萎華佛身喻二巖蜂淳蜜喻三糠糩粳米喻四糞穢眞金喻五貧家寶藏喻六菴羅內實喻七弊衣金像喻八貧女貴胎喻九焦模鑄像喻弊帛者經偈云譬如持金像行詣於他國裹以穢弊物棄之在曠野天眼見之者即以告衆人去穢現眞像一切大歡

喜我天眼亦爾觀彼衆生類惡業煩惱纏生厄備衆苦又見彼衆生無明塵垢中如來性不動無能毀壞者土模者經偈云譬如大冶鑄無量眞金像愚者自外觀但見焦黑土鑄師量已冷開模令質現衆穢既已除相好劃然顯我以佛眼觀衆生類如是煩惱淤泥中皆有如來性闇室下復出涅槃經云如闇室中井及種種寶人亦知有闇故不見有善方便然大明燈照之得見是人終不生念是水及寶本無今有涅槃亦爾本自有之非適今也大智如來以善方便然智慧燈令諸菩薩得見涅槃今文但引闇井具寶以證理即不取人亦知有等文諸喻皆爾須知諸喻理兼圓別若言三鄣定覆佛性破鄣方顯此猶屬別若全性成鄣鄣即佛性以不思議德鄣消者則諸喻皆圓方是今文理即之喻故如來藏喻止觀顯別今文顯圓次淨名皆如語尚涉通今須圓解次寶篋下卷勝志菩薩向佛說偈已界及法界衆生界同等已界即心法法界即佛法佛以法界而爲體故對衆生界

即成三法心生在因佛法在果三無差別故云一界無別界也二此是下就本覺明佛前引諸經雖云即佛猶未的示覺了之相且指三障體全是理今示此理當處照明名爲本覺佛義成也此自分二初正示言此是者指上大經衆生即佛諸喻寶物淨名皆如寶篋法界此等皆是本性圓智非三般若融即徹妙智不名圓知一切法一一含受一切諸法全法是智全智是法待對斯絕名圓覺諸法諸法乃是生佛依正三際十方此等時處既全是智何有一處一物一塵體不明了然此明了非心意識所能及也故起信論本覺義云心體離念無所不徧等虛空界本性明了既其離念安以情求所謂不思議智照等也勿認六道漏心三乘證智而爲本覺明了之相妙覺之覺方是理佛全修在性斯之謂歟二雖五下遮情情執者云諸有業縛無明惑暗那言衆生即是佛邪故遮之曰雖業至無間而皆當體是三解脫雖見思昏倒而本覺理未始不存惑業全是性德緣了佛性宜可

更壞理佛刀不自傷故二斯下對四事辯理世間常住者即十法界三十世間一一皆住眞如法位法位常故世相亦常然世本代謝而言常者以一切法即眞實性性不改故故名爲常若謂遷流不得言常斯謂情見良以生法即性故常住異滅法即性故常即性之常非常無常不可思議言偏意圓故可得云一生一滅無非中道唯生唯住唯異唯滅法華迹門顯所證云世間相常住於道場知已本門乃云如來如實知見三界之相非如非異故知世間即是三界常住豈華非如非異本迹雖殊不思議一也此理秘妙佛能明見故故云灼然今我智者成秘妙觀雖是肉眼而名佛眼能見秘藏亦云灼然故妙樂云顯露彰灼稱爲眞秘眞秘之理即世相常世相常故衆生即佛此理妙故有佛教化不益一毫空過無佛不損一毫五即得之何足爲高理即失之未始暫下對此四事示理佛也二如斯下名字即此至究竟皆修德也須論損益及以高下言名字即佛者修德之始聞前

理性能詮名也然有收簡收則耳歷法音不門明昧異全不聞俱在此位簡則未得圓聞齊別內凡尚屬理即以七方便未解妙名豈知即佛此自分二初帶諭示名字二初不聞之失理雖是佛全體在迷佛出不聞經名絶聽此乃却指但理之失也二若佛下聞名之得六即辯佛故今名字唯約三寶及十號也無明長夜佛出令曉闇本智日乃識三寶照世光明生死巨闕無佛長鎖佛能於此開甘露門令知十號是常住味此光此味乃從衆生心性流出還使衆生解此光味即本性佛因說等者却指貧女舍寶喩也初既不知家有寶藏唯受貧苦因示得知寶雖未極預生適悅此等法喩皆示於名有識知義能知所知即名字佛二故須下引人明即佛梵云須達多此云善施亦曰給孤獨涅槃二十七云舍衛有長者名須達多爲兒娉婦詣王舍城宿珊檀那舍見彼長者中夜而起莊嚴舍宅乃問當請摩伽陀王耶答云請佛須達初聞身毛皆豎復問今在何處答曰在迦蘭陀精

舍須達思念欲見于時忽見光明如晝尋道而出城門自開見佛聞法證須陀洹疏云巨闕即城門也今明毛竪即驚覺也聞名生覺即本性佛若論大經追叙昔事方證初果驗聞名時未能解了覺即本性及前科中三寶十號亦涉於小今約跨節取意而談五時示現身相名號說法度人乃至聞者一念微解一一皆是全性起修當處無非本性佛法如前一化增數諸行皆會圓常四教四門唯詮一理不從跨節焉消彼文況文出涅槃部已開會故約驚覺示名字佛

觀無量壽佛經疏妙宗鈔卷第一

觀無量壽佛經疏妙宗鈔卷第一

校勘記

一 底本，明永樂北藏本。

一 七〇六頁上二行述者，南作「四明沙門知禮述」。以下各卷同。

一 七〇六頁下一九行第三字「說」，南無。

一 七〇七頁中一三行「究盡」，徑作「究竟」。

一 七〇八頁中一五行第一一字「明」，南作「名」。

一 七〇九頁中八行第三字「坐」，徑作「生」。

一 七一三頁中一九行第一四字「理」，徑作「性」。

一 七一四頁中二行首字「厄」，南作「死」。

一 七一四頁下二行第三字「界」，南無。

一 七一四頁下末行首字「理」，徑無。

一 七一五頁上一行第一〇字「二」，南作「三」。

一 七一五頁中二行首字「門」，南、清作「間」。

觀無量壽佛經疏妙宗鈔卷第二　約五
宋　四　明　沙　門　知　禮　述
三觀行即此中觀法異常坐等直觀心性故託他佛而爲所緣然是大乘知心作佛佛即是心其觀未成爲塵所動始自圓聞觀佛妙境至識次位勤行五悔若未發品此等行人皆屬名字故知名字其位甚長今明對塵即成佛觀其中念念覺知之心名觀行佛此自分二初觀妙色即真法以大小相皆悉周徧故此色身即是真法又二初約一佛二初示始習即心觀相此是名字昇進之位不獨解名能修觀故但未入品非觀行位觀佛相者若此經中八萬相好非羸劣想而可繫緣故須初心先觀落日漸觀地樹及以座像觀既深著方觀勝身今依般舟初心先觀千輻輪相次第逆想至肉髻三十二種是下品相復從足起可作始行繫心之境不須更以落日爲緣若相若好皆依於身身唯金色故云如鑄金像此之色相雖從心想如在目前故云與眼作對言妙色者即是不可思議色也所以者何由此行人已圓聞故知色唯心知心唯色五根所對尚體唯心況想成色豈在心外此色非色非非色非非色而能雙照色與非色既離情想故名妙色非由三觀莫見妙色非由妙色莫成三觀境觀相資塵念靡間方能得入觀行位也二開眼下明觀成稱性周徧妙心作相妙相發心心心不休成觀入品塵緣莫動佛常現前閉目了然開眼不失在明見佛處暗不忘性無間然佛豈暫闕一一相海莊嚴法身相爲大相好爲小相觀大發小名爲流出劫水雖大止剩二禪佛相徧周稱於法界且以分譬顯於周徧觀行佛眼名日周眸此眼所觀何處非佛問金光明玄義觀於三道顯金光明似位尚云閉目則見開目則失今觀三身位在觀行因何開閉俱得見邪答彼明性德金光明理此理初住方任運見故於似位猶論得失今帶事定託彼應色觀於三身以其應相凡心可見故理三身雖乃未顯不妨應色先與定合故令開閉皆見佛身如以三觀觀彼落日三觀未成而能開閉皆見於日故雖事理一念同修而理難事易事易故先現理難故後發故般舟三昧以三十二相爲事境以即空假中爲理觀境觀雖乃同時而修境必先成託境進觀藉觀顯境更進更顯從凡入聖故知彼就趣真無住對似愛頂墮爲開閉得失此就應色得成觀行爲開閉俱見不知事理難易淺深此相違文何能銷釋二念一下等諸佛二初約一佛等諸佛爲成觀故不可散緣故以彌陀一佛爲境雖觀一佛何異十方雖照現今何殊過未此彰一切不離彌陀良以彌陀是無量之一故能等於一中無量二一身下明諸佛同三法一佛等彼一切佛者以由佛佛同得三法身是法身智慧是般若十力四無所畏是解脫亦是三身三涅槃等身智言一者顯於諸佛法報不別應用亦同故力無畏結云亦然同身智一也菩薩因中分破無明分同妙覺所證三法無明破盡則究竟同諸佛三法諸佛三法既其不二是故彌陀三法不少一切諸佛三法不多故言等也二念色下念

三身以結示色是應身通於勝劣及他受用
法門是報身以諸法門聚而爲身即八萬四
千陀羅尼爲髮第一義諦爲髻種智爲頭慈
悲爲眼無漏爲鼻四辯爲口四十不共爲齒
二智爲手如來藏爲腹三三昧爲腰定慧爲
足等此諸法門若從所證名爲法身今從能
證名爲報身自受用也實相是法身非不具
於一切法門及諸色相讓於能證及垂應故
今是所證及以能垂但名實相前論觀法文
中但言相好周徧次文乃約三法論等至今
結示云念三身應知法門及以實相不離色
身舉一即三全三是一法爾相即非縱非橫
是故此經第九佛觀經示相好疏名眞法不
知圓觀此名莫消若觀法身不涉後二便同
小外何預妙宗須知此身是結前觀色相周
徧已具三身二常運下明即佛觀行位人一
切時處念佛三觀常得現前故云無不念時
言念念皆覺者示即佛義雖是始覺即同本
覺非全本覺觀不名中亦得義論始本一合
雖非究竟及眞似合而亦得是觀行合也若

論即字廣雅訓合荆谿云依訓乃成二物相
合於理猶疎今以義求其體不二方名爲即
然其始覺與本覺合雖名爲合非二物合正
是荆谿體不二義良以始本覺體是一故知
六即得名六合理即乃以逆修之覺與本覺
合五皆順覺與本覺合六合無非體不二也
荆谿有時亦以合名明不二體故不二門云
復由緣了與性一合方能稱性施設萬端緣
了是始性豈非本修性體一復名爲合四相
似即今既釋佛乃似本覺良以此位始覺之
功尚伏無明全未破故非眞本覺唯得名爲
相似即佛若四十一位分破無明故得分分
是眞本覺名分眞佛至極果位無明既盡本
覺全彰故得名爲究竟是佛即究竟本覺亦
究竟始覺亦是究竟始本一合亦是究竟始
本俱忘例前五即皆有四義問名字等五以
始對本論合及忘四義稍可唯初理即既全
在迷豈有始覺及二義邪答理雖全迷而具
三因及五佛性緣了二性豈非本有修因始
覺果及果果二種佛性豈非理中究竟始覺

理若不具此等始覺名字等五便須別修復
何得云全修存性但有即名無即義也自非
山教圓位徒施今當相似位中四義文自分
二初標釋二初約三身明即佛前觀行位常
用三觀念佛三身觀覺雖成似覺未發加功
不已令本覺三身相似而發與始覺三觀相
似相應應是合義合而不忘非妙覺也問於
一本覺約何要義顯示三身令人可見答本
覺諸法即空假中覺諸法假即相好身覺諸
法空即法門身覺諸法中即實相身如此論
之其義宛爾更於一覺約寂照說照而常寂
自在神通即相好身寂而常照清淨智慧即
法門身非寂非照而寂而照即實相身此之
二三皆非縱橫不可思議乃是寂覺照覺雙
遮照覺全本成始即是相應及俱忘義此位
三身即佛義顯是故文中不特言覺示於即
佛二相似下約四喻明相似行人本覺寂照
及雙相似而發成相似位三種之覺此覺似
眞若鍮若瓜比金比瓠此之二物喻始似本
如將至火先覺暖氣行欲近海預覩平相此

之二事喻於相似近乎分真前二約法論似後二約位論似二水性下勸證二初約事勸本覺清涼其猶冷水似覺飲之知消煩熱名字之人如熱渴者須三觀功掘無明地方得真似清涼之水徒聞此水不施觀功又無事行取水具物守渴而終至極熱處二略舉下引文證相似相應功德之相如彼法華六根清淨文雖稍廣其相顯然行者易知故得名要六根同有五種似發所謂肉眼天眼慧眼法眼佛眼肉耳天耳慧法佛耳乃至意根亦有五相此之六五即三相應肉天法六即相好身相似相應慧六佛六即法門實相相似相應以五眼等是不次第相似發故可以對於圓三身也行者能於三觀觀佛六根三德不久相應五分證即即心觀佛託境顯性雖得相似尚屬緣修今則親證屬於真修分破無明起信論中稱隨分覺寂照雙融本覺真佛分分而顯從所顯說名為分真從能顯言名為分證四十一位皆受此名自分二初明初住一代教中圓位顯者唯起信論及華嚴

經經說三身初住頓得論明八相初住能垂若此位不論破無明惑安得如此上冥下應故知十向方伏無明初住但能斷於見惑此等經論是漸次教不可與其華嚴起信頓修頓證菩薩一槩是故今立詮中道教論次不次分於別圓今就彼經明分證佛此文分二初約發心明即佛二初約三法明發就初住名示即佛相位名發心發本覺心也常寂常照寂照雙融是本圓覺即一而三不發而發故成三發皆言一切者法界無外攝法不遺諸佛眾生色心依正同一覺體全體為緣全體為了全體為正緣因發故了正亦發了因發故緣正亦發正因發故緣了亦發蓋三法圓融發則俱發緣發名功德能資成故了發名智慧能觀照故正發名境界是真性故是所顯故問三德既是一本覺性由證顯發今云一是所顯境界二名能顯功德智慧若是能顯二則是修何得名證本覺三德答其理如是方不思議所以者何三雖性具緣了是修二雖是修非適今有二若非修三法則橫

二若非性三法則縱故釋籤明三點不縱橫云雖一點在上不同點水之縱三德亦爾雖法身本有不同別教為惑所覆雖二點在下不同烈火之橫三德亦爾雖二德修成不同別人理體具足而不相收輙出其意別教法身為惑覆覆者良由不知本覺之性具染惡德是故染惡非二德也故別惑通惑業識事識煩惱結業三乘六道變易分段此等一切迷中二法非二佛性既非佛性乃成定有能覆之惑是故但有法身本覺隨於染緣作上一切迷中之法以是名曰為惑所覆應知覆義不同泥土覆彼頑石既覆但中佛性之理如淳善人一切惡事非本所能為惡人逼令作眾惡故說善人為惡所覆應須還用隨染覺性別緣真諦及以俗中次第別修空假緣了或中邊緣了種種二因或初緣次了或初了次緣次第翻破一切迷法顯於法身本覺之性是故覆理成於縱義圓人不爾以知本覺具染惡性體染惡修即二佛性故通別惑事業識等一切迷法當處即是緣了佛性宜

有佛性更覆佛性如君子不器善惡俱能或同惡人作諸惡事則彰已能何覆之有故即二迷以爲緣了顯發於正緣了二德體迷而得義當所發元是修德復當能顯雖分修性皆本具故義不成縱言別人理體具足而不相收者亦爲不知本覺之性具染惡德不能全性起染惡修乃成理體横具三法言不相收者以其三法定俱在性皆是所發猶如三人各稱帝王何能相攝是故不知性中三法二是修者二乃成横圓人不然元知本覺具染惡性故使迷中一切染惡當處即是緣了佛性以此二修顯於一性如一主二臣主攝於臣臣歸於主三德相收亦復如是今初住位所發三法皆性具故發則俱發故云不前不後以此三法二爲能顯一是所顯修性究爾故云亦不一時不一時故非横不前後故非縱不縱不横不思議發是故名爲初發心住二三智下約三身明佛前以正助二修對性明圓發相今約報智證法起應報應二修對法一性論分證佛從智證法從法起應即

非一時三身頓得故非前後不縱不横復見於此從始圓修一心三觀今圓三智一心中得即以此智證得法身智性即色三一體融名妙色身此身湛寂如鑑無情形對像生山毫靡間名應一切三身三德體離縱横今始發明名開秘藏入理般若名爲住此住無住住秘藏中二以普下約被物明佛用二初總示三輪色像即身輪一音即口輪等悅即意輪身名神通輪口名正教輪意名記心輪妙觀察智也輪者轉義亦能摧輾已心證法轉入他心能摧輾他一切業惑此三業應有十界相皆是初住分得佛用二應以下別示十界上明能用種種三業不出十界今分別之先明佛三況出九界佛應三土且說同居化有始終須彰八相大機所見八相難思若應小乘八種皆劣大示出沒如水之波全法界身八皆勝妙小乘生滅體是無常如火燒薪終歸灰斷故兩八相不分而分勝劣宛爾此等皆是果人法則名佛威儀初住能爲名之曰具威儀屬身音聲屬口方便安意應以佛

界而得度者即爲現此三輪相也佛相至高尚能跡示以佛況九現之不難既現九界各具三業然非直現十界而已於一一身復現十界重重無盡以得普現諸身三昧故也二初住下況後位初住始破一品無明分證三身垂形十界其相尚爾況二三住況第十住行向登地至于等覺破惑轉深德用轉廣寧以心口而思說耶良由位位始覺本覺一合俱忘致使體用高廣若此六究竟即一切諸法無不是佛迷故不知故圓實教不順迷情直示一切皆是佛法世間相常衆生是佛不稟教者但有理是全不知是若聞此教於名知是若入五品於觀知是入十信者相似知是四十一位分眞知是今登極果究竟證知一切諸法皆是佛法此自分二初據位直明等覺已名滿足方便地菩薩究竟地始覺道窮本覺理極本始既泯無以名焉强稱妙覺大品般若四十二字字字互具諸字功德南嶽用對圓頓教中四十二位初住阿字中四十字對至等覺最後荼字當於妙覺雖一一

位皆能徧具諸位功德然是分具今此極位乃究竟具諸位功德故引法華唯我釋迦與一切佛乃能究盡諸法之權實相之實達無明底到諸法邊名邊際智不思議權智也今已究竟故名爲滿於種種法證本圓覺不思議實智也此覺極滿名爲頓圓復用第七無上士號顯智斷極有惑可斷名有上士等覺位也無惑可斷名無上士即是妙覺斷德究竟名大涅槃更有過者名有上士亦等覺也更無過者名無上士即是妙覺智德究竟名大菩提二約喻稱歎用彼大經月愛之喻十五日月對四十二圓因果位皆智光增惑暗滅滅故初之三日對住行向三十位也從初四日至十三日對十地位十四日以對等覺十五日對妙覺位約五此乃合前三十十二開後十地若三十三天同服甘露對四十二位皆證常理開前三十位對三十天合後十地用對一天等覺對一妙覺極位次對釋天若四十二字字字互具四十一字對於圓證四十二位位位相收則前後俱開若開示悟入佛之知見對圓眞因四十位者前後俱合也今十五日月光既滿即智德圓暗無不盡即斷德極故大師云此之增減日日有之此之智斷位位有之故不更用後十五日邪光減也復以衆星對諸因人月喻果佛最上等言皆是稱歎究竟佛也二佛有下以例諸號明難說圓極之果所有名字一一不虛究竟成就蓋其所召皆眞極故以望眞因尚帶虛設安未盡故七種方便一切凡夫悉是虛名一無實義故大經云世諦但有名無實義第一義諦有名有實義佛是究竟第一義故又復應知非別有法名爲究竟第一義諦毗盧遮那徧一切處一切諸法皆是佛法是則世間及出世間二死五住至䡄苾多蠢動蜎蠕五無間等若因若果無非圓極第一義諦故此諸名皆實不虛悉是究竟佛之異名是故稱爲佛有無量德應有無量名今唯舉佛一名當之故諸大乘明於佛號或增或減皆是四悉赴彼物機今於通號十名之中舉第九佛也淨名經云正徧知如來及佛此三句義大千衆生皆如阿難多聞第一以劫之壽不能盡受隨其宜樂舉此三名以少況多功德無盡二釋說字二初牒釋悅是暢悅懷是心懷若就此經即是如來久修久證念佛三昧蘊之在懷今機扣發說之乃暢昔之所懷二即十下示相攝今之說約五正在念佛次文委示十二今不預陳故且通塗明其說相文二初明所說法相十二部經總明說相謂或作長行說或作重頌說或作未曾有說或作無問自說說等若八萬法藏乃具示所說種種法門合云四千且舉大數然應了知有多八萬且約四諦示諸八萬若言八萬法藏即苦諦八萬塵勞即集諦八萬對治門八萬三昧門八萬陀羅尼皆道諦八萬波羅蜜即滅諦今雖示一義以兼三以法藏名是蘊聚義判屬苦諦復由蘊義兼得三諦蓋四名言不離陰故如俱舍云牟尼說法蘊數有八十千彼體語或名是色行蘊攝故十二八萬俱通小衍或云小乘唯有九部大則十二或云小有十二大唯九部或云大小皆有十二六度四等雖在大乘亦通

三藏事度菩薩然其名數四教皆同須就所詮眞中二理定其權實復論四種能趣觀行用簡偏圓使實諸化城迂直不濫二又於下明能說善巧二初於一法一門明四悉上之所列八萬等法既通四教即是生滅八萬無生八萬無量八萬無作八萬如生滅八萬趣舉一法須開四門四門假人同皆叵得若其實法四義不同約有門說念念無常如燈焰焰約空門說三假浮虛猶如雲霧雙亦門說二相從容雙非門說二相俱捨四中一門機生熟故四悉被之爲未種者作世界說令其樂欲讚用受行爲已種者用中二悉善根未發作爲人說令起宿善信戒進念惡未破者必對治說令其三毒豁爾冰消爲已熟者第一義說令得契眞華凡成聖佛智鑒機說之必中知不入理令得三益知不破惡令得二益無善可發作世界說但生歡喜若全無益佛則不說二若一下例諸法諸門示四悉上明一門被機四悉餘之三門被機亦爾八萬中一四門四悉被機既爾其餘諸法四門四

悉被機亦然一教八萬門悉既然三教亦爾八萬法藏例於塵勞及對治門三昧總持波羅蜜等一一八萬法法四教教四門門門四悉其十二部六度四等準此可知以此略明佛說之相三釋觀字即所說也上十二部八萬等法豈非所說然是從要顯於能說下無量壽及今觀字的是此經所說義也釋觀分二初牒釋雙標牒起觀字以觀釋之乃用觀法觀於勝境若非觀法將何觀之攝經所詮立茲題目經明十六以爲能觀今釋題名唯論三觀經文是別題是總名總總於別別別於總若也立題收文不盡則不能應篇章之式故知今立三觀釋觀乃是經文十六觀體若就十六各各示於三觀相者其文繁廣故於釋題總而示之令其修者以茲觀法入十六門則境境皆三心心絕妙四依被物言簡意周雙標次第及以一心二三觀者此乃以次顯於不次不融別觀無以明圓如止觀中皆用思議顯不思議二從假下據教雙釋二初次第三觀二初列名指經所列諸名釋

中自見二今釋下釋相結果依前列名釋三觀相第一空觀而有二名假是等者見思惑境無而謂有虛假凡俗知虛名諦二空之理是審實法知實名諦不究俗虛莫知眞實要須照假方得入空是故名曰從假入空又假是等者迷世俗時謂虛是實則二俱不諦若悟俗虛必知眞實則二俱諦故復得名二諦觀也此觀等者修觀名因證智名果釋論三智爲易解故分屬三人故以聲聞對一切智即空觀果當於別教十住位也第二假觀亦有二名先弃住空隨二乘地若修假觀能成佛法能益衆生觀空欲作入中方便故於空智證而不住三界惑著須蕩令空諸法因緣須究本末見思重數如塵若沙以大悲心徧觀徧學名爲知病諸法諸門破性破相一一對治無不諳練是名識藥隨惑淺深知機生熟神通駛動智辯宣揚四悉當宜各令獲益如此授藥方肯服行皆由證空能入此假故此觀名從空入假而言等者前除見愛破假用空今遣塵沙破空用假於空於假各一破

用前後相望至今均等故復名爲平等觀也此觀等者若依釋論以菩薩人對道種智即假觀果位在十行二空下第三中觀初雙標初觀空生死者別人初心信令知覺本是常住中道佛性從教道故名爲但中唯善唯淨不具染惡雖無染惡其性靈知强覺忽生境界斯現分別境相執著我人不昧之知邪思邪見現前染惡既非性具皆是隨緣變造而有是變造故非性本然是故見思不即中道定須破故即義不成故不得云唯愛唯見唯色唯香設欲修中能所不絕故修空爲正中觀爲傍何者心既著有須別緣空破茲愛見所觀之空是二乘法既非性具乃是別修空非畢竟是故空觀但空生死次觀空涅槃者生死之有雖已破除心又著空須別緣假破此空著假是建立是菩薩法非性具故亦是別修能蕩空著名空涅槃此之等者前空生死見思惑忘次空涅槃塵沙惑盡二惑既盡心無偏著是故得爲雙遮方便初觀等者復因次第用於二觀觀其二諦是故得爲雙照

方便方便立已圓觀可修於十向中即以所顯中道佛性而爲能觀中道之觀諦觀不二惑智一如三觀圓融是無作行故得自然入薩婆若此觀之果名一切種智位在初地二一心三觀斯乃稱性而觀絶待而照蓋一切法性是法身般若解脫如伊字三點三非孤立一一圓具舉一即三乃以三德而爲三諦般若是眞解脫是俗法身是中德既不縱不橫諦乃絶思絶議此是佛之所諦今以此諦而爲所觀諦既即一而三觀豈前後而照故依妙諦以立觀門即於一心而修三觀此觀觀法能所雙絶況無量壽佛本修此觀成就三身法報泯然眞應融即非茲妙觀寧顯妙身化主若斯徒衆亦爾正報既妙依報豈麤故十六境皆須妙觀此文爲三初依智論釋二初釋相二初約法釋三智即前次第所明一切智道種智一切種智令易解故分屬三人剋性圓論三智實在一心中得三智是果三觀是因果在一心因豈前後因果不二方曰圓修故舉智後即明三觀只一觀而三觀

者趣舉一觀即具三觀舉一空觀假中亦空三觀悉能蕩相著故舉一假觀中空亦假三觀皆有立法義故舉一中觀空假亦中三觀當處皆絶待故若知三觀只在一心則一一觀任運具三也觀於一諦而三諦者諦觀名別其體不殊全諦發觀觀還照諦既無別體以何義故立諦立觀若欲分別就三因說性三爲諦修三爲觀性了是眞性緣是俗正是中諦不是了因非大眞諦俗中亦然此之三諦方與三觀體性不殊頑空爲眞與觀體別俗中亦爾三觀互具者蓋性三本融全性成修此之謂矣二類如下引類釋以有爲法類無爲性一剎那心初生即滅兩間名住不無三相而在一心三相無常尚居促念三觀稱性無作無生具於一心其義何爽二此觀下結果不明智果觀法無歸故示觀成惑滅理顯豁然妙證三種智慧實在一心或具論三智或從勝說只但名爲一切種智寂滅等者論自解釋一切種智雙寂二邊無明之相雙照二諦種種行類始自初心圓修三觀妙觀

中道念念雙忘而即二邊念念雙照一心三觀法爾如然今入分眞本智顯發全由始行亡照之功二引中論證論云因緣所生法我說即是空亦名爲假名亦名中道義論通衍三今證圓觀觀所對法豈有不從因緣生者今修圓觀必先解知能生因緣及所生法皆不思議方於此境觀空假中又須了知妙諦妙觀悉是能觀因緣所生陰等諸境皆是所觀前且直云觀於一諦而三諦須知於陰等境觀一諦等也勿守略文須尋觀義又不可謂先解所觀不思議故便不得言陰及無明何者本說因緣及所生法是不思議若非無明何名因緣若非陰等何名所生有人見釋心法妙云心法在因約迷以說佛法在果約悟以說輙便難云心法稱妙何得是迷良由此人不知所以解迷是妙方曰圓人如論若集稱爲無作及十二因緣名不思議豈不得云不思議無明人雖解妙法體是迷不知理即一向在迷妙覺一向屬解中間四位迷解共俱名字即人若不觀迷何處用觀等覺之

位若不破迷寧登妙覺以上上智斷下下惑惑非迷邪人之多僻其類實繁釋論三智已如前釋三此觀下約妙結示初一句總歎微妙次二句約三一歎妙一不定一一即是三三不定三三即是一釋論以不決定解不可思議次三句對十六歎妙上明一三融即總一妙觀也即此一觀徧入諸門名一觀一切觀雖入諸門只一妙觀名一切觀一觀觀若定一莫入多門觀若定多不可爲一實不可以一多思議故云非一非一切後二句結示雖非一多能攝一切是故十六無非妙觀四釋無量壽正示三觀所觀境也前明三觀且以三德及以三因而爲諦境蓋示所觀融即用顯能觀絕妙須知性中三德體是諸佛三身即此三德三身爲我一心三觀若不然者則觀外有佛境不即心何名圓宗絕待之觀亦阿彌陀三身以爲法身我之三觀以爲般若觀成見佛即是解脫舉一具三如新伊字觀佛既爾觀諸依正理非異塗此意不明非今觀佛釋此爲二初牒名從梵無量壽者已

是華言天竺梵語稱阿彌陀二佛本下從眞出俗二初約本無三標無量壽乃是無量而爲其量是則題中已言壽量壽量依身乃成三義故約三義而論有無所言佛者究竟覺也理智既極始本兩忘無相無名不可說示寧得立其身及壽量二隨順下隨世俱立二初列三身各三揔究竟覺第一義諦則不可言身及壽量爲度生故乃順世間立名立相故說三身及三壽量是則眞佛無三隨世故有然須了知有無之意言佛本無身無壽量者但無有相隨情之三非無性具微妙身等是故眞佛究竟一切淨穢法門若一向無何異小乘所詮眞理故眞無俗有眞有俗無皆是悉檀不可偏執今文意者蓋立三身釋無量壽恐執定有是故先言佛本無三隨世說有得此意已分別三身三壽三量則無滯也二法身下釋三身三義二初約義分別二揔理融即以有次文盡理融即故今且約修二性一一塗分別初自爲三初法身二初別釋三初法身者師軌釋法捨通從別通則生佛

俱執法性然其九界雖執而違如人依師不順師教唯有諸佛從初發心軌法而修令能究竟冥合法性故大經云諸佛所師所謂法也以法常故諸佛亦常順法性故名法為師實非所師與能體別故即所師法而為其身雖名為身已出五陰故非色質及非心智色是初陰心智即四陰既其非陰亦非入界故非三科任持攝屬此則已簡分段變易以示生死陰等攝故亦可色質簡應心智簡報三科簡因既非此等何以狀名為物機故強指法性名為法身二法性下壽連持之壽親依命根令法性壽非識息煖報得命根亦非三事連持之壽為物顯德乃指法性非八相遷非九世易強名為壽三此壽下量壽之分量合論長短及以延促令法性壽實無此等分量之相此則通簡若別簡者長是報佛短是衆生能延能促即是應身非此等量為成觀故強指法壽同虛空量二此即下總示法性三義非陰聚身非報得壽非長短量不可思議強於法性說身說壽說量故也二報身二初稱法有報二初引經報即酬報也修行是因感於妙報而酬因也法華證智德經云慧光照無量久修業所得大般涅槃證斷德也此二果德酬答修因是故名報二如如下釋相感報之時其相何似故以一法二喻顯之如名不異所觀差別不名如境智外有境不名如智各二如者境如如智智如如境此之境智故得應冥智慧名通故以果覺菩提簡之即是無上菩提之智與法性境相應相冥先舉函蓋喻其相應恐謂函蓋雖際畔相當終存兩相故重舉水乳以喻相冥令知始本同是覺性其體泯然正同水乳則顯境外無智智外無境水乳可見二法身下於報立三即身壽量也三中一一言法身者報智所冥離法無報故初身言非身者非應佛有分齊身非不身者非報佛無分齊身又非身則非有非不身則非空中道法身乃本覺體始覺冥此能冥亦忘為成觀故強名報智二法壽下明壽言非壽者非應同連持之壽非不壽者非報智不連持壽雙非二邊冥中法體強名之意同前身也三法量下明量非應有量非報無量及非二邊義同身壽三應身三初明應物有三初身如谷答響大小隨聲如鑑現形端醜在質應萬物感現勝劣身二應同下壽身既同物壽豈差機三應同下量隨宜長短示量無量二智與下明依二有應三初法智即報身體即法身此二冥合應用無方二如水下喻真金上色須水銀和方能塗物闕此一緣金無塗用三功德下合報智功德契會法身隨有機處應無不往三能為下明應徧三土二初雙明報應二有量下單示應身初義者上所說報但論冥法即自受用也令明垂應以他受用常住之應對於生身無常之應示二迹用是故雙明身等身即生身有分齊相故名為身非身是報無分齊相故曰非身小般若云佛說非身是名大身大身者乃他受用身也無分齊身其壽則常故無量也有分齊身壽則無常故有量也此二應用乃依真中二理而住機依事業二識而見住理廣如金光疏說二識委在起信論明論

意要在事識見則取色分齊故名應佛業識見則離分齊相故是報身此義至後釋觀佛觀鈔中辯之行者須知常身無量通應三土無常有量但應同居所以者何蓋實報機分證論見他受用身方便土人唯稟別圓所見佛相雖小優降然匪生身悉是報佛若同居土具四教機稟別圓者能觀報佛故法華明常在靈山華嚴說法盡未來際及諸大乘即於應相見是法性尊特之身故知常身徧應三土若無常身唯應同居逗藏通機生凡夫善也次義分二初明有量二義上之所說自受用外垂三土身皆名爲應其他受用雖就對機名之爲應而是實因之所感剋復名爲報非是差別逗機之用若論逐物隨緣參差長短身壽量者須就同居無常用說故今別示應身之相但於有量開出兩量而此兩量依於事識但空見故唯屬無常若依業識不空見者即此無常全體是常則常無常二用相即二鳥雙遊也若上二土機息應轉亦是無常以非八相故且言常言七百等者首楞嚴三昧經云堅首菩薩問佛壽幾何佛令往東方過三萬二千佛土於莊嚴國問照明莊嚴自在王佛彼佛答云如釋迦壽我亦如是汝欲知者我壽七百阿僧祇劫堅首迴此白佛阿難云彼佛乃是釋迦異名雖機勝見長而七百猶可數故亦是有量之量若阿彌陀人天莫數故是有量之無量也二應佛下結應佛皆然佛佛既皆三身圓證應身被物壽長短豈不隨順各示兩量故彌陀現長亦能現短釋迦現短亦能現長故大論第三十六云當知釋迦文佛更有清淨國土如阿彌陀佛國阿彌陀佛亦有不嚴淨國如釋迦文佛國又第三十八云此間閻浮惡故釋迦壽應短餘處好故佛壽應長故涅槃二十二云西方去此三十二河沙有無勝國所有莊嚴如安樂世界我於彼土出現於世斯皆隨逐物機也二然下據理融即上辯三身法是本有報約修成應論現往其言似縱須知報應二種之修性德本具雖是性德修相宛然全性起修全修在性三一冥泯思議莫窮不可等者如上豎論顯非並一若言性具三身壽量顯非別異若作並別一異之解即乖所詮圓常法體即一而三故不橫即三而一故不縱非縱非橫不可思議如此解者乃會能詮玄妙之文也

觀無量壽佛經疏妙宗鈔卷第二

觀無量壽佛經疏妙宗鈔卷第二

校勘記

一　底本，明永樂北藏本。

一　七一七頁上一六行第六字「至」，南作「至於」。

一　七一八頁上一四行「法身」，南作「色身」；經作「佛身」。

一　七一八頁上一五行「此身」，南、經作「此文」。

一　七一八頁下一九行「二物」，南作「一物」。

一　七一九頁下四行第一一字「雖」，南作「以」。

一　七二〇頁下四行「重重」，南作「種種」。

一　七二四頁下六行「壽量」，南作「無量」。

觀無量壽佛經疏妙宗鈔卷第三　約六

宋四明沙門知禮述

二辯體前文解釋能說所說能觀所觀皆能
詮名今辯此名所詮之體欲令學者因筌得
魚尋名顯體尋名意在忘名顯體知無別體
此乃今師釋名辯體之妙意也復應了知釋
名是總總三法故三章是別別三法故是故
解釋通別二名無不義具教行理三能說之
佛既具三身所說觀境各具於三故云釋名
總於三法體章別在法身宗用別當餘二教
相一章分別總別今之辯體雖在一法一必
具三故明體禮體底體達三種之義雖論三
義但是法身中三未明餘二各三故涅槃玄
云總唱祕藏故當其名法身攝一切法不縱
不橫以當其體般若攝一切法如面三目以
當其宗解脫攝一切法如三點伊以當其用
如此數演即是其教非但經體義成餘義亦
顯（文畢）今出其意空假皆中故三屬體假中皆
空故三屬宗中空皆假故三屬用用是解脫
特喻三點點是文字故宗當般若特喻三目
目能照明故法身之三特泯縱橫彰離念故
故知釋名總於九法辯體別在法身中三然
九不多三不為少方是圓教總別之義此自
分二初牒起略示名傍是賓體正是主名是
假名體是實質一切名下皆有其質二釋論
下正釋主質四初據二文定體諸法當處不
生不滅非有非空無能無所離言說相離名
字相離心緣相離此等相名為實相無相之
相也誰人不具何法不然若論證知唯有諸
佛故法華云唯佛與佛乃能究盡諸法實相
禀圓說者初心即用佛智照境故能信解諸
法實相既解實相亦解諸法實性實體實力
實作實因實緣實果實報實本末究竟等十
法既實即是實生實佛實依實正一色一香
無非中道一切諸法皆是佛法既一切皆實
實外無餘復何得云餘皆魔事應知此說以
理簡情若離心緣能所等相名為實相介爾
有相即為魔事故別教已下至六道法皆有
能所心緣等相魔能說之悉名魔事故知一
切皆魔一切皆佛以情分別一切皆邪離情
分別一切皆正今簡情取理而為經體應知
實相全體照明稱為真心亦名本覺覺體徧
故諸法皆實若指其要不離現前分別之念
念即本覺覺即經體無別經體以為所詮以
此覺心觀於依正能所即絕待對斯忘妙觀
之宗自茲而立若不爾者何須得體方立經
宗實相印者印即符印亦信也亦印定義乃
以所詮定其大小及以邪正理符佛旨方可
信從小乘三印無常無我此之二印印於生
死寂滅一印印於涅槃小乘涅槃與生死異
故各印之所詮符此則可信受是小乘經非
魔外說大乘一印即一實相二種生死三德
涅槃其體是一究竟真實義符於此可以信
受是大乘經非小非外今據此經圓實為大
若從彼論三藏對衍通別二教亦名一印今
不取二唯圓實相名一印也則能說之人所
觀依正四種淨穢五逆罪等其性不二以此
一印為經正體二無量下為四章所歸無量
功德等者經用歸也經之力用亦名功德力
有滅惡之功用有生善之德滅一切惡生一

切善是故功德受無量名如此功德共嚴實體其猶帝王治亂育民以此功德莊嚴聖躬種種衆行即經宗也從理起行全理成修如水為波波還歸水宗必會體故云歸趣通則萬行別觀十六故名衆行言說問答即經名也能詮之名在於言說言義幽奥復須問答種種詮辯以立經名而彰實體問題目為名何審問答等邪答名能詮體一部言句皆能詮名如法華經本迹十妙以為其名但題是總故就題釋名餘之四義皆徧始終故一經之名問答詮辯等從後向前示能歸法不別云教兼在名中自稟曰名化他為教自他雖異俱是能詮故知四章同歸一體三譬衆下約二喻顯尊體於四章猶如北辰衆星環拱又似東海萬水朝宗以其四章不暫離體一切諸法無理不成經體既然安得不辯四故以下以一印結示三書家下具明體德體對釋名但在一德所謂法身蓋釋名中總示三法利根雖解鈍者未明何者以總示文帶於宗用體混其中情想叵忘本性難顯故於總後別示靈源永異四魔諸法皆實於彼圓伊當上一點絕思絕議非用非宗而其性融一不定一如伊一點點不孤然故直法身非法身法身必具般若解脫故別顯體而談三義雖彰三德意在法身以空假皆中是故明三名為體德中三初約禮義明法身書既以體而釋於禮故今以禮而釋於體禮別尊卑意崇君父前明魔事已揀偏邪今之臣子唯揀宗用故君父體即是法身諸佛所師萬法朝會體非修證理絕言思欲使標心強稱貴極斯是本覺非寂非照亦是法性非深非廣第一義諦名為本性法身德也尋能詮名欲識此體體顯故行令修觀者以此體德體彼依正一一貴極成妙宗矣二復次下約底義明般若德空即中故故般若德是諸法底亦名本源淵府實際若得中體則能窮暢也論云智度即實相般若佛以觀照般若於諸法中證此智體故云窮底然法性甚深無有底際云窮底者良由佛以無底際智稱性而證義言窮底七方便人以有底智故不能到諸法源底若圓教人從名字即以信解心窮智度底五品觀行窮底十信相似窮底四十一位分證窮底唯佛與佛究竟窮底以此底義辯於經體則彰法性甚深第一義空名般若德也尋名識體體顯故行令修觀者以此體德窮彼依正一一到底成妙宗矣三復次下約達義明解脫德假即中故故解脫德是一切法自在之體復具一切真實名義若識此體則於諸法通達自在復於世間及出世間一切異名一中解多多中解一論云般若亦實相般若解脫名殊義一故互舉也前明底義以觀照般若窮實相底今明達義以文字般若說實相般若種種名也七方便人迷此體故於諸異名壅塞鄣礙圓教行人名字體達觀行體達相似體達分真體達論今畢佛究竟體達達義辯體則彰法性無量如來藏義名為真性解脫德也令修觀者以此體德達彼依正一一無壅成妙宗矣三明宗宗謂宗要此經之要在修心妙觀感於淨土心觀即是一心三觀釋名之中其相已委感土

之相此文備論今經妙宗在此因果且分為二初標列二有人下隨釋二初簡示宗體以其宗體一異之相人多惑之故須簡示文二初簡二初簡宗體一二初牒言略斥宗是因果此屬於事體是一性此屬於理雖不相捨二義須分定執是一於義實乖故云不用二何者下據義廣破三初約義破宗是宗趣趣果趣理趣果必因若趣理者要須修觀觀有明昧理有證不皆成因果故云宗既是二體本是理觀雖趣理理非明昧因果依理理非因果如波依水波有千差水常是一故云體即不二不談諸法同一理性則不名為大乘經體故云二即非體不論修證因果二法則非佛經所證宗趣也二如梁下立喻破屋空梁柱雖不相離若謂是一則無虛實也三宗體下舉過結二簡宗體異二初牒言破雖破是一不可執異若其定異則二物孤調宗異於體則非全性而起成修觀行有作屬於八倒既不符理信非圓宗故云邪倒無印體若異宗則理不即事事外之理其體不周法性

之體既異因果則一切法皆成別有二宗體下舉過結二今言下示今據普賢觀經驗其宗體不定一異故彼經云大乘因者諸法實相是大乘果者諸法實相是實相因果不異而異非倒有印此為妙宗因果實相不一而一非事外理此為妙體豈同他立定一定異他不聞此偏說奈何講茲疏文合知宗體雖想事境三觀靡施正同次家邪倒無印可傷之甚二今此下就體明宗三初依經直示大乘之法其要在心心具易知色具難解故止觀云因通易識果隔難知故觀自觀他皆修心觀今觀淨土須求於心心能具故心能造故心垢土垢心淨土淨此猶通示未是的論的在一心頓修三觀此觀觀於安養依正畢竟清淨名心觀淨此觀能令四佛土淨如是方為此經宗致二四種下約土廣明三初列四土二各有下立淨穢隨文釋義教觀俱沉用義解文解行可發前釋觀字文中明示一心三觀又文類示心觀為宗至結宗云修心妙觀能感淨土今消此文四土淨穢須準此

觀為四淨因若依諸文逐其四土各論土因何能通貫前後之文為令聞者證無生忍初五濁輕為同居淨者此淨甚通須知別意如藏善者四教凡位皆悉能令五濁輕薄感同居淨而圓觀輕濁感同居淨依正最淨如此經說地觀已去一一相狀比於餘經修眾善行感安養土其相天殊言體析巧拙有餘淨穢相者此土人眾淨相亦寬析觀感穢可在三藏體觀感淨不專通人衍門三教對三藏析俱明體法通但空體別次第體圓不次體三人生彼俱感淨相圓人最淨如觀音跡別向圓修圓七信去見彼依正同於實報住行及通見相俱劣今經妙體須異三人故同居有餘所明淨相文通意別須以前後頓觀之文妙宗之語解此通文令歸的趣言次第頓入實報淨穢者若論實證此土唯有圓聖所居別人初地證與圓同稱實感報有何優降今就教道十地不融致所感土異於圓人故約漸頓分於淨穢言分證究竟寂光淨穢者若就別人同圓證實論寂光者唯約真因對

圓極果而分淨穢今論教道詮於極果但斷無明一十二品寂光猶穢圓知須斷四十二品名究竟淨仍要了知圓人始終能用上品常寂光理而爲觀體今談究竟意成行人修心妙觀也三妙下釋名相但釋土名略指淨穢若的論四淨能感之因唯一圓觀已如向述文四初釋同居同居約人淨穢約土謂凡人聖人同居穢土也淨土亦有凡聖同居二處凡聖凡即是實聖通權實始證爲實應來爲權次於泥洹者泥洹涅槃梵音新舊爾生安養者煩惱調伏近於涅槃故名爲次皆正定聚者三聚判也若如此土博地凡夫屬邪定聚發心修行未不退者屬不定聚得不退者屬正定聚若生安養不論高下五逆罪人臨終十念得往生者亦得不退故云皆正定聚起信論明初心生彼住正定故小彌陀經云生彼皆得阿鞞跋致同居淨中極樂當其上品土也若依今經十六觀門圓妙修者通惑縱存生於彼土常觀勝相如此土華嚴諸大乘會機所見也二釋有餘三初約修斷釋名九種行人合生彼土藏二通三別住行二既修空假皆方便道別向圓信所修雖實猶居似道判屬方便不生分段蓋除四住約此修斷得名方便斷通餘別故曰有餘二釋論下據經論釋相小乘雖云同入法性而執法性體類虛空子果若忘永無身土大乘法性體具色心子果若忘身土廣大釋論以大對破小乘界外無土特云出界而有淨土小乘法性無有色心是故特云受法性身又引法華遇餘佛者即有餘土佛也此約滅後不值四依不生實信自謂永滅而生有餘蒙佛開權即能決了三就中下明利鈍淨穢彼土利鈍唯約大說若在此土已修中觀生彼則利佛乃爲說不次第法若在此土未修中觀生彼則鈍佛乃爲說次第法也利根居上故云指上指下例此利根所見同彼實報故名爲淨鈍根所見相劣於上故名爲穢以今利鈍驗前體析唯圓名體前三皆析別向觀中稍同圓體三釋實報三初約因果釋名行眞實道者圓人從初別人十向能於諸法稱實觀中也中理今開即感妙報色心不二毛剎相容純是法身菩薩所居尚簡圓似況七方便故簡語寬宜善分別二仁王下依經論釋相仁王借別而名圓位三賢十聖借別名也住果報者名圓位也三賢既與十聖同住果報驗是實報不證中道寧住實報故知名別其義屬圓今取果報證實報土問前明實報無有二乘今那忽云迦葉起舞答須知四土有橫有豎仍知橫豎只在一處如同居土趣爾一處即是實報若破無明轉身入者斯是法身同佛體用稱實妙報則六根淨人亦莫能預豈居二乘此則一處豎論實報若未破無明即身見者此乃諸佛及大菩薩爲堪見者加之令見實報土也蓋有機緣雖未破惑已修中觀如華嚴會及諸座席雜類之機感見身土難思者是今引論文乃方等中爲彈斥故示實報土勝妙五塵令迦葉等頓忘少欲起動舞戲欲令聲聞知大法妙生忻慕心鄙棄小道此等皆是一處橫論實報土相故八部二乘機熟皆見也今以劣喻顯於勝土如

其鬼趣居人境界有人捨報墮彼趣者即同彼類非他人共有人即身能見彼趣不妨他人同見其相隨譬竪入實報土者見譬橫論實報土也實報既爾方便寂光橫論同處亦復如是於同居處論三土橫竪於方便處論二土橫竪於實報處論一土橫竪至寂光處無橫無竪當處亦無問論云迦葉對於菩薩勝妙五欲生愛之甚不安起舞至法華中迦葉叙昔聞菩薩法遊戲神通不生一念好樂之心二事皆是菩薩之法因何愛惡頓爾相乖答應知二心俱是別感愛於妙欲即同體思惡於度生即界外塵沙如不肖子但愛富貴而息修學例淨名中庄身子云結習未盡華則著身畏生死故五欲得便既畏生死乃指塵沙爲結習耳又引華嚴無量香雲即前所明同居橫示實報之相三就中下明漸頓淨穢四釋寂光三初剋體立名前三在事故從居人修斷因果而立土名此土屬理故從本體三德爲名問分證寂光三障未盡何得一向就理立名答障未盡邊自屬實報今就因果分忘之處名爲中下常寂光土二諸佛下約能居示相金光明云如來遊於無量甚深法性諸佛行處過諸菩薩所行清淨無量即寂甚深即光法性即常又普賢觀云釋迦牟尼名毗盧遮那此佛住處名常寂光常波羅蜜所攝成處我波羅蜜所安立處樂波羅蜜離身心相處淨波羅蜜滅有相處故知此土乃從四德究竟處立以四彼岸顯於三德常我即法身樂即解脫淨即般若三德互具一一論三故法身等各具四德雖云三四實非十二學者知之如是方名不縱不橫秘密藏也三分得下明分滿淨穢分得名穢從證者論常寂光名從極理立三故以下據義結示釋題觀字明圓三觀至今明宗初云以心觀淨則佛土淨爲經宗致次即廣明四土淨穢今乃結云故以修心妙觀能感淨土爲經宗也若其不用圓妙三觀感四淨土則標結文全爲無用釋題三觀爲被何人爲何處用若謂欲感實報寂光二種淨土須圓三觀若有餘淨但修體空若同居淨只用事行不須三觀者此義不然偏空體法種種事行雖是二種淨土之因非是此經的示宗致蓋以此經本爲韋提獣同居穢求同居淨故談妙觀觀彼依正那得輒云感同居淨不須三觀三觀若成麤垢先落非有餘淨更生何處豈有餘淨非妙觀耶須知正爲生同居淨故説三觀良由觀妙能破三惑不獨感於同居淨土隨其惑斷淺深之處自然感得有餘等三如病須藥本爲身安求得仙方修合服之不但身安兼能輕骨身安可喻生同居淨輕骨可喻感上三土只是一藥効乃深勝如一妙觀能淨四土起信論説初心修行大乘正信懼在此土不常值佛信心退失乃教求生極樂世界令觀彼佛眞如法身畢竟得生住正定故非圓三觀寧照法身那謂極樂因唯事善四論用宗是自行所修之法用是利他所施之法自行趣理故明妙觀化他攝機合通衆善他宜妙觀亦須教修自行助道豈癈衆善是故宗用法必齊等但有自行化他之異耳文二初標名畧示力方有用故言力用力用

何爲生善滅惡也行者應知體宗用三別明三法乃從一性起於二修體是法身所顯性也宗是般若能顯智也用是解脫所起力也二雖修成須知本具一雖是性全起成修故非縱横不可思議二德在性全指惑業即是性具善惡二修今體逆修既全性具當處融妙乃化他德故以此二爲經宗用偏一切非無惡用以順性故生善滅惡故涂惡用稱性用之最能滅惡滅惡下約義廣釋二初約善惡具明既施力用必成功德是故一用而有四名偏論滅惡須施功力偏論生善在於德用斯是一往若二往說力用功德皆能滅惡力用功德皆能生善須知滅惡極至阿鼻生善理合至於妙覺方是圓經力用功德二苦是下就滅惡偏釋二初無惡不除所言滅惡須滅惡因方除惡果如果報修因二種行人不除三毒衆苦之本縱暫免苦終非永謝今明化他修淨土觀則令諸惡因果俱滅惑縱未斷生彼不起斷在不久故能永滅惡因惡果以要言之此經力用滅五住因除二死

果二是故下從重別顯惡之重者莫過五逆五逆是業從於上品煩惱而起招無間苦此經大力能滅此等極重三鄣即生淨土若此三鄣性非三德何能無間轉爲極樂從極鈍根且論十念生最下品若從利根非不能生上之八品以其五逆體是寂光故可於此淨四佛土五判教相教是聖人被下之言相是相状覽而可別上之四義皆是言教謂詮名教詮體詮宗詮用之教若以其相而分別之則令覽者觀之顯了故約五時二藏漸頓而示其相文二初正判所說教三初約五時判二初明教部於大小乘此屬大乘經中亦有頻婆證小然非此教正所被機今從正爲韋提希等宣淨土觀尚非通別豈是小乘於五時中是其第三方等時也二赴機下明廣略且辯文相未論定散二約二藏判約人判法此屬菩薩阿含等經雖說三乘從多從正屬聲聞藏大乘諸部雖有二乘非部正意是故判藏歸菩薩也三約漸頓若約化儀論漸頓者華嚴屬頓三時皆漸經在方等非化儀頓

今經頓者乃於化法以圓爲頓故韋提即身得忍判教爲頓且無生忍位別在初地圓在初住別教凡夫經無數劫方至此位唯有圓教即生可入若將結益判教偏圓最爲明顯是故今文就其當機證位定之是頓非漸二題稱下傍簡能說人若四人說如來印之亦得稱經今經始末皆出金口故稱佛說二分文下隨經顯義前取經中名等五義解釋總題總意雖彰別文難顯故須以句節定經文令義顯現總別雖異義無兩途方知玄義釋此經題復了疏句不顯他並我分二初總別科判總科三分別判六章二初證下隨科解釋三初序分二初正信序即是通序大論云佛將涅槃阿難問佛一切經首當安何語佛答阿難應云如是我聞一時佛在某處某國土與某大衆非獨我法如是三世諸佛經初亦然故知六義即是通序以諸經同故亦名經前序付囑今安故亦名經後序結集者所置故今言證信者令聞者不疑故論第四問曰何不直說般若而言住王舍城答說時方

人令人信故言六句者但以詮義究竟爲句如佛但一字亦名句也二初標指六句如是標於信者釋論第二問曰諸佛經何故初稱如是答佛法大海信爲能入智爲能度如是義者即是信也若人有信能入佛法無信不入不信者言是事不如是信者言是事如是我聞異外道親承於佛故曰我聞不同外道不稟佛也一時辯息諍者謂機熟受道之時故無諍也釋論云不應無一時佛自言一人出世多人得樂是者何人佛世尊也二如是下隨文釋義六初標信信名忍樂理當言善方忍方樂理當則不異名如言善則無非曰是四教言理皆稱如是而有淺深若其三藏雖就世俗論於不異及以無非通雖即理但在二諦別教知中要先破二唯圓初心即了諸法一一中實當處皆如稱此而談無非曰是故圓望三教皆不如是此經所信雖未開廢而所被機不從偏小故但就圓明於如是決定可信也此句既爾下之五句皆意在圓故通序文通其義亦通而其意別今以別意

釋其通文故此云也二我聞下異外道二初正釋有在者在於佛也雖釋我聞意多明聞次文明我二我者下料揀二初立難我者自在及主宰義凡夫小乘於人法中而著於我今傳圓觀合順二空何得言我二隨俗下通難二初直通畢竟空中雖我叵[十六]得此空即俗諸我宛然今且約三分別我相橫計主宰名爲見我俱生主宰名爲慢我隨世流布即名字我阿難尊者至結集時尚破同體見慢之我豈有界內二種我耶爲傳化故故順妙俗立名字我二如人下舉譬知無我理如用金錢隨俗立我如易銅錢及草木等三一者下辯息諍二初示論釋二初釋一先約眞破次隨俗立在文可見釋論廣破一異者論云若一與物一一與物異二俱有過問曰若一有何過答曰若一瓶是一義在在有一處處皆應是瓶則無衣等諸物一中之過既然二中之過云何答若一與瓶異瓶則非一若瓶與一異一則非瓶若瓶與一合瓶名一者今一與瓶合何不名一爲瓶是故不得言瓶異一

彼文極廣蓋瓶顯可見故以瓶喻時也一則是數時則是體若於數體定執一異則諸惑紛然能離執者則於法解脫斯乃寄於數體一文示離著觀令於諸法皆祛定計即知六事及以諸文皆須離於一異之見也二釋時此土詮召但直云時天竺二音若[十七]云迦羅即是實時云三摩耶即是假時亦如此間心有二稱言智是解心言識是迷心故令依智不依識也外人執時以爲實因是故對彼云三摩耶顯時是假若內弟子依時而食護明相等乃言迦羅顯時是實言迦羅短時三摩耶長時者若據論文短時長時並名三摩耶也謂方時離合一異長短等名字出凡人著心是故長短皆假無實今以短長分對二名者恐是大師依建立門巧會論意以依佛制時則生死時短外道執時則生死時長既迴論文必有此意二今不下明今意言不論等者今非界內護明相等故不論實時又非破外執時爲實故不論假時長短如前但是衆生機熟佛應說經機應合一之時亦是諦智合

一之時故云一時文但從應故云說經豈無機感佛空說法故佛說竟韋提悟訖然一時文義本通深淺今意別在圓機感佛故使凡夫頓入法忍四佛者下化主三初約異名釋大論第四以四義釋婆伽婆一能破煩惱二有功德三巧分別能分別諸法總相別相故四好名聲無有得聲名如佛者故今文略出二義新云薄伽梵具六義一自在二熾盛三端嚴四名稱五吉祥六尊貴以多含故不翻舊云婆伽婆訛也二佛者下約三覺釋佛者下總示既能下別示三覺對迷說自對自說他對因說滿一平等覺對三不同說為三覺三一切下約趣因釋一切智故異外邪癡無緣慈故異小自度三智等故異偏菩薩究竟覺故異諸因位能異不殊對所異故四種分別然釋佛義六即等說其文稍委故今略云五在者下論住處二初釋住二初會在同住在暫住久一往分之故非盡理久在暫住有何所妨況靈鷲山如來應身常在其中豈得言暫二住者下約論釋住此經云在大品言

住其義不別故引彼論住義釋在分二初標列四威儀者謂行住坐卧此之身儀皆住靈鷲而能住法則有四差即天梵聖佛也二天住下解釋今四住文乃是盡取論釋住義是知四中皆明因果而能住法正在於因所謂如來以攝物故示現施戒及十善心此即佛以欲天之法住王舍城為物示現四無量心示三三昧即梵法聖法住王城等此皆如來隨他意住若隨自意即以楞嚴至不共等住王城也故普賢觀云釋迦牟尼名毗盧遮那此佛住處名常寂光釋迦遮那既是異名王城寂光畢竟無二故云此佛住處名常寂光今之所住是何境界又應了知若以人法分於能所施戒至于首楞嚴等皆所住法佛為能住若以王城為所住處上之人法皆名能住又據經文但云佛住論應唯就首楞嚴釋而明前三者剩豁二解一從通以趣別從廣之狹也二將勝以攝劣佛住王城必攝欲色及以三乘佛住既勝則無法不住非不住惡為引物故且從善說而於善中就世間善略

指定散收一切善故言天梵於出世中略指小大攝一切法故言聖佛他人不明能住心法唯云身住王舍城等則抑極聖同凡夫住況復凡聖各各有於能住之法且如比丘修戒定慧乃以天梵及以聖住住於房舍若破戒者則以地獄住於房舍其有能修一心三觀則所住處即空假中豈非楞嚴為能住法初心尚爾如何果佛唯論身住二王舍下釋處二初各釋城山二初釋城二初翻梵名亦名摩竭提此云不害言此國法不行刑戮其有犯死罪者送置寒林二釋論下解釋三初約諸王治化釋二又先下約移居免火釋三又下約畏罪得處釋二耆闍下釋山二初翻名二諸聖下解釋三初約聖靈依就釋二又名下約山形似鷲釋三又山下約鷲鳥棲隱釋二然法下總示法應不言報者報能冥法復能垂應既言法應報在其中三身融妙言且暫分體常相即六與大下列同聞二初標科辯次二聲聞下依次解釋二初聲聞衆二初分科示略二與者下隨文解釋二初標位

四初釋與與即共義以七一釋七種一故方
成共義若據時判已屬生酥且從本說七在
三藏同感佛時同鹿苑處同別脫戒同一切
智心同無漏正見同三十七道同有餘脫昔
同七者今日同聞然此觀門佛將阿難及以
目連入韋提希後宫說大衆未聞至回靈
山阿難具述方得同聞二大義下釋大華言
大者梵曰摩訶乃含三義謂大多勝故須就
本三義釋之大人所歸德量大故梵王師陳
如帝釋師迦葉等通内外典識解多故出九
十五知見勝故皆無疑解脱故小中極雖標
一大義必具三三釋比丘二初標列六義因
三果三一一主對二釋論下隨要釋三因三
若成果三自剋復欲行者劾彼修因故釋因
三三中初乞士今舉身子荅彼淨目乞士之
義須離上下方維之食常行乞食清淨活命
故名乞士至果乃成應供德也二怖魔魔主
生死在家受欲增長生死出家離染趣向無
生是故魔王聞之生怖染欲破戒魔還快樂
勤修三學果證無生三破惡見思二使共九

十八名惡名賊修觀推窮名爲破惡證智斷
盡名爲殺賊四衆者下釋衆三初釋通名二
一有下釋別相三今此下明去取羯磨通凡
故取有羞今此二僧者即有羞眞實也論云
是中二種僧可共百一羯磨同聞證信尚簡
學人前三絶分也二千二下列數二初標人
合數二初合一千二舍利下合二百五十二
迦葉下常隨所以二菩薩衆二初科四文二
天竺下釋二義二初釋位二文殊下翻名二
發起序三初對辯不同二初泛舉差別放光
如法華經放眉間光照東方萬八千土也動
地如大品世尊以神通力大千國土六種震
動微笑如報恩經爾時如來熈怡微笑也入
禪如金光明經是時如來遊於無量甚深法
性也自唱位號如梵網經我今盧舍那方坐
運臺也勸人令問如涅槃經普告衆生大覺
世尊將入涅槃若有所疑今悉可問爲最後
問也然諸經發起事或兼有之今且各舉一
端以明發起之相二今經下正顯今經二初
正顯二何故下釋疑二就中下總科略釋二

初分科二問頻下釋二初問荅釋疑二初闍
頻婆韋提皆請弟子赴頻婆請何故唯遣目
連擭那至赴韋提何故如來躬親而往荅頻
婆國父願聞戒法可遣人授韋提國母機在
妙觀須佛親開父母之稱從闍王得二頻婆
下預翻名字三初段下隨科解經初正明殺
父二初分科二初爾下隨釋四初爲子幽禁
二初隨釋經文二初師資現事二初釋時處
標人經云爾時即當佛在城不遠耆闍山時
也前譯阿闍世爲未生寃今方釋義處胎之
日有寃害相占者預記因以爲名二隨順下
明順友造逆五初釋惡友名族二爲利下釋
惡友謀術二初從人學術阿難親弟知取通
法自未得通不知其心故授與之二心念下
謗人同謀作象馬寶以輪王事誑惑闍世作
抱持等欲其生愛也三語王下明惡友言教
正教造逆我殺牟尼以作新佛汝殺頻婆以
作新王新王新佛共化世間不亦快哉四隨
順下明太子造逆闍世受教乃行殺逆五調
達下明惡友造逆調達自造三逆成就復教

闍世殺父成誠害母加行自行教他五逆罪
故生陷泥犂二頻婆下父子前因被殺仙人
生惡念故即來爲子胎中已有害父之心二
如此下總結權化調達闍世頻婆韋提皆是
大權現逆現順利益衆生二夫人奉食三聖
爲說法二初釋目連授戒二初釋疾至以其
宿世事辟支佛令得神通疾至王所二授八
下釋戒相初開香衣及上高牀以爲八戒齋
在八外次合香衣高牀爲七不過中食爲第
八則齋在八內法無增減數有開合皆名爲
八戒齋也二富樓下釋樓那說法四頻婆下
法食延壽二次害下明欲害母二初分科二
初闍下隨釋四初爲子幽閉三初欲害母三
初王問在不二守門下以事實答三王聞瞋
怒二初消（劫大）經文二應殺下釋妨（卄三）難二劫初下
二臣諫三初釋勸辭二以手下釋勸相三驚
怖下明從勸三勅語下勅幽閉二韋提下因
禁請佛二初分科二韋提下隨釋二初請人
一是門師一是佛侍先常教誡故偏請二人
既在深宮故請二人不敢偏一欲傳我意請

佛宣說生淨土因請人之意也

觀無量壽佛經疏妙宗鈔卷第三

觀無量壽佛經疏妙宗鈔卷第三

校勘記

一　底本，明永樂北藏本。

一　七二八頁中六行第九字「二」，[經]無。

一　七二九頁下一二行首字「底」，[南]作「達」。

一　七三四頁下一六行第一六字「迴」，[經]作「迵」。

一　七三五頁中五行第九字「能」，[南]作「所」。

觀無量壽佛經疏妙宗鈔卷第四　鞠七

宋　四明沙門　知禮　述

二悲注下請式科云請法即法式也三世尊下因請往赴二初分科勝鬘等者勝鬘夫人也即舍衛國波斯匿王女末利夫人所生爲踰闍國妃其後父母遣書云佛出我國神通自在普益衆生勝鬘執書對使說偈云仰惟佛世尊普爲世間出亦應愍我等速來至此處即說此偈時佛於空中現復說偈讚云如來妙色身世間無與等等今韋提哀請佛即降赴其事相類故云不異二知韋下隨釋五初神通二初消文如來之心寂而常照無數河沙世界衆生若干種心悉知悉見非同小聖作意方知他心及以身如意通皆無記通也二問前下釋妨二初出妨此難重出問不異前答不同彼言二解者一滅即令嫌佛之惡二生以後行法之善何以故若佛入彼頻婆之室即令世王謂佛朋父還謀國政怨嫌既重後不行法故不躬往毋無斯事故佛親赴二時韋下色身三坐百下坐座四目連下眷屬五香雨下雨華四傷歎請法二初分科今向世尊下明請往生之因者即二意中第二請示往生淨土之因經云唯願佛日教我觀於清淨處文也初明供養問往生因者即第一意問往昔生中何罪爲因生此闍世惡逆之子應知此二語同意別分二初我有下供養問往生因經自絶瓔珞舉身投地號泣向佛即三業供養絶瓔投地是身號泣是口以二顯意闍世之因已略如前疏今但出調達之緣二濁惡下正問生處二今向下請往生因第二正說分二初泛科懸解二初科三段二如來下解初文二初放下重科廣釋二初總別分科酬前生處者前韋提請云惟願爲我廣說無憂惱處佛今放光照其淨土令彼見之以酬前請酬前淨業者前請云惟願教我觀於清淨業處今示三種淨業十六妙觀即教彼觀淨業處也近答等者以韋提希於酬生處中因光見土乃再請云教我思惟教我正受此在正宗故云近答若酬序中所請即是遠答二隨科解釋二初酬二問二初酬前生處二初答其生處三初爾時下放光普示二或有下示土差別三時韋下的示生處二思惟下見土更請因此請淨土正助二因初教我思惟若不思惟不成願樂有願之思乃成業因惟願世尊教我修於淨土願思令成業因此請事善助道之業也次教我正受離邪倒想領納所緣名爲正受此請世尊教我修行淨土觀法即正觀也二微笑下酬前淨業二初總別分科初業共凡夫等者今三種福是圓助道與正觀合皆如來行故云三世諸佛淨業正因但以三種有通有局初孝養等通於大小及以博地故云初業共凡夫次歸戒等唯通大小凡夫無分故云次共二乘若菩提心等專在大乘不通凡小故云不共之法二何以下隨科解釋二初三種淨業答思惟三初正明淨業三初光照頻婆得道二初釋微笑二初問二答二初解有下答放光觀法得果者無生法忍是圓三觀習果故也二微笑下答微笑惡業之報害命繫身而爲獲果及淨土緣如來心了善惡因果交

至萬差欲表內心是故微笑二阿那下釋阿那含二去此下舉果勸修因二初問大本小本俱云極樂去此十萬億剎剎即大千故云河沙何言不遠二解云下答有二意初以佛力故令修觀者欲見即見故此文云汝當繫念諦觀彼國故知佛力加欲見者令觀成見後文云一切衆生觀於西方極樂世界以佛力故當得見彼清淨國土故般舟見佛而論三力一佛威力二三昧力三行者本功德力次意即是光中現土即目覩見也其二種見皆由感應雖遠而近然若心性不具塵剎則佛無應現之理生無感見之功故此經談是心是佛觀述此意則非妙宗三第一下正示往生因二初正示三初共凡夫業此經正被頓修之機雖修佛行父母師長豈不孝事輪王十戒豈不止行但能修之心一一稱性何妨所修慈孝之善共於凡夫二第二下共二乘業圓頓行者豈違小乘出家之式三歸衆戒威儀等事但受持之心合於一體依於畢竟而所行之法共於二乘三第三下大乘不共業依無作境起無緣誓名發菩提心實相不二而二立因果殊二而不二始終理一信此因果方名爲深讀誦大乘修三智解運圓乘行以此解行教其行者名爲勸進此三種業得前前者不得後後得後後者必得前前故令行人能修前二前二不能修於大乘故云餘二不及是言大乘二佛告下結歎既是佛業驗是圓修故大經中復有一行名如來行雖云一行而具五行今亦如是雖是佛業而具三種二諦聽下歎其所問諦聽等者諸經誡聽皆有此語莫不令人生於三慧而須按教明慧偏圓能聽所聽能思所思能念所念若作生滅解者即三藏三慧無生解者通教三慧無量無作別圓可知今令韋提等生圓三慧若不爾者安能此座即證法忍三即得下略付阿難經如執明鏡等者觀法如鏡修之如執觀成土現如見面像是知外有三種淨業內備十六妙觀乃得見也此雖略付淨業意說妙觀初住初地者圓住別地俱破無明是無生忍位妙玄一實位云若入初住正破無明是明圓教無生忍位今意在圓引仁王五種忍位者用顯無生居三忍上若依別教十信伏忍十住信忍十行去順忍十地無生忍妙覺寂滅忍若約圓位五品伏忍六根清淨信順二忍初住至等覺名無生忍妙覺名寂滅忍然別初地即圓初住故引仁王以證今位行者應知如來將說十六觀法預彰所說是圓妙觀故云一切衆生觀於極樂觀成即得無生法忍是故韋提聞說十六隨語觀成說訖即證此之妙位經示此觀是取初住徑捷之門故不可云想事而已二初明下明十六妙觀答正受二初分科二汝是下隨釋二初明韋提見土之由經未得天眼等者問阿那律天眼最勝但見大千豈有得天眼者越十萬億土見安養乎答此語未得分眞菩薩天眼非二乘也故大經二十二云菩薩所得清淨天眼異於聲聞緣覺所得以是異故一時徧見十方世界現在諸佛大論亦同此說韋提實大菩薩者此顯韋提本住法身爲欲發起淨土觀法故示同凡此會即得

無生忍者即著方得也此會聞觀將證法忍非謂前文說無生忍是韋提證前文乃是通說未來衆生修十六觀能得無生人見示同凡夫之言便謂前文是韋提證須知即得非已得也既云實大菩薩乃是久證無生如來權迹言是凡夫心想羸劣劣想凡夫修之得忍顯茲妙觀能華下凡頓成圓聖異方便者十六觀法奇異方便也故起信論云修多羅說有勝方便繫念極樂令生彼國非直觀名方便者謂彼依正有二方便能令此土凡夫得見一者修觀正受方便令心眼見二佛神力示現方便能令目擊既得見之由有其二種故云非直觀名方便佛力令見亦是方便韋提乃得二種之見一者將有隨文作觀之見二者已蒙佛力示現見也故云韋提見土之由二韋提下爲未來請見土之法二初請韋提先領示現方便而爲請由是故經云如我今者以佛力故見彼國土然復正請觀法方便乃以衆生而爲請緣故經云若佛滅後諸衆生等濁惡不善五苦所逼云何當見極

樂世界五苦者疏有二釋初以五道非樂釋二以五罪招報釋者地獄燒煮苦餓鬼飢虛苦畜生屠割苦人間八種苦天上五衰苦次釋者聖意多含更明五惡招於二報名出大本無量壽經今云大經是也疏文先列三五之名次五惡下釋出三五殺至飲酒五惡因也如大經下釋五痛即華報也五燒下釋五燒即果報也然其二報並無五相各稱五者皆從五種惡因而立故彼五文後皆結云是爲一大惡一痛一燒乃至總云五大惡五痛五燒故知二五皆從因立二答二初列觀分科三初列觀義例云夫三觀者義唯三種一者從行唯於萬境觀一心萬境雖殊妙觀理等如觀陰等即其意也二約法相如約四諦五行之文入一念心以爲圓觀三託事如王舍耆闍名從事立借事爲觀以導執情如方等普賢其例可識問今十六觀於三種中屬何義邪答既不攝乎法相入心成觀信非附法又非借彼事義立境立觀驗非託事明矣如來直談十六觀行修證之門正當從行也

問義例三種皆是理觀今之十六歷依正事何預三種邪答託事附法二種三觀有事有理且置未論從行三觀以何義故不得歷事既言從行必四種行常坐一種縱直觀理餘三三昧豈不兼事如般舟三觀歷念佛事方等三觀歷持呪事法華三觀歷誦經事請觀音三觀歷數息事覺意三觀歷三性事此等歷事若非從行攝屬何邪般舟三昧初觀足下千輻輪相次第逆緣至肉髻相彼觀相時即用三觀彼是從行今那獨非況義例云唯於萬境觀一心豈令依正不唯一心經文具列十六境相大師但於首題示圓三觀令將此觀觀十六境正是萬境雖殊妙觀理等又今三觀并諸歷事三觀若非從行等者那云三觀義唯三種問今經但於像觀示云是心作佛是心是佛諸文皆無觀理之語則知佛外皆是事觀縱將此義例觀十五斯是行人用理觀意據經現文但是事觀答若自依經修觀入證何須四依解說經意製立觀法大師深得佛旨故於首題以妙三觀釋能觀觀

以妙三身釋所觀佛而云觀雖十六言佛便周令依大師用三妙觀觀十六境豈是行人自用觀意應知四種三昧無不於事觀三諦理但般舟等依定散善事覺意縱任善惡等事是故偏得歷事之名若常坐等直於三道之事而觀三諦不兼修善及縱惡事故受理名令經觀法豈可異於四三昧邪故知十六正是從行歷事觀理也應知十六皆用三觀為想相之法三觀微故且觀落日及以清水三觀漸著乃觀地樹座像佛身下去諸境皆須三觀二就十下分科以十六觀三類分之六屬依報者日標送想之方冰表瑠璃之地雖此土物意顯彼邦是故六觀皆依報七屬正報者座為三聖親依像類三聖真體是故七觀皆名正報三輩之人自此之彼修因託質事相不同是故此三自為一類二第一下隨科解釋三初六觀依報六初日觀二初立意分科先作日觀意令繫心凡心暗散何能明見淨土妙境故令專想落日之形一事繫心想之不已其心則定心若靜細種種

觀法皆可造修繫心之法須落日者欲令定想趣於西方是向彌陀所居處故二隨解釋二初佛告下總勸修觀經韋提希汝及衆生者韋提希等是現在機一切衆生是未來機故知修觀不專佛世況復韋提是發起者正為令人請正受法是故我佛勸衆生修修法如何專繫一處所謂西方二云何下正明日觀三初舉所觀境經文意者謂昔曾見者或現前見日欲沒相為所觀境蓋以此觀所被周徧唯除生下雙目俱盲既不識日故莫能想若曾有目即今盲者亦可修之況現有目見日分明修之越易即以所見落日為境想之令起觀中之日二當起下正教觀察釋題觀字明妙三觀題目是總經文是別豈不以總而貫於別令想落日而能想之觀隨解而進三藏事定能想所想無非生滅通教事定能想所想皆如幻化別知能想元是佛性於想能所次第觀中圓人妙解知能想心本具一切依正之法令以具日之心緣於即心之日令本性日顯現其前斯乃以法界心緣法

界境起法界日既皆法界豈不即空假中圓人六根常所觸對尚須念念即空假中豈令修觀頻廢此三此猶總示若別論三觀成日功者以根境空寂故心日無礙以緣起假立故累想日生以其心日皆法界故當處顯現此之三觀同在一心非一非三而三而一不可思議以其圓人凡修功行皆悉如是若不爾者非是圓人修事觀也通人必以如幻之心修諸事定以驗圓人用即中心成其事觀既以妙心觀於落日此心堅住能於本性顯現日相不唯閉目能見開目亦皆明了若如此者則日觀成也疏出二義二初教令下除疑大本下卷云若有衆生以疑惑心修諸功德願生彼國不了佛智修習善本願生其國此諸衆生生彼宮殿壽五百歲常不見佛不聞法不見僧於彼國土而受胎生此人宿世無有智慧疑惑所致乃至生彼宮殿無有一念惡事但於五百歲中不見三寶故作此觀令除疑惑者經云不了佛智則生疑惑疏云故作此觀令除疑惑即顯此觀能了佛智若

其不用一心三觀觀落日者則迷佛智那名
此觀能除疑惑日觀既爾餘觀例然故知大
師依乎佛智立今觀法然十六觀屬頓教故
原始要終皆用佛智若凡小善乃於臨終迴
向佛智作衆惡者須依佛智求滅罪障此等
亦名了於佛智不生疑惑既有乘種生彼速
得見佛聞法預於海衆不生邊地及胎宮也
二障者下滅障即五逆重罪也彼經散善力
弱故逆謗不生故彼經云若有衆生聞其名
字信心歡喜乃至一念至心迴向願生彼國
即得往生住不退轉唯除五逆誹謗正法若
依今經修正觀者下至日想即能滅除五逆
重罪是知逆罪得生必由修觀下輩自論者
下品下生觀云除八十億劫生死之罪今言
六十者恐六字誤問既用法界以爲心境顯
法界日令閉目開目常得見日即是觀行見
法界理當中三品今何判位在名字初屬下
下品答理觀事定相即修者心雖不二事雖
凡情故未伏惑事定可成理觀忘情伏惑方
發故別惑初伏名觀行位見法界理深伏乃
名相似位見分斷方得眞見法界今之行者
觀日觀冰及觀瑠璃雖用法界心境而觀而
惑全未伏凡情尚濃方得名字見法界日非
觀行位作此判者蓋約鈍根於日等觀且得
定心假想之益故在名字也若利根者法界
日顯便能圓伏及任運除二種麤惑豈非日
觀歷九品耶問今用理解想日現前縱未斷
惑事定已成據下經說下下品人以苦逼故
不遑念佛但十念地稱彼佛名心雖相續終
不可類見日定心因何同在第九品位答彼
由造逆及作衆惡臨終苦逼得遇善友爲說
妙法雖不能念彼佛三身怖地獄故苦切稱
名具足十念既絕後惡即乘此念託彼蓮中
名下下品今論始行樂習三昧親善知識聞
法了心本具淨土依正諸法標心具修十六
觀法故先觀日令心堅住望後諸觀此當末
品彼人雖即不成事定而能十念稱佛不散
亦爲定攝復兼臨終勇決之力故得預於第
九品也是故行相雖少不同品位無別三是
爲下結二水觀二初分科二二隨釋三初舉
所觀境即以曾見大陂池水爲所緣境二見
水下正明起觀既稟圓宗知能想心具七大
性故以具水之心託彼即心之水觀於本性
令水現前并及諸相皆於心性觀令顯現經
文爲四初作水想妙心既運性水即生專想
澄清令心不散二既見下變水成冰性具之
法轉變自由故可令水而作堅冰三見冰下
變冰爲瑠璃冰想若成瑠璃可識四此想下
觀瑠璃成地心藏具法有何邊涯無妙觀緣
隱而不發今依佛語順性想之寶地光明種
種奇相隨心出現此自六段初成地瑩徹二
下有下寶幢光明三瑠璃下地上莊嚴四一
一下寶光樓閣五於臺下華幢樂器六八種
下風樂演法疏實無時節等者大本云彼無
四時不寒不熱及無日月常有光明寄於此
土四方四維有八種風故亦順此對有八風
然彼八風不同此土令物生長及以衰落但
鼓自然之樂演乎妙法之音耳三是爲下結
三地觀二初分科二隨釋四初漸想者轉於
冰想用表瑠璃雖復觀地種種莊嚴未稱彼

佛勝應所居良以三觀尚微猶兼假想故於彼地名爲粗見二若得下實觀妙觀功著三昧有成見彼勝身所依之地莊嚴之相豈可具陳應了同居橫具三土其相非少如諸經說凡小善行迴向求生縱依大乘仍是散善故感安養淨相猶劣若今頓教心觀妙宗所見淨相永異他部如修妙觀於同居穢尚見尊特及實報土豈淨同居身土一槩故今地想妙三昧成見莊嚴事不可具說三佛告下明利益疏云前水是想者蓋託此方水成氷事表彼寶地但是假想故名粗見今成三昧實見彼地則名實觀言假想不能滅罪斯是大師順經策進令其行者速成三昧非是假想全不滅罪何以知然日觀尚類下品下生滅罪之數豈粗見地全不除愆四作此下顯邪正觀與經合則稱性見名爲正觀見相乖經是發魔事故名邪觀下去皆然四樹觀二初分科二隨釋三初結前生後二正明觀行問曰觀水觀皆先立境地樹等觀何不云邪答別論水日有曾見相可指爲境地樹已下非曾觀對將何爲境若通論者皆得有境何者諸觀皆用教所示相憶持在心爲所緣境仍了能觀本具此法託境想成令性具法發明心目是故心觀及所發相一一皆三故知通論皆得有境此文爲五初觀寶下樹體若下之莊嚴及生法等皆是能依令一一樹八千由旬即所依體二一一下莊嚴相瑠璃具云吠瑠璃耶此云不遠謂西域有山去波羅奈城不遠此寶出彼故以名之玻瓈正云塞玻致迦其狀少似此方水精然有赤白者三諸天下明生法生即衆生諸天童子也以生對諸莊嚴之事皆稱爲法釋迦毗楞伽此云能勝摩尼正云末尼此翻離垢言此寶光淨不爲垢穢所染又翻增長謂有此寶處必增其成德舊云翻爲如意隨意此皆義譯也色中上者謂摩尼之光間雜衆寶色像殊妙最上無過也閻浮檀金閻浮具云剡部捺陀此是西域河名近閻浮捺陀樹其金出彼河中此則河因樹立稱金由河得名如帝釋瓶者帝釋具云釋迦因陀羅此云能主言其能爲天主言瓶者釋論第十五云有人常供養天其人貧窮一心供養滿十二歲求索富貴天愍此人自現其身而問之曰汝求何等答我求富貴欲令所願皆得天與一器名曰德瓶而語之言所須之物從此瓶出其人得已應意所欲無所不得今此妙華涌出諸果如彼天瓶出種種物故以喻之四有大下現佛國非獨現一大千十方佛刹亦於中現樹觀若發轉觀佛土亦應不難五觀見下結觀雖因光蓋見十方土然從樹起故須結末而歸其本三是爲下結此乃結樹當第四觀五池觀二初疏科二釋經五初明池體體義同樹二一一下明池相支派金渠底沙蓮華皆是八池奇妙之相三其摩下明隨心論其寶水稱適人情自然上樹然後流下故上生經明兜率宮有水遊梁棟間與此同也四其聲下明利益即水聲說法增人觀慧也苦空等是說小諸度相好是說大又讚念佛法僧則令人深觀三寶也說法既分大小驗此三寶亦讚別體同體之殊涅槃經中瑠璃光菩薩欲來

此土先放光明非青現青文殊言此光明者即是智慧大師引此立有分別色若心若色唯是一色今水聲說法光明化鳥豈不彰於有分別色色能造心色具於心唯是一色耶須知萬法唯心尚兼權教他師皆說一切唯色但在圓宗獨從吾祖以變義兼別具唯屬圓故五是爲下結觀疏釋八德而對五入并前說法即聲入也雖成六入無非妙境故令行者速證無生六總觀二初疏科二經文四初明總觀二初觀寶樓二初衆寶下正明觀樓二其樓下二處樂聲即樓中天作及空裏自鳴此樂音中皆詮三寶微妙觀門二此想下結成總觀最初繫念且寄此土落日及氷以爲方便次觀彼國地樹池樓應知此四得後後者必得前前故樓觀成四事都現是故至此得總觀名雖云總見若望後觀此猶約略故曰粗見二是爲下結三若見下明利益除無量億劫極重惡業者華座中云除五萬億劫罪前地觀除八十億劫然其滅罪多少之數皆是佛智如量言之非是初心所能思議但可信奉而已四作是下顯觀邪正二七觀觀正報二初分科二隨釋四初勑聽許說二說是下佛現身相三時韋下爲未來請四第四下酬請廣明二初別從酬請列五章提因觀三聖乃爲未來請三聖觀如來酬請須示五門何者既欲觀佛佛必坐座故先觀座又眞佛難觀要須想像使心流利是故答三陳茲五觀而獨標佛者以主包徒也二初華下通就所觀釋七具論正報須依前科照於七境文七初第七華座觀二初疏科二經文五初成座法用及辯相子科分二初佛告下明法用謂觀法之用也以由理具方有事用能想之心何法不具依聖言境就性而觀華座莊嚴不現而現二令其下辯相即法用所成華座衆相也文四初華色數量二一一下華間珠光三釋迦下華臺寶網甄叔迦者此云赤色西域有甄叔迦樹其華赤色形大如手此寶色似此華因以名焉四於其下寶幢莊嚴須彌山者此云妙高亦曰安明夜摩天者具云須夜摩此云善時以彼天光明無晝夜之別故曰善時應知能觀三觀轉深所發勝相漸大如前寶樹止高八千由旬今之華座臺上寶幢自如萬億須彌驗其座體極爲高大故知妙境隨觀增明矣二一一金色下明能隨機利物座觀若成十方佛事隨觀皆觀三是爲下結觀四佛告下明由願力成彼佛因中作菩薩比丘名爲法藏於世自在王佛所發四十八願取此淨土攝諸衆生令願力成故令所依華座若此五若欲下明未來利益二第八佛菩薩像觀二初分科二法界下隨釋三初泛明諸佛法身從心想生欲想佛身須知觀體體是本覺起成能觀依體立宗斯之謂矣須知本覺乃是諸佛法界之身以諸如來無別所證全證衆生本性故也若始覺有功本覺乃顯故云法身從心想生又復彌陀與一切佛一身一智應用亦然彌陀身顯即諸佛身諸佛相明即彌陀體是故泛明生諸佛身以爲觀察彌陀觀體疏約三義釋此經文初釋初八句二初約感應道交釋二初明佛入生心報佛法性身者滿足始覺

名爲報佛究顯本覺名法性身始本既冥能起應用然須能感應方現前今論三觀淨心念佛方名能感故云衆生心淨法身自在此二道交是爲入義復以白日升天喻始合本影現百川喻應入淨想二即是下相隨物現三十等者牒經是故汝等已下文也明佛下釋義由法報冥故應用自在有淨心感悉能示現前明佛菩薩者即指諸佛是法界身之文也而言菩薩者以法界身通分證故故兼菩薩意明前雖顯示法身入心未明隨觀現身之相今明觀佛相好佛以相好隨心觀現故云此顯能隨也二又法下約解入相應釋前明感應道交恐謂佛體異衆生體感召方入今袪此見故云佛身無所不徧既法界無外豈少異衆生若爾佛體本徧全是衆生色心依正何故經云入衆生心然雖全是而衆生迷背是故佛體成出離義今得觀解契合佛體是故佛體入觀解心故得名曰解入相應斯乃始覺解於本覺是故本覺入於始覺問解入相應釋之方的此義即足何須前約感應釋邪答今之心觀非直於陰觀本性佛乃託他佛顯乎本性故先明應佛入我想心次明佛身全是本覺故應佛顯知本性明託外義成唯心觀立二釋相假是今觀門故感應釋闕之不可二是心下釋中二句二初作是別明二初約能感能成釋作作有二義一淨心能感他方應佛故名是心作佛言佛本是無者法身妙絕無有色相迭相見故心淨故有者衆生淨心依於業識熏佛法身故見勝應妙色相也二三昧能成已之果佛故云亦因等也復名是心作佛初作他佛次作已佛二是心是下約即應即果釋是是亦二義一心即應佛故名是心是佛向聞等者佛體無相心感故有是則心佛及以有無條然永異經泯此見故言心是應佛心外無佛二心即果佛故名是心是佛即亦無佛之因一句也既心是果佛故無能成三昧之因也衆生心中已有如來結加趺坐豈待當來方成果佛初是應佛二是果佛此乃消釋經疏之文若論作是之義者即不思議三觀也何者以明心作佛故顯非性德自然有佛以明心是佛故顯非修德因緣成佛應知外道諸句三教四門所有思議不出因緣及自然性故佛頂經明乎七大皆如來藏循業發現一一結云世間無知惑爲因緣及自然性皆是識心分別計度但有言說都無實義彼云世間該於九界今於一念妙觀作是能泯性過即是而作故全性成修則泯一切自然之性即作而是故全修即性則泯一切因緣之性若其然者何思不絕何議不忘既以作是絕乎思議復以作是顯於三觀以若破若立皆名爲作空假二觀也不破不立名之爲是中道觀也全是而作則三諦俱破三諦俱立名一空一切空名一假一切假也全作而是則於三諦俱非破非立名一中一切中也即中之空假名作能破三惑能立三法故感他佛三身圓應能成我心三身當果即空假之中名是則全惑即智全障即德故心是應佛心是果佛故知作是一心修者乃不思議三觀十六觀之總體一經之妙宗文出此中義徧初後

是故行者當用此意修淨土因不可不知故今略釋二始學下作是共釋二初約始終釋若論六即皆作皆是今辯修證作是須分始則名字觀行相似三位修而未證故且名作終則分證究竟任運眞覺得名爲是意存揀濫故有此釋二若當下約當現釋以現釋是以當釋作爲今即心見佛法體以此現因而證當果故以心佛同體名心是佛觀生彼果名心作佛意在即心念佛及今慕果修因故有此釋三正徧下後二句三智融妙名正徧知無量甚深故喻如海斯乃究竟圓明大覺與我心體無二無別今依頓教即三惑淨修圓淨心能生諸佛正徧知海此約他佛釋心生也若依此心能成當果此約已佛釋心生也二多陀下偏觀彌陀并示觀法二初令偏觀經是故應當者上已明示心感諸佛心即諸佛以是義故知可即心而觀彌陀心尚能作諸佛豈不感於彌陀心尚即是諸佛豈不即是彌陀應知彌陀與一切佛不多不少諸佛乃即一之多彌陀乃即多之一一心繫念

諦觀彼佛者即一心三觀也但云諦觀那云三觀以所觀境列三號故顯於能觀知是三觀何者多陀阿伽度此云如來阿羅訶此云應供三藐三佛陀此云正徧知此之三號即召三德今就所觀義當三諦正徧知即般若眞諦也應供即解脫俗諦也如來即法身中諦也以三德爲三諦三一圓融不一不異此諦與觀名別體同絶思絶議此乃復見彌陀觀體當以此觀觀像觀眞疏釋三號其文可見問像觀文中示心作佛示心是佛復以三號顯於三諦妙觀既立可用此法觀下諸境其落日觀至華座觀佛既未示三觀之式何得行人預用茲觀答佛對當機示觀前後全由聖意非凡所知滅後之人欲修觀行所用法則須憑四依大師釋題能觀之觀既論三觀題目是總經文是別豈不以總而貫於別況云觀佛十六俱包今依天台修習教觀不憑智者更託何人如般舟三觀妙門普賢六根悔法皆於定內見聖方宣而大師教人預習精熟方入道場何不疑之那獨責此且稟

斯宗者若聞若思不離三觀須於動靜用空假中立一切行若其然者今何不用空假中心想乎日氷及地樹等種種相邪如心想日以何力故日想現前般舟經云我所念即見心作佛心自見心心者不知心心有想則癡心無想則泥洹彼經初心以佛相爲境故言心作佛等今之初心既先觀日豈不得云心作日心自見心等耶止觀以彼經此文示於中觀中觀若立三觀自成如此觀日方依此疏修日觀也況一切法皆是佛法何得依報非佛法邪二想彼下示觀法子科分經爲四初觀佛像二初正明像觀既是具足三號之像理合於像照空假中如見此方泥木之像尚須體達性若虛空三身究然四德無滅觀中寶像豈可不然若於像觀不達三諦次觀眞佛寧見三身二見像下因像見土像觀既成心眼開發廣見依報地樹諸相應知樹等出過前樹無數倍也何者以今寶像必稱華座座像高勝樹合覆之皆由妙觀轉深故使所觀愈勝二見此下觀二菩薩三聖設化動

靜必俱一主二臣非盡非別表乎三法三一妙融眞身旣然像合相似觀二足佛令妙觀成三三此想下像放光二初明光照諸樹二一一下明樹皆三像四此想下行者聞法二初明因定聞二行者下明與經合此文疏有二釋初須定與教合二須散與定合初義者謂出定憶持定中聞法須與經中所說符契故云令與教法相應次意者謂心雖出定對彼五塵須息愛憎淨乎身口三業若爾雖不住定亦聞法音故云出定入定常聞妙法言與十二部經教合者以十二部總稱修多羅同名爲經三藏分之經詮定學律詮戒學論詮慧學故名經爲定與修多羅合是與定合經若不合名妄想者若定不合經若散不合定皆是發於魔事全非像觀禪定故名妄想若已合名麤想見極樂界者謂以經驗定無差出定與在定相似得名麤想見彼國界問見此妙事那名麤想答以像望眞須分麤妙此想乃是佛觀方便豈可全同眞佛觀邪三作是下明修觀利益像想若成眞觀可獲故

的七　廿三

於現身得念佛三昧

觀無量壽佛經疏妙宗鈔卷第四

觀無量壽佛經疏妙宗鈔卷第四

校勘記

一　底本，明永樂北藏本。

一　七三八頁中一行「普雨下雨華」，南、徑、清作「普雨下雨華」。

一　七三八頁下二行第一六字「示」，南作「求」。

一　七四〇頁上四行「見夫」，南、徑、清作「凡夫」。

一　七四〇頁上一七行第四字「領」，南作「令」。

一　七四〇頁上一八行第二字「令」，南無。

一　七四二頁中九行第八字「地」，南、徑、清作「頃」。

一　七四二頁下一九行第一〇字「釋」，徑作「釋」。

一　七四三頁中一五行「成德」，南、清作「威德」。

一　七四四頁中一六行首字「華」，南作「葉」。

一　七四七頁上八行第三字「令」，南作「令」。

一　七四七頁上末行「可獲故」，南作「可獲矣」。

觀無量壽佛經疏妙宗鈔卷第五　約八

宋四明沙門知禮述

三第九佛身觀二初分科眞法身者前觀寶像則似佛身今對彼似故名爲眞然此色相是實報身應同居土亦名尊特亦名勝應而特名法身者爲成行人圓妙觀也以報應屬修法身是性若漸教說別起報應二修莊嚴法身一性若頓教詮報應二修全是性具法身一性舉體起修故得全性成修全修在性三身融妙指一即三問既言指一即三但名爲應自攝二身何故疏文立法身稱答若言報應恐濫別修歸於別教今以報應名爲法身即顯三身皆非修得故今家生身應身報身法身對藏通別圓行者應知圓宗大體非唯報應稱爲法身亦乃業惑名爲理毒三觀十乘名性德行慈悲與拔性德苦樂今之勝應稱爲法身顯示妙宗其旨非淺須袪滯想方見旨歸二隨釋五初明結上二正觀佛身既指報應名爲法身即顯彌陀三身具足既爲妙境但是法身行人心觀即空假中空假是二修中觀是一性修性冥妙三觀圓融既爲能觀但是般若境觀相契見尊特身雖具三身但名解脫此則以三照三故發現三合此三三只是一三三三不定三同在一念一念無念三三宛然如此方名修心妙觀此觀能令四土皆淨若不爾者非是頓教所詮妙觀當以此觀觀彌陀身予科分經爲三初次當下總標略列二正觀佛身相四初阿難下觀身色二佛身下觀身量疏釋分二初略消經文二眼如下商較分量二初以眼度身二定經斥譯三觀身光然觀色量及相好光明皆須用前是心作佛是心是佛而爲觀法以心作佛故能觀所觀破立究爾破則三惑三智皆蕩立則三諦三觀皆成非此破立則非淨心作佛義也以心是佛故忘能忘所非破非立作是一念遮照同時此則即觀無觀用無作行修念佛定此法乃是觀佛要術今若不用宣示奚爲此術不施勝相不發觀光分四初身諸下毛孔光二彼佛下觀圓光三於圓下光中化佛四一一下化佛侍者四觀相好二初無量下正示相好身總相別相總好別好總光別光此三總別皆云八萬四千者即郭顯德故成此數佛居凡地具於八萬四千塵勞於此塵勞皆見實相理智既合故能示現相好光明故節節云八萬四千行人今觀知心即是能於塵勞皆即佛相二一一下光明攝生生佛體同雖土廣生多攝無一失觀佛心處還釋此文須攝之意三明觀成能見二初其光下見一佛二見此下見諸佛中觀見佛佛體圓融一即一切同尊特身故觀一佛能見諸佛三正觀佛心疏三初眼見下因身見心疏有二釋初約如來由大悲心起勝應身故令行者觀身見心由見身下二約行者觀想明故得見佛心所以明者由觀佛身是故二意皆是由色而見於心以心無形由色表故以圓人所觀色心不二既見微妙色豈隔大悲心故勝鬘云如來色無盡智慧亦復然既三種慈體是三諦今三觀明故三慈顯以用果法爲觀行故於位位見佛色心二佛心下正示心體若匪無緣慈悲不大

三以無緣下引文廣釋三初牒經引論以明
文意問經文但云以無緣慈攝諸衆生疏中
何故兼明生法皆云無心答起三慈者由三
觀智照三諦也照眞即起法緣之慈照俗即
起衆生緣慈照中即起無緣之慈此三諦慈
淺不具深深必具淺故照眞俗未必照中若
能照中必具眞俗故次第生法不即無緣今
無緣慈合具生法豈但具二亦乃俱深故今
生法皆云無心故涅槃云慈若有無非有非
無如是之慈非諸聲聞辟支佛等所能思議
當知三慈其體本一非三非一而三而一如
是方名佛心慈也此自分三初衆生緣慈三
無差別今盡現前心與衆生能所既絶無我
心想緣他衆生而一切衆生與我同體十界
因果不離一心而此一心是慈體故十界苦
集四種道滅能於一時任運與拔故云無心
攀緣自然現益如涅槃下梵行品文也然彼
經如來凡說八事一伏醉象二降力士三化
盧至四度女人五塗割瘡六摩調達七救羣
賊八醫釋女一一皆結云慈善根力見如是

事今文云我實不往者即引第五塗割瘡文
文現一處意通諸緣言割瘡者經云波羅奈
城有優婆夷名摩訶斯那達多夏九十日屈
請衆僧奉施醫藥有一比丘身嬰重病良醫
診之當須肉藥若不得者命將不全是優婆
夷尋自取刀割其股肉切以爲羹施病比丘
服已病差女人患瘡苦惱發聲稱佛我在舍
衛聞其音聲於是女人起大悲心是女尋見
我持良藥塗其瘡上還復如本善男子我於
爾時實不往至波羅奈城持藥塗彼當知皆
是慈善根力令彼女人見如是事今云我實
不往者正引此緣不言女人而言衆生者通
收十界衆生不以文害意也即俗諦慈也涅
槃云慈之所緣一切衆生如緣父母妻子親
屬以是義故名衆生緣以緣十界同在一心
故非次第生緣慈也二法緣慈十界緣起是
三諦法不離一心唯佛究盡境相既寂能觀
亦忘是故得云無心觀法而畢竟空智照此
三諦不受一塵此智自然照破衆生三諦惑
著或爲衆生說斯空慧皆令得離有相之苦

證眞實樂此即不思議眞諦慈悲名爲法緣
故涅槃云不見父母妻子親屬見一切法皆
從緣生是名法緣不見之言須忘十界是佛
法緣也三無緣慈以佛性中成究竟智有何
別理爲心所緣故云無心觀理境智既泯空
有又忘無住無依絶思絶議此名安住第一
義中心既無緣慈乃周徧入衆生性稱爲内
熏或爲現身說第一義稱爲外熏以此攝生
名無緣慈二念佛下却牒前經以對初慈即
前正觀佛身光明攝生之文也雖與無緣慈
體不別若約義辯爲門不同是故此慈念佛
衆生攝取不捨終令離苦永得安樂此從感
應生佛相關順於俗諦名生緣慈故舉魚母
念子不失喻此慈相也三今明下正以無緣
會釋經意既與生緣爲門有異須辯慈相不
同前二故生法慈約次第論則兩二乘及偏
菩薩有修證分若此無緣唯圓唯極今約極
顯故云諸佛所被不住有無者正與生法辯
不同相生緣妙有法緣妙空今是妙中故云
無緣中必無緣故也不依三世者此之慈悲

非四相故知緣不實者了苦樂事即性德故以衆生等者此慈所被令衆生發即境之智方乃名得實相智慧得此智者方終離苦得於永樂故與前慈門異益等若對法緣亦以實慧故一切空是故三慈益物不異疏不云者略也四舉利勸修子科分三初正舉益勸得生極樂則見十方一切諸佛故云生諸佛前法身觀成已入相似是故至彼即證無生別圓地住也疏釋分四初捨身下牒釋二如人下喻顯習巧如修觀從少至長喻觀有微著所作遂妙喻生彼土親見眞法然且分喻是心作佛行者應以是佛與作佛義一念圓照方合今經由觀見佛三以隨下結示四故般下引證二的示觀法相有八萬都想難成故令但觀眉間毫相如五須彌此觀若成八萬皆現此爲要門也疏釋二初從一下牒經二正示四初如觀下引他文示二種毫量此明釋迦勝劣兩相以例彌陀經明劣相論明勝相云云者即前疏云長一丈五尺毫有八楞周圍五寸二故文下撩此經明凡心難及

即第七雜觀中經文也三正可下正示初心從易現觀斯是大師別示初心即觀佛相入門要術也若從落日水冰方便次入地樹座像等觀心得流利觀已宏深此之行人自可稱彼毫量而觀使八萬相自然而現故知今觀劣應毫相乃爲未修前諸觀者及以雖修觀不成者故於佛身別指初心可觀之相爲三昧門也行者須知所託之境有勝有劣若能觀觀皆須頓照即空假中以勝劣相皆心作故皆心是故四剋示觀成稱彼而見二初若得下正示因用作是觀劣應毫觀漸深著得成眞似念佛三昧乃能稱彼勝相而見二智度下引證引此釋迦勝身說法增眞似位念佛三昧類彼彌陀八萬相好須眞似人方能觀見三見無下就觀結成五作此下顯觀邪正然此佛觀義具釋題疏文既略學者多疑若不釋之造修無路故更寄問荅明乎境觀問此經觀佛止論八萬四千相好若華嚴說相好之數有十華藏世界微塵二經所說優降天殊彼經正當尊特之相此經乃是安

養生身凡夫小乘常所見相鈔中何故言是尊特荅一家所判丈六尊特不定約相多少分之剋就眞中感應而辯如通教明合身之義見但空者唯覩丈六見不空者乃覩尊特生身本被藏通之機尊特身應別圓之衆今經教相唯在圓頓釋能觀觀是妙三觀釋所觀境是妙三身疏解今文云觀佛法身約位乃當圓教七信正託法性無邊色像尊特觀心使其增長念佛三昧據何等義云是生身用圓頓觀顯藏通身未之可也問以坐華王具藏塵相而爲尊特三十二相老比丘形而爲生身其文炳著那云不以相好分邪荅約相解釋四教佛身此乃從於增勝而說未是的分相起之本其本乃是權實二理空中二覩事業二識就此分之則生身尊特如指諸掌故金光疏云丈六身佛住眞諦丈六尊特合身佛雙住眞中尊特身佛雙住俗中法身佛住中道此依二理故有二佛衆生二識有二觀因故感二佛言二識者起信論云佛用有二種一者依分別事識凡夫二乘心所見

者名爲應身以不知轉識現故見從外來取色分齊不能盡知故二者依於業識謂諸菩薩從初發意乃至菩薩究竟地心所見者名爲報身身有無量色色有無量相相有無量好所住依果亦復無量種種莊嚴隨所示現即無有邊不可窮盡離分齊相隨其所應常能住持不毀不失如是功德皆因諸波羅蜜等無漏行熏及不思議熏之所成就具足無量樂相故說爲報文畢此乃佛用依二識彰也應是生身報是尊特論意要在見從外來取色分齊與知轉識現離分齊相而分二身然須了知權理但空不具心色故使佛身齊業齊緣生已永滅故曰生身名應名化體是無常實理不空性具五陰隨機生滅性陰常然名法名報亦名尊特體是常住須知依事識者但見應身不能覩報以其麤淺不窮深故依業識者不但覩報亦能見應以知全體起二用故隨現大小彼彼無邊無非尊特皆酬實因悉可稱報故妙經文句云同居方便自體三土皆是妙色妙心果報之處故知菩薩

業識見佛一切分齊皆無分齊豈比藏通佛邪方知智者師與馬鳴師精切甄分生身尊特其義甚矣問約相多少分於二身其義已顯何須理觀及就識分答華藏塵相及八萬相雖是尊特三十二相不局生身何者以由圓人知全法界作三十二及以八萬藏塵相好故三品相皆可稱海既一一相皆無邊底是故悉可名爲尊特故止觀并輔行以法華三十二相觀無量壽八萬相華嚴十華藏塵相同是別圓道品修發法身現相對斥藏通相非奇特以驗三經所談相海皆是尊特然有通局三十二則通大見無邊小見分齊若藏塵八萬唯大非小若也不就理觀等分此義全失故金光明龍尊歎佛經文但列三十二相圓光一尋疏乃判云正歎尊特故知不定以相數多方爲尊特只就不空妙觀見耳問行人觀於劣應談圓佛相只可即是法身及自受用不即尊特以尊特身現起方有不現則無豈見不空不待佛現便自能見尊特相邪答既以尊特對於生身分身非身常無

常等今云劣應但即法身及自受用不即尊特則成壽量屬於尊特身相自屬生身如此分張進退皆失須知行者無有一見非如來力如來鑒機未始差忒有須現者即爲現之如梵網華嚴及此經等相多身大也不須現者即以力加令於劣身不取分齊見三十二相即無有邊以知丈六是法界故應持不見其頂目連莫究其聲丈六身聲既因二聖窮不得際後之圓人豈不即劣見於無邊不必一一待現方見若不爾者用圓解爲用業識爲若但即法身及自受用不即尊特此說全乖頻足之義何者如釋籤解色無邊故般若無邊云五陰是理故即陰是實相般若故皆無邊以由理故令法無邊自受用身既證理極豈不即劣而無邊邪行者應知今之妙觀觀佛法身見八萬相不同金光但於劣身見無分齊今是彼佛全法界身應圓似觀現奇特身非是彼土常身常相若彼常身即般若中三十二相也今乃特現八萬四千相好光明經文自云身量無邊非是凡夫心力所及

正類淨名如須彌山顯于大海安處衆寶師子之座藥師中巍巍堂堂如星中月大論中色像無邊尊特之身此等經論所明尊特與今所現無少差殊彼色像無邊既稱尊特此云身量無邊那謂生身問所言龍尊歎尊特相非現起者是義不然以彼䟽釋尊特身云巍巍堂堂若不現者何謂堂堂答華藏塵相華嚴經列九十七名與龍尊歎全不相應又無身相高大之說以驗非是特現之相只由龍尊言中妙示即劣含勝難思之文大師見彼得意之處是故䟽云 巍巍堂堂得意處者即總歎云諸佛清淨微妙寂滅也清淨乃是四德中淨必不關於常樂我也寂滅豈非涅槃之義既稱微妙是大滅度祕密藏也以總冠別故三十二相徧嚴三身生身則百福所成見無猒足尊特身則色無分齊劣即堂堂法性身則色性即智法門爲相䟽云此三不縱不橫若縱橫一異則不清淨非微妙寂滅豈非圓人了乎三身是祕密藏密藏乃是法界總體一攝一切事事相收應用無邊不離

毫末相好至劣量等虛空故法華中龍女讚佛微妙淨法身具相三十二顯是劣應以法身具故相相尊特是故判谿類同華嚴一一相好與虛空等又文句云一一相皆法界海又妙玄云垢衣內身實是長者釋籤云即是瓔珞長者瓔珞長者豈非尊特何待現邪又妙樂云若隱前三相從勝而說非謂太虛名爲圓佛法華已前三佛離明隔偏小故來至此經從劣辯勝即三而一若也法華但即法身不具尊特正以太虛而爲圓佛又不具尊特如何得名從劣辯勝即三而一問法華文句云地師說多寶是法身舉南嶽破云法身無來無出報身巍巍堂堂應身普現一切若即此謂是三佛者未盡其體只是表示而已多寶表法佛釋尊表報佛分身表應佛記釋云無來者不合東來無出者不應踊出巍巍不應塔內應身不應唯此尚非應身豈具三身既云巍巍不應塔內信知報佛須現大身若具即劣便得名報塔內何妨何得破他答此破地師不知表示直將舍利便爲法身故

記破云尚非應身豈具三身又以世人不知法華開權之妙即劣顯勝只執身大相多爲報故就其見斥云巍巍不應塔內此用世人通解之義而破於彼不可據此便令法華相非尊特只如記云尚非應身豈具三身亦非今家盡理之說如判谿據論若知像性徧虛空三身宛然四德無減泥木之像尚具三身豈全身舍利皆不具邪雖曲引文欲令非報然終不能令法華機非業識見佛也問請觀音䟽云無量有二義若生身無量是有量之無量法身無量是無量之無量大論云法性身色像無邊尊特之身猶如虛空既云法性身此乃不滅方名尊特今第九觀觀於佛身第十即觀觀世音身觀音既是補處菩薩驗佛有滅豈非生身有量無量安以此身便爲尊特答藏通補處彰佛有量別圓補處顯佛無量以十方三世一切如來更無彼此迭相見故同一法身一智慧故菩薩機忘如來應息名補佛處實異藏通前佛定滅後佛定生爲補處也故金光明四佛降室䟽乃釋云若

見四佛同尊特身一身一智慧即是常身弟子衆一故若見四佛佛身不同即是應化弟子衆多故故知只就同與不同常與無常分於二身藏通三乘故弟子多別圓純菩薩故弟子一豈論相好多少等邪既同一身復云常身豈豎分當現橫論彼此是知觀音補法身處愈彰尊特無量之無量矣且華嚴佛身委明八相既是尊特此論補處與彼何異云是生身是知今佛全法界身故滅即非滅觀音補處生即非生不滅不生常身義成尊特相顯問今所觀佛高六十萬億那由他由旬雖云高大只是淨土常所見身何以知然如法華中淨光莊嚴國妙音菩薩欲來娑婆彼佛誡云汝身四萬二千由旬我身六百八十萬由旬汝往彼土於佛菩薩勿生劣想故知淨土常身高大安以常身便爲尊特答於同居中淨光莊嚴土唯演頓如淨名中衆香之土以其所被純菩薩故所以但現高大之身佛知妙音所將之衆不知娑婆開權之妙於佛輙起定小之識故寄妙音現未達者意令得悟即劣之勝祕妙之權既誡勿生下劣之想乃是令起尊特之心若謂不然安得皆獲普現三昧若安養土漸頓俱談聲聞菩薩共爲僧故使佛示生身法身二種之相三十二相通於生法大小共見若八萬相局在法身大乘賢聖方得見也是故衆經多說彌陀生身常相今當略出小彌陀經云彼土蓮華大如車輪大彌陀經說彌陀浴池廣四萬八千里以依驗正身未極大般舟經說阿彌陀佛三十二相此經中說慣習小者生彼即得見佛聞法便證小果更有丈六八尺之身此等豈非常身常相邪若今所觀八萬相好別圓眞似方得見之故上品下生疏判已登習種性位生彼七日見佛衆相心不明了三七日後乃了了見及聞衆聲皆說妙法唯上品上生道種性位生彼即見衆相具足光明寶林皆說妙法即悟無生三賢菩薩依業識故知心現佛乃就尊特論爭明昧若慣習小者及諸凡夫依事識故不於尊特而論明昧良以此等雖因臨終迴向得生佛順本習故且用小令其證果既說無常苦空之法須以生身相好應之浴池之身三十二相正對此機故般舟經云在菩薩衆中說經又云在比丘僧中說經信三十二相通大小人常所觀見是故彼經觀法之初不託日冰便觀此相斯蓋凡心可想之境故也若八萬相是彼如來現奇特身增進深位念佛三昧非是凡夫心力所及是故此經初令觀日疏釋齊於下品下生以驗想冰至假想地屬下三品當名字人次得三昧見彼實地合入觀行初二兩品次觀寶樹及以池樓至總觀成當三四品寶座觀成當第五品以座上寶幢如百千萬億須彌山大比知座體其量難思非第五品三觀功成凡小事禪見莫能及此觀雖就經文未便許觀佛身乃令先想一大寶像稱座而坐及二菩薩皆想坐座況復悉用作是不二妙觀觀之使心流利方令觀佛學者應知日觀已來所修三觀共於事禪良以皆須想成相起故也事禪既勝三界思惑悉已被伏妙觀觀像見破即登第七信位得此位已方令

觀佛眞法之身八萬相顯乃得名爲念佛三昧即感諸佛現前授記生彼便證無生法忍經文如此明圓深觀所顯之相識謂㝡特實匪生身凡夫小乘常所見相問釋題序云無量壽佛是所觀勝境豈非託彼依正色心修乎三觀顯三諦理今八萬相既是正報義當生身託此修觀觀成理顯乃見藏海塵數之相方名尊特豈分段生身便爲尊特耶答前正釋題以妙三身解所觀境今至經文以八萬相爲所觀境信八萬相與妙三身無二無別二處皆用不思議境而爲所觀故八萬相觀之令顯顯名觀成無別所顯且行人念佛誰不託佛正報修觀但境隨解名生名法小機不解所觀佛身是法界用謂正習生故曰生身大機能解所觀之佛是法界用應既有本生即同法是故受於法身之稱故見佛相若多若少皆稱法身今經明示佛法界身入心想中故䟽標云觀佛法身斯乃即三而一之法身也況今不是初心觀境乃圓七信所觀境耳豈於座像圓觀已成却託藏通生身修觀又觀生身顯藏塵相此乃通人被別圓接全非頓教始終圓觀只如般舟三十二相即知心現故相相皆中攝所觀勝境言是生身深不可也學者應知八萬相顯即三諦顯良以此相法身所具與彼三惑本不相應故一一相即眞俗中即一而三即三而一不可思議名眞善妙色今之三昧顯本妙相故觀音觀云眞實色身也問尊特既是他受用報須入別圓地住方見今八萬相似位能見驗非尊特合是生身答攝何文義別圓似位唯見生身須知尊特地住已上分證論見地住之前相似論見斯乃如來以實報身應下二土

觀無量壽佛經䟽妙宗鈔卷第五

觀無量壽佛經䟽妙宗鈔卷第五

校勘記

一　底本，明永樂北藏本。

一　七五二頁中末行第九字「直」，徑作「眞」。

觀無量壽佛經疏妙宗鈔卷第六　約九

宋四明沙門知禮述

故判谿云勝彖兩處劣唯麁圓若其似位全不見者法華四信何故見於實報土耶有餘那見圓滿相海通教案位受接之人爲見何相若非尊特合身不成今經明說無量壽佛身量無邊與大論云色像無邊有何異耶彼云無邊既稱尊特此何獨非況疏專引彼論此文以證身量無邊之義驗今佛身的是尊特不須疑也問若是尊特合是常身何故法華疏中判觀無量壽佛經云實有量而言無量答此乃刊正鈔中錯引彼疏彼疏並云實有量而言無量如阿彌陀與金光疏及此疏同蓋以小大二彌陀經不專尊特被於頓機故彼佛現三十二相通被衆機大機雖見尊特常身其慣習小人洎諸凡夫雖因迴向得生彼土未宜尊特說常住理故以應化說無常法成其小果是故佛壽雖不可數終歸有量娑婆生彼多是此機以別圓似位人難及故三疏約此故判彌陀在有量中若觀無量壽佛經純被圓人明說佛身全法界起應既有本生即同法的類釋論法性尊特正當無量之無量也故釋籤云教分二身爲機劣故暫現生身令機不劣豈對生身問大本中云生我國者身皆具足三十二相彼國人民既具此相佛身理合超勝於人故知常身有八萬相般舟經說三十二相蓋借釋迦爲初心觀境耳答般舟經云菩薩用是念佛故當得生阿彌陀佛國當念如是佛身有三十二相悉具足光明徹照端正無比在比丘僧中說經經指彌陀有三十二相何文言借釋迦爲境況止觀無文輒行不說豈得自言成於己見又彼人民三十二相故佛常相須八萬者其義不然以同居土佛應同人只由淨土人皆有於三十二相故佛常身須現此相但於同中相相皆勝穢土佛身雖異凡鄙亦同上人故應此方所有相法故三十二同輪王相亦於同中而分明昧三十二相既同彼人驗是彼土常身常相是知八萬別爲大機現尊特相更何所疑問一等尊特以何因緣相分三品答悉檀因緣故蓋一類機應以藏塵尊特之相得四益者故佛稱機而爲現之應以八萬尊特之相應以三十二尊特之相得四益者佛皆稱機而爲現之仍須了知此之相海別教則用別修緣了成就此相即修成之尊特故名報身圓教能了二修即性修德無功乃性具之尊特故名法身已在此觀開章中說須知華嚴華藏塵數之相雖多此以彖別故猶帶修成此論八萬既唯圓頓無非性具故三聖觀疏皆示云觀於法身行者當須以教定理就理明觀於觀顯相無得但以多數斥少使勝成劣實在精學然後勤修欲罷不能故茲辯析四第十觀音觀二初疏科略釋帶果行因者觀音三昧經云觀音昔已成佛號正法明今爲菩薩修淨土行斯乃帶昔果德行今因行頂有化佛表帶果也二依科列經三初結上二正觀菩薩身三初正觀身相子科十一初次復下身量應云十八萬億令云八十者翻過佛身二十萬億故知悞也問如釋迦丈六人身八尺今佛身六十萬億

菩薩十八菩薩之身何太早邪答淨土勝應
不可以穢土劣應例也亦如妙音身量但四
萬二千由旬佛身六百八十萬由旬佛身之
量去菩薩更多二身業下身色三項有下肉
髻四項有下項光五舉身下身光六項有下
天冠七觀世下面色八眉間下毫相九臂如
下臂相十手掌下手相十一舉足下足相二
其餘下與佛同異肉髻是相無見項是好此
之相好表於極果今作因人故不及佛三舉
利勸修子科二初佛告下舉觀利勸二初約
修觀明滅罪二如此下約稱名況獲福二若
有下示觀次第身相既多先觀何相故今示
云先觀肉髻次觀天冠以此二種能別表示
觀音德相何者肉髻降佛表現行因冠有化
佛表普成果別相若顯其餘通相則易可明
行者觀於冠髻毫面身色光明一一須用心
作心是而爲能觀說在像前用在此處既云
作佛是佛豈不能作觀音是觀音邪作髻作
冠是髻是冠皆可爲例不獨以佛例觀菩薩
亦須例於普雜三華豈唯以前例後亦合以
後例前以令行人覽經始末方修觀故大師
得意乃於釋題總示三觀若也不於十六處
用則令大師虛說亦見行者讀修當導佛言
勿背祖法專用妙觀顯乎勝相以此妙觀爲
見佛本迴出餘因至彼土時速證法忍三作
是下結觀邪正五第十一勢至觀二初分科
叙意二初分科二叙意二初略無下約當門
明闕眞觀觀佛眞身乃立觀云正觀佛身等
觀音中云正明觀菩薩身今勢至觀但云因
光神力制二種名及云與觀音辯同異何不
例上各立觀法故疏出意云略無觀法當不
異上以大勢至與觀世音身量大小皆悉同
等此令行者辯異之後用觀音觀觀勢至身
何須別立二所以下兼觀音明無像想觀成
見佛眞法身後觀二侍者豈須更修像想方
便邪二依科列經三初因光神力制二名子
科二初徧示諸光二但見下正立二名光照
十方故立無邊光爲名令三途人得佛十力
故立大勢至爲名也行者應知即舉身光名
智慧光以是隣極色心不二若不爾者焉得
色相名爲法身二明與觀音同異子科三初
此菩下正明同異二此菩下更示行坐觀音
行坐豈不動地集佛等邪但於勢至觀中說
耳若不然者何得云除頂上寶瓶餘與觀音
等無有異三作此下結成觀相經云色相疏
稱法身若非全色是心色由心造安令色相
即名法身此乃三諦一境之法身發我三觀
一心之般若相冥見相則三脫圓彰故云佛
法界身入心想中疏云念佛三昧解入相應
非此相應不發勝相三除無下滅罪以勸修
名爲具足觀觀世音大勢至者以二菩薩唯
有頂上化佛寶瓶二種有異餘相皆同同異
分明名具足見六第十二普往生觀二初疏
科二初對雜辯異二普中下就普分科二經
文二初作自身往想上來諸觀先依次正先
主次徒雖皆觀成未爲普總又未想身生彼
覩見故今令想身終生彼一時普見非獨所
觀境界頻足亦乃往生心想成就可類前文
依報之觀初地樹池等別觀至樓觀成四事
總見名爲總觀然但能總依報四事今想生

彼普見普聞依正諸相故名普觀問上品上生乘金剛臺上品中生乘紫金臺上品下生入金蓮華今三聖觀成方修普觀合是上品上生之者何故同彼上品下生邪答十六觀人對九品位義有多途今且一往以三聖觀及普觀成當上中品雜及三輩四觀成者方是上上故上中品終時雖見坐紫金臺此臺到彼成大寶華經宿則開此文亦云生極樂界於蓮華坐作開合想蓮華開時見佛滿空及說妙法正合上品中生之相若上品下生華開七日乃得見佛仍於衆相心不明了故知此文與上中品生相正齊若其以品對別圓位至三品觀方得委論二無量下明三聖來現上想終後生於彼土見佛菩薩今想未終三聖常來入我心想良由當念即是來際故能預想將生之事復由生佛體不別故故令三聖不來而來斯乃三觀一心作是雙運致令心佛往彼來此故知觀體不可言思七第十三雜明佛菩薩觀今許此觀略有二意一爲前觀佛及菩薩勝相不成者乃令捨大

而觀丈六二爲觀前勝相已成之人令其更觀勝劣化用徧十方界使品位增進若謂不然前觀既成修後諸觀有何益邪疏從前意故作拂疑生重釋以觀成者自知經意是故大師從初意示釋此爲二初分科二隨釋二初佛告下觀丈六像經若欲等者行人於前依正諸觀修雖不入求生之意彌加敦督名爲至心故令此人捨勝觀劣未觀二侍前想彌陀故云先當觀於一丈六像行人欲託彼土蓮池故令觀像在池水上應知勝身既心作心是豈今丈六非作是邪圓人作爲皆了唯心全具而變全變是具具變不二故觀佛相勝劣皆然二明彌陀變現子科二初示化主隨物二初如先下勸常修觀二阿彌下拂去衆疑疏二初所觀下示相問疑二前聞下示疑明破勝身觀法修雖不成而且得知廣大無量今聞觀小頻違前說寧免輕疑爲拂此疑故說彌陀神通如意能大能小皆全法界但以重心觀令成就勿疑身謝不生西方二明補處同生二初觀世下明劣應同衆生

佛應既隨萬物補處亦同衆生二但觀下傚勝身論觀法前明觀音勝身觀法先想冠髻則令衆相次第皆明勢至觀中髻有寶瓶其餘身相不異觀音以此二種是二大士身之別相令修觀者但觀別相別相若顯同相則明疏釋首相雖通兩說然頭首之首手足之手皆是別相悉可以別而顯於通應知觀佛丈六之身先觀白毫方彰衆相備如前疏約釋迦說三後三觀明三輩往生四初立觀所由此中二義初即雜觀觀劣應者位在中下令識三品進修勝觀登於上品次義即是前觀勝應及修雜想了隨機化在八九信令令此人以妙三觀分別九品即大本三輩事理窮深登第十信既云此下三觀觀往生人有二義乃是修前觀法行者觀於九品往生之相非是凡小求生之者讀今三輩經文改轉行業縱通此義亦是傍兼非今增進觀行意也二釋會經論二初會論即無量壽經論今云往生論是也天親所造有十七成就至第十六大義門成就中偈云大乘善根界等無

譏嫌名女人及根缺二乘種不生長行釋云
故淨土果報離二種譏嫌過一者體二者名
體有三種一二乘人二女人三諸根不具足
人無此三種過故名離譏嫌也名亦三種非
但無三體乃至不聞二乘女人諸根不具三
種名故此十七成就俱明彼土果報故無二
乘等悉約彼土非是此方二乘等不得生也
恐惑者不曉故和會解釋之分二初會二乘
二初會不生且攄彼論二乘種不生句並於
此經小戒得生以具足戒及沙彌戒等是小
乘種故二說相違而為詰問今以住小迴心
以會釋之堅住小道志趣無餘不求淨土故
云正處若迴小向大轉小乘業作淨土因故
云要由經就現今向大時說是以得生論就
本始住小時說是故不生然論說彼土無二
乘人由在此身因轉故也二何故下釋證果
云垂終迴小向大方生彼國何故中輩三品
行人生彼復證小乘果邪今釋意者迴心故
得生慣習故證小知大證小不執偏眞而為
究竟不久證大也二問論下會女人復舉論

偈女人根缺不生之文並於此經韋提侍女
得生之說而為詰問今約彼此會釋二說論
就轉報是故彼土無有女人及根不具者若
名若體經就此土修淨業者故有善心一切
得往故大彌陀經蜎飛蠕動蜎蜚皆得往
生故知經論無少相違二問大下會經二初
對經雙問逆罪得生即下品下生文二釋有
下立義雙釋二初悔有輕重上即利根下即
鈍根俱舍云愚智所犯輕重不同愚作罪小
亦墮惡智為罪大亦脫苦如團鐵小亦沉水
為鉢鐵大亦能浮涅槃云智者有二一者不
造諸惡二者作已懺悔愚者亦二一者作罪
二者覆藏如阿闍世王殺父害母至涅槃會
身瘡腫熱生重慙愧悔過自責耆婆勸往佛
所佛為說法得無根信文載涅槃梵行品此
經明逆罪得生淨土者即同闍王上根利智
能重心懺也彼經不生者下根愚人至于臨
終不能重悔也二二者下約行有定散大本
執此者指上散善力微也此經明觀者即觀
佛三昧問若定力得生下下品云此人苦逼

不遑念佛善友告言若不能念者應稱無量
壽佛如是至心令聲不絕具足十念此與大
本散心十念理應無別答此雖造惡已曾修
觀故使臨終善友勸稱十念定心則成亦是
法行乘急戒緩人也修觀故乘急造惡故戒
緩由乘急故得值善友縱現世不修三昧亦
是宿種今熟故得往生所以華開見二大士
說實相法自非定善孰至此乎故十疑論云
臨終遇善知識十念成就者並是宿善業強
始遇知識等當知作此解釋方合此中定善
之義若本不修三昧之者則屬前悔有輕義
也三依品定位二初通示九品二初就三下
示三中具九經文顯示三輩各三二判九品
屬三二初上品下約位判雖分九品以義定
之不出三位即內凡外凡及悠悠者然習種
解行及十信名乃是別教地前凡位以為今
經往生位者略有三意一別位次第對品顯
故二別具四觀收機廣故三九品多判所觀
人故若以九品判今能觀圓觀位者則以三
賢對今十信彼之十信對今五品悠悠即對

名字人也以名字位通修未修故應知疏用此之三位判九品人其意深細不可麤心今試略言蓋一切善若能迴向皆淨土因仍一切惡若能懺願亦淨土因故種種善修之淺深無非九品其一一惡約懺功力亦皆九品故上上品善通下下品下下品惡通上上品三心六念或聞或修未能伏惑屬下三品以此伏惑入中三品能破二惑方預上三如五逆罪臨終十念爲能消功屬下下品闍王重悔得無根信即是上輩三品所攝豈非五逆隨於懺功自分九品中間七品若善若惡若修若懺隨功淺深一一皆須明於九品若據經文下三唯惡中下世善中中中上即小乘行上三唯大疏則純用大乘三位判九品者以中三品迴向大乘故下三品人依大滅罪故故九品行一一成大隨一品行若至三賢皆上三品若至十信皆中三品全未伏惑即下三品應知經爲被機盡故故以大小善惡分其九品蓋約增勝高下互顯也大師得意乃約三位判乎九品則何機不攝何行不深

乃由妙解大小觀行善惡之業全修即性一一具於四種淨土但能迴向隨功能顯四種樂邦如是說者多約一行隨功淺深歷於九品亦自有人節節改行歷於九品若以三位定其高下改與不改皆悉不濫問今十六觀既是圓修爲一一觀皆通九品爲須節節改觀入品答雖俱圓觀而所託境隨其宜樂有改不改合有二途若就現文多從改觀歷於九品以初心人雖了根塵皆是法界而心想羸劣勝境難觀是故如來設異方便先觀落日於西定心疏云除五逆罪下輩自諭故知妙觀想落日成當下下品次以三觀想水結冰合在下中轉想瑠璃粗見彼地可對下上若得三昧見彼寶地及寶樹寶池雖五品初而五住圓伏名得三昧品當中下總見依報五品中心合當中中華座觀成五品後心即中上品此之三品雖成三昧能伏五住見惑未斷事識猶存未可即觀勝妙身相故修三觀觀於寶像像想現前見思俱盡所以盡者以事定力深能伏思見斷即登圓第七信即

上下品事識既盡全依業識可觀三聖眞法之身及普觀成在八九信即上中品故難思相法界光明十方佛事悉能洞見後修雜觀及三輩觀成當第十信即上上品内外塵沙任運除盡故隨機應相及差別行業觀察明了宣示無窮此約修者從微至著三聖觀成後修雜想及三輩觀故當如此若觀勝相不成就者始依雜觀觀丈六身此人或在下之三品或沾中輩今觀九品必能進功從劣觀勝求預上流是故疏云令識三輩往生捨於中下修習上品此從節節改觀次第入品如是說也有因改觀超品位者不可定判此上皆從次第改境修觀者說其不改者十六境中宜樂何境即用妙觀修之不捨乃從名字修成觀行入相似位歷乎九品然十六中佛境最宜從劣觀勝成於九品故疏令觀釋迦毫相以爲初心入門之漸雜觀令觀一丈六像經雖不云從一相入據理合然若般舟經則從足下千輻輪相次第上觀至頂肉髻故知但解今家住前三位以判九品於境於行

改與不改次比自成也非獨今經九品如此法華五品其義亦然解一千從矣二何以下以經驗以無生忍位在別圓初地初住非別十向圓第十信何能見佛便登此位上上既爾諸品例知復以造罪驗下三品以別圓教內外凡位不造衆惡既約罪說知是未入外凡人也類此似爾者經不明示故以得悟及造罪等比類驗之此乃大師尊經謙已近人判解不遜者多二別明上三二初上品下約三位定上以三品判於九品下至悠悠今則別明上輩三品故約種性以分三位瓔珞經明六種性一十住習種性二十行性種性三十向道種性四十地聖種性五等覺性六妙覺性問今此上品是出假位合在穢土利益有情何故求生淨土耶答大論四十三正有此說故彼問云菩薩法應度衆生何以但至清淨無量壽佛國土中答曰菩薩有二種一者有慈悲心多爲衆生二者多集諸佛功德樂多集功德者至一乘清淨無量壽國土好多爲衆生者無佛法衆處讚歎三寶之音故知一等斷惑菩薩而好樂不同故有二別又論第四十五云菩薩有二有先自成就功德然後度衆生有先成就衆生然後自成就功德者故知今十向菩薩求生淨土乃是先自成就功德人也故十疑論明未得無生忍已還要須常不離佛故須求生二一得下約二義求上上生已即悟無生法忍上中經七日得不退轉上下經三小劫住歡喜地得無生忍證念不退即歡喜地也四隨文解釋三即十六中後三觀也疏前標云此下三觀觀往生人若但讀文不名爲觀必須覽經所詮之相入一念心用空假中微妙之觀照於心性本具淨土因緣果報生佛感然三無差別諸佛淨土因果已滿能應衆生衆生由具淨土因果能感諸佛感應緣起不一不異一一融妙相相宛然隨品隨功感佛感土觀之不已則難思俗諦淨土因緣自然明了明了之位大判有三若相似明當上三品若觀行了即中三品名字觀解屬下三品論斷伏等雖有高下而皆了知一切善惡迴向懺悔皆通九品或共不共或超不超或改不改或進或否狀類萬差難以言具若不爾者豈得名爲觀於三輩往生人耶初第十四上品生觀三初上品上生二初分科二隨釋三初標二釋四初明生因經有二段初段既云發三種心即便往生知此三心是一人發次段乃云復有三種衆生當得往生據此合是三人各修成三種行然修之在人或別一行或兼餘行或具足修但能位至別教道種圓第十信即得名爲上品上生言至誠等三心者此與起信論中三心義合彼云一者直心正念眞如故二者深心樂集一切諸善行故三者大悲心欲拔一切衆生苦故今初至誠疏以專實釋之非念眞如豈名專實解於深心疏雖三義而不相捨求高深果須契深理欲契深理須厚樂善根此乃立行依理求果也二經證成三種深義不出彼論樂集一切諸善行也經迴向發願心疏雖不解義當彼論大悲拔苦之義蓋以眞如實念趣果善心二心功德善巧迴向願生淨土速證法忍廣拔一切衆生

苦惱然此三心順於三法何者初念眞如平
等一性次二即是自行化他二種修義旣是
修二性一乃就圓融三法而發心也今此三
心一念中修見思塵沙任運先去入第十信
故當此品若此三心但能圓伏即中三品若
全未伏當下三品文在此中義該下八經慈
心不殺具諸戒行者以無緣慈不害物命知
性離非心具諸戒讀誦方等者隨文成觀也
修行六念者涅槃疏云前三念他後三念自
戒施是自因生天是自果戒是止善施是行
善天有近果遠果遠即第一義天也安心下
釋念義謂念同體三寶一心戒施第一義理
悉不爲二邊所動故通名念經迴向發願等
者總論不殺等皆須善巧迴向願生淨土證
無生後廣度含識經具此功德者或全或分
皆得言具一日乃至七日即得往生者上一
一行修之成就至道種位長時彌善下至七
日或唯一日皆得預於上上品生也此等悉
須約於斷伏及全未伏分下八品若不爾者
豈令初修六念等人三惑尚熾便登極品邪

須知九品難將法定只可隨功此去科節經
疏分明鈔不標也上品中生明生因亦不必
受持方等經典善解義趣等者是義持人不
樂讀誦但於經中取一句偈深窮旨趣於絶
言思深廣之理心不驚動又復其心安住中
道不爲二邊之所驚動了達因果皆是實相
名爲深信雖不徧習或聞大教赴機異說知
顯一理不生疑謗此一種因亦通九品但今
此觀位至圓教八九信位故當此品若第一
義解全未伏惑只在下品三品攝也如常不
輕不專讀誦但以一句禮拜授人深知義故
多年不懈此以第一隨喜品行始從名字歷
於五品至六根淨故知讀誦等四品行皆可
從於名字修之至六根淨若證分眞無偏修
者也生後利益中疏云名之深妙精進等者
以聞衆聲說第一義能成趣理不思議觀既
頓泯絶情塵微礙是故進趣其疾如風比餘
事行雜而且滯故此精進最稱第一疏牒阿
耨不退釋云道種菩提等以阿耨多羅三藐
三菩提翻爲無上正等覺斯是行人心之本

性所求之果於此不退其位有三若破見思
名位不退則永不失超凡之位習種性也伏
斷塵沙名行不退則永不失菩薩之行當性
種性及道種性也若破無明名念不退則永
不失中道正念聖種性也上中生者此土已
得性種菩提到彼一劫始得無生聖種不退
今於七日所得菩提不退轉者義當道種菩
提不退也通名地者凡聖所依皆名地故四
種授記一往現前者淨名大疏出四受記謂
未發心記密記現前記無生記言一往現前
者以現前記通於凡聖今無生位佛就一往
通名現前耳上品下生亦信因果不謗大乘
同上中品故名爲亦彼以解了第一義諦而
爲別行此以但發無上道心而爲別行究理
攝生標心雖異從凡入聖歷位無殊謂修無
作四諦妙境發四誓願名爲眞正發菩提心
未度苦者誓令得度陰入皆如故未解集者
誓令得解塵勞本淨故未安道者誓令得安
即惑成智故未證滅者誓令得證即生成滅
故發此道心亦通九品名字中發自有靜散

即下三品觀行五位即中三品相似既分三
般種性即上三品今習種發故當此品此心
深運分眞可階豈不能至上上品耶約位判
之無法非九生後利益中經雖見佛身於衆
相好心不明了於三七日後乃了了見者以
此品人位當習種見思雖破塵沙未除故於
衆相心不明了過三七日進入性種侵斷塵
沙故八萬相一一分明自此三劫遊歷十方
供佛聞法進入道種登於初地此地即得百
法明門言百法者如百法論所出名數今於
此法皆證三諦乃以百法而爲明達三諦之
門三諦若明則了一切是故論云增長智慧
思惟種種法門義明此義故心大歡喜故名
歡喜地也中品上生明生因中但言衆戒斯
乃略舉三學之初也若擬生彼聞讚四諦便
成羅漢三明八解以果驗因不專持戒合修
小乘理觀事禪但未證果猶在賢位於臨終
時聞讚方等迴心向大願生淨土然迴向心
須至別教七信已上圓教觀行四五二品方
是中品上生人也若其小行已至忍位及世

第一但案位迴即當此品若在煖頂及外凡
者須猛利迴趣入此品大約小乘并世間善
從迴向心深淺高下判於九品生後利益疏
二初正釋經文四諦者既是共二乘行由宿
習故而聞生滅無生二種四諦也生滅者苦
則三相遷移集則四心流動道則對治易奪
滅則滅有還無無生四者苦無逼迫相集無
和合相道不二相滅無生相次三明者過去
宿命明現在漏盡明未來天眼明此三名明
復得名通餘三但得名通者婆沙云身通但
是工巧天耳但是聞聲他心緣他別想而已
是故非明宿命知過去苦生大厭離天眼知
未來苦生大厭離漏盡正觀斷惑是故此三
稱明大論問通明何別答直知過去等名通
知過去等因緣行業名明次釋八解脫一內
有等者內色即內身骨人也爲修八色流光
故存骨人欲界結使難斷故以不淨心觀外
色也位在初禪能脫自地及下欲界二者下
位在二禪二禪內淨故壞滅內身骨人欲惑
難斷故猶觀外不淨之相三者下除外不淨

相但於定中練八色光明清淨皎潔故名淨
也住在三禪四空處者若滅根本四禪及三
背捨等色一心緣無邊虛空而入定即觀此
定依陰入故有無常苦空虛誑不實心生厭
背而不受著五識處者若捨空緣識入定即
觀此定虛誑不實而不受著六無所有處者
若捨識緣無所有入定時乃至而不受著七
非非想處者若捨無所有處緣非非想入定
時乃至而不受著八滅盡等者背滅受想諸
心數法也諸佛弟子患厭散亂心欲入定休
息以涅槃法安著身中故云身證而想受滅
也前三等者位在色界能離自地五欲也中
四等者位在無色界皆展轉離下地然前三
亦離下中四亦離自地互現說耳後一可知
亦名下背捨因稱解脫果名二釋會下釋諸
疑妨三初會小乘不生疑疏與釋論取法華
意會於今經及往生論論云不生據決定性
入無餘者今經云生是退菩提取小乘者疏
前會云正處小行不生要由垂終發大心故
生若無宿種豈能垂終迴小向大故知與前

義不相反仍釋伏疑既因迴心向大得生何
故至彼却證小果故釋云無漏道熟等以退
大既久習小功深是故彼佛稱習說小且令
證果或接下再出經論引小之意今經釋論
說至彼土證小果者意欲別接小乘求生其
若生已咸慕大乘必不證小然雖出此意前
義為正二中品下釋中不及下妨以下下品
生彼聞法應時即發菩提之心中上生彼何
故只證無學果也邪以大小故難第四品不
及九品解云下以登地遲而為答也中上順
習雖證小果不逾十劫必入初地九品惡重
十二大劫方得出胎雖發大心更經多劫方
堉法忍故以速證比彼為勝三大本下通中
不出家難彼明中品云雖不能行作沙門故
云不明出家長時始終者謂盡形出家者就
短時者謂一日一夜也是知若據短時大本
約義亦有若論長時此經約說亦無此乃二
經事同也中品中生修因中疏云十戒者釋
經持沙彌戒也金銀生像者南山云胡漢二
彰謂胡言生像此翻金銀也善見云生色似

色似即像也此謂金則生是黃色銀則可染
似金故云生像若爾生像此方之言何謂胡
語邪答謂五竺之北胡地言音有涉漢者故
謂生像胡人重譯又却入漢故存胡音中品
下生修因中經云孝養父母行世仁慈此凡
夫善不能伏惑豈預中輩疏前判位宁菴人
當別教十信即圓五品斯由垂終善友廣說
阿彌陀佛隨順本性取極樂國及談法藏稱
理發願行者聞已解悟大乘發迴向心求生
淨土經雖不云發迴向心既聞廣說豈不迴
心特是影略臨終發心心猛利故能入別圓
外凡初位通伏頓伏故令世善當此品位大
師唯就大乘三位對於九品深有其致生後
利益中過一小劫成阿羅漢問到彼證小皆
順本習今此行人本習世善是人天因非聲
聞行至彼那得阿羅漢邪答孝養仁慈大小
基址何教不談而其阿含偏論此善以果驗
因是依三藏行孝順等雖行世善心在無常
既久標心無漏道熟故證小果第十六下三
品人造罪輕重值緣得滅為往生因須知經

意為易解故以三業等惡滅為下三品因迴
向凡小為中三品因以大乘諸善為上三品
因此乃上下互相顯映為觀法境若稱實觀
依義而說大小善惡遂迴向心隨滅罪力淺
深階位各論九品今之三人聞法稱佛雖業
鄣滅全未伏惑位在名字故屬下三若滅罪
心利入別圓外凡即中三品能至內凡即上
三品闍王悔逆得無根信是其類也下品上
生經云雖不誹方等經典者此品不謗顯罪
猶輕至下下品云五逆十惡具諸不善則謗
經等一切惡業無不造作故言具也圓頓教
說罪無輕重悔則皆滅如仙預殺諸婆羅門
地獄三念知謗方等心生改悔即生佛國下
品中生經偷僧祇物盜現前僧物者所盜之
物不出四種常住一常住常住謂眾僧廚庫
寺舍眾具華果樹林田園僕畜等以體通十
方不可分用故二十方常住如僧家供僧常
食體通十方唯局本處三者現前現前謂僧
得之物四十方現前如亡五眾輕物若未羯
磨從十方僧得罪若已羯磨望現前僧得罪

則屬第三現前現前益前二種名偷僧祇物益後二種名現前僧物不淨說法者但求名利非益物也無有慚愧者屏處為惡不慚於天顯露為惡不愧於人慚愧猶羞恥也下品下生疏釋修因中二初稱無下明念佛滅罪二引大論問答二初問云下約少時貴二是心下約猛心答此猛利心從二緣發一值善友二為苦逼心怖惡道耳聽佛名是故牢强至誠稱念既境勝心猛故時少功多能超百年悠悠願力若此二緣猛心不發此人乃是合墮地獄也二明利益二初疏科二釋經二初夫人悟道經豁然大悟逮無生忍者以凡夫心聞十六觀即聞即修頓入圓住蓋由了知依正應色即報即法非縱非橫三一融妙全心作佛全心是佛能所既忘思議泯絕三德祕藏當念頓開是故名為豁然大悟悟通觀行及相似位是故特云逮無生忍顯此大悟的在分真若十六觀非妙宗者豈令當機頓入圓位經文結益顯此觀門非偏非漸信不可用事相銷文二明侍女發心經文但云

發無上正等覺心是何位耶經示夫人無生忍後別云發心驗非具發淨名疏云菩薩柔順忍方有發義笈多約相似明發心位名字觀行亦有發義去無生遠故不得論大段第三流通分金光明疏云流名下澍通名不壅欲使正法之水從今以澍當聖教筌第不壅於來世是故此下舉名舉益勸人修習若不爾者安令法水下澍不壅疏二初總別分科二隨科解釋今經兩處流通觀道初於王宮佛自囑勸次迴靈鷲阿難備述初文自四初列名教持二初阿難問二初當何下問經名疏云言義非一等者經文別示三種淨業十六妙觀未審以何而為總目二初法下問持法二如來答二初佛答前問觀之一字心觀妙宗也極樂三聖實相圓體也此從宗體而立此名淨除業障極至五逆生諸佛前該於九品此名從用總此三義即是釋名此四斷圓即當教相故示二名五章意足信令釋顯冥符佛旨二汝當下答後問無令忘失即是念心念心能成欲等四法良以欲進巧慧一

心若其忘失皆不成就佛令不忘則具五法受持之功於茲盡矣二舉益勸修二初明生善滅惡二初次明下直明生見佛善能見彌陀及二菩薩真法之身生善極也以深比淺何善不生二善男下況顯滅生死罪聞名是聞慧憶念是修慧舉聞之劣況其修勝行者應知前無忘失亦是憶念然屬方便今之憶念乃是正修名同義異善須分別二明身勝友勝二初念佛下喻白蓮明身勝分陀利者此云白蓮華涅槃云水生華中分陀利最為第一顯修圓觀超餘一切修道之人即七方便也二觀音下類補處明友勝二聖本修圓念佛定今為補處行者今修亦是此定位雖高下所修法同故可為友其猶世人道術之交豈分貴賤三當坐下明得果起行事相解釋菩提樹下坐金剛臺此處成佛名為道場事本表理今觀本性彌陀覺體此體即是所坐道場所生佛家理一義異名場名家此理為場坐必得果此理為家生必起行果即分果行即真修此觀本期分證之果無功用行

欲以病行及嬰兒行度衆生故修念佛觀求生淨土生被速獲故云當坐三結名下結名付囑經好持者好即妙也以不縱横絶思議心方能受持此經章句別文既妙是故能持經之總名上以三一融妙釋者意在於此此寄阿難囑令人也四歡喜下衆聞歡喜言三義者一遇人二聞法三得果文出大論義歸此經人既是佛佛必具足四無礙智謂法義詞及以樂說說觀佛法離於錯謬故名清淨今遇此人寧不歡喜法是觀法一十六門曲盡其妙能令凡心入深三昧離虚設故名為清淨聞如是法豈不歡喜果即修觀剋獲之果韋提希等聞法即修登分真果侍女諸天得相似果目連阿難同佛化機或能增道真測淺深各以離惑名為清淨得如是果豈不歡喜此三相由得果由法法由人說彼衆歡喜具茲三義我於今日雖面不覩金容而為妙智所被又得聞此微妙觀法但未獲果是故闕於第三喜耳二崛山流通二初青山下佛步空還前赴請時從崛山没於王宫出今步虚空還於崛山二俱神通前隱後顯者前欲施化化法未成故但密往今宣妙觀當機已益欲使同遵此法是故現變彰灼而還二次阿下阿難重述王宫機悟崛山未知故遣重宣普令信受阿難所述即是佛言是以文云聞佛所説皆大歡喜理合同前三義故喜

觀無量壽佛經疏妙宗鈔卷第六

觀無量壽佛經疏妙宗鈔卷第六

校勘記

一　底本，明永樂北藏本。

一　七五七頁下一三行第一四字「三」，南作「二」。

一　七五八頁上一九行第一四字「偏」，徑作「徧」。

一　七六三頁上一行「迴心向」，徑作「迴向心」。

一　七六四頁中二行第九字「具」，南、清作「真」。

一　七六四頁中一三行第一三字「初」，南作「此」。

請觀音經疏　伊四

隋天台智者大師說
弟子頂法師記

此經從人法以標名人是至慈之大士法是至良之神呪人有二義一通二別別是觀音之勝名通是菩薩之嘉號別又二義一能二所請字是標能感之群機觀世音三字是標能應之聖主法有二義一用二體消伏毒害明其力用陀羅尼明其正體體有二義此間名爲能持能遮持於三義遮於二邊用即爲三一事二行三理事者虎狼刀劒等也行者五住煩惱也理者法界無閡無染而染即理性之毒也故言從人法以標名焉經前玄義五重云名者從人法以爲名靈知寂照法身爲體感應爲宗救危拔苦爲用大乘爲教相名者衆經皆有通名別名此經人法等是別名經之一字是通名所以有此通別者三義往簡一教二行三理教者聲聞不同諸部名異異故是別然同是佛口所說非餘弟子人天所作是名通約行者入道多途非唯一種觀門有異修習亦殊是故言別契道之時同歸一理是故論通理者理是一法多諸名字或云眞如實際實相阿黎耶識種種名字名字既異所以稱別同名一理是故論通今就別名復爲二一人二法人法相成豈得相離今欲令易解故作兩釋先明於人次明於法人者即爲二一能請之人二所請之人請之一字是標能請之人即是有機之徒感於菩薩觀世音三字標所請之人今明能請有三義一爲自故請二爲他故請三護正法故請並出下文如斯那等是自請如月蓋是爲他請七言偈是護正法請復次自請是攝善法戒爲他是攝衆生戒護法是攝正法戒若得意只三請還是一法何以故如欲使自身戒定慧明淨即是攝善法若已定慧淨能利益他即是攝衆生界是故華嚴云心佛及衆生是三無差別故知三法是一也今作三者隨行者意逐其傍正或時自行爲正餘二傍云自請復爲三一延請二祈請三願請爲他護法皆具延祈願三請也此之三請只是機感之因用延祈願三請即對三業延即屈伸俯仰延致之義即身業請祈即發口干求即口業請願即要心處所即意業請皆出下文如五體投地是身業四行偈明大悲覆一切是口業一心一意是意業復次延即是請人祈是請法願是總人法今就延請又爲三一標心請二約行請三約證請標心者如域意祈求專誠致請機成則感大聖也行請者如人雖不標心但其三業無瑕身口純淨大士自然感應證請者如人修念佛三昧現前時十方諸佛悉皆現前身業既具此三請口意亦爾合有九請自既有九爲他三業亦有九護法三業亦有九三九二十七足前十二合有三十九請既有三十九能所合辯即有七十八種也能請之人即是十法界衆生十界之中九界論請佛界須料簡第二明所請之人即是觀世音也此又爲二一通二別別即觀世音三字通即菩薩兩字亦約此通別明三義教行理教者菩薩皆具衆德普修萬行爲逗物設教各立一名如文殊以妙德爲

稱彌勒以慈心爲名此菩薩以觀智標號至論三德妙理亦不異無緣之慈一切種智但逗物宜聞各舉一名耳各舉故論別從初地至後等覺同是因地故稱通約行者萬行皆修趣舉一行爲首如五百比丘各說身因亦如三十二菩薩各說入不二法門是故論別同入無生至理此處不殊故言通約理者無相一理多諸名字名字各異所以亦異是故言別異名異說不離於理是故言通今釋別名得觀世音稱者即爲二一總釋二別釋總釋又二一破二立破者觀是能觀之智世是所觀之境從境智得名今問此境智爲當自境故境自智故智爲當是由境故智由智故境爲當是境智合故境智合故智爲當非境非智故智非境非智故境若自境自智此是自生等此之四執皆如中論所破墮在自他四句中復次有此四見故具有六十二見見故是受受有三受三受故有三苦樂受則愛苦受則恚不苦不樂即癡三毒等有名等分從此四分開出八萬四千塵勞即是集諦以集故能招感生死苦報不窮即苦諦自生見中具六十二見四分煩惱八萬塵勞苦集流轉餘三見亦爾故經言衆生處處著即四見所泡苦集也今時人尚不識自中所起苦集何能破他生共無因等諸見苦集以其不識四句中苦集故無道無道故無滅故令生死浩然是故不用第二立者今所明境智非自非他共無因等畢竟空寂言語道斷心行處滅何境何智之可論有所依則有所著若無四執則無所依倚無所依倚則無受無受則無集無集則無苦問若如是者亦無道滅答如此破四執之見故知句句中九十八使名識病名苦集於四見無滯閡名識道知四見皆是汙穢五陰是見依色不淨不受名爲念處勤斷見增道名四正勤道品等又正勤心覺了四執即佛寶了達法性即法寶與實相和合即僧寶如此觀時四諦三寶宛然假名以無所住心四悉檀意赴物機宜假設方便而論境智則有四種一因緣境智二假名境智三四悉檀境智四不思議境智因緣者或從自生他共無因等四種因緣而明境智故經言一切法從緣生也二假名者若實者則不可立以其浮虛不實假名施設如破瓶斬首等但有名字故云是字不住亦不不住無所有故故名假名境智也赴緣四悉檀者法眼明了深識機宜逐其樂欲便宜對治第一義而爲立名則以出假名道種智中所明境智不思議境智者法界之理雖無境智之二而論境智故經言不思議智境不思議智照境智不二不相妨閡此之四種欲擬四教所明境智也今觀世音久祛四執慈悲普被應物立名而辯四種之號也故經言我於三乘亦無志求欲求聲聞云第二別釋者又爲二一明境二明智今言境者即是三諦三境一因緣俗諦境二眞諦境三中道第一義諦境此之三境爲智所觀即爲四一者觀因緣觀觀俗諦麤事二者觀因緣俗諦麤細空無所有無非幻化即是入空觀三者分別俗諦萬物方圓長短四微好醜細事無滯即是出假觀四者觀眞俗之實相是中道第一義諦

觀故涅槃云十二因緣有四種觀中論偈云
因緣所生法即空即假即中之謂也但此之
四觀終是三諦之境問俗諦何獨開爲二觀
耶答俗境有麤細故開爲二又問俗有麤細
爲二觀眞亦淺深亦應二觀答俗是事故得
爲二眞是理理則無二是故不開約此四觀
亦明自觀化他護法標心行證等觀云次明
智者又爲二初明智義二通對諸法今明智
義者觀因緣俗是世智亦名名字智亦明等
智觀因緣空觀亦名二諦觀亦名一切智出
假觀亦名平等觀亦名道種智中道觀者亦
名一切種智世智是世間之智但有名字凡
聖通用但此智不能出生死菩薩觀因緣時
於此觀中具行六度慈悲喜捨來成勝解具
一切法然後坐道場三十四心斷煩惱如旃
伽四 六
延子所明菩薩義即是三藏境智觀音若觀
因緣空不同二乘取證有善方便雖行於空
不住於空而修萬行慈悲喜捨成滿誓願從
初心斷結乃至十地爲如佛即通教境智觀
音也若觀假名不同通教但從空出此中明

知空非空破空出假以四悉檀具修萬行斷
除塵沙無知之惑登初地斷無明乃至十地
行滿即是別教境智觀音也圓教中道者不
同別教次第觀理斷無明此乃稱理之觀理
既三諦之境觀亦三智之觀從初至後三諦
圓觀初住已能五住圓除乃至四十二地無
明究竟稱爲妙覺觀音約此法門圓觀三諦
故稱圓教境智觀音也第二通對諸法者此
之三智亦對五眼照俗諦麤報色名肉眼照
俗諦細報色名天眼照眞名慧眼照假中諸
道根性有別一切藥病塵沙法門名法眼照
眞俗之實相名佛眼此眼觀三法是一而異
名開合四觀五眼三智云此之三智今合四
教因緣法是三藏教即空是通教出假是別
教中道是圓教如是廣類通諸經論異名法
伽四 七
相皆融會入三智之法無不收攝云世者即
是十法界差別隔異故言世世是色色即觀
世身四心是意即觀世意音是機即觀世音
一界之中有自他護法自中有延祈願延中
有標心行證等一界有三十九十界有三百

九十觀也次釋通名言菩薩者具名菩提薩
埵摩訶薩埵菩提名道薩埵名成衆生摩訶
言大釋論云菩薩初發心誓度於一切能忍
成道事不動亦不破是心名薩埵以菩提是
成就衆生道有種種成因緣道空道第一義
道道語則通通稱爲菩薩也又於諸道中又
言通別若直修因緣道止是人天乘此道則
通若能起慈悲誓願萬行莊嚴是菩薩道此
道則別今菩薩徧觀諸道徧行諸行無不周
普豈有捨一取一經言五眼具足成菩提然
菩薩於諸道亦不作難心苦心亦不分別我
行是道不得是道分別出自前人之情希向
既殊修行爲機亦異感降不同若作三藏教
學者自感三藏之觀音乃至一心具萬行學
者自見圓教觀音故經言隨諸衆生類爲之
立異字也他人問三業俱觀身口若爲觀答
聖觀智觀前人身口非是身口觀前人也意
謂通亦得第二釋法即消伏毒害陀羅尼也
消伏者消名消除伏名調伏故經言消除三
障無諸惡五眼具足成菩提但除其病不除

其法譬如蚍虵有毒但除消其螫蠆令不侵
人不可殞命也伏者調善令堪乘駁伏三障
之毒爲入道之門隨應得度而度脫之故不
須斷復次消有二義一消除二消滅即對斷
煩惱入涅槃不斷入涅槃也伏亦二義一除
伏二平伏亦對斷不斷也如金剛般若云如
是降伏其心降是消義具二種消伏是二種
伏也毒即三障文有三番明呪初云淨三毒
根即煩惱障次云破惡業即業障次云遊戲
五道及八難苦即報障通論三障其相如是
但別明不無輕重之殊即用三呪消伏其病
也歷四教十法界除三障陀羅尼者如釋論
云陀羅尼中無閡陀羅尼最大三昧中王三
昧最大此翻言能持能遮持者持名持義行
證化他正法等遮者遮三障遮三障名消持
名義爲伏呪即是願也經者教也如舊釋此
對四詮教云餘四重玄義出疏感應爲宗者
以十法界衆生三業爲機備於四句云分文
爲三從如是至令得無患是序分第二從爾
時佛告長者至如除重雲生諸佛前名正說

分第三從佛說是已去訖文名流通分爾時
正說訖後番呪令不橫死爲正說分今依前
生起三段如別文今就序爲三次序由序述
敘居一說之初名次序神光駭集名由序言
論激發名述敘引例云三序之中復有通有
別諸經同有次序故名通由藉各異故言別
如是者如舊解大林者是第一義包含二諦
故名大萬德叢聚故名林精者無八倒故名
精如涅槃觀色不淨因滅是色獲得常色一
陰通除八倒五陰合除四十倒名精空於二
邊畢竟空故名舍亦是住十八空理故名舍
重閣者重空觀也空生死涅槃也云就第一
列聲聞有五云如鑛眞金是總歎云澄即歎
定靜即歎慧具足身心諸定也色界四禪爲
身定無色四空爲心定前三背捨是身定後
五背捨是心定故知得解脫者身心澄靜也
云第二列菩薩衆云大智去有六句前四是
約因歎後二是鄰果歎大智者是慧莊嚴名
爲解亦名爲目調伏諸根名福莊嚴名爲行
亦名爲足目足備故入清涼池若約四種明

智者三藏以四諦智爲大智通教以空慧爲
大智別教以道種智爲大智亦可二諦智爲
別大智圓教以一切種智爲大智一切種智
亦有一切智此是總別之異名例如四諦十
六諦四六不同二乘義一切智云本行者若
修行爲語從行以入理理則爲本若化道者
從本起行如般若中百二十條勸學欲得佛
法皆學般若般若即是諸行故知般若是行
本如如意珠出生衆寶若無此慧解則不能
起行要因有解立行故智爲行本皆成者還
約四種論成非但解成亦是行滿具足云調
伏者是明福德故大經云福德莊嚴者所謂
六波羅蜜智慧莊嚴者所謂從一地乃至十
地智慧今依諸度以釋調伏諸根義也如金
剛般若明檀義初約眼根辨法相謂不住色
布施若住色此名眼慳捨色名檀檀義攝三
資生無畏法故約檀明義餘度自顯又經云
福德莊嚴者有爲有漏此即斥無方便者亦
是福德不趣菩提因實相慧導此福德以成
正覺以有慧故眼色三事皆空若是但空復

成聲聞無方便空菩薩以不可得空是空亦
空無染不著而能於眼空中慈悲方便行諸
萬行通達佛道導成福德趣於菩提但眼之
本不空不有即是正因佛性了此眼不可得
空即是了因佛性能捨一切塵勞而行布施
事中諸用功德即緣因佛性約此眼根明三
般若三解脫三法身在眼中亦約四位調伏
諸根義於色中不起惡不染即因緣中不著
色眼中檀義若知色空如幻即通教中調伏
眼捨二十五有檀義知色假名分別一切色
諸法相而不爲諸惑所惑即別教調伏眼即
出假捨無知障明檀義若知色非色不二本
性常淨即中道調伏乃至諸根調伏云如思
益云不爲六塵所傷名尸能忍違從之境名
忍於因緣六塵不染名生忍於空中不著違
從名法忍出假名中不著違從名法忍圓教
中違從不著名中道忍捨六塵不染六根名
精念念入道名進亦於四位中明不雜辨精
進云離憂喜苦樂諸根故名禪初禪離憂根
得覺支二禪離苦根得喜支三禪除喜得樂

支四禪除樂得不苦不樂得捨支是名眼根
中得禪若如大乘菩薩眼根入正受耳根三
昧起即是於六根具禪般若者根塵識三事
是不可得了達究竟盡即般若如是於眼中
方便修六度具佛威儀者即八相成佛道之
威儀論四位中智慧覺了得八相義而非具
但名鄰果等覺方是具也心大如海如論四
位所約各有大義而非究竟今中道正觀具
三義廣深含衆流乃名大海今正智照十法
界相名廣徹眞源故名深攝萬法故名受流
正觀乃名大也列名皆的約中道觀判名也
實即實相實智也月即虧盈半滿方便權智
也云月光約智斷二德也跋陀云賢首等覺
是衆賢位極故佛聖首聖極故云第三列凡
夫衆即有八部名四種衆當機是五百及後
得道者發起是月蓋舍利弗等影響是上列
二萬及八部中權者結緣者是當時無益後
世得度人也又作乘急戒緩四句云第二由
序者從毗舍離去是由藉序就此爲二一病
相二明病由文中說因之與病乃是假事表

理豈可止就事解而不深推即具兩釋就事
舍離翻爲廣嚴具如淨名疏中釋明諸病者
及病相不出此國也病相即是眼赤如血耳
膿等是也此病相是五根之相眼主肝耳主
腎鼻主肺舌主脾口主心化爲麤澀是身根
病相如人食惡食納腹內爲病即是主身根
以五根病故意識昏迷故云如醉即是意根
病良由五根不利致五根病惱亦可是病從
五根入五臟傷壞病由者即是五夜叉惡鬼
爲是鬼故致令國人疾惱故言病之所由就
理釋者法界之國無邊名廣性善莊飾是嚴
義十種行人不出法界十者分段有八一受
苦報人二修世間善法三修聲聞四修緣覺
五修六度六修通教七修別教八修圓教此
八在分段未斷惑造心之始各修諸法而有
愛見之惑致六塵傷壞六根而致病也變易
土二人即是分段盡來入別位三十心中或
入圓位初住中此二人地地之中皆有愛見
若別教有淨妙五欲之愛四句見佛性不融
之見圓教有佛愛菩提愛順道愛四門見佛

性等見皆是愛見義由是見故於五根中謂色是常是無常等四執謂是事實餘妄語而作四執之解推理之心皆是病義於五根推理名爲夜叉生五見故名爲眼鉤牙惡業從下向上傷害於人吸人福德智慧精氣以是惡業故言面黑如墨第三敘述序者從城中有長者去爲三一敬儀二敘病三請如文者婆是世醫妙術不救者就世間妙術爲四一因緣事相中明妙術即醫方神仙禁呪等術二空見外道無因無果謂此爲是爲術也亦有亦無非有非無外之妙術此四種妙術世醫所不能救治愛見之病故令五眼不明五分之身羸損福慧之精消歇五見愛夜叉所蠱害故請觀音云第二從爾時佛告長者名爲正說三序既足弄引義成是故正須利益故言正說就此爲五一示能除毒害人方所二勸長者三業祈請三因光見佛三聖降臨四具楊枝淨水五說呪治病有生起意云就初示方所爲二一示方所二列名歎德言不遠者西方去此二十恒河沙何故言不遠一解云於凡是遠於聖不遠今解不爾若機緣未熟雖近而遠若機緣熟雖遠而必應故言不遠西方者佛法之中乃非時方數陰持入所不攝但隨俗故亦有時方使人信受言西者若依五行西即是金金主決斷剛直之義若對四諦即道諦道是能通用智慧覓理此言彼有大智觀音能以無閡陀羅尼消此之毒故西方用表道諦也又解云日從東出而入於西此明東土釋迦能發生物善西方之佛能斷除衆生之惑生滅兩機在此二土故言西方也無量壽者佛有二種無量一生身無量此則有量之無量也二法身無量此是無量之無量也今釋迦彌陀俱是法身之無量此化緣短故生身是有量彼佛化道長非人天所知故生身是無量而實有數也者闍凛師解云釋迦爲應彼佛爲真執應不能除毒害見真則能消伏毒害今不用此解但此土西土同是應佛淨穢相形故有優劣若作真語不復得移動辨其優劣若彼是真佛土應極淨此則不可若作本迹語此爲迹彼爲本本迹相傳望此語則寛雖然今亦不用那知釋迦是迹無量是本二佛各有本迹那互爲本迹此又不可今明此土爲穢彼即爲淨今穢國衆生見思毒害欲借淨土來破其病是故請於彼佛國土相形互爲優劣破惑互有消除如十種行人作意祈請方法不同是故觀音十種垂應有異此亦十種西方十種祈請十種消伏毒害也問何意請彼佛耶答此土請釋迦爲消伏之因彼佛二菩薩爲外緣因緣應在二佛故勸令請又就彼佛表如來法身實相之境觀音表中道正觀之智大勢表福德神力熏修但聖人皆具三德無不具足今各據一門的當爲語三人各從一法標名今欲消伏毒害必須勝境顯發法身亦須智慧照了除惑亦須福德資成智慧是故三聖俱請問若三聖俱請何意獨標題稱請觀音答正言智慧是除毒之對治對治義强總略爲言故止標一人得意具三義也恒以大悲者是歎也三聖俱有大悲俱憫俱救然而別說如來以大悲爲法身之境觀音爲

智照大勢爲稱力冥熏然而皆具悲憫拔濟也第二從汝當五體投地去勸示祈請申三業之機大聖乃當常欲濟拔爲外緣無創之者毒不得入應須内因故令運三業爲機也事解五體投地者衆生之本體一義同父母是故虔恭尊敬歸投於地表欲報恩之相理解地是一實相若與薩婆若相應心合故名爲投地若離薩婆若名不投地如人謙卑恭謹是則投地致禮與常理合若傲慢逆理禮則不施今明五體即表五陰左脚是色右脚是受左手是行右手是想頭是識何故爾受是心神之法爲陽如右脚戒是色法無作冥密如陰表左脚故言左陰右陽也想是推畫前境是陽如右手行是思數如陰表左手頭爲識者五識在頭能了别故對頭若離薩婆若而起五陰者此是平倚五體不歸命觀音毒害不消名爲惑是故沉淪生死爲五受陰所害若依薩婆若心地者即得五分法身之五陰戒是防護七支故是色陰定是受者如經說三昧是正受定意開出故定是受陰慧是悟虛智即想陰解脱即是行陰行陰招累故解脱無累對之解脱知見即是識陰識陰能了别故以五分法身代生死之五陰故涅槃六因滅是色獲得常色乃至受想行識亦復如是即是薩婆若心故名五體投地五體歸命能令毒害消伏名之爲解脱則出生死蕭然累表故言五體投地也燒香散華者香即熏馨遮掩臭穢表於智慧斷結毒害香即智慧也亦是止善散華表定定是福德莊嚴如華能嚴飾彫麗故用華以表定亦名行善復次華以表慧何以故華是可見法慧是照了見理之法用華以對慧香以對定者香是冥熏對定有寂靜之義故用對定何故作此互判此是通釋定中有慧慧中有定若别對者法身皆名爲慧此中豈得無定七淨之法皆名爲華此中豈得無慧而别對定慧也故言化訓滅五陰拔斷十二根復次燒香對無作善無作因作而發不須更作任運常起亦如人受戒作意發得無作任運常能破惡如燒香時止用火爲緣即便煙香任運徧滿故用香對無作善華以手散若不運手華則不散此對作善若不作善則不生既表無作作兩善定慧亦爾明此約十種行人故用對此和合消伏毒害意繫念是勸意業所以先意後口者先須堿意然後口宣言繫念即是默念之請作禮即是延請口請佛即是祈請也繫念之法若能調和不風不喘不氣者名之爲息十息爲一念凡百息爲十念能如是者下根人即得心定亂止中根人得細住上根人即得未到地定於未到定喜發諸禪及諸無漏或於此定見十方佛念佛三昧乃至一切禪多約未到定發得也即將此數息約十種行人若數息調適能令身心安靜四大調和即是消伏果報上毒害若數數時能令善心開發惡心調伏煩惱惡業俱息其世者即是人天數息若觀此所數數息是風氣四大之强者故言此身無住風力所能風氣即是法色也能觀之心王即是識領受此數即是受緣想此數即是想其餘諸數即是行數息中具五陰即是四念處觀名聲聞數息若觀

息是過去無明因縁所成致現在果報息三世因縁即是縁覺人數息若觀息不保不愛無所著名檀不於數息起不善名尸能安忍耐此數息名忍念念相續名精進知色數法在縁不謬亂名定照了數法分明分別是風是喘識邪正是智慧無相等慧即通教數息別修數息不定空不定俗中道佛性前後觀之即別教數息若圓觀此息非空非假一心三諦圓說即圓教數息也第三因光見佛爲二一見佛二三聖降臨今言於光中者即是釋迦放法身之光如如智慧之光照了因此法身得見應身也如來神力者或可是釋迦力或可如來只是真如之法此真如有神力乘此神力而來故言神力不動舍離至實相之法界廣嚴之處住此地憫衆生爲除毒害城即法界取其防非禦敵之用爲城門即不二門住此門不動令衆生得入此門到法性城也金色照者如如即智還照如如境第四即具楊枝淨水者此是勸具兩因正爲機感也楊枝拂動以表慧淨水澄渟以表定楊枝

又二義一拂除即對上消義二拂打即對上伏義又拂除對消滅之消二拂打即對消除淨水二義一洗除即對消義二惺悟即對伏義水又四義一洗除二潤漬三惺悟四安樂洗除對消滅之消潤漬對消除之消惺悟對除伏之伏安樂對平伏之伏復次洗除對消伏毒害大悲拔苦是慧義潤漬是大慈與樂是定義惺悟是慧義安樂是定義明此約十種行人自各有定慧拔苦與樂各有消滅伏義例作云云舊約此經文爲懺悔方法制為十意常所行用八意出在經文一一檢取一莊嚴道場二作禮三燒香散華四繫念五具楊枝六請三寶七誦呪八披陳九禮拜十坐禪釋此十意備作事理云云第五從大悲觀世音而説呪曰去爲三初從此去訖平復如本明消伏毒害是破煩惱障第二從世尊重請觀音去至如鷹隼飛明破惡業障第三從繫在囹圄去訖現前見佛説六字章句已去破六道治六根俱是破報障通論三障皆是毒害皆是煩惱皆是惡業皆是報法若別論不無

輕重分爲三障三處經文悉具三障之語今就別明義判三呪破三障此有兩義或有人三障而悉須三呪破之自有人雖具三障而煩惱最重若破煩惱餘障弱者自消或業重或報重是故隨其强者破之弱者隨去或有人雖破煩惱業報猶在如羅漢雖破子縛而猶有償狗齧除者例爾或除一障餘者皆除如經言若斷一法我證汝得阿那含果所謂貪也非是斷一能得此果乃是斷其重者輕自隨滅復次三呪治三障對三根人初呪對上根十種人煩惱毒害次呪破中根十種人惡業毒害後呪破下根十種人果報毒害也毒害之名通此三根能害法身慧命故今從別義更立破煩惱破惡業破報之名就理無勝劣行人修進便宜而爲勝劣類如法華三周説法通名開三顯一初説當開權顯實之名第二第三亦復如是而論別更加法譬因縁即此三番呪通別之意也自有人取後一番呪爲正説即是兼於總別而治三障也若不取後呪爲正説者只於前三呪之中各作

正旁即兼得總別意也今就初呪爲五一勸三業爲機二歎呪體用三正說呪四明行者得益五舍離人平復就勸機爲二一經家叙二正三業致請三稱三寶是通爲衆生作消伏之所觀音是別緣是故請三寶復有通別所以三稱或可欲除三障故或可表三周說呪故或可表三釋故須三稱也三業如文云四行偈爲二初二行正請後二行結請初爲二前一行總請後一行別請初一句標自請次三句自他請苦厄者約十種行人皆云苦厄云不獨苦在身上眼赤耳膿之厄也大悲覆一切者非止覆舍離城中之苦亦是覆十法界人故言一切也普放光者即是請大智光明爲調伏柔善滅除無明癡闇即消除如華嚴又放光或除慳恚等種種所治今此智光亦治十種行人之毒害也無明既盡如覆大地即頓除惑次第除十人惑即漸除惑也次別請即是別標三障殺害苦者即是毒害惡業也由毒害故所以招苦報是故言害歷十種行人中明惡業毒害也如魔喜來惱

行者或將空來破其有中修行令墮二乘害其菩提之善或將散善布施來破其空無相無漏善令墮人天中皆是害義二障如文必來是欲降施大樂者請大慈大慈調伏柔善大樂故前是大悲拔苦是消滅義若世間苦報得除亦名爲樂人天善成亦名爲樂如是等分有樂義而不名大至得常樂圓教之理方名爲大樂能請語長遠故知不止請於舍離城報苦一種也次二偈結慈父者十種行人皆名衆生世間而有父子義者同有佛性如來藏理是正因性昔經世世相隨或作諸功德低頭舉手隨從化道即是緣因性但未有了因而今結縛得滅爲說消除毒害平復如本豈非了因性三種天性相關得爲父子故請云世間慈悲父免我三毒苦當知請父甚廣豈止事中報障耶病除爲今世樂未來當得道爲涅槃樂未來有餘涅槃爲今世樂無餘爲後世樂十種人當分得道爲今世究竟涅槃爲後世餘諸樂非大樂究竟方是大樂也第二稱歎神呪爲二一歎呪體二明用

從白佛必定去是歎體即是實相正觀之體非空非有遮於二邊之惡業持於中道之正善名實相呪體也此體具於三德不縱不横文云三世諸佛陀羅尼印即是法身實相之德必定即是師子吼決定說般若吉祥即衆苦永得盡普令各解脫以此三德歎陀羅尼體也又必定名師子吼消滅拔苦義吉祥是善利之詞是調伏與樂義故大品云是大神呪大明呪無等等呪呪只是願佛說法時願衆生如立是呪也譬如螟蛉故諸經皆是呪也中道之呪遮於二邊伏空伏有破於二邊滅空滅有即是消滅伏之亦有餘伏平伏等意云呪亦是願亦是禁呪誓亦是呪術術法盡與十行人毒害相應密能消伏諸佛秘要不可思議也三世佛印即是實相印印定諸經故名呪體也聞此呪者即是明用如不識藥未知其良若不明用何知力强苦盡是消滅得樂是調伏遠八難是消滅得念佛定是調伏調伏柔善感見諸佛乃至有見無見四見横計不順於理皆名惡業二乘空中所

見三藏四門通教四門皆未順理亦是惡業今此中道神呪悉能消伏當知此呪神用廣遠第四持者得福如文第五平復如本約十行人明如本此報身無明之病今病除如本本修世善之心無惡業之害五塵之病今還復人天善本修四諦求涅槃以無見愛今得前心故言平復乃至圓教亦爾本是法性淨照起五住妄惑之病即病除與法性等故言如本第二從爾時世尊憐愍去是破惡業呪就此爲三一如來重請二觀音奉命說三佛述成今言佛請者非是自請是爲他護法耳請字有二音若作淨語可施於下如天子請百官又經題呼爲淨可施凡下若作請語重兩語隨意消息今意重說消伏毒害呪者從通爲言又破惡業呪者從別受稱如前云云第二正說呪爲二一正說呪二明力用一說呪言承佛力者承於如如大覺之力也更稱三寶義同前一切怖畏者即復爲二一總明呪刀用二別釋今言一切怖畏者一歷十種行人各各有怖畏也二作惡鬼虎狼者例如金

光明初地至十地皆有虎狼師子之難此中十人乃無事中虎狼約煩惱法爲虎狼也別釋者從破梵行人去也十惡業者十惡是性戒受與不受俱是罪不同其餘遮制等戒如比丘草木戒受者犯得罪不受犯不得罪今取性重者呪力能令清淨輕者例滅設者有二義一假設設二者但設設性淨之理本無惡業今起惡業皆是虛假實來破虛皆使清淨故言設此明除虛妄之假也但設者但有一法是業種類所攝者無問重輕此呪皆能破之令清淨大品設有一法過涅槃者亦如幻化此條然言無如十九界等畢竟不可得今言假設不妨有浮虛之樂與大品設語乃同復爲異云云現前見佛者見佛三昧爲種地獄人念佛時感見形質不同乃至人中所見二乘通別等菩薩所見各異凡約十行人明見佛不同三昧觀法亦異云云從佛告阿難去是第三佛述成就此爲四一述功能二勸行法方軌三引證四結成功能就明功能中能除二種患難身無患心無病從凡夫地乃至

等覺猶一生在皆有身心於分段中具三塗身心人至第四禪爲身病四空有心病故知苦樂隨身至四禪憂喜隨心至有頂若聲聞五方便人具足身心之患須陀洹雖見諦思惟尚在乃至羅漢有餘時身病尚在習氣不忘亦是心病緣覺亦爾六度通教亦爾若斷分段生變易者此就無作四諦中五分法身深淺優劣無明住地心惑重輕乃至餘一生在三賢十聖住果報豈非是身乃至欲得佛無上報皆是身患無明未盡佛性不了皆是心病故經云因滅是色獲得常色方無身病因滅受想行識獲得常受想行識方無心病還將此身心兩患約十種行人云云火從四面來此是外火節節疼痛是內火事解如文理解外來者是見惑橫計而生故言外來四面即是有無四見等此見焚燒見諦解故言燒身龍是神靈之物即表法王自在設教如龍雨雨除見惑如火滅即是信行人節節疼痛是思惟惑附理生如須陀洹人已得無漏理解而猶有思惑故言內火節節即是思惟所

斷九品欲界九品四禪四空等處處九品豈非節節也前一作信行龍王降雨今龍即是無漏心王發得禪定法水滅思惑火也明此約十種行人分段見思可解變易既有菩薩勝妙五欲此中自有無作界外見思例作火義至一生在云穀貴饑饉者事解五穀不收爲饑菜蔬不生爲饉譬解者遠聖不聞道爲饑近則爲飽無正慧爲饑無助道爲饉如法華饑餓羸瘦此則事中乃至人天善皆例饑飽義若二乘非饑者法華不應云從饑國來此則小乘爲饑大乘爲飽約十人傳作云王難者分段用四魔爲難變易用十魔爲難乃至一生在亦有魔故言三魔已盡唯有一分死魔在惡獸是惡業盜賊是六根六塵迷路是邪僻牢獄是果報果報二種一者約諸道明報獄如人得天徃云二者當分受身爲獄亦約十行人杻械是定慧障枷是權實障鎖是得業繩等也海是生死或云法性妄想動法性故波浪爲難夜叉羅刹是見思毒藥是理境如四見取理不得而成毒故法性亦名

毒藥亦名甘露刀劒是無常三界皆爲無常所遷云第二從此陀羅尼灌頂去是勸如法行經三一正勸二示法用三得益灌頂者事解云輪王欲授位太子取四海水淋太子頂而委以天下故云灌頂若案十地云佛授十地菩薩記以法性海水淋十地法王子頂名爲佛受職故稱灌頂也今明此義凡有十種人智有頂可見佛但法性無見頂者餘人少分智慧理極不能思度名之爲頂若得陀羅尼呪被灌之即能得進解行轉深名爲灌頂如是約十種人皆有頂義皆有被灌之義唯妙覺身最高極不可復灌能以陀羅水普灌十種人頂此十地之頂也齋者齊也齋身口業也齊者只是中道也後不得食者表中道法界外更無別法也中前得噉而非正中此得明表前方便但似道之中得有證義故得噉也亦是表中道法界外有法也不噉肉者是無緣大慈也故不噉衆生緣法緣皆有分齊此無緣無分齊故不得噉也灰者五停心觀也五辛苦辭是五陰苦諦也葷氣是五陰

中有集諦也汙穢五陰苦集也十方佛是十法界皆有佛性七佛是七覺分第三從佛告阿難有一女人去是引證非是獨證此段亦通證於前如文云第四從此呪功德三障求盡是結成功能如文第三從若有衆生圖去是第三番呪除報障此即爲四一明說呪之由二正說呪三稱歎功用四結成第一所由及第二正說如文第三歎功用文爲三一明六道六字章句用二明修因六字章句用三明六根六字章句用他釋六字者或言稱三寶名是六字章句此配六字乃足而不見文中有標章結句之言或三寶爲三字觀世音爲三字此於誦持爲便上文不標章結句若以此六字者處處皆有此義則通今皆不用今明六字章句者案經文有標章結句起盡之文約義爲便明六字章句今案經對六道六妙六根等以明六字章句如大經對二十五有明二十五三昧今對六道明六字章句成消伏六道之毒害於義爲便所以明此三種章句此三種六字凡有三處六出初明

果報六字章句者說偈竟即云若有四部聞六字章句去便廣說六道中拔苦功用之事後結句云若有聞此六字章句次明修因六字章句者如斯那聞六字章句觀心心脉者廣明六妙後即結云此大精進勇猛寶幢六字章句三明六根六字章句者從舍利弗在寒林中斯那問眼眼與色相應云何攝住者廣明六根後即結云聞此六字章句數息繫念淨行之法此即三種起盡文義泠然故依此爲判也第一明六道六字章句者六道是果報法故六道是六字門一道之中分別有無量種即是章句觀音又照六道實相得陀羅尼究竟旨歸如大經云二十五有有我不耶答云有我我即佛性諸佛菩薩窮此理性於諸道中而得自在故能以陀羅尼力消除六道三障之毒害今此中偈但列五道名若依舊解五道者但合脩羅爲一鬼道若開即成六道今文正明脩羅爲一道復明餓鬼道而不辨天道不知是翻者脫落不知更有別意今斟酌者或可天道若少且明下五道耳

故不論六又長行中則有六道義何以故如云從迷失道徑去乃至婦人生難此是人道此呪巍巍能免地獄餓鬼畜生脩羅等苦即是四惡道八難者即長壽天是一難此語即攝天道故具六道又偈中云普教一切衆令離生死苦若爾者一切之言即是攝得六道云云今約六道段中爲四一明拔六道苦惱難二明得失三說偈四結如文從今世後世不吉祥事永盡無餘是明失也從持戒精進皆悉具足是明得也又二義一明得念定總持諸法次明得見佛得旋陀羅尼得陀羅尼者勘法華經明位即齊佛如無生忍此即似初境界云云第二從王舍城斯那去明修因六字此爲二一通二別通中又爲二一略觀心心脉者若事解只赤肉之心一身之主由是心脉能開出一切脉能開之心一身之主由是心脉能開出一切脉以通成一身具如通明觀云云此即是因緣釋心義若空共一切世間中無不從心造心如工畫師造種種五陰種種五陰由心故有心無故一切法亦無心不

有一切法不有心空故一切法空云云雖一切法空而有諸脉名字假名差別從一心脉乃至無量諸脉皆能通達而無滯閡此即達心脉是假名故一切法皆是假名云云心脉若定是空空不可假心若定是假假不可作空當知心脉不空不假當知一切諸脉亦不空不假如是則遮於二邊兼照空假即是圓觀心脉如是三觀歷十種行人云云今約經文作三觀者若有能觀即有所觀能所合故即是因緣觀也使想一處即是入空觀也見觀世音即是出假觀也即得解脫者即是中道觀也而又云得阿羅漢者此約十種行人小乘大乘明羅漢無礙云云第二從端身去是廣明也依禪法明云云二十五種方便俱有事理兩解今正取調五事明調色息心三方便是此文正方便意原身之始始於三事衆生不知三事故名迷達三事故名解今爲修此六字故須方便調此三事從端身是調身正心是調心心氣相續是調息端身是約戒正心是約定氣相續是約慧此明戒定慧調三事約世

間陽上陰下隨世俗故右陽居下左陰處上
者欲將定靜之法鎮於陽散也世俗既有威
儀此即是以戒法禁約麤獷即對戒也二陽
動相陰靜相以靜鎮動是制亂方便即對於
定三者右表方便屬權而居下左是實智居
上是則自權而顯實此即表慧此戒定慧還
約十種行人云云舉舌向腭爲防難故爲止言
語故從一至十是數門成就息念不外向是
隨門不澀不滑調和得中是止門下去是三
門如文亦肉心起一脉生四大脉趣四支各
起十脉合四十脉一支十脉復起百脉就根
本合四百四十脉今但取四支四十爲言也
又取頭十脉就根本四脉故言十四脉止應
舌至鼻喻如江海通流若是肝氣青肺白脾
黃腎黑唯有心赤而不見是略耳諸氣來會
鼻失本色故如琉璃息細八寸亦是定將散
表八正道此中六妙門凡應有十科意今只
是一相生妙門也若此中觀者只是通明觀
也從佛告此大精進去是別明六妙門前六
妙門通凡夫三乘共觀故言通今三乘未合

故別觀六妙門也第一明聲聞六妙門者即
爲二一從大精進去是歎六妙門從汝等善
聽去是勸勸文爲二一勸二受行今明勸者
當自攝身明戒端坐正受是定觀苦是明慧
苦者只報身是苦聚生來無主爲空命盡故
壞取此爲次也若無常爲初取念無常也五
門者此有三種一五處止爲五門即五輪禪
也此經云於節節間皆令繫念即是其義二
五方便爲五門禪今明念佛一門餘者數息
不淨因緣慈心等而毗曇無念佛但云界方
便破我見是數息等爲五門今明界方便乃
是因緣觀破斷常等見而猶闕念佛是故用
念佛等爲五門此經文云得念佛定即是其
義三無常苦空無我寂滅五門即如此文若
空無常是其義也若五輪爲五門一向是繫
念於色屬定若無常等爲五門一向就理是
慧若五方便合用定慧復次開五停心觀爲
六妙門開息方便出隨止二門何以故數息
有三種也合不淨慈心兩方便爲一觀門因
緣方便是還門念佛是淨門何故兩念佛有

法身佛法身即是空理淨故也又合五方便
六妙門爲三障數息是報風故屬報障慈心
不淨因緣治此三障各有三如數息是覺觀
覺觀三種即有三治云云恚有三種欲有內外
云云癡有斷常性云云業有浮沈惡境云云如是治
法亦有三治之具如禪門云云今經不用此等
治但明一空無相如幻如化以入實際偏治
之云云第二從寒林中即是受行又爲二一奉
行得意二斯那聞下簡三乘人六門寒林者
即是無漏清涼也金是慧三乘人同入第一
義法性理故如金第二斯那問即是第三番
六字章句意也眼見色即有三種初一念時
是獨頭無明一念轉即與相應無明共起若
順色即愛違即瞋平平即起無記事中攝住
者但數息不令三種心起即是也理中論若
根塵爲因緣析此因緣分分無常生滅以見
理者即如毗曇見有得道也若觀根塵淨虛
不實空平等見理即是見空得道若觀根塵
無明因緣諸行老死即是緣覺人攝住此六
根不次第於義無失今言色香味觸與細滑

相應者五根微細皆寄身根法塵意根若領納法塵時身已虛有諸觸備至故言色香等與細滑相應細滑即身也六根例作理釋通別圓意云地無堅者如實故言無堅通教觀地如幻如鏡像有堅又四句責責見細理鄰虛是有見空即是無見乃至四句深著不可捨皆名爲堅令蕩此四執除此四過求不可得故言地無堅水不住四句故風無閡者豈無四句質閡是身出火者慧解脫人但有無漏火俱解脫人備有事理火慧人燒子縛身因俱解脫人燒果縛身果見十方佛是聲聞破惡成辟支佛住不退是菩薩言服者結成意也

請觀音經疏

請觀音經疏

校勘記

一　底本，清藏本。

一　七六六頁上二行首字「隋」，南無。

一　七六八頁上一九行第一〇字「如」，南作「始」。

一　七六八頁下一二行首字「行」，南作「得」。

一　七七〇頁中一一行第一一字「約」，徑作「的」。

一　七七二頁上一三行末字「畫」，南、徑作「晝」。

一　七七四頁上二行第一六字「行」，南作「持」。

一　七七四頁中九行第一一字「結」，徑作「語」。

一　七七八頁上一行第一四字「左」，徑作「右」。

一　七七八頁下一七行「淨虛」，南作「浮虛」。

請觀音經疏闡義鈔序　法二

此疏自智者演說章安記録古來人師無闡賛述既傳授道息後學往往有不知其名者知其名而未嘗披其卷者於乎斯文之未喪也一綫爾吾不肖而實痛焉吾如默默則何以傳後遂因疾間輒約文數義筆之爲鈔凡二卷庶申明於大旨開發於童蒙也既成乃作序以言其由復作闡義之名以名之皇宋三葉登封之明年歲次己酉孟夏哉生明於南塔上方病中序

請觀音經疏闡義鈔卷第一

宋錢唐沙門釋智圓述

請觀音經四字是疏之别名疏即通名以解釋諸經通名疏故以别簡之略標四字疏者疎也決也疎理經文決擇義趣也然智者釋經解題稱玄義解文稱文句玄文合成一部者則題爲疏今即合者故題疏焉天台所住之山智者能說之人昔隋煬皇帝時爲晉王既從大師受菩薩戒乃依地持經立師之號號爲智者也大師者大乃褒美之詞師者教人以道之稱古者或解行可軌於人人必稱之爲大師暨唐肅宗朝補署行焉自兹厥後雖有其實莫敢名者說者縱辯而談非秉筆製述也斯文既是弟子章安記録故不書諱而書其美號也弟子者資則捨父從師敬師如父師之謙讓處資爲弟是知弟子之名韞乎敬讓故師召資爲弟子在於讓也資亦自稱爲弟子在於敬也雖有異說今依淨名疏爲頂法師者諱灌頂字法雲臨海章安人而云頂法師者此疏元無記者之號後人狀之故不書其諱是禮也如法華行儀法界次第既大師親撰故皆自書名諱至于諸部凡弟子記其言者皆云智者大師說耳又如涅槃疏既經荆溪治定故亦書云頂法師撰此爲標式來者宜則之禮云二名不偏諱謂二字之名不一一諱也故今稱頂而不稱灌又如大師之諱智顗今稱智者止諱一字耳偏其諱非古也後世之節制耳然則詩書不諱臨文不諱講者具稱故無咎也法華有五種法師一受持二讀三誦四解說五書寫今章安即解說人故人召爲法師也記者記録師言也次入文此下分節科既别行不復編入人法者請觀世音菩薩人也消伏毒害陀羅尼法也若約自行應先法後人以諸佛所師所謂法也觀音由悟法成道故今約化他故先人後法以法不孤運弘之在人故觀音說所證之法治他三障之毒故經題先人而後法也人是下無緣之慈超彼生法故曰至慈道過凡小故稱大士離二邊惡故曰至良治障不虛故曰神呪大士即能說之人神呪即所說之法至慈則顯大士之德至良則美神呪之功群機即月蓋及毘舍離人也能必對所若以群機爲能感觀音即是所感觀音爲能應群機即是所應今聖沒所感目爲能應凡沒所應目爲能感各從功力以能爲稱故知凡由理具三千故能感聖由三千分顯故能應消伏等者消謂消除伏謂調伏三障通名毒害經云消除三障無諸惡力即是用又生善故言力滅惡故言用此呪消除三障用也顯發三諦力也正體即三德此間等者以陀

羅尼是梵語翻就此方名遮持也三義即持名持行持義二邊即生死涅槃故知三德之理即寂而照故能持即照而寂故能遮用即下此疏釋題凡有三番俱論三義一能說人二所說法三經總題人及總題在下方辨法有三義正在此文故至別釋但直爾解總別二文互現其義大師說法之巧也章安秉筆之妙也然今部通四教而三番三義並約圓論文之旨故應修門故深收淺故佛元意故說者觀者宜乎思擇事者下三文皆直示毒害以顯消伏虎狼等者即經云逢值虎狼師子及毒藥刀劍臨當刑戮稱名誦呪而得解脫者皆約事消伏也五住謂三界見爲一三界思爲三足根本無明成五皆昏煩之法惱亂心性故通稱煩惱即名此煩惱爲虎狼等經云淨三毒根不被三毒等即約行之明據也故下疏釋虎狼引金光明十地猶有虎狼之難蓋此意也修一心三觀破五住惑即約行消毒也法界無礙者三諦一心名爲法界生佛互融一一咸徧故云無礙無染而染者

淨名疏云中道自性清淨心不爲煩惱所染本非縛脫不染而染難可了知即是衆生迷眞性解脫起六十二見考彼言義允合今文若消今文應云法性之與無明徧造諸法即無染而染全理性成毒名理性毒由理毒故即有行毒事毒也今觀諸法唯心染體悉淨即神呪治理性之毒即下經云皆入如實之際也若爾與約行何別答前約行者是約智斷智即能斷斷是所斷五住斷處名消行毒今則不爾專約諦理理非能所但由具惑即是無染而染名爲毒害惑即法性即是染而無染名爲消伏是則惑性相待非關智斷或謂性惡是理毒者毒義雖成消義全闕若無消義安稱用耶若云有者應破性惡性惡法門不可破也五重下注云云者次第辨示不假先列名者下辨示五章夫釋名總論三法體宗用別論三法教相分別三法人法爲名者請是能感觀音是能應即感應宗消伏毒害明其力用即救危拔苦用也陀羅尼明其正體即法身體也釋名總論其在此矣靈知

至爲體者經通四教理有偏圓若論正體唯取圓理靈知寂照皆法身即照之義然雖寂照不二菩薩既從觀智立名以所從能乃以照義爲體例此若以止定爲名者應以寂義爲體靈知即法身靈明本覺寂照謂靈知是法身即寂而照也應知三身並常三諦俱照從勝從本且指法身又體性本一有種種名故使諸文明體隨文約義名字不同法華正約開權乃以實相爲體涅槃既是示滅即用性淨涅槃爲體普門既談二身乃以靈智合法身爲體靈智即報身以報合法二身明義乃眞身也至若今經三聖降臨既表三德故以法身爲經之體又普門品明隨類現像此經明聖主來儀約身義便故於辨體俱立身名感應爲宗者月蓋致請爲感三聖遠降爲應教興由此故以爲宗然諸經或以因果爲宗但於今經明義不便何者因果語通凡聖各有如舍離人致請求救爲因未來證道爲果此凡有因果也觀音昔在凡地爲因今居分證爲果此聖有因果也今以凡雖有因果

但以感爲名聖雖有因果但以應爲名故以感應爲宗也救危拔苦爲用者以舍離病苦危若倒懸以大悲救拔令平復如本雖亦與樂拔苦爲正大乘爲教相者包含曰大運載曰乘教則聖人被下之言相則分別同異雖部談四教而三教大乘爲其正意三義往簡者以約修行始終三義收盡謂依教修行行成契理以三義俱有通別故有通別之名此三乃通別二名之義旨也若以位分即約教屬名字位人稟教生解故約行屬觀行相似依解修行故約理在初住分證本理故然於約行復須從容若論造修猶居名字的取行成方名觀行凡當辨位須知此旨教者下釋此三義約理約行皆對理性而爲通別行別同歸理一名異唯初約教不對理明聲聞者聲謂所聞之聲教即八音四辯也聞即能聞之機用耳識攬別也大論云耳根不壞聲在可聞處機宜既異所說則殊所說既殊諸部乃異此經彼經各有名故故曰名異餘弟子即三乘賢聖問智論云佛經通四人說謂弟子諸仙諸天化人今何言非答爲佛印可同稱佛說如今經觀音說呪身子說四大同入實際以佛印故皆名佛說入道多途者至理虛通目之爲道諸經稱四悉機示其入理之路不獨一類故曰多途觀門有異者如法華四安樂行爲入理之門今經以數息等爲入理之門又四教四門不同俱是異義契道者謂契會真道即入初住分證三德之時也至此位時修性一合無復分張故云同歸一理理者即向觀門所契之理也真如者體非妄僞故言真性無改異故稱如不虛名實至極曰際非生死相非涅槃相故名實相阿棃耶亦阿賴耶此云藏識以能藏自體於諸法內藏諸法於自體內故此皆一心三諦之異字也問何不用第九淨識爲詮理之名耶答大師依地論明阿棃耶識是真常淨識不立第九若依攝論棃耶是無記無明隨眠之識九方名淨是知二論隨機故異若就即義唯至第八猶云即無明是法性也若就離義乃立第九猶云斷無明即法性也若曉今宗理應無諍不即不離一體無殊而即而離何妨兩立喻之波水大旨可知人法下明來意也陀羅尼是三德即所證之法觀世音即能證之人自既已證三德今說此呪令他亦證三德是則法假人弘人因法立相成相即不可暫分今順經題約化他義故先人次法是自請者斯那問身子根境相應攝住自爲入道之門故是自請月蓋爲舍離重病故是爲他佛說偈付囑流通爲護正法此之三種皆名請觀音也若約經文則爲他居初今約義便故先列自請以自請意狹爲他次廣護法最廣從狹之廣而爲次第也問斯那請身子說六根如來付囑八部何名請觀音耶答觀音速降意在說治障之法斯那所請亦爲此法如來付囑八部亦只令此法久住於世約人雖殊法門無異以法顯人俱是請觀音也三請對三聚戒中應以第一對攝律儀第三對攝善法瓔珞經云律儀戒謂十波羅夷戒疏云攝律儀能令心住此與斯那自請義合瓔珞云攝善法謂八萬四千法門戒疏云攝善自

成佛法此與如來護法請相應瓔珞云攝生謂慈悲喜捨化及衆生令得安樂戒跡云攝生成就衆生此與月蓋爲他請相應是故今經三請即是三聚此三聚名出方等地持而文云自請是攝善法護法是攝正法者或是文誤或别有據若得下示三戒本融前文既對三聚此中止會二名亦恐文誤應云自身戒明淨即是攝律儀定慧明淨即是攝善法明淨即相似分真亦義通觀行引華嚴者諸法唯心戒定慧三即心而具我心既爾生佛咸然彼我互融故無差别由無差故佛以所證說示於我我心既淨還能化他三聚之義於斯著矣方知三請其體本融二傍下云云者自行爲正如斯那爲他爲正如月蓋護法爲正如如來傍正互論必具三請後世行者思齊在茲致至也祈告也干求也要心者要謂要期皆出下引證既先明自請合引斯那請文而引月蓋者文顯易見故傍正而論三請互具互引無在域限也限意專請觀音不在餘聖也行請者雖不標心以行淨故自然感聖即行淨是請故名行請證請亦然今佛三昧如般舟經三昧成時見十方佛在空中立等蓋言雖不標心而證理時自見觀音也行請位在觀行證請位在六根及初住也標心一請位通深淺身業下例示口意各具三請也向文雖云三業無瑕而正在身業問口業倒身可爾意業云何說標心等耶答若依今經觀心心脉即見觀世音是標心也若依法華涅槃但觀心性實相入觀行等位自見觀音者此既初不標心則是行請證請然此論請皆約見彼應身若標心無感乃由過現緣淺非今請義不標而感此由過現緣深是今請義標心復感其旨可知此聖既然諸聖例爾且衆生三業互有强弱强可爲機故於三業各論三請是前十二者謂自他護法各具延祈願三是十二也問護法既是如來付囑何故亦約三業論標心等請答經雖付囑而行人豈無爲護正法請觀音耶九界論請者乃至三教菩薩爲除界外三障須請圓教觀音也佛界須料揀者應問云九界可爾佛界云何請耶應答云名字觀行即佛爲除分段三障故須請分證之觀音相似即佛爲除變易三障亦爾於分證中位位互作乃至等覺爲除三障請究竟觀音此約圓中五即俱名佛界也若剋取究竟位爲能請者以衆生斷惡機在觀音故須請也則如經云爾時世尊憐愍衆生覆護一切重請觀世音菩薩等菩薩皆具衆德者圓證實理故具衆德文殊具云文殊師利此翻妙德以見三德佛性不縱不横故稱妙德大經云了了見佛性猶如妙德等彌勒此云慈氏一體三慈無所不攝故以爲名至論下明體性本融釋成皆具衆德義也是故德慈智三一體異名展轉互攝以三德三慈三智無異體故無緣種智並從勝說中體雙照慈智俱三但逗下明隨機立號宜聞者即隨其所聞有四悉益所以各立一號同是因地者同是真因也各說身因者涅槃三十二云五百比丘問身子云佛說身因何者是耶身子答云汝等亦各得正解脫自應知之何緣方更作如是問有比丘言

我等未得正解脱時意謂無明即是身因作是觀時得阿羅漢果有說愛有說行乃至飲食五欲如是五百共往佛所各說已解身子白佛誰爲正說佛言無非正說三十二者淨名中初法自在菩薩云生滅爲二不生不滅爲不二乃至文殊說云無說無示爲入不二共三十二人若兼居士默然則三十三也同入下五百比丘四八大士能入雖異所入無殊約跨節論五百趣實例如觀經䟽云四四十六同趣常樂也一理者萬法雖差心性當一故云一理所以亦異者義趣別也此則理體雖同義異名異如理有徧照義故立觀智之名理有徧攝義故立慈氏之稱名義雖異只是一理故云不離於理也釋別名中應先分二段初約境智釋應次約界業釋機總別釋者總釋即境智合辨別釋即境智開說言破立者以觀世之名本是界外不思議境智隨順機緣亦爲思議境智而皆絶四離百慮人於此起四性執故須先破四執既破四悉被物則藏境智成乃至圓境智成故須後立

破者下先且標立境智之名以爲所破世即三種世間也今問下境智相望各有四句在文可解自境故境等者謂境自是境智自是智不相因也此是自生者若云境自是境者境不因智照是境自生若云智自是智智不因境發是智自生此中但難初句餘三例之故云等也若欲備難者次句應云若由境故智是智他生若由智故境是境他生何者自境故境既稱境爲自以境望智智即是他今境從智生豈非他境智亦如是若合故境故智者此則境不由智故境亦不由境故境智境因緣和合故境智亦如是此即共生共生有二過墮自他性中若非智非境故境故智者此則離境離智無因緣而辨境智從因緣尚不可得何況無因緣耶此四並是妄想推計故須破之問佛法皆云因緣和合何故破共生答爲定執故亦須破之四執破已四說無過中論所破者論云諸法不自生亦不從他生不共不無因是故說無生龍樹既破那得如前四種執一爲是餘妄語乎六十二

見謂我大色小色大我小即色是我離色是我四陰亦爾三世五陰總成六十不離有無故六十二皆邊見攝今於境智起四見者實八十八使具起略言邊見及三受耳若具論者隨執一句謂我知解此法法中計我即身見執初三二句墮有邊執二四二句墮無邊乃六十二見所攝即邊見也如此妄執不當道理即邪見執此是實計爲涅槃即見取果盜謂此爲道依之進行即戒取因盜有三苦者樂受有壞苦苦受有苦苦不苦不樂受有行苦樂受則愛等者謂執一種境智爲是若他讚歎心則愛著生喜而心樂即貪使苦受者若他違逆則忿怒生瞋而心苦即瞋使不苦不樂即不爲毀讚則在癡使等分亦在三使中收又我解此境智他所不解以其所執矜傲於人即慢使既執此爲是今雖不疑後當大疑即疑使是則十使宛然皆從所執境智上起將此歷三界四諦則有八十八使就思惟歷三界則有九十八使今於五利略舉邊見五鈍略明四分者從要而言以四句境

智皆墮一邊依此所執皆生三受其相易見故且明之如向細論備九十八故下文云知句句中九十八使名識病也八萬四千塵勞者真諦三藏準十使經以貪等十爲根本謂貪乃至戒取一一有九隨眠一即成十十即成百前後等分各一百成三百置本一百就前後二百中又各以十使爲方便二百即成二千一百約五類衆生謂多貪多瞋多癡著我思覺五品各二千一百即成一萬五百配已起未起成二萬一千又配貪瞋癡等分此四各有二萬一千成八萬四千也今云四分開出者惑數雖多四分收盡畢竟空寂者無四執故無依倚者以空寂故問意者理既空寂何故有道滅因果耶答意者但識知苦集不爲四執滯礙即名道諦所緣空寂即是滅諦知四下示道諦相汙穢五陰者止觀明九種五陰一期色心名果報平平想受名無記起見起愛名兩汙穢身口意業善惡分二變化示現名工巧三善根人名方便四果名無漏今於境智起見起愛故云汙穢不受即觀受是苦也餘二存略道品等者等取三四二五七覺八正也又正下示滅諦相也即以能觀爲佛所觀爲法境觀不二爲僧三義一心即同體三寶也覺了即能觀三觀四執即所破妄惑法性即所觀三諦境觀不二故云和合而於正勤心中示滅諦者以道品約位則正勤是小乘內凡位也以小準大即圓六根相似證滅無所住心等者謂大聖人內無四執外順機緣令獲四益說境智異謂若人樂聞自生境智即說境是自境智是自智以赴欣欲之心或宜聞生善或說必破惑或聞則悟道他共無因亦復如是故使經論所明若境若智不出自等列名中四教境智俱順四悉別教獨得名者以出假位正以四悉化他故圓名不思議者則顯前三教皆思議也然四境智皆是總釋觀世二字應須知差別則至文易了前二以心生六界三種世間爲境而智有體析之殊別教以心生十界二種世間爲境用次第智圓教以心具十界三種世間爲境用一心三智一切法從緣者證境智因緣皆是實有破析方空也但有名字者謂瓶已破首已斷但有瓶首之名實無其體此喻出大經是字不住即性空亦不不住即相空法眼等者即十行出假說四教四悉境智也雖無境智等者法從心造全法是心心本自無諸法寧立不有而有三千宛然無始不覺理具情迷今既覺了知心即是不離能觀別有所照而於一心强分境智故曰而論經言下境即所觀照即能觀能所一如故皆云不思議欲擬者大師尚謙表無專執久祛四執者以得無所住心故慈悲等者被偏圓機示四教像是故向約四種境智以釋其名故經下引證也維摩經身子問天女云汝於三乘爲何志求天曰以聲聞法化衆生故我爲聲聞以緣覺法化衆生故我爲辟支佛以大悲化衆生故我爲大乘觀音天女俱分真故故得引證別釋中若依名字爲便應先明觀智次辨世境若解義爲便前明世境次辨觀智以先有境可得論觀若未有境何所可觀譬如鏡鼓後方騤擊今從義便故先境次智

三諦三境者止觀明理性是一對止名諦對觀名境諸文所明諦即是境不云二別今亦同之所以然者諸文但云三觀不論三止故且止觀行門方乃委示一因下列名此之三境者謂此三境不一不三唯在一念徧攝諸法三無差別彼彼互融但以情迷不能覺了遂於無縛法中強生繫縛謂有情無情事異理異於無脫法中而妄求解脫遂厭苦欣樂捨有入空離二邊求中道故有凡夫生死及三教境智之異故云爲智所觀即爲四也四種觀者經云下智觀故得聲聞菩提中智觀故得緣覺菩提上智觀故得菩薩菩提上上智觀故得佛菩提今家釋義用對四教以聲聞是下乘藏是最下教故聲聞菩提即藏教也緣覺是中乘通教復居藏別之間菩薩是上乘別教仍居通教之上圓教復在別教之上故云上上中論可知終是三諦之境者根有偏圓遂成四境若論本理三諦常融開爲二觀者即前藏別二觀俱觀俗諦答下俗諦雖同藏見麤相別見細相故分二別真亦淺深者前三果分見故淺四果究竟故深亦互爲淺深既分麤細二俗應有淺深二真理則無二者見有淺深真空但一偏真既爾中真例知此淺深之言不可用通教複真消之以文云理則無二若約複真灼然是二故知答意各從當分等觀下云云者應通前結數前約自他護法等能所合辨有七十八今歷四教觀法觀之則有三百十二請也次明智下者夫境智二法不分而分故前釋境乃對智明今文釋智還約境說是知境非智莫顯智非境莫成義雖相仍文有傍正觀因緣下標藏智觀因緣空標通智二諦觀者假是虛妄俗諦空是審實真諦今欲去俗歸真故言觀因緣空假是入空之詮先須觀假知假虛妄而得會真故言二諦觀出假下標別智從空而出故言出假入在假內亦曰入假故出入二名諸文互立別雖三觀以假爲正平等觀者望前稱平等前破假用空今破空用假破用既均故名平等中道下標圓智雖三觀一心從勝彰名故指中道三智名觀復名智者通而爲論觀智義一別而往目因果兩分世智下斥凡夫也以凡夫外道通有此智不出生死不動煩惱故云是世間之智也但有名字者以此世智虛誑不實但有智名而無其體故向云亦名名字智也凡聖通用者謂凡夫用此智得四禪八定聖人二種不同慧解脫人但用無漏智得成無學俱解脫人俱用二智斷惑之時隨用一智故云凡聖通用也以此智凡聖等有故向云亦名等智也但此下結斥也菩薩下顯菩薩也於此觀中者指世智也既不斷惑但用世智而能觀無常修六度成其勝解終出生死慈悲喜捨即四等心也慈故與樂悲故拔苦見彼離苦得樂故喜不求恩報故捨不擇怨親等用此四故名四等具一切法者即六度四等萬行具修也三十四心謂八忍八智斷見九無間九解脫斷思如旃延子者即釋論引迦旃延子明菩薩義釋迦初爲陶師值昔釋迦發菩薩心行六度行也三藏境智觀音者菩薩自伏六蔽悲心熏物衆生稱名即能脫苦自行六度慈

心熏物應可度者即能示現令得安樂也雖行於空等者菩薩從薄地學遊戲神通多修假觀八地出假故名不住於空初心謂見地也爲如佛者被接之人能破無明無明破已如通佛地同得八相故名爲如不同通教等者別人破空出假不同通人空心出假扶習潤生知空非空在六七住破空出假即十行位塵沙據所迷之法無知約能迷之心四念處云十住斷見思又斷界外上品塵沙十行中品十向下品今論中品也行滿者以經論所明別教位次等覺一位或有或無今約無說故云十地行滿稱理之觀者別次第觀尚非稱理藏通析體不稱可知三諦圓融本性自爾順性而觀故名稱理理既下示稱理相從初至後者初謂名字依解修觀名名字觀音後謂妙覺究竟顯理名究竟觀音五即位殊圓觀一揆五住圓除者謂三惑俱破也問十信位中既兩惑先去何名五住圓除耶答圓觀心性麤垢自去故四念處以治鐵爲喻是故圓觀一生之中初住可獲若次第行者

借使一生兩惑先除雖不經歷亦成次第或圓接別或別接通或解圓行漸並兩惑先除俱非今意今文的取圓頓行者故曰圓除妙覺觀音者問觀音是等覺因人何故約妙覺極果釋耶答觀音三昧經云此菩薩已成正覺號正法明佛觀音受記經云次當補處稱爲普光功德其本迹若此約究竟釋理應無失問別名可爾通號如何答文雖不明例有此釋謂名字菩薩乃至究竟菩薩也大論云衆生無上者佛是況菩薩衆生華梵之異名通極果文義在茲此之三智者并世智有四以世智是境故但云三亦對五眼者二智既約四教五眼亦然肉天二眼照麤細事皆是世智悉爲諸觀境本即同中論偈初句也藏教觀音不斷煩惱故唯約世智二眼也若約二乘從此入析法觀斷惑亦得慧眼又菩薩於三祇百劫得五神通獲法眼分別根性調熟衆生今以別教望之只名世智二眼通唯慧眼別唯法眼其意亦然照真即一切智故對慧眼即通教也照假即道種智故對法眼

即別教也藥即道滅病謂苦集照真俗實相即一切種智此眼即佛眼也三法真俗中也俗攝肉天法三眼佛眼有五眼用故曰一而異名小般若云如來有肉眼不答云有乃至有佛眼不答云有今經云五眼具足成菩提皆此意也但從勝受名云佛眼耳譬如衆流入海失本名字大論云十智入如實智無復本名但稱如實智五眼具足而但稱佛眼三智下云云者應釋出開合所以四觀謂大經四種十二因緣觀下中上上上彼經通取析法故明四觀大品瓔珞直就摩訶衍但明三觀三智今若開二經合涅槃者應開析法從假入空觀生滅一切智也若合涅槃就二經者下中觀同是一切智也若將三經若開若合對五眼者肉天二眼皆是世智爲諸觀境本若三觀三智從此境即入體法一切智若四觀四智從此境即入析法一切智今約菩薩不斷惑邊故向以世智對藏又藏教誠事方空既存於事故對世智中論偈初句對藏即此意也餘眼對智及觀悉如向文收攝下

注云云者凡諸經論所明名相東廣開狹當使成三三一一三互融互攝攬入己心以成妙觀乃知十方佛法不離刹那世者下約界業釋機若論爲機正在音字若不速世其義莫顯以十法界是生機處故就文分二初通明世義差別隔異者於此十中有凡有聖有大有小有權有實二報三業高下不同名別名異世是下別顯爲機世是色者又闕心字於十法界各三世間假實屬正國土屬依今云色心且指五陰實法也假名攬陰而立國土乃陰所居故舉色心足該餘二色即觀世身等者謂若約大士自行觀五陰空而成聖道則應名觀世身及觀世意既名觀音即是觀彼十界衆生口業爲機故云音是機也此約化他立稱此文且以身意在應口業屬機若具足論各備三業三俱在機者如五體投地燒香散華身業爲機大士往應即觀世身繫念數息意業爲機大士往應即觀世意祈請口業爲機大士往應即觀世音三俱在應身意如向若約口業即是大士自觀音聲而

得成道由自行成故能應物此釋機應各三與普門玄義或異者符今疏文也言菩薩等者蓋西竺語倒此方則云大道成衆生也謂自求廣博大道又成熟衆生釋論下初發心即自求大道度一切即成熟衆生能忍成道事者不同二乘忽忽取證不動下魔不能動小不能破有種種成者名通四教故因緣道即藏菩薩空道即通菩薩假道即別菩薩第一義道即圓菩薩文闕假道二字又於諸道者即前四道雜文但示藏教通別餘三略無直修因緣如直行六度及四無量心不修無常觀不發四弘誓者但是人天之因既亦名道故須揀之今言道者乃別顯菩薩修出世之道故云起慈悲等若通菩薩應揀二乘自證之道別揀但從空出之道圓揀次第之道今菩薩即觀音本修圓行故能於一道觀一切道一行修一切行故至分果隨機利見四應不同自非觀心三千三諦者其孰能至此爭豈有捨一取一者問如菩薩本修圓行則捨偏小何言無取捨耶答取捨即無取捨以

圓觀權實不離心性豈可捨心性取心性耶以唯見心性故然菩下雖知本具當體空中而無所得故無難若及無分別爲機亦異等者明鏡是一現像自殊現像不同良由形對故順四機有茲四應以喻合法其旨可見他人下問答合在釋別名後而在此者或隨便或文誤問意者設云菩薩三業俱觀機者意輪鑒機此義可了身口是色云何鑒機故云身口若爲觀聖觀智觀前人等者上觀去聲下觀平聲即是意輪觀彼十界身口之機則可名觀世身觀世音也非是聖人用自己身口觀他也以身口但能現身說法故然實觀三業之機彼既正以身口爲難故不云意但言觀前人身口也通亦得者上約別論觀機唯意若約通義則三業本融六根互用則聖人身口何妨觀機但除下病謂妄情法謂三障妄情若去障體元真若破三障即是破德故但除病不除其法蛇虺者虺亦蛇也爾雅云蝮虺博三寸首大如擘注云身廣三寸頭大如人擘指此自一種蛇名爲蝮虺蟄音哲

又音適蠆田界反螫蠆毒也蛇虺如三障毒如妄執今遣妄執如除毒不迷三德如不侵人三障本眞如不殞命如世呪蛇之法但除其毒耳調善者謂調惡令善也堪任乘御者大經明呪師呪毒龍等堪可乘御非殞彼命也隨應得度者以性惡不可斷故故至果上爲機所扣現四惡趣身

請觀音經疏闡義鈔卷第一

請觀音經疏闡義鈔卷第一

校勘記

一　底本，明永樂北藏本。

一　七八〇頁上一二行述者，南作「錢唐沙門釋智圓述」。以下各卷同。

一　七八四頁下一二行第六字「愛」，南作「受」。

一　七八六頁上一八行「偏圓遂成四境」，徑作「偏圓迷成四境」。

一　七八七頁上三行「故名」，南作「故云」。

一　七八八頁上三行第一五字「下」，徑作「不」。

請觀音經疏闡義鈔卷第二　法三

宋錢唐沙門釋智圓述

次約二義釋消伏者前約一義唯就圓論今約二義偏圓合辯部屬方等故須兼含消除即不斷是圓義消滅即斷是別義滅謂死滅如殞蛇虺之命也此斷不斷若約界內外即四教也界內斷即是藏不斷是通界外別圓已如向說除伏即斷平伏即不斷前以除對滅則滅死除生今以除對平則平無所移除猶改動故須以平對不斷也不無輕重者有人三障俱重須此三番有人報障偏重餘二障輕但治其重輕者隨去餘例可解無礙陀羅尼者如法華明三陀羅尼一旋即旋假入空二百千萬億旋即從空入假旋轉分別三法音方便即是二觀方便得入中道解一切言音亦能一音說法隨類各解得此三者即入無礙陀羅尼具足一切陀羅尼故云第一也三昧或三摩提此云正定王三昧者即首楞嚴等百八三昧皆中道一心名王三昧也然陀羅尼是慧性三昧是定性不二而二故分二別因中修一心止觀果上證此二法法華疏云三昧與陀羅尼體一而用異寂用爲三昧持用名陀羅尼今引大論正顯此經神呪是中道無礙陀羅尼也又引王三昧者意明此慧即定不二而二二而不二耳遮三障等者以遮惡不起是消除義故經云消除三障無諸惡持善不失是調伏義故經云五眼具足成菩提呪即是願者即解經題呪字義謂大聖說此陀羅尼只是呪願衆生如佛譬若蒲盧呪螟蛉也然則陀羅尼既是梵語呪字即當華言經題華梵雙擧故云陀羅尼呪若爾何故云陀羅尼翻遮持耶答古人見祕密不譯例如此土禁呪等法便以呪名往翻然亦不失遮持之義何者呪既訓願如菩薩四願二願拔苦即遮惡義二願與樂即持善義故知呪與遮持義歸一揆經者教也者謂經即言教訓法訓常有翻無翻俱指舊釋即古來人師解義也今唯訓教則四教俱經言略意周不竢餘說餘疏即指普門玄義也然雖指彼不無小異辨體不同已如前記又彼此雖俱感應爲宗彼是法華正約圓機感於圓應雖明三教意在開權今經方等帶偏明矣彼明普門示現乃以慈悲爲用則與拔雙明此顯舍離求救乃以救危爲用則拔苦爲正彼明教相即偏而圓此明教相偏圓相隔宜在區別無得雷同四義既指餘疏而復辨感應之宗者以今經以感應爲要機通十界應通四教各備四句其相難知故此略示四句者一冥機冥應二冥機顯應三顯機顯應四顯機冥應若過去善修三業現在未運身口藉往善力名爲冥機也雖不現見靈應而密爲法身所益不見不聞而覺而知是爲冥益也二冥機顯應者過去植善而冥機已成便得值佛聞法現前獲利是爲顯益如佛初出世最初得度之人現在何嘗修行諸佛照其宿種自往度之即其義也三顯機顯應者現前身口精勤而能感降故月蓋曲躬聖居門閫又如行人道場禮懺能感靈應是顯機顯應也四顯機冥應如人一世勤苦現善濃積而不顯感冥有其利此是顯機冥益若依

法華玄義更開四句以成三十六句機應等在彼文詳之題下譯人名者司馬氏都於建康是曰東晉竺難提此云喜西域人也以第十一主恭帝元熙元年歲次己未至此土翻傳焉或時等者即他人分經今依前者今師以第四呪是護經故屬流通生起三段如別文者光明疏云序本序於正通正本正於序通通本通於序正即生起也居一說之初者如是等六事在一經之首故神光駭集者如法華放光動地淨名合蓋現土駭驚也集謂集衆言論激發者如法華文殊彌勒問答釋疑淨名寶積說偈述歎皆名述叙引例云云者他經爲例如向引文若的約今經則以会離病苦爲由月蓋請佛爲述同有次序者六事同故應云由藉叙述各異不言叙述文略耳如他經多以瑞相爲由騰疑爲述此經以重病爲由求救爲述故云各異此則東前三序爲通別二序也初釋次序中疏文存略通指舊解今依諸疏六義科釋一切諸經皆以此六居首者大論云佛將涅槃阿難問佛一

切經首作何等語佛答阿難應云如是我聞一時佛在某方某國土與某大衆非獨我法如是三世佛經初亦然故知六義即是通序初如是者即所聞法體也佛如法相而說阿難如聞相而傳故言如也佛如法相而解阿難如海量而受故言是二我聞者即聞持之人阿難與聽衆述佛遺旨親承不謬故云我聞三一時者聞持和合也衆生感法佛慈赴教機應之時故云一時四佛者能說教主也佛陀此云覺者知者謂自覺覺他覺行圓滿自覺異凡夫覺他異二乘覺滿異菩薩五住毗舍離者此云廣博嚴淨其國寬平名爲廣博城邑華嚴故名嚴淨觀解者一心三觀能觀心性猶如虛空即具福慧二種莊嚴無染無著菴羅樹園者菴羅是果樹之名以樹目園故云菴羅樹園其果似桃或云似柰此樹開華華生一女國人歎異以園封之園既屬女女人守護故言菴羅樹園宿善冥熏見佛歡喜以園奉佛佛即受之而爲住所觀解者三觀觀心心性不動而修道品因起悲誓尋

根牢固成諸總持即住園也疏云如是者者應云等謂等取餘五事也大林精舍等疏文唯存理解然向下消經多無事釋隨病隨機凡有四意一執教忘行二得事失理三義易觀難四情局性偏示行示理從難從偏且就理明義例明一家觀心不出三種謂約行附法託事約行則存乎止觀事法則偏在諸文然應深曉止觀所談心性三千徧攝一切大小理惑智行位教若依若正不離己心方了諸文隨事表對其旨有歸是知觀雖有三意唯在一以附法託事扶成約行耳今釋大林精舍即附事觀心也故萬德之言蓋約己心非指他果若指他果必迷自境若了心境自即他故他即自故不了此境自尚成他況觀他耶問淨名疏釋毗舍離等皆約三義一事釋二約法門三約觀心直爾表對是約法門以三觀攝事方名觀心今疏以包含二諦故名大等乃是約法門釋應非附事觀心答文義隨便不可一準以淨名經中有法喜爲妻等文文云諸佛解脫當於衆生心行中求既

有二文故分二釋若諸文只以法門表對即是觀心如止觀普賢白象方等𢹂壇此皆直爾表對法門而義例指爲附事觀心故須隨文豐約唯變所適故今所表即是觀心包含二諦者即邊是中故曰包含萬德下果上萬德因理本具故指本具名爲叢林精無八倒者中道精純非二邊雜故離常無常等八種倒也如涅槃即大經陳如品觀色不淨者應云觀色淨不淨淨即有不淨即空獲得常色即是中道眞常能破二邊此眞常亦名非常非無常也今文從略若具論者應云觀受是苦是樂因滅是受獲得常受乃至觀識常無常因滅是識獲得常識仍是且論常德樂我淨三亦復如是今於五中略舉色陰故云觀色於八倒中略舉不淨於四德中略舉常德具論必備也五陰是所執之境八倒是能執之心四德是所顯之理此理顯處即此五陰名五涅槃一陰通除八倒者約境別觀總而論故觀一陰能除八倒十八空者空唯是一破十八有名十八空謂內空外空內外空乃至無法有法空也重空觀者以中道正觀空生死之有空涅槃之無名重空觀也經與大比丘去第六聞持之伴此證阿難與大衆共聞豈謬傳也所以先聲聞次菩薩後天龍者二乘滯空凡夫滯有菩薩不滯當行不二故處其間有五下云云者應分經爲五一數二位三歎四名五結初數中與者共也千二百五十者三迦葉有弟子千人優樓頻螺有五百伽耶有三百那提有二百身子目連有弟子二百五十人迦葉舍利弗等先並事火翻邪入正便得上果感佛恩深常隨侍佛故爲同聞衆也比丘此翻除饉衆生薄福在因無法自資得報多所饉乏出家戒行是良福田能生物善除因果之饉乏也或言無翻名含三義一破惡者如初得戒即言比丘以三羯磨發善律儀故言破惡二怖魔者旣能破惡魔羅恐其出我界域化我眷屬故生驚怖三乞士者出家之人內修道德遠離四邪告求資身故名乞士此之三義通初後心經家所列皆後心耳二位阿羅漢此翻無著或言無翻而含三義謂不生殺賊應供也無明糠脫後世田中不受生死果報故言不生九十八使惑盡故名殺賊具智斷功德堪爲人天福田故言應供三歎中五句經文初二句約所破歎次二句約能破歎後一句約果用歎初所破者即世間因果也諸漏是因後有是果諸漏謂三漏欲有無明也成論云失道故名漏律云癡人造業開諸漏門毗曇云漏落生死論律語異而同明漏義漏盡是因滅也後有即二十五有生處也現因旣盡後果不生是果亡也次能破者即無漏定慧也如鍊眞金者珠叢云鎔金使精曰鍊煮絲令熟曰鍊故字宜從金疏云是總歎者即總歎修定學慧猶如鍊金數數入定轉轉明淨也又鍊金是約喩歎澄靜是約法歎喩總而法別也合云澄即歎慧靜即歎定今云澄即歎定等者文誤色界下約有漏無漏解諸定也四禪四空是有漏定八背捨是無漏定前三背捨者一內有色相外觀色位在初禪能捨自地及下地故名背捨二內無色相外觀色三淨背

捨身作證後五背捨者四虛空處背捨五識
處背捨六無所有處背捨七非有想非無想
背捨八滅受想背捨此八通名背捨者智論
云背是淨潔五欲捨是著心故名背捨若發
真無漏慧斷三界結業盡即名八解脫故云
故知得解脫等者身心澄靜也云云者謂八
勝處十一切處等諸無漏禪皆是身心澄靜
也經六通無礙是果上之用也六通謂天眼
天耳知他心宿命身如意漏盡四名經文略
舉十三尊者身子智慧第一故以大智標之
舍利弗具云舍利弗羅此翻身子以母好形
身身之所生故言身子又翻珠子其母於女
人中聰明聰明相在眼珠珠之所生故名珠
子時人以子顯母為作此號新云舍利弗呾
羅奢利云鶖即百舌鳥亦云春鸎弗呾羅言
子以母才辯喻如鶖鳥此是彼子以母顯之
故云鶖子目揵連姓也翻讃誦文殊問經翻
萊茯根只諦云勿伽羅翻胡豆二物古仙所
耆因以命族新云摩訶沒特伽羅此云大採
菽氏上古有仙居山寂處常採菽豆而食因

以為姓尊者之母是彼之族取母氏姓因以
為名得大神通揀餘諸姓故云大採菽氏名
拘律陀拘律陀樹名禱樹神得子因以名焉
新云從父本名名俱利迦亦云拘隸多摩訶
迦葉此翻大龜氏婆羅門種其先代學道靈
龜負仙圖而應從德命族故言龜氏又翻飲
光上古有仙身有光明飲蔽日月迦葉是彼
之種以姓為名故名飲光言大者簡餘迦葉
摩訶迦旃延此云文飾亦云扇繩母戀此子
不肯改嫁如繩繫扇新云摩訶迦多衍那須
菩提此翻空生生時家中倉庫等皆空占者
言吉因空而生字曰空生或云善吉阿㝹樓
馱亦云阿那律亦阿泥樓豆皆梵音奢切此
翻無貧昔於饑世贈辟支佛稗飯獲九十一
劫果報充足故名無貧新云阿泥律陀此云
無滅劫賓那此云房宿音秀父母禱房星感子
故用房宿以名生身也又翻房宿諷佛與同
房宿化作老比丘為之說法因而得道故云
房宿慈恩云房星房星現時生故憍梵波提
此翻牛呞無量壽經稱牛王增一云牛迹過

去因摘一莖禾數粒墜地五百世作牛償他
今雖人身尚作牛齝牛呞之相新云笈房鉢
底此云牛相畢陵伽婆蹉此翻餘習五百生
中為婆羅門惡性麤言今雖得果餘習尚在
如罵河神故名餘習新云畢藺陀伐蹉薄拘
羅此翻善容以色貌端正故也年一百六十
歲無病無夭有五不死報後母置熬盤釜中
水中魚食刀破皆不死昔堅持不殺戒故九
十一劫命不中夭昔為貧人施病比丘一訶
梨勒服已病除故今無病新云薄矩羅難陀
此翻善歡喜亦云欣樂亦喜根本是放牛之
人因問佛放牛十一事知佛具一切智獲阿
羅漢果阿難陀此云歡喜亦慶喜世尊成道
內外咸慶當喜時生故名慶喜羅睺羅此翻
覆障真諦云羅睺本名修羅能手障日月翻
此應云障月佛言我法如月此兒障我不即
出家世世障我我世世能捨故言覆障新云
羅怙羅此翻執日所以新舊語殊者皆由五
天之境方土不同梵策傳來方今有異例如
此土後漢都於洛陽東晉遷于建業懷漢籍

先傳於身毒必以此音為正晉人後往於竺乾必以南語為正故於所說不無矛盾以此明之右來梵語未必盡訛略也五結衆所知識者聞名欽德為知覩形敬奉為識菩薩衆下注云云者應分經為四一歎二歎三名四結約因者且如圓教初緣無作發心至等覺邊際智滿悉名為因隣果者佛果如十五日月等覺如十四日月相隣近也大智下總釋四句此之解行悉在分真目足備者目故能見喻解足故能行喻行目道足行故有所至涼池喻三德涅槃也若約下三教當分俱有大義若望圓教前三非大故大論云我今如力欲演說大智彼岸實相義當知大智即是觀諸法實相之觀也亦有一切智下恐闕道種智三字總別之異名者觀中道是總照二邊是別即別而總邊即中故二智即一切種智即總而別中即邊故一切種智即是二智三智圓融總別一體例如下舉小為例十六諦即四諦下十六行也四諦是總十六是別總別雖殊只是小教一切智耳意顯圓教三

法三　十一

智總別不同只是圓頓一切種智修行為語者約自行也從行以入理者即住前修行至初住位分證本理趣本之行故云本行化道者約化他也故引勸學證之從本起行者依智修行也是則智為行本智家之行故言本行如般下彼經既皆勸學般若驗知無智諸行不成則是從大智本一心具足諸波羅蜜也金光明云一切種智而為根本無量功德之所莊嚴亦此意也當知稟教生智以智導行行必入理故與前釋共為表裏珠為寶本以珠喻智以寶喻行皆成下釋皆悉成就也約四種等者謂四菩薩果雖未滿因行已圓故言成就藏初緣生滅四諦發誓名大智行六度名本行相業成名悉成就通緣無生起誓名大智檀三事空乃至般若名本行十地如佛名成就別緣無量生解名大智行無量波羅蜜名本行等覺名悉成就圓緣無作發心名大智一心萬行名本行等覺智滿名悉成就是則解行俱成就故云皆悉大經下六波羅蜜中雖有智慧由在地前非是真證故

屬福德登地真證乃名智慧真雖有福從勝故也以證此文滿足六度唯在福德六中智慧則約地前五度通真故並屬福故今福慧悉在分真故云成就及以滿足今依下標示也諸度即六度以修六故根方調伏如金下約圓正明金剛至檀義者彼雖通三今唯約圓捨色名檀者所捨乃同能捨則異由能捨異故分教殊今之能捨即圓三觀檀義下明檀義該攝言攝三者三字恐誤應云攝六金剛論偈云檀義攝於六資生無畏法此中一二三是名修行住無著云若無精進疲倦故不能說法若無禪定即貪信敬利養染心說法若無智慧便顛倒說法故約下述意也由檀攝六故今但約檀釋又經下明檀以慧導無慧導者不趣菩提有慧導故即成正覺斥無方便者者即無慧導也三事皆空者謂不見施物施者受者若準下疏文即以根塵識為三事也若是下簡小也無方便空者不能即空是假是中名無方便菩薩下顯圓也是空亦空者以有假中方便故不滯於空即是

法三　十二

能空於空故曰是空亦空由有方便故無染著而能下由無染著故即空而假具修萬行通達佛道者達彼萬行即三諦理乃由此智引趣菩提但眼下結示三性若論本性自具三因眼根即中是正即空是了即假是緣今作一性二修示之但眼之本等者即指本具中理爲正因此即合性爲一也了此等者謂修觀了達也能捨下謂不著三事方捨塵勞此乃合修爲二以說若各開者了眼亦具於三能捨亦具於三也荆谿云智亦具三照本有三福亦具三助智嚴本約此下類通三法略舉三種應知一切三法皆三因之異名四位者位應作教字之誤也下文放此分別一切色者即十法界色也色非色不二者色即是事非色即理事理相即如波與水故云不二事穢理淨事即是理故云常淨問一家談理既具性惡何名淨耶答性中之惡惡全是善理體無差豈應隅異如云清具濁性濁全是清珠具寶性寶即是珠思之可見調伏下云云者應以諸根例眼釋出如思益下約躡

根明餘五度也應各論四教於中廣略不同忍進備四禪分大小戒慧二度雖則直明義亦含四不爲六塵所傷者今約眼根應言不爲色塵所傷言六者通舉耳凡夫著色則爲所傷無防非義三藏了色無常通了即空別了假名圓了中道四教當分俱不爲傷能忍至名忍標示忍義從順也於因下約四教明忍捨六下標示進義應云色塵眼根言六通舉也亦於下約四教明義云云者謂藏了根塵生滅通了即空故不染雜別不染雜於空圓不染雜二邊是精義也離憂下標示禪義初禪下約四教明禪也初約四禪即藏通後得六根互用即別圓他住初禪等者約支林功德以辨也初禪五支一覺二觀三喜四樂五一心二禪四支一內淨二喜三樂四一心三禪五支一捨二念三喜四樂五一心四禪四支一不苦不樂二捨三念清淨四一心心與定法名一心支四禪俱有心及定法故具有此支三禪有喜支今云除喜未詳六根具禪者從便言六意具顯眼究竟盡者藏通究

竟盡見思別盡塵沙圓盡無明當分而論各名究竟如是下總示向文正顯眼根六度也八相謂下兜率託胎降生逾城降魔成道說法涅槃以諸佛垂應皆示此八而成佛道也威儀者左傳云有威可畏謂之威有儀可則謂之儀論四下明四教俱有佛威儀也謂三藏後心通十地別初地已上圓初住已上此四種智慧覺了俱能八相成道名佛威儀而非具也何者別教妙覺但圓第二行藏通極果唯齊六根故並非具然前三教果上無人今之所論且約權說但名下具佛威儀但名其圓教等覺耳問等覺未極何得言具答果雖未滿因行已圓故得云具各有大義者如前以四教釋大智也三雖名大望圓仍小故云而非究竟也今中下正示圓智乃名如海列名者雖數勝德不的顯名莫知其人故略出七人皆的約中道者約事則繁就觀釋名足知大況經文殊師利此云妙德若見佛性即具三德不縱不橫故云妙德童子者內無法愛如世童子情無欲染實即下實智者當

住不移實可貴重故表實相實智權者暫用
還廢如月翳復虧故以月表方便權智也月
光約智斷者從一日至十五日光漸漸增智
智德從十六至三十日光漸漸減譬斷德爲
涅槃月喻三昧義也經寶積者觀心雖空具
足萬行萬行衆寶積之於理故云寶積經曰
藏者中道正觀如日具足諸法名藏衆賢位
極者等覺名賢讓極果爲聖也佛是聖首等
者四十二位俱名爲聖妙覺爲其上首居聖
人之極經十六人者即賢首之同類也經彌
勒云慈氏無緣大慈攝諸法故然諸菩薩俱
具諸德引物歸心各彰一號能如是解乃於
自心見諸菩薩淨名云諸佛解脫當於衆生
心行中求斯之謂也列凡夫衆者順古立名
也若準今家應云雜衆以其中凡聖兩兼適
俗相間故即有八部名四種衆者即經云四
衆天龍八部天謂欲色諸天龍是畜趣正報
似蛇依報如天亦能變爲人像八部即四王
所領東方領二鬼揵闥婆富單那南方領二
鬼薜荔多鳩槃荼西方領二鬼毒龍毗舍闍

北方領二夜叉羅刹共領八部不令惱人四
衆者舊云出家在家各二合爲四衆此名局
意不周今於一衆更開爲四即各有當機等
也當機是五百等者宿植德本緣合時熟故
謂當機五百即同類五百長者也後得道即
斯那等發起謂權謀智鑒知機知時擊揚發
動成就利益如月蓋致請及下文身子白佛
云佛說禪定第一等影響謂古往諸佛法身
菩薩隱其圓極匡輔法王雖無爲作而有巨
益結緣謂力無引導擊動之能德非伏物鎮
嚴之用過去根淺三慧不生現在聞法無四
悉益但作未來得度因緣也經人非人者人
即四衆非人即天龍等或云人非人是疑神
經恭敬圍繞者修護曰恭崇仰曰敬周迴曰
圍坐徧稱繞或作行遶即表機動四句者一
戒乘俱急戒急受人天報乘急見佛得道即
此經天人在會是也二戒緩乘急戒緩生惡
趣乘急值佛得道今龍鬼在會是也三戒急
乘緩戒急得人天身乘緩不得值佛設得值
佛亦不聞法得道如舍衛六億及著樂諸天

不來聽法皆是也四戒乘俱緩戒緩隨惡道
乘緩無解脫期釋由序中初標文出意就事
下分二初約事消經如淨名跡中者略如前
記經舌噤渠飲切謂不能言也眼主等者白
虎通云肝繫於目肺繫於鼻心繫於口脾繫
於舌腎繫於耳故知經云舌噤無聲即心脾
二藏病也無聲是口不能言故主心病此即
肉團心也腹內爲病者腹屬身故意識即慮
知心也五根不利者根應作藏字之誤也謂
五藏不利外應五根成病惱也此約病從內
出亦可下約病從外入如久視久聽乃至飲
食皆成病故具論者外入乃是病緣入傷五
藏五藏既病外應五根五根亦病也夜叉新
云藥叉此翻勇健能飛騰空中舊翻捷疾鬼
致令國人病惱者即是鬼爲病緣由鬼氣外
陵五根入傷五藏五藏成病還應五根經鉤
牙上出者鉤或作狗字之誤也經律異相賢
愚經觀佛三昧海經並作鉤牙鉤字從金從
才並通喪大記曰妻於夫拘之經典釋文音
溝古經字或從才故誤爲拘字也經吸人精

氣者普門疏云人心中有七滴甜水和養精神鬼噉一滴令頭痛三滴悶絶七滴即死二約理重釋一念三千即空即中彼彼互徧故云無邊三障即三德障性是善故云性善十種下以十種行人釋一切人民也十種行人不出三諦法界如一切人民不出毗舍離國受苦報人即人天受苦者如詹嚴重病之比亦攝四惡趣世間善法即人中行五戒十善之者二乘則兩教合說菩薩則四教開論愛見即界内見思藏通内外凡別圓外凡俱未斷故而致病者即依三種色聲等致貪瞋癡病也變易土者即方便實報別位三十心者且總舉耳七住已上方生方便土受變易身也圓教十信及藏通斷惑盡人同別三十心別教登地同圓初住文雖偏舉而義必具攝地地者所依法三曰地通指十八諸位皆有愛見者即界外同體無明也四句即四門是無常等者等取兩亦雙非常即有門無常即空門餘二可知是事實等者以已解一門爲是斥他解三門爲非問月蓋屬何行人答經是方等不可定屬應知月蓋本是第十或示爲圓教初心或通示前八推理起見名爲夜叉見不出五故經云而有五眼五見如前記鉤牙等者牙既從下向上能傷害人業亦從見而起傷害法身因見起業爲生死因業體黑闇故云如墨經五百長者風俗通云耆年德艾事長於人以之爲長者也彼國有五百家悉曰離車傳禪音去爲王離車翻傳授國政蓋由此矣此五百長者共行道法率土人民莫不歸德而月蓋爲首者爾時爲國主也故維摩香積品云於是長者主月蓋從八萬四千人來是也經頭面作禮者智論云禮法有三一者口禮二屈膝頭不至地三頭至地至地名上禮也耆婆此云故活影堅王之子善見庶兄柰女所生出胎即持針筩藥囊爲世醫師也謂此爲是爲法三衍也者以已執十九爲是斥他執爲非也因緣事相即攝有見外道外之妙術者外謂外道非四句外不能救治等者初一但醫身病後三醫心反增見愛之病五眼不明者眼應作根明謂明利外爲五塵所侵故不明利云云者謂十種行人爲見愛所害故請觀音觀音亦十種不同經天尊者諸天世人無能過故故曰天尊亦曰世尊古者譯經二名互用唐杜行顗譯佛頂最勝經皆稱聖尊

請觀音經疏闡義鈔卷第二

請觀音經疏闡義鈔卷第二

校勘記

一　底本，明永樂北藏本。

一　七九〇頁下一三行第七字「應」，南作「益」。

一　七九〇頁下一八行「靈應是顯機」，南作「靈瑞即顯機」。

一　七九三頁下一九行「梵策」，南作「梵夾」。

一　七九五頁上一九行「寶即是珠」，南作「寶只是珠」。

一　七九七頁中一五行「針筩」，南作「針筒」。

請觀音經疏闡義鈔卷第三　法四

宋錢唐沙門釋智圓述

序引者序家之引正說如序三序如引降臨者周禮云臨謂尊適卑也生起意者因序中月蓋致請故佛示能除毒害者在於西方由示方所故勸祈請由祈請故聖降由聖降故授楊枝由受楊枝故爲說呪西方去此等者語出大經彼文乃是東方不動世界指此娑婆云西方去此二十恒河沙若論安養即如小彌陀經云過十萬億佛土也今但借其語勢以爲難辭何故下問也一解下答也他解約應而失於機故不取也今解不爾者據佛對告長者云去此不遠乃約機緣不同他人約應論不遠也雖近而遠者如舍衛三億不見不聞其猶八音至近聵者不聞雖遠必應者如今月蓋祈請三聖即降有若天月至遠水清即現時謂時節方即方所數謂數法佛教所談其理寂絕無時方數故五陰十八本持十二入之法不能攝也若外道法中計有時等即爲三科所攝後漢安世高翻經謂十八界爲本持也但隨下眞理雖無世諦說有如律中令內弟子時食時衣是有時也今云正立西方是有方也五行者行天之氣也老聃云天有五行木火金土水分時化育以成萬物西即是金者東木南火西金北水中土若對四諦者謂東集南苦西道北滅故云即道諦也道是能通等者道是戒定慧能破惑通至於理如金能決斷也用智慧見理者此解道是能通義也慧能見理故是能通理即所通也此言下正顯西方觀音以表道諦觀即種智故云大智三德互融故云無礙消此之毒即智能破惑通至於理即能通義日從下東出表生善入西表滅惡生滅兩機者謂生善則機在東土滅惡則機在西方故云在此二土二種無量者謂三身爲生法二身亦名眞應二身有量之無量者夫應之爲義機熟則生機盡則滅終成有量但以人天不能數知故言無量若釋迦八十之壽既可數知則是有量中之有量也光明疏云有量有二義正由此矣法身無量者法身即眞身今明二身則合法報同名法身也以報法體一故在因則境觀不二在果則法報相冥故光明疏云智既應冥亦非身非不身請觀既亦二字足驗體同法報體一常住不變故無限量故云此是無量之無量也俱是法身之無量者二佛俱得法報之常身故彼此二佛俱能應長應短但此釋迦應穢土機緣宜短故生身是八十及七百阿僧祇也彼彌陀應淨土機緣宜長故壽無量也而實有數者非人天所知云無量爾既觀音補處驗有數也然則光明談山海之壽是釋迦能現無量例此彌陀亦現有量也故光明疏云應佛皆爲兩量逐物參差長短問光明談山海之壽故以常果爲宗若例彌陀終成有量則是無常何云常果答池水深則蓮花大法體常則應用遠山海是常體之用故談大用足顯體常以斷信相執八十無常之疑也而彼疏從容以報身當品題者取其上冥下應義便爾實明應身能爲常也耆闍凜師者謂耆闍寺凜法師故有優劣者以此之穢形彼爲淨故彼優此

劣而同是應土若作下破凡二意一有動移故非眞二未極淨故非眞不復得移動等者此初意也眞理寂然無去來移動無淨穢優劣經說彌陀從彼來此彼優此劣豈是眞耶若彼下次意也若是眞身應居寂光極淨之土既法說三乘人分九品雖無四趣而有人天故於同居尚未極淨據此則不可謂是眞身也故云此則不可故淨名疏明二十七品淨土彌陀止是第六而諸經偏讚爲淨者形此土故由物機故是攝生故今專注故宿緣厚故約多分故此語則寬者以久本今迹俱應身故此一往許之也二往不可故云今亦不用以無經文明說故曰那知須知二佛各有久本今迹也那互爲者責他以彼爲本以此爲迹今明下示今正義彼此俱是應土但淨穢不同今此穢土機緣破惡宜在淨土之佛以淨破穢是對治故互爲優劣者此土爲劣淨土爲優同居爲劣方便爲優實報寂光準說可見互有消除者穢土見思毒害請淨土佛消除淨土塵沙毒害請有餘土佛消除

有餘無明毒害請實報土佛消除故云互有此亦一往應知淨土衆生若機在釋迦亦請此佛如十下舉十人示互有消除相十種垂應者受苦報人及修世間善法者但感事相觀音乃至修圓者感圓通觀音此八人皆是同居穢土感同居淨土八種觀音也變易二人者別三十心感實報觀音垂應圓初住感寂光觀音垂應也十種西方者初人唯見事相乃至第十見如虛空例此娑婆亦應十種如淨名經明身子與梵王所見法華常在靈鷲山等但據多分衆生爲其取土故彼淨此穢於中機緣不無異見佛佛道齊於茲信矣十種消伏約拔果報苦乃至破無明說之此土至今請者因緣和合能破三障故一法標名者隨機各立一號也今欲下明須請之由由表三德故須俱請今此土衆生欲消伏三障毒害必須外假勝境之緣顯發自己法身之理彌陀勝境既表法身故須請也而此法身爲惑所覆今欲顯發須修觀慧照了此理除其惑障觀音表慧故須請也然慧不孤運

假福資成勢至表福亦須請也釋迦欲令衆生顯發本理學慧修福故請三聖冥以表之對治義强者以愚癡故見有苦相若有觀智則達苦無苦今由病苦正須智慧以爲對治故用標題得意具三者觀爲顯理必假福資故略標一名即具三義大悲至之境者無緣大悲普覆一切即法身也申三業之機者五體投地等是身業繫念等是意業當請彼佛是口業無創等者創與瘡同禮記頭有創則沐字皆此作大經云如人手瘡捉持毒藥毒則隨入若無瘡者毒則不入瘡即菩提因緣毒即第一妙藥五體投地者二肘二膝及頂俱是體分悉至地也衆生之本體一者衆生心性與佛無別故云體一義同父子天性相關毋字誤也子拜其父既表報恩衆生拜佛義亦同也薩婆若此云一切智相內觀心性與果智合離薩婆若即心隨妄境也與常理合者與五常理合也逆理謂逆五常理戒是色法者應云色是戒法文之倒誤也無作冥密者由作以發無作不與色心相應而在第

三聚攝故云冥寂左陰右陽者夫左右陰陽因於方所東南屬陽西北屬陰此方之禮君父師南面則左東右西則左是陽右是陰西土之禮三皆東面則左北右南故左是陰也涅槃云譬如四方北方爲上上即左也推晝顯現如陽之明思數在内如陰之瞎五識在頭者眼耳鼻舌俱在頭故身雖徧體頭亦身故平倚者倚立也名爲惑者不與理智相冥唯隨妄我慮知之執則是全法性爲無明也五受陰即是五夜叉也若依至心地者則是投地作禮義也五分之名通大小乘今意在大義亦兼小以通十種行人故悟虛智者悟法空之智也行陰招累者百論疏云心王了其總相心所了其別相以識創起但緣青等總相次取境像即是想心次領納前境即是受心次起貪等煩惱造作即是行心前三但是無記未能成業行既成業故云招累因滅下滅九界無常五陰得佛界常住五陰也斷結毒害者結即煩惱故喻臭穢亦是止善者掩臭如不殺等雕麗者雕文飾也禮云其民

雕題家語云器不雕偽華能嚴麗如福能資慧也行善即放生等定中下定無慧無以深其寂慧無定無以窮其照若別對等者示別對之失法身皆名爲慧者慧應作香字之誤也華嚴以五分法身皆喻香故豈得無定者五分有定身故此示以香獨表於慧之失也七淨者一戒淨二心淨三見淨四度疑淨五分別淨六行淨七涅槃淨此七名七覺淨華大經云定水湛然滿布以七淨華也戒是戒學心是定學餘五慧學豈得無慧者此示以華獨表於定之失也而別下結責也佛言通表宣宜別對故言下引證未詳火爲緣者以火喻受戒作法也定慧亦爾者例戒學各具作無作也對此下云云者對止行事善及戒學無作作兩善是約前二行人論表法也對定慧則約後八行人論表法也故前明定慧含大小偏圓界内外義凡論表法意令行人睹對香華無忘自已戒定慧耳不了此旨唯數外境何所益哉合消等者表所消毒害亦十不同如初行人以香表不殺等止善應以

臭氣表四惡趣業乃至第十行人以二住所破無明爲臭氣也所以下三業次第應先身次口後意而經文以意居次者以先須期心故默念之請即願請也不風等者有聲曰風守之則散結滯曰氣守之則塞出入不盡曰喘守之則勞不聲不滯出入俱暢名息守之乃定禪門明用息不同有三一師教繫心數出息一師教數入息一師教入出無在但取所便入定無過即用皆不許出入俱數行人欲行此法應以數息爲意十息爲一念者數息一門有修有證安庠徐數從一至十攝心在數不令馳散是名修數覺心任運從一至十不加功力是名證數能如下明證數下中二根所證即欲界定禪門云欲定有三一麁住二細住三證欲界定麁住者因前息道諸方便修習心漸虛凝不起緣慮名爲麁住細住者於後心泯泯轉細即是細住當得此麁細住時或將得時必有持身法起此法發時身心自然正直坐不疲猒如物持之乃至經一坐久無分散意名欲界定如今下根人心

定亂止即麤住也未到地定者禪門云此欲界定後身心泯然虛豁失於欲界之身坐中不見頭手牀敷猶若虛空此是未到地定所言未到地者此地生初禪故也喜發等者喜去聲好也以今經行法是六妙門故禪門云自有衆生慧多定少爲說六妙門六妙門中慧多故於欲界初禪中即能發無漏未必備至上地諸禪也一切禪即有漏無漏亦有漏亦無漏非有漏非無漏禪也即將下標十種而下文但明八者變易二人無報息故然數息是一由觀法別故成十人故不定止觀有通修觀別一章若數數時者上數所角切頻也下數如字下文云所數數息亦爾不保不愛下藏菩薩也知色數者色應作息字之誤也在緣謂攝心在數不謬亂謂從一至十無相等慧者無相慧即通第六度等即取前五度然通與藏體析有殊六度無別故接藏文略言智度以智導五俱成即空等慧應云慧等不定空故破空出假不定俗故破假入中觀此息非空非假者了息唯心猶如幻

化故非假息性具足諸法故非空法身之光如如者法身遍一切處照如如不變故名光耳智慧之光照了者即是智能照境稱境而觀境智不二也因此法身等者因如來法報一如究竟圓極能起大用故令衆生得見應身之光也然此應用不離法身普賢觀云釋迦牟尼名毗盧遮那涅槃云吾今此身即是法身故約法報解應身之光也釋神力中初約事解即是釋迦神通之力也然大聖施爲事必表理義須兩備故事理二釋俱云或可也如來秖是眞如等者以眞如解如以神力解來以明如來神力也此眞如有神力者神名不測力名幹用不測則天然之理深幹用則轉變之力大乘此神力而來者謂乘眞如而有應身故曰而來即乘如實道來成正覺也不動下解往毗舍離也舍離之處即是寂光故云不動此寂光土唯佛究竟故云至實相等廣包百界萬善莊嚴故曰廣嚴住此下解住城門閫初釋住字住此者謂住實相之地以無緣大悲遍覆法界憫念衆生爲除三

障毒害故云住也城即法界者謂法界爲城防涅槃之非禦生死之敵心性唯一故云不二含受一切無所隔礙稱門遍一切處無非門也佛證此理常住不變故云住此門不動令衆生等者自既證此理亦令衆生證此理也經門閫三蒼云閫門限也如如即智等者謂境即是智故云如如即智此智還照於境也並云如如者謂智如如於境境如如於智即境智不二之稱也具楊枝等者以觀音左手把楊枝右手持澡瓶是故國人授此二物而內表兩因也定是緣因慧是了因慧能除惑故以拂動表之定能止散故以澄渟表之說文云水止曰渟對上消義者如文云消名消除又云但除其病不除其法故今以拂除對之如物上塵但除其塵不除其物拂打者打丁領切對上伏義者伏名調伏又云調善令堪乘御也此並對前約一義解消伏也又拂下對上約二義也消滅即斷入涅槃消除即不斷入涅槃此中但對二消不對二伏者在水四義中具明故或是文略應云一拂除

對消滅之消除伏之伏二排打即對消除平伏醒悟者木能灑悶獲醒也懺悔方法者夫懺法有三謂作法取相無生前二是事後一是理今經燒香散華五體投地等即作法也於現身見佛授手及疾疾得見觀音等即取相也皆悉入於如實之際無生也此之十意皆是作法無生理觀不可暫忘取相一種任運自現今時行人都昧心源專求好相據此希求恐落魔境故禪門云夫見相者忽然而觀尚邪正難知遂文作心求之多著魔也問若爾不應觀相懺悔答觀相者但用心行道功成相現取此判之便知罪滅非謂行道之時心存相事而生取著若如此用心必定多成魔事（已上禪門文）八意出在經文者第一第八人師義立滅後歸依必假形像等故須莊嚴道場披陳過罪此經無文雖有破障之語自是顯經力用故此二意人師加也備於事理者如前疏釋五體等悉是理解是知約理即無生所攝云云者謂此十意且依古師若準今家十意少別今師依經請後楊枝古人則以請居後第十坐禪今爲誦經以第四數息即坐禪故既闕誦經故今加之古人但見經云數息繫念向下又云修五門禪遂將數息坐禪以爲兩科不知數息即五門中數息一門也今家十意具在百録然此經行門於四三昧中即非行非坐三昧亦名隨自意三昧然約諸經修行事儀雖殊理觀無別事儀則各依諸教理觀則同用十乘若非十乘終無所到故止觀修大行中事儀廣而理觀略正修中理觀廣而事儀略後之理觀必用前之事儀前之事儀必用後之理觀文雖互出用乃同時今之䟽文但爲釋經至於修行須依止觀爲三下前二呪觀音說後一呪釋迦說皆是毒害者三障損三諦故皆是煩惱者報名煩惱果業名煩惱因即三障皆是煩惱也皆是惡業者報名業果煩惱名業本即三障皆是業也皆是報法者煩惱名報本業名報因即三障皆是報法也不無輕重等者雖俱稱煩惱以惑心昏亂義重故別受煩惱障名雖俱稱惡業而三業繫縛義重故別受業障之名雖俱稱報法而陰身酬因義重故別受報障之名故云分爲三障悉具三障之語者此即通義然通中有別故判三呪各破一障如破煩惱障中經文雖有業報之語是知業是煩惱因報是煩惱果耳捨傍取正秖是破惑心煩惱障也餘二例知兩意者一俱重二互有輕重也悉須三呪者以三障俱重故子縛即煩惱障猶償狗齧者業報俱在也過失業因遭今狗齧如法顯傳說取食聖沙彌爲彭城吴氏家犬所傷等例爾者或業除而煩惱報在或報除而煩惱業在斷其重者者重即貪也輕即瞋癡此三俱屬煩惱障今以此文明斷惑有輕重之殊以例三障也今從別義者毒害通名也煩惱等別稱也開三顯一者三即權一即實亦復如是者三周俱名開權顯實故例如今經三呪通名消伏毒害也更加下即初周名法說二周名譬說三周名宿世因緣說例如今經三呪初名煩惱次名破業後名破報自有下即前明古人分經以正說盡第四呪也即是下出其義謂前三別

治三障後一總治三障也若不下明令解兼得總別者如初番呪正破煩惱重者即別餘二障隨滅即總餘二例之經南無此云歸禮或云歸命通爲衆生等者佛如醫王法如良藥僧如瞻病人故云消伏之所別緣者別在

大悲拔苦之力是故別請也三寶復有通別者三寶是通各三稱爲別謂除三障説三呪表三德故須三稱也三釋者釋應作德字之誤也通稱三寶既復論通別觀音別緣亦應復論通別以亦三稱故義可例知三業如文

者稱名口業投地身業一心一意意業苦厄下云云者中七有分段之苦厄後二有變易之苦厄不獨下謂苦厄語通不獨在於受苦報人也無明癡暗等者此初番呪正破煩惱障故此文總請但云滅除癡暗也下別請言業報者是兼破耳如華嚴下放六度光也除慳即施光除恚即忍光等即等取餘度證令滅除癡暗是智光也又如思益經云又如來光名曰能捨佛以此光能破破戒之心令持禁戒又光名安和破瞋恚之心令行忍辱又光名勤修破懈怠心令行精進又光名一心破妄念心令行禪定又光名能解破愚癡心令行智慧令云淨光明即是思益放能解光也覆大地者草木皆死譬圓中一斷一切斷也次第除十人惑者除受苦報惑時餘惑未

必除故須次第如法華玄義行妙中次第破有義此即別教也經云殺害苦而輔行引經云毒害者誤耳不可執彼改此況今疏文牒釋分明仍以毒害解殺害也魔即天子魔也魔字字書元無譯人義作梵言魔羅此翻障

能爲修道作障礙故亦言殺者常行放逸斷慧命故或言惡者多愛欲故將空等者以小破大也小雖出界不能化他菩薩化他誘其徒屬空彼宮殿故害大心此證四教菩薩有遭殺害義也將散下以事善破二乘二乘出彼界故此證聲聞緣覺有遭殺害義也然變易二人亦爲界外魔所害也如華嚴十魔二障如文者煩惱即煩惱障衆病即報障前是大悲等者指前總請大悲覆一切也對令施樂即慈悲互顯前舉能拔故云大悲今舉所與故云安樂若世下釋大樂而先簡分樂如是等者等取二乘以證眞爲樂菩薩以出假爲樂分有下皆是少分樂不名大樂至得下正示大樂不遷不變故常無二邊苦故樂四德之二也能請語長遠者謂月蓋通爲十種

行人請不秖爲於受苦報人也經聞名救厄者者即同法華觀其音聲而得解脫也十種下釋世間也皆名衆生世間者此雖舉一義必具三以五陰和合而有衆生衆生所居即是國土而有下釋慈悲父也父子義者既指

觀音爲父衆生即當如子衆生由理具佛性故能感觀音由分顯佛性故能應感應互遍生佛無差其猶父子天性相關也故云同有佛性如來下正釋佛性以佛性是總名三因是別名總元詮別別不離總此中三因正唯約性緣了約修於修二義稍異諸文以諸文中若論類種即以低頭舉手爲緣乃至聞一句爲了今約俱未聞悟故悉在緣故云作諸功德及云隨從化導斯則散心聞法攝在其中別取聞法人位名爲了因故云結縛得滅

當知滅縛即相似及初住也若論假名五品
不無名字觀行滅義故知圓名字即至于分
證悉屬了因然此三因諸部所談進不非一
如顯性録具明天性相關者生佛各三高下
互遍故請下結示也既云免三毒苦即是斷
惑入位須廣約十人方顯高下豈止在於受
苦報人也病除下約三義釋今世樂一句初
義約受苦報人言得道者即二乘涅槃也然
則豈無未來得圓頓道耶今約從淺至深存
次第故汎明其義至第三通約十人方爲準
的又病除爲今世樂者豈無即時悟道耶然
即時悟者乃由過去下種成熟今依觀音得
脱耳今且約正爲未來下種及下種未熟者
請故云今世樂所以約未來於小乘得脱爲
後世樂也乃至圓教種熟脱三例亦如是未
來下約二乘人有餘無餘以分今後十種下
約分得究竟以釋今後此十種行人即時各
得悟道爲今以圓中妙覺涅槃爲後然此十
中前四如初二兩義已明今後此又通以圓
中究竟涅槃爲後者以第十行人是初住位

既爲今世須以妙覺而爲後世云大涅槃非
極果如何若十人各各自論今後細作可知
然非佛意佛意欲令一切同至圓融究竟涅
槃故觀音深位能了此旨教令請云及與大
涅槃也餘諸下結顯及與大涅槃句也涅槃
是安樂法故法四云方是大樂也此十六一句經即
是請施後世樂也師子吼者涅槃云師子吼
決定説説一切衆生皆有佛性以欲知智在
説故即般若德也以此三德等者以印對法
身必定對般若吉祥對解脱陀羅尼是遮持
遮三障惡不生持三德善不失故三德是遮
持之體也又必下約拔與釋而不釋陀羅尼
印者以印是中道之體必定吉祥即中道與
拔之用耳消滅拔苦義者師子吼時百獸皆
死如智慧照時衆苦咸滅故大下明陀羅尼
義通顯密也除障不虚名神呪智鑒無昧名
明呪獨絶無倫名無等等呪大品以此呪名
通歎顯密呪秖是顯者此釋大品呪義也顯
衆生如立者立應作佛字之誤也譬如下詩
云螟蛉有子果蠃負之教誨爾子式穀似之

箋云式用也穀善也今有教誨萬民用善道
者亦似果蠃故今以果蠃喻佛螟蛉喻衆生
螟蛉桑蟲也果蠃細腰蜂也俗呼爲蠮螉諸
經皆是呪者呪既訓願是故不獨密語名呪
諸大乘經顯説皆名呪也以無非佛願衆生
如佛故又可偏小之説亦名爲呪故法華云法四十七
雖説種種道其實爲佛乘則偏圓顯密咸是
呪也遮即調伏義破即消滅義故云滅空滅
有即是消滅者上文伏空伏有下應云即是
調伏無者闕文也除伏平伏等意者等取消
除消滅二也應云滅之亦有消滅除滅也即
以斷不斷對之六義已詳故注云云亦是禁
呪呪誓者謂三德囚禁三障如世禁蛇誓者
制也制三障令不起故亦是呪術術法者解
上呪術秖是破三障之法耳盡與下謂上顯
禁誓術四義皆與一人斷障相應也密能消
伏者呪是密語約前四義各具消伏實相印
者三蒼云印信也檢也大論云大乘經用一
實相印生死即涅槃涅槃即生死不二不異
故苦盡下以前消滅調伏二義對釋經文也

乃至有見者略三途惡業故云乃至從乃至
字至廣遠凡五十八字當在釋第二番呪云
云字下爛脫在此第三正說呪經救護衆生
神呪者無緣大悲普令離苦故名救護言神
呪者新翻並云真言謂皆是如來難思秘密
真實之言也然衆經所說功用不同或專用
治病或專用護法或專用滅罪今經四呪則
通治病滅罪護法也如般若大明呪無上明
呪無等等呪則非治非滅非護也通則兼具
衆德別則各順經文古來諸師解義不同今
意會之不出四悉一云呪者是鬼神王名稱
其王名部落敬主不敢爲非此世界明呪義
也或云呪者如軍中密號唱號相應無所訶
問若不相應即執治罪此爲人義也或云呪
者密默治惡惡自休息譬如微賊奔逃彼國
訛稱王子因以公主妻之而多瞋難事有一
明人從其國來主往說之其人語主若當瞋
時應說偈云無親遊他國欺誑一切人麤食
是常食何勞復作瞋說是偈時默然瞋歇後
不復瞋主及餘人但聞斯偈皆不知意呪亦
如是密默遮惡餘無識者即對治義也或云
呪是諸佛密語如王索先陀婆一名而具益
水器馬之四實一切群下無有能識唯有智
臣乃能知之呪亦如是秖是一法遍有諸力
病愈罪除善生道合即第一義也有此四義
故存本音譯人不翻意在於此於五不翻中
即秘密不翻也於四例中即翻字不翻音也
縱翻華言義亦莫曉例如典語名物物實不
知而庸俗不知聖地密言凡豈能解然此三
呪或作鬼神名號注解者蓋後代之妄作也
況疏解此呪密談三德若唯鬼號滅謗何深
世行大悲呪而有注釋者亦同此例又此三
呪或改言音或易文字而言傳之於梵僧正
之於梵學者非也且難提所授之音儻與中
天有異斯亦五天方土不同如摩訶摩謚身
毒賢豆之例今既改其神呪亦合別譯經文
以梵本不同故也陳隋之世智璪諸師多行
此法誦呪唯依現文而徵感尤多具彰僧傳
識者詳之今以古經呪詞録在記文庶無墜
也

哆耶哋姍加嗚呼膩　模呼膩　闍婆膩眈
婆膩　安荼詈　般荼詈　首埤帝埤毗糾別般
般荼　羅囉婆斯膩　哆娙哋　伊梨寐梨
覩首梨覩低音迦婆梨　佉覩端耆　㩲陀
梨　摩蹬耆蹬鄧音勒叉勒叉　薩婆薩埵薩
婆婆耶啤娑訶　多荼哋　伽帝伽帝膩伽
帝脩留眦脩留眦　勒叉勒叉　薩婆薩埵
薩婆婆耶啤娑訶一百一字
經云怖畏乃至疾病當約十種行人消之此
報身者即報得之身謂受苦報人也無明之
病者無闕應作五根字之誤也眼赤耳聵即
五根病也乃至圓教者中略緣覺及三菩薩
故云乃至本是法性至之病者即同前文無
染而染理性之毒也即病除與法性等者達
無明即法性故此即染而無染是消伏義也
前分行理此兼前二非是自請者佛居至極
毒害已盡故既云覆護一切重請觀世音即
知是爲他護法也若作淨語可施於下者即
受下之朝請也如天下引證也漢制諸侯春
朝天子曰朝秋朝曰請故漢官儀有朝請大

夫則佛如天子觀音如百官請百官即朝百官也臣赴君曰朝以觀音之法臣朝釋迦之法王故云請觀音也又經下示經題亦通淨音可施凡下者凡下即月蓋及舍離人朝於觀音也若準前喻則天子喻觀音百官喻凡下前是佛受觀音之朝故單言下今是觀音受衆生之朝故言凡下請語重者咨尊曰請依字音也隨意消息者正約經中重請之言也若作咨尊義即佛爲衆生請於觀音也若作淨音即佛重受觀音之朝證彼說呪也如如大覺即法身之佛也以依此理說呪故第二呪

哆姪哋（哆都我切）陀呼膩　模呼膩　闍婆膩
眈婆膩　阿婆熙　模呼脂　分荼梨　般
荼梨（般補縣切）輸鞞帝（鞞部迷切）般荼囉　婆私膩
休樓休樓　分荼梨　兜樓兜摟　般荼梨
周樓周樓　膩般荼梨　豆富豆富　般
荼囉　婆私膩　炤墀（列詩引切）跢墀（跢徐殄切）膩跢
墀　薩婆阿婆耶羯多　薩婆恒婆（恒其柯切）娑
陀伽　阿婆耶　畢離陀　閉殿娑訶（九十九）

各各有怖畏者乃至第十行人有下地可捨即是怖義經云毒害準怖可知金光至之難者有二義一約生身得忍有超登十地者生身既在故有此難二約法身菩薩住變易土則以無明爲虎狼等此中十人者十應作二字之誤也前八的有事中虎狼但變易二人無也煩惱法爲虎狼者此亦約行毒害也梵行者梵是西語具云梵摩此翻清淨葛洪字苑云梵潔也取其義耳性戒者謂不殺等十持之性自是善犯之性自是惡不由佛制方有善惡也故輪王出世則以此法化人若受佛制戒之後犯於殺等則更加違制之罪也故云受與不受俱是罪草木戒者此一向是遮但因外道俗人計草木有命見比丘剪伐謂無慈心息彼世機佛乃制戒故比丘受已犯之得違制之罪俗衆不受犯之無性罪故云不受犯不得罪經云業穢即十惡也設有下解設有業障也假設者業障本空妄想故有故知業障是假設也但設者業種至多但有一法屬業障攝皆爲神呪所破也性淨下解假設義也性淨等者無染而染故曰本無今起也皆是虛假者迷理起業業不離理業體本無而言業者虛假施設耳實來破虛者實即三德密教虛即惡業今稟教達理了業唯心染即無染心體本虛業相無寄故云皆使清淨但設下以設訓但對前成異若論業體意不殊前大品云設有一法等者涅槃之外實更無法欲徧蕩相著故假設過言過尚如幻況不過耶條然言無者以一切空寂故如十九界等者等取十三入六陰也以界但十八入唯十二言九言三喻畢竟無浮虛之樂者合云浮虛之業樂字蓋誤也與大品等者今經設有業障與大品設有一法俱是假設之設即語同也復爲異即意別也彼明泯蕩相著則一切皆空此明從理立事則有浮虛之業以此段呪正破業障故見佛三昧爲種者外見形像由內修觀佛三昧也地獄下約十法界所見不同乃至人中所見者中略鬼畜脩羅故云乃至通別等菩薩者等取藏

圓也所見各異者所見佛形像不同也如三
惡道習見佛如黑象脚等三尺之身又如提
謂等以人天位見佛爲樹神等準此六道衆
生並見佛不同皆非出世相若六道中有出
世機則見佛四種不同即是四聖法界也故
大論十一引密迹經云一切天人見佛色量
或如黃金白銀諸雜寶等或見丈六或一里
藏或見十里乃至百億通或見無量無邊別
滿虛空中圓天人所見既乃不同四趣亦爾
此約多分亦有爲圓機而感劣身如法華應
以地獄身而爲說法等凡約十種行人者即
受苦報人非但人中重病意亦收於四趣故
向云地獄人念佛等三昧觀法亦異者即四
教不同五方便人者外凡合一內凡開四謂
煖頂忍世第一也思惟尚在者是有心病也
二果欲界殘思三果色思並是心病略而不
論故云乃至身病尚在者如身子患熱畢陵
伽患眼痛習氣不亡者如畢陵伽有慢身子
有瞋緣覺侵習未深心病還在故云亦爾六
度同凡夫通教十地準四果可知故云亦爾

不言別圓內外凡者文略也生變易者變易
之言該於二土今云就無作四諦者且約生
實報人及生方便斷塵沙者若生方便未斷
塵沙須學無量四諦也五分下明身病無明
下明心病約四十二位互作淺深優劣重輕
望下爲深優輕望上爲淺劣重乃至等覺一
生在皆有二病也故經下示妙覺無病也等
覺一品猶是無常妙覺究竟故五並常方無
兩病外內火即仁王經七火也一鬼火二龍
火三霹靂火四山神火五人火六樹火七賊
火人火者惡業發時身自出火樹火者如久
旱時諸木自出今云內火即人火也外火即
餘六也又內火即病也病侵於身如火燒物
又是身內火大不調故爲病也故經云節節
疼痛稱名誦呪即得除愈也病差曰愈事解
如文者若約事證如東晉謝敷南齊陸杲作
觀音應驗傳所明也故言燒身者身喻見諦
也雨兩者上兩字去聲兩猶降也即是信行
人者稟教修觀斷見惑故是思惟惑等者思
不障理其實附理如須下示附理相故言內

火者以內火在身如思惑附理也處處九品
者三界九地各九品共八十一品思惑也前
一下約法行例龍雨也經明外火即云龍王
降雨內火但云除愈今大師依義立名身病
既得名火病愈即是降雨義也既以內火表
思惑即以龍王表心王心靈自在如彼龍故
無漏心王者即指三向三果所觀無漏之心
也發得禪定法水降雨也雨能滅火如禪能
斷思問前釋外火表見道既約信行此論修
道何故作法行釋耶答見道修道各有利鈍
二根利入見道名法行鈍入名信行利入修
道名見至鈍入名信解是則見修各有信法
二行也今以初入見道稟教義强約信爲便
修道重緣約法爲便得意而論義必兼具分
段見思可解者前八人中別圓二人猶在凡
位所破仍是界內見思故云可解變易下即
後二人乃是別三賢人斷界內惑盡已生方
便及圓初住已破無明生實報土此二人俱
約界外同體見思以明內外火義也勝妙五
欲者如華嚴中無量香花雲百千禪定也香

華雲即是變易土中欲界也禪定即色無色界此即界外思惑也文闕見義應如地持等覺入離見禪涅槃迦葉自叙云已前名邪見人皆是界外見惑也然此見思實無異體但指根本無明障理名見潤生名思不同界内二惑差別事解下爾雅文也飢字或饑並通五穀者麥菽稷黍麻也或曰房散角芒稽也譬解中四句初二句以不聞教爲飢聞教生解爲飽次二句以有解無行爲飢解行兼具爲飽正慧即是正行也增益法身如五穀養色身故以無正慧爲飢助道即帶事兼修資成正慧楊泉物理論云蔬果之實助穀故以無助道爲饉乃至人天善者略苦報人故云乃至也約十人傳作者苦報無善法爲飢人天爲飽乃至圓人分證爲飢究竟爲飽釋王難中既論分段變易即是約十人明王難也四魔即天子五陰煩惱死十魔者華嚴云一陰魔生諸取故二煩惱魔生雜染故三業魔能障礙故四心魔起憍慢故五死魔捨生處故六天魔自憍縱故七善根魔恒執取故八

三昧魔久耽味故九善知識魔起著心故十菩提法智魔常不捨故故言下引瓔珞經證也即等覺後心無礙道中已伏煩惱解脱道斷即入妙覺故云唯有一分死魔也盜賊是六根六塵者如金光明云六入村落結賊所止也如人得天往者從人中生天則以天趣爲牢獄天生人中以人趣爲牢獄六道互作故注云云當分受身爲獄者不須約所往處也如人在人中天在天中即名牢獄亦約十行人者前二可知後八皆具二種獄義也故知十種行人並未免於牢獄故須請觀音也唯佛一人出二種三界之獄故在手名杻在脚名械二手二足各表定慧昏散爲障如杻械也在頸名枷連身名鎖枷在兩肩之上左陰表實右陽表權見思塵沙是權障無明是實障即三惑如枷故云枷是權實障耳得業繩等者謂得繩業繩也有部云業入過去得至未來身死得謝未來報起如一業成少一大得得於業法又以小得得於大得第二刹那以三大得得前二得及以業法初念之得

俱成法故又三小得得前三大并初刹那九法成就第三刹那二十七法凡云大小得者皆以大得得於本法復以小得得於大得還以大得得於小得故大小得更互相得故知第三念去如是展轉得徧虛空是則一生之中於一業思之所起得尚已無量況無量生無量業得以至來際若經部宗得既是假但云意與身口和合成業假立有種至未來生若大乘中藏識盛持以至未來世雖有此異凡受報處必爲精血四大所籠未得擇滅非得已來常爲得繩之所連縛連縛未斷去已復還故今以連身之鎖表之也經五繫縛者謂頭及手足五處被繫若作所表是五分障也海是下釋入於大海也初約生死深廣如海二約法性深廣如海妄想動法性者妄想如黑風也動法性者即是全法性爲無明無染而染遍造生死名爲波浪也經洄波者三蒼云洄水轉也經水色之山驚浪如山也取理不得者理非四句故取不得故法性下大經文也於四起定執故成毒藥違四無四故

成甘露毒故早夭甘故延齡刀劒傷壞故表無常注云云者約十行人即是二種三界皆爲無常所遷乃至等覺一分亦是無常也經過去至怖畏明果由因也一切苦即穀貴等若果也若由過去所感即成順生順後二報若由現惡所感即成順現報經如火燒薪者涅槃明少善能除大惡譬如少火能燒一切經三毒等畏者即等分煩惱幷上是四分授位等者華嚴云轉輪聖王所生太子母是正后身相具足王令太子坐白象寶妙金之座張大網幔乃至奏諸音樂取四大海水置金瓶内王執此瓶灌太子頂是時即名受王職位十地云者即指華嚴十地品明第十法雲地也故經云菩薩受職亦復如是諸佛智水灌其頂故名爲受大智職菩薩此則唯法雲地得名灌頂菩薩也佛但法性者究竟顯理故下地不能見也理極不能思度者解十人智有頂可見也以齊已所解不能思度究竟極理也此則各以少分智慧爲頂若得下稟教進行猶被灌受職也能以等者即妙覺觀音用法性海水普灌十種行人智慧之頂也此十地之頂也者明經云灌頂正約十地尚灌十地下位可知經應當睛誦謂叅聲默誦也此呪既爾上下例之然諸經事儀對機各别如熾盛光呪則令厲聲此文則使睛誦聿順佛語方契聖旨示法用中以此經是俗衆發起故有持齋斷婬等語齋身口業者祭統云齋之爲言齋也齋不齊以致齊者也是故君子非有大事也非有恭敬也則不齊不齊則於物無防也嗜欲無止也及其將齊也防其邪物訖其嗜欲耳不聽樂今釋氏以不過中食爲齋亦取其防邪訖欲齊不齊之義也毗羅三昧經云早起諸天食日中三世佛食日西畜生食日暮鬼神食佛制斷六趣因令同三世佛故令約理解故云齋者秖是中道後不得食者即佛制中後不得食也今表初住初地圓證中道心外無法如中後不得食也中前得噉者佛制中前非正食皆得噉之正食者四分律云有五種蒲闍尼此云正食謂麨飯乾飯魚肉也五種佉闍尼此云不正食謂枝葉花果細末磨食今云中前得噉即不正食也此得下先表圓位前方便者即指住前内凡位也住前既有相似證義此即中前得噉亦是下次表别位地前離邊觀中即是法界外有法也經云不飲酒者如五分律云跋陀越邑有毒龍雨雹損苗居士請婆陀竭陀降之遂以酒飲吐卧在道佛言昔伏毒龍今不能降蝦蟇因説漸斷酒戒以酒令人昏亂故令持呪者不得飲約理則酒是無明也涅槃云譬如醉人見日月轉不噉肉者若約事釋如楞伽云有無量因緣不應食肉乃至云令修行者慈心不生及令呪術不成就等是無緣大慈也者此約理釋也

請觀音經疏闡義鈔卷第三

請觀音經疏闡義鈔卷第三

校勘記

一　底本，明永樂北藏本。

一　八〇〇頁上八行末字「冥」，南作「應」。

一　八〇〇頁上一九行第五字「結」，徑作「告」。

一　八〇〇頁下一六行第一〇字「起」，南作「復」。

一　八〇一頁下二行第一〇字「敵」，徑作「故」。

一　八〇二頁上二行首字「伏」，南作「復」。

一　八〇五頁中九行首字「知」，南作「異」。

一　八〇六頁中一六行第八字「機」，南作「識」。

一　八〇六頁下一行第六字「障」，南作「所」。

一　八〇九頁上三行第五字「遷」，徑作「還」。

一　八〇九頁上五行「若果也」，南作「苦果也」。

請觀音經疏闡義鈔卷第四　法五

宋錢唐沙門釋智圓述

○涅槃云不住法相及衆生相名無緣慈不住二邊即不噉義衆生緣法緣者涅槃云慈之所緣一切衆生如緣父母妻子親屬名生緣不見父母等見一切法皆從緣生名法緣是則生緣雖不噉空而噉有法緣雖不噉有而噉空故云皆有分齊無緣無分齊者不著二邊故灰能去垢灰如五觀垢如貪等貪等除時名澡浴清淨說文云澡洗手也浴洗身也五辛苦辣者慈閔三藏云葱蒜韮薤興渠五也興渠者應法師云梵音訛也應云興宜慈閔云根形如蘿蔔出土辛臭慈閔冬到彼土不見其苗此五物辛而復葷故經云五辛能葷有辛而不葷者如薑芥之屬則非所制蒼頡篇云葷辛菜也凡物辛臭者皆曰葷決定經云若人食酒肉五辛入伽藍墮猪胎中後得人身常患腋氣故今誦呪之人不得食也今約理解乃以辣味逼迫於舌如五陰之苦也葷氣經宿猶存如五陰中所起惑業能至未來故云有集諦也汙穢等者指上所表是約見愛汙穢陰也九種五陰如前記經女人汙穢者大論云婬欲雖不惱害衆生以心心繫縛故既求解脫故須制之經長與苦別者似位別分段苦眞位別變易苦此別圓也亦應約十種行人通證於前者觀音說兩呪既畢故通印證之釋迦因是自說第三呪也經來嬈此女人者即鬼動其婬也阿含云婬亦有鬼鬼入心則使婬佚無度或鬼使瞋使邪嬈乃了切說文云擾戲也郭璞云嬈弄也經入善境界者約十人中餘九皆名善境界也乃至唯佛名善經惡鬼消伏者觀音有威有恩若非懷恩則是畏威所以消滅調伏也經三障永盡者二種三障也一分段三障見思爲煩惱障惑業爲業障界內生爲報障二變易三障又二一方便三障塵沙爲煩惱障無漏業爲業障變易生死爲報障二實報三障無明惑爲煩惱障非漏非無漏業爲業障彼土變易爲報障此呪能令至於究竟寂光故云三障永盡也三界獄火者三界繫閉行人猶如牢獄無常如火衆苦者分段三界有五八之苦變易三界有塵沙無明之苦四百四病者一大不調百一病起四大合四百四病也界外應以障四德爲病入陣鬬戰者若約理者與五陰魔煩惱魔死魔共戰也經如鷹隼飛者易曰王用射食亦切隼于高墉之上孔穎達云隼者貪殘之鳥鸇鷂之屬今明觀音垂應如彼鳥飛言其速疾也經囹圄者音鈴語廣雅云夏曰臺殷曰羑音酉里紂拘文王是也周曰囹圄皆獄之別名周禮云三王始有獄釋名云囹領也圄禦也謂領錄囚徒禁禦之也經及諸刑罰者即五刑五罰也王制曰刑者侀也侀成也一成而不可改也說文云罪之大者曰刑罪之小者曰罰廣雅云罰折伏也尚書甫刑云五刑不簡正于五罰孔安國注云不簡核誠不應五刑當正五罰五刑謂刻其顙而涅之曰墨刑截鼻曰劓刑刖足曰剕刑男去勢婦人幽閉曰宮刑死刑曰大辟於今即笞杖徒流死爲五刑也五罰者出金贖罪也書云墨辟疑赦其罰百鍰等於

今則笞杖徒各有五等流有三等死刑二等贖銅各有斤數經一日等者明受苦惱之時分也第三呪

多經吔　安陀詈　般荼詈　枳由詈　檀陀詈　羶陀詈羶式潬切慼邪婆陀　耶賒婆陀　頗羅膩祇　毘貿吔　難多詈　婆伽詈　阿盧㭉之切引薄鳩詈　模鳩隷　兜毘隷　娑訶凡五十三字

歎功用文爲三者前一是應能拔苦後二是機能修行又前一是果上化他後二是因中自行又六道是所觀之境六妙是能觀之觀六根是所破之惑故此三段經文不出機應自他及機應各論境觀惑三也稱三寶名是六字章句者謂佛陀達摩僧伽一寶二字也三寶爲三字者即單云佛法僧也若以此六字者即指前二家處處皆有者前二番呪皆稱三寶應皆名六字章句也起盡之文者起即標章盡謂結句六妙者此六次第相通能至眞妙涅槃故云六妙門也於義爲便者二十五有及以六道但總別之殊大經既以二十五三昧破二十五有則與今經六字章句對破六道其義相符故云爲便也所以明此三種章句者謂三種雖殊不離破有也前一是化他破有後二是自行破有於自行中前一是破有觀後一是有中眾即六道中各具六根六根皆起三毒也是知三種六字不出大經破有之義也六出者三處各出標章結句也說偈竟者偈應作呪字之誤也後結句云等者即經云告阿難言是六字章句乃至若有聞者獲大善利六道是六字門者文剩門字無量種者如人道貴賤愚智妍蚩一一不同人道既然餘皆做此即是章段句逗義也又照六道實相者謂照六道三障即三德也此約自行釋遮持義破三障即遮達三德即持故云得陀羅尼等也有我不耶者彼經迦葉問也答云即佛答也我即佛性者即直我也窮此理性者研窮三諦生佛無差菩薩分顯諸佛究竟而能理事互融普門示現故云而得自在故能下約化他釋遮持也以自證故乃能化他亦由自他體性互徧天道苦少者謂非全無苦但少於諸趣爾如欲天有五衰之苦四襌有不得速入襌苦四空有四心之苦八難謂三惡道爲三四北洲五長壽天六佛前佛後七世智辯聰八聾盲瘖啞一切之言等者既云一切何所不攝尚離二種生死之苦況天趣耶經果蓏說文云木上曰果地上曰蓏應劭云木實曰果草實曰蓏張晏云有核曰果無核曰蓏經亡失下示槁對相經接還本土者失妻子喪財産由亡國故今得接還則餘事自得經鳩槃荼此云甕或云冬瓜其陰似甕等故即厭魅鬼也經巍巍者高大之稱論語云巍巍乎舜禹之有天下也經阿脩羅者阿之言無脩羅云天彼非天故又脩羅云端正彼無端正故從今世等者據經分齊從阿難當知已去今的指得失之文故云從今世等失謂失惡是遮義得謂得善是持義如無生忍者大品云無生法即是佛此與陀羅尼義同也然亦通因似初境界者似六根淨位旋假入空耳未敢定判故云似也經吉祥句即咜羅尼近世經本於手出

香色乳下剩有飢渴逼切者一句古本皆無智者於諸文引用亦無此句經善集慧即一切種智也經如救頭然者金光明云譬如男女如火燒頭如火燒衣救令速滅火若未滅不得暫安懺悔亦爾此則然字是燒然也又大論明野干救頭之喻名救頭然則然字是語辭也經寒林者即尸陀林僧祇律云此林多死屍人入如寒可畏也修頭陀行者多居此林以易觀無常故斯那即其人乎經無央數者梵云阿僧祇此云無央數楚辭云時猶未央王逸曰央盡也觀心下廣釋心脉於中先約肉團心爲因緣之境次觀慮知心以成三觀亦肉之心即肉團心也正法念經中如蓮華晝開夜合即此心藏也俗書謂之方寸以此心藏唯方一寸故然爲慮知之所託附故肉團有病則法五慮知顛倒也一六身之主者提謂經云心爲大王上義下仁故居百重之内故一身六分悉由於心也通明觀者謂從初修習通觀息色心三徹見無礙故名通明又善修此禪能發六通三明因中說果故名通

明此禪無別位次還約根本四禪四空而修耳今經觀心心脉即此禪也委明修證如禪門第八卷若空下此約慮知之心以成空觀於中先立境次心無下明觀一切世間即十界各三種世間也無不從心造者十界是所造心爲能造全所是能故觀能造即具諸法種種五陰者亦約十界也此皆華嚴文心無下正明空觀十界依正既並由心故觀心空則諸法空如伐樹得根則枝條自死也言心無心不有心空皆一義耳乃至無量諸脉者即十界各各心脉不同也心脉下覧前空假同歸心性三一圓融故皆不定不空不假者一念巨得故不假百界宛然故不空是故空假不離心性諸脉亦不空不假者諸脉皆由心造故諸脉皆即是心故所以心即中故諸脉亦中即是圓法五觀心脉者總結前文七俱成圓觀行人下云云者以事解歷受苦報及修人天善法者以空觀歷二乘以假觀歷三教菩薩三觀融即本在圓人深不遺淺義可通攝若有能觀等者即釋觀心心脉句也能觀即

觀字所觀即心心脉也既云一處一即空也世即三種音是機緣故屬假也不爲二邊所縛故名解脫是中觀義而又云下此釋伏難也應難云若此經文對三觀書何故結云成阿羅漢耶故今釋云此約十人前二得道成小乘羅漢乃至成大乘圓頓之羅漢如法華云我等今者眞阿羅漢普於其中應受供養則圓人亦名羅漢明矣故云無咎廣明經文應分爲二初從云何下明方便二從安庠去明修證禪法即次第禪門也云云者謂具五緣訶五欲棄五蓋調五事行五法故有二十五種也故禪門云方便者善巧修學之異名行者於初緣中善巧修習故名方便事理兩解者如止觀約觀心釋方便即理解禪門中但有事解調五事者謂調食令不飢不飽調眠令不節不恣調身令不寬不急調息令不澀不滑調心令不沈不浮然此五事食眠則定外各調後三則定内合調今經於五事中但示合調三方便者從要而說行者必須備二十五法具如禪門始於三事等者正明今

經從要之意大集經云歌羅邏時即有三事一命二煖三識出入息者名爲壽命不臭不爛名之爲煖即是業持火大故地水等色不臭爛也此中心意名之爲識即是刹那覺知心也三法和合從生至長無增無減愚夫不了於中妄計我人衆生作諸業行心生染著顚倒因緣往來三界名迷若尋其原本不出此之三法名解修此六字者即是欲修六妙門故須用此爲前方便也端身者即跏趺坐也是約戒者戒防身口故約端身定制亂心故約正心慧能念念分別故約相續陽上陰下者如天地也此是世俗所用右陽下正明佛法表對之意右陽左陰如前記欲將等者陰表定陽表散散即定障也故以陰上陽下世俗既有威儀者即左手壓右手爲世俗威儀也此即下示所表麤穢即七支愆過也自權而顯實者自從也先安右手居下如先施權後以左手置上如後顯實此戒等者於十人中唯約人明慧復須甄別分段中七人是權一人是實變易中一權一實慧既不等戒

定自殊從一下釋修證也分三初正示經文此一段經六門義足委論行相具在不定止觀及次第禪門是數門者謂攝心在數不令馳散名修數門成就息念者謂覺心任運從一至十不加功力爾時應捨前數法修於隨門一心依隨息之出入想心緣息知息出入心住息緣故經云無分散意等也不澀不滑等者謂修止時不念數隨凝靜其心故云不澀不滑等也經如嬰兒等即喻修止不澀滑之相也嬰兒者蒼頡篇男曰兒女曰嬰今言嬰者通男女也釋名人之初生曰嬰兒者胷前曰嬰接之嬰前而乳養之也下去是三門者經文從於心端至去於鼻端是觀門還入心根是還門令心明淨是淨門赤肉下別釋觀門然經中談觀門義即通明禪也準禪門所說有修有證此禪既無別次位還約四禪而辯修證今此經文即是初禪覺支證相也禪門明證相有三謂初證中證後證今經所明如琉璃不青黃等則似中後二證欲委知者請尋彼文初心行人欲修習者當依六門

次第先修數門即如經云安庠徐數從一至十也數成修隨隨成修止止成方修觀也若約所宜隨修一門則無前後四大脉者對小得名十脉百脉名小脉趣四下大師口決云心如拘物頭華四片相合一片各有十紀脉共交絡故心端有四十脉也口決正示初心故止云四十不云四百四十也經云取一中脉者口決云直往趣臍號曰優陀那風優陀那者中也故號此脉爲中脉也又取等者即是中脉直下趣臍還從臍出至於頭十脉故經云從大脉出至於舌下也口決云其息出從臍出入至臍滅令明出息至舌端故取上四十脉合四大脉爲十四也應舌至鼻者應宜作從字之誤也即釋經文從舌脉出乃至至於鼻端還入心根直趣於臍猶如江海流注也口決云身中脉如百川通海是也肝屬木故氣青肺屬金故白脾屬土故黃腎屬水故黑心屬火故赤是略耳者以經不言不赤故諸氣來會鼻等者諸氣即五藏脉氣也至鼻時失其青等本色但如琉璃瑩徹非五色

也息細八寸者此釋經文正長八寸也八寸
是出息之微細不麤大也正即端正不斜曲
也定將散者廣雅云將扶也釋名云將獎也
今以八寸之息扶持獎護其散亂也表八正
者八數等故經至於鼻端者此息從口而出
從鼻而入也經還入心根者以此息還從鼻
入至於心藏也此即還門不定止觀云修還
者既知觀從心生若隨於境此即不會本源
應當反觀觀心此云還入心根即當反觀觀
心義也經令心明淨者此即淨門不定止觀
云修淨者知色淨故不起妄想分別受想行
識亦復如是息妄想垢息分別垢息取我垢
是名修淨舉要言之若能心如本淨是名修
淨即今經令心明淨義也然六門皆有修證
合成十二故瑞應云遊止三四出生十二也
法五　十二
十科意者即大師於建業瓦官寺爲尚書令
毛喜略出此法以爲十科名不定止觀今題
爲六妙門者是十科者一歷別對諸禪二次
第相生三隨便宜四對治五相攝六通別七
旋轉八觀心九圓觀十證相今此經文所明

但是第二一科意耳若此下辨此經觀門也
故言通者以通總而說未揀三乘今三下既
未開顯須示三乘差別之相故須後別方顯
前通經勇猛寶幢者破煩惱陣故曰勇猛貴
極名寶超出曰幢經駛速也若無常等者謂
餘經或先觀無常也此有三種者五門之相
經不顯談佛意難量故作三釋五處止等者
不定止觀云止爲妙門者行者因此止心故
即便次第發五輪禪一地輪即未到地二水
輪即種種諸禪定禪根發也三虛空輪即五
方便人覺因緣無性如虛空四金沙輪即見
思解脫無著正慧如金沙也五金剛輪即第
九無礙道能斷三界結使求盡證盡智無生
智入涅槃也通名輪者借譬得名禪門云輪
者轉也如世輪若轉離此至彼經文既云節
節繫念繫念即是止門止門即出生五輪也
故云即是其義今明念佛一門者然五門禪
禪經數論兩出不同今師正用禪經故取念
佛一門而不明界方便也以今經自云得念
佛定故餘者下四門經論皆同慈心等者即

等取所治也謂念佛治睡障道數息治散亂
等而毗曇等者正明彼論五門與今經不同
也今經五門正可與禪經會同以俱有念佛
故界方便破我見者彼論云著見行者以界
方便愚夫不了宿業煩惱積聚五陰於緣計
法五　十二
我當於自身以界方便觀察種種性業相謂
地等六界彼地界者爲水所潤而不相離彼
水界者爲地界持故不流火界成熟故不淤
壞風界動故而增長空界空故食得出入有
識界故有所造作由衆緣故故知無我足數
息等爲五門者等取不淨因緣慈心則無念
佛也乃是因緣等者謂毗曇中界方便破我
秪是禪經因緣觀義耳以因緣有三種各破
不同故一者三世因緣破斷常三世相續故
不斷三世迭謝故不常二者二世因緣破我
謂現未二世具十二緣於父生愛於母生瞋
名爲無明父遺體時謂是已有名之爲行從
識支去至老死支與三世同三者一念破性
如下記文是知此三並是著諸邪見不出生
死故通名愚癡故因緣破癡已具破我義也

眦曇五門明界方便破我乃成煩長於破障道仍闕念佛是故今依禪經方為具足乃與今經其義符合故云是故用念佛等無常等者前三如向疏釋無我即不著能觀寂滅即推求能觀至不可得若五下經云從頭至足一一節間皆令繫念頭等是色繫念是定又五輪因止而發故屬定也合用定慧者停心五處是定五處觀察是慧又數息是定餘四是慧復次下明開合五門六妙既是開合之異故知云修五門禪者即六字義也又此五六但是能治能不孤立對所得名所治者何所謂三障故束五六以成三障出隨止二門者數息已當數門即三妙門也息有三種者若準禪門明三種即數息隨息觀息今約觀門別有所對故以止門在數息方便中各隨義便止即不念數隨凝寂其心也以約數隨而修止故故今以止門在數息中不淨分別六貪各各修觀慈心分別九品一一與樂此二約觀照義便故對觀妙門因緣方便是還門者因緣破斷常等見還門即反觀心源四

句檢心至不可得即破斷常等見故知因緣即是還門念佛既通三身今以念法身當淨門也以淨門不起妄想諸垢心無依倚即是見法身理也又合下以能對所結成三障也數息是報風等者禪門云等分之中覺觀亂法即是麤四陰故名為報障慈心不淨因緣者謂慈心治瞋不淨治貪因緣治癡此三毒即為習因煩惱障也念佛治障道即是業障疏皆闕文覺觀三種者一者明利心中覺觀謂於修定時三毒之中亦無的緣或緣貪或緣瞋或緣癡而所緣之事分明了了二半明半昏心中覺觀明則覺觀的緣思想不住昏則無記瞪瞢無所覺了三一向沈昏心中覺觀謂雖心昏闇如睡眠中而切切攀緣覺觀不住即有三治者一明利者教令數息數息之法於沈審心中記數能治明利半昏半明者應教令隨隨息出入則心常依息若但數息即有扶昏之失若但觀息亦有扶亂之失不名善對治也三昏沈者應教觀息求其根原出無分散入無積聚不見定相心眼即開

破於昏沈恚有三種下文闕注云云三種者一非理瞋謂修定時瞋覺發起無問是理非理他犯不犯二順理瞋謂外人實來惱觸三諍論瞋謂已所解為是謂他所說為非既他說不順已情即心生惱覺欲有內外者即此內外以成三種一外貪欲謂修定時貪欲心生男即緣女女即緣男取其色貌等二內外貪欲謂非但貪外男女復自緣已身形貌摩頭拭頸念念染著三遍一切處貪欲謂非但愛著內外正報而復於一切五塵依報起貪也癡有斷常性者此亦三種一計斷常二計有無三計世性此三並是著諸邪見不出生死是故通名愚癡斷常者推尋三世若謂滅即墮斷中若謂不滅即墮常中有無者謂我及陰等諸法為定有耶為定無耶乃至非有非無耶世性者謂由有微塵故有實法有實法故便有四大有四大故而有假名及諸世界業有沈浮惡境者惡業障道亦有三種一沈昏暗弊障謂於修定時昏沈暗睡無記瞪瞢無所別知障諸禪定二惡念思惟障謂雖

不沉昏而惡念心生或念欲法十惡四重五逆毀禁還俗等事三境界逼迫障謂鬼或卒痛覺有逼迫之事見諸外境或見無頭手足等或復夢中見諸惡相治法亦各有三者瞋病既有三種對治亦三一治非理瞋者應令修衆生緣慈謂約親中怨各開三共成九品觀之皆令得樂取他樂相能生愛念即破於衆生中瞋惱怨害之心二治順理瞋者應教修法緣慈謂觀五陰虛假不見衆生豈有是非之事但緣諸受中法樂以與於他慈心愛念不應加惱是非既泯瞋心自息三治一切法中諍論故瞋者應教修無緣慈行此慈時言語道斷心行處滅於一切法不憶不念若無憶念因何諍訟而生瞋心大慈平等同與本淨之樂治三種貪者九想治內背捨治內外大不淨治一切處治三種癡者三世因緣治斷常二世治計有無一念治世性治三種業障者念應佛謂心緣三十二相等治沈昏暗塞障念報佛謂心緣力無畏等治惡念思惟障念法佛約心緣法性空寂治境界逼迫障藥病相對成三十種具在禪門第四卷明內方便中委說故云具如禪門皆注云云者指在彼文也不用此等治者不用向所明十五種事治也如幻如化者即下文十喻入實際即下文推四大一一入於如實之際也此即今經但用第一義般若正觀遍能治十五種病也摩訶衍云有三昧能治三毒即是今經所明一空無相正觀第一義悉檀也正觀能治三種貪者思益經云貪欲之人以淨觀得脫不以不淨正觀能治三瞋者般若說昔爲歌利王割截身體爾時無我相等則瞋恨不生故知實相能治於瞋正觀能治三癡者智慧破於無明其義可見涅槃云明時無暗智慧時則無煩惱正觀能治三覺觀者正觀心中言語道斷心行處滅淨名云何謂息攀緣謂心無所得正觀治三業障者普賢觀云端坐念實相是名第一懺是知正觀如何竭藥即能遍治衆病也故云以入實際遍治之斯那聞下等者此屬第三明六根六字文義鉤鎖故兩向科之經云時優波斯那聞是語已身如水火等即簡聲聞觀無明行等即簡緣覺或入寂定等即簡菩薩故云簡三乘入六門也金是慧者釋身真金色也金能決斷慧能斷惑以五分有慧身故云身也三乘下約通三乘也俱有即空之慧故同入真理利根被接則見中道故第一義不無深淺第三審者分經爲五初斯那問二身子答三聞法悟道四身子白佛五述成功用經即從座起者禮云請益起請業起斯那備其儀故從座起此則二土之禮玄同也即有三種者謂順色違色平平色初一念時等者即是心王了其總相謂識創起但緣青等總相故云初一念時也以未與貪等相應故名獨頭輔行云直爾障理名獨頭無明一念轉等者即是心所了其別相謂次取境像即心想也次領納前境即是受心次起貪等煩惱造作即是行心故云一念轉等輔行云與諸使合名相應無明若順下示相應相無記即癡也不令三種心起者雖對三色以數息故則貪瞋癡心不起毗曇論明三藏有門見空如成論即三

藏空門於四門中略舉二門此約聲聞乘也若觀下明一念十二因緣也大集云因眼見色而生愛心即是無明為愛造業名行至心專念名識識共色行是名色六處生貪是六入因入求愛名觸貪著心者名受纏綿不捨名愛求是等法名取如是法生名有次第不斷名生次第斷故名死生死因緣衆苦所逼名惱乃至意緣法塵亦然此約緣覺也不明菩薩者略耳此六等者據法相應先身後意今經文先明意後明身故云不次第經諸顛倒想等者亦約意根也想即想數也其耳等五根皆有三種相應攝住例眼可知故疏不說今言下釋身根五根微細者對身即身根麤大故意根若領等者釋五根皆寄身根法塵也意根懸思五塵即是領納法塵也已虛有諸觸者非實對色等境但心思色等時則眼等已虛有色等諸觸也文剩備至二字不然則虛有下闕領受二字故言下牒經故知經舉五塵皆是心意懸思乃屬法塵耳與細滑相應即是心思時虛受諸觸也故經即云

而此識賊乃至遍緣諸法也傷害真性名之為賊攀緣不停故云如猨猴走遍緣諸法即是懸思五塵時身已虛受諸觸也故此一段經文但是明身根耳通別圓意者通了根塵即空別了假名圓了中道皆名攝住此則十種行人俱論攝住也前約事解即屬苦報人及修世間善法人如實故言無堅者體地本虛入如實際即無堅也通教下示觀法也通通別圓故示通義餘亦可了有堅應云無堅字之誤也又四下破四見示無堅義謂若依三藏四門所見俱成堅執豈得無堅隣虛者極細之塵隣於虛空名隣虛塵毗曇析色不滅隣虛即有門也見空即是無見者成論析色隣虛亦滅即空門也乃至四句者兩亦如昆勒論雙非如迦旃延經深著等者謂析地至隣虛即地是有有即實實是堅義若謂地是無兩亦俱非是事實餘皆妄語此之邪執並是堅義故云深著不可捨等既離四過故求不可得即無堅性也然此地大本非四句無堅名字因情謂堅故四句寄堅破執水不

住四句者謂水為有有即是住乃至謂水是非有非無亦即是住令不住有四句亦不住無四句中亦不住不可說中故言水性無住風無礙等者觀風為有有是礙乃至謂風雙非皆是礙也故云豈無四句質礙今觀無四句故故云風性無礙不言火大者文略也應云火不從自生乃至不從無因生本無自性賴緣而有故云火性不實此明四大本虛即色陰入如實際也餘之四陰經文存略但例色陰而已故云受想行識等若欲推之應云受無領納性不可得若謂受是有有是領納乃至謂受是非有非無亦是領納乃至識是了別亦復如是經云一一性相者即性相俱空四句推不可得是性空亦不住無四句是相空所以經文約五陰示者以一切衆生皆五陰現前故故以陰為觀境經云皆悉入於如實之際者五陰俱空故云皆悉等如實之義應通四教同名實際而有空中之別經諸結賊者見思煩惱能結縛賊害於行人也若約三結釋義即疑身見戒取名三結也是身

出火者即經云身中出火也但有無漏火者慧人但修無漏觀斷惑不修觀練等禪故無神通不能化火焚身也備有事理火者用無漏觀斷惑是理火修事禪發神通能化火焚身是事火子縛即煩惱因果縛即若依身以能化火故燒果縛經收其舍利者新云設利羅此云身骨而有全有碎碎者悉如芥粟今斯那即碎身也經於上起塔者梵云塔婆新云窣睹波此云廟或云方墳此義翻也見十方佛是聲聞者即經云毛孔見佛也問小乘不說有十方佛何故云見十方佛是聲聞耶答小乘之中諸部不同亦有信十方佛者即小乘人修第四禪邊際定力見十方佛等破惡成支佛者即經云觀無明等十二因緣皆悉不實名破惡也經舉十喻皆喻因緣即空熱時炎即陽燄也野馬行者風動塵故於曠野中猶如野馬行也乾闥婆城者靜苑法師華嚴音義云乾闥婆城此云尋香城謂十寶山間有音樂神名乾闥婆忉利諸天意須音樂此神身有異相即知天意往彼娛樂因以此事西域名樂人為乾闥婆彼樂人多幻作城郭須臾如故因即謂龍蜃所現城郭為乾闥婆城也以如彼樂人所作故如幻者如幻師幻出象馬等如化者如得神通者種種化現住不退是菩薩者即經云或入寂定已去經文也此雖約通而通別圓以有接故經童真即圓初住念不退也言服者結成意也者即向經云若有服者身如琉璃等今示此文是結成三乘六門之意也疏文從便先示經中三乘之文後方點出一段經文盡是結成之意經具戒定等者即成五分法身也防非止惡名戒息慮靜緣名定觀達有無名慧累盡清淨不滯有無名解脫於一切境知見顯了名解脫知見此五作成身之因名分可軌則名法有體依聚三義名身用此五故名為法身正在三藏義通四教經身出水火者即現十八變身上出水身下出火等也經發三種清淨三菩提心者三乘道心也經夢中等者夢即如夢三昧也三昧成時能見觀世音即相似分真位人也如大猛風等者三昧如猛風惡行如重雲生於佛前即初住出聖胎也此約理釋若事解者即往淨土佛前蓮華化生也故經云蓮華化生為父母三流通分疏文無釋今私分為五初讚歎付囑二初長行二偈頌分二初七言偈付囑三初十二行付囑為護正法文中所囑意在四王東南則囑其正主西北則囑其臣屬囑主則臣可知矣囑臣則主可知矣提頭賴吒者此翻持國謂護持國土安衆生故即東方天王也等者等取所領二部鬼神即乾闥婆及毗舍闍此即舉主收臣也天子者金光明云雖在人中生為人王以天護故稱天子也王肅云王者雖號稱帝而不得稱天帝而曰天子者乃天之子子之與父尊卑相去遠矣法臣者有法度之臣故曰法臣佛勑令擁護是經如法臣護於天子也我勑海龍下四行是付西北二方之臣屬也西方毗留博叉此云雜語或云醜眼主領二部龍及富單那也龍是臣中之勝者故偏囑之伊羅鉢者亦云伊羅跋羅伊羅樹名也此名臭氣跋羅此云極謂此龍往

昔由損此極臭樹葉故致頭上生此臭樹因即爲名闍婆此云雙羅刹此云可畏即北方天王之臣屬也北方毗沙門此云普聞或云多聞主領二部謂夜叉羅刹又云毒龍等者毋囑西方臣屬也龍有四毒故曰毒龍謂聲視氣觸也有出聲方害人者乃至觸人方害者毗留勒迦或云毗留勒叉此云增長謂能令自他善根增長故即南方天王也主領二部謂弓槃茶及閉黎多此亦舉主收臣也難陀跋難陀者難陀名歡喜跋名善兄弟常護摩竭提兩澤以時國無飢年瓶沙王爲一會百姓聞皆歡喜從此得名慈恩云第一名喜次名賢喜此二兄弟善應人心風不鳴條雨不破塊初能令人喜後性復賢令喜故以爲名娑伽羅從海受名慈恩云即鹹海之龍也優波陀亦優鉢羅亦漚鉢羅此云黛色蓮華龍依池得名慈恩云紅蓮華居池爲名帝釋者梵云釋迦提婆因達羅釋迦姓也此翻爲能提婆天也因達羅帝也正云能天帝釋提桓因云天帝釋俱訛倒也此在妙高山頂而

住三十三天之帝主諸天即三十二也孝子者孝者畜也事親之道宜常畜在心以在心故能順顏色正導者若眼自開明則不須導引故云須眼又據眼未開者須假正人導之則免墜重險也此段經文凡有五譬皆譬持經之人謂一帝釋二父毋三財寶四眼五正導但取擁護心專爲義二我勑下明違順損益分二初明違教致損鬼神者尸子云天神曰靈地神曰祇人神曰鬼惡人惡口者者三業不善謂之惡人而偏舉口業者以口能毀謗故起不善是修因白癩是花報墮獄是果報二是故下明順教獲益二初破惡益地獄餓鬼其苦重故偏舉之經云無八難則兼於餘趣也此則破六道三障之惡也二後生下生善益分二初正明生善分二初自行善二普施下化他善一切即十界大安樂即三德涅槃也約五即明普施義修十地者即圓十住地從所依得名又別地即圓住故二我從下引已爲證分二初證自行二求與下證化他三界即二種三界也二若有下總明人

法功能初二句是人誦持此呪即法離諸惡去五句三字明破惡生善功能初離諸惡等破惡也蓮華化生等生善也胎經云蓮華化生者非胎卵濕化之化生也非化而言化耳實不如四生中之化生也心淨即三德分顯無塵垢即三惑分除二五言偈讚歎二初通歎道齊如日月者破衆生煩惱暗如日月之照晝夜也又日喻實智月喻權智流出等者相總而好別相若無好則不圓滿輪王釋梵亦有相以無好故相不微妙從總出別故云流出是則依身有相依相有好相以表德令人敬德以念佛好以嚴身令人愛樂欲親近也須彌山者正云蘇迷盧此云妙高亦云安明出水八萬四千踰繕那四寶所成離二種三惡道也界外即見修無學二一切下別歎令經二初歎能說教主一切佛即十方三世以諸佛皆讚觀音大悲故二讚歎下歎所說人法顯諸佛皆說此經也二爾時下說呪護持三初叙意二正說呪此呪歷尋古今多本詞句咸同故不録入良由行人不誦致免改

易三明功用三舍利下傳授所因二初身子
問三初歎四呪功能如此神呪者通指四番
呪二世尊下正請所因三使未下未來有益
二釋迦下答二初正答所因二初悟道因由
二初通示所因謂通於無量佛所聞說此呪
也二又念下別示所因別於一佛所聞也文
分爲四初值名號二彼佛下聞佛言教三我
即下依教修行四霍然下行成證理霍然者
應法師云倏忽急疾之貌也無生忍即圓初
住首楞嚴者大論十八翻健相大經云首楞
者一切事竟嚴名堅固一切畢竟而得堅固
名首楞嚴也二若善下勸持獲益受持讀誦
書寫解說者信力故受念力故持看文爲讀
不忘爲誦聖人經書難解故須解釋宣傳爲
說受持是意業讀誦解說是口業書寫是身
業二佛說下衆聞悟道五百即月蓋等四舍
利下未來獲益二初身子白佛二佛告下如
來印可再言如是者深可其言也五說此下
衆喜會散

請觀音經疏闡義鈔卷第四

請觀音經疏闡義鈔卷第四

校勘記

一　底本，明永樂北藏本。

一　八一三頁下一八行第六字「三」，經作「二」。

一　八一四頁中一七行「即是」，南作「即似」。

一　八一四頁下一行「安庠」，南作「安詳」。

一　八一五頁中四行「破煩惱陣」，經作「破煩惱障」。

一　八一五頁中六行第九字「此」，經作「故」。

一　八一六頁中五行「數息」，經作「歎息」。

一　八二一頁上一三行「解說者」，經作「解脫者」。

釋摩訶般若波羅蜜經覺意三昧　轂九

隋天台智者大師說

門人灌頂記

辯法相第一

夫行人欲度生死大海登涅槃彼岸者必須了達妄惑之本善知至道出要妄惑之本是即意之實際至道出要所謂反照心源識之實際即是正因佛性反照心源即了因也而此二因攝一切法罄無不盡譬如清淨虛空之中間滿日光湛然而照然此空之與日非即非離非住非不住而日善作破暗良緣顯空之要雖復滅暗顯空空無損益理實無損事以推之暗蔽永除性乃無增空界所含萬象皆現而此虛空性雖清淨若無日光則有暗起非以虛空空故自能除暗暗若除者必假日光日若無空無光無照空若無日暗不自除然此暗性無來無去日之體相亦不生滅但有日照空則乾坤洞曉以智慧日照心性空亦復如是如日非即空亦不離虛空若日即是空虛空何能照若日離於空則不應依空而有照慧日亦如是非即心性空非離心性空若即心性空則不因修而有照若離心性空修亦不能照如日非住空亦非不住空以不住空故能照一切空非不住空故終不墮於空慧日亦如是深觀心性空不住心性空能照一切空非不住空故雖照一切空慧心無動退如日能破暗顯出虛空相慧日亦如是能破無明暗顯發心實相如日雖滅暗顯於虛空相而空無損益慧日亦如是能除無明暗顯發心實相而於心性空不增亦不減如日不損空亦復不益空能除空中暗顯空界萬象慧日亦如是雖於心性空無損亦無益能斷諸煩惱而成就萬行顯現一切法如空雖清淨無日故暗起心性亦如是本來雖清淨以無智慧光則有妄惑起如空雖清淨不能自除暗而暗得除者必假於日光心性空亦爾本來雖清淨不能自除惑而惑得滅者必以智慧照如日若無空則無光亦無照空若無日者則暗終不除慧日亦如是若無心性空則何能有所照若心性空無慧妄惑終不斷如暗無去來日亦不生滅解惑亦如是假名說破惑惑性無所有不來亦不去實亦無所破智慧雖普照其性常寂然不生亦不滅畢竟無所照如有日照空則乾坤洞然曉反觀心性空則一切世間諸法及一切出世間法朗然圓顯以是義故說智慧照於心性如空中之日若能尋空日十喻達諸法相因此入覺意海是則名為辯諸法相也

釋覺意三昧名第二

問曰云何名為覺意三昧何等是意菩薩覺是意故即得具足三摩提耶且復諸法無量何以但對意用覺以明三昧答曰覺名照了意名諸心心數三昧名調直定行者諸心心數起時反照觀察不見動轉以是義故名為覺意三昧如所問言諸法無量何以但對意用覺以明三昧不論餘者答一切諸法雖復無量然窮其本源莫不皆從心意識造所以然者有人言若初對境覺知異乎木石名為心次籌量分別名曰意了了識達名之識是為心意識之別如是取者即墮心顛倒想顛

倒見顛倒中若能了知心中非有意亦非不有意則心中非有識亦非不有識若意中非有心亦非不有心則意中非有識亦非不有識若識中不有意亦非不有意則識中非有心亦非不有心是心意識非一故立三名非三故說一性若名非名則性亦非性非名故不三非性故不一非三故不合非一故非散非合故不有非散故不空非有故不常非空故不斷是故心意識不斷亦不常若不見斷常終不見一異是故說意者即攝於心識義一切法亦然若能深心觀察破意無明則餘癡使亦皆隨滅是諸法雖復衆多但舉覺意以明三昧其義苞含靡所不攝也復次如經中說云何名覺意三昧於諸三昧中得七覺意故名覺意三昧所言諸三昧者一切法皆是三摩提以諸法本來常寂不動故復次三摩提略說者有三種一者世間二者出世間三出世間上上世間三摩提者所謂欲界散心中十大地定數欲界定未到地定四禪四無量心四無色定出世間三摩提者謂背捨

勝處十一切處九次第定師子奮迅超越等行行觀鍊熏修禪乃至慧行三十七品三解脫門四諦十二因緣等三昧出世間上上三摩提者所謂十力種性三昧首楞嚴等百八三昧乃至如十方界微塵等數三昧是爲三種三摩提攝一切法即是一切法故名諸三昧云何得名七覺意七覺意者一擇覺二精進覺三喜覺四除覺五捨覺六定覺七念覺是爲七覺七覺之義乃有多途舉要略明不出六種何等爲六一者因聞七覺二者修行七覺三者會理七覺四者起方便七覺五者入法門七覺六者圓極七覺第一因聞七覺者一切諸法本性空寂畢竟清淨而諸衆生無能知者若遇諸佛菩薩及善知識說一切諸法本來空寂是人聞已即大驚悟因是了達心及諸法一切三摩提畢竟清淨空無所有得七覺意是人因聞發故故名因聞七覺第二修行七覺者若行人雖知心及諸法一切三摩提空無生滅而倒想猶起隨所起念常以七覺調適修心反照觀察以觀行調適

故即便豁然覺了心及諸法一切三摩提從本以來不生不滅如大涅槃是則名爲修行七覺也第三會理七覺者若人藉此信法二行因緣悟心及諸法一切三摩提理同一真如而知真如亦非真如若覺悟真如者則於真如之理具七覺意是以不住真如實際作證是則名爲會理七覺也第四起方便七覺者若行人得理不證憐愍衆生興心萬行隨有所行悉知寂滅雖知無住無行而以七覺善巧修一切自利利他三摩提行如空中種樹是則名爲起方便七覺也第五入法門七覺者菩薩若能如是不依心及諸法一切三摩提若真若俗即是具足二空之觀得入中道雙照二諦隨心所念則自然出生一切十力種性諸三昧等而亦不得諸三昧相所以者何諸陀羅尼相空諸三昧諸三昧相空故於一切陀羅尼三昧功德智慧中心無住著是則菩薩七覺分分圓顯故名入法門七覺亦名開佛知見若能開佛知見則心心寂滅自然流入十住十行十迴向十地及等覺清

淨禪中是故得名入法門七覺也第六圓極七覺者若菩薩摩訶薩住金剛三昧清淨禪中朗然大悟得一念相應慧寂然圓照一切了了分明是名圓極七覺亦名無上妙覺亦名無學七覺以如是等諸七覺義故菩薩從

初發心所有觀行法門終至極果通名七覺意亦名觀心相亦名反照識如是等種種名字無量三昧者秦言調直心亦名常寂定如明鏡不動靜水無波若對衆境影像皆現心亦如是性雖明淨以念動故則無所照了因上修習即得念無動轉普現法門對此定已心無邪曲名爲三昧故云覺意三昧

釋覺意三昧方便行第三

問曰已知覺意三昧名義如是行者行何方便得此三昧於諸三昧得七覺意入深法性到大涅槃獲常樂我淨爲一切衆生作無上洲渚答曰行者爲成就大悲度衆生故求無上菩提至眞之道先當立大誓願發志誠心以誓自要若我所學其事不成終不中途有悔生退沒心爾時心如金剛決定信知諸法畢竟空寂而不捨無邊衆生故修諸行云何爲修若行者了知心及一切諸法皆無所有不生不滅寂然清淨而能善用六度方便以自調伏虛妄之心妄心既息三昧自發何等爲六若行者知心及物如夢所見皆無有實是於一切所有悉能捨離常自覺識不令慳著想起亦當迴此清淨捨心徧施衆生是時名修淨施之心因是心故則能趣向檀波羅蜜若行者知心如幻外諸惡法皆不可得雖對衆境常自覺了不令惡念心生是時名修淨戒之心因此心故則能趣向尸波羅蜜若行者知心如餤空無根本外之八法亦皆無實是故利衰毀譽稱譏苦樂常自覺了不生愛恚是名修堅固忍因此心故則能趣向羼提波羅蜜若行者知心如化常自覺了觀行相續不令懈怠放逸心生是時名修精進之心因此心故則能趣向毗梨耶波羅蜜若行者知心如鏡中像一切所緣諸法皆無所有於行住坐卧四威儀中亂想不起假令失念尋即覺知故妄波不起心常寂然是時名修清淨定心因是心故則能趣向禪波羅蜜若行者了知心如虛空六識所緣內外諸法皆無所有畢竟空寂善用無所得心破諸顛倒不得一切法不著一切法了達一切法是時名修正智慧心因是心故則能趣向般若波羅蜜行者若不修如上六種向道清淨之心則不堪修甚深三昧是故欲修覺意三昧者應須善學如上六度方便此六方便攝一切方便若能善用調伏六蔽麤心令意柔輭然後審諦細心觀察入正慧門是名習學甚深三昧初心方便

釋覺意三昧明心相第四

問曰行者欲入此三昧當對幾心相而觀察之答曰諸經論中辯心相各各不同今不具述是中略明四種心相以爲觀境何等爲四一者未念二者欲念三者念四者念已未念名心未起緣境欲念名心欲起緣境念名緣境心滿住念已名緣境心滿足已謝滅問曰心相衆多何以但舉此四運心相答曰此四運心相攝一切心如緣惡法未念惡法欲念

惡法念惡法念惡法已如緣善法未念善欲念善念善念善已緣諸六塵及三毒等一切煩惱乃至行住坐卧言語飲食所作施爲一切諸事皆有如上四相之心及緣一切世間法皆有如此四相之心是故但說四種之相以爲觀境靡所不攝問曰何謂爲相答曰攬而可別名爲相心識之法既無形質若不約此四運之念分別則難可了知若不可了知則不可觀察故須先以四相分別若觀分明了達此相非相即入一相平等問曰觀欲念念二運心相可爾未念未起則爲無心無心故則無相可分別念已滅亦與無無異無法即無相云何可觀答曰未念雖未起而非畢竟無心所以者何譬如人未作後有緣事即便作作不可以未作故即便無人若定無人後誰作以有未作人故則後有作人心相亦應如是因未念故得有欲念若無未念之心何得有欲念心耶是故未念雖未起不得言畢竟無也汝言念已心已滅則不可觀者是亦不然念已雖滅亦可觀察譬如人作竟不得言無人若定無人者後誰更作念已心滅亦復如是不得言永滅無心若心滅已永滅者則是斷見說無因果是故念已雖滅亦可得觀問曰汝云何觀心若觀過去心過去心已過若觀未來心未來心未至若觀現在心現在心不住若離三世則無有別心更觀何等心答曰汝問非也若過去永滅畢竟不可知者云何諸聖人能知一切過去心若未來心未至不有不可知云何諸聖人能知一切未來心若現在心無住不可知云何諸聖人能知一切十方衆生現在念事如世鬼神尚自能知已三世心亦能知他三世之心何得佛法行人而起斷滅見謂無三世心如龜毛兔角不可得知當知三世之心雖無定實亦可得知故偈云諸佛之所說雖空亦不斷相續亦不常罪福亦不失汝勿斷見住無所知不修觀行猶如盲人雖對衆色而無所見汝亦如是於佛法中無正觀眼空無所獲

釋覺意三昧入觀門第五

問曰已知四運心相攝一切心行者云何觀察此心通達實相圓照分明諸三昧具七覺意答曰行者先以大誓莊嚴善修如上六度法門以調其心信知諸法畢竟空寂而我爲無明所覆未能覺了必須勤修正觀行到乃知豈可虛心妄解而自毀傷既能善自調和然後隨心所起以無所住著之心反照觀察未念欲念念已之相爾時諦觀未念心爲滅欲念心生未念心爲不滅欲念心生未念心爲亦滅亦不滅欲念心生未念心爲非滅非不滅欲念心生如此於未念四句中觀欲念心生皆不可得若不得欲念心生亦不得不生即於心性而得解脫云何名於未念四句中觀欲念心生不可得一先約未念初句觀欲念心生不可得若謂未念心滅有欲念心生者未念心已滅欲念何處生爲即未念滅生爲離未念滅生若即未念滅生欲念者滅法不應生以生滅性相違故若謂即滅中有生生滅不相違者是事不然若爾應如熟果皮中有核皮爛核出皮非是核核非是皮何得皮即是核心法亦如是即滅不得有生

是故即未念滅欲念心生不可得若謂離未念滅有欲念心生者則爲無因而有生是事不然以生無所從生是則不名爲生如虛空無所從生故虛空不名爲生當知離未念滅欲念心生不可得行者如是若即若離中觀未念心滅欲念心生畢竟不可得二明約未念第二句觀欲念心生不可得若謂未念心不滅欲念心生者爲即不滅生爲離不滅生若即不滅生不滅已是生是生何得生若是生能生此生復應有生生則有無窮生若此生生生是事不然若是一體生一中不應有多生如一指中則無多指若是異體生則不應名生生以生體別不能相生故如桃柰體別桃不生柰柰不生桃是故即未念不滅欲念心生不可得若謂離未念不滅有欲念心生者欲念何處生若生無處生即是無因生若是無因生是則爲非生非生而說生者是事不然以墮無因果過如說石女之子黃門之兒當知離未念不滅有欲念心生不可得行者如是若即若離中觀未念不滅欲念心

生畢竟不可得三明約未念第三句觀欲念心生不可得若謂未念心亦滅亦不滅有欲念心生者若是亦滅生何須亦不滅若是亦不滅生何須亦滅以不定因不能有定果故不能根人不能生定根之子若謂亦滅亦不滅體一無異故有欲念心生者是事不然而今亦滅非亦不滅亦不滅非亦滅性相違故不應體一不異能生於欲念如不定根人二根體非一故不能生一子若謂亦滅亦不滅體異二各能生欲念者體異即還是定滅定不滅何名亦滅亦不滅若是定滅定不滅各能生欲念者即應二欲念生今實不爾若二各不生則無欲念生行者如是觀時未念亦滅亦不滅欲念心生畢竟不可得次明約未念第四句觀欲念心生不可得若謂未念心非滅非不滅有欲念心生者若因非滅生不須非不滅若因非不滅生則不須非滅所非各異不應俱以爲因亦是相違之因不能共有一果故如水火互非終不於中而生果實若謂俱因二非而有生者是事不然若二非

之處各是有者二有還應生二生今實不爾若二非之處各是無則無能生何能生所若無能生生所生者即生不名爲所生以所生無從生故行者如是觀非滅非不滅欲念心生畢竟不可得復次行者既能如是約初運未念四句中觀欲念心生不可得已即當還約欲念心生四句轉觀觀未念心滅不可得云何爲觀若謂未念心是滅者爲欲念心生未念心滅爲欲念心不生未念心滅爲欲念心亦生亦不生未念心滅爲欲念心非生非不生未念心滅如是還反約欲念中四句推求未念心滅畢竟不可得推檢之相還轉用上約未念中四句觀欲念意言句一類細比作自得具作云云若行者不得未念欲念心生滅則不得不生滅亦生滅亦不生滅非生滅非不生滅但以凡夫顛倒妄於未念欲念及一切法中計有生滅乃至非生滅非不生滅虛誑無實皆不可得但有名字名字之法不在內外兩中間亦不常自有即是無名字若不得生滅等四句名字亦不得無名字不得名字故非假不得無名字故非空不

得假故非俗不得空故非真不得俗故非世間不得真故非出世間不得世間故非有漏不得出世間故非無漏不得有漏故非生死不得無漏故非涅槃行者如是觀未念欲念時若不得二邊則不取二邊若不取二邊則不執二邊起諸結業若無二邊結業障覆正觀之心猶如虛空湛然清淨因是中道正慧朗然開發雙照二諦心心寂滅自然流入大涅槃海若觀未念欲念如是餘念念已及一切心法類亦可知是則略說正觀相復次夫修正觀則有二種一者總觀二者歷別觀第一所言總觀者若行人未有大方便力不能一切處中觀察實相故當先於坐中照了心意是則名爲總觀心意第二所以名爲別觀者若行人方便善巧能一切處中常得用心是歷別觀於心意復次行者欲入三昧要先於坐中而觀心意然後亦當一切處中悉觀心意所以者何四威儀中唯獨坐時身心安隱不沈不浮不異緣生故則心審諦事有觀法故經云端坐念實相是名第一懺是故行者當先於閑房靜室而修三昧云何爲修行者應當善自調和身心等事事如禪法中說此中應廣明行者既能善自調和是時當於坐中正念觀察心意識等四運之義悉不可得觀行破析悉如上說是時名於坐禪中修行三昧行者如是知心意識不見不得復當隨有所作一一諦觀内外心外心名作者内心名受者大集經中說作者受者行人觀於作者凡有六事觀於受者亦有六種内外俱觀有十二種是三昧境能生三昧行者應當隨所起處而觀察之外作六者所謂一行二住三坐四卧五作作六言談内受六者所謂一眼受色二耳受聲三鼻受香四舌受味五身受觸六意緣法是爲十二觀境是三昧門第一若於行時即應觀行中未行欲行行行已心相通達皆不可得雙照分明如前所說復作是念如是行動由心運役故有去來反觀行心不見住處無有生滅一切相貌當知行者畢竟空寂第二若於住時即應諦觀未住欲住住住已心相皆不可得雙照分明具如前說復作是念如此住者由心制御堅身安立故名爲住反觀住心不見處所況復生滅一切相貌當知住者畢竟空寂第三若於坐時即應諦觀未坐欲坐坐坐已心相皆不可得雙照分明亦如前說復作是念如此坐者由心迴轉屈脚安身故名爲坐反觀坐心不見生滅亦非内外當知坐者畢竟空寂第四於眠寢時即應諦觀未眠欲眠眠眠已心相皆不可得雙照分明亦如上說復作是念如是眠者由心勞乏即便放任六分委卧故名爲眠反觀眠心不見相貌當知眠者畢竟空寂第五若於作時即應諦觀未作欲作作作已心相皆不可得雙照分明亦如上說復作是念今運身手作諸事業舉手下手由心迴轉得成衆事故名爲作反觀作心不見動轉當知作者畢竟空寂第六行者若於言語讀誦之時即應諦觀未語欲語語語已心相皆不可得雙照分明亦如上說復作是念如是音聲有所談吐由心覺觀鼓動氣息衝於六處咽喉脣舌齒齶等故有此言談反觀語

心不見蹤跡音聲性空當知語者畢竟空寂是爲行者觀於外心六種事業悉知空寂不見作者有定實相是於菩薩於一切事中修行三昧故般若經中佛告須菩提若菩薩摩訶薩行時知行乃至坐時知坐卧時言語身服僧伽梨時悉知已不可得故是爲菩薩摩訶衍復次行者觀於內心有六種受知無受者所以者何諸受雖空若不觀察能作無量煩惱生死因緣是故行者應當隨是諸根所受塵時一一觀察云何觀察第一行者眼見色時即應諦觀未見色欲見色見色見色已四運之相皆不可得雙照分明廣說如上復作是念如是見者即無見相所以者何於彼根塵空明之中各各無見亦無分別和合因緣出生眼識眼識因緣出生意識意識出時即能分別種種諸色亦依於意識則有眼識眼識因緣能見於色而生貪著是故即當反觀念色之心如是觀時不見此心從外來入而生領納亦復不見心從內出而生分別所以者何外來於我無事若自有不待因緣當

知受者畢竟空寂故淨名菩薩云所見色與盲等第二行者耳聞聲時即應諦觀未聞聲欲聞聲聞聲聞聲已四運之相皆不可得雙照分明廣說如上復作是念如是聞聲無有自性但從根塵和合而生是意識想分別故於所聞生諸煩惱及於惡業即當反觀緣聲心識不見體性當知聞者畢竟空寂故淨名菩薩言所聞聲與響等第三行者鼻齅香時即應諦觀未齅香欲齅香齅香齅香已四運之心皆不可得雙照分明廣說如上復作是念如是香者是無知法所有鼻根本亦無知和合生識假名說知虛妄意識得所領納而生分別起諸煩惱生死業行即當反觀意識不見根源及與相貌當知領受者畢竟空寂故淨名菩薩言所齅香與風等第四行者舌受味時即應諦觀未受味欲受味受味受味已四運之相皆不可得雙照分明廣說如上復作是念如是受味實無自性所以者何外六味六味無分別內舌根本無知故但從和合因緣而生舌識此識亦不定在內外兩中

間故是中心意強取味相生著分別故有一切諸使煩惱是時即當反觀著味心意識等不見住處況有生滅一切相貌當知分別味者畢竟清淨故淨名菩薩言所食味不分別第五行者身覺觸時即應諦觀未覺觸欲覺觸覺觸覺觸已四運之相皆不可得雙照分明廣說如上復作是念如是覺者不從內生亦不從外來所以者何冷暖輕滑等悉非外來故離冷暖等無別來法故身頭等六分非是生法故離身六分亦無生法故二和合身識生時即名爲覺而此識性不在內外無所依倚但以心意強作分別謂證諸觸生苦樂想故有愛恚一切煩惱是時即當反觀緣觸心識不見住處況有生滅一切相貌當知能覺觸者畢竟空寂故淨名菩薩言受觸如智證第六行者意緣法時即應諦觀未念法欲念法念法念法已四運之心相皆不可得雙照分明廣說如上復作是念如是意識攀緣諸法悉是虛誑無有實事所以者何法如幻化性無實故心如陽炎無暫停故法無定性

不可緣故心無住處誰是能緣若離能緣所緣更無別緣豈知但以虛妄憶想強起分別是法而生諸見一切煩惱生死業行相續不斷是故行者為破虛妄顛倒想及隨緣境時即當反觀反觀心意識根原諦觀心時不見住止及與生滅一切法相若心無住處生滅諸相當知此心則不可得尚不得心況心數法若無心數一切諸法竟何所依是故經言我心自空罪福無主一切法亦如是無住無壞行者如是觀心意時不得一切法當知所攀緣法畢竟空寂故淨名言知諸法如幻相無自性無他性本自不然今則無滅如是之言當何謂也前破未念欲念心正觀相應以十二事中應當一一分別說行者如是觀察時亦當應識有三種心一者觀亂心二者觀定心三者觀於觀心云何名為觀於亂心如上所說種種事中行者初學未了諸法於是境界悉有亂起一心諦觀不見心相則無有亂其心安隱行住坐臥身心寂怕澹然不動即是定心於是定心若不觀察多生染著如

淨名菩薩言貪著禪味是菩薩縛是故當觀定心不可得尚無有心定在何處當知此定從顛倒生如是觀時不見於定及與非定不生貪著得脫定縛故淨名經言以方便生是菩薩解是名觀相觀於定心觀定心已行者既未悟於理或計我能觀心是故不見有定亂相當知如是妙慧最為殊勝著是觀慧即便自高謂他不能解如是念時是名智障同彼外道故釋論說是諸外道愛著觀空智慧不得解脫行者既知計有觀者是大障礙不會泥洹即當反觀能觀之心不見住處亦復無起滅當知畢竟無有觀者及非觀者既無觀者誰觀諸法不得觀心即離觀想故釋論云念想觀已除戲論心皆滅無量衆罪除清淨心常一如是尊妙人則能見般若是名為觀於心性故大集經亦言觀於心心是三觀者即三三昧也所以者何於初觀中能破一切種種有相不見內外即空三昧也　第二觀中能壞空相是則名為無相三昧第三觀中不見作者此即名曰無作三昧菩薩行是

三昧時則能破壞三倒三毒心意識相及三有流亦能降伏四種魔怨所以者何夫煩惱者悉是亂惑如是觀空能了煩惱性無動轉即是菩提故諸法無行經云貪欲即是道恚癡亦如是如是三法中具一切佛法若煩惱是菩提何得復以菩提而惱菩提若知煩惱相空即是菩提度煩惱魔餘三魔亦如是所以然者如思益經云愚於陰界入而欲求菩提陰界入即是離是無菩提當知觀空即度陰魔如思益經又云生死是涅槃無退没生故當知觀空即度死魔首楞嚴經云魔界如即是佛界如魔界如佛界如一如無二如是故不出魔界而得佛界當知觀空即度他化天子魔菩薩行三空正觀即時不復恐怖四魔亦不得四魔而能度四魔故釋論云除諸法實相其餘一切皆名魔事若能善修實相即無魔事是故行者善觀此意修行三昧終無魔事若離此觀分別憶想必定墮魔網中故釋論云若分別憶想即是魔羅網不動不分別是則名法印復次行者能善修如上三

觀破一切法心無所著雖知衆生空相而常念大悲不捨一切衆生學諸波羅蜜起十力觀察法界種種法門長養一切諸善功德

釋覺意三昧證相門第六

行者如是行時必定當入外凡位中因是位故得入內凡初發心住云何名爲外凡位外凡者是鐵輪菩薩具煩惱性能知如來祕密之藏亦名外凡十住其名云何一名信心二念心三曰精進心四慧心五定心六不退心七迴向心八護心九戒心十願心行者善修三種觀觀於諸法若心安住念想心息時或於入觀或於住禪中或出四威儀中爾時自覺身心豁然空寂如影不實外視諸法似如浮雲亦如幻化必當於此生方便慧解及知諸法不生不滅生死涅槃無有二際若聞十二部經亦自開解得此慧故自知身中祕密之藏一體三寶與佛無異亦能巧說三乘法要言語無盡雖未證眞相似慧力了了無礙得此證故名曰信心但初信心功德如是況下九心而當可說信因緣故知法實相是第一義萬行之本衆靈之原是故於一切時常念無生破壞種種邪見妄執成就正念安心一相如如之理無所取捨故名念心成就勤行三慧進趣菩提無有懈怠名精進心精進勤行聞思修故因是獲得正智慧眼覺一切法其心轉明能入實相而無所著故名慧心智慧力故破諸亂惑安心理性入深三昧故名定心禪定因緣扶同正慧即得堅固亦能長養大慈善根名不退心心力勇進能遍了諸法悉入無生是時有所作事並趣菩提莊嚴萬行者普施衆生名迴向心妙善開敷勤心長養不令諸過得入損於善根故名護心既能善遮內非亦當嚴防外惡爲防惡故修二種戒謂性重息世譏嫌微細不犯故名戒心既能內防諸漏外以戒自嚴是時心無覆蓋習理之慧踰成明顯既解了無生觀理之時實不見衆生可度煩惱可斷法門可入佛道可成菩薩爾時恐失大悲墮二乘地即作是念諸法空中當無衆生及與佛果但世俗法中非無衆生乃至佛道而一切衆生以不知空故輪轉五道其爲可愍我當爲是虛妄衆生起大誓願增菩提心作是願言願得無生忍時知衆生空及與不空乃至菩提佛道亦復如是以知空故發大誓願而成就之住是地中能知空故過凡夫地知不空故過聲聞地若不住空不住不空名爲中道行於中道眞正願故名曰願心菩薩住是十心名鐵輪位名曰外凡是人具煩惱能知如來祕密之藏得相似中道智慧住自性禪善修如是十種心故心得開發豁然意解見如來藏悟一切法獲無生忍爾時始得入發心住住此位中即入內凡名銅輪位亦名聞慧具足亦名習種性亦名伏忍亦名十願亦名發趣亦名道慧亦名不生生亦名開佛知見如是等異名無量所以最初名發心住者行人從初發心已來雖有大慈大悲禪定智慧無量功德而未得實相般若但是發心不名爲住始於此位與理相應故得住名故瓔珞經云入理般若名爲住又解言發心住者發謂開發住名得安止處是始得開發如來藏理得無

生安止之處具此二義亦名發心住復次菩薩住是位中具一切禪及與難禪所以者何一切禪者有三種一樂法樂住禪者初位能斷一切三界煩惱永盡無餘故於諸法無愛著所有禪定不生愛見無爲自在二出生三昧禪者入初住位能生無量十力種性諸三昧等三利益衆生禪者入是位中或面見十方三世諸佛具大總持辯才無礙以利衆生或得六通同事度脫是名初住具於三種一切義禪得難禪時亦有三種一入是位中捨此身時雖無生死結業而能起法性生身遍現二十五有種種諸身二入是位中必定越過三乘所證一切法門三入是位時於念念中所有功德悉趣菩提故瓔珞經云三賢菩薩自然流入妙覺大海是名初發心住中具足三種難禪菩薩具足自性禪一切義禪者是眞初住入理賢人名處在聖胎得無生忍亦復悉知上地法門於一心中具足萬行無量功德不可窮盡其餘九住及十行十金剛十地等覺妙覺是諸佛境界是菩薩所知豈

是凡識之所能量是則略說修行覺意三昧最初境界是中行者當善取其意勤而行之

釋摩訶般若波羅蜜經覺意三昧

釋摩訶般若波羅蜜經覺意三昧

校勘記

一 底本，清藏本。
一 八二二頁上二行至三行「隋天台……灌頂記」，南作「智者大師說」。
一 八二六頁下一二行夾註左「四句」，南作「四番」。
一 八二八頁上一行第八字「性」，徑作「住」。
一 八二八頁上三行第九字「於」，徑作「故」。
一 八二八頁下末行第八字「陽」，南作「颺」。
一 八三〇頁上一九行第八字「心」，徑作「也」。

仁王護國般若經疏序　韓一

朝請郎飛騎尉賜緋魚袋晁說之撰

陳隋間天台智者遠稟龍樹立一大教九傳而至荆谿荆谿後又九傳而至新羅法融法融傳理應應傳瑛純皆新羅人以故此教播於日本而海外盛矣屬中原喪亂典籍蕩滅維此教是爲不可亡者亦難乎其存也然杲日將出而曉霞先升具人應運而文明自見我有宋之初此教乃漸航海入吳越今世所傳三大部之類是也然尚有留而不至與夫至而非其本眞者仁王經疏先至有二本衆咸斥其僞昔法智既納日本信禪師所寄辟支佛髮答其所問二十義乃求其所謂仁王經疏信即授諸海舶無何中流大風驚濤舶人念無以息龍鬣之怒遽投斯疏以慰安之法智乃求强記者二僧諳信使讀誦以歸不幸二僧死于日本至元豐初海賈乃持今仁王疏三卷來四明於是老僧如恂因緣得之其文顯而旨微言約而意廣以秦譯爲本義勢似觀心論疏實章安所記智者之說也恂道孫而寡偶學古而難知食貧而力不足無以爲此經毫髮之重每指而數曰其來晚學而艱如此寧封野馬而飽蠹魚不能下几案以視人嗚呼此疏曾不得輩行於三大部中而匿光瘞彩猶若海外之遠歟恂今年七十有六歲乃一日抱之而泣曰殆將與吾俱滅耶吾前日之志非也遇嵩山晁說之曰盍不爲我序而流通之說之自顧何足以與此亦嘗有言曰智者若生齊梁之前則達磨不復西來矣盡法性爲止觀而源流釋迦之道囊橐達磨之旨今方盛於越中異日會當周於天下豈獨是書之不可掩哉顧予老不及見之爲恨姑序其所自云爾政和二年壬辰四月癸卯序

仁王護國般若經疏卷第一

隋天台智者大師說

門人灌頂記

大師於諸經前例作五重玄義一釋名二辯體三明宗四論用五判教此經以人法爲名實相爲體自行因果爲宗權實二智爲用大乘熟酥爲教相所言名者有通有別經之一字通諸部也佛說仁王護國般若波羅蜜者別也又佛說仁王護國別此部也般若波羅蜜通諸部也又佛說仁王護國般若波羅蜜經即一部之通稱序品第一即部內之別名也然諸經立名不同或單就法如涅槃經或單就人如阿彌陀經或單從譬如梵網經或人法兩題如淨名及此經或法喻雙舉如法華經或三具足如華嚴經所言佛者具德之義自覺異凡覺他異聖覺滿異菩薩八音宣暢名說此能說之人也仁王下明所說之法施恩布德故名爲仁統化自在故稱爲王仁王是能護國土是所護由仁王以道治國故也若望般若般若是能護仁王是所護以持般若故仁王安隱若以王能傳法則王是能護般若是所護也又仁者忍也聞善不即喜聞惡不即怒能含忍於善惡故云忍也王者統也四方歸統故也此因緣釋約教則見諸法生知生是實見諸法滅滅則是空空則六

壓等國不動不轉故三界結盡則王安隱此二乘所得名爲仁王三藏意也於凡聖同居土而得自在若觀諸法色即是空不生不滅如幻如化三界煩惱一時頻斷住於界外化城之中生已度想生安隱想則是三乘之人共行十地能護方便有餘化城之國各得稱王此通教意若觀諸法空即是色色無邊故般若等法亦復無邊雖復無邊而與心不相妨礙如函大蓋大而無邊之法在一心中一一法中具諸佛法從於初地乃至妙覺分分圓滿住蓮華臺不動不轉能動能轉即十地菩薩住檀等六各各爲王此別教意也若觀諸法本來不生今則無滅雖無生滅生滅究然雙照雙亡契乎中道廣大如法界究竟若虛空即從初住乃至佛地四十二心分分明證中道之理住常寂光各得稱王此圓教意也又三藏中羅漢支佛煩惱盡故得稱仁王菩薩及果向忍見思未盡但名王不名仁也通教佛地別教妙覺圓教極果各是仁王當教自有優劣若非仁則是王也若約本迹即

三教之仁王爲迹圓教之仁王爲本分論本迹則圓教十行能爲別教之本通教佛地即是別教之迹三藏二乘復是通教中本展轉當教各有本迹云云觀心者觀生滅法見色是有析之至空心於色上而得自在此生滅觀心仁王也觀色即是空空色自在此無生觀心仁王也若觀空即是色次第而入中道正觀此無量觀心仁王也若觀色空空色不二而二二而無二雙照雙亡此是實相一心三觀三觀一心如彼天目不縱不橫而得自在此圓教觀心仁王也我今聖主道化無方子育蒼生仁恩普洽恒以三觀安隱色心迹尚叵窮本誠難究矣般若者此云智慧即智論四十二卷中釋也開善藏法師並用此說論第七十又有一解云般若不可稱般若甚深極重智慧輕薄是故不能稱莊嚴旻師以此文說般若名含衆義智慧唯是一門非正翻譯詳二師說各成評競今爲通之夫般若者自有二種一實二權權即可翻實則不可實則圓教權則前三又權不可翻即三藏實色

不可令色即是空實即可翻即三智也通教一切智別教道種智圓教一切種智豈可各固一見以局大方火炎不可取實當有在也然智與慧經論解殊成實合釋云具慧名智即慧是智也淨名難說知一切衆生心念如應說法起於智業不取不捨入一相門起於慧業者釋云智是有慧是空有智故不住空有慧故不住有今此般若具翻八部有人云天王一部即仁王部攝此解不可若如大經中明人王亦天王斯則可也問人仁字別云何取同答大經云有仁恩故名之爲人老經云聖人不仁以百姓爲蒭狗故知人王行仁不求恩報若背道之主但人非仁順道之主是人亦仁問仁義云何答以字論義理則易明上一表天德下一表地德立人表人德聖主道侔造化德合三才故云仁王也問古人云仁王經非正傳譯是事云何答寡識小智深可憐愍豈有不見目錄即云非是正翻海膺不信山木似魚夏革亦云古初無物嗚呼盲目誚玟璨琭且準下經自有兩本一廣諮

如散華品云爾時十六大國王聞佛所說十萬億偈般若波羅蜜散華供養二者略本即今經文譯者不同前後三本一者晋時永嘉年月支三藏曇摩羅察晋云法護翻出二卷名仁王般若二是偽秦弘始三年鳩摩羅什於常安逍遥園别館翻二卷名佛說仁王護國般若波羅蜜三者梁時眞諦大同年於豫章實因寺翻出一卷名仁王般若經疏有六卷雖有三本秦爲周悉依費長房入藏目錄云耳波羅蜜者此云事究竟亦云到彼岸生死爲此涅槃爲彼煩惱爲中流六度爲船筏此因緣釋也三藏實有爲此實有滅爲彼見思爲中流八正爲船通教以色爲此即空爲彼見思爲中流六度爲船别教以色空爲此空即是色爲彼無明爲中流無量行爲船圓教以色空空色不二而二爲此二而無二爲彼無明爲中流一行無量行無量行一行爲船隨前諸教而度云到彼岸此約教釋也空觀觀色即空及色滅空雖有巧拙同斷見思而論彼此假觀觀三假得理論彼此中觀十信已前十住已後論彼此此觀心釋也經有翻無翻各具五義廣如法華玄云云約教六塵俱經經云或以光明而作佛事即色塵爲經或以音聲而作佛事即聲爲經或以飯香而作佛事香即香塵經食飯入津即味塵經搖脣動舌即觸塵經寂然無聲諸菩薩等得入三昧即法塵經一一塵根各有約教本迹觀心釋也又但以文字爲經心行爲緯能成正覺之疋帛故取世經以喻焉序者由也次也品者梵云跋瞿此云品謂品類也義類相從即爲一品第者欲令不亂一者義乃在初釋名竟第二辯體者有人云文義爲體此通說也有云無相爲體者四教皆有無相無相永漫亦通說也有云以五忍十地爲體如下經云五忍是菩薩法具列五忍竟結云名爲諸佛菩薩修般若波羅蜜故知因修般若證五忍一切佛菩薩無不由五忍而成聖故以五忍十地爲體今則不然先釋體字體者法也各親其親各子其子君臣撙節若無體者則非法也出世間法亦復如是善惡凡聖菩薩佛一切不出法性正指實相爲體普賢觀云大乘因者諸法實相大乘果者亦諸法實相實相即法性性依此法性因得法性果故知此經以實相爲體若别論之般若二種一共二乘人說二者不共準此實相亦有二種一共二不共共者但見於空不見不空不斷無明但除見思此偏眞實相不共者名中道實相别教地前次第修初地方證圓教一心從初住乃至佛果皆名圓證若論權實即共者是化他之權不共者是自行之實云云約教即般若是通唯無三藏有三乘共行十地有别入通有圓入通通正二傍即通别是權圓教是實此經雖具三教正以圓實相爲體也第三明宗宗者要也所謂佛自行因果以爲宗也有以無生正觀爲宗離有無二邊假云中道故下文云般若無知無見不行不受不生不滅此通教意但得於權而失於實今以佛自行因果以爲宗要令諸聞者欣樂增修一色一香無非般若般若眞智離有離無雖離有無有無宛然雖復宛然只自無相故以無相

因果以爲宗也問宗與體何異答宗如網裘
體如毛目振裘毛舉動網目起宗體之義若
此又如釵釧金銀是體匠者造之是宗今實
相之理是體修因得果爲宗也云云第四辯用
用者力用也有人云此經以內外二護爲用
內護者下文云爲諸菩薩說護佛果因緣護
十地行因緣言外護者下文云吾今爲汝說
護國因緣令國土獲安七難不起災害不生
萬民安樂名外護也此但得一俗一眞眞又
不定通別圓皆有十地爲護何者十地故不
可全依今以諸佛二智爲力用以諸如來皆
以實智自照權智照他然此經有三種權實
通別雖有實智亦名爲權圓教雖復有權亦
總稱實以圓教是佛自行二智照理即鑒機
鑒機即照理如薩婆悉達彎祖王弓滿名爲
力穿七鐵鼓貫一鐵圍山洞地徹水名爲用
通別力用微弱如凡人弓箭何者以通稟化
他二智或等照理不遍或次第方知不若圓
教圓照圓證故以圓中二智爲用也即權智
護同居有餘實報等國令七難不起實智護

圓教四十二心之因果經云護十地行因緣
此通約三教所行十地也云云第五明教相弘
宣正法須識教之偏圓廣如法華玄義今略
明之教者聖人被下之言也相者分別同異
也此經部屬般若教通衍門是熟酥味經說
護佛果及護十地行因緣又王問摩訶衍云
何照故知非三藏教明矣雖有八偈談無常
生滅等事乃舉往昔百法師用小乘說世間
不堅以勸普明捨國即屬助道非今經正說
也次入文解釋夫震旦講說不同或有分文
或不分者只如大論釋大品不分科段天親
涅槃即有分文道安別置序正流通劉虬但
隨文解釋此亦人情蘭菊好樂不同意在達
玄非存涉事今且依分文者況聖人說法必
有由漸故初明序分序彰正顯利益當時名
正說分末世衆生同霑法利名流通分此經
八品序品爲序分觀空下六品爲正說分囑
累品爲流通分若望經文受持品末佛告月
光下即是流通分云云今初二序一者證信二
者發起亦名通序別序亦名如來序阿難序

亦名經前序經後序六事證經名證信序起
發正宗名發起序諸經通有名通序此經獨
有名別序金口所說名如來序阿難證信名
阿難序佛在時故名經前序集者所置名經
後序今且依初從如是下至僉然而坐名證
信序爾時十號下是發起序證信序者大智
論云佛於俱夷那竭國薩羅雙樹林中北首
臥將入涅槃爾時阿難親愛未除心沒憂海
阿泥盧豆語阿難言汝守法藏人不應如凡
自沒憂海佛將付汝法汝今愁悶失所受事
汝當問佛佛般涅槃後我等云何行道誰當
作師惡口車匿云何共住佛說經初置何等
語阿難聞已悶心小醒於佛後臥牀邊具以
事問佛答依四念處住解脫經戒即是大師
車匿比丘如梵天法治之若心須改教迦旃
延經即可得道是我三僧祇所集法寶是初
應置如是我聞一時佛在某方某國某處樹
林中是我法門中初應如是說何者三世佛
經皆有是語云云復次摩訶迦葉等問阿難佛
初何處說法說何等法阿難答如是我聞一

時佛在波羅柰國仙人鹿林爲五比丘説苦聖諦爾時大衆聞者皆信具如智論第二云云爲是事故有證信序云云文爲六一如是舉所聞之法體二我聞明能持之阿難三一時明聞持和合感應道交四佛明説教之主五住王舍城下明説教之處六與大比丘衆下明同聞之衆釋六句者三世佛經皆安如是諸佛道同不與世諍此世界悉檀大論云舉時方令人生信事此爲人悉檀破外道阿漚二字此對治悉檀肇云如是者信順之辭也信則所聞之理會順則師資之道成理會即第一義悉檀此四皆是因緣釋云云約教者佛明俗諦有文字眞諦無文字阿難傳佛俗文不異名如因此俗文會眞無非故名是此藏教經初如是也佛明即色是空空即是色色空空色無二無別空色不異爲如即事而眞爲是此通教經初如是也佛説死生是有涅槃是無從死生有入涅槃無出涅槃無入於中道阿難傳之與佛無異此別教經初如是也佛説生死即涅槃即中道徧一切處無非佛法名如實相阿難傳此與佛無異爲如如如不動名之爲是此圓教經初如是也此經具三教三諦如是之義阿難傳之無錯無謬也所聞法體竟釋我聞者大論云耳根不壞聲在可聞處作心欲聞衆緣和合故言我聞我總耳別舉總攝別世界釋也阿難昇座口稱我聞大衆悲泣飛空説偈此爲人也阿難昇座衆疑釋迦重起或阿難成佛或他方佛來若唱我聞三疑即遣此對治釋也阿難隨俗稱我聞第一義中我即無我聞即無聞不聞而聞不我而我此第一義釋也約教者釋論云凡夫三種謂見慢名字學人二種無學一種阿難是學人無邪我能伏慢我隨世名字稱我此三藏意也十住毗婆沙云四句稱我皆墮邪見佛正法中無我誰聞此通教意也大經云阿難多聞士自然能解了是我及無我知我無我二而不二雙分別我無我此別教意也若阿難知我無我不二而二二而無二方便爲侍者傳佛智慧此圓教釋也正法念經有三阿難一阿難陀此云歡喜持小乘藏二阿難跋陀此云歡喜賢持雜藏三阿難娑伽此云歡喜海持佛藏阿含有典藏阿難持菩薩藏蓋指一人而具四德傳持四教其義分明觀心者有空觀假觀中道正觀即空者我即無我也即假者無我即我也即中者是眞我也聞者阿難佛得道夜生侍佛二十餘年未侍佛時應是不聞大論云阿難展轉聞幷是悉聞報恩經阿難乞四願未聞之法願佛重説胎藏經云佛從金棺出金色臂重爲阿難現入胎出胎相諸經因此皆得稱聞法華云阿難得記即時憶念過去佛法令如現在前故一切稱聞因緣釋也若歡喜阿難面如淨滿月眼若青蓮華親承佛旨如仰完器盛水漏之異餅一句無遺此持聞聞法也歡喜賢住學地得空無相願六根不漏持聞不聞法也典藏阿難多所含受如雲持雨此持不聞聞法也阿難海是多聞士自然能了常與無常等若知如來常不説法是名多聞佛法大海水流入阿難心此持不聞不聞法也此經具三教即阿難一人以三德傳持也

云云釋一時者肇云法王啓運之日大衆嘉會之時此世界釋時也大論云迦羅是實時示內弟子時食時著衣時著爲人說時也三摩耶是假時除外道邪見者對治釋時也第一義中無時無不時廣明時義具如智論第一卷云云約教則見諦已上無學已下名下一時若三人同入第一義名中一時登地已上名上一時初住已上名上上一時今經初說即是通一時約別圓接入則具三時云云釋教主者佛也佛名爲覺覺諸煩惱身心二病因果圓滿方能破縛劫初無病劫盡多病長壽時樂短壽時苦東天下富而壽西天下多牛羊北天下無我無人如此之處不能感佛八萬歲時南天下未見果而修因乃至百歲時亦如是故佛出其地此世界釋也日若不出池中未生生已等華皆未現日出皆生佛若不出天人減少惡道增長佛若出世則有剎帝婆羅門居士四天王乃至有頂此爲人釋也三乘根性感佛出世餘不能感若斷有頂種永度生死流此對治釋也佛於法性無動無

出能令衆生感見動出而於如來實無動出此第一義說佛名覺者覺世間苦集覺出世道滅身長丈六壽年八十現比丘像三十四心樹下成佛者三藏世尊自覺覺他也帶丈六像現尊特身樹下一念相應斷餘殘習即通佛自覺覺他也現尊特身坐蓮華臺受佛記者別佛自覺覺他隱前三相唯示不可思議如虛空相即圓教佛自覺覺他故像法決疑經云或見丈六之身或見小身大身或見坐蓮華臺爲百千釋迦說心地法門或見身同虛空遍於法界無有分別即四佛義也本迹釋者三佛爲迹一佛爲本云云觀心釋者觀因緣所生法析之至無此三藏拙覺觀因緣即空此通教巧覺皆覺空也若先觀空次假後中此別教假覺也若觀諸法即空即假即中是圓覺也釋住處爲三先釋住次釋王城後釋山佛具三身住處有八應身四住一壽命住謂五分法身等二依止住謂王城耆山等三境界住謂三千界境四威儀住謂行立坐臥報身三住一者天住住六欲天二者梵

住住四禪天三者聖住住空無相無願法身一住住第一義空云云約教者藏佛從析門發眞知無漏住有餘無餘二涅槃通佛從體門發眞住二涅槃別佛從次第門住祕密藏圓佛從不次第門住祕密藏二釋城具存梵音應云羅閱祇摩訶伽羅羅閱祇此云王舍摩訶此云大伽羅此云城國名摩伽陀此云不害人無亂殺法也亦云摩竭提此云天羅天羅者即斑足之父昔久遠時此主千小國時王遊獵值牸獅子共王交通後月滿來王殿上生子王審知是子而作告令言我無子天賜我子養之長大足上斑駮時人號爲斑足後紹王位喜多食肉一時遽闕仍取城西新死小兒以供王膳王大美之勅常準此厨人自後日殺一人妻流天下舉國咸怨千小國王舉兵伐之擯在五山羅剎冀輔而爲鬼王因與山神誓殺千王方滿我願即以神力捉得諸王唯普明王後方捕至欲行屠害以祭山神時普明王悲啼泣恨而作是言生來實語而今乖信斑足問言汝求何信普明答曰

許行大施斑足語言放汝行施事畢就我普明歡喜遠歸本國作大施會委政太子心安形悅匐匐就終斑足問云死門難向汝既得去何更自來時普明王廣與斑足說慈悲心毀呰殺害仍示一切悉是無常斑足聞信得空平等住於初地普集千王各取一渧血髮三條賽山神願尋與千王都五山中築城立舍鬱爲大國迭更知政千王住故故稱王舍又城中百姓七遍起舍七遍被燒唯王舍獨免太子命言自今已後雖百姓家悉稱王舍應免火難率土遂命便得免燒故百姓家盡稱王舍云云又亦云王赦因普明王放千王故稱王赦又此城四天王共造故稱王舍又摩伽陀王生一子一頭兩面四手以爲不祥裂其身首欲棄草野有羅刹女鬼名曰梨羅還合其身以乳養之年長成人力盈諸國取八萬四千王置五山内立城治化以多王住故稱王舍云云又摩伽陀者名持甘露處有十二城一區紙尼大城二富樓那跋檀大城三阿監車多羅大城四弗羅婆大城五王舍大城六舍婆提大城七婆羅奈大城八迦毗羅大城九瞻婆城十婆翅多城十一拘睒彌城十二鳩樓城此十二城中後六少住前六多住又前六城中多住王舍城報法身恩故少住舍婆提城報生身恩故也舍者王舍城中有六精舍一竹園精舍在平地迦蘭陀長者之所造去城西北三十里二小力獨山精舍三七葉穴山精舍四天主穴山精舍五蛇神穴山精舍六耆闍崛山精舍耆闍㟧山此翻靈鷲釋迦菩薩昔爲鷲鳥於此山中養育父母從此得名故云靈鷲又王舍城南有屍陀林鷲鳥居之多食死人人欲死者鷲翔其家悲鳴作聲人以預知知人死故稱靈鷲又山有五峰東方象頭南方馬頭西方羊頭北方師子頭中央鷲頭亦得名爲鷲山也問佛何故偏於王城中向鷲山說法耶答依法華論云如王舍城勝於餘城耆闍崛山勝於餘山以佛在勝處故顯此法門勝也今此般若是最勝法故偏就王城耆山說也中者表說中道般若也與大比丘衆下第六列同聞衆諸經列衆不出四種一者影響謂諸佛菩薩大果已圓爲令正法久住世間故來影響二結緣衆見在雖聞而不獲益但作當來得道因緣也三發起衆法身菩薩更相發起請如來說共益衆生也四當機衆植因曠古果遂今生聞法之時即能悟入也比丘比丘尼優婆塞優婆夷等各有四義推之可解文爲二初列衆二總結初文三一此土衆二他方衆三化衆初文爲三一聲聞衆二菩薩衆三雜類衆二乘著空故初列凡夫著有故後列菩薩常行中道故中列又聲聞心形兩勝故初菩薩心勝形劣故中凡夫心形俱劣故後初文二先聲聞次緣覺初文五一通號二列數三行位四歎德五總結今初與者言共釋論云一時一處一戒一心一見一道一解脫也大者亦云多亦云勝皆阿羅漢故稱大數至八百萬億故言多勝諸異道故言勝比丘五義一名乞士清淨自活離四邪命二破煩惱見愛滅故三者名號如梵漢異相各有名號四者受具足戒故名比丘五者比之名能丘之名

怖能怖煩惱賊故名比丘四人已上名之爲衆云云八百萬億者二唱數也學無下三明行位既云有學無學云何皆言阿羅漢依成論云羅漢二種一住二行當知行者是學人住者是無學人故經云五戒賢者皆行阿羅漢即是學人又於此中一文先明德行即學無學以此人學於無學之行非是向義八人之中四向三果名學無學第八羅漢但名無學皆羅漢者翻三義一者不生無明糠脫後世田中更不受生故言不生二者殺賊九十八使煩惱盡故名爲殺賊三者應供智願具足堪銷物供此藏通意也若就圓釋非但不生亦不生不生無漏是不生也非但殺賊亦殺不賊不賊者涅槃是也非但應供亦是供應一切衆生是供應也云云有爲功德下四歎德文有八科法門亦可歎三人初四科歎通教人次三假歎別教人三空下歎圓教人又初四科歎通法假等下共歎別圓也初即爲四今初歎有爲無爲功德有爲舉智德無爲約斷德若就境論道諦是有爲滅諦是無爲施

物名功歸已曰德故名功德無學十智下次歎智差別言十智者一法智即欲界繫法中無漏智欲界繫因中無漏智欲界繫法滅中無漏智爲斷欲界繫法道中無漏智及法智品中無漏智是也二比智於上二界道中無漏稱智中約四諦辯四種無漏智如上法智中明但有法比之殊也三他心智知欲色二界繫現心心數法及無漏心心數法少分名他心智也四世智知諸世間有漏智慧也亦名等智凡聖同有故五苦智觀五陰無常苦空無我也六集智有漏法因因集生緣觀時無漏智七滅智盡滅妙出觀時無漏智八道智道正跡乘觀時無漏智九盡智見苦已斷集已證滅已修道已等智論云我見苦已斷集已盡證已修道已也十無生智見苦已不復更見等也諸經或云十一智智度爲如實智知一切法總相別相如實正知無有罣礙是爲如實此獨在佛心中有二乘無分故但云十智也有學八智者是那含人在修道位中無盡無生智故但有八也有學六智者謂

見道中但有四諦及法比等六智也三根者次歎三根德若修行次第應先辯三根後辯十智今先說果後明因也一未知欲知根無漏九根和合信法二行人於見道中名未知欲知根九根者謂信等五及喜樂捨意等是也二知根信解見得人思惟道中是九根轉名知根如前說三知已根若至無學道中是九根轉名知已根云云十六心行者次歎十六觀門從心之所行故名心行非心即行也依修行次應在十智前明亦先說果也又只離四諦爲十六行行以往趣爲義修此十六觀法能趣四實之理故名行也苦下四行一無常二苦三空四無我集下四行一集二因三緣四生滅下四行一盡二滅三妙四出道下四行一道二正三跡四乘又法忍等十六行也此約通說若地前四十位爲四十地爲十等覺妙覺爲十六此約別說云云

仁王護國般若經疏卷第一

仁王護國般若經疏卷第一

校勘記

一　底本，明永樂北藏本。

一　八三二頁中一六行「說者」，南、徑作「天台智者大師說」。以下各卷同。

一　八三三頁上一七行第一五字「稱」，徑無。

一　八三三頁中一五行第九、一〇字「般若」，徑作「莊般若」。

一　八三四頁上六行「常安」，南、徑作「長安」。

一　八三五頁下一一行第四字「佛」，徑無。

一　八三七頁上九行第八字「接」，清作「按」。

一　八三七頁中四行第九字「世」，南作「盡」。

一　八三七頁中一〇行末字至次行第七字「身同虛空遍於法界」，南作「身同虛空迹於法界」；徑作「身滿虛空遍於法界」。

一　八三八頁中一一行「故云」，徑作「故名」。

一　八三九頁上一四行「供應」，南作「應供」。

仁王護國般若經疏卷第二　韓二

隋天台智者大師說

門人灌頂記

法假虛實觀下次歎三假觀門法假者色陰
法是也受假者四陰是也取此二名是名名
假自實無體藉他方有是名爲假又色陰是
法受等是名一切世間中但有名與色而今
有三別說也云云言虛實者一虛二實相形得
稱陰法是虛凡夫謂實智欲了知求不可得
只實而虛名爲虛實此通意也若說別義者
三假之中各有三觀法假即虛是空觀空即
假實一色一香無非般若是假觀觀之一字
是中觀以空假是方便道故不立觀名得入
中道方獨稱觀受及名等類此可解若圓說
者三法即空即假即中雙照雙亡是也云云智
度論云諸法非實凡夫虛假憶想分別妄謂
有人如狗臨井自吒其影水中無狗但有相
影而生惡心投井而死衆生亦爾四大和合
名之爲身因緣生義動作語言凡夫於中妄
起人相此法假也生愛恚起愚樂墮三惡道
此受假也又一切法但從名字和合更無餘
名如頭足腹脊和合故假名爲身如髮眼耳
鼻口皮骨和合故假名爲頭諸毛和合假名
爲髮分分合故假名爲毛諸泥塵和合故假
名爲分亦和合諸分故名爲塵此即名假也
以此假故一切法空三空等者次歎三昧德
以三假因緣故得三空名此因果次第說也
以法假故空受假故無相名假故無作故大
論云因三十七品趣涅槃門涅槃門有三謂
空無相無作等言空門者觀諸法無我我所
諸法從因緣和合而有無有作者無有受者
是名空門無相門者觀身雖空而有相在人
著此相故修無相如說俯仰屈伸住立去來
觀瞻言語於中無實風依識故有所作者是
識滅相念念無故此男女有我心無智慧故
妄見有骨鏁相連皮肉覆機關動作如木人
此無相門也無作門者無相亦無是名無作
此三定諸禪中若無不名三昧以退失故墮
生死中如說能持淨戒名比丘能觀空名行
空人一心常勤精進者是名眞實行道人此
三能到涅槃得三解脫門云云四諦十二因緣
者次歎諦緣此二有同有別同是聲聞斷見
思故名同利鈍有殊廣略數異故名別四諦
鈍根者觀大經有四種四諦生滅藏教今所
不說此經具三教有三種四諦所謂無生無
量無作等也苦等四法審實不虛名之爲諦
若苦集是有漏滅道是無漏此三藏也若四
俱無漏是通也若四俱亦有漏亦無漏是別
也若四俱非漏非無漏是圓也十二因緣利
鈍者觀知大經中亦有四種於四種中各各
有三別一者三世十二因緣二者二世三者
一世廣如餘說云云無量功德皆成就者五結
文可知也復有八百萬億下二列緣覺衆文
四一唱數二標位三歎德四結成初文可知
大仙緣覺者二標位也有三差別一者獨覺
如昔有國王入園遊觀清旦見樹林華果甚
可愛樂時王食已即便偃臥王諸婇女皆競
採摘毀壞林樹時王覺已即悟一切諸法無
常若是以外況內成大仙緣覺二者因緣覺
出於佛世聞十二因緣斷見思惑三者小辟

支佛是須陀洹人在人間生是時無佛佛法已滅人中七生天上亦爾不受八生自悟成道即成小辟支佛也非斷非常者三歎德也過去二因牽識等故非斷識等滅故三因不生故非常又三世相續故非斷無自性故非常又順則生死無際故非斷逆則無明燋竭故非常四諦十二緣下四結成也問前列聲聞亦云諦緣今歎支佛更復重明後列菩薩仍云羅漢者何耶答於一境上取悟自差三獸度河三鳥出網阿同獸異網一鳥殊故大經云下智觀故聲聞菩提中智觀故緣覺菩提上智觀故菩薩菩提上上智觀故諸佛菩提良由理一見殊所以諦緣互說云云問緣覺出無佛世今云何列爲同聞衆答緣覺佛在世亦有只在聲聞中攝言出無佛世者此對聲聞非謂佛世總無緣覺也復有九百萬億下第二列菩薩衆文五一數二號三位四德五結初文可知菩薩摩訶薩者二標號也菩薩此云道心衆生摩訶薩此云大道心亦云大士亦云開士若以生滅心行六波羅蜜三祇成佛此三藏教中菩薩心勝聲聞道卑羅漢若以無生心斷見思惑留餘習扶願受生十地行圓當知如佛此通教中菩薩也若以無量心行無量行淨佛國土成就衆生大慈不窮大悲無限華臺摩頂成功德身此別教中菩薩也若以無作心觀煩惱菩提生死涅槃無二無別非成不成此圓教中菩薩也今此所列正列通教密兼別圓云云皆阿羅漢者三明位也若三藏中佛即是羅漢故本行云爾時世間有六羅漢五是陳如等五人一即是佛也若通教中三乘共行十地七地菩薩即阿羅漢若別教中十向菩薩斷三界惑盡齊阿羅漢若圓教中十信菩薩斷三界惑盡亦齊羅漢今皆阿羅漢者即通教菩薩大品云阿羅漢若智若斷是菩薩無生法忍大集亦云大法菩薩名阿羅漢問若皆羅漢前已辯竟今何更明答以菩薩形無定準或同凡像或同二乘若不別明恐於實混濫庶幾貴小乘者知大士德齊羅漢取名相者悟知菩薩道越凡夫故更別說也實智功德下四歎德中先歎智德實智則照空方便智照有有實智故不住生死有方便故不住涅槃向者明位雖云羅漢今此歎德即異二乘故別說也通教菩薩七地中具實智八地已上具方便智云云行獨大乘者次歎乘二乘無分故名獨大此歎別教菩薩也四眼者次歎眼菩薩行既未圓義當無佛眼也通教當知如佛義推之眼亦如佛圓教十信雖是肉眼名爲佛眼今云四眼者即別教地前菩薩也五通者次歎通具天眼等五除漏盡通通教未斷無明別教斷猶未盡故但云五也云云三達者次明過去宿命明現在天眼明未來漏盡明明即達也十力者次歎力智論云菩薩十力一發心堅固力二大慈力三大悲力四精進力五禪定力六智慧力七身不猒生死力八無生法忍力九解脫力十無礙力也四無量心者次歎心慈能與樂悲能拔苦喜與衆生增上之樂如上三心捨之不著云云四辯者次歎辯法辭樂說義等是也四攝次歎攝布施愛語利行同事等也金剛滅定者次歎斷十地

上忍定如金剛碎煩惱山自不傾動亦名首
楞嚴定云云一切功德下五總結也復有千萬
億下第三列雜類衆以其中名色非一故言
雜類一別二總別中四一人二士三天四賢
初人更二一男二女初四一數二名三德四
結初標數可知五戒賢者次列名也五者是
數義戒者防止義梵云優婆塞此云清信男
於佛法中生淨信心故又云近事男以依三
寶親近師長承事無失故離殺盜婬此三防
身業妄語一戒防口業飲酒一戒通防二業
廣釋戒相如大論尸波羅蜜說云云提謂波利
等問佛何不為我說四六戒佛答五者天下
之大數在天即五星在地即五嶽在人為五
臟在陰陽為五行在王為五帝在世為五德
在色為五色在法為五戒以不殺配東方東
方是木木主於仁仁以養生為義不盜配北
方北方是水水主於智智者不盜為義不邪
婬配西方西方是金金主於義有義者不邪
婬不飲酒配南方南方是火火主於禮禮防
於失也以不妄語配中央中央是土土主於

信妄語之人乖角兩頭不契中正中正以不
偏乖為義也道將隣聖曰賢假名行人位也
皆行阿羅漢下三歎德也雖迹同凡夫而本
皆羅漢十地者有三種若菩薩二乘共行此
通教也一乾慧二性地三八人四見地五薄
地六離欲七已辦八支佛九菩薩十佛地依
此十地則是通教中優婆塞也大品經云若
菩薩具乾慧地於十地速證菩提云云大論七
十八云乾慧地二種一聲聞二菩薩聲聞獨
為涅槃故勤精進持戒等或習觀佛三昧不
淨觀等雖有智慧不得禪定水故名乾慧地
於菩薩則初發心乃至未得順忍者是性地
者聲聞從煖至世第一於菩薩得順忍愛著
實相不生邪見得禪定水八人地者從苦法
忍乃至道比忍是十六心於菩薩則無生法
忍入菩薩位見地者初得須陀洹果於菩薩
則是阿毗跋致地薄地者斯陀含人欲界九
種苦分斷故於菩薩則過阿毗跋地乃至未
成佛斷諸煩惱餘習氣亦薄離欲地者離欲
界等貪名阿那含於菩薩離欲因緣得五神

通已作地者聲聞人得盡無生智無著阿羅
漢於菩薩成就佛地辟支佛地者先世種辟
支佛道因今世得小因緣亦觀深因緣法名
支佛也菩薩地者初歡喜地乃至法雲地皆
名菩薩此借別名名通也佛地者一切種智
等法諸菩薩於自地中觀具足於化他地中
行具足二事具足故名佛地若別教即初地
終至法雲獨自修行不與聲聞辟支佛共準
此則是別教中優婆塞也圓教云云回向五分
法身具足者別接通空以別初地接通教令
不滯界內即色之空回心向別斷界外無明
成就五分法身故歎回向也言具足者通教
偏真五分等是不具足別圓中道正觀成就
五分方稱具足也五分法身者一戒身二定
身三慧身四解脫身五解脫知見身問菩薩
所作何故回向答回向之利其功最善故淨
名云回向為善利回向二種一者所作回施
衆生二者所作回向佛果也云云無量功德下
四總結也復有十千下第二列清信女文三
一數二名三德令初可解清信女者二標名

也梵云優婆夷此云清信女皆行阿羅漢下三歎德亦通別中優婆夷也文二先總歎十地可解次始生下別歎十地中功德文二今先正歎一地三心從第十回向始有初地所得功德是初心停住不進所得功德是住心滿足功德欲入二地是終心法華亦云善入出住等云云三十生功德下次結也復有十億下第二列居士衆文四一數二名三德四結今初可知七賢居士者二標名也七賢有二一小乘五停心觀等是也二大乘一名初發心人二名有相行人三名無相行人四名方便行人五名習種性人六性種性人七道種性人俱在地前調心順道名爲七賢居士者外國積財至億名爲居士今此富有七淨財故名居士信施戒聞惠慚愧名七淨財也云云德行具足下三歎德謂具足諸德之行名德行具足二十二品者此歎道品以在見道前唯有四念處四正勤四如意足五根五力二十二品也十一切入者次歎十遍處入者處也青黃赤白地水火風空處識處名之爲十

云云八除入者次歎勝處一内有色相觀外色少二内有色相外觀色多三内無色相外觀色少四内無色相外觀色多五青六黃七赤八白云云八解脱者次歎解脱一内有色相外觀色二内無色相外觀色三觀淨色四空處五識處六無所有處七非有想非無想八滅受想解脱問觀未得聖云何今歎八解脱答八中得七未得滅盡今從多而歎也問解脱以何爲義答解脱以棄背爲義初二棄背色貪心第三棄背不淨觀心四無色棄背下地心滅盡令棄背一切所有緣心問解脱勝處遍處何別答有棄背名解脱能降境界名勝處能廣能勝境名遍處云云三慧者次歎慧謂聞思修初是乾慧地次是四善根苦忍已上名修慧十六諦者次歎觀門如前說云云四諦者次歎諦門亦如前說云云四三二一品觀者次歎四門即四觀忍也從下舉之煖第四頂第三忍第二世第一法第一四即四善根三即除煖位二除煖頂一除前三也又四即四果三即三果二即二果一即初果此非歎意

今取前釋得九十忍者四結文二先別結次總結今初有人云地前三賢三十心一一中作下中上或入住出等三品觀合九十忍也有人云四三二一合成十忍約三界九地一一地中各有九品成九十忍又云諦觀二十謂十六諦及四諦品觀有十謂四三二一總成三十各有下中上三品成九十忍也今謂九十忍者是別結經文中德不可衆多作異說也但說具足二十二品下至四三二一數有八十一品從此等法出四禪四空滅定合九十忍經雖無四禪等文義推可爾云云一切功德皆成就次總結也復有萬萬億下第三列天衆文二先列色次列欲初文四一數二處三德四結今初以萬數萬故云萬萬億也九梵下二明處此經三本不同有一本云復有萬萬億十八梵天九梵三淨三光五喜樂天又一本中但云三淨三光五喜樂天又一本除五字初除十八梵天四字後但有三字無梵字蓋譯者出没耳言九梵者謂第四禪九天一無雲二福生三廣果四無想五無煩

六無熱七善現八善見九色究竟也三淨者是第三禪有三天謂少淨無量淨遍淨也三光者是第二禪有三天謂少光無量光光音三梵者謂初禪三天梵衆大梵梵輔也五喜樂天者即五支謂覺觀喜樂一心等也是四禪中後五淨者此天義論受喜樂故也云云天定功德定味者三歎德天定者謂報生天上得此定功德定者謂修德生天而有此定味者一字爲句即是味著禪定也有人云功德定味爲句非也常樂神通者色界天中皆有修報二種神通也言常樂簡非報得神通也十八生處下四總結云云復有億億下二列欲界文四今初明數六欲諸天子者二明處此六天中有小五欲從初四天至他化自在爲六也十善等者三歎德也十善是因生天是果報也功德皆成者四結也復有十六下第四列人衆文四一數二衆三德四結今初云十六國王者舉國數以標人也各各有下第二明衆也五戒下三歎德也德有三一戒二善三歸清信行具足者四結四信成就故云

清信也復有五道下第二總列前別中但明天人今則通明五道修羅等或鬼或畜故但云五道也又六道中天人先有三惡之內或有或無此經無緣故總云五也此土衆竟復有他方下二列他方衆他處異見云云復有變下三列化衆文三今初明不思議力能變淨土淨土者非寂光之淨且現華臺實報等淨相也現百億高座及華者且明應身大千之化相也各各座前下二明不思議力能現諸佛菩薩八部者乾闥婆毗舍闍二衆東方提頭賴吒天王領鳩槃茶薜荔多二衆南方毗留勒叉天王領龍富單那二衆西方毗留博叉天王領夜叉羅刹二衆北方毗沙門天王領云云一一國土中下三明不思議力各說般若等上來列衆竟他方大衆下第二總結他方大衆即結前來第二他方衆及化衆即結前第三化衆三界中衆即結前此土衆十二大衆皆來集會即總結前三衆差別衆一聲聞二緣覺三菩薩四五戒賢者五清信女六七賢居士七色天八欲天九仁王十五道十

一他方十二化衆是也坐九劫座者結座劫者級也級者層也其會下結衆廣狹也問諸經列衆或有或無何耶答若說報生三界由善惡業力見佛不見佛由有緣無緣即有生天受樂至不聞經乃至地獄燒然而來聽法今以大經文義試爲斷之大經云於戒緩者不名爲緩於乘緩者乃名爲緩總相明之乘即戒也今約別說乘戒二殊即以三歸五戒十善八戒二百五十五百戒等名之爲戒念誦修行禪智施進等名之曰乘然戒與乘各有三品乘有小中大戒有上中下若乘戒俱急者又有三品如持上品戒急生無色界天下品乘急以無色天身聞佛說聲聞法中品乘急聞說因緣上品乘急聞說中道等若持中品戒急生色界天下乘急聞說四諦中乘急聞說因緣上乘急聞說六度又若持下品戒急生欲界天下乘急聞小乘中乘急上乘急準上說若戒乘俱緩者上品戒緩墮地獄中品緩墮畜生下品緩墮餓鬼以乘緩故永不見佛何況聞法若戒緩乘急者得見佛聞法

上品戒緩生地獄中下乘急以地獄身聞說四諦中乘急聞因緣上乘急聞六度云云若戒急乘緩者三品戒急得三界身如乘緩故著人天樂不得見佛況得聞法今無色界天衆者以上品戒急大乘緩故此經無緣故不來也餘經有無例此可解上來證信序竟云云爾時十號下第二發起序文中爲五一佛自現瑞二時衆生疑三覺悟如來四佛昇華座五大衆歡喜初中更五一讚佛德二現瑞時節三正住十地四入大寂定五思緣現瑞今初言爾時者當爾之時也十號者教主之德德凡有四一十號德二三明德三斷德四智德今初言十號者一是如來二應供三正遍知四明行足五善逝六世間解七無上士八調御丈夫九天人師十佛世尊是十號之數也云云次歎三明德以明鑒三世也次歎斷德謂大滅諦簡非小滅故言大也金剛智者次歎佛智德釋迦牟尼佛者上明通號及德今明別號也然佛種姓出處不同或姓剎利或婆羅門今姓釋迦者此云能仁如長阿含說昔

梵摩穀王四子有過徙向雪山令自存活四子至彼民歸如市王歎四子我子能仁能自存活因此姓釋佛第四祖已來始姓釋也本姓瞿曇或甘蔗種或日種或牛糞種云云牟尼者名也此云寂默三業俱寂默也初年月八日者二明現瑞時節也眞諦云如來在世四十五年說三法輪謂轉照持然此三輪有顯有密密則從得道夜至涅槃夜俱三轉法輪顯則初成道七年但轉轉法輪七年後三十一年中轉照法輪三十八年後七年中轉持法輪從轉轉法輪來有三十年前至二十九年已說餘般若今至三十年初月八日方說仁王故言初年月八日此則佛成道三十七年說此經乃年七十二歲也云云方坐十地者三正住十地方者正也正坐佛之十地非菩薩十地又佛以別接通坐別十地欲密顯通教十地正令悟別地故云方坐也佛十地者同性經云一甚深難知廣明智德地二清淨身不思議地三海藏地四神通智德地五明德地六無垢涅槃炎光開相地七廣勝法界

藏明界地八無礙智慧地九無邊億莊嚴迴向能照明地十毗盧遮那智藏地入大寂室三昧者四入寂定也欲觀察物機授法藥故又令知因定發慧故又作說法儀軌故佛具智斷尚自觀機況於凡夫而不審諦云云大寂室者即大涅槃也大經云涅槃深禪定窟宅即室義法華大通智勝佛亦入靜室與此義同也又大寂者即動是寂室者即寂而照大寂是法室是喻如室虛能受萬物般若空理能含多義也約觀者室是一法空亦無二明晴自殊室空不別明喻智慧暗喻煩惱室喻人身空喻心識日出則室空俱明喻智生身心俱淨日入則室空俱晴喻智滅則身心俱穢穢淨雖殊而性常清淨故淨名云無明性即是明一切衆生即菩提相不復更滅此即證也思緣放大光明照三界中下有本云照三界衆生也第五思緣現瑞文五一思緣放光二頂上出花三諸天雨花四佛自生花五大地震動今初思緣者思於無相緣於法性自受大樂也光照三界中覺化境也問無色

界無色陰何故照之答雖無麤色而有細色
約凡夫二乘不見言無而實有也復於頂上
出千寶蓮花下二頂上出花文三令初出花
其花上至下二明竪現乃至他方下三明横
現放光令識智慧之本出花令悟得道之因
又光欲化當機衆花令其見作結緣因前列
衆中無無色界天者以其戒急乘緩無現益
緣令令非相見花使作當來種子也時無色
界天下三諸天雨花前教主現相明有感令
諸天雨花明有應此則藥病相稱感應道交
也無量變者心樹花非生死花也文三初無
色界次色界後欲界皆可見色天多禪無色
天多定能心樹變花故言變欲天無此但雨
實花也其佛座前下四佛自生花向明頂上
出花顯正報瑞令佛座前生花明依報瑞劫
者層也是時世界下五大地震動放光雨花
令其目見動地令其心動心動則煩惱動故
大經云大地動者能令衆生心動也動踊覺
起震吼等為六又東踊西没等六也地動八
緣如阿含說一大水動時動二尊神試力時

三如來入胎時四出胎時五成道時六轉法
輪時七息教時八涅槃時增一經亦有八緣
閻浮提風輪從上向下有地水火風從下向
上次第動二菩薩入胎三出胎四出家學道
感道五入涅槃六神通比丘心得自在七諸
天命終還生勝處經二八衆生福盡相云云十六動意者
十地論云治三種煩惱一生天衆生樂著天
報震動天宮令生猒捨起求法心二造惡衆
生不識無常縱心蕩意令因地動捨惡從善
三我慢衆生或因呪力能小動地起高慢心
使見大動知其力劣也爾時諸大衆下第二
時衆生疑文三一明衆生疑二申衆疑意三
問衆不決今初可解各相謂言下二申衆疑
意文三一歎佛德次領前事三騰今事初文
二先明成人之德有四一者四無畏德謂一
切智無畏漏盡無畏盡苦道無畏說障道無
畏云云十八不共法自有二小乘中謂十力四
無畏大悲三念處是三念處者應貪不貪應
瞋不瞋常行捨心也大乘者謂身口意無失
是三四無異相五無不定心六無不知已捨

七欲八精進九念十慧十一解脫十二解脫
知見等無滅十三十四十五三業隨智慧
行十六十七十八智慧知三世無礙二乘無
分故言不共三五眼謂肉天慧法在佛身上
並名佛眼云云四法身法身有三一但空法身
三乘皆有如善吉經二七葉巖中禮佛法身十七此小
乘滅三十二相即空為法身也二即假法身
謂滅無常色獲常等我樂淨三亦復如是三
即中法身謂如來法身非常非無常樂我淨
等亦復如是云云大覺世尊下二明德所成人
覺中道理名為大覺天人所重名曰世尊前
已為我下領前事謂從得道後二十九年說
四般若於靈山說大品次舍衛說金剛及天
王問後還靈山說光讚及道行具出光讚云云
人日如來下第二為今事謂疑前瑞相等也
云云時十六下第三問衆不決文有二一問二
衆不決初文二先舉處歎德二明次第舉問
初文三一明處依大論憍薩羅國主波斯匿
王今言舍衛或云舍婆提城善見律云舍衛
者是人名往古有王名為舍衛見地好立以

爲國因居其地從人得名名舍衛也波斯匿王下二舉名有云王姓月聞法之後更立光名德行十地下三歎德十地六度道品多是通教也信三寶及戒不壞名四不壞淨也行摩訶衍化者以大乘治國也次第問居士下二次第舉問先問俗衆寶是寶積蓋是月蓋法是法財淨名是維摩詰也次問聲聞後問菩薩云云無能答者下二衆所不決云云時波斯匿王下第三覺悟如來文三一明此土設樂覺悟如來二他方三共設令初文二一三類設樂謂月光梵天欲天二聲動世界先一佛世界次十方世界云云彼他方下二明他方文二一來集二作樂初中先明四方次列六方作樂亦然者二明作樂也云云復共作下三共設樂亦是前佛現瑞明能應今時設樂明有感即覺悟如來也云云佛即知時下第四明佛昇華座即是如來赴感也又佛現瑞即良醫也時衆設樂即病人求救也佛昇華座即醫人授藥也云云又放光是身業入定是意業即從座起說空觀是口業又放光動地神通輪

入定得衆生根是他心輪說空觀品是說法輪師子座者大論云非是實師子亦非木石名師子以如來是師子所坐之處若牀若座皆名師子牀座也如金剛山王者金剛喻佛四德法身一切不能沮壞山王即須彌山喻佛也不爲八風所動又華座皆是現實報土如山王是現尊特身亦别接通也云云大衆歡喜下第五大衆歡喜有通者在空無通者居地上來序分竟

仁王護國般若經疏卷第二

仁王護國般若經疏卷第二

校勘記

一　底本，明永樂北藏本。
一　八四一頁中一三行第一四字「住」，南作「伍」。
一　八四二頁上一〇行第八字「阿」，南、徑、清作「河」。
一　八四三頁上一三行第六字及第一一字「即」，徑作「爲」。
一　八四四頁中一行「觀外」，南作「外觀」。
一　八四六頁下末行「無想」，南作「無相」。
一　八四五頁下六行「文義」，南、徑作「之義」。
一　八四六頁中一六行第一四字「欲」，南作「以」。
一　八四六頁中一八行「智德」，徑作「至德」。
一　八四七頁下三行「無礙」，南作「無等」；徑作「無得」。

仁王護國般若經疏卷第三　韓三

隋天台智者大師說

門人灌頂記

觀空品第二

言觀空者謂無相妙慧照無相之境內外並寂緣觀俱空故言空觀品也又凡夫不識外道妄取二乘躭滯令菩薩以般若正智觀空非空超凡越聖故言觀空也又凡夫著有二乘著空菩薩捨有而復觀空也又觀是能觀空是所觀能所俱空眞佛知見故下文云見境見智非聖見也此下六品名爲正說大分爲四前之三品明內護護國一品明外護散華品明報恩供養受持品明弘經相貌初文更二初略開二護次問答廣釋初文四一知請意二略正開三勸發三慧四歡喜供養今初爾時佛告大衆者教所被機也十六大國王意欲問護國土因緣者生下外護經文與護國品爲本也吾今先爲下二正略開二護謂因果也護佛果因緣即生此品也護十地行因緣即生散華品十地行者謂護因也問王但請護國土因緣佛何故先爲說護佛因果耶答人情麤淺妙理難知王雖麤情唯請一而佛麤妙俱施又若但爲說護國國土安樂增長憍慢今佛說出世因果令其猒俗樂入眞也又索少是弟子之禮賜多是爲師之法又索少表不貪施多表不慳又索少施多表慈導之志云云諦聽諦聽下三勸發三慧諦聽令生聞慧善思念之令生思慧如法修行令生修慧云云時波斯匿王下四歡喜供養王言善者信順之辭也大事因緣爲茲出世顯令衆生開示悟入佛之知見法華以佛知見爲大事涅槃以佛性爲大事維摩思益以不思議爲大事華嚴以法界爲大事今此般若以成佛因果爲大事名字雖別其義一也故智論佛說般若無央數衆生當續佛種是爲大事又大品云須菩提白佛言世尊般若爲大事故起龍樹釋云能破衆生諸大煩惱能與諸佛無上大法名爲大事散華表行因成帳表得果蓋衆表慈悲度物蔭育羣生云云爾時大王復起作禮下第二問答廣釋文二先問次答初文二先明修敬白佛言下二正發問問中有二一問護果二問護因佛言菩薩化四生下二佛答文大爲三初此品明自利行答前問次教化品明利他行答第二問後二諦品明二護所依就答初問文二初正釋觀空後佛說法時下時衆得益初文二先正釋後總結釋中二初標宗正釋後問答重釋初文二一正釋二結行初又二一所化境二能化智初言四生者所化境也天及地獄是化生鬼有胎化二生畜生則鳥及龍是四生人中亦四爾時人胎生毗舍佉子從三十二卵生大山小山比丘從鶴卵生菴羅波離婬女從濕生劫初人皆化生也云云不觀色如下二明能化之智文三初約法二解釋三結成初約五法一五陰二衆生三佛果四菩薩五眞妄五陰是所依衆生是能依佛是果菩薩是因五陰衆生是妄佛菩薩是眞也今初五陰是有如是空若見色見如不免斷常如則是斷色則是常若觀色滅方如此三藏見若體色即如此通見若如即色此別見若知一

切法性眞實空無生滅同眞際等法性無二無別此圓見今言不觀色如等是圓見也衆生我人如者五陰衆共生名衆生我者計内五陰爲假名人也常樂我淨如者前五陰衆生是顛倒法非常樂我淨今佛果得非顛倒法是常樂我淨隨盡煩惱有殊而性常無異其猶冰水故云如也知見壽者下明菩薩有三一位二人三行位者十信名知十解十行名見向至地名壽者雖有三別而一如也菩薩如者二明人如六度下三明行如問淨名云一切衆生皆如也一切法亦如也衆聖賢亦如也至於彌勒亦如也與今何異答彼是眞空此是妙有問眞空妙有云何答動即寂眞空也寂即動妙有也眞空故非常妙有故非斷眞空不住生死妙有不住涅槃妙有故能起大悲眞空故能生大慈問淨名云一切皆如此云不觀色如何耶答若偏觀一切皆如還是斷若不觀如還是常淨名云如令離常見此云不觀令離斷見二見既離中道自明矣云云二諦如者明眞妄也世諦是妄出世

是眞也是故一切法性下二解釋文三一釋二會通三舉況今初一切法性是眞有眞實空是眞空眞空故不來眞有故不去不去則無滅不來則無生無滅無生孰凡孰聖既無聖凡誰論觀與不觀也同眞際下二會通眞際還是眞空法性還是妙有一色一香悉皆如是故云同等也如虛空者三舉況空中豈有五陰衆生菩薩諸佛世諦眞諦生滅去來者乎恐昧者不解故舉斯況云云是故陰入界下三結成無我是結陰入界衆生等如無所有相是結佛菩薩及知見壽者等如也是爲菩薩下第二結行金剛云一切賢聖皆以無爲法而有差別即同此文也云云白佛言下第二問答重釋文二初明三般若教二明依教發觀今初三般若即爲三別初中明實相般若先問後答上云不觀色如今問意者若云是爲菩薩行化十地令諸法皆空者菩薩爲化何等衆生耶大王法性色下二答文二一明眞則無化二明俗則有化初文四一境二觀三徵四釋今初五陰是地前菩薩境常樂

我淨是地上菩薩境云云不住色下二明觀有人言不住色者遮住色不住非色遮住空不住非非色雙遮住空住有又不住色遮住色陰不住非色遮住四陰不住非非色雙遮住五陰又不住色遮住色法不住非色遮住心法不住非非色遮住非色非心法又不住色不住有不住非色不住空不住非非色不住空空故淨名云空病亦空今解者具足應云不住色不住非色不住亦色亦非色不住非色非非色此中略第三句及四句非色兩字也以色即空故不住色以空即色故不住非色以色空無二而二故不住亦色亦非色以色空二而無二故不住非色非非色次例四陰非非住上言不住今言非不住只以不住爲住住無所住金剛亦云應無所住而生其心也何以故者三徵意云何故言住又言不住也非色如下四釋非色如故不可定言住色非非色如故不可定言住非色也世諦故下二明俗則有化文四初明二緣故見有衆生可化二結成上無衆生義三明邪正二見

俱是見四結成正見今初言世諦者諦有三種一色諦二心諦三空諦也三假者謂法假受假名假也此中三假非成實中所明以無三藏故也名見衆生者以世諦及三假故有衆生可化也一切生性實故者二結成上眞

諦無衆生義一切衆生即涅槃相不復更滅故云實也乃至諸佛下三明邪正二見俱是見三乘聲聞緣覺菩薩也七賢謂七方便也八聖謂四果四向也六十二見釋者不同且依大論於五陰上皆作四句於色陰云過去色神及世間常是事實餘妄語無常等三句亦然餘陰亦如是成二十現在有邊無邊等歷五陰上有二十死後如去不如去等亦有二十成六十是神與身一神與身異成六十二見云云大王若以名名見下四結成正見若知諸法但有假名名之爲見非同世人見一切法也云云白佛言下第二明觀照般若文二先問後答問意云有法既非是大乘云何照此從上非非見一切法文而生此難也大王摩訶衍下二答文二先略後廣初答意云大乘見者見法非法以色等法空故也法若非非法下二廣答釋文二初正廣釋二明能觀之智雙照空有初文二先明法空性空次歷法明空今初云法若非非法是名法空也法性空者性本若不空不可令其得空以性本自空故諸法皆空也色受想行下二歷法明空文二先正明後釋成空義今初約六門明空大論云五陰空是果報空十二入空是受用空十八界空是性別空以所病不同說斯三種爲疑心數者說於五陰爲疑色者說十

二入爲疑色心等者說十八界六大名遍到空阿含云六王諍大地云我能載水云能潤火云能燒照風云能生動空云能容受識云若無我者色則敗壞五雖大而識爲主故云四大圍空識居其中也四諦是境空因緣是義空云云是法下二釋成空義文二初就識陰次例四蘊及諸法初文四一標宗二類釋三徵詰四釋通今初以色法中有五義故空即生即住即滅者諸小乘師或云生前住次滅後或云生住同時皆不免難何者若云生前住次滅後則生時無住以生前故若無住者云何有生以先無住住於此生生不得住則無生也若住前無生則亦無住以無因故若生前有住則生住同時若生滅已方有住者住非生有此計異之過也若生住同時則因果一體生死同相此計一之失今云即生即住即滅者不同二說以諸法體念念遷流無有暫止亦是生時即住時滅時如疾炎過鋒奔緣經刃不已則來無暫住時故淨名云汝今即時亦生亦老亦滅也即有即空者色性自空非色壞故空也剎那剎那下二類釋明念念皆空同上五也剎那者極短時也何以故者三徵詰意云生滅相違云何言即生即住即滅等云云九十剎那下四釋通以九十小剎那爲一大念一念中一剎那復有九百生滅是故生時即有住滅也又九十剎那爲一念一念中一剎那經九百生滅一念有九十剎那合有八萬一千生滅以生滅攝剎那剎那攝一念如是心法不可得此明心空以四大分諸根諸根不可得以四微分四大四

大不可得以麤微分四微四微不可得以極微分麤微麤微不可得推色至於極微窮心盡於生滅色盡心窮豁然無住無住之住不可名之强是爲空即護三藏佛果也若見色色空見心心空無得無住此護通佛果也若見色心二法而一而異廣大如法界究竟若虛空函蓋相稱此護別佛果也若見色心二法本來空寂不動不住不生不滅此護圓佛果也云云乃至色下第二類釋四陰及諸法亦即生即滅即有即空也云云以般若波羅蜜空故下第二明能觀之智雙照空有文二先明觀照次明得失初更二一照空二照有初則無相後是有相無相者非但無所照亦無能照照無所照也大品經中名爲眞實般若有相則接別凡聖無量教門大品經中名相似般若也照空文中更爲二別初明照相以般若智中無毫釐實法故照一切法空不見緣者十二因緣空不見諦者四諦法空乃至一切法空者六大法等空也云云言不見者觀諸法空故言不見非謂不照名爲不見故經云

非見及見名一切眞實法也云云內空下二明空之分齊分齊有十二種大論有十八空論問云若少則應一空若多則應無量何乃十八龍樹答云若略則事不周廣則事繁難悟如服藥少則病不差多則更增疾今說空亦如是少說則不能破邪見多說則近濫廣此經隨時治病不多不少唯十二也內空者謂內六入無神我外空者外六塵無我所內外空者根塵合觀無我我所有爲空者色心和合生陰界入等皆無所有無爲空者虛空數滅非數滅空也無始空者外道以冥初爲始破此見故名無始空性空者諸法本無惑者計有乃至執言如來性等決定是有爲破此見故言性空故經云眼空無我無我所何以故性自爾故乃至意亦如是又華嚴云觀眼無生無自性識空寂滅無所有也第一義空者本空世諦世諦不有此亦是空般若波羅蜜空者大經云大空者是般若空大論云十方俱空名大空也因空者六度等空果空者菩提涅槃空空空者大論云以諸空破內外

等法復以此空破諸空是名空空又以空破有有者云空若執空爲是須以此空空破也但法集故有下二明照有文三初三假門明有如上說因集故有下二四諦門明有因集是生死因即集諦果集是生死果即苦諦十行即道諦從十信心乃至十地各有十種行門也佛果是涅槃即滅諦也乃至六道一切有者三約六道二十五有等明有云云善男子若有菩薩下第二明得失文二初明邪觀是失也二明正觀是得也今初若菩薩發心行學般若見有法有衆生我人知見者世間凡夫無異也於諸法而不動下二明正觀文二一明行二明位今初言不動者即色是空非析色也不到者大品云平等之法一切聖人所不能到須菩提白佛言乃可餘聖不到佛何故不到佛言乃至佛亦不到何以故佛即平等平等即佛佛與平等無二故不到也不滅者空即是色也無相者色空色皆無相也無無相者無相亦無也下例諸法云云是即初地下二明位文二初明正觀後示說處初

文三一位二名三用今初也言一念者謂從
第十回向以般若慧一念之中即有初地是
時具足八萬四千度也依賢劫經始從光耀
度終至分布舍利度合有三百五十功德
門一一各修六度即二千一百復將二千一
百對十法謂四大六衰又對十善一一皆有
二千一百即二萬一千又將二萬一千對四
衆生多貪多瞋多癡三毒等分各有二萬一
千合之即有八萬四千也云云即載名下二就
名明正觀有本云即能運名摩訶衍載運義
同也約體則是般若約用即是大乘即滅煩
金剛下三約用能滅煩惱如金剛破物謂鑽
十地末後一念也能離散亂故名定此中一
行具無量門也如光讚下二示說處也大王
是經下第三讚文字般若文五一明多佛共
說二舉喻三格量四舉況五明信解相今初
也釋論云一字曰字二字曰名二字不合不
得爲名若合說者始得爲名四字等名句句
下所詮名味於恒河下二舉喻百億須彌百
億日月鐵圍大海等是一大千界如河中沙

一沙是一世界滿中七寶以施衆生及得四
果也此中有財法二施意但文似隱也云云不
如下三格量無漏之心起一念信勝前二施
何況解一句者四舉況信但不謗解能利他
則信淺解深此約鈍根說若如法華云汝舍
利弗尚於此經以信得入者此乃即信是解
約利根說也句非句下五明信解相文三一
明文空二明文義俱空三明人法俱空今初
也句是有非句是無非非句是非有非無非
有非前有句非無非前無句又句即文字也
非句即文字之性離也非非句非前文字及
性離之見也云云般若非句句非般若者二明
文義俱空般若非句是義空句非般若是文
空以即文非般若即般若非文離文無般若
離般若無文文中無般若般若中無文如是
互求不可得故即自空也又文及般若自他
共離求不可得故空也般若亦非菩薩下三
明人法俱空文中亦合明人空但文略故也
自爲二別一約因位辯法空二約果位辯法
空初文三今初標也般若是法菩薩是人般

若中求菩薩不可得即是法空何以故者二
徵也十地下三釋若約通教即三乘共行十
地說始住終若約別教即菩薩十地明始住
終也亦非薩婆若下第二約果辯法空梵云
薩婆若此翻一切種智一切種智即佛果也
佛果亦空故云亦非薩婆若也摩訶衍是乘
能乘人既空所乘之法亦空也云云大王若菩
薩下第二依教發觀文二初明邪觀二明正
觀今初見境者見實相般若也見智者見觀
照般若也見說見受見文字般若也如是執
見是凡夫顛倒妄想非聖見也又見境謂見
塵見智謂見識見說見受謂見人妄執究然
非聖見也見三界下第二明正觀也文二初
約染淨因果以明空相二約無聽說以辯空
相初文二初明生死空後辯佛果空前更二
初正明生死空後釋空所由初文二一明正
使空二明習氣空初文二一明分段生死後
明變易生死初更三今初明果空也三界是
器世間衆生是假名世間果報是五陰世間
謂三界依正也六識起下二明業空以六識

取六塵起諸煩惱貪著五欲展轉無量蘊積舍藏名之爲藏無自性故名之爲空云云三界空下三明煩惱空三界之本二念癡心闇於前境名曰無明有此無明即生三界無明如地能生萬物故名本也三地九生下二明變易生死空有人言三地者一見地從十四向至三地二修地從四地至七地三究竟地從八地至十地此別接通意也九生滅者前三地中各有始住終云九生滅也又變易生死三界中各有三種意生身三界名三地各有三種意生身生滅名九生滅也從初地至五地名三昧樂意生身六七二地名覺法自性意生身八地已上名無作行意生身此通別教意生也餘無明習者上明五住正使此第二明習氣空也金剛菩薩下二釋空所由由此菩薩得理盡三昧故一種生死煩惱業等皆空所言惑者謂迷妄之心造生死業不達心源名之爲惑即是煩惱果者即正報果有生滅故得名空有果空者即三界依報空故又果空者謂變易生死空因空者謂三界業煩惱等空也理盡三昧者謂菩薩得此三昧達理盡源極無明本故名理盡三昧也云云薩婆若下二明佛果空文三今初明智斷空薩婆若亦空者是智空滅果空者是斷空或前已空者是正因佛性空佛性本自空非推之使空故言或前已空也佛得三無爲下二明無爲空智緣滅者觀心佛正觀心滅於煩惱名智緣滅非智緣滅者謂正因佛性性本自淨無煩惱垢不勞觀行而滅惑也虛空者無色現處是也薩婆若下三結果空也云云善男子下第二約無聽說以明空相也文中法喻合可見聽說如虛空者大品云聽如幻人聽說如幻人說故無聽說淨名云夫法說者無說無示其聽法者無聞無得法同法性者淨名云法同法性入諸法故以此例諸故皆如也大王菩薩下第二總結先結能護體也護般若下二結能護用云云佛說下第二明時衆得益文二先時次益法眼淨者謂初地已上見中法非小乘中法眼也性地者謂三乘共行十地略九舉一也信地者即四不壞信十信菩薩是也大空大行即別教初地圓教初住已上皆名大空大行也云云問佛說般若何故得益不同答法華經云一地所生一雨所潤根莖大小差別自殊如其種性各得生長今說般若亦復如是雖說一法得益自差也

菩薩教化品第三

初三品明內護中今當第二釋護十地行即是明利他答第二問也言教化品者菩薩以利物爲德教諸衆生離一切惡化諸衆生修一切善又佛將此法教化衆生得成菩薩故云教化品又以此法化諸國王令識般若故也云云品文二一發問二佛答今初也文有二意一牒前品中護十地行菩薩即能護人也次云何行可行等者正是問辭一問菩薩自利行法二問利他行三問所化衆生之相云云又初問自利依何修行故以五忍答之次問利他依何位行故以十地行答之後問何相衆生可化故以幻身見幻化衆生而教化之又此經說通自他而就他說爲正故文多利他行故譯者亦以教化標目佛言大王下二

佛答文二初答前二問次答第三問前文三
初正答二問次以偈讚佛後如來述成初文
更二一正答前問兼利他二正答後問兼自
利前文更三初略答二廣答後總結略答復
三初標數者準下結諸佛菩薩本所修行今
隨問而答故但云是菩薩法耳二伏忍下列
名也地前三賢未得無漏未能證但能伏不
能斷故爲伏忍智也以有智故能伏煩惱初
地二地三地得無漏信名信忍四五大地緣
向無生名順忍七八九地諸念不生名無生
忍十一二地得菩薩果名寂滅忍以初地得
無漏信此別教意也七地得無生忍即別接
通意也然此五忍諸經不同若依本業瓔珞
云六性一習種性二性種性三道種性四聖
種性五等覺性六妙覺性即是十住十行十
迴向十地等覺妙覺也亦名四十二賢聖云云
名爲諸佛下三總結也善男子下第二廣釋
五忍即爲五別初伏忍中三賢不同即爲三
別先釋十住文爲五別一明方便二明入位
三顯力用四釋超過五成聖因今初言發想

信者十信之中未入十住不見道理但能想
信想信若成即入十住言恒沙者發心者多
也如大經云如菴羅樹花多果少如大魚母
胎子雖無量成就者少此言衆生欲求實諸
至於中路咸悉退還也於三寶中下二明入
位於三寶田中生此十心也善順故信不退
名進決斷名慧不動名定能捨名施防護名
戒不失名護上求曰願至菩提名迴向是爲
菩薩下三明力用以十住菩提作銅輪王王
南西二方名少分化衆生也已超過二乘下
四釋超過此圓教大乘十信則與二乘齊十
住則斷無明過二乘地也云云言一切善者十
信名善故下經云十善菩薩發大心長別三
界苦輪海言超過二乘即聲聞緣覺一切善
地即十信菩薩也一切諸佛下五成聖因十
心是因諸佛菩薩是緣因緣和合故成聖胎
也即以中道一心三觀爲種子斷一品無明
即能見佛性故成聖胎也次第起乾慧下第
二明十行有本云復次善男子今且依次第
解也文四一明位二辯體三明化他四釋離

患今初明位即三忍中第二忍也前下伏忍
即是聞慧今中伏忍即是思慧言乾慧者無
定水也故云是思慧耳經千字者非瓔珞中
有六性亦名六慧言六性者即習種性種道
種聖種等覺妙覺等也言六慧者謂聞思修
無相照寂寂照等也習已成性名種性有十
心者總標其數也所謂四意止下二辯體文
三今初明四念處意止者謂以智慧令心止
住意即心王也身受心法者明所觀之境也
苦無常等明能觀之體也觀身不淨能除淨
倒觀受是苦能除樂倒觀心無常能滅常倒
觀法無我能除我倒也三意止下二明三善
根以慈故無瞋施故無貪慧故無癡也三意
止下三明三世忍心緣過去無明及行名因
忍現在五果及現在三因名因果忍未來兩
果名爲果忍又於一切法皆有此三如種子
但因如瓜瓠亦因亦果能作果等是因結實
成種是果種等但果非因此約一時三世論
也是菩薩亦能下三明化他也已能過下四
明離患文中先明離內患即我人知見等也

及外道下次明離外患也復有十下第三明十迴向有本云復次善男子修行上伏忍進入平等道名爲道種性地文有四今初標位也謂欲入初地能與聖道爲因性故名道種性所謂觀色下二出體文三初明五忍中初列五陰是所觀法得戒下是能觀智由觀色陰便得戒忍以作無作戒皆色陰也準此經文作無作戒皆是色攝觀識陰故得知見忍以了別識與知見文類相似也觀想陰得定忍以從倒想能入於定如無色界天由想故成觀受陰得慧忍以依受故立四禪天由於禪故能發智慧觀行陰得解脫忍以行無常故得解脫忍問何故色下而說識答四陰皆心爲主由識分別於色由色故識方能行相生義便如此說云云觀三界下二明三忍以觀三界苦果空故得空忍觀三界因空故得無願忍以煩惱業爲集諦故也觀三界因果空故得無相忍證因果空成無相觀也二諦虛實下三明二忍以觀俗諦是有爲法得無常忍觀眞諦是無爲法故得無生忍無常忍即小乘藏教無生忍即大乘通教也出體竟是菩薩十堅心下三明攝化以道種性菩薩作金輪王化四天下也又十堅心者即結上五三二忍成十堅也生一切衆生善根者四明勝用也伏忍三品竟云云

仁王護國般若經疏卷第三

仁王護國般若經疏卷第三

校勘記

一　底本，明永樂北藏本。

一　八五〇頁中一五行第一二字「初」，南作「而」。

一　八五四頁上三行「二念」，徑作「一念」。

仁王護國般若經疏卷第四　韓四

隋天台智者大師說

門人灌頂記

又信忍菩薩下第二明信忍文四今初標名配位言信忍者以無漏信三寶等故名信言善達明中行者配位如下經說善覺初地菩薩證人法二空故名善覺也達即離達謂二地菩薩離破戒垢達眞俗理故名離達明即明慧謂三地菩薩智慧光明照諸法故故名明慧五陰假人於中修行名中行者下經云道行人此道成人名行人斷三界下二明離障以色煩惱麤故於此三地而斷云云能化百佛下三明攝化三等差別配對三地可解問信有幾種答略有三種一想信輕毛菩薩十信是二久信三賢菩薩是三證信初二三地是也云云常以十五心下四明發行種子四攝者布施愛語利益同事四無量者慈悲喜捨四弘誓願者瓔珞經云願一切衆生度苦斷集證滅修道名四願也乃至成佛從於初地用此十五心爲根本云云順忍菩薩下地三明順忍文三今初標名位順無生忍觀而未正得故名順忍見勝現法者即是位也見謂順忍下品見理道品分明即第四燄地勝即中品第五難勝地難勝有二義一教化衆生二不從煩惱於二事得勝名難勝地見法即第六現前地因緣觀解現前故也能斷三界心等煩惱縛者二明除障前斷色煩惱此斷心煩惱又前斷見惑此斷思惑故言心也故現一身下三明攝化前信忍明化身故云現百身千身萬身今順忍明實身故云現一身於十方佛土化衆生也問云何一身現於多土答不思議力神通變化令衆見也又無生忍菩薩下第四明無生忍文三今初標名位謂以自他共無因求色心二法不可得於此得智名無生忍所謂遠不動觀慧者此配位也遠即第七遠行地能至有功用心後邊故不動即第八不動地有相煩惱不能動故觀慧即第九善慧地四無礙解化衆生故亦能斷三界心色等煩惱習者二明除障前各斷一重今雙斷正習也故現不可說下三明攝化分齊云云復次寂滅忍下第五辯寂滅忍文四初標名位三一標名者前之四忍未盡法源今之一忍寂諸心色滅於想習名寂滅忍云云佛與菩薩下二明證用金剛是喻三昧是定有以煩惱如金剛以其堅靳不可即斷非佛智力無能斷者即經中龜甲羊角所能破者是此義也有以智慧如金剛能破煩惱不爲彼損亦大經中如金剛寶鉼無斷破聲是其義也今佛與十地菩薩同用寂滅忍入金剛三昧也云云下忍中行下三配位下忍即法雲上忍即佛也薩婆若此云一切智又無礙道因位攝故名下忍解脫道果攝故名上忍又法雲與佛同入金剛三昧前心名菩薩後心名佛無有中間故但上下前之四忍俱是因位故有三品問諸經有等覺何故此中不立答若依餘經即合有三品下品十地中品等覺上品妙覺今般若附通不同別教故但論法雲即及佛地故大品云十地菩薩當知如佛如者未是義大經亦云十地菩薩見性未了此皆通教意也云云共觀第一義諦下第二

辯除障文三初明所觀之境同觀眞諦而明昧不同如大經云如十地菩薩聞見佛性諸佛如來眼見佛性又十地菩薩名有上士佛名無上士又菩薩如十四夜月佛如十五夜月等云云斷三界心習者二正辯除障前無生忍中雙斷心色麤習今此忍中永斷心法細習也無明盡相下三明二道差別之相無明盡相爲金剛者此無礙道也言盡相者未盡之義如煙是火相而未是火金剛喻定是盡無明之相而無明未盡問若無明未盡應是煩惱何故前文佛與菩薩同入此定答無明之性即是於明如燈生時即同滅時只以一念無明心變爲明微明即菩薩大明即佛也盡相無相爲薩婆若者此解脫道前金剛下定但盡色心麤細之相不得名一切智今佛地非但盡相亦盡無相故得名一切智可謂緣觀雙冥境智俱寂也超度世諦下第三約諦辯異三賢多住世諦十地多住眞諦眞諦即無世諦即有超世諦故非有超眞諦故非無非有非無即薩云若問薩婆若薩云若有何差別答有二說一云同二云異同者彼此無殊異者薩婆若是一切智薩云若一切種智今謂說五忍文寂滅忍中既唯分二品不應更有薩婆若薩云若之別復說即有審明等覺之義即於寂滅忍中有上中下下即十地中一切智上一切種智若依經起度二諦外爲第十一地薩云若者即依前釋云云無緣大悲下四明攝化分齊文二今初略者一切衆生在於三界佛以大悲而濟拔之法華云諸子遊戲來入此宅長行即云長者驚入火宅淨名云菩薩病者從大悲起皆此意也大悲是能化心衆生是所化境薩婆若是能化體大悲有三一衆生緣悲外道亦有二法緣悲二乘亦有三無緣悲唯佛獨有善男子下第二依宗廣釋文三初約正理三界者欲色無色等三也藏者能含六道四生也果者分段報果也報者苦樂等報也二十二根者眼等六根苦樂憂喜捨五成十一根男女命三信進念定慧等五成十九根未知根欲知根知已根成二十二根二十一根不出分段三界知已根不出變易三界諸佛三身亦不出三界者以法身即應化也大經云今我此身即是法身法華云常在靈鷲山及餘諸住處普賢觀云釋迦牟尼名毗盧遮那遍一切處華嚴云亦名釋迦亦名舍那等既知三身即一身亦須知界外即界內也三界外無衆生下二明聽說說云界外有衆生可化者此外道說非佛說也問界外實無衆生耶答聖教不同有無異說此經則云界外無衆生餘經則有法華云餘國作佛三百由旬外權置化城淨名云上方界分度如四十二恒佛土有佛名香積若界外無人豈容三界內上方更有爾許佛土耶故知亦有問此經云無餘經云有如何會通答此經云無無變易衆生餘經云有有變易衆生故大論云聲聞生界外白銀世界無煩惱名只約無煩惱即云無衆生而聲聞無明未斷豈實無耶此文正是通教意偏論界內煩惱衆生也衛世師外道說有六諦大有經是其一諦彼經說云此三界外別有世界若言三界外別有衆生同彼外

道說也實理而論若言界外有衆生即同外道若言無即同二乘諸佛菩薩見者即不有不無不有不無即非如非異非如非異即不如三界見於三界如斯等事法華中佛方顯了說也大王我常下第三引昔證今我昔常說斷三界煩惱果報盡名爲佛豈於三界外別有衆生耶自性清淨名薩云若性者即正因佛性一切衆生佛及菩薩同共有此豈於三界外而更別有衆生可化也衆生本業下第三總結文二初總結五忍衆生本業即煩惱諸佛菩薩未成道時亦有煩惱由煩惱故修諸功德智慧今得成佛佛本煩惱與今衆生無異故名爲本五忍中十四忍具足者二結廣略略即五忍廣即十四謂三賢是三十地及佛地成十四也上來答前問兼利他竟白佛言下第二答後問兼自利文二先問後答今初揲前問是故更重申十地是菩薩本業菩薩於生死菩提無染名本業清淨以淨法教化衆生不同凡夫二乘雜煩惱法化衆生也問雜煩惱化衆生有何失答自既有縛豈能化他凡夫則師既墮弟亦隨墮二乘則謗佛敗法於諸衆生而起怨心豈成利益耶佛言從一地下二答文二先略後廣初又三初明淨業所依謂從歡喜乃至法雲問何故但說十地答地前三賢賢而非聖不名本業清淨妙覺一地妙果已圓故於因中舉十地答自所行下簡二行一自行處即十地境二佛行處謂妙覺地境前十地但行自所行處後金剛心通行二處故下文云得理盡三昧同佛行處又瓔珞云佛子菩薩爾時住大寂門乃至過十地外與佛同坐也一切知見故者三釋成清淨以佛五眼方能見一切法以佛三智方能知一切法也本業者下第二廣答文三初標次釋後結今初可解若菩薩住下二釋十地爲十今初釋善覺地文五今初明土寬狹言住百佛國者國土有三一說法土百億日月化小乘二神通土億億日月化中乘三智慧土無量世界化菩薩今言百佛國土者說法土也作閻浮提四天王者二配位化於四王中作南方增長天王以閻浮提勝於餘方有佛出此處故又次第作四天王依十地經初地菩薩作閻浮鐵輪王不言四天王瓔珞云修行一劫二劫三劫十信善者有三品上品善鐵輪王化一天下中品善粟散王下品善人中王十住銅輪王十行銀輪王十向金輪王初地已上瑠璃輪王十地經初地作鐵輪王此別教意也瓔珞及此經十善作鐵輪王圓教意也修百法門者三顯法門也即自利行於十善中一一更明十善故言百法門二諦平等心者四釋地中別行也即俗即眞故言平等化一切衆生者五釋地中通行也地地皆用化生爲行巳下九地文句類此可解住千佛下二釋離達地忉利天此云三十三天也地經云二地作金光王瓔珞與此經同千法門者於前十善中一一各行百善也云云住十萬下三釋發光地地經作忉利天王瓔珞同此住百億下四釋燄慧地地經作燄摩天王瓔珞同此作兜率天王道品即三十七道品也住千億下五釋難勝地二諦者眞俗也四諦者苦集滅道也八諦者

有作四無作四也又苦空無常無我及常樂我淨爲八也地經作兜率天王瓔珞同此作化樂天王住十萬億下六釋現前地地經作化樂天王瓔珞同此作他化天王住百萬億下七釋遠行地地經作他化天王瓔珞經云梵王常以二智化衆生也住百萬微塵下八釋等觀地地經作梵天王王一千界瓔珞云梵師子瓔珞光光天王雙照眞俗不相違名爲方便智於入觀中能發神通名神通智住百萬億下九釋善慧地地經作梵王王二千界瓔珞經作淨天王住不可說下十釋法雲地地經作大自在天王王三千界瓔珞作大淨居天王大自在大淨居大淨天皆同也學行已滿名理盡三昧唯有一行是如來行所謂大般涅槃菩薩亦得名同佛行處無明是三界之本此惑已盡即三界原盡也是故一切下第三結文二先結菩薩業若十方下二結如來業又是答釋妙覺地也爾時百萬下大章第二月光偈讚文三一時衆供養二月光讚佛三大衆得益初又二初財供養佛合

掌下次法供養云云今於佛前下二月光正讚文二一明讚處世尊導師下二正發言讚偈者竭也攝義竭盡故名爲偈四句爲偈句有三四五七等差別若梵天以三十二字爲首盧偈即以八字爲句也云云五十九行大分爲三初六行總頌上義二四十五行別頌十四忍三八行總結頌五忍初人三前三行歎別相三寶次兩行歎五忍後一行歎一體三寶初文三佛法僧差別也衆生及器二世間俱尊名世尊引導匠成名導師導師不同有世間導師出世導師出世中有拙度巧度次第度一心度等金剛體歎法身也心行下二兩句歎法寶淨名云心淨已度諸禪定此中云寂滅淨名云三轉法輪於大千其輪本來常清淨此中云心行寂滅轉法輪一句包之義理不失又初句歎佛身業次句歎心業次句歎口業又佛五事具足一世尊威德具足二導師智慧具足三金剛體法身具足四心行寂滅解脫具足五轉法輪化他具足云云捷疾應機名辯八音者梵摩喻經云一最好聲二

易了聲三調和聲四柔輭聲五不悞聲六不女聲七尊重聲八深遠聲洪者大也時衆下三歎僧寶文中總前大衆天無出家法今言出家者約心說也三乘共行十地故云成比丘衆菩薩行也又人身出家成比丘衆天心出家行菩薩行也五忍功德下二別歎五忍三賢十聖是因位名忍中行佛居果地窮原盡理名能盡原又十四皆云正士者即四十一地也十地爲十住行向及等覺名爲四成十四大士圓教十四聖人皆以一心三觀諦了諸法名忍中行毗盧遮那衆行休息名能盡原云云佛衆法海下一行三歎一體三寶佛是佛寶衆是僧寶法是法寶包含如海蘊積如藏故無量功德攝在其中也十善菩薩下第二別頌十四忍文五初九行頌伏忍二十行頌信忍三八行頌順忍四十行頌無生忍五八行頌寂滅忍初文二前兩行頌伏忍方便即十信也復有七行頌伏忍功德即三賢也初文二先一行明離過次一行明攝位今初古人云十信菩薩由發大心求出三界雖

未能出巳能遠離惡道等苦故言長別今則
不然若別教十信是外凡未能暫離豈能長
別若圓教十信斷三界惑至十住初即斷界
外無明等惑以其但斷三界四住與羅漢齊
長別苦海與二乘人同生方便有餘土若羅
漢支佛於彼土遇餘佛爲說法華經即成菩
薩進斷無明若十信菩薩縱未聞法華亦能
漸次自斷無明豈以不生惡道便是長別苦
海問此十信與別教中何位相似答奪而論
之別教地前次第修證十住修從假入空觀
十行修從空入假觀十迴向修中道正觀圓
教十信即能圓修三觀不可論同與而言之
即別教十迴向齊問與前二教何位齊答奪
而論之藏通二教巧拙雖異但見於空不見
不空未識中道圓教十信具修三觀與前二
教不可格量與而爲論圓教十信藏通佛與
二乘俱斷見思即與藏通等佛地齊也所言
大心者謂誓願大度生大說法大慈悲喜捨
大也區分各別名界三苦八苦八萬四千苦
名苦迴轉不息如輪沉浮出没如海云云中下

品善下二明攝位修行十善必具三心中下
二心爲粟散王小王衆多猶如粟散上品心
行十善爲鐵輪王王閻浮提其鐵輪寶廣一
俱盧舍云云若瓔珞上品鐵輪中品粟散下品
人王云云習種銅輪下第二伏忍上中下功德
文二初兩行別歎三品爲三輪王次五行總
歎三品今初十住菩薩習種性人作銅輪王
王二天下其銅輪寶廣二俱盧舍十行菩薩
性種性人作銀輪王王三天下其銀輪寶廣
三俱盧舍十迴向菩薩道種性人作金輪王
王四天下其金輪寶廣四俱盧舍七寶者女
寶珠寶輪寶主兵寶主藏臣寶象寶馬寶等
也伏忍聖胎下二總歎三品文二初一行列
三十心與十聖作胎故名聖胎三十人總標
數十住下別列經作信字有人云信即十信
止則十住堅則十行此恐與經文義理相違
有人云信即十住止則十行堅則十迴向此
則得義違文今謂住信相似傳寫者謬應作
住字讀之三世諸佛下二正歎功德文四初
歎伏忍能生諸佛以伏忍爲入道之初門菩

提之關鍵誰人出不由户故三世諸佛由此
而生一切菩薩下羅漢伏忍能生菩薩大海
有本所謂衆流衆流之本必有涓滴菩薩之
行本乎伏忍伏忍成立由於信心若能發信
心入圓十住即斷無明無明盤礴非一心三
觀所不能斷能斷之智從十信生故佛歎云
信心難也若得信心下三明功能若得圓信
心必不退轉即得入於初地之道此中經文
包含兩教若約別教即從十信漸進不退登
於歡喜若是圓教十信心菩薩即不退轉便
登初住圓教初住即別教初地故華嚴及下
經文亦以十住爲十地也必不退者圓教十
信必不退墮凡夫二乘及於三界問本業瓔
珞説十住中第六住正觀現前值佛菩薩善
知識所護則出七住常不退轉七住以前名
爲退分如佛初會有八萬人退如淨目天子
法才王子舍利弗等欲入七住值惡因緣退
落凡夫不善惡中作大邪見今此經中不言
退者何耶答人心如面各各不同大聖隨機
故亦差別有説十行菩薩性種人猶退墮地

獄又初阿僧祇刧猶退墮者即入迴向人亦有退墮瓔珞第一説十住第七名住不退七住巳前即有退義約教而斷初阿僧祇退者三藏意十行退者通意十迴向退者別意十信退者圓意今云信心不退進入初住之地即圓義也教化衆生下四明利他上句明化他之行教化衆生令常覺悟必不退轉下句結歎初心也大經云發心畢竟二不別如是二心前心難般若云能生一念淨信於無量佛而種善根法華云於無量劫行五波羅蜜不如聞佛壽命生信等皆斯義也善覺菩薩下第二頌信忍功德文二先頌三品後結歎初文三一四行頌初地下忍次兩行頌一地中忍後兩行頌三地上忍初文二初一行半歎作王功能俗如幻有眞如幻無心雖非實不無於幻於幻究然故云雙照眞俗空故故云平等始登一乘下二兩行半明入地功德以一心三智住於諦理名住能生諸德名地地即別教初歡喜地住即圓教初歡喜住也於一心中即修三觀萬德萬行並在其中華首經云一切德並在初發心中即其義也於第一義而不動者別教則十迴向菩薩修中道正觀未證故有動至初地證得則無動圓教則十信修一心三觀猶有動初住證得方無動也離違開士下二兩行頌信忍中品離違者離破戒垢通達三觀別教二地圓教二住開士者開空法道也大士正士開士等並一義也切利明王位現形明化無緣等明智世諦無法可緣眞諦無法可相無緣無相即是中道第一義諦無無者一無無緣一無無相此二俱無云何有生故云無生既眞無生何得有照云何無二照照無所照不二故也明慧空照下三兩行頌信忍上品別則三地達人法二空得忍成就名空照圓則三住即空即假即中名空照也應形下明化也忍心下明智三諦即一諦三心即一心故云無二即有即空故云出有入無即空即有故云變化生也善覺離明下第二總結信忍能滅三界色煩惱即色是空還觀三界身口色即空是色法性第一無遺照無非中道也有本作唯照非經意也燄慧下第三頌順忍文二前六行正頌後兩行總結初文三初兩行頌下品次兩行頌中品後兩行頌上品初中燄慧妙光等者即別教四地菩薩得精進波羅蜜成就圓教即四住菩薩於三觀精進緣寂即實智照空有即權智也勝慧下次頌中品忍別教五地菩薩入深禪定得於勝慧圓教五住菩薩也空空諦觀無二即動是寂變化六道即寂是動也法現下三頌上忍別教六地菩薩得般若圓滿故云法現等圓教六住中無二無照等即寂也智光普照即動也燄勝法現下二兩行總結燄即前四地勝即五地法現即六地此三菩薩得中道觀不起有無二相以正觀水洗無明垢也空慧等者即色心俱空也還觀等者即色心俱假也遠達無生下第四頌無生忍一頌為三前五行頌七地下忍次三行頌八地中忍後兩行頌九地上忍初文二初釋行相二斷惑分齊今初遠達無生大品云七地深入無生深入遠達義相似也不同六地證有間斷至法之源故云

深入深入即遠行地隣近第八地故復云遠行遠行地即遠達也常萬億等者明化用略舉大數故云萬億未度下明損生未度報身者分段身是也盡此一身即入變易故智論云七地菩薩未捨肉身又二十二生中未度未後一生也雙觀二諦故云等觀又色心二法無差別相故云等觀別教七地猶有功用進入八地無功用心中道法流至薩婆若海此別接通意也始入無緣金剛忍則不受三界分段身此乃預說八地已上功德以其必能致此勝神不久的得故先說也亦猶教聲聞人先歎當果矣中道第一義諦對眞俗即是第三一中一切中故云無二照從初地至七地各有下中上三品三七即二十一生生之中皆觀諸法空寂以此爲行也三界愛習下二明斷惑分齊七地菩薩斷現行此斷習氣如十地經云此遠行地不名有煩惱者一切煩惱不行故貪求如來智者未滿足故不名有煩惱此經亦爾愛佛智者習未斷故故名順道定諦謂審實以前六地但斷煩惱未斷無明習氣今第七地煩惱麤重早已斷盡故能諦了未斷無明習也愛謂癡愛由癡愛故受生死身故淨名云從癡有愛則我病生今七地中永已斷故等觀下三行頌無生中品忍即八地菩薩也此句標名舉位變生法身者七地分段報身已捨變彼分段得變易法身故云變生證法性理以成此身故云法身八百恒土下明勝用道前爲過去道中爲現在道後爲未來返照者照過去七地已前事樂虛者緣現在事無盡原者照未來事七地雖得無二之照以其初證不明寂然今至八地心更純熟故常寂然也慧光開士下二頌無生上品忍即九地善慧菩薩也常在無爲等者即動寂齊行也灌頂菩薩下第五八行頌寂滅忍文二前五行頌下品後三行頌上品初中言灌頂者在十二法師之上故名頂華嚴二十七云譬如輪王太子成就王相取四大海水灌子頂上即名灌頂大王菩薩亦如是受佛職時諸佛以智水灌是菩薩頂名灌頂法王是名菩薩入智慧職地即法雲地菩薩也爲第四禪天王有本云五禪王者即取欲界及四禪也始入金剛等者以此定破無明一切皆了也從初歡喜終竟法雲有三十生今但言二十九生者以第三十生是其見受之身於前二十九生已過故云永以度也下忍觀者結因分齊一轉妙覺者結果分齊雖即未得轉心即得也等即等觀八地菩薩慧即慧光九地菩薩灌頂即十地菩薩此三品大士共除餘習無明之緣無明習相是舊煩惱名之爲故即四住客塵是新煩惱也二諦即眞俗理窮即中道得此三觀諦現行習氣皆盡也圓智無相下三二頌明妙覺地即寂滅上忍也得一切種智圓滿盡無明之相故云圓智無相得此無相方爲三界之主法華亦云今此三界皆是我有喻云是時宅主在門外立等也十地菩薩受第三十生未名爲盡今妙覺菩薩不受此生故名盡也前三十生未盡不名大覺佛地生盡故名大覺得涅槃名大寂無餘無爲四魔不能破壞如金剛藏前三十生並有因盡果生今大果

圓滿更不復生故云報盡盡未來際拔衆生苦故悲無窮極也第一義諦即涅槃故常安隱即常樂我淨窮無明之原盡煩惱之性不同外道斷見聲聞證空雖無得無成而妙智常照上來頌五忍竟長行偈頌互明五忍而十地妙覺出没不同是乃大聖隨機轉文顯義者也三賢十聖下第三入行總結歎五忍文三先歎法身果後歎利益果初中將明其勝先且舉劣三賢即地前三十心十聖即十地菩薩此四十心同生華藏果報之土非藏通教中果報若藏教唯是凡聖同居若論通教唯生有餘化城之土今言果報即是別圓教人得無障礙生無障礙土問此中三賢十聖爲是別教爲是圓教答正是圓教問圓教即合生常寂光何故生華藏答華藏之中別圓共生以是因非果不得生於寂光之土故華藏土中有別教十地圓教四十心共生也妙覺極果毗盧遮那唯獨一人生於寂光淨土問前三二中亦有淨土何故寂光獨名淨土答凡聖同居聖少凡多是穢非淨方便有餘但除見思未斷無明偏眞之淨非是眞淨華藏世界帶別方便未爲純淨寂光無此故受淨土之名也一切衆生暫住報者有云衆生雖即無始而有終暫時受報佛無始終故居淨土今謂佛登妙覺應在寂光爲化衆生暫時應現壽命長短而受果報故云也如來三業下二歎法身果報淨土即是依報今明法身即是正報上句正歎下句頂禮一體三寶法王無上下三歎化他果文中初一行舉喻歎即是形益次一行法說歎佛口業是聲益外道全無義二乘偏等菩薩未圓唯佛有文義也心智即觀寂滅即緣觀緣寂名無緣照又外色無可緣內心無可照次一行明大衆供養次一行明地動次一行結歎佛在人爲人尊在天爲天尊又大經云人王即天王也十四王即三賢十聖等也廣說恐時衆受難故略歎也又佛德無量不可數盡故略歎也

仁王護國般若經疏卷第四

仁王護國般若經疏卷第四

校勘記

一　底本，明永樂北藏本。

一　八五七頁上一五行「初二三地」，清作「初二二地」。

一　八五七頁中一九行末字「一」，南作「二」。

一　八五七頁下六行第七字「即」，徑作「如」。

一　八五七頁下一四行第一一字「前」，徑作「全」。

一　八六三頁中一二行末字「二」，南、清作「三」。

一　八六四頁上七行第一一字「入」，南、徑作「八」。

仁王護國般若經疏卷第五　韓五

隋天台智者大師說

門人灌頂記

菩薩教化品之餘

時諸大衆下第三辯大衆得益文三一天及三趣得益二八部得益三得道賒促初中言無生忍者通教三地已上別教初地已上圓教初住已上矣問云何惡道得無生忍答大經云一切衆生皆有佛性必當成佛今遇佛善知識故得道也又戒乘緩急前已具明以三品戒緩生惡道大乘急故以惡道身見佛聞法八部下二八部得益也三生入正位者下三得道賒促由根有利鈍悟有淺深也正位二義一人空別教十解圓十信得二法空別教初地圓教初住得聞法已後一生乃至十生得正位也例如法華中損生云云佛告下大章第三如來述成文二初讚能說後讚所說初文二先正讚後述讚初文二一告衆而告實得道果者以權行自知月光本迹實則不知故告之也善男子是月光下二發迹昔於能光所爲第四住餘慧開士我爲第八等觀菩薩我今成佛則月光爲法雲菩薩何以知然師子吼者名決定說若非十地不能堪也又淨名歎十地菩薩云能師子吼名聞十方也如是如是下二述讚先讚勝解王所說教稱所詮理教理相稱故再言如是自九地已下心口不能思不能議也次明解般若云唯佛與佛乃知斯事經有作以佛非也唯汝解此乃同佛地不爲菩薩發問如是也善男子下第二讚所說法文三初正讚二勸修後大衆供養初文三初釋不思議次釋不可度量後釋唯佛乃知初更三一略說次假徵二藏後廣釋初文更四一標數謂十四般若也三忍地下二配當三忍謂便忍三品十住十止十堅心也地地上中下三十忍者從初地至十地各有上中下十地成三十忍也一切行藏下三藏攝一切行藏謂十三忍一切佛藏即上品寂滅此二攝諸功德故名藏不可思議者四結不可思議也何以故二假徵行佛二藏也一切諸佛下三依義廣釋文三初就佛明不思議二合釋二藏明不思議後雙結二藏明不思議初文二先就化身明無生滅二迹難重釋今初文二一立二蕩今初法身無相爲物故形王宮生雙林滅以生滅化衆生也而無生下二蕩其用彌廣其體彌寂故無生滅化也無自他下迹難重釋先法後喻今初彼我兩亡故無自他境智俱絕故無二中道最上故第一即動是寂故非化即寂是動故非不化非無無相者釋其潛疑恐人聞無生死化等即謂無有出世無相之法故釋其疑云非無無相無去來等但求去來不可得故云無去來耳如虛空者二舉喻也一切衆生下二合釋二藏明不思議文二先釋後結釋中二初人法相對辯不思議後境智相對辯不思議初中更二一明人空二明法空初文二初以三義辯衆生空後就衆名辯我人空今初也言三義者一無生滅二無縛解三非因果非不因果衆生義無所得離苦故無生無滅離集故無縛無脫離集則非因離苦則非果雖非因果而因果宛然故云非

不因果又大品云色空受想行識空以五陰空故將何有生故無生旣無生何有滅故無滅無縛無解者大論五十一云五衆無縛無脫若畢竟空無有作者誰縛誰解凡夫人法虛假不可得故非縛聖人畢竟不可得故非解乃至菩薩住是道中諸煩惱不牽墮凡夫中故言不縛不以諸無漏法破煩惱故言不解具如彼說衛世師計我爲作者名因僧佉計我爲受者名果今我旣空故非因果眞諦則無俗諦則有故言非不因果煩惱我人下二就我衆名以辯我人空文二一正明我空二明我所空今初有五一我二人三知者四見者五受者我所者下次明我所空一切苦受者苦受名苦苦樂受名壞苦捨受名行苦此三者皆有爲行同是我所等法故言一切苦受行空故也一切法集下二明法空一切法集者謂因緣共成此名假也幻化五陰者五陰無實此爲法假也無合無散者此受假也因緣共生故無散因緣即空故無合也法同法性者一切諸法皆同眞如之性者以眞本來寂然空故法境界下二境智相對辯不思議文二初辯境空後釋智空初中有二先法後喻法中言法境界空者明總空謂一切法無不是空者空無相下二明別空文三初明法空言空者是空定無相者是無相定不轉者以苦集染法不可轉爲無漏淨法又實相門中無相不相故云空無相相不能動故云不轉離惑故無顚倒離解故名不順知諸法空空故名幻化無三寶者二雙顯人法二空無聖人六道者三明人空如虛空者二喻舉況也般若無知下二釋智空文三法喻合今初知無故言無知見無故言無見不行生滅法不染無明緣又觀緣並寂故云不行不緣不從因生故云不因無法可受故云不受不得一切照相故者釋豈是無心不知無因不見但以理觀照不可得故也斯行道相下二舉況法相如是下三合心境俱空何可有心得心境俱假何可無心得是以般若下二結上四義文即爲四不可衆生中行結人空不可法中行結法空不可境中行結境空不可解中行結智空也是故般若下第三雙文結二藏不可思議文二初依智總結而一切諸下二約人別結文二初明菩薩不行而行不思議一切諸如來下二明諸佛無化而化不思議善男子此功德藏下第二釋上不可度量十地菩薩所說如海一渧月光所說如大海又如王所說如海一渧十地所說如大海問何意王說勝菩薩答王無本地云何可知我今略述下第三釋上唯佛能知月光之德無量略述即盡故言分義善男子下第二勸修文三一正歎勸修二徵後廣釋今初先明凡聖自修也若一切下正勸修也何以故者二徵也一切佛及菩薩下三廣釋文三一標正路前言門者以無滯故今言路者以能通故是故一切下二乘正路當依十四忍修學也是人超過下三舉果歎勝有二利益一離苦二得樂時諸衆中下三大衆供養文三先菩薩供養功德次天供養後鬼神修行從勝至劣也上來答第一第二問自利利他行竟佛告大王下大章第二答所化衆生之相文

三一牒前問次正答後得益今初重牒前問
何相衆生可化也若以幻化下二答文二一
略二廣今初能化所化皆因緣生故俱是幻
化能如是者眞是行化衆生淨名云譬如幻
士爲幻人說法也衆生識初下二廣答文二
初明所化如幻後明能化如幻初文二先釋
後結初中六假爲六別第一釋法假中文二
一正明法假二明凡聖境差初文更二一明
本識能生色心本識者即正因佛性不同木
石非有非無不知不忘如水濕性火熱性黃
石金性等但隨境界而有差殊得善境生善
得惡境生惡乃至成地獄等身但取初一念
乃至金剛於其中間生不可說善惡身心大
經云如雪山藥唯是一味隨其流處有種種
名其味眞正停留在山藥果叢林不能覆沒
也問諸衆生等有本際不若言有者何故中
阿含云衆生本際不可得者答略爲二說一
理中不可說煩惱與身無有前後二事說即
有一念識生之文衆生本根下二明色心成
陰界等文二初成五陰初一點赤白名色蓋

業行力故識托其中名識蓋即是開心爲四
蓋蓋即陰也陰者陰覆爲義蓋亦如是身名
積聚者三十六物共成此身也大王此一下
二明成十二處文三初明一色生無量色謂
五塵四大等生五識處名根者二明能成五
根謂四大所造能生五識故名爲根也如是
一色下三總結一色生五塵五根四大不明
法入色也一心動十二入中能生意識於十
八界中能生六識及與空界釋中略不說也
大王凡夫下二明凡聖境差文二先明凡境
並假次明聖境眞實初文可見聖人六識下
次明聖境假名雖一見則不同凡夫妄見執
著聖人滅無常色獲得常色別圓之意也衆
生者下第二明受假文四一約二諦二明有
無三約六道四約四姓今初也上明五陰是
法假計有衆生即受假也世諦則有眞諦則
無也若有若無下二明有無外道以實有爲
有謗違爲無此六十二見之本也但生衆生
憶念下釋有所以凡夫妄計謂有受者聖人
見受猶幻化此皆以聖對凡也乃至六道下

三約六道明受假也幻化見幻化下四約四
姓所言見者照眞幻化人化實幻者眞幻即
別教人也此就能化所化明受假也幻諦法
下三釋名假文二一明佛知前無名二明佛
爲立名初文三一明無義名爲佛未出世無
大聖不說名是假也幻法幻化下二明無名
體肇云名無得物之功物無當名之實也無
三界下三明無三界六道也大王是故下二
明佛爲立名文二一佛立名具知識假也是
名無量下二結名非一也相續假法下第四
明相續假文三一標宗一亦不續下二釋一
亦不續以其一故異亦不續以其別故非一
非異下三順結此如芽莖不可言一異也相
待假下第五釋相待假文中有二意一切相
待是相避待中論云若法有待成是法還成
待如五色等法即是相對待相對如眼見色
耳聞聲等若長短相待者此是相形待也一
切法皆緣成假五陰等法爲緣假成衆生也
俱時因果下六釋因生假如五果三因是俱
時因果過去二因現在五果是異時因果又

緣見是俱時觀因是異時又果緣成舍是俱時十二時爲日是異時又燈及明是俱時闇與明是異時也一切幻化下二結假文即先結所化如幻也大王下第二明能化如幻以菩薩見衆生不實猶如病眼見空華衆生不知故爲宣說皆是假菩薩之力用也時諸下第三明時衆得益文二一明得忍謂地前地上乃至一地下二明地上德行

二諦品第四

上內護中文有三別今二諦品即是第三明二護所依言二諦者是佛教之大宗有實有幻有別入通圓入通別教圓入別圓教等七種廣如法華玄義云云但以凡夫見淺名俗聖人見深名眞審實故名諦又上觀空品明實智方便智皆空而護諸未達事須行化化必有由所謂二諦故於此明也品文二一問答二勸持初文三一明二諦不二二明說法不二三明法門不二初文二先問後答問中有三初雙標爾時下將欲設難故作兩徵二若言無者下雙難有人云若言無者凡夫智不應有二謂眞俗二諦也若言有者聖人智不應一一即第一義也今謂若言有者不應言有無皆空若言無者不應二見差別一二之義下三雙結也佛告大王下第二答文三一正答二引證三釋成初又三一歎月光往因可解汝今無聽下二正答聽說皆空即不二聽說宛然即不一故諦聽下三誡聽勸修三慧也七佛偈如是下第二引證頌有八行半分爲三別初三行正申二諦次三行釋義正是答問後二行半結成上義初文三初一行明別教二諦上半明眞諦即有空下半明俗諦即空有大論云十二因緣是誰所作佛言非佛非菩薩乃至非一切聖人作故云無自無他作也法性本無性下二一行明通教二諦上半明眞下半明俗三假者法受名也無無諦實無下三一行明圓教二諦無別俗是一無無別眞是一無故云無無諦也上二句明眞次句明俗下句總結有無本自二下第二正答難明不一不二文三初一行智理相對遣一異上半明一二下半明不一不二云云解心見不二下二一行智理相對以遣執上半明解心求二不可得下半明遣著所謂解者見二諦皆空便著此空二尚叵得非二何可得也於解常自一下三一行理智相對讃入眞義也世諦幻化起下三二行半結成上三義初一行明世諦有無三喻一舉空華二舉影三舉三手皆無實雖無實而不無也幻化見幻化下二一行明聖見有無也名爲諸佛觀下半行三結正觀也大王菩薩下第三釋成文二先明二義後明一義照俗化凡夫照眞化二乘佛及衆生下二明一義文三初能所相對明一義有三謂標徵釋今初標也何以故二徵也以衆生下釋也以衆生空得置菩提空釋佛能化也以菩提空故得置衆生空釋所化也又衆生空是人空菩提空是法空也以一切法下二境智相對明一義文三謂標徵釋也今初以一切法者謂境智二此皆空故言空空何以故者二徵也般若無相下釋中文二初正釋一義可解次般若空於無明下二遂難重釋何者一切空相事顯

可知般若之空有何差別故今釋云從於無明至於佛果以明別也文二初約迷悟次位明空相可解二五眼成就時下約佛果顯空相文二初明無見而見肉天等四眼在佛名佛五眼也行亦不受下二明無行而行方離五非菩薩未成佛下第三染淨相對以明一義文中三謂標徵釋初標可見何以故徵也於第一義而不二下三釋也生死菩提其如明闇雖二空不二也白佛言下第二明說法不二文二先問次答問意云若諸空如如即無文字何故聖人以此教化大王法輪者下答文二一明說空二明修空初文三一明名空言法輪者凡有二種一行二教法本者修多羅經也重誦者祇夜經也受記者和伽那經也不誦偈經者伽陀經也無問而自說者優陀那經也戒經者尼陀那經也譬喻者阿婆陀那經也法界者伊帝目多伽經也大經云戒經本事者闍多伽經也方廣者毗佛略經也未曾有者阿浮陀達摩經也論議者優婆提舍經也此十二皆空即如也是名味句

下二明教空以此土音聲為佛事文字性離故皆如也若取文字者下三明不行空行空則非正觀也大王如如文字下第二明修空文三初辯修習又二初明因位因教生智教為智母又空如文字文字如空故云如如因此如如能生佛智故云智母也一切眾生下二明果位在眾生身為佛性在佛身名一切種智未成佛時當必得成當能成故名當為母未得道時名佛性已得道時名一切種智也三乘般若下第二遂難重釋謂前云佛智母又云性根本智母恐人難解故今重釋文二一理性釋二行性釋理即如如智母今初理性釋前根本智母也若菩薩無下二行性釋如如智母也若菩薩無文字而學無脩而脩即得真智般若也大王若菩薩下第三結修成也次白佛言下第三明法門不二先問後答問中三初是問根也行亦無量二問行也法門為一下三問法門也又問意云眾生根性志懷不同所說觀門為一為二大王下二佛答文三一略答二廣答後結答初文二

初明觀門後明所觀法今初文可解也一切法亦非有相下二明所觀法非有相相不實故非非無相離空過故若菩薩下二廣答釋文三初約二諦顯若菩薩觀眾生下二是俗諦不見一二是真諦即俗即空故言不二是第一義諦若有若無即諸見本名世諦也以三諦下二約三諦顯諸法有人言空即真也色即五根心即六識今云一切法者則理事俱該空則始從虛空乃至般若亦有真俗色則始從實色乃至真色亦有真俗心則始從生滅乃至無作亦有真俗攝法實廣也五種三諦如法華玄義說我人知見下三約三假顯法我人知見是名假五陰是受假一切法是法假也眾生品下三結答也大王七佛下大章第二勸持文二一歎教二舉名勸持初文為五一明說同七佛可解汝等大眾下二舉益勸持也況復於此下第三明勝信能信此經成就三智即超通教十地功德何況受持下四明得入圓教初住成佛能百佛世界化眾生也時諸大眾下五明得益也大王此

經下二舉名勸持文二先舉名可解亦名一
切下二明用可見
護國品第五
正說有四初三品明內護竟今護國品是第
二明外護也國土有二一世間二乘凡夫二
出世間十信至十地賊有二一外劫盜等二
內煩惱結使護亦有二一外即百步鬼神二
內所謂智慧若內若外悉是諸佛菩薩神鬼
能護人之國土故名護國品約觀觀生滅法
護同居土觀無生滅法護有餘土觀無量法
護果報土觀無作法護寂光土又百步鬼神
護依報國修行般若護正報國又鬼神護護
命等爾時佛告大王下品文爲三一誡聽勸
持二廣釋三明衆得益今初文可解當國土
欲亂下二廣釋護法文三一廣釋護法二引
古證今三結示勸持初文三一護國二護福
三護難初文四一護時二護法三護体四顯
所護難今初也以無難時王心不怖有難方
怖故明時也亦以實害爲燒未必火灾之時
當請百佛下二明護法文三初明福田次明

供養後明說時初文更三一請賢聖以實身
難見故置形像以表敬儀百比丘衆下二明
聽衆天龍人鬼爲四衆又當機結緣發起影
嚮等四衆也七衆者出家五衆比丘比丘尼
沙彌沙彌尼式叉摩那在家二衆清信士女
也請百法師下三請師講說也百師子吼下
第二明供養文三一供養方法有三謂燈花
香也三衣下二供養法師什物者三衣三鉢
四坐具五剃刀六刀子七漉水囊八鉢袋九
針筒十也小飯下三供養飯食也大王一日
下三明說時也汝國土中下第三明能護即
是護體也外國有金眼仙人義經中說根本
鬼神有十各開十爲百一大神二童子神三
毋神四梵神五鳫頭神六龍神七脩羅八沙
神九夜叉神十羅神也大王國土亂時下第
四明所護難文三一明鬼人難有八一鬼亂
二民亂三賊來四百姓亡喪五君臣是非六
天地怪異七星辰失度八日月失度二十八
宿者大集攝受品云東方七星角亢氐房心
尾箕南方七宿井鬼柳星張翼軫西方七宿

奎婁胃卯畢觜參北方七宿斗牛女虛危室
壁也大王若火難下二三灾難也一切諸難
下三對難明護大王不但護國下二明護福
問曰富貴者應得辦百座貧賤者云何答若
準此文即以講爲正大王不但護福下三明
護諸難四重者婬盜殺妄五逆者殺父殺毋
破僧殺阿羅漢出佛身血八難者一地獄二
畜生三餓鬼四長壽天五邊地六諸根不具
七邪見八不見佛大王昔日有王下第二引
古證今文二先引天證護國次引人王證護
身是初也賢愚經云於過去世有大國王名
善住時頂上欻生一胞其形如繭撤亦不痛
後轉轉大便得童子甚爲端正頭髮紺青身
紫金色即召相師占知有德必爲聖王統領
四域因立名字頂生年遂長大其德遂著父
王既崩諸王臣等顧付國位頂生答言吾有
福應爲王者要令四王及帝釋來相迎爾乃
登位立誓已竟四天王下各持寶瓶盛滿香
水以灌其頂時天帝釋復持寶冠來爲蓋之
於閻浮提五欲自恣經八萬四千歲時夜叉

神從地涌出請遊東洲經八億歲復請西洲經十四億歲上四天王天經十四億歲意中復念昇忉利天五百仙人扶車共飛天上遥覩王城城有千二百門諸天怖畏悉閉諸門以著重關頂生兵衆直趣不礙吹貝扣彈千二百門一時自開帝釋尋出與共相見自請入宮與共分座天上受欲頂生復出吹貝扣弓惡心既發因而墮落後患惡病即便命終爾時帝釋者迦葉佛是也言頂生者今我身是也若依此經爾時天帝如七佛法數百高座請百法師講誦此經頂生即退也大王昔有天羅國王下二引人王證護身文二一明難事二明能護難令初者賢愚經云昔波羅摩達王得四種兵入山遊獵逢牸師子與王從欲師子得胎日月滿足生一男兒遍身似人斑足似安師子舍子來歸王所王取爲子立名斑足是王常供一箇仙人恒奉淨食仙人一日不來王所即有天神化作仙人即入王宮求魚肉食舊仙夌辰依時還來王奉肉食仙人瞋怪因起誠誓令王後當十二年中

恒食人肉仙人語竟還往山中是後廚監竟不辦順出外不見肉見死小兒急取其肉作食奉王王食甚美即問由來廚人具答王言自今以後當用此肉廚人常捕小兒殺以爲食日日供王國人失兒處處趣覓乃見廚人捕他小兒捉縛廚人國人告王王言我敎國人皆言是大賊伺王池浴伏兵捉王王既被捉即告國人願見一恕後更不殺國人不許王即起願願我生來所修諸善迴令今日返成羅剎飛行食人語已即隱空中唱言自今以後當食汝等所愛妻子人聞急走多有羅剎附著相從徒衆漸多所害轉廣後諸羅剎言我等爲從令王敕令當爲我等覓捉取千王設一大會斑足言好一一往取已得九百九十九王唯少一王不得作會諸王各言我等今日無所歸告若當捕得須陀素王有大方便能救我命作是計已白斑足言王欲作會須陀素王有大名德若得彼王來會圓滿時羅剎王即急往取時須陀素王出城向園入池欲洗浴見乞人從王王言且待洗還施

與王始入池羅剎王從空隱下捉須陀素而愁悲泣斑足王言聞汝名德第一丈夫云何悲啼須陀王言我不愛身命朝出見乞許施值王得來不行以是悲耳願王放我七日布施道人斑足許王還七日布施道人時婆羅門爲王說偈同此經王聞歡喜即立太子代位相別就死斑足王言汝今就死何以歡喜須陀答曰大王恩廣放我七日布施道人聞微妙法心自開解我願即滿斑足問言汝聞何法須陀即爲宣說妙法并更爲說殺生罪報斑足聞已即放須陀及諸王等各還本國時須陀王者今我身是斑足王者殃掘摩羅是也其普明王下二明能護難文三一請修福可解其斑足王下二聽許也時普明下三正明護難文二一長行依教請護也二說偈加護文二一說偈二獲益初偈八行爲四初兩行說無常理乾訓天天行健健不息也坤訓順也坤順四時二儀即天地也生老病死下二說苦理欲是集禍是苦苦集爲瘡疣即是自身與心豈在外也有本自無下三說空

理識神無形下四說無我理爾時法師下第二明聞者獲益文三初聞法益法眼空即是人空也虛空等定即法空也聞法悟解下二明王轉教時斑足王問下三諸王悟道文二先明得道後明放捨初文二先斑足得道九百九十下次諸王得道時斑足王極大下二放捨諸王文三一放捨各各下二勸修時斑足王以下三入道也如十王經中下第三結示勸持文二初結示次大王下勸持三初勸月光天上人中下二勸六道也未來世中下三勸諸小王也爾時釋迦下第三時衆得益文中二初六益後略結可見得入初地者即圓教十信初心地性空則十住一心三觀觀無明性空也無生法忍即十行也無生法樂忍十迴向也十三昧即十一切入也三三昧即真俗中三諦三昧也亦空無相等也自性信通教聲聞也無量空信通教支佛也吾今略說下第二略結也

散華品第六

大章第三報恩供養故有散華品華表因散佛表行因至果也品文三一散華供養二現通利益三歎教勸持初文三一聞經勸持二散華供養後諸王發願初文三初聞經人可解聞佛所說下二所聞法此經三處說偈不同一二諦品中說八百萬億偈二護國品末說八千億偈今散華品說十萬億偈初二諦品即合說三時數次護國品别引過去佛說今此品中明今佛說阿難觀機略結如此歎喜無量者三結歎喜也即散百萬下第二散華供養文三初行華二般若華後妙覺華此三表别教地位初行華表三賢位次般若華表十地位後妙覺華表佛地位初文四一者王散華於虛空中下華變爲座十方諸佛三化佛說法無量大衆下四化衆散華復散八萬下第二散般若華文四初明散華於虛空中下二華變爲臺臺中光明下三化佛說法臺中大衆下四化衆散華復散妙覺華下第三散妙覺華文四一散華於虛空中下二華變爲城城即涅槃也城中師子吼下三化佛說法即圓教中菩薩於别中說法也時城中菩薩下四化菩薩散華時諸國王下三諸王發願文二先王發願可知佛告大王下二如來述成諸佛母即實相般若菩薩母即觀照般若神通即文字般若文字能發智慧智慧生即神通發也金剛云一切諸佛及諸佛法皆從般若經生也時佛爲王下第二佛現神變令衆得益文二先現變後得益初文三先標章舉數陰陽不測謂之神轉易常相謂之變心不能思口不能說佛之神力也一華入無量華下二别叙一華二佛土三須彌四佛身五入四大文相可見問山大芥小云何能入答有人言佛之神力故入又有人言山芥二如如故相入又有人言三界唯心心喻芥子山喻三界心能造界故名入有人云山芥皆無法無性故空空故相入今謂若以空釋一空一切空山及芥俱空空故能相入一假一切假山芥俱假假故論相入一中一切中山芥俱中中故論相入空除見思即般若假除無知即解脫中除無明即法身即一而三即三而一如天三目不縱不横名不思議

一佛身不可思議下三結讃佛現神足時下第二明時衆得益文中四益一得佛華定即華藏法界定十恒河下二得成佛益也三恒河沙下三得成菩薩益也十千下四得神通三昧也善男子下三歎教勸修

疏五　二十

受持品第七

大章第四示弘經相貌言受持者大論云信力故聞而奉行為受念力故久久不失為持此品中正明十三法師受持般若又令他人受持故名受持品爾時月光下文三初問答須受持二勸諸王受持後衆得益初文二一月光請二如來答初文更二一疑念二正請疑念中三佛一見釋迦現身即法身二現寶滿即報身三見千華上佛即化身問何以知然答普賢觀云釋迦牟尼佛名毗盧遮那華嚴云亦名釋迦亦名舍那大經云我今此身即是法身盧舍那此云淨滿淨即寶也問梵網云舍那為本今何言釋迦為本答梵網明迹本此經明本迹本迹雖殊不思議一也問此經與法華寶塔品何異答有同有異同者同明釋迦為本異者此經帶方便法華正直捨方便也白佛言如是下第二正問文二先讃不可以口說智解識識此法門也云何諸下二請也空者即般若智慧也由此智慧能得神通變化一切衆生不知請佛開發也大牟尼言下二如來答答意但以菩薩上求下化為言解說方得此道開空甚多略說三種若色即是空開一切智空即是色開道種智色空不二開一切種智色若不空則見思惑空若不色即無知惑不得中道則無明惑三皆是門如是三觀即三智開大略如是也文三初總標次別釋後總結初文三一標文可見從習忍下二別叙依謂依止持謂攝持言此法師為衆生依止建立正法也汝等大衆下三勸供養善男子其法師者下二別釋十三法師即為爾別今初第一習種性法師文為五別一標位二辯差三行業四舉劣明勝五入位時節今初第一法師習種性標位也若在家下二辯差也婆差即優婆塞也優婆差即優婆夷也修行十善下三明行業文三

疏五　二十一

初修十善行謂十善即十信心也自觀已身下二修不淨行初觀六大次觀諸根後觀三界五情即五識五受即苦樂憂喜捨也住在佛家下三生佛家行六和敬也善男子習忍下四舉劣況勝文二先舉劣次況勝初文二先正釋劣位法喻合可知雖以十千劫下二通伏難文二初徵伏難三伏忍法云何向言有退有進而不可名字下二釋通有三而不可名字故有退是定人者下二顯其勝位文二初明得者謂十住菩薩初證生空理得聖人性故名為定異前十信不定以十信未解純修假入空觀也必不起五逆下二明離過文四一不起五逆二不作六重三不作二十八輕四不謗佛法經與初文可見六重者如優婆塞戒經第四卷受戒品說一殺二盜三婬四妄語五沽酒六說出家在家四衆過失二十八輕者亦如優婆塞經說一不供養父母師長二專飲酒三不能瞻病苦四不能多少捨施五見四衆不起承迎禮拜六見四衆毀戒心生憍慢七每月不能受持八戒供養

疏五　二十二

三寶八四十里中有講不聽九受招提僧卧
具牀座十疑水有蟲故飲十一險處獨行十
二獨宿尼寺十三爲財命打罵奴婢等十四
以殘食施四衆十五畜猫狸十六畜象馬等
一切畜生不作淨施未受戒者十七儲畜長
衣鉢等十八爲身田作十九市賣斗秤不平
二十非時行欲二十一不輸王税二十二犯
國戒二十三得新果菜不奉三寶二十四僧
若不聽說法而輒自作二十五道路上在一
切出家人前行二十六僧中時食偏爲師長
二十七養蠶二十八行逢病人不往瞻視付
囑所在而便捨去佛法經書下四不謗佛法
經典言非佛說也能以一阿僧下五入位時
節日月歲數所不能知故云阿僧祇僧伽陀
位此云離著也復次性種下第二明性種性
文三初標位初學名習習已成性故名性種
性也行十慧觀下二辯差十慧觀者四念處
四三善根七三世觀十如敎化品中說滅十
顛倒者四念除四倒三善除三妻三世觀除
三世定執也我人知見是法上假立而非實

也無定根者我法無定住處相無自他相者
我自無體相上亦無也以二阿僧下三入位
時節波羅陀位者此云守護十行菩薩其行
堅牢不失自性以能從空入假不爲假染能
守自行故復次道種下第三明十迴向菩薩
文三一標位以其修中道正觀故云道種性
也住堅忍中下二辯差文二先明觀差別觀
受五陰得五分法身觀三界得三空觀二諦
得無常無生二忍第十第一義諦即無生中
道空也而受生三界下二受報殊勝文三初
標可解何以故二徵已心寂滅云何受生也
業習果報下三釋由未登初地不斷無明所
熏見愛猶在故得生也復以三阿僧下三入
位時節爾許時修方得初地雙照二諦故云
平等聖人也此地不退故云跋致正者即證
初地此因中說果也復次善覺下第四法師
文五初標位文可見也住平等忍下二辯修
行差別文二初明二智爲相後顯二智同異
初文二先標章次別釋初平等忍者即標實
智雙照有無而不染也四攝等標方便智也

入無相捨滅下二別釋文二先釋實相智後
釋方便智初文三一總舉二別釋後明離相
今初文可見於第一義諦下二別釋文三一
法性無爲亦名虛空無爲緣理而滅下二擇
滅無爲佛眞智滅一切結無相無爲住初忍
時下三非擇滅無爲謂無相等法也無相無
爲下三明離有無二相無量方便下第二顯
方便智文二初標可解實相方便者下二釋
有六種方便今初明實相方便次遍學方便
次迴向方便次自在方便次一乘方便次變
化方便云云如是善男子下第二重釋二智同
異文三初結上異相者先明實智相初覺中
道故云初覺智也巧用不證下是方便智相
也譬如下二舉喻顯非明不一不二而一一
行成就者三明行成就以得即空即假即中
一行無量行無量行一行故云成就也以得
四阿下第三明時節證初地施成就故云入
功德藏門也無三界業下次生淨土即方便
有餘及實報等土也常修捨觀下第五登位
以修捨故得施度滿鳩摩羅伽此云勝怨以

離三界及二乘怨也四寶藏者有人云三藏及雜藏也今但依勝鬘經一者無價藏菩薩乘也二者上價藏緣覺乘也三者中價藏聲聞乘也四者下價藏人天乘也又亦四攝爲四藏也復次德慧下第五法師也文三一標位者謂尸羅清淨與慧俱生住於三德故名德慧也以四無量心下二辯觀差別文三初顯地別行爲欲對治瞋等煩惱故修四等滅三有瞋下二明除障依薩婆多宗瞋唯欲界依成實宗瞋通三界依法華譬喻品中上亦有瞋也住中忍中下三位分齊順忍中品也以五阿僧下三入位時節闍陀波羅此云滿足亦名無畏尸羅圓滿故復次明慧下第六法師文三初標位也得忍成就故名明慧常以無相下二辯觀文三一明地別行知三世空爲三明觀也盡三界癡煩惱者二明除障也得三明下三明位滿足常以六阿僧下三明入位時節伽羅陀者此云度邊度度等邊也復次爾燄下第七法師也文三一標言爾燄者此云智母謂此地中能生禪智故云智

母也修行順法忍下二明地別行文三一標住位言須陀洹者借小名大五見即五利使也常以天眼下二起通未具漏盡故但言五也於念念中下三滅障謂此位配初果故滅五見又亦是別入通意也亦以七阿下三入位時節復次勝達下第八法師也文三初標位深修禪定故得神通達色心法故名勝達於順道忍下二明地中別行文三初明得無畏觀通達五相即一切智無畏滅三界疑等煩惱即漏盡無畏知地地有所出等即說盡苦道無畏有所不出等即說障道無畏也逆三界疑者二除障也修習無量功德下三入位分齊亦是借小說大復集行入阿僧下三修行分齊復次常現眞實下第九法師也文三初標位中道眞明般若實故常現眞實住順忍中下二別行一切煩惱爲集因苦等名集業此地中並盡也諸法本空故非有建立諸法故非無無有俱實故一相實相亦如故無相復於九阿下三入位時節樂力即願力也復次玄達菩薩下第十法師也文三初標

位者玄遠也達通也此位得無生忍心無功用心故云玄達也十阿僧下二入位時分滅三界習煩惱也住第十地者即十三法師中第十法師地非謂十地菩薩也常行三空門下三辯觀差別行三空觀弘佛三法藏故也復次等覺者下第十一法師也文三初標位行地中眞俗雙照名等覺者亦非第十一地之等覺也住無生下二明觀差別文三一明有無觀又二先配位也觀心心下二正辯有無觀文三初別釋文二先明寂而常用心心寂滅者念念空也即明寂義雖無相而相雖無身而身雖無知而知此明用義而用心下二明用而常寂在有常修空下二合釋有無在有修空釋上用而常寂處空常萬化釋上寂而常用雙照一切法故者三雙結也知是處非是處下二明十力觀但明後一餘行略之而登摩訶羅伽位化一切國土衆生第三登位差別摩訶羅伽此云大得或云龍象等千阿僧下三明修行時節復次慧光下第十二法師文三初標位者以此地菩薩得無礙智

化諸衆生現諸神通名爲慧光神變也住上上下二明觀差文四今初配位滅心心相者一明滅心滅意等名滅心滅心數名滅相法眼見下三明見境法眼見一切法即別明三眼色空見即總明三眼者佛法慧也慧眼見色空法眼見色假佛眼見中道空假不二而二二而不二雙照即不二而二雙忘即二而不二舉三眼對色二境見之一字總明三見之差別也見色空即空諦見色假即有諦雙照即第一義諦此三約教有五一別入通以幻色爲有見空爲眞非有非空爲第一義二圓入通三諦同前加一切法趣三別教以幻有即空爲俗不空爲眞不有不空爲中道四圓入別中加一切法趣五圓教三諦皆云一切法趣也問菩薩地云何言佛眼答法華云開佛知見即別教初地圓教初住發三種智一正因理心發用中道觀開一切種智二了因智心發用即空觀開一切智三緣因善心發用即假觀開道種智初地尚得況九地耶此但分得非具得也以大願力下四生淨土

萬阿僧下三明入位時節薄伽梵此云世尊非眞佛世尊是補處世尊也復次觀佛菩薩下第十三法師文四一標位觀佛菩薩者若開妙覺此是等覺猶名菩薩來至此地保爲究竟乃是未極更須觀察別佛猶有三十二品無明智去圓佛尚遠故云觀也通佛即有四十二品無明此更遠矣住寂滅忍者下二明證時分文四一配位者第五寂滅忍自有二別一下二上今第十地即是寂滅忍下品也從始發心下二經時多少謂從習種性至灌頂忍經百萬阿僧祇劫也修百萬下三辯修證登一切法下四明登位一切法解脫者眞解脫也金剛臺即金剛三昧善男子下三對位辯別文五一伏斷差別者從習至頂三昧先明伏忍也而無相信下明斷滅一切煩惱即大涅槃也生解脫即解脫智照即般若第一義即法身位不名爲見下二信見異先明不見也所謂見者是薩婆若次明見也是故我從昔以來下引證也唯佛頓解下三漸頓差別也慧雖起滅下四常無常異無生則

累無不遣無滅則德無不圓無生則斷德無滅則智德也入理盡下五等無等異文中法喻合可解常修一切下四明入定位此中一切行滿智慧滿名功德藏婆伽度位此云世尊亦復常住佛慧三昧者必應受修義言亦復在別利物故云常住善男子如是下大章第三結歎明其施化與佛無異佛告波斯匿王下第二付王受持文四一讚用勸持二讚名勸持三釋勸所由四稱名付囑初文二一略歎二廣歎初文更四一舉滅勸持一切國土下二明般若之力是故付囑下三釋付囑所以以無王威力故故不付囑也汝當受持下四別付月光也大王吾今所化下第二廣歎勸持文二初標除難福生二問答分別今初文可解云何爲七難下二問答分別先問可解日月失度下二答七難爲七第一日月失度難謂時節變易多飢饉數量變易多刀兵色相變易多疫病也二十八下二星宿失度難也大火燒國下三灾火難也大水漂沒下四雨水變異難也大風吹殺萬姓下五惡

風難也天地國土下六亢陽難也四方賊來下七惡賊難也並如文可見大王是般若下第二讃名勸持文二先讃名勝後勸供養初中辯三般若心識之本即實相般若王之父母即觀照般若以能生王慧解心故下六名即文字般若也佛告大王下二勸供養文二先示供養法後別明行住供養初中皆言九者九表眾生苦播者標顯行得勝明九苦之內建解脫勝播也九色華表九苦眾生行般若因也青黃赤白黑五塵華地水火風四大華也二丈表二諦十燈表十善功德各以般若展轉相資成千智慧高五丈明照五道也九玉箱表九苦居清淨為法九玉巾表九苦居眾生得般若巾案者平喻實相般若以經置上者文字能令實理顯也七寶者表七方便人皆為人寶也若王行時下二別明行住供養先明行供養若王住時下是明住供養也大王我今五眼下三釋勸所由文二初明王福盡文可解大王若未來世下二明來世利益文三一舉數可解一金剛吼菩薩下二別釋可見是五大士下三結釋也大王吾令三寶下四稱名付囑文三初總明付囑可解憍薩羅國下二稱名如是一切下三結勸時諸大眾下第三時眾得益文五一脩羅益時十六下二人王益益中初明八勝處地水火風能造四大青黃赤白所造出離貪欲故名勝出四大下次明十一切處地水火風青黃赤白空處識處所緣覺廣無處不入故也三十忍是初地方便名初地相第一義諦即初地初地是九地相故攝論頌云如竹破初節餘節速能破得初地真智諸地疾當成捨凡身得六住身捨七地分段報身得八地變易法身故智論云七捨生身肉身此通教益也十八梵天下三天益脩羅及天皆同益也空華表人空法性華表法空此顯伏忍聖人華表信忍順華表順忍無生華表無生忍四辯自在說法即法樂華下品寂滅忍也金剛三昧能斷結使即一品寂滅忍其餘一切眾下四大眾益心空華者定於三學之中名為心學心樹華者觀十二因緣生也六度華者十地行也妙覺華果行也十千菩薩下五名菩薩文二先明十千益可解次復有十億下明成佛益此中成別教佛也

囑累品第八

大章第三流通分囑謂付囑累謂憑累將此法付囑國王憑其宣演故云囑累品又付國王若有災難憑此救度故云囑累又付囑此經令累代流行故名囑累品問何不如大品付囑聲聞法華付囑菩薩而乃付囑國王耶答此佛隨病設藥以王國有災厄弘宣得益故付囑又百事大供養深廣自非王力誰所能辦故付囑也又王若不信法即不行行法在王故付之也佛告波斯匿王下文二先付囑誡勅後依教奉持初中更二先明略付囑誡謂誡勸勅謂教勅吾滅度後下二廣付囑誡勅初文二初明付囑後明誡勅初二先付時後正明付人法今初也八十年者佛去百年內五人住持一迦葉二阿難三末田地三人見佛在世相次住持經六十年法行不滅次商那和修優波毱多此二人不見佛相次

住持經四十年威儀法滅故於此時言無佛
法僧也言八百年者正法年内二十師住持
佛法並是聖人法不滅第六百年馬鳴菩薩
第七百年龍樹皆是菩薩法亦不滅八百年
中邪宗極盛故於此時付屬國王提婆菩薩
聲王鼓申法是也八千年者像法盡末法時
衆生信邪故法滅此經三寶下二明付人法
更二初付法可解爲三界衆生下二付人也
令教三行一空行二七賢行三十善行空即
聖行七賢即七方便十善即凡行從深至淺
也後五濁世下第二廣辯七誡文爲七一誡
諸滅法過二誡壞四衆行三誡禁不依法四
誡自毀五誡使役六誡自咎七誡謬信令初
第一誡諸滅法過文三初明滅法人次辯滅
法過後結成過今初文二先明滅法時即五
濁也一命濁二劫濁三煩惱濁四見濁五衆
生濁文殊問經云十歲衆生乃至千歲有短
長爲命濁飢饉疫病刀兵爲劫濁多有貪瞋
癡名煩惱濁邪見戒取見取邊見爲見濁不
孝不義識師長等是衆生濁比丘下二滅法

人也明作制法下二辯滅法過文中先明制
四正後明立四邪制四正者一不聽出家二
不聽行道三不聽造像四不聽造塔立四邪
者一立統制衆二比丘地立白衣高座三兵
奴爲比丘四受别請也當知爾時下三結過
也大王壞亂吾道下二誡壞四衆行爲王不
行正法則佛道壞也大王法末世時下三誡
禁不依法大王我滅度後下四誡自毀文三
初自毀二起惡後招報初文二先法後喻今
初文可見如師子身下二明喻也此喻如蓮
華面經佛告阿難譬如師子命終身死若空
若地若水若陸所有衆生不敢食肉惟師子
身生諸蟲還自食師子之肉阿難我佛法中
非餘破壞是比丘破我三大阿僧祇法彼經
但喻出家此經通喻道俗各壞我佛法下二
起惡人壞佛教下三招報文中法喻合可見
六親謂父母兄弟夫妻喻有三初二喻現報
後一喻生後報也大王未來世中下五誡使
役大王未來世中下六誡自咎也大王未來
世中下七誡謬信文中爲四初示善不壞正

教曰流開空法道曰通能盛福智曰器也諸
惡比丘下二示惡也其王不别下三謬信也
是爲破佛下四示過也爾時十六國王下第
二大衆奉持文二先奉持次奉行初文先傷
感二嗟歎初文二先正明傷感時諸國王等
下二受持也爾時大衆下二嗟歎傷此時也
爾時無量大衆中下二奉行文五先列大衆
聞佛所説下二明聞佛法義歡喜無量者三
明歡喜也爲佛作禮者四禮佛也受持般若
波羅蜜者五奉行也

仁王護國般若經疏卷第五

仁王護國般若經疏卷第五

校勘記

一　底本，明永樂北藏本。

一　八六六頁上二行第五字「有」，南作「受」。

一　八六七頁中八行「意識」，南、徑作「意根」。

一　八七〇頁上一行第五字「名」，徑作「明」。

一　八七〇頁下一行第四字「卯」，徑作「昴」。

一　八七四頁上一〇行第一四字「偏」，南、徑作「徧」。

一　八七五頁下五行首字「三」，清作「二」。

一　八七七頁下一八行「佳持」，南、徑、清作「住持」。

仁王護國般若經䟽神寶記序　韓六

易於通經難於作記歟佛也易於作記難於通經歟祖也愚於佛祖之道不敢歟而或有述焉亦各適其緣爾先是經䟽始播於日本卒援於海舶其教法之隆汙往來之艱險如此晁文元公之後景迂先生之序詳矣方今聖君賢相主盟宗教之秋顧此經法寔爲國寶而獨未得記述爲教門缺典一日昭慶講者行彬抱負是書謁余於靈山賓次作而曰願得一記發揮余謝不敏不得已挾以東歸暇日馨爐啓卷三復其旨顧謂或者曰難矣乎非所敢知也抑又年運衰矣學荒志索於此豈能及哉或者勉之曰此亦宗教一盛事使見義不爲惡得爲勇乎余曰諾姑試圖之未敢以爲善也藁成目之曰神寶記云惟通人有以訂之庶爲他日奉行之張本耳

紹定庚寅中元日善月序

佛說仁王護國般若波羅蜜經䟽神寶記卷第一（是經有六名其未名龍寶神王今挾二字以名所釋抑輪王興世有神寶自至之言故云）

宋四明沙門柏庭善月述

天台名家寔以傳宗爲本而釋經次焉然以得佛心宗發旋總持故凡申一經釋一義亦必有法於是首開二門曰懸談大義曰依文申釋凡諸大旨必搜在首題申之以五重玄義謂名體宗用教相夫法必有名名必有體體者其實也亦主也印也茍得其印斯可信受否則邪外而已宗者顯體之要也以因果爲宗則體得其要體顯故有用備是四者說而爲教則小大半滿頓漸權實得以區別此所以爲相也廣如法華玄義等文云云此經以人法下別列此經五義也以人法爲名謂能說及所說法兼而目之也據下出諸經題則又有人法譬三單複具足之式云云實相爲體者凡諸大乘總指一實相印爲體以三德言之此經既名般若凡具三義正當實相即性德法身體也體必歸一而不離宗用於是有離合義焉云云自行因果爲宗者謂宗必約行而有因果即此爲宗克體言之正當觀照則自行始因終果無非般若也權實二智爲用者然用本解脫正當文字般若照用爲義故進取二智爲用也大乘熟酥爲教相者謂諸部般若融通諸法淘汰二乘成熟酥益相此當其一也名有通別者就一題內總十二字兼序品第一具三通別如文云云又佛說二字爲通餘字爲別可知言佛者下隨釋一題謂佛爲能說人佛具十德以彰十號覺其一也覺有自他覺滿之義雖所對異其爲覺一也亦可謂三覺果圓名佛八辯宣暢爲說八音如常解云云起信所謂圓音一演異類等解是也仁王下明所說法初仁王護國四字即發起一經之要也仁王謂古今有道帝王也以今所釋則施恩布德爲仁統化自在爲王此特見其德用爾究明其道非此可盡文具四釋初因緣凡諸事義及機應能所皆因緣也言護國者有能護所護凡三義一以王爲能護國爲所護則以王道而治國也二以般若

爲能護王爲所護則由持般若故是王與國皆得安隱三以王爲能弘法爲所弘所謂人能弘道也雖通三義而實正顯般若以爲能護餘則助釋而已又仁王下約字訓釋言仁者忍也亦含弘爲義謂其德能含弘故不即喜怒而發必中節有以見其仁厚也二約教釋者一家教門以藏通別圓爲釋義之網目故一一文義必約此四以辯淺深則教旨有歸機解無失若約今昔部旨則又有開判義焉云云文復爲四一一各二謂約教詮旨依文帖釋初明藏教若見諸法生等則藏詮生滅法不即空必析滅會空故生即有也滅即空也空則塵等皆容是爲國義故不動轉約文帖釋則國安而王泰也二乘所得名爲王者以果從因而實兼果對土可知餘三例爾通詮諸法色即是空與藏體析之異故不生滅悉如幻化三界煩惱一時頓斷從果言也若亦從因仍通次斷住於界外下約文帖釋也別詮三諦次第言空不異通色無邊故等假也雖復無邊而與心不相妨礙中也若據教道止應齊此而言無邊之法在一心中則似妨詮旨今以二義通之謂一約能造心是不妨在心亦融但所造法非於色不可耳二約在果而不在因如說八地入無功用道現十種身是亦不妨教道之說從於初地下帖釋言不動轉而能動轉者即華嚴十地菩薩隨力隨分住十度中其於事行無礙自在故也六字恐誤應作十若觀下圓詮諸法本唯理性故無生滅以圓見事理一念具足故雖無生滅而生滅宛然失惟生滅宛然則約俗以名照本無生滅則約真以言亡是亦照真照俗以言照遮真遮俗以言亡則亡前遮照照前遮照亡照叵得而契乎中道三皆稱性故廣大如法性三皆不動故究竟若虛空從初住下約分真究竟帖釋住國稱王等義也又三藏下通約四教因果以判二字有得不得則三藏四果以惑盡故得稱仁王餘皆未得合名王而不仁通教以去並從果說故通稱王亦可三教止名小王所謂二三小王各理著品是也當教自有優劣者謂各當其教相望言之則仁王二字自爲優劣故曰非仁則王即優劣可知云云又以世教言之仁而不王者有矣未有不仁而王者也不仁而王則桀紂是矣三本迹釋者其說有二謂久遠本迹則唯在法華迹門尚非所聞況餘部耶其於迹中但得借用體用本迹此復略開二義謂一約偏圓本迹云云二約分論淺深則圓行爲本別果爲迹通教佛地雖當果位而望別成迹三藏二乘雖同小果而望通屬末末猶迹也故知展轉相望其義皆通或約當教自論各有本迹義不一揆又約本迹高下等四句論之云云四觀心釋者於前三釋雖極圓妙而望觀屬事唯圓觀自行乃得其理故曰譬如貧窮人日夜數他寶爲是故須觀心釋也丈凡有四即生滅無生無量無作約四諦觀門觀色空等境隨教觀別故曰觀生滅法見色是有等三藏觀也謂生滅色由心所轉故心得自在也觀色即是空等通觀也不唯心得自在以即空故色亦自在故曰空色自在若觀空是色次第而入別觀也瓔珞所謂以二

觀爲方便得入中道是也若觀色空不二圓觀也惟其圓頓色空本唯一理以約照邊不二而二即照而亡二而不二雙照雙亡只在一念體即中道故無非實相一心三觀三觀一心本無前後是亦一心三觀故非縱三觀一心故非横不縱不横如天目等自在之妙莫極於斯我今聖主下約觀心釋推功主上以道化故具仁王之德以正觀故彰護國之能備斯衆善本迹高深莫得而擬議也是亦觀心具前三釋之意配釋可知云云此下合釋護國義如前釋王已略明竟亦如後委解故不別示次釋般若具言般若波羅蜜即一經能護之法也良以般若智力能使國王安隱政化宣流其言本不可翻經論凡明五不翻義此當尊重乃其一也不翻之旨理不可盡今略對古論之先指論所出凡二文一則可翻即開善所用一不可翻即莊嚴旻師所承故曰名含衆義是亦多含義也若翻智慧則其理單浅非全不可今䟽評二説先斥次融會則曰各成諍競今爲通之謂般若有二種

初約部旨具偏圓權實有翻轉不翻轉義融會兩家之説雖非正意容或有此次結斥言火𦦨不可取者如論云云謂般若正智不可以偏見取取則傷手害實不可取而取雖取之可也但於取不取之間不落思惟不涉擬議直下承當則實當有在智慧之言該離合二釋亦未始偏於一端故成論作合釋淨名以離言句如經釋當是智以分別爲性慧以無著爲言以分別故智即是有以無著故慧即是空故離則爲空爲有合則中道斯存而論作合釋眞慧即智其於般若爲近何定住之有乎今此下示部帙同異按經下文佛於二十九年説般若兼今所問正當仁王則五部而已此言八部者所出不同當是部帙開合異耳云云有云天王即仁王部者今所不取若即是者不應已説仁王而再有所請故知非也雖有大經之文一往名同非謂正言二部問人仁下通論人仁義別云何得同答據大經仁即名人與書所謂人也者仁也合而言之道也其旨頗類而老經云聖人不仁等䟽

謂以仁王行仁不求恩報云爾非不仁之謂也正言仁與不仁則道非道而已今仁王云者正謂行道之主若夫背道則人猶不可況得爲仁乎又問仁之言何謂也答以仁未易言姑以字體論之可也故曰從人從二爲仁二即二畫等則三才之道備矣又曰貫三爲王即其義也所謂下學而上達者其在斯釋乎又問昔人以此經爲非正譯以其不見之目録故也答意大率以目録有無恐偶遺耳如後出三譯豈得非正耶況有長房目録可考信不誣矣海膚下引事斥非謂海上之膚古初之聖皆以耳目所不見聞而臆斷其有無焉知其實哉革或音棘文見列子云云且準下正出廣略二本前後三譯明其眞僞作此評者過莫大矣然於三本獨䟽秦譯者以望餘二本而什譯爲優辭理兼暢亦時所宗尚故也波羅蜜者翻事究竟又翻到彼岸並彰般若之勝用也謂事究竟則其理可知以前五度屬事般若一度屬理事由理導尚爲究竟況理爲能導得非究竟乎言到彼岸者譬

以船筏濟大海而有此彼中流之異在此在中皆未究竟唯到彼岸則吾事濟矣是皆至極義也故曰生死爲此岸等此雖帖釋而義猶通總且屬因緣爾次約教釋者藏以實有生死爲此滅有涅槃爲彼中流則見思惑所詮在小六度皆事未得爲究竟到岸故取道品八正爲筏也通教此彼與藏不殊但詮有體析故六度爲理若望三藏則彼事理皆事此則事理俱理爲異耳別詮既以無明爲中流義當凡小色空爲此此界内也以菩薩假法爲彼彼界外也而以無量行願爲舟楫圓頓則極事理言之事極極於理則二而不二理極極於事則不二而二以例生死涅槃爲此爲彼其義可知而實無生死涅槃可得以之濟行則一行一切行以爲船筏究竟至於大涅槃岸此之謂也次觀心釋彼岸者要不出約空假中以色空等爲彼此義而論修相即託事觀門也如文云云三假義如後釋經有下釋經字義梵云修多羅舊云有翻或無翻歷貫綫等五一一約教行理三成十五義委

如玄釋云云又經者訓法訓常亦經緯爲義又如六經之經以此代彼故云經耳約教六塵下則又因經以明教體夫經者聖人所以示教也因教以悟道則有通有別通謂十方佛土該於六塵皆爲教體如文云云或以光明等備列六塵而作佛事其於香飯自該三塵香即香塵飯食入口自相綿味即味塵也嘗於唇舌之間有軟美等相即觸塵也或寂默無言而得三昧即法塵也推而廣之彼一一塵皆具六根而一一根皆具六塵徧法界中根根塵塵皆可入道何適而非教體也至於約教本迹觀心皆可例作云云縱使教外別傳心要至於無言無字但有一法當情及無當情者是亦教體何處何法爲別傳邪自非深見此理難以筆舌既也別則正以聲色爲體有佛世滅後之殊仍對名句文三謂之一實三假和合成體其爲教也備矣若以經緯之經釋者則如世端帛必先經緯以成文柔今爲經教亦爾以文字爲經則其常也以人之心行紬繹於其間爲緯雖出世正覺亦必由之

而成故喻之以經序者下釋序品第一亦相帶來耳大略可知第二辯體爲二先評古釋有以文字爲體其義甚踈固不足評有以無相爲體雖若得理而名言未的故評曰永漫亦通漫也猶不近云爾有以五忍十地爲體此雖本經旨有文有理謂羅什宗可也而非體義夫體必歸一未聞以數義爲體故知非也今釋爲三初依義釋云云謂體者法也別等卑崇君父君臣撙節莫不有法譬出世法體亦若是雖十界之別而同依一法性體惟其體未始異則所顯極唯在佛故凡大乘諸經通指實相以爲正體也若約開廢簡體非部正意故所不論二引證云云謂依於實相法性而辯因果就實相因果證經體若如古師所用乃成以因果證實相爲所斥夫豈知所謂宗家之體體家之宗義各有歸如玄義云云三約部教別論者然向義猶通故須別辯而有共別權實之判約部義也次明傍正別指則曰云云謂般若本菩薩法而有共不共義共謂共三乘說通教是也不共者別菩薩

法別圓是也準教明理則實相之體亦復二異謂偏眞實相即所謂諸法實相三乘皆得亦不名佛是也中道實相對教可知約共不共以判權實則共爲化他權實不共即自行權實若相望以論故化他雖有權實並名爲權自行例知則成自他權實故注云云今如上分別也約教下對前部義今此正約四教以論則般若一時雖通諸部廢半明滿唯說三教摩訶衍門融通諸法其於二乘寄大存小容輪轉入故有三乘共行十地等以傍正則通正接傍以權實則偏權圓實既唯三教從極顯體則正指圓極實相爲體亦如光明有判教爲通就圓釋體之論是也第三明宗者顯體之行也行該修證總攝因果故以因果爲宗不亦宜乎於是有評古有今釋昔人有以無生正觀爲宗多是肇師般若無知論意謂般若體本無生則無生滅之知也即之爲觀則離有無二邊假名中道是爲正觀也故文云下引證也意本其文以示之曰無生體空無所之見雖知而無知見而無見不行

不受等今家斥之此得通教意所謂摩什釋經多附通意是也雖得通意之權而失圓頓之實苟爲失實則權實俱非云云次今釋言以佛自行因果爲宗者謂佛所證極智靈知寂照爲今般若之宗夫言自行則證唯在佛他莫能知言因果則行無不包德無不攝既證是智必契是境所以一色一香無非中道說智及智處皆名爲般若不可以有心得不可以無心取離有離無玄契中道然則離有無者寂也體也有無宛然者照也用也惟其遮照一時智亦叵得無相亦無相只自無相無別無相也以是爲宗要莫過此問宗與體下料簡同異答以網裘爲喻者夫網所以維網舉網則網目自隨毛所以成裘振領則毛爲之動此譬以體從宗顯宗得其要或以梁柱屋空喻則空爲所取以宗從體言各有當也今明同異百在非同非異如論離合亦然四明所謂如此辯體不即宗用不離宗用方彰一家宗體之妙又如金莊嚴具本譬非異非不異今意少別云云第四辯用者宗既顯體體

顯則有用故次宗明用亦即般若功能力用也有人下評古舊以內外二護爲用如文云云七難不起如下列釋云云今評之義有與奪與其內外之言得眞俗之一端奪則十地名通而不的顯言俗只知其一而不知其二故不可依是即奪也今以佛二智爲用則尚攝佛國因果依正焉有世間依報國土等而不護邪故以勝攝劣舉正收依即內外二護靡不該盡況二智之言其理深長優於古釋遠矣抑凡言權實必照自他照自即照理照他即鑒機所謂上冥法性下契機緣未有照一而不照二者也若附教以論則有三雙權實如文云云如薩婆下引事證用而有強弱通別二智力用弱如凡人弓箭圓中二智力用強猶如聖箭次何者下徵釋言或等者進退不定之辭謂其通雖二智平等而是眞空故照理不偏別雖次第證道方知義不及圓故若照若證悉須捨偏從圓則其用勝矣即權智下以二智對同居等土令見思等惑難不起者帖釋護國義也所謂十地行等雖通三

教而十地所行護義一也準此寂光亦應云護文讓極果故不說耳下文雖有護果之言而不在果還在因心後當更明又楞伽有須金剛力士護者約化身說如彼（云云）第五明教相者通標指廣然名等四章具論總別若非教相無以辯其淺深半滿等義此教相所以明也今略明下正判謂此部當般若即諸部之一以半滿則對三藏此當滿教摩訶衍門該通別圓摩訶翻大多勝（云云）衍亦大也以五味次第此當方等出般若譬從生酥出熟酥味相二乘於是融通淘汰遣蕩執情堪至法華開顯一味此猶通相若夫今部則別說護佛果德十地因行及外護國土等乃出世之至談佛化之要道也又波斯匿王問佛摩訶衍義當云何照佛言云云既以摩訶衍爲所照境故知非三藏明矣雖非三藏而所破并能通具四教但三藏既爲所廢故全非正意耳雖有八偈下釋疑也若部旨正意唯說大乘而經有八偈談無常生滅此復何耶故釋云云謂普明王爲班足所得將以祭神普明請依七佛法集百法師說般若然乃就死班足聽之於是法師者爲王說四非常偈（文見下卷）（初）王因以得空平等三昧輔行判之云云即此文所謂勸王捨國則屬助道非正經旨也

玄談大旨竟

次依文申釋爲二初通示分經凡古今釋經隨其方土或分不分故此列之應云天竺震旦文闕略耳如大論釋般若天親解涅槃即西竺分不分也安師分三分劉虬釋法華此土分不分也（其二聖二賢德行事迹解經法式具如大部補註）夫釋經貴乎通理分與不分惟義所在初無固必但分則明乎起盡否則免乎分裂務在得旨故曰人情蘭菊妓當作好字之誤也二正分三分夫聖人說法豈無所自而遽有所說邪必也言之有本聞必其人有時有方證信非謬或光或瑞發起無疑於是有序分爲有正宗爲有流通爲文言序彰正顯者本言正宗相帶云爾正宗則當機設教流通則益在未來乃其大分也二依經科判爲二初隨品分文即序品爲序此且約品分齊非分文分齊依文分者即自品末佛告月光下訖經爲流通分也二隨文正釋又三初序分爲三初標列異名凡爲三對謂通別對主伴對前後對總不出一序品也二釋義者兼本列釋總爲四義謂以六事列於經首各得其實驗非謬誤故可證信由如來現瑞等五得以發起正宗通釋二名一也通序經經有之別則唯在今品二也三世經初所列六事皆金口所命名如來序亦是阿難所傳證信當是阿難序三也列之經初名經前序而言佛在時者謂通序之六事在佛世亦是將涅槃時所命云爾集者所置時在滅後名經後序四也今且依下對經重結云云三重述緣起又二初指經二智論下引論凡二文一如阿難申請四事佛隨問答五事證信乃其一也一如迦葉所問云者即正結集時迦葉所問阿難如佛所答云云四帖釋又二初科文爲六如常解（云云）次隨釋六義初言如是者指所聞法如下一部皆所聞體一言蔽之攝無不盡若不如是則非法也故曰釋如是竟一部炳然此之

謂也略爲二釋初因緣謂四悉檀皆因緣也文以道同不與世諍爲初悉者仰則同眞倫則順俗故皆無諍舉時及方爲生物信信爲善本故當爲人此本下科通取足成爾以破滙阿爲對治者凡外道計不出有無今以如是破之則對治之正也舊以信順釋如是此當第一義者既信且順理眞如之二約教釋依教所詮明如是義謂若詮眞俗一有一無阿難傳之不異曰如是者即三藏義若色空不二不異曰如曰是者通義也別詮生死爲有涅槃爲無如是有無次第出入別義也圓詮生死即涅槃無非實相爲如如如不動名是即圓經如是義也此經具詮三教如是之義阿難一一傳之無差亦令後世隨教取解也本迹觀心文略者本非部旨觀義則備也我聞者我謂阿難聞持之人論以耳兼衆緣則有所聞爲世界悉舉總攝別世諦義也以結集法藏稱我聞爲爲人者因感悲泣等皆生物善故也以稱我聞故三疑即遣爲對治者疑而不決則衆懷未暢遣疑所以破惡也

三疑論如別章云云實諦本無有我隨俗稱我而了無所聞故以無我而我不聞而聞當第一義約教釋我者我凡有三謂見慢名字對凡夫等而有多少阿難既是學人而斷見伏慢隨世稱我三藏意也又阿難本當無學迹爲侍者故退居學地非實未至至結集時須發前迹示證四果方堪結集良有以也舊多不明此因以示之十住婆沙四句稱我者謂凡墮四句皆名邪見若無有我誰當聞者通意也若大經稱阿難多聞士能解我無我以至分別我無我二不二等前後次第者別意也知我無我二而不二遮照雙融方便爲侍者圓意也又正法念下明阿難有四釋四我義謂歡喜賢海次第持三法藏阿含有典藏阿難持菩薩藏蓋只一人而具四德衍小令大持四法藏者約教意也觀心釋者不出以我無我等用配三觀則妙境義成妙觀斯立觀心意也次釋聞者爲二初設疑徵起謂阿難佛得道夜生命侍以來方二十餘年爾前之經應不聞邪二引經論約因緣釋具四悉

檀義即論云下約展轉聞世界悉也報恩經下願乞重聞聞則生善爲人悉也胎經下追現入胎等相則爾前化事悉應見聞胎表不淨破惡悉也法華下以得記故憶念現前得佛覺三昧無不聞者即第一義文多一今字總略結釋意不煩也二約教釋聞者如前釋我具我等義今準我釋聞亦應例爾以次配釋則歡喜持聞聞三藏法也後三可知云云一一教下委釋所以具在諸疏不煩引也一時者聞持和合之時謂聞即所聞持即能持二者苟不一時不名和合機應一際佛化斯成此復爲二初因緣釋肇師所解事顯理文當世界釋宜也大論釋時有假實者時本不異詮義有殊故以二三字別之非必難易也所以迦羅詮時是實爲內教弟子依時食護明相晷剋不可差故三摩耶詮時是假爲破外道計時爲常彰念念無常故今分配二釋文旨顯然不必他解第一義以無時無不時爲時者雙非假實正顯中道第一義也故知時義大矣哉指廣可知二約教明一時者然

以教所詮理行所歷位在藏通則智有析體
於別圓則證分地住雖有下中上上上之別
而證入之妙不容前後故云一時若論此經
具說三教合各從正如上分別可也而此別
圓約接入說者以般若通爲初門接正分岐
故從初爲言作分接正以正例接卒歸乎正
也佛者能說教主也雖通四教讓在下文今
且總作四悉義釋謂佛名爲覺覺諸煩惱者
所覺也身心二病者兼業報也因果圓滿等
三覺義是能所具也具故覺道能破有縛乃
名爲佛而有機感時處之異即世界悉也謂
劫初無病等皆非感佛時也東天下富而壽
等言不感佛處也八萬歲時雖曰長壽非感
佛時南天下人能未見果而修因是能前覺
者也故雖減劫乃至百歲通能感佛所以佛
緣六　十八
出其地日若不出下文有譬合謂佛譬如日
日若不出則池華不現出則生也是華因日
出善以應生爲人悉也委合可知三乘根性
下以有出世機故即能感佛所謂斷有頂種
者即第九地一品思盡永出三界故曰永度
生死流反顯若未破惑則不能感此對治悉
也佛於法性下以法性體徧一切處未始動
出若有機感於無動出見有動出然則見有
動出者應化也本無動出者法性之身第一
義也

佛說仁王護國般若波羅蜜經疏神寶記卷
第一

佛說仁王護國般若波羅蜜經疏神寶記
卷第一
校勘記

一　底本，明永樂北藏本。
一　八八〇頁中二行夾註右「六名」，徑作「二名」。又「未名」，南、徑作「末名」。
一　八八〇頁中四行述者，南、徑作「四明沙門柏庭善月述」。以下各卷同。
一　八八一頁下三行「有矣」，徑作「有之」。
一　八八二頁中二行第七字「非」，徑作「未」。
一　八八三頁上八行第二字「祈」，南、徑作「析」。
一　八八三頁下五行第一一字「以」，南、徑作「云」。
一　八八六頁上二行第一六字「真」，徑作「知」。
一　八八七頁上八行第一三字「覺」，徑無。

佛說仁王護國般若波羅蜜經疏神寶記卷第二 韓七

宋四明沙門栢庭善月述

二約教釋佛者四教佛也佛本無四從所說教故有四佛當分之身通而言之本唯一佛以境本則三藏如來於色相上四見不同以本迹則本是圓佛垂爲三迹以眞中則四教各二而有三雙感應之別以體用則其體本一而用有四云云得是諸意四佛同異之論無壅矣今且從當分以明謂佛者翻名曰覺覺有自他亦曰覺滿能覺世出世間因果之法所謂苦集道滅是也身壽八十等者示同人法雖出乎人而未離乎人猶劣應而已三十四心即八忍八智九無礙九解脫總不出智斷二德能破見思者也樹下成佛所謂木菩提樹簡異七寶故也即三藏佛示成道相帶丈六像現尊特身者通被衍門利鈍二機故所見相勝劣不同所謂合身尊特者是而實一佛機見有異非謂大邊存小名之爲帶言合言共亦義云爾舊多錯解故略示之云云一念相應者謂不同藏以三十四心漸修頓斷今以智則一念相應與空無間而斷有前後則正使先已斷盡至果但盡餘殘習氣而已有異乎藏者大小教門爲機設化不同故也云云別佛相者唯現巍巍堂堂尊崇特勝之身受佛記者亦曰受佛職即色究竟天受佛職者是也此與華嚴應相全同而位次升降有異在彼則以究竟果位升之是爲一化應相之始此當別教教道始斷一十二品無明以權教行位降之則止受佛職而已一往似同而實大異雖異而同未易定判更當詳之云云圓佛相者不同前三故曰隱前唯示不可思議如虛空相要亦不離常所現相以圓機一故得以稱性同虛空等法界唯依心現不可以言言不可以識識如是體了是謂究竟法身故曰吾今此身即是法身記復遮之曰非如太虛名爲圓佛政恐學者因言錯會故也此深有意宜可思之像法決疑下引證四佛中言或見蓮華臺等證別佛者豈非應相全同華嚴而位次升降之異餘三證義大略可知本迹中以三佛爲迹一佛爲本者此約體用本迹言之若以法華開顯部旨所謂本是圓佛垂爲三迹又曰若得實意方知四佛體用同殊與今對論固不可同日而語云云約四佛明觀心者不出以四句三觀攝今四佛即於一念圓見三身既見自心心佛不二覺境斯契亦託佛觀心之旨也云云釋住者謂佛具三身住處有八云云大率西竺論家分別名義類多如此然亦無可不可以今言之佛本無住無住之住有事有理理住即第一義空事住則如上分別然則與向何以異邪苟曰無住無不住則無在無不在但本其實神其化則可限其數定其量則未之敢聞分別如此義不可盡云云約教釋住者不出依四教門由體析巧拙次不次等入證二理以爲所住故從能入門則有四依所住理則唯二二則眞中之別四乃即離之殊而言有涅槃祕藏異者謂涅槃則從眞空得名祕藏則以三德受稱由此分別理當有歸權實而論義不一槩也云云二釋城者其文稍長今隨節釋之初

翻華梵如文天羅下示本緣也紹王位下明班足被擯之由其國始號不害而卒以日數一人安得不妻流天下反為國人所擯棄邪羅刹輔翼下明普明為班足所取其說有二一以啓信之端所以成班足之德二為起教之本所以設法施之會為今般若之發起也普集千王下酬願立國稱王舍之始也又城中下出王舍異稱釋凡四義亦可擬四悉成因緣釋也云云力盈二字恐作力蓋或可作名盈字之誤也又摩伽陀下翻名異前未必正翻各隨義譯也兼出其國有十二城而佛住有多少為報生法二身恩有輕重故也如文云云亦猶法華云觀樹及經行為報地樹二恩是也故知吾佛聖人凡一出處要必有以不徒然也又舍下約分字釋謂王即王城舍者有六精舍故得其名如文云云三釋山者謂耆闍崛山此翻靈鷲凡三義故曰云云佛何故下示佛多於二處說法以其山城俱勝故也準論釋云云今說般若亦於其處以其勝一也然於餘處說經豈必不勝邪故知偏

強之說一往云爾列同聞衆謂比丘等三乘之別同聞如來一音之教故曰同聞而設化有權實得益有淺深故有發起影響當機結緣四種之別云云問諸經列衆或云三乘人天或比丘等四今何特異云發起等耶答中或有言三乘從人列也言發起等以類言也若從人列經亦言之但今先以類論故言一者影響二者發起等然言人而不言類則衆固多端不一而足也言類而不言人則類必統攝雖有諸四衆而義必通收要不出權實淺深故也今約一衆而開四類則衆衆皆四有何一衆而不攝耶何一機而不辯邪此特言類不言人之所以也又曰比丘比丘尼等各有四義者則以人從類言也論三乘等列次前後可知言菩薩心勝形劣者若論形服未必劣於聲聞今以出家形服比之故也初釋聲聞衆與者共義據論作七一義解謂比丘等雖多不同而所依時處等七無不一故如文若委明同異具如妙記云云然以後世論之使無法以一之而人情各異又安得而

共邪而云和合為衆亦浪語耳通號中言大羅漢者大亦云多云勝故兼三義釋之亦取摩訶衍多含意也委如別釋翻釋比丘為五義者本唯三名謂乞士等因三名也應供等果三義也以因配果義如常釋今加二義於文非要分字之釋殊乖梵語未詳所自置之可也云云明行位中簡學無學者依成論釋言羅漢二種謂行之與住行謂所行位在學人住即當果以分二異又曰五戒賢者皆行阿羅漢是即學位學於無學之行云爾亦不全同果向之別信如所明無定論也釋羅漢中翻釋三義謂不生殺賊應供以果對因其義彌顯此藏通意也若從圓極義釋則不生等皆約中道故曰非但不生等謂無漏涅槃亦皆不生故也供應反之謂以慈悲之德應彼所求即供應義也有為功下凡八科法門歎聲聞德或作六科則後二為總開合異耳如後出云云諸經歎德多以辭句叙述歎之而此特異舉諸法門歎者是彰人必有德德必在人以德顯人之意也下去例爾又曰亦可歎

三人者文本在聲聞今取般若部旨故二乘亦通後教二釋異者多應三假之名義該別圓故也有爲舉智德下約智斷釋若論二德斷證必俱就境以論道滅本一今作異釋亦一往云爾如常論當約二種解脫分之云云次

約十智數者謂一法智等即於欲界九品界繫思中修四行觀發無漏智如是一一諦下所發是爲四法智於上二界界繫法中各修四行觀是爲四比智比謂比前所發智也通總而言共爲一比一智及他心世智爲四更加後四諦智及盡無生共爲十若只合前後四諦爲八加盡無生智則十數亦是當知只是開合異耳五若智下重明十六行觀不過廣上文耳於集智中文似差互盡無生智中引論釋可知以次更加如實成十一智約大

教論非關開顯唯在於佛不及二乘仍對學無學明增減之異如文次數三根中先對智辯次隨釋者謂於見道前以信等九根成就信法兩行至見道中向未知根今知無漏故名欲知如是次第歷於思惟無學二道轉名

知根知已等十大心行前釋諦智已明今復列之何邪然向所明但是舉類歎德非專約行若約行次應在智前今言心行義當後果亦復何咎但疑缺一今字云云亦委如籤釋況十六行之言復該果義故不一途如疏云云

又心行云者義有即離今簡即從離亦且一往以十六行法相在小故也三假歎德言法假等者先指體釋名謂受名在初想行從之識爲受主故通得名受而曰自實無體藉他方有者言所以假也止觀所謂無主而生是

也又曰一虛二實相形得名者釋虛實也而曰只實而虛合云實虛從通結示云爾惟其實虛此實所以爲幻幻故成於通義三假之中各有三觀準上別約三觀說也法假即虛者謂法以虛故不實不實故空是爲空觀空即假實者對假名實實而非實實處即空故一色一香本當於假以體空故無非般若以即理故空只是假即假觀也觀字是中者惟其中有非空非假之體而有能空能假之用故空假爲方便得入中道以中奪邊故二邊

但有其名不名爲觀由中實故始得言之此並約法假明也其次二觀類推可解云云若約三假明圓觀者圓無別圓但依次第融歸一心即空假中自然亡照於是得矣智論下引喻釋成爲三初立二喻如狗臨井喻意可知

吡應作吠相影二字恐倒衆生亦爾下合也仍該三義謂法假等如文云云又一切法但從名字和合名爲身等更無餘名者無別名也亦應作法所謂三界無別法唯一假名是也諸皆即事爲名爲分等可知三空等下釋歎三昧德也由假達空故次歎三空亦因果次第謂法假故空等對義可知云云故大論下引論明三十七品爲趣涅槃門則道品爲能趣趣於所趣涅槃之門又謂涅槃門有三則三空又爲趣涅槃門是應立兩重門義謂外

門則道品是也內門則三空是也是則如來大寂滅樂三德堂奧尤爲深邃也言空門者下牒釋也謂觀諸法無我我所則去其蔽者從因緣和合而有則了法緣主當處即空也無有作受則稱本自空也由三義故名曰空

門無相門者謂觀身雖空領上空門而有相
在對治相著以修無相故如說屈伸俯仰等
皆所謂相也相本無實而動轉者風風依於
識則有所作識若滅者念念無故何有於相
哉無相則無我而見有男女等相是有我心
在無智慧故妄見有骨鎖連持等相所謂皮
骨震機關動作如木偶是也事見列子云云無
作門者凡所作相依於無相無相亦無所作
安有故曰無相亦無是名無作是三空門爲
諸禪中要若無此定不名三昧易多退失故
說唯三種入能到涅槃謂持戒觀空精進有
是三者則三十七品思過半矣由初門故得
三解脫則第二門從而可造其去祕藏不遠
矣四諦十二緣下總結數可知若以諦緣自
爲二科殆似煩重況後歎緣覺文亦有是句
何乎今得以申析之然諦緣度等以藏則利
鈍各舉開合之異今是通乘故得會而爲一
則有同別也如䟽云云又曰四諦鈍根者觀
下兼後因緣利鈍者觀則有通有别及出大
經各通四教則隨文用與義不一揆也二列

緣覺衆言大仙緣覺者據位有三謂一者獨
覺等本列緣覺而以大仙云者即所謂以外
況内取其悟同得以稱之二因緣覺即今所
列同聞是也雖出佛世與彼獨悟無生何以
異焉非斷非常等凡約三義釋通而言之以
緣生故非斷以緣滅故非常非斷非常所歎
之德盡矣三小辟支佛亦云獨覺於其兩間
有同有異以類同故出無佛世以根異故小
大則殊大不制果故唯無學此仍住因猶學
人耳支佛根性頗不易明大略如此云云料簡
二重初問該二意謂三乘若一向異不應兩
處各明諦緣次列菩薩仍名羅漢若一向同
則三乘何别答言於一境上取悟自差謂通
約諦緣本同一境而隨機異解取悟不一故
譬之三獸度河等云云故大經下引同證别
以境同故通觀因緣以證别故得菩提異亦
應兼出四種四諦如上云云良由下結旨酬
答可知次問意以大仙緣覺本出無佛世今
何列在同聞衆耶以經無獨覺之名故通以
緣覺爲問答謂緣覺佛世亦有但在聲聞數

稱今言緣覺出無佛世者此約獨覺云爾列
菩薩衆爲五翻譯名義云云大道心者以今言
之則實智方便智諸功德皆成就也大士亦
曰開士謂能任持大事開通法道也約教中
言心勝道卑者菩薩先人後巳篤於爲物故
勝聲聞此當藏三祇百劫未論斷惑故劣於
羅漢通雖異藏而教無變造之詮故說留習
習不獨生故說扶願所以異也十地行圓當
知如佛者以第十地亦名菩薩故得如名謂
與當教佛齊也非成不成者謂以無作心觀
不二境則諸行無作故非成一念圓證故非
不成今此下結判前所列菩薩義今此正當
衍教初門則是共行十地至第八地有兼通
含别之義以正兼接故云審兼非顯審之審
也若據大品三種發心則又三教各詮之義
應通二說可也皆羅漢者明菩薩位也三祇
菩薩旣未斷惑不名羅漢至果方得稱之又
本行云者文有二意一約菩薩至果得名二
約如來正施小化一往俯同印證云爾至後
二味乃當廢斥何皆之有於三教菩薩約位

格量如文又引大品文證謂是菩薩別立忍名是亦褒揚菩薩引進二乘之意然前於聲聞明皆羅漢則無聞於學無學今於菩薩有收有簡此何意耶答中以菩薩形無定準爲釋今謂是固一說而不無餘意前約聲聞唯學無學則進有學以至無學故皆名之今明菩薩既涉別圓則有後位可望故約真似對論收簡跡不云者略耳問若下釋重明所以謂今明菩薩形服既通或同凡小未免混濫故復更明則知進退有在謂貴小乘者使知大小德齊所以進小乘也取名相者悟凡聖道越所以退凡夫也故重明之次出餘意實智功德下凡十一科於中先歎智德有實智有方便智實智照空即般若之體方便智照有即般若之用如維摩明實慧方便縛脫四句與今近之矣云云向者明位下重出明位歎德共別所以今約通教七八以對二智則七地無生忍位故當實智過此則權智也不約被接義釋更復何乎行獨大乘者歎以別在菩薩所乘也二乘無分故云獨大云云四歎眼

者具應明五眼而有進否之異菩薩在因行位未圓則唯四眼未至極果故無佛眼然以如佛義推通亦應具若圓頓初心雖是肉眼以解勝故名爲佛眼今於十信云者則復以似證進之爾次歎通者準眼例之故唯五通讓極果故不至於六進否如上云云三達者下於六通中明達三世謂之三明文誤一來字十力者具列如智論於中不猒生死力者惟其具餘九力抑由無我故於生死而不猒倦則力莫大焉二乘無是力故不免怕怖求出離也四無量心者謂其緣心廣大故稱無量本是梵行今歎菩薩是亦菩薩德也縱具前三而未能捨未善也惟能彼已無著斯其爲行至矣故注云云餘諸法相名義如法界次第可知金剛滅定者歎斷德也對前諸科多皆屬智是爲智斷二德智謂以智斷惑斷謂因斷會證所謂無礙道斷言智德也解脫道證言斷德也又曰智德實斷斷謂以智則實有所斷斷德不斷斷謂不斷則已斷必有證亦由斷故證此理尤難明又斷之爲言斷也

斷而不續是爲斷義亦無能所可得圓覺所謂首已斷故無能斷者故譬之如金剛定能碎煩惱而自體不動即其理也首楞嚴此翻健相謂其自性勇健偏能降魔制敵故也復有千萬億下三列雜類衆凡爲四一人二十三天四賢分科翻譯可知賢衆文誤作人正釋五戒者謂離殺盜婬等但防身口而不言意業舉末可以知本也飲酒一戒通防二業者略不言意對上云爾亦義如上釋此當人乘未論小大防不防義若離對十善則天乘也因引提謂波利文者即佛初成道未轉法輪且爲二人符其本習說五戒法故有今問答之文具明五戒不四不六廣大包含無乎不在則有五星等八事一一主對云云以不殺下以五戒配五方則東方屬木木主仁仁以養生爲本故不殺配之餘戒類此如諸文云云若約圓頓教旨得意持犯無非圓乘具如光明疏釋云云然此一經說時在初而非初教以其三寶未備非出世教本故亦既施小兼收旁攝可也昔人不達立爲人天初教致

爲今家七義所破具在玄文亦委如別章云云隣聖曰賢又曰假名行人者一往賢聖對釋故曰隣聖迹而言之方當近事尚未得爲觀行中人故以假名稱之猶名字也皆行阿羅漢者以此冠下則無學行位及十地等皆所修法故知迹雖同凡本皆羅漢及菩薩等若此進退未易評量要之但是預佛嘉會其爲本迹莫得而議也十地有三種下皆經論所出不同自非一家教旨區以別之孰得明其用與淺深哉謂三種者一者三乘共行十地此當通位如常列釋二如大論明乾慧有二種一者聲聞乾慧地如前共行是也行位功德全同三藏故曰聲聞獨爲涅槃其所習行皆爲自度但在通別或習觀佛三昧正觀也不淨觀等助觀也然皆初心淺行未得禪定理水雖有薄慧未能相應故名乾慧等云云於菩薩下二明菩薩乾慧等十地即文所謂於菩薩初發心乃至未得順忍者是以別言之則同十信外凡此下二類並通別相間而言對文可見乃至菩薩地者初歡喜地至法雲

地皆名菩薩借別名通是也由是言之別互忍名本當別位而借以名通以其在菩薩則各有忍德勝於二乘是亦衍門淘汰之意也使不以借位名之則混而無辯餘如玄義止觀等文故知一家借義其有旨哉佛地等者亦由前諸菩薩於因地自他功德滿足故至果時成就種智得以佛地名之也若別圓十地始終本是菩薩不與二乘人共其位歷然不須借也但就別自論則猶存教道故有隔歷之說唯圓證道一向圓融故注云云以別之耳又曰回向五分法身者若論回向本當地前今反列其後以歎回向者蹤約別接申之使不滯於空令歸於中即回向義也言具足下對前偏真五分未足今爲滿足故也五分不出三身謂前四分功德身也知見智身也以是共嚴性德法身則三身宛足其旨彌顯也回向爲善利者今略出其二謂回自向他回因向果果必至極則回事向理義該之矣歎清信女亦具十地功德於此始開十地三生之說不出始中終歷於十地共成三十

生所謂增道損生是也與夫一地具諸地功德又曰初地不知二地舉足下足及今所引善入出住義不一向乃知圓頓法門理不可盡歎居士德中言七賢有二者並如文然於地前凡所有行莫不謂之調心順道使心不調則道不順道不順則聖無由入斯言盡矣此大乘七賢名相稍別未檢外國稱積財至億爲居士與夫淨名富有七淨財者相去遠矣今見世人多尚稱之不幾於濫且瀆乎德行具足者謂德即是行亦成德之行今且從初釋義亦可此句爲總下諸功德爲別謂二十二品通言凡八科道品有四云云唯對位一種除七覺八正屬於見道餘品在前故但成二十二也十一切入等諸科名相具如法界次第云云問八解脫者謂有觀有證今猶在賢觀而未得何遽歎邪答中前七從觀雖未證滅從多爲言耳又問解脫何義者謂以棄背捨去爲義始於棄色無色棄心無心心色兩亡終於滅盡但有緣心亦應捨去惜乎小教止是耳矣至於諸無可捨捨者爲誰能所雙

絶無法當情固非所及也又問徧等三處何別者答以見有所棄即所棄為解脫而見有一切勝境界者即能勝為勝處不唯能勝而又能廣唯心所變一切處無非青等其為境界何如哉是安得不以為勝而作聖解乎過是斯為善矣三慧者謂從聞思修次第增進為入道之漸而悉能發慧故通得其名以次對位可知與夫觀音從聞思修入三摩地者異矣云云十六諦四諦等約諦觀門數有通有別謂世出世間因果之法總而為四謂苦集滅道別分四種則生滅無生無量無作約真中巧拙以論一皆審實故稱為諦若委分別義不可盡今依疏釋謂於忍位中有上中下徧觀等異凡十六諦行從行言之則曰觀門從所觀境則曰諦門並指如上說云云四三二一品觀者不出以四善根數居士德也自煖至世第一而有逆數順除之異逆數則前前加於後後順除則後後滅於前前如文可知或約四界從後向前非此中意故從前釋得九十忍者舊說凡三釋並不用今取經正別結文自二十二品下諸法相共成八十一數兼四禪等九恰得九十忍幸有明文數義足用何必其他而通稱忍者無他亦安之而已既曰調心方法有何一法而非忍乎列天數中言以萬數萬者只是萬萬成億耳餘三本不同總別開合弟七具略之異對證可知十六五喜樂天者文兼二說謂五支者即四禪所發支林功德非關天數若云後五淨者即五那含天是也而言喜樂者亦義言之爾此乃三果聖人散迹諸天本無定所楞嚴所謂如今世間曠野深山聖道場地皆阿羅漢所住持故世間麤人所不能見是矣以次四禪附列於此委如俱舍云云大定功德定等如疏飾釋即修報二義也味謂味著禪定但於根本定上有所味著是也若於禪無著則曰淨禪如六行觀八聖種等云云有小五欲者謂執手笑視等即其義也若言六欲從處言之四信成就者謂信三寶及戒是為四不壞信亦淨信也復有五道下總列中或但列人天則受道之器或通明五道則設脩羅以於鬼畜無定形故若言三善三惡及四趣等則六道數足云云又六道中言先後者先有天人三惡次之脩羅則或有無故先後不定或於此經無緣種故不在所列之數列他方衆云他處異見者謂於他方衆會而見有異或雖見有去來而無去來之迹弟七或見彼衆不起于座十七而來此土成就化事等此皆隨緣異見總彰不思議化也復有變十方淨土者變猶法華變淨之變表淨三土也按所現淨相雖無分別而一往約事且從示現報土為言故曰非寂光之淨蓋寂光淨相唯極智所見非餘下地及化衆所到也且曰現百億高座者華嚴應相也及華上者即樹下千百億化身也其實皆華藏境界不動不離而升而遊故曰云云八部大衆各坐寶華者總彰主伴不思議化事也佛及大衆各說般若者蓋般若有二謂共不共共如此經不共即華嚴雖共不共異皆般若也既皆般若亦無非華嚴故知佛化融通初無彼此人情自生異見耳於中疏出八部以四王各領二衆為八而諸經又以天龍等為

八其實皆護法衆也云云坐九級座者據疏只應改劫作級謂層級也今經本旣已正自不須更改況劫字未必訓級雖略可也然以今所集衆各若干數巳不思議況皆來集會各坐此座而其會廣九百五十里亦只約世諦說耳若不思議豈直若干數量而巳如維摩丈室容三萬二千師子座校此殆不容以廣狹優劣論也以是知佛化但可作不思議會若以凡情分别幾何而不爲誕乎雖然要且未免癡人說夢問諸經下問列衆可知答中謂二界果報可由業論其如見佛有緣無緣之異未必一向以善惡分故曰云云以例聞法不聞法等亦應可見今以大經一文正之則戒緩未必爲障乘緩斯爲障爾以次二句則緣無緣之說乃得其正焉應更分别乘戒各有三品互論[轉七]緩急等四句如文[十八]僉猶皆也

佛說仁王護國般若波羅蜜經疏神寶記卷第二

佛說仁王護國般若波羅蜜經疏神寶記

卷第二

校勘記

一　底本，明永樂北藏本。

一　八八九頁中九行首字「固」，徑作「故」。

一　八八九頁下七行「明行位中」，徑作「明於位中」。

一　八九二頁中末行末字「也」下，南、徑有夾注「上音」。

一　八九二頁下七行第六字「離」下，南、徑有夾注「去音」。

一　八九四頁中五行第五字「數」下，南、徑有夾注「上音」。

一　八九五頁上一一行「二界」，徑作「三界」。

佛說仁王護國般若波羅蜜經疏神寶記卷第三　韓八

宋四明沙門栢庭善月述

爾時十號下二發起序文爲五言爾時者謂當爾衆集之後現瑞發起之前適當是時也十號等者舉教主萬德位號也所以發起時衆渴仰之心其爲德也至矣略言有四曰十號曰三明曰智德曰斷德凡是德號莫不備在是矣亦各以其盛者言之十號名相如別釋云云智斷德如上解云云釋迦牟尼對上通號此其別也謂釋迦者姓也此云能仁牟尼者名也此云寂默既仁且默則仁德而靜者也推而極之斯佛之道可至焉爲其徒者可不務乎天竺凡四姓釋迦乃金輪種姓所謂刹帝利是也餘婆羅門等如別出云云若夫姓氏之姓則或姓釋或瞿曇或甘蔗等隨其世系得姓不同民歸如市者猶書云昔者大王居邠狄人侵之邑于岐山從之者如歸市是也初年八月即如來將說是經現瑞發起時也疏引眞諦三藏所判不出有三一以如來在世四十五年說法二以轉三法輪用配四十五年之數三以顯密兩教以判俱時前後今以一家成說有三不易以形之當見臧否也謂如來成道後五十年說法經論所同一不可易也唯十二遊經有三十五成道之說乃機見不同爾二以小始十二年說四阿含教二不可易也三以般若之後靈山八載說法華三不可易也以此格彼年數進退居然可知今謂初年月八日者當是說諸部般若之後接次仁王乃其時也而言月八日者猶正月初八文之略耳方坐猶始坐亦正也若佛本住及自證法其住久矣而曰方坐者以修顯性云爾十地非前所謂十地疏引同性經云云乃佛所住地亦猶楞伽不次之十非次第十地也而疏以別接通等爲釋雖不無是理終非通方之論姑置之云云又曰入大寂室三昧者前所住地豈乖寂理一往以論前所住者智也今所入者定也抑凡說法必有由緒入定而後觀機觀機而後起說此其序也故今入是定凡爲四意申之一者觀機授藥二者因定發慧三者說法軌儀四者以聖況凡得是四意其旨明矣亦可對四悉即因緣義也云云又大寂下爲二初約理釋夫理至寂滅爲義涅槃亦寂滅之名故以三德大涅槃而配釋之謂大即法身寂即般若滅即解脫具是三者始曰深禪依之而住莫尚乎此故以室表之窟亦室也兼引大通入室爲證又法師品慈悲爲室亦其理也而大寂者即照爲義至寂即照照而常寂夫惟照而常寂故雖動而彌寂則其照無窮寂而常照故即靜以言照則其應無礙亦猶虛室之能容般若之能照者也次約觀顯者義當觀心文先立境觀初四句謂室空本一境也明暗自殊者對暗立明觀也雖明暗殊而境常自若也次四句略提法譬可知日出下四句正合謂智生故境顯猶日出則萬象俱明惑暗故心昏譬日入則一無所睹亦如太虛本非明暗而明暗相除此猶惑智相翻而理性常即亦圓義也若夫明暗雖殊而性常清淨則又直約不思議境體以示圓極所謂明暗不相際顯出佛菩提是也故引證

云云謂無明雖染而性即是明不少一法也
所以一切衆生即菩提相不可復滅者恐誤
文應作得亦可從略文互顯耳以其直下當
體即是更無一絲毫可加損故也思緣放光
者若作事解只是思可度緣放光發起其義
猶近今疏約理釋則曰云云是則無思而思
思於無相無緣而緣緣於法性此其爲自受
用大樂也若乃法本無相思之則相生性本
無緣緣之則性起夫然則何思何慮哉特是
爲機緣故不思而得故光現瑞至於地六種
動發起衆疑波斯匿王心知其然唯佛能決
而如來在定未容遽請於是聲種種美妙音
樂聲諸大衆由是如來從定而起升于法座
而後正宗得以啓也如經云云問無色界者
下覆問光必照色無色何以爲照答中雖無
麤色而有細色此順問答也若論佛光有無
皆照抑佛光本以無相之照照無色色殆問
非也而細色之言唯天眼見非肉眼所及此
兼言二乘不見者以二乘慧眼照空亦不能
見必獲天眼乃見之爾又大經云無色界色

非諸聲聞緣覺所知者以法法皆妙言之不
同論所明無色界色有無不定謂之宗計者
是皆不可一槩言也故光令識智慧之本下
表不虚設也光本於智惟智而後能發光故
以慧爲本華表於因惟因而後能得果故以
道爲因又光以化當機故云識華以示結緣
故云見配釋可知今令非相見華者相當作
想文約現未二益區别之得文之巧也又爾
明教主現相本屬應邊而言有感等是皆感
應言外之意也無量變下明雨華有變非變
變者心華非變者外華也唯色無色天以其
定力勝故能變欲天無此故不言變充盡其
理也劫當作級訛轉之誤耳大地振動者振
應作震動有緣有數有意六種其數也動緣
如阿含增一各有八緣動意如後引十地論
釋之動地令其心動等者不唯合事亦當於
理禪家所謂風旛話是也亦猶昔言地體本
静動必有變斯皆近之矣阿含八緣中言息
教緣者謂歸真息化時也然息教未必歸真
歸真必息教也餘緣可知增一八緣中風輪

上下者不過風輪與四大之風上下相擊次
第而動動必有聲聲則爲雷是或一説也文
缺一字與前阿舍所出大同小異動意中云
治三種煩惱者謂一貪二癡三慢即生天以
下文是對釋可知成人之德有四者謂以佛
言之則一切智等皆無畏也而言成人者佛
亦人也所謂衆生無上者佛是也十八不共
法有大小乘所出法相不同其爲不共一也
今疏云二乘無分亦且以共不共般若言之
盡理而言亦應云不與凡夫下地同也言法
身有三者合大小教言之是亦明諸法身之
一例也餘法相如常釋云云前已爲我下領
前所説經從得道後者文略應云自阿含後
經爾許時共得四十一年更兼此後一年説
仁王正當七十二歲并後八年説法華則五
十年説法明矣若復異指便見差誤也二今
疑爲二初騰衆疑又二初依處顯人云云二
舉名歎德云王姓月名光者不必爾當是元
名波斯匿既入道後法名月光亦猶天台加
晉王總持之號是也十地等歎德也疏謂多

是通教是亦一往既曰行摩訶衍化以大乘治國豈不通該三教耶二次第問俗衆中或只目二人多一法字差爲便耳復問須菩提一兼顯衆所不決覺悟如來者悟應作籍經本巳正此須改之然以如來寂而常照豈待覺而後藉今此設施特是表儀云爾此土作樂而十方佛土亦復聞知蓋同一化用有緣斯現初無彼此之間也遂有十方菩薩俱來作樂亦復如是佛知時下明由前思緣故乃得其機則說今般若時至也良醫授藥及三業三輪等合釋可知經言師子座者䟽引論釋云云應須更云師子爲衆獸之王可譬如來勢力無畏猶人中之師子也又曰如金剛山王者謂其體貌不動如山王然亦表法身四德八風所不能動如須彌之安固也凡是軌儀莫非實報土相現尊特之身故以山王喻之以教則復宗部旨義當別接文雖從別義必該通也云云地及虛空者謂二者皆表實際之極則所依寂光是也亦可有通者往空無通者居地事理俱得也

釋觀空品

此經以般若爲宗故於正宗之首說觀空品據次合先分文爲二初釋品名二釋文今先釋品而次分文者意以品名承上冠下源流不斷故通釋品名居先凡爲四初總三別總者通約般若無相之旨用該三教之別故曰云云謂無相者般若之妙慧照無相之眞境既皆無相則內外俱寂謂內則六根外則六塵等皆寂然也能緣所觀以皆空故得名觀空又凡夫下以能對所則凡夫之不識外道之妄取二乘之滯空併屬三藏義當所破而菩薩以正智觀空非空等則能所義足故知約通明矣二夫下凡夫著有二乘著空則凡小屬於二邊在別雖無二乘約位格量即別十住是也而次菩薩捨二邊之有修於中空是即別觀也又觀是下一往約觀空二字言之觀即能觀境即所觀既能所俱空則無相之旨主於是矣當第一義空即中道不然何謂眞佛知見乎引文反證正以非見之見乃眞見也如此配釋總別顯然此六品下分文

可知釋中初知請意意在護國據前數請亦只主在匿王今知請意通及十六國者然問不可多請必有主姑推匿王爲首佛知請意不爲一人法當爾耳吾今下因開二護廣其所請亦爲生後二品作張本故如文云云過十地行因本應生教化品文言散華者誤耳彼諸國王雖有此意但是機扣於佛而佛開二護過其所扣則又應之深者也意如後見問王下簡開二護所以答中凡約多意申之初以麤妙難易言者則王但知其一而不知其二佛具知之彼此兼到過其所扣也又以世出世眞俗論者使國土縱安而生憍慢不若今陳出世因果則眞俗俱當又約索有多少者若索少賜多得師弟子之體如法華索車請三與一過本所望豈不快哉又衣不貪不慳可知慈導之志者謂慈悲能導此並在佛志應作意然猶分別之說若相濟爲言則護果護因必資般若之力使因果俱護信行大乘何有國土而不安乎王聞二護之言三慧之語勸發稱善以美之極言大事因緣以

褒揚之其理可謂至矣非特般若爲然凡一代顯頓之説皆得以言之故疏類舉諸文爲説是也散華下約表法釋凡諸事供必表法門此亦釋經之法若直事解何足以見行因得果起化之義故以事表理兩得之矣廣明二護爲二初爾時下躡上請問文兼二護荅中合先荅護果而言化四生者故知二護雖殊因果實以度生爲本謂以佛果化衆生及以因行化衆生是也但佛所證性本亡離何護之有故寄因明果直從行釋苟於行無著理當自明既文從行結而又曰菩薩修佛果爲若此等故知寄因明果其理彰矣言所化境如疏云云而一皆如幻五道之所從出若論所化本該九界今且從界内能生云爾二明能化智則不觀色如等凡五科今束爲四謂一者五陰我人知見即所化衆生經以常樂我淨如緣我人下恐差誤義見後文二菩薩如等即能化人法三佛果即所護四德（此可兼見護果之義）四二諦即二護所依而皆言不觀等則遮其所非謂今般若能觀觀智以空慧爲

本故不觀色是遮其有也不觀如是遮其空也唯觀法性眞實空如疏釋云云是皆以偏見故不觀若知一切法性下懸取後文意説是皆以圓智故則何所不觀何所不攝雖不言所是而理在其中故結云如虛空是爲眞空之空不礙妙有之有舉斯以況則一皆無我無相是爲菩薩下結行成護因義本釋在次品今結此中者寄顯護果義非正結因亦與上標宗文旨一貫也若如即色爲別見者不出從空出假之義常樂我淨如句若移置一切行如下文義極便但聖經不可輒爾且當仍舊疏約對前五陰作顛倒不顛倒釋等非無此理云云而曰隨盡煩惱等者謂對所滅五陰該於九界故隨煩惱滅處雖有淺深而所顯性則一而已亦猶冰水之漸融釋也知見壽者如本當連上衆生我人亦緣前句所間故以知見作對位釋更當詳之菩薩如下疏簡淨名一切皆如之言似與今同若爲異耶荅中彼斥授記故以眞空奪之今顯諸法皆如故以妙有爲説又以動寂等對釋並如

疏可知然以斷常而顯中道未出阿含所離之中應以妙疏所離雖近能離實遠成之又以淨名有曰不觀色色如色性之文揀之云云但是情執之未祛惑取之未亡觀道之未融理性之未顯皆所當遣亦所當護也餘文如前釋可知白佛言下廣上觀空起後菩薩修護佛果具三般若義初約不住明實相般若先領上爲問謂若諸法悉如前云爾者爲菩薩護化衆生則無衆生可化爲化衆生則有衆生可化若爲有無邪問既隱略荅亦難明於是申以二意焉謂眞則無化俗則有化故自法性色下明眞則無化謂法性五陰者即常樂我淨境也皆所不住等觀也（舊列多釋）經本三句今加作四句云云四句三觀既皆不住則不住亦不住以悉皆如故即實相中道之體於是明矣故以眞言之安有衆生假實而可得邪次明俗則有化則曰以世諦三假故名見衆生而又曰一切法性實故者謂稱實而見則無衆生可見也如是乃至諸佛聖賢亦皆名見亦皆非見例此而言見有正邪謂

正見見也邪見爾見也今以假名之名名見一切法則知諸佛凡聖爾皆以非見而見稱性見一切法也是則二諦雖異以建化故護果護因未始偏廢也此中三假非成實因成等三以今非小教故也然或引於二空文後爾得以小成大也云云二約能照義明觀照般若而言有法非非法摩訶衍者蹤出問意云云今謂有法者提所照境也非非法者其言猶總略正應云法非法皆非非法謂法者有也非法者空也非非法者非其非法則空之又空即中道第一義畢竟空也據下答文正應如是而照爲未解者非常情所到故曰摩訶衍云何照所以正領上文以生答意摩訶衍此翻大乘與今般若同出異名爾佛答以於般若自性見非非法苟能如是而照則能空其空此法所以非非法故名非非法空既言法空而又曰法性空者謂此空非照已方空非作得故空直由般若性離無自性故理本自空也所謂受想行識空乃至十二緣空皆其理也故此下歷法明空蹤引大論約六

門明之謂果報空等空雖是一而義類復不同五陰是果報空者以是報陰法故十二入受用空者以其根境相對受用各別故十八界性別空者加以六識分一精明爲六和合成見聞覺知別故所以只一色心而有陰入界開合異者以所病不同故也故曰云云餘論疑或作迷言迷尤顯六大名徧到空謂其大大各徧一切而有相傾凌滅之相此復別明如楞嚴云云又引阿含明大王互諍云云謂五各有用而識爲主故居中則勝也因緣義空者謂三世因果有緣生緣滅之義而與諦境總別有殊云云是法下約三義釋成然生滅等本非空義今取其速疾不停傍顯即空其旨益明故曰云云即有即空者總結諸法之有歸即空義與蹤小別論引諸小乘師明生滅前後同異一一覈之然皆有過云云疾奕過鋒者正應云疾奕奔緣過鋒經刃取其至疾無迹喻上空義而已上以諸法顯則曰是法即生即滅次以心念明則曰刹那刹那然意猶難曉故復徵釋云云九十刹那等如經未檢

夫以一刹那極短之時而經九百生滅使以情量分別終不可解以不思議意會之可也若乃以圓頓教旨明之所謂一念普觀無量劫等則九百生滅惡足道哉當以理求難以言盡云云九十刹那下釋通即空凡二義若自一之多謂一念攝九十刹那一刹那攝九百生滅九十刹那義當八萬一千生滅求其定實不可得則此心空矣又自多之少謂生滅不出刹那刹那不出一念於其念中求定實爾不可得則此念空矣故曰如是心法不可得此名心空也但了心空諸法自泯心法泯奥落空者誰又以四大分諸根下例推四大至於極微分分不可得如是推析至於隣虛是爲正析非同邪外之析也色盡心窮豁然無住可謂至矣而猶止是生滅爲護三藏佛果而已望大無生無量無作相去遠矣奈何今人欲以麤心淺量議佛法之精微吾未見其能彷彿也若見色空下推明衍門教旨其文雖約理則至矣如言通教體空固無他說別詮心色而一而異者以能造心是故不異

以所造法非故不一又以教權故不一理實故不異此正得別教之旨也又圓明色心本來空寂善談即具旨在於斯以護佛果則佛果各得其正以護般若則般若斯明以化衆生則衆生斯度不唯菩薩護持而諸佛亦各護念何以故以其理所同故也不然則夭傷慧命亡失法身者有之於是得無懼乎經復以心例色反復明之故曰色亦如是以般若下明能觀觀智結成雙照顯中空之旨謂以般若空故無相無相故照所照皆寂大品所謂波若者爾般若存略耳然於其中了無小法可得故曰不見緣等則諸法皆空名爲不見非謂不照名不見也非見及見者文缺一所字以皆亡相故是爲真實般若即地住所證爾前通別無量教門謂接正等則相似般若至於歷法明空亦謂空之分齊謂略則十二如今文或十八空如大論疏列釋云云然則空本破有有既空矣有復何立而爲俗邪故曰但法集故有等謂法有合散散則爲空爲真合則爲有爲俗集亦合也兩者各論則

爲偏偏則二邊而非中道兩者並明則爲圓圓則中中則妙如斯而已矣三假等對釋可知次明得失者金剛般若所謂若見有法可得則爲著我人衆生壽者皆見也苟此見未亡則有法也非無法也非所謂開眼也著合眼也著若無此見則有無皆是謂不異世間者見同凡見非正觀也與夫如來出世間能了世間相者敻然異矣雖然若見世間法不合不散等是則聖法凡境未始異未始不異固所取證如何耳於諸法下復宗明觀謂即色是空理極事偏故曰不動是法平等無二無別故無到者以本不生故無可滅無相無無相故諸法皆如餘如疏釋是即初地下明一念心具足八萬四千般若波羅蜜者以一實理同故翻惑爲智故破塵出經故一心中曉一切法故故一一地亦具諸地功德也即載云者載猶乘也衍亦乘義即滅是能斷義故如金剛隨義受稱名異理一也三約名味句等以示文字般若功德深大不可思議文先示教體次明功深且初文者謂諸佛教法

不出名味句三或云名句文身是爲三假兼聲色一實通爲教體如疏引論釋云云即今文字般若之所依也文具財法二施即七寶施財施也令得四果等法施也不如於此起一念信則又法施之勝者以信對解則解深於信重重比決可知句非句下正明文字般若亦信解相謂句非句等約義對句如文雖蘊四句三諦之旨順般若義所以皆空是三句即一句一句即三句亦即非三非一句微妙玄絕不可思議又句即文字非句即文字性離是亦文字蘊三諦俱亡之旨所以性離惟其性離即是解脱解脱即是般若亦即今文字般若是也云云止觀所謂達文非文非文非不文其旨雅合也又般若非句下明文義俱空謂句非句文空也般若義空也惟其於般若及句非句等約即離克體若内外自他共離一一求之皆不可得不可得處即真般若有在於此故曰般若非句句非般若則皆性離俱不可得也又曰般若亦非菩薩者明人法俱空謂般若者法也菩薩者行般若之

人也所行法空則能行亦空故曰般若中求菩薩不可得此明人空也據理合更明法空句疑脫一句或前已足故略之也疏云人空文略者不無差誤或云今正明行般若者故不當云菩薩亦空所以略也然遣則俱遣正不當義有存略更試詳之何以故下正徵釋上非菩薩句故有下十地三十生皆不可得之言豈非正言人空何反云邪亦非薩婆若非摩訶衍空者此復以人例法明因果俱空謂薩婆若果也摩訶衍謂乘乘亦因也因果皆空是法空義豈非正以人空例明法空乎若見境下疏科以爲依教修觀觀有邪正等雖不無是義以牒釋文勢言之當是對簡倒想謂若實有境等可見則墮於妄想殊非聖見故對簡牒釋云見三界者云云而疏以見境等對三般若者謂於境智說受雖無非般若若以見執取之則皆爲倒想故曰是衆生果報之名也如文云云六識下謂以執想見故起三界業果無明煩惱文於中多三界空三字於根本無明下對前業果以成三道及無明餘習亦該三界故云爾也而一一皆言藏空者謂藏以積集爲義空以解脫爲言以三道則罔不皆藏以三德則無非般若所以皆空淨名有言除病不除法斯可以當之矣三地九生滅者疏凡二釋云云初釋爲優即金剛藏下引人證空亦釋空所由如華嚴中金剛後心以理盡三昧斷最後無明所謂入重玄門是也經倒一藏字仍小失次第對文可知佛得三無爲下明極果所證空三無爲本出小教亦曰擇滅非擇滅無爲等今於佛果推言之釋虛空中言無色現處者起信所謂虛空以對色故有是可見相即無色現處乃是空也若有修習下約聽說而無聽說歸於般若故一切法皆如也次結修護佛果謂若如上所明是即護佛果體亦護薩婆若十力等一切果德爲若此也二明時衆得益如疏釋可知

釋菩薩教化品

教以利他爲本不利物則何以爲教化以自行爲先不克修則何以成化故前明觀空所以成今之自行今明教化所以生後世之利他此教化品正當答前內護次問也以自他言之不別而別即利他行於是初釋品題凡爲三對言教化者教謂教示衆生離一切惡化謂化轉物機修一切善此善惡對也佛以此教化衆生得成菩薩此聖凡對也又以此法化諸國王令識般若此眞俗對也凡明化轉有三義即其旨也云云然此品雖正明內護既化諸國王實兼於外雖依俗諦既令識般若達諸法空而眞兼具諦故此一釋其理貫通義斯明矣二隨釋白佛言下爲二初發問言護十地行菩薩者此應二重能所謂一以般若爲能護諸法爲所護二以十地行爲所護菩薩爲能護護何所護護其不墮偏邪斯爲善爾云何行可行等凡設三問謂菩薩行者其行甚通今於其中何行可行一也又於其中有自有他爲依何位行而化衆生二也夫見衆生有著有離今以何相而見衆生堪受化邪準下判答則五忍是其行也十地是其位也自他皆幻是其相也其旨曉然矣

又此經下重判自他復宗標目不別而別即利他行也佛言下答文爲二初分科次廣釋云云然以五忍答初問者謂伏忍等五是菩薩法約位始終各分三品一一有增進之相而位不定住合俱空之旨安於諦理故通得稱忍是爲菩薩行之所依則行於可行也廣釋中疏以五忍與六種性合釋及所斷惑相文義交加頗不易明應先出異相而後得以會之所以異相者據常所釋別教初地證道同圓已破無明即能分身百界作佛而此經所出十地乃分爲四謂前三後一以對十地則前二猶是信順二忍後三始破無明若然則與初地證道同圓分果垂迹其異一也又所斷惑信順二忍止斷三界色心麤重煩惱此與常途有異二也於此須知教證二途約證道論固當如向同圓是也今取教道爲義不妨十地殊品故所破惑義有進否是應義立無生忍位分上中下如今文是也以其根有利鈍利者於初三品即破無明其次中三始破又其次者後三方破既許初破不妨證與圓同其次未斷猶居信順亦影略互顯爾至於後三斷位方定猶下根受接其位定故是也而所破惑雖分色心麤細之異於其利者即是無明鈍即見思復何固必況復悉檀被物初無定法說有殊途毋以名相爲惑有志學者所宜盡心如其不然置之可也經言發相信者位當別信即發起信心之前相也疏亦作想所謂理具此相依理起想等亦其義也但與今圓別異耳云云伏忍之初十住是也據位格量猶是二乘而言超過者約知中智解能伏無明故也疏又約圓信釋者或恐取同除四住此處爲齊之文釋也然而彼以伏無明爲過此以斷爲過其義既通進退無咎亦爲接下長養聖胎義便故從容於此若論出胎合在分真或別有意云云此下疏文疑多一二字文末當云出聖胎也起乾慧下未有理水本當聞慧之初故云乾慧今在思修位中言者恐是仍前之說故起自乾慧其實正當伏忍位也疏判位本當但釋名差間耳疑多一結句千字之非經既已正殆無用耳亦有十心通名爲意所以四意止念處於身受心法令不起邪倒故三意止三善根令不起三毒故三意止三忍令不起三世因果念故如疏云云復有下明十向即道種性位亦田修上伏忍進入平等道與初地聖道爲因皆仍前望後之說則又有十種忍等以觀對忍次第可知初觀色陰得戒忍者謂作無作戒本陰色攝故觀色陰發於戒忍然不言色攝所以此如別論云云以此觀識對知見忍等如疏云云亦可因想入定受以發慧行以空脫識爲心王而能發受等故前後不定觀三界因果空故得空等三忍如疏可知通觀二諦了法無常名無常忍達一切法空名無生忍然十向猶是道種性雖未無生而得在不久是故云也又約無常等判二忍者亦一往耳自別行位言之亦可觀無常則安於無常觀無生則安於無生初無定在也是菩薩十堅心者不出由前十忍成堅忍之德云爾又信忍下標起忍位然以下三種信義明之此當證信即初地證道位也所謂善達明中行

者對位如經即初二三地後諸對位例此中
行之言猶下文忍中行是也言斷三界色煩
惱縛者即上三賢所斷麤惑非謂初地始斷
若據證道同圓合斷界外根本無明已如前
示而此復言心煩惱者當是前所謂色等單
約色心說今約色心俱心兼而言之故當合
論義爾如下文又言習煩惱者謂習即無明
正使至後習無明盡相始分正習言各有當
也故知一家習氣之說最爲難明如別論云云
攝化中言一身多身者疏謂化身實身之異
然亦只是常途所謂分身百界千界等既曰
分果自然無量身一身一身無量身但約位
淺深故以本從末則一身無量身以末從本
則無量身一身亦所從言異則一身之言即
空無量身即假非一非無量即中又以十五
心下從分至極爲一切行本者謂菩薩以四
攝等共十五心始發行於此是爲首義能生
行本是謂種義如疏云云言斷三界心等習
煩惱者則兼前望後如上進退之義是也故
所斷惑有色心同異等別已如前論言心色

習煩惱等得非前以惑麤故色心各斷此以
位極其惑深細不唯不分色心亦不分於正
習則無習可斷也又若約等覺後心倒修凡
事亦斷微細等惑則有習可斷也而後文云
雙斷正習者亦不妨兼有此義初無在也故
知聖賢分上諸佛境界終不可以定量論也
五明寂滅忍者謂望前四忍則有盡不盡之
異四明所謂因地雖斷未盡邊涯若正若習
唯佛究盡殆有合於斯文以寂滅義則心色
等想習皆除是猶能所待對其於名相未能
忘也若夫忍極極於無生極於無滅則無心
而不寂無想而不滅無滅滅處是爲眞寂性
義佛及菩薩之所同證故曰云云是亦同用
忍智入金剛理定約修證說義云用入無復
別體以不次而次因果既分則分極之異故
曰下忍中行等約忍分位則因名菩薩果名
薩婆若共觀第一義諦斷心習煩惱下是以
盡相無相分言盡相則望前而說金剛後心
是也盡相無相則兼後爲言極果薩婆若是
也至於超度二諦下是以等覺對妙覺言之

則第十一地爲薩云若翻一切智當是等覺
之位覺非有非無下正當妙覺薩婆若位據
疏翻一切種智已見中卷初二若字盍當上呼故
知舊簡同異及翻譯名義倒矣由是論之則
薩云若者猶爲未極約體以言薩婆若者正
當極位亦約用云所謂薩婆若乘來化三界
是也如是節釋則二者同異泠然可知故今
存兩可之說及疏從前之釋皆從容云爾無
定亦說也金剛喻定云者引舊凡二說云云
疏雖無可否今謂二處金剛正自不同大經
之喻則可譬此經金剛智定能破煩惱而自
體不壞如經云云若大論所謂以羊角龜甲
能碎者此固物類相感直金剛寶石耳本出
大論今云出大經者恐誤正言無嘶破聲者
是也若楞伽所謂如金金剛具不壞性即此
一文可證二異云云舊來多不辯此故特表出
之又下忍中行等配位凡三義謂位有上下
攝有因果入有前後如疏云云薩婆若上已
翻一切種智今又翻一切智此文恐誤云云等
覺或有或無今般若附通故不同別引二文

為證益不言等覺是也言心習無明盡相等如疏科釋云云是皆窮幽極微之論所當盡心者也然以智言之雖能盡相而未盡無相則猶有智在智不自亡則般若眞體無自而明此盡相之外更須盡其盡者始謂薩婆若矣若乃薩云則猶在智地故未足以至極至極則相無相皆盡所以超度二諦者出乎境覺非有非無者出乎智所謂同眞際等法性者亦假名爾苟出乎此則彼自無有無彼無此則能所雙絶求明了不可得無明安得而有乎此證智所以能相而又能盡無相也使盡無明之相則既盡矣又云無明未盡當只是無相未盡爾若作此釋亦不須料簡又此盡不盡相苟善其一必盡其二使二而不善則一亦未也可以理會難以言盡而言爲第十一地薩云若者當是等覺容有未盡之理故云即依前釋如前復說有即審明等覺之義或恐如前後釋文誤作前二說皆可若薩婆若既當妙覺證智已極那得與薩云若同日語邪故知薩婆若迥出名相思議之表歸

於一如而已矣以此起化則名爲乘來化三界所謂御車達到猶名爲乘是也信乎經旨深微有如此者其可忽諸云云無緣大悲下明攝化分齊謂究竟果覺自行既滿乘於智乘以無緣之緣緣三界苦境衆生而行悲化故曰一切衆生等意既有三悲應例爾故說云云善男子下明復宗結攝蓋能化所化機感化事從近言之總不出一三界有合乎三界唯心之旨故復宗前釋雖正明自行而兼於利他雖急於拔苦而亦通與樂要皆不出前諸文旨故也故曰一切衆生煩惱不出三界藏等如前所謂三界藏義是也但前明藏空今言所化境異二十二根者疏釋總諸根義成若干數不無是理然既列於諸果報下又言不出三界疑若無他不出以三界六根言之則一十有八兼煖識息命總別並舉亦二十二其理頗直故併出於此云云諸佛應化法身亦不出三界者然以佛破四魔已不在三界之數今以法身則無在不在以應化則示現無方應化即法故不在三界法身即應故

不出三界經兼二意故云應化法身疏從後釋故曰三界外無別衆生苟無別衆生則佛何所化而言三界外邪是故我言下疏以聽說與之聽應平呼謂以外道經說亦聽許有之如文然非正理了義之說故曰非七佛所說也大有經如後釋大經下引諸經通證三身體即則四土無別故知三界外無別三土明矣界內外一斯言盡之次簡界外實有無者答中謂有無不定均出聖教明有無可知然法華於三百由旬外權設化城則三界外別有方便約界內外以言有無即法性分假之別也若淨名文者約十方刹土無有窮盡安以一方定其有無邪又問均出聖教而有無若此豈非矛盾邪答中會通意者衆生有二種謂界內實有死生果報之衆生界外則有法性因果變易之衆生而此經言無無分斷之衆生餘經言有有變易之衆生此有無所以異也今云界外無變易之衆生恐誤或別有意請更詳之亦應例云界內云有有分斷之衆生界內云無無變易之衆生其義可

知故以聲聞生界外例顯之云云生白銀世界者謂無煩惱染汙也約無煩惱故無有生是亦一往云爾而實聲聞無明全在豈得無生乎衛世師外道者即上所斥大有師也彼以三界外別有世界以依例正亦別有衆生若不區別其所以異即同外道邪說也又云起信有云若說三界外更有衆生始起者即是外道經說正指今衛世師所計是也但彼兼明如來藏義無始無終故不得說衆生始起此爲異耳云云實理下則又據實而論謂本非有無言有無者皆隨順悉檀之說亦破計對治言也故曰有即同凡外無即同二乘若佛菩薩實知實見則不有不無非如非異中實理心不同三界分別情想此唯法華究竟開顯之說也大王我常說下引昔證今以一切衆生所斷三界惑業果報盡即名爲佛亦名爲覺閒不容髮豈容衆生叅於其閒耶此中疑多一覺字故知即三道轉處爲佛爲智爲本業行於五忍中悉皆具足更無別道豈有衆生其在外乎衆生本業即佛菩薩所修

行者謂一切衆生從無始來本行事業當體無非性德緣了與今五忍正等無異淨名所謂不離癡愛起諸明脫是也亦可謂是從要結示故云於五忍中十四忍具足則三界不出一心一心不出自性故曰自性清淨等疏則又曰由煩惱故修行由修行故成德德成則果滿推本言之其理一也白佛言下第二答次問於中先牒問二答中先舉十地及佛行處光明所謂過諸菩薩所行清淨者即究竟果位所證妙境佛之知見是也還依此法教化衆生所護清淨有在於是則爲無失如前科簡云云文舉法華淨名二文以釋失義一往似同而意則異云云次簡十地通局如前釋云云次廣釋本業者如經文各有五謂百千億等國境廣狹次第增數也釋國土有三云云據此則智慧爲上神通次之說法爲下亦可以之配同居等三則一往說法通三神通但二智慧唯一分別雖爾通亦兼具安有下土而無神通寂光而不說法者乎作四天王等能現身相也修百法門等所行法門也

二諦心等地地別行也化一切衆生等通行也所以一一文中次第增勝者華嚴所謂隨分隨力荊谿云皆敎道之說也又疏引地經瓔珞及此經凡三所出名相同異不無所以疏亦未詳略不和會云云粟散王者按後釋云小王數多猶如粟散位當中下品善猶今諸侯附庸者是而文以次在人王上恐文倒爾瓔珞釋鐵輪位當十信之上品地經以當初地據疏謂是別圓意別未知孰是云云十善中一一各十爲百法門者約十善互嚴云爾謂以一善當頭必具十善一一互論則爲百善又以止行二善推之如不殺等具十行善以一行善具十止善亦其義也云云經云盡三界原者謂原本之原猶惑也本或作源謂性源也句有三五七九等差別如餘文云云有以三十二字爲首盧偈者未檢意恐只是總要之義猶言都盧是也疏科偈頌云云三寶凡多品今且歎二謂別相則相從可知言一體則理性可了以大小乘別則隨敎不同以歸依則住持有在雖略歎二旨則備焉通言寶者

可尊可貴之義世尊導師者佛通號也金剛
體者法身不壞之稱也以自證則心行寂滅
而能轉大法輪利益羣品也八辯洪音謂所
說法也雖出於佛而異類等解乃在機故曰
爲衆說由得道故萬億雖衆而所成則一故
當僧寶時六天人者欲界六天兼人四衆在
天雖無出家之法而能以心出家是亦出家
之道焉故言比丘菩薩三乘所以成也五忍
下別歎菩薩既十四大士悉能諦了則始終
因果無不該攝所以三賢十聖不離五忍其
於十四大士開合異爾功德則一也唯佛一
人能盡源者究竟顯了獨推在佛是亦得爲
究竟僧寶故總結歸一體既曰三寶藏矣而
又曰無量功德攝在中者總釋藏義也是知
三寶雖別而無量功德總攝其中亦是三寶
各有無量功德一以攝諸十善菩薩發大心
下頌伏忍等位離過功德也於中先引古釋
云云今斥不然故以別圓進退評之若別十
信固所不當今判當是圓十信人所謂同除
四住此處爲齊若伏無明三藏則劣是也又

引法華文以證生有餘土而言漸次者當是
圓中漸次耳故知大心等言無非圓實十信
始得謂是長別苦海又料簡與前三教格量
與奪論之可知云云中下品善粟散王等者謂
十善等正列位也鐵輪王等六輪位也習種
等六種性也二天下等輪王所王化境也文
續八　二十八
間錯爾對之可曉也云云七寶者指文等七寶
此在輪王故不可作餘七寶釋列數中信當
作住文誤也三世諸佛下正難伏忍功德伏
謂降伏調伏爲義以其能降伏是妄心故始
則能生三世佛果推本言之行之初也中則
以爲行源能成是難發心故行之中也行則
能至以其堅固不動莫不由之至於無生行
之終也今疏以信作住讀者一往以位正之
不無此理但文推信心然亦未必非十信也
今故兩存之無明盤礴者謂惑之難盡猶石
之盤礴有不能自舉者非般若智力莫之能
勝若得下明信功德文含兩意不出以別十
信次第漸入至於初地若圓十信即入初住
此猶大約言之若具明三不退位對位如常

云云問本業下簡十住中六心退者先引經次
對此經爲問答中二先舉喻不定可知次依
教判答云云則通於四教俱有退義如文並
不言六心所以退者若據今文尚有十向退
者則十住六心不爲難矣以今所判則初祇
續八　二十九
退者固自一途後三論退約位淺深恐只是
對位格量總不出是相似位中義有進退故
也然而日本師所難直據六住已斷見惑離
四趣生何得復有退耶往往四明答時經藉
已多散落不見今疏文故也故約別途俱斷
爲說各有其致毋墮無窮發心畢竟二不別
者謂初發心住與究竟即雖分極異而證道
則同故二不別雖所證理一而初發匪易故
前心難善覺菩薩下頌上初地能以四天王
身修百法門以二諦平等心而化衆生故曰
俗如幻有等亦可謂照俗與空等照眞與幻
等眞俗不二故曰雙照平等也始登一乘者
本圓初住眞因之始今云入地者意兼別圓
地即是住故也法華所謂乘是寶乘遊於四
方即四十位也又般若所謂初阿字門具足

諸地功德乃至過荼無字可說是即無相道
之謂也住以入理爲義言其始也地以能生
爲義言其終也以其始終得名雖異而實入
理功德該通皆得名之故曰云云所以於第
一義而不動者據淨名則以對善別法相言
之今此則理極事徧始終一如故其爲不動
一也然疏復以真似對形言之是或一說今
以圓頓論之故無不可離達開士忉利王者
不出約王明位現形明化無緣等明智疏釋
明矣亦可謂無緣則非有無相則非無非有
非無是爲中道第三諦也亦前所謂心諦蓋
無非心性即中義也又無無等者疏釋可知
亦可謂無有即無前緣相無無即無無相是
即無生雖此分別其實不異故無二照圓覺
所謂照與照者同時寂滅貴在忘情會理則
一也明慧空照者謂以能明之慧照了人法
無不皆空亦即空而照故云空照忍心無二
者謂凡忍心必無能所之二是亦三諦皆絕
待故中也出有入無者一如疏釋直而未巧
今亦可謂其文猶略具應云出無入有爲變

出有入無爲化惟出入於有無之間所以爲
變化生也善覺離明下頌上信忍其人有三
謂能以空忍斷三界見思色等煩惱而猶有
界外色心等無知故復還用假觀觀之法性
第一義空以二方便得入其於三諦無遺照
矣實智緣寂者謂以實智即空中緣寂方便
即權智照假寂故了達無生照故空有俱了
亦可如疏所對云云空空諦觀者謂以空觀照
真諦猶函蓋之相稱故無二相也而以假故
變化六道以空中故入則無間三諦理足也
無二無照等即前所照所達了無二相無照
而照照達理空談勝法現等頌上三地歸無
相定謂是定能洗濯三界惑心雖空慧寂然
無所緣觀即寂而照還觀果報無量差別淨
名所謂無我無造無受者善惡之業亦不亡
是也頌無生忍中云遠達者即第七地深入
無生對後望前復云遠達未度報身等者謂
於後二十一生内七地菩薩有一生未盡故
猶在分段盡此一生即入變易故曰進入法
流地也二十一生者按後七地各有三品成

二十一生謂以中道正觀等入法流無所復
礙也若以證道本當初地今於八地始入則
別接通教道意耳始入無緣等者謂其旣入
法流始至八地得無緣金剛忍定若約別論
是亦金剛後心因中說果則不受三界果報
生也三界受習等者謂七地雖已斷三界惑
盡而猶以已智未滿貪著佛智是爲愛習順
道定也雖獨諦了而未能亡至八地無生則
盡之矣圓觀三世而曰反照等者謂八地菩
薩照三世事如日之反照過去事也樂之出
虛見在事也源之無盡未來事也思之可知
亦如起信明觀三世與今意同云云由是觀之
莫不有妙理在焉正可爲託事見理之明文
習斯文者得不致思乎灌頂下頌寂滅忍言
在十二法師上者謂前信忍即三十心爲三
并十地前九共成十二頂居其上是爲十二
法師之上也寂滅忍亦三品下中即十地灌
頂望妙覺才一間耳故曰一轉即入妙覺上
品也常湛然者謂其位極故法身究顯華嚴
所謂清淨妙法身湛然應一切者是也對今

分極之異餘三品士下疏釋詳矣亦可謂重總結前諸位以顯圓極謂今所斷即前正使之餘習乃無明之末緣非極智莫能斷然皆出於根本無明故曰習相有異新熏又曰故惑唯窮二諦極中道源者始得究盡也圓智無相下六句一一皆田字顯德餘三字隨德受稱並如疏釋可知言妙覺菩薩者亦猶十地名如佛之類所謂因窮果海果徹因源乃其義也又曰五忍互明者謂長行則五忍文略與四十二位合明而已今頌則五忍文廣而位在其中十地妙覺出没不同者謂今妙覺亦名菩薩故出没不同若言十地則因出果没言妙覺反是故曰大聖隨機轉文顯義初無定在也三賢十聖下歎佛法身故以所居土顯能依身亦是舉因況果則修極法身居上品寂光此理土也以事言之亦名無上報土是則究竟在佛從事從理得二土名至若別圓有教有證以教道則別十地生於報土以證道則圓初住生於華藏故曰云云得無障礙下疑鈌一身字此下文頗差互當自

此後屬下妙覺極果止寂光淨土繼後一切衆生暫住報止故云也共爲一段却以前文三重問答遷入此中則文意頗順也而言一切衆生暫住報者舊說云云文疑鈌故字本疏所不取正說中謂佛以證極登金剛原本無爲終爲衆生故化有長短料簡中初答謂是圓者以其賢聖皆得生故在圓而不言寂光者以讓果故若以三品論之則等覺以還亦得中下品生而猶存賢聖名者當是借別名圓耳然下三土中亦有淨土如觀經疏云云而此獨推圓極者彼約修心妙觀通得云淨不同今文因果對說極爲寂光三歎化他中約法譬形聲對釋可知外道全無義者謂其所說皆虛妄邪見故無實義所謂世諦有名無實義是也餘偏小等例爾心智即觀下文恐脱誤應云心智即觀寂滅無緣觀寂緣空名無緣照方應下二句也六動如前釋云云舍生之生本指在迷而獲妙報者以其見瑞聞法故得益如此

佛說仁王護國般若波羅蜜經疏神寶記卷第三

佛說仁王護國般若波羅蜜經疏神寶記
卷第三

校勘記

一 底本，明永樂北藏本。

一 八九六頁上六行第五字「舉」，南、徑作「是」。

一 九〇〇頁下一二行第一〇字「分」下，南、徑有夾註「應作去呼」。

一 九〇一頁中末行第九字「且」，南、徑作「大」。

一 九〇三頁下八行第三字「陰」，南作「無」。

一 九〇五頁中一〇行第一一字「與」，徑作「於」。

一 九〇八頁下末行「妙法身」，南作「佛法身」。

一 九〇九頁中三行「文意頗順」，南作「文者理順」。

一 九〇九頁下卷末書名，南、徑作「仁王護國般若波羅蜜經疏神寶記卷第三」。

佛說仁王護國般若波羅蜜經疏神寶記卷第四 韓九

宋四明沙門　栢庭　善月　述

釋教化品之餘

時諸大衆下衆旣聞法深廣其得法利亦復稱是故經云云謂以類則六道八部之别以益則無生正位之殊得道賖促歷生多少入位有異疏簡惡道得忍可知無生法忍正當諸教證眞之位大約與正位無别如普賢觀明無生入正位是也據今所明復似不同一以二空言之二約眞似爲說則正位通眞似無生唯局眞未知的何所據然以證聖人性句正之是亦義當證位疏雖未始定判而證入位次務在所得豈必爲定論邪二空之說亦隨文用與爾云云一生二生或約破無明一品二品如大經說或約損生如人下文例釋云云善男子下如來述成合於教理蓋其本迹深遠故也於是先告實發迹據疏釋實合在得道果上言其本所住位與佛相隣驗知今迹去佛不遠十地法雲能師子吼豈虛授哉其爲般若發起信不誣矣述讚中略不出三義列釋如後唯佛與佛與或作以如經律亦有作與義用者以法華正之終不若與不爲善薩者爲恐作唯發問之言亦從初云爾依義實釋中言一切諸佛是中生等者中應作二釋謂其中之中則一切諸佛雖有生滅化三皆不離其中若作中道之中則雖復生滅無非中道亦猶佛常好中云就明空義爲三一約化相空則曰無生無滅無化謂以蕩立言之則法身本無相爲物故有形所以王宮生雙林滅者以生滅化衆生立也又曰無生滅化者蕩也即蕩而立即立而蕩中道在焉無自無他下疏謂迷難重釋其說似迂今只作躡上覆疏釋之謂凡言化必有自他有自他則有一二故覆疏云無自無他無一無二第合作無非化非不化則化不化雙泯妄有於相乎則無相而已而曰非無無相者則又反上重立旣無無相而無相亦無何有於去來亦應云非無去來所謂不來相而來無見相而見非無來去亡其迹耳故曰如虛空此下凡有三如虛空句並結終歸於空則畢竟空而已矣故今約三節釋義其理明矣二約衆生人法明空如文云云謂一切衆生無生滅等總明人法空故生滅等三亦悉叵得故皆空也非不因果者例上蕩立可知如疏引大品等具釋顯然今不别解煩惱下别明二空此我人等本屬見使故以煩惱該之若論我所即假名所託本當實法今以者字當之約能計者說當是人法二執一切法集下以實法顯空實本非假爲成空義故以名等三假言之法境界空者正言人法所顯之空此空無相故不可轉此空不顚倒故不順幻化圓覺所謂知幻即離離幻即覺故不隨諸幻是亦不順之義也無三寶者凡諸名相本對治之說苟無所對則名亦不立今顯空義是故云爾又曰無聖人六道者謂所空境界旣無世出世之異聖名凡號復從誰立所謂絕凡聖之假名是也三般若無知下克就般若當體明空謂聖凡人法皆空則唯有般若而般若亦空故曰般若無知等謂般若者以智爲

名以空爲體以無知無見爲相所謂知止於其所不知其言至矣肇師爲之作般若無知論焉故其論云云而經言不行者心路絶也不緣不因者不同諸法因緣所成也直即空而已故不受一切法不受亦不受始得爲本不受也不得一切照相者能照既亡所照亦寂直如行道相爾行猶行深般若之行此其所以爲行道相亦如經空相而已矣故曰法相如是等總結上說法相如於虛空無非般若故曰如如不可以有心得故無可立以一切法悉皆如故不可以無心得故無可遣以一切法悉皆眞故是則般若功德非衆生心行所及故不可以衆生五陰假實中行與夫境界智解皆所莫及故也唯順於空契無相然乃可行爾故知般若其爲不可思議言語斷心路絶者是矣惟其不可思議故菩薩於守行之是爲一切行藏即前所謂三十忍等是也一切如來於中住化是爲一切佛藏即上品寂光極智所照之境故皆不可言言而識識也善男子下述讚功德既不可思議亦不可度量則王之所說勝矣只合云於王所說如海一滴其文曉然而經云如王所說義似反覆故使從容釋之至於問答顯王說爲勝以其有本故也故曰王無本地云何能知反釋云爾然以文本意宜從初釋若從容以言則各當爲便聖賢分上宜手斟酌也分義功德者謂於無量義中言其少分爾疏推月光之德無量雖略而盡非無此理或恐指般若而言其義亦順更當詳之亦爲過去來今下多應述可月光分義述可猶印可也十四法門下勸修可知不由此門得薩婆若者舉要結勸也何以故下更重徵釋示無異道也楞嚴所謂十方薄伽梵一路涅槃門又曰方便有多門歸源性無二是也又以無滯釋門能通釋路亦一往爾如能通曰門豈非門亦能通由此門故得薩婆若則門亦無滯何獨路耶乘正路者非今十四忍門終始圓實何由乘之行大直道其超百千劫難見身得妙報者不爲過矣佛告大王下以大章則答第二問以文兼三問此當答第三問也正言善薩以何相見衆生使衆生可化雖正問所化而實兼能化故若以下答兼二意謂菩薩能自視身如幻化相見所化衆生亦如幻化則可以化之不然則若自若他皆爲著我人衆生壽者乖於般若自性非今所以化也所謂若知衆生無所有普度無所有之衆生斯言盡矣後諸所說爲未了者開演言之爾正廣答中衆生識者最初一念性非木石遇其善則爲善遇其惡則爲惡此其所以爲善惡識本則三界六道由心發生本謂最初一念終於金剛金剛者等覺後心也於中有始無始有迷有悟有善惡因果之別有漏無漏等之殊從心變生不可說識亦能成就不可說衆生色心皆一色心之所從出識心如幻故色亦如幻能化所化莫不咸然此所以以幻化身見所幻者眞行化衆生也故疏釋云云謂本識者即正因佛性指出識體也所謂夫有心者皆當作佛是也非有非無者非二邊所得度量也所謂適言其有不貌色質等是也不知不忘者正言識體非記無記也如水濕

性等謂諸法各隨性別非所謂性一也但隨善惡而有差別則性習所以異也文引大經爲證者非全證同亦以顯異上以水火等性爲言取其性習之性而已此以一味流異爲說則於異處顯其理同也疏簡衆生本際有無者挾彼本文以無難有若言本際不可得則無也亦應以有難無但文略耳答略爲二一約理明無則不容有前後疑多一無字二約事明有則一念生識義固有之然非所謂眞際之際若夫大教以明則際乃無際無際乃際際與無際兩得之矣亦未始有定說也如常論云云衆生識下廣答所化衆生如幻相夫幻以虛假不實爲義疏約六假科釋之初法假中明一念識生五陰色心復於一色生無量色則十二入義在其中又以四大所造而生五識識託於根是爲五根則十八界盡之矣然皆從一出多自無幻有即幻假之相既明根識四大則四類法空識等亦悉兼之但文略耳故總結如疏可解不明法入色者於其色心法入爲少分故也是亦文略二明聖凡見異者是亦法無自相或見爲假或見眞實故曰凡夫六識麤等謂凡夫識麤見假而眩於實香味觸法本名下之實而聖人識淨見實而不惑於假此聖凡所以見異也至於聖有小大淺深故見有常無常或滅色顯常或於實見理等所謂諸法何嘗自謂同異當知一切由心分別是也衆生世諦之名者疏科此下爲受假非無受義而文不顯只合兼下科同爲一假名對上五陰實法成人法二境接後三假俱得名幻文簡而不煩雖與科異然亦有文同而科異者如妙跡等文云云若有若無者謂於世諦法上假名有無但生衆生憶想名爲世諦非實諦也又世而非諦故曰世諦假誑幻化故有而實非有非有而有是爲幻有亦名幻諦又幻諦者對實諦得名世諦者對非諦爲說各當其理而隨義淺深爾又曰乃至六道幻化衆生等者謂有能所一以六道幻化爲能見見幻化爲所見二以幻化二字爲能見見幻化四性爲所見但句義影略爾無他說也疏言見者下覆釋上見義非直能見而已亦能照知能化所化一皆如幻謂眞幻者即別教菩薩能化人也言別則通圓可知文缺略耳化實幻者即上六道凡夫是也化及所化悉皆見之是故云爾於是復躡上云幻諦等謂此幻法空劫以來乃至佛未出時本無名字縱有其名亦無實義故曰無義名幻法所謂世諦有名無實義是也故知幻化本無名字既無實義豈有體相故於無六道等一切名字然若一向無名則衆生於實道無所入諸佛於權方無所施衆生何由出生死乎以是故佛佛出世爲衆生故施設假名令諸衆生因名識法由法悟空光明所謂劫初廓然萬物無字聖人仰則眞法俯立俗號等即其義焉如空法下結攝前來三界等法無量名字悉如空法則如幻如化無非般若以例餘法起後三假相續相待無定實法是即如幻故曰非一非異等所以必約相續假等以推之者謂於人法二空有未能入故須續待以資發之必使入空而後已具如止觀等文夫續以前後相續不斷

爲義使定一異不名爲續非一非異爾乃名續如芽莖等體非一異次第生長是爲續假以是推之無定實法是即空也又相待假者以一切名相相待如五色有無等亦名不定相待故疏有二意之釋謂相對待相形待配義可知而云相避待者猶言不兩立之義如論云云又緣成假者亦名因生不出以五陰十二支等因緣假成衆生故曰俱時因果等疏釋云云但文有影略似不易見耳言緣見是俱時者見應音現謂觀現境在一時内爲俱時若推觀在因即異時又梁柱成舍爲俱時而成有漸次爲異時如十二時有前後爲異時共成一日爲俱時燈及明等其義可知然以此等因果求其實法皆悉叵得是爲幻諦衆生居幻而非諦則爲妄幻幻而能諦方名幻諦幻諦即空也若菩薩如上所見衆生幻化猶是通途言之十住菩薩下始是今能化菩薩所見故曰如幻諦而見菩薩化衆生爲若此總結歸上問也

釋二諦品

次教化而後明二諦者疏約二義論次初以内對外則内護文有三别謂因果自他及以依正通得爲次二以今二諦對上二護則能依所依之别即前所見幻諦等依於不思議眞俗故次之以二諦爲總明二諦云是佛教之大宗者謂以本言之則如來常依二諦說法一代所說莫過此二又以七二諦該之則一化五時攝無不盡推而極之何法而非眞俗乎抑若以爲有無孰不知之惟其所以有無究其所以審諦至於歷教淺深隨文詮義有接有正情智開合此所以難也夫諦只是理理尚無一云何有二況有種種差别邪又日凡夫見淺名俗聖人見深名眞等由是言之則唯眞俗而已矣於是通躡前品結次云云二重問答並明不二之旨初二諦不二經問云云亦應曰世諦中有第一義否但是文略其並徵則曰若言無等古今凡二說一引古釋二今解即今疏之說也據理則各當其義雖兩存之可也但初約凡聖智對言則一凡一聖失於諦義以今所明則諦智兼得故一一言有無者諦也言皆空等智也故知兩得之矣所問意頗難見得下偈旨方知無說無聽之妙乃今非一非二之談惟其非一非異即般若正慧有在於此學者審之不容擬議偈頌答者長行旣引月光往因爲訓故此宜以七佛所說偈示如下科釋節目條理無非是者不在品量之論然以眞俗二諦直一妙理本無分别故以一無言之則無性無相無自無他無有無無無二不二無作不作等皆悉無也以本有言之則第一義本有法性本有因緣本有諸法本有有無本有二諦本有三假本有無適而非本有也以空言之則第一義空也諦實亦空也寂滅亦空也二無二亦空也幻化虛空華如影三手等亦空也至於以第一義則皆第一義以世諦則皆世諦以一則俱一以二則俱二以有則皆有以無則皆無以是則皆是以非則皆非以一切異名别說則皆異名别說以麤言軟語則皆麤言軟語以上偈句錯綜言之殆不容以倫理明義類曉直彰妙理之無盡般若之自性

爾有無本自二下正答難云云初一行中疏似差誤二三字云云今復以偈合釋之云有無本自二天然理具足譬如牛二角不可缺一故解心見無二於二見不二非實無有二二諦常不即不即亦不離而智能解了求二不可得復以理遮情非謂二諦一還以智照理知二亦無二非二何可得於解常自一理不妨智故於諦常自二智不妨理故理智更相顯無一復無二通達無二道是眞入不二要知無聽說即此聽說是明世諦有無中言三手者謂手止有二若言三手則無而已亦猶淨名所謂第五大第七情等是也大王菩薩下釋成上菩薩於一義中常照二諦以化衆生文爲二初略次廣以其初文不定一二故不作二義一義科也初略謂第一義者空也常照二諦者不離眞智而化於俗則知佛及衆生常一而已然則疏言照俗化凡夫照眞化二乘者文約所照以分眞俗爾非謂能照之眞亦當所化若以能照之眞望所化俗則眞俗俱眞以所化俗望能化之眞則眞俗俱

俗文各有當不可一準也何以故下初躡上重徵次廣釋者凡三對初能所對以明不二故曰佛及衆生一而無二惟其無二故得以衆生空置菩提空即所化歸能所也以菩提空置衆生空即能化歸所化也置猶安置諸子秘藏之置如水投水無不入也如空合空無不一也又曰以一切法空故空空等此語兩屬若作承上則是結前能化所化同一空故得以相入也若作生下則是一切法空者境也空空者由境空故智空亦由智空故境空故曰般若無相等謂無相者體自無相亦無無相故若眞若俗如虛空相則又曰空於無明無他相也及薩婆若無自相也苟無自相則見者爲誰受者爲誰因乎果乎皆不得而有也至於曰五眼成就見無所見則佛果亦空所謂五眼具足成菩提是也文復以行例見則曰云云行猶行於甚深般若之行行不行等既皆不受不受亦不受是則不受即般若之自性也三染淨對則曰云云謂菩提煩惱雖迷悟染淨之異而於第一義中元只

一體故無二如所以未成佛時全淨爲染既成佛後翻迷成悟其實無別法也白佛言下重躡前文三對之義總不出諸法空相則無有文字云何佛菩薩得不離文字而行諸法空相以般若教化衆生經言行諸法相疑脫一空字疏言若諸空如疑脫一法字次答中曰法輪者該十二部經而一皆言如則不即文字不離文字惟其不離故法法皆如而得行於諸法空相疏以經名釋十二部者據理應先標梵語釋以華言今則反是從經便也是名句下以例教體有假有實名味句者爲三假聲色其一實也三一和合以成教體聲雖非報而託於報故亦名果克論文字雖非善惡以所詮法無非善惡故亦記攝究而言之亦不即離初無定性是亦空也空故皆如是則不著文字而行空相其義蓋如此故曰若取文字不行空者反斥非顯是也而疏謂行空非正觀者殆與今反未詳云云大王如如文字下更端再示因行修相言如如者意與前後別當是如於所如之文字以修諸佛智

毋而能生於當果故云智毋有理性行性之別亦是一切衆生性根本者理性性也即性成智是爲薩婆若體故以三世言之則當得爲智毋未得爲理性已得爲薩婆若其實一也若三乘般若下行性性也以約三乘行殊性一故云行性則不生不滅自性常住是也又曰一切衆生以此爲覺性者以通證別也但前明理性故曰根本此從行說故曰覺性大體無別也若菩薩無受下總結成說行無非般若仍復宗前護等三義爲若此也於文中有脱誤者今爲正之謂菩薩內心能無受著則外無文字可得是爲無受無文字無文字者非無文字文字性離爲離文字止觀所謂達文非文非文非不文尚何文字之有故曰離文字爲非文字文多一非字修無修者以說例行則修而無修修無修者文屬下句誤作修文字者致難曉爾但使文會理顯小有異同亦復何爽更試詳之又白佛下重以衆生根行問法門爲一二無量者疏爲二釋從後釋是也根謂根性利鈍之殊行謂所修淺深之別根行所被也法門能被也經以所從能爲問則曰法門亦有一二無量邪答云一切法觀門等文間言爾應云一切法本非一二觀門乃有無量抑又以觀從諦本非一二以諦從觀乃有無量是法則從境觀則從智境觀相顯所以異也又曰一切法亦非有相等者復顯一切法非一非二故曰亦非有相等具應作四句謂非有相非無相非非有相非非無相文略中二句亦可作單複論之則上句從單略無相句下句從複略有相句云究而言之非一切相是名實相則是菩薩不見衆生相不見有一法二法之可得若菩薩見衆生相見有一法二法而可得者即不見今第一義諦之一二也故曰一二者第一義諦也又曰若有若無者世諦也疏謂是諸見本斯義則局今云是諸法本以諦觀之不出三諦攝一切法所謂空諦即空也色諦即假也心諦即中無非心性故是三者與今所明眞俗中道同出異名開合異耳亦與一家所傳三觀其旨一也而疏曰一切法者事理仏該其說云云於理非無是義但眞俗各三分別而已未見今三諦之妙以今言之所謂圓見事理一念具足則盡之矣夫惟一念具足則不一異無前後法本自然未始增減天眞妙性有在乎是始終徧攝其旨爾顯一家觀門何以加此所以三諦之後明三假者復宗二諦以顯皆空則不離色心無非般若一一根行何莫由斯即事而眞不遠復矣故曰非一非二之法門也餘歎敎勸持等文如疏科釋可知

釋護國品

經以護法標名教以立法爲本此品所由設也而護有內外內以護法則有護果護因護化衆生等依於眞諦也外以護人則有護國護民護患難等依於俗諦也故次二諦而有此品焉疏釋爲二初依文分內外可知次釋品題又二若以言便應先釋護次釋國今從義便不先有國護何所施故初明國土次陳護之所由初文者謂世間則分段三界凡夫二乘之所依也凡夫該於人天而不言四趣

者非今所護之本也若以佛意何所不通二出世間則變易三界四聖之所依也今文以十信至十地者約斷惑出界者言也二乘未斷果縛已還猶在界內故也餘未斷惑菩薩例同二乘故略不言詳論云云次所由者亦有內外謂劫盜等外賊也煩惱結使等內賊也爲內外賊設內外護而有能所焉謂能護則百部鬼神等護諸外也般若智慧等護諸內也推本言之卒由神力護持聖功昭著豈人力所能爲然亦因人而致爾故曰若內外等委如後釋次約教觀釋者所護之國不出有四謂四土也能護觀法謂生滅等隨教觀對其義可知由觀力故則三惑不起三惑不起則四土安隱矣又百部下明所護不同謂百神止能護國而不及正故曰依報國般若本護於正而亦護國故曰正報國一往雖爾義必兼通又護命等例然入文隨釋言吾今正說等者從所請言也然法必從深故先明護果抑非本無以治末故也國欲亂時者夫國之治亂興衰固自有時亦必有漸有時則可

以識變通有漸則可以知戒懼亂而知懼其爲難也何有故曰存而不忘亡安而不忘危又曰其亡其亡繫于包桑知難之謂也有以實害爲燒者但是實被其害是爲燒義非必三災之火而此言劫燒者亦取其甚者言之如妙蹤明三毒火等是也若界所謂十六劫火固不可得而逃尚得而護哉當防於未然可也若夫大火所燒時我此土安隱雖劫火亦不得而焚矣思之當請百佛像下明護法設用建置如儀謂請像一集衆二延師講說三供養三寶四供承法主五日二時講說般若六當有百部鬼神樂集聽法因致護國七已上餘式貴在精嚴無他說也次明所護難者有二謂鬼人等二火難等三其中天地怪異等亦在人難數中謂天地三光本無怪異失度由人故亦人難攝也如水火風災等本各以業感以類應何以講此經法而能免邪是亦必有道矣今無論之以他請試以名教言之有曰天時不如地利地利不如人和是國之有留患者在乎天不時地不利人不和而已

使能講此經法道達其所以天理修其所以人事則三者得矣其於國難何有乎又曰域民不以封疆之界等則知護國之說不在諸彼而在乎此使天下莫不臣順而歸之其於封疆之界山谿之險兵革之利何有乎則又曰得道者多助失道者寡助云云十七然以域內之教助順之德其効若此況般若功德之大安往而不濟乎則又何疑焉由是論之此理甚易見而人莫能篤信力行之耳更俟通人有以講究之經明法用不一不但護國而亦護福護難等故護國所以護難亦護人民護福所以求願雖所護之言衆而實則二焉然於求願亦有求慧解者豈亦名福但對今般若故世智亦屬福攝人中九品者既曰求富貴官位當是九品官爾又曰數百高座者而蹤有貧富之簡故曰若準此文應以講法爲正雖不通所問亦應圓其說曰若乃貧富則隨力焉正自不礙也昔有王下引證爲二初引天證護國頂生一緣文有二段初出生瑞相二隨惡有由即夜叉從地出已下文是此

下又有帝釋依經請護如七佛法用以至云頂生即退謂退墮也然以其初瑞相頂生信非聊爾人也而後報如此故知福報有時而盡茍非自般若中來其不足恃也明矣又大王下引人王證護身又爲二一明難緣如文

天羅者斑足父也初明來自常供一仙人下明忍辱因王即遣願下明因願得脫爲羅刹王後諸羅刹言下明設會張本時須陀王下結會古今如文其普明王下二正明設會護難文有長行偈頌如文據疏科頌不出無常苦空無我四義本小教之說而以爲般若者然以聞者得空平等三昧非般若而何況一家判益又曰但觀諸經會末得道即識所說共別之意既通共別驗非一途按經節節云日二時講般若及今文說八千億偈竟故知不局偈文以判又輔行云是衍門助道兼勸發普明亦不專小以益驗說其義明矣觀今偈句辭理俱到有異常說今於疏外從而釋之第一偈云者成住壞空各二十小劫此言前劫之末後劫之始故云終訖乾健也坤順也乾以配天坤以配地故以乾坤名之其實指言天地以劫燒故蕩然無有洞猶空也須彌巨海以域中山海大者言之夫世界所以成壞由衆生業報然也當三災壞時人固已盡今又天龍福盡故於中凋喪二儀尚須舉況可知須猶虛空消須之須此其一也第二偈云者生老病死人之四相也以其流轉不已猶輪轉循環然無涯際也人之志願本在常樂而四相唯苦故曰事與願違憂悲爲害也禍莫大於五欲故欲深則禍重苦報由中而出所以無外也瘡疣莊子所謂生爲附贅懸疣死爲決疣潰癰斯言當之矣惟其三界輪迴所以究竟皆苦國何可恃此其二也第三偈云者有本自無謂萬有本出於無則其實無有況無出於無無者哉惟內因外緣和合而生此六道所以成也諸猶語辭盛必衰實必虛相待之勢然也安有滿而不竭者乎故三界羣生蠢蠢然同一夢境未始而有安也其猶聲響依空而出初無有實故國土如之此其三也第四偈云者人以識神爲主謂之神我而無形相假託四大和合以爲之宅而識居其間夫四大者其性不調互相殘害加之識性躁動豈得而安處乎但以無明煩惱保養之故不以爲苦而以爲樂且乘之遊戲出入於其間不以爲勞而以爲車形託於內而或彼或此是無常主也識依於形而或生或死是無常家也至於形者不自以爲形神者不自以爲神形神尚離豈有山河國土依正色心之可得乎則又外物之外者也此其四也爾時法師下明時衆聞法獲益時凡有四一一得益不同總不出六益對位如疏可知不別釋也

釋散華品

散華所以報恩嚴淨所以供養上說護國則法大而恩深故次此後陳散華供養則知恩而能報也天竺法多以華表敬諸佛菩薩他無所欲唯嚴淨是好故散以表其敬而華有因果供有能嚴所嚴今散以供佛表由因而克果也疏明三品說偈多少者不出開合與夫過去今佛說之異爾而諸文多約悉檀引

物欣樂之意克論其實聖人所說非凡所知固不當以一定論也又明散華有行等三前二屬因後一屬果華本無三隨其淺深以表之爾而所散華或變爲座爲臺爲城爲蓋者亦次第增勝說耳三華本表別中歷行次第而曰圓菩薩於別中說者此亦無方之論使別說圓爲難以圓說別有何不可更試詳之如來述成中言神通生處者謂般若是一而所生不同即般若爲諸佛母是實相生處即般若爲菩薩母是觀照生處即般若爲文字是神通生處即解脫也佛現神力中文具二意先以名示則曰神變所謂陰陽不測之謂神二以人示則曰佛之神力於中先列示其目云云謂五者所以五融相入以其一一皆法界故則三諦性融性融故無礙無礙故相入此所以俱不思義也惟其皆一念故即心是法即法是心心法兩融法惟心變此佛菩薩所以證是理故則曰不思義眞性解脫稱性而現不爲分外今文所謂神足力故信非作意神通也明矣故曰一一塵身一切身止若非三千空假中安能成益自在用即其理也由是言之則空中爲相入之理妙假爲相入之相不由空中無以融泯不由妙假無以見其一入一切一切入一之如是也雖然要須妙會情蔽即爭次問答釋疑者若曉前說此亦不難雖不釋疑可也既存舊釋不得不顯以今意於是爲二初騰舊凡有四說云云今先與奪之與則各得其一偏奪則曾不言其所以今謂一空一切空等則法法俱空假中以即空假中故則其體本虛虛故妙妙故融入而大小一多不相妨礙莫不皆由理性然也雖然此特知解而已若迷情未破何由一念相應全性發現乎故曰空除見思等云云此則一家教門明夫修性智斷證入者如此不同他宗言說而已毋謂其迂闊也二時衆睹相得益可知

釋受持品

諸佛以無上法故現無量神力菩薩以般若故爲衆依止月光旣已復請見其神力菩薩開覺般若爲後世依止故有今受持品焉受持者如文云云二隨釋釋中明見三佛疏爲三重問答初問何以知其所見三佛爲三身邪答以三經知之云云次問二佛爲本不同者文無爲本之言而指實滿爲化身主主即本也故問言舍那爲本等又如戒疏明兩重本迹今此所明以釋迦爲本其言雖同而與彼異故答中言梵網明迹本者謂迹中之本非久本也異乎此經約體用以言則法身爲本應化爲迹故曰本迹雖殊不思義一也復次重以寶塔品爲問者由此品明釋迦爲本分身爲迹故曰云云謂同則一往指本不異謂異則兼獨有殊云云雖所指不同而各說般若空慧則一也請中言開法道者下文亦曰開空慧道不出以空慧言說開覺衆生其義不異也答中言十三觀門者重示忍位功德法門以爲開覺衆生之法疏釋開空云者文旨明白可謂開通者矣合在大牟尼句前文差互耳爲大法王等者謂開覺於我是即法師爲我所主故曰法王化導於我故曰知識爲我依持之所建立所以應供養如佛也於

中不言寂忍者此在於佛義不自言也亦舉因可以知果不言等覺合於十地也故但十三忍爾第一習種性位詳釋如文習忍以前下疏作舉劣況勝通釋伏難或恐未安今直釋之而有進退者以其初心位淺譬如輕毛隨風不定也雖以十千劫下頗似難曉應照下文釋之可也是諸菩薩雖經爾許劫行行不爲不久然未滿初僧祇劫雖當入忍位而非已入亦常學伏忍法而非久修伏道故不可名字是爲定人則又曰是定人者是以定人法顯其不定文理自直但如向正一二字則可知矣第二明性種性中言如四念處等本小乘觀法今通約別圓修之事行雖局理觀常通云云疏釋無定相云我法無定住處相斯言可謂至矣奈何今人而作定說豈當理也哉又曰無自他相者兼於性相謂我無自他等體性空也相上亦無相空也又曰修護空觀者謂不得意人恐墮偏邪故須護之第三道種性中觀一切法無生滅者總觀也所謂五受陰等別觀也而常入第一義心者觀

成悟入也雖心心寂滅而猶受生者經自釋云云疏謂所熏見愛猶在者此與常釋異今以無明爲能熏見愛爲所熏或以見愛爲能熏事識爲所熏各隨文異指也第四法師中明二智相如疏科釋云云於第一義下結成三無爲釋義如別論此本小教名相而於此言者取義類同故不局教限也餘文例爾無自他相無無無相者謂實智離相故則方便智現前所謂實相方便者即實相之方便故曰於第一義諦不沉不出等是六種方便該攝一切方便仍與實智相爲出入則不即不離無縛無解妙無以加也如經一一牒釋云云是初覺智下重釋二智同異譬之如水與波不一不異以喻方便實智亦爾餘徧學等一切行與乎實智亦不一不異至於曰無三界業習生故自在無礙乃至淨佛國土如變化生亦復若是而曰舉譬顯非者恐誤應云顯性謂不一不異其性彰也四大寶藏疏爲三釋淨名有四大寶藏之言而無去取其義皆通第五法師文無他釋唯明滅三界瞋略

出宗計不同兼引法華實教正之而已第六翻云及邊者謂六度等各有邊際猶到彼岸云爾第七言爾燄者疏釋云云或翻智障謂智之與障翻覆異耳而照有能所有所名障無所名智今照而無所得不爲智乎今翻智母本非正翻亦約義便云也言須陁洹等疏謂借小名大所以借小果見流等言以名大教斷見之位如十三觀門無非大行不約借位何以名之又曰亦是別入通意者謂以別斷見位接通見地當是接位接也五相者不出內道論等五種相也而云我是一切智人非斷三界疑根我相已盡則外道見耳又曰知地地有出道何處不是解脫門知地地有所不出何適而非障道本旨哉通塞由人初不在法也一切煩惱爲集因等據論業亦因攝今對苦果從別言之故指煩惱爲集因集爲集業等覺中觀心心寂滅而無相相者據疏合作寂用相即相本由心心以相起心既寂滅相何由生況心心相相者乎以從用故無相相等所以用心乘於羣方無所而不在

也澹泊住於無住無所而不寂也故曰在有而修空處空而常化是故雙照有無寂用無礙也滅心心相等疏加一數字作滅心滅相釋之義無不可法眼見一切下疏作總別義釋三眼經作三昧誤也亦可謂法眼見一切法菩薩假也三眼色空見者謂肉天二眼見色慧眼見空故曰色空見文特倒耳而不言佛眼者因讓於果也經本不言見假等亦得義推云爾若境一見三自是一意云云疏又因眼明諦作五三諦釋約教義也具如法華玄

又以問答明佛眼進否者本文以明合唯在因今從通説作分極申之不妨兩存也復次觀佛菩薩下明寂滅忍者若論寂忍本當極位而言觀佛者謂寂忍有三以別言之方當十地若開等妙此猶下品望圓猶有餘品無明理須觀佛增道入位故自習忍至頂三昧下據疏科釋凡爲差別淺深者五一伏斷二信見三頓漸四常不常五等無等云云今隨釋之不無小異經中以能二字恐誤以當作未一伏斷者既曰從忍至頂皆名爲伏則伏前斷後並約横論所謂居衆伏之頂二也二信見者謂信雖斷惑能生於智而非證智故不名見見則方得是智故也是故以知其所知形所不知故曰云云三頓漸者謂唯佛頓解則不名信言信則漸而已四常不常者謂漸伏則慧有起滅起滅即不常若生滅心滅累無不盡故無生無滅斯爲常爾五等無等者謂常故能等而猶有所等未爲無等無等之等爲無等等故譬如下引譬登高則俯視萬有物斯在下無不照了矣義言亦復者謂雖登婆伽度位極於性德亦必藉修成故曰受修勸持中所以不付四衆唯囑諸國王以王力大故又曰凡百事大供養深廣自非王力誰能辦者此特言二義而已若更具説應有多義言大又如涅槃中付諸國王大臣亦其義也而安樂行誡勿親近然皆有謂而言此以護法彼以妨行故也七可難者據後經文當是脫一畏字畏難所以存戒也讚名勸持中疏以三般若合釋之如文云云一切衆生心識下此應次第分別爲本者五謂人以識爲本識以心爲本心以神爲本神以般若爲本般若以法身爲本此所以爲衆生之神本也又曰一切國王之父母者此亦次第有能生者五謂理能生解解能生智智能立德德能成聖此所以爲王之父母也亦名神符下凡六名即文字般若以三德則解脫也惟其即解脫故是所謂神德妙用有在於斯所以從功能言也亦名神符者謂至神之符印也得是印故能却諸惡能持衆善無適而不利也亦名辟鬼珠者謂辟諸邪惡鬼神使禍亂不作也亦名如意珠者珠本金翅鳥王精氣所成故能具足衆寶降雨無盡是爲如意寶焉亦名護國珠是猶徑寸之珠前後各照十二乘有是珠故國無侵害也事見春秋後語亦名天地鏡者言智能照物如以天地爲鏡靡不照了猶聖人之心靜於天地之鑒萬物之鏡是也龍寶神王者應作二解若作一義只是佛會護法之神有護持之德也若作異義當是龍之寶神之王以得是龍寶神力也能護佛乘及以國界今取二字與夫輪王出

世神寶自至之語合而言之以目斯記義歸所釋非誇大也示供養法中應作九色旛下率以九五等爲數者外典多以陰陽數配之非此中意今本明莊嚴具而以九道九苦等爲說者亦即妄顯真之意餘數如䟽一一表釋可知千燈表十善者亦如前記云玉箱玉巾巾亦篋類皆奉安般若法寶之具若王行時下正明王者若行若住當尊敬般若法如經云云今所謂駕頭者是見僧史略其儀可考而後世莫知典故情乎無曉之者釋勸所由如經云云嗚呼使不信其言則已苟如其言得不爲之可慕可畏乎又曰我當遣五大力菩薩謂金剛吼等及五千大力神王往護彼國者信如其說則彼神力冥加顯被有以相之而其患難自當消殞豈誣也哉觀四大四色下明修道相如䟽云云所緣覺廣者謂所緣所覺處廣也所散之華雖不無勝劣而有多異名者約所表云爾空定名心學者可證心學之妙但言別傳則又過矣

釋囑累品

正宗二護大事云畢佛世化道於是亦周將以此道流通末世而三寶交謝正法難行非付諸國王大臣四部弟子則無上般若何由弘宣饒益羣品故次之囑累焉言囑累者䟽凡三釋如文云云次簡不付佛弟子唯付國王者答亦三義謂欲除國難非王不舉建設事大非王不辦功由信法非王不行仍須王臣道合然後乃濟故亦兼付大臣也但文略耳文初明付法有時者謂八十年等乃其時也按䟽釋云云未詳的旨然亦有可疑者此不暇論姑取大略次第閒言之爾何也謂初八十年正法之初經爾許時如來唱滅故無佛八百年後正法之末邪法增熾以邪奪正故無法八千年後末法之季似像比丘亦無之矣故無僧當此之時佛法僧寶泯滅無幾如來爲是殷勤苦口付諸國王誡勑四部弘護三寶使不斷絕亦令衆生開空慧道則聖賢之行也行十善行等則人天之乘也此皆三藏教本涅槃所謂扶律談常使如來法身慧命得以住世即其意也後五濁下如來於是對月光王廣陳七誡一者滅法誡二誡壞四衆行三誡禁不依法四誡自毀五誡役使六誡自咎七誡謬信如文云云略言其次謂由滅法故壞四衆行既無法可依則非法而已非法由於自毀苟不能自立又從而役使之則其聽命也冥矣此內外二衆所以不免交相爲咎至於內弟子爲求名利於王官前橫言法制不別是非謬聽而誤行者有之借令濁世末法使然而凋弊之風人實爲之咎將誰歸邪嗚呼聞七誡者得不寒心哉餘如䟽釋云云

佛說仁王護國般若波羅蜜經䟽神寶記卷第四

佛說仁王護國般若波羅蜜經疏神寶記卷第四

校勘記

一　底本，明永樂北藏本。

一　九一二頁上一一行「可遣」，徑作「可遺」。

一　九一二頁中四行「能知」，南、徑作「而知」。

中華大藏經(漢文部分)

校勘凡例

一 《中華大藏經(漢文部分)》的底本以《趙城金藏》爲主；《趙城金藏》缺佚，則以《高麗藏》等作底本。各卷所用底本的名稱及涉及底本的其他問題，均在校勘記的第一條中説明。

一 《中華大藏經(漢文部分)》選用的參校本共八種，即《房山雲居寺石經》(石)、宋《資福藏》(資)、宋《磧砂藏》(磧)、元《普寧藏》(普)、影印明《永樂南藏》(南)、明《徑山藏》(徑)、《清藏》(清)、《高麗藏》(麗)。

一 校勘記中的「諸本」，若底本爲金藏，即包括石、資、磧、普、南、徑、清、麗全部八種校本；若底本爲麗藏，則包括石、資、磧、普、南、徑、清全部七種校本。其他情况若用「諸本」，校勘記中則另加説明。

一 校勘採用底本與校本逐字對校的辦法，只勘出經文中的異同及字句錯落，一般不加評注。參校本若有缺卷，或有殘缺、漫漶等字迹無可辨認者，則略去不校，校勘記亦不作記録。

一 一經多卷，經名、譯者、品名出現同樣性質的問題，一般只在第一卷出校，並注明以下各卷同；分卷不同時，以底本爲主出校。

一 古今字、異體字、正俗字、通假字及同義字，一般不出校。如：

古今字：宍(肉)；猗(倚)；距(跛)；鉾(矛)；誼(義)等。

異體字：脎(槃)；剎(刹)；皃(貌)；悩(惱)；导(碍、礙、閡)等。

正俗字：怪(恠)；滴(渧)；體(躰)；刺(刾)；閉(閇)等。

通假字：惟(唯)；嫉(疾)；頻(嚬、顰)；揣(摶)；尠(鮮)等。

同義字：言(曰)；如(若)；弗(不)等。